Sichern

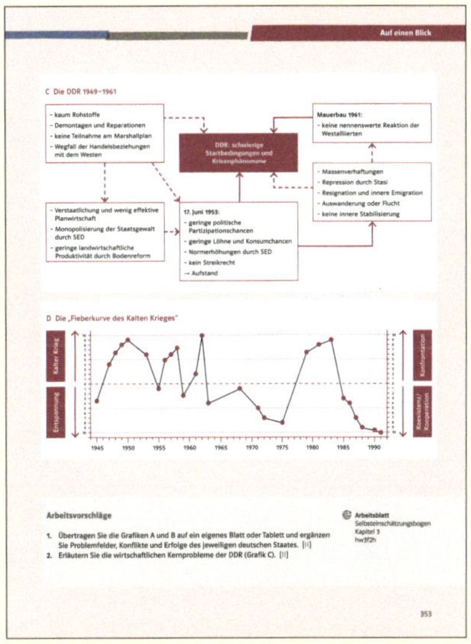

Das wichtigste **Elementarwissen** der Teilkapitel wird am Ende des Halbjahresthemas auf einen Blick dargestellt. **Selbsteinschätzungsbögen** im Onlinebereich laden zur individuellen Überprüfung ein.

Oberstufen-Know-how

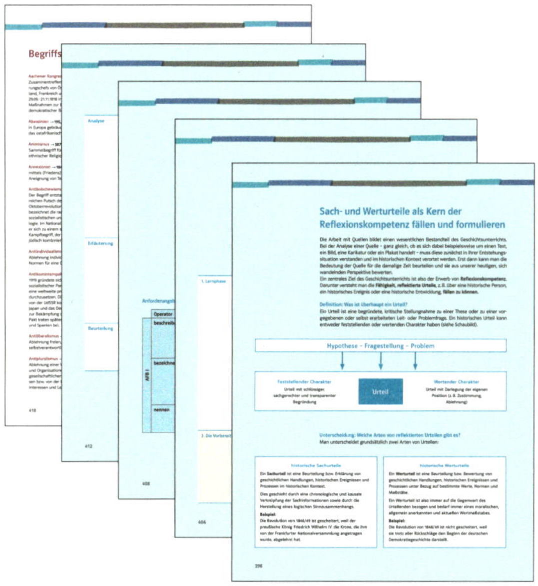

Das Oberstufen-Know-how trainiert anhand praktischer Beispiele die **Reflexionskompetenz**, gibt Tipps zur Vorbereitung auf die **mündliche Abiturprüfung**, erläutert die verbindlichen **Operatoren** und liefert Hilfestellungen zur Entschlüsselung von Karikaturen.

Fenster zur Welt

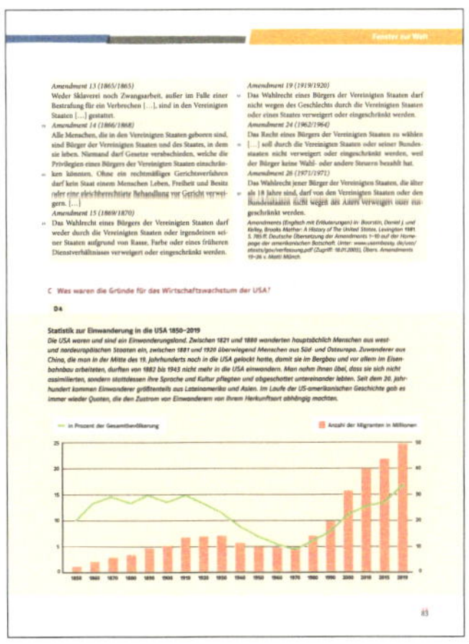

An ausgewählten Beispielen werden geschichtliche Entwicklungen außereuropäischer Weltregionen aufgezeigt und problematisiert.

Erklärung der Symbole

○	Aufgaben mit Arbeitshilfen
●	Aufgaben mit Vertiefungsangebot
MK	Aufgaben oder Seiten zum Thema Medienkompetenz
E	Materialien und Arbeitsvorschläge, die der Erweiterung des Leistungsfachs dienen
Erweiterung	zusätzliche Teilkapitel für das Leistungsfach
D	kennzeichnet Darstellungsmaterialien wie Historikermeinungen, Statistiken oder Karikaturen der Gegenwart, die nicht als Quellen historisch eingeordnet werden
Q	kennzeichnet Quellen, die in ihrem historischen Kontext eingebettet werden

Europäische Staatenwelt 1914

Die Welt in der Moderne (um 1913)

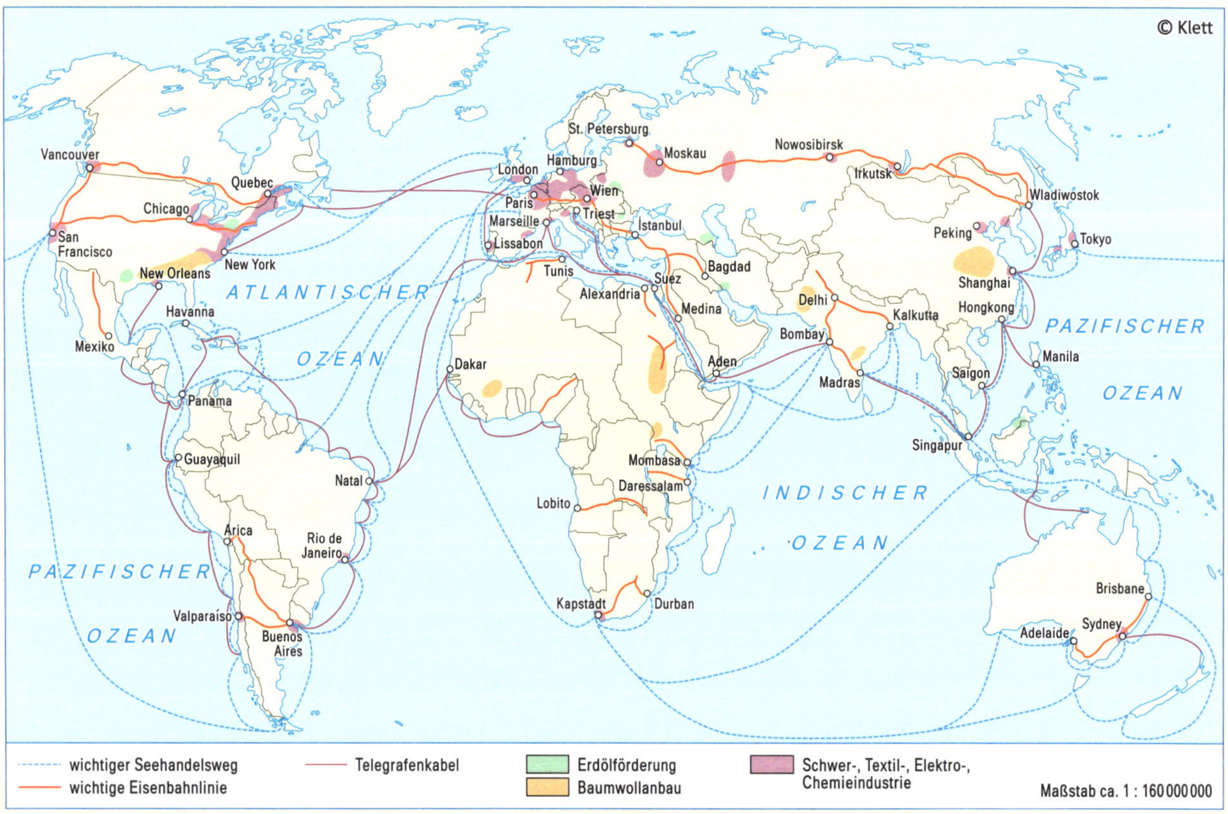

Geschichte und Geschehen

Kursstufe
Basis- und Leistungsfachband

Autorinnen und Autoren:

Sabine Appel
Ulrike Bill
Jens Breitschwerdt
Benjamin Färber
Helene Finck
Priscilla Hammann
Andrej Keller
Rainer Maria Meinicke
Dr. Matti Münch
Dr. Joachim Schroth
Nils Vollert
Dr. Bettina Weißgerber
Stephan Weißgerber
Dr. Peter Witzmann

Ernst Klett Verlag
Stuttgart · Leipzig

Titelbild: Viktoria auf dem Brandenburger Tor in Berlin von Johann Gottfried Schadow 1793.
Die Quadriga zeigt die Siegesgöttin Viktora, die auf einem vierspännigen Wagen den Frieden in die Stadt bringt.

1. Auflage 1 5 4 3 2 1 | 25 24 23 22 21

Alle Drucke dieser Auflage sind unverändert und können im Unterricht nebeneinander verwendet werden.
Die letzte Zahl bezeichnet das Jahr des Druckes.

Autorinnen und Autoren: Sabine Appel, Ulrike Bill, Jens Breitschwerdt, Benjamin Färber, Helene Finck, Priscilla Hammann, Andrej Keller, Rainer Maria Meinicke, Dr. Matti Münch, Dr. Joachim Schroth, Nils Vollert, Dr. Bettina Weißgerber, Stephan Weißgerber, Dr. Peter Witzmann

Entstanden in Zusammenarbeit mit dem Projektteam des Verlages.

Gestaltung: Petra Michel, Essen
Titelbild: Getty Images Plus (iStock/Robert Kovacs), München
Satz: Krause Büro Jens Krause, Leipzig
Reproduktion: Meyle+Müller GmbH+Co. KG, Pforzheim
Druck: PASSAVIA Druckservice GmbH & Co. KG, Passau

Printed in Germany
ISBN 978-3-12-430152-9

9 783124 301529

1 Wege in die westliche Moderne – ein besseres Leben für alle?

Der deutsche Reichsadler wird freigelassen: „Meine Herren! – aufgepasst! – ich glaube er beißt!“
Holzstich um 1848

Mit der Industriellen Revolution, der Aufklärung und der Französischen Revolution begannen in Teilen Europas Ende des 18. Jahrhunderts tiefgreifende Wandlungsprozesse. Heute sprechen viele Historiker vom Beginn der westlichen Moderne, die – teilweise unter Zwang – schließlich auch in andere Weltgegenden übertragen wurde.

Es entstand die Idee einer imaginären „Nation“ und des in alle Lebensbereiche hineinwirkenden Nationalstaates. Die Basis waren liberale Modernisierungstheorien, die jedoch bald auch antimoderne Gegenbewegungen hervorriefen. Je nach Perspektive waren „Moderne“ und „Fortschritt“ nicht immer positive Prozesse.

Dies gilt bis heute, wo „Nation“ und „Nationalstaat“ sich unter Bedingungen der wirtschaftlichen und kulturellen Globalisierung sowie Digitalisierung und globalen Migrationsbewegungen neu erfinden müssen.

Vorwissen

Erinnern Sie sich an:
- die Entstehung liberaler und nationaler Ideen im 19. Jahrhundert
- die Herausbildung des industrialisierten Nationalstaates

→

Schritte des Kompetenzaufbaus

- den Begriff Modernisierung erklären
- die Begriffe Nationalismus und Liberalismus am Beispiel Vormärz und 1848er-Revolution erläutern

→ Kapitel 1.1–1.5

→

- die deutsche und italienische Nationalstaatsbildung als Teil von Modernisierung charakterisieren und bewerten

→ Kapitel 1.6–1.7

→

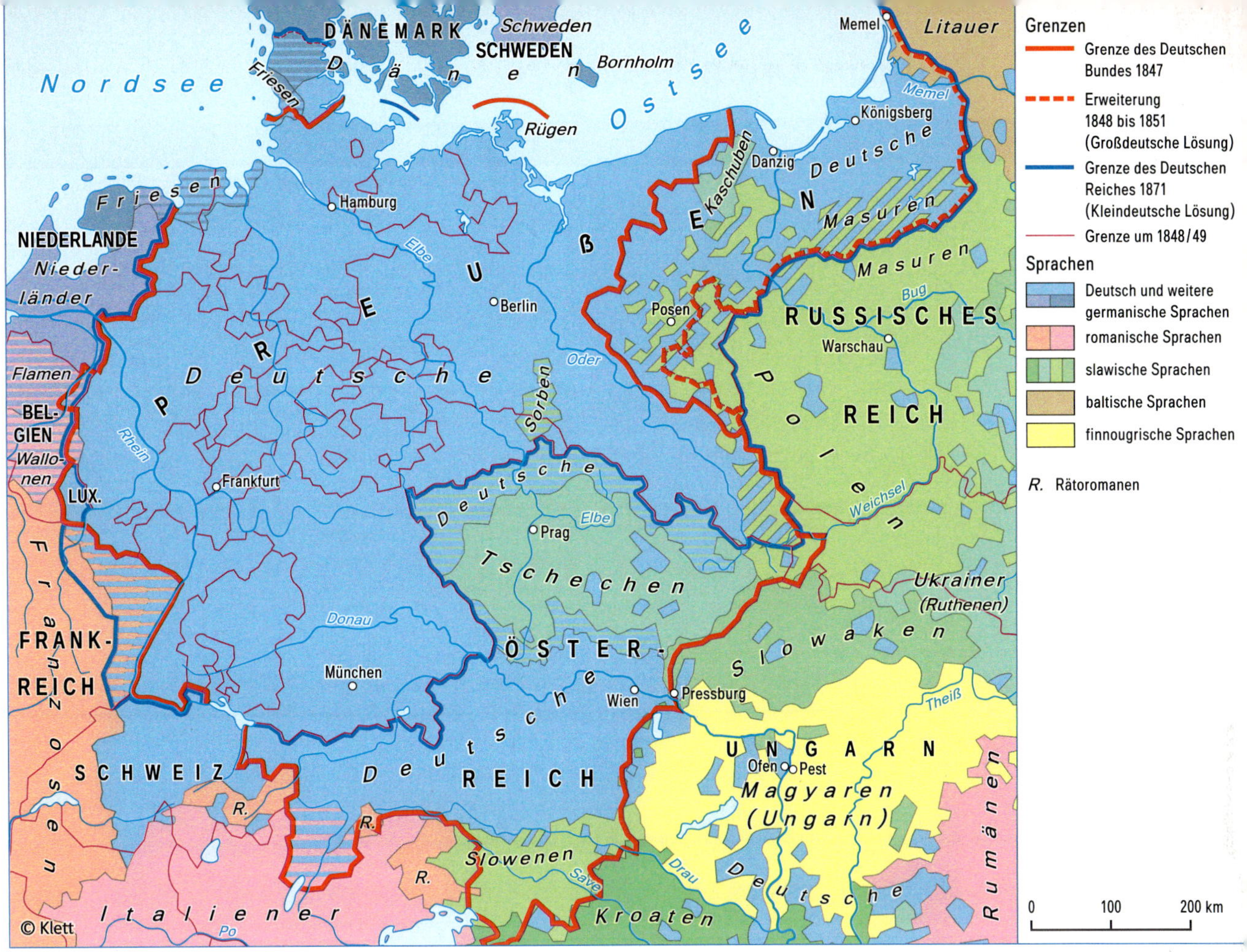

Vorstellungen eines „deutschen Nationalstaates" Mitte des 19. Jahrhunderts auf Basis relativer Sprachmehrheiten.

Arbeitsvorschläge

1. Erläutern Sie Ihre persönliche Definition der Begriffe „Volk" und „Nation".
2. Setzen Sie sich mit der Karikatur von 1848 unter der Frage potenzieller Konflikte zwischen liberalen politischen Überzeugungen und dem Nationalismus auseinander.

- die Auswirkungen der Industrialisierung analysieren und bewerten
- die politische und wirtschaftliche Modernisierung in den USA analysieren und deren Folgen bewerten

→ Kapitel 1.8–1.9

→

- Erscheinungsformen der Hochmoderne um 1900 erläutern
- Wandlungsprozesse im 20. Jahrhundert charakterisieren

→ Kapitel 1.10–1.11

→

Erreichtes Ziel

Befähigung, Modernisierungsprozesse in Europa und den USA seit dem ausgehenden 18. Jahrhundert analysieren und deren Bedeutung für die Gegenwart beurteilen zu können

Zeitliche Orientierung

Kultur und Gesellschaft

1871 führte der gegründete deutsche Nationalstaat mit der Mark eine einheitliche Währung ein. Frühere Währungen wie Gulden oder Taler wurden abgeschafft.
1000 Mark-Schein von 1910

1820 – 1850

1790–1840 Epoche der Romantik in Literatur und Malerei

1815 Tambora-Vulkanausbruch führt zu globaler Klimaveränderung, Folge schlimme Hungersnöte

1824 Leopold von Ranke vertritt eine objektkritische Geschichtsschreibung

1831 Heinrich Heine emigriert nach Paris

1841 Hoffmann von Fallersleben „Lied der Deutschen“

1849 Louise Otto veröffentlicht erste dt. Frauen-Zeitung

1850er-Jahr… Beginn Erd… förderung i… Russland u… USA

Politische Entwicklung in Europa

Die Freiheit führt das Volk (Julirevolution in Frankreich 1830) Gemälde von Eugène Delacroix

1820 – 1850

1814/15 Wiener Kongress

1820er-Jahre Revolutionen/revol. Erhebungen in Spanien, Süditalien, Griechenland

1830 Julirevolution in Frankreich, Revolution in Belgien, Novemberaufstand in Polen

1839 Beginn Reformperiode im Osmanischen Reich (Tanzimat)

1847 Sonderbundskrieg in der Schweiz

1848/49 Revolutionen/revol. Aufständ… in Frankreich, Polen, Ungarn, Deutschland, Italien, Rumäni…

Außereuropäische Geschichte

Der südamerikanische Unabhängigkeitskämpfer Simón Bolívar ziert u. a. heute venezolanische Geldscheine.

1820 – 1850

1805–1848 Herrschaft Muhammad Ali Pascha in Ägypten (weitgehende Autonomie vom Osm. Reich)

1818–1838 Blütezeit des Zulu-Reiches in Südafrika

1821/22 Unabhängigkeit Brasiliens, Mexikos, Venezuelas

1823 Monroe-Doktrin

1830 US-Deportationen der „Fünf zivilisierten Stämme“ infolge des Indian Removal Act

1850–1862 Taiping-Revolution in China

1880 | 1910

56
Überseekabel
and-Kanada

1867
Karl Marx
„Das Kapital"

1869
Judenemanzipation
im Norddt. Bund,
Eröffnung Suezkanal

1873
Wiener Börsen-
crash (Beginn
„Gründerkrach")

1882
erste Kläranlage
(Frankfurt/M.)

1884–1894
Bau des Berliner
Reichstags-
gebäudes

1888
Fahrrad-Gummireifen,
1. vierrädriges
Elektroauto

seit 1897
synthetisches Aspirin
verdrängt Cannabis-
produkte als Schmerz-
mittel

1900
Beginn der Zeppelin-
Ära in der Luftfahrt

1901
Thomas Mann
„Buddenbrooks"

1910
Haber-Bosch-Verfahren
für synthetischen
Stickstoff-Dünger

1912/14
Heinrich Mann
„Der Untertan"

1914
Eröffnung
Panamakanal

1880 | 1910

353–1856
rimkrieg

1861
Gründung
des Kgr.
Italien

1864–1871
dt. Einigungskriege/
Gründung
Deutsches Reich

1870/71
Niederschlagung
Pariser Kommune,
Gründung
3. Frz. Republik

1871–1887
Kulturkampf in
Deutschland

1884
Wahlrechts-
reform in Groß-
britannien
(66% Männer
Wahlrecht)

1889
Gründung
2. Sozialistische
Internationale
in Paris

1892–1913
anarchistische
Attentate in
Europa

1908
Jungtürkische
Revolution

1912
SPD stärkste
Partei im
Reichstag

1914–1918
Erster
Weltkrieg

1917
Revolutionen
in Russland,
Kriegseintritt
der USA

1918–1922
Russischer
Bürgerkrieg

1919
Frauenwahlrecht
in Deutschland

1880 | 1910

1861–1865
US-amerikanischer
Bürgerkrieg

1865
Abschaffung
der Sklaverei
in den USA

1867
Russland verkauft
Alaska an die USA

1891–1916
Bau der Transsibirischen
Eisenbahn

1896
Äthiopien verteidigt
durch Sieg über Italien
Unabhängigkeit

1898
spanisch-amerikanischer
Krieg um Kuba/Philippinen

1911
Revolution in
China

1917
Dänemark verkauft
Dänisch-Westindien
an die USA

1917–1923
Auflösung des
Osmanischen Reiches

Arbeitsvorschlag

1. Entwickeln Sie einen eigenen Zeitstrahl zum Thema Modernisierungs- und Antimodernisierungsprozesse in Europa.

E Erweiterungsband Kapitel 1.1, S. 14–23

1.1 Revolutionen = Moderne = Fortschritt?

Seit dem Ende des 18. Jahrhunderts kam es zu tiefgreifenden Veränderungen in Wirtschaft, Politik, Kultur und Gesellschaft. Diese revolutionären Umbrüche nahmen ihren Ausgang in Europa und breiteten sich über die ganze Welt aus. Sie prägen unser Leben bis heute, weswegen man mit ihnen die moderne Geschichte beginnen lässt. Was kennzeichnet diese Umbrüche und Revolutionen? Und war mit ihnen immer Fortschritt verbunden?

Was ist eine „Revolution" und wie untersuchen wir sie?

Der Begriff der „Revolution" bezeichnet gewöhnlich den raschen, oft gewaltsamen und tiefgreifenden Umsturz bestehender Verhältnisse. Dies kann entweder die gesamte politische, soziale und kulturelle Ordnung oder nur einzelne Bereiche (Wissenschaft, Technik, Wirtschaft, Literatur, Kunst, Musik) betreffen. Im unwissenschaftlichen Sinne wird der Revolutionsbegriff auch für viele alltägliche Erscheinungen gebraucht, etwa wenn beim Wechsel des Bekleidungsstils von einer „Moderevolution" die Rede ist.

Im Unterschied zu „Reformen", mit denen man in der Regel eher friedliche Veränderungen in Teilbereichen kennzeichnet, zielen „Revolutionen" auf einen fundamentalen Systemwechsel. So verbindet man im politischen Bereich mit einer „Revolution" meistens die gewaltsame Beseitigung der feudalen, ständestaatlichen Ordnung mit dem Ziel einer demokratischen Gesellschaft gleichberechtigter Bürger. Beispiele dafür wären etwa die Amerikanische und die Französische Revolution in der zweiten Hälfte des 18. Jahrhunderts, die **Haitianische Revolution** um das Jahr 1800 sowie die Vorgänge 1848/49 in vielen Ländern Europas. Dazu gehören auch die **Revolutionen in China** und in Russland zu Beginn des 20. Jahrhunderts und vielleicht manche Strömungen des **„Arabischen Frühlings"**.

Revolutionen gibt es nicht nur im politischen Bereich: Der Paradigmenwechsel von einem religiösen zu einem naturwissenschaftlich begründeten Weltbild seit dem Ende des Mittelalters gilt als „Wissenschaftliche Revolution". Den Übergang von der Agrar- zur Industriegesellschaft nennt man „Industrielle Revolution" oder „Industrialisierung".

Der Gang der Geschichte ist nicht vorhersehbar, sondern abhängig von vielen, unkalkulierbaren Faktoren, von den Veränderungen der Natur (z. B. „Klimawandel"), von der Unberechenbarkeit menschlichen Handelns, auch von Zufällen. Insofern können wir auch nicht einfach „aus Geschichte lernen". Das historische Geschehen kann uns nach einem Wort des Schweizer Historikers Jacob Burckhardt nicht mehr „klug (für ein andermal)", aber vielleicht doch „weise (für immer)" machen. Bei allem Wissen um die Probleme bei der Vergleichbarkeit historischer Vorgänge können wir mit dem Begriff der „Revolution" doch versuchen, unvorhersehbare geschichtliche Umbrüche im Nachhinein in Beziehung zu setzen.

Haitianische Revolution
Sklavenaufstand in der französischen Karibikkolonie Saint-Domingue 1791, der sich zu einer Revolution entwickelte. 1804 mündete dieser in der Unabhängigkeit von Haiti und gab den Auftakt zu anderen antikolonialen Unabhängigkeitsbewegungen in Süd- und Mittelamerika.

Chinesische Revolution
In der sog. Xinhai-Revolution 1911/12 wurde das über 2000 Jahre alte chinesische Kaisertum gestürzt und eine chinesische Republik gegründet.

Arabischer Frühling
Sammelbegriff für Aufstände und Revolutionen in der arabischen Welt ab 2010, die u. a. zum Sturz der Staatsoberhäupter in Tunesien und Ägypten führte, in Syrien allerdings in einen Bürgerkrieg mündete.

Anlässe, Verlauf, Erfolg oder Scheitern?

Einem tiefgreifenden historischen Wandel kann man mit Fragen auf die Spur kommen. Welche aktuellen Anlässe, welche langfristigen Ursachen für einen revolutionären Umbruch lassen sich benennen? In welchem Verhältnis stehen geistige, gesellschaftliche, wirtschaftliche oder politische Anzeichen einer bevorstehenden revolutionären Umwälzung zueinander? Gibt es besondere Ereignisse zu Anfang, während und am Ende eines Umbruchs, die es erlauben, unterschiedliche revolutionäre Phasen zu unterscheiden? Gibt es revolutionäre Symbole (Fahnen, Lieder, Kleidungsstücke, Feiertage) und Medien, die das Gedankengut einer Revolution verbreiten? Wie lange dauert eine Revolution und was bestimmt ihre Dauer? Welche Rolle spielt der Einsatz von Gewalt? Kommt es zu Massakern, ethnischen Säuberungen, Vertreibungen, Umsiedlungen? Obgleich sich Verlauf, Erfolg oder Misserfolg einer Revolution oft früh, versteckt oder offen andeuten, kann ein fundamentaler Umbruch aber auch überraschend und unerwartet kommen, wie der Zusammenbruch des sogenannten sozialistischen „Ostblocks" am Ende des 20. Jahrhunderts zeigt.

Jacob Burckhardt (1818–1897)
Schweizer Kulturhistoriker

Träger, Ergebnisse und Auswirkungen

→ Kapitel 1.4 und 1.5, S. 34–49

Man kann „Revolutionen von oben", „bürgerliche Revolutionen" und „proletarische Revolutionen" unterscheiden, je nachdem, welche Schicht Veränderungen herbeizuführen versucht, um die Teilhabe an politischer Macht zu begründen, zu erkämpfen oder zu sichern. Als „bürgerliche Revolutionen" gelten die Französische Revolutionen 1789–1799 und 1830 oder die deutschen Revolutionen der Jahre 1848/1849 und 1918. Musterbeispiele für „Revolutionen von oben" sind die autokratischen Reformen absolutistischer Regime im 18. Jahrhundert, die teilweise versuchten, Gedanken der Aufklärung umzusetzen, etwa in Preußen.

→ Kapitel 2.2, S. 118–129

Träger proletarischer Revolutionen sollen laut den Begründern der kommunistischen Theorie Karl Marx und Friedrich Engels alle benachteiligten unterbürgerlichen Schichten, insbesondere Bauern und Arbeiter („Proletarier"), sein. Sie vereinigen sich im Kampf gegen das herrschende Besitzbürgertum („Bourgeoisie"), um die kapitalistische Staats- und Gesellschaftsordnung zu beseitigen und durch eine kommunistische Ordnung zu ersetzen. Zwar wurden die „Proletarischen Revolutionen" größtenteils von Bauern und Arbeitern getragen, gesteuert wurden sie aber meist von einer kommunistischen Partei, die sich als Speerspitze der „Diktatur des Proletariats" verstand und auch vor Gewalt gegen Meinungsabweichler nicht zurückschreckt(e). Beispiele hierfür wären Russland ab 1917, die spätere Sowjetunion mit ihren sozialistischen „Bruderstaaten", Nordkorea (ab 1948), China (ab 1949), Kuba (ab 1961), Vietnam (ab 1976) oder Äthiopien (1974–1991).

→ Kapitel 2.8, S. 184–193

Den tatsächlichen oder ideologisch maskierten Trägern von Revolutionen kann man mit Fragen nach den Parteiprogrammen, den beteiligten Personen und sozialen Gruppen auf die Spur kommen. Wie wird das revolutionäre Geschehen begründet? Gibt es eine tragende Weltanschauung, ein ideologisches Fundament, also ein „Programm", das verwirklicht werden soll? Welche finanziellen, wirtschaftlichen, militärischen Mittel und propagandistischen Medien kommen zum Einsatz?

Zur Analyse und zu einem Vergleich können die folgenden Fragen nützlich sein: Haben die Träger der Revolution ihre Ziele ganz oder teilweise erreichen können? In welchen Bereichen fanden Veränderungen statt? Waren sie von Dauer? Wer waren die Verlierer des revolutionären Geschehens? Gab es einen Austausch der Regierungen, der dazugehörigen Bürokratie, der gesellschaftlichen Eliten? Gab es Gegenbewegungen? Wie wurden die revolutionären Ergebnisse gesichert? Mit einer neuen Verfassung, mit Gesetzen, mit Zwangsmaßnahmen? Wie wurde an eine Revolution erinnert? Mit Denkmälern, symbolischen Aktionen (Gedenktage, Aufmärsche), mithilfe einer kritischen oder ideologischen Geschichtsschreibung bis in die Schulbücher hinein? Wie verändert sich der Blick auf das revolutionäre Geschehen nach einer erneuten Revolution oder einer erfolgreichen Gegenrevolution?

Was waren und sind die Ziele politischer Revolutionen?

Die meisten politischen Revolutionen in Europa seit der Französischen Revolution gestalteten das Verhältnis zwischen Volk und Herrscher grundlegend um – oder versuchten dies zumindest. Während sich absolutistische Herrscher „von Gottes Gnaden" dazu berufen sahen, unabhängig von Gesetzen über ihre Untertanen zu herrschen, entstand im Zeitalter der Aufklärung die Idee eines Gesellschaftsvertrags zwischen gleichberechtigten Individuen, die sich aus freiem Willen eine staatliche Ordnung geben. Hierbei sollte nach dem Prinzip der „Volkssouveränität" die Macht immer bei der Bevölkerung liegen, deren Wille durch Volksversammlungen oder Wahlen zu ermitteln war. In einer solchen „Volksherrschaft" oder „Demokratie" soll allein das Volk die Regeln des Zusammenlebens bestimmen und alle wichtigen politischen Entscheidungen treffen. Ausgehend von der Idee der Volkssouveränität sollen Verfassungen („Konstitutionen") diese Ordnung garantieren. In ihnen ist seit dem 18. Jahrhundert festgelegt, wie das Volk Regierungen auf allen Ebenen einsetzt und an welche Rechte und Pflichten die staatlichen Institutionen und das Staatsvolk wechselseitig gebunden sind. Wer zum Volk gehört und wer in einer Demokratie Stimmrecht hat, war in der Vergangenheit starken Wandlungen unterworfen und oftmals auch umstritten. Sollen Geburt und Herkunft

ein Stimmrecht begründen? Ist jeder Angehörige eines Volkes auch ein stimmberechtigter „Bürger"? Soll das Geschlecht eine Rolle spielen? Während in manchen US-amerikanischen Bundesstaaten Frauen bereits in der zweiten Hälfte des 19. Jahrhunderts gleichberechtigt wählen durften, wurde das bundesweite Frauenwahlrecht erst 1920 in den USA eingeführt. In Australien war dies auf Bundesebene bereits 1902 der Fall gewesen. Die mehrheitlich islamisch geprägte demokratische Republik Aserbaidschan führte die Gleichberechtigung von Frauen bei Wahlen 1919 ein – im gleichen Jahr wie Deutschland. Alle Frauen durften 1944 in Frankreich und erst 1971 in der Schweiz wählen.
Manchmal entschied auch die Hautfarbe darüber, ob man gleichberechtigt war. So waren etwa bis weit ins 20. Jahrhundert hinein in einigen Bundesstaaten der Vereinigten Staaten von Amerika (USA) „African Americans" von der politischen Teilhabe ausgeschlossen. Ein wichtiges Element der politischen Revolutionen seit dem 18. Jahrhundert waren deshalb auch immer Forderungen nach staatlich garantierten individuellen Menschen- und Bürgerrechten für alle erwachsenen Menschen.

Welche Revolutionen waren und sind aus unserer Perspektive wichtig?"

→ Kapitel 1.8, 1.10 und 1.11, S. 64–73 und 86–99

Politische Revolutionen sind in ihrer Bedeutung und in ihren Folgewirkungen unbestritten. Doch es gab in der Geschichte der Menschheit auch Umbrüche mit umfassenderen, die staatlichen Grenzen überschreitenden Auswirkungen, etwa die „Industrielle Revolution" oder die „digitale Revolution", deren globale Folgen noch gar nicht abzuschätzen sind.
Während die politischen Revolutionen grundlegende Veränderungen auf politischer und verfassungsrechtlicher Ebene anstrebten und vielfach auch durchsetzen konnten, formte die „Industrielle Revolution", ausgehend von Großbritannien im 18. Jahrhundert, Agrargesellschaften zu Industriegesellschaften um – ein Prozess, der in globaler Perspektive bis heute andauert. Zentral ist dabei der Wandel von der Handarbeit zu industriellen, maschinengestützten, arbeitsteiligen und spezialisierten Produktionsweisen. Damit verbunden war der durch existenzielle Not erzwungene Wechsel der Mehrheit der Erwerbstätigen von der Landwirtschaft in die Fabrik-Industrie, in das Gewerbe oder in Dienstleistungsbereiche. Die feudale Ständegesellschaft, bei der die Herkunft meist zeitlebens den Stand bestimmt hatte, wandelt sich zur bürgerlichen (Leistungs-)Gesellschaft. In ihr sind die Menschen rechtlich gleichgestellt und ihr sozialer Status hängt wesentlich von Bildung, Besitz, Leistung oder Beruf ab.
Weil im 18./19. Jahrhundert in manchen Ländern politische Revolutionen und Hochphasen der Industrialisierung fast zeitgleich abliefen, sprechen manche Historiker von einer „Doppelrevolution". Dieser Begriff taugt jedoch nur bedingt und ist in den Geschichtswissenschaften deswegen nicht unumstritten. Industrialisierungsprozesse und politische Revolutionen unterscheiden sich grundsätzlich und sind auch keine Voraussetzungen füreinander.

Humanismus
(von lat. humanus = menschlich) Eine Geisteshaltung, die im 14. Jahrhundert von Italien ausging. Mithilfe des Studiums der klassischen Sprachen Latein und Griechisch und der Lektüre antiker Schriften sollten die Menschen zu selbstbewussten und gebildeten Wesen werden. Humanisten schrieben den Menschen die Fähigkeit zu, sich entsprechend ihrem eigenen Willen frei zu entfalten. Dies stand im Gegensatz zu vielen europäisch-mittelalterlichen Deutungen, denen zufolge Gott jedem einen Platz zugewiesen habe.

Moderne – eine eigene Epoche?

Die Geschichte unterteilt man in größere Zeitabschnitte, „Epochen" genannt, die manchmal sogar Jahrtausende umfassen und durch gemeinsame Merkmale charakterisiert sind. Die europäische Geschichte teilen Historiker heute in vier große Epochen ein: Urgeschichte, Altertum/Antike, Mittelalter und Neuzeit. Die Festlegung von Epochen und ihren Grenzen ist immer zeitgebunden. Sie wird im Rückblick von Menschen vorgenommen, oft verbunden mit bestimmten Absichten. Als Gelehrte, die sogenannten **Humanisten**, im 15. Jahrhundert mit der Wiederentdeckung vieler antiker (griechischer und lateinischer) Schriften zu neuen Ideen angeregt wurden, glaubten sie, den Beginn einer „neuen Zeit", der „Neuzeit", ausrufen zu können. Als deren letzte Phase gilt die „Moderne", die seit dem 19. Jahrhundert fast alle wesentlichen Bereiche des Lebens tiefgreifend verändert hat – nicht nur in Europa, sondern fast überall auf der Welt.

"False alarm — it's just an *industrial* revolution."

Der US-amerikanische Karikaturist „Baloo" (Rex May) über falschen Revolutionsalarm

Modernisierung = Fortschritt?

Der Begriff „Modernisierung" kann zum einen den Wandel von einer traditionellen Agrar- zu einer Industrie- und später Dienstleistungsgesellschaft darstellen. Zum anderen kann „Modernisierung" gleichzeitig den Wandel hin zu einem freiheitlich-demokratischen Staatswesen nach westlichem Vorbild beschreiben. Der Gleichung aus der Kapitelüberschrift – „Revolutionen = Moderne" – könnte man also teilweise zustimmen. Doch bedeutet „Moderne" auch immer „Fortschritt" im positiven Sinne?

In demokratisch regierten, auf Volkssouveränität basierenden Staaten sind die individuellen Menschen- und Bürgerrechte meist gesichert. Im Gegensatz zu Diktaturen und autokratisch regierten Ländern führen demokratische Staaten auch nur selten Kriege gegeneinander („demokratischer Frieden"). Im Zuge der Industrialisierung steigen die technischen Standards und technologische Fortschritte lösen Probleme. Die Infrastruktur wird stetig ausgebaut und so der Lebensstandard erhöht. Staatliche Bildungseinrichtungen, meist verbunden mit einer Schulpflicht, ermöglichen Menschen Zugang zu Bildung und dadurch auch Aufstieg durch Leistung. Ein angestrebtes stetiges wirtschaftliches Wachstum ermöglicht oft steigenden Wohlstand für viele Teile der Gesellschaft. Ob Wohlstand freilich immer zwingend an Wirtschaftswachstum gekoppelt sein muss, wird allerdings zunehmend infrage gestellt.

Fortschritt hat auch vielfältige und gravierende negative Aspekte: Unbestritten ist, dass Industrialisierung und Wirtschaftswachstum (bisher) immer auf Kosten der Natur gehen; Umweltverschmutzung, der mit CO_2-Ausstoß verbundene Klimawandel, **Mikroplastik** sind einige beispielhafte Schlagwörter. Ob und ggf. wie sich Wirtschaftswachstum und mit Blick auf die Natur nachhaltiges Wirken verbinden lassen, diskutieren Menschen derzeit weltweit. Obwohl industrialisierte demokratische Staaten meist soziale Sicherungssysteme installieren, wird die Kluft zwischen armen und reichen Menschen doch stetig größer. Wirtschaftliche Krisen können auf wirtschaftliches Wachstum ausgerichtete Staaten massiv treffen und umfassende Krisen auslösen, etwa durch einen explosionsartigen Anstieg der Arbeitslosenzahlen. Dass Menschen- und Bürgerrechte in modernen Staaten zuweilen nur auf ausgesuchte Bevölkerungsgruppen übertragen werden, verwundert nicht. Ebenso wenig überrascht, dass der Versuch mancher moderner Staaten, ihr – doch so erfolgreiches!? – Modell der Modernisierung auf andere Länder zu übertragen, nicht immer auf Gegenliebe stößt. Modernisierung ist Fortschritt – aber auch im negativen Sinne.

Mikroplastik
Ist ein Plastikteil kleiner als fünf Millimeter, spricht man von Mikroplastik. Mikroplastik gelangt etwa durch Abrieb von Reifen oder als Bestandteil von Kosmetika in die Umwelt, kann aber auch als Produkt von Verrottung größerer Dinge aus Plastik (Tüten, Verpackungen etc.) in die Natur gelangen. Die Zunahme von Mikroplastik in der Natur gilt als höchst problematisch für Pflanzen, Tiere und Menschen.

Modernisierung: Eine lineare Entwicklung?

Dass die „Moderne" meist mit unumkehrbaren „fortschrittlichen" Entwicklungen parallelisiert wird, ist problematisch. Viele „moderne" Entwicklungen verlaufen keineswegs so linear wie angenommen. So wird beispielsweise die lange verbreitete Vorstellung von einer unaufhaltsam voranschreitenden Säkularisierung, die von der seit der Aufklärung abnehmenden Bedeutung von Religionen ausgeht, zunehmend infrage gestellt. Die **Säkularisierungsthese** kann weder die vielen neuen Konjunkturen des Religiösen im 19. und 20. Jahrhundert noch die Fluchten in esoterische Heilslehren erfassen. Die religiöse Dimension ist auch in der Gegenwart unverzichtbar, wenn man Revolutionen, Kolonialismus und Imperialismus, aber auch die Geschichte demokratischer Freiheitsideen und Menschenrechte verstehen will. Einige moderne Kriege und terroristische Aktivitäten und die damit verbundenen weltweiten Flucht- und Migrationsbewegungen lassen sich ohne die Beachtung religiöser Faktoren nicht umfassend erklären. Als nicht weniger problematisch erscheint es, zu behaupten, Modernisierung werde zwingend in allen Bereichen erfolgen und man könne sich ihr nicht entziehen. Diese Modernisierungsthese kann die Gleichzeitigkeit des Ungleichzeitigen in der Geschichte sicherlich nicht erklären. Warum halten etwa Menschen in einer modernen Welt an althergebrachten Traditionen und Religionen, die modernen naturwissenschaftlichen Denkweisen völlig widersprechen, fest? Vielleicht, weil sich die Menschen in Zeiten beispielloser, angstmachender geschichtlicher Umbrüche davon Halt versprechen.

Säkularisierung(sthese)
Die Säkularisierungsthese geht davon aus, dass seit der Aufklärung Religionen immer mehr aus dem (Alltags-)Leben verschwinden. Da Glaube und Religion nicht mit naturwissenschaftlichen Methoden erklärbar seien, müssten sie in einer rationalen Welt zunehmend und zwingend an Bedeutung verlieren.

A Revolutionstheorie

Q1

James C. Davies zur Entstehung einer Revolution

Der US-amerikanische Soziologe veröffentlichte erstmals 1962 seine Überlegungen zum Zustandekommen einer Revolution:

Revolutionen sind dann am wahrscheinlichsten, wenn eine anhaltende Periode tatsächlichen wirtschaftlichen und sozialen Wachstums von einer kurzen und schweren Rezession abgelöst wird. Derartige Ereignisse wirken sich auf das Bewusstsein der Menschen in einer bestimmten Gesellschaft aus: Während der Wachstumsperiode wird die Erwartung genährt, man sei auch zukünftig in der Lage, seine wachsenden Bedürfnisse zu befriedigen; und während der Rezession, wenn die Realität und diese optimistischen Erwartungen weit auseinanderklaffen, greifen Angst und Frustration um sich. Dabei ist der tatsächliche Stand der sozialen und ökonomischen Entwicklung weniger bedeutsam als die Erwartung, der vorangegangene Fortschritt, der nun aufgehalten ist, könne und müsse in der Zukunft fortdauern.

Politische Stabilität und Instabilität hängen letztlich von der Bewusstseinslage, von der Stimmung innerhalb einer Gesellschaft ab. [...] Armut macht mitnichten Revolutionäre aus den Menschen: im besten Fall kümmern sie sich nur um sich selbst oder um die eigene Familie – im schlechtesten Fall versinken sie in Resignation und stumme Verzweiflung. Wenn Menschen vor der Wahl stehen, ihre Ketten oder ihr Leben zu verlieren, ziehen sie es meistens vor, die Ketten zu behalten; eine Tatsache, die Marx wohl übersehen hat. Erst wenn sich die Ketten etwas gelockert haben und abgeworfen werden können, ohne dass man dabei mit hoher Wahrscheinlichkeit sein Leben verliert, kommen Menschen in eine Lage, in der Empörung möglich ist. [...]

Dass Revolutionen erst eine Periode steigender Erwartungen und dann eine Periode enttäuschter Erwartungen vorangehen muss, modifiziert sowohl die Vorstellungen von Marx als auch die von Tocqueville. Die grundlegende Idee von Marx war ja, dass Revolutionen nach einer fortschreitenden Verelendung ausbrechen, und die von Tocqueville, dass es dann zu Revolutionen kommt, wenn sich die Lebensbedingungen verbessern. Ohne eine der beiden Theorien zu verwerfen, können wir, wenn wir sozusagen Tocqueville vor Marx schieben, die Ereignisse besser skizzieren [...]. Aus dieser revidierten Vorstellung können wir zwei generelle Schlussfolgerungen ziehen. Die erste besagt: Es ist äußerst unwahrscheinlich, dass eine Revolution in einer Gesellschaft ausbricht, in der es ständig unbeschränkte Möglichkeiten gibt, neue Bedürfnisse, neue Hoffnungen, neue Erwartungen zu befriedigen. [...] Die zweite Schlussfolgerung besagt: Es ist unwahrscheinlich, dass eine Revolution dort ausbricht, wo es nicht zuvor eine Hoffnung gegeben hat – eine Periode, in der die Erwartungen angestiegen sind.

James C. Davies: Eine Theorie der Revolution. Übers. v. K. U. Mayer und W. Zapf. In: Wolfgang Zapf (Hg.): Theorien sozialen Wandels. Kiepenheuer & Witsch, Köln/Berlin 1970. S. 399–417, hier S. 400 f. und 412.

Q2

Die J-Kurve von James C. Davies

1962 visualisierte James C. Davies seine Überlegungen zur Entstehung einer Revolution, es entstand die sogenannte „J-Kurven-Hypothese“. (Die Kurve, welche die tatsächliche Bedürfnisbefriedigung darstellt, gleicht einem liegenden Buchstaben „J“.)

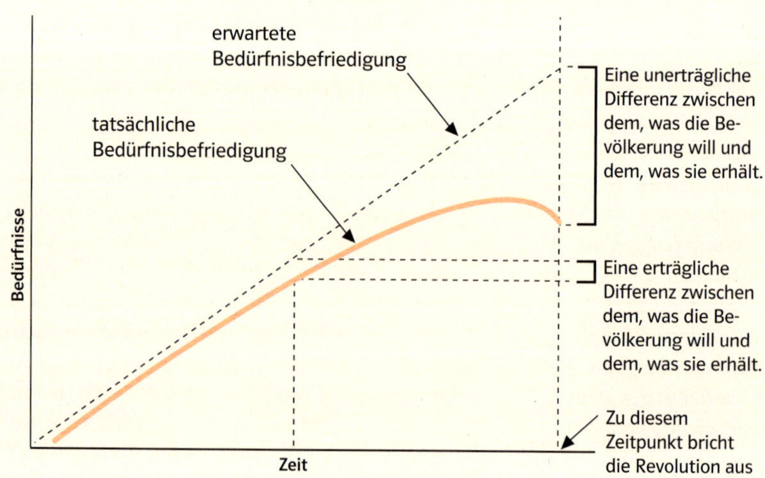

B Welche Revolutionen sind relevant?

Q3

Neolithische und Industrielle Revolution

Der italienische Historiker Carlo M. Cipolla (1922–2000) verglich die neolithische Revolution mit der Industriellen Revolution in einem Standardwerk zur europäischen Wirtschaftsgeschichte:

Die Historiker haben das Wort Revolution oft gebraucht und missbraucht, um eine radikale Veränderung zum Ausdruck zu bringen, aber keine Revolution war je so dramatisch revolutionär wie die „Industrielle Revolution" – ausgenommen vielleicht die neolithische. Beide änderten sie sozusagen den Lauf der Geschichte, denn jede bewirkte einen Bruch im geschichtlichen Ablauf. Die neolithische Revolution formte die Menschheit von einem zersplitterten Haufen wilder Jägertrupps [...] in mehr oder weniger gegenseitig voneinander abhängige landwirtschaftliche Gesellschaften um. Die Industrielle Revolution verwandelte die Menschen von Bauern und Schafhirten in Betätiger von Maschinen, welche mit lebloser Energie angetrieben wurden.

Vor der Industriellen Revolution lieferte das Tier- und Pflanzenreich den größten Teil der Energie, die der Mensch brauchte, um leben, die Art fortpflanzen und sein Auskommen finden zu können. Tausende von Jahren hatten die Jäger der Altsteinzeit von Pflanzen und erbeuteten Tieren gelebt. Von der Jungsteinzeit an lernte der Mensch, Tiere zu zähmen und Pflanzen anzubauen, ihre Qualität zu verbessern und sie nach und nach in einer rationelleren und ergiebigeren Weise zu nutzen. Zwischen den Jägern der Altsteinzeit und den Bauern der Jungsteinzeit liegt ein Abgrund: auf der einen Seite das Leben in der Wildnis, auf der anderen die Zivilisation. Jahrhundertelang blieb die Welt der Menschheit indessen eine Welt von Pflanzen und Tieren. Erst die Industrielle Revolution erschloss eine vollkommen andere Welt neuer und unberührter Energiequellen wie Kohle, Erdöl, Elektrizität und das Atom, die mittels verschiedener Mechanismen genutzt werden konnten – eine Welt, in der es dem Menschen möglich war, mit großen Energiemassen umzugehen [...]. Von einem engen technologischen und wirtschaftlichen Standpunkt aus lässt sich die Industrielle Revolution mit Fug und Recht als der Prozess definieren, durch den eine Gesellschaft die Kontrolle über riesige Quellen lebloser Energie gewann; aber eine solche Definition wird diesem Phänomen nicht gerecht, weder was die fernen Ursprünge des Phänomens selbst angeht noch was seine wirtschaftlichen, kulturellen, sozialen und politischen Auswirkungen betrifft.

Carlo M. Cipolla: Die Industrielle Revolution in der Weltgeschichte. Übers. v. Anjuta Aigner-Dünnwald. In: Carlo M. Cipolla (Hg.): Europäische Wirtschaftsgeschichte in vier Bänden. Band 3: Die Industrielle Revolution. Gustav Fischer Verlag Stuttgart/New York 1976. S. 1–10, hier S. 1.

Q4

Drei Revolutionen in der Menschheitsgeschichte

Der israelische Historiker Yuval Noah Harari (geb. 1976) sieht in den vergangenen 70 000 Jahren drei große Revolutionen:

Die Geschichte der menschlichen Kulturen wurde von drei großen Revolutionen geprägt. Die kognitive Revolution vor etwa 70 000 Jahren brachte die Geschichte überhaupt erst in Gang. Die landwirtschaftliche Revolution vor rund 12 000 Jahren beschleunigte sie. Und die wissenschaftliche Revolution, die vor knapp 500 Jahren ihren Anfang nahm, könnte das Ende der Geschichte und der Beginn von etwas völlig Neuem sein. [...]

Er [der Mensch] breitete sich von Ostafrika über den Nahen Osten nach Europa und Asien aus und kam schließlich bis nach Australien und Amerika, und überall ernährte er sich, indem er wilde Pflanzen sammelte und wilde Tiere jagte. [...] Das änderte sich vor etwa 10 000 Jahren. Damals begannen die Sapiens, ihre Anstrengungen fast ausschließlich auf die Manipulation einiger weniger Tier- und Pflanzenarten zu bündeln. Von Sonnenaufgang bis Sonnenuntergang säten sie Samen, bewässerten Pflanzen, jäteten Unkraut und führten Schafe auf saftige Weiden. Davon erhofften sie sich mehr Früchte, mehr Getreide und mehr Fleisch. Das Ergebnis war eine Revolution im Alltag der Menschen: die sogenannte landwirtschaftliche Revolution. [...]

Die historische Entwicklung, die uns nach Alamogordo und auf den Mond führte, wird als „wissenschaftliche Revolution" bezeichnet. Wenn die Menschheit während dieser Revolution einen derartigen Machtzuwachs erlebte, dann lag das daran, dass sie Ressourcen in die naturwissenschaftliche Forschung investierte. Eine Revolution ist es auch deshalb, weil die Menschheit vor dem Jahr 1500 nicht glaubte, dass sie auf medizinischem, militärischem oder wirtschaftlichem Gebiet Fortschritte erzielen konnte. Die Reichen und Mächtigen investierten zwar in Bildung und Wissen, doch dabei ging es ihnen vor allem darum, bestehende Fähigkeiten zu bewahren, und nicht darum, neue zu erwerben. Die typischen vormodernen Herrscher finanzierten Priester, Philosophen und Dichter, damit diese ihre Herrschaft legitimierten und die gesellschaftliche Ordnung aufrechterhielten. Ihre Aufgabe bestand nicht darin, neue Medikamente zu entwickeln, Waffen zu erfinden oder die Wirtschaft anzukurbeln.

In den zurückliegenden fünf Jahrhunderten glaubten dagegen immer mehr Menschen daran, dass sie zusätzliche Macht erwerben konnten, indem sie in die Forschung investierten. Das war indes kein blinder Glaube, denn es bestätigte sich überall und immer wieder. Und je mehr Beweise es gab, umso bereitwilliger investierten die Reichen und Mächtigen neue Mittel in die Wissenschaften.

Yuval Noah Harari: Eine kurze Geschichte der Menschheit. Übers. v. Jürgen Neubauer. Bundeszentrale für politische Bildung, Bonn 2013, S. 11, 101, 304, 306.

C In welchem Verhältnis stehen Moderne und Staat?

D1

„Modernitäten" statt „Moderne"?

Der deutsche Historiker Jürgen Kocka (geb. 1941) öffnet die Perspektive:

Das 19. Jahrhundert als die ‚Epoche der klassischen Modernisierung'? Es wäre in der Tat unschwer möglich, die meisten der vorn analysierten Veränderungen – Durchsetzung der Marktwirtschaft, Industrialisierung, demographischer Übergang, Mobilitätszunahme, Territorialisierung, Konstitutionalisierung und beginnende Demokratisierung der politischen Herrschaft, die Bewegung von Stand zu Klasse, Individualisierung, die Durchsetzung eines empirisch-analytischen Verständnisses von Wissen u. a. – mit einem Modell der Modernisierung und ihrem Resultat, der Moderne, in Verbindung zu bringen. [...] Wenn man das 19. Jahrhundert als Epoche der klassischen Modernisierung versteht, wird man deren Janusköpfigkeit ernst nehmen und kann man versuchen, mit expliziten Bewertungen Zugewinn und Verluste zu bilanzieren. Man ist auf Krisen gefasst, von Anfang an, man unterstellt keine lineare Entwicklung und keine scharfen Zäsuren am Anfang und am Ende der Epoche. Man weiß, dass die Modernisierung der verschiedenen Wirklichkeitsbereiche nicht zeitgleich, sondern zeitversetzt verlief, mit unterschiedlichen Tempi, aber mit Wechselwirkungen zwischen Ökonomie, Verfassung, Sozialstruktur und Kultur. ‚Partielle Modernisierungen' waren die Regel, tiefe Spannungen und Krisen die Folgen. Im internationalen Vergleich zeigen sich die ausgeprägtesten Varianten; manche ziehen daher heute die Pluralform vor und sprechen von ‚modernities', von ‚Modernitäten'.

Jürgen Kocka: Das lange 19. Jahrhundert. Arbeit, Nation und bürgerliche Gesellschaft. Gebhardt – Handbuch der deutschen Geschichte, Band 13. Klett Cotta, Stuttgart 2001. S. 150153

D2

Stärkung von Tradition durch die Moderne?

Der britische Historiker Sir Christopher Alan Bayly (1945–2015) über Perspektivenwechsel in der Geschichtsschreibung:

Historiker tun etwas für ihren Arbeitsplatz, indem sie etwa einmal pro Generation die allgemein anerkannten Einsichten über den Haufen werfen. Die Aufgabe ist normalerweise recht leicht zu bewältigen, weil jede Geschichtsschreibung immer eine Frage der Gewichtung ist. Vor 30 Jahren konnten Sozial- und Wirtschaftshistoriker und sozialistische Autoren zu Recht auf das gewaltige Wachstum von Industriestädten und die internationale Arbeitsteilung verweisen, die sich beide im 19. Jahrhundert vollzogen. Aber mit dem gleichen Recht können heutige Historiker darauf verweisen, dass die meisten Menschen auf der Erde im Jahr 1900 Kleinbauern waren, so wie sie es einhundert Jahre zuvor gewesen waren und dass ihr Lebensstandard und die Systeme der Unterordnung, unter denen sie sich abmühten, weitgehend ähnlich blieben, wenn sie sich nicht tatsächlich sogar verschlechterten.

Eine Möglichkeit, aus dieser Sackgasse herauszukommen, besteht darin, nicht nur zu fragen, was sich im Laufe dieses Jahrhunderts veränderte und was sich nicht verändert, sondern auch, warum zugelassen wurde, dass bestimmte ältere Praktiken, politische Strukturen und Hierarchien – gemeint sind durch kulturelle Werte legitimierte System der Unterordnung – überdauerten. Was boten diese älteren Systeme weiterhin in einer Epoche, von der sich schwerlich leugnen lässt, dass es bereits ein recht starkes Bevölkerungswachstum, den Aufschwung des Industriekapitalismus, Demokratie und den modernen Staat gab? [...] Ein Teil der Antwort lautet, dass Politiker und Eliten sich gerade deshalb für den Fortbestand der älteren Systeme entschieden, weil diese Systeme nach wie vor halfen, eine Welt von Beziehungen zusammenzuhalten, die einheitlicher, aber auch komplexer wurden. Gleichzeitig kann die Tatsache des Fortbestands älterer Systeme nicht in allen Fällen vom „funktionalen" Standpunkt aus erklärt werden. Manchmal bestanden Hierarchien und offensichtlich überflüssige Überzeugungen fort oder wurden wiederhergestellt, einfach weil die Menschen sie schätzten. [...]

[Es trifft zu], dass viele ältere Formen und Darstellungen von Macht und Souveränität sich angesichts des Wandels als besonders unverwüstlich erwiesen. Und zwar weil sie inmitten der durch Industrialisierung, Großmachtexpansion und den Aufstieg des Staates ausgelösten Veränderungen weiterhin gesellschaftliche, politische und emotionale Aufgaben erfüllten. Die alten höchsten Gewalten beugten sich angesichts dieser Veränderungen und stellten sich in Bezug auf sie neu auf. Deshalb wurden diese Kontinuitäten paradoxerweise durch den Wandel selbst gestärkt.

Christopher A. Bayly: Die Geburt der modernen Welt. Eine Globalgeschichte 1780–1914. Übers. v. Thomas Bertram und Martin Klaus. Campus Verlag, Frankfurt am Main 2006. S. 494, 537.

Arbeitsvorschläge

Arbeitsvorschlag zum darstellenden Teil

1. Arbeiten Sie die Merkmale und unterschiedlichen Formen von Revolutionen heraus. [II]

A Revolutionstheorie

2. Arbeiten Sie aus Q 1 die Thesen von James C. Davies zum Ausbruch einer Revolution heraus. [I]
3. Erläutern Sie mithilfe von Q 2 die Ursachen, die laut James C. Davies zum Ausbruch einer Revolution führen. [II]
4. Bewerten Sie die Tragfähigkeit einer Visualisierung komplexer historischer Zusammenhänge am Beispiel der J-Kurve von James C. Davies (Q 2). [III]
5. Überprüfen Sie an einer politischen Revolution Ihrer Wahl die Thesen von James C. Davies (Q 1, Q 2). [III]

B Welche Revolutionen sind relevant?

6. Arbeiten Sie aus Q 3 die grundlegenden Thesen von Carlo M. Cipolla heraus. [II]
7. Beurteilen Sie, ob es tatsächlich nur die beiden von Carlo M. Cipolla genannten Revolutionen waren, die „den Lauf der Geschichte" änderten. [III]
8. Nennen Sie die drei von Yuval Noah Harari genannten großen Revolutionen in der Menschheitsgeschichte (Q 4). [I]
9. Legen Sie eine Tabelle an, in der Sie Merkmale der von Yuval Noah Harari genannten großen Revolutionen vergleichen. Überprüfen Sie dann, wie die von Carlo M. Cipolla angeführten Revolutionen in die Tabelle integriert werden können und ergänzen Sie die Tabelle entsprechend (Q 3, Q 4). [II/III]
10. Analysieren Sie die Karikatur auf S. 13. Überprüfen Sie, inwiefern die „Industrielle Revolution" tatsächlich eine potenzielle Gefahr für einen (absolutistischen) Herrscher darstellen könnte. [II/III] ○

C In welchem Verhältnis stehen Moderne und Staat?

11. Erklären Sie ausgehend von einer schematischen Darstellung der US-amerikanischen Verfassung auf S. 82 das Prinzip der „Volkssouveränität". [II]
12. Beurteilen Sie, ob es sich bei der US-amerikanischen Verfassung um eine „moderne" Verfassung handelt. [III]
13. Nennen Sie Kennzeichen der „Moderne" und erläutern Sie den Prozess der „Modernisierung" (D 1, D 2). [I/II]
14. Überprüfen Sie ausgehend von D 1, ob es angemessener ist, von „Modernitäten" statt von der „Moderne" zu sprechen. [III]
15. Erklären Sie, was manche Historikerinnen und Historiker mit der „Doppelrevolution des 19. Jahrhunderts" meinen. [II]
16. Erklären Sie die These des Historikers Christopher Alan Bayly, die Modernisierung habe zur Bewahrung von Traditionen beigetragen (D 2). [II]
17. Vergleichen Sie die „Säkularisierungsthese" mit der These von Christopher A. Bayly, Modernisierung habe zur Bewahrung von Traditionen beigetragen, und nehmen Sie Stellung zu der Frage, welcher These zuzustimmen ist (D 2). [II/III]

Übergreifende Arbeitsvorschläge

18. Weder Carlo M. Cipolla (Q 3) noch Yuval Noah Harari (Q 4) führen in ihren Texten politische Revolutionen an. Beurteilen Sie ausgehend davon, ob politische Revolutionen tatsächlich derart unbedeutend für die Menschheit waren und sind. [III]
19. Informieren Sie sich über die „digitale Revolution" und gestalten Sie einen knappen Lexikoneintrag. Beurteilen Sie dann, ob die „digitale Revolution" einst denselben Stellenwert wie die „neolithische Revolution", die „wissenschaftliche Revolution" und die „Industrielle Revolution" haben wird. [II/III] ○

Online- und Differenzierungsmaterialien zu Kapitel 1.1
○ Arbeitshilfen zu den Aufgaben 10 und 19

Online-Code: t4g2p3

E Erweiterungsband
Kapitel 1.2, S. 24–35

1.2 Nationalismus, Liberalismus – und der Versuch einer Revolution von unten

Noch heute werden politische Parteien oft in Kategorien wie „liberal", „konservativ" oder „sozialistisch" eingeteilt. Doch woher stammen diese Kategorien? Welche gesellschaftspolitischen Vorstellungen vertraten Liberale, Konservative und andere politische Bewegungen im 19. Jahrhundert und veränderten damit nicht nur die europäische Staatenwelt? Noch heute bezeichnen sich viele Parteien, Politiker oder Bürger als liberal oder konservativ, doch wie übertragbar sind solche Kategorien in unsere gegenwärtige Welt?

Audio
Podcast Frühliberalismus
n3z7nm

Grundlagen des frühen Liberalismus

Der Liberalismus war von Anfang an ein Sammelbegriff für unterschiedliche Vorstellungen und ging in seinen Frühformen bis in die zweite Hälfte des 17. Jahrhunderts zurück. Er stellte die jahrhundertealte Gesellschaftsordnung des **Feudalismus** und die absolutistische Staatsordnung infrage. Weder sollte der Mensch in seiner persönlichen Freiheit an einen feudalen Lehnsherrn gebunden sein, noch durfte die politische Macht allein bei einem absolutistischen Monarchen konzentriert sein. Vertrauend auf die Vernunft des Menschen musste aus liberaler Perspektive die individuelle Freiheit des Einzelnen die wichtigste Grundlage einer Gesellschaft sein. Jeder Bürger solle so leben können, wie es seinen Vorstellungen entsprach und dabei nicht die Freiheit anderer verletzte. Dies bedeutete zugleich Verantwortung für den Einzelnen, der letztlich selbst „seines Glückes Schmied" sei, also in der ihm zustehenden Freiheit in Eigenverantwortung sein Leben selbst gestalten müsse. Der Staat an sich wurde dabei nicht abgelehnt, doch wurde diesem die Rolle des Garanten für die persönliche Freiheit und des persönlichen Eigentums sowie für Rechtsgleichheit und Rechtssicherheit des Einzelnen zugewiesen. Im Zweifelsfall würde der Schutz der individuellen Freiheit des Einzelnen, aber auch vor den übergeordneten Interessen der kollektiven Gemeinschaft stehen. Als Grundvoraussetzungen dafür sahen Liberale ganz im Sinne der Aufklärung die Meinungs-, Glaubens- und Gewissensfreiheit, das heißt auch ohne religiöse Beschränkungen und ohne staatliche Eingriffe in die Möglichkeiten von Bildung und Wissenschaft.

→ Q3, Q4, S. 22 f.

Über die Frage, wie diese Ziele zu erreichen sind, spaltete sich der politische Liberalismus in den Jahrzehnten nach der Französischen Revolution. Die gemäßigten Liberalen strebten zunächst nach der Verwirklichung der persönlichen Freiheitsrechte. Dafür schien es vereinbar, den absolutistischen Staat durch Einführung einer bürgerlich-liberalen Verfassung in eine konstitutionelle Monarchie umzuwandeln. Die Gemäßigten sahen oft in einer Zusammenarbeit mit Industriellen und wohlhabenden Kaufleuten die einzig realistische Voraussetzung, um die liberalen Ziele Schritt für Schritt umzusetzen. Dem stand der demokratische Radikalismus gegenüber, der einen völligen Umbau der Gesellschaft und die sofortige Abschaffung der Monarchie zugunsten einer Republik anstrebte. Auch sahen viele Radikale die wirtschaftliche Ungleichheit und die Armut, insbesondere unter der Landbevölkerung, als Kernproblem für zentrale Grundprobleme, die in einer Kooperation mit reichen Vertretern der Wirtschaft nicht lösbar seien. Eine Frage, die sich durch beide Lager zog, war, wer in die politische Mitsprache eingebunden werden sollte. Grundsätzlich sprach der Liberalismus allen Menschen unabhängig von ihrem Stand und ihrer Herkunft die gleichen politischen Rechte zu. Ein großer Teil der Liberalen wollte jedoch die politische Partizipation an eine solide Elementarbildung als grundsätzliche Voraussetzung binden. Da dieses aber nur für einen kleinen Teil der Bevölkerung gegeben war, favorisierten liberale Politiker wie der Engländer John Mill zunächst eine repräsentative Demokratie auf Basis eines **Mehrklassenwahlrechts**. Dieses sollte gebildeten Schichten ein stärkeres Gewicht geben. Uneinigkeit bestand auch in diesem Falle darüber, inwiefern dies auch für gebildete Frauen gelten sollte.

John Stuart Mill (1806–1873)
englischer Philosoph, Ökonom, liberaler Politiker und Sozialreformer, arbeitete ab 1823 für die Ostindische Handelsgesellschaft

Q1

„Der Denkerclub"
anonyme deutsche Karikatur der 1820er-Jahre

Das traditionell Gute bewahren – der Konservatismus

Audio
Podcast Konservatismus
n3z7nm

Frühliberale Ideen eines individualistischen Freiheitsgedanken und der rationale, antireligiöse Vernunftgedanke der Aufklärung riefen natürlich auch eine Gegenbewegung hervor. Spätestens der Terror und die gesellschaftlichen Umwälzungen der Französischen Revolution erschienen vielen als Bedrohung der tragenden Fundamente von Staat und Gesellschaft, von Recht und traditioneller Ordnung.

Der Begriff „konservativ" entstand als politischer Begriff um 1800 in England und Frankreich und bedeutete, etwas zu erhalten und zu bewahren. Grundgedanke für eine Gesellschaftsordnung war die Vorstellung, dass diese auf alten christlich-religiösen Werten sowie auf den Erfahrungen vieler Generationen bzw. bewährten Traditionen basieren musste. Anders als die Aufklärung und der Liberalismus ging das konservative Denken von einer natürlichen Ungleichheit der Menschen aus. Die durch Brauchtum, Religion und alte Bindungen geprägte Gemeinschaft stand in der konservativen Vorstellung im Zweifelsfall über dem egoistischen Streben des Individuums. Dabei wurde die Notwendigkeit von Fortschritt nicht infrage gestellt. Reformen sollten jedoch nicht abrupt in radikaler Form, sondern in kontinuierlichem Abgleich mit bewährten Erfahrungen durchgeführt werden. Viele konservative Denker wie Edmund Burke hegten grundsätzlich eine tiefe Skepsis gegenüber abstrakten politischen Theorien wie dem Liberalismus oder Sozialismus. Stattdessen wurden der gesunde Menschenverstand, altbewährte Anschauungen und das jeweils bestehende Wertesystem hervorgehoben.

Edmund Burke (1729–1797)
irisch-britischer Staatsphilosoph und Politiker, gilt als einer der geistigen Väter des Konservatismus

In der Frage des Staatsverständnisses entwickelte sich der Konservatismus im englisch-amerikanischen Raum und in Kontinentaleuropa allerdings sehr unterschiedlich. Im kontinentaleuropäischen Konservatismus wurde dem Staat eine große, ja zentrale Ordnungsfunktion zugeschrieben, der zufolge der Staat die Gesellschaft vor egoistischen Einzelinteressen bewahren müsse. Der Staat wurde als zentraler Ort für politische Machtausübung und Entscheidungen angesehen. Er gestaltet die allgemeingültige Ordnung für das gesellschaftliche Leben und schützt das Eigentum der Bürger.

Auch anglo-amerikanische Konservative sahen die alten religiösen und traditionellen Werte als Basis für das gesellschaftliche Leben. Dem Staat jedoch wurde eine wesentlich geringere Rolle zugeschrieben. Er sollte sich, so die Konservativen, weitgehend auf den Schutz

Michail Bakunin (1814–1876)
russischer Anarchist, einer der führenden Denker des frühen Anarchismus, Teilnahme an der 1848er-Revolution in Paris, Prag und Dresden

Deutscher Bund
auf dem Wiener Kongress 1815 gegründeter Staatenbund aus über 40 Einzelstaaten in Mitteleuropa

Aachener Kongress
Zusammentreffen der Monarchen/Regierungschefs von Österreich, Preußen, Russland Frankreich und Großbritannien vom 29.09.–21.11.1818 in Aachen. Sie berieten Maßnahmen zur Bekämpfung revolutionär-demokratischer Bewegungen in Europa.

Karlsbader Beschlüsse
Konferenz im böhmischen Kurort Karlsbad (6.–31.08.1819) von Vertretern der Staaten des Deutschen Bundes bzgl. Maßnahmen gegen liberale und nationale Bewegungen. Hintergrund war u.a. die Ermordung des russ. Generalkonsuls Kotzebue am 23. März 1819 durch einen Burschenschaftler.

der allgemeinen Interessen nach außen beschränken. Stattdessen wurde das Individuum als zentrale ordnungsstiftende Instanz gesehen, vorausgesetzt, dieses handelt dabei auf Basis der gemeinsamen traditionellen Wertvorstellungen. Dazu zählte auch die individuelle Verantwortung, den eigenen wirtschaftlichen Erfolg auch für soziales Engagement zum Wohle der Mitbürger einzusetzen.

Frühsozialismus und Anarchismus

Auch wenn Liberalismus und Konservatismus zu den beiden zentralen politischen Strömungen im Europa des 19. Jahrhunderts gehörten, so standen sie doch nicht allein. Die Basis für den frühen Sozialismus bildete das wachsende Elend der unter der Konkurrenz der beginnenden Industrialisierung leidenden kleinbürgerlichen Handwerker und Händler sowie der zahlenmäßig wachsenden Arbeiterschaft frühindustrieller Betriebe. Im Kern stand zunächst die Schaffung einer gerechten Wirtschaftsordnung, wodurch der Frühsozialismus sich in erster Linie als Gegenmodell zum Kapitalismus entwickelte. Es galt die Ausbeutung der besitzlosen Arbeiterschaft zu beenden sowie wirtschaftliche Krisen infolge von Spekulationen und Konkurrenzkämpfen zu verhindern. Dieses Ziel sollte durch eine Abschaffung des Privateigentums an allen Produktionsmitteln zugunsten gemeinschaftlicher Genossenschaften erreicht werden. Die zentralen Wirtschaftsbereiche sollten durch eine landesweite, idealerweise weltweite Planwirtschaft ersetzt werden, um Konkurrenzdenken als Grundlage für wirtschaftliche Krisen zu unterbinden.
Einen radikaleren Weg schlug der Anarchismus ein, der sich parallel zum Sozialismus entwickelte. Im Kern der anarchistischen Lehre wurde die Auflösung aller hierarchischen Strukturen gefordert. Jedem Menschen, ob Mann oder Frau, müsse die vollste individuelle Freiheit gewährt werden. Politische, soziale und wirtschaftliche Fragen sollten auf Basis kleiner kollektiver Selbstverwaltungsorgane (Kommunen) entschieden werden, die sich bei Bedarf befristet zu größeren, überregionalen Organen (Syndikaten) zusammenschließen könnten. Ein staatlicher Überbau wurde als Einschränkung der freiheitlichen Selbstbestimmung ebenso abgelehnt wie die sozialistische Vorstellung der arbeitenden Menschen als gemeinschaftliche „Klasse". Spätestens in den 1870er-Jahren kam es zum weitgehenden Bruch zwischen beiden Strömungen. Einige Anarchisten radikalisierten sich Ende des 19. Jahrhunderts und versuchten durch Attentate gegen Monarchen, Minister oder erfolgreiche Industrielle die bestehende Ordnung zu destabilisieren. Auch wenn der Anarchismus zahlenmäßig deutlich hinter dem Sozialismus zurückblieb, so spielte er doch weltweit in vielen Arbeiterbewegungen und Revolutionen immer wieder eine nicht unbedeutende Rolle.

Politische Reformbewegungen nach dem Wiener Kongress

Die Französische Revolution und die napoleonische Herrschaft hatten in vielen europäischen Ländern die liberalen Kräfte bestärkt, den meist absolutistisch herrschenden Monarchien Verfassungen abzuringen. Dieser Einfluss war sogar über den Atlantik zu spüren, wo verschiedene republikanische Bewegungen die spanische Kolonialherrschaft zum Einsturz brachten und bis Ende der 1830er-Jahre zur Gründung verschiedener süd- und mittelamerikanischer Staaten führten.
In Europa und im 1815 gegründeten **Deutschen Bund** verbanden sich nach 1815 nicht selten liberale Vorstellungen mit jungen nationalen Strömungen und sozialen Protestbewegungen. Allerdings radikalisierten sich im Gegenzug auch die konservativ-traditionalistischen Gegenkräfte, die dabei selten mit der Unterstützung der Großmächte rechnen konnten. So vereinbarten Österreich, Russland, Großbritannien, Preußen und Frankreich auf dem **Aachener Kongress** 1818 und die Vertreter des Deutschen Bundes in den **Karlsbader Beschlüssen** 1819 eine Zusammenarbeit in der Bekämpfung revolutionär-demokratischer Bewegungen, die auch eine strenge Überwachung des geistigen Lebens und der Universitäten einschloss. Besonders unter dem österreichischen Staatskanzler Fürst von Metternich wurde der Freiraum für politische Betätigung des Bürgertums in den meisten deutschen Staaten er-

Georg Büchner (1813–1837)
hessischer Schriftsteller, Naturwissenschaftler und Revolutionär, zählt zu den bedeutendsten liberalen Literaten des Vormärz

heblich eingeschränkt. Die zunehmende Bespitzelung und verschärfte Zensur veranlasste kritische Intellektuelle wie die Schriftsteller Heinrich Heine und Georg Büchner oder den Gesellschaftstheoretiker Karl Marx zur Emigration.

Besonders in Südeuropa nahmen gewaltsame politische Auseinandersetzungen zu. So bekämpften sich in Spanien und Portugal Liberale, Republikaner und Sozialisten einerseits und traditionelle, katholische Monarchisten andererseits immer wieder offen in Bürgerkriegen. Auch in den italienischen Staaten kam es seit den 1820er-Jahren wiederholt zu Unruhen, wobei sich dort die liberale und republikanische Opposition zu zwei wichtigen, wenn auch konkurrierenden Pfeilern der nationalen Einheitsbewegung entwickelten. Liberale Ideen hatten aber auch Einfluss auf die wachsenden national motivierten Widerstandsbewegungen in Polen, Ungarn, Belgien oder in Griechenland.

Eine bessere Ausgangsbasis bot sich dem liberalen Bürgertum in England. Dort zählten die sogenannten **Whigs** seit Ende des 17. Jahrhunderts zu den wichtigen politischen Kräften. Ihre Forderungen nach einer Stärkung des Parlaments und einem konsequenten Freihandel prägten maßgeblich das politische Leben Großbritanniens. In zwei Reform Acts setzten sie 1832 und 1867 eine Ausweitung des Wahlrechts zugunsten des besitzenden, männlichen Bürgertums durchs.

Whigs
Anhänger einer von zwei Fraktionen im britischen Parlament zwischen den 1680er- und 1850er-Jahren. Die Whigs traten für einen politischen und wirtschaftlichen Liberalismus ein. 1859 schlossen sie sich der Liberal Party an.

Die französische Juli-Revolution 1830

In Frankreich, wo 1815 eine konstitutionelle Monarchie eingeführt worden war, herrschte seit 1824 Karl X. Dieser bemühte sich, möglichst viele Zugeständnisse rückgängig zu machen, die 1815 dem liberalen Bürgertum gegeben worden waren. Als er aber im Juli 1830 die Pressefreiheit weitgehend aufzuheben versuchte und Änderungen des Wahlsystems zuungunsten des liberal-republikanischen Bürgertums durchzusetzen versuchte, kam es zu blutigen Barrikadenkämpfen in Paris. Nach wenigen Tagen befand sich Paris in der Gewalt der Aufständischen, woraufhin Karl X. abdanken musste. Trotzdem wurde die Hoffnung der unterprivilegierten Schichten, die eine republikanische Staatsform anstrebten, enttäuscht. Die gemäßigten liberal-großbürgerlichen Kräfte setzten sich durch. Das Parlament wurde fortan in seinen Rechten erheblich gestärkt, doch blieb die konstitutionelle Monarchie erhalten. Neuer König wurde der bürgernahe Adlige Louis Philippe.

Die Folgen der Juli-Revolution in Europa

→ **Q6**, S. 24

Die Ereignisse in Paris strahlten auch auf andere Regionen Europas aus, wo sich Widerstand von Liberalen und Demokraten formierte und oft mit sozialen Konflikten verband. So kam es in mehreren deutschen und italienischen Staaten zu revolutionären Unruhen, zum Beispiel in Sachsen, Braunschweig, Hannover und dem Kurfürstentum Hessen. Teilweise wurde dort, wie in Sachsen, eine konstitutionelle Verfassung erzwungen. In Polen und Belgien eskalierte das aufgestaute Konfliktpotenzial nun zu offenen Aufständen gegen die russische beziehungsweise niederländische Oberherrschaft.

Wie stark die europäischen Liberalen vernetzt waren, zeigte sich 1832 bei mehreren liberalen Treffen. Bekannt wurde besonders das Hambacher Fest mit 25 000–30 000 Teilnehmern, darunter Liberale aus vielen europäischen Ländern. In den zahlreichen Festreden wurde eine Neuordnung Europas auf der Basis gleichberechtigter und freier Völker gefordert. Noch einmal gelang es allerdings den Fürsten, durch Repressionen und noch strengere Überwachung die liberalen Bewegungen niederzuhalten.

A Die politischen Prinzipien des Frühliberalismus

Q2

Was heißt liberal?

Der badische Politiker Carl Wenzeslaus von Rotteck (1775–1840) schrieb für ein Lexikon einen Artikel über „Liberalismus":

Der Liberalismus ist es dann, der den erwachten Geist der Freiheit auf vernünftige Prinzipien zurück- und seinem höheren Ziel entgegenführt, oder, wo er noch schlummert, durch bildende Institutionen und durch Aufklärung des Volks über seine Rechte und Interessen ihn zu wecken sucht. […]
Wenn an die Stelle des Gesamtwohls das egoistische Sonderinteresse eines einzelnen Gewalthabers, einer herrschenden Partei oder einer bevorrechteten Kaste sich gesetzt hat, so leitet der Liberalismus den Staatszweck wieder auf das zurück, was die Gesamtheit in ihrem vernünftigen Interesse will oder wollen muss, und diesen Staatszweck sucht er mit möglichst geringer und möglichst gleicher Beschränkung der Freiheit Aller zu erreichen. Eben deshalb bleibt auch sein letztes Ziel, auf dem Wege naturgemäßer Entwicklung des Volkslebens die Stufe zu erreichen, auf welcher die höchste und die gleichste Freiheit Aller möglich ist. Welcher Grad von Freiheit und von Gleichheit aber möglich sei, ohne die vernünftigen Zwecke des Staats, und namentlich den, alle andern Staatszwecke bedingenden, der friedlichen Koexistenz der Staatsgenossen zu gefährden oder zu vereiteln, ist nach der Verschiedenheit des Nationalcharakters, der Kulturperiode und der übrigen Momente des Volkslebens sehr verschieden. […]
Dass unter dem gleichen Rechte und der gleichen Freiheit Aller, welche der Liberalismus fordert, nicht die äußerliche Gleichheit von Besitz und Macht gemeint sein könne, indem Rechtsgleichheit himmelweit verschieden ist von materieller Gleichheit des Besitzes, und die bleibende Durchführung der letzteren ohne einen die Freiheit des Verkehrs, des Eigentums und der Verträge vernichtenden Despotismus gar nicht denkbar wäre, – dies wird zwar allmählich von den Gegnern des Liberalismus ebenso gut, als von den Liberalen selbst eingesehen. […]
Der Liberalismus behauptet zwar, dass bei der Entscheidung *gemeinsamer* Angelegenheiten dem Willen der Mehrzahl von Rechtswegen der Vorzug vor dem Willen der Minderzahl gebühre; aber sein oberstes Rechtsprinzip ist nicht unbedingte, willkürliche Herrschaft der Majorität, sondern die möglich größte gleiche Freiheit Aller. Für ungerecht erklärt er insbesondere jede Mehrheitsentscheidung, welche die Minderheit gegen ihren Willen nach einem anderen Gesetz behandelt, als nach demjenigen, welches die Mehrheit auch für sich als bindend aufstellt, und für unbedingt verwerflich gilt ihm jeder Majoritätsbeschluss, der dem Moralgesetze zuwiderläuft. […]

Carl von Rotteck: Staats-Lexikon. Band 9. Hammerich, Altona 1840, S. 713–716.

Q3

Unterschiede im Verfassungsverständnis

Der Politiker Friedrich von Gentz (1764–1832) schrieb 1819:

1. Definition
Landständische Verfassungen sind die, in welchen Mitglieder oder Abgeordnete durch sich selbst bestehender Körperschaften ein Recht der Teilnahme an der Staatsgesetzgebung überhaupt oder einzelnen Zweigen derselben die Mitberatung, Zustimmung, Gegenvorstellung oder in irgendeiner anderen verfassungsmäßig bestimmten Form ausüben.
[…]
Repräsentativ-Verfassungen hingegen sind solche, wo die zur unmittelbaren Teilnahme an der Gesetzgebung und zur unmittelbaren Teilnahme an den wichtigsten Geschäften der Staatsverwaltung bestimmten Personen, nicht die Gerechtsame und das Interesse einzelner Stände, oder doch diese nicht ausschließend vertreten, sondern die *Gesamtmasse des Volkes* vorzustellen berufen sind.
2. Grundcharakter
Landständische Verfassungen ruhen auf der natürlichen Grundlage einer wohlgeordneten bürgerlichen Gesellschaft, in welcher ständische Verhältnisse und ständische Rechte aus der eigentümlichen Stellung der Klassen und Korporationen[1], auf denen sie haften, hervorgegangen und im Laufe der Zeiten gesetzlich modifiziert ohne Verkürzungen der wesentlichen landesherrlichen Rechte bestehen.
Repräsentativ-Verfassungen sind stets in letzter Instanz auf dem verkehrten Begriff von einer *obersten Souveränität* des Volkes gegründet und führen auf diesen Begriff, wie sorgfältig er auch versteckt werden mag, notwendig zurück.
Daher sind landständische Verfassungen ihrer Natur nach der Erhaltung aller *wahren* positiven Rechte und *aller wahren* im Staate möglichen Freiheiten günstig.
Repräsentativ-Verfassungen hingegen haben die beständige Tendenz, das Phantom der sogenannten *Volksfreiheit* (d. h. der *allgemeinen Willkür*) an die Stelle der bürgerlichen Ordnung und Subordination[2] und den Wahn allgemeiner *Gleichheit der Rechte*, oder, was *um nichts besser ist*, allgemeine Gleichheit vor *dem Rechte*, an die Stelle der *unvertilgbaren, von Gott selbst gestifteten Standes- und Rechtsunterschiede* zu setzen.

Wichtige Urkunden für den Rechtszustand der deutschen Nation, mit eigenhändigen Anmerkungen von Johann Ludwig Klüber, aus dessen Papieren mitgeteilt geteilt und erläutert von C. Welcker. 2. Aufl., Bassermann, Mannheim 1845, S. 213–215.

1 Gemeint sind berufsständische Zusammenschlüsse von Handwerkern (Zünften), Juristen, Medizinern und anderen Berufen.
2 Subordination = Unterordnung, Zuordnung

Q4

„Der Anti-Zeitgeist" und „Der Zeitgeist", Johann Michael Voltz, 1819 und 1819/20

a) Der „Anti-Zeitgeist" mit Perücke und aristokratischer Kleidung reitet auf einem Stammbaum, welcher bei Adam beginnt.

b) Der „Zeitgeist" trägt altdeutsche Kleidung sowie wilde Bart- und Haartracht, Zeichen einer nationalen und rebellischen Gesinnung.

Weitere Bildelemente und ihre Bedeutung sind: Bocksbeine und Drachenflügel (Symbole des Teufels), Esel (Symbol der Dummheit und Sturheit), Falke (Symbol der höfischen Lebensart), Fledermaus und Eule (Symbole der Nacht), Kranz aus Eichenlaub (Symbol des Sieges), Kröte und Molch (Symbole des Bösen), rote Mütze (Symbol der Freiheit, aber auch der radikalen Revolution), Sonne und (Kerzen-)Flamme (Symbole der Aufklärung) sowie Waage (Symbol der Gerechtigkeit).

Q5

Der liberale Begriff der Konstitution (Verfassung)

In einer Flugschrift der Frankfurter Union aus dem Frühjahr 1834 heißt es:

Konstitution ist lateinisch und heißt wörtlich: Zusammenstellung, dann auch Feststellung, Einrichtung. Gewöhnlich übersetzen wir's: Verfassung. […] wenn in neuerer Zeit in Europa die Völker nach einer Konstitution verlangt haben, so haben sie damit eine Beschränkung der fürstlichen Gewalt gemeint. Durch die festgestellte Schranke hofften sie, gegen den Missbrauch dieser Gewalt gesichert zu werden. Diejenigen, welche eine beschränkte Fürstengewalt wollen, nennen sich darum Konstitutionale (Verfassungsmänner, Verfassungsfreunde), und eine beschränkte Fürstengewalt oder ein Reich mit beschränkter Fürstengewalt heißt konstitutionelle Monarchie. Es gibt Leute, welche die konstitutionelle Monarchie für die beste Verfassung halten […]. Vernunft und Erfahrung aber zeigen, dass sie erbärmlich ist. Die Konstitutionen in Europa sind, was man sagt, ein

neuer Lappen auf ein altes Kleid geflickt. Das alte Kleid, die Zwangsjacke, ist die unbeschränkte Fürstenherrschaft (Despotismus, von seinen Liebhabern Monarchie genannt). Der neue Lappen ist ein armseliges Stückchen von Volksfreiheit. In allen europäischen sogenannten Konstitutionen, welche den Fürsten abgebettelt oder abgenötigt werden, steht der unsinnige Grundsatz fest: Alle Gewalt gehört den Fürsten (das ist das monarchische Prinzip), und an dieser Gewalt lässt der Fürst das Volk in einem gewissen (sehr geringen) Grad teilnehmen. Die gesunde Vernunft hingegen sagt, dass alle Gewalt dem Volk gehört und dass der Fürst nur aus Auftrag und genau nach dem Willen des Volkes diese Gewalt auszuüben hat. Die konstitutionelle Monarchie, wie wir sie in Deutschland vor Augen haben, widerstreitet also der gesunden Vernunft. Aber auch die Erfahrung beweist ihre Nichtswürdigkeit.
Es ist also eitel Trug und Täuschung mit den Schranken der Willkür in der konstitutionellen Monarchie. Ein Ungetüm von Fürsten kann das ganze Volk zum Narren halten, kann Bürger, die ihm missfallen, ermorden und das alles, ohne die Konstitution zu verletzen, ohne aufzuhören, heilig und unverletzlich zu heißen. – Verflucht sei darum der, welcher die konstitutionelle Monarchie preist, welcher den Namen Freiheit entweiht, indem er sie konstitutionell nennt. Es gibt keine Freiheit außer der echten Republik.

Hartwig Brandt (Hrsg.): Restauration und Frühliberalismus: 1814–1840. WBG, Darmstadt 1979, S. 436–439.

Q6

Verteidigung der Republik

Der Jurist und politische Journalist Philipp Jakob Siebenpfeiffer (1789–1845) gehörte zu den Organisatoren des Hambacher Festes. Er wurde im Juni 1832 verhaftet und in Landau vor Gericht gestellt. Seine Verteidigungsrede veröffentlichte er später im Schweizer Exil:

Die sogenannte konstitutionelle Monarchie, offenbar der Idee nach die vollendetste Staatsform, weil sie die Stetigkeit der Monarchie mit dem beweglichen Fortschritt der Republik vereinen würde, dünkt den einen ein Übergang, den anderen eine Täuschung. Sie fand den Weg über den Kanal zu spät und bewährt schon jetzt sich nur als eine Korruptionsanstalt, die den Zweck hat, den Geist der Völkerbewegung zu lahmen, zu töten, den letzten Keim sittlicher Kraft in den Menschen zu vernichten.
Was mich betrifft, ich bin Republikaner von ganzer Seele; nicht bloß der Theorie nach, sondern ich halte die Repräsentativ-Republik für die einzige Staatsform, die einem größeren Volk, das seine Würde fühlt, geziemt, für die alleinige, die heute möglich. Sie allein kann freies Denken, freies Handeln geben, somit den Zweck der Völkerbewegung erfüllen. [...] Außerdem kenne ich nur zwei Staatsformen: absolute Monarchie nämlich, für jugendliche Völker etwa, welche, das Schwert in der Hand, einen Wohnsitz, ein Dasein erkämpfen wollen, oder für versunkene Völker, die der Peitsche bedürfen, um nicht in Fäulnis überzugehen; sodann eine Aristokratie, wo eine Klasse herrscht, das übrige Volk aber Heloten[1], Sklaven sind. Die konstitutionelle Monarchie, welche Republik und Fürstlichkeit vereinen soll, ist mir praktisch ein Unding. Nur ein Wille kann Staaten regieren; jene stellt aber einen zweifachen auf: den Willen des Monarchen und den Willen des Volkes. So entsteht ein Doppelprinzip, das sich selbst feindselig bekämpft. Alle Gewalt strebt, wie man weiß, naturgemäß nach ihrer Erhaltung, Befestigung, Erweiterung: Ist die Regierung stark, so wird sie absolut, die Mitwirkung des Volkes wird ein Gaukelspiel sein; ist der Volksrat stark, so geht die Monarchie in der Republik unter [...]! – Die Repräsentativ-Republik aber stellt nur einen Willen auf, den der Gesamtheit. Parteien können entstehen, Bewegungen, Kämpfe mögen kommen, sollen kommen, denn sie bewahren den Staat vor Fäulnis: Aber sie zeigen sich nur, wo wesentliche Gebrechen, wo ernste Interessen verletzt, nicht alle Kräfte zu freiem Spiele gelassen sind; und es besteht ein gesetzliches Organ für jedes solches Interesse, die Gesamtheit kann das Gebrechen heilen. Ihr sagt: Eine Demokratie passt nur für ganz kleine Staaten, so sag ich auch: [...] Selbst das römische Volk hatte nur eine Stadtregierung, und dennoch bewirkte sie Wunder. Sagt ihr aber, die heutigen Völker seien für republikanische Formen nicht tüchtig, so ist man versucht zu denken, ihr urteilt nach euch selbst. Meint ihr aber, sie seien dafür noch nicht reif, so brecht ihr euch den Stab und der Monarchie, die in tausend Jahren nicht fähig war, die Völker weiterzubringen. Lauter nichtige Vorwände! Um die Erziehung der Völker zu bewirken, raubt ihr ihnen die Bildungsmittel, Schule und Presse! Deutet man euch auf Nordamerika, wo mit Menschen von gleicher Art und Weise wie wir die Repräsentativ-Republik in vollem Glanze blüht, wo fünfzig Jahre sturmlos hingegangen und von wo nach weiteren fünfzig Jahren das versunkene Europa, wenn dessen Wiedergeburt misslingt, das Gesetz, im schlimmsten Falle Freiheit und Zivilisation zurückempfangen wird; so leugnet ihr entweder schamlos die bewunderungswerten Resultate, die sie liefert, oder ihr helft euch mit der Wendung, Amerika sei nicht Europa. [...] Die Zukunft wird zeigen, dass Europa so geeignet wie Amerika für echt republikanische Gemeinwesen, und die Früchte werden noch herrlicher sein als dort, wo der Mensch noch mit den ersten Bedürfnissen ringt, wo es fast an allen Elementen für geistige Schaffungen gebricht, [...].

Das Hambacher Fest 1832. Hrsg. vom Bezirksverband Pfalz. Materialsammlung für den Unterricht mit ausgewählten Modulen, Kaiserslautern 2007, S. 17.

1 unfreie, zu Abgaben und Diensten verpflichtete Bewohner des antiken Spartas

Arbeitsvorschläge

Vorwissen aktivierende Arbeitsvorschläge

1. Beschreiben Sie in Stichworten, was Sie unter Liberalismus, Konservatismus, Sozialismus und Anarchismus verstehen. [I] ○
2. Erläutern Sie auf der Basis Ihres Vorwissens und des darstellenden Textes den Unterschied zwischen einer landständischen Verfassung und einer konstitutionellen Monarchie. [II]

A Die politischen Prinzipien des Frühliberalismus

3. Werten Sie die Karikatur „Der Denkerclub" (Q 1) aus. Nutzen Sie dazu gegebenenfalls die Anleitung zur Interpretation von Karikaturen im Methodenglossar am Schluss des Buches.
   a) Beschreiben Sie die gezeichnete Szene. [I]
   b) Erläutern Sie die zeitlichen Zusammenhänge, in denen die Karikatur 1820 entstanden ist. [II]
   c) Erörtern Sie die Aussage der Karikatur. [III]
4. Arbeiten Sie aus Q 2 die Vorstellung von liberalem Denken heraus. [II]
5. Arbeiten Sie aus Q 3 die aus der Sicht Friedrich von Gentz' bestehenden Unterschiede zwischen einer landständischen und einer repräsentativen Verfassung heraus. [II]
6. Ordnen Sie die politische Grundhaltung des Publizisten Friedrich von Gentz auf Basis seiner Verfassungsdefinitionen in Q 3 ein. [II]
7. Untersuchen Sie die Karikaturen Q 4.
   a) Beschreiben Sie die Karikaturen Q 4a und Q 4b. [I]
   b) Ordnen Sie die Karikaturen in den historischen Kontext ein. [II]
   c) Erörtern Sie den politischen Standpunkt des Karikaturisten. [III]
8. Charakterisieren Sie, was Siebenpfeiffer (Q 6) unter „Fäulnis" versteht. [II]
9. Erläutern Sie am Beispiel der Verfassung eines deutschen Staates jener Zeit (mögliche Beispiele befinden sich unter den Arbeitshilfen im Onlinebereich):
   a) die Kritik des Flugblattes Q 5.
   b) die Kritik von Philipp Siebenpfeiffer (Q 6). [II] ○
10. Zeigen Sie auf Basis eigener Recherchen arbeitsteilig auf, inwiefern andere Verfassungsmodelle im Deutschen Bund existierten (zum Beispiel Bremen, Mecklenburg). [I] ○

Übergreifende Arbeitsvorschläge

11. Recherchieren Sie, welche politischen Parteien sich heute als liberal, konservativ, sozialistisch oder anarchistisch bezeichnen. Ziehen Sie dazu ggf. die aktuellen Parteiprogramme heran. Beurteilen Sie an einem ausgewählten Beispiel, inwieweit die von den Parteien gewählte Eigenbezeichnung zutrifft. [III] ○
12. Erstellen Sie ein kurzes Fünf-Punkte-Wahlprogramm für eine neue liberale oder konservative Partei. Begründen Sie Ihre Zusammenstellung. [III]
13. Auch der Anarchismus zählte zu den prägenden politischen Strömungen des 19. Jahrhunderts. Erarbeiten Sie eine Dokumentation zum Thema Anarchismus unter den Stichworten Pierre-Joseph Proudhon, Pjotr Kropotkin, Michail Bakunin, Kommune, Anarchosyndikalismus und „Propaganda der Tat". [I] ○
14. Im 19. Jahrhundert warnten konservative Politiker immer wieder davor, dass die wenig gebildete und nicht begüterte Masse der Bevölkerung noch nicht reif für politische Mitbestimmung sei und extremistische Umstürzler begünstigen würde. Ähnliche Stimmen fanden sich in den vergangenen Jahrzehnten unter anderem in arabischen Ländern wie Ägypten wieder. Nehmen Sie Stellung zu dieser Grundannahme. [III]

Online- und Differenzierungsmaterialien zu Kapitel 1.2
○ Arbeitshilfen zu den Aufgaben 1, 9b, 10, 11 und 13
Podcasts Frühliberalismus und Konservatismus

Online-Code: n3z7nm

1.3 Die Suche nach der „Nation"

Die Vorstellung eines kollektiven Nationsverständnisses ist in der Geschichte ein relativ junges Phänomen, prägte aber maßgeblich das europäische 19. und 20. Jahrhundert. Heute, im Zeitalter der europäischen Integration und einer wachsenden Globalisierung, stehen der Nationalstaat und das bisherige Verständnis von Nationalismus wieder im Fokus. Während einige den Abgesang der Nation herbeirufen, beschwören andere eben diese als Rettungsanker gegen den globalen Identitätsverlust.

„Landesmutter" Maria Theresia von Österreich (1717–1780)
Erzherzogin von Österreich und Königin von Ungarn, Kroatien und Böhmen
Vertreterin eines „aufgeklärten Absolutismus"

→ Kapitel 2.1, S. 110–112

Die Nation – Versuch einer Begriffsannäherung

Den Begriff „Volk" oder „Nation" trennscharf zu definieren war und ist schwer, nicht zuletzt weil beide Begriffe im Laufe der Geschichte unterschiedlich verwendet wurden. Im 16./17. Jahrhundert wurde „Nation" zum Beispiel im Heiligen Römischen Reich als Begriff für die Stände verwendet. Im 18. Jahrhundert entwickelten sich dann unter Aufklärern erste verschwommene Vorstellungen beispielsweise von „den" Deutschen als eine Nation. In einer Zeit, in der gesellschaftliche Eliten in Europa überwiegend auf Französisch oder Latein verkehrten, gab es erst vereinzelte Vorstellungen von Philosophen wie Johann Gottfried Herder einer einheitlichen nationalen Hochsprache oder einer nationalen Kultur und Geschichte. All dies entwickelte sich erst mit der Spezialisierung der Wissenschaften im 19. Jahrhundert. Allerdings verloren die absolutistischen, von **Gottes Gnaden** eingesetzten „Landesväter", beziehungsweise in Fällen einer starken Herrscherin wie Maria Theresia von Österreich die „Landesmutter", an Identifikationskraft für „ihre" Untertanen. Dies ging einher mit der kritischen Infragestellung der Religion und Konfession, die bislang erheblich das Identitätsgefühl der Menschen geprägt hatte. Erst langsam, aber später dann gravierend spürbar war das Bröckeln regionaler Identifikationsbezüge wie Familien- oder Dorfgemeinschaften infolge der einsetzenden Industrialisierung und Urbanisierung.

Entwicklung des Frühnationalismus

Es waren die Revolutionäre in Nordamerika und in Frankreich, die einen neuen Nationsbegriff prägten. 1789 erklärten sich die Vertreter des Dritten Standes zur „Nationalversammlung" und setzten schließlich die Abschaffung bisheriger Privilegien von Adel und Klerus durch. Es entstand die Vorstellung einer Nation gleicher und freier Bürger. Der Revolutionsexport Frankreichs, nicht zuletzt unter Napoléon Bonaparte, trug diese Vorstellung nach Süd- und Mitteleuropa. Gleichzeitig zwang die napoleonische Herrschaft die bisherigen absolutistischen Staaten zu grundlegenden Reformen. In der Folgezeit entstand ein Staats- und Verwaltungsapparat, der immer größeren Einfluss auf die einzelnen Bürger ausüben konnte, sei es durch die Einführung der Wehrpflicht oder der Schulpflicht. Darüber entstanden Bereiche, in denen eine normierte Hochsprache und eine vorgegebene Nationalgeschichte verbreitet werden konnten. Nach und nach integrierte der sich entwickelnde Nationsgedanke auch religiöse Elemente, ja wurde quasi zu einer neuen, identitätsstiftenden Ersatzreligion. So prägte bereits die Französische Revolution den Begriff vom „Altar des Vaterlandes", auf dem sich dann nicht nur nach dem Willen Napoléons Hunderttausende begeistert für die Nation opfern sollten.
Noch beharrten die Monarchen nach dem Sieg über das napoleonische Frankreich auf ihr **Gottesgnadentum**. Stattdessen war es die junge Generation der Soldaten der „Freiheitskriege" 1813–1815 – die preußische Geschichtsschreibung setzte später den Begriff „Befreiungskriege" durch – beziehungsweise Gesellen und Studenten, die vom Liberalismus beeinflusst waren. Unter ihnen herrschte noch lange die Vorstellung eines gemeinsamen Kampfes der Nationen gegen die Fürstenherrschaft der Restauration nach 1815 vor. Entsprechend groß war die gegenseitige Beeinflussung und Kooperation der polnischen, deutschen, italienischen, ungarischen und griechischen Nationalbewegung bis 1849.

Staats- und Kulturnation

Basierend auf dem bestehenden französischen Staat mit seinen neuen politischen und kulturellen Institutionen bildete sich in Frankreich seit der Revolution von 1789 die Vorstellung einer Staatsbürgernation heraus. Diese Nation, so die Vorstellung, existiere innerhalb fester territorialer Grenzen und definiere sich über einen gemeinsamen Willen zur Verteidigung der persönlichen Freiheit für alle Mitglieder eines souveränen Staatsvolkes. Ähnliche Wege beschritten auch Staaten wie die Schweiz oder die Einwanderergesellschaft der USA. Für eine Staatsnation war und ist eine gemeinsame Sprache oder eine gemeinsame kulturelle Herkunft nicht zwingend notwendig.

Einen anderen Weg beschritten Gesellschaften, die zunächst keinen gemeinsamen Nationalstaat besaßen. So entwickelten beispielsweise der deutsche und polnische Nationalismus die Vorstellung einer Kulturnation. Dies bedeutete, die Angehörigen dieser Nation vereint eine gemeinsame Lebensweise, Sitten, Literatur, Kunst und vor allem eine gemeinsame Sprache. Teilweise wurde auch eine ethnische Abstammung zugrunde gelegt, sodass Angehörige dieser Nation auch über Landesgrenzen hinweg über viele Staaten verteilt leben konnten. Von großer Bedeutung war dadurch natürlich die Definierung der gemeinsamen Kultur. Wie grenzte sich die „reine" hochdeutsche Sprache von anderen germanischen Sprachen wie Schwedisch oder Niederländisch ab? Welche Literatur, welches Brauchtum und welche Geschichte sollte als „deutsch" definiert werden? Kulturnationen orientierten sich naturgemäß gern an „erfolgreichen" historischen Vorbildern. Vertreter der italienischen und griechischen Nationalbewegung deuteten eine nationale Kontinuität von der hellenistisch-römischen Antike bis zur Gegenwart. Die deutsche, russische oder bulgarische Nationalbewegung orientierte sich hingegen lieber, in nicht weniger verklärter Form, am sogenannten Mittelalter.

Nationale Abgrenzung und Nationalstaat als Exportprodukt

Das Bewusstsein, zu einer bestimmten Nation zu gehören, war zwangsweise mit einer festen Vorstellung damit verbunden, wer nicht dazu gehört. Dies traf und trifft besonders für Kulturnationen zu. Teilweise unter Rückgriff auf angebliche historische Kontinuitäten wurden nicht selten Feindbilder konstruiert. So wurde beispielsweise in Deutschland unter Rückgriff auf die Erfahrungen mit den machtpolitischen Kriegen Ludwigs XIV. und Napoléons I. sowie der **Rheinkrise** 1840 von vielen deutschnationalen Eliten Frankreich als historischer „Erbfeind" konstruiert. Solche Feindbilder wurden von nationalen Politikern, Staatsoberhäuptern und Wissenschaftlern nicht zuletzt als Integrationsideologie gefördert und zunehmend gesteuert. Unter dem Einfluss des Imperialismus, des **Sozialdarwinismus** und der Industriellen Revolution radikalisierte sich der Nationalismus zunehmend und verlor seine liberal-freiheitlichen Ansätze der Zeit vor 1849.

Idealbild einer jeden Kulturnation war die Schaffung eines „geeinten" Nationalstaates, der alle Mitglieder der Nation umfassen sollte. Andere ethnische oder nationale Gruppen wurden mehr und mehr als Störfaktor begriffen, der möglichst dazu gebracht werden sollte, sich in die Nation sprachlich und kulturell zu integrieren. Existierte in der Nachbarschaft ein entsprechender konkurrierender „Nationalstaat", wurde eine ethnisch-nationale Minderheit nicht selten als Bedrohung empfunden. Gänzlich unvereinbar mit einem frühneuzeitlichen absolutistischen, besonders aber mit einem „modernen" Nationalstaat mit festen Grenzen waren wandernde Bevölkerungsgruppen, die als Halb- oder Vollnomaden lebten. Unter Einsatz großer Repressalien wurde versucht, diese zur Sesshaftigkeit zu zwingen, egal ob mittel- und südosteuropäische Sinti und Roma, nordeuropäische Samen oder Nomaden in den Steppen Russlands.

Infolge des Imperialismus exportierten seit dem 19. Jahrhundert die erstarkenden europäischen Industrie- und Kolonialmächte die Vorstellung eines einheitlichen, zentralisierten Nationalstaates in die ganze Welt. Gravierend wirkte sich dieser „Westimport" im Prozess der **Dekolonialisierung** in Afrika und Asien aus.

Gottesgnadentum

Diese Form der Herrschaftslegitimation erlebte ihre Blütezeit im Absolutismus. Durch die Salbung des Monarchen sei dieser durch die Gnade Gottes in sein Amt eingesetzt. Ein solcher Herrscher konnte dadurch (theoretisch) von niemandem außer Gott selbst abgesetzt werden.

Rheinkrise

Nachdem das napoleonische Frankreich 1803 den Rhein als franz. Ostgrenze durchgesetzt hatte 1814/15 aber wieder verlor, erhob die Regierung unter Adolphe Thiers 1840 erneut Ansprüche auf die linksrheinischen Gebiete. Dies schürte unter der deutschen Nationalbewegung antifranzösische Ressentiments. Die Krise endete mit dem innenpolitischen Sturz der Regierung Thiers.

Sozialdarwinismus

Eine in der 2. Hälfte des 19. Jh. populär gewordene Theorie, die Teile der Evolutionstheorie auf menschliche Gesellschaften anwendete. Die Entwicklung der Menschheit sei demnach eine Frage natürlicher Selektionsprozesse, in denen sich überlegene, genetisch „reine" Rassen durchsetzen.

Dekolonialisierung

Der Begriff bezeichnet a) den Prozess der Ablösung der europäischen und US-amerikanischen Kolonialherrschaft sowie b) die soziale, wirtschaftliche und kulturelle Entwicklung der nun formell unabhängig gewordenen Territorien.

A Der Prozess des Frühnationalismus

Q1

Volk und Staat

Der Historiker und Jenaer Universitätsprofessor Heinrich Luden (1778–1847) schrieb 1814 in einem Aufsatz:

Überall, wo Menschen mit einiger Bildung zusammenleben, da leben sie in einem Staate; und überall zeigt sich bei jedem Menschen in Sprache, Geist und Art eine gewisse Eigentümlichkeit, die ihn von allen andern Menschen gesondert, die er aber mit einer gewissen Anzahl gemein hat: mit diesen macht er ein Volk aus. […] Staat und Volk nämlich fallen, im historischen Zusammenhang des Lebens, bald dergestalt zusammen, dass das Volk in einem bürgerlichen Vereine nach eigenen Gesetzen lebt oder einen besonderen Staat ausmacht; bald aber sind sie getrennt, und die Kreise schneiden sich auf mannigfache Weise, sei es, dass ein Staat mehrere Völker umfasst, sei es endlich, dass Völkerteile, in bürgerlicher Rücksicht, hierin geworfen sind und dorthin. Aber immer und überall streben Staat und Volk, man möchte sagen, mit liebevoller Sehnsucht zueinander, um sich einander zu halten oder zu gewinnen, wie wenn sie ohne einander nicht sein möchten, wie wenn sie beide nur in Einheit gedeihen könnten! Sind Staat und Volk eins: so ist der höchste Wunsch und das heiligste Streben der Menschen, diese Einheit zu bewahren; sind sie getrennt: So ist, wenn nicht immer der Wunsch, doch gewiss das Streben da, diese Einheit zu erringen: Die Volksgenossen suchen sich in einem Staat zu vereinen, die Bürger eines Staates suchen ein Volk zu werden: […] Ruhiges Gedeihen aber, fester Friede, kräftige Bildung und allgemeines Glück wird nur da gefunden, wo die Einheit von Volk und Staat erreicht ist, und diese Erreichung scheint von gewissen Naturgrenzen abzuhängen, von Höhen und Tiefen, von Meeren und Wüsten, welche entweder das Volk umschließt oder den Staat.

Hartwig Brandt (Hrsg.): Restauration und Frühliberalismus 1814–1840. WBG, Darmstadt 1979, S. 96 f.

Q2

„Die universelle soziale und demokratische Republik. Der Vertrag"

Erste von drei kolorierten Lithografien (Anfang 1849) des Franzosen Frédéric Sorrieu (1807–1861). Links steht die Allegorie der Freiheit mit der Fackel der Aufklärung. „Fraternité" bedeutet Brüderlichkeit.

Q3

Die Germania 1833

Die Germania, in der römischen Antike die Personifikation der Bewohner Germaniens, wurde zum Symbol der deutschen Nationalbewegung des 19. Jahrhunderts. Darstellung der „Germania" des deutschen Malers Philipp Veit (1793–1877) als Wandgemälde im 1833 eröffneten Frankfurter Städel-Museums

Q4

Die Germania 1848

Germania als Schmucktransparent für die Nationalversammlung in der Frankfurter Paulskirche 1848, ebenfalls von Philipp Veit

Q5

„Germania auf der Wacht am Rhein"
Ölgemälde von Lorenz Clasen (1812–1899), um 1860.
„Die Wacht am Rhein" ist ein Lied aus dem Jahr 1840.

Q6

Germania
Gemälde von Friedrich August von Kaulbach (1850–1920), 1914.

B Der schwierige Begriff der Nation

D1

Was ist eine Nation?

Der französische Historiker Ernest Renan (1823–1892) in einer Rede in der Pariser Universität Sorbonne 1882:

Eine Nation ist eine Seele, ein geistiges Prinzip. Zwei Dinge, die in Wahrheit nur eins sind, machen diese Seele, dieses geistige Prinzip aus. Eines davon gehört der Vergangenheit an, das andere der Gegenwart. Das eine ist der gemeinsame Besitz eines reichen Erbes an Erinnerungen, das andere ist das gegenwärtige Einvernehmen, der Wunsch zusammenzuleben, der Wille, das Erbe hochzuhalten, welches man ungeteilt empfangen hat. […] In der Vergangenheit ein gemeinschaftliches Erbe von Ruhm und von Reue, in der Zukunft ein gleiches Programm verwirklichen, gemeinsam gelitten, sich gefreut, gehofft haben – das ist mehr wert als gemeinsame Zölle und Grenzen, die strategischen Vorstellungen entsprechen. […]

Eine Nation ist also eine große Solidargemeinschaft, getragen von dem Gefühl der Opfer, die man gebracht hat, und der Opfer, die man noch zu bringen gewillt ist. Sie setzt eine Vergangenheit voraus, aber trotzdem fasst sie sich in der Gegenwart in einem greifbaren Faktum zusammen: der Übereinkunft, dem deutlich ausgesprochenen Wunsch, das gemeinsame Leben fortzusetzen. Das Dasein einer Nation ist – erlauben Sie mir dieses Bild – ein tägliches Plebiszit, wie das Dasein des einzelnen eine andauernde Behauptung des Lebens ist. […]

Die Nationen sind nichts Ewiges. Sie haben einmal angefangen, sie werden enden. Die europäische Konföderation wird sie wahrscheinlich ablösen. Aber das ist nicht das Gesetz des Jahrhunderts, in dem wir leben. Gegenwärtig ist die Exis-

tenz der Nationen gut, sogar notwendig. Ihre Existenz ist die Garantie der Freiheit, die verloren wäre, wenn die Welt nur ein einziges Gesetz und einen einzigen Herrn hätte. Mit ihren verschiedenen Fähigkeiten, die einander oft entgegengesetzt sind, dienen die Nationen dem gemeinsamen Werk der Zivilisation. Alle tragen zu dem großen Konzert der Menschheit eine Note bei, das, als Ganzes, die höchste ideale Realität ist, an die wir heranreichen. Voneinander isoliert, haben sie nur schwache Partien. [...]
Ich fasse zusammen: Der Mensch ist weder der Sklave seiner Rasse, seiner Sprache, seiner Religion noch des Laufs der Flüsse oder der Richtung der Gebirgsketten. Eine große Ansammlung von Menschen, gesunden Geistes und warmen Herzens, erschafft ein Moralbewusstsein, welches sich eine Nation nennt. In dem Maße, wie dieses Moralbewusstsein seine Kraft beweist durch die Opfer, die der Verzicht des einzelnen zugunsten der Gemeinschaft fordert, ist die Nation legitim, hat sie ein Recht zu existieren. Wenn sich Zweifel an ihren Grenzen erheben, dann soll die Bevölkerung befragt werden. Sie hat durchaus ein Recht auf ein Urteil darüber.

Ernest Renan: Was ist eine Nation? In: Michael Jeismann, Henning Ritter (Hrsg.): Grenzfälle. Über neuen und alten Nationalismus. Reclam, Leipzig 1993, S. 308–310.

D 2

Die Erfindung der Nation

Benedict Anderson, US-amerikanischer Politikwissenschaftler britisch-irischer Herkunft, geboren 1936 in China, gestorben 2015 in Indonesien, schrieb 1983:

Es ist ratsam, zunächst den Begriff „Nation" kurz zu erörtern und eine praktikable Definition zu geben. Nationalismustheoretiker sind oft von drei Paradoxa irritiert: 1. Der objektiven Neuheit von Nationen aus dem Blickwinkel des Historikers steht das subjektive Alter in den Augen der Nationalisten gegenüber. 2. Der formalen Universalität von Nationalität als soziokulturellem Begriff – in der modernen Welt kann, sollte und wird jeder eine Nationalität „haben", so wie man ein Geschlecht „hat" – steht die marginale Besonderheit ihrer jeweiligen Ausprägungen gegenüber, wie zum Beispiel die definierte Einzigartigkeit der Nationalität „Griechisch". 3. Der „politischen" Macht des Nationalismus steht seine philosophische Armut oder gar Widersprüchlichkeit gegenüber. Mit anderen Worten: Anders als andere Ismen hat der Nationalismus nie große Denker hervorgebracht – keinen Hobbes, keinen Marx und keinen Weber. [...]
Ein Problem besteht auch darin, dass man unbewusst dazu neigt, die Existenz *des* Nationalismus zu hypostasieren, und „ihn" als eine Weltanschauung unter vielen einordnet. Es würde die Angelegenheit leichter machen, wenn man ihn begrifflich nicht wie „Liberalismus" oder „Faschismus" behandelte, sondern wie „Verwandtschaft" oder „Religion".
In einem solchermaßen anthropologischen Sinne schlage ich folgende Definition von Nation vor: Sie ist eine vorgestellte politische Gemeinschaft – vorgestellt als begrenzt und souverän.
Vorgestellt ist sie deswegen, weil die Mitglieder selbst der kleinsten Nation die meisten anderen niemals kennen, ihnen begegnen oder auch nur von ihnen hören werden, aber im Kopf eines jeden die Vorstellung ihrer Gemeinschaft existiert. [...]
In der Tat sind alle Gemeinschaften, die größer sind als die dörflichen mit ihren Face-to-face-Kontakten, vorgestellte Gemeinschaften. Gemeinschaften sollten nicht durch ihre Authentizität voneinander unterschieden werden, sondern durch die Art und Weise, in der sie vorgestellt werden. [...]
Die Nation wird als begrenzt vorgestellt, weil selbst die größte von ihnen mit vielleicht einer Milliarde Menschen in genau bestimmten, wenn auch variablen Grenzen lebt, jenseits derer andere Nationen liegen. Keine Nation setzt sich mit der Menschheit gleich. Selbst die glühendsten Nationalisten träumen nicht von dem Tag, da alle Mitglieder der menschlichen Rasse ihrer Nation angehören werden – anders als es in vergangenen Zeiten der Christen möglich war, von einem ganz und gar „christlichen" Planeten zu träumen.
Die Nation wird als souverän vorgestellt, weil ihr Begriff in einer Zeit geboren wurde, als Aufklärung und Revolution die Legitimität der als von Gottes Gnaden gedachten hierarchisch-dynastischen Reiche zerstörten. Dieser Begriff erlangte seine Reife in einem historischen Moment, als selbst die frommsten Anhänger jeglicher Universalreligion mit dem lebendigen Pluralismus solcher Religionen und dem Auseinandertreten von ontologischen Ansprüchen jeden Glaubens und seiner territorialen Ausdehnung konfrontiert waren. Deshalb träumen Nationen davon, frei zu sein und dies unmittelbar – wenn auch unter Gott. Maßstab und Symbol dieser Freiheit ist der souveräne Staat.
Schließlich wird die Nation als Gemeinschaft vorgestellt, weil sie, unabhängig von realer Ungleichheit und Ausbeutung, als „kameradschaftlicher" Verbund von Gleichen verstanden wird. Es war diese Brüderlichkeit, die es in den letzten zwei Jahrhunderten möglich gemacht hat, dass Millionen von Menschen für so begrenzte Vorstellungen weniger getötet haben als vielmehr bereitwillig gestorben sind.
Dieses Sterben konfrontiert uns mit dem zentralen Problem, vor das uns der Nationalismus stellt: Wie kommt es, dass die kümmerlichen Einbildungen der jüngeren Geschichte (von kaum mehr als zwei Jahrhunderten) so ungeheure Blutopfer gefordert haben? Ich bin der Überzeugung, dass die Antwort in den kulturellen Wurzeln des Nationalismus liegt.

Benedict Anderson: Die Erfindung der Nation. Zur Karriere eines folgenreichen Konzepts. Frankfurt/M. 1988, S. 14–17, © Campus Verlag, Frankfurt/M., Übers.: Benedikt Burkhard/Christoph Münz.

D3

Nationalismus – Ein Modell auch für das 21. Jahrhundert

Der Historiker Helmut Zander (geb. 1957):

Die Nation war mehr als die Sehnsucht nach Identität, mehr als die Einheit von Volk, Land und Sprache, wie die Staatstheoretiker des Nationalstaats meinten, mehr als die Vollendung einer mittelalterlichen Staatsbildung, als die sie die Geschichtsschreibung im 19. Jahrhundert verklärte. Sie war auch die Verheißung der Gleichheit aller Bürger: gleiches und geheimes Wahlrecht, Gleichheit vor dem Gericht, Gleichwertigkeit von Frau und Mann, gleiche staatsbürgerliche Rechte unabhängig von sozialer und ethnischer Herkunft, Solidarität über alle ständischen Grenzen hinweg. Diese Ziele sind inzwischen in beträchtlichem Ausmaß erreicht – allerdings um den Preis, dass wir kaum wissen, wie wir mit den verbleibenden Ungleichheiten umgehen sollen: Was tun mit Fremden oder Andersgläubigen und überhaupt mit Minoritäten, wenn sie das Recht fordern, von der Gleichheit in der nationalen Identität abzuweichen? Diese Forderungen legen die tiefschwarze Seite des Nationalstaats offen: Das Ideal der nationalen Einheit bedrohte alle, die sich nicht uniformieren lassen wollten. Allzu oft wurden deshalb Häretiker, „Fremdvölkische“ oder vielsprachige Minderheiten misstrauisch beäugt, zur Anpassung gezwungen oder ermordet. Deshalb ist der Frage nicht auszuweichen, ob man der Nation den Abschied geben muss. [...]

Wie verhalten wir uns gegenüber kultureller Differenz, die in den letzten Jahrzehnten die westeuropäischen Gesellschaften pluralisiert hat? Welche politischen Perspektiven besitzen wir etwa für [...] Wirtschaftsmigranten aus Polen, für indische Computerspezialisten? Welchen Platz haben wir für kurdische Asylbewerber aus der Türkei oder für „Gastarbeiter“ aus Spanien, die inzwischen bei uns eine neue Heimat gefunden haben? [...] Was bedeuten uns die Muslime, die aufklärungsoffenen und die fundamentalistischen, was tun wir, wenn sie sich integrieren oder Parallelgesellschaften ausbilden? Welche Art von Gleichheit bieten wir diesen Menschen, die aus höchst unterschiedlichen Gründen und ganz unterschiedlichen Gegenden dieser Erde gekommen sind? Die seit dem ausgehenden 18. Jahrhundert durchgesetzten Prinzipien der Egalität haben zu diesen Fragen ein gebrochenes Verhältnis zurückgelassen. Denn die große Gleichheit aller Bürger war im Nationalstaat an Bedingungen geknüpft, die in wechselnder Prioritätensetzung Sprachkenntnisse, die Akzeptanz von Grundwerten oder [...] Blutsverwandtschaft heißen konnten. Die Forderung nach nationaler Gemeinschaft entzog Menschen, die anders waren oder sein wollten, die Legitimität. Kulturelle Differenz wurde im Nationalstaat in einem bis dato ungeahnten Maß begründungsbedürftig. [...]

Jedes europäische Land war nach der Französischen Revolution ein Laboratorium, in dem man nach einem Ausgleich für die Spannungen zwischen nationaler Identität und interner Pluralität suchte. Die Ergebnisse sind allerdings verloren gegangen. Man kann nicht sagen, dass diese Erfahrungen in den aktuellen Debatten mutwillig abgewiesen wurden, zwei Weltkriege und die mit ihnen verbundenen Verfolgungen von Dissidenten, Minderheiten und „vaterlandslosen Gesellen“ haben eine beträchtliche Sensibilität für das Gewaltpotential des Nationalstaates hinterlassen. Aber oft endeten die Debatten an den Grenzen des nationalen Horizontes oder ermangelten der historischen Tiefenschärfe. Vielfach war die Klarheit über das, was nie mehr passieren darf, größer als das Wissen um alternative Gestaltungsmöglichkeiten.

Helmut Zander: Abschied von der Nation? Historische Anregungen für die Aufräumarbeiten im Nationalstaat. Aschendorff, Münster 2006, S. 7–9.

Arbeitsvorschläge

Arbeitsvorschläge zum darstellenden Teil

1. Beschreiben Sie den Unterschied zwischen Staats- und Kulturnation in eigenen Worten. [I]
2. Erklären Sie, warum Nationalstaaten Probleme mit nomadisierenden Bevölkerungsgruppen hatten beziehungsweise haben. [II] ○

A Der Prozess des Frühnationalismus

3. Arbeiten Sie die Kernaussagen des Aufsatzauszuges von Heinrich Luden (Q1) heraus. [II]
4. Ordnen Sie Q 1 in den historischen Kontext ein. Setzen Sie sich mit dem Abschlusssatz des Luden-Aufsatzes auseinander. [III]
5. Beschreiben Sie das Bild Q 2. [I]
6. Analysieren Sie die Symbolik von Q 2. [II] ○
7. Entwickeln Sie auf der Basis Ihres Vorwissens zu den Revolutionen 1830 und 1848/49 eine Deutung bezüglich der Vision, die der Künstler Sorrieu in der Lithografie Q 2 verbildlicht auszudrücken versucht. [III]
8. Beschreiben Sie arbeitsteilig die Germania-Darstellungen Q 3–Q 6. [I]
9. Ordnen Sie arbeitsteilig die Germania-Darstellungen Q 3–Q 6 auf der Basis Ihres Vorwissens in ihren Entstehungszeitraum ein. [II]

B Der schwierige Begriff der Nation

10. Arbeiten Sie arbeitsteilig die jeweilige Definition von Renan (D 1) und Anderson (D 2) zur Nation heraus und stellen Sie diese gegenüber. [II]
11. Bewerten Sie die Nationsdefinitionen von Renan (D 1) und Anderson (D 2). [III]
12. Beschreiben Sie mit eigenen Worten, was Helmut Zander (D 3) unter der heutigen Unsicherheit im Umgang mit Ungleichheiten versteht. [I]
13. Erläutern Sie anhand von D 3 die Problematik der Gleichheit im Nationalstaat des ausgehenden 19. Jahrhunderts. [II]

Übergreifende Arbeitsvorschläge

14. Gestalten Sie eine Wandzeitung zum Thema ethnische Minderheiten im Deutschland des 19.–20. Jahrhunderts (zum Beispiel Friesen, Sorben/Wenden, Polen oder Roma). [II]
15. In Zeiten der Europäischen Integration und zunehmenden Globalisierung ist oft von einer beginnenden postnationalen Epoche gesprochen worden. Setzen Sie sich mit der Frage auseinander, warum die Idee des Nationalstaates heute von einer nennenswerten Zahl von Menschen erneut propagiert wird. [III]
16. Diskutieren Sie, inwieweit nationale Ressentiments heute in Europa, in Deutschland oder in ihrem persönlichen Umfeld noch eine Rolle spielen. [III]

Online- und Differenzierungsmaterialien zu Kapitel 1.3

○ Arbeitshilfen zu den Aufgaben 2 und 6

Online-Code: 7s7fi2

E Erweiterungsband Kapitel 1.2, S. 24–35

1.4 Die deutsche Märzrevolution 1848

„Das Ziel der Verbrüderung des frei gewordenen oder frei werdenden Westens, das ist es, dem ich meine Stimme leihe. Mit der Erreichung dieses Ziels ist die Freiheit und der Friede in Europa gesichert [. . .]." Mit diesen Worten betonte der sächsische Politiker Robert Blum am 22. Juli 1848 in der Paulskirche die europäische Dimension der damaligen Revolutionsbewegung. Heute, wo der Prozess der europäischen Integration ein fortschreitender Prozess ist, wird in Deutschland nur noch selten an die Revolution 1848 erinnert.

Rheinkrise und Revolution: Der französische Funke zündet

→ Kapitel 1.6, S. 50 f.

→ Kapitel 1.8, S. 64 f.

Im politischen Exil im französischen Marseille gründete der italienische Nationalist Giuseppe Mazzini 1831 die Gruppe Junges Italien. Diese kämpfte für eine geeinte Republik Italien und erhielt rasch großen Zulauf. Nach diesem Vorbild entstanden in vielen Regionen Europas ähnliche Gruppen wie das Junge Deutschland, das Junge Polen oder das Junge Irland mit sehr ähnlichen Zielen. Die Basis dieser liberalen und nationalen Vereinigungen bildeten vor allem junge Gesellen und Studenten. Die sich verbreitende politische Unzufriedenheit wurde zusätzlich verschärft durch wiederholte Missernten und soziale Verelendung unter den Verlierern der Industriellen Revolution.

1840 äußerte der französische Außenminister Adolphe Thiers Ansprüche auf die linksrheinischen Gebiete und provozierte damit die diplomatische **Rheinkrise**. Dies führte zu einer Wiederbelebung antifranzösischer Feindbilder und stärkte die deutsche Nationalbewegung, in der zur „Wacht am Rhein" aufgerufen wurde. Auch im eigenen Land unterschätzte

D1

Liberale und nationale Aufstände 1810–1840

der französische König die akute Revolutionsgefahr. Seine Blockadehaltung gegenüber einer Wahlrechtsreform deutete nach Ansicht vieler Franzosen in die verkehrte Richtung. Eine neue gewaltsame Revolution in Paris im Februar 1848 zwang den König zur Abdankung und führte zur Ausrufung der Zweiten Französischen Republik. Innerhalb weniger Wochen verbreiteten sich die Nachrichten aus Paris, sodass es bald auch in der Schweiz, in Italien, Ungarn und Teilen des Deutschen Bundes zu liberalen und national motivierten Erhebungen kam. Zu den Opfern zählte bereits nach wenigen Wochen der bislang mächtige österreichische Staatskanzler Metternich, der unter dem Druck der Straße zurücktreten musste.

Der März 1848 im Großherzogtum Baden

Friedrich Hecker (1811–1881)
badischer Politiker und radikaldemokratischer Revolutionär, später US-Politiker und Offizier

Besonders in Südwestdeutschland brodelte es ebenfalls seit Längerem, nicht zuletzt angesichts der wachsenden sozialen Probleme. Bereits am 12. September 1847 versammelten sich im badischen Offenburg radikale Demokraten wie Friedrich Hecker und Gustav Struve. Diese forderten unter anderem die Aufhebung der **Karlsbader Beschlüsse**, Bürgerrechte, wirtschaftliche Reformen und die Schaffung einer „Selbstregierung des Volkes" nach dem Vorbild der US-Verfassung. Der Beginn der Revolution in Paris löste schließlich binnen weniger Tage auch in Baden Reaktionen aus: Am 27. Februar 1848 versammelten sich in der Industrie- und Handelsstadt Mannheim rund 4 000 Bürger. Unter der Federführung radikaler Demokraten wurden „Märzforderungen" formuliert, die in ähnlicher Form bald auch in anderen deutschen Städten erhoben wurden: Volksbewaffnung mit freier Wahl der Offiziere, Presse- und Versammlungsfreiheit, Abschaffung jeglicher Zensur, persönliche Freiheitsrechte und ein deutsches Nationalparlament. In ländlicheren Regionen in Baden, aber auch in Thüringen, Hessen und Franken, begannen bäuerliche Aufstände gegen ihre als drückend empfundenen Lasten.

Daraufhin reagierten wiederum die bürgerlichen Liberalen. Am 5. März 1848 versammelten sich in Heidelberg 51 süddeutsche Politiker und Parlamentarier unterschiedlichster politischer Richtungen. Hier wurde der Forderung nach einer gemeinsamen nationalen Vertretung Deutschlands Nachdruck verliehen und die Einladung zu einer gesamtdeutschen Nationalversammlung in Frankfurt/M. ausgesprochen.

Unter dem Druck der Opposition gab nun die großherzogliche badische Regierung den Forderungen nach Bürgerrechten nach und berief am 9. März eine neue Regierung, der einige liberale Wortführer als sogenannte „Märzminister" angehörten. Nach diesem badischen Beispiel verfuhren dann viele Fürsten im Deutschen Bund: Mittels einberufener liberaler Minister in ihre Regierungen versuchten sie, Reformen einzuleiten und damit eine radikalere Revolution zu verhindern.

Nervosität und Barrikaden in Berlin

Auch im Königreich Preußen kamen die revolutionären Forderungen rasch zur Sprache: Ab dem 7. März tagten in Berlin Versammlungen der gemäßigten Liberalen (die Reformen gemeinsam mit den Fürsten anstreben wollten) und radikalen Demokraten. Es kam zu einzelnen Barrikadenkämpfen mit dem preußischen Militär. König Friedrich Wilhelm IV. folgte dem Beispiel anderer Fürsten und war zu Zugeständnissen bereit, trotzdem eskalierte die Situation am 18. März. Eine Menschenmenge, die auf dem Schlossplatz zusammengeströmt war, um den Forderungen Nachdruck zu verleihen und dem König für seine Zusagen zu danken, sah in den dort anwesenden preußischen Truppen eine Bedrohung. Lautstarken Rufen nach Abzug der Truppen vom Schlossplatz folgten erste Feindseligkeiten, schließlich räumten die Soldaten den Platz, wobei auch Schüsse fielen. Viele in der Menge fühlten sich vom König verraten. In den nachfolgenden Kämpfen starben fast 200 Menschen, bis der König schließlich den Abzug des Militärs anordnete. König Friedrich Wilhelm IV. vollzog nun eine Kehrtwende. Er verneigte sich öffentlich vor den Särgen der „Märzgefallenen", stellte eine Verfassung in Aussicht und bekannte sich formell zur Einheit der deutschen Nation, in welcher „Preußen nun aufgehe".

D2

Sitzverteilung in der Nationalversammlung 1848/49

	Demokratische Linke		Liberale Mitte		Konservative Rechte
Tagungsort	Donnersberghof	Deutscher Hof	Württemberger Hof	Casino	Café Milani
politische Ausrichtung	radikale Demokraten	gemäßigte Demokraten	linkes Zentrum	rechtes Zentrum	gemäßigte Konservative
politische Ziele	Fortführung der Revolution bis zur Errichtung einer demokratischen Republik	parlamentarisch-demokratische Republik, Volkssouveränität, hohes Maß an Gleichheit	parlamentarische Monarchie mit Betonung der Parlamentsrechte, nur aufschiebendes Veto der Krone, individuelle Freiheit vor staatlichem Interesse	parlamentarische Monarchie mit Vetorecht der Krone, Volksvertretung auf Legislative beschränkt	Ausgleich mit den bestehenden Regierungen; Reichsorganisation als Staatenbund
Anzahl der Abgeordneten	ca. 40	ca. 100	ca. 100	ca. 120 – 130	ca. 40

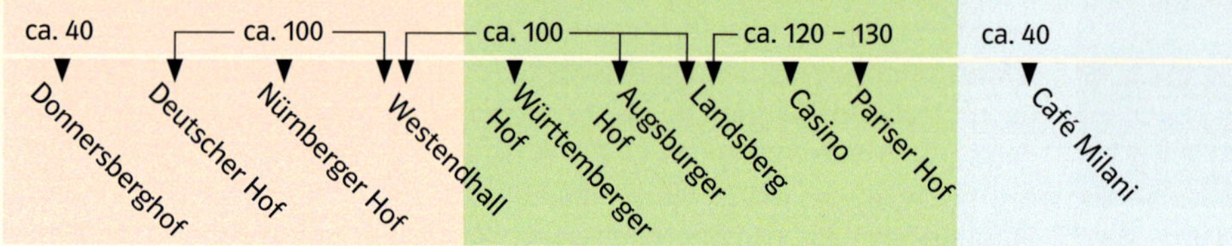

→ Q8 , Q9 , S. 42

Es bildeten sich immer mehr politische „Clubs", in denen sich die verschiedenen revolutionären Fraktionen organisierten und berieten. Auch jüdische Bürger beteiligten sich engagiert an dem politischen Aufbruch. Allerdings blieben überall Frauen ausgeschlossen.

Die erste deutsche Nationalversammlung

Die Heidelberger Versammlung hatte am 5. März beschlossen, zunächst ein Vorparlament einzuberufen, welches die Wahlen zur kommenden Verfassungsgebenden Nationalversammlung planen sollte. Am 30. März 1848 trat schließlich in der Frankfurter Paulskirche dieses Vorparlament aus entsandten Vertretern der Landesparlamente oder Ständevertretungen der deutschen Länder zusammen. Bereits hier wurden allerdings auch schon grundsätzliche Differenzen über den zukünftigen politischen Kurs erkennbar: Sollte Deutschland eine Republik werden oder eine konstitutionelle Monarchie? Wie radikal sollten die Veränderungen ausfallen? Sollten auch die Besitzverhältnisse angetastet werden? Sollte die jüdische oder polnische Minderheit die gleichen Staatsbürgerrechte erhalten? Als sich in diesem Vorparlament abzeichnete, dass die gemäßigte Mehrheit eine konstitutionelle Monarchie favorisierte, verließen die radikaleren Verfechter einer Republik diese Kammer. Friedrich Hecker und Gustav Struve riefen auf eigene Faust am 12. April in Konstanz die deutsche Republik aus. Allerdings blieb die erhoffte Massenunterstützung aus. Die bewaffneten Revolutionäre wurden von einem Bundesheer vernichtend geschlagen.
Unterdessen wurde auf Basis des allgemeinen und gleichen Wahlrechts aller selbstständigen (dies wurde von Region zu Region sehr unterschiedlich ausgelegt) Männer unter hoher Beteiligung die erste deutsche Nationalversammlung gewählt. Diese trat am 18. Mai 1848 in der Frankfurter Paulskirche zum ersten Mal zusammen. Ihre 812 Abgeordneten stammten fast ausschließlich aus dem Bildungsbürgertum; nur vier Abgeordnete waren Handwerker, Vertreter der Fabrikarbeiter fehlten. Zwar gab es noch keine organisierten Parteien im heu-

tigen Sinn, aber drei große politische Lager kristallisierten sich bald heraus und wurden gemäß ihrer Sitzplätze in der Paulskirche (vom Rednerpult aus gesehen) eingeteilt: eine radikalere republikanische Linke, eine liberale Mitte und eine eher konservative Rechte.

Erste Entscheidungen und Schwierigkeiten: Die Arbeit der Paulskirche

Mit Billigung der Fürsten setzte die Nationalversammlung zunächst ein provisorisches Staatsoberhaupt, einen sogenannten **Reichsverweser**, ein – und zwar einen Fürsten: den österreichischen Erzherzog Johann. Dieser bildete eine erste „Exekutive" in Form einer liberalen Regierung, die dem Parlament verantwortlich war.

Reichsverweser
Ein Reichsverweser übernahm die Vertretung des Monarchen, wenn dieser längere Zeit abwesend war oder noch kein neuer Monarch bestimmt wurde.

Dem radikalen linken Lager konnte die Wahl des Habsburger Erzherzogs kaum gefallen und wurde von diesen auch als Weichenstellung zugunsten fortgesetzter Kooperation mit den Fürsten verstanden. Diese sich verschärfenden Differenzen machten die anstehenden Aufgaben nicht leichter, galt es doch, eine Verfassung für den deutschen Nationalstaat zu erarbeiten. Auch musste eine einheitliche Meinung erreicht werden, welche Grenzen ein deutscher Staat letztlich haben konnte. Sollten ganz Preußen und Österreich vollständig dazugehören oder nur deren überwiegend deutschsprachigen Landesteile? Ohne eigenen Staatshaushalt, ohne einen weit verzweigten Verwaltungsapparat und nicht zuletzt ohne eigene Truppen war die Nationalversammlung zudem von der Kooperation der fürstlichen Regierungen abhängig.

Politisierung der Gesellschaft

Nach einem kurzen Wahlkampf wurden vor allem Vertreter des gebildeten und besitzenden Bürgertums, in der Regel Beamte und Professoren, wenige Handwerker, ein Kleinbauer und kein Arbeiter als unabhängige Einzelkandidaten in die Nationalversammlung gewählt. Im Verlauf der Plenarsitzungen schlossen sich Abgeordnete mit ähnlichen politischen Ansichten zur Abstimmung ihrer Arbeit in fraktionsähnlichen Gruppen zusammen. Namensgebend wurden die Lokale, in denen man sich traf. Diese Fraktionen können als Keimzellen unserer heutigen Parteien angesehen werden. Sie lassen sich drei politischen Strömungen zuordnen: Konservative, republikanische Linke und die große Mehrheit der Liberalen.
Durch die Einführung der Meinungs- und Pressefreiheit kam es über die Parlamente hinaus zu einer starken Politisierung der Gesellschaft. Zirka 1700 Zeitungen erschienen. Flugblätter, Karikaturen, politische Lyrik und Lieder, Petitionen fanden ein breites Publikum. Überall schossen politische Vereine aus dem Boden, indem sich zum Beispiel Arbeiter, Konservative, Demokraten, Liberale oder Katholiken organisierten. Zum größten politischen Dachverband mit zirka 950 Untervereinen und insgesamt einer halben Million Mitglieder entwickelte sich der Centralmärzverein, der sich für die Bewahrung der Märzerrungenschaften einsetzte. Zwar prägten vor allem Männer die Revolutionszeit, doch gründeten sich erste bürgerliche Frauenvereine. Vereinzelt kämpften auch Frauen auf den Barrikaden.

A Erste revolutionäre Forderungen am Vorabend der Revolution

Q1

Offenburger demokratische Forderungen
Am 12. September 1847 trafen sich in Offenburg die „Entschiedenen Freunde der Verfassung". Sie verabschiedeten das erste demokratische Programm Deutschlands.

Die Forderungen des Volkes.

Unsere Versammlung von entschiedenen Freunden der Verfassung hat stattgefunden. Niemand kann derselben beigewohnt haben, ohne auf das Tiefste ergriffen und angeregt worden zu sein. Es war ein Fest männlicher Entschlossenheit, eine Versammlung, welche zu Resultaten führen muß. Jedes Wort, was gesprochen wurde, enthält den Vorsatz und die Aufforderung zu thatkräftigem Handeln. Wir nennen keine Namen und keine Zahlen. Diese thun wenig zur Sache. Genug, die Versammlung, welche den weiten Festsaal füllte, eignete sich einstimmig die in folgenden Worten zusammengefaßten Besprechungen des Tages an:

Die Forderungen des Volkes in Baden:

I. Wiederherstellung unserer verletzten Verfassung.

Art. 1. Wir verlangen, daß sich unsere Staatsregierung lossage von den Karlsbader Beschlüssen vom Jahr 1819, von den Frankfurter Beschlüssen von 1831 und 1832 und von den Wiener Beschlüssen von 1834. Diese Beschlüsse verletzen gleichmäßig unsere unveräußerlichen Menschenrechte wie die deutsche Bundesakte und unsere Landesverfassung.

Art. 2. Wir verlangen Preßfreiheit; das unveräußerliche Recht des menschlichen Geistes, seine Gedanken unverstümmelt mitzutheilen, darf uns nicht länger vorenthalten werden.

Art. 3. Wir verlangen Gewissens- und Lehrfreiheit. Die Beziehungen des Menschen zu seinem Gotte gehören seinem innersten Wesen an, und keine äußere Gewalt darf sich anmaßen, sie nach ihrem Gutdünken zu bestimmen. Jedes Glaubensbekenntniß hat daher Anspruch auf gleiche Berechtigung im Staate.

Keine Gewalt dränge sich mehr zwischen Lehrer und Lernende. Den Unterricht scheide keine Confession.

Art. 4. Wir verlangen Beeidigung des Militärs auf die Verfassung.

Der Bürger, welchem der Staat die Waffen in die Hand gibt, bekräftige gleich den übrigen Bürgern durch einen Eid seine Verfassungstreue.

Art. 5. Wir verlangen persönliche Freiheit.

Die Polizei höre auf, den Bürger zu bevormunden und zu quälen. Das Vereinsrecht, ein frisches Gemeindeleben, das Recht des Volkes sich zu versammeln und zu reden, das Recht des Einzelnen sich zu ernähren, sich zu bewegen und auf dem Boden des deutschen Vaterlandes frei zu verkehren — seien hinfüro ungestört.

II. Entwickelung unserer Verfassung.

Art. 6. Wir verlangen Vertretung des Volks beim deutschen Bunde.

Dem Deutschen werde ein Vaterland und eine Stimme in dessen Angelegenheiten. Gerechtigkeit und Freiheit im Innern, eine feste Stellung dem Auslande gegenüber gebühren uns als Nation.

Art. 7. Wir verlangen eine volksthümliche Wehrverfassung. Der waffengeübte und bewaffnete Bürger kann allein den Staat schützen.

Man gebe dem Volke Waffen und nehme von ihm die unerschwingliche Last, welche die stehenden Heere ihm auferlegen.

Art. 8. Wir verlangen eine gerechte Besteuerung.

Jeder trage zu den Lasten des Staates nach Kräften bei. An die Stelle der bisherigen Besteuerung trete eine progressive Einkommensteuer.

Art. 9. Wir verlangen, daß die Bildung durch Unterricht allen gleich zugänglich werde.

Die Mittel dazu hat die Gesammtheit in gerechter Vertheilung aufzubringen.

Art. 10. Wir verlangen Ausgleichung des Mißverhältnisses zwischen Arbeit und Capital.

Die Gesellschaft ist schuldig die Arbeit zu heben und zu schützen.

Art. 11. Wir verlangen Gesetze, welche freier Bürger würdig sind und deren Anwendung durch Geschwornengerichte.

Der Bürger werde von dem Bürger gerichtet. Die Gerechtigkeitspflege sei Sache des Volkes.

Art. 12. Wir verlangen eine volksthümliche Staatsverwaltung.

Das frische Leben eines Volkes bedarf freier Organe. Nicht aus der Schreibstube lassen sich seine Kräfte regeln und bestimmen. An die Stelle der Vielregierung der Beamten trete die Selbstregierung des Volkes.

Art. 13. Wir verlangen Abschaffung aller Vorrechte.

Jedem sei die Achtung freier Mitbürger einziger Vorzug und Lohn.

Offenburg, 12. September 1847.

B Neuer revolutionärer Elan im Frühjahr 1848

Q2

Hecker-Lied

Das Hecker-Lied entstand während der Revolution 1848. Es war dem Freiheitskämpfer Friedrich Hecker gewidmet.

Wenn die Leute fragen, wenn die Leute fragen,
wenn die Leute fragen: „Lebt der Hecker noch?"
Könnt ihr ihnen sagen, könnt ihr ihnen sagen
Könnt ihr ihnen sagen: „Ja er lebet noch."

Er hängt an keinem Baum, und er hängt an keinem Strick
Er hängt an seinem Traum von der freien Republik
Er hängt an keinem Baum, und er hängt an keinem Strick
Er hängt an seinem Traum von der freien Republik

An den Darm der Pfaffen[1], an den Darm der Pfaffen
An den Darm der Pfaffen hängt den Edelmann
Lasst ihn dran erschlaffen, lasst ihn dran erschlaffen
Lasst ihn dran erschlaffen, hängt ihn drauf und dran

Ja 33 Jahre währt die Sauerei
Wir sind keine Knechte, wir sind alle frei
Ja 33 Jahre währt die Sauerei
Wir sind keine Knechte, wir sind alle frei
Schmiert die Guillotine[2], Schmiert die Guillotine
Schmiert die Guillotine mit Tyrannenfett!
Reißt die Konkubine[3], Reißt die Konkubine
Reißt die Konkubine aus dem Pfaffenbett!

Ja 33 Jahre währt die Sauerei
Wir sind keine Knechte, wir sind alle frei
Ja 33 Jahre währt die Sauerei
Wir sind keine Knechte, wir sind alle frei

Fürstenblut muss fließen, Fürstenblut muss fließen
Fürstenblut muss fließen, fließen stiefeldick!
Und daraus ersprießen, Und daraus ersprießen
Und daraus ersprieß'n die freie Republik

Ja hunderttausend Jahre währt die Knechtschaft schon
Nieder mit den Hunden von der Reaktion[4]
Ja hunderttausend Jahre währt die Knechtschaft schon
Nieder mit den Hunden von der Reaktion

Unter: https://lyricstranslate.com/de/german-folk-das-heckerlied-lyrics.html (Zugriff: 03.07.2020).

1 abwertende Bezeichnung für Priester und Pfarrer
2 Hinrichtungsmaschine, mit der während der Franz. Revolution das Königspaar hingerichtet wurde
3 Konkubine = bezahlte Geliebte (Mätresse) von Geistlichen und weltlichen Herrschern, Anspielung auf Doppelmoral
4 Bezeichnung für Herrschende, die Veränderungen verhindern wollen

Q3

Eine fürchtliche Wut

Wilhelm von Kügelgen an seinen Bruder Gerhard: Bei uns herrscht die größte Aufregung, Revolution in Berlin 1848.

[Ballenstedt, Anhalt-Bernburg]. Am 20. März. Scheußliche Nachrichten sind heute Morgen hier eingetroffen, durch Briefe und mündliche Ueberlieferungen von allen Seiten. In Berlin soll es fürchterlich hergehen und Gott weiß, ob in diesem Augenblick der König noch auf seinem Throne sitzt. Während großer Aufregung in Berlin, nachdem schon seit mehreren Tagen ernstliche Reibungen zwischen Pöbel und Militär stattgefunden hatten, war der König doch durch nichts zu bewegen gewesen Concessionen zu machen, da endlich rang ihm eine Deputation die Hauptbewilligung, die Constitution, ab. Als nun die Deputation so guten Bericht brachte, brach ein ungeheurer Jubel aus und das Volk stürzte nach dem Schlosse um dem König ein Vivat zu bringen: Das am Schlosse aufgestellte Militär aber hielt dies für einen Angriff und feuerte. Da entflammte eine fürchterliche Wuth, die Bürger, die bis dahin beflissen die Ruhe erhalten, rissen ihre weißen Binden vom Arm und machten gemeinschaftliche Sache mit dem Pöbel, die Dächer wurden abgedeckt und das Militär mit einem Steinhagel von oben begrüßt, kochendes Wasser, Meubles und aller Teufel zu den Fenstern herausgestürzt, die Kasernen angezündet und als der letzte Potsdamer Bahnzug abging, lagen die Leichen wie Häringe über einander. So weit gehen die Gerüchte und ich kann kaum die Zeitung erwarten, die erst um 4 kommt. Bei uns herrscht größte Aufregung und ich bin schon den ganzen Morgen herumgelaufen und habe mit dem Bürgermeister eine lange Unterredung gehabt, damit wir uns so schnell wie möglich als Bürgerwehr bewaffnen, um gegen mögliche Angriffe des Pöbels uns zu schützen. […]

Wolfgang Piereth (Hrsg.): Das 19. Jahrhundert, ein Lesebuch zur deutschen Geschichte 1815–1918. Beck Verlag, München 1996, S. 121 f.

Q4

Friedrich Wilhelm IV. geht auf Distanz

Carl Schurz entkam 1849 als junger Revolutionär kurz vor deren Kapitulation aus der Festung Rastatt. Er emigrierte in die USA, wo er als General im Sezessionskrieg, Senator im Kongress und Innenminister eine glänzende politische Karriere hinlegte. In seinen Erinnerungen beschreibt er Friedrich Wilhelms Verhalten im Jahr 1848:

[…] Eine Zeit lang schien dem preußischen König Friedrich Wilhelm IV. seine Rolle als Führer der nationalen Bewegung, die ihm die Revolution hatte zukommen lassen, zuzusagen. […] Er ging auf den Straßen spazieren und sprach offen mit dem Volk. Er redete von konstitutionellen Regierungsprinzipien, die selbstverständlich eingeführt werden sollten. […] Er befahl der Armee, die schwarz-rot-goldene Kokarde zusammen mit der preußischen zu tragen. Auf dem Potsdamer Exerzierfeld erklärte er den beleidigten Gardeoffizieren, „[…] daß alle von ihm gemachten Zugeständnisse aus seinem eigenen freien Willen und seiner eigenen Überzeugung heraus gemacht worden seien und daß keiner es wagen solle, dies in Frage zu stellen." Aber als die preußische gesetzgebende Versammlung in Berlin zusammentrat und damit begann, Gesetze zu verabschieden, verfassungsmäßige Vorschriften zu entwerfen und im Geist der Revolution in das politische Tagesgeschäft eingriff, wurde die Gesinnung des Königs allmählich offen für andere Einflüsse. Diese Einflüsse […] hatten es um so leichter, ihn abzuschirmen, nachdem er seine Residenz von Berlin in sein Schloß nach Potsdam, eine kleine, in erster Linie von Höflingen, Soldaten und anderen Regierungsabhängigen bewohnte Stadt, verlegt hatte. […]

Carl Schurz: The Reminiscences of Carl Schurz (Die Erinnerungen von Carl Schurz), Bd. 1 (1906). Doubleday. Übers. v. Katharina Böhmer Page & Company, New York 1913, S. 133 ff.

C Der Weg zur Nationalversammlung

Q6

Republikanische Forderungen

Vom 31. März bis zum 3. April 1848 tagte in Frankfurt das Vorparlament, um die Wahl zur Nationalversammlung vorzubereiten. Die radikalen Demokraten Gustav von Struve und Friedrich Hecker versuchten das Vorparlament zur Fortführung der Revolution zu bewegen. Ihr Antrag wurde von der gemäßigt liberalen Mehrheit abgelehnt.

[…] Eine lange Zeit tiefster Erniedrigung lastet auf Deutschland. Sie lässt sich bezeichnen durch die Worte: Knechtung, Verdummung und Aussaugung des Volkes: Unter dem Einfluss dieses Systems der Tyrannei, welches noch immer, wenn auch in seiner Kraft gebrochen, doch dem Wesen nach fortbesteht, ist Deutschland mehr als einmal an den Rand des Verderbens gebracht worden. […] Daher haben sich alle Bande gelöst, welche das deutsche Volk an die bisherige sogenannte Ordnung der Dinge geknüpft hatten. […] Sicherheit des Eigentums und der Person, Wohlstand, Bildung und Freiheit für Alle ohne Unterschied der Geburt,

Q5

Barrikadenkämpfe in der Breiten Straße in Berlin in der Nacht vom 18. zum 19. März 1848
Zeitgenössische Lithografie

des Standes und des Glaubens, ist das Ziel, nach welchem das deutsche Volk strebt. Die Mittel, zu demselben zu gelangen, sind: [...]

Aufhebung der erblichen Monarchie (Einherrschaft) und Ersetzung derselben durch frei gewählte Parlamente, an deren Spitze frei gewählte Präsidenten stehen, alle vereint in der föderativen Bundesverfassung nach dem Muster der nordamerikanischen Freistaaten.

[...] Deutsche Brüder in Ost und West, wir fordern Euch auf, uns in dem Bestreben zu unterstützen, Euch die einigen und unveräußerlichen Menschenrechte zu verschaffen. Wir werden in Frankfurt a. M. vereinigt bleiben, bis ein frei gewähltes Parlament die Geschicke Deutschlands leiten kann. Mittlerweile werden wir die erforderlichen Gesetzesvorlagen entwerfen und durch einen frei gewählten Vollziehungsausschuss das große Werk der Wiederherstellung Deutschlands vorbereiten.

Hans Fenske (Hrsg.): Vormärz und Revolution: 1840–1849. WBG, Darmstadt 1976, S. 276–278.

Q7

Wahlprogramm zur Nationalversammlung

Im April und Mai 1848 fanden die Wahlen zur Nationalversammlung statt. Etwa 80 Prozent der männlichen Bürger waren wahlberechtigt. Im Wahlkreis Gießen bewarb sich der Zoologie-Professor Carl Vogt um einen Parlamentssitz. Nach seiner Wahl avancierte Vogt in der Paulskirche neben Robert Blum zum Wortführer der demokratischen Linken.

An die Oberhessen

[...] Ein allgemeiner Schrei hat sich in Deutschland erhoben, er heißt: Einheit des Vaterlandes. [...] Als Organ dieser Souveränität des Volkes wird in vier Wochen die konstituierende Nationalversammlung für Deutschland zusammentreten, welcher einzig und allein die Regelung der Geschicke Deutschlands überlassen bleibt. [...]

Es muss also zunächst die Versammlung diejenigen Rechte feststellen, welche jedem Deutschen als solchem angehören müssen, [...] sie müssen als allgemein und unveräußerlich anerkannt werden.

Die Rede- und Pressfreiheit in unumschränktestem Maßstabe [...].

Das freie Versammlungsrecht (Assoziationsrecht), also das Recht, zu politischen und sozialen Zwecken sich versammeln und vereinigen zu dürfen. [...]

Das Recht, eine jede beliebige Religion zu haben und zu üben. [...]

Das ungeschmälerte Petitionsrecht. Jeder soll sich ungehindert an die Behörden wenden, und diesen seine Klagen, Wünsche und Ansichten vortragen können.

Gleichheit vor dem Gesetze, Aufhebung aller Privilegien, aller Standesvorteile. [...] Zu dieser Gleichheit vor dem Gesetz gehört das Recht, nur in öffentlichem und mündlichem Verfahren und bei Vergehen nur von Geschworenen gerichtet zu werden. Jedem Deutschen muss ferner überall die Sicherheit seiner Person und seines Eigentums garantiert sein; [...].

Das allgemeine Staatsbürgerrecht. Jeder Deutsche ist da Staatsbürger, wo er wohnt. Er kann frei hinziehen, wo es ihm gefällt [...] er hat überall das Recht und die Pflicht, Waffen zu tragen und an der allgemeinen Volksbewaffnung teilzunehmen. [...].

Um ein einiges Deutschland herzustellen, müssen die einzelnen Regierungen auf folgende Punkte verzichten und diese der Zentralgewalt überantworten.

Das Heerwesen. Die Volksbewaffnung ist der Hort unserer Freiheit nach innen. [...] Wir werden nur ein deutsches Heer, keine Preußen und Badenser mehr haben, die Soldatenspielerein in den Residenzen wird aufhören. Die Regierungen der einzelnen Staaten werden gar keine Truppen mehr unter ihren Befehlen haben können. [...] nur das gesamte Deutschland wird Krieg oder Frieden erklären. [...]

Ich berühre den letzten Punkt, die Einrichtung der Zentralbehörde für Deutschland. [...] ein Parlament für ganz Deutschland, hervorgegangen aus der freien Wahl des Volkes [...]. Ein Bundeshaupt mit verantwortlichem Ministerium. [...] Ich werbe dafür, dass dies Oberhaupt frei gewählt werde von dem Volkshause [...] und zwar auf eine bestimmte Zeit, von drei oder höchstens fünf Jahren.

[...] Eine republikanische Verfassung ähnlich der amerikanischen Verfassung, betrachte ich als das Ideal einer Staatsverfassung; aber eine Republik, welche nicht aus dem freien Willen der unermesslichen Weisheit des Volkes hervorgeht, und zwar ohne Gewalt aus der innersten Überzeugung des Volkes hervorgeht, eine solche Republik will ich nicht [...]. Ich habe öffentlich erklärt, dass ich jedem Versuche, durch Gewalt eine politische Ansicht durchzusetzen entgegen treten werde; [...].

Ich wünsche von Oberhessen, von meiner Geburtsstadt Gießen und dem dazu gehörigen Wahlkreise als Abgeordneter nach Frankfurt zur konstituierenden Versammlung gesendet zu werden.

Carl Vogt: An die Oberhessen. Wahlprogramm zur Nationalversammlung, Flugblatt 1848. Stadt- und Universitätsbibliothek, Frankfurt a.M. 1998. Unter: http://sammlungen.ub.uni-frankfurt.de/1848/urn/urn:nbn:de:hebis: 30:2-26530 (Zugriff: 20.03.2017).

D Der politische Aufbruch der Frauen

Q8

Die Revolution der Frauen

Die sächsische Frauenrechtlerin Louise Otto (1819–1895), die besonders für die Verbesserung der sozialen Lage von Arbeiterinnen kämpfte, veröffentlichte am 21. April 1849 die erste Ausgabe der Frauen-Zeitung. Bereits ein Jahr später erschwerte die sächsische Regierung in einem neuen Pressegesetz die Herausgabe von Zeitungen durch Frauen. Auf der Titelseite der 1. Ausgabe schrieb Louise Otto im April 1849:

„Die Geschichte aller Zeiten, und die heutige ganz besonders, lehrt: dass diejenigen auch vergessen werden, welche an sich selbst zu denken vergaßen!" – Das schrieb ich im Mai 1848 hinaus in die Welt, als ich zunächst meine Worte an die Männer richtete, die sich in Sachsen mit der Frage der Arbeit beschäftigten – ich mahnte sie damit an die armen Arbeiterinnen, indem ich für meine Schwestern das Wort ergriff, auf dass sie nicht vergessen wurden!
Dieser selbe Erfahrungssatz ist es, welcher mich zur Herausgabe einer Frauenzeitung veranlasste. Mitten in den großen Umwälzungen, in denen wir uns alle befinden, werden sich die Frauen vergessen sehen, wenn sie selbst an sich zu denken vergessen! Wohlauf denn, meine Schwestern, vereinigt Euch mit mir, damit wir nicht zurückbleiben, wo alles um uns und neben uns vorwärts drängt und kämpft. Wir wollen auch unser Teil fordern und verdienen an der großen Welterlösung, welche der ganzen Menschheit, deren eine Hälfte wir sind, endlich werden muss. Wir wollen unseren Teil fordern: das Recht, das Rein-Menschliche in uns in freier Entwicklung aller unserer Kräfte auszubilden, und das Recht der Mündigkeit und Selbstständigkeit im Staat.

Louise Otto: Frauen-Zeitung, Nr. 1 (21. April 1849), Titelseite.

Q9

Politische Frauenvereine aus männlicher Perspektive
Karikatur in der humoristischen Zeitschrift Der Satyr, Ausgabe Nr. 4 (Dezember 1848)

Arbeitsvorschläge

Arbeitsvorschläge zum darstellenden Teil

1. Beschreiben Sie die Situation in Europa am Vorabend der Revolution. [I]
2. Arbeiten Sie die Ursachen und den Anlass für den Ausbruch der Revolution heraus. [II]

A Erste revolutionäre Forderungen am Vorabend der Revolution

3. Fassen Sie die Vorstellungen der Offenburger Demokraten zusammen (Q1). [I] ●
4. Ordnen Sie die Offenburger Forderungen nach Kategorien wie Freiheitsrechte, Bildungs- und Sozialpolitik etc. [I]

B Neuer revolutionärer Elan im Frühjahr 1848

5. Beschreiben Sie das Hecker-Lied (Q2) mithilfe eines Adjektivsterns. [I] ○
6. Analysieren Sie, welchen Standpunkt die Urheber von Q3 und Q4 gegenüber den revolutionären Ereignissen in Berlin im März 1848 einnehmen: Wie stellen beide jeweils die beteiligten Akteure dar, auf welche Gefahren und Chancen weisen die Quellen hin? Ist eine der beiden glaubwürdiger als die andere? [II]
7. Charakterisieren Sie das Bild, welches Carl Schurz über König Friedrich Wilhelm IV. zeichnet (Q4). Berücksichtigen Sie dabei den Entstehungszeitpunkt der Quelle (etwa 58 Jahre nach der Revolution). [II]

C Der Weg zur Nationalversammlung

8.
a) Analysieren Sie die beiden Quellen Q6 und Q7 unter Berücksichtigung der dargelegten politischen Zielsetzung und der geforderten Mittel zu deren Durchsetzung. Arbeiten Sie aus dem Vergleich beider Quellen wesentliche Unterschiede und Gemeinsamkeiten heraus. [II]
b) Recherchieren Sie die Lebensläufe Gustav von Struves und Carl Vogts. Erörtern Sie, ob zu Ehren eines der beiden Revolutionäre eine Schule nach diesem benannt werden sollte (Q6, Q7). [II/III]
c) Trotz der Politisierung weiter Teile des Bürgertums fehlte es den Demokraten an einer Massenbasis und damit breitem Rückhalt in der Bevölkerung. Erklären Sie diesen Sachverhalt (Q6). [II]
d) Analysieren Sie die auf der Auftaktdoppelseite abgebildete Karikatur „Wie sie in Frankfurt am Main den deutschen Adler nach langer Gefangenschaft freilassen". Erläutern Sie, welche Ängste und Hoffnungen der Karikaturist zum Ausdruck bringen wollte (Kapitelauftaktseite S. 6). [II]

D Der politische Aufbruch der Frauen

9. Beschreiben Sie die Karikatur Q9. [I]
10. Arbeiten Sie die in Karikatur Q9 enthaltenen männlichen Vorurteile gegenüber Frauen heraus. [II]
11. Beschreiben Sie die Revolution von 1848/49 aus der Perspektive von politischen Aktivistinnen und Frauenrechtlerinnen wie Louise Otto (Q7, Q8). [I]]
12. Informieren Sie sich über das Leben von Louise Otto und stellen Sie die wichtigsten Etappen ihres politischen Wirkens in einer Grafik dar. [I] ○

Online- und Differenzierungsmaterialien zu Kapitel 1.4
○ Arbeitshilfen zu den Aufgaben 5 und 12
● Vertiefungsangebot zur Aufgabe 3

Online-Code: 3k729a

E Erweiterungsband Kapitel 1.2, S. 24–35

1.5 1848 – Eine gescheiterte Revolution!?

Im März 1848 lagen nach Ansicht des preußischen Königs die Fürsten „auf dem Bauch". Aber schon ab Mitte 1848 formierten sich die Kräfte der Gegenrevolution. Das Scheitern der kleindeutschen Staatsgründung und der Reichsverfassungskampagne besiegelte 1849 das Schicksal der Revolution. Was waren die Gründe des Scheiterns und was blieb von dem „tollen Jahr" 1848/1849?

Audio
Podcast
Scheitern der 48er Revolution
j5s8qr

Die Arbeit der Nationalversammlung

Die Hauptaufgabe der Nationalversammlung bestand in der Erarbeitung einer Verfassung für einen Nationalstaat. Gelöst werden mussten dabei unter anderem die Fragen nach dem Umfang des Staatsgebietes, nach dem Umgang mit nationalen Minderheiten, nach der inneren Staatsform sowie nach den Grundrechten. Vor gut besuchten Besuchertribünen diskutierten die Abgeordneten diese Punkte in oft langwierigen, hitzigen Sitzungen sehr kontrovers und schufen trotz der schwieriger werdenden politischen Rahmenbedingungen eine moderne, in die Zukunft weisende Verfassung.

Umstritten diskutiert wurden auch die Grenzen Deutschlands sowie die Reichweite von nationalen Selbstbestimmungsrechten für die stärksten Minderheiten im neuen deutschen Reich. In der Regel überwog in der Paulskirche – trotz der jahrzehntelangen liberalen Treueschwüre für eine Wiederherstellung Polens – eine Politik der nationalen Egoismen gegenüber Minderheiten wie den Polen im Herzogtum Posen oder den Dänen im Herzogtum Schleswig. Damit verbunden war das Interesse der Parlamentsmehrheit, Deutschland als eine Großmacht in der Mitte Europas entstehen zu lassen.

Das Wiedererstarken der restaurativen Kräfte

Ab dem Sommer 1848 wurden die revolutionären Kräfte zunehmend militärisch in die Defensive gedrängt. In Wien kam es im Oktober 1848 zu blutigen Straßenschlachten mit Tausenden von Opfern. In Preußen wurde im November 1848 der Ausnahmezustand ausgerufen, 80 000 Soldaten marschierten in Berlin ein. Die verfassunggebenden Versammlungen wurden in Preußen und in Österreich aufgelöst.

In beiden Staaten erließen („oktroyierten") die fürstlichen Regierungen Verfassungen. Dabei überraschte die bis 1918 gültige preußische Verfassung trotz der starken Stellung der königlichen Macht zunächst durch ihren liberalen Charakter. So wurden beispielsweise bürgerliche Grundrechte oder das Gesetzgebungsrecht der Volksvertretung garantiert. Die Volkskammer wurde allerdings mittels eines Drei-Klassen-Wahlrechts gewählt, welches die Wähler nach ihrem direkten Steueraufkommen in drei Klassen einteilte. Die erste Klasse der am höchsten Besteuerten umfasste in der Regel zirka vier Prozent der Wähler, durfte aber ebenso viele Wahlmänner stellen wie die dritte Klasse, der rund 82 Prozent der Wahlberechtigten angehörten.

Friedrich Wilhelm IV. (1795–1861)
1840–1861 König von Preußen

Fehlende Machtbasis und Spaltung der Revolutionäre

Die Ereignisse in Berlin und Wien zeigten, den revolutionären Kräften fehlte eine Machtbasis. Nach den schnellen Erfolgen im Frühjahr 1848 hatten sie nicht die Machtpositionen in Militär und Verwaltung übernommen und vor den Thronen der Fürsten haltgemacht. Dies entsprach der Strategie der gemäßigten Liberalen aus dem gehobenen Bürgertum, die Revolution für beendet zu erklären und die politische Neugestaltung Deutschlands mit den Fürsten auf dem Vereinbarungsweg zu erreichen. Vor allem die Sorge vor einer sozialen Revolution, die als Herrschaft des Pöbels diffamiert und die mit Wohlstands- und Machtverlusten für das Bürgertum verbunden wurde, leitete die Mehrheit der Liberalen und trennte sie von Republikanern und Sozialisten. Dadurch geriet das Bürgertum gegenüber den Fürsten zunehmend in die Rolle des Bittstellers, bestenfalls eines Juniorpartners. Früh verdeutlichten fehlende militärische wie finanzielle Mittel der Nationalversammlung die Abhängigkeit von den Einzelstaaten. Die in Frankfurt als Zentralgewalt bestimmte Exekutive mit Reichsverweser und Ministerien besaß deshalb zu keinem Zeitpunkt eine wirkliche Handlungsoption gegenüber widerstrebenden Gliedstaaten.

Das Ende der Revolution

Nachdem die Kaiserdeputation im April 1849 dem preußischen König Friedrich Wilhelm IV. vergeblich die kleindeutsche Kaiserkrone angeboten hatte, folgten die meisten Abgeordneten dem Ruf ihrer Regierungen und gingen einfach nach Hause. Der Versuch, in einer dritten Revolutionswelle die Verfassung durchzusetzen („Reichsverfassungskampagne"), führte in Sachsen und Südwestdeutschland nochmals zu schweren, aber letztlich vergeblichen Kämpfen. Württembergische Truppen lösten das aus Frankfurt nach Stuttgart geflohene Rumpfparlament auf. Preußisches Militär nahm in der Festung Rastatt die Kapitulation der letzten 6000 Aufständischen entgegen. Todesstrafen, Gefängnis, Flucht und Exil, vor allem in der Schweiz, Großbritannien oder den USA, bestimmten das weitere Schicksal der „Fortyeighters".

Warum scheiterte die Revolution von 1848/49?

Material
Verfassungsschema preuß. Verfassung 1850
j5s8qr

Der Versuch der Staatsgründung von Nationalstaaten in Italien, Ungarn oder Deutschland scheiterte an den Beharrungskräften der fürstlichen Restauration. 1850 reaktivierte man den Deutschen Bund unter österreichischem Vorsitz wieder ins Leben. Vorstöße Preußens zu einer kleindeutschen Lösung wurden von Österreich zunächst abgewehrt. Erst 1871 kam es nach drei Kriegen, darunter 1866 dem „deutsch-deutschen Bruderkrieg" zwischen Preußen und Österreich, zur kleindeutschen Reichsgründung.

→ **D2**, S. 46

Als wesentliche Gründe für das Scheitern der Revolution sind anzuführen:

→ **D3**, S. 48

- Die Komplexität der Aufgaben überforderte die Revolutionäre, denn die Nationalversammlung sollte sowohl einen Verfassungs- als auch einen Nationalstaat schaffen, gleichzeitig aber auch die sozialen Spannungen entschärfen.
- Die Anzahl der Vetoplayer überforderte die Revolutionäre. Durch den Polyzentrismus Deutschlands verlief die Revolution als dezentrale Kettenreaktion.
- Die Fürsten, insbesondere in Wien und Berlin, gaben im März 1848 nur aus taktischen Erwägungen nach. Der Frankfurter Zentrale fehlte der Zugriff auf staatliche Machtressourcen: Militär, Verwaltung und Finanzen (eigene Steuereinnahmen).
- Die Spaltung in gemäßigte Liberale und republikanische Demokraten schwächte das revolutionäre Lager, wobei die Liberalen „Revolutionäre wider Willen" waren. Sie wollten Kompromisse unter dem Motto „Freiheit und Ordnung" und fürchteten die Radikalisierung. Diese Furcht minderte ihre Bereitschaft, die eigenen Märzerrungenschaften gegen die Fürsten tatkräftig zu verteidigen.
- Die Republikaner wollten die Revolution fortführen, es fehlte aber die Basis. Vor allem die Bauern schieden früh als revolutionäre Trägergruppe aus.

→ **D4**, S. 48

Zwar scheiterte die Revolution, aber sie blieb dennoch nicht ergebnislos:

- Viele Männer und Frauen machten neuartige Emanzipations- und Partizipationserfahrungen, die in der Folge zu Vereins- und Parteigründungen führten.
- In den Einzelstaaten wurden Verfassungen eingeführt.
- Feudalordnungen wurden außer in Preußen östlich der Elbe abgeschafft.
- Die Paulskirche entwarf eine Blaupause für spätere deutsche Verfassungen.
- Das Gerichtswesen wurde mit öffentlichen Schwurgerichten modernisiert.
- Manche Historiker deuteten später das Scheitern der Revolution und die Staatsgründung von oben 1871 als eine Diskreditierung freiheitlicher Bewegungen im Reich.

A Die Frage der zukünftigen Grenzen eines deutschen Staates

D1

Vorstellungen einer klein- und großdeutschen Lösung

B Die Paulskirchenverfassung mit deutschem Kaiser?

D2

Verfassungsschaubild der Paulskirche

Schematische Darstellung der Verfassung, welche die Paulskirche 1849 ausgearbeitet hatte, die aber nie verwirklicht wurde

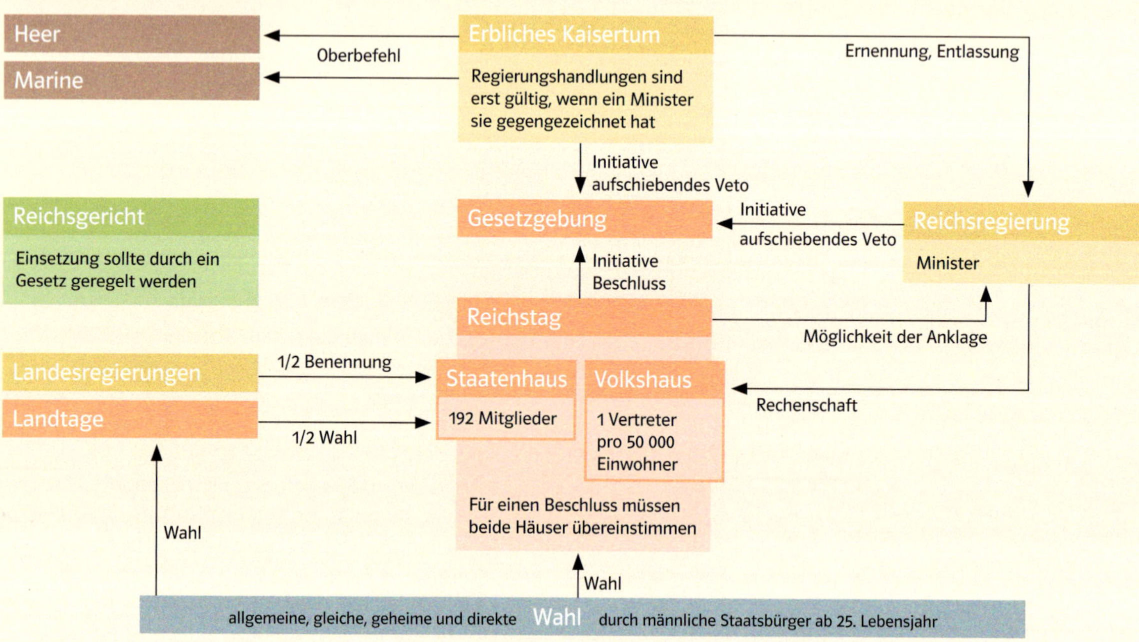

Q1

Angebot und Ablehnung der Kaiserkrone

a) Ansprache des Präsidenten der Nationalversammlung und Leiters der Kaiserdeputation, Martin Eduard v. Simson, beim Empfang durch den König im königlichen Schloss zu Berlin am 3. April 1849:

Die verfassunggebende deutsche Reichsversammlung, im Frühling des vergangenen Jahres durch den übereinstimmenden Willen der Fürsten und Volksstämme Deutschlands berufen, das Werk der deutschen Verfassung zu Stande zu bringen, hat am Mittwoch, den 28. März des Jahres 1849, nach Verkündigung der [...] beschlossenen deutschen Reichsverfassung die in derselben begründete erbliche Kaiserwürde auf Seine königliche Majestät von Preußen [zu] übertragen. [...] Sie hat endlich den Beschluss gefasst, den erwählten Kaiser durch eine Deputation aus ihrer Mitte ehrfurchtsvoll einzuladen, die auf Ihn gefallene Wahl auf Grundlage der Verfassung annehmen zu wollen. In der Vollziehung dieses Auftrages stehen vor Eurer königlichen Majestät der Präsident der Reichsversammlung und zwei und dreißig ihrer Mitglieder in der ehrfurchtsvollen Zuversicht, dass Eure Majestät geruhen werden, die begeisterten Erwartungen des Vaterlandes, welches Euer Majestät als den Schirm und Schutz seiner Einheit, Freiheit und Macht zum Oberhaupt des Reiches erkoren hat, durch einen gesegneten Entschluss zu glücklicher Erfüllung zu führen.

b) Aus einem Brief Friedrich Wilhelms IV. vom 23. Dezember 1848 an den Abgeordneten Joseph von Radowitz:

[...] Jeder deutsche Edelmann, der ein Kreuz oder einen Strich im Wappen führt, ist hundertmal zu gut dazu, um solch ein Diadem! aus Dreck und Letten[1] der Revolution, des Treubruchs und des Hochverrats geschmiedet, anzunehmen. Die alte, legitime, seit 1806 ruhende Krone deutscher Nation, das Diadem von Gottes Gnaden, das den, der es trägt, zur höchsten Obrigkeit Deutschlands macht, der man Gehorsam schuldet um des Gewissens willen, das kann man annehmen, wenn man in sich die Kraft dazu fühlt und die angeborenen Pflichten es zulassen. Die Krone aber vergibt keiner als Kaiser Franz Joseph[2], ich und unseresgleichen und wehe dem! der es ohne uns versucht und wehe dem! der sie annimmt, wenn ihr Preis der Verlust eines Drittels von Deutschland und der edelsten Stämme unseres deutschen Volkes ist. Gott helf uns! Amen.

a) und b) Bernhard von Simson (Hrsg.): Eduard von Simson, Erinnerungen aus seinem Leben. S. Hirzel, Leipzig 1900, S. 182–184.

1 Letten = unbrauchbares Gestein
2 Franz Joseph I. (1830–1916), Kaiser von Österreich 1848–1916 und König von Ungarn

Q2

Karikatur des Zeichners Ferdinand Schröder aus den Düsseldorfer Monatsheften vom 19. April 1849

„Wat heulst 'n kleener Hampelmann?" – „Ick habe Ihr'n Kleenen 'ne Krone geschnitzt, nu will er se nich!" (Heinrich von Gagern und Borussia)

C Warum scheiterte die Revolution?

D3

Rolle des nationalen Gedankenguts

Der deutsche Historiker Otto Dann (1937–2014) analysiert die Gründe des Scheiterns:

[...] Die Bilanz der nationalen Revolutionen in Europa war durchweg negativ. Keiner ist es gelungen, zu einer Staatsgründung zu gelangen. Die drei antinational agierenden östlichen Großmächte konnten sich durchsetzen [...]. Die Nationalbewegungen waren nicht in der Lage, ihnen eine überlegene Macht entgegenzusetzen – vor allem, weil die bürgerlichen Führungsschichten eine revolutionäre Zusammenarbeit mit den Volksschichten scheuten.

[...] Selten war eine nationale Bewegung in einem Volke so verbreitet wie die deutsche des Jahres 1848. Nicht deren Schwäche ist daher für das Scheitern der Revolution verantwortlich zu machen, sondern paradoxerweise ihre fortgeschrittene Entwicklung. Sie war so weit vorangekommen, dass nicht nur eine Schicht die Revolution in die Hand nehmen konnte. Es gab in Deutschland eine Konkurrenz von drei nationalpolitischen Führungsgruppen. Sie sind nacheinander politisch gescheitert, und oft genug standen sie sich gegenseitig im Wege.

Die nationaldemokratische Bewegung, deren Erfolg wesentlich von revolutionären Massenaktionen abhing, erlitt bereits in der badischen Aprilrevolution eine Niederlage. In den Parlamenten blieb sie in der Minderheit. Umso wichtiger wurde ihre außerparlamentarische Organisierung. Sie war stark entwickelt, denn sie umfasste auch die junge Arbeiterbewegung und die beginnende Frauenbewegung. [...]

Das nationalliberale Bürgertum, stark verwurzelt in den kulturnationalen Vereinen, verfügte durch seine Beteiligung an den Märzministerien und seine Dominanz in den Parlamenten über die entscheidenden Positionen in den politischen Institutionen des Revolutionsjahres. Es gelang ihm jedoch nicht, mit seiner Strategie einer Vereinbarung mit den Fürsten weiterführende national-politische Entscheidungen durchzusetzen.

Die deutschen Fürsten dürfen nicht nur auf der Gegenseite der nationalen Bewegung verbucht werden. Auch sie waren von ihr erfasst; im April 1849 erklärten 28 fürstenstaatliche Regierungen, die Reichsverfassung der Paulskirche und die Wahl des preußischen Königs zum deutschen Kaiser anerkennen zu wollen. Doch Friedrich Wilhelm IV. vereitelte die große Chance einer nationalen Staatsbildung auf der Basis der Reichsverfassung, ließ die letzte nationale Volksbewegung niederschlagen. [...]

Otto Dann: 1848/49 – Ein Wendepunkt in der deutschen Geschichte? In: Ottfried Dascher/Everhard Kleinertz: Petitionen und Barrikaden, Rheinische Revolutionen 1848/49. Aschendorff, Münster 1998, S. 408 f.

D4

Langfristige Folgen des Scheiterns

Der deutsche Historiker Dieter Hein (geb. 1951) über das Erbe der Revolution:

Die erste deutsche Revolution war gescheitert. So sah es jedenfalls die überwiegende Mehrheit der Zeitgenossen. Keiner der zu langjährigen Zuchthausstrafen verurteilten Revolutionäre oder der nach Zehntausenden zählenden Emigranten hätte sich insgeheim als Sieger gefühlt. [...]

Und doch ist unübersehbar, dass das Rad der Geschichte 1849 nicht auf die Zeit vor der Revolution zurückgedreht wurde. Preußen blieb Verfassungsstaat mit weitgehend gesicherten Grundrechten und einer gewählten Volksvertretung. Die Agrarreformen – für die nach wie vor mehrheitlich auf dem Lande lebende Bevölkerung ein brennendes Problem – konnten durch die Revolution endlich zum Abschluss gebracht werden. [...] Über die Revolutionszeit hinaus wirkte auch das rege politische Leben – die Presse, die Vereine, die Partei- und Fraktionsbildungen –, das zwar durch die reaktionäre Wende zunächst abflaute, seit 1859 aber umso stärker wieder aufblühte. Ein nicht zu unterschätzender Einfluss ging schließlich von der kleindeutschen Option aus, für die sich die Mehrheit der Frankfurter Nationalversammlung entschieden hatte. [...]

Aber der grundlegende Umbruch, der Systemwechsel, den die Revolutionäre, von den gemäßigten Liberalen bis zu den radikalen Demokraten, erstrebt hatten, blieb 1848/49 aus. Der innere Zusammenhang, der zwischen den einzelnen Reformschritten ursprünglich bestand, wurde von der Gegenrevolution erfolgreich aufgebrochen. Sie wurden nun im Rahmen einer konservativ akzentuierten Herrschafts- und Gesellschaftsordnung instrumentalisiert. Gescheitert und auch auf längere Sicht nicht mehr zum Zuge gekommen ist vor allem die Grundidee, dass der Staat der Gesellschaft und ihrem politischen Willen unterworfen und dass eine Vielzahl von politischen Entscheidungen in die Gesellschaft zurückverlagert werden müsse. [...]

Schwerer abzuschätzen [...] sind schließlich jene negativen Wirkungen, die [...] von der Erfahrung der Niederlage ausgingen. Wie eine dunkle Wolke legte sie sich über rund ein Jahrhundert deutscher Geschichte. [...] Und sie überschattete die politischen Konzepte, für die Liberale und Demokraten eingetreten waren: das parlamentarische Regierungssystem, den Parteienwettbewerb, die Interessenpluralität, überhaupt die Idee einer offenen, sich selbst regierenden Gesellschaft. [...]

Dieter Hein: Die deutsche Revolution 1848/49. In: Peter Wende (Hrsg.): Große Revolutionen der Geschichte. C. H. Beck, München 2000, S. 174 f.

Arbeitsvorschläge

A Die Frage der zukünftigen Grenzen eines deutschen Staates

1. Skizzieren Sie die geografischen Vorstellungen der klein- und der großdeutschen Lösung (D1). Ziehen Sie die Karte auf der S. 7 hinzu. [I]
2. Erläutern Sie, inwiefern sich die Frage ethnischer Minderheitenrechte bei der klein- beziehungsweise der großdeutschen Lösung stellte (D1). [II] ○

B Die Paulskirchenverfassung mit deutschem Kaiser?

3.
a) Analysieren Sie die Verfassung der Nationalversammlung von 1849 mithilfe des Dreischritts „Beschreiben", „Untersuchen" und „Deuten" (D2). [II] ○
b) Überprüfen Sie, inwieweit die Verfassung von 1849 einerseits einen Kompromisscharakter besitzt und andererseits eine liberale Handschrift trägt (D2). [III]
c) Vergleichen Sie die preußische Verfassung von 1850 (→ Online-Code), die Verfassung des Kaiserreichs von 1871 (Kapitel 1.7, S. 59) und die Verfassung der Nationalversammlung von 1849 (D2) miteinander. [II] ○
d) Untersuchen Sie ausgehend von der Paulskirchenverfassung, inwieweit das Grundgesetz auf die Arbeit der Frankfurter Nationalversammlung aufbaut (D2). [II] ○

4. Beschreiben, analysieren und beurteilen Sie die Karikatur Q2. [I/II/III] ○
5. Charakterisieren Sie die Ansprache Martin Eduards v. Simson (Q1a). [II]
6. Beurteilen Sie den Brief Friedrich Wilhelms IV. (Q1b). [III]

C Warum scheiterte die Revolution?

7. Die Gründe für das Scheitern der Revolution werden seit jeher kontrovers diskutiert. Arbeiten Sie die jeweiligen Argumente für das Scheitern aus den Historikermeinungen D3 und D4 heraus. [II]

Übergreifende Arbeitsvorschläge

8. Erstellen Sie vor dem Hintergrund der aktuellen politischen Grundordnung der Bundesrepublik Deutschland ein fiktives Dankesschreiben an die Revolutionäre von 1848. [II]
9. Viele Revolutionäre verließen 1849 Deutschland nach dem Sieg der fürstlichen Reaktion. Die USA, die Schweiz, Frankreich oder die Britischen Inseln waren beliebte Emigrationsziele im Ausland. Informieren Sie sich über das Schicksal eines bekannten Emigranten wie zum Beispiel Friedrich Hecker oder Carl Schurz. Stellen Sie Ihre Recherchen zu einer Person in einem Kurzreferat dar. [II]
10. Erstellen Sie abschließend und übergreifend eine Mindmap zur Revolution von 1848/49, in der Sie die Ergebnisse Ihrer Auseinandersetzung mit der 1848er-Revolution zusammenfassen. [III]

Online- und Differenzierungsmaterialien zu Kapitel 1.5
○ Arbeitshilfen zu den Aufgaben 2, 3a, 3c, 3d und 4
Verfassungsschema preußische Verfassung 1850
Podcast Scheitern der 48er Revolution

Online-Code: j5s8qr

1.6 Nationalstaatsbildung in Italien

Ähnlich wie Mitteleuropa war die italienische Halbinsel über Jahrhunderte durch politische Zersplitterung geprägt. Parallel zu Deutschland entstand dort in der zweiten Hälfte des 19. Jahrhunderts ein Nationalstaat. Aber beinhaltete dies auch eine geeinte Nation im Inneren?

Risorgimento
Ab Mitte des 18. Jahrhunderts Begriff für das Streben nach einer einheitlichen italienischen Kultur, im 19. Jahrhundert verschob sich die Bedeutung auf das Ziel eines vereinten italienischen Nationalstaates.

Giuseppe Mazzini (1805–1872)
italienischer Freiheitskämpfer

Giuseppe Garibaldi (1807–1882)
italienischer Revolutionär, wichtiger Akteur des Risorgimento

Italien als Experimentierfeld der Französischen Revolution?

Über Jahrhunderte war die italienische Halbinsel geprägt durch eine Vielzahl sehr unterschiedlicher Herrschaftsgebiete. Es gab die Stadtrepubliken Venedig und Genua, den Kirchenstaat mit dem Papst als Staatsoberhaupt und mehrere Fürstentümer, die teilweise von verschiedenen Zweigen der österreichischen Habsburger oder der spanischen Bourbonen beherrscht wurden.

Diese politische Ordnung geriet ins Wanken, als in den 1790er-Jahren die neue französische Revolutionsregierung begann, ihre Ideen u.a. nach Italien zu exportieren. Ähnlich der Mainzer Republik, die von deutschen Revolutionären begründet wurde, bildeten sich ab 1796 nach französischem Vorbild auch in Italien neue Republiken, so zum Beispiel in Genua, Neapel, Rom und Mailand. 1802 entstand im Norden der Halbinsel eine, von Frankreich abhängige, „Italienische Republik“. Auch wenn diese nur bis 1805 Bestand hatte, wurde sie doch ein wichtiges Saatkorn für die junge italienische republikanische Nationalbewegung („**Risorgimento**“).

Frühnationalismus im Zeichen europäischer, liberaler Solidarität?

Auf dem Wiener Kongress 1814/15 hatten die führenden Großmächte kein Interesse an der Schaffung eines italienischen Nationalstaates, schon gar nicht mit liberaler, republikanischer Prägung. Stattdessen wurden frühere Fürstentümer wie Neapel und Sardinien wiederbegründet. Auch der aufgelöste Kirchenstaat wurde erneut ins Leben gerufen, wenn auch verkleinert. Ein „Italienischer Bund“ unter Vorsitz Österreichs, wie ihn der österreichische Staatskanzler Metternich nach Vorbild des Deutschen Bundes vorschlug, fand keine Mehrheit. Stattdessen fielen große Gebiete (Venetien, Lombardei) direkt an Österreich.

Gegen diese Restauration alter Verhältnisse bildeten sich oppositionelle Gruppen mit nationalen und teilweise liberalen Ideen. Beeinflusst von der Revolution in Spanien 1820 kam es auch in mehreren italienischen Staaten zu nationalen und republikanischen Erhebungen. Diese wurden allerdings ähnlich blutig niedergeschlagen wie erneute Aufstände 1830. Viele nationale und liberale Oppositionelle flohen in die Schweiz, nach Belgien, England oder Frankreich, wo sie sich mit dortigen Liberalen vernetzten. Manche Revolutionäre, wie Giuseppe Garibaldi, gingen auch eine Zeit lang nach Südamerika. Eine der prägendsten Oppositionellen und Frühnationalisten war Giuseppe Mazzini, der in den 1830er-Jahren mit Revolutionären in ganz Europa in Kontakt stand.

Eine große Rolle spielte die Betonung des gemeinsamen nationalen Gedankens in der Kunst, wo Maler, Schriftsteller, Architekten und andere das Erbe des antiken Roms betonten. Ähnlich wie auch in Deutschland, mischten sich nationale Ideen mit liberalen Gedanken und sozialen Fragen infolge der ersten Ansätze von Industrialisierung.

1848er-Revolution – Niederlage aus fehlender Einigkeit?

Ähnlich wie in Frankreich und Deutschland, kam es im Frühjahr 1848 auch in Mailand und Venedig zu bewaffneten Aufständen, die sich in erster Linie gegen die dortige österreichische Herrschaft richteten.

Das Königreich Piemont versuchte sich an die Spitze der Nationalbewegung zu stellen, rief die Unabhängigkeit Italiens aus und erklärte Österreich den Krieg. Andere italienische Fürstentümer unterstützten dies. Der Kirchenstaat blieb neutral. Letztlich bestand jedoch keine

Camillo Benso Graf von Cavour (1810–1861)
italienischer Staatsmann und Unternehmer, Vorsitzender des Regierungsrates des Königreichs Piemont 1848–1861

Krimkrieg (1853–1856)
Konflikt zwischen Russland, das seinen Einfluss im Orient ausweiten wollte, und einem Bündnis aus Großbritannien, Frankreich und Sardinien-Piemont.

Einigkeit, wie ein zukünftiger italienischer Staat aussehen sollte, ob als lockerer Staatenbund, als zentralisiertes Königreich oder als Republik. Dies trug maßgeblich dazu bei, dass Österreich militärisch erfolgreich blieb.

Angesichts des Versagens der Fürsten versuchten republikanisch gesinnte Revolutionäre einen Volksaufstand zu entfachen. Zu deren wichtigen Köpfen zählte beispielsweise Giuseppe Mazzini, der auch in Kontakt zu polnischen, schweizerischen und deutschen Liberalen stand. Aber auch Künstler wie der Komponist Giuseppe Verdi entwickelten sich zu einem Gesicht der Nationalbewegung. Die Basis der republikanisch gesinnten Revolutionäre war jedoch zu schwach, auch weil sie, ebenso wie die Fürsten, keine Lösung für die drängenden sozialen Fragen der unter drückenden Feudallasten leidenden Bauern anbieten konnte.

Der italienische Nationalstaat – eine Gründung von Oben?

Nach den gescheiterten Revolutionsversuchen 1848/49 blieb allein das Königreich Sardinien-Piemont ein starker Faktor zur Durchsetzung eines geeinten italienischen Nationalstaates. Während die dortige Regierung unter dem leitenden Minister Camillo Cavour im Inneren eine zielstrebige Modernisierungspolitik vorantrieb, suchte sie in der Außenpolitik einen starken Verbündeten. Piemont beteiligte sich 1854–1856 aktiv am **Krimkrieg** gegen Russland und gewann 1859 Frankreich für einen gemeinsamen Krieg gegen Österreich, der diesmal mit einer Niederlage der Habsburgermonarchie endete. Daraufhin kam es auch in Mittelitalien zu Aufständen von Anhängern der Nationalbewegung. 1860 gewann der demokratisch-republikanisch gesinnte Führer der revolutionären Freischärler, Giuseppe Garibaldi, die Kontrolle über Sizilien. Da auch er sich allerdings nicht für eine Bodenreform zugunsten der armen Landbevölkerung einsetzte, blieb dort sein Rückhalt begrenzt.

Um nicht gegenüber der republikanischen Bewegung in der Frage einer italienischen Vereinigung ins Hintertreffen zu geraten, ließ das Königreich Piemont Truppen in den Kirchenstaat und das Königreich Neapel einrücken. Garibaldi erkannte daraufhin den Führungsanspruch Piemonts an. Es wurden Volksabstimmungen in Süd- und Mittelitalien durchgeführt, an der allerdings nur die kleine Schicht des wohlhabenden Bürgertums und Adels teilnehmen durfte. Auf dieser Basis entstand ein gesamtitalienisches Parlament. Dieses proklamierte im Februar 1861 ein vereintes Königreich Italien mit dem König Viktor Emanuel II. von Piemont als Staatsoberhaupt. Florenz wurde als gemeinsame Hauptstadt auserwählt.

Nach einem weiteren Krieg gegen Österreich 1866, diesmal im Bündnis mit Preußen, wurde auch Venetien angegliedert. Übrig blieb noch der Kirchenstaat. Dieser stützte sich auf Schutztruppen, die der französische Kaiser Napoleon III. entsandt hatte. Als diese aber infolge des deutsch-französischen Krieges 1870 abgezogen wurden, schloss das Königreich Italien auch den Kirchenstaat an. Nur der Kleinstaat San Marino blieb weiterhin unabhängig. Ein Jahr später wurde Rom neue Hauptstadt des jungen italienischen Staates.

Königreich Italien – ein Nationalstaat mit schweren Geburtsfehlern?

→ Fenster zur Welt
Italien
Kapitel 2.12, S. 220 f.

Der Anschluss des Kirchenstaates führte zu einem tiefen innenpolitischen und gesellschaftlichen Konflikt, der Italien bis weit ins 20. Jahrhundert prägen sollte. Der Papst untersagte allen gläubigen Katholiken die Teilnahme an staatlichen Aktivitäten. Die italienische Regierung konterte mit einem Kulturkampf, in dem sie versucht jegliche kirchlichen Einflüsse aus dem Bildungssystem und staatlichen Institutionen herauszudrängen.

Die großen sozialen Probleme und der Ausschluss großer Teile der Bevölkerung aus der politischen Mitbestimmung blieben jedoch eine dauerhafte Bürde. Dies trug wesentlich mit dazu bei, dass sich u.a. eine starke radikale sozialistische und anarchistische Bewegung herausbildete, die in Opposition zu den regierenden bürgerlich-liberalen Eliten stand. Entsprechend lange sollte es dauern, bis sich ein gemeinsames Nationalgefühl und eine kollektive nationale Identität herauszubilden begannen. Offen blieb zudem der Umgang mit Minderheiten, wie der deutsch-, slowenisch- oder albanischsprachigen Ethnie.

A Die politische Einigung der italienischen Apenninhalbinsel

D1

Einigungsprozess des italienischen Nationalstaates 1848–1919

B Kann die Nationalhymne das ganze „Volk" repräsentieren?

Q1

„Das Lied der Italiener"

1847 entstand durch den Dichter Goffredo Mameli (1827–1849) und den Komponisten Michele Novaro (1818–1885), beide aus dem norditalienischen Genua stammend, das Lied der Italiener (Il Canto degli Italiani). In den revolutionären Aufständen 1848/49 wurde es von vielen nationalistischen Revolutionären gesungen. Im Königreich Italien blieb es die „heimliche Hymne" italienischer Nationalisten. Erst die Republik Italien erhob das Lied 1946 zunächst zur provisorischen, ab 2012 zur offiziellen Nationalhymne.

Brüder von Italien,
Italien ist erwacht,
Es hat mit Scipio's Helm
Sich den Kopf geschmückt.
Wo ist der Sieg?
Er möge zu Italien kommen,
Als Sklave von Rom
Hat Gott ihn erschaffen.

Chor
Lasst uns zusammenstehen,
Wir sind bereit zu sterben.
Wir sind bereit zu sterben,
Italien hat gerufen.
Lassen Sie uns die Reihen schließen,
Wir sind bereit zu sterben.
Wir sind bereit zu sterben,
Italien hat gerufen! Ja!

Wir waren jahrhundertelang
getreten, verspottet,
Weil wir keine Volk sind,
Weil wir geteilt sind.
Es vereinigt uns eine einzige
Fahne, eine Hoffnung:
Mögen wir zusammenfinden
Die Stunde dafür hat geschlagen.

Vereinigen wir uns, lieben wir uns,
Einigkeit und Liebe
Sie offenbaren den Völkern
Die Wege des Herrn.
Wir schwören
Den heimatlichen Boden zu befreien:
Von Gott vereint,
Wer kann uns besiegen?

Chor
Lassen Sie uns zusammenstehen …

Von den Alpen nach Sizilien
Überall ist Legnano[1],
Jeder Mann hat von Ferruccio[2]
Das Herz und die Hand,
Kinder Italiens
Ihr Name ist Balilla[3],
Der Klang jedes Kriegsläutens
Ertönte zur Vesper[4].

Die gekauften Schwerter[5]
Sind biegsame Schilfrohre
Schon hat der österreichische Adler[6]
Seine Federn verloren.
Das Blut Italiens,
Das Blut Polens,
Er trank mit dem Kosaken[7],
Aber sein Herz verbrannte.

Chor
Lass uns zusammenstehen …

Das Lied der Italiener (Il Canto degli Italiani): Text: Goffredo Mameli (1847) /Text dt.: Björn Opfer-Klinger (Ernst Klett Verlag GmbH).

1 in der Schlacht von Legnano besiegte 1176 der „Lombardenbund" norditalienischer Städte ein Heer des Kaisers Friedrich I. „Barbarossa"
2 Francesco Ferrucci (1489–1530), bekannter, mythisch verklärter italienischer Heerführer
3 Giovan Battista Perasso, genannt „Balilla" (1735–1781), Volksheld aus einem Aufstand in Genua gegen österreichische Truppen
4 Anspielung auf eine Erhebung der Bevölkerung Siziliens 1281 gegen die dortige französische Herrschaft
5 gemeint sind Söldner
6 gemeint ist das 1804 gegründete Kaiserreich Österreich
7 Anspielung auf die russische Unterstützung für Österreich bei der Niederschlagung der revolutionären bzw. nationalen Erhebung Ungarns 1848/49

C Die Nationalstaatsbildung – ein langer Weg

D 2

Der lange Weg zur äußeren und inneren Einigung

Mit der italienischen Einigung unter Führung des bürgerlich-konservativen, norditalienischen Piemont-Savoyen bildete sich zwar ein Nationalstaat heraus, doch war es nach 1861 noch ein weiter Weg zu einem inneren Einheitsgefühl. Der deutsche Historiker Rudolf Lill (geb. 1934) schrieb dazu:

Vielfältige und schwer lösbare Probleme ergaben sich aus der grundverschiedenen politischen und sozialen Entwicklung der nun vereinigten Regionen. Die schmale Führungsschicht erfuhr zunächst keine Erweiterung, sie blieb mehrheitlich piemontesisch, war pflichtbewusst und unbestechlich, aber oft provinziell. Die Führer des [norditalienischen] Risorgimento kannten den von ihnen „befreiten" Süden nicht; zudem hinderte ihre bürgerliche Klassengebundenheit sie daran, dessen tiefe soziale Gegensätze adäquat zu erfassen. Auch in den neuen Provinzen kooperierten sie nur mit der dort noch schmaleren Oberschicht. Es dauerte ungefähr eine Generation, bis wenigstens die unteren und mittleren Stellen der inzwischen umfangreicheren Staatsverwaltung von Angehörigen der Unterschichten aus dem Süden eingenommen wurden; sie nutzten damit den einzigen Vorteil, den ihnen der Großstaat bot, brachten freilich ihre alte klientelistische[1] Mentalität in die Bürokratie des neuen Italiens ein. […]

Eine tiefe Kluft trennte die Führungsschicht von der Mehrzahl der Bevölkerung, die Volksmassen standen außerhalb des politischen Lebens. Die Bevölkerung des Königreichs bestand nach der Volkszählung von 1861 zu 78 Prozent aus Analphabeten. Nur in Piemont und in den zuvor österreichischen Gebieten konnte ungefähr die Hälfte lesen und schreiben, in den früher päpstlichen Provinzen waren 80 Prozent, in den früher bourbonischen und auf der Insel Sardinien 85–90 Prozent Analphabeten. […]

Die Kassen waren 1861 infolge des Krieges leer, aber die Regierung brauchte riesige Summen für die Aufgaben, die sich aus der neuen Großräumigkeit wie aus dem liberalen Staatsverständnis stellten: Sie musste eine einheitliche Verwaltung schaffen, Schulwesen und Fürsorge organisieren, dazu Eisenbahnen bauen. Gerade im Süden sind diese Aufgaben aber nur zum geringen Teil gelöst worden! Um sie in Angriff zu nehmen, wurden drückende, im Süden vorher unbekannte Steuerlasten aufgebürdet, zudem die Kirchengüter konfisziert, die seit der Restauration[2] und infolge seitheriger Stiftungen[3] wieder angewachsen waren. Den Profit hatten abermals der Staat und die adelig-großbürgerlichen Landbesitzer. Von ihnen abgesehen, brachte die neue Ordnung dem Süden zunächst nur Nachteile, so dass mit der Einigung das bis heute auf Italien lastende Mezzogiorno-Problem entstand: Die Unternehmer aus dem Norden begannen, die neuen Provinzen auszubeuten. Die wenigen Industrien des Südens waren auf den sogleich eingeführten Freihandel nicht vorbereitet und verfielen; die Hoffnungen vieler in seinen Unterschichten auf eine Umverteilung des Landbesitzes erfüllten sich nicht; mit der formellen „Freiheit", die ihnen die bürgerliche Gesellschaft gewährte, wussten sie nichts anzufangen. […]

Die antibürgerliche und traditionalistische Protesthaltung der süditalienischen Kleinbauern und Landarbeiter griff unter diesen Umständen schnell um sich. Vom bourbonischen Hof aus seinem römischen Exil unterstützt, weitete sie sich im festländischen Süden zum offenen Aufstand der „Briganten" gegen die neue Ordnung aus. Er ist in einen jahrelangen Partisanenkrieg übergegangen, von beiden Seiten mit größter Grausamkeit geführt worden und hat wohl ebenso viele Tote gefordert wie die Einigungskriege! Der Aufstand bildete nur insofern keine ernsthafte Gefahr, weil seine Anführer sich bloß in der Negation einig waren, aber in Europa verbreiteten sich erste Zweifel an der Haltbarkeit des neuen Staates. In Sizilien gab es einstweilen nur passiven Widerstand gegen die Einziehung zum Militär. Schon wenige Jahre später, im Herbst 1866, ist aber auch in Palermo ein offener Aufstand ausgebrochen, bei dem katholisch-konservative, demokratische und autonomistische Kräfte zusammenwirkten. Die Repression unter dem General Raffaele Cadorna war außerordentlich hart, aber danach sah die Regierung sich erstmals zur Einleitung größerer, dann jedoch ungenügend gebliebener Maßnahmen zur wirtschaftlichen Modernisierung veranlasst.

Rudolf Lill: Geschichte Italiens in der Neuzeit. WBG, Darmstadt 1988, S. 181 f.

1 Klientelismus (auch Patronage genannt) = vielfältiges System ungleicher Abhängigkeitsverhältnisse zwischen einflussreichen Personen einerseits und ihren Unterstützern (Klienten), die dafür Gegenleistungen (Geld, Jobs etc.) erhalten
2 gemeint ist die Wiederherstellung der alten Fürstentümer vor der Französischen Revolution
3 private Schenkungen

Arbeitsvorschläge

Arbeitsvorschläge zum darstellenden Teil

1. Beschreiben Sie die politische und gesellschaftliche Situation auf der italienischen Halbinsel vor der 1848er-Revolution. [I]
2. Erörtern Sie die Frage, ob der italienische Nationalstaat durch eine Gründung „von Oben" entstanden ist. [II]
3. Beurteilen Sie die These, der italienische Nationalstaat sei mit schweren Geburtsfehlern entstanden. [III]

A Die politische Einigung der italienischen Apenninhalbinsel

4. Erstellen Sie mithilfe von D1 und Ihrem Vorwissen aus dem darstellenden Text ein Fließdiagramm zur Herausbildung des italienischen Nationalstaates im 19. Jahrhundert. [III]
5. Nennen und erörtern Sie anhand der Karte mögliche Konfliktherde des italienischen Nationalstaates. Beziehen Sie dazu ggf. die Karte auf der Auftaktseite auf S. 7 mit ein. [I/II]

B Kann die Nationalhymne das ganze „Volk" repräsentieren?

6. Geben Sie die Geschichte der heutigen italienischen Nationalhymne mit eigenen Worten wieder (Q1). [I]
7. Arbeiten Sie die Kernbotschaften der Hymne heraus (Q1). [II]
8. Bewerten Sie aus Ihrer persönlichen Perspektive die Integrationskraft eines solchen Hymnentextes in der Gegenwart. [III] ○

C Die Nationalstaatsbildung – ein langer Weg

9. Italien wird neben Deutschland oft als verspätete Nation bzw. als verspäteter Nationalstaat charakterisiert. Arbeiten Sie aus dem Text von Rudolf Lill die Kernaussagen zur Herausbildung der italienischen Nation heraus. [II]
10. Erörtern Sie, inwieweit die Entstehungsgeschichte des italienischen Staates Konflikte beinhaltete, die im 20. Jahrhundert eine gesellschaftliche oder politische Radikalisierung gefördert haben könnten. [III]

Online- und Differenzierungsmaterialien zu Kapitel 1.6
○ Arbeitshilfen zur Aufgabe 8

Online-Code: uu9jb7

E Erweiterungsband Kapitel 1.4, S. 42–51

1.7 Nationalstaatsbildung in Deutschland als Abschluss einer nachgeholten Modernisierung?

Eine Generation nach der gescheiterten Revolution 1848/49 entstand unter preußischer Führung und unter Ausschluss Österreichs das Deutsche Kaiserreich. Setzte sich darin die nationale Idee der früheren Revolutionäre durch? Oder drängte das Bismarck'sche Preußen die deutschen Staaten mit „Eisen und Blut" in einen geeinten Nationalstaat? War es überhaupt ein „Nationalstaat"?

→ Kapitel 1.5, S. 44 f.

Nach der Niederschlagung der 1848er-Revolution und der gescheiterten Einführung der Paulskirchenverfassung wurden freiheitliche und nationale Strömungen erneut mit polizeistaatlichen Mitteln unterdrückt. Bestehende Verfassungen wurden entweder wie in Österreich ganz aufgehoben oder wie in Preußen so geändert, dass an dem Vorrang der Krone gegenüber dem Parlament kein Zweifel bestand. Die Presse wurde einer rigorosen Zensur unterworfen, die Versammlungsfreiheit ganz aufgehoben.

Aufbruchstimmung Ende der 1850er-Jahre

Diese reaktionäre Politik schwächte sich Ende der 1850er-Jahre in allen Staaten des Deutschen Bunds langsam ab. Ein Wiedererstarken der liberalen Nationalbewegung und mehr Freiräume im öffentlichen Leben zeigten diesen Wandel. Eine Aufbruchstimmung erfasste alle Staaten des Deutschen Bunds einschließlich Österreich. Die Gründung von Parteien wie der Deutschen Fortschrittspartei 1861 und dem Allgemeinen Deutschen Arbeiterverein 1863 sowie die Entstehung eines lebendigen Vereinswesens sind symptomatisch für die nationale Begeisterung und die wachsende „Politisierung" in diesen Jahren.
Außenpolitisch verschoben sich in dieser Zeit die Machtverhältnisse. Russland war nach der Niederlage im **Krimkrieg** (1853–1856) stark geschwächt und konzentrierte sich vorerst auf Zentralasien. England war mit Schwierigkeiten in seinem Kolonialreich (Indien), Österreich mit Nationalitätenproblemen (Ungarn) beschäftigt. Stattdessen stieg Frankreich zur neuen Vormacht auf dem Kontinent auf. Der dort regierende Napoléon III. präsentierte sich dabei als Verteidiger nationaler Bewegungen und unterstützte die Bildung eines italienischen Nationalstaates. In Preußen drängten besonders rechtsliberale Vertreter darauf, dass sich das Land an die Spitze einer deutschnationalen Einigung stellen solle.

Otto von Bismarck (1815–1898)
Ministerpräsident von Preußen 1862–1890, Bundeskanzler des Norddeutschen Bunds 1867–1871, Reichskanzler des Deutschen Reichs 1871–1890

Heeres- und Verfassungskonflikt in Preußen 1861

Die Hoffnungen der Nationalbewegung auf eine Initiative des preußischen Königs Wilhelm I. wurden zunächst enttäuscht. Wilhelm I. wollte in erster Linie die bestehende politische Ordnung verteidigen und die außenpolitische Stellung Preußens stärken. Deswegen forderte er vom preußischen Abgeordnetenhaus, das das Budgetrecht besaß, mehr Geld für die Modernisierung der ihm direkt unterstellten Streitkräfte. Die liberale Mehrheit der Abgeordneten verweigerte dies und strebte eine Stärkung des Parlaments an. Wilhelm I. löste daraufhin kurz entschlossen das Abgeordnetenhaus auf. In den stattfindenden Neuwahlen gingen jedoch die Liberalen als Gewinner hervor. Der König brauchte nun einen Regierungschef, der die bestehende Ordnung gegenüber den Liberalen verteidigen und den Heereskonflikt lösen würde. Diesen fand er in dem Politiker und Diplomaten Otto von Bismarck, den er 1862 zum neuen Ministerpräsidenten berief.
Bismarck verstand es in den kommenden Jahren geschickt, die nationalen Leidenschaften für seine Politik zu nutzen und notfalls zu energischen Mitteln zu greifen. Dies machte er in seiner „Eisen und Blut"-Rede vom 30. September 1862 vor den Abgeordneten deutlich.

→ **Q1**, S. 60

D1

Preußen und der Deutsche Bund 1849–1871

Wilhelm I. (1797–1888)
König von Preußen 1858/1861–1888,
Deutscher Kaiser 1871–1888

Mit Verweis auf eine Verfassungslücke, die keine Regelung für den Fall vorsah, wenn es zu keiner Einigung zwischen Parlament und Krone kam, setzte er die Reorganisation der Armee durch.

Der 1. Einigungskrieg: der Deutsch-Dänische Krieg 1864

Die neue Regierung unter Otto von Bismarck erkannte die günstige Gelegenheit, die nationale Stimmung für sich zu nutzen, um einen Großteil „deutscher" Gebiete unter preußischer Vorherrschaft zu vereinen und dabei einen großen Anteil der liberalen Nationalbewegung für seine Politik zu gewinnen. In Europa bestand eine Vielzahl an „nationalen Fragen", auch im Deutschen Bund. Bismarck bot sich bald schon in der **Schleswig-Holstein-Frage** die Chance, sich als Verteidiger der deutschen Nation zu präsentieren. Beide Herzogtümer unterstanden seit Jahrhunderten der dänischen Krone. Als die dänische Regierung versuchte, das Herzogtum Schleswig stärker in den dänischen Nationalstaat zu integrieren, löste dies in vielen deutschen Staaten eine Welle der Empörung aus.
Nachdem der Konflikt diplomatisch nicht gelöst werden konnte (oder wollte), erklärten Preußen und Österreich Dänemark im Frühjahr 1864 den Krieg. Dänemark, das von seinen bisherigen Schutzmächten England und Russland nicht unterstützt wurde, musste nach

mehreren Niederlagen im Oktober 1864 Schleswig und Holstein an eine gemeinsame österreichisch-preußische Verwaltung abtreten.

Der 2. Einigungskrieg: der Preußisch-Österreichische Krieg 1866

Diese gemeinsame Verwaltung bot der preußischen Regierung schon bald darauf den Vorwand, einen weiteren Krieg zu beginnen. Nachdem sich die beiden rivalisierenden Mächte in Verwaltungsfragen nicht hatten einigen können, provozierte die preußische Regierung Österreich dazu, im Deutschen Bund zu beantragen, militärisch gegen Preußen vorzugehen. Im daraufhin folgenden Krieg unterlag jedoch Österreich im Bündnis mit den wichtigsten deutschen Staaten Preußen, das von den mitteldeutschen Kleinstaaten unterstützt wurde. Als Folge dieses Krieges löste sich der Deutsche Bund auf. Die Fürstentümer Hannover und Kurhessen wurden an Preußen angeschlossen. Dies betraf auch die Herzogtümer Schleswig und Holstein, deren Einwohner jedoch nicht gerade erfreut darüber waren, nunmehr preußische Provinz zu werden. Alle übrig gebliebenen Länder nördlich des Mains schlossen sich im August im nun gegründeten **Norddeutschen Bund** zusammen. Die süddeutschen Staaten, die an der Seite Österreichs gekämpft hatten, schlossen Einzelbündnisse mit Preußen. Österreich schied als Großmacht aus dem deutschen Raum aus.

Der 3. Einigungskrieg: der Deutsch-Französische Krieg 1870/71

Für die von der preußischen Regierung angestrebte endgültige Einheit Deutschlands fehlten nun nur noch die süddeutschen Staaten. Nachdem Österreich besiegt worden war, stand dem noch Frankreich entgegen. Die französische Regierung hatte wenig Interesse daran, dass sich aus dem bisherigen, lockeren deutschen Staatenbündnis ein geeinter preußisch-deutscher Nationalstaat bildete. Die sich daraus entwickelnde Rivalität spitzte sich schon bald zu.

Charles Louis Napoléon Bonaparte (1808–1873)
Neffe von Napoléon I., französischer Staatspräsident 1848–1852, Kaiser der Franzosen 1852–1870

Im Jahr 1870 wollten spanische Adlige einen Hohenzollernprinzen auf den spanischen Thron setzen – aus französischer Sicht eine Bedrohung, da das Land dann mit dem preußischen und spanischen König von Machthabern aus dem Haus Hohenzollern umgeben gewesen wäre. Am 13. Juli 1870 versuchte der französische Botschafter, den preußischen König Wilhelm I. im Kurort Bad Ems zur Unterzeichnung eines Dokuments zu bewegen, mit dem für alle Zeit der Verzicht der Hohenzollern auf den spanischen Thron festgeschrieben worden wäre. Dies hätte Preußen diplomatisch gedemütigt, die Stellung des französischen Kaisers innerhalb und außerhalb Frankreichs hingegen gestärkt. Der interne Bericht über das Treffen zwischen Wilhelm I. und dem französischen Botschafter bot Bismarck die Möglichkeit, Frankreich doch noch auszumanövrieren. Er kürzte den Bericht derart, dass Napoléon III. und seine Regierung diese tags darauf veröffentlichte „Emser Depesche" nunmehr als Demütigung ansehen mussten. Frankreich erklärte Preußen den Krieg.
Die Kriegserklärung wurde von einem großen Teil der deutschen Öffentlichkeit mit nationaler Begeisterung begrüßt; sie erhofften sich davon die endgültige Einigung Deutschlands. Und tatsächlich kämpften an der Seite Preußens neben den Staaten des Norddeutschen Bunds auch die süddeutschen Staaten. Der entscheidende Sieg gelang den deutschen Truppen, die durch ein wesentlich besseres Eisenbahnnetz sich schneller hatten mobilisieren können, in der Schlacht bei Sedan.
Frankreich kämpfte zunächst noch weiter, was im März 1871 in Paris zu bürgerkriegsartigen Zuständen (**Pariser Kommune**) führte. Der Krieg war für Preußen gewonnen. Die Ereignisse in Paris blieben jedoch für lange Zeit – nicht nur in Deutschland – für Bürgertum und Adel eine Schreckensvision eines sozialrevolutionären Aufstandes des Proletariats.
Die drei Kriege zur deutschen Einigung „von Oben" hatten bei allen beteiligten Ländern zusammen über 200 000 Tote sowie weit über 300 000 Verwundete und Kriegsversehrte gekostet.

Die Gründung des Deutschen Reichs = Gründung eines modernen Nationalstaates?

Frankreich musste im Friedensvertrag vom 10. Mai 1871 eine hohe Kriegsentschädigung zahlen sowie das an Erzvorkommen reiche Elsass-Lothringen abtreten.

Noch während die Kämpfe andauerten, schlossen sich die deutschen Länder endgültig in einem gemeinsamen Reich zusammen. Am 1. Januar 1871 trat eine neue Verfassung in Kraft. Nach langen geheimen Verhandlungen versammelten sich am 18. Januar im Spiegelsaal des besetzten Versailler Schlosses die Fürsten der deutschen Staaten, um den preußischen König Wilhelm I. zum „Deutschen Kaiser" zu proklamieren. Bürgerliche Vertreter oder gar gewählte Abgeordnete der Landtage waren nicht eingeladen worden.

Audio
Podcast
dt. Nationalstaatsgründung
5898yq

Die Reichsgründung „von Oben" erfolgte als Vereinbarung zwischen den deutschen Fürsten. Darunter zählten auch alte Mittelstaaten wie Sachsen, Baden, Württemberg oder Bayern, die in den vorangegangenen Jahrzehnten ein eigenes „Nationalbewusstsein" herausgebildet hatten, auch weil das Deutsche Reich noch lange brauchen sollte, um als übergreifende Verwaltungs- und Rechtseinheit aufzutreten. Zwar gab es nun eine gemeinsame Währung (Mark), aber es gab beispielsweise keine deutsche Staatsbürgerschaft, stattdessen blieben die Staatsangehörigkeiten der Gliedstaaten (Württemberg, Baden, Preußen etc.) bestehen. Erst 1913 wurde mit dem Reichs- und Staatsangehörigkeitsgesetz eine deutsche Staatsbürgerschaft rechtlich eingeführt. Ein Reichsgericht mit wenigen Kompetenzen entstand erst 1879. Eine Reichsbahn wurde erst nach dem Ende des Kaiserreich gegründet. Regionale Identitäten sollten daher den entstandenen Staat nachhaltig prägen. Vielleicht bezeichnend ist, dass nicht die Kaiserproklamation vom 18. Januar 1871 im Spiegelsaal von Versailles zum zentralen nationalen Feiertag erhoben wurde, sondern der Tag des Sieges über Frankreich in der Schlacht von Sedan am 2. September 1870 („Sedan-Tag").

Die anderen Großmächte waren hingegen beunruhigt, ob Deutschland auch die anderen deutschen Siedlungsgebiete (zum Beispiel im Baltikum, Österreich) als Teil der eigenen Nation vereinnahmen würde, doch beeilte sich die Bismarck-Regierung, dies immer wieder zu verneinen. In Frankreich prägten sich allerdings die demütigende Niederlage und das Abtreten von Elsass-Lothringen tief in das nationale Bewusstsein ein.

D2

Reichsverfassung von 1871

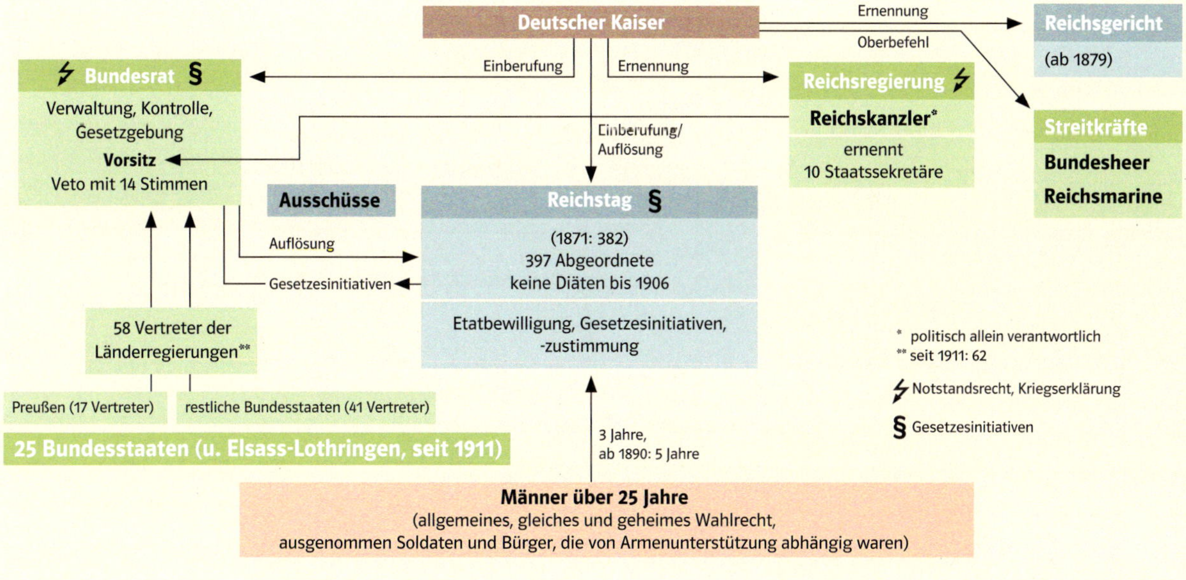

A Die durch Krieg erzwungene Einheit

Q1

Otto von Bismarcks „Eisen und Blut"-Rede

Am 22. September 1862 ernannte der preußische König Wilhelm I. Otto von Bismarck zum Ministerpräsidenten Preußens. Seine politischen Vorstellungen wurden bereits acht Tage später in einer Rede vor der Budgetkommission des preußischen Landtags deutlich:

[...] Eine Verfassungskrisis sei keine Schande, sondern eine Ehre[1]. – Wir sind ferner vielleicht zu „gebildet", um eine Verfassung zu tragen; wir sind zu kritisch; die Befähigung, Regierungsmaßregeln, Akte der Volksvertretung zu beurteilen, ist zu allgemein; im Lande gibt es eine Menge katilinarischer[2] Existenzen, die ein großes Interesse an Umwälzungen haben. Das mag paradox klingen, beweist aber doch alles, wie schwer in Preußen verfassungsmäßiges Leben ist. – Man ist ferner zu empfindlich gegen Fehler der Regierung; als wenn es genug wäre zu sagen, der und der Minister hat Fehler gemacht, als wenn man nicht selbst mitlitte? – Die öffentliche Meinung wechsle, die Presse sei nicht die öffentliche Meinung; man wisse, wie die Presse entstände; die Abgeordneten hätten die höhere Aufgabe, die Stimmung zu leiten, über ihr zu stehen. Wir haben zu heißes Blut, wir haben die Vorliebe, eine zu große Rüstung für unsern schmalen Leib zu tragen; nur sollen wir sie auch utilisieren[3]. Nicht auf Preußens Liberalismus sieht Deutschland, sondern auf seine Macht; Bayern, Württemberg, Baden mögen dem Liberalismus indulgieren[4], darum wird ihnen doch keiner Preußens Rolle anweisen; Preußen muss seine Kraft zusammenfassen und zusammenhalten auf den günstigen Augenblick, der schon einige Male verpasst ist; Preußens Grenzen nach den Wiener Verträgen sind zu einem gesunden Staatsleben nicht günstig; nicht durch Reden und Majoritätsbeschlüsse werden die großen Fragen der Zeit entschieden – das ist der große Fehler von 1848 und 1849 gewesen –, sondern durch Eisen und Blut. [...]

Wilhelm Schüßler (Hrsg.): Bismarck. Die gesammelten Werke. Bd. 10: Reden 1847–1869. Verlag f. Politik u. Wirtschaft, Berlin 1928, S. 139 f.

1 Einige der Absätze sind in indirekter Rede niedergeschrieben worden, Bismarck wird daher nicht immer wortgetreu zitiert.
2 katilinarisch = heruntergekommen, zu verzweifelten Schritten neigend (nach dem römischen Verschwörer Catilina)
3 utilisieren = gebrauchen
4 dem Liberalismus indulgieren: auf den Liberalismus mit Nachsicht reagieren

B Die folgenreiche Kürzung der „Emser Depesche"

Q2

Die „Emser Depesche"

a) Originalversion

1870 sollte zum Missfallen Frankreichs in Spanien ein Hohenzollernprinz auf den spanischen Thron gesetzt werden. Am 13. Juli 1870 versuchte der französische Botschafter Vincent Graf Benedetti im Kurort Bad Ems daher, den preußischen König Wilhelm I., einen Hohenzollern, zur Garantie zu überreden, dass die Hohenzollern für immer auf den spanischen Thron verzichten würden. Im Anschluss an dieses Gespräch schickte der preußische Gesandte Heinrich Abeken an Bismarck ein Telegramm:

S. M.[1] der König schreibt mir:
„Graf Benedetti fing mich auf der Promenade ab, um auf zuletzt sehr zudringliche Art von mir zu verlangen, ich sollte ihn autorisieren, sofort zu telegrafieren, dass ich für alle Zukunft mich verpflichtete, niemals wieder meine Zustimmung zu geben, wenn die Hohenzollern auf ihre Kandidatur zurückkämen. Ich wies ihn, zuletzt etwas ernst, zurück, da man à tout jamais[2] dergleichen Engagements nicht nehmen dürfe noch könne. – Natürlich sagte ich ihm, dass ich noch nichts erhalten hätte, und da er über Paris und Madrid früher benachrichtigt sei als ich, er wohl einsähe, dass mein Gouvernement wiederum außer Spiel sei."
S. M. hat seitdem ein Schreiben des Fürsten[3] bekommen. Da S. M. dem Grafen Benedetti gesagt, dass er Nachricht vom Fürsten erwarte, hat Allerhöchstderselbe, mit Rücksicht auf die obige Zumutung, auf des Grafen Eulenburg[4] und meinen Vortrag beschlossen, den Grafen Benedetti nicht mehr zu empfangen, sondern ihm nur durch einen Adjutanten sagen lassen, dass S. M. jetzt vom Fürsten die Bestätigung der Nachricht erhalten, die Benedetti aus Paris schon gehabt, und dem Botschafter nichts weiter zu sagen habe.
S. M. stellt Eurer Exzellenz anheim, ob nicht die neue Forderung Benedettis und ihre Zurückweisung sogleich sowohl unseren Gesandten als in der Presse mitgeteilt werden sollte.

Otto von Bismarck: Die gesammelten Werke, Bd. 6b, Berlin 1931², S. 369.

b) bearbeitete „Emser Depesche"

Otto von Bismarck veröffentlichte nicht die Originalversion der Emser Depesche, sondern eine von ihm gekürzte Fassung. Diese Version verursachte in der französischen Öffentlichkeit einen Sturm der Entrüstung.

Nachdem die Nachrichten von der Entsagung des Erbprinzen von Hohenzollern der Kaiserlich Französischen Regierung von der Königlich Spanischen amtlich mitgeteilt worden sind, hat der französische Botschafter in Ems an S. M. den König noch die Forderung gestellt, ihn zu autorisieren, dass er nach Paris telegrafiere, dass S. M. der König sich für alle Zukunft verpflichte, niemals wieder seine Zustimmung zu geben, wenn die Hohenzollern auf ihre Kandidatur wieder zurückkommen sollten. Seine Majestät der König hat es darauf abgelehnt, den französischen Botschafter nochmals zu empfangen, und demselben durch den Adjutanten vom Dienst sagen lassen, dass S. M. dem Botschafter nichts weiter mitzuteilen habe.

Otto von Bismarck: Die gesammelten Werke. Bd. 6b. Verlag f. Politik u. Wirtschaft, Berlin 1931[2], S. 371.

1 S. M. = Seine Majestät
2 à tout jamais = auf immer und ewig
3 Gemeint ist Fürst Karl Anton von Hohenzollern-Sigmaringen. Seinem Sohn Leopold war der spanische Thron angeboten worden. Auf Drängen Bismarcks hatte der Fürst zunächst zugestimmt, die Zustimmung dann aber am 12. Juli 1870 (einen Tag vor der Emser Depesche) zurückgezogen.
4 Graf Friedrich zu Eulenburg: preußischer Innenminister 1862–1878

C Das neue Deutsche Reich: Hochgefühl und Beklommenheit

Q3

Die Gründung aus jüdischer Perspektive

Der Justizrat Dr. Martin Lövinson (1859–1930), Sohn eines wohlhabenden Danziger Kaufmanns, war 1865 nach Berlin-Charlottenburg gezogen. In seinen Erinnerungen heißt es:

So bin ich denn in meiner Erzählung bis zum Jahre 1871, d. h. bis zu meinem 12. Lebensjahre gekommen. […] Es ist nicht nur für unsern kleinen Familienkreis, sondern für die politischen und sozialen Verhältnisse des gesamten Vaterlandes eine Schicksalsstunde geworden. Der siegreiche Krieg fand seinen Abschluss in dem ruhmreichen Frankfurter Frieden und der Gründung des neuen Deutschen Reiches. Am 15. und 16. Juni sind die stolzen Truppen in die neue Kaiserstadt eingezogen, und es hat einen unauslöschlichen Eindruck auf mich gemacht, dass ich das prunkvolle Schauspiel wieder von dem Fenster des väterlichen Geschäfts mit ansehen konnte. […] Das Großartige dieses unvergesslichen Festes aber war die gehobene Stimmung, der sich niemand entziehen konnte. Erinnerten auch die erbeuteten Geschütze, die den ganzen langen Weg säumten, daran, dass der Weg zur Einigung des Vaterlandes durch blutige drei Kriege geführt hatte, so war die Freude über das Ende dieser Zeit der harten Gewalt doch stärker als der Stolz auf den errungenen Sieg. Alle Welt erwartete vor allem das Ende der schweren inneren Kämpfe unter den Parteien und unter den einzelnen deutschen Ländern und als Folge des Friedens einen Aufschwung von Handel und Industrie, wovon wieder Kunst und Wissenschaft die schönsten Antriebe empfangen mussten. Die sympathische Gestalt des über Siebzigjährigen, für seine Person so bescheidenen ersten Hohenzollernkaisers schien das monarchische System für alle Zukunft zu sichern. Die starke Gegnerschaft, die Bismarck durch sein politisches Auftreten auf sich gezogen hatte, verstummte, nicht nur vor seinen Erfolgen, sondern vor der Größe, mit der er unter Verleugnung seiner ursprünglichen junkerlichen Ideale nicht gezögert hatte, um den Preis der Einigung Deutschlands dem neuen Reiche eine scheinbar demokratisch-parlamentarische Verfassung zuzugestehen. Alte Republikaner stimmten in den Jubel ein […].

Besonders ging auch uns Juden der Umschwung der inneren Verhältnisse lebhaft an. Durch das Gesetz über die Gleichberechtigung der Bekenntnisse vom Jahre 1869 waren in ganz Deutschland nunmehr die Schranken gefallen, die in den Gesetzen gegen den Zugang zu Ämtern für sie aufgerichtet waren; man konnte nicht ahnen, dass die Gesellschaft und die Praxis der Behörden noch lange diese Schranken beachten und neue aufrichten würden.

Martin Lövinson: Geschichte meines Lebens. Teil I: Die goldene Jugendzeit. Berlin 1924. Zit. nach: Monika Richarz (Hrsg.): Jüdisches Leben in Deutschland. Selbstzeugnisse zur Sozialgeschichte 1780–1871. 3 Bde. DVA, Stuttgart 1976, hier: Bd. 1, S. 248–256.

Q4

Ein Reich des Lichts

Hildegard Freifrau von Spitzemberg (1843–1914), die Frau des württembergischen Gesandten in Berlin, schrieb 1871 zur Reichsgründung:

3. März […] Was für ein Friede für uns Deutsche! Herrlicher und glorreicher als wir je einen geschlossen! Vereint zu einem Reiche, dem größten, mächtigsten und gefürchtetsten in Europa, groß durch seine physische Macht nicht allein, größer noch durch seine Bildung und den Geist, der das Volk durchdringt! Jedes deutsche Herz hatte das erhofft, keines geahnt, dass seine Träume sich in dieser Weise, so bald und so herrlich erfüllen würden. Glücklich sind wir, dass wir nicht nur den Stern deutscher Größe und Herrlichkeit aufgehen sahen, sondern, dass wir noch jung genug sind, um uns unter seinen Strahlen zu wärmen, um die, so Gott will, recht reichen und segensvollen Früchte zu genießen, die aus dieser unter Blut und Tränen gesäten Saat hervorgehen. Möge Gott den Geist meines Volkes also lenken, dass seine Entwicklung eine friedliche und zivilisatorische bleibe, sein Reich ein Reich des Lichts, der wahren christlichen Gesinnung sei!

Tagebuch der Baronin Spitzemberg geb. Freiherrin v. Varnbüler. Aufzeichnungen aus der Hofgesellschaft des Hohenzollernreiches, Ausgew. und hrsg. v. Rudolf Vierhaus. Vandenhoeck & Ruprecht, Göttingen 1989, S. 120 f.

Q5

Herzlos und leer

Der bayerische König Ludwig II. (1845–1886) nahm als einziger deutscher Fürst nicht an der Kaiserproklamation in Versailles teil. Über die Zeremonie berichtete ihm sein jüngerer Bruder Otto v. Wittelsbach (1848–1916) in einem Brief:

Ach, Ludwig, ich kann Dir gar nicht beschreiben, wie unendlich weh und schmerzlich es mir während jener Zeremonie zumute war, wie sich jede Faser in meinem Innern sträubte und empörte gegen all das, was ich mit ansah. […] Alles so kalt, so stolz, so glänzend, so prunkend und großtuerisch und herzlos und leer.

Michael und Edda Neumann: Ludwig II. von Bayern. Bucher, München 2011, S. 81.

Q6

„Die Proklamation des Reiches"

Die Ausrufung Wilhelm I. zum ersten Deutschen Kaiser. Gemälde von Anton von Werner (dritte Fassung 1885)

Arbeitsvorschläge

Arbeitsvorschläge zum darstellenden Teil

1. Arbeiten Sie anhand der Geschichtskarte D1 die territoriale Entwicklung des Deutschen Bundes bis 1871 heraus. Stellen Sie diese in Form eines Fließdiagramms dar. [II]
2. Erläutern Sie anhand des darstellenden Textes die Kernprobleme für jene Politiker, darunter Bismarck, die nach 1848 die Schaffung eines großen deutschen Nationalstaates anstrebten. [II]
3. Stellen Sie Vermutungen an, wie die deutsche Einigungsgeschichte aus dänischer, österreichischer oder französischer Sicht dargestellt werden würde. [I]
4. Beschreiben Sie Stellung und Kompetenzen des Reichstages mithilfe von D2. [I]
5. Analysieren Sie das gesamte Verfassungsschaubild (D2):
   - Arbeiten Sie die Bedeutung Preußens heraus und zeigen Sie mögliche Auswirkungen dieser Rolle auf. [II]
   - Erläutern Sie die Rolle der Wählergruppen. [II]
   - Vergleichen Sie die Befugnisse der Exekutive mit denen der Legislative. [II]
   - Beurteilen Sie die Rolle der Judikative hinsichtlich der Gewaltenteilung nach Montesquieu. [III] ○
6. Überprüfen Sie, worin sich der Kompromisscharakter der Reichsverfassung zeigt. [III]
7. Vergleichen Sie die geplante Verfassung von 1849 (D2, S. 46) und die Reichsverfassung von 1871 miteinander. Zeigen Sie Gemeinsamkeiten und Unterschiede auf. [II]

A Die durch Krieg erzwungene Einheit

8. Charakterisieren Sie anhand von Bismarcks „Eisen und Blut"-Rede (Q1) die Ziele und Merkmale seiner Politik. [II] ●
9. Erläutern Sie die mögliche Bedeutung der „Eisen und Blut"-Rede nach 1871. [II]

B Die folgenreiche Kürzung der „Emser Depesche"

10. Vergleichen Sie die beiden Fassungen der Emser Depesche (Q2a/Q2b). [II]
11. Begründen Sie anhand der Unterschiede zwischen der Originalversion (Q2a) und der veröffentlichten Version (Q2b) der Emser Depesche, warum manche Historiker sie für einen Auslöser des dritten „Einigungskrieges" halten. [II]

C Das neue Deutsche Reich: Hochgefühl und Beklommenheit

12. Erarbeiten Sie aus Q3–Q5 die Positionen zur Reichsgründung, wie sie sich unmittelbar im Anschluss an den Sieg über Frankreich darstellen. Legen Sie dazu eine Tabelle an, in der Sie kriterienorientiert vorgehen (Bewertungen des Ereignisses, der Rolle Preußens, die Beschreibung der Zukunft etc.). [II] ○
13. Analysieren Sie das Gemälde von Anton von Werner (Q6). [II] ○ ●

Übergreifender Arbeitsvorschlag

14. Mit der Gründung des Norddeutschen Bundes bzw. des Deutschen Reiches gaben sich die deutschen Staaten einen gemeinsamen staatlichen Rahmen mit einer gemeinsamen Regierung und Reichsbehörden wie Ministerien, dem Heer, der Reichspost und einer gemeinsamen Währung und Gesetzgebung. Erörtern Sie, inwieweit bei der Reichsgründung von einer verspäteten Modernisierung gesprochen werden kann. [III]

Online- und Differenzierungsmaterialien zu Kapitel 1.7
○ Arbeitshilfen zu den Aufgaben 5, 12 und 13
● Vertiefungsangebot zu den Aufgaben 8 und 13
Podcast dt. Nationalstaatsgründung

Online-Code: 5898yq

E Erweiterungsband
Kapitel 1.1, S. 14–23,
Kapitel 1.3, S. 36–41,
Kapitel 1.7, S. 70–77

1.8 Veränderte die Industrialisierung die europäische Gesellschaft?

Mit der Entstehung des modernen, industrialisierten Nationalstaates veränderten sich auch gesellschaftliche Strukturen und soziale Herausforderungen. Immer mehr wurde erwartet, dass der Staat auch in Fragen der sozialen Absicherung aktiv wird, heute z. B. mit Themen wie „Mietpreisbremse", der Bekämpfung von „Altersarmut" oder dem zunehmenden Gefälle zwischen wachsenden Ballungszentren und Landregionen.

Erklärfilm
Industrielle Revolution I
ga2cb7

Wie der wachsenden Not Herr werden?

Im Laufe des 19. Jahrhunderts wurde in immer mehr Ländern der Zunftzwang der verschiedenen Gewerbe aufgehoben und die **Bauernbefreiung** durchgeführt. Dies setzte einerseits viele unternehmerische Energien frei, zerstörte jedoch auch viele bestehende sozialpolitische Netzwerke. Die Großgrundbesitzer verloren die Kontrolle über ihre bisherigen Leibeigenen, übernahmen nun aber auch fast gar keine soziale Fürsorge mehr. Viele „befreite" Bauern konnten allein nicht bestehen und rutschten in die Armut. Gleichzeitig stieg die Bevölkerung in Europa infolge der Aufhebung von **Heiratsverboten** und besserer medizinischer Versorgung spürbar an. Die hohe Kindersterblichkeit ging zurück und die allgemeine Lebenserwartung stieg. Die beginnende Mechanisierung im produzierenden Gewerbe oder der Landwirtschaft ließ in vielen Bereichen den Bedarf an Arbeitskräften sinken. Auf der Suche nach neuer Arbeit strömten viele ehemalige Kleinbauern und Handwerker in die rasch wachsenden Städte. Die dortigen Löhne waren meist schlecht. In den entstehenden Arbeitersiedlungen herrschten oft katastrophale soziale und hygienische Zustände.

Heiratsverbote
In vielen Staaten existierten bis ins 19. Jahrhundert hinein Heiratsverbote für bestimmte Berufsgruppen (Soldaten, Hausangestellte, Knechte, Mägde, Handwerksgesellen etc.).

Migration als Normalzustand

Wanderungsbewegungen arbeitssuchender Menschen fanden in erheblichem Maße auch grenz-, ja sogar kontinentüberschreitend statt. Waren bereits im 18. Jahrhundert rund 700 000 Menschen aus den deutschen Ländern ausgewandert, entwickelte sich Deutschland im 19. Jahrhundert zu einer der größten Auswanderernationen der Welt. Allein ein Fünftel der württembergischen Bevölkerung verließ als **Klima**- und Arbeits**migranten** ihre Heimat. Geschätzt verließen 1815–1915 etwa 60 Millionen Menschen Europa. Gleichzeitig kamen viele Menschen aus den Niederlanden, Italien oder aus Ostmitteleuropa als Saisonarbeiter oder dauerhaft Arbeitssuchende nach Deutschland. Nicht selten wurden ihnen noch geringere Löhne als deutschen Arbeitskräften gezahlt, was zusätzliche Konflikte schürte. 1910 lebten und arbeiteten geschätzt 1,25 Millionen Ausländer im Deutschen Reich. Dazu zählten auch viele vor Repression geflohene osteuropäische Juden. Die urbanen Zentren begannen multikulturell zu werden.

Klimamigranten
Viele Menschen verließen und verlassen wegen verheerender Klimaeinwirkungen ihre Heimat. So verursachten Vulkanausbrüche 1810–1820 eine drastische Klimaabkühlung insbesondere in Nordamerika und Mitteleuropa (1816 gilt als „Jahr ohne Sommer"), was zu Missernten, Unwettern und Überschwemmungen und damit zu Hungersnöten führte.
Mit der Industrialisierung und dem zunehmenden Verbrauch fossiler Brennstoffe wie Kohle und Erdöl setzte hingegen eine globale Erderwärmung ein.

Funktioniert die traditionelle Sozialfürsorge noch?

Bislang wurden soziale Aufgaben oft von den Kirchgemeinden, Klöstern oder den einzelnen Kommunen übernommen. Sowohl die katholische als auch die evangelische Kirche standen den zunehmenden Modernisierungsprozessen in Wirtschaft und Gesellschaft sehr ablehnend gegenüber. Entsprechend reagierten sie kaum auf die Veränderungen. Hinzu kam, dass viele Klöster infolge der Säkularisierung Anfang des 19. Jahrhunderts geschlossen worden waren. Auf die wachsenden sozialen Herausforderungen reagierten die Kirchen erst, als einzelne Theologen Eigeninitiativen moderner kirchlicher Sozialarbeit anstießen. So gründete der Hamburger evangelische Theologe Johann Heinrich Wichern in Hamburg die Diakonie. Der katholische Priester Adolph Kolping gründete soziale Hilfseinrichtungen für unverheiratete Arbeiter und Handwerker (Kolpingwerk).

D1

Steigende durchschnittliche Lebenserwartung für Menschen bei Geburt in den Jahren 1855–1905

Massimo L. Bacci: Europa und seine Menschen: Eine Bevölkerungsgeschichte. Übers. v. Rita Seuß. Beck, München 1999, S. 177.

	1855	1875	1895	1905
Schweden	43,3	48,5	54,0	54,0
England	40,0	43,3	48,2	48,2
Niederlande	36,8	41,7	49,9	54,1
Deutschland	?	37,9	44,4	49,0
Russland	24,4	27,7	42,1	47,4
Italien	32,0	35,4	42,8	47,0
Spanien	29,8	31,0	34,8	43,3

Robert Bosch (1861–1942)
deutscher Ingenieur, Erfinder und Industrieller
Gedenkmünze 1992

Audio
Podcast Soziale Frage
ga2cb7

Bourgeoisie
französischer Begriff für „Bürgertum", im Marxismus Bezeichnung für die „herrschende Klasse" als Gegner der „arbeitenden Klasse"

Proletariat
Im antiken Rom Bezeichnung für landlose/lohnabhängige Bürger. Im Marxismus Ausdruck für die Menschen, die allein durch den Verkauf ihrer Arbeitskraft ihren Lebensunterhalt bezahlen können.

Unternehmerische Antworten, aber mit welchen Bedingungen?

Auch manche Unternehmer begannen, sich über die soziale Lage ihrer Arbeiter Gedanken zu machen. Dies taten sie meist, um sich in wirtschaftlich schwierigen Zeiten Loyalität und deren Arbeitskraft zu erhalten. So begannen einige, wie der Stahlindustriellen Alfred Krupp, der Unternehmer Robert Bosch oder die Unternehmerin Sophie Henschel, innerbetriebliche Sozialeinrichtungen aufzubauen. Später wurden auch Arbeitervereine gefördert, auch um die Arbeiterschaft von politischen Aktivitäten abzuhalten. Im Gegenzug forderten sie jedoch absolute Loyalität und jegliches Fernbleiben von gewerkschaftlichen oder sozialdemokratischen Organisationen.

Der Sozialismus als Lösung der Sozialen Frage?

In Reaktion auf die immer größeren sozialen Schattenseiten des kapitalistischen Systems begannen Philosophen wie Karl Marx und Friedrich Engels, während der Revolution 1848/49 gemeinsam eine neue Wirtschafts- und Gesellschaftstheorie zu entwickeln („Marxismus"). 1848 schrieben beide diese in ihrem „Manifest der kommunistischen Partei" nieder. Marx und Engels interpretierten dabei die Menschheitsgeschichte als eine Geschichte der unentwegten Kämpfe zwischen den gesellschaftlichen Klassen, was sie unter dem Begriff „historischer Materialismus" zusammenfassten. Nach ihrer Vorstellung schreitet demnach die Geschichte in drei Stufen voran: Einer Urgesellschaft folgte die Sklavenhaltergesellschaft der Antike, der mittelalterliche Feudalismus und schließlich der bürgerliche Kapitalismus. Jede dieser Epochen sei geprägt gewesen von Konflikten und Ausbeutungsverhältnissen zwischen Herren und Sklaven, Feudalherren und Leibeigenen bzw. zwischen Unternehmern (**„Bourgeoisie"**) und Arbeiterschaft (**„Proletariat"**).
Im Hauptwerk von Marx, „Das Kapital", stellte er sich konträr zu den Ansichten des Liberalismus, der dem individuellen Streben nach Reichtum eine fördernde Kraft für die Gesellschaft zusprach. Aus der Sicht von Marx beinhaltete der Kapitalismus jedoch in erster Linie einen zerstörerischen Charakter. Dieser beruhte auf der Ausbeutung der proletarischen Arbeiterkraft durch den Unternehmer, der über das Eigentum an den Produktionsmitteln (Kapital, Maschinen) verfüge. Dadurch, dass dieser ein mit den Proletariern gemeinschaftlich produziertes Gut zu einem höheren Preis auf dem Markt veräußere, als es dem Wert der Produktion durch den Einsatz von Arbeitskraft, Maschinen und Rohstoffen entspräche, erziele der Unternehmer privat einen Mehrwert. Der Arbeiter erhalte dagegen einen Lohn, der lediglich seine Existenz sichere, so dass er in Abhängigkeit vom Unternehmer bleibe.
Der Wunsch nach immer größeren Gewinnen verleite den Unternehmer zu immer größeren Produktions- und Produktivitätssteigerungen. Dies aber führe zwangsläufig zu periodisch wiederkehrenden und sich verschärfenden Überproduktionskrisen, da der wachsende Produktionsausstoß irgendwann auf keine ausreichende Nachfrage mehr treffe. Die Folge sei der Konkurs vieler Unternehmen und eine fortschreitende Verelendung der Arbeiter. Diese soziale Ungleichheit führe zu immer schrofferen Klassengegensätzen.

Arbeiterbewegung
Begriff für soziale Massenbewegungen des Proletariats zur Verbesserung ihrer Lebens- und Arbeitsbedingungen sowie zur Durchsetzung politischer Rechte

Für Marx und Engels stand fest, dass der Staat immer nur den Interessen der ökonomisch führenden Klassen dienen würde. Es sei daher nötig, dass die Arbeiter ein proletarisches Klassenbewusstsein und damit eine organisierte **Arbeiterbewegung** herausbilden müssten. Nur so ließe sich eine Revolution zur Überwindung dieses kapitalistischen Systems erreichen. Das Ziel dieser Revolution müsse es sein, das Privateigentum an Produktionsmitteln abzuschaffen. Der dann erreichte „Sozialismus" sollte die Grundlage für eine klassenlose kommunistische Gesellschaft bilden.

Provozierte der moderne Staat die Gründung nationaler Arbeiterorganisationen?

Bis Ende des 19. Jahrhunderts waren die Schriften von Marx und Engels den meisten Arbeiterführern nur in Ansätzen bekannt. Erste Versuche Arbeiterorganisationen zu gründen sahen sich sofort energischen staatlichen Druck gegenüber. Trotzdem nahmen die Zusammenschlüsse mit unterschiedlichen Ausprägungen zu. So gründete zum Beispiel Ferdinand Lassalle 1863 in Leipzig den „Allgemeinen Deutschen Arbeiterverein", der besonders das allgemeine Wahlrecht für Männer forderte. Zwei Jahre später gründeten Wilhelm Liebknecht und August Bebel die „Sozialdemokratische Arbeiterpartei". Diese beiden großen Arbeiterorganisationen vereinigten sich 1875 im thüringischen Gotha zur Sozialistischen Arbeiterpartei (SAP, 1890 umbenannt in SPD), die bald an Anhängerschaft gewann.
Auch in anderen europäischen Staaten entstanden sozialistische Arbeiterorganisationen. In Großbritannien bildeten sich bereits 1830 erste Gewerkschaften („Trade Unions"), 1864 auch in Frankreich. In Gestalt der Internationalen Arbeiterassoziation entstand 1864 ein loser Zusammenschluss verschiedener europäischer Arbeiterorganisationen, die jedoch im Streit zwischen Sozialisten und Anarchisten in den 1870er-Jahren wieder zerbrach. Erst 1889 entstand ein neuer internationaler Zusammenschluss („Zweite Internationale").

D 2

Gewerkschaftsmodelle am Beispiel Deutschlands, Frankreichs und Großbritanniens

	Gewerkschaftstyp	Ziele	Mitglieder	Koalitionsrecht	Verbindung zu politischen Organisationen	Organisationsgrad (Mitglieder : Gesamteinwohner in Millionen)
Deutschland	Industriegewerkschaft (Stahl, Bergbau, Chemie etc.)	reformorientiert, allerdings mit spürbarer marxistischer Rhetorik	große Mitgliedschaft in Industriearbeiterschaft	seit 1869 gewerkschaftliche Aktivitäten erlaubt	enger Kontakt zur SAP (bzw. ab 1890 SPD), gegenseitige finanzielle Hilfe	2,42 : 64,93
Frankreich	Berufsgewerkschaft (Metallarbeiter, Kohlebergleute etc.)	Revolution mit starker anarchistischer Prägung, teilweise marxistisch	geringe Mitgliedschaft in Arbeiterschaft	seit 1864 gewerkschaftliche Aktivitäten toleriert, seit 1884 gesetzlich erlaubt	Gewerkschaftsbewegung verweigert Zusammenarbeit mit einer Partei	0,35 : 39,6
Großbritannien	Berufsgewerkschaften (z. B. Dockarbeiter, Bergarbeiter etc.)	reformorientiert, meist Ablehnung des Marxismus	sehr große Mitgliederschaft unter Arbeiterschaft	seit Ende der 1820er-Jahre gewerkschaftliche Aktivitäten toleriert, seit 1871 gesetzlich erlaubt	Gewerkschaftsbewegung 1900 an Gründung der Arbeiterpartei (Labour Party) beteiligt	2,89 : 42,08

D3

Staatliche Sozialpolitik unter Bismarck – das Sozialversicherungssystem

Rainer Bölling/Johann Henseler (Hrsg.): Das Deutsche Kaiserreich 1871–1918. Ploetz, Freiburg 1986, S. 47f.

Versicherungsart	Beiträge	Leistungen
Krankenversicherung 1883 für gewerbliche Arbeiter und (freiwillig ab 1892) Angehörige	2–3 % des Lohns; 2/3 vom Versicherten, 1/3 vom Arbeitgeber	Ärztliche Behandlung und Medizin, Krankenhauskosten; nach zweitägiger Wartezeit Krankengeld (50 % des Durchschnittslohns, max. 2 Mark am Tag)
Unfallversicherung 1884 für gewerbliche Arbeiter	Als Haftpflicht vom Arbeitgeber zu zahlen	Heilungskosten; bei Erwerbsunfähigkeit 2/3 des Einkommens, 1/5 für Witwen
Invaliditätsversicherung 1889 für gewerbliche und Landarbeiter (ab 1911 auch für Familienangehörige)	1 % (ab 1900 1,5–3 %) des Lohns; je zur Hälfte vom Arbeitnehmer und Arbeitgeber	Invalidenrente bei Erwerbsunfähigkeit (1911): durchschnittlich 187 Mark/Jahr; Altersrente ab dem 70. Lebensjahr und nach 30 Beitragsjahren (ab 1900: nach 24 Beitragsjahren)

Bedrohten die Sozialdemokraten die Nation?

Die Vorstellungen einer Klassengesellschaft ließen sich aus der Perspektive der führenden Eliten nicht mit der Idee eines Nationalstaates verbinden. Die deutsche Bismarck-Regierung sah daher in der SAP, ähnlich wie in der katholischen Partei des Zentrums, „Reichsfeinde". Dieses Bedrohungsgefühl wurde wahrscheinlich durch die kurzlebige **Pariser Kommune** verstärkt. Diese war während der deutschen Belagerung von Paris 1870/71 als erste „Diktatur des Proletariats" in Opposition zur konservativen Staatsregierung entstanden.
Angesichts der zunehmenden Wahlerfolge der Sozialistischen Arbeiterpartei entschied die deutsche Regierung gegen die Sozialisten vorzugehen. Vorwand bot letztlich ein Attentat auf Kaiser Wilhelm I. am 2. Juni 1878. Das daraufhin verabschiedete „Gesetz gegen die gemeingefährlichen Bestrebungen der Sozialdemokratie" verbot alle Parteiorganisationen der SAP, parteinahe Gewerkschaften und deren Presseorgane. Allerdings war es den Sozialdemokraten möglich, weiterhin als Einzelkandidaten bei Landes- und Reichstagswahlen teilzunehmen.

Pariser Kommune
Im Verlauf des Krieges 1870/71 kam es in Frankreich zum Sturz der Monarchie. In der von dt. Truppen belagerten Hauptstadt versuchte ein spontan gebildeter revolutionärer Stadtrat Paris nach sozialistischen Vorstellungen (Rätedemokratie) zu verwalten. Im Mai 1871 wurde die Pariser Kommune von franz. Regierungstruppen blutig aufgelöst. In den Kämpfen und den Massenhinrichtungen starben rund 30 000 Menschen.

Sozialgesetzgebung – eine Umarmungsstrategie gegenüber dem Proletariat?

Neben ihrer Repressionspolitik versuchte die deutsche Regierung, die Arbeiterschaft durch eine aktive sozialpolitische Rolle des Staats für den preußisch-deutschen Obrigkeitsstaat zu gewinnen. Deren soziale Not war infolge des Gründerkrachs und der Weltwirtschaftskrise 1873 noch erheblich verschärft worden. Eine gesamtstaatliche **Sozialpolitik** sollte diese Not lindern. 1883 wurde die gesetzliche Krankenversicherung für Geringverdiener eingeführt. Ein Jahr später folgte die für Arbeiter kostenlose Unfallversicherung. Die Alters- und Invaliditätsversicherung von 1889 ermöglichte eine kleine Altersrente sowie eine Invaliditätsrente bei Arbeitsunfähigkeit. Die dabei gelegten Grundlagen für einen nationalen Sozialstaat wurden später von vielen anderen Staaten als Vorbild genommen.
Das eigentliche Ziel, die Sozialdemokratie zu schwächen, wurde jedoch weder mit einer Sozialistenverfolgung noch mit der Sozialgesetzgebung erreicht. Bei der Reichstagswahl von 1890 erhielten die Sozialdemokraten die meisten Stimmen. Wegen des Mehrheitswahlrechts, das Ballungsräume wie das Ruhrgebiet und Großstädte wie Berlin benachteiligte, bekam die SPD aber nur 35 von 397 Mandaten. 1906 setzte die SPD mit Unterstützung der Linksliberalen die Einführung von Diäten für Abgeordnete durch. Bislang war die Abgeordnetentätigkeit nicht finanziell entschädigt worden, was besonders Arbeitern und Kleinbürgern die parlamentarische Arbeit nahezu unmöglich gemacht hatte. 1912 war die SPD schließlich mit 110 von 397 Abgeordneten endgültig die stärkste Fraktion im Reichstag.

Sozialpolitik
Ausdruck für Maßnahmen zur Verbesserung der wirtschaftlichen und sozialen Lage schlechter gestellter (oft benachteiligter) Menschen im Staat

A Herrschaft des Kapitals über die Arbeiterschaft?

Q1

„Capital and Labour"
Anonym veröffentlichte und später nachträglich kolorierte Karikatur aus der englischen Satirezeitschrift Punch (1843). 1) und 2) sind beschriftet mit „Chubb" und „Brama" = zur damaligen Zeit moderne Steckschlösser, 3) allegorische Darstellung der Britannia, 4) Eros, altgriechischer Gott der Liebe.

D4

Regelungen zur Kinderarbeit in Deutschland
Kinderarbeit war sowohl in der Landwirtschaft als auch unter Tage als Grubenjungen und in den verschiedenen Industrie- und Gewerbezweigen im 19. Jahrhundert Normalität. In Deutschland wurden nach und nach Kinderarbeitsschutzmaßnahmen erlassen:

1839: preußisches Regulativ über die Beschäftigung jugendlicher Arbeiter in Fabriken (Arbeitszeitbegrenzung für 9- bis 16-Jährige auf maximal 10 Stunden, Verbot von Nacht- und Sonntagsarbeit)

1840er-Jahre: erste Kinderarbeitsschutzbestimmungen im Großherzogtum Baden und Königreich Bayern

1853: Preußen hebt das Mindestalter für Fabrikarbeit auf 9 Jahre an, Gründung der Gewerbeaufsicht (zunächst nur für das Ruhrgebiet)

1860er-Jahre: erste Kinderarbeitsschutzbestimmungen in den restlichen deutschen Staaten

1904: deutsches Kinderschutzgesetz (Beschäftigungsverbot von Kindern unter 12 Jahren im Handel, von unter 14 Jahren im Fuhrwerksbetrieb, nicht geregelt blieb Land- und Forstwirtschaft), für eigene Kinder sowie Nichten/Neffen galten abgeschwächte Schutzvorschriften

zusammengestellt von der Redaktion

B Der Marxismus als Motor der Arbeiterbewegung?

Q2

Das Erfurter Programm der SPD von 1891
1875 schlossen sich die Sozialdemokratische Arbeiterpartei (SDAP) und der Allgemeine Deutsche Arbeiterverein (ADAV) in Gotha zur Sozialistischen Arbeiterpartei Deutschlands (SAP) zusammen. Die Vereinigung wurde 1890 nach der Aufhebung des Sozialistengesetzes in Sozialdemokratische Partei Deutschlands (SPD) umbenannt. Auf ihrem Parteitag in Erfurt beschloss die SPD ein neues Programm, das Prognosen über die Zukunft des Kapitalismus mit konkreten demokratischen Forderungen verband.

Nur die Verwandlung des kapitalistischen Privateigentums an Produktionsmitteln – Grund und Boden, Gruben und Bergwerke, Rohstoffe, Werkzeuge, Maschinen, Verkehrsmittel – in gesellschaftliches Eigentum und die Umwandlung der Warenproduktion in sozialistische, für und durch die Gesellschaft betriebene Produktion kann es bewirken, dass der Großbetrieb und die stets wachsende Ertragsfähigkeit der gesellschaftlichen Arbeit für die bisher ausgebeuteten Klassen aus einer Quelle des Elends und der Unterdrückung zu einer Quelle der höchsten Wohlfahrt und allseitiger harmonischer Vervollkommnung werde. […]

Der Kampf der Arbeiterklasse gegen die kapitalistische Ausbeutung ist notwendigerweise ein politischer Kampf. Die Arbeiterklasse kann ihre ökonomischen Kämpfe nicht führen und ihre ökonomische Organisation nicht entwickeln ohne politische Rechte. Sie kann den Übergang der Produktionsmittel in den Besitz der Gesamtheit nicht bewirken, ohne in den Besitz der politischen Macht gekommen zu sein. Diesen Kampf der Arbeiterklasse zu einem bewussten und einheitlichen zu gestalten und ihm sein naturnotwendiges Ziel zu weisen – das ist die Aufgabe der Sozialdemokratischen Partei. [...] Die Sozialdemokratische Partei Deutschlands kämpft also nicht für neue Klassenprivilegien und Vorrechte, sondern für die Abschaffung der Klassenherrschaft und der Klassen selbst und für gleiche Rechte und gleiche Pflichten aller ohne Unterschied des Geschlechts und der Abstammung. [...]

Ausgehend von diesen Grundsätzen fordert die Sozialdemokratische Partei Deutschlands zunächst:

- Allgemeines, gleiches, direktes Wahl- und Stimmrecht mit geheimer Stimmabgabe aller über 20 Jahre alten Reichsangehörigen ohne Unterschied des Geschlechts. [...]
- Entschädigung für die gewählten Vertreter. [...]
- Direkte Gesetzgebung durch das Volk vermittels des Vorschlags- und Verwerfungsrechts. Selbstbestimmung und Selbstverwaltung des Volks in Reich, Staat, Provinz und Gemeinde. [...]
- Volkswehr anstelle der stehenden Heere. Entscheidung über Krieg und Frieden durch die Volksvertretung. [...]
- Abschaffung aller Gesetze, welche die Frau in öffentlich- und privatrechtlicher Beziehung gegenüber dem Manne benachteiligen.
- Erklärung der Religion zur Privatsache. [...]
- Weltlichkeit der Schulen. Obligatorischer Besuch der öffentlichen Volksschulen. Unentgeltlichkeit des Unterrichts [...].
- Abschaffung der Todesstrafe.
- Unentgeltlichkeit der ärztlichen Hilfeleistung [...].
- Stufenweise steigende Einkommens- und Vermögenssteuer [...].
- Erbschaftssteuer, stufenweise steigend nach Umfang des Erbgutes [...].
- Eine wirksame nationale und internationale Arbeiterschutzgesetzgebung auf folgender Grundlage:
- Festsetzung eines höchstens acht Stunden betragenden Normalarbeitstages;
- Verbot der Erwerbsarbeit für Kinder unter vierzehn Jahren;
- Verbot der Nachtarbeit [...];
- eine ununterbrochene Ruhepause von mindestens 36 Stunden in jeder Woche für jeden Arbeiter [...].

Rüdiger vom Bruch/Björn Hofmeister (Hrsg.): Deutsche Geschichte in Quellen und Darstellung. Bd. 8: Kaiserreich und Erster Weltkrieg 1871–1918. 2., durchges. Aufl., Reclam, Stuttgart 2002, S. 222–226.

C Sozialpolitik als Aufgabe der Unternehmen?

Q3

Alfred Krupp über seine betriebliche Sozialpolitik

Alfred Krupp in einer Rede vor seinen Arbeitern 1877:

[...] Ich habe Kräfte gebraucht und solche engagiert, ich habe ihnen den geforderten Lohn gezahlt, meistens ihre Stellung verbessert und, nach gesetzlichen Bestimmungen, den Kontrakt verlängert oder sie entlassen. Mancher hat die Fabrik verlassen, um anderswo sich zu verbessern, der eine ist gegangen und ein anderer hat die Stelle wieder besetzt, und wo ursprünglich drei Mann beschäftigt waren, standen später 15 000. Im Laufe der Zeit haben mehr als 100 000 Mann solchen Wechsel auf meinen Werken durchgemacht. Jeder hat nach seiner Kraft und nach seiner Fähigkeit seinen Lohn erhalten, und anstatt eines jeden konnte in den meisten Fällen auch ein anderer hingestellt werden, denn die Arbeiter haben nicht das Verdienst der Erfindungen und überall finden sich geschickte Arbeiter zum Ersatz. Es kann also keine Rede davon sein, dass irgendjemand einen besonderen Anspruch behalte außer solchem, der selbstverständlich ist, der in Steigerung des Lohnes und des Gehaltes besteht und immer Folge größerer Leistung ist. Die Apostel der Sozialdemokraten suchen aber den bescheidensten Leuten durch ihre verführerischen Reden den Kopf zu verdrehen, und sie werden das Unglück von manchem Arbeiter verschulden, der ihnen Gehör schenkt und deshalb entlassen wird. [...] Ich habe den Mut gehabt, für die Verbesserung der Lage der Arbeiter Wohnungen zu bauen, worin bereits 20 000 Seelen untergebracht sind, ihnen Schulen zu gründen und Einrichtungen zu treffen zur billigen Beschaffung von allem Bedarf. Ich habe mich dadurch in eine Schuldenlast gesetzt, die abgetragen werden muss. Damit dies geschehen kann, muss jeder seine Schuldigkeit tun in Friede und Eintracht und in Übereinstimmung mit unsern Vorschriften. [...] Genießet, was Euch beschieden ist. Nach getaner Arbeit verbleibt im Kreise der Eurigen, bei den Eltern, bei der Frau und den Kindern und sinnt über Haushalt und Erziehung. Das sei Eure Politik, dabei werdet Ihr frohe Stunden erleben. Aber für die große Landespolitik erspart Euch die Aufregung. Höhere Politik treiben erfordert mehr freie Zeit und Einblick in die Verhältnisse, als dem Arbeiter verliehen ist. Ihr tut Eure Schuldigkeit, wenn Ihr durch Vertrauenspersonen empfohlene Leute erwählt. Ihr erreicht aber sicher nichts als Schaden, wenn Ihr eingreifen wollt in das Ruder der gesetzlichen Ordnung. Das Politisieren in der Kneipe ist nebenbei sehr teuer, dafür kann man im Hause Besseres haben. [...]

Alfred Krupp: Eine Ansprache an seine Angestellten (11. Februar 1877). In: Wilhelm Berdrow (Hrsg.): Alfred Krupps Briefe 1826–1887. Hobbing, Berlin 1928, S. 343–348.

Q4

Kapitalistische Wohltaten

Karikatur in der Zeitschrift Der wahre Jakob 1905 mit der Unterschrift: „Der Kapitalist: Der läuft uns nicht mehr davon!"

Q5

Werkswohnungen: Glück oder Fessel?

Der Sozialdemokrat Wilhelm Düwell über Wohlfahrtseinrichtungen der Firma Krupp:

[…] Die politische Unfreiheit, die Eskamotierung[1] der Staatsbürgerrechte wird weiter gefördert durch Bedrohung mit wirtschaftlicher Schädigung, indem Renitenten die Vorteile der „Wohlfahrtseinrichtungen" entzogen werden. Für eine große Zahl kruppscher Arbeiter kommen da zunächst die 4853 Werkswohnungen in Betracht. Wer aus der Fabrik entlassen wird, muss natürlich auch, wenn er das ‚Glück' hat, Mieter einer kruppschen Wohnung zu sein, diese verlassen. Bei der Wohnungsnot in Essen, […] verstärkt durch den Umstand, dass der Mietpreis in Werkswohnungen um etwas geringer ist, als in Privathäusern, lässt sich der Inhaber einer Werkswohnung manches Unrecht bieten, […] die er als freier Arbeiter nicht dulden würde. […] Jeder Werksangehörige ist obligatorisch Mitglied der Wohlfahrtspensionskasse. Allerdings gratis kann niemand das Vergnügen haben. Zunächst wird ein Einschreibegeld in Höhe des anderthalbfachen Tagesarbeitsverdienstes erhoben, sodass durchschnittlich 6 Mark zu zahlen sind. Sodann werden an laufenden Beiträgen erhoben 2 1/2 Prozent des bis zu 6 2/3 Mark pro Arbeitstag reichenden Arbeitsverdienstes. Im Jahre 1900 zahlte jedes Mitglied durchschnittlich 34,8 Mark Beiträge. Und welche Vorteile sind dafür dem Arbeiter in Aussicht gestellt? Er kann Rentenempfänger werden! Aber um in diese „Glückslage" zu kommen, müssen folgende Voraussetzungen erfüllt sein. Der Rentenforderer muss mindestens zwanzig Jahre – bei besonders schwerer Arbeit, Feuerarbeit, fünfzehn Jahre – ununterbrochen in Diensten der Firma gestanden haben und seine vollständige Arbeitsunfähigkeit, von zwei Ärzten übereinstimmend attestiert, nachweisen! […] Wer als Mitglied der Pensionskasse zehn, zwanzig Jahre oder noch länger zwangsweise Beiträge zahlte, dann auf einmal „überzählig" wird, sich nach Meinung eines „wohlwollenden" Beamten unbotmäßig beträgt, politisch anrüchig wird, in Verdacht der Umstürzlerei gerät – und hinausfliegt, der ist aller Ansprüche auf die Wohlfahrtskasse verlustig, und nicht einen Pfennig von den eingezahlten, oft genug sich bis auf 1000 Mark berechnenden Beiträgen erhält der freiwillig oder unfreiwillig Abkehrende zurückerstattet. – Die Zahl derjenigen, welche bei Krupp alljährlich zur Entlassung kommen, ist nicht gering. In den beiden letzten Jahren waren es je mindestens 7500 bis 8000 Mann!

Wilhelm Düwell: Fabrikfeudalismus. In: Die Neue Zeit. Wochenschrift der Deutschen Sozialdemokratie 20. 1901, S. 117–119.

1 das Wegzaubern

D Lässt sich die sozialdemokratische Opposition per Gesetz auflösen?

Q6

„Gesetz gegen die gemeingefährlichen Bestrebungen der Sozialdemokratie" vom 21. Oktober 1878

Nachdem Bismarck erkennen musste, dass sein „Kulturkampf" gescheitert war, wandte er sich den nächsten vermeintlichen Reichsfeinden zu, den Sozialdemokraten:

§ 1. [1] Vereine, welche durch sozialdemokratische, sozialistische und kommunistische Bestrebungen den Umsturz der bestehenden Staats- oder Gesellschaftsordnung bezwecken, sind zu verbieten. […]

§ 9. [1] Versammlungen, in denen sozialdemokratische, sozialistische oder kommunistische auf den Umsturz der bestehenden Staats- und Gesellschaftsordnung gerichtete Bestrebungen zutage treten, sind aufzulösen. […]

§ 11. [1] Druckschriften, in welchen sozialdemokratische, sozialistische oder kommunistische auf den Umsturz der bestehenden Staats- oder Gesellschaftsordnung gerichtete Bestrebungen in einer den öffentlichen Frieden, insbesondere die Eintracht der Bevölkerungsklassen gefährdende Weise zutage treten, sind zu verbieten. [...]

§ 17. [1] Wer an einem verbotenen Vereine (§ 6) als Mitglied sich beteiligt oder eine Tätigkeit im Interesse eines solchen Vereins ausübt, wird mit Geldstrafe bis zu fünfhundert Mark oder mit Gefängnis bis zu drei Monaten bestraft. Eine gleiche Strafe trifft denjenigen, welcher an einer verbotenen Versammlung (§ 9) sich beteiligt [...]. [2] Gegen diejenigen, welche sich an dem Vereine oder an der Versammlung als Vorsteher, Leiter, Ordner, Agenten, Redner oder Kassierer beteiligen oder welche zu der Versammlung auffordern, ist auf Gefängnis von einem Monat bis zu einem Jahre zu erkennen.

§ 18. Wer für einen verbotenen Verein oder für eine verbotene Versammlung Räumlichkeiten hergibt, wird mit Gefängnis von [...] bis zu einem Jahre bestraft.

§ 19. Wer eine verbotene Druckschrift (§§ 11, 12) oder wer eine von der vorläufigen Beschlagnahme betroffene Druckschrift (§ 15) verbreitet, fortsetzt oder wieder abdruckt, wird mit Geldstrafe bis zu eintausend Mark oder mit Gefängnis bis zu sechs Monaten bestraft. [...]

Deutsches Reichsgesetzblatt 1878, Nr. 34, S. 351–358.

Q7

August Bebel zum geplanten Sozialistengesetz

Zwei Attentate auf Kaiser Wilhelm I. im Jahr 1878 waren der offizielle Anlass für das Sozialistengesetz – obwohl Bismarck wusste, dass die Sozialdemokraten mit den Taten nichts zu tun hatten. Am 16. September, einen Monat vor der Verabschiedung des Gesetzes, sagte der spätere SPD-Vorsitzende August Bebel (1840–1913) vor dem Reichstag:

[...] Man hat uns in einer Weise verfolgt, die an die dunkelsten Zeiten des Mittelalters erinnert. Wie man im Mittelalter religiös Andersgläubige, Juden, Hugenotten[1], Protestanten verfolgte, so hat man im letzten Viertel des neunzehnten Jahrhunderts einen allgemeinen Hetzkrieg gegen die Sozialdemokraten als politisch Andersgläubige, an dem sich fast alle Parteien beteiligt haben, in Szene gesetzt. Man hat die Männer sozialdemokratischer Gesinnung aus Arbeit und Brot geworfen und ihnen die Existenz abzuschneiden versucht, man hat sie beschimpft und verleumdet, für ehr- und rechtlos erklärt. Man hat offenbar alles dies aufgeboten, um Unruhen zu provozieren; man wollte uns aufs Äußerste reizen, damit wir zu Gewaltschritten irgendeiner Art uns verleiten ließen. [...] Nie hat wohl eine Partei in einer solch schwierigen und gefährlichen Situation sich befunden wie die unsere, und nie hat wohl eine Partei mehr gezeigt wie die unsere, dass sie sich ruhig und friedlich entwickeln will, dass sie nicht gewillt ist, auf Provokationen irgendeiner Art einzugehen. [...]

Ich kann Ihnen bestimmt versichern, dass ich sehr tüchtige unserer Parteigenossen habe äußern hören: Ich wünschte, das Gesetz ginge durch! Sie könnten uns gar nicht besser nützen als durch Annahme des Gesetzes, denn Tausende und Abertausende, die heute noch keine Sozialdemokraten sind, werden es dann sicher werden. Wir sind in wenigen Jahren stärker als je zuvor.

Stenographische Berichte über die Verhandlungen des Deutschen Reichstags, 4. Legislaturperiode, I. Sitzung, 1878, 1. Bd., Berlin: Verlag der Buchdruckerei der „Norddeutschen Allgemeinen Zeitung", Pindter, 1878, 4. Sitzung, 16. September 1878, S. 39, 45.

1 Hugenotten = französische Protestanten

Q8

Kaiser Wilhelm I. zur Sozialgesetzgebung

Unter Bismarck wurden 1883 die gesetzliche Krankenversicherung, 1884 die Unfallversicherung und 1889 die Alters- und Invaliditätsversicherung im Deutschen Reich eingeführt. Zu den geplanten Maßnahmen meinte Kaiser Wilhelm I. in einer „Kaiserlichen Botschaft" an den Reichstag von 1881:

Wir Wilhelm, von Gottes Gnaden Deutscher Kaiser, König von Preußen etc., tun kund und fügen hiermit zu wissen: [...] Schon im Februar dieses Jahres haben wir unsere Überzeugung aussprechen lassen, dass die Heilung der sozialen Schäden nicht ausschließlich im Wege der Repression sozialdemokratischer Ausschreitungen, sondern gleichmäßig auf dem der positiven Förderung des Wohles der Arbeiter zu suchen sein werde. Wir halten es für unsere Kaiserliche Pflicht, dem Reichstage diese Aufgabe von Neuem ans Herz zu legen. [...] In diesem Sinne wird zunächst der von den verbündeten Regierungen in der vorigen Session vorgelegte Entwurf eines Gesetzes über die Versicherung der Arbeiter gegen Betriebsunfälle mit Rücksicht auf die im Reichstag stattgehabten Verhandlungen über denselben einer Umarbeitung unterzogen, um die erneute Beratung desselben vorzubereiten. Ergänzend wird ihm eine Vorlage zur Seite treten, welche sich eine gleichmäßige Organisation des gewerblichen Krankenkassenwesens zur Aufgabe stellt. Aber auch diejenigen, welche durch Alter oder Invalidität erwerbsunfähig werden, haben der Gesamtheit gegenüber einen begründeten Anspruch auf ein höheres Maß staatlicher Fürsorge, als ihnen bisher hat zuteilwerden können.

Verhandlungen des Reichstages. Reichstagsprotokolle 1881/82, 1. Eröffnungssitzung am 17.11.1881. Verl. d. Buchdr. der Norddt. Allg. Zeitung, Berlin, S. 2.

E Wirtschaftlicher Strukturwandel und seine gesellschaftlichen Folgen

D5

Erwerbstätige in Landwirtschaft und Industrie 1822–1907 in Tausend

Wirtschaftssektor	Jahr	Erwerbstätige in Tsd.	einschl. Angehörige	in % der Bevölkerung
Landwirtschaft	1822	7134	15939	40,0
	1895	7182	15442	33,6
	1907	8556	14918	27,1
Industrie	1822	5787	14080	35,4
	1895	7485	17918	39,9
	1907	9848	22443	40,8

Zit. nach: Statistisches Jahrbuch für das Deutsche Reich. Jg. 53/1934, S. 16.

Q9

Industriestaat oder Agrarstaat?

Der Volksverein für das katholische Deutschland erläutert 1911 die Bedeutung des Welt- und des Binnenmarktes für die Wirtschaftsentwicklung und geht in diesem Zusammenhang auf den wirtschaftspolitischen Streit ein, ob Deutschland seine Wirtschaft entlang der Interessen des Industrie- oder des Agrarsektors ausrichten soll:

1. Die Mehrzahl des im Wirtschaftsleben tätigen deutschen Volkes gehört nicht mehr der Landwirtschaft an; darum hätten auch die landwirtschaftlichen Interessen, soweit Maßnahmen der Gesetzgebung und der staatlichen Verwaltung in Betracht kommen, erst in zweiter Linie hinter den Handelsinteressen zu stehen.

2. Die Landwirtschaft ist die Grundlage der Volkskraft; darum muss sie in erster Linie stehen bei den Maßnahmen des Staates; die Industrieinteressen müssen daher auch heute noch gegebenenfalls hinter die landwirtschaftlichen zurücktreten.

Es ist also der Streit, ob Industriestaat oder Agrarstaat, der lange Jahre, ja Jahrzehnte hindurch unsere deutsche Wirtschaftspolitik beherrschte, und zeitweise tauchte sogar noch die Idee des reinen Handelsstaates auf, da man eben die Entwicklung Englands als die für einen modernen Wirtschaftsstaat maßgebende anzusehen sich gewöhnte.

Jedoch die Entwicklung Englands kann doch in keiner Weise von den anderen Staaten als mustergültig betrachtet werden. Die ganze Entwicklung der englischen Volkswirtschaft beruhte ja in den letzten anderthalb Jahrhunderten eben darauf, dass England um fünfzig bis siebzig Jahre früher zur Anwendung der modernen technischen Mittel gekommen war und infolgedessen eine Zeit lang fast die ganze Welt als seinen unbestrittenen industriellen Absatzmarkt betrachten konnte, andererseits aber alle Getreide-Überschussländer als seine Brotlieferanten zur Verfügung hatte. Das ist nun schon in den letzten zwanzig, dreißig Jahren sehr bedeutsam anders geworden; Deutschland und Amerika sind an seine Seite gerückt und England muss sich mit ihnen [sic] den industriellen Absatzmarkt teilen. Ebenso ist es hinsichtlich der Getreidezufuhrländer. Dadurch ist Englands Stellung in der Weltwirtschaft heute eine ganz andere geworden als sie lange Jahrzehnte gewesen. Der Auslandsabsatz ist unsicherer und damit die Stellung der englischen Industrie im Weltmarkt eine viel schwankendere und prekärere geworden, umso mehr, als sie eben in einem kräftigen Inlandsmarkt eine Stütze nicht hat.

Bei den andern Volkswirtschaften, im Besondern bei Deutschland, lag die Sache von vornherein anders. Es musste sich erst ganz allmählich zum Weltmarkte durchringen und kann auch infolge seiner geografischen Lage kaum jemals daran denken, in diesem Maße Handelsstaat werden zu wollen wie England es gewesen. Englands Situation wird heute noch gestärkt durch die Abhängigkeiten seiner Kolonien. […] Aber nicht nur England hat mit dem Emporwachsen anderer Länder zu rechnen […].

Demnach wird in Zukunft […] damit zu rechnen sein: Dass nicht einige wenige Staaten als Industriestaaten den andern als Absatzstaaten gegenüberstehen, sondern es wird damit zu rechnen sein, dass der Auslandsabsatz auf dem Weltmarkt über kurz oder lang keineswegs mehr diese vielen offnen Türen vor sich sieht, die noch heute vorhanden sind. Dann aber wird derjenige Staat und diejenige Volkswirtschaft in dem allgemeinen Konkurrenzkampf am besten bestehen, die einen möglichst starken und gefestigten Inlandsmarkt in ihrem Innern aufweisen können.

Volksverein für das katholische Deutschland (Hrsg.): Die Landwirtschaft. Gesammelte Vorträge. I. Heft. Volksvereinsverlag, Mönchengladbach 1911, S. 14.

Arbeitsvorschläge

A Herrschaft des Kapitals über die Arbeiterschaft?

1. Beschreiben und analysieren Sie die Karikatur „capital and labour" (Q 1). [I/II]
2. Erarbeiten Sie auf Basis von D 4 ein Fließdiagramm zur Kinderarbeit in Deutschland und erweitern Sie dieses auf Basis eigener Recherchen. [II]

B Der Marxismus als Motor der Arbeiterbewegung?

3. Fassen Sie die Kernforderungen der SPD im Programm von 1891 mit eigenen Worten zusammen (Q 2). [II]
4. Beurteilen Sie die Tragweite der SPD-Forderungen für die damalige Zeit. [III]

C Sozialpolitik als Aufgabe der Unternehmen?

5. Geben Sie die Rede des Unternehmers Alfred Krupp (Q 3) mit eigenen Worten wieder. [I]
6. Erläutern Sie die Aussage der Karikatur Q 4. [II]
7. Nennen Sie die wichtigsten Aussagen von Wilhelm Düwell in Q 5. [I]
8. Stellen Sie die Aussagen von Alfred Krupp und Wilhelm Düwell tabellarisch gegenüber. [II] ○
9. Bewerten Sie auf Basis von Q 3–Q 5 die Einrichtung von Werkswohnungen und Pensionskassen im Krupp-Konzern unter der Frage, ob dadurch die Soziale Frage teilweise gelindert wurde. [III]
10. Setzen Sie sich mit der These auseinander, Alfred Krupp habe mit seiner Sozialpolitik wie ein industrieller Feudalherr gehandelt. [III] ○

D Lässt sich die sozialdemokratische Opposition per Gesetz auflösen?

11. Nennen Sie die Grundzüge des Sozialistengesetzes (Q 6). [I]
12. Ordnen Sie das Sozialistengesetz in seinen historischen Kontext ein. [II]
13. Nennen Sie die wichtigsten Punkte der Entgegnung August Bebels (Q 7). [I]
14. Beurteilen Sie die Situation der Sozialdemokratie nach dem Erlass des Sozialistengesetzes. [III]
15. Bewerten Sie auf Basis Ihres Vorwissens sowie der Reichstagsrede Wilhelms I. (Q 8) die Sozialreformen der Bismarck-Regierung. [III]

E Wirtschaftlicher Strukturwandel und seine gesellschaftlichen Folgen

16. Entwickeln Sie auf Basis der Statistik D 5 eigene Thesen über die Folgen des wirtschaftlichen Strukturwandels für den deutschen Staat. [III]
17. Arbeiten Sie die Kernaussagen von Q 9 heraus. [II]
18. Überprüfen Sie die Aussagen des Volksvereins zu den Zukunftsaussichten des Deutschen Reiches angesichts des wirtschaftlichen Strukturwandels (Q 9). [III]
19. MK Benennen Sie auf Basis des Darstellungstextes, des Erklärfilms im Onlinebereich und der von Ihnen, durch die Quellenarbeit gewonnenen Erkenntnisse die wichtigsten Daten, Ereignisse und Auswirkungen der Industrialisierung in Deutschland im 19. Jahrhundert in Form einer Mindmap. Begründen Sie Ihre Auswahl. [I/III]

Online- und Differenzierungsmaterialien zu Kapitel 1.8
○ Arbeitshilfen zu den Aufgaben 8 und 10
Erklärfilm Industrielle Revolution I
Podcast Soziale Frage

Online-Code: ga2cb7

E Erweiterungsband
Kapitel 1.6, S. 60–69

1.9 Die USA – politische und wirtschaftliche Modernisierung?

13 Kolonien in Nordamerika sagten sich am 4. Juli 1776 vom britischen Mutterland los. Welche Ursachen führten zu diesem Schritt? Wie organisierten die Amerikaner ihren neuen Staat? Wie entwickelte sich aus 13 kleinen Kolonien an der Ostküste von Nordamerika im 19. Jahrhundert eine wirtschaftliche Supermacht?

Die, aus europäischer Perspektive, sogenannte „Entdeckung" Amerikas

Die sogenannte „Entdeckung" Amerikas im Oktober 1492 durch Christoph Kolumbus und seine Mannschaft markiert den Beginn einer neuen weltgeschichtlichen Epoche. In den folgenden Jahrhunderten eigneten sich Spanier, Portugiesen, Holländer und Franzosen das Land der (Ur-)Einwohner gewaltsam an, wobei die einheimischen Kulturen durch eingeschleppte Krankheiten und Zwangsarbeit oft fast völlig vernichtet wurden. Weder die in Stammesverbänden lebenden, missverständlich als „Indianer" bezeichneten Völker im Norden noch die in Staaten organisierten Mayas, Azteken und Inkas in Mittel- und Südamerika hatten der kommunikativen und technologischen Überlegenheit der Kolonisatoren etwas entgegenzusetzen. Sie wurden von den Europäern mehrheitlich als minderwertige Menschen wahrgenommen, ebenso wie die Millionen Afrikaner, die bis ins 19. Jahrhundert gewaltsam als Sklaven in die „Neue Welt" verkauft und als eine der zentralen „Waren" des in der Frühen Neuzeit beginnenden transatlantischen Handels gehandelt wurden.

Wie unterschieden sich die 13 Gründungskolonien der USA?

Flagge der britischen East India Company (1707–1801)

Im Gegensatz zu den anderen europäischen Kolonialmächten begannen die Engländer an der nordamerikanischen Ostküste nicht nur Handelsstützpunkte, sondern Siedlungskolonien zu gründen, vermeintlich legitimiert durch Vollmachten der englischen Krone für Einzelpersonen, Handelsgesellschaften und andere Gruppen. Dass auf dem Land, über das die englische Krone verfügte, bereits Menschen lebten, störte die europäischen Eindringlinge nicht. Die Motive für die Gründung der Kolonien waren ebenso vielfältig wie die Gründe der Auswanderer. Die Kolonialunternehmer verfolgten wirtschaftliche Interessen, während die Siedler hofften, der Armut zu entkommen und ein Leben in religiöser und politischer Freiheit weit weg vom absolutistischen Europa und seinen Zwängen führen zu können. Aus den Siedlungen entstanden entlang der nordamerikanischen Ostküste 13 Kolonien, die sich höchst unterschiedlich entwickelten. Die südlichen Staaten (Georgia, Nord- und Südcarolina, Virginia) waren geprägt von großen Plantagen, auf denen mithilfe von Sklaven vor allem Indigo, Baumwolle oder Tabak, größtenteils für den Export, angebaut wurde. Maryland und Massachusetts waren hingegen eher von familienbetriebenen Farmwirtschaften geprägt, die für den Eigenbedarf und weniger für den Export produzierten. Wälder und natürliche Häfen begünstigten in diesen Staaten den Schiffsbau. Mehr als im Süden entwickelte sich hier auch das Handwerk, Keimzellen späterer Industrien. Die Rolle und der Einfluss der Religion im Alltag differierten ebenfalls stark zwischen den Kolonien. Vorherrschendes Bekenntnis war das Christentum in seinen unterschiedlichen evangelischen, vor allem lutherischen und reformierten Ausprägungen. Der Katholizismus spielte eine untergeordnete Rolle.

Warum lösten sich die Gründungskolonien vom britischen Mutterland?

Gemeinsam war den Gesellschaften in den Kolonien, dass die Siedler die ständestaatlichen Strukturen des alten Europas mit ihren vielen Ungleichheiten hinter sich lassen und in der neuen Umgebung ihre individuelle Leistungsfähigkeit entfalten konnten. Trotz unterschiedlicher rechtlicher Voraussetzungen und mannigfaltiger Ausgestaltung der englischen Regierungsgewalt besaßen die Kolonisten (womit in diesem Zusammenhang zu dieser Zeit nur weiße Männer mit Grundbesitz gemeint waren) ein hohes Maß an Mitwirkungsmöglichkeiten. Viele der aus England geflohenen religiösen Gruppierungen waren es gewohnt, in ihren (Kirchen-)Versammlungen („assemblies") auf lokaler Ebene gleichermaßen über kirchliche wie weltliche Dinge zu entscheiden, normalerweise unbeeinflusst von höheren (Verwaltungs-)Ebenen. Der Gouverneur einer Kolonie entschied über anstehende Fragen und Aufgaben üblicherweise mit einem Rat an seiner Seite. Diese Konstruktion hatte ein englisches Vorbild: Als Folge der **„Glorious Revolution"** (1688/89) hatte die englische Monarchie in der „Bill of Rights" (1689) dem Parlament u. a. zusichern müssen, keine Steuern ohne die Zustimmung dieses Gremiums zu erheben.

An diesem Grundsatz – „no taxation without representation" – entzündete sich maßgeblich der Konflikt zwischen Kolonien und Mutterland. Bis 1763 hatte sich England kaum in die kolonialen Angelegenheiten eingemischt. Nachdem England aus dem **„French and Indian War"** (1754–1763) über die Vormachtstellung in Nordamerika als Sieger hervorgegangen war, versuchte die britische Krone mit einer Flut von Gesetzen und Anordnungen, Geld aus den 13 Kolonien zu pressen. Der Krieg hatte schließlich sehr viel Geld gekostet. Da die Siedler nicht im Londoner Parlament vertreten waren, pochten sie auf ihr Mitwirkungsrecht bei der Festsetzung von Steuern und protestierten deshalb gegen diese Maßnahmen. Der Konflikt eskalierte in einem von 1775 bis 1783 währenden Krieg, gipfelte in der Erklärung der Unabhängigkeit der 13 Kolonien von England am 4. Juli 1776 und endete schließlich mit dem Sieg der amerikanischen Kolonisten. 1783 anerkannte England im „Frieden von Paris" die Unabhängigkeit und Souveränität der – in der Unabhängigkeitserklärung so genannten – „Vereinigten Staaten von Amerika". Damit setzten die Kolonisten den englischen König als Herrscher ab und gaben sich in der Folge eine Verfassung, die auf den Prinzipien der Volkssouveränität und Gewaltenteilung beruhte.

Wie lässt sich die Verfassung stetig/immer wieder modernisieren?

Mit der Inkraftsetzung der 1787 entworfenen amerikanischen Verfassung 1789 schlossen sich die Kolonien endgültig zu einer föderalistischen Republik mit einem Präsidenten an der Spitze zusammen. Vorausgegangen waren lange Debatten, u. a. über die mögliche Ausgestaltung der Gewaltenteilung und die Verteilung der Regierungsmacht zwischen Bundes- und Staatenebene. Die Individualrechte wurden in Form der „Bill of Rights" an die Verfassung angehängt, zu der es im Laufe der Jahrhunderte weitere Verfassungsergänzungen gab. Diese „Amendments" vergrößerten später den Kreis des amerikanischen Wahlvolkes stetig, etwa indem sie (männliche) Schwarze zu wahlberechtigten Bürgern machten oder das Frauenwahlrecht einführten. Die Konstruktion der Verfassung ermöglichte es, dass den USA nach und nach weitere Territorien als Bundesstaaten beitreten konnten, wenn sie gewisse Mindestanforderungen erfüllten, etwa hinsichtlich Bevölkerungszahl (60 000) und einer freiheitlich-demokratischen Verfassung. Die Stärke dieses Modells zeigt sich darin, dass die US-amerikanische Verfassung seit 1789 ohne Unterbrechung in Kraft ist und mit den „Amendments" immer wieder den Anforderungen der Gegenwart angepasst werden kann.

Die Amerikanische Revolution ist die erste der politischen Revolutionen der Moderne. Die Vorgänge der Loslösung von einer Monarchie und dann die Übertragung der Regierungsgewalt auf das Volk inspirierte Menschen in vielen anderen Ländern, so etwa in Frankreich.

In welchem Zusammenhang stehen „Frontier" und „Manifest Destiny"?

Die Vereinnahmung des nordamerikanischen Westens erfolgte – nach Vorstufen im 17. und 18. Jahrhundert – vor allem während des 19. Jahrhunderts. Die weißen Siedler verschoben die Besiedlungsgrenze („frontier") jährlich durchschnittlich um 25 Kilometer nach Westen, bis um 1890 der Pazifik erreicht war. Dies geschah oft gewaltsam und nur selten unter Rücksichtnahme auf die Ureinwohner. 1839 schrieb der Journalist John L. O'Sullivan, die (weißen) Siedler hätten nicht nur das Recht, sondern sogar die Pflicht zur Besiedelung des nordamerikanischen Kontinents. Anderen Völkern Fortschritt und Zivilisation zu bringen,

Glorious Revolution
Nach der „Glorious Revolution" (1688/89) verkörperte in England nicht mehr der König allein, sondern der König zusammen mit dem Parlament den Staat. Nur gemeinsam konnten (manche) Gesetze erlassen und Steuern erhoben werden.

French and Indian War (1754–1763)
Parallel zum „Siebenjährigen Krieg" (1756–1763) in Europa kämpften Großbritannien und Frankreich bis 1763 um die Vorherrschaft in Nordamerika und Indien. Die Kämpfe in Nordamerika werden im Englischen als „French and Indian War" bezeichnet, im Französischen „Guerre de la Conquête" („Eroberungskrieg").

John Louis O'Sullivan (1813–1895)
US-amerikanischer, politisch einflussreicher Journalist. Auf ihn wird die Redewendung „Manifest Destiny" zurückgeführt.

Jacksonian Democracy
Bezeichnung für eine Reihe von Wahlrechts- und Wirtschaftsreformen, die darauf zielten, die politische Mitbestimmung über die grundbesitzende Oberschicht hinaus auszuweiten

Laissez-faire
abgeleitet aus dem Französischen ("laissez-fair" oder „laissez-aller" – „Lassen Sie machen, lassen Sie laufen"); steht seit dem 19. Jahrhundert für eine Wirtschaftspolitik, die so wenig (regulierende) Eingriffe des Staates in die Wirtschaft wie möglich will

sei eine den US-Amerikanern von Gott auferlegte „offensichtliche Bestimmung" („Manifest Destiny"). 1893 meinte der amerikanische Historiker Frederick Jackson Turner, das Leben der weißen amerikanischen Gesellschaft sei durch das „frontier"-Erlebnis im Grenzgebiet zwischen mutmaßlicher „indianischer Wildnis" und „weißer Zivilisation" maßgeblich geprägt worden. Die Entwicklung der USA habe an dieser „ständig vorrückenden Grenzlinie [...] immer wieder von vorn angefangen" und die Gesellschaft habe sich durch diese stetigen Adaptionen an sich wandelnde Umstände kontinuierlich erneuern und verbessern können. Die Politik der USA war um die Mitte des 19. Jahrhunderts stark von Andrew Jackson (1767–1845) geprägt. Seine Präsidentschaft (1829–1837) zeigte Merkmale, die man bereits bei seinem Amtsantritt schlagwortartig als **„Jacksonian Democracy"** bezeichnete. Jackson stilisierte sich zum Anwalt des „kleinen Mannes" und nutzte die zunehmende Zahl an Tageszeitungen offensiv als Massenmedien zur politischen Meinungsbildung. Dies gelang ihm umso leichter, als in den Jahren zuvor immer mehr (weiße) Männer ohne den hierfür zuvor nötigen großen persönlichen Besitz das aktive Wahlrecht erlangen konnten. Jacksons wenig regulierte Wirtschaftspolitik des **„laissez-faire"**, die auf staatliche Regulierungen weitgehend verzichtete, beeinflusste den amerikanischen Wirtschaftsaufschwung in den kommenden Jahrzehnten sehr positiv – oft auf Kosten vieler Menschen. Unterstützt vom „Manifest Destiny"-Gedanken konnte nun die Besiedlung des „Wilden Westens" weiter vorangetrieben werden, begleitet von massiven militärischen Aktionen gegen die amerikanischen Ureinwohner.

Sklaverei in den USA: „all men are created equal"?

Während Jacksons Präsidentschaft begann auch die Sklavenfrage die politische Diskussion in den USA in wachsendem Maße zu beherrschen. Seit der europäischen „Entdeckung"

D1

Territoriale Entwicklung der USA

Amerikas waren über elf Millionen Afrikaner als Sklaven in die westliche Hemisphäre verschleppt worden. Nur etwa fünf Prozent von ihnen gelangten nach Nordamerika. In den USA war die Sklaverei nur in den Südstaaten legal. Dort verlief das Leben von Sklavinnen und Sklaven je nach Tätigkeit und Einsatzort höchst unterschiedlich. In der Mehrzahl arbeiteten sie auf den Tabak- oder Baumwollplantagen, doch etliche beschäftigte man auch als Arbeitskräfte oder Hilfen in ländlichen und städtischen Haushalten. Das Leben der Sklavinnen und Sklaven war vom Verhalten ihres jeweiligen Herrn (Grundbesitzer, Geschäftsinhaber) abhängig. Die rechtlich kaum limitierte Herrschaft eines patriarchalisch agierenden Patrons konnte sehr unterschiedliche Facetten aufweisen. Es gibt Belege für respektvollen Umgang und Freundschaften zwischen Herrn und Sklave bis hin zur Freilassung, doch auch für erbärmliche Wohnverhältnisse, grausame Arbeitsbedingungen, unzureichendes Essen und barbarische Strafen bis hin zur Tötung. Sklaven besaßen in den Augen von US-amerikanischen Sklavenhaltern keine unveräußerlichen Menschenrechte, sondern galten nach antikem Vorbild als „Sachen“ und als „beweglicher Besitz“ („private property“), mit dem man nach Belieben verfahren konnte. Ihre Hautfarbe hatte Signalwirkung: Sklaven waren ausnahmslos schwarz und damit äußerlich klar von ihren weißen Haltern zu unterscheiden.
Die Sklaverei, die manche verschämt als „peculiar institution“ (etwa: „eigentümliche Einrichtung“) bezeichneten, war in den USA nie unumstritten. Der „great compromise“ hatte bereits 1787 in der amerikanischen Verfassung das Zwei-Kammer-System verankert und beschwichtigte durch die prozentuale Einrechnung der Sklaven in die Bevölkerungszahl auch jene Sklavenhalterstaaten, die befürchtet hatten, im Abgeordnetenhaus unterrepräsentiert zu sein. Bis zum Verbot der Sklaverei auf Bundesebene kam der Frage, ob in neuen amerikanischen Territorien, also potentiellen späteren Bundesstaaten, die Sklavenhaltung erlaubt sein solle, große Bedeutung zu, da sich Sklavereibefürworter und Sklavereigegner stets um das politische Gleichgewicht auf Bundesebene sorgten. Neue Bundesstaaten, in welchen die Sklaverei erlaubt sein sollte, waren für die Sklavenhalter der Südstaaten potentielle Absatzmärkte und von hoher wirtschaftlicher Bedeutung. Die Sklavenfrage spielte im amerikanischen Bürgerkrieg 1861–1865 gleichwohl nur eine untergeordnete Rolle. Sie wurde aber nach der von Abraham Lincoln am 22. September 1862 verkündeten Emanzipationsproklamation, der versprochenen Befreiung aller Sklaven in den Südstaaten, von den Nordstaaten als moralische Legitimation für die Kriegführung benutzt.

Abraham Lincoln (1809–1865)
republikanischer Politiker
1861–1865 Präsident der USA

Der Sezessions- oder Bürgerkrieg 1861–1865

Die Unterschiede zwischen Nord- und Südstaaten wuchsen stetig. Während der agrarische Süden größtenteils auf Plantagenwirtschaft und Sklavenarbeit setzte, kam es in den nördlichen Bundesstaaten seit dem 19. Jahrhundert zu einem starken Aufschwung von Industrie und Handwerk. Um 1850 lebten im Norden mehr als doppelt so viele Menschen (ca. 22 Millionen) wie im Süden (ca. neun Millionen). Vordergründig nährte die Sklavenfrage aber über Jahrzehnte den Konflikt zwischen Norden und Süden. Wer sollte über die Sklaverei entscheiden dürfen? Die Einzelstaaten oder die Bundesregierung? Auf verfassungsrechtlicher Ebene stellte sich die grundsätzliche Frage: Hatten die Einzelstaaten, indem sie der Verfassung und damit den „Vereinigten Staaten“ beigetreten waren, ihre Souveränität vollständig aufgegeben und damit sogar ihr Recht auf einen späteren Austritt verwirkt?
Elf Staaten aus dem Süden der „Vereinigten Staaten von Amerika“ beantworteten diese Fragen aus ihrer Sicht 1861 mit dem Austritt aus der Union und der Gründung der „Konföderierten Staaten von Amerika“ („Confederate States of America“, CSA). Die verbliebenen (Nord-) Staaten unter der Führung des ersten republikanischen Präsidenten Abraham Lincoln nahmen diese Abspaltung („Sezession“) nicht hin, pochten auf die nationale Einheit und führten gegen die Südstaaten eine Art von frühem „totalen Krieg“. Sie brachten sämtliche zur Verfügung stehenden technischen und propagandistischen Mittel zum Einsatz, auch gegen die Zivilbevölkerung. Im April 1865, bei Kriegsende, waren über 600 000 Tote zu beklagen. Für die Südstaaten hatte die Niederlage weitreichende Folgen: Zwar wurden sie wieder in

Flagge der Konföderierten Staaten von Amerika
(offizielle Version 1861–1863)

die Union aufgenommen, doch die Plantagenwirtschaft kam, auch wegen des bundesweiten Verbots der Sklaverei, zum Erliegen und die alten Eliten verloren an Macht. Die Verfassungsfrage nach der Souveränität der Mitgliedsstaaten mit der Möglichkeit, aus den USA auszutreten, wenn man mit der Politik auf Bundesebene nicht mehr einverstanden war, war knapp einhundert Jahre nach der Gründung der USA gewaltsam beantwortet worden. Nach dem Sieg der Unionstruppen verabschiedete 1865 die erforderliche Mehrzahl der Bundesstaaten den 13. Verfassungszusatz, der die Sklaverei in den Vereinigten Staaten von Amerika bis heute verbietet. Vor allem in den Südstaaten wurden Afroamerikaner jedoch weiterhin rassistisch diskriminiert und ein von der Justiz geduldetes System der Rassentrennung („separate but equal") installiert, das erst seit den 1950er-Jahren im Zuge der amerikanischen Bürgerrechtsbewegung („civil rights movement") – zumindest formal – aufgelöst wurde. Auch nach der erfolgreichen politischen Revolution am Ende des 18. Jahrhunderts dauerten die Auseinandersetzungen um die Frage, wer denn nun zum US amerikanischen Volk gehören sollte, weiter an. Gleichzeitig veränderte und modernisierte die Industrialisierung die USA in vielen anderen Bereichen grundsätzlich.

„laissez faire" – Grund für den wirtschaftlichen Aufschwung?

→ D4, S. 83

Bereits um die Mitte des 19. Jahrhunderts zeigte das industrielle Wachstum in den USA eine beträchtliche Konjunktur. Der Wechsel von einer vornehmlich agrarisch geprägten zu einer industriellen Gesellschaft vollzog sich aber erst nach dem Bürgerkrieg. 1865 lagen die USA wirtschaftlich noch weit hinter Großbritannien, Frankreich und dem Deutschen Bund, doch um das Jahr 1900 produzierte die US-amerikanische Industrie mehr als das deutsche Kaiserreich, Frankreich und Großbritannien zusammen. Regionale Unterschiede innerhalb der USA gab es nach wie vor: Der Süden war, insbesondere wegen des verlorenen Bürgerkrieges, zurückgeblieben, der Westen lieferte Rohstoffe und Nahrungsmittel, die industriellen Wirtschaftszentren lagen im Norden und Nordosten.

Gründe für das enorme industrielle Wachstum der USA gab es viele: Rohstoffe wie Eisenerz und die Energieträger Kohle und Erdöl sind auf dem nordamerikanischen Kontinent in großen Mengen verfügbar. Eine wachsende Einwanderung aus Europa und Ostasien sorgte seit dem 19. Jahrhundert für den erforderlichen stetigen Nachschub an Arbeitskräften. Ein zollfreier riesiger Binnenmarkt zwischen den Bundesstaaten und Territorien bot enorme Absatzmöglichkeiten. Die Politik setzte auf eine freie, ganz dem wirtschaftsliberalen Slogan „laissez faire" verpflichtete Marktwirtschaft mit möglichst wenigen gesetzlichen Eingriffen. Gleichwohl verzichtete der Staat nicht ganz auf ökonomische Regulierungen. Man schützte den Binnenmarkt durch Schutzzölle und investierte massiv in die Infrastruktur, etwa mit dem Ausbau der Eisenbahnverbindungen, der zu einer der Triebfedern für die Modernisierung des Landes wurde. Die Ausdehnung der USA nach Westen unterstützte der Staat mit der äußerst günstigen Abgabe großer, von der Urbevölkerung enteigneten Ländereien an Siedler. Zudem entstanden so kontinuierlich neue Absatzmärkte.

Samuel Langhorne Clemens (1835–1910) bekannt unter dem Pseudonym Mark Twain
US-amerikanischer Schriftsteller und Vertreter des „amerikanischen Realismus", der in seinen Werken kritisch die Gesellschaft in der Zeit des „Big Business" beschreibt

Aufstieg durch Leistung?

Die USA boten ihren Bürgern Aufstiegsmöglichkeiten, die im Unterschied zum alten Europa nicht mehr in erster Linie von der Herkunft, sondern von der individuellen Leistung abhängig sein sollten. Eine märchenhafte berufliche Laufbahn nach der Devise „Vom Tellerwäscher zum Millionär" sollte deshalb jedem offenstehen, der eine clevere Geschäftsidee hatte und Durchhaltevermögen besaß, so die Überzeugung vieler. Das Leitbild des „self-made man" bildet bis heute einen wesentlichen Bestandteil des „American Dream", auch wenn nur die allerwenigsten diesen Traum jemals gelebt haben. Die Biographien von John D. Rockefeller, Cornelius Vanderbilt und Andrew Carnegie, die mit Erdöl, im Transportgewerbe oder mit Stahl Millionen machten, gelten bis heute exemplarisch als Belege dafür, dass solche rasanten Karrieren doch möglich sind. Alle drei Männer entstammten sämtlich ärmlichen Verhältnissen, zählten aber um 1900 weltweit zu den reichsten Männern. Solche Industriebarone wurden mit riesigen Unternehmen („big businesses") derart marktbeherrschend, dass sie in ihren jeweiligen Bereichen fast nach Belieben walten und schalten konnten. Aufgrund der Skrupellosigkeit, mit der sie zuweilen die Monopolstellung ihrer Unternehmen ausnutzten und auch weil sie immer wieder gewalttätig vorgingen, hing solchen „self-made men" mitunter aber auch, nicht zu Unrecht, der Ruf von „robber barons" („Räuberbaronen") an. Nicht selten griff der Staat aufseiten der Unternehmer auch mit Gewalt ein, wenn sich beispielsweise Arbeiter mit Demonstrationen und Streiks für Verbesserungen ihrer Situation einsetzten.

Ein „Gilded Age"?

Trotz des gewaltigen wirtschaftlichen Aufschwungs lebten in den USA gleichwohl viele Menschen in bitterster Armut. Selbst wenn sie in einer der vielen Fabriken Arbeit fanden, waren die Arbeitsbedingungen oft jämmerlich und der Verdienst gering. Der Anteil von gewerkschaftlich organisierten Arbeitern war im Vergleich zu Europa niedrig. Gewerkschaften („trade unions"), also Zusammenschlüsse von Arbeitern, die kollektiv für mehr Lohn oder kürzere Arbeitszeiten kämpften, galten in einem Land, in dem „jeder seines Glückes Schmied" sein sollte, als „unamerikanisch", mitunter sogar als politisch radikal. Da jeder für sich selbst verantwortlich sein sollte, gab es auch keine staatlichen Hilfen, welche als soziales Netz Menschen in Not hätten auffangen können.
Die Zeit zwischen dem Ende des Amerikanischen Bürgerkrieges und der Jahrhundertwende nennt man das „Gilded Age", die „vergoldete Epoche". Der rasche und fast unglaubliche wirtschaftliche Aufschwung mag von außen „golden" erscheinen, kann aber die negativen Aspekte der Epoche, zu denen auch eine weit verbreitete Korruption zählte, kaum überdecken. 1890 wurde zudem der letzte militärische Widerstand der amerikanischen Ureinwohner, die schon in den Jahrzehnten zuvor enteignet und in Reservate gezwungen worden waren, gebrochen. Erst 1924 erhielten die sogenannten „Indianer" US-amerikanische Bürgerrechte und waren damit formal gleichberechtigt.

Ist Massenkonsum modern?

Frederick Taylor (1856–1915)
US-amerikanischer Ingenieur und Begründer des „scientific management", bekannt geworden als Taylorismus

In der Industrialisierungsgeschichte der USA begann zu Beginn des 20. Jahrhunderts eine neue Epoche, das Zeitalters des Massenkonsums. Voraussetzung und Grundlage der industriellen Massenproduktion von Gütern war die Idee des „scientific management", die Frederick W. Taylor zuvor entwickelt hatte. Seine Analyse und Optimierung selbst kleinster Arbeitsprozesse sowie der Standardisierung von Bauteilen ermöglichte eine wesentlich raschere und billigere Herstellung von Gütern. Henry Ford (1863–1957) kombinierte Taylors Anregungen 1913 mit dem bereits bekannten Konzept des „Fließbandes" („assembly line"). Weil sie nur noch wenige Handgriffe erlernen mussten, konnten Arbeiter fortan ohne lange Ausbildung in den Fabriken eingesetzt werden, was sie freilich auch leicht austauschbar machte. Durch die Fließbandproduktion konnte Ford den Preis für sein legendäres Pkw-Modell „Model T" von 1909 bis 1926 fast um zwei Drittel senken und machte so ein eigenes Auto für breite Bevölkerungsschichten erschwinglich. 1929 besaß bereits jeder fünfte US-Amerikaner einen eigenen Pkw, eine Dichte, die in der Bundesrepublik Deutschland erst in den 1960er-Jahren erreicht wurde. Andere Güter, die seit Beginn des 20. Jahrhunderts durch standardisierte Massenproduktion erschwinglich wurden, waren außerdem Kühlschränke, Waschmaschinen, Staubsauger, Elektroherde, Geschirrspüler und Bügeleisen, aber auch das Telefon, Radiogeräte und Plattenspieler, die nicht nur die Unterhaltungsindustrie, sondern die gesamte US-amerikanische Gesellschaft grundlegend veränderten. Diese Massenproduktion von Produkten in Fabriken an Fließbändern nach den Grundsätzen des „scientific management" verbreitet(e) sich aus den USA in dem Maße um die Welt, wie Länder industrialisiert wurden und werden. Sie gilt inzwischen auch als ein Kennzeichen von Modernisierung.

A Die geographische Entwicklung der USA – ein Fortschritt?

Q1

„American Progress“ – Gemälde von John Gast (1872)

D2

Die „Frontier“

Schematische Gliederung des Grenzlandes (der „Frontier“)
Das Grenzland verschob sich in jedem Jahr durchschnittlich etwa 25 km weiter nach Westen.
Das Schema zeigt die typische Abfolge einzelner Abschnitte der „wandernden Grenze“.

Der Westen	Trapper Frontier	Cattle Frontier	Farming Frontier			Urban Frontier	Der Osten
indigene Völker	Jäger Fallensteller Pelzhändler Missionare	Cowboys **Mining Frontier** Goldgräber **Lumbering Frontier** Holzfäller	Squatters Hinter-wäldler	Kleinbauern	Farmer	Kleinstädte Handwerker Händler Spekulanten	Großstädte Industrie Verkehr Universitäten

← (Richtung von Osten nach Westen)

B Die politische Revolution in den USA

Q2

Die Unabhängigkeitserklärung (4. Juli 1776)

Beauftragt vom Kontinentalkongress hat Thomas Jefferson eine schriftliche Begründung für die Loslösung der 13 Kolonien vom britischen Mutterland verfasst, die zudem Leitlinien für das zukünftige Zusammenleben enthält. Am 4. Juli 1776 unterzeichneten die Vertreter der Kolonien nach langer Diskussion die sogenannte „Unabhängigkeitserklärung". Für diesen Abdruck wurden Passagen aus dem Beschwerdekatalog gegen den englischen König gekürzt; in Klammern und kursiv sind diejenigen Passagen gesetzt, welche Thomas Jefferson zwar vorgesehen hatte, die aber von der Mehrheit der Versammelten des Kontinentalkongresses abgelehnt worden sind.

Wenn es im Laufe der geschichtlichen Ereignisse für ein Volk notwendig wird, die politischen Bande zu lösen, die es mit einem anderen verknüpft haben, und unter den Mächten der Erde die gesonderte und gleichwertige Stellung einzunehmen, zu der die Gesetze der Natur des Schöpfers es berechtigen, so erfordert eine geziemende Achtung vor der Meinung der Welt, dass es die Gründe angibt, die zu der Trennung zwingen.

Wir halten diese Wahrheiten für in sich einleuchtend: dass alle Menschen gleich geschaffen sind; dass sie von ihrem Schöpfer mit gewissen (angeborenen und) unveräußerlichen Rechten ausgestattet sind, darunter Leben, Freiheit und Streben nach Glück; dass zur Sicherung dieser Rechte Regierungen unter den Menschen eingesetzt sind, die ihre gerechten Vollmachten von der Einwilligung der Regierten herleiten; dass, wenn immer eine Regierungsform diesen Zielen zum Schaden gereicht, es das Recht des Volkes ist, sie zu ändern oder abzuschaffen und eine neue Regierung einzusetzen, die sich auf solchen Grundsätzen aufbaut und ihre Macht in einer Weise organisiert, wie sie am geeignetsten erscheint, seine Sicherheit und sein Glück zu schaffen. In der Tat wird die Klugheit gebieten, dass seit Langem bestehende Regierungsformen nicht aus geringfügigen und vorübergehenden Ursachen geändert werden sollten, und dementsprechend beweist alle Erfahrung, dass die Menschheit eher geneigt ist zu dulden, solange die Missstände ertragbar sind, als sich Recht zu verschaffen durch Abschaffung der Formen, an die sie gewöhnt ist. Aber wenn eine lange Kette von Missbräuchen und Anmaßungen (zu einer bestimmten Zeit begonnen und), stets das gleiche Ziel verfolgend, die Absicht enthüllt, ein Volk unter den unbeschränkten Despotismus zu beugen, so ist es sein Recht, ist es seine Pflicht, eine solche Herrschaft abzuschütteln und sich neue Bürgschaften für seine zukünftige Sicherheit zu verschaffen. Solcher Art ist das geduldige Leiden dieser Kolonien gewesen, und so zwingt sie jetzt die Notwendigkeit, ihr früheres Regierungssystem zu (beseitigen) ändern. Die Geschichte des gegenwärtigen Königs von Großbritannien ist eine Geschichte (unablässiger) wiederholter Beleidigungen und Anmaßungen (unter denen keine Einzeltatsache erscheint, die dem gleichförmigen Verlauf der übrigen Geschehnisse widerspricht, sondern), die alle das direkte Ziel verfolgen, eine unbeschränkte Tyrannei über diese Staaten aufzurichten. Zum Beweis hierfür mögen Tatsachen einer geneigten Welt unterbreitet werden (für deren Wahrheit wir eine Redlichkeit, die noch von keiner Falschheit besudelt ist, verpfänden):

[Es folgt eine lange Liste von Beschwerden gegen den britischen König Georg III., von denen einige exemplarisch wiedergegeben sind, welche vor allem die Problematik der Regierungsgewalt in den Kolonien behandeln.] [...]

Er hat unsere Meere geplündert, unsere Küsten verheert, unsere Städte niedergebrannt, unsere Landsleute getötet. [...]

(Er hat einen grausamen Krieg gegen die menschliche Natur selbst geführt, indem er die heiligsten Rechte des Lebens und der Freiheit in den Angehörigen eines fernen Volkes verletzt hat, das ihn nie beleidigt hat, indem er sie gefangen nahm und als Sklaven in eine andere Hemisphäre verschleppte, oder sie auf ihrem Transport dorthin einem elenden Tode preisgab. Diese seeräuberische Kriegführung, die Schmach heidnischer Völker, ist eine Kriegführung des Christlichen Königs von Großbritannien, der entschlossen ist, einen Markt einzurichten, wo MENSCHEN gekauft und verkauft werden sollen. Er hat sein Einspruchsrecht preisgegeben durch Unterdrückung jeglichen gesetzgeberischen Versuchs, solchen schändlichen Handel zu verhindern oder einzuschränken. [...]) [...]

Wir, die Vertreter der Vereinigten Staaten von Amerika, versammelt im Allgemeinen Kongress, rufen deshalb den höchsten Richter der Welt zum Zeugen an für die Rechtlichkeit unserer Absichten. Im Namen und in Vollmacht des guten Volkes dieser (Staaten) Kolonien [...] geben wir feierlich bekannt und erklären, dass diese Vereinigten Kolonien sind und von Rechts wegen sein sollen freie und unabhängige Staaten, dass sie von jeder Untertanenpflicht gegen die britische Krone befreit sind und dass jeder politische Zusammenhang zwischen ihnen und dem Staate Großbritannien völlig gelöst ist und sein soll, und dass sie als freie und unabhängige Staaten die volle Macht besitzen: Krieg zu führen, Frieden zu schließen, Bündnisse einzugehen; Handelsbeziehungen anzuknüpfen und alle anderen Handlungen und Dinge vorzunehmen, die unabhängige Staaten von Rechts wegen tun dürfen. Und zur Bekräftigung dieser Erklärung, in festem Vertrauen auf den Schutz der göttlichen Vorsehung, verpfänden wir uns gegenseitig unser Leben, unser Gut und unsere heilige Ehre.

Walter Goetz: Propyläen Weltgeschichte. Bd. VI. Übers. v. Felix Salomon. Ullstein Verlag, Berlin 1931.

E D3

US-amerikanische Verfassung
(1787 vom Kongress verabschiedet, bis 1788 in den Bundesstaaten ratifiziert)

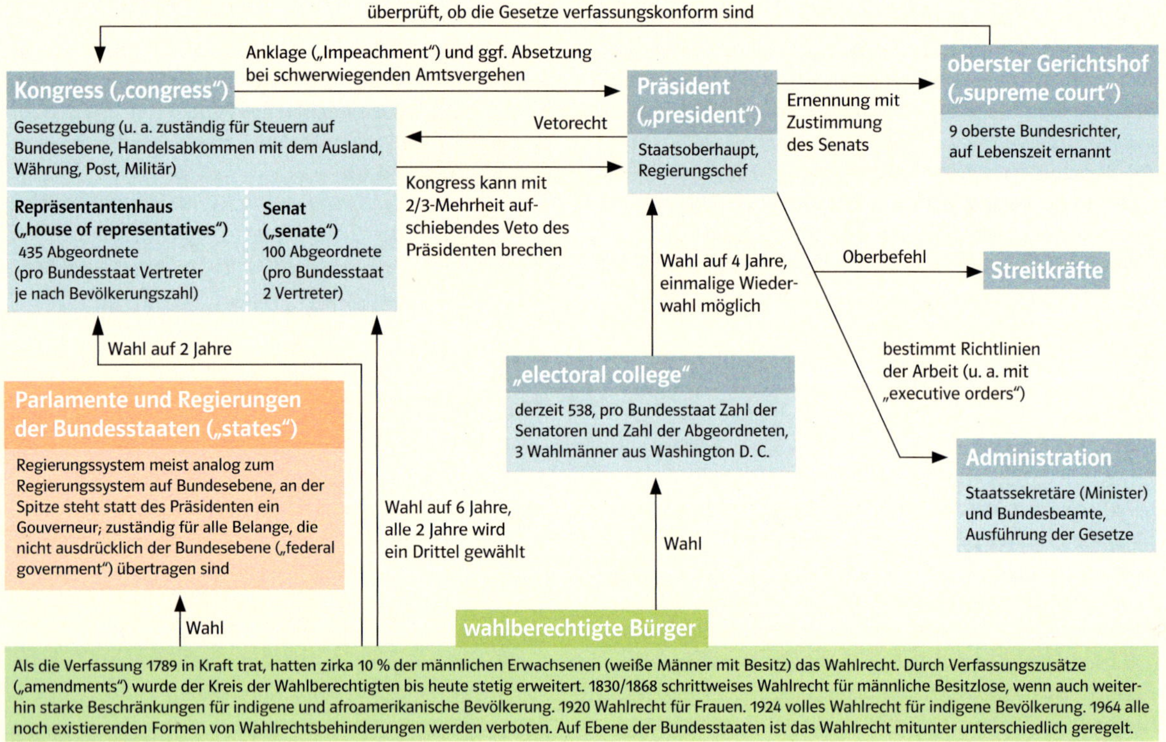

E Q3

Die Bill of Rights und die Amendments

Die Amendments 1 bis 10 bilden die sogenannte „Bill of Rights". Sie wurden vom Kongress im September 1789 vorgeschlagen und von den Einzelstaaten bis 1791 ratifiziert. Seitdem ist die Verfassung um weitere Amendments (= Verfassungszusätze) ergänzt worden, die unter anderem genauer definierten, wer wahlberechtigt ist.

Amendment 1 (1789 vorgeschl./1791 ratifiziert)

Der Kongress darf kein Gesetz erlassen, das die Einführung einer Religion betrifft oder die freie Ausübung einer Religion verbietet, kein Gesetz, wodurch die Redefreiheit, die Freiheit der Presse oder das Recht des Volkes, sich friedlich zu versammeln und eine Eingabe an die Regierung zwecks Behebung von Missständen zu machen, beschränkt wird.

Amendment 2

Da eine gut organisierte Miliz für die Sicherheit eines freien Staates notwendig ist, darf das Recht des Volkes, Waffen zu besitzen und zu tragen, nicht eingeschränkt werden.

Amendment 4

Das Recht des Volkes auf Sicherheit der Person und der Wohnung, auf Sicherheit von Papieren und von Besitz, vor unrechtmäßigen Durchsuchungen, Verhaftungen oder Beschlagnahmung darf nicht verletzt werden […].

Amendment 5

Niemand darf wegen eines Kapitalverbrechens oder eines sonstigen schweren Verbrechens zur Verantwortung gezogen werden, es sei denn aufgrund des Antrages oder der Anklage eines Gerichtshofes; […].

Amendment 9

Die Aufzählung gewisser Rechte in der Verfassung soll nicht so ausgelegt werden, dass dadurch andere, dem Volke zustehende Rechte, versagt oder eingeschränkt werden.

Amendment 10

Die Machtbefugnisse, die durch die Verfassung weder den Vereinigten Staaten übertragen noch den Einzelstaaten entzogen sind, bleiben den einzelnen Staaten oder dem Volke vorbehalten.

Amendment 13 (1865/1865)
Weder Sklaverei noch Zwangsarbeit, außer im Falle einer Bestrafung für ein Verbrechen […], sind in den Vereinigten Staaten […] gestattet.
Amendment 14 (1866/1868)
Alle Menschen, die in den Vereinigten Staaten geboren sind, sind Bürger der Vereinigten Staaten und des Staates, in dem sie leben. Niemand darf Gesetze verabschieden, welche die Privilegien eines Bürgers der Vereinigten Staaten einschränken könnten. Ohne ein rechtmäßiges Gerichtsverfahren darf kein Staat einem Menschen Leben, Freiheit und Besitz oder eine gleichberechtigte Behandlung vor Gericht verweigern. […]
Amendment 15 (1869/1870)
Das Wahlrecht eines Bürgers der Vereinigten Staaten darf weder durch die Vereinigten Staaten oder irgendeinen seiner Staaten aufgrund von Rasse, Farbe oder eines früheren Dienstverhältnisses verweigert oder eingeschränkt werden.
Amendment 19 (1919/1920)
Das Wahlrecht eines Bürgers der Vereinigten Staaten darf nicht wegen des Geschlechts durch die Vereinigten Staaten oder eines Staates verweigert oder eingeschränkt werden.
Amendment 24 (1962/1964)
Das Recht eines Bürgers der Vereinigten Staaten zu wählen […] soll durch die Vereinigten Staaten oder seiner Bundesstaaten nicht verweigert oder eingeschränkt werden, weil der Bürger keine Wahl- oder andere Steuern bezahlt hat.
Amendment 26 (1971/1971)
Das Wahlrecht jener Bürger der Vereinigten Staaten, die älter als 18 Jahre sind, darf von den Vereinigten Staaten oder den Bundesstaaten nicht wegen des Alters verweigert oder eingeschränkt werden.

Amendments (Englisch mit Erläuterungen) in: Boorstin, Daniel J. und Kelley, Brooks Mather: A History of The United States. Lexington 1981. S. 785 ff. Deutsche Übersetzung der Amendments 1–10 auf der Homepage der amerikanischen Botschaft. Unter: www.usembassy. de/usa/etexts/gov/verfassung.pdf (Zugriff: 18.01.2003), Übers. Amendments 13–26 v. Matti Münch.

C Was waren die Gründe für das Wirtschaftswachstum der USA?

D4

Statistik zur Einwanderung in die USA 1850–2019

Die USA waren und sind ein Einwanderungsland. Zwischen 1821 und 1880 wanderten hauptsächlich Menschen aus west- und nordeuropäischen Staaten ein, zwischen 1881 und 1920 überwiegend Menschen aus Süd- und Osteuropa. Zuwanderer aus China, die man in der Mitte des 19. Jahrhunderts noch in die USA gelockt hatte, damit sie im Bergbau und vor allem im Eisenbahnbau arbeiteten, durften von 1882 bis 1943 nicht mehr in die USA einwandern. Man nahm ihnen übel, dass sie sich nicht assimilierten, sondern stattdessen ihre Sprache und Kultur pflegten und abgeschottet untereinander lebten. Seit dem 20. Jahrhundert kommen Einwanderer größtenteils aus Lateinamerika und Asien. Im Laufe der US-amerikanischen Geschichte gab es immer wieder Quoten, die den Zustrom von Einwanderern von ihrem Herkunftsort abhängig machten.

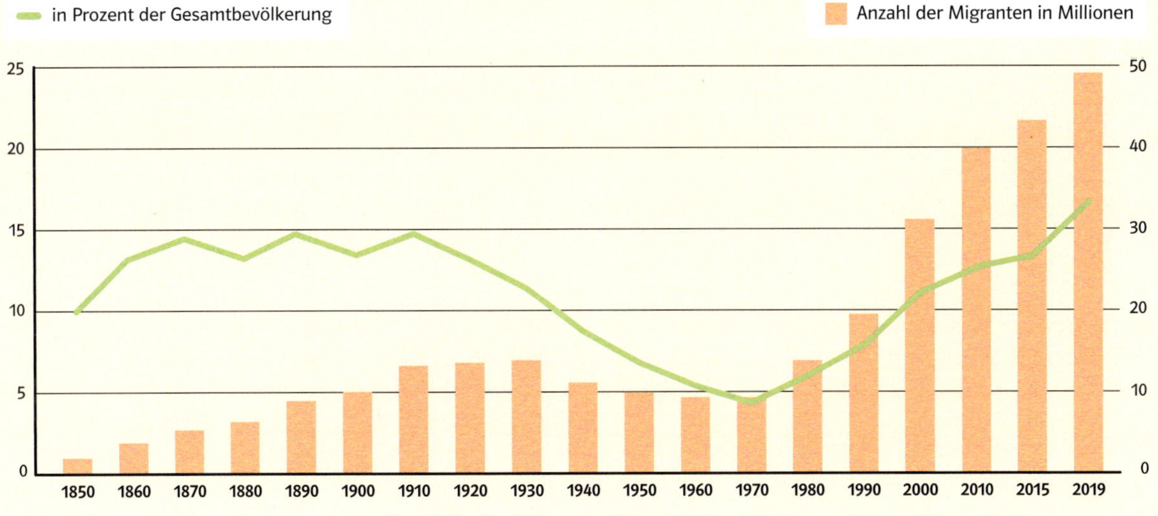

Q4

Freiheit für jeden?

Andrew Jackson (US-Präsident 1829–1937) 1832:

Es gibt keine notwendigen Übel in der Regierung. Ihre Übel bestehen nur in ihren Missbräuchen. Wenn sie sich auf gleichen Schutz beschränkte und, wie der Himmel seinen Regen, ihre Gunstbeweise gleichermaßen über Hoch und Niedrig, Reiche und Arme, ausschütten wollte, wäre sie ein uneingeschränkter Segen. […]

Auch braucht unsere Regierung nicht unterhalten und unsere Union nicht bewahrt zu werden durch Eingriffe in die Rechte und Befugnisse der Einzelstaaten. Wenn wir auf solche Weise versuchen, unsere allgemeine Regierung zu stärken, schwächen wir sie. Ihre wahre Stärke besteht darin, Individuen und Staaten so weit wie möglich sich selbst zu überlassen, – sich fühlbar zu machen nicht durch ihre Macht, sondern ihre Wohltätigkeit; nicht durch ihre Kontrolle, sondern ihren Schutz; nicht indem sie die Staaten enger an die Mitte bindet, sondern indem sie es jedem überlässt, sich ungehindert in seiner zugemessenen Bahn zu bewegen.

Erich Angermann: Der Aufstieg der Vereinigten Staaten von Amerika. Innen- und außenpolitische Entwicklung. 1607/08–1917. Übers. v. Erich Angermann. Ernst Klett Verlag, Stuttgart 1981, S. 26.

Q5

US-Amerikanisches Unternehmertum

Der US-amerikanische Historiker Richard Hofstadter (1916–1970) schrieb über die Phase des großen wirtschaftlichen Wachstums in den USA nach dem Bürgerkrieg:

Es gibt keine andere Periode in der Geschichte der Nation, wo die Politik durch die wirtschaftlichen Veränderungen so völlig zwergenhaft erschiene, keine, in der das Leben des Landes so vollständig in den Händen des industriellen Unternehmers ruhte. Die Industriellen des Vergoldeten Zeitalters [„gilded age"] waren so, wie man ihren Aufstieg erwarten möchte, wo Vergeudung um großer Erfolge willen erlaubt ist, wo große Versuchungen geboten und wenig Beschränkungen auferlegt werden. Zum größten Teil waren sie Emporkömmlinge […]. Sie lenkten das Emporsprossen des Reichtums des Landes, sie ergriffen seine Gelegenheit, sie bewerkstelligten seine Korruption, und von ihnen nahm die Ära Ton und Färbung an.

In Geschäft und Politik taten die Industriekapitäne ihre Arbeit dreist, freundlich und zynisch. Arbeiter ausbeutend und Farmer schröpfend, Kongressabgeordnete schmierend, Gesetzgebungen kaufend, Konkurrenten ausspionierend, bewaffnete Wachmannschaften mietend, Besitztümer in die Luft sprengend, Drohungen und Intrige und Gewalt gebrauchend machten sie ein Gespött aus den Idealen der schlichten Honoratioren, die sich eingebildet hatten, die Entwicklung der Nation könne mit Würde und Zurückhaltung unter dem Regime des Laissez-faire vor sich gehen. […]

Erich Angermann: Der Aufstieg der Vereinigten Staaten von Amerika. Innen- und außenpolitische Entwicklung. 1607/08–1917. Übers. v. Erich Angermann. Ernst Klett Verlag, Stuttgart 1981, S. 43 f.

E Q6

Fließbandproduktion

Henry Ford über das Fließband in der Autoproduktion:

Ein Fordwagen besteht aus rund 5000 Teilen – Schrauben, Muttern, usw. mitgerechnet. Einige sind ziemlich umfangreich, andere hingegen nicht größer als Uhrteilchen. Bei den ersten Wagen, die wir zusammensetzten, fingen wir an, den Wagen an einem beliebigen Teil am Fußboden zusammenzusetzen, und die Arbeiter schafften die erforderlichen Teile in der Reihenfolge zur Stelle, in der sie verlangt wurden, – ganz so wie man ein Haus baut. […] Der ungelernte Arbeiter verwendet mehr Zeit mit Suchen und Heranholen von Materialien und Werkzeugen als mit Arbeit […]. Der erste Fortschritt in der Montage bestand darin, dass wir die Arbeit zu den Arbeitern hinschafften, statt umgekehrt. […]

Die bei der Montage befolgten Grundregeln lauten:

(1) Ordne Werkzeuge wie Arbeiter in der Reihenfolge der bevorstehenden Verrichtungen, so dass jeder Teil während des Prozesses der Zusammensetzung einen möglichst geringen Weg zurückzulegen hat.

(2) Bediene dich der Gleitbahnen oder anderer Transportmittel, damit der Arbeiter nach vollendeter Verrichtung den Teil, an dem er gearbeitet hat, stets an dem gleichen Fleck […] fallen lassen kann. […]

(3) Bediene dich der Montagebahnen, um die zusammenzusetzenden Teile in handlichen Zwischenräumen an- und abfahren zu lassen.

Das Nettoresultat aus der Befolgung dieser Grundregeln ist eine Verminderung der Ansprüche an die Denktätigkeit des Arbeitenden und eine Reduzierung seiner Bewegungen auf das Mindestmaß. Nach Möglichkeit hat er ein und dieselbe Sache mit nur ein und derselben Bewegung zu verrichten. […] Kurz ausgedrückt ist das Ergebnis folgendes: mit Hilfe wissenschaftlicher Experimente ist ein Arbeiter heute imstande, das Vierfache von dem zu leisten, was er vor noch verhältnismäßig sehr wenigen Jahren zu leisten vermochte. Die früher gleichfalls von nur einem Arbeiter verrichtete Zusammensetzung des Motors zerfällt heute in achtundvierzig Einzelverrichtungen – und die betreffenden Arbeiter leisten das Dreifache von dem, was früher geleistet wurde.

Henry Ford: Mein Leben und Werk. Übers. von Curt und Marguerite Thesing. List Verlag, Leipzig 1923. S. 92 f. und 94 f.

Arbeitsvorschläge

A Die geographische Entwicklung der USA – ein Fortschritt?

1. Stellen Sie die Schritte der Inbesitznahme des nordamerikanischen Kontinentes durch (weiße) Siedler dar. Beschreiben Sie dabei zunächst die geographischen Zusammenhänge und Formen der Ausdehnung der USA (D1). [II]
2. Untersuchen Sie das Gemälde „American Progress" von John Gast (Q1). ○
   a) Beschreiben Sie das Gemälde. [I]
   b) Analysieren Sie die Botschaft von „American Progress" ausgehend von D2. [II]
   c) Überprüfen Sie, ob das Gemälde von John Gast eine geeignete Illustration des „Manifest Destiny"-Gedankens von John L. O'Sullivan wäre. [III]

B Die politische Revolution in den USA

3. Stellen Sie die Gründe dar, welche zur Loslösung der 13 Kolonien in Nordamerika von ihrem Mutterland England führten und ordnen Sie diese in den Prozess der politischen Modernisierung ein (Q2). [II]
4. Arbeiten Sie aus der amerikanischen Unabhängigkeitserklärung jene Rechte heraus, die jedem Menschen gleichermaßen zustehen sollen (Q2). [I]
5. Überprüfen Sie, ob die in der Unabhängigkeitserklärung (Q2) formulierten individuellen (Menschen-)Rechte in der US-amerikanischen „Bill of Rights" und weiteren Amendments (Q3) garantiert werden. Beurteilen Sie, ob diese Garantien wesentliche Voraussetzung für die Modernisierung der USA waren. [III]

E 6. Erläutern Sie das Prinzip der Gewaltenteilung sowie der gegenseitigen Kontrolle der Organe („checks and balances") anhand der US-amerikanischen Verfassung (D3). [II]

E 7. Überprüfen Sie, ob mit der Verfassung (D3) das Prinzip der Volkssouveränität umgesetzt worden ist, und ob man von einer erfolgreichen (politischen) Modernisierung sprechen kann. [III]

E 8. „All men are created equal" ist einer der zentralen Sätze der amerikanischen Unabhängigkeitserklärung (Q2), ebenso wie die Anfangsphrase der amerikanischen Verfassung „We the people of the United States". Vergleichen Sie, welche Personengruppen die Verfasser im 18. Jahrhundert mit „men" und „people" gemeint haben und wen diese Begriffe heute einschließen, indem Sie die „Bill of Rights" und weitere Amendments (Q3) analysieren. Überlegen Sie, inwiefern man bei politischer Modernisierung von einem dynamischen Prozess sprechen kann. [II/III]

C Was waren die Gründe für das Wirtschaftswachstum der USA?

9. Arbeiten Sie aus D1 und der Karte auf S. 433 begünstigende Faktoren für die Industrialisierung der USA heraus. [II]
10. Erklären Sie die Rolle der Eisenbahn bei der Inbesitznahme des nordamerikanischen Kontinents im 19. Jahrhundert ausgehend von D1. [II]
11. Arbeiten Sie aus dem Darstellungstext die Gründe für das Wirtschaftswachstum der USA heraus und überprüfen Sie diese mit der Karte D1. [I/III]
12. Analysieren Sie die Statistik D4. [II] ○
13. Erörtern Sie, ausgehend von D4, ob es einen Zusammenhang zwischen politischer und wirtschaftlicher Modernisierung und Einwanderung in den USA gibt. [III]
14. Erläutern Sie ausgehend von Q4 das „laissez-faire"-Prinzip. [II]
15. Überprüfen Sie die These, das „laissez-faire"-Prinzip habe Elemente des (Sozial-)Darwinismus auf die Wirtschaft übertragen. [III]
16. Arbeiten Sie aus Q5 die Merkmale eines Großindustriellen in den USA am Ende des 19. Jahrhunderts heraus. [I]
17. Erörtern Sie, ob zwischen dem wirtschaftspolitischen Ansatz des „laissez-faire" (Q4) und der charakteristischen Entwicklung von Großindustriellen im 19. Jahrhundert in den USA (Q5) ein Zusammenhang besteht. [III]
18. Erklären Sie die Funktion des Fließbandes in der Automobilproduktion von Henry Ford (Q6). [II]

E 19. Überprüfen Sie ausgehend von Q6, ob man hochspezialisierte Arbeitsteilung („Taylorismus") und Fließbandproduktion als zentrale Elemente von (industrieller) Modernisierung bezeichnen kann. [III]

Übergreifender Arbeitsvorschlag

20. Bewerten Sie, ob es sich bei der politischen und wirtschaftlichen Entwicklung der USA seit der zweiten Hälfte des 18. Jahrhunderts um eine „Doppelrevolution" gehandelt hat. [III]

Online- und Differenzierungsmaterialien zu Kapitel 1.9
○ Arbeitshilfen zu den Aufgaben 2 und 12

Online-Code: 7yr9e9

E Erweiterungsband Kapitel 1.4, S. 42–51, Kapitel 1.5, S. 52–59

1.10 Wie reagierten die Menschen auf die Erscheinungsformen der Moderne?

Globalisierung, Digitalisierung, Individualisierung, neue Formen von Mobilität und große Migrationsbewegungen – diese Schlagworte einer sich rasch wandelnden Welt kennen wir aus der Gegenwart. Viele sehen diese als Chancen, andere fühlen sich verunsichert und als abgehängte Verlierer. Manche flüchten sich in die Sehnsucht nach der angeblich „guten alten Zeit", eine wachsende Zahl radikalisiert sich. Geschichtlich gesehen ist das allerdings kein neues Phänomen.

1900 als Zeit der Jugend?

Fortschritte in der Landwirtschaft, dem Gesundheitswesen und andere Reformen beförderten ein starkes Bevölkerungswachstum. Es wurden nicht nur mehr Kinder geboren, die sehr hohe Kindersterblichkeit nahm langsam ab und auch die durchschnittliche Lebenserwartung stieg an. Während ein männlicher Neugeborener in Deutschland um 1871 eine Lebenserwartung von durchschnittlich 35 Jahren hatte, betrug diese um 1913 schon 47 Jahre. Allein zwischen der Gründung des Deutschen Reiches 1871 und dem Beginn des Ersten Weltkrieges 1914 stieg dessen Einwohnerzahl von 40 auf rund 68 Millionen. 1910 waren 35 Prozent der Bevölkerung jünger als 15 Jahre. Das hatte vielfältige Folgen. Heute spielt die Altersgruppe Fünfzig und älter als Konsument von Produkten und Dienstleistungen, aber auch als Wähler für politische Parteien eine immer wichtigere Rolle. Ende des 19. Jahrhunderts sahen sich Politik und Wirtschaft einer stark wachsenden jungen Generation gegenüber, die nach eigenen, nicht selten radikalen Wegen suchte.

Städte als Fluch und Segen

Erklärfilme
Industrielle Revolution II und III
f537je

Audio
Podcast Urbanisierung
f537je

Dies machte sich insbesondere in vielen Städten bemerkbar. Heilbronn versechsfachte bis Ende des Jahrhunderts seine Bevölkerung. Aus Kleinstädten wie Mannheim (1848 ca. 24 000 Einwohner) wurden Industriezentren (1913 224 000 Einwohner). Lebten 1870 in Deutschland weniger als 5 Prozent in Großstädten, so waren es 1910 über 21 Prozent. Die rasant wachsenden Städte waren für viele ein Magnet. Sie versprachen Arbeit, aber auch die Vorteile modernen Fortschritts. Für viele entpuppte sich die Stadt aber als Fluch. Wie konnte eine Kommune, deren Umfang sich in wenigen Generationen vervielfachte, ihre Infrastruktur schnell genug ausbauen? Die Durchsetzung einer öffentlichen Ordnung, der Bau von schulischen und medizinischen Einrichtungen, eines funktionierenden Verkehrswesens sowie die Entsorgung von Industrieabfällen, Abwasser und Müll wurden drängende Probleme. In schnell hochgezogenen Mietskasernen drängten sich die Menschen auf engstem Raum in feuchten Wohnungen ohne ausreichend Licht und Kanalisation. Probleme wie Gewalt, Alkoholismus und anderer „Sittenverfall" wurden immer lauter beklagt. Bakterielle Krankheiten wie Cholera oder Tuberkulose hatten unter diesen Bedingungen leichtes Spiel. Eine erste Kläranlage entstand 1882 in Frankfurt am Main.

Hinzu kam eine zunehmende Kluft zwischen der modernen, individualisierten Lebenskultur in den wachsenden Städten und der kleinstädtischen und dörflichen Landbevölkerung. Letztere sah die Moderne oft als Bedrohung der alten gesellschaftlichen Ordnung und Werte an.

Urbanisierung
Ausdruck für einen prozentual immer größeren Anteil an Stadtbevölkerung und die damit einhergehende sozial, ökonomisch, kulturell und gesellschaftlich veränderte Lebensweise, z. B. im Unterschied zur dörflichen Großfamilie und Selbstversorgung

Mobilität, Elektrizität und Zeitmessung als Fluch und Segen?

Die **Urbanisierung** wäre ohne bessere Mobilität nicht möglich gewesen. Die schnell wachsende Stadtbevölkerung musste dauerhaft mit zahlreichen Gütern versorgt werden. Dies ermöglichten der rasante Ausbau der Eisenbahnnetze, der Bau von schiffbaren Kanälen und die Erfindung von Dampfschiffen. Mit der Erfindung der Kühltechnik konnte sogar bald

Ferdinand Graf von Zeppelin (1838–1917)
württembergischer Offizier
Pionier in der Luftschifffahrt und des Großflugzeugbaus
Begründer der Deutschen Luftschifffahrts AG (DELAG) in Friedrichshafen

mittels Kühlschiffen Obst und Fleisch aus Übersee in die wachsenden Ballungszentren gefahren werden. Der Telegraf revolutionierte zugleich die Kommunikation und ermöglichte die wesentlich schnellere Übertragung von Nachrichten und die Koordination des globalen Handels.

Für den Großteil der Bevölkerung zeigte sich diese „Transportrevolution" allerdings in erster Linie mit der Erfindung des Fahrrads, wodurch Menschen auch viel größere Entfernungen zwischen Wohn- und Arbeitsort zurücklegen konnten. Wurden die ersten Autos zunächst noch als „stinkende, laute Ungetüme" verlacht, erweckte die beginnende Luftfahrt mit lenkbaren Luftschiffen und später mit den ersten kleinen Flugzeugen in breiten Bevölkerungskreisen große Faszination. 1912 startete bereits der erste Postflieger (Darmstadt-Frankfurt in 14 Minuten). Zu den Schattenseiten der neuen Mobilität gehörte, dass das Leben immer mehr von der Uhr bestimmt wurde. Der Eisenbahn- und später auch der Flugverkehr mussten zeitlich aufeinander abgestimmt werden. Fahrpläne erforderten eine gemeinsame Zeit. 1884 einigten sich zunächst 25 Staaten in Washington auf einen gemeinsam festgelegten Nullmeridian zur Abgrenzung von internationalen Zeitzonen.

Zu diesem Zeitpunkt hatte die Stempeluhr als Taktgeber der Arbeiter bereits Einzug in die Fabriken gehalten. Der Ausspruch „Zeit ist Geld" wurde zum Zeitgeist der kapitalistischen Industriegesellschaften. Gleichzeitig verbannte die Erfindung der Glühbirne die Dunkelheit aus den Städten, erlaubte nun aber auch ineinandergreifende Tag- und Nachtschichten in der Industrie. Die Maschinen mussten nicht mehr stillstehen. Viele sahen darin bald eine neue Form menschenverachtender Arbeitsweisen. Viele Menschen empfanden diese „Beschleunigung" der Arbeit und des Alltags als Belastung.

Der Siegeszug der Massen

Menschen konnten sich Ende des 19. Jahrhunderts immer schneller fortbewegen und über große Distanzen miteinander kommunizieren. Die Industrie war in der Lage, durch technische Neuerungen standardisierte Massenwaren zu produzieren. Infolge der Breitenwirkung der Schulpflicht stieg die potenzielle Leserschaft für Zeitungen und Zeitschriften, worauf Presseverlage reagierten. Nachrichten und Werbeanzeigen erreichten eine immer größere Leserschaft und prägten damit eine immer einflussreichere „öffentliche Meinung". Einher damit ging die Bildung überregionaler **Massenorganisationen**. Dazu zählten Parteien und Gewerkschaften ebenso wie Interessens- und Lobbyverbände. Sie vertraten die politischen und materiellen Interessen ihrer Mitglieder. Als besonders einflussreich zeigten sich der Centralverband Deutscher Industrieller, der Bund der Landwirte und der Deutsche Flottenverein. Medien und Massenorganisationen förderten zwangsläufig eine **Politisierung** eines wachsenden Anteils der Bevölkerung.

Massenorganisation
Organisation mit einer sehr großen Mitgliederzahl, oft aus ganz unterschiedlichen gesellschaftlichen Schichten. Ihr Ziel ist, zu bestimmten Themen Einfluss auf die Öffentlichkeit und damit auf politische Entscheidungsträger zu nehmen.

Politisierung
Entwicklung zu einem stärker ausgeprägten politischen Denken und Handeln breiter Bevölkerungsschichten und die Bereitschaft, sich zu politischen Fragen zu äußern oder sich gar für diese aktiv einzusetzen

Modernisierung – Verbesserung der Lebensumstände?

Wie bei jedem Strukturwandel gab es auch bei dieser Modernisierung Gewinner und Verlierer. Ein wachsender Welthandel und technische Neuerungen boten vielen global orientierten Menschen (Geschäftsleute, Wissenschaftler, Künstler und viele Arbeitsmigranten) bislang unerreichte Möglichkeiten. Andererseits basierte der Aufstieg der neuen modernen Industriestaaten zu einem nicht unerheblichen Teil auf der politischen Unterdrückung und Ausbeutung großer Teile Asiens, Afrikas und Südamerikas.

Zu den Profiteuren zählten risikobereite Menschen mit neuen Geschäftsideen und Kapital. Auch der Zugang zu Bildungsmöglichkeiten spielte eine Rolle. Es entstand eine bürgerliche Schicht mit neuen akademischen Berufen. Dazu zählten Banker und Juristen ebenso wie Ingenieure und Naturwissenschaftler. Gerade hier boten sich auch den bislang noch rechtlich gesellschaftlich oft diskriminierten jüdischen Bürgern Aufstiegschancen. Demgegenüber sahen sich Mitglieder des Bildungsbürgertums wie Lehrer und Professoren als bisherige gesellschaftliche Elite an den Rand gedrängt. Auch der bislang gesellschaftlich dominierende Adel sah sich durch die Moderne bedroht.

Im Handwerk verschwanden infolge neuer industrieller Fertigungsweisen zunehmend alte Berufe wie Kürschner oder Drechsler. Ähnliches geschah auf dem Land. In vielen Regionen verschwanden die Klein- und Kleinstbauern, da sie nicht kostengünstig produzieren konnten, um gegen die allmählich auch mechanisierten Großagrarbetriebe und gegen den Import von Getreide aus Übersee bestehen zu können. Ähnlich erging es in den Städten kleineren Gewerbetreibenden. Hier entstanden nun große Warenkaufhäuser als „Konsumtempel". Andere Bereiche wie Gastronomie oder Baugewerbe im Umfeld der wachsenden Städte blühten hingegen auf. Neue Berufe wie der vielfältige Bereich des Maschinisten oder des Verwaltungsangestellten kamen hinzu. Ganz ähnlich wie heute infolge der Digitalisierung veränderte sich innerhalb weniger Jahrzehnte die Beschäftigungsstruktur in den Industriestaaten grundlegend. Davon profitierten auch Frauen des Mittelstandes, die beispielsweise als Telefonistin oder als Büroangestellte neue Berufsmöglichkeiten erhielten. Dies stärkte wiederum die Emanzipationsbewegung.

Wurde die Gesellschaft weiblicher?

Getrennte Lernbereiche oder gar separate Schulen
Eingang zum Mädchentrakt einer 1891 eröffneten Schule in Leipzig.
Das erste Mädchengymnasium als Zugang zu höherer Schulbildung auch für Mädchen entstand 1893 in Karlsruhe.

Nach wie vor blieben die modernen Staaten männlich dominierte Gesellschaften. Dagegen formierte sich allerdings allmählich Widerstand. Bereits im Zuge der Revolution von 1848/49 hatten Frauen eine rechtliche Gleichbehandlung gefordert. Letztlich jedoch noch ohne Erfolg.

Dies änderte sich allmählich. Ende des 19. Jahrhunderts begannen immer mehr Frauen, offen gegen frauendiskriminierende Gesetze und Arbeitsmöglichkeiten und für ein Frauenwahlrecht zu protestieren. Zulauf erhielten solche Bewegungen u.a. in den USA und Großbritannien. Aber auch in anderen Ländern begannen sich Frauen zu organisieren. In Deutschland gründete sich 1865 in Leipzig der Allgemeine Deutsche Frauenverein (ADF). Dieser Verein wurde zum Zentrum der deutschen bürgerlichen Frauenemanzipationsbewegung. Das Recht auf gleiche Bildungschancen und den Zugang zu Hochschulen, wodurch wiederum Frauen mehr Berufsfelder erschließen konnten, war vor allem ein Anliegen der bürgerlichen Frauen. Aber selbst wenn sie die Chance auf den Zugang zu einem Lehrerinnenseminar erlangten, mussten sie meist nach der Heirat auf ihre Stelle verzichten. So stand im württembergischen Volksschullehrergesetz von 1877: „Die Anstellung weiblicher Individuen im öffentlichen Dienst auf Lebenszeit steht im Widerspruch mit dem Wesen und der Natur des Weibs." Diese Regelung hatte Bestand bis 1957. Während in der Schweiz die Universität Zürich als Vorreiter bereits ab 1840 die Hörsäle auch für Frauen öffnete, dauerte dieser Schritt in Deutschland noch über ein halbes Jahrhundert länger.

Die eher sozialdemokratisch ausgerichteten Teile der **Frauenbewegung** kämpften hingegen für faire Löhne, sozialere Arbeitsbedingungen und das Wahlrecht. Clara Zetkin, Leitfigur der proletarischen Frauenbewegung, sah auch in dem Streben nach der „Befreiung der Frau" einen Klassenkampf: Während die Bürgerinnen ihre Forderungen gegen die Männer ihrer eigenen Klasse durchzusetzen versuchten, kämpften die Proletarierinnen gemeinsam mit den Männern ihrer Klasse für die Beseitigung der bürgerlichen Gesellschaft.

Clara Josephine Zetkin (1857–1933)
proletarische Frauenrechtlerin

Militarismus, Radikalnationalismus und Antisemitismus

Besonders in Nationalstaaten, die durch „Einigungs-" oder „Befreiungskriege" entstanden, nahmen die Streitkräfte eine oft starke gesellschaftliche Rolle ein. Dazu zählte nicht zuletzt das preußisch dominierte Deutsche Reich, wo unter anderem Disziplin und Gehorsam als zentrale Werte vermittelt wurden. Eine Offizierslaufbahn blieb dabei bürgerlichen Akademikern fast immer und jüdischen Deutschen immer verwehrt. Allerdings gab es nicht zuletzt seitens der sozialdemokratischen Arbeiterschaft und Teilen des liberalen Bürgertums eine offene Gegnerschaft gegen den preußisch-deutschen **Militarismus**.

Zu den moderneren Ideologien zählte der radikale Nationalismus. Viele seiner Vertreter strebten nach einer Vereinigung aller Teile ihrer Nation in einem gemeinsamen Reich, was oft zu Konflikten mit benachbarten Nationen führte. Dies betraf deutschnationale Anhänger eines Pangermanismus ebenso wie Panslawisten in Russland oder Anhänger eines türkischen Panturanismus. Die Frage, nach welchen Kriterien Mitglieder des zu vereinenden „Volkes" zu definieren seien, blieb jedoch oft vage. Derartige Radikalnationalisten waren eine kleine Minderheit, gewannen aber um 1900 an Einfluss. Dabei vermischte sich der Pangermanismus mit den Ideen des **Sozialdarwinismus**.

Anders als der Radikalnationalismus konnte der im christlichen Europa weitverbreitete Antisemitismus auf bereits jahrhundertelang bestehende Vorurteile zurückgreifen. Ende des 19. Jahrhunderts entwickelte sich dieser alte Antijudaismus zu einem modernen **Antisemitismus**. Radikalnationalisten sahen in Juden keine Religionsgruppe, sondern eine minderwertige Rasse. Andere wiesen den Juden die Rolle als Sündenbock zu, die besonders von jenen aufgegriffen wurde, die von dem modernen Strukturwandel verunsichert oder **Modernisierungsverlierer** waren. Vielen Juden kamen die neuen Bildungs- und Unternehmermöglichkeiten zugute, sodass es bald namhafte jüdische Naturwissenschaftler, Juristen, Ärzte und Warenhausbesitzer gab. Hinter dem in ganz Europa existierenden, modernen Antisemitismus verbarg sich daher oft ein unverkennbarer Sozialneid. Dieser zielte darauf, erfolgreiche jüdische Konkurrenten in Industrie und Handel, in freien akademischen Berufen, im Angestelltensektor und im öffentlichen Dienst auszuschalten.

Sozialdarwinismus
Übertragung von Teilen der Evolutionstheorie auf menschliche Gesellschaften (Volk als eine Art biologischer Körper). Im angeblich beständigen „Überlebenskampf" der Rassen könnten sich allein die genetisch „reinen" Rassen durchsetzen.

Der Fortschritt schafft neue Menschen

Das zunehmend hektische, schnelle Leben der Fabriken und Großstädte bei gleichzeitig lähmenden, bürgerlichen Moralvorstellungen ließ auch eine Vielzahl von Gruppen entstehen, die eine neue Lebensform propagierten: „Wandervögel", Naturschützer, Naturheiler, Vegetarier, Antialkoholiker, Anhänger der freien Liebe, des Nacktbadens, Reformpädagogen, Anhänger **theosophischer** Weisheiten, ...

Sie waren oft geprägt von einer positiven Aufbruchstimmung und wollten die damalige Welt radikal verändern. Die einen suchten das Moderne, besangen das Leben in der Großstadtmetropole. Andere suchten „den Weg zurück zur Natur" oder die spirituelle Erkenntnis. „Reform" war ein Schlüsselbegriff. Es entstanden Reformhäuser, die die zu den neuen Lebensformen passenden Diäten, Utensilien und Kleidung anboten.

Die Mehrheit der Menschen, besonders außerhalb der Großstädte, stand diesen Reformbewegungen allerdings mit Unverständnis, ja Ablehnung und Verunsicherung gegenüber und entwickelte eine Abwehrhaltung gegenüber der „Moderne".

Theosophie
Sammelbezeichnung für mystische, okkultistische und spekulative naturphilosophische Denkansätze, oft mit starken Einflüssen fernöstlicher Religionen (verschiedene Strömungen des Buddhismus). Theosophische Theorien waren besonders unter gesellschaftlichen Eliten um 1900 sehr populär und „in".

Moderne und Fortschritt – auch eine Frage der ethischen Verantwortung?

Anfang des 20. Jahrhunderts hatte sich die Wissenschaft immer mehr professionalisiert. 1911 wurde die Kaiser-Wilhelm-Gesellschaft als Dachverband für wissenschaftliche Einrichtungen für naturwissenschaftliche Grundlagenforschung ins Leben gerufen. Längst fand ein wichtiger Teil der Forschung in den großen Unternehmen statt und diente somit kommerziellen Zwecken. Entsprechend wurden Fragen nach der sozialen und ethischen Verantwortung von Wissenschaftlern lauter. Dies spaltete selbst Ehen, wie im Falle des Chemiker-Ehepaars Clara Immerwahr und Fritz Haber. Hintergrund dort war das Engagement des größten Teils der Wissenschaft im Dienste der Kriegsführung. Bald dienten zum Beispiel in Deutschland die mikrobiologischen Erkenntnisse von Robert Koch zur Erprobung bakterieller Kampfmittel. Fritz Haber zählte zu den „Vätern" des Giftgases.

Die Frage nach der ethischen Verantwortung von Wissenschaftlern und Forschungsinstituten ist bis heute hochaktuell geblieben.

A Wie prägte Militarismus die Gesellschaft?

Q1

Abschied vom Militärdienst

„... und dann müsst ihr bedenken, als Zivilisten seid ihr hergekommen und als Menschen geht ihr fort!" Zeichnung von Olaf Gulbranson (1873–1958) in der Satirezeitschrift Simplicissimus 1910.

D1

Die SPD klagt den Militarismus an

Gewalt innerhalb des Militärs war in den meisten Armeen im 19. Jahrhundert weit verbreitet, ebenso wie in vielen Familien. In Deutschland erhielt dies eine besondere Bedeutung infolge der starken gesellschaftlichen Stellung des Militärs. 1890 prangerte der SPD-Vorsitzende August Bebel in einer Reichstagsrede diesen Militarismus an. Das Nachrichtenmagazin Der Spiegel griff dies 2013 wie folgt auf:

Im Wilhelminismus[1] galt die Armee als beste Schule der Nation: Doch viele Offiziere misshandelten ihre Rekruten auf bestialische Weise. Tausende junge Männer desertierten – viele, die sich dem Drill nicht gewachsen fühlten, flüchteten sich in den Suizid.

[...] Wer im Inneren von Kompanie und Regiment unangenehm auffiel, war der Willkür diensthöherer Ränge hilflos ausgeliefert. Soldaten konnten seelisch und körperlich gequält, drakonisch bestraft und für ihr Leben beschädigt werden.

Ein Beispiel gab August Bebel 1890 in einer Reichstagsrede zum Militarismus. Einem Rekruten, dem beim Exerzieren die Hand angeschwollen war, befahl der Unteroffizier, warme Bäder zu nehmen. Als das nichts half, zwang der Vorgesetzte den Untergebenen mit vorgehaltenem Knüppel, seine Hand in Anwesenheit der Kameraden eine Stunde lang in einen Kessel heißes Wasser zu legen, bis das Fleisch von den Fingern hing.

Die entsetzliche Misshandlung war nicht etwa eine einzigartige Entgleisung. Es war eine alltägliche, charakteristische Begebenheit für die Verhältnisse jener Zeit.[2] Wie alltäglich, das zeigt die Entscheidung des Militärgerichts in dem Fall: Das Opfer wurde als Invalide mit monatlich neun Mark Pension aus dem Militärdienst entlassen. Der Unteroffizier wurde mit drei Monaten Haft bestraft. Und durfte weiter schikanieren.

Er durfte. Denn möglich wurde die Gewalt innerhalb des Militärs, weil die wilhelminische Gesellschaft die Zustände nicht nur akzeptierte, sondern sogar glorifizierte. Das Alltagsbewusstsein war bestimmt von einem „fast fanatischen Glauben an den Wert der Armee, an ‚soldatische Tugenden'", analysierte der in Köln geborene Kulturanthropologe Emilio Willems, der Emil hieß, bis er Deutschland 1931 verließ und später in den USA Soziologie lehrte.

In der Überzeugung, die Armee sei die beste Schule der Nation, fieberten junge Männer ihrer Einberufung entgegen. „Methode und Ordnung, Mäßigkeit und Ausdauer, Vereinigung und Unternehmungsgeist", wie sie die „militärische Manneszucht" hervorbringe, „das sind die Tugenden, die in Werkstätte, im Studierzimmer, in Contoir oder im Feldlager den Erfolg im Leben fördern". So schwärmte 1885 der Offizier und Militärhistoriker Max Jähns.

Dabei schien es nur die SPD zu stören, dass die Zustände in der Armee allen Regeln eines menschenwürdigen Zusammenlebens widersprachen. Bis zu 20.000 junge Männer flüchteten laut Bebel Jahr für Jahr – und wurden vor Gericht gestellt. [...]

Woher wohl „die ungeheure Zahl der Selbstmörder" komme, fragte Bebel in seiner Reichstagsrede rhetorisch, „die wir allmonatlich in unserer Armee aufzuweisen haben". Und er verwies zur Antwort auf Zeitungsberichte über „Soldatenmisshandlungen, die geradezu haarsträubender Natur" seien.

Selbst wer, wie so viele, freiwillig und voller Idealismus seinen Dienst antrat, war vor Schikane nicht sicher. So wurde in Magdeburg ein 18-jähriger Musketier von seinem Unteroffizier dermaßen geschlagen und gewürgt, dass er sechs Wochen ins Lazarett musste. Nach der Entlassung prügelte der Vorgesetzte mit der Peitsche weiter, zwei Gefreiten wurde befohlen, auf ihren Kameraden einzuschlagen – sie gehorchten. Der so gedemütigte und schwerverletzte junge Mann erhängte sich.

Im Mittelalter, erklärte Bebel den Abgeordneten, war das Tragen von Waffen „das Zeichen eines freien Mannes, ein wehrfähiger Mann zu sein"; im Kaiserreich hingegen laufe das militärische System „auf die Unterdrückung jeder selbständigen Tugend hinaus".

Wie war es möglich, ein halbes Jahrhundert nachdem liberale und demokratische Ideen viele Bürger bewegt hatten, dass die krude Wertewelt des Militarismus nicht nur die Armee, sondern die deutsche Gesellschaft beherrschen konnte? Warum machten sich weite Teile der Bevölkerung aller sozialen Schichten die Willkürgesetze und den Machtanspruch einer selbstherrlichen Kaste zu eigen, deren Privilegien auf Unterdrückung und Erniedrigung gründeten?

Bettina Musall: Militarismus im Kaiserreich. Unter: www.spiegel.de/einestages/militarismus-im-kaiserreich-a-951161.html (Zugriff: 12.07.2019).

1 gemeint ist die Herrschaftszeit Wilhelms II. 1890–1918
2 Gewalt war in jener Zeit nicht nur innerhalb des Militärs in den meisten Ländern üblich, sondern auch innerhalb der Familie (ein Ehemann/Vater hatte in Deutschland ein Züchtigungsrecht gegenüber Ehefrau und Kindern).

B Veränderte die Urbanisierung die Familien?

E **Q2**

Verlust des „Hauses"

1855 schrieb der Journalist und Kulturhistoriker Wilhelm Heinrich Riehl (1823–1897) vor dem Hintergrund der Industrialisierung und zunehmenden Urbanisierung der Bevölkerung:

Die Familie ist der erste und engste Kreis, in welchem wir unser ganzes menschliches Wesen wiederfinden, uns in uns befriedigt und bei uns selbst daheim fühlen. Sie ist die ursprünglichste, urälteste menschlich-sittliche Genossenschaft, zugleich eine *allgemein* menschliche; denn mit der Sprache und dem religiösen Glauben finden wir die Familie bei allen Völkern der Erde wieder. […]

Die Familie ist überhaupt die notwendige Voraussetzung aller öffentlichen Entwicklungen der Völker. Die Familie antasten, heißt aller menschlichen Gesittung den Boden wegziehen. Der Staat setzt die Familie voraus […]. Wie der Staat auf den Schwerpunkt des Rechtes gestellt ist, so ist die Familie auf den Schwerpunkt der sich ergänzenden Liebe und der auf diese gegründeten bewegenden Mächte der Autorität und Pietät, der liebe- und ehrfurchtsvollen Hingebung. Sie steht unter der natürlichen Obervormundschaft der Eltern und speziell des Familienvaters. Diese Obervormundschaft ist ein Urrecht, in der Natur der Sache gegeben. Weil Vater und Mutter die Auctores [*Autorität*], die Urheber der Familie sind, darum besitzen sie von selber auch die Auctoritas, die Macht der Autorität. […]

Mit der „ganzen Familie" hängt nun das „ganze Haus" zusammen. Die moderne Zeit kennt leider nur noch die Familie, nicht mehr das Haus, den freundlichen gemütlichen Begriff des ganzen Hauses, welches nicht bloß die natürlichen Familienmitglieder, sondern auch alle jene freiwilligen Genossen und Mitarbeiter der Familie in sich schließt, die man von altersher mit dem Worte „Ingesinde" [*Gesinde*] umfasste. In dem „ganzen Hause" wird der Segen der Familie auch auf ganze Gruppen sonst familienloser Leute erstreckt, sie werden hineingezogen, wie durch Adoption, in das sittliche Verhältnis der Autorität und Pietät. […] Früher hielt das Band, welches den Lehrling an den Meister fesselte, oft für das ganze Leben fest. […] Zu der Idee des ganzen Hauses gehört es auch, dass Eltern und Großeltern, wenn sie sich in ihren alten Tagen zur Ruhe setzen, im Hause der Kinder wohnen.

Will ein Volk sich jung bewahren, dann muss es seine überlieferten Sitten pflegen und weiterbilden. […] In der Erhaltung der altüberlieferten Sitten des deutschen Hauses kann man darum nicht zäh und eigensinnig genug sein.

Wilhelm Heinrich Riehl: Die Naturgeschichte des Volkes als Grundlage einer deutschen Social-Politik. Band 3: Die Familie. Cotta, Stuttgart 1855 (hier Ausgabe 1862), S. 115 f., 150, 153, 159 und 266.

E **Q3**

Mangel an Wohnraum

Der deutsche Soziologe Werner Sombart (1863–1941) schrieb 1906 über das Schlafgängerwesen:

Den Anforderungen der Hygiene entsprechen wohl die meisten Wohnungen nicht, die sich im Keller befinden. […] Aber diese hygienischen Übelstände brauchen noch nicht den Punkt zu berühren, den wir hier vornehmlich im Auge haben: die Zerstörung der Familiengemeinschaft durch Wohnungselend. Dazu kommt es erst, wenn die Wohnungen zu klein, überfüllt und mit Fremdkörpern durchsetzt sind. […]

Wer würde es glauben, dass eine ganze Anzahl Menschen bei uns heutigentags in „Wohnungen" kampiert, die überhaupt kein beheizbares Zimmer haben? Und doch belehrt uns die Statistik, dass es deren in Berlin über 15.000 gibt. Aber das sind nur Ausnahmen und es wird sich in der großen Mehrzahl der Fälle um Einzelpersonen handeln. Dagegen schwillt die Zahl derjenigen Personen, die in Wohnungen mit 1 Zimmer wohnen, sofort unheimlich an. Ja, in den meisten deutschen Großstädten wohnt, wie ich schon sagte, die Hälfte oder annähernd die Hälfte aller Menschen in Wohnungen, die nicht mehr als ein Zimmer umfassen. Von 1000 Bewohnern nämlich in Barmen[1] 490, in Berlin 430, in Breslau[2] 409, in Chemnitz 551, in Dresden 374, in Görlitz 430, in Halle a. d. S. 429, in Königsberg i. Pr. 505, in Magdeburg 454, in Plauen i. V. 641. Mehr als 2 Zimmer darf man annehmen, bewohnt nur ein verschwindend geringer Prozentsatz der arbeitenden Bevölkerung.

„Überbevölkert" nennt die Statistik eine Wohnung, wenn 6 Personen und mehr in 1 Zimmer, 11 Personen und mehr in 2 Zimmern hausen. Und selbst davon gibt es eine recht erkleckliche Anzahl: in Berlin nahezu 30.000, in Breslau 7000, in Chemnitz 5000, in Plauen i. V. 3000 usw. Man denke: 6 Personen und mehr in 1 Raume, 11 und mehr in 2 Räumen!

Was nun aber das Wohnungselend der ärmeren Bevölkerung, wenigstens in den Großstädten, auf das Höchste steigert, ist der Umstand, dass selbst in den engen Behausungen, die nicht mehr den Namen Wohnung verdienen, noch nicht einmal immer die Familie allein lebt, sondern noch fremde Personen, die Schlafgänger, dazwischen kampieren. Dieser jammervolle Zustand findet sich beispielsweise in Berlin bei 391 von 1000 einzimmrigen Wohnungen, in Breslau bei 370, in Plauen i. V. bei 565, in München bei 572 aller ein- und zweizimmrigen Wohnungen usw. In München, über das wir durch eine Studie des Dr. Cahn besonders gut unterrichtet sind, beherbergen etwa 12.000 oder 15 % aller Wohnungen Schlafgänger, von denen über ein Viertel Weiber sind. Von diesen 12.000 hatten nur 858 mehr als ein heizbares Zimmer. […]

Aber in seiner ganzen furchtbaren Größe zeigt sich dieses, auch unseren wohlmeinenden Behörden bekannte System erst, wenn die Cholera ihren Einzug hält, oder wenn die Diphtheritis mit eisernem Besen die Schar schmutziger kleiner Schreihälse zu einem Abfallhaufen zusammenkehrt. Dann wird in vierzehn Tagen soviel Luft gemacht, wie die still nagende Tuberkulose in diesen Menschenhaufen etwa in einem Jahre schafft, Luft allerdings nur für ein paar Tage, denn die Lücken sind bald durch Schlafgänger oder durch den noch ungebrochenen Kinderreichtum einer in die leergewordene Wohnung einziehenden Familie ausgefüllt.

In der hohen Sterblichkeit der Mietskasernen, besonders der hohen Kindersterblichkeit liegt ein sehr wichtiger Umstand für die sittliche Entwicklung der Massen. Der stete Anblick dieses scharenweisen Hinsterbens, welches zur Zeit der Epidemien noch erheblich größer wird, muss zu einer Gleichgültigkeit gegen das Fortsterben der gewohnten Umgebung und damit zu einer leichten Bewertung des menschlichen Lebens führen; so gewaltig der Eindruck ist, den bei Naturvölkern der Tod eines Mitgliedes der Gemeinschaft auf alle andern macht, so gering ist der Eindruck in der Mietskaserne, wo oft in einem Jahre vier Zehntel des Bekanntenkreises wegsterben; und so erstickt die Wohnungsmisere von vornherein die primitiven Gefühle, die der sittlichen Entwicklung Material liefern: das sexuelle Schamgefühl, den geheimnisvollen Schauer der erwachenden Erotik, die Ehrfurcht vor den Geheimnissen und der Majestät des Todes.

Werner Sombart: Das Proletariat. Bilder und Studien. Rütten und Loening, Frankfurt/M. 1906, S. 22 f. und 30 f.

1 Barmen = Stadt, die 1929 mit vier anderen Städten zur Stadt Wuppertal zusammengeschlossen wurde
2 Breslau = heutiges Wrosław in Polen

C Antisemitismus – alte Stereotype in sich radikalisierendem Gewand?

Q4

Antisemitischer „Humor"

Unter dem Titel „Monsieur le directeur" (Der Herr Direktor) wurde in einer Ausgabe des Simplicissimus 1899 die nachfolgende Zeichnung von Adolf Münzer (1870–1953) mit dem Text kombiniert: „Man is nich ßufrieden mit eiern Leistungen, ihr werdet wahrscheinlich entlassen. Die endgültige Entscheidung könnt ihr Euch heute abend bei mir zu Hause abholen."

D2

Alter Antisemitismus in neuem Vormarsch

Die Antisemitismusforscherin Monika Schwarz-Friesel berichtet in der Wochenzeitung Die Zeit 2019:

„Die Juden sind das größte Elend der Menschheit." „Ich hasse Juden so sehr." Das sind Beispielsätze aus unserer Langzeitstudie Antisemitismus 2.0 und die Netzkultur des Hasses. Zehn Jahre lang, von 2007 bis 2018, haben wir 300 000 Kommentare analysiert. Aus Diskussionsforen, Ratgeberportalen, sozialen Netzwerken, von Twitter bis Facebook. Das Ergebnis: Der Judenhass hat zugenommen, in Quantität und Qualität. Die Anzahl antisemitischer Online-Kommentare hat sich vervierfacht, die Zahl der NS-Vergleiche und Gewaltfantasien steigt. Unsere Studie zeigt: Es handelt sich nicht um eine gefühlte Bedrohung, sondern um eine reale Bedrohung; nicht um eine gefühlte Radikalisierung, sondern um eine reale Radikalisierung.

Das Internet ist nicht abzukoppeln von der realen Welt. Der einzige Unterschied ist, dass die Antisemiten im Netz ehrlicher sind. Tabuisierung spielt dort keine Rolle. Der Antisemitismus ist ein gesamtgesellschaftliches Phänomen, er kommt aus allen Bereichen, von links, von rechts, aus der Mitte, es gibt muslimischen Antisemitismus. […] Der aktuelle Antisemitismus ist ein Echo der Vergangenheit.

Ich werde oft gefragt, warum der Antisemitismus so resistent ist, warum der Holocaust keine Wende gebracht hat? Das ist eine einfache Rechenaufgabe: Wir haben 2000 Jahre „Kulturgut" Judenhass und gerade einmal 50 Jahre Aufklärung und ineffektive Bekämpfung. Judenfeindschaft ist anpassungsfähig wie ein Chamäleon, je nach gesellschaftlicher Lage wurden die Juden im Laufe der Jahrhunderte als Christus-Mörder, Brunnenvergifter oder Weltverschwörer charakterisiert.

Der aktuelle Antisemitismus ist der alte Antisemitismus, ein Echo der Vergangenheit. Jahrhundertealte Stereotype werden reaktiviert und auf Juden, Judentum und Israel projiziert. Das sind Fakten, das Ergebnis jahrelanger Analysen. […] Es reicht nicht aus, sich im Geschichtsunterricht nur auf die Schoah zu konzentrieren. Man darf die 2000 Jahre davor nicht auslassen, man wird sonst nicht verstehen, dass der Judenhass ein kulturhistorisches Phänomen ist, tief eingegraben im abendländischen Denken und Fühlen.

Monika Schwarz-Friesel: Es geht alle an. In: DIE ZEIT Nr. 25/2019, 13.6.2019. Unter: www.zeit.de/2019/25/antisemitismus-judenfeindlichkeit-initiative-erfahrungen/seite-2 (Zugriff: 10.10.2019).

D Die Jugendbewegung als Anti-Generation?

Q5

Kraft und Schönheit für die neue Jugend

Was wir wollen!

Wir sehen den körperlichen Verfall eines großen Teiles unseres Volkes und wollen ihm entgegenarbeiten, soweit es möglich ist.

Wir sehen in der Nachtgymnastik das vorzüglichste Mittel zur Abhärtung der Haut, Kräftigung der Nerven und Stählung der Muskeln.

Wir erstreben durch zielbewusste Ausbildung aller vorhandenen Anlagen harmonische Körperkraft und Formenschönheit.

Wir bekämpfen alle Schäden unserer sehr einseitigen Kultur und erheben die Körperkultur zu einer der maßgebenden Forderungen des Einzel- wie des Staatslebens.

Wir arbeiten für Aufklärung über die wichtigsten Fragen des körperlichen Daseins und fördern jede gesunde Lebensreform.

Wir fordern im Rahmen unserer fortschreitenden Kultur eine „Menschheitskultur", die uns nicht geistige oder technische Fortschritte auf Kosten unserer körperlichen Entwicklung bringt, sondern uns mit diesen zu immer höherer persönlicher Entfaltung gelangen lässt.

Verlag und Schriftleitung von „Kraft und Schönheit". In: „Kraft und Schönheit": Monatsschrift des Vereins für Körperkultur, Nr. 7, Jg. 6 (1906).

Q6

Die Jugendbewegung stärkt ein wehrhaftes Deutschland?

Der demografische Wandel führte nicht nur zu Generationskonflikten und der Stärkung nicht nur alternativer Bewegungen, er wurde auch als Chance für die Vertreter eines militaristischen Obrigkeitsstaates gesehen. In den Jahren vor dem Ersten Weltkrieg vermischte sich der Jugendmythos auch mit der „Volksgemeinschafts"-Ideologie zu einem neuen Leitbild „deutscher Jugend". Der „Führer" des 1911 gegründeten Jungdeutschlandbundes, Generalfeldmarschall Colmar Freiherr von der Goltz (1843–1916), schrieb:

Kriegerisch ist, wer den Krieg nicht scheut, wer vor dem Gedanken nicht zurückschreckt, die eigene Kraft an der eines Gegners zu messen, wer Freude an der eigenen Stärke und dem eigenen Mut hat und die Gelegenheit gern ergreift, sie zu betätigen. Kriegerisch ist, wer vor der Gefahr nicht zittert, ja sie liebt, weil er sich, wenn er sie siegreich bestanden hat, sagen darf, er habe die ihm innewohnende menschliche Schwäche überwunden. […]

Leicht trennt sich die Jugend vom Leben. Sie ist noch nicht durch die tausend Fäden, die das bürgerliche Dasein um uns schlingt, an diese Erde gefesselt. Die Sehnsucht nach Erlebnissen macht sie kriegslustig. Ruhe und Genuss, das Streben des reiferen Alters, liegen ihr fern. Die Jugend tritt mit der Freude und Sorglosigkeit in den Kampf, die beide zu der blutigen Arbeit notwendig sind.

Arno Klönne: Es begann 1913. Jugendbewegung in der deutschen Geschichte. Landeszentrale für politische Bildung Thüringen, Erfurt 2013, S. 43 f.

Q7

Spätestens mit Beginn des Ersten Weltkrieges geriet auch die Mode ins Visier des Radikalnationalismus.
Anzeige der Firma Thalysia Paul Garms in der „Illustrirte Zeitung" 1914

Undeutsch

und gefährlich ist das Pariser Korsett. Es zerstört die Gesundheit und vernichtet die Aussicht auf gesunde Nachkommenschaft, welche die wichtigste Grundlage für den Fortbestand des deutschen Volkes in seiner Größe und Kraft bildet.

Weg damit aus unserem Kulturkreis!

Echt deutsch und schönheitsbildend sind der Thalysia-Büstenhalter und der Thalysia-Edelformer; sie begünstigen alles, was das Pariser Korsett zerstört. An Schönheit der Wirkung sind sie ihm überlegen, an hygienischen Eigenschaften himmelweit voraus! Eine echt deutsch fühlende Frau, ein echt deutsch empfindendes Mädchen benützen nur diese beiden deutschen Körperbildner!

Undeutsch,

sittenlos und sinnlos ist die Pariser Damenmode. Sie füllt die Taschen unserer Feinde, sie macht ihre deutsche Trägerin zum Zerrbild eines menschlichen Wesens. In ihrer Schamlosigkeit ist sie unserer pflichtbewußten deutschen Art geradezu entgegengesetzt.

Weg mit der Pariser Mode aus deutschem Land!

Echt deutsch und anmutig, sittig und ernst sind die Thalysia-Reform-Kleider. Sie sind der konzentrierte Ausdruck deutschen Wesens in der Frauenmode. Es ist die echte deutsche Tracht, zugleich vornehm und hygienisch. Es hält sich stets in den Schranken des soliden Geschmacks und ist harmonisch in Farbe und Gesamtwirkung. Es ist die Tracht der Zukunft, wenn Deutschland nach diesem Kriege groß u. mächtig erblüht.

Thalysia Paul Garms, G. m. b. H., Leipzig-Connewitz 324 d.

Eigene Verkaufshäuser nur: Leipzig, Neumarkt 40; **Berlin,** Wilhelmstr. 37; **München,** Schäfflerstr. 21; **Wien I,** Weihburggasse 18.

Versand nach auswärts ab Leipzig-Co.; in Österreich-Ungarn ab Thalysia-Zweigfabrik: Breitenbach in Böhmen.

Arbeitsvorschläge für den darstellenden Teil

1. Bezeichnen Sie auf Basis Ihres erarbeiteten Wissens zentrale Wesensmerkmale der Moderne in Bezug auf das Leben der Menschen in den Industriestaaten um 1900. Nutzen Sie dazu auch die beiden Erklärfilme und den Podcast im Onlinebereich. [I]
2. Beschreiben Sie ausgewählte Modernisierungsgewinner und -verlierer. [I]

A Wie prägte Militarismus die Gesellschaft?

3. Untersuchen Sie die Karikatur des Simplicissimus (Q 1):
   a) Beschreiben Sie die Karikatur. [I]
   b) Arbeiten Sie ihre Aussage heraus. [II]
   c) Beurteilen Sie die Aussage der Karikatur mit Blick auf die deutsche Gesellschaft des späten Kaiserreiches. [III]
4. Analysieren Sie die wichtigsten Aussagen August Bebels zum Militarismus (D 1). [II] ○
5. Entwickeln Sie Thesen über die Folgen militaristischer Normen und Werte für eine Gesellschaft. [III]

B Veränderte die Urbanisierung die Familien?

E 6. Analysieren Sie arbeitsteilig, welches Familienbild Wilhelm Riehl 1855 (Q 2) und Werner Sombart 1906 (Q 3) zeichnen. [II]

E 7. Beschreiben Sie heutige Familienmodelle und vergleichen Sie Ihre Ergebnisse mit jenen von Riehl und Sombart. [I/II]

C Antisemitismus – ältere Stereotype in sich radikalisierendem Gewand?

8. Analysieren Sie die antisemitischen Stereotype in der Karikatur Q 4. [II] ○
9. Nennen Sie antisemitische Stereotype, die Ihnen im Alltag oder im Internet begegnen und ordnen Sie diese in Kategorien ein. [II] ○
10. Erläutern Sie auf Basis von D 2 Gründe für die Langlebigkeit antisemitischer Einstellungen. [III]

D Die Jugendbewegung als Anti-Generation?

11. Arbeiten Sie die Kernaussagen von Q 5 und Q 6 heraus und stellen Sie diese einander gegenüber. [II] ●
12. Beurteilen Sie anhand Ihres Wissens aus dem darstellenden Text und den beiden Quellen Q 5 und Q 6, inwieweit die Jugendbewegung eine Anti-Haltung zur liberal-konservativen Elterngeneration war. [III]
13. Erläutern Sie die Aussage der Zeitungsanzeige Q 7. [III]
14. Überprüfen Sie, inwieweit Modeformen auch heute als Ausdruck von Kultur oder als Bedrohung der „nationalen" Kultur bewertet werden. [III] ○

Online- und Differenzierungsmaterialien zu Kapitel 1.10
○ Arbeitshilfen zu den Aufgaben 4, 8, 9 und 14
● Vertiefungsangebot zur Aufgabe 11
Erklärfilme Industrielle Revolution II und III
Podcast Urbanisierung

Online-Code: f537je

1.11 Licht und Schatten neuerer Wandlungsprozesse in der Wirtschaft

Innerhalb von ein, zwei Generationen haben sich große Bestandteile unseres wirtschaftlichen Handelns, unserer Kommunikation und unser privates und gesellschaftliches Leben in rasanter Schnelligkeit verändert. Während viele Menschen in diesen Veränderungen Chancen und eine Verbesserung sehen, fühlen sich andere zunehmend abgehängt, während wiederum andere vor wachsenden Gefahren warnen. Was zählt zu diesem Fortschritt und warum ruft dieser so widersprüchliche Reaktionen hervor?

Jean Fourastiè (1907–1990)
französischer Soziologe
(Foto 1977)

Erklärfilme
Strukturwandel einer Stadt
u3wi95

Veränderung des Wirtschaftslebens durch Tertiärisierung

Jede größere Veränderung von wirtschaftlichen und gesellschaftlichen Strukturen bringt immer Gewinner und Verlierer hervor. Das ist heute nicht anders als vor 100 oder 150 Jahren. Dies betrifft die eigene lokale Umgebung ebenso wie das globale Zusammenleben von Gesellschaften.

Ein Beispiel davon ist die sogenannte Tertiärisierung. Über Jahrtausende war das menschliche Wirtschaften von Landwirtschaft bzw. Jagd und Fischfang sowie handwerklicher Produktion geprägt (Agrargesellschaft). Mit der Erfindung der Dampfmaschine begann sich eine zweite große Wirtschaftsform in Gestalt der Industrieproduktion herauszubilden (Industriegesellschaft). In den Industriestaaten stieg der wirtschaftliche Lebensstandard erheblich an, während gleichzeitig Umwelt und Klima begannen, in immer schnellerem und größerem Maße Schaden zu nehmen. Von Anfang an brachte dieser Strukturwandel viele Gewinner und viele Verlierer hervor.

Seit Anfang der 1950er-Jahre formulierten Soziologen wie der Franzose Jean Fourastiè Hypothesen über die Wandlung der Wirtschaft, die sie in drei Sektoren unterteilten. Spätestens Anfang der 1970er-Jahre begann eine Tertiärisierung hin zu einer Dienstleistungsgesellschaft. In den Industriestaaten gerieten energieintensive Industriezweige wie beispielsweise die Bergbau-, Eisen- und Stahlwirtschaft in große Krisen. Die dortige Zahl der Arbeitsplätze ging zurück. Zu den Gründen zählten nicht nur steigende Energiepreise. Immer mehr Großunternehmen verlagerten große Teile ihrer Produktion aus den Industrieländern in andere Weltregionen, wo die Rohstoff- und Lohnkosten niedriger waren. Hinzu kam die zunehmende Automatisierung vieler Wirtschaftsbereiche. Dies führte dazu, dass in den Industriestaaten weniger Fachkräfte benötigt wurden. Dies betraf den Industriefacharbeiter ebenso wie Fischer oder Bauern in der Landwirtschaft, wo nach und nach große, automatisierte Fischfangflotten oder Agrarmaschinen auf immer größeren Anbauflächen immer mehr menschliche Arbeitskraft ersetzten. Die Zahl von Menschen mit geringerem Einkommen und schlechter sozialer Absicherung nahm zu. Diese wachsende Anzahl billiger, schlechter gestellter Arbeitskräfte ermöglichte es Unternehmen, weitere Arbeitsbereiche an freie Dienstleister abzugeben („Outsourcing"). Für manche Menschen bedeutete dies Chancen für die Umsetzung eigener Ideen und die Nutzung flexiblerer Arbeitszeiten, für andere bedeutete es eine Prekarisierung, das heißt, eine deutlich schlechtere Wirtschaftssituation mit geringerer Absicherung, da sie nicht Zielgruppe großer Arbeitnehmerorganisationen (Gewerkschaften) waren. Mit der zunehmenden Globalisierung der Wirtschaftswelt stieg der Wettbewerbsdruck. Dies führte einerseits zu sinkenden Preisen für immer mehr Güter wie Lebensmittel oder Textilien, gleichzeitig mussten zum Beispiel überall auf der Welt immer mehr familiäre Bauernhöfe, Fischerei- oder Textilbetriebe aufgeben.

Veränderung des wirtschaftlichen und gesellschaftlichen Lebens durch Digitalisierung

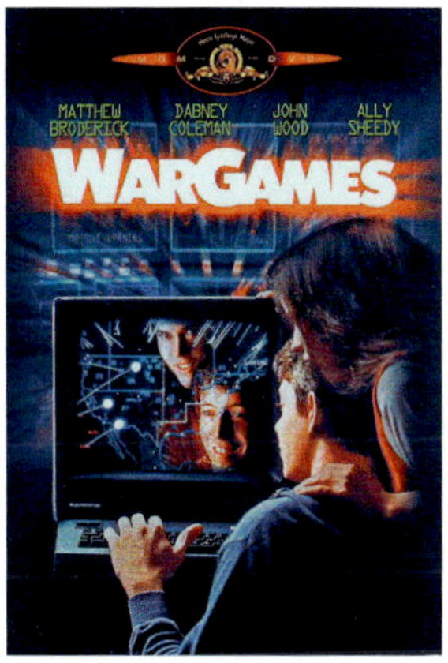

WarGames (US-Spielfilm 1983)
Er problematisierte die Gefahr eines irrtümlich durch ein Computersystem ausgelösten Atomkrieg. Tatsächlich gab es mindestens einen Computerfehler, der einen nichtexistierenden Atomraketenangriff meldete (1983 in der UdSSR), der vom diensttuenden Offizier als Fehlermeldung eingestuft wurde.

Grundlage der Digitalisierung war die Speicherung von Daten zunächst auf Magnetbändern und die Umwandlung von Information in Gestalt von Daten in digitale Signale. Computer begannen Schreibmaschinen bei der Erfassung von Informationen und Aktenordner als Speicherort zu ersetzen. Sie fanden aber auch frühzeitig Eingang in die zivile und militärische Raketentechnik.

In den 1990er-Jahren begann die Vernetzung von Computern über das Internet. Spätestens jetzt wurde die Kommunikation innerhalb von Minuten oder gar Sekunden von Menschen, Organisationen, Behörden und Unternehmen weltweit Normalität. Informationen wurden nun nicht mehr lokal auf Computern archiviert, sondern zentral in Clouds, oft in den USA, gespeichert. Wirtschaftsunternehmen konnten schneller auf Entwicklungen reagieren, Produktionsabläufe über Länder hinweg besser koordinieren und insbesondere die Logistik optimieren. Da gleichzeitig der Transport von Waren durch neue Riesentanker und oft staatlich subventioniertes Flugbenzin deutlich billiger wurde, machte die Globalisierung der Weltwirtschaft einen weiteren großen Sprung. Dies betraf auch die Mobilität von Menschen in Gestalt von Migration oder im Touristikbereich. Damit einher ging allerdings auch eine wachsende Belastung für die Umwelt und das Klima. Für die Menschen bedeutete dies teilweise, dass ihr Arbeiten ortsunabhängiger wurde und sich ihre Arbeitszeiten flexibilisierten. Besonders für Menschen in Ländern, die bislang keine gute Infra- und Kommunikationsstruktur besaßen, boten sich enorme Möglichkeiten. Viele Dienstleistungen wie Callcenter oder IT-Dienste, aber auch viele Produktionsprozesse der Industrie etablierten sich in Ländern mit qualifizierten Arbeitskräften mit geringem Lohnniveau und schlechteren Arbeitsrechten. Gleichzeitig nahm der Erwartungsdruck zu, ständig und überall erreichbar zu sein. Ebenso nahmen die Sammlung und die wirtschaftliche oder politische Auswertung persönlicher Daten durch globale Unternehmen und viele nationale Regierungen drastisch zu. In Ansätzen versuchen supranationale Organisationen wie die EU mit Gesetzen die Rechte der Einzelnen zu schützen, was jedoch nur teilweise gelingt.

Die Postindustrielle Gesellschaft

Aufgeworfen von Soziologen wie Alain Touraine und Daniel Bell entstand bereits Ende der 1960er-/Anfang der 1970er-Jahre die These, dass die bisherige Industriegesellschaft abgelöst wird durch eine nachindustrielle Wirtschaftsform. In dieser werden, so die These, die bisherigen zentralen wirtschaftlichen Ressourcen wie Arbeitskraft und Kapital abgelöst durch Informationen und Spezialwissen. Nicht mehr die Fertigungsindustrie werde die Grundlage für Wirtschaftsentwicklung sein, sondern die sich schnell wandelnde und flexible Dienstleistungsindustrie innerhalb einer „Informationsgesellschaft". Diese These würde jedoch bedeuten, dass eine immer größere Zahl von Menschen von der wirtschaftlichen Entwicklung abgehängt wird, die keine oder nur geringe Möglichkeiten haben, sich Wissen und Fähigkeiten anzueignen.

Blick in die Zukunft – künstliche Intelligenz und Wirtschaft im Klimawandel

→ **D1** , S. 98

Die Frage der Beschäftigung innerhalb einer „Informationsgesellschaft" gewinnt mit dem technischen Fortschritt an Relevanz. Sie verschärft sich zusätzlich infolge eines ungebremsten Bevölkerungswachstums bei gleichzeitig immer größer werdenden Umweltproblemen und den Folgen des Klimawandels. Die Technisierung der modernen Wirtschafts- und Konsumwelt verursacht einen immer größeren Energiebedarf. Gleichzeitig übernehmen Roboter und Computerprogramme immer selbstständiger Arbeiten. Dazu zählt auch die Entwicklung der künstlichen Intelligenz, die erst noch in ihren Anfängen steckt. In Deutschland wurde dafür im Raum Stuttgart-Tübingen extra ein Entwicklungszentrum gegründet („Cyber Valley").

A Struktureller Wandel vom Sekundär- zum Tertiärsektor

Q1

Der individuelle Hunger in den wohlhabenden Industriegesellschaften nach Tertiärem

Der Mensch merkt sehr schnell, dass die Zeit nicht dehnbar ist und beginnt mit ihr hauszuhalten. Deshalb zieht er bei der Einteilung seiner Ausgaben eine Dienstleistung einem nicht unmittelbar nützlichen materiellen Gut vor, weil die Dienstleistung ihm Zeit spart. Er lässt sich die Waren lieber ins Haus bringen, als selbst den Gang zum Krämer zu machen. Er wäscht seine Wäsche lieber nicht selbst, sondern gibt sie in die Wäscherei. Und sehr bald verlangt er, dass die Wäsche bei ihm abgeholt und acht Tage später wieder zurückgebracht wird. Mit dem durchschnittlichen Reichtum des Menschen steigt auch sein Bedarf an Dienstleistungen, wie, er nach einem Kompromiss zwischen den ihm angebotenen Freuden aller Art und der ihm zur Verfügung stehenden Zeit sucht. Sekundärer Verbrauch erfordert Zeit, tertiärer Verbrauch spart Zeit.

Jean Fourastié, Die große Hoffnung des Zwanzigsten Jahrhunderts. Übers. v. Burkart Lutz, Bund-Verlag GmbH, Köln-Deutz, 1949, S. 274 f.

B Der Preis der modernen Wirtschafts-, Informations- und Konsumwelt

D1

Was unser Digitalkonsum an Energie kostet

Die Historikerin und Politikwissenschaftlerin Anna Parrisius (geb. 1993) schrieb am 6. November 2019 in der Zeitung „Der Tagesspiegel":

Im Kampf gegen den Klimawandel hoffen viele auf die Digitalisierung. Was sie dabei aber übersehen: Der Datenverkehr verbraucht Strom.

Wer online surft, verbraucht viel Strom – und zwar nicht nur, weil irgendwann der Akku des Smartphones leer ist. Mobilfunkantennen leiten die Internet-Anfragen weiter, mehrere Rechenzentren verarbeiten sie. All das geht nicht ohne Energie. So ist es kein Wunder, dass die meisten Menschen den Ressourcenverbrauch ihres digitalen Handelns unterschätzen. Die Umweltorganisation Greenpeace rechnet vor: Wäre die digitale Welt ein Land, dann würde sie beim Stromverbrauch mit einem Anteil von acht bis zehn Prozent an sechster Stelle stehen.

Die französische Non-Profit-Organisation The Shift Project schätzt, dass der gesamte Bereich der Informations- und Kommunikationstechnik (IKT) etwa 3,7 Prozent aller Treibhausgasemissionen weltweit verursacht und damit mehr als doppelt so viel wie die zivile Luftfahrt. 47 Milliarden Kilowattstunden Strom verbrauchen inzwischen allein in Deutschland Computer, elektronische Geräte wie Mobiltelefone, Tablets, Fernseher sowie die für den Einzelnen kaum sichtbaren Kommunikationsnetze und Rechenzentren. Auf sie entfielen 2017 bundesweit rund 13,2 Milliarden Kilowattstunden – damit verbrauchten sie ähnlich viel wie die Stadt Berlin.

53 000 Rechenzentren zählten die Statistiker damals in Deutschland. Besonders viele davon gibt es in Frankfurt am Main, allein schon weil dort der Deutsche Commercial Internet Exchange (Decix) seinen Sitz hat: ein Internetknoten, über den besonders viele Daten laufen. Die Rechenzentren verbrauchen jüngsten Zahlen zufolge 20 Prozent des Stroms in der Stadt und haben damit bereits den Frankfurter Flughafen überholt.

Dabei ist der Energieverbrauch das eine. Da die Server sich bei ihrem Betrieb erhitzen, müssen Betreiber sie kontinuierlich kühlen. Dabei entsteht wiederum Wärme, die momentan jedoch ungenutzt verpufft. Darauf weisen das Netzwerk energieeffizienter Rechenzentren (NeRZ) und der Verband der Internetwirtschaft Eco hin. Wie es besser geht, zeigt Schweden. Dort gibt es bereits 30 Rechenzentren, die ihre Abwärme in das Fernwärmenetz einspeisen. Bis 2035 soll diese Abwärme sogar ein Zehntel des Heizbedarfs von Stockholm decken. […]

Derweil wird der digitale Konsum und damit der Stromverbrauch wohl weiter zunehmen – etwa durch datenintensive Anwendungen wie das Internet der Dinge oder den neuen Mobilfunkstandard 5G. Allein schon beim Training einer Künstlichen Intelligenz (KI) zur Spracherkennung fällt fünfmal so viel CO_2 an, wie ein Auto während seiner gesamten Lebensdauer ausstößt. Das haben Forscher der University of Massachusetts berechnet. Gleichzeitig arbeiten Experten aber ausgerechnet mit Hilfe von KI daran, die Energieeffizienz zu erhöhen und schneller auf erneuerbare Energien umzusteigen. Auch die Abwärme von Rechenzentren könnte dadurch noch besser genutzt werden. […]

80 Prozent des weltweiten Datenverkehrs im Internet fallen laut The Shift Project auf das Streaming von Videos. 2018 seien dadurch ungefähr so viel CO_2-Emissionen ausgestoßen worden wie in ganz Spanien. 45 Prozent verursachten dabei die Produzenten, 55 Prozent die Verbraucher. Wer ein nur zehnminütiges Youtube-Video schaut, verbrauche ähnlich viel Energie, als würde man fünf Minuten lang einen elektrischen 2000-Watt-Ofen im Hochbetrieb laufen lassen oder fünf Stunden lang ununterbrochen E-Mails mit angehängten Dateien verschicken. […]

Anna Parrisius: Was unser Digitalkonsum an Energie kostet. (6.11.2019). Unter: www.tagesspiegel.de/wirtschaft/stromfresser-internet-was-unser-digitalkonsum-an-energie-kostet/25182828-all.html (Zugriff: 20.01.2020).

Arbeitsvorschläge

Arbeitsvorschläge zum darstellenden Teil

1. Recherchieren Sie die Drei-Sektoren-Hypothese des französischen Ökonom Jean Fourastié und nennen Sie deren zentralen Aussagen. [I] ○
2. Beurteilen Sie die Drei-Sektoren-Hypothese auf Basis Ihres Vorwissens zum Entstehungszeitraum der Hypothese. [III]
3. Bewerten Sie die These aus Ihrer heutigen Perspektive. [III]

A Struktureller Wandel vom Sekundär- zum Tertiärsektor

4. Erläutern Sie die Kernaussagen von Jean Fourastié und überprüfen Sie diese aus heutiger Perspektive. [II/III]
5. Erklären Sie mit eigenen Worten die Begriffe Primär-, Sekundär- und Tertiärsektor. [II]
6. Formulieren Sie eigene Fragen, die sich für Sie aus den Informationen der Grafik im Onlinebereich dieses Kapitels ergeben. [II] ○
7. Recherchieren Sie die Entwicklung der Erwerbstätigenquote in anderen Ländern, z. B. China, Indien, USA, Kenia oder einem anderen europäischen Staat, und vergleichen Sie diese mit der Entwicklung in Deutschland. [II] ○

B Der Preis der modernen Wirtschafts-, Informations- und Konsumwelt

8. Nennen Sie die Kernaussagen der Darstellung von Anna Parrisius zum Energieverbrauch im Zusammenhang mit dem Digitalkonsum. [I]
9. Bewerten Sie die Aussagen von Anna Parrisius zu den Kosten des Digitalkonsums. [III]

Übergreifende Arbeitsvorschläge

10. MK Arbeiten aus dem Erklärfilm im Onlinebereich Informationen über die verändernde Wirkung Teritiärisierung auf Industriestädte heraus. [II]
11. MK Zu den wesentlichen Neuerungen von Produktions- und Herstellprozessen im 20. und 21. Jahrhundert gehört die Standardisierung und die vielfältige Mehrfach- und Wiederverwendung von Einzelbestandteilen eines Produktes. Dazu zählen beispielsweise Autobestandteile, die vom Autokonzern identisch in verschiedenen, von ihm produzierten Autotypen verwendet werden (z. B. Rumpfmotoren oder Zylinderköpfe). Dies betrifft aber auch die Medienbranche, Behördenverwaltungen oder die Bauindustrie. Überprüfen Sie die vier Erklärfilme im Onlinebereich des Buches der bisherigen Kapitel zur Industrialisierung und den damit verbundenen Veränderungen, inwieweit sich solche Produktionsweisen auch dort wiederspiegeln. [III]
12. MK Erstellen Sie einen eigenen Kurzfilm in einer maximalen Länge von vier Minuten über die wirtschaftliche Entwicklung Ihres Wohnortes (als inhaltliches Konzept oder als ganzen Film). [III]

Online- und Differenzierungsmaterialien zu Kapitel 1.11
○ Arbeitshilfen zu den Aufgaben 1, 6 und 7
Erklärfilme Strukturwandel einer Stadt

Online-Code: u3wi95

Stoffgeschichte – $C_8H_{10}N_4O_2$ als Wegbereiter der Revolution?

Die Erschließung der Geschichte kann auf ganz unterschiedliche Arten erfolgen. Ein möglicher Ansatz ist die Stoffgeschichte, da viele Stoffe nicht nur eine wirtschaftliche, sondern immer wieder auch eine große gesellschaftliche und politische Relevanz gewonnen haben. Dazu gehören Metalle wie Gold, Radium oder Aluminium ebenso wie pflanzliche Stoffe in Gestalt von Holz, Baumwolle, Tee oder Kakao, aber auch der scheinbar „normale" Erdboden. Letzterer wird Ihnen noch in späteren Kapiteln mitunter in den Materialien begegnen.

Abschnitt zu den arabisch-jemenitischen Kaffee-Ausfuhrhäfen Mokka und Dschidda (Gidda), in: Johann Hübners, Vollständige Geographie, Zweyter Theil, Hamburg 1736.

Der Import von Kaffee prägt Europa

Betrachtet ein Historiker beispielsweise das 18. Jahrhundert unter dem Aspekt der Konsumgeschichte, trifft dieser unter anderem auf den Kaffee. Diese aus dem heutigen Äthiopien und dem Jemen kommende Pflanze, beziehungsweise das Getränk, gelangte über das Osmanische Reich im 17. Jahrhundert nach West- und Mitteleuropa. Dort entwickelte sich der Kaffee schließlich zu einem teuren Modegetränk der höheren Gesellschaftsschichten. Europäische Kolonialmächte wie die Niederlande, Frankreich oder England begannen in ihren eroberten Kolonien in Südostasien, der Karibik und in Afrika im großen Stil auf Sklavenplantagen Kaffee als Monokultur anzubauen. Trafen sich früher Bürger, Handwerker, Gesellen und Bauern in Bier-, Wein- und Branntweinschänken mit ihren eher betäubenden alkoholischen Angeboten, so entwickelte sich das *Café* zu einer beliebten Alternative. Seit dem 19. Jahrhundert entwickelte sich der Kaffee zu einem der wichtigsten Güter des globalen Welthandels.

Was aber hat Kaffee mit seinem $C_8H_{10}N_4O_2$ und das Kaffeehaus mit Politik, ja gar mit aufklärerischen Ideen und revolutionären Prozessen zu tun?

Q1

Der Kaffee revolutioniert das Denken

1934 veröffentlichte der Schriftsteller und Wissenschaftsjournalist Heinrich Eduard Jacob (1889–1967) eine umfassende Kulturgeschichte des Kaffees, die bis heute ein Standardwerk der Kaffeegeschichte geblieben ist.

a) Als Kind seiner Zeit, die vom rasanten wissenschaftlichen Fortschritt der Zweiten Industriellen Revolution geprägt war, schrieb Jacob:

Die Entdeckung des Kaffees kommt in ihrer Wichtigkeit der Auffindung des Fernrohrs gleich oder der des Mikroskops, ohne die es weder ein Wissen vom Größten noch vom Kleinsten gäbe. Denn der Kaffee hat die Fähigkeit und die Tätigkeit unsres Gehirns ungeahnt verschärft und verändert. Bis zur Auffindung des Kaffees musste manches Jahrtausend lang jegliche Arbeit eingestellt werden, wenn der Körper des Arbeiters müde wurde. Die Zäsur des Schlafs, die nun eintrat, veränderte aber den Arbeitskern selbst – der Mann, der sich nach der Schlafunterbrechung der Arbeit aufs Neue widmete, war nicht mehr derselbe Mensch, welcher vorher den Arbeitsprozess begonnen hatte. Jegliche „Differenzialarbeit", jegliche Arbeit, zu der es etwa gedankliche Feinmessungen bedurfte, war unmöglich (ausgenommen bei Genies der Willenskraft, die es in jedem Jahrhundert gab) vor der Auffindung des Excitans[1]. […] Das eigentlich analytische Denken, das, im Gegensatz zur Synthetik, das Wahrzeichen unserer Kultur seit Beginn der Neuzeit ist, ist auf die das Denken selbst verallgemeinernde Wirkung des Kaffees zurückzuführen.

Heinrich E. Jacob: Kaffee – Die Biographie eines weltwirtschaftlichen Stoffes. Oekom-Verl., München 2006, S. 36 f.

b) Während in Großbritannien die Kaffeehauskultur nur eine relativ kurze Blüte Ende des 17. Jahrhunderts erlebte, erlangte der Kaffee in der französischen Kulturgeschichte eine dauerhafte Bedeutung. In der Zeit des Rokoko[2] existierten in Paris im Jahr 1720 rund 380 Kaffeehäuser.

Was für eine Gesellschaft war es, die in diesen Kaffeehäusern saß? „Die Kaffeehäuser", sagt eine Broschüre, „werden von ehrbaren Menschen besucht des einen und anderen Geschlechts. Man sieht alle Arten von Charakteren: galante Männer, kokette Frauen, Abbés[3], welche höflich (und die es nicht) sind, Krieger, Provinzler, Nouvellisten[4], Offiziere,

Freunde, Prozessparteien[5], Trinker, Spieler von Profession, Parasiten, Abenteurer der Liebe oder der Industrie, junge Reiche, alte Verliebte, Prahlhänse und falsche Heldenväter, Dilettanten, Schriftsteller, kurz, eine Unzahl von Personen: eine Reihe, die kein Ende findet." Die Gesellschaft, die dort verkehrte, war überhaupt keine „Gesellschaft" – denn das Grundprinzip einer solchen fehlte ihr: Homogenität – gerade das aber gab ihr den Reiz. Niemals waren bisher Franzosen in dieser Weise zusammengekommen. Solch ein Café war ein Menschenmeer; und ein Abenteuer, darin zu baden.

Heinrich E. Jacob: Kaffee – Die Biographie eines weltwirtschaftlichen Stoffes. Oekom-Verl., München 2006, S. 143.

c) „Der Kaffee ist die Revolution!"

Michelet[6], der Geschichtsschreiber, hat diese Worte nicht geschrieben – aber er schreibt auf sie zu, wenn er für jene *explosion étincelante*, für jenen funkenwerfenden Ausbruch des gesamten geistigen Lebens [...] den Kaffee verantwortlich macht. „Denn nunmehr ist die Schenke entthront, da noch vor einem halben Jahrhundert die Jugend sich zwischen Fässern und Dirnen wälzte. Weniger Alkohollieder des Nachts, weniger Adelige im Rinnstein. [...] Der Kaffee, das nüchterne Getränk, mächtige Nahrung des Gehirns, die, anders als die Spirituosen, die Reinheit und die Helligkeit steigert; der Kaffee, der die Wolken der Einbildungskraft und ihre trübe Schwere vertreibt; der die Wirklichkeit der Dinge jäh mit dem Blitz der Wahrheit erleuchtet; der antierotische Kaffee, der endlich die Erregung des Geistes an die Stelle des erregten Geschlechts setzt! [...] Der starke Kaffee von San Domingo, den Buffon[7], Diderot[8], Rousseau[9] tranken, verband seine Glut den glühenden Seelen – und die in der Höhle des Procope[10] täglich versammelten Propheten sahen mit durchdringendem Blick auf dem Grunde des schwarzen Getränks das Leuchten des Revolutionsjahres." Dass geistige Bewegungen die Revolution nie gemacht hätten, wenn sie nicht auf den wirtschaftlichen hergeritten gekommen wären, ist selbstverständlich. Doch die Cafés waren ja grade der Umschlagplatz zwischen Literatur und Wirtschaft, waren die Posthaltestation, wo geistige Unzufriedenheit sich mit der materiellen traf.

Heinrich E. Jacob: Kaffee – Die Biographie eines weltwirtschaftlichen Stoffes. Oekom-Verl., München 2006, S. 150 f.

1 Excitans = früher Sammelbegriff für Aufputsch- und Dopingmittel
2 Rokoko = europäische Kunstepoche (ca. 1730–1780)
3 Abbé = Bezeichnung für Mitglieder des niederen Klerus. Dazu zählten auch Kleinadlige, die die niederen kirchlichen Weihen erhalten hatten, aber in Hoffnung auf höhere Ämter oder eine einträgliche Ehe zunächst als Hauslehrer oder Bedienstete in Adelshäusern arbeiteten.
4 Jacob definiert Nouvellisten als Leute, die „Neuigkeiten" erzählten „– aus Eitelkeits- teils und teils aus Erwerbssinn".
5 Gemeint sind Parteien eines Gerichtsprozesses. Nicht selten wurde zwischen den Anwälten bzw. den Mandanten eines Rechtsstreits in öffentlichen Lokalen ein ausgleichender Kompromiss verhandelt.
6 Michelet: Gemeint ist wahrscheinlich der französische Historiker Jules Michelet (1798–1874).
7 Georges-Louis Leclerc, Comte de Buffon (1707–1788), französischer Naturforscher in der Zeit der Aufklärung
8 Denis Diderot (1713–1784), französischer Schriftsteller und Philosoph, wichtiger Organisator und Autor der Encyclopédie
9 Jean-Jacques Rousseau (1712–1778), Schriftsteller, Philosoph und Naturforscher der Aufklärung
10 Pariser Café Procope in der 13 Rue de l'Ancienne Comédie: Gilt als ältestes Kaffeehaus in Paris (1686) und einer der wichtigsten Begegnungsorte französischer Aufklärer und Philosophen im 18. Jahrhundert.

Arbeitsvorschläge

1. Erläutern Sie auf Basis Ihres Vorwissens aus Chemie und Biologie bzw. Ihrer persönlichen Erfahrungen die Wirkung von Kaffeekonsum im Vorfeld von Prüfungs- und Klausurvorbereitungen. [II]
2. Diskutieren Sie die in Q1a angedeutete Bedeutung des Kaffees bzw. des Koffeins für die Menschheitsgeschichte. [III]
3. Beschreiben Sie mithilfe von Q1b die typische Pariser Kaffeehausszene im 18. Jahrhundert. [I]
4. Vergleichen Sie auf Basis Ihres Vorwissens die Beschreibung von Q1b mit Ihren Kenntnissen über die absolutistische Ständegesellschaft des 17./18. Jahrhunderts. [III]
5. Diskutieren Sie die Bedeutung des Kaffees für die revolutionären Entwicklungen des 18. Jahrhunderts am Beispiel von Q1c. [III]

A „Einheit und Freiheit“ in der Revolution von 1848/49

innere Voraussetzungen für die Revolution:
- soziale Spannungen, Missernten, Pauperismus
- Fortbestehen vieler adeliger Privilegien
- liberale Zirkel im Untergrund aktiv
- Anstoß durch Februarrevolution in Frankreich

äußere Probleme:
- Druck der Straße lässt nach
- Bauern scheiden aus revolutionärer Front aus
- Paulskirchenversammlung hat kein eigenes Militär
- Sieg der Gegenrevolution in Wien und Berlin
- preußischer König lehnt Kaiserkrone ab

Paulskirche 1848/49
- Ausarbeitung einer Verfassung
- Grundrechte
- Zentralgewalt
- Klärung des deutschen Staatsgebiets

innere Probleme:
- Abgeordnete der Paulskirche verschenken wertvolle Zeit
- großdeutsche oder kleindeutsche Lösung?
- Schleswig-Frage

- **Nationalversammlung scheitert an ihren eigenen Zielen (Demokratie, Rechtsstaat, Nationalstaat)**
- **spätere deutsche Einigung von 1871 vollzieht sich in Bahnen, die die Nationalversammlung vorgezeichnet hat**
- **Macht des Adels schwindet**
- **trotz Sieg der Gegenrevolution: Deutschland wird allmählich ein Rechts- und Verfassungsstaat**

B Voraussetzungen der US-amerikanischen Unabhängigkeitserklärung

Aufklärerische Ideen:
- Gewaltenteilung, Recht auf Eigentum (Locke und Montesquieu)
- Volkssouveränität
- unveräußerliche Natur- und Menschenrechte

Religiöse und mentale Voraussetzungen:
- Ablehnung der Ständeordnung
- Freiheitsbewusstsein
- Gefühl der eigenen Auserwähltheit
- Ablehnung religiöser Autoritäten

Politische Voraussetzungen:
- Ablehnung englischer Eingriffe und Bevormundung
- „No taxation without representation“

Boston Tea Party 1773
Unabhängigkeitserklärung 1776
Unabhängigkeitskrieg 1775–1783

Die US-Verfassung tritt 1789 in Kraft.

- Zentrale Ideen der US-Verfassung wurden seit 1789 auch in Frankreich, später auch in Lateinamerika wirksam.

C Neue Wege beschreiten – die Industrielle Revolution

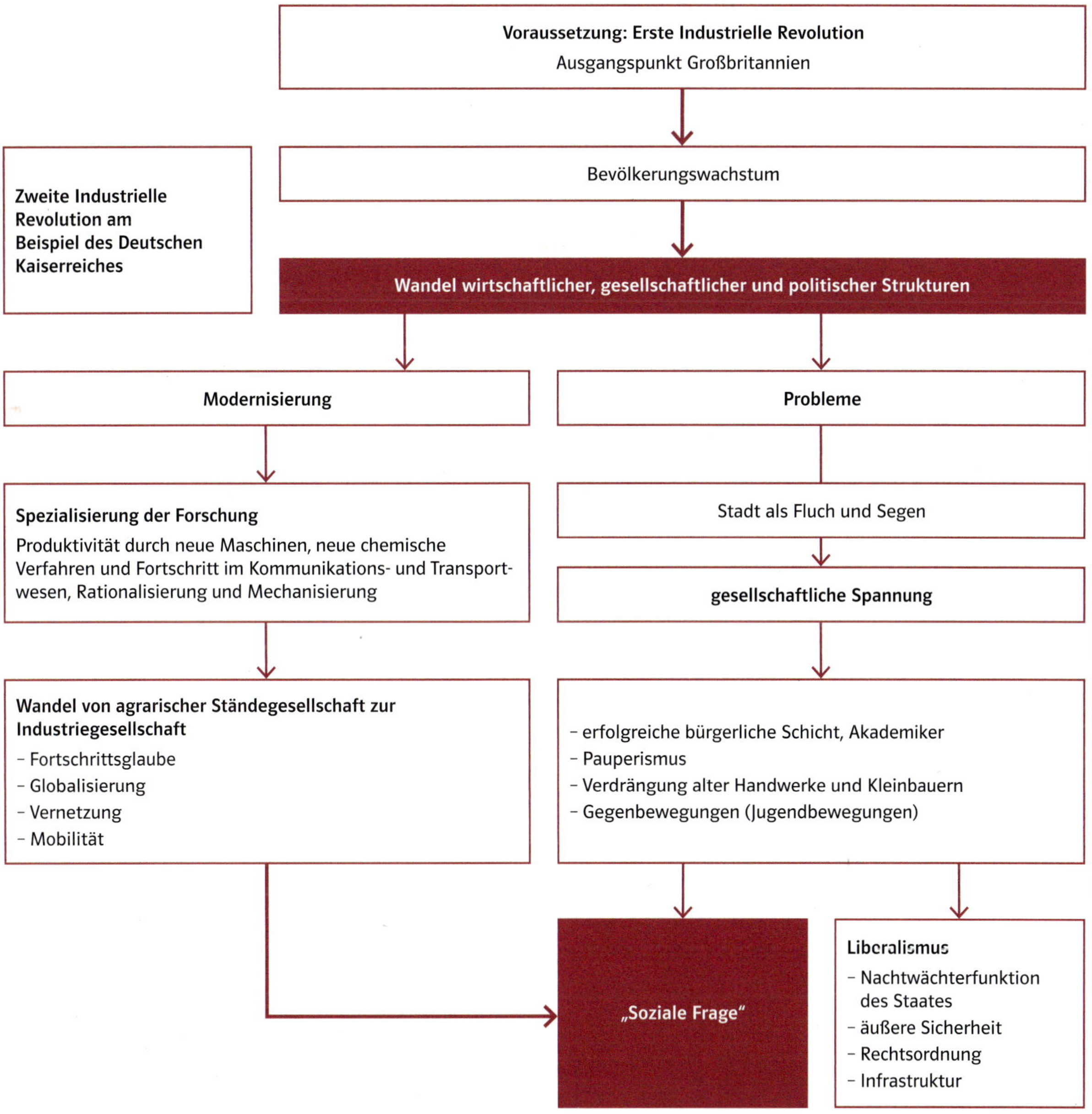

Arbeitsvorschläge

1. Zeigen Sie auf der Basis von Grafik A die Einflüsse der nationalen und liberalen Bewegung in der Zeit nach 1815 auf die Geschehnisse 1848/49 auf. [I]
2. Beurteilen Sie die US-Verfassung unter dem Schlagwort „Modernisierung". [III]
3. Erklären Sie anhand der Grafik C die wirtschaftliche und soziale Modernisierung im 19. Jahrhundert. [II]

Arbeitsblatt
Selbsteinschätzungsbogen
Kapitel 1
uh2s6i

2 Diktaturen im 20. Jahrhundert als Gegenentwürfe zur parlamentarischen Demokratie

Klassenlose Gesellschaft anstatt konfliktreiche Demokratie?
Massenmobilisierungen in Form von Paraden, Partei- und Staatsveranstaltungen waren fester Bestandteil der Identitätsstiftung und Außendarstellung der kommunistischen Regierung. Aufmarsch der Jugend auf dem Roten Platz in Moskau am 30. Juni 1935 mit 125 000 Teilnehmern.

Im 19. Jahrhundert prägten in zunehmendem Maße liberale Ideen Teile der bürgerlichen Gesellschaft. Gleichzeitig entwickelten sich nicht weniger spürbar antiliberale Ideologien, die ihren markantesten Ausdruck im Faschismus und stalinistischen Kommunismus fanden. Es entwickelte sich ein ideologischer Konkurrenzkampf zwischen liberalen, faschistischen und kommunistischen Vorstellungen. Dieser Konkurrenzkampf prägte insbesondere in der ersten Hälfte des 20. Jahrhunderts große Teile der Welt.

Die Kontroversen um die Einordnung und Deutung dieser Ideologien und der Charakter der entstandenen Herrschaftssysteme halten bis in unsere Gegenwart an. Gleichzeitig provozieren sie in unserer Gegenwart immer wieder intensive geschichtsrevisionistische Tendenzen.

Vorwissen

Erinnern Sie sich an:
- Ihr Vorwissen aus der Klasse 9 zur Diktatur und Ideologie des Nationalsozialismus
- Ihr Vorwissen aus der Klasse 10 zur Diktatur des Stalinismus und zum Begriff Modernisierungsdiktatur

→

Schritte des Kompetenzaufbaus

- Modell der liberalen Demokratie charakterisieren und an konkreten Beispielen erklären und mit antiliberalen Modernisierungskonzepten am Beispiel der UdSSR vergleichen

→ Kapitel 2.1 – 2.2

→

- Ursachen für das Ende der Weimarer Republik benennen
- die Ideologie des Nationalsozialismus erläutern
- die Gründe für die Durchsetzung der NS-Diktatur analysieren und bewerten

→ Kapitel 2.3 – 2.6

→

„Geeinte und reine Volksgemeinschaft" gegen „destruktives Multikulti"?
Die Ideologisierung der Gesellschaften prägte seit dem Ersten Weltkrieg auch den Sport.
Es entstanden Parallelwelten, in Deutschland zum Beispiel in Gestalt des Arbeiter-Turn- und Sportbundes, des jüdischen Sportbunds Makkabi und des Deutschen Fußballbunds. Letzterer stand allerdings in dieser Zeit noch im Schatten der fünf selbstbewussten Regionalverbände. 1933 folgten dann viele Vereine bereitwillig der Politik der Gleichschaltung und der Arisierung.
Foto: Sportplatz in Stuttgart, ca. 1934

Arbeitsvorschlag

1. Nennen Sie zu jedem der Begriffe in den Überschriften beider Bildmaterialien die enthaltenen gesellschaftlichen Vorstellungen. [I]

- die Herrschaftspraxis des NS-Regimes und der stalinistischen Diktatur analysieren, bewerten und vergleichen

→ Kapitel 2.7 – 2.8

→

- den Zweiten Weltkrieg, die deutsche Vernichtungspolitik und das Spektrum des Widerstandes gegen das NS-Regime darstellen, charakterisieren und bewerten

→ Kapitel 2.9 – 2.11 und 2.13

→

Erreichtes Ziel

- Befähigung, antiliberale Modernisierungsdiktaturen am Beispiel der NS-Diktatur und der stalinistischen UdSSR zu erläutern, vergleichen und zu bewerten
- Geschichtsrevisionismus erkennen und überprüfen können

Zeitliche Orientierung

1910 | 1915

Politik in Europa

Viele Staaten, darunter die junge Weimarer Republik, waren nach dem Ersten Weltkriegs durch Umsturzversuche des extremen linken und rechten Lagers geprägt. Das Foto (2020) zeigt einen Gedächtnisort für getötete Freikorpssoldaten bei der Zerschlagung der Bremer Räterepublik (Waller Friedhof).

- **1912** SPD stärkste Partei im Reichstag
- **1914–1918** Erster Weltkrieg
- **1917** Spaltung der dt. Arbeiterbewegung (SPD, USPD, Spartakusbund)
- **1917** Oktoberrevolution in Russland
- **1918–1919** Novemberrevolution in Deutschland
- **1919–1920** Pariser Friedensverträge
- **1919** Gründung des Völkerbunds
- **1919** Weimarer Verfassung

1910 | 1915

Außereuropäische Welt

Neben der Oktoberrevolution in Russland zählte der Kriegseintritt der USA in den Ersten Weltkrieg 1917 zu den wichtigen Zäsuren des 20. Jahrhunderts. (Foto: US-Soldatenfriedhof in Frankreich)

- **1911** Xinhai-Revolution in China, Gründung der Republik
- **1915/16** Armenier-Genozid
- **1917** Kriegseintritt der USA
- **1917** Balfour-Deklaration verspricht für Juden „nationale Heimstätte" in Palästina
- **1918–1920** Russischer Bürgerkrieg

1910 | 1915

Kultur/ Wirtschaft

Die Wirtschaftskrisen der 1920er-Jahre prägten die Menschen nachhaltig. Notgeld aus der Stadtgemeinde Breisach 1921.

- **1906–1914** Spätphase des Jugendstils
- **1910** Haber-Bosch-Verfahren
- **1910–1914** Höhepunkt des Kubismus (Picasso)
- **1910–1919** Frühphase des Jazz
- **1915** erster Einsatz von Giftgas
- **1917** Gründung der dt. Filmgesellschaft UFA
- **1916** Hindenburg-Programm
- **1916** Bau der Leuna-Werke
- **1916** Beginn der Kunstrichtung Dadaismus

1920 | 1925 | 1930 | 1935 | 1940 | 1945

1920–1923
linke und rechte Umsturzversuche in Dtl.

1922
Mussolinis „Marsch auf Rom“

1923
Gründung der Republik Türkei unter Mustafa Kemal (Atatürk)

1923
Hyperinflation in Dtl.

1926
Beginn der Diktatur Pilsudski in Polen

1926
polit. Krise in Großbritannien

1928
Beginn der stalinistischen Zwangskollektivierung in der UdSSR

1930–1932
Präsidialkabinette Brüning

1933
Hitler wird Reichskanzler

1933/34
„Gleichschaltung“ in Deutschland

1934
rechter Putschversuch in Frankreich

1936
Volksfront-Regierung in Frankreich

1936–1939
Spanischer Bürgerkrieg

1936–1938
Schauprozesse und politische „Säuberung“ in der UdSSR

1938
„Anschluss“ Österreichs

1938
Münchner Abkommen

1939
deutscher Überfall auf Polen

1939–1940
sowjetisch-finnischer „Winterkrieg“

1941
dt. Überfall auf die UdSSR

1942
Beschluss zur „Endlösung“ auf der Wannsee-Konferenz

1944
alliierte Landung in der Normandie

1945
Jalta-Konferenz

1945
Kapitulation Deutschlands

1920 | 1925 | 1930 | 1935 | 1940 | 1945

1920
Großbritannien und Frankreich ziehen neue Grenzen im Nahen Osten (Syrien, Libanon, Irak, Palästina, Transjordanien)

1923
Abessinien (Äthiopien) wird Völkerbundmitglied

1925–1927
Revolution in China durch Nationalpartei Kuomintang

1927/1928
Stalin setzt sich an der Spitze der UdSSR durch

1931
Einfall Japans in die Mandschurei

1931–1932
Höhepunkte der Weltwirtschaftskrise

1935–1941
Abessinien-Krieg

1937
Beginn des japanisch-chinesischen Krieges

1938
sowjetisch-japanischer Grenzkonflikt

1941
jap. Überfall auf Pearl Harbor
dt. Kriegserklärung an USA

1943
Kapitulation der ital.-dt. Truppen in Nordafrika

1944
Libanon und Syrien werden unabhängig

1945
Atombombenabwürfe über Japan

1945
Kapitulation Japans

1920 | 1925 | 1930 | 1935 | 1940 | 1945

1919
Gründung der Kunstschule Bauhaus

1919–1930
expressionistische Architektur in Deutschland

1919–1924
Stuttgarter Üecht-Gruppe

1924–1928
„Goldene Zwanziger“

1925
Zusammenschluss von I. G. Farben

1927
Spielfilm „Metropolis“ (Fritz Lang)

1929
Beginn der Weltwirtschaftskrise

1929
Stuttgarter Vagabundenkongress

1930
Kinofilm „Im Westen nichts Neues“

1932
Höhepunkt der Massenarbeitslosigkeit (Dtl.: 30 %, USA: 34 %, Frk. 15,4 %)

1940
Kinofilm „Der große Diktator“ (Charles Chaplin)

1942
US-Kinofilm „Casablanca“ mit vielen emigrierten dt. Schauspielern

Arbeitsvorschlag

1. Wählen Sie ein Datum als Beispiel aus und erläutern Sie dessen Bedeutung unter dem Aspekt „Krise der liberalen Demokratie nach 1918“ in einem Kurzartikel von 1500 Zeichen.

2.1 Die liberale Demokratie – ein neues Herrschaftsmodell!?

„Wir leben in einer Zeit, in der der freiheitlich-demokratische Rechtsstaat besonders herausgefordert ist." (Stephan Harbarth, Vizepräsident des Bundesverfassungsgerichts am 23.10.2019) In Debatten um den Klimawandel, wachsenden Rechtspopulismus, den Brexit oder die digitale Revolution ist der Liberalismus heute aktueller denn je. Doch gleichzeitig scheint der Siegeszug der liberalen Demokratie einstweilen vorbei zu sein. Ist die Demokratie heute in der Defensive, gehört den Autokratien und Diktaturen nicht nur die Vergangenheit, sondern auch die Zukunft?

Viele Jahrhunderte hindurch war Europa geprägt von christlichen Glaubensgrundsätzen und den Herrschaften verschiedenster Monarchen. Diese festen, gottgegebenen mittelalterlichen Strukturen wurden jedoch im Laufe der Zeit immer mehr hinterfragt. Sie führten seit Beginn der Neuzeit nicht nur zu einem neuen Welt- und Menschenbild, sondern auch zu Forderungen nach mehr Freiheit und einer Beteiligung an der Macht. Insbesondere das 19. Jahrhundert wurde unter dem Eindruck der sich rasant entwickelnden Industrialisierung von verschiedenen politischen und gesellschaftlichen Strömungen geprägt.
Dabei stießen u.a. liberale und demokratische Grundgedanken auf Interesse in der Bevölkerung. Doch die beiden Modelle waren für ihre jeweiligen Befürworter nicht in allen Bereichen miteinander vereinbar. Das sich die liberale Demokratie dennoch bis heute durchgesetzt hat, mag deshalb verwundern. Begründet ist sie jedoch in zahlreichen Gemeinsamkeiten, die ein stabiles Regierungssystem erst ermöglichten.

Das Modell der liberalen Demokratie

Im Modell der liberalen Demokratie wird der Staat durch seine Gesellschaft bestimmt. Das Volk gilt als legitimer Träger der Staatsgewalt und alle Bürger haben das Recht Einfluss auf politische Entscheidungen zu nehmen. Dies geschieht, indem sie z. B. an Wahlen teilnehmen oder in Parteien oder Interessensverbänden mitarbeiten (Partizipation). Dabei ist ausdrücklich erwünscht, dass eine Vielzahl verschiedener gleichberechtigter Gruppen mit- und gegeneinander um gesellschaftliche, wirtschaftliche und politische Macht konkurriert. Nur so können sie ihren Einfluss in die Politik einbringen. Dieser Pluralismus soll dazu führen, dass eine Begrenzung der jeweiligen Macht ermöglicht wird. Gleichzeitig wird man dazu gezwungen, nach dem Mehrheitsprinzip zu arbeiten und die politische Opposition zu respektieren.
Liberale Demokratien werden so zu Märkten verschiedener politischer Programme und Ideen. Sie müssen sich in regelmäßigen Abständen im freien Wettbewerb dem (Wahl-) Volk stellen, das dadurch eine Neuzusammensetzung oder Bestätigung des Parlaments bewirkt und dieses letztlich legitimiert. Die Regierung hat demgegenüber die Sicherung und Durchsetzung der Grundrechte zu gewährleisten. Sie übt die Macht aus, die ihr vom Parlament übertragen wurde (Parlamentarisierung). Die politische Herrschaft des Staates wird jedoch durch die Einführung der Gewaltenteilung in Exekutive, Legislative und Judikative beschränkt. Diese Kontrolle hilft v.a. gegen Machtmissbrauch. So soll z. B. vermieden werden, dass eine Person oder Personengruppe über andere hinweg Gesetze allein und zu ihren eigenen Gunsten erlassen kann oder sich mehr politischen Einfluss anmaßt, als ihr zusteht.
Basis der liberalen Demokratie ist eine Verfassung, die nach liberalen Grundsätzen erstellt ist. Hier finden sich Menschen- und Bürgerrechte, die z. B. die Rede- und Pressefreiheit oder das Recht umfassen, frei über das persönliche Eigentum zu entscheiden. Durch die Garantie dieser individuellen Freiheit wird diese vor Eingriffen des Staates gesichert, grenzt sie jedoch gleichzeitig vom Gemeinwesen ab (Individualismus). Der Individualismus und der

Liberalismus orientieren sich daran, dass die Freiheit und die Selbstverantwortung jedes einzelnen ein Naturrecht und unantastbar ist.

Ein weiteres wichtiges Kernmerkmal ist die freie Marktwirtschaft als Wirtschaftsordnung. Sie umfasst neben der Gewerbefreiheit die Wettbewerbsfreiheit. Aber auch die Möglichkeit der freien Preisbildung ist für ein optimales Wirtschaftswachstum und steigenden gesellschaftlichen Wohlstand bedeutsam. Dies geschieht über das Marktgesetz von Angebot und Nachfrage sowie das Konkurrenzprinzip. Zusätzlich gibt dieser Wirtschaftsliberalismus jedem Einzelnen Selbstverantwortung und eine wirtschaftliche Handlungs- und Entscheidungsfreiheit. Das Privateigentum an **Produktionsmitteln** wie Maschinen oder Werkzeugen und an Kapital wird gefördert. Der Staat dient – in Anspielung auf die Aufgaben eines Nachtwächters, der im Mittelalter nachts für Ruhe und Ordnung in den Straßen sorgte und die Bewohner vor Feuern oder Feinden warnte – als „Nachtwächterstaat". Er ist damit nur für den Schutz des Privateigentums und die öffentliche Sicherheit der Bürgerinnen und Bürger verantwortlich.

Produktionsmittel
Sammelbegriff für alles, was zur Produktion von Gütern nötig ist (Maschinen, Rohstoffe, Fabriken etc.)

England – Ursprung der liberalen Demokratie?

In England begann der schrittweise Weg zu einer liberalen Demokratie schon im frühen 13. Jahrhundert. König Johann Ohneland gestand führenden Adligen in der lateinisch verfassten Magna Charta (1225) bedeutende Rechte zu. Sie umfasste u.a. die Freiheit der Kirche von England und die Regelungen zur Gerichtsbarkeit für alle freien Bürger. Zu diesen zählte ursprünglich allerdings nur ein geringer Anteil der Bevölkerung, der Großteil dagegen befand sich noch in der Leibeigenschaft. Auch wenn sie ab dem 14. Jahrhundert an Bedeutung verlor, spätestens im 17. Jahrhundert wurde die Magna Charta unter der absoluten Herrschaft der Stuart-Könige zu einem Dokument englischer Freiheitsrechte umgedeutet. Heute gilt sie als das wichtigste englische Staatsdokument, auch wenn seitdem zahlreiche Artikel verändert bzw. abgeschafft wurden oder neu hinzukamen.

Das erste repräsentative Parlament Englands entstand 1264 und wurde ein Jahr später zum ersten Mal zusammengerufen. Es hatte – im Gegensatz zu heute – anfangs weder die politische Anerkennung durch den Monarchen, noch besaß es weitreichende rechtliche Befugnisse. Aber es versammelte sich regelmäßig und umfasste neben hohen Würdenträgern der Kirche auch Barone und Vertreter der Grafschaften (House of Lords). Vertreter größerer Städte, je zwei Bürger (commons), wurden gewählt, waren aber erst ab 1295 fester Bestandteil des englischen Parlaments. Das House of Commons (Unterhaus) bildete sich aus. Aus dem Zusammenspiel zwischen König, Oberhaus und Unterhaus entstand so die bis heute gültige Staatsform der parlamentarischen Monarchie mit monarchischen, aristokratischen und demokratischen Elementen. Sie bewirkte einen Ausgleich zwischen sozialen und politischen Kräften und ermöglichte eine gegenseitige Kontrolle (checks and balances). Gleichzeitig wies sie einen Repräsentativcharakter auf und nahm die gewählten Repräsentanten in die politische (Mit-)Verantwortung.

Im Zeitalter des Absolutismus widersprach das Mitwirkungsrecht des Parlaments jedoch dem Gottesgnadentum der Stuart-Könige, die sich allein durch göttlichen Willen als Herrscher legitimiert sahen. Karl I. (von 1625 bis 1649 König von England, Schottland und Irland) versuchte immer wieder die Rechte des Parlaments einzuschränken und die Magna Charta zu umgehen. In der sog. Petition of Right – der Bitte um Gerechtigkeit – erhob es daher Beschwerde und forderte eine Stärkung seiner Befugnisse. Der Machtkampf zwischen beiden Lagern endete schließlich nach zwei Bürgerkriegen am 30. Januar 1649 mit der Enthauptung Karls I. Nur wenige Wochen später ernannte das Unterhaus England zur Republik. Oliver Cromwell, ursprünglich Abgeordneter des Parlaments und im Bürgerkrieg ein Feldherr des Parlamentsheeres („New Model Army"), wurde zum Staatsoberhaupt der englischen Republik (Commonwealth of England). Die republikanische Regierungsphase ohne politische Beteiligung von Oberhaus und König endete mit Cromwells Tod 1658 bzw. der Wiederherstellung der Königswürde und Thronbesteigung durch Karl II., Sohn von Karl I., im Jahr 1660.

Oliver Cromwell (1599–1658)
Abgeordneter im Unterhaus und ein zentraler Akteur des englischen Bürgerkrieges 1642–1649 und der anschließenden Republik

John Locke (1632–1704)
englischer Philosoph und Vordenker des Liberalismus und der Aufklärung

Glorious Revolution
Politischer Umsturz in England 1688/89, in dem sich die Gegner eines neuen königlichen Absolutismus zugunsten eines parlamentarischen Königreiches durchsetzten

Bill of Rights
„Gesetzesvorlage der Rechte", Dokument des Jahres 1689, in dem die Rechte des britischen Parlaments gegenüber dem Königtum festgeschrieben wurden

→ vgl. Kapitel 1.9, S. 74

Obwohl es unter Karl II. zu einer Restauration der Monarchie kam, hatte der englische Bürgerkrieg langfristig die Festigung des Parlamentarismus und die Herausbildung der parlamentarischen Demokratie als Regierungssystem zur Folge. John Locke definierte 1679 die staatliche Ordnung als Vertragsverhältnis zwischen der Regierung und den Bürgern und ergänzte sie um die Möglichkeit der Zur-Rechenschaftsziehung. Zusätzlich knüpfte er sie an die Wahrung individueller, natürlicher und unveräußerlicher Rechte wie dem Schutz von Leben, Eigentum und Freiheit. So entstand ein Vorläufer der liberalen Demokratie.

Die **Glorious Revolution** von 1688/89 als eine direkte Reaktion auf die Rechtsbrüche und absolutistischen Bestrebungen der neuen Monarchen bewirkte schließlich die Durchsetzung der **Bill of Rights**. Als englisches Staatsgrundgesetz bildet es bis heute die Grundlage des britischen Regierungssystems. In ihr wurde festgelegt, dass das Parlament regelmäßig einzuberufen und den Parlamentariern Immunität zuzusprechen sei. Diese Immunität sollte bewirken, dass die Politiker ihr Mandat frei ausüben können und keiner politisch bedingten oder gar willkürlichen Strafverfolgung ausgesetzt sind. Zusätzlich erhielt das Unterhaus Redefreiheit. Bürgerrechte wurden das Recht auf die Einreichung von Petitionen und der Waffenbesitz. Die Bill of Rights wurde so auch zum Vorbild für die Verfassung der Vereinigten Staaten von Amerika von 1787 sowie für die Erklärung der Menschen- und Bürgerrechte von 1789 in Frankreich.

Dieser englische Liberalismus, geprägt von den Prinzipien der Rechtsstaatlichkeit, dem Parlamentarismus, der eingeschränkten Monarchie und der unabhängigen Rechtsprechung, verankerte sich bis zum Ende des 18. Jahrhunderts fest in der Politik. Bis in die 1850er-Jahre hinein war er jedoch noch hauptsächlich Ausdruck der Überzeugungen des industriellen und kaufmännischen Mittelstandes, der 1832 das Wahlrecht erhalten hatte. Mit dem letzten Viertel des 19. Jahrhunderts änderte sich schließlich, bedingt durch die Soziale Frage und die Wirtschaftskrisen, die liberale Ideologie. Freiheit wurde zu einem sozialen Begriff, der dem Staat ein Eingreifen in die Gesellschaft und das kapitalistische System ermöglichen sollte. Das Wahlmonopol von Oberschicht und Mittelstand wurde bis 1884 aufgelöst, Sozialreformen angestrengt. Dennoch konnten die Liberalen für die politischen und gesellschaftlichen Probleme keine Lösungen anbieten. Die sozialdemokratische Partei der Arbeiter, die Labour Party, löste die Liberale Partei als erfolgreiche politische Kraft ab. Die liberale Tradition blieb jedoch in der englischen Politik bis heute erhalten und hatte großen Einfluss auf die gesamte Parteienpolitik, v.a. aber auf das Bildungs- und Justizwesen.

Die präsidiale Demokratie der USA – ein alternatives liberales Demokratiemodell

Die Vorstellung von der Souveränität des Volkes übertrug sich von England auf die 13 Kolonien in Nordamerika. Während zu Beginn der Kolonialisierung die Rechte und Freiheiten noch ganz in der Tradition Englands standen, wurden sie spätestens mit den erhöhten Steuerforderungen von 1773 und der fehlenden politischen Mitsprachemöglichkeit hinterfragt. Die Siedler sahen sich weder von ihrem König noch vom Parlament vertreten und respektiert. So wurde die Boston-Tea-Party zu einem Auslöser des Unabhängigkeitskrieges.

Thomas Jefferson (1743–1826), der die Unabhängigkeitserklärung von 1776 mitentwickelte, formulierte sie in enger Anlehnung an Lockes liberale Ideen. Entsprechend sollte die neue politische Ordnung so eingerichtet werden, dass gewählte Repräsentativversammlungen in den einzelnen Kolonien neue Verfassungen entwickeln. Diese sollten die unveräußerlichen und natürlichen Grund- und Bürgerrechte enthalten. Es entstanden die ersten repräsentativen demokratischen Verfassungen, die die Souveränität des Volkes ins Zentrum stellten. Die politische Gewalt teilte man zur gegenseitigen Kontrolle nach der Staatstheorie von Charles de Montesquieu in Exekutive, Legislative und Judikative.

Um eine einheitliche Verfassung aus dem System der Einzelstaaten zu erhalten, wurde ein Staatenbund gegründet. Die Staatsform bezeichnet man hierbei als föderale Republik, das Regierungssystem als präsidiale Demokratie. Der Staatenbund sollte die verschiedenen Probleme der Zeit lösen, z. B. die Finanzierung des Unabhängigkeitskrieges oder die gemeinsame Außenpolitik. Als Grundlage einer gemeinsamen amerikanischen Verfassung sollte das philosophische Werk „Vom Gesellschaftsvertrag“ von Jean-Jacques Rousseau (1762) dienen. Im Zentrum der Theorie lagen die Vereinbarkeit und der gegenseitige Schutz aller unter einem gemeinsamen allgemeinen Willen („volonté générale“). Dieser Allgemeinwille sollte auf das Allgemeinwohl ausgerichtet sein und die Meinung aller freien (männlichen) Personen richtig und vollständig abbilden. Rousseau lehnte dabei die Teilung der Staatsführung ab. Seine Idealvorstellung einer direkten Demokratie ohne Gewaltenteilung und Repräsentation war aber nicht mit den Ideen von Locke und Montesquieu vereinbar. Liberale Grundgedanken wie Meinungsfreiheit oder Individualismus wurden strikt abgelehnt. Rousseau glaubte nämlich, dass der Gemeinwille auf das öffentliche Wohl abziele und immer recht habe. Abweichende Meinungen würden nur zeigen, dass der Gemeinwille falsch gelegen haben müsse. Entsprechend wäre es notwendig, eine Homogenität der Anschauungen, Interessen und Wertevorstellungen zu erzielen, um ein stabiles Gemeinwesen zu bewahren.

Thomas Jefferson (1743–1826)
amerikanischer Staatstheoretiker, wichtiger Mitverfasser der Unabhängigkeitserklärung der USA
3. US-Präsident 1801–1809

Der Gesellschaftsvertrag war damit in seiner Theorie in Teilen antiparlamentarisch, antiindividualistisch und antipluralistisch. Er stand im Widerspruch zur liberalen Realität. Warum er dennoch in Grundgedanken seine Anwendung fand, liegt in einem großen Vorteil begründet. Durch ihn bot sich in den USA die Möglichkeit der Gründung eines politischen Gemeinwesens: eines Bundesstaates mit föderalen Strukturen, also teilsouveränen Einzelstaaten unter einem demokratischen Gesamtstaat. Dieser durfte sich zum Zweck der Wahrung der allgemeinen Freiheit selbst Gesetze geben und stellte so allgemein akzeptierte Verbindlichkeiten her. Der Gemeinwille sicherte dem Gemeinwohl politische Freiheit zu und das Volk blieb als entscheidende Gesetzgebungsinstanz souverän.

Über diese Ansätze des volonté générale hinaus wurde allerdings Rousseaus Theorie, insbesondere seine Demokratieauffassung, von den Verfassungsvätern abgelehnt. In bewusster Abgrenzung entwarfen sie die amerikanische Verfassung von 1787 als eine auf Gewaltenteilung basierende präsidial-parlamentarische Demokratie. Das Repräsentationssystem sollte die Pluralität von Werten und Interessen widerspiegeln und die Freiheit des Einzelnen ermöglichen. So wurden die unterschiedlichen Meinungen schließlich über die demokratische Mehrheitsherrschaft in die Bundespolitik einbezogen und erlaubten möglichst gerechte Entscheidungen.

Jean-Jacques Rousseau (1712–1778)
Genfer Schriftsteller, Philosoph und politischer Theoretiker der Aufklärung

→ vgl. Kapitel 1.9, S. 74

Die Französische Revolution – Beginn einer liberal-demokratischen Herrschaft?

Der amerikanische Unabhängigkeitskrieg hatte die Loslösung von der Kolonialmacht England möglich gemacht. Doch diese Revolution gelang nur durch die Unterstützung anderer Mächte. So erhielten die Rebellen u. a. Hilfestellung durch das französische Ancien Régime. Ludwig XVI., der 1774 als absoluter Herrscher den Thron bestieg, versuchte mit außenpolitischen Erfolgen von seinen innenpolitischen Problemen abzulenken. Allerdings konnten die Erfolge in Amerika nicht die Probleme Ludwigs XVI. zu Hause lösen. Die militärischen Ausgaben, v. a. der Flottenbau, hatten den französischen Staatshaushalt weiter unter Druck gesetzt. Zusätzlich gewannen die Ideale, für die in den USA gekämpft worden war, steigende Popularität. Vor allem die liberalen Forderungen nach Menschen- und Bürgerrechten und der Souveränität des Volkes wurden zum Motor der Französischen Revolution. Das Ancien Régime wurde gestürzt und die Bevölkerung von der feudalen Grundherrschaft befreit.

Die liberalen Ideen von Locke und Montesquieu bildeten den Grundstein für die anschließende freiheitliche demokratische Regierungsform. Das liberale Demokratiemodell wurde in dieser nach-revolutionären Phase zur staatlichen Grundordnung und umfasste mit der Erklärung der Menschen- und Bürgerrechte die wichtigsten Charakteristika. Der gesamten französischen Bevölkerung wurde die Souveränität zugesprochen. Aber noch sollte ein König – ähnlich der englischen parlamentarischen Monarchie – dem Volk als Staatsoberhaupt vorstehen.

Allerdings radikalisierte sich die Französische Revolution sehr schnell und führte dazu, dass schon 1793 die Monarchie vollständig abgeschafft wurde. Stattdessen errichteten die Mit-

glieder der Regierung eine radikale Demokratie mit einer starken Zentralgewalt und ohne föderale Elemente wie Bundesstaaten oder Bundesländer. Ganz im Sinne von Rousseau nahmen die Jakobiner unter Führung von Maximilien de Robespierre an, dass das demokratische Gemeinwohl nicht mit Einzelinteressen und abweichenden Meinungen vereinbar sei. Deshalb sollte eine homogene, antiindividualistische und antipluralistische Gemeinschaft geschaffen werden, bei Bedarf auch mit Gewalt und Terror. Aus der gemäßigten Demokratie wurde so innerhalb kurzer Zeit eine Diktatur. Diese wurde in einem letzten Schritt von Napoléon Bonaparte als neuem Monarchen abgelöst.
Seine Herrschaft als selbstgekrönter Kaiser hatte starke diktatorische Züge, enthielt jedoch auch plebiszitäre Elemente wie die Möglichkeit der Volksabstimmung. Zusätzlich eingeführt wurden u.a. der Code civil als bürgerliches Gesetzbuch und der Code pénale als Strafgesetzbuch. In den insgesamt fünf erschienenen Gesetzesbüchern hielten liberale und aufklärerische Gedanken und die Forderungen der Französischen Revolution nach Freiheit, Gleichheit und Brüderlichkeit Einzug. Auch eine strikte Trennung von Staat und Kirche wurde eingefordert. Das gesamte Gesetzeswerk hat z.T. bis heute Gültigkeit und wurde über Napoléons Eroberungszüge in großen Teilen Europas – mittlerweile auch weltweit – verbreitet und in landeseigene Gesetzesbücher integriert.

1815–1870: Durchsetzung des Liberalismus in Frankreich?

Im Gegensatz zu diesen wechselvollen und z.T. sehr gewalttätigen Zeiten machten die Ereignisse ab 1815 liberale Forderungen erneut erstrebenswert. So schienen die Revolutionen vom Juli 1830, Februar 1848 und September 1870 Siege des Liberalismus zu sein. Allerdings erschöpften sich die Liberalen, einmal an die Macht gekommen, in z.T. konträren Ansichten und internen Kämpfen. So billigte z.B. das liberale Parlament 1850 die Einschränkung des allgemeinen Wahlrechts durch die Einführung eines Zensus. Der französische Staatspräsident Charles Louis Napoléon Bonaparte nutzte dies, um 1851 in einem Staatsstreich die Nationalversammlung aufzulösen und das allgemeine Wahlrecht erneut einzuführen. Mit diesem Schachzug erhielt er Unterstützung in der Bevölkerung und wurde in einer Volksabstimmung mit überwältigender Mehrheit zum Kaiser gewählt. Dieses nun neu gegründete Zweite Kaiserreich musste er jedoch in den Folgejahren reformieren. Die wachsende Opposition gegenüber seiner autokratischen Führung zwang ihn zu schrittweisen Reformen und einer verstärkten Liberalisierung. Bis 1870 entstand so ein parlamentarisches Regierungssystem. Doch nach dem Deutsch-Französischen Krieg endete letztlich diese napoleonische Kaiserzeit in Frankreich. Die Dritte Republik wurde ausgerufen und eine Verfassung mit Zwei-Kammer-Parlament (Abgeordnetenhaus und Senat) und einem Ministerpräsidenten eingeführt. Sie dauerte bis zur Besetzung Frankreichs im Zweiten Weltkrieg und führte liberale Ideen fort.

Charles Louis Napoléon Bonaparte (1808–1873)
Neffe von Kaiser Napoléon I. 1848–1852 franz. Staatspräsident, seit 1851 mit quasi diktatorischen Vollmachten 1852–1870 als Napoléon III. Kaiser der Franzosen

Liberale und demokratische Einflüsse auf die deutsche Politik des 19. Jahrhunderts

Über die politischen Entwicklungen in den USA und Frankreich setzten sich auch in den deutschen Gebieten die Forderungen nach freiheitlichen Grundwerten und politischer Mitsprache immer mehr durch. Gerade in der Phase zwischen Restauration und Revolution wurden demokratische und liberale Forderungen, aber auch der Wunsch nach einer geeinten Nation, einem geeinten Nationalstaat, laut.
Die ursprüngliche Hoffnung, die Französische Revolution einfach auf Deutschland übertragen zu können, erfüllte sich dabei jedoch nicht. Die Ideen und Ziele erhielten zwar zunächst einen starken Zuspruch in der Bevölkerung. Das Hauptproblem bestand aber darin, dass sich der deutsche Liberalismus sehr schnell von demokratischen Forderungen abgrenzte und sich dann noch intern aufspaltete. Er versuchte die Interessen und Werte verschiedener sozialer und politischer Kräfte in sich zu vereinen. Hierzu gehörten das Bildungsbürgertum mit Professoren, Lehrern, Beamten und Rechtsanwälten und das Besitzbürgertum, das aus Handwerkern, Fabrikanten und Kaufleuten bestand. Gleichzeitig grenzte er sich von Kleinbauern, Tagelöhnern, Dienstboten oder Gesellen ab, also der ländlichen Unterschicht.

Dies galt auch für die neue Gesellschaftsklasse der meist städtischen Arbeiterschaft. Der Liberalismus erkannte die Soziale Frage nicht als Gesellschaftsproblem an. Vielmehr entfremdete er sich von der Masse der Bevölkerung. Grund hierfür war u.a. das Unvermögen, auf die Bedürfnisse der arbeitenden Menschen einzugehen, zu deren Lebenswelt kein sozialer oder gesellschaftlicher Bezug bestand.

Viel entscheidender war jedoch, dass sich die Liberalen nicht auf ein gemeinsames Ziel einigen konnten: weder, ob eine Republik oder eine konstitutionelle Monarchie entstehen, noch ob die nationale Einigung unter Führung Preußens oder Österreichs stattfinden sollte. Die bald entstehenden verschiedenen liberalen Bewegungen und Vereine fanden ab den frühen 1860er-Jahren nur ein gemeinsames Ziel: die freie Marktwirtschaft, wie sie von klassischen Nationalökonomen wie Adam Smith befürwortet wurde. Zentral waren industrielle und handelspolitische Fragen und der Wunsch nach Freisetzung der Wirtschaftskraft ohne jegliche Beeinflussung oder Beschränkung durch politische Instanzen. Die zunehmende Popularität des Wirtschaftsliberalismus bewirkte, dass der Staat immer mehr kritisiert wurde. Kritikpunkte waren u.a. die uneinheitlichen wirtschaftspolitischen Tendenzen, die z.B. einige Branchen mehr förderten als andere, oder auch die fehlende Gewerbefreiheit. Dazu wurde die Rolle des Staates im gesellschaftlichen Leben infrage gestellt. Vor allem die preußische Heeresreform, die eine Modernisierung und Aufstockung des Heeres sowie eine Wehrpflichtverlängerung vorsah, galt als Streitfall zwischen Regierung und Parlament. Dieser negative Eindruck gegenüber der Staatsgewalt verstärkte sich, als Otto von Bismarck als preußischer Ministerpräsident mit seiner Politik die Rechtsstaatlichkeit missachtete. So ging er z.B. gegen liberale Beamte vor, richtete den Verwaltungsapparat als antiliberalen Gegenpol zum Parlament aus und verschärfte die Pressezensur. Nach den außenpolitischen Erfolgen Bismarcks änderte sich jedoch das Verhältnis zu ihm. Einige liberale Vereine, die noch in ihrer Frühphase die Freiheit vor die Einheit des Staates gestellt hatten, verfolgten nun – wie die sich jetzt abspaltenden Nationalliberalen – das umgekehrte Ziel: „Wenn die Einheit erreicht ist, so wird die Freiheit sich von selbst finden ... Jetzt ist die Parole: keine Freiheit – die Sozialdemokraten und **Ultramontanen** kommen." Sie akzeptierten also den bismarckschen Staat als Garant der nationalen Einheit und wurden sogar zu seiner wichtigsten parlamentarischen Stütze. Hierdurch konnten sie ein einheitliches Sozial- und Wirtschaftsrecht etablieren. Es entstanden z.B. 1867 das Zollvereinigungsgesetz und das Freizügigkeitsgesetz zur freien Wohnort- und Arbeitswahl oder 1869 die neue liberale Gewerbeordnung.

Noch im **Kulturkampf** gegen den Katholizismus und dessen angeblichen Einfluss auf oppositionelle Gruppen bildeten die Liberalen ein Zweckbündnis mit dem Staat. Das Verhältnis zueinander änderte sich aber spätestens ab Mitte der 1870er-Jahre. Linksliberale und gemäßigte Liberale wie die Fortschrittspartei durchkreuzten Bismarcks Pläne, indem sie ständig Forderungen nach Verfassungsreformen und liberalen Gesetzen (z.B. zur Pressefreiheit) stellten. Es ging sogar soweit, dass die liberale Mehrheit ihr Einverständnis zu einigen geplanten Gesetzen wie dem Sozialistengesetz verweigerte. Die Nationalliberalen dagegen stimmten zusammen mit den konservativen Parteien der Regierung zu und ermöglichten das Inkrafttreten. Die parlamentarischen Konflikte führten damit zu einer weiteren Spaltung der Liberalen. Zusätzlich endete nach der großen Wirtschaftskrise von 1873 und der Rückkehr zum Protektionismus Ende 1880 die liberale Wirtschaftspolitik. Hauptsächlich geschah dies durch Eingriffe des Staates in den Freihandel, indem z.B. Schutzzölle auf ausländische Waren wie Getreide, Holz oder Tabak erhoben wurden. Der deutsche Liberalismus ging aus den politischen Ereignissen dieser Jahre schwer angeschlagen hervor und musste zahlreiche Wahlniederlagen einstecken. Auch wenn die „liberale Ära" damit beendet war, die liberalen Ideen wurden weitergetragen und fanden letztlich Eingang in viele Parteien und mit der Gründung der Weimarer Republik auch in eine demokratische Verfassung.

→ **Q2**, S. 114

Ultramontanen
Anhänger eines antimodernen und antiliberalen politischen Katholizismus mit treuer Ausrichtung auf die Lehren des Papstes

Kulturkampf
Auseinandersetzung zwischen dem neuzeitlichen Nationalstaat und der katholischen Kirche über die Frage der Trennung von Kirche und Staat (z.B. Schulwesen als ausschließlich staatlichem Bereich, Einführung der Zivilehe etc.), in Deutschland erlebte der Kulturkampf seinen Höhepunkt in den 1870er-Jahren

A Machtkontrolle und Gewaltenteilung

Q1

„Machtstreben muß Machtstreben entgegenwirken": Madison im 51. „Federalist"-Artikel, 6. Februar 1788

Gewaltenteilung [separation of powers] war für die amerikanischen Verfassungsväter kein Selbstzweck und bedeutete deshalb nicht ein säuberlich voneinander abgegrenztes Nebeneinander von Kompetenzen, sondern ein Gegeneinandersetzen verschränkter Kompetenzen mit dem Ziel der gegenseitigen Machtkontrolle. Das psychologische Prinzip der Organisation republikanischen Regierens brachte Madison daher auf die Formel: „Machtstreben muss Machtstreben entgegenwirken."

Auf welches Mittel sollen wir zurückgreifen, um auch in der Praxis die in der Verfassung festgelegte Teilung der Gewalten zu gewährleisten? Darauf gibt es nur eine Antwort: Da all diese äußeren Maßnahmen sich als unzureichend erwiesen haben, muss der Mangel behoben werden, indem die innere Struktur des Regierungssystems so gestaltet wird, dass dessen konstitutive Elemente durch ihre wechselseitigen Beziehungen selbst zum Mittel werden, den jeweils anderen Teil in seine Schranken zu verweisen.

[...] die wichtigste Sicherung vor einer allmählichen Konzentration der verschiedenen Gewalten in einer Hand besteht darin, den Amtsinhabern der verschiedenen Gewalten die nötigen verfassungsmäßigen Mittel und persönlichen Anreize an die Hand zu geben, Übergriffe der anderen abzuwehren. Die Vorkehrungen für eine Verteidigung müssen in diesem wie in allen anderen Fällen der voraussichtlichen Stärke der Bedrohung entsprechen. Machtstreben muss Machtstreben entgegenwirken. [...] Die Abhängigkeit vom Volk ist zweifellos das beste Mittel, staatlicher Macht Schranken zu setzen; aber die Menschheit hat aus Erfahrung gelernt, dass zusätzliche Vorkehrungen nötig sind. [...]

In einem republikanischen Regierungssystem dominiert notwendig die Legislative. [...] Ebenso wie das große Gewicht der Legislative deren Teilung erfordert, kann sich aus der relativen Schwäche der Exekutive die Notwendigkeit ergeben, diese zu stärken. [...] Darüberhinaus gelten besonders zwei Überlegungen für das föderative System Amerikas, die dieses System in einem sehr interessanten Licht erscheinen lassen.

Erstens. In einer einfachen Republik wird alle vom Volk abgetretene Gewalt einer einzigen Regierung zur Ausübung übertragen; Übergriffe werden durch die Teilung in streng und deutlich voneinander abgegrenzte Gewalten innerhalb des Regierungssystems erreicht. In der komplexen [compound] Republik Amerikas wird die vom Volk abgetretene Gewalt zunächst zwischen zwei Regierungssystemen aufgeteilt und dann der jeweilige Anteil der Macht zwischen den unabhängigen und genau abgegrenzten Gewalten unterteilt. Für die Rechte des Volkes ergibt sich daraus eine doppelte Sicherheit. Die beiden unterschiedlichen Regierungssysteme kontrollieren sich gegenseitig und werden intern nochmals selbst kontrolliert.

Zweitens. Es ist in einer Republik von großer Bedeutung, nicht nur die Gemeinschaft vor der Unterdrückung der Herrschenden zu schützen, sondern auch den einen Teil der Gemeinschaft vor der Ungerechtigkeit des anderen Teils zu bewahren. Unterschiedliche Klassen von Staatsbürgern haben notwendig unterschiedliche Interessen. Wenn die Mehrheit ein gemeinsames Interesse hat, sind die Rechte der Minderheit nicht sicher.

[...] Gerechtigkeit ist das Anliegen eines Staates. Sie ist das Ziel der bürgerlichen Gesellschaft. Man hat darum gerungen und wird solange darum ringen, bis man sie erlangt oder in ihrem Verfolg die Freiheit verloren hat. [...] In der großflächigen Republik der Vereinigten Staaten und bei der großen Vielfalt an Interessen, Parteien und Sekten, die in ihren Grenzen existieren, kann sich eine Mehrheitskoalition der ganzen Gesellschaft nur ganz selten auf der Basis anderer Grundsätze als denen der Gerechtigkeit und des Gemeinwohls ergeben. [...].

New York Journal v. 6.2.1788, Verfasser: A. Hamilton/J. Madison/J. Jay, nach: Clinton Rossiter (Hrsg.): Federalist Papers 1787/88, S. 320–325, Dtsch. Originalausgabe: Angela u. Willi Paul Adams (Hrsg.): Die Amerikanische Revolution und die Verfassung 1754–1791. DTV, München 1987. Unter: www.gewaltenteilung.de/tag/federalist-papers/ (Zugriff: 17.01.2020).

B Parteiprogramme deutscher liberaler Parteien

Q2

Das Gründungsprogramm der Nationalliberalen Partei (12. Juni 1867)

In ihrem Gründungsprogramm vom Juni 1867 vertritt die Nationalliberale Partei die nationale Einheit als Hauptziel. Sie betont aber auch die Miteinbeziehung Süddeutschlands, die Notwendigkeit von Freiheit und Rechtsstaatlichkeit, eines gestärkten Reichstags und einer ständig weiterentwickelten Verfassung.

Als im vorigen Jahre der alte Bund zusammenbrach und die preußische Regierung den ernsten Willen bekundete, das nationale Band zu erhalten und die deutsche Einheit auf festeren Grundlagen herzustellen, da war es uns nicht zweifelhaft, dass die liberalen Kräfte der Nation mitwirken müssten, wenn das Einigungswerk gelingen und zugleich die Freiheitsbedürfnisse des Volkes befriedigen sollte. Um dieses Zweckes willen waren wir zur Mitwirkung bereit [...]. Dem neuen Bedürfnis entsprach die Bildung der Nationalliberalen Partei zu dem Zwecke, auf den gegebenen

Grundlagen die Einheit Deutschlands zu Macht und Freiheit herzustellen.
Wir verkannten niemals das Schwierige der Aufgabe, im Zusammenwirken mit einer Regierung, welche jahrelang den Verfassungskonflikt aufrecht erhalten […] hatte, […] die freiheitliche Entwicklung zu fördern. Aber wir unterzogen uns dieser Aufgabe mit dem festen Willen, durch fortgesetzte ernste Arbeit die Schwierigkeit zu überwinden, und mit der Zuversicht, dass die Größe des Zieles die Tatkraft des Volkes stärken wird.
Denn uns beseelt und vereinigt der Gedanke, dass die nationale Einheit nicht ohne die volle Befriedigung der liberalen Ansprüche des Volkes erreicht und dauernd erhalten, und dass ohne die tatkräftige und treibende Macht der nationalen Einheit der Freiheitssinn des Volkes nicht befriedigt werden kann. Deshalb ist unser Wahlspruch: Der deutsche Staat und die deutsche Freiheit müssen gleichzeitig mit denselben Mitteln errungen werden. Es wäre ein verderblicher Irrtum, zu glauben, dass das Volk, seine Fürsprecher und Vertreter nur die Interessen der Freiheit zu wahren brauchen, die Einheit dagegen auch ohne uns durch die Regierung auf dem Wege der Kabinettspolitik werde aufgerichtet werden. Die Einigung des ganzen Deutschlands unter einer und derselben Verfassung ist uns die höchste Aufgabe der Gegenwart. […]
Im Parlament erblickten wir die Vereinigung der lebendig wirkenden Kräfte der Nation. Das allgemeine, gleiche, direkte und geheime Wahlrecht ist unter unserer Mitwirkung zur Grundlage des öffentlichen Lebens gemacht. […] Am Volke liegt es jetzt, für die Reinheit der Wahlen einzutreten; angestrengten Bemühungen wird es gelingen, seine Stimme wahrheitsgetreu zum Ausdruck zu bringen, und dann wird das allgemeine Wahlrecht selbst das festeste Bollwerk der Freiheit sein, wird es die in die neue Zeit hineinragenden Trümmer des ständischen Wesens wegräumen und die zugesicherte Gleichheit vor dem Gesetz endlich zur Wahrheit machen.
Wir sind entschlossen, die Bundeskompetenz zu befestigen und über alle gemeinsamen Angelegenheiten auszudehnen. Als Ziel schwebt uns vor, dass die parlamentarischen Funktionen des Staates möglichst vollständig in den Reichstag verlegt werden. […] Nicht minder dringend sind Gesetze, welche eine wirksame Verantwortlichkeit für die Minister und alle Beamten herbeiführen, auf der juristischen Grundlage, dass jedermann für seine Handlungen einzustehen habe. […]
Unter den anderen zahlreichen Gegenständen nennen wir: den Schutz des Rechtszustandes durch unabhängige Richter; die Unabhängigkeit und Erweiterung des Rechtsweges […]. Wir hegen nicht die Hoffnung, den zahlreichen Bedürfnissen auf einmal abzuhelfen, aber wir werden keines derselben aus den Augen lassen und je nach der Gunst der Umstände das eine oder das andere in den Vordergrund stellen. […] Die Endziele des Liberalismus sind beständige, aber seine Forderungen und Wege sind nicht abgeschlossen vom Leben und erschöpfen sich nicht in festen Formeln. Sein innerstes Wesen besteht darin, die Zeichen der Zeit zu beachten und ihre Ansprüche zu befriedigen. Die Gegenwart spricht deutlich, daß in unserem Vaterlande jeder Schritt zur verfassungsmäßigen Einheit zugleich ein Fortschritt auf dem Gebiete der Freiheit ist oder den Antrieb hierzu in sich trägt. […]

National-Zeitung (Berlin), 13. Juni 1867, S. 1. Aus: W. Cahn, Aus Eduard Laskers Nachlaß (1902), Bd. 1, S. 158–163; abgedruckt in Felix Salomon (Hrsg.): Die deutschen Parteiprogramme. Heft 1: Vom Erwachen des politischen Lebens in Deutschland bis zur Reichsgründung 1871, Hrsg. v. Wilhelm Mommsen und Günther Franz. 4. Aufl., B. G. Teubner, Leipzig und Berlin, 1932, S. 155–159.

C Die deutsche Reichsverfassung – zwischen Liberalismus und Autokratie

D1

Demütigung der Demokratie

Laut der deutschen Verfassung von 1871 konkurrierten in dem nach allgemeinem und gleichem Wahlrecht für Männer gewählten Reichstag liberale, konservative und sozialistische Parteien um die Wählerschaft. Im Reichstag erhielten sie zwar die Möglichkeit den Haushalt zu bewilligen, die Regierungsbildung blieb jedoch ohne ihren Einfluss. Diese blieb nämlich dem deutschen Kaiser vorbehalten.

[…] Die Reichsverfassung von 1871 war für die liberale und demokratische Bewegung in Deutschland ein schwerer Schlag, dessen demütigende Wirkung tief nachgewirkt hat und im politisch-psychologischen Klima bis in die Gegenwart hinein zu spüren ist. Diese Demütigung bestand nicht in der nur halben demokratischen Legitimität der Reichsverfassung, also in ihrem Doppelcharakter von Fürstenbund und Reichstagsgesetz, und sie bestand auch nicht in den Beschränkungen der demokratischen Verfassungselemente, also insbesondere in der völligen Unabhängigkeit der Regierung vom Reichstag. Sie bestand paradoxerweise im Gegenteil gerade darin, dass sie die großen Hoffnungen der bürgerlichen Bewegung wenigstens zu einem Teil erfüllte, nämlich die Herstellung der nationalen Einheit und die Schaffung einer nationalen und zugleich demokratischen Repräsentation im Reichstag. Denn die Erfüllung dieser Wünsche war nicht aus eigener Kraft erkämpft worden, sondern musste als ein Gnadengeschenk „von oben“ entgegengenommen werden. Mehr noch, sie war ein Geschenk ausgerechnet aus der Hand des machtpolitisch erfolgrei-

chen und spöttischen Gegners Bismarck. Die psychologischen Wirkungen waren folgenschwer.
Während bis dahin die drei Elemente der bürgerlichen Bewegung – das demokratische, das liberal-rechtsstaatliche und das nationale – eine Einheit gebildet hatten […], fiel nun das demokratische Element heraus. Es hatte sich nicht aus eigener Kraft durchsetzen können und sogar im Sieg noch verloren, da sein Erfolg von den Fürsten ohne Not „bewilligt" worden war. Das deutsche Bürgertum konnte sich auf die Dauer nicht mit einer Position identifizieren, die ständig verloren hatte. Es begann seinen großen Bezwinger zu verehren. Es lernte den machtpolitischen Realitätssinn Bismarcks zu bewundern, dem Spötter Recht zu geben, die höhnische Attitüde der politischen „Rechten" anzunehmen und sie selbst nach „links", gegenüber den Demokraten, anzuwenden. Zugleich schuf es sich auf dieser Grundlage ein neues nationales Selbstbewusstsein gegenüber den demokratischen westlichen Nachbarn.
Dieses psychologische Arrangement mündete darin, dass man in den Ersten Weltkrieg mit großer Begeisterung für Kaiser und Vaterland und zugleich einer tiefen Verachtung für die Demokratie eintrat und dass man begann, die „Ideen von 1914" gegen die „Ideen von 1789" auszuspielen. Die Idee von 1789 war der demokratische Verfassungsstaat. Die Idee von 1914 lief auf die Verachtung des Verfassungsstaates durch die Deutschen hinaus, die in ihrem Bemühen um den demokratischen Verfassungsstaat gescheitert waren und sich mit ihrem Demütiger identifiziert hatten, und die nun Gelegenheit fanden, durch den Krieg gegen die westlichen Demokratien an seinem Triumph teilzuhaben. […]

Martin Kriele: Einführung in die Staatslehre. Die geschichtlichen Legitimitätsgrundlagen des demokratischen Verfassungsstaates. 6., überarb. Aufl., Kohlhammer Verlag, Stuttgart 2003, S. 286 f.

Q3

„Der Pfeil ist auf die Sozialdemokraten gerichtet; wie aber, wenn er über das Ziel hinausfliegt?"
Karikatur in der Zeitung Kladderadatsch in Reaktion auf die Lesung des Sozialistengesetzes im Reichstag am 16. September 1878

Arbeitsvorschläge

Arbeitsvorschläge zum darstellenden Teil

1. Charakterisieren Sie mithilfe des Verfassertextes das Modell der liberalen Demokratie. [II]
2. Vergleichen Sie die parlamentarische und die präsidiale Demokratie als Beispiele für Regierungssysteme in liberalen Demokratien,
   a) indem Sie geeignete Vergleichskriterien aufstellen,
   b) beide Systeme danach auswerten,
   c) Ihre Ergebnisse in Gemeinsamkeiten und Gegensätze sortieren.
   Ziehen Sie anschließend ein Fazit. [III] ○ ●

A Machtkontrolle und Gewaltenteilung

3. Stellen Sie Hypothesen auf, warum der Liberalismus auch nicht demokratische Herrschaftsformen unterstützt(e). Nehmen Sie dabei u. a. Bezug auf die philosophischen Grundlagen von Locke, Montesquieu und Rousseau. [III]
4. Arbeiten Sie aus Q 1 heraus, wie ein Regierungssystem gestaltet sein muss, „dass dessen konstitutive Elemente durch ihre wechselseitigen Beziehungen selbst zum Mittel werden, den jeweils anderen Teil in seine Schranken zu verweisen". [II]

B Parteiprogramme deutscher liberaler Parteien

5. Arbeiten Sie aus der Quelle Q 2 die Ziele des politischen Nationalliberalismus in Preußen bzw. im frühen Deutschen Kaiserreich heraus. [II] ●
6. Erörtern Sie, warum die in Q 2 aufgestellten Ziele nicht die gesamte deutsche Bevölkerung integriert haben könnten (s. auch den Darstellungstext auf S. 108). [II] ●

C Die deutsche Reichsverfassung – zwischen Liberalismus und Autokratie

7. Das Deutsche Kaiserreich von 1871 gilt in seiner Staatsform als föderale Erbmonarchie. Charakterisieren Sie das Regierungssystem mithilfe des Textes D 1 und des Schaubilds der deutschen Reichsverfassung von 1871 (Verfassungsschaubild → Kapitel 1.7, S. 59). Beurteilen Sie anschließend mithilfe des Textes D 1 aufgestellte Behauptung, die Reichsverfassung von 1871 sei eine Demütigung der Demokratie gewesen, die „tief nachgewirkt hat und im politisch-psychologischen Klima bis in die Gegenwart hinein zu spüren ist". [III]
8. Auf Kaiser Wilhelm I. wurden mehrere Attentate verübt, darunter zwei im Jahr 1878. Der Klempnergeselle Max Hödel nutzte eine offene Kutschfahrt Wilhelms I. Seine zwei Revolverschüsse verfehlten jedoch ihr Ziel. Der junge Landwirt Dr. Karl Eduard Nobiling dagegen konnte ihn mit einer Doppelladung Schrot schwer verletzen. Wilhelm I. überlebte jedoch. Diese beiden Attentate nutzte Reichskanzler Otto von Bismarck, um die SAP (die Sozialdemokratische Arbeiterpartei), aus der Hödel erst kurz zuvor ausgeschlossen worden war, zu belasten und das Sozialistengesetz zum Verbot sozialistischer Organisationen und Parteien auf den Weg zu bringen. Analysieren Sie in diesem Zusammenhang D 1 und bewerten Sie anschließend die potentielle Bedrohung für die Liberalen. [II/III] ○ ●
9. Liberale Demokratien sind hart umkämpfte und noch relativ junge Herrschaftsformen, die es zu bewahren, aber ggf. auch anzupassen gilt. Dr. Stephan Harbarth spricht davon, dass es eine „Kernaufgabe des Rechts" sei, die Freiheitsräume des Individuums abzusichern und zu garantieren, sowohl gegenüber dem Staat als auch gegenüber allen anderen Individuen. Erörtern Sie die Leitfrage des Kapitels „Ist die Demokratie heute in der Defensive, gehört den Autokratien und Diktaturen nicht nur die Vergangenheit, sondern auch die Zukunft?" [III]

Online- und Differenzierungsmaterialien zu Kapitel 2.1
○ Arbeitshilfen zu den Aufgaben 2 und 8
● Vertiefungsangebote zu den Aufgaben 2, 5, 6 und 8

Online-Code: db27g5

E Erweiterungsband Kapitel 2.1, S. 88–95, Kapitel 2.2, S. 96–103

2.2 Der Kommunismus – ein Alternativmodell zur liberalen Demokratie?

Demokratie heißt, unterschiedliche und voneinander abweichende Meinungen zu dulden. Doch die Geschwindigkeit der Modernisierung und die gesellschaftlichen, wirtschaftlichen und politischen Veränderungen durch die Globalisierung können Menschen Angst machen: Angst vor dem sozialen Abstieg, Angst vor „Übervölkung" durch Migranten oder Angst vor dem Verlust traditioneller Gesellschaftswerte und dem „Gender-Wahnsinn". Diese Ängste machen Menschen empfänglich für populistische Parteien, ihre Parolen und einfachen Lösungen für komplexe Probleme. Doch wie fähig ist die liberale Demokratie, die Freiheit gegenüber ihren Feinden zu verteidigen? Liegt die Lösung vielleicht eher in dem Ausbau sozialer und kollektiver Rechte? Oder gar in einer antiliberalen Gegenrevolution?

Die Arbeiterbewegungen des 19. Jahrhunderts

→ Q1, S. 124

Schon zu Beginn der Frühindustrialisierung veränderten sich gesellschaftliche und soziale Strukturen. Die Herausforderungen an die arbeitenden Menschen wuchsen und unterlagen gleichzeitig den wirtschaftlichen Entwicklungen der Folgejahre. Die **Soziale Frage** wurde zu einem immer größer werdenden Problem. Sie belastete nicht nur die Gesellschaft, sondern auch die politisch Verantwortlichen, die um ihre Macht und ihren Einfluss fürchten mussten. Verschiedene politische, kirchliche und gesellschaftliche Strömungen suchten deshalb nach Lösungsansätzen. Bedeutsam wurden so die **Arbeiterbewegungen**, die sich aus Gesellenvereinen oder Interessenverbänden der Lohnarbeiter herausbildeten. Sie verstanden sich als kollektive Interessensvertretung. So machten sie mit Streiks oder der Gründung von Gewerkschaften und Verbänden auf sich aufmerksam. Allerdings waren sie anfangs noch nicht einheitlich strukturiert, sondern in verschiedene ideologische und organisatorische Einheiten zerstritten. Zu ihnen gehörten z. B. der Allgemeine Deutsche Arbeiterverein ADAV von Ferdinand Lassalle oder die Sozialdemokratische Arbeiterpartei SDAP von August Bebel und Wilhelm Liebknecht. Beide Gruppierungen schlossen sich 1875 zur Sozialistischen Arbeiterpartei SAP zusammen. Aber es gab auch dem Liberalismus verpflichtete Gewerkschaftsrichtungen und christlich-soziale Arbeitervereine.

Karl Marx (1818–1883)
Philosoph, politischer Journalist, Gesellschaftskritiker

Die frühsozialistische Arbeiterbewegung

Gemeinsam war allen frühsozialistischen Strömungen, dass sie die städtischen Fabrikarbeiter als eine Einheit, als Arbeiterklasse, begriffen, wobei die Tagelöhner auf dem Land oder Hausangestellten nicht einbezogen wurden. Entsprechend stellten die Frühsozialisten nur die Arbeiterinnen und Arbeiter ins Zentrum ihrer Überlegungen zur Lösung der Sozialen Frage und solidarisierten sich miteinander. Hauptgrund war, dass sie zahlreichen Repressionen durch den Staat ausgesetzt waren, z. B. im Deutschen Reich durch das Sozialistengesetz. Viele flohen ins Ausland und fanden sich mit Gleichgesinnten in ganz Europa zusammen. Ein starkes transnationales und politisch engagiertes Netzwerk bildete sich aus. Es übernahm als Grundwerte die Forderungen der Französischen Revolution nach Freiheit, Gleichheit und Brüderlichkeit und ergänzte sie um Gerechtigkeit und Solidarität.

Trotz der Gemeinsamkeiten war die frühsozialistische Arbeiterbewegung Europas unterschiedlich aufgebaut und entwickelt. Begründet ist dies zum einen durch regional- und berufsspezifisch unterschiedliche Kulturen, zum anderen in den länderabhängigen Geschwindigkeiten des Industrialisierungsprozesses. Außerdem waren einige Arbeiterbewegungen stärker in demokratische Traditionen ihrer Heimatländer eingebunden (z. B. in England). Diese mussten sich daher weit weniger gegen Ausgrenzung und Repressalien oder gegen ihre Illegalität und das Exil wehren als etwa die deutschen, italienischen oder russischen Arbeiterorganisationen.

Sozialistengesetze
mehrfach erneuertes „Gesetz gegen die gemeingefährlichen Bestrebungen der Sozialdemokratie", von der Bismarck-Regierung 1878 erlassen, mit dem sozialistische und sozialdemokratische Organisationen im Deutschen Reich verboten wurden

→ Q2, S. 124

Audio
Podcast Sozialismus
7n4x6f

Der wissenschaftliche Sozialismus

Die unterschiedlichen Einstellungen zur Ausgestaltung von Individualität und Kollektivität bildeten eine weitere Diskussionsgrundlage. Es gab Strömungen, die die beiden gesellschaftlichen Organisationsformen gegeneinander ausspielten. So stellten die Liberalen die Freiheit und den Individualismus in den Vordergrund. Es gab andere Strömungen, die eine Verbindung zwischen beiden suchten. Hier spielten Gewerkschaften als zentrale Verbindungselemente eine bedeutende Rolle. Lassalle wiederum drängte auf die Gründung von Arbeiterparteien, die im Bündnis mit dem Staat zur Lösung der Sozialen Frage beitragen sollten (Staatssozialismus). Karl Marx und Friedrich Engels wiederum betrachteten die zeitgenössische Problematik aus fortschrittsoptimistischer und wissenschaftlicher Sicht. Sie begründeten ihren Sozialismus mit dem sogenannten „historischen Materialismus".

Ihr Hauptkritikpunkt wurde der Kapitalismus, der die Arbeit und die Arbeiterschaft als „Ware wie jeder andere Handelsartikel und daher gleichmäßig allen Wechselfällen der Konkurrenz, allen Schwankungen des Marktes ausgesetzt" wahrnahm. Die Gesellschaft sei als Klassengesellschaft zu verstehen, die dadurch geprägt sei, dass die einzelnen Klassen unversöhnlich einander gegenüberstünden. Nur Gleichheit, Gerechtigkeit und Solidarität könnten eine moderne Gesellschaft verwirklichen, weshalb der Sozialismus gegensätzlich zum Kapitalismus zu verstehen sei. Über **Klassenkämpfe** zwischen den Besitzenden (Kapitalisten, Bourgeoisie) und den Besitzlosen (Proletariern) könnte schließlich ein Zustand erreicht werden, in dem es keine sozialen Unterschiede mehr zwischen den Menschen gebe. Ein wichtiger und grundlegender Aspekt, den Marx und Engels in ihrem Kommunistischen Manifest 1848 veröffentlichten, war jedoch, dass es sich bei ihrer Idee nicht um einen fertigen Plan für eine neue Gesellschaftsordnung handelte. Vielmehr sollte die Arbeiterklasse dazu befähigt werden, eine selbstorganisierte, gesamtstaatliche politische Partei zu gründen. Dies wiederum könnte nur unter liberalen bürgerlich-demokratischen Bedingungen funktionieren, da nur hier eine offizielle Organisation von Massen erlaubt sei. Erst danach sollte die Arbeiterschaft durch eine sozialistische Revolution die Staatsgewalt ergreifen und die kapitalistische Wirtschaftsordnung in Sinne des Sozialismus umgestalten.

Von nationalen Revolutionen aus sollten die kommunistischen Ideen anschließend alle Länder der Erde ergreifen und letztlich zur Weltrevolution führen. Damit wäre eine klassenlose Gesellschaft begründet, in der es kein Privateigentum an **Produktionsmitteln** mehr geben würde. Der Staat könnte durch Wirtschaftsplanung (Planwirtschaft) festlegen, wer welche Aufgaben zu erfüllen habe. Die ideale Gesellschaftsordnung wäre somit geprägt durch Gerechtigkeit und hätte die Gleichheit aller erreicht. Der Kommunismus hätte gesiegt.

Klassenkampf
wirtschaftliche, politische und ideologische Kämpfe zwischen verschiedenen gesellschaftlichen Klassen (jenen mit Besitz und jenen, die nur ihr Arbeitskraft besitzen)

Produktionsmittel
Arbeits- und Betriebsmittel, die nötig sind, um Güter zu produzieren (Rohstoffe, Maschinen, Fabrikgebäude etc.)

Liberalismus oder Sozialismus? Eine Frage des Standpunktes – eine Frage der Zeit

In der Realität standen die Jahre von ca. 1860 bis 1879 im Zeichen des Liberalismus. Der Bürgerkrieg in den USA von 1861 bis 1865 führte zur Befreiung der Sklaven. In Frankreich erhielt das Parlament ab 1860/61 unter Napoleon III. mehr Rechte. So wurde die Pressefreiheit erweitert und Gewerkschaften wurden zugelassen. In Preußen erreichten die Liberalen 1867 die Einführung des allgemeinen Wahlrechts. Auch Grund- und Bürgerrechte wurden eingeführt. Selbst in Russland machten sich liberale und sozialreformerische Tendenzen bemerkbar. So wurde 1861 unter Zar Alexander II. die Bauernbefreiung durch die Abschaffung der Leibeigenschaft in Angriff genommen. Doch mit der folgenden großen **Depression** zwischen 1873 bis 1896 standen plötzlich wieder die Schutzzollpolitik und die Staatsregulierung im Blickpunkt der einzelnen Staaten.

Im September 1864 hatten französische, englische, italienische und deutsche Arbeiterorganisationen in London die Internationale Arbeiter-Assoziation (IAA, kurz Erste Internationale) gegründet. Unter der Marx´schen Parole „Proletarier aller Länder, vereinigt Euch!" fanden sich ihre Mitglieder aus einer Vielzahl divergierender Gruppen, die sich in ihren Sozialismuskonzepten unterschieden. Ziel war die Förderung der Zusammenarbeit aller sozialistischen Organisationen.

Depression ab 1873
Die aufgrund eines großen Crashs an der Wiener Börse von 1873 einsetzende und bis 1896 dauernde Verlangsamung des Wirtschaftswachstums europäischer Industriestaaten.

Unter ihnen war auch Karl Marx, der seine Grundgedanken des Kommunismus propagierte: den Zusammenschluss der Proletarier aller Länder, die wirtschaftliche Befreiung der Arbeiterklasse von der Bourgeoisie und den Klassenkampf. Ihm gegenüber stand Michail Bakunin, der als Anarchist eine strikte Herrschaftslosigkeit forderte und jegliche zentrale Führung ablehnte. Die sozialistische Bewegung war damit nicht mehr nur in reformorientierte (Lassalle) und revolutionäre Ideologien (Marx) gespalten, sondern auch in radikal-anarchistische (Bakunin). Durch diese Gegensätze löste sich schon 1872 die Erste Internationale auf.

→ Bakunin: Kapitel 1.2, S. 20

Eine besondere Zäsur bildete in dieser Zeit die sog. Pariser Kommune, die sich am 18. März 1871 noch während des Deutsch-Französischen Krieges ausgebildet hatte. Als während des Krieges die kaiserliche Regierung abgesetzt und am 4. September 1870 eine neue Französische Republik ausgerufen wurde, erhoben sich die Nationalgarde und die Arbeiterschaft von Paris und schrieben selbst Wahlen aus. Sie wollten die sozialistische Umwandlung Frankreichs in einen Bund souveräner Gemeinden (Kommunen). Dazu kamen Forderungen nach der Autonomie der Hauptstadt Paris, einer allgemeinen Wehrpflicht, nach politischen und sozialen Reformen sowie der Gleichberechtigung der Frau. Allerdings wurde dieser Aufstand im Mai 1871 mit Billigung der deutschen Regierung blutig niederschlagen. In der Folge kam es in den 1870er- und 1880er-Jahren europaweit zu sozialistisch bzw. anarchistisch motivierten Attentaten und Terroranschlägen auf Politiker.

Restauration
Bestreben nach Wiederherstellung einer früheren politischen bzw. gesellschaftlichen Ordnung (z. B. Wiedereinführung des Absolutismus)

Mit dem Ziel, eine vereinte Organisation aller gleichgesinnten Sozialisten zu schaffen, wurde 1889 das „Ständige Internationale Sozialistische Büro" gegründet, das sich zur größten Arbeiterorganisation entwickelte. Unter dem Namen Zweite (Sozialistische) Internationale verbot es allerdings den Anarchisten die Teilnahme. Ihr wiederum folgte zwei Jahre nach der Oktoberrevolution in Russland 1919 die durch Wladimir Iljitsch Lenin ins Leben gerufene Dritte (Kommunistische) Internationale oder Komintern. Deren Ziel war die Weltrevolution nach russischem Vorbild. Eine 1938 von Leo Trotzki, einem russischen Revolutionär und kommunistischen Politiker, gegründete Vierte Internationale diente dem Kampf gegen die stalinistische Bürokratie und gegen die marxistischen Grundsätze, dass die klassenlose Gesellschaft das Endergebnis des Kommunismus sei. So glaubte Trotzki, dass nur eine permanente Revolution auf internationaler Ebene den Kommunismus durchsetzen könnte. Die Vierte Internationale versank jedoch nach Trotzkis Ermordung 1940 durch sowjetische Agenten in der Bedeutungslosigkeit.

→ vgl. Kapitel 2.8, S. 184

→ Erinnern Sie sich an Ihr Vorwissen aus der Jahrgangsstufe 10 (Russland – ein Imperium im Wandel)

Russlands Sprung von der „feudalen" zur „industrialisierten Neuzeit"

Das russische Zarenreich entwickelte sich im 18. und 19. Jahrhundert zu einer wichtigen politischen Macht in der europäischen Politik. Seit der Neuordnung Europas im Wiener Kongress 1814/15 galt es als europäische Großmacht und wichtiger Bündnispartner. In der Phase der **Restauration** betrieb Russland zusammen mit den anderen Mitgliedern Interventions- und Unterdrückungspolitik gegen die Freiheitsbewegungen jener Zeit. Der zaristische Kurs war dabei antiliberal, antikonstitutionell und autokratisch. Es bestand eine uneingeschränkte und streng hierarchische Alleinherrschaft ohne verfassungsmäßige Beschränkungen.

Einen Wendepunkt stellte der Krimkrieg (1853–1856) gegen das Osmanische Reich, Frankreich und Großbritannien dar. Russland verlor und musste anerkennen, dass es wirtschaftlich, infrastrukturell und in der gesellschaftlichen Entwicklung gegenüber den westeuropäischen Mächten im Rückstand war. Etwa 80% der Bevölkerung waren Bauern, davon nur 15% mehr oder weniger wohlhabende Großbauern (Kulaken). Die noch vorhandene **Leibeigenschaft** sorgte dafür, dass Arbeitskräfte für eine Industrieentwicklung fehlten. Nur langsam bildete sich eine kapitalistisch denkende Unternehmerschaft heraus.

Leibeigenschaft
persönliche Abhängigkeit von einem Grundherrn, verbunden z. B. mit dem Verbot fortziehen zu dürfen, um eine andere Arbeit zu suchen

Zar Alexander II. erkannte, dass nur weitreichende Reformen Abhilfe schaffen konnten. Neben der Bauernbefreiung 1861 nahm er auch Reformen in der Verwaltung, Bildung und in der zaristischen Armee in Angriff. Das schlecht ausgebaute Eisenbahnnetz wurde nach amerikanischem Vorbild erweitert. Der Krimkrieg und die großen Reformen waren aber sehr teuer. Deshalb wurde beispielsweise 1867 das russische Alaska an die USA verkauft.

Intelligenzija
lose Gruppe von Intellektuellen, meist akademischer Gleichgesinnter wie Ärzte, Rechtsanwälte, Ingenieure, Beamte, aber auch Künstler, die für liberale Reformen eintraten

Trotz der reformbedingten Fortschritte gab es große Widerstände in der russischen Aristokratie. Eine Ideengemeinschaft, die ihre Identität aus gemeinsamen Werten sowie sozialen und politischen Interessensgleichheit gewann, wurde zur sog. **Intelligenzija**. Sie verfolgte die Ideen der Französischen Revolution und die Gründungen von Nationalstaaten mit großem Interesse. Ihre Ziele wurden die Abschaffung der Zarenherrschaft, die Übernahme der Verantwortung für sozial Schwache und der Glaube an eine wissenschaftlich fundierte Weltanschauung. Somit hielten auch marxistische Ideen Einzug in die Gedanken und das Weltbild der meist jungen gebildeten Menschen. Allerdings zeigte sich nun auch die Besonderheit der russischen rückständigen Gesellschafts- und Wirtschaftsstruktur. Könnte der Sozialismus in Russland überhaupt eine Kulturbewegung werden, in der die kleine Zahl von Industriearbeitern als Proletariat einen Klassenkampf gegen einen kaum vorhandenen Kapitalismus führt?

Zar Alexander III. (1845–1894)
Zar von Russland 1881–1894

Der russische Sonderweg – Auf dem Weg zum Kommunismus

Nach der Ermordung Zar Alexanders II. 1881 durch Mitglieder einer anarchistisch-sozialrevolutionären Geheimgesellschaft regierte sein Sohn Alexander III. das Land. Er gründete die Geheimpolizei Ochrana, die politische Gegner ausfindig machen und in Zwangs- bzw. Arbeitslager in Sibirien sperren sollte. Er nahm einige der zuvor eingeführten Reformen teilweise wieder zurück und zentralisierte die Verwaltung. Die Ansätze politischer Liberalisierung wurden wieder aufgehoben: Es sollte weiterhin keine Verfassung und keine Volksvertretung geben. Die wirtschaftliche Modernisierung blieb jedoch erhalten und der Ausbau der Industrie schritt voran. Infolgedessen verwandelte sich auch die Gesellschaft. Russland blieb zwar ein Agrarstaat, in dem noch 1897 über 86 Prozent der Bevölkerung auf dem Lande lebte. Die wenigen großen Städte wuchsen allerdings rasch und wurden zu neuen sozialen Brennpunkten. Die russische Soziale Frage entstand und führte zu Unzufriedenheit in der Arbeiterschaft, aber auch bei den Bürgern und Bauern.

Obwohl sich sozialistische Ideen aufgrund der staatlichen Verfolgung nur vereinzelt verbreiten konnten, gründeten sich in Russland mehrere Parteien. 1898 entstand die Sozialdemokratische Arbeiterpartei Russlands (SDAPR), 1901 die Partei der Sozialrevolutionäre und 1905 die liberale Partei der Konstitutionellen Demokraten (kurz „Kadetten"). Indem sich die sozialistischen Parteien mit den Werken von Karl Marx und anderen Theoretikern auseinandersetzten, wurden auch Versuche unternommen Organisationen zu bilden und spontane Streiks zu unterstützen. Zahlreiche Zeitungen, lokale Komitees und Gruppen entstanden, die meist der SDAPR nahestanden und lose miteinander in Kontakt standen.

Kaderpartei
Partei, in der die Führungs-/Schlüsselpositionen nur mit eigens politisch intensiv geschulten Mitgliedern besetzt werden

Antiindividualismus
Ablehnung individualistischer Werte und Normen für eine Gesellschaft

Antipluralismus
Ablehnung einer Vielfalt von Parteien und Organisationen sowie von politischen und gesellschaftlichen Entscheidungsprozessen

Schon auf dem II. Parteitag der SDAPR 1903 kam es jedoch zu ernsten Meinungsverschiedenheiten zwischen den radikaler eingestellten Sozialdemokraten um Lenin und den gemäßigteren Richtungen. Eine dieser Auseinandersetzungen betraf die Frage der Mitgliedschaft in der Partei. Sollte eine persönliche aktive Mitwirkung in einer Parteiorganisation gefordert werden? Sollte also die SDAPR eine **Kaderpartei** von Berufsrevolutionären werden? In ihr würden die wichtigsten Positionen mit eigens ausgebildeten Parteimitgliedern besetzt werden. Diese sollten nach einem autoritären Führungsprinzip die Partei organisieren und ihre Mitglieder steuern und überwachen. Das Individuum würde sich freiwillig der Führung unterordnen. Durch die soziale Gleichbehandlung aller wären schließlich keine unterschiedlichen Meinungen mehr nötig. **Antiindividualismus** und **Antipluralismus** würden das Leitbild der kommunistischen Gesellschaft.

Die Partei spaltete sich. Es gab eine Gruppe um Lenin, die aufgrund ihrer Mehrheitsposition auf dem II. Parteitag als Fraktion der Mehrheitler (russisch: Bolschewiki) bezeichnet wurde. Ihre innerparteilichen Gegner wurden die Minderheitler (russisch: Menschewiki). Damit setzte sich auch die Entscheidung durch, eine Kaderpartei zu werden. Programmatisch verstanden sich jedoch beide Gruppierungen als marxistische Partei mit dem Ziel der klassenlosen Gesellschaft durch Revolution. Da allerdings bis zu diesem Zeitpunkt noch keine bürgerliche Revolution zur vollständigen Beseitigung des Feudalsystems nach der

→ **Q4**, S. 126

Marx'schen Theorie stattgefunden hatte, befand sich die SDAPR in einer paradoxen Situation. Sie benötigte die Bourgeoisie als Unterstützer ihres Kampfes um den Sozialismus, obwohl diese eigentlich der Klassenfeind sein sollte. Lenin bezeichnete diese Phase, in der die Arbeiterschaft die politische Macht annehmen sollte, als „Diktatur des Proletariats".

Nikolaus II. (1868–1918)
Zar von Russland 1894–1917
Rubelmünze 1910

Revolution in Etappen – die revolutionären Veränderungen 1905

1905 begehrten unter der Herrschaft Nikolaus II. sowohl das Industrieproletariat, ein Großteil der Bauernschaft als auch die Intelligenzija auf. Allerdings repräsentierte nur die Arbeiterschaft – im Gegensatz zu den bäuerlichen Massen – eine organisierte und koordinierte Kraft. Sie hatte ihre Stützpunkte in den wichtigsten Städten des Zarenreiches und war damit in den Zentren der Macht und des politischen Lebens vertreten. Neben der Kritik an schlechten Arbeitsbedingungen und hohen Preisen wurden Forderungen nach einer Volksvertretung und einem Wahlrecht laut. Es kam zu Generalstreiks und Meutereien. Die SDAPR erlangte dabei unter den aufständischen Arbeitern einiger Städte eine Führungsrolle. Die Arbeiter bildeten Interessensvertretungen, die sogenannte „Räte" (russisch: Sowjets). Die Regierung setzte Militär ein. So kam es beispielsweise am sogenannten „Petersburger Blutsonntag" im Januar 1905 zu zahlreichen Verletzten und Todesopfern. Letztlich machte der zunehmend unter Druck stehende Zar aber in seinem sogenannten Oktobermanifest am 30. Oktober 1905 Zugeständnisse an die Revolutionäre. Es wurde ein Zwei-Kammer-Parlament eingeführt, das aus einem Staatsrat und einem Parlament, der Duma, bestehen sollte. Hierfür galt ein allgemeines Wahlrecht für männliche Bürger. Auch sollten Grundrechte wie Meinungs- und Versammlungsfreiheit gewährt werden. Damit war eine erste liberale Verfassung entstanden. Allerdings blieben alle wichtigen Entscheidungskompetenzen bei der Zaren-Regierung. Spätestens nach einer Wahlrechtsreform 1907 war eine regierungstreue konservative Mehrheit in der Duma sichergestellt. Die Sozialdemokraten boykottierten dann auch zunächst die Parlamentswahl, da sie die Duma nur als Scheinparlament der herrschenden Klasse empfanden. Insbesondere das festgeschriebene Vetorecht des Zaren gegen Beschlüsse und die Möglichkeit die Duma aufzulösen wurden abgelehnt. Erst in der zweiten und dritten Duma waren die Sozialdemokraten vertreten.

Alexander Kerenski (1881–1970)
sozialdemokratischer Politiker
übernahm 1917 in der Provisorischen Regierung verschiedene Ministerposten
Juli–Oktober 1917 zusätzlich Ministerpräsident

Ende der Zarenherrschaft – zwei Revolutionen 1917

Der Erste Weltkrieg änderte die Situation in Russland vollständig. Das Zarenreich erlitt zahlreiche schwere militärische Niederlagen und letztlich den wirtschaftlichen Zusammenbruch. Die Lage der Bevölkerung war so schlimm, dass es im Februar 1917 in vielen Städten zu Hungerrevolten, Streiks und Plünderungen kam. Den sich ausbreitenden Massendemonstrationen schlossen sich schließlich auch viele Polizisten und Soldaten an.

Diese sogenannte Februarrevolution mündete in der Absetzung des Zaren. Die Duma bildete eine provisorische Regierung, die überwiegend aus liberal-demokratischen Kadetten bestand. Einziger Sozialist in der Regierung wurde Justizminister Alexander Kerenski. Es kam jedoch keine Zusammenarbeit zwischen der neuen Regierung und den sich mittlerweile vielerorts gebildeten Arbeiterräten zustande. Diese unklare Situation wurde später als Doppelherrschaft bezeichnet, da weder die Regierung noch die Arbeiterräte in der Hauptstadt Petrograd eine Dominanz erlangten. Zur treibenden Kraft entwickelten sich bald die Bolschewiki, deren Führung nach der Revolution vom Deutschen Reich aus dem Schweizer Exil nach Russland eingeschleust worden war. Unter ihr befand sich auch Lenin, der am 16. April 1917 die „sozialistische Weltrevolution" ausrief. Dabei entwickelte er zum ersten Mal Ideen, die später als Aprilthesen bekannt wurden. In ihnen forderte er den Sturz der provisorischen Regierung, die er als „kapitalistisch" verleumdete. Er wollte gemäß des Marxismus eine proletarische Revolution durchführen, um die sozialistische Revolution so schnell wie möglich einleiten zu können.

Durch seine Forderungen nach Machtübernahme durch die radikalen Bolschewiken stellte er sich jedoch offen gegen die provisorische liberale Regierung. Mit der Ansage einer Land-

→ Q5, S. 127

enteignung der Großgrundbesitzer und einer Verteilung des Bodens an die Bauern gelang es ihm aber nun auch auf dem Land zu punkten. Hinzu kam, dass der von der Provisorischen Regierung weitergeführte Krieg weiterhin hohe Verluste und andere Belastungen mit sich führte. Große russische Offensiven im Sommer 1917 scheiterten alle. In dieser Situation wagten die Bolschewiki in Petrograd einen Putsch, der zum Sturz der Provisorischen Regierung führte. Dieser später als Oktoberrevolution bezeichnete Putsch wurde begleitet von der Forderung „Alle Macht den Räten". Unter Leitung von Leo Trotzki wurden bolschewistische Kampfverbände aufgestellt, die sog. Rote Garde, aus der später die Rote Armee hervorging. Am 7. November 1917 rief die bolschewistische Putschregierung eine Russische Sozialistische Föderative Sowjetrepublik (RSFSR) aus. In der einige Wochen später folgenden Wahl zu einer Verfassungsgebenden Versammlung gewannen allerdings die Sozialrevolutionäre bei einer durchaus hohen Wahlbeteiligung ca. 49 % der Stimmen. Die Bolschewiki erreichten nur 175 von 707 Mandaten. Es war offensichtlich, dass die Hälfte der Bevölkerung einem sozialistischen Weg zustimmte, aber dafür eher auf die gemäßigten Sozialdemokraten vertraute. Nach der Wahlniederlage löste die bolschewistische Regierung unter Androhung von militärischer Gewalt die **Verfassungsgebende Versammlung** auf.

Verfassungsgebende Versammlung
Bezeichnung für eine durch eine außerordentliche Wahl gebildete Institution zur Verabschiedung einer ersten bzw. einer neuen Verfassung

Die Revolution mündet im Bürgerkrieg

Nach diesem Schritt kam es zum offenen Kampf zwischen den verschiedenen politischen Kräften im Land, während Russland nach wie vor in den Ersten Weltkrieg verstrickt war. Es wurde um unterschiedlichste gesellschaftliche und politische Vorstellungen gekämpft. Teil dieses Kampfes war die Ermordung der gesamten Zarenfamilie durch die Bolschewiki im Juli 1918, aber auch die radikale Umsetzung ihrer sozialistischen Visionen zur wirtschaftlichen und gesellschaftlichen Veränderung des Landes. Gleichzeitig bemühten sie sich mittels der Komintern 1919, die Revolution zu internationalisieren und so auch in andere Länder in Europa, Asien oder Amerika zu tragen.

Auch vor diesem Hintergrund beteiligten sich viele ausländische Mächte wie Großbritannien, Frankreich, die USA und Japan militärisch direkt im Russischen Bürgerkrieg. Letztlich setzten sich die Bolschewiki jedoch gegen ihre Gegner durch und versuchten sogar abgespaltene Länder wie Polen zurückzuerobern, wenn auch mit wenig Erfolg. Als der Konflikt 1920 weitgehend beendet war, waren große Teile Russlands beziehungsweise Osteuropas durch den **Terror** der verschiedenen Bürgerkriegsparteien und die unmittelbaren Kriegshandlungen verwüstet. Die Opferzahlen durch Gewalt oder Hunger werden von Historikern auf 8–10 Millionen Tote geschätzt.

Terror
systematische oder willkürliche Verbreitung von Angst und Schrecken durch ausgeübte und angedrohte Gewalt

Gleichzeitig hatten sich die Visionen der Bolschewiki weiter radikalisiert. Von der Parole „Alle Macht den Räten" und damit eines autonomen Handelns und Gestaltens von Arbeiter- und Bauernräten war schon bald keine Rede mehr. Es entstand eine sozialistische Diktatur, in der 1919/20 die Rote Armee und die Geheimpolizei eine immer wichtigere Rolle in der Durchsetzung der Ziele der bolschewistischen Führungsspitze erlangten. Dagegen wehrten sich bald auch Gruppen, die 1917 noch hinter den bolschewistischen Visionen gestanden hatten. Dazu zählte der Aufstand des großen Marinestützpunktes in Petrograd 1921 (Kronstädter Matrosenaufstand). Die Matrosen, die noch in der Oktoberrevolution zu den treuesten Anhängern und Verfechtern des Bolschewismus gehört hatten, wandten sich gegen die Partei. Ihre Ideale einer Räteherrschaft und eines freiheitlich-demokratischen Sozialismus waren gefährdet, der Rote Terror und die Sowjetherrschaft Ausdruck einer autokratischen, vom Marxismus abgewandten Diktatur. Am Ende wurde der Aufstand von der Roten Armee blutig niedergeschlagen.

Der Sowjetkommunismus, der sich ab 1919 aus dem Marxismus und Leninismus herausentwickelte, wurde so zu einem antiliberalen und antiindividualen Herrschaftskonzept, das alle Gegenmeinungen unterband. Und dies geschah, obwohl Lenin noch die Meinung vertrat, dass oppositionelle Stimmen innerhalb der Partei erlaubt seien, solange sie keine organisierten **Plattformen** bilden.

Plattform
politischer Zusammenschluss innerhalb einer Partei mit dem Ziel, zur Parteiführung abweichende Vorstellungen zu bewerben (innerparteiliche Opposition)

A Der frühsozialistische Kommunismus: alles für alle – eine gerechte Gleichheit?

Q1

Erste Blüthen des Communismus

Federlithographie um 1848, von F. Gröber nach Zeichnung von A. Trunz. Aus: Carricaturen-Magazin (Berlin).

Q2

Bestandteile des Marxismus

Lenins Artikel „Drei Quellen und drei Bestandteile des Marxismus" wurde in der Nr. 3 der Zeitschrift Prosweschtschenije, Jahrgang 1913, veröffentlicht, die dem 30. Todestag von Karl Marx gewidmet war.

[…] Die Lehre von Marx ist allmächtig, weil sie wahr ist. Sie ist in sich geschlossen und harmonisch, sie gibt den Menschen eine einheitliche Weltanschauung […]. Sie ist die rechtmäßige Erbin des Besten, was die Menschheit im 19. Jahrhundert in Gestalt der deutschen Philosophie, der englischen Ökonomie und des französischen Sozialismus hervorgebracht hat. […]

I. Die Philosophie des Marxismus ist der Materialismus. Im Laufe der gesamten neuesten Geschichte Europas […] erwies sich der Materialismus als die einzige folgerichtige Philosophie […]. Marx und Engels verfochten mit aller Entschiedenheit den philosophischen Materialismus […]. Aber Marx blieb nicht beim Materialismus des 18. Jahrhunderts stehen, er entwickelte die Philosophie weiter. Er […] führte ihn zu Ende und dehnte dessen Erkenntnis der Natur auf die Erkenntnis der menschlichen Gesellschaft aus. Der historische Materialismus von Marx war eine gewaltige Errungenschaft des wissenschaftlichen Denkens. Das Chaos und die Willkür, die bis dahin in den Anschauungen über Geschichte und Politik geherrscht hatten, wurden von einer erstaunlich einheitlichen und harmonischen wissenschaftlichen Theorie abgelöst, die zeigt, wie sich aus einer Form des gesellschaftlichen Lebens, als Folge des Wachsens der Produktivkräfte, eine andere, höhere Form entwickelt – wie zum Beispiel aus dem Feudalismus der Kapitalismus hervorgeht. […] Marx' Philosophie ist der vollendete philosophische Materialismus, der der Menschheit – insbesondere der Arbeiterklasse – mächtige Mittel der Erkenntnis gegeben hat.

II. Nachdem Marx erkannt hatte, dass die ökonomische Struktur die Basis ist, worauf sich der politische Überbau erhebt, wandte er seine Aufmerksamkeit vor allem dem Studium dieser ökonomischen Struktur zu. Das Hauptwerk von Marx – „Das Kapital" – ist der Erforschung der ökonomischen Struktur der modernen, d.h. der kapitalistischen Gesellschaft gewidmet. […] Adam Smith[1] und David Ricardo[2], die die ökonomische Struktur untersuchten, legten den Grundstein der Arbeitswerttheorie. Marx setzte ihr Werk fort. […] Wo die bürgerlichen Ökonomen ein Verhältnis von Dingen sahen (Austausch Ware gegen Ware), dort enthüllte Marx ein Verhältnis von Menschen. […] Die Arbeitskraft des Menschen wird zur Ware. Der Lohnarbeiter verkauft seine Arbeitskraft dem Besitzer des Bodens, der Fabriken, der Arbeitsmittel […]; er schafft den Mehrwert für den Kapitalisten, die Quelle des Profits, die Quelle des Reichtums der Kapitalistenklasse. Die Lehre vom Mehrwert ist der Grundpfeiler der ökonomischen Theorie von Marx. Das durch die Arbeit des Arbeiters geschaffene Kapital unterdrückt den Arbeiter, ruiniert die Kleinbesitzer und erzeugt eine Armee von Arbeitslosen. […] Die Produktion selbst wird immer mehr zur gesellschaftlichen Produktion […]. Und die Erfahrungen aller kapitalistischen Länder […] zeigen einer von Jahr zu Jahr wachsenden Zahl von Arbeitern anschaulich die Richtigkeit dieser Lehre von Marx. Der Kapitalismus hat in der ganzen Welt gesiegt, aber dieser Sieg ist nur die Vorstufe zum Sieg der Arbeit über das Kapital.

III. Als der Feudalismus gestürzt und die „freie“ kapitalistische Gesellschaft zur Welt gekommen war, zeigte es sich sogleich, dass diese Freiheit ein neues System der Unterdrückung und Ausbeutung der Werktätigen bedeutet. Alsbald kamen verschiedene sozialistische Lehren auf, als Widerspiegelung dieser Unterdrückung und als Protest gegen sie. Doch der ursprüngliche Sozialismus war ein utopischer Sozialismus. Er kritisierte die kapitalistische Gesellschaft […]. Der utopische Sozialismus war jedoch nicht imstande, einen wirklichen Ausweg zu zeigen. Er vermochte weder das Wesen der kapitalistischen Lohnsklaverei zu erklären noch die Gesetze der Entwicklung des Kapitalismus zu entdecken, noch jene gesellschaftliche Kraft zu finden, die fähig ist, Schöpfer einer neuen Gesellschaft zu werden. […]

Die Genialität Marx' besteht darin, dass er es früher als alle anderen verstand, daraus jene Schlussfolgerungen zu ziehen und konsequent zu entwickeln, die uns die Weltgeschichte lehrt. Diese Schlussfolgerung ist die Lehre vom Klassenkampf. […] Erst der philosophische Materialismus von Marx hat dem Proletariat den Ausweg aus der geistigen Sklaverei gewiesen, in der alle unterdrückten Klassen bisher ihr Leben fristeten. Erst die ökonomische Theorie von Marx hat die wirkliche Stellung des Proletariats im Gesamtsystem des Kapitalismus erklärt. […]

Lenin: Werke. Bd. 19. Dietz Verlag, Berlin (Ost) 1977, S. 3–9.
Unter: www.mlwerke.de/le/le19/le19_003.htm; (Zugriff 27.01.2020).

1 Adam Smith (1723–1790): brit. Aufklärer, Philosoph und Begründer der politischen Ökonomie
2 David Ricardo (1772–1823): brit. Wirtschaftswissenschaftler

B Der Leninismus – eine Weiterentwicklung des Marxismus?

Q3

Zentralisation der Sozialdemokratie

Rosa Luxemburg schrieb 1904 in der Stuttgarter Zeitung „Die Neue Zeit“ unter dem Titel „Organisationsfragen der russischen Sozialdemokratie“:

[…] Der russischen Sozialdemokratie ist eine eigenartige, in der Geschichte des Sozialismus beispiellose Aufgabe zuteil geworden: eine sozialdemokratische, auf proletarischen Klassenkampf zugeschnittene Taktik in einem absolutistischen Staate zu schaffen. […] Was die Hauptschwierigkeit des sozialdemokratischen Kampfes in Russland bildet, ist die Verschleierung der bürgerlichen Klassenherrschaft durch die Gewaltherrschaft des Absolutismus […]. In Russland ist der Sozialdemokratie die Aufgabe zugefallen, einen Abschnitt des historischen Prozesses durch bewusstes Eingreifen zu ersetzen und das Proletariat direkt aus der politischen Atomisierung, die die Grundlage des absoluten Regimes bildet, zur höchsten Form der Organisation – als zielbewusst kämpfende Klasse zu führen. […]

Das Problem, an dem die russische Sozialdemokratie seit einigen Jahren arbeitet, ist eben der Übergang vom Typus der zersplitterten […] Phase der Bewegung […] zur Organisation, wie sie für eine einheitliche politische Aktion der Masse im ganzen Staate erforderlich ist. Das uns vorliegende Buch des Genossen *Lenin*[1] […] ist die systematische Darstellung der Ansichten der *ultrazentralistischen* Richtung der russischen Partei. Die Auffassung, die hier in eindringlicher und erschöpfender Weise ihren Ausdruck gefunden hat, ist die eines rücksichtslosen Zentralismus, dessen Lebensprinzip einerseits die scharfe Heraushebung und Absonderung der organisierten Trupps der ausgesprochenen und tätigen Revolutionäre von dem sie umgebenden, wenn auch unorganisierten, aber revolutionär-aktiven Milieu, andererseits die straffe Disziplin und die direkte, entscheidende und bestimmende Einmischung der Zentralbehörde in alle Lebensäußerungen der Lokalorganisationen der Partei. Es genügt, zu bemerken, dass zum Beispiel das Zentralkomitee nach dieser Auffassung die Befugnis hat, alle Teilkomitees der Partei zu organisieren, also auch die persönliche Zusammensetzung […] zu bestimmen, […] sie durch einen Machtspruch ganz aufzulösen und von neuem zu erschaffen und schließlich auf diese Weise indirekt auch die Zusammensetzung der höchsten Parteiinstanz, des Parteitags, zu beeinflussen. Danach erscheint das Zentralkomitee als der eigentliche aktive Kern der Partei, alle übrigen Organisationen lediglich als seine ausführenden Werkzeuge. […] Doch untersuchen wir die Sache etwas näher. […]

Die sozialdemokratische Bewegung ist die erste in der Geschichte der Klassengesellschaften, die in allen ihren Momenten, im ganzen Verlauf auf die Organisation und die selbständige direkte Aktion der Masse berechnet ist. In dieser Beziehung schafft die Sozialdemokratie einen ganz anderen Organisationstypus als die früheren sozialistischen Bewegungen [...]. Lenin [...] vergisst, dass damit auch eine völlige Umwertung der Organisationsbegriffe, ein ganz neuer Inhalt für den Begriff des Zentralismus, eine ganz neue Auffassung von dem wechselseitigen Verhältnis der Organisation und des Kampfes gegeben ist. [...]

Daraus ergibt sich schon, dass die sozialdemokratische Zentralisation nicht auf blindem Gehorsam, nicht auf der mechanischen Unterordnung der Parteikämpfer unter ihre Zentralgewalt basieren kann und dass andererseits zwischen dem bereits in feste Parteikader organisierten Kern des klassenbewussten Proletariats und der vom Klassenkampf bereits ergriffenen, im Prozess der Klassenaufklärung befindlichen umliegenden Schicht nie eine absolute Scheidewand aufgerichtet werden kann. Die Aufrichtung der Zentralisation in der Sozialdemokratie auf diesen zwei Grundsätzen – auf der blinden Unterordnung aller Parteiorganisationen mit ihrer Tätigkeit bis ins kleinste Detail unter eine Zentralgewalt, die allein für alle denkt, schafft und entscheidet, sowie auf der schroffen Abgrenzung des organisierten Kernes der Partei von dem ihn umgebenden revolutionären Milieu, wie sie von Lenin verfochten wird – erscheint uns deshalb als eine mechanische Übertragung der Organisationsprinzipien der [...] Bewegung von Verschwörerzirkeln auf die sozialdemokratische Bewegung der Arbeitermassen. [...] Tatsächlich ist die Sozialdemokratie aber nicht mit der Organisation der Arbeiterklasse *verbunden*, sondern sie ist *die eigene Bewegung* der Arbeiterklasse. [...]

Die Neue Zeit 22. Jg. 1903/04, Zweiter Band, I. Wochenschrift der Deutschen Sozialdemokratie. Verlag J. H. W. Dietz Nachf., Stuttgart, S. 484–492.

1 Gemeint ist das Buch von Lenin „Ein Schritt vorwärts, zwei Schritte rückwärts“ (Genf 1904).

C Die russische Sozialdemokratie und ihr Weg zu einem kommunistischen Staat

Q4

Programm der Sozialdemokratischen Arbeiterpartei Russlands, angenommen auf dem II. Parteikongress 1903

[...] Die Partei der Arbeiterklasse, die Sozialdemokratie, ruft in ihre Reihen alle Schichten der werktätigen und ausgebeuteten Bevölkerung, soweit diese sich auf den Standpunkt des Proletariats stellen.

[...] In Russland, wo der Kapitalismus schon zur herrschenden Produktionsweise geworden ist, haben sich noch sehr zahlreiche Überreste unserer alten, vorkapitalistischen Ordnung erhalten, die sich auf die Versklavung der werktätigen Massen durch die Gutsbesitzer, den Staat oder das Staatsoberhaupt gründete. Diese Überreste, die dem wirtschaftlichen Fortschritt in stärkstem Maße im Wege stehen, verhindern eine allseitige Entwicklung des Klassenkampfes des Proletariats, unterstützen die Erhaltung und Verstärkung der barbarischsten Formen der Ausbeutung der viele Millionen zählenden Bauernschaft durch den Staat und die besitzenden Klassen und halten das ganze Volk in Unwissenheit und Rechtlosigkeit. Das bedeutendste aller dieser Überbleibsel und das mächtigste Bollwerk dieser ganzen Barbarei ist die zaristische Selbstherrschaft. Sie ist ihrer ganzen Natur nach jeglicher gesellschaftlichen Bewegung feindlich gesinnt und muss der schlimmste Gegner aller Freiheitsbestrebungen des Proletariats sein. Daher stellt sich die Sozialdemokratische Arbeiterpartei Russlands als nächste politische Aufgabe den Sturz der zaristischen Selbstherrschaft und deren Ersetzung durch eine demokratische Republik, deren Verfassung gewährleisten soll:

1. Die Selbstherrschaft des Volkes, d. h. die Zusammenfassung der gesamten obersten Staatsgewalt in den Händen einer gesetzgebenden Versammlung, die aus Vertretern des Volkes zusammengesetzt ist und eine Kammer bildet.
2. Allgemeines, gleiches und direktes Wahlrecht [...]; geheime Stimmabgabe bei den Wahlen; das Recht jedes Wählers, in alle Vertretungskörperschaften gewählt zu werden; zweijährige Parlamentsperioden; Diäten für die Volksvertreter.
3. Unverletzlichkeit der Person und der Wohnung.
4. Uneingeschränkte Gewissens-, Rede-, Presse-, Versammlungs-, Streik- und Vereinigungsfreiheit.
5. Freizügigkeit und Gewerbefreiheit.
6. Abschaffung der Stände und volle Gleichberechtigung aller Bürger, unabhängig von Geschlecht, Religion, Rasse und Nationalität.
7. Das Selbstbestimmungsrecht für alle Völker, die zum Staatsverband gehören.

8. Das Recht jeder Person, im gewöhnlichen Verfahren jeden beliebigen Beamten vor dem Geschworenengericht zu belangen.

[…]

10. Die Wahl der Richter durch das Volk.

11. Die Ersetzung des stehenden Heeres durch eine allgemeine Bewaffnung des Volkes.

12. Die Trennung der Kirche vom Staat und der Schule von der Kirche.

13. Unentgeltliche und obligatorische Allgemein- und Berufsbildung für alle Kinder beiderlei Geschlechts bis zum Alter von 16 Jahren; die Versorgung der armen Kinder mit Nahrung, Bekleidung und Lernmitteln auf Kosten des Staates.

[…] Indem sie die Erreichung ihrer nächsten Ziele anstrebt, unterstützt die SDAPR jede oppositionelle und revolutionäre Bestrebung, die gegen die in Russland bestehende gesellschaftliche und politische Ordnung gerichtet ist, lehnt aber gleichzeitig entschieden alle jene Reformvorschläge ab, die mit einer wie auch immer gearteten Ausdehnung oder Festigung der polizeilich-bürokratischen Bevormundung der werktätigen Klassen verbunden sind. Die SDAPR ihrerseits ist davon überzeugt, dass die vollständige, folgerichtige und dauerhafte Verwirklichung der genannten politischen und sozialen Umwandlungen allein durch den Sturz der Selbstherrschaft und die Einberufung einer Verfassungsgebenden Versammlung erreichbar ist, die vom ganzen Volke frei gewählt ist.

Boris Meissner: Das Parteiprogramm der KPdSU 1903 bis 1961, Köln 1962, S. 115–120. Originalquelle: Russischer Urtext, Die KPdSU in Entschließungen und Beschlüssen der Parteikongresse, Parteikonferenzen und Plenartagungen des ZK, Bd. I, Moskau 1954, S. 37–43; Zweiter Kongreß der SDAPR. Protokolle, Moskau 1959, S. 418–424. Unter: www.trend.infopartisan.net/100JAHRE/100jahre-01.html; (Zugriff: 28.01.2020).

Q5

Lenin: Über die Aufgaben des Proletariats in der gegenwärtigen Revolution (Aprilthesen 1917)

Erst am 3. April nachts in Petrograd eingetroffen, konnte ich in der Versammlung vom 4. April mein Referat über die Aufgaben des revolutionären Proletariats natürlich nur in meinem eigenen Namen und unter Hinweis auf meine ungenügende Vorbereitung halten. Das einzige, was ich tun konnte, um mir […] die Arbeit zu erleichtern, war die Ausarbeitung *schriftlich* formulierter Thesen. […] Ich habe sie sehr langsam und *schriftlich* vorgelesen: zuerst in der Versammlung der Bolschewiki, sodann in der Versammlung der Bolschewiki und Menschewiki. […]

THESEN

1. In unserer Stellung zum Krieg[1], der von Seiten Russlands auch unter der neuen Regierung […] unbedingt ein räuberischer imperialistischer Krieg bleibt, sind auch die geringsten Zugeständnisse an die „revolutionäre Vaterlandsverteidigung" unzulässig. Einem revolutionären Krieg, der die revolutionäre Vaterlandsverteidigung wirklich rechtfertigen würde, kann das klassenbewusste Proletariat seine Zustimmung nur unter folgenden Bedingungen geben:

a) Übergang der Macht in die Hände des Proletariats und der sich ihm anschließenden ärmsten Teile der Bauernschaft;
b) Verzicht auf alle Annexionen[2] in der Tat und nicht nur in Worten;
c) tatsächlicher und völliger Bruch mit allen Interessen des Kapitals. […]

2. Die Eigenart der gegenwärtigen Lage in Russland besteht im *Übergang* von der ersten Etappe der Revolution, die infolge des ungenügend entwickelten Klassenbewusstseins und der ungenügenden Organisiertheit des Proletariats der Bourgeoisie die Macht gab, zur *zweiten* Etappe der Revolution, die die Macht in die Hände des Proletariats und der ärmsten Schichten der Bauernschaft legen muss. […]

3. Keinerlei Unterstützung der Provisorischen Regierung[3], Aufdeckung der ganzen Verlogenheit aller ihrer Versprechungen, insbesondere hinsichtlich des Verzichts auf Annexionen. Entlarvung der Provisorischen Regierung statt der unzulässigen, Illusionen erweckenden „Forderung", diese Regierung, die Regierung der Kapitalisten, solle aufhören imperialistisch zu sein.

4. Anerkennung der Tatsache, dass unsere Partei in den meisten Sowjets[4] der Arbeiterdeputierten in der Minderheit, vorläufig sogar in einer schwachen Minderheit ist gegenüber dem Block aller kleinbürgerlichen […] Elemente, die dem Einfluss der Bourgeoisie erlegen sind und diesen Einfluss in das Proletariat hineintragen […]. Aufklärung der Massen darüber, dass die Sowjets der Arbeiterdeputierten die *einzig mögliche* Form der revolutionären Regierung

sind und dass daher unsere Aufgabe, solange sich diese Regierung von der Bourgeoisie beeinflussen lässt, nur in geduldiger, systematischer, beharrlicher, besonders den praktischen Bedürfnissen der Massen angepasster *Aufklärung* über die Fehler ihrer Taktik bestehen kann. […]

5. Keine parlamentarische Republik – von den Sowjets der Arbeiterdeputierten zu dieser zurückzukehren wäre ein Schritt rückwärts –, sondern eine Republik der Sowjets der Arbeiter-, Landarbeiter- und Bauerndeputierten im ganzen Lande, von unten bis oben. […]

6. Im Agrarprogramm Verlegung des Schwergewichts auf die Sowjets der Landarbeiterdeputierten.
- Konfiskation aller Gutsbesitzerländereien.
- Nationalisierung des *gesamten* Bodens im Lande; die Verfügungsgewalt über den Boden liegt in den Händen der örtlichen Sowjets der Landarbeiter- und Bauerndeputierten. […]

7. Sofortige Verschmelzung aller Banken des Landes zu einer Nationalbank und Errichtung der Kontrolle über die Nationalbank durch den Sowjet der Arbeiterdeputierten.

8. Nicht „Einführung" des Sozialismus als unsere *unmittelbare* Aufgabe, sondern augenblicklich nur Übergang zur *Kontrolle* über die gesellschaftliche Produktion und die Verteilung der Erzeugnisse durch den Sowjet der Arbeiterdeputierten. […]

10. Erneuerung der Internationale. […]

Prawda, Nr. 26, 7. (20.) April 1917. In: Ohne AutorIn: Oktoberrevolution. Oberbaumpresse Oktober 1967, S. 1–7.

1 Gemeint ist der Erste Weltkrieg
2 Annexionen = Anschluss angrenzender Gebiete an das eigene Staatsterritorium
3 Provisorische Regierung = in der Regel Übergangsregierung bis Neuwahlen stattgefunden haben
4 Sowjets = in vielen Städten und Dörfern hatten sich 1917 Sowjets gebildet, die weitgehend unabhängig voneinander handelten und von unterschiedlichen Parteien dominiert wurden

D Weiterentwicklung und Varianten des Marxismus

Q6

Marx, Engels, Lenin, Stalin, Mao
Chinesisches Poster, Datum unbekannt

Arbeitsvorschläge

A Der frühsozialistische Kommunismus: alles für alle – eine gerechte Gleichheit?

1. Die frühsozialistischen Arbeiterbewegungen sind gekennzeichnet durch ihre uneinheitliche Strukturierung und Organisation sowie die verschiedenen ideologischen Grundannahmen.

a) Arbeiten Sie aus den Abschnitten „Die Arbeiterbewegungen des 19. Jahrhunderts" und „Die frühsozialistische Arbeiterbewegung und der wissenschaftliche Sozialismus" die verschiedenen frühsozialistischen Strömungen heraus. [II]

b) Der wissenschaftliche Sozialismus, geprägt von Karl Marx und Friedrich Engels, wird mit den Begriffen „Klassenkampf" und „Sozialistische Revolution" in Verbindung gebracht. Erklären Sie, was darunter jeweils zu verstehen ist. [II]

2. Die Idee des Kommunismus lässt sich unterschiedlich beurteilen.

a) Analysieren Sie Q 1, indem Sie die Quelle beschreiben, historisch einordnen und anschließend in ihrem historischen Kontext erklären. [II] ○

b) Vergleichen Sie die Aussagen von Q 1 und Q 2 miteinander. [II] ○

c) Bewerten Sie die Aussage: „alles für alle – eine gerechte Gleichheit". [III]

B Der Leninismus – eine Weiterentwicklung des Marxismus?

3. Sie haben im Kapitel „Die liberale Demokratie – ein neues Herrschaftsmodell!?" die Entwicklung des Liberalismus anhand der Beispiele England, USA, Frankreich und Deutschland kennengelernt. Der Sozialismus lässt sich als Gegenmodell zum Liberalismus darstellen. Doch bei beiden Modellen gilt, dass es eine Frage des Standpunktes und eine Frage der Zeit ist, wann welche Ideen ihre politische Umsetzung finden. Fassen Sie mithilfe des Darstellungstextes (S. 118–123) zusammen:

a) welche internationale Entwicklung und

b) welche Russland-spezifische Entwicklung der Sozialismus erlebte (→ Kapitel „Russlands Sprung von der feudalen zur industrialisierten Neuzeit" S. 120–121, „Der russische Sonderweg – auf dem Weg zum Kommunismus" S. 121–122). [I] ○

4. Rosa Luxemburg nimmt in Q 3 Stellung zu den „Organisationsfragen der russischen Sozialdemokratie".

a) Analysieren Sie ihren Standpunkt zu Lenins Weiterentwicklung des Marxismus. [II]

b) Entwerfen Sie aus der Perspektive Lenins ein (Gegen)Antwortschreiben an Rosa Luxemburg. [III]

C Die russische Sozialdemokratie und ihr Weg zu einem kommunistischen Staat

5. Mit der Gründung der SDAPR erstellten die russischen Sozialdemokraten ein Parteiprogramm, das wegweisend für die politische Zukunft Russlands sein sollte. Überprüfen Sie Q 4 auf liberale und sozial(demokratisch)e Inhalte. [III]

6. In seinen „Aprilthesen" rief Lenin dazu auf, die erste demokratische Regierung Russlands nicht zu tolerieren, sondern sie zu stürzen. Fassen Sie seine Thesen (Q 5) in eigenen Worten zusammen. [I]

7. Erstellen Sie ein Schaubild, das die verschiedenen Ereignisse der Jahre 1903 bis Oktober 1917 in Relation zueinander und zu liberalen bzw. antiliberalen Tendenzen setzt (Darstellungstext S. 121–123, Q 4, Q 5). [II]

D Weiterentwicklung und Varianten des Marxismus

8. Die ursprüngliche Idee des Kommunismus sah eine ideale Gesellschaftsordnung vor, die geprägt wäre durch Gerechtigkeit und die Gleichheit aller. Auf diese Ideologie aufbauend bzw. sie weiterentwickelnd sahen sich Lenin, Stalin und Mao als direkte Nachfolger von Marx und Engels (Q 6). Recherchieren Sie in Ihrem Schulbuch bzw. im Internet die Wandlungen der kommunistischen Idee im Stalinismus und Maoismus. Finden Sie weitere Beispiele eines „praktizierten Kommunismus". Bewerten Sie in Hinblick auf die originalen Aussagen des Marxismus. [II] ○ ●

Online- und Differenzierungsmaterialien zu Kapitel 2.2
○ Arbeitshilfen zu den Aufgaben 2a, 2b, 3b und 8
● Vertiefungsangebot zur Aufgabe 8
Podcast Sozialismus

Online-Code: 7n4x6f

E Erweiterungsband Kapitel 2.3, S. 104–111

2.3 Die Revolution von 1918/19

„Am Anfang war Gewalt" lautet der Buchtitel des Historikers Mark Jones über die deutsche Revolution 1918/19 und den Beginn der Weimarer Republik. Wie konnte sich in der unübersichtlichen Situation am Ende des Ersten Weltkrieges die parlamentarische Demokratie durchsetzen? Welche Widerstände mussten überwunden werden, welche Belastungsfaktoren für den neuen Staat ergaben sich?

Die Folgen des Ersten Weltkrieges

Zum Ende des Krieges befanden sich ca. 1,4 Milliarden Menschen in 25 Staaten im Krieg, das waren ca. drei Viertel der damaligen Weltbevölkerung. Panzer, Flugzeuge, Maschinengewehre, U-Boote und nicht zuletzt das Massenvernichtungsmittel Giftgas gehörten zu den Neuerungen im Krieg. Er forderte unter den Soldaten weltweit ca. 10 Millionen Todesopfer und ca. 20 Millionen Verwundete sowie dauerhaft Kriegsversehrte, die Zahl der zivilen Todesopfer wird auf weitere sieben Millionen geschätzt. Durch die Spanische Grippe gab es ab 1918 zusätzlich Millionen von Toten. An der sog. „Heimatfront" herrschte Entbehrung, es kam vielfach zu Hungertoten. Viele durch ihre Erfahrungen an der Front traumatisierte **Kriegszitterer** wurden als angebliche Kriegsdienstverweigerer inhaftiert.

Der Erste Weltkrieg hinterließ auch wirtschaftlich eine desaströse Situation. Die meisten Staaten gingen hoch verschuldet aus dem Krieg hervor, was eine schnell wachsende Inflation zur Folge hatte. Der Wiederaufbau der besonders stark zerstörten Gebiete in Belgien und Nordfrankreich sollte nach den Vorstellungen der Siegermächte durch Reparationen der Verliererstaaten bezahlt werden.

Insgesamt berührte und veränderte der Erste Weltkrieg besonders in großen Teilen Europas jeden Lebensbereich und hinterließ durch Gewalterfahrungen traumatisierte Gesellschaften. Dies wirkte sich auch auf die gesellschaftlichen und politischen Auseinandersetzungen aus, die zunehmend gewaltsam geführt wurden. Der Erste Weltkrieg führte zum Zerfall alter Imperien, wodurch neue politische Systeme nötig wurden.

Kriegszitterer
Soldaten, die infolge traumatischer Erlebnisse wie z. B. schwerster, andauernder Artilleriebeschuss posttraumatische Störungen entwickelten. Das konnte unkontrolliertes Zittern, panische Angstzustände, aber auch Nahrungsverweigerung beinhalten. Viele Ärzte und Offiziere sahen in ihnen Kriegsdienstverweigerer. Therapien gab es nicht. (Das NS-Regime tötete später Tausende dieser Kranken im Zuge der „Euthanasie"-Morde.)

Das Ende des Ersten Weltkrieges und Reformen „von oben"

In Russland hatte sich 1917 die Oktoberrevolution ereignet, in deren Folge es im März 1918 aus dem Krieg ausschied. Deutschland und seine Verbündeten konnten dem jetzt bolschewistisch regierten Russland in Brest-Litowsk einen harten Friedensvertrag diktieren. Auch das russische Imperium zerfiel während eines mehrjährigen Bürgerkrieges. Dies hatte auch Auswirkungen auf Mitteleuropa, z. B. durch Flucht- und Migrationsbewegungen, aber auch ideologisch: Die Furcht vor sozialrevolutionären Unruhen, Enteignungen und Verstaatlichungen wirkte auf bürgerliche Kreise.

Der Sieg über Russland verhinderte nicht die Niederlage Deutschlands und seiner Verbündeten, zu der auch der Kriegseintritt der USA 1917 beitrug. Ende September 1918 erklärte die Oberste Heeresleitung (OHL) unter den Generälen Paul von Hindenburg und Erich Ludendorff die Aussichtslosigkeit der militärischen Situation. Dass sie zudem einen Waffenstillstand forderte, musste angesichts der Siegespropaganda und der Durchhalteparolen auf die Deutschen wie ein Schock wirken, denn bis dahin wurde der „Siegfrieden" verkündet. Gleichzeitig wurden große Hoffnungen auf die anstehende Verständigung über einen zumindest ehrenvollen Frieden gesetzt, die durch die „14 Punkte" des US-Präsidenten Woodrow Wilson verstärkt wurden. Er formulierte im Januar 1918 Bedingungen für einen maßvollen Frieden und eine demokratische Neuordnung auf Grundlage des **Selbstbestimmungsrechtes der Völker**.

Am 4. Oktober 1918 erging ein deutscher Vorschlag für einen Waffenstillstand an die USA. Allerdings wollten die USA Friedensverhandlungen nur mit einem parlamentarisch regierten Deutschland führen. So kam es am 28. Oktober 1918 zur Einführung der parlamentari-

Selbstbestimmungsrecht der Völker
Es besagt, dass ein Volk das Recht hat, frei von Fremdherrschaft über seinen politischen Status, seine Staats- und Regierungsform und seine wirtschaftliche, soziale und kulturelle Entwicklung zu entscheiden. Verbunden damit war das Recht, einen eigenen nationalen Staat zu bilden oder sich nach freiem Willen einem anderen Staat anzuschließen.

schen Monarchie durch eine Verfassungsänderung, die durch eine Mehrheit im Reichstag aus SPD, der Fortschrittlichen Volkspartei und der katholischen Zentrumspartei beschlossen wurde, die die Regierung übernahmen. Der Reichskanzler war jetzt vom Vertrauen des Parlaments abhängig. Dadurch konnten aber die alten Kräfte, insbesondere die OHL, die Verantwortung für die militärische Niederlage und die Friedensverhandlungen den zivilen Politikern zuschieben. So ist auch die Enttäuschung der Deutschen über die Bestimmungen des Versailler Vertrags, die der Weimarer Republik bzw. den Politikern angelastet wurden, sowie das Streben nach **Revision** zu verstehen. Die sog. „Dolchstoßlegende" nahm hier ihren Ausgang.

Revision
hier: Bestrebungen, die Bestimmungen des Versailler Vertrages aufzuheben bzw. abzumildern

Allerdings gingen den Siegermächten die deutschen Verfassungsreformen nicht weit genug, sie wollten den Rücktritt Kaiser Wilhelms II., der in ihren Augen ein Hauptschuldiger am Krieg war, sowie das Ende der Monarchie. Auch diese Forderung wirkte auf viele in Deutschland schockierend.

Wilhelm Groener (1867–1939)
deutscher General
1920–1923 Reichsverkehrsminister
1928–1932 Reichswehrminister
1931–1932 Reichsinnenminister

Der Militärstreik „von unten" wird zur Staatskrise

Für die Menschen in Deutschland war die Lage schwer zu durchschauen. In der öffentlichen Wahrnehmung fand sich verbreitet die Vorstellung, dass nach der Abdankung des Kaisers ein „guter" Waffenstillstand möglich sei. Die Militärs allerdings lehnten Friedensbemühungen auf dieser Basis ab. Ludendorff rief Soldaten zum Widerstand auf, wurde aber am 26. Oktober 1918 durch General Wilhelm Groener ersetzt, der die Demobilisierung leiten sollte. Auch die Marineführung wollte lieber „ehrenvoll" untergehen und befahl eigenmächtig ein letztes Seegefecht. Dem widersetzten sich Schiffsbesatzungen, zuerst in Wilhelmshaven. Zum einen, weil sie ihr Leben nicht für eine sinnlose Aktion riskieren wollten, zum anderen aber auch, weil sie zu Recht befürchteten, dass die Seekriegsleitung die Bemühungen der Reichsregierung um einen Frieden unterlaufen wollte. Zunächst wurden über 1000 aufständische Matrosen verhaftet, was große Proteste weiterer Matrosen, nun auch in Kiel, nach sich zog. Werftarbeiter schlossen sich an, schließlich kam es zu Schießereien und ein Soldatenrat wurde gebildet. Diese Bewegung sprang in den ersten Novembertagen auf ganz Deutschland über. Überall wählten die kriegsmüden Arbeiter und Soldaten sog. Räte, die bis zur Wahl einer Volksvertretung die ausführende Gewalt und die Kontrolle über die kaiserlichen Behörden übernehmen sollten. Meistens kam es zu einer friedlichen Koexistenz, denn die Räte waren auf die Verwaltungserfahrung der Beamten angewiesen. Diese nutzten ihrerseits die Autorität der Räte, um ihre Anordnungen durchzusetzen, was im Großen und Ganzen zunächst die öffentliche Ordnung gewährleistete. Am 9. November 1918 erreichten die revolutionären Ereignisse Berlin. Aus dem Militärstreik war eine Staatskrise geworden.

Der Zusammenbruch des Kaiserreichs zeichnete sich unmittelbar ab. Wer würde nun die Macht in Deutschland übernehmen? Hauptsächlich konkurrierten drei gesellschaftliche Gruppen: Erstens die Anhänger der Monarchie, die deren Untergang nicht hinnehmen wollten. Viele von ihnen waren auch gewaltbereit und standen der Demokratie ablehnend gegenüber. Zweitens gab es die Anhänger des parlamentarischen Regierungssystems, die Deutschland in eine moderne Demokratie umwandeln wollten. Dazu zählten u. a. Anhänger der SPD und der liberalen Parteien.

Karl Liebknecht (1871–1919)
deutscher Politiker und Mitbegründer des Spartakusbundes und der KPD

Noch im Ersten Weltkrieg hatte sich 1917 die SPD in die MSPD (Mehrheitssozialdemokraten) und die linksrevolutionäre USPD (Unabhängige Sozialdemokratische Partei) gespalten. Aus diesem Spektrum entstanden – drittens – Gruppen, die Deutschland nach dem Vorbild der russischen Revolution umgestalten wollten. Hierzu zählten z. B. der Spartakusbund von Rosa Luxemburg und Karl Liebknecht, die ein sozialistisches Rätesystem anstrebten, das durch eine gewaltsame Revolution, ähnlich wie in Russland durch die Bolschewiki, durchgesetzt werden sollte.

Angesichts der konkurrierenden Ordnungsvorstellungen und der Unsicherheit der Verhältnisse spaltete sich die im Kaiserreich bislang eher einheitliche Mittelschicht zunehmend in

Anhänger von radikalen rechts- oder linksgerichteten Ideen auf. Zur Auflösung der bisherigen gesellschaftlichen Ordnung trugen auch die vielen Millionen Kriegsheimkehrer bei, die ebenfalls auf der Suche nach politischer Orientierung waren. Ähnliche Entwicklungen zeigten sich in anderen Staaten.

Die Novemberrevolution in Deutschland

Philipp Scheidemann (1865–1939)
SPD-Politiker
1919 Reichsministerpräsident

Am 9. November 1918 verließen die Vertreter der MSPD die Regierung, nachdem ihr Ultimatum hinsichtlich der Abdankung Wilhelms II. wirkungslos verstrichen war. Reichskanzler Maximilian von Baden gab daraufhin eigenmächtig die Abdankung des Kaisers bekannt und übergab – verfassungswidrig – im gleichen Schritt sein Amt an den Vorsitzenden der MSPD Friedrich Ebert. So versuchte der kaiserliche Reichskanzler die sich zuspitzende Dynamik zu beruhigen. Ebert nahm die Verantwortung an und wollte die Zusammensetzung der neuen Regierung verhandeln. Darauf konnte aus Sicht von Mitgliedern der MSPD allerdings nicht gewartet werden, denn auch radikale Kräfte wollten das entstandene Machtvakuum füllen. So rief der MSPD-Politiker Philipp Scheidemann gegen 14 Uhr von einem Fenster des Reichstagsgebäudes die parlamentarische Republik aus. Das war mit Ebert nicht abgesprochen. Diesem Signal zum politischen Neuanfang setzte der Führer des Spartakusbundes Karl Liebknecht zwei Stunden später die Proklamation der freien sozialistischen Republik Deutschland entgegen. Einen Tag später ging Kaiser Wilhelm II. ins Exil nach Doorn in den Niederlanden. Damit war zwar die Frage, ob Republik oder Monarchie, entschieden, nicht aber die Frage, ob eine parlamentarische oder eine Räterepublik nachfolgen sollte. Und auch der Umstand, dass Scheidemanns Ausrufung vor derjenigen Liebknechts geschah, begründet noch nicht, weshalb sich die parlamentarische Republik durchsetzen konnte, zumal beide Ausrufungen vor relativ wenigen Zuhörern geschahen. Vielmehr war die doppelte Ausrufung der Republik nur die Oberfläche für die anstehende Auseinandersetzung um die konkrete Ausgestaltung der Republik.

Machtsicherung mithilfe von Militär und Großindustrie

Hugo Stinnes (1870–1924)
deutscher Großindustrieller und Politiker (Deutsche Volkspartei)

Der neuen Regierung unter Ebert, dem Rat der Volksbeauftragten, gehörten jeweils drei Vertreter von MSPD und USPD an. Beide Fraktionen hatten sich angesichts der Aktivitäten des Spartakusbundes und weiterer linksradikaler Gruppierungen auf diesen Kompromiss einigen können, um die Staatskrise zu bewältigen und die eigene Machtstellung zu sichern. Ferner standen die Versorgung der Bevölkerung und die Umstellung von Kriegs- auf Friedenswirtschaft an.

Friedrich Ebert hatte somit eine doppelte Legitimation: einerseits war er der vom Vorgänger (wenngleich verfassungswidrig) noch unter kaiserlicher Regierung ernannte Reichskanzler, andererseits war er der höchste Vertreter der revolutionären Bewegung. Wie Scheidemann in seiner Republikausrufung verkündet hatte, sollten Chaos und Bürgerkrieg vermieden werden. Nicht zuletzt deswegen arbeiteten die kaiserlichen Beamten weiter.

Die Sicherung der Macht gelang der neuen Regierung auch durch ein Bündnis mit dem Militär. Dieses hatte großes Interesse daran, die althergebrachten Hierarchien auch im neuen Staat anerkannt und damit unverändert zu lassen. Auch wollte es den Truppenrückzug geordnet durchführen. So vereinbarten Ebert und der Chef der OHL, General Groener, am 10. November 1918 eine Zusammenarbeit. Diese bewirkte eine Stabilisierung der neuen Regierung, erwies sich aber auch als Belastungsfaktor, verhinderte sie doch die Umgestaltung der republikfeindlichen, monarchisch gesonnenen Reichswehr in eine republikanisch eingestellte Bürgerarmee.

Die zweite wichtige Kraft des Kaiserreiches war die Großindustrie, die die alten Besitzstände in Deutschland unangetastet sehen wollte. Die im revolutionären Russland erfolgten Enteignungen und Verstaatlichungen zur Beseitigung der kapitalistische Grundordnung schürten auch in Deutschland eine „rote Angst". Dies bewirkte am 15. November 1918 die Verständigung der Großindustrie mit den Gewerkschaften. Durch das Zentralarbeitsgemeinschafts-Abkommen zwischen dem Verhandlungsführer der Arbeitgeber Hugo Stinnes und dem Gewerkschaftsführer Carl Legien wurden die Gewerkschaften als gleichberechtigte Verhandlungspartner und Vertreter der Arbeiterschaft anerkannt. Einerseits wurden wichtige Forderungen wie zum Beispiel der Achtstundentag oder die Einführung von Betriebsräten durchgesetzt. Andererseits wurden weitergehende Sozialisierungsforderungen abgewehrt und die Besitzverhältnisse blieben im Kern bestehen. Auf Stinnes` Vorschlag ging auch die Einrichtung des sog. „Antibolschewistenfonds" zurück, ausgestattet mit 500 Millionen Reichsmark, der die militärische Niederschlagung des Spartakusaufstandes unterstützte und nationalistische Propaganda und Parteien förderte. Auch das Zusammengehen der Regierung mit der Großindustrie sollte sich als belastend für die Weimarer Demokratie erweisen.

In diese Phase fiel die Unterzeichnung des Waffenstillstandes am 11. November 1918 in einem Eisenbahnwaggon nahe der nordfranzösischen Stadt Compiègne. Festgehalten wurde u.a. die Besetzung der linksrheinischen deutschen Gebiete und rechtsrheinischer Brückenköpfe im Rheinland, die umfangreiche Abgabe von Waffen, Ablieferung von Lokomotiven und Waggons und das Weiterbestehen der **britischen Seeblockade**. Für Deutschland unterschrieb auch Matthias Erzberger, der deswegen 1921 von Rechtsradikalen ermordet wurde.

Matthias Erzberger (1875–1921)
Zentrumspolitiker,
1919–1921 dt. Finanzminister

Britische Seeblockade
Ende 1914 hatte Großbritannien völkerrechtswidrig begonnen, eine Handelsblockade in der Nordsee einzurichten. Das von Rohstoff- und Nahrungsmittelimporten abhängige Deutschland geriet dadurch zunehmend in Versorgungsschwierigkeiten. Deutschland reagierte mit einem U-Boot-Krieg gegen alliierte Handelsschiffe.
Die Blockade wurde auch 1919 bis zur Unterzeichnung des Friedensvertrages aufrechterhalten.

Vom Reichsrätekongress zur Nationalversammlung

Entscheidende Weichenstellungen zugunsten der parlamentarischen Demokratie waren damit bereits getroffen, als sich vom 16. bis 21. Dezember 1918 Vertreter aller deutschen Arbeiter- und Soldatenräte in Berlin trafen. Für den Aufbau eines neuen Staatswesens brauchte eine Regierung das Mandat der Bevölkerung, eine verfassungsgebende Versammlung sollte einberufen werden. Um solche Wahlen zu einer Nationalversammlung überhaupt einberufen zu können, mussten sich die MSPD und die bürgerlichen Parteien mit den Räten auseinandersetzen. Der Spartakusbund und der linke Flügel der USPD waren gegen die Einberufung einer Nationalversammlung. Andererseits gab es auch auf dem Reichsrätekongress mit Verweis auf drohende „russische Zustände" Bedenken gegen das Rätesystem. Der Antrag, am 19. Januar 1919 Wahlen zur Nationalversammlung durchzuführen, wurde schließlich mit 400 zu 50 Stimmen angenommen. Damit gab es eine eindeutige Entscheidung für die parlamentarische Demokratie.

Doch auch nach dieser Entscheidung kämpfte der Spartakusbund weiter und gründete mit weiteren linksrevolutionären Gruppen am 1. Januar 1919 die Kommunistische Partei Deutschlands (KPD) und rief zum Wahlboykott auf. In Berlin kam es zur Besetzung von Zeitungsgebäuden. In dieser Situation entschied sich Ebert für den Einsatz der Reichswehr, die von Freikorps unterstützt wurde, und ließ den Aufstand gewaltsam niederschlagen. Rosa Luxemburg und Karl Liebknecht wurden durch Freikorpssoldaten ermordet. Dieses Vorgehen vertiefte die bereits bestehende Spaltung der Arbeiterschaft. Die SPD als Regierungspartei wurde hierfür verantwortlich gemacht.

Für die Wahlen zur Nationalversammlung wurde das Wahlrecht stark ausgeweitet. Das Wahlalter wurde gesenkt, erstmals in der deutschen Geschichte erhielten auch Frauen das gleiche, geheime, allgemeine und direkte Wahlrecht, ebenso Militärangehörige. Im Vergleich zu früheren Reichstagswahlen verdoppelte das die Wählerschaft. Auch das Wahlergebnis zeigt, dass die Mehrheit der Bevölkerung kein Rätesystem nach sowjetischem Muster wollte. Die MSPD erhielt 37,9% der Stimmen, die linksliberale DDP 18,5% und die katholische Zentrumspartei 19,7%. Diese drei Parteien bildeten die sog. „Weimarer Koalition". Am 6. Februar 1919 wurde die Nationalversammlung im Weimarer Nationaltheater eröffnet. Weimar lag nicht nur im Zentrum Deutschlands, sondern auch fernab der revolutionären Unruhen in der Hauptstadt. Friedrich Ebert wurde am 11. Februar 1919 zum ersten Reichspräsidenten der Republik gewählt, erster Reichskanzler wurde Philipp Scheidemann. Die Revolution war beendet. In den kommenden Monaten wurde eine Verfassung für eine parlamentarische Republik erarbeitet und die parlamentarische Demokratie in Deutschland konnte sich durchsetzen.

Friedrich Ebert (1871–1925)
Vorsitzender der SPD (MSPD)
1918–1919 Reichskanzler
1919–1925 Reichspräsident

A Kampf um die Republik

Q1

Anarchie ist Helfer der Reaktion und Hungersnot
Plakat von Walter Schnackenberg (Dezember 1918)

Q2

Das Bündnis zwischen Friedrich Ebert und General Wilhelm Groener am 10. November 1918
General Groener schrieb darüber später in seinen Lebenserinnerungen:

Die Aufgabe der Heeresleitung musste es jetzt sein, den Rest des Heeres rechtzeitig und in Ordnung, aber vor allem innerlich gesund in die Heimat zu bringen und dem Offizierskorps als dem Träger des Wehrgedankens einen Weg in die neuen Verhältnisse zu ermöglichen. Die seit Jahrhunderten im preußisch-deutschen Offizierskorps angesammelte moralisch-geistige Kraft musste in ihrem Kern für die Wehrmacht der Zukunft erhalten werden. Der Sturz des Kaisertums entzog den Offizieren den Boden ihres Daseins, ihren Sammel- und Ausrichtepunkt. Es musste ihm ein Ziel gewiesen werden, das des Einsatzes wert war und ihm die innere Sicherheit wiedergab. Es musste das Gefühl wachgerufen werden der Verpflichtung nicht nur gegenüber einer bestimmten Staatsform, sondern für Deutschland schlechthin. Dass Hindenburg auf seinem Posten blieb und den Oberbefehl über das gesamte Heer übernahm, ja dass dieser ihm vom Kaiser übertragen worden war, machte den Übergang möglich und erleichterte ihn. Das Offizierskorps konnte aber nur mit einer Regierung zusammengehen, die den Kampf gegen den Radikalismus und Bolschewismus aufnahm. Dazu war Ebert bereit, aber er hielt sich nur mühsam am Steuer und war nahe daran, von den Unabhängigen und der Liebknechtgruppe über den Haufen gerannt zu werden. Was war demnach näherliegend, als Ebert, den ich als anständigen, zuverlässigen Charakter und unter der Schar seiner Parteigenossen als den staatspolitisch weitsichtigsten Kopf kennengelernt hatte, die Unterstützung des Heeres und des Offizierskorps anzubieten? [...]
Am Abend [des 10. November] rief ich die Reichskanzlei an und teilte Ebert mit, dass das Heer sich seiner Regierung zur Verfügung stelle, dass dafür der Feldmarschall und das Offizierskorps von der Regierung Unterstützung erwarteten bei der Aufrechterhaltung der Ordnung und Disziplin im Heer. Das Offizierskorps verlange von der Regierung die Bekämpfung des Bolschewismus und sei dafür zum Einsatz bereit. Ebert ging auf meinen Bündnisvorschlag ein. Von da ab besprachen wir uns täglich abends auf einer geheimen Leitung zwischen der Reichskanzlei und der Heeresleitung über die notwendigen Maßnahmen. Das Bündnis hat sich bewährt. Für den Schritt des 10. November habe ich allein die Verantwortung zu übernehmen, Hindenburg wusste nichts von ihm, billigte ihn aber, nachdem ich die innerpolitische Lage in der Heimat eingehend mit ihm besprochen hatte [...]
Wir [die Offiziere der O.H.L.] hofften, durch unsere Tätigkeit einen Teil der Macht im neuen Staat an Heer und Offizierskorps zu bringen, gelang das, so war der Revolution zum Trotz das beste und stärkste Element des alten Preußentums in das neue Deutschland hinübergerettet. Zunächst galt es freilich Zugeständnisse zu machen, denn die Entwicklung im Heer und der Heimat war solche Wege gegangen, dass es sich vorerst nicht um rücksichtslose Befehle von Seiten der O.H.L. handeln konnte, sondern um Auffangen und Unschädlichmachen der revolutionären Strömungen.

Gerhard A. Ritter/Susanne Miller (Hrsg.): Die deutsche Revolution 1918–1919. Fischer-Bücherei, Frankfurt am Main 1968, S. 91 f.

B Welche Republik soll es werden?

Q3

Warnendes Beispiel Russland?

Max Cohen-Reuß (1876–1963) war von 1912 bis 1918 Reichstagsabgeordneter der SPD, dann Mitglied der MSPD. 1918/19 war er Vorsitzender des Zentralrats der Arbeiter- und Soldatenräte. Auf dem Kongress setzt er sich mit dem Rätesystem auseinander. Rede auf dem Reichsrätekongress in Berlin, 19. Dezember 1918:

[I]n jedem Falle drücken die Arbeiter- und Soldatenräte nur einen Teilwillen, niemals aber den Willen des ganzen deutschen Volkes aus. Diesen festzustellen, darauf kommt es an. Die Gefahr, in der wir schweben, ist, glaube ich, sehr viel größer als die meisten es sich vorstellen.

Wenn es so weiter geht wie bisher, dann wird unser gesamtes Wirtschaftsleben, das doch die Voraussetzung für den Wiederaufbau Deutschlands ist, lahmgelegt, ohne dass wir in der Lage sind, etwas Neues an seine Stelle zu setzen. [...] Nun glaube ich, [...] dass für die Wiederaufrichtung unseres wirtschaftlichen Lebens eine vorhergehende Neuregelung unserer politischen Verhältnisse notwendig ist [...] und ich glaube, dass wir uns eine geregelte Verwaltung in Deutschland nur durch die Nationalversammlung herstellen können, die uns die demokratische Verfassung gibt und das Deutsche Reich wieder aufbaut und seine auseinanderstrebenden Teile zusammenhält. [...]

Parteigenossen! Es sollte eigentlich für jeden Sozialisten selbstverständlich sein, [...] dass der Volkswille so schnell wie möglich zur Geltung kommt. [...] Nun frage ich Sie, Parteigenossen: [...] was hat der Bolschewismus, die Diktatur des Proletariats, in Russland erreicht? Nach meiner Überzeugung nichts, was zur Förderung des Sozialismus, sondern nur, was dazu dienen kann, den Sozialismus auf Jahrzehnte hinaus zu diskreditieren. [...] Russland friert und hungert. [...] Parteigenossen, vergesst nicht, dass gerade in Russland der Bolschewismus das nicht fertiggebracht hat, was bei geordneten Verhältnissen, wenn man die alten Formen nicht zerschlagen hätte, erreicht werden konnte. In Russland hat man es nicht einmal fertiggebracht, die vorhandenen Rohstoffe [...] wirtschaftlich auszunutzen, [...] aus dem überreichen Wälderbesitz das nötige Holz in die Stadt zu schaffen, damit die Bürger in den Städten nicht frieren. [...] Weshalb ist das geschehen? Weil man im Handumdrehen die neue Wirtschaftsordnung wie ein fertiges Gebäude an die Stelle des alten setzen wollte, weil man die Produktions- und Handelsformen zerschlagen hat, bevor die neuen funktioniert haben. [...]

Parteigenossen, man kann eben Sozialismus durch Gewalt und Dekrete nicht einführen, das hat uns das russische Beispiel gezeigt. Sozialisierung ist ein organischer Entwicklungs- und Umbildungsprozess, bei dem neue Wirtschaftsformen neben werdenden und auch alten Formen zusammen existieren werden. Wenn man aber diesen Entwicklungsprozess nicht in sorgsamster Weise fördert, kommt die Katastrophe. [...]

Um nun auf das zu kommen, was mich [...] von den Genossen der U.S.P. [USPD] und [...] von dem Genossen Däumig trennt, möchte ich folgendes hervorheben. Die Genossen sagen: Wenn eine baldige Nationalversammlung zusammentritt, bekommen wir keine sozialistische Mehrheit, wir müssen deshalb die Sozialisierung vorher so schnell wie möglich beschließen. Parteigenossen, ich bin direkt der gegenteiligen Auffassung. [...] Wenn wir eine sozialistische Mehrheit bekommen wollen, müssen wir die Nationalversammlung so schnell wie möglich einberufen. [...] Parteigenossen! [...] Es ist selbstverständlich, das[s] wir alle soviel Sozialismus wollen, wie durchführbar ist. Aber persönlich habe ich die Überzeugung, es wird nicht mehr Sozialismus durchführbar sein, als die Mehrheit des Volkes will. [...]

Parteigenossen, schätzen Sie wirklich bei ganz ruhiger, nüchterner Überlegung den Widerstand der bürgerlichen Kreise und der Intelligenz so gering ein, dass wir, wenn wir sie politisch entrechten, gegen ihren Willen die Wirtschaft führen können? [...]

Nehmen wir einmal an, wir hätten ein Rätesystem in Deutschland. [Es] würde [...] auf der Friedenskonferenz auf die äußersten Schwierigkeiten stoßen, denn man hat es auf der Friedenskonferenz mit Ländern zu tun, die seit Jahrhunderten die Demokratie im innersten in sich aufgenommen haben, und die nicht so leicht mit einem Rätesystem verhandeln würden. [...] Wir Sozialdemokraten müssen uns endlich einmal auf das entschiedenste und nachhaltigste wehren, dass unsere reine, klare, gute sozialistische Gedankenwelt durch bolschewistische Verschrobenheiten sabotiert und diskreditiert wird. [...]

[D]ie Arbeiter- und Soldatenräte hatten ihre Berechtigung und werden ihre Berechtigung auch weiter haben. Nur, glaube ich, müssen sie an der Zentralstelle, die die Verfassung des deutschen Reiches schaffen wird, der Nationalversammlung Platz machen. [...] Die Arbeiterräte werden an anderen Plätzen eine Wirkungstätigkeit entfalten, die unserem Volk zum allergrößten Segen gereichen wird. [...] Und wie steht es denn in Wirklichkeit mit der sogenannten Machtposition, die die Arbeiterräte ja im Augenblick doch nur auf die Gewalt, auf die Bajonette stützen können? [...] Da es sich [...] um einen Kampf innerhalb der deutschen Parteiengruppen handelt, muss es zum Bürgerkrieg kommen und dass der Terror dann ganz von selbst kommt, [...] ist einleuchtend. [...]

[I]m Interesse unseres Landes, […] im Interesse unseres Volkes und besonders der deutschen Arbeiterschaft und im Interesse der neu aufzubauenden Menschheitsorganisation vom Standpunkt der Demokratie und des Sozialismus brauchen wir die Nationalversammlung, die den Willen des deutschen Volkes feststellt. Deshalb bitte ich Sie, weil die Gefahr so nahe und so groß ist, […] für meinen Antrag zu stimmen, […] dass die Wahlen für die deutsche Nationalversammlung am 19. Januar 1919 stattfinden."

Gerhard A. Ritter/Susanne Miller (Hrsg.): Die deutsche Revolution 1918–1919. Fischer-Bücherei, Frankfurt am Main 1968, S. 300–302; Dok. 6a.

Q4

Verankerung des Rätesystems

Ernst Däumig (1866–1922) schloss sich 1917 der USPD an und stellte auf dem Reichsrätekongress den Hauptantrag, der anstelle der Einberufung der Nationalversammlung die Verankerung des Rätesystems im künftigen Staatsaufbau vorsah. Rede Däumigs auf dem Reichsrätekongress am 19. Dezember 1918:

Der Rausch der ersten Revolutionstage ist sehr schnell verflogen. Alle die Bedenklichkeit, alle die Rückständigkeit und zähe Anhänglichkeit an die alten Ideologien ist noch sehr stark vorhanden. […] Wenn die Geschichte dieser Revolutionswochen in Deutschland geschrieben wird, dann wird man sich lächelnd fragen: Waren denn die Leute so blind, daß sie nicht sahen, daß sie sich selbst den Strick um den Hals legten! denn das muß doch jedem Klardenkenden einleuchten, daß die jubelnde Zustimmung zur Nationalversammlung gleichbedeutend ist mit einem Todesurteil für das System, dem Sie jetzt angehören, für das Rätesystem. […]

Es ist nun einmal so. Die alte bürgerliche Demokratie mit ihrem Stimmzettel und ihren Parlamenten ist keine Ewigkeitserscheinung; sie hat ihre historische Bedingtheit, und wie der Sozialismus als neues Grundprinzip der Welt aufzieht, so ist selbstverständlich damit auch verbunden, daß dieser bürgerlichen Demokratie die proletarische Demokratie folgen muß: wie sie ihren organisatorischen Ausdruck in dem Rätesystem findet. […]

[D]ie Konzessionen, die vom Genossen Cohen […] gemacht werden, daß ja, wenn die Nationalversammlung komme, das Rätesystem noch weiterbestehen könne, sind ja doch nur Schall und Rauch. […] Im Wirtschaftsleben werden mit Hilfe der Nationalversammlung und des Bürgertums die Gewerkschaften alten Stils natürlich die Arbeiterräte aus den Betrieben ganz schnell herausgedrängt haben. […]

Ach, sie wird Einrichtungen schaffen, aus denen die notwendigen Geldmittel herausgeholt werden können: Staatsmonopole und sonstige staatskapitalistischen Einrichtungen. Aber eine Wirtschaftsordnung, in der das Volk produktiv und als Konsument gleichberechtigt ist, davon wird keine Rede sein. Dazu muß schon eine Institution und eine ökonomische Einrichtung geschaffen werden, durch die tatsächlich die Besitzverhältnisse, aber auch die politischen Rechtsverhältnisse auf eine ganz andere Grundlage gestellt werden, und das kann eben nur mit Hilfe des Rätesystems geschehen. […]

Wir haben unsere Augen nicht allein zu richten auf die engeren Grenzen Deutschlands, […] sondern der Blick muß hinausgehen auf die anderen Länder, […] denen nur heil gebracht werden kann […] durch die Volksmassen, durch die internationalen Verbindungen. […] Es ist weltgeschichtlich nicht anders möglich: ein Weltkrieg muß zur Weltrevolution führen. […]

Die Entente wäre nicht wesentlich erbittert gewesen, denn wir wissen tatsächlich ja gar nicht, wie die Entente über unsere Arbeiter- und Soldatenräte denkt. […]

Man spricht in bezug auf das Rätesystem von der Diktatur, und jeder Spießer malt sich darunter etwas Gruseliges vor; er denkt an Browningpistolen, an Maschinengewehre und andere Dinge. […]

Die Diktatur ist zweifellos mit dem Rätesystem verbunden. Aber was sich in Rußland durch die historischen Gesetze aufzwang, braucht noch lange nicht in Deutschland der Fall zu sein. Ich gehöre nicht zu denen, die mechanisch und sklavisch das russische Beispiel nachzuahmen versuchen. Ich bin Deutscher und bin stolz darauf, Deutscher zu sein. Die 20 Jahre, die ich jetzt in der Partei bin, habe ich dazu verwandt, die deutsche Kultur, die deutsche Dichtung, die deutsche Literatur den Massen da unten zugänglich zu machen, weil die bürgerliche Gesellschaft nach dieser Richtung hin Millionen jahrein, jahraus geistig beraubt hat. […] Wie steht es denn überhaupt mit der Diktatur in Deutschland?! Ich habe hier das statistische Ergebnis der Gewerbezählung vom Jahre 1907, das letzte Zahlenmaterial, das darüber zur Verfügung steht. Da zeigt sich bei allen Berufen, bei Land- und Forstwirtschaft, bei Industrie, Bergbau und Baugewerbe, bei Handel und Verkehr, daß sich das arbeitende, werktätige Volk überall in der Mehrheit befindet, und daß es bis jetzt unter der Diktatur einer ökonomisch überlegenen Minderheit gestanden hat. Und das soll jetzt durch die Nationalversammlung verewigt werden! Sie mögen mit dem Kopfe schütteln, soviel, wie Sie wollen – die Nationalversammlung, die jetzt zusammenkommt, hat weder den Willen, noch die Energie, den Sozialismus Wirklichkeit werden zu lassen.[…]

Das Rätesystem ist so, wie es heute ist, [...] selbstverständlich unvollkommen [...]denn [es] lag kein fester Organisationsplan vor. Aber das ist eine Frage der Technik, das Rätesystem so zu vervollkommnen, daß wir für ganz Deutschland ein einheitliches Wahlsystem durchführen können [...], [und] dann kann auch eine Nationalversammlung zusammentreten und die ist [...] ein viel stärkerer Kitt als die Nationalversammlung, die aus den bürgerlichen Elementen heraus zusammenkommt. [...]. [D]ie proletarische Solidarität und das Rätesystem ist der beste Kitt für das Reich. [...] Die Selbstverwaltung muß doch mehr und mehr die Aufgabe sein, die dem deutschen Volke erwachsen muß, anstatt des Regiertwerdens. Wie wollen Sie aber ein Volk in weitestgehendem Maß zur Selbstverwaltung erziehen, wenn Sie es politisch einfach so dahintrotten lassen und wenn sie Erwählte in irgendein Parlament schicken, die dann wieder die üblichen Redebächlein fließen lassen, [...] aber sonst an den Dingen draußen beim Volk nichts ändern! [...] Wie will man denn sozialisieren über die Köpfe der Arbeiter hinweg, ohne aktive Beteiligung der Arbeiter! [...] Das Sozialisieren muß natürlich nach einem großen, einheitlich angelegten Plane vor sich gehen. [...]
[W]as jetzt ist, ist doch nur ein Kompromiß zwischen Revolution und altem System [...]. Die alte Staatsmaschine mit all den Leuten, die bisher an ihren verschiedenen Stellen gearbeitet haben, ist ja noch beibehalten [...].
Verschließen Sie sich dem Rätesystem – kommen wird es trotzdem und alledem.

Gerhard A. Ritter/Susanne Miller (Hrsg.): Die deutsche Revolution 1918–1919. Fischer-Bücherei, Frankfurt am Main 1968, S. 306–308; Dok. 6b.

C Und heute?

Q5

Wolfgang Schäuble (geb. 1942)
deutscher Politiker (CDU)

Festrede von Bundestagspräsident Dr. Wolfgang Schäuble: „Herausforderungen der parlamentarischen Demokratie" beim „13. Tag der Talente" am 24. September 2018

1918, vor genau einhundert Jahren, war mit dem Ende des verheerendes Ersten Weltkrieges auch das deutsche Kaiserreich zugrunde gegangen. Deutschland erlebte eine Revolution und wurde zur parlamentarischen Demokratie. Doch die Weimarer Republik, die demokratischen Hoffnungen fanden mit der Machtübernahme durch die Nationalsozialisten ein jähes Ende. [...] Heute sind die allermeisten von den Vorzügen der Demokratie zumindest in der Theorie überzeugt und wollen sie durch kein anderes System ersetzen. Unzufrieden sind dennoch viele. Vertrauen in politische Institutionen geht verloren. Parteien, die an demokratischer Politik wenig Interesse haben, haben an Zustimmung gewonnen. Und manchmal kann man den Eindruck gewinnen, dass nicht allen ausreichend klar ist, was Demokratie eigentlich bedeutet. [...] Herrschaft des Volkes – das Schlagwort fällt oft. Dabei beginnt Demokratie mit der Einsicht, dass das Volk aus Menschen mit verschiedenen, wechselnden, oft widerstreitenden Interessen, Überzeugungen, Zielen besteht. [...]
Demokratie beruht auf der Bereitschaft zu akzeptieren, dass andere Meinungen ihren Platz haben, auch wenn sie der eigenen widersprechen. Und anzuerkennen, dass am Ende nicht entscheidend ist, was ich denke, sondern was die Mehrheit entscheidet. Deshalb ist Demokratie ein anspruchsvolles Modell des Zusammenlebens. [...]
Das funktioniert nur, weil zur Demokratie nicht nur das Prinzip der Mehrheitsentscheidung gehört, sondern auch die Rechte der Minderheit. Die Mehrheit kann nicht uneingeschränkt über die Minderheit bestimmen. Sonst besteht

die Gefahr, dass Demokratie zur Tyrannei der Mehrheit wird. Keine noch so große Mehrheit kann die Verpflichtung unserer Verfassung auf die Menschenwürde und die daraus abgeleiteten Grundrechte abschaffen. Sie sind politisch nicht verhandelbar.

Demokratie ist ein offener Prozess – weil sich die Einstellungen in der Gesellschaft und die politischen Mehrheiten ändern. Eine einmal getroffene Entscheidung muss nicht für alle Ewigkeit gelten. Die Minderheit von gestern kann morgen die Mehrheit sein. Das bedeutet auch: Niemand ist im Besitz einer absoluten Wahrheit in politischen Angelegenheiten. Deswegen ist Politik ein ständiges Ringen. Viele Fragen bleiben strittig und werden immer wieder neu verhandelt. [...]

Demokratische Mehrheitsfindung ist ein komplizierter Prozess. Aus der unendlichen Vielfalt von Meinungen, Anschauungen und Interessen müssen wir am Ende zu Entscheidungen kommen – das ist das Ziel alles Politischen. Dazu brauchen wir stabile Institutionen und von allen akzeptierte Verfahren. Das geht nur mit Parlamenten. Und mit Parteien.

Die politischen Parteien sind für die parlamentarische Demokratie unerlässlich: Sie bündeln, gewichten und artikulieren die verschiedenen Interessen und Meinungen, die es in der Gesellschaft gibt. Sie stellen sich mit ihren unterschiedlichen Zielen und Konzepten zur Wahl und sichern damit den politischen Wettbewerb. [...]

Das Misstrauen der Deutschen gegenüber den Parteien hat eine lange Tradition, die bis ins Kaiserreich zurückreicht. Die Sehnsucht nach Überparteilichkeit und Harmonie ist bei uns vielleicht besonders groß, das Verständnis für die Notwendigkeit von politischem Streit – von „Parteiengezänk“ ist dann die Rede – ist eher gering ausgeprägt. Aber genau das ist – Demokratie! Sie ist doch überhaupt nur möglich und nötig, weil es unterschiedliche politische Ansichten gibt. Und wenn es zwischen den unterschiedlichen Überzeugungen zu einem Ausgleich und zu einer von einer Mehrheit getragenen Entscheidung kommen soll, dann braucht es die politische Auseinandersetzung. Den demokratischen Streit. Im Parlament und auch in der Öffentlichkeit. Das nervt viele, aber das müssen wir aushalten. Ohne Streit geht es nicht.

Aber es muss ein Streit nach Regeln sein. Verbunden mit der Bereitschaft, das Gegenüber zu achten und die im demokratischen Verfahren zustande gekommenen Mehrheitsentscheidungen zu akzeptieren.

Und noch etwas braucht es: die Bereitschaft zum Kompromiss. Denn ohne Kompromiss keine Mehrheit! Das gilt umso mehr, je vielfältiger unsere Gesellschaft wird und je mehr Parteien es gibt. Mit einer Alles-oder-Nichts-Haltung kommt man in der parlamentarischen Demokratie nicht weit. [...]

Der Mensch ist nicht fehlerlos. Und alle Versuche, Menschen von Staatswegen zu perfektionieren, sind im Totalitären geendet. Die Demokratie beruht dagegen auf der Akzeptanz der Unvollkommenheit des Menschen. Sie nimmt den Menschen, wie er ist. Das macht den Unterschied einer menschlichen Gesellschaft!

Deshalb kann Demokratie auch nicht den Anspruch erfüllen, Fehler von vornherein zu vermeiden. Vielmehr schafft sie Möglichkeiten wechselseitiger Kontrolle: Das Parlament kontrolliert die Regierung, die Opposition kontrolliert die Mehrheit, Bundespräsident und Verfassungsgericht kontrollieren das Recht und die Einhaltung des Grundgesetzes, freie Medien und Öffentlichkeit sind kritischer Begleiter aller politischen Institutionen und Prozesse.

Demokratische Politik ist nicht perfekt. Sie kann keine Heilsversprechen geben und keine Erlösung bieten. Sie kann es nicht sein, weil der Mensch nicht vollkommen ist – und weil niemand weiß, was kommt. [...]

Die Demokratie – selbst eine stabile und gut funktionierende parlamentarische Demokratie – ist nicht perfekt und nicht allmächtig. Der große englische Politiker Winston Churchill hat es einst so formuliert: „Die Demokratie ist die schlechteste aller Regierungsformen – abgesehen von allen anderen, die von Zeit zu Zeit ausprobiert wurden.“ Aber die Demokratie hat einen entscheidenden Vorzug: Sie lernt aus Fehlern und kann so immer wieder auf neue Gegebenheiten reagieren. Ihre Offenheit, die Fähigkeit zur Selbstkorrektur – das ist es, was sie auszeichnet und so erfolgreich macht. [...]

Die Demokratie ist zugleich besonders voraussetzungsvoll: Sie ist auf die Zustimmung der Menschen angewiesen. Sie lässt sich nicht dauerhaft auf Zwang, Unterdrückung und Gewalt bauen. Sie braucht ein Mindestmaß an Vertrauen in ihre Institutionen. Deswegen ist es wichtig, dass sich möglichst viele an der Demokratie beteiligen: durch Interesse, durch Diskussionen, durch die Teilnahme an Wahlen, durch eigenes Engagement – in Vereinen, Initiativen, in Organisationen und nicht zuletzt in Parteien.

Wolfgang Schäuble: Herausforderungen der parlamentarischen Demokratie. (24.09.2018). Unter: www.bundestag.de/parlament/praesidium/reden/015-571398 (Zugriff 25.06.2020).

Arbeitsvorschläge

Arbeitsvorschläge zum darstellenden Teil

1. „Am Anfang war Gewalt" – erläutern Sie, inwiefern der in der Anmoderation zum Darstellungstext genannte Buchtitel von Mark Jones die Anfangszeit der Weimarer Republik treffend beschreibt. [II]
2. Charakterisieren Sie die Situation des Deutschen Reiches im Herbst 1918. Beziehen Sie dazu dessen gesellschaftliche, politische, wirtschaftliche und militärische Lage mit ein. [II]
3. Erklären Sie, warum die russische Oktoberrevolution und der anschließende Bürgerkrieg in Russland große Ängste u. a. in Deutschland hervorriefen. [II]

A Kampf um die Republik

4. Analysieren Sie das Plakat von Walter Schnackenberg (Q 1). Nutzen Sie dazu ggf. die nachfolgende Methodendoppelseite „Politische Plakate analysieren". [II]
5. Ordnen Sie das Plakat von Walter Schnackenberg (Q1) in seinen historischen Zusammenhang ein. [II]
6. Recherchieren Sie zum Künstler Walter Schnackenberg und zur Vereinigung zur Bekämpfung des Bolschewismus bzw. zur Antibolschewistischen Liga. [I] ○
7. Analysieren Sie den Memoirenauszug von Wilhelm Groener (Q 2). [II]
8. Beurteilen Sie das Ebert-Groener-Bündnis. [III]
9. Bewerten Sie Groeners Haltung vor dem Hintergrund des historischen Kontextes. [III]
10. Erläutern Sie, welche Bedeutung das Ebert-Groener-Bündnis für die Weimarer Republik hatte. [II]

B Welche Republik soll es werden?

11. Analysieren Sie die Rede von Max Cohen-Reuß (Q 3). [II]
12. Analysieren Sie die Rede von Ernst Däumig (Q 4). [II]
13. Vergleichen Sie die Reden von Cohen-Reuß (Q 3) und Däumig (Q 4). Stellen Sie dazu geeignete Vergleichskriterien auf. [II]
14. Überprüfen Sie die Positionen beider Redner hinsichtlich ihres Realitätsbezuges und ihrer Stichhaltigkeit (Q 3, Q 4). [III]

C Und heute?

15. Erläutern Sie, was für Wolfgang Schäuble Demokratie bedeutet (Q 5). [II]
16. Informieren Sie sich über die politische Situation und das innenpolitische Klima in Deutschland 2018 und ordnen Sie die Rede von Wolfgang Schäuble in diesen zeitlichen Kontext ein (Q 5). [II] ○

Online- und Differenzierungsmaterialien zu Kapitel 2.3
○ Arbeitshilfen zu den Aufgaben 6 und 16

Online-Code: px6v26

Politische Plakate analysieren

Heute sind Fernsehen, Hörfunk, Printmedien und Internet allgegenwärtige Mittel der Werbung von Parteien. Dort hoffen sie, die Wählerinnen und Wähler für ihre Programme zu interessieren und zur Abgabe ihrer Stimme zu bewegen. Zur Zeit der Weimarer Republik gab es noch kein Fernsehen, kein Internet und nur wenige Haushalte besaßen Rundfunkempfänger. Deshalb gehörten Plakate damals zu den wichtigsten Mitteln im „Kampf um Wählerstimmen". Sie waren künstlerisch gestaltet und enthielten wichtige Botschaften an die Wählerinnen und Wähler.

Q1

Für Volksherrschaft und Sozialismus
Wahlplakat der SPD zur Nationalversammlung 1919, Entwurf von Fritz Gottfried Kirchbach, Hessisches Landesmuseum Darmstadt

Beschreiben

In der Mitte des in schwarz gehaltenen Plakats ist eine hell strahlende, einfach gekleidete Frau zu sehen. Sie steht vor einem Baum, dessen Stamm und Frucht rot leuchten und über den sie schützend die Hand hält. Zwei farbige Schlangen, die einen Helm bzw. einen Zylinder tragen, umringen sie. In der linken oberen Bildhälfte ist zu lesen: „Für Volksherrschaft und Sozialismus", in der rechten: „Nieder mit Reaktion und Kapitalismus". Der untere Teil des Bildes enthält in roter Schrift die Aufforderung: „Jede Stimme den Mehrheitssozialisten. Sozialdemokratische Partei S.P.D."

Untersuchen

Bei dem Bild handelt es sich um ein Plakat der SPD, deren Mitglieder sich zeitweise als Mehrheitssozialisten bezeichneten, nachdem sich 1917 die USPD abgespalten hatte. Die Szene in der Mitte erinnert an die biblische Geschichte von Eva im Paradies: Eine weiß gekleidete Frau wird hier von zwei Schlangen verführt. Die blaue (als blaublütig werden Adlige bezeichnet) Schlange mit dem Helm symbolisiert die „Reaktion", also jene Schichten, die sich zu einer aristokratischen und militaristischen Herrschaft zurücksehnten. Diese alte Elite hatte eine starke Stellung im Militär behalten. Die andere Schlange mit dem Zylinder auf dem Kopf steht für das reiche Bürgertum, dessen Mitglieder von den Sozialdemokraten häufig als „Kapitalisten" bezeichnet wurden. Im Gegensatz zur Bibel hat Eva aber nicht die Absicht, sich verführen zu lassen. Sie hält schützend die Hand über die neue Frucht. Diese ist in Rot gehalten, der traditionellen Farbe des Sozialismus. Aus diesem Grund ist auch die Aufforderung, die Stimme der SPD zu geben, in roter Schrift gestaltet.

Die Aufforderungen sind klar: Einerseits weisen sie auf die Fortschritte hin, die es zu verteidigen gilt – Volksherrschaft und Sozialismus. Andererseits rufen sie auf zur Bekämpfung der gefährlichsten Gegner: Reaktion und Kapitalismus. Um erfolgreich zu sein, fordert das Plakat auf, die Mehrheitssozialdemokratie, die eigentliche Wahrerin des Erbes der alten SPD, zu wählen.

Das Plakat hebt diese Botschaft optimal mit künstlerischen Mitteln hervor. Die Farben und Symbole erregen Aufmerksamkeit und vermitteln eine positive Grundstimmung durch die helle Frauenfigur im Zentrum. Die Texte enthalten knapp und einprägsam die zentralen Forderungen, grenzen die eigene Position klar gegen den politischen Gegner ab und münden in einer nachvollziehbaren Handlungsaufforderung. Der Künstler hat mit seinem Plakat dem damals bestehenden Wunsch nach Einheit bei der Mehrheit der Arbeiter Ausdruck verliehen und ihm ein Ziel gegeben.

Deuten

Vor dem Hintergrund der Revolutionswirren wollte die SPD möglichst viele Stimmen vor allem der Arbeiterschaft bei den Wahlen zur Nationalversammlung gewinnen. Ihr Anspruch war es, als die einigende demokratische Kraft und die wahre Alternative zum alten System dazustehen. Deshalb stellte sie den Gegensatz von einst, die Herrschaft von Reaktion und Kapitalismus, und jetzt, die Herrschaft des Volkes und Sozialismus, besonders heraus. Damit wollte sie unterstreichen, dass das untergegangene Kaiserreich eine Klassengesellschaft war, die neue Ordnung aber eine sozial gerechte Gesellschaft schaffen werde, in der tatsächlich das Volk herrsche. Zur Abgrenzung von der USPD, die radikalere Forderungen erhob, stellten sich die Mehrheitssozialdemokraten ganz bewusst in die Tradition der einstigen SPD, die bereits im Kaiserreich konsequent den Anspruch auf die Vertretung der Interessen aller Arbeiter erhoben hatte.

Methodische Arbeitsschritte

1. Beschreiben
- Beschreiben Sie das Bild. Achten Sie dabei auch auf kleine Gegenstände und Texte, die Verteilung von Licht und Schatten, Farben und die Anordnung der Texte.
- Stellen Sie fest, was auf dem Plakat besonders ins Auge fällt.
- Nennen Sie Einzelheiten, die Sie auf dem Plakat sehen.

2. Untersuchen
- Stellen Sie fest, wer das Plakat in Auftrag gegeben hat.
- Finden Sie heraus, aus welchem Grund das Plakat in Auftrag gegeben wurde.
- An wen wandte sich das Plakat?
- Untersuchen Sie, welche Symbole und welche Anspielungen auf historische Ereignisse Sie erkennen können.
- Untersuchen Sie den Text des Plakats.

3. Deuten
- Ordnen Sie das Plakat in den historischen Zusammenhang ein.
- Überlegen Sie, welches Ziel der Auftraggeber mit dieser Form der Gestaltung und den Texten zu erreichen versucht.
- Versuchen Sie zu beurteilen, wie dieses Plakat auf die Wählerinnen und Wähler gewirkt haben könnte.

Arbeitsvorschläge

1. Verfassen Sie ein fiktives Interview mit dem Plakatkünstler von Q1, in dem dieser seine Gestaltung begründet. [III]
2. Untersuchen Sie aktuelle Wahlplakate von Europa-, Bundestags- oder Landtagswahlen mithilfe der Arbeitsschritte. Beurteilen Sie die Aussagefähigkeit heutiger Plakate gegenüber denjenigen der Weimarer Zeit. [II/III]
3. MK Entwerfen Sie in Arbeitsgruppen je ein Plakat der Weimarer Parteien, auf denen Sie den Wählern deren jeweils wichtigste Wahlaussagen näherbringen. [II]

E Erweiterungsband Kapitel 2.3, S. 104–111, Kapitel 2.4, S. 112–119

2.4 „Das Vertrauen entzogen" – Warum der Parlamentarismus in Europa scheiterte: das Beispiel Weimarer Republik

Die Angst ist wieder da – die Angst der Deutschen vor Terroranschlägen, vor Armut im Alter, der wachsenden Feindlichkeit bei Meinungsunterschieden oder vor dem Klimawandel. Zwar schauen Jugendliche in Deutschland noch überwiegend positiv in die Zukunft. Und doch haben viele von ihnen in der Shell-Studie von 2019 zu Protokoll gegeben, dass sie die tiefgreifenden Veränderungen der Globalisierung und die fortschreitende Digitalisierung der Arbeitswelt schrecken. Manche fühlen sich deshalb auch von rechtspopulistischen Positionen angesprochen. Tatsächlich wird das Klima der Demokratie in Deutschland und Europa wieder rauer. Wie sich die erste deutsche Demokratie zwischen Ende 1929 und Anfang 1933, in nur drei Jahren, selbst zerlegen konnte, gerät dabei zu einer Schlüsselerzählung, die uns auch die Gegenwart besser verstehen lässt.

Am Anfang war die Weltwirtschaftskrise

„Ordnung und Sauberkeit: es war einmal. Arbeit und sicheres Brot: es war einmal. Vorwärtskommen und Hoffen: es war einmal." Hans Fallada, eigentlich Sohn reicher Eltern, brachte auf den Punkt, wie es den Leuten in Deutschland ging. Sein Zeitroman „Kleiner Mann – was nun?", dessen Titel schnell zum Sprichwort wurde, erschien Mitte 1932 auf dem Höhepunkt der **Weltwirtschaftskrise**. Fast jeder Dritte war arbeitslos, die Produktivität hatte sich halbiert. Viele Deutsche waren nicht nur arm und hungrig, sie fühlten sich „ausgerutscht, versunken, erledigt" (Hans Fallada). Doch wie konnte es so weit kommen? Und: War diese Reise in den Untergang, an dessen Ende die nationalsozialistische Diktatur stand, unausweichlich? Wie in der **Weltfinanzkrise ab 2007** stand am Beginn der Katastrophe, stark vereinfacht, eine wirtschaftliche Überhitzung in den USA. Nachdem die Zinsen dort auf Drängen Europas gesenkt worden waren, war es lukrativ geworden, an der Börse zu zocken. Wer Aktien kaufen wollte, konnte sich etwas leihen, selbst wenn er nur ein Zehntel des Kaufpreises in der Tasche hatte. Selbst Kleinanleger wie Dienstmädchen oder Hausfrauen wollten deshalb an den steigenden Kursen mitverdienen. In der Folge stiegen die Kurse immer höher, so lange, bis sie am sogenannten Black Thursday, dem 24. Oktober 1929, plötzlich einbrachen. Panik breitete sich aus. Die wirtschaftlichen Folgen machten sich in der nun so eng vernetzten Welt in Stunden bemerkbar: Viele Unternehmen senkten die Preise, was ihnen die Erholung weiter erschwerte, Kredite wurden ihnen verweigert. Die Arbeitslosigkeit erhöhte sich parallel zur Zahl der Selbstmorde von etwas mehr als 1 Million auf 6 Millionen immer weiter. Bismarcks Sozialversicherungsnetz, das die Weimarer Republik mit der **Arbeitslosenversicherung** erst wenige Jahre zuvor ausgebaut hatte, hielt dem nicht stand. In anderen europäischen Ländern sah es nicht besser aus.

Diese nach dem Ersten Weltkrieg, von manchen Historikern als zweite **Urkatastrophe** des 20. Jahrhunderts gewertet, betraf nicht nur die Weimarer Republik, den wichtigsten Industriestaat in Europa. Doch die Weltwirtschaftskrise traf sie mit besonderer Wucht, wie der britische Europahistoriker Ian Kershaw in dem Buch „Höllensturz" 2017 nachgezeichnet hat. Bei immer mehr Menschen schwand der Glaube an eine baldige Besserung der Verhältnisse. Kershaw zitiert in seinem Buch ein 14-jähriges Mädchen, das im Dezember 1932 schrieb: „Mein Vater ist seit drei Jahren arbeitslos. Wir glaubten, er würde eines Tages wieder Arbeit finden, inzwischen haben auch wir Kinder alle Hoffnung verloren."

Weltwirtschaftskrise
Tiefe Krise der Weltwirtschaft in den Jahren nach dem New Yorker Börsencrash am 24. Oktober 1929. Weltweit stiegen die Arbeitslosigkeit und das soziale Elend breiter Bevölkerungskreise. Dies zog politische Krisen nach sich.

Weltfinanzkrise ab 2007
Auslöser war ein starker Einbruch des Immobilienmarkts in den USA, wo viele Menschen sich zu hoch verschuldet hatten. Die Krise erschütterte nachhaltig das Vertrauen vieler Menschen in den Staat. Die US-Krise wirkte sich auch auf andere Staaten aus, in denen teilweise das Bankenwesen in große Schwierigkeiten geriet.

Arbeitslosenversicherung
Erst 1927 wurde in Deutschland eine staatliche Arbeitslosenversicherung eingeführt (kalkuliert mit staatlichen Eigenmitteln bis max. 1,4 Mio. Erwerbslose). Zuvor gab es nur verschiedene Formen von Erwerbslosenfürsorge der Gemeinden.

„Urkatastrophe"
Bezeichnung des US-Historikers und Diplomaten George F. Kennan 1979 für den Ersten Weltkrieg

Rechtsruck in Deutschland und Europa

Europas Staaten hatten zwischen 1929 und 1932 alle mit ähnlichen Problemen zu kämpfen: Einbruch der Industrieproduktion und des Außenhandels und stark ansteigende Arbeitslosigkeit bei gleichzeitig schwachen Sozialsystemen. Gleichzeitig wurde jedoch auch registriert, dass das faschistische Italien mit diktatorischen staatlichen Eingriffen in die Wirtschaft im Vergleich etwas geringere Schwierigkeiten erlebte als andere Industriestaaten. Eine ähnliche Außenwahrnehmung entstand gegenüber der stalinistischen Sowjetunion.

Material
Zeittafel Krisenjahre 1929–1932
5w577v

Insbesondere in den Verliererstaaten des Ersten Weltkrieges blieb bei nahezu allen politischen Parteien die Forderung nach einer **Revision** der Friedensverträge von 1919/20 ein zentrales Thema. Daher ging es besonders um die mit den Friedensbestimmungen verbundenen schweren wirtschaftlichen und finanziellen Belastungen. Die betroffenen Staaten sahen sich ungerecht behandelt. Zudem waren sie wirtschaftlich nicht in der Lage, die Forderungen zu erfüllen.

Revision
Forderung nach Rückgängigmachung von Auflagen der Friedensbestimmungen, dazu zählte das Recht auf Wiederbewaffnung (Aufrüstung), Aufhebung der Reparationszahlungen und die Wiederherstellung früherer Grenzverläufe.

Doch was trug dazu bei? Ihr Erfolg ist eine der Rätselfragen des 20. Jahrhunderts. Wie meist kommen hier ganz verschiedene Gründe zusammen. Das Vertrauen darin, dass die Demokratie in der Lage sei, derartige Probleme zu lösen, brach in dieser Zeit in vielen Staaten ein. Die Sehnsucht nach einer starken Hand mit klaren, einfachen Entscheidungen ohne langwierige Kompromisssuche im Parlament nahm zu. Zudem fühlten sich viele Bürger nicht ausreichend von der neuen Staatsform der Demokratie ernstgenommen. Abgesehen davon öffneten sich ja auch Unternehmer oder Militärs aus verschiedenerlei Ängsten für radikalere Parteien. So warben die Faschisten in allen europäischen Ländern für Stimmen unter dem Vorwand, das „Volk" gegen die angebliche kommunistische „entartete" Gefahr von links und andere „Volksverderber" zu beschützen und zu „erwecken". Dabei hatten sie keinerlei Hemmungen, den Wählern Versprechen zu machen, die sie nie hätten einlösen können.

Zwischen 1930 und 1933 konnte so etwa die deutsche NSDAP ihre Stimmenanteile immer weiter steigern. Zunächst traten vor allem Männer in die Partei ein, zunehmend aber auch immer mehr Frauen. Hitler und anderen gelang es zudem, sich als jugendliche Bewegung darzustellen, als „Tat-Elite", die mit den „Altparteien" gründlich aufräumen würde. „Macht Platz, ihr Alten!" war der Schlachtruf einer Wahlkampfrede des NSDAP-Politikers Gregor Strasser 1929. Er konnte darauf vertrauen, dass die Generationen sich seit 100 Jahren in Deutschland nicht mehr so unversöhnlich gegenübergestanden hatten wie zu diesem Zeitpunkt. Kershaw zitiert in seinem Buch die Reaktion eines 18-jährigen auf eine Rede eines Nationalsozialisten: „Endlich ein praktischer Vorschlag für die Erneuerung des Volkes! Zerschlagt die Parteien! Weg mit den Klassen! Eine wirkliche Volksgemeinschaft! [...] An demselben Abend wurde mir klar, wo ich hingehörte: zu der neueren Bewegung. Sie allein gab die Hoffnung auf Rettung des deutschen Vaterlands."

Gregor Strasser (1892–1934)
NSDAP-Politiker, seit 1921 einer ihrer führenden Akteure und innerparteilicher Konkurrent zu Adolf Hitler
1934 auf Anweisung Hitlers ermordet

Vor allem die unzufriedenen Mittelschichten wie Angestellte, Beamte, Bauern und Studenten waren es, die den Erdrutscherfolg der Partei ermöglichten. Aber anders als lange angenommen, stimmten für die deutschen Faschisten der NSDAP mehr Arbeiter als für die eigentlichen Arbeiterparteien KPD oder SPD. Der europäische Faschismus entzieht sich damit eindeutigen Klassenbegriffen. Zwar gab es, anders als in der sogenannten „Komintern", auf Seiten der Linken keine gemeinsame rechte Bewegung in Europa (ein solcher Versuch der Faschisten scheiterte 1934 am Genfer See), doch lehnten sich viele andere rechtsradikale Bewegungen in Methodik, Symbolik und Sprache an die faschistischen Regierungen in Italien und Deutschland an. Anders als man glauben möchte, war diese faschistische Idee kein alter Hut, sondern etwas ganz Modernes: Die hypernationalistische Betonung der Einheit eines Volkes, das seine Identität durch die ‚Säuberung' von denjenigen gewann, die als nicht zugehörig betrachtet wurden, beruhte auf einer Rassentheorie, die damals als innovative Wissenschaft galt und in Teilen selbst von einem jüdischen Intellektuellen wie Albert Einstein vertreten wurde. Der Glaube an ein biologisch reines Volk der Deutschen rechtfertigte die gewaltsame Verfolgung politisch Andersdenkender, und zwar bis zur ausdrücklichen Vernichtung.

Notverordnung
gesetzliche Regelung der Weimarer Republik mittels des 48. Verfassungsartikels, der dem Reichspräsidenten erlaubte, Gesetze ohne das vom Volk gewählte Parlament zu erlassen oder sogar Grundrechte außer Kraft zu setzen

Präsidialkabinette
nennt man üblicherweise die letzten Regierungen der Weimarer Republik von 1930 bis Anfang 1933, die alle nicht über eine Mehrheit im Parlament verfügten und deshalb vom Reichspräsidenten mit Notverordnungen gestützt werden mussten.

Heinrich Brüning (1885–1970)
deutscher Zentrumspolitiker
Reichskanzler 1930–1932
im Exil 1934–1951
1951–1954 Rückkehr nach Deutschland, ab 1954 wieder in den USA lebend

→ **D2**, S. 149

Wendepunkt in Weimar. Wie die deutsche Regierung auf die Staatskrise reagierte

Seit der Gründung der Weimarer Republik 1919 hatte die SPD mehrfach mit wechselnden bürgerlichen Partnern die Regierung gestellt. Ihre Regierungszeit zwischen 1928 und 1930 war die längste der instabilen Republik. Die Fünf-Parteien-Koalition zerbrach aber schließlich an der Frage der Bekämpfung der beginnenden Wirtschaftskrise, wie z. B. mittels Steuererhöhung, und an der Frage einer Ausweitung der gerade erst 1927 eingeführten Arbeitslosenversicherung. Es war aber nicht nur die letzte Regierung mit Beteiligung der SPD, es war auch die letzte, die sich auf eine Mehrheit im Parlament stützen konnte. Die nächsten drei Kabinette regierten in den nächsten zwei Jahren am Parlament vorbei und waren auf die Gunst des greisen Reichspräsidenten Hindenburg angewiesen. Sie waren dabei gestützt auf seine **Notverordnungsvollmachten**. In Folge dieser sogenannten **Präsidialkabinette** gewannen die extremistischen Parteien, vor allem die KPD und die NSDAP, immer mehr Stimmen. Am 30. Januar 1933 wurde schließlich Adolf Hitler von Hindenburg, der von seinen konservativen Beratern zu diesem Schritt gedrängt worden war, zum Reichskanzler ernannt. Unter Historikern wird gestritten, ob die SPD, die zwischen 1928 und 1930 noch mit ihrem zweitbesten Ergebnis von fast 30 % der Stimmen viel Einfluss hatte, damals mehr Kompromisse hätte eingehen sollen. Oder ob die Widerstände von rechts gegen die Demokratie, vor allem durch die alten Eliten, die Reichswehr und die Schwerindustrie, zu dem Zeitpunkt schon zu groß gewesen waren.
Massenarbeitslosigkeit und politische Radikalisierung waren die Folge. Straßenschlachten zwischen den Militärorganisationen der verschiedenen Parteien, besonders der SA (NSDAP), dem Rotfrontkämpferbund (KPD) und dem Stahlhelm (DNVP) waren an der Tagesordnung. Das erste Präsidialkabinett unter Leitung von Reichskanzler Heinrich Brüning von der katholischen Zentrumspartei, das zwischen 1930 und 1932 an der Macht war, konnte die Probleme nicht lösen. Es verschärfte die ökonomischen Probleme nur noch weiter. Innerhalb eines halben Jahres, von Mitte 1932 bis Anfang 1933 kam es deshalb zu zwei Neuwahlen und zwei weiteren Minderheitsregierungen im Deutschen Reich. Zuerst wurde ein einflussreicher parteiloser Konservativer, Franz von Papen, von Hindenburg zum neuen Reichskanzler ernannt. Dieser versuchte einen Staatsstreich, um auf Dauer ohne Parlament zu regieren, konnte dafür aber Reichspräsident Hindenburg nicht gewinnen und musste nach wenigen Monaten abtreten. Der ehemalige General Kurt von Schleicher wiederum bemühte sich als Reichskanzler, die NSDAP zu einer Koalition mit bürgerlichen Parteien zu gewinnen, scheiterte damit aber auch deshalb, weil Hitler seinen Posten für sich forderte. Schließlich erfüllte Hindenburg Hitlers Wunsch. Er setzte darauf, mit Hitler als Reichskanzler die Nationalsozialisten zwar in die Regierung zu bringen, sie aber gleichzeitig durch völkisch-rechtskonservative Mitglieder der Deutschnationalen Volkspartei (DNVP) zu „zähmen" – ein Versuch, der sich innerhalb von nur vier Wochen als verhängnisvoller Fehler erwies.

Warum scheiterte Weimar?

Eine historische Frage ist gut, wenn eine Antwort schwerfällt und wenn die Folgen, die an ihr hängen, von großer Bedeutung sind. Kaum eine Frage wird unter Historikern daher seit Jahrzehnten erbitterter diskutiert, als diejenige, wie es möglich war, dass Gegner der Weimarer Verfassung die Regierung stellen und die Demokratie demontieren konnten – obwohl sie nie über eine absolute Mehrheit verfügten. In den letzten Jahrzehnten sind viele Antworten gegeben worden mit immer neuer Gewichtung. Letztlich hat sich aber auch hier die Einsicht durchgesetzt, dass viele Gründe zusammenwirkten. Entscheidend ist, dass viele Umbrüche in dieser Zeit nicht auf einmal, sondern schleichend erfolgten. Von dem italienischen Faschisten Mussolini ist ein Satz überliefert, der als Schlachtplan vieler Extremisten bis heute verstanden werden kann: „Wenn wir beim Hühnchen-Rupfen eine Feder nach der anderen ausreißen, ist der Lärm insgesamt nicht so groß. Man hört nur kleine Schreie."
Wie die eigenen Bürger Weimar in kurzer Zeit ihr Vertrauen entziehen konnten, wird im anschließenden Teil durch mehrere Positionen von deutschen Geschichtswissenschaftlern zur Diskussion gestellt.

Warum das Ende der Weimarer Republik trotzdem nicht zwangsläufig war

Welche anderen Gründe haben die Diktatur der Nationalsozialisten also ermöglicht? In den letzten Jahren wird in der Geschichtswissenschaft stärker darauf hingewiesen, dass das Scheitern der ersten deutschen Republik kein angeborener Geburtsfehler war, sondern ein Unfall der Geschichte: Es hätte auch anders kommen können. So hatten die Nationalsozialisten noch kurz vor der Berufung ihres Parteiführers Hitler zum Reichskanzler 1933 gerade eine empfindliche Wahlniederlage hinnehmen müssen. Preußen etwa, das gern als besonders konservativ gilt, war bis 1933 eine SPD-Hochburg, die sich den Nationalsozialisten entgegenstellte. Zudem gab es außenpolitisch und auch wirtschaftlich Ende 1932 einige Anzeichen für eine Besserung. So wurden dem Land lange geforderte Erleichterungen in der Rückzahlung der Reparationszahlungen in Aussicht gestellt. Selbst mit der Regierungsbildung mit klarer NSDAP-Mehrheit war noch keine Diktatur entstanden. Durch **Terror** auf der Straße, das Ausnützen des Reichstagsbrands, die Rückendeckung aus Unternehmer- und Militärkreisen sowie taktisches Geschick gelang der NSDAP-Führung erst in der Folge der nächsten Monate des Jahres 1933 die Sicherung der Macht. Dazu kam, dass beispielsweise Staaten wie Frankreich, Großbritannien, die Tschechoslowakei und die skandinavischen Länder wie Schweden und Norwegen demokratisch blieben. Und schließlich hatte die Kritik vieler deutscher Historiker nach 1945 an Weimar einen Grund, der wenig mit der ersten, aber umso mehr mit der Gegenwart der zweiten deutschen Republik zu tun hatte. Viele Geschichtswissenschaftler wollten mitten im Kalten Krieg beweisen, dass die neue Bundesrepublik ganz anders, „Bonn" eben nicht „Weimar" sei. Ohne erhobenen Zeigefinger wollten diese Weimar damals nicht davonkommen lassen. 2019 mahnte dann Bundespräsident Frank-Walter Steinmeier persönlich, Weimars Republik „nicht mehr nur von ihrem Ende her zu denken und zu erzählen".

Audio
Podcast Scheitern Weimarer Republik
5w577v

→ Kapitel 2.6, S. 162

„Weimarer Verhältnisse"? Wiederholungen in der Geschichte

Die Weimarer Republik ist also nicht irgendeine Epoche deutscher Geschichte und sie liegt näher an uns, als es die Jahreszahlen verraten. Das sieht man auch daran, dass in der politischen Gegenwart immer wieder „Weimarer Verhältnisse" beschworen werden. Ähnlich wie das Schlagwort „1929", das gerne verwendet wird, um vor der nächsten Finanzkrise zu warnen, ist „Weimar" zu einer Metapher geworden, die gerne von Politikern gebraucht wird, wenn sie vor einem Rechtsruck warnen wollen, ohne Politiker gleich mit Hitler vergleichen zu müssen. Als Parallelen zwischen der Weimarer Republik und der Bundesrepublik werden dann etwa das Erstarken des Rechtsextremismus genannt, die Erosion der Volksparteien, eine sich spaltende Gesellschaft mit wachsender Politikverdrossenheit oder extremistische Parteien, die Werte des Grundgesetzes in Frage stellen. Doch ist fraglich, ob sich aus der Geschichte wirklich lernen lässt. Geschichte wiederholt sich nicht, könnte man mit einem irrtümlich Mark Twain zugeschriebenen Zitat sagen: Aber sie reimt sich manchmal. Und so kann man von Weimar vor allem lernen, wachsam zu sein. Die Weimarer Verfassung entstand in einer Zeit großer Bedrohungen. Deswegen wurden in ihr starke Instrumente wie der Notstandsparagraf (Artikel 48) aufgenommen, um die Republik notfalls verteidigen zu können. Angesichts der Bedrohungen von politischen Extremisten in den Anfangsjahren waren diese Instrumente sinnvoll. Fatal erwiesen sie sich unter den politischen Konstellationen und unter den Krisenzuständen Anfang der 1930er-Jahre. Die Weimarer Republik wurde so einerseits zum Vorbild des bundesrepublikanischen Grundgesetzes, andererseits aber auch ein warnendes Beispiel, sich stets eine Spur von Angst vor einer möglichen Bedrohung der Demokratie zu bewahren. Gerade so eine positive, demokratische Angst vor einer neuen autoritären Wende kann, so argumentiert der deutsche Historiker Frank Biess, helfen, genauer hinzusehen, wenn zum Beispiel Sprachgrenzen im politischen Umgang überschritten werden. Und sie kann dazu motivieren, gegen Gefährdungen der Demokratie aufzustehen. Denn was die Weimarer Republik lehrt, ist die Gewissheit, dass Demokratien verletzlich sind – und nur so stark wie die Gesellschaft, die sie trägt.

Paul von Hindenburg (1847–1934)
Chef der Obersten deutschen Heeresleitung 1916–1918, Reichspräsident 1925–1934, berief 1933 Adolf Hitler als Reichskanzler
(deutsche Münze 1934 mit der rückseitigen Aufschrift „Treuester Diener")

A Soziale Auswirkungen der Weltwirtschaftskrise 1929 auf das Deutsche Reich

D1

Arbeitslosenstatistik der großen Industriestaaten 1924–1935

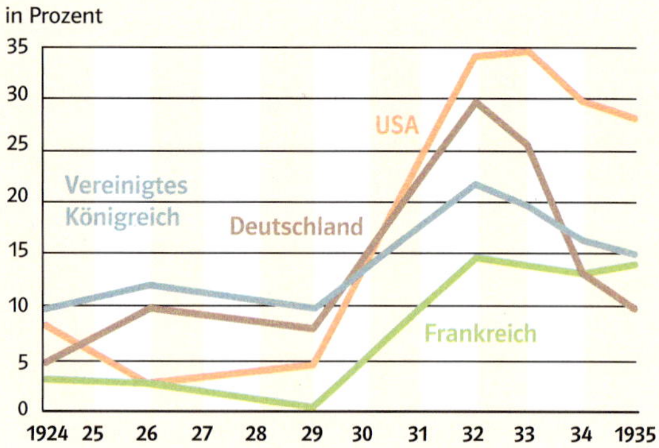

Q1

Armut infolge Massenarbeitslosigkeit wurde immer stärker Teil der Öffentlichkeit
Zeitgenössische Fotografie um 1930

Q2

Alltag in Deutschland um 1930
Elisabeth Gebensleben (1883–1937) war die Ehefrau des stellvertretenden Braunschweiger Oberbürgermeisters, ihre Tochter Irmgard (1906–1993) wohnte in Utrecht (Niederlande), wo sie mit dem Arzt August Brester verheiratet war. Seit Mitte der 1920er-Jahre schrieben sich Mutter und Tochter einmal in der Woche.

Elisabeth Gebensleben an ihre Tochter Irmgard
Braunschweig, 1.7.1931 [Mittwoch]

[...] Aber augenblicklich ist die Großmutti gar nicht in der Verfassung, einen so recht fröhlichen Brief nach Holland zu schreiben, wie sie es so gern möchte. Ihr habt ja die deutsche Zeitung und wisst, wie es bei uns aussieht. Ich denke immer, alles ist ein böser Traum und es müsste ein Erwachen kommen. Der Druck, der auf uns liegt, ist furchtbar; ich denke wohl, dass ich persönlich zu schwarz sehe und Vati sowohl wie Ohmchen, die heute Nachmittag aus Salzuflen zurückgekommen ist, sind derselben Meinung; aber ich bemühe mich bis jetzt ziemlich vergebens, dagegen anzukommen. Es ist ja auch natürlich, dass diese Ungewissheit und Unsicherheit, in der ein ganzes Volk schwebt, schwer zu ertragen ist. Jeden Abend hören wir im Rundfunk: Nerven bewahren, ruhig bleiben; und daneben Vorträge mit Erläuterungen zu den Notverordnungen, die viel dazu beitragen, den gebildeten Deutschen aufzuklären und zu beruhigen. Aber das einfache Volk? Die vielen Arbeitslosen? Sie sind so lange ruhig, wie sie Geld bekommen, und dafür können die einsichtigen vernünftigen Leute mitsorgen, indem sie die Geldhamsterei vermeiden. Nun, in dem Punkte ist ja jetzt auch nicht mehr viel zu machen; man bekommt einfach nichts mehr auf den Banken, auch wenn sie, wie morgen, wieder geöffnet sind. Auszahlungen an Sparer, die Bankguthaben haben, gibt es nicht. Zahlungen nur, insoweit es sich um Löhne, Unterstützungsgelder usw. handelt, und Gehälter.

Eben 12 Uhr abends war ein Vortrag des Reichsfinanzministers Dietrich über die Abwicklung der Bankfeiertage und die neue Notverordnung. Neue Notverordnungen gibt es jeden Tag und sie sind unsere Rettung. Der Vortrag war glänzend gesprochen. Und allerhand hat man wieder dazu gelernt. 3 bis 4 Milliarden kurzfristige Gelder hat Deutschland innerhalb von 3 Monaten an das Ausland zurückgezahlt. Das ist schon eine beachtliche Leistung. Aber 7 Milliarden innerhalb eines Jahres herauszuholen, ist wohl ein Ding der Unmöglichkeit. Wenn das Volk weiter die Ruhe behält, kommen wir hoffentlich über diese schwere Krise hinweg.

[...] bis Ende August hat sich hoffentlich die Lage wieder gebessert. Jetzt ist es trostlos, in die Stadt zu gehen. In den Schaufenstern liegen die Waren zu Schleuderpreisen und die Geschäfte sind leer. Auf den Straßen, besonders vor den Banken, Gruppen in mehr oder weniger erregten Gesprächen, aber namhafte Unruhen sind bis jetzt vermieden. Ohmchen war gestern abend noch ganz siegesgewiss: „Ich bekomme sicher etwas Geld auf der Bank – wenigstens meine in meiner Abwesenheit eingegangenen Zinsen", – aber ist es gekommen, wie ich gleich sagte: keinen Pfennig hat Ohmchen bekommen. Ich war mit Ohmchen gegangen; die Bankbeamten tun mir jetzt leid. […] In ähnlicher Tonart geht es immerzu. Heute und morgen ist Frau M. bei mir. Die kleine Frau M. [die Hausschneiderin] ist auf einmal noch viel kleiner geworden und kam wie ein Häufchen Unglück an. Sie hat doch ihr sauer ernähtes Geld auch auf die Sparkasse gebracht. „Einmal haben wir unser Geld verloren, nun zum zweiten Mal?" Ich habe sie etwas beruhigt, heute abend sieht sie etwas Geld auf der Bank; ein paar tausend Mark. […]

Am [Montag] Mittag, als Vati ganz erschlagen nach Hause kam, erfuhr ich dann: „Die Danat-Bank[1] hat die Zahlungen eingestellt."

Nun, allmählich ist man wieder etwas ruhiger geworden. Das Geld, wenn schlimmstenfalls auch verloren, was ich aber nicht glaube, ist jetzt nicht das Schlimmste. Da ist man sogar etwas stolz, dass man durch etwas Erspartes mithelfen kann, dem Vaterland in schwerster Stunde zu helfen. Hauptsache ist eben, dass keine Unruhen aufkommen. Vielleicht hilft, dass sich das deutsche Volk wieder auf sich selbst besinnt und sich zusammenschließt. Dass es aber jetzt, in der Sozialdemokratie, immer noch Leute geben kann, die auf die Internationale schwören und in Frankreich nicht unseren ärgsten Feind sehen wollen und von Völkerverbrüderung reden, das kann ich mir gar nicht vorstellen. Aber August ist vielleicht anderer Meinung. Wie wäre es, August, mit einer kleinen Debatte über die Nationalsozialisten? […] Freundschaft von Deutschland mit Frankreich? Ich glaube, das ist so unmöglich, wie es unmöglich ist, dass sich Peter [Hund der Familie] mit Sonjas Kätzchen verträgt.

Hedda Kalshove: Ich denk so viel an Euch. Ein deutsch-holländischer Briefwechsel 1920–1949, München 1995, S. 109–111. Übers. v. Franca Fritz und Heinrich Koop. Zit. nach: Matthias Bode: Das Bürgertum kippt nach rechts. Klausurvorschlag zu einem Privatbrief, in: Geschichte lernen 127/2009, S. 40 f.

1 Darmstädter- und Nationalbank war eine der großen Banken des Landes.

B Im Winter stand das Überleben der Republik auf der Kippe

Q3

Brüning: „Nach dieser Medizin, Madame Republik, werden Sie die Verfassung endgültig abführen"
Auf dem Flaschenetikett steht: Artikel 48.
Karikatur von Alfred Beier-Red (1902–2001) in der Satirezeitschrift Eulenspiegel Januar 1931

Q4

Radikalisierung der Jugend
Der Schriftsteller und Drehbuchautor Felix Lützkendorf (1906–1990) unterrichtete 1932 als Studienreferendar am Leipziger Nikolaigymnasium, dessen Direktor der konservative Geschichtsdidaktiker Fritz Friedrich (1875–1952) war. In diesem undatierten Bericht berichtet Lützkendorf von seinen Erfahrungen als junger Lehrer.

Noch mehr Gelegenheiten zu Zusammenstößen mit dem Rektor boten die Geschichtsstunden in einer Unterprima[1], die man mir vertrauensvoll übertragen hatte.

Im Lehrplan vorgesehen war für diesen Jahrgang die Geschichte der demokratischen Bewegungen im 19. Jahrhundert. Die Paulskirche mit ihren Hoffnungen und Enttäuschungen, die sie Deutschland brachte. Dazu die Anfänge und Ziele der deutschen politischen Parteien bis hin zur Reichsgründung. Ein Themenkreis, in dem ich mich sicher fühlte, bei dem nicht nur Bismarck und Windthorst[2], sondern auch Namen wie Lasalle, Marx und Engels[3] zu nennen waren.

Kaum hatte ich jedoch die letzten drei in einem Nebensatz erwähnt, brach ein ungeheurer Proteststurm los, denn über die Hälfte der Klasse gehörte schon der Hitler- oder Bismarckjugend an und wollte von Marx, Engels, Lasalle, von „demokratischen Schlappschwänzen", von der „Judenrepublik" oder was sie sonst noch durcheinander schrien, nichts wissen.

Mich anhören oder das Thema diskutieren wollte nur eine Minderheit von sozialistischer oder liberaler Gesinnung. Eine Minderheit, die in der nun folgenden Massenschlägerei den rechten Angreifern weit unterlegen war. Im Höhepunkt des Kampfes, während ich noch überlegte, wie ich die Tobsüchtigen zur Vernunft bringen sollte, erschien Rektor Friedrich plötzlich auf der Walstatt. Mit zarter Stimme, die kaum zu hören war, rief er in die Klasse hinein: „Aufhören! Ruhe, meine Herren!" Wurde aber im nächsten Augenblick derart in das Getümmel hineingerissen, dass er in dessen Mitte in der Tiefe einer Schulbank verschwand, aus der er sich nicht mehr befreien konnte.

Rolf Italiaander (Hrsg.): Wir erlebten das Ende der Weimarer Republik. Zeitgenossen berichten. Droste Verlag, Düsseldorf 1982, S. 120, zit. nach: Jan Trützschler (Hrsg.): Die Weimarer Republik. Wochenschau Verlag, Schwalbach/Ts. 2011, S. 212 f.

1 letzte Jahrgangsstufe vor dem Abitur
2 Zentrumspolitiker in der zweiten Hälfte 19. Jahrhunderts, Gegenspieler Bismarcks im sogenannten „Kulturkampf" des Deutschen Reichs gegen die katholische Kirche
3 die wichtigsten Figuren des deutschen Marxismus bzw. der Arbeiterbewegung

C Historiker streiten bis heute über die Ursachen des Endes der Weimarer Republik

Q5

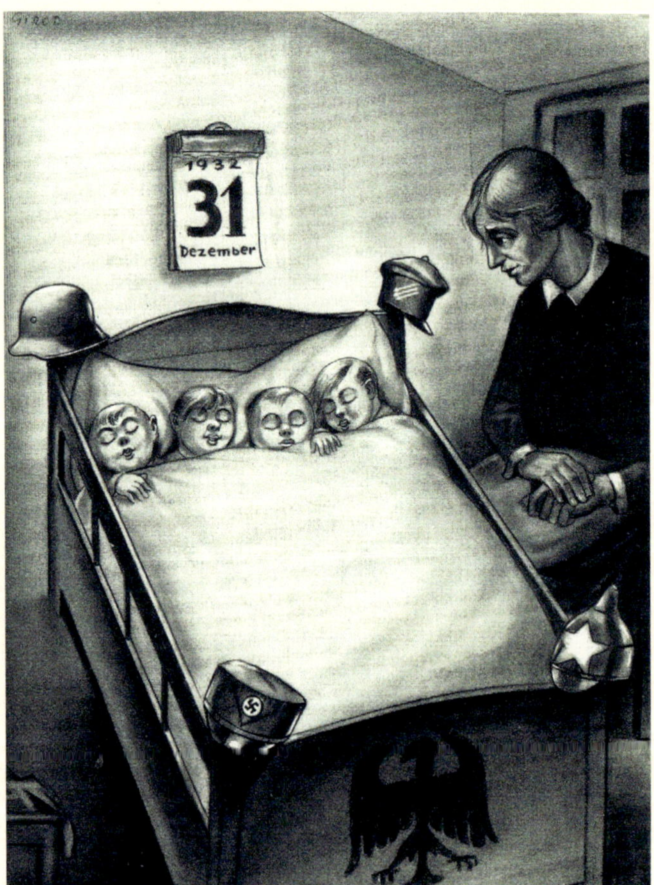

„Mutter Deutschland und ihre Sorgenkinder – hoffentlich vertragen sie sich im kommenden Jahr besser."
Karikatur des deutschen Zeichners Charles Girod (1897–1945) in der Zeitung Tempo 1932

D2

Warum endete die Weimarer Republik? Und wie zwangsläufig war das?

Die Frage, warum die Weimarer Republik endete, ist seit dem Ende der Weimarer Republik Gegenstand großer Debatten unter Historikern gewesen. Jeder Generation stellt sie ihre eigenen Fragen. Das neue Interesse an Weimar, etwa seit dem Beginn des neuen Jahrhunderts, hat dazu geführt, dass auch die wichtigsten deutschen Historiker, die im oder nach dem Zweiten Weltkrieg geboren sind, die deutschen Krisenjahre 1930 bis 1933 kontrovers interpretieren.

a) Werner Plumpe, 1954 geboren, ist Historiker, der sich auf die deutsche Wirtschafts- und Sozialgeschichte spezialisiert hat.

Den Kern der Weimarer Problemkonstellation machten wirtschaftliche und soziale Schwierigkeiten ganz unterschiedlicher Art aus, vor allem als Folge des Ersten Weltkrieges. Dass sich die erste deutsche Republik als Sozialstaat verstand, hatte gleichermaßen mit der Versorgung der Kriegsopfer wie mit dem Selbstverständnis einer modernen Demokratie zu tun: Die materiellen Interessen vor allem der ärmeren Bürger konnten nicht länger ignoriert oder bestenfalls wohlwollend-patriarchalisch[1] behandelt werden. Konkret hieß das: Eine verarmte Republik hatte einen sehr viel aufwendigeren Staat zu finanzieren. […] Die wirtschaftliche Lage Deutschlands und anderer großer Volkswirtschaften war mithin im Jahr 1928, als sich die weltwirtschaftliche Atmosphäre zu verdüstern begann, nicht gut. Die nächste konjunkturelle Krise musste katastrophale Ausmaße annehmen, wenn das Schuldenkarussell und mit ihm die weltwirtschaftliche Arbeitsteilung zusammenbrechen sollten. Die Versuche, auf Weltwirtschaftskonferenzen gegenzusteuern, blieben hilflos. […] Als im Herbst 1929 dann, nach dem spektakulären Krach an der Wall Street, die Weltwirtschaftskrise ausbrach, traf sie auf eine schwer gezeichnete Wirtschaft und eine überaus zerstrittene politische Landschaft, die in Deutschland selbst zu kleinen Reformen nicht mehr fähig war. […] Heinrich Brüning, bislang Fraktionsvorsitzender des Zentrums im Reichstag, übernahm die Kanzlerschaft. Gestützt auf die Zusage von Reichspräsident Hindenburg, ihm im Zweifelsfall mit dem Paragraphen 48 der Reichsverfassung auch gegen parlamentarischen Widerstand zu helfen, begann er unmittelbar mit einer harten Politik der inneren Abwertung. Die Staatsausgaben wurden beschränkt, Löhne, Preise und Gebühren gesenkt. Brüning wollte damit die Wettbewerbsfähigkeit der deutschen Wirtschaft auf den Weltmärkten verbessern und gleichzeitig die Untragbarkeit des bisherigen Reparationssystems aufzeigen. […] [Nach einer kurzen Phase der Entspannung bis Anfang 1931 wurde die Krise ab dem Mai 1931 noch bedrohlicher.] Der Staat handelte danach rasch, es kam zu Zwangsfusionen und Teilverstaatlichungen im Bankensektor. Da die Reichsbank in der Krise erhebliche Devisenverluste zu verzeichnen hatte, ging Deutschland zusätzlich zum Devisenzwangsverkehr[2] über. Ausländische Geldgeber konnten ihre Kredite nun aus Deutschland nicht mehr zurückerhalten. Stattdessen zogen sie ihre Gelder aus anderen Ländern, namentlich Großbritannien ab, das im September 1931 in einer Art Panikreaktion den Goldstandard[3] aufgab, das Pfund abwertete und sich in eine Schutzzollzone zurückzog. Die Weltwirtschaft erhielt hierdurch einen schweren Schlag, zumal auch in den Vereinigten Staaten der Wille erkennbar war, sich strikt an eigenen Interessen zu orientieren. Schon 1930 waren die Zölle drastisch hochgesetzt worden, 1932/33 wurde auch der Goldstandard aufgegeben und der Dollar abgewertet. Brünings Strategie war damit faktisch der Boden entzogen. Gleichwohl hielt er an ihr fest, so dass die Verschärfung der Krise im Winter 1931/32 vor allem seiner Austeritätspolitik angekreidet wurde. Ob Brüning nach dem Sommer 1931 seine Politik hätte ändern müssen oder können, ist bis heute umstritten.

Werner Plumpe: Weimar: Über das Anhäufen von Problemen, in: Andreas Wirsching u. a. (Hrsg.): Weimarer Verhältnisse? Historische Lektionen für unsere Demokratie. Reclam, Stuttgart 2018, S. 24–34.

1 hier: von oben herab
2 Unter „Devisen" versteht man im eigenen Land fremde Währungen, bei uns zum Beispiel US-Dollar, mit denen man handeln kann wie mit anderen Gütern auch. Wenn es 1931 zu einem „Devisenzwangsverkehr" kam, dann wurde dieser Handel eingeschränkt. Dies ging so weit, dass andere Staaten, die mit eigenen Währungen in Deutschland investiert hatten, auf diese nicht mehr einfach zugreifen konnten.
3 Der „Goldstandard", der lange im internationalen Wirtschaftssystem galt, garantierte, dass die Währung eines Landes, etwa in Münzen und Scheinen, bei der jeweiligen Reichsbank in echtes Gold umgetauscht werden konnte. Damit hatte das Finanzsystem immer einen bis zu einem gewissen Grad realen Gegenwert in einem Rohstoff.

b) Horst Möller, geboren 1943, ist ein Zeithistoriker, der umfangreich und vielfältig über die deutsche Geschichte der letzten 300 Jahre geforscht hat. Zudem hat er auch praktische Erfahrung in der Politik gesammelt, so arbeitete er 1978 als Redenschreiber ein Jahr für den damaligen Bundespräsidenten Walter Scheel.

Auch wenn es den demokratischen Parteien nicht gelang, eine republikanische politische Kultur mehrheitsfähig zu machen, so kann man ihnen die Verantwortung dafür nicht allein anlasten. Wesentliche Gründe für ihre Probleme resultierten aus der Verfassung und dem Wahlrecht, die sie allerdings 1919 selbst beschlossen hatten. Die Weimarer Republik wurde in einem mehrfachen Systemwechsel gegründet, wozu der Wechsel der Staatsform von der verherrlichten und durchaus erfolgreichen Vorkriegsmonarchie zur Republik ebenso zählte wie der Wechsel des Regierungssystems vom konstitutionellen zum (semi)parlamentarischen. Schließlich kam 1918/19 ein partieller, insgesamt unvollendeter Wechsel von Funktionseliten hinzu. […]

War also der Untergang der Demokratie 1930 bis 1933 zwangsläufig? Keineswegs. So war ihr gefährlichster Feind, die NSDAP, bis 1930 eine Splitterpartei mit nur 2,6 Prozent der Stimmen auf Reichsebene. Die verfehlte, geradezu dilettantische Auflösung des Reichstags im Sommer 1930, für die Reichskanzler Brüning (Zentrum) ebenso wie die SPD-Fraktion verantwortlich war, zog die erst für 1932 anstehenden Wahlen in die schwerste Wirtschaftskrise der Republik vor und ließ die NSDAP am 14. September 1930 auf 18,3 Prozent anschwellen. Da die ebenfalls systemfeindliche KPD immerhin 13,1 Prozent erreichte und die DNVP 7 Prozent, rückte der antidemokratische Teil des Reichstags gefährlich nahe an die Mehrheit heran, ohne dass dies Warnzeichen verstanden worden wäre. Die nächste Neuwahl am 31. Juli 1932 erbrachte eine Obstruktionsmehrheit der totalitären Parteien NSDAP und KPD, während die politische Mitte zerrieben wurde. Für diese Neuwahl trugen bereits Hindenburg, seine Entourage und Franz von Papen die Verantwortung.

Bis zum Ende der Republik bestanden also Alternativen. Doch sogar in ihrer existentiellen Bewährungsprobe, während der sich Verfassungskrise und Wirtschaftskrise wechselseitig verschärften, vermochten es die schon außerordentlich geschwächten demokratischen Parteien nicht, einen Kompromiss zu finden, der sie bis zur regulären Reichstagswahl 1934 gerettet hätte – bis zu einem Zeitpunkt, an dem sich in fast allen Staaten Wirtschaftskrise und Arbeitslosigkeit abschwächen sollten.

Horst Möller: Zwischen Feinden und Freunden. Probleme des Parteiensystems. In: Andreas Wirsching u a. (Hrsg.): Weimarer Verhältnisse? Historische Lektionen für unsere Demokratie. Reclam, Stuttgart 2018, S. 44–47.

c) Andreas Wirsching wurde 1959 in Heidelberg geboren. Auch er hat als Zeithistoriker über die Weimarer Republik in vielen Publikationen so intensiv nachgedacht wie über die jüngste Vergangenheit oder den englischen Parlamentarismus im 19. Jahrhundert.

[Woran die erste deutsche Demokratie scheiterte, dafür gibt es] eine Vielzahl von Gründen, ein regelrechtes Bündel. Eine kurze und einfache Antwort gab einst Otto Braun, der Sozialdemokrat und preußische Ministerpräsident. Er sagte: „Weimar ist gescheitert wegen Versailles und Moskau", also wegen der außenpolitischen Belastung[1] und der Kommunisten, die tatsächlich ihren Teil zur Destabilisierung beigetragen haben. Heute sind wir weit entfernt von simplen Antworten. Aber eine der kurzen Antworten wäre: Hitler ist maßlos unterschätzt worden von den politischen Führungskräften, und der Versuch, ihn einzuspannen für ihre eigenen Zwecke, schlug bekanntlich grandios fehl. […] Man muss unterscheiden zwischen der materiell-ökonomischen Seite und der psychologischen. Eine Volkswirtschaft wie die Weimarer Republik hätte die Forderungen schultern können. Aber die psychologische Belastung war ziemlich verheerend, weil die Deutschen sich absolut ungerecht behandelt fühlten. Ich möchte aber ganz stark betonen, dass die Reparationsfrage ab 1930 bis eben zum 30. Januar 1933 nicht mehr im Mittelpunkt stand. Der Generationenwechsel spielte sie in den Hintergrund, außenpolitisch wurde die Weimarer Republik ja auch Stück für Stück in den Kreis der führenden Mächte wieder aufgenommen. […] Entscheidend war die innenpolitische Polarisierung, die schon im Kaiserreich existierte, das Freund-Feind-Denken. Für viele war die Revolution 1918/19 als inneres Ereignis gravierender als der Komplex Kriegsniederlage/Reparationen. Jene, die der Weimarer Republik später skeptisch gegenüberstanden, empfanden die Revolution als Zäsur. Für sie war der Stachel der Revolution ein dauerhafter, er konnte auch nicht wirklich vergessen werden. Das sind mentale Dispositionen, die dann in der Krise nach 1930 der Einstellung Vorschub leisteten, das Rad könnte zurückgedreht werden auf eine vorparlamentarische, vielleicht sogar vordemokratische Lösung.

„Entfernt von simplen Antworten". Gespräch von Karen Andresen und Georg Bönisch mit Andreas Wirsching, in: Der SPIEGEL 3/2008, S. 44–46.

1 Andreas Wirsching meint damit die Versailler Verträge, die 1919 mit dem Deutschen Reich abgeschlossen wurden und von einem Großteil der Deutschen damals eher als „Schand-Diktat" denn als „Friedensvertrag" gesehen wurden. Das lag zum einen daran, dass den Deutschen der aus der damaligen Sicht unzulässige Vorwurf gemacht wurde, sie hätten den Ersten Weltkrieg ausgelöst. Zum anderen daran, dass mit dem Vertrag Gebietsverkleinerungen und hohe Reparationsforderungen fällig wurden.

Arbeitsvorschläge

A Soziale Auswirkungen der Weltwirtschaftskrise 1929 im Deutschen Reich

1. Analysieren Sie mithilfe der Grafik D1 die Arbeitslosenentwicklung als ein Indiz für die damalige Wirtschaftslage. Ziehen Sie ggf. auch den Historikertext D2a von Werner Plumpe hinzu. [II]
2. Beschreiben Sie die Fotografie Q1. [I]
3. Analysieren Sie, mit welchen Mitteln das Bild Q1 seine große Wirkung erreicht. [II]
4. Vergleichen Sie die Situation und Präsentation des Arbeitslosen mit dem Versuch Arbeitsloser heute in Deutschland Arbeit zu finden und beurteilen Sie, wie sich die Rolle des Staates in der Zwischenzeit verändert hat. [II]
5. Stellen Sie die Stimmung in der Familie Gebensleben dar, indem Sie Kernaussagen des Briefes zusammenfassen. [II]
6. Ordnen Sie gestützt auf den Darstellungstext den Brief in den historischen Kontext bis zum Sommer 1931 ein. [II] ○
7. Erörtern Sie, inwieweit der vorliegende Privatbrief Anhaltspunkte dafür liefert, wieso die NSDAP in den folgenden Wahlen so großen Zulauf erhielt. [III]

B Im Winter stand das Überleben der Republik auf der Kippe

8. Analysieren Sie Lützkendorfs Bericht und arbeiten Sie heraus, auf welcher Seite er politisch steht (Q4).
   Ordnen Sie dieses Zeugnis mithilfe des Verfassertextes in die Geschehnisse im Deutschen Reich dieser Jahre ein. [II]
9. Analysieren Sie arbeitsteilig die beiden Karikaturen des Eulenspiegels (Q3) und des Tempo (Q5) und beurteilen Sie ihre Aussage mittels Ihres erarbeiteten Vorwissens zur Situation in Deutschland 1930–1932. [II/III] ○

C Historiker streiten bis heute über die Ursachen des Endes der Weimarer Republik

10. Erläutern Sie auf Basis des Textes von Werner Plumpe (D2a) die Voraussetzungen und Umstände der Weltwirtschaftskrise in eigenen Worten. Recherchieren Sie dafür, wenn nötig, fachwirtschaftliche Begriffe im Internet. [II] ○
11. Erörtern Sie mittels des Historikertextes D2b, ob es Alternativen zum Untergang Weimars gegeben hat. [II]
12. Arbeiten Sie aus dem Text des Historikers Wirsching (D2c) heraus, welche der im Verfassertext angeführten Gründe für Weimars Untergang Wirsching zurückweist. [II]
13. Stellen Sie ausgehend vom Darstellungstext und den einzelnen drei Historikertexten dar, wie es zum Scheitern der Weimarer Republik kommen konnte. [II] ●
14. Vergleichen Sie die verschiedenen Statements der Historiker miteinander. Nennen Sie die Begründungen, die in den Stellungnahmen genannt werden. Arbeiten Sie heraus, worin sie sich unterscheiden. [I/II]
15. Recherchieren Sie im Internet einen Text einer Historikerin oder eines Historikers, die sich ebenfalls mit dem Ende der Weimarer Republik auseinandergesetzt haben und stellen Sie diese im Kurs vor. [II] ○
16. Fassen Sie Ihre Ergebnisse aus den vorigen Aufgaben schriftlich zusammen und ergänzen Sie sie entsprechend Ihres Vorwissens bezüglich Novemberrevolution, Verfassung, Krisenjahr 1923 und Weltwirtschaftskrise. [I]
17. MK Erstellen Sie als Grundlage für eine gemeinsame Diskussion der Frage, warum Weimar scheiterte, eine ausdifferenzierte Mindmap zu den wesentlichen Belastungsfaktoren der Weimarer Republik, die allen Kursteilnehmern als Orientierung für die anschließende Diskussion dienen soll. [II]
18. Beurteilen Sie, inwiefern einzelne Argumente für das Scheitern der Weimarer Republik voneinander unabhängig sind. [III]
19. Überprüfen Sie die These, die Weimarer Republik sei zum Scheitern verurteilt gewesen. [III]
20. Vergleichen Sie die Mittel des politischen Kampfes mit denjenigen in der Bundesrepublik heute. [II] ○

Online- und Differenzierungsmaterialien zu Kapitel 2.4
○ Arbeitshilfen zu den Aufgaben 6, 9, 10, 15 und 20
● Vertiefungsangebot zur Aufgabe 13
Zeittafel Krisenjahre 1929–1932
Podcast Scheitern Weimarer Republik

Online-Code: 5w577v

E Erweiterungsband Kapitel 2.7, S. 136–139

2.5 Die Ideologie des Nationalsozialismus – Ein Leben im unentwegten Kampf?

In Zeiten schneller und tiefgreifender Umbrüche in Gesellschaft und Wirtschaft radikalisieren sich oft politische und soziale Ideologien. Das ist heute in Zeiten von digitaler Revolution, Globalisierung und Klimawandel nicht anders als während der Zweiten Industriellen Revolution und des globalen Imperialismus. Heute wird sogar sprachlich in konservativen und rechtsradikalen Milieus oft auf damals gebräuchliche Begriffe zurückgegriffen, sei es das Beschwören einer angeblich stabilen „Volksgemeinschaft" oder der Gefahr der „Überfremdung".

Alfred Ernst Rosenberg (1892–1946)
deutschbaltischer Herkunft, völkisch-antisemitischer „Chefideologe" der NSDAP, seit 1930 NSDAP-Reichstagsabgeordneter (Wahlbezirk Darmstadt), seit 1933 Leiter des Außenpolitischen Amtes der NSDAP (APA), mehrere Funktionen im Vernichtungskrieg in Osteuropa

NPD-Plakat zur sächsischen Landtagswahl 2019

„Volksgemeinschaft" als Reaktion auf gesellschaftliche Spannungen

Der Begriff der „**Volksgemeinschaft**" entstand Ende des 19. Jahrhunderts, als Sprache und ethnische Zugehörigkeit besonders in konservativen Kreisen in Deutschland zum Kern des Nationsverständnisses wurden. Die Sehnsucht nach einer sicheren, festen „Gemeinschaft" (als das Gegenstück zu Gesellschaft) in Deutschland nahm zu, je mehr sich in der veränderten modernen Industrie- und Stadtgesellschaft pluralistische und individuelle Lebensformen entwickelten. Anfangs war die Vorstellung der „Volksgemeinschaft", die während des Ersten Weltkriegs ein Kernbegriff der Kriegspropaganda war, noch deutungsoffen. Ihn verwendeten sowohl Anhänger konservativer, nationaler, völkischer sowie sozialistischer Bewegungen, um eine von ihnen wahrgenommene zunehmende Spaltung und Entfremdung der Gesellschaft zu beklagen. Auch nach Kriegsende blieb der Begriff ein Kernstück der politischen Rhetorik aller Parteien – allerdings wurde er gegensätzlich ausgelegt. Während die republikanischen Parteien inklusive Vorstellungen in den Vordergrund rückten, fokussierte die politische Rechte auf den exklusiven Charakter der „Volksgemeinschaft".

Das nationalsozialistische Verständnis von „Volksgemeinschaft" war daran anschlussfähig. Ihre Deutung versprach der deutschen Bevölkerung die „nationale" Erneuerung einer wieder starken „Gemeinschaft" nach den Krisen der Zwanzigerjahre. Gleichzeitig wurde die versprochene Gleichheit unabhängig von der gesellschaftlichen Stellung, von Besitz oder Bildung mit der „Kampfesbereitschaft" gegen diejenigen verbunden, die von den Nationalsozialisten als „Volksfeinde" angesehenen wurden. Dies richtete sich zum einen gegen Menschen, die der antisemitischen nationalsozialistischen Rassenideologie nicht entsprachen, aber auch gegen ihre politischen Feinde, die angeblich das „Volk" spalteten, z. B. Sozialisten oder Kommunisten (**Antibolschewismus**) sowie überzeugte Demokraten und Liberale (**Antiliberalismus**). Teil der nationalsozialistischen „Volksgemeinschaft" konnte nur sein, wer die politischen wie gesellschaftlichen Ideale der Nationalsozialisten nicht öffentlich hinterfragte und deren rassistischen Vorstellungen entsprach. Menschen, die nicht in dieses enge Raster passten – sei es aus politischen, gesundheitlichen oder religiösen Gründen bzw. aufgrund ihrer Herkunft oder sexuellen Orientierung – wurden als sogenannte „Volksschädlinge" oder „Gemeinschaftsfremde" bekämpft.

Die „Volksgemeinschaft" war im Inneren durch ein klares, unbedingtes Gefolgschafts- und „**Führerprinzip**" geordnet, an deren Spitze ein vermeintlich „auserwählter" und nach „Einheit" trachtender „Führer" stand. Das „Führerprinzip" führte auch dazu, dass die tatsächliche Mitverantwortung der Bevölkerung für die nationalsozialistischen Verbrechen im Nachhinein leichter nach „Oben" abgegeben werden konnte.

„Reinheit" des „Volkskörpers" – Voraussetzung für das Überleben der Nation?

Für die Nationalsozialisten war die „blutsmäßige Gemeinschaft" der „arischen Rasse" ein Grundpfeiler ihrer Weltanschauung. Der Begriff Arier kommt aus dem Altindischen und bedeutet „der Edle". Im 19. Jahrhundert übernahmen völkische Wissenschaftler den Begriff

Stolperstein zum Gedenken an Bayume Mohamed Husen (Geburtsname Mahjub bin Adam Mohamed)
deutscher Kolonialsoldat,
seit 1929 in Deutschland,
zeitweise Kinoschauspieler
1941 Verhaftung wegen „Rassenschande",
1944 Tod im KZ Sachsenhausen
→ Methodentraining S. 182 f.

für die „germanischen" Bevölkerungsgruppen in Nordeuropa, nicht zuletzt als Versuch der Untermauerung einer von ihnen behaupteten Überlegenheit des „Germanentums" insbesondere gegenüber Slawen, Juden und den romanischen Völkern.
Da die „Volksgemeinschaft" von den Nationalsozialisten mittels einer pseudowissenschaftlich begründeten Blutsverwandtschaft „deutsch-arischer" Menschen und somit als „biologischer Volkskörper" angesehen wurde, bedrohten im Sinn der NS-Ideologie „Volksschädlinge" und der Einfluss von sogenannten „minderwertigen Rassen" die „Gesundheit" und „Stärke" der „Volksgemeinschaft". Derartige Vorstellungen basierten nicht zuletzt auf dem menschenverachtenden, rassistischen Denken des Kolonialismus und Imperialismus. Diese sozialdarwinistische Vorstellung diente später als Begründung für Maßnahmen der sogenannten „Rassenhygiene" in Form von Zwangssterilisation, Verfolgung und Vernichtung von Menschen.
Die zentrale Rolle in der NS-Ideologie nahm der Antisemitismus ein, der auf judenfeindliche Narrationen des 19. Jahrhunderts Bezug nahm. „Jüdisch sein" galt Antisemiten und NS-Rasseideologen nicht als Religionszugehörigkeit, die man wechseln konnte, sondern als unabänderliche Eigenschaft. Die Nationalsozialisten machten die Juden ohne jede faktische Basis für alle möglichen negativen politischen und gesellschaftlichen Entwicklungen verantwortlich. Die den Juden paradoxerweise zugeschriebene Doppelrolle als Verantwortliche für das Finanzkapitel und den Bolschewismus verdeutlicht besonders deutlich die Absurdität der nationalsozialistischen Propaganda, die mit allen Mitteln versuchte, ein möglichst entmenschlichtes Feindbild zu verfestigen und die den ideologischen Grundstein für den Holocaust legte.

Lebensraum im Osten – mehr als ein Siedlungsprogramm?

Audio
Podcast NS-Ideologie
8hf6he

Auch die Planungen für die Eroberung von „**Lebensraum im Osten**" basierte auf der „Rassenideologie" der Nationalsozialisten. Der Grundgedanke eines permanenten Kampfes um „Lebensraum" zwischen den „Rassen und Völkern" (**Sozialdarwinismus**) galt den Nationalsozialisten als legitime Begründung für die Eroberung von Kolonien ebenso wie die angestrebte Machtausdehnung des „Reiches" nach Osteuropa und die „Heimholung" der dortigen deutschsprachigen Minderheiten. Dabei knüpften sie an deutsche Expansionsziele während des Ersten Weltkriegs an. Die Neuordnung Osteuropas unter „deutscher Oberhoheit" gehörte zu den außenpolitischen Kernzielen der NSDAP. Der Krieg gegen die Sowjetunion wurde gezielt als „Vernichtungskrieg" geplant. Ziel des mörderischen Bestrebens der Nationalsozialisten war nicht nur die Besetzung der militärisch eroberten osteuropäischen Gebiete, sondern die Unterwerfung der slawischen Bevölkerung im Osten, die als „rassisch minderwertig" angesehen wurden sowie deren Deportation und Ermordung.

Heroisierung der Jugend

In der Weimarer Republik war die Hälfte der Bevölkerung zwischen 15 und 45 Jahren alt. Eben jene zwei Generationen waren direkt oder indirekt stark von der Gewaltkultur des Ersten Weltkrieges geprägt worden und am stärksten von der Massenarbeitslosigkeit der Weltwirtschaftskrise betroffen. Überdurchschnittlich empfänglich für die nationalsozialistische Radikalisierung waren unter anderem die Jahrgänge 1900–1910, die für die Kriegsteilnahme zu jung gewesen waren, aber stark von der Kriegspropaganda der Jahre 1914 bis 1918 geprägt wurden. Besonders attraktiv wurde die NSDAP für einen erheblichen Teil der stark gewachsenen Studentenzahl bzw. für junge Akademiker, weil sich diese junge gesellschaftliche Elite in den krisengeschüttelten Zwanzigerjahren um ihre beruflichen Aufstiegsmöglichkeiten gebracht sah. Von den 107 NSDAP-Reichstagsabgeordneten 1930 waren 45 jünger als 35 Jahre. Die Parteipropaganda rief zum Kampf gegen die „Republik der Greise" auf und stellte sich als Sprachrohr einer ganzen Generation dar. Im Sinne der Nationalsozialisten sollte eine militärisch organisierte „Jugend" das verstaubte und träge Alte überwinden und Deutschland in eine „Neue Zeit" führen.

„Nicht Du bist der Maßstab! Sondern die Front!"
Propagandapostkarte 1943

A Volksgemeinschaft – ein Hort des Geborgenheitsgefühls?

Q1

Hitlers Vorstellungen einer „Volksgemeinschaft"

Aus Adolf Hitlers Berliner Rede zum 1. Mai 1933:

[…] Unseres Volkes Erwachen ist da. Das Symbol des Klassenkampfes, des ewigen Streites und Haders, wandelt sich nun wieder zum Symbol der großen Einigung und Erhebung der Nation. Und deshalb haben wir diesen Tag der erwachenden Natur für alle kommenden Zeiten gewählt als Tag der Wiedergewinnung unserer eigenen Kraft und Stärke und damit zugleich jener schaffenden Arbeit, die keine Grenzen kennt, nicht gebunden ist an die Gewerkschaften, an Fabriken und Kontore, einer Arbeit, die wir überall dort anerkennen und fördern wollen, wo sie in gutem Sinne für Sein und Leben unseres Volkes geleistet wird. […]

Die Millionen Menschen, die in Berufe aufgeteilt, in künstlichen Klassen auseinandergehalten worden sind, die, vom Standesdünkel und Klassenwahnsinn befallen, einander nicht mehr verstehen können, sie müssen wieder den Weg zueinander finden! Wenn 70 Jahre lang der Wahnsinn als politische Idee vertreten und gepredigt wurde, wenn 70 Jahre lang die Zerstörung der Volksgemeinschaft politisches Gebot war, dann ist es schwer, mit einem Schlag den Sinn der Menschen wenden zu wollen. […]

Deutsches Volk! Du bist nicht zweitklassig, und wenn tausendmal die Welt es haben will. Du bist nicht zweiten Wertes, nicht zweiter Bedeutung. Deutsches Volk, besinne Dich auf Dich selbst, auf Deine Vergangenheit und die Leistung Deiner Väter, ja auf die Leistung Deiner eigenen Generation. Vergiss 14 Jahre des Verfalles, hebe Dich empor zu zweitausend Jahren deutscher Geschichte. […] Deutsche! Ihr seid ein Volk, das stark ist, wenn Ihr selbst stark sein wollt! […]

Es bleibt unser unverrückbarer Entschluss, jeden einzelnen Deutschen, sei er, wer er sei, ob arm, Sohn von Gelehrten oder Sohn von Fabrikarbeitern, einmal in seinem Leben zur Handarbeit zu führen, damit er sie kennen lernt. Wir wollen in einer Zeit, da Millionen unter uns leben, ohne Verständnis für die Bedeutung des Handarbeitertums, das deutsche Volk durch die Arbeitsdienstpflicht zu der Erkenntnis erziehen, dass Handarbeit nicht schändet, sondern vielmehr wie jede andere Tätigkeit dem zur Ehre gereicht, der sie getreu und redlichen Sinnes erfüllt. […]

Wir werden in diesem Jahre zum ersten Male als weitere große Aufgabe die Befreiung der schöpferischen Initiative von den verhängnisvollen Einwirkungen majoritativer Beschlüsse[1] durchführen. Nicht nur im Parlament, nein, auch in der Wirtschaft. Wir wissen, dass unsere Wirtschaft nicht emporkommen kann, wenn nicht eine Synthese gefunden wird zwischen der Freiheit des schöpferischen Geistes und der Verpflichtung dem Volksganzen gegenüber. […]

Wir wissen, dass wir noch gewaltige Schwierigkeiten zu überwinden haben. Wir wissen auch, dass alle menschliche Arbeit am Ende vergeblich sein muss, wenn über ihr nicht der Segen der Vorsehung leuchtet. Wenn die Welt gegen uns steht, müssen wir umso mehr zu einer Einheit werden, müssen wir ihr umso mehr unentwegt versichern: Ihr könnt tun, was ihr wollt! Aber niemals werdet ihr uns beugen, niemals uns zwingen, ein Joch anzuerkennen. Das deutsche Volk ist zu sich gekommen. Es wird Menschen, die nicht für Deutschland sind, nicht mehr unter sich dulden. Wir wollen tätig sein, arbeiten, uns brüderlich vertragen, gemeinsam ringen, auf dass einmal die Stunde kommt, da wir vor den Herrn hintreten können und ihn bitten dürfen: „Herr, du siehst, wir haben uns geändert. Das deutsche Volk ist nicht mehr das Volk der Ehrlosigkeit, der Schande, der Selbstzerfleischung, der Kleinmütigkeit und Kleingläubigkeit. Nein, Herr, das deutsche Volk ist wieder stark in seinem Willen, stark in seiner Beharrlichkeit, stark im Ertragen aller Opfer. Herr, wir lassen nicht von dir! Nun segne unseren Kampf, unseren Kampf um unsere Freiheit und damit unser deutsches Volk und Vaterland!"

Völkischer Beobachter 2. Mai 1933, S. 2.

1 Majoritative Beschlüsse = Mehrheitsbeschlüsse

Q2

„Es gibt kein Individuum"

Staatswissenschaftler Ernst Huber über die Volksgemeinschaft (1936):

Es gibt kein „Individuum", das losgelöst von der völkischen Gemeinschaft und frei von allen politischen Bindungen seinen geistigen oder materiellen Interessen allein zu leben berechtigt wäre. Es gibt keine persönliche, vorstaatliche und außerstaatliche Freiheit des Einzelnen, die vom Staat zu respektieren wäre. An diese Stelle des isolierten Individuums ist der in die Gesellschaft gliedhaft eingeordnete Volksgenosse getreten, der von der Totalität des politischen Volkes erfasst […] ist […].

Ernst Rudolph Huber: Zeitschrift für die gesamte Staatswissenschaft. 1936, S. 438.

Q3

„Grundpflichten" für die Jugend

Im Handbuch der deutschen Jugend im Reichsarbeitsdienst von 1938 heißt es:

Die Treue, den Gehorsam und die Kameradschaft hat der Reichsarbeitsführer als die drei Grundpflichten des Arbeitsmannes bezeichnet. Sie bilden das Gesetz, nach dem erleben und handeln soll. Treue, Gehorsam und Kameradschaft sind alte Tugenden unseres Volkes, die im preußischen Staat König Friedrich Wilhelms I.[1], im Deutschland des Eisernen Kanzlers[2] und im Dritten Reich des Führers und Reichskanzlers Adolf Hitler wieder erneuert wurden. Wenn das deutsche Volk diese Tugenden hochhielt, war es groß und ehrenhaft, wenn es sie vergaß, wurde es klein, schwach und ehrlos.

„Deutsch sein heißt treu sein". Lautet ein alter Spruch. Die Gefolgschaftstreue band den germanischen Krieger an seinen Herzog. Im deutschen Heldenlied der Nibelungen[3] ist das Höchste die Treue. Die Treue bindet uns an den Führer, wir sind seine Gefolgschaft und haben ihm den Treueid geschworen. Damit haben wir zugleich dem deutschen Volke die Treue gelobt und unsere Bereitschaft erklärt, für es zu leben und zu arbeiten. Unsere Treue gilt dem Reichsarbeitsdienst, mit dem wir für unser ganzes Leben verbunden sind, nachdem wir ihm einmal angehörten. Unsere Treue gilt unseren Kameraden, sie gilt jedem Versprechen und Gelöbnis, das wir gaben. Unsere Treue gilt unserer Arbeit und der Pflicht, die wir zu erfüllen haben. Nur wer treu ist, hat eine Ehre; der Treulose dagegen hat keine Ehre, er ist ein Verräter und Schuft. Ob die Treue echt ist, zeigt sich besonders in Augenblicken der Gefahr, des Unglücks und der Not. Es heißt dann, seinen Mann zu stehen und seinen Schwur zu halten. [...]

Der Gehorsam gründet sich auf Vertrauen und Treue. Gehorsam ist die unbedingte Unterordnung unter ein höheres Gesetz. Ein dienstlicher Befehl muss sofort und gewissenhaft ausgeführt werden, ohne dass erst nach dem „Warum" und „Wozu" gefragt wird. Denn nur wenn jeder bedingungslos die Anordnung befolgt, wird es für die Führung möglich sein, uns zu den Zielen und Erfolgen zu führen, zu denen wir selbst hinstreben. Man mache sich einmal die Folgen klar, wenn der Geist der Auflehnung und die Neigung zu Meuterei und Streik sich breitmachen. Wir haben in dieser Beziehung genügend bittere Erfahrungen in früherer Zeit gemacht und wissen, dass Zucht und Gehorsam tragende Grundlagen des Dritten Reiches sein müssen. Gute Eigenschaften: Anständigkeit, Klugheit und Tapferkeit erhalten erst dann ihren eigentlichen Wert, wenn der Mann auch gehorchen kann. Eine Mannschaft ist nur eine wilde Bande, ein ungeordneter Haufen, wenn sie nicht durch Gehorsam fest in der Hand ihres Führers ist. Der Staat zwingt zu diesem Gehorsam.

Rolf von Gönner: Spaten und Ähre. Das Handbuch der deutschen Jugend im Reichsarbeitsdienst. Vowinckel Verlag. Heidelberg 1938, S. 134–136.

1 Friedrich Wilhelm I., erster König in Preußen (1713–1740), als „Soldatenkönig" eine zentrale Figur in der Entwicklung des deutschen Militarismus
2 gemeint ist Otto von Bismarck
3 Nibelungen = germanische Heldensage

Q4

Frauen in der „Volksgemeinschaft"

Aus Hitlers Rede vor der NS-Frauenschaft am 8. September 1934 im Rahmen des Parteitages der NSDAP in Nürnberg:

Das Wort von der Frauenemanzipation ist ein nur vom jüdischen Intellekt erfundenes Wort, und der Inhalt ist von demselben Geist geprägt. Die deutsche Frau brauchte sich in den wirklich guten Zeiten des deutschen Lebens nie zu emanzipieren [...], genauso wie der Mann in seiner guten Zeit sich nie zu fürchten brauchte, dass er aus seiner Stellung gegenüber der Frau verdrängt werde. [...] Wenn man sagt, die Welt des Mannes ist der Staat, die Welt des Mannes ist sein Ringen, die Einsatzbereitschaft für die Gemeinschaft, so könnte man vielleicht sagen, dass die Welt der Frau eine kleinere sei. Denn ihre Welt ist ihr Mann, ihre Familie, ihre Kinder und ihr Haus. Wo wäre aber die größere Welt, wenn niemand die kleine Welt betreuen wollte? [...] Diese beiden Welten stehen sich daher nie entgegen. Sie ergänzen sich gegenseitig, sie gehören zusammen, wie Mann und Weib zusammengehören. Wir empfinden es nicht als richtig, wenn das Weib in die Welt des Mannes, in sein Hauptgebiet eindringt, sondern wir empfinden es als natürlich, wenn diese beiden Welten geschieden bleiben. In die eine gehört die Kraft des Gemütes, die Kraft der Seele! Zur anderen gehört die Kraft des Sehens, die Kraft der Härte, der Entschlüsse und die Einsatzwilligkeit! [...]

Was der Mann einsetzt an Heldenmut auf dem Schlachtfeld, setzt die Frau ein in ewig geduldiger Hingabe, in ewig geduldigem Leiden und Ertragen. Jedes Kind, das sie zur Welt bringt, ist eine Schlacht, die sie besteht für Sein oder Nichtsein ihres Volkes. Und beide müssen sich deshalb auch gegenseitig schätzen und achten, wenn sie sehen, dass jeder Teil die Aufgabe vollbringt, die ihm Natur und Vorsehung zugewiesen haben. [...] Die Frau ist, weil sie von der ursächlichsten Wurzel ausgeht, auch das stabilste Element in der Erhaltung eines Volkes. Sie hat am Ende den untrüglichsten Sinn für alles das, was notwendig ist, damit eine Rasse nicht vergeht [...]. Wir haben die Frau eingebaut in den Kampf der völkischen Gemeinschaft, so wie die Natur und die Vorsehung es bestimmt haben. So ist unsere Frauenbewegung für uns nicht etwas, das als Programm den Kampf gegen den Mann auf seine Fahne schreibt, sondern etwas, das auf sein Programm den gemeinsamen Kampf mit dem Mann setzt. [...] Wenn früher die liberalen intellektualistischen Frauenbewegungen in ihren Programmen viele, viele Punkte enthielten, die ihren Ausgang vom sogenannten Geiste nahmen, so enthält das Programm unserer nationalsozialistischen Frauenbewegung eigentlich nur einen einzigen Punkt, und dieser Punkt heißt das Kind, dieses kleine Wesen, das werden muss und gedeihen soll. [...]

Völkischer Beobachter 10. September 1934, S. 2.

Q5

Aus der „Volksgemeinschaft" ausgestoßen

a) Am 4. Februar 1941 berichtete die thüringische Altenburger Zeitung für Stadt und Land:

Auf dem Altenburger Marktplatz wurde heute Vormittag zum ersten Male ein Akt vollzogen, der […] den Willen der Volksgemeinschaft zum Ausdruck brachte: die 31-jährige […] aus Altenburg wurde öffentlich kahlgeschoren, weil sie sich mit einem Polen eingelassen hat. […] Beamte der Gestapo brachten die Verbrecherin von Weimar nach Altenburg. […] Anschließend wurde die Verbrecherin durch die Straßen der Stadt geführt und dann wieder nach Weimar zurückgebracht, wo sie ihrer Aburteilung entgegensieht.

Marlis Gräfe/Bernhard Post/Andreas Schneider (Hrsg.): Quellen zur Geschichte Thüringens. Die Geheime Staatspolizei im NS-Gau Thüringen 1933–1945. Bd. II. LpB Thüringen, Erfurt 2004, S. 430.

b) Pressefoto der Altenburger Zeitung über die Ereignisse vom 4. Februar 1941

B Lebensraum als Verheißung zukünftiger Stellung einer Supermacht

Q6

Rassistische und antisemitische Exklusion

Wir haben schärfstens zu unterscheiden zwischen dem Staat als einem Gefäß und der Rasse als dem Inhalt […]. Das Deutsche Reich soll als Staat alle Deutschen umschließen mit der Aufgabe, aus diesem Volke die wertvollen Bestände an rassischen Urelementen nicht nur zu sammeln und zu erhalten, sondern langsam und sicher zur beherrschenden Stellung emporzuführen.

Adolf Hitler: Mein Kampf. Zwei Bände in einem Buch. Zentralverlag der NSDAP, Eher Nachf. Verlag, München, S. 432 und 439.

Q7

Außenpolitische Ziele Hitlers

Auszug aus seinem Buch „Mein Kampf" (1925/26):

Die Außenpolitik des völkischen Staates hat die Existenz der durch den Staat zusammengefassten Rasse auf diesem Planeten sicherzustellen, indem sie zwischen der Zahl und dem Wachstum des Volkes einerseits und der Größe und Güte des Grund und Bodens andererseits ein gesundes, lebensfähiges, natürliches Verhältnis schafft. Als gesundes Verhältnis darf dabei immer nur jener Zustand angesehen werden, der die Ernährung eines Volkes auf eigenem Grund und Boden sichert. Jeder andere Zustand, mag er auch Jahrhunderte, ja selbst Jahrtausende andauern, ist nichtsdestoweniger ein ungesunder und wird früher oder später zu einer Schädigung, wenn nicht zur Vernichtung des betreffenden Volkes führen. Nur ein genügend großer Raum auf dieser Erde sichert einem Volke die Freiheit des Daseins. [...]

Deutschland ist heute keine Weltmacht. Selbst wenn unsere augenblickliche militärische Ohnmacht überwunden würde, hätten wir doch auf diesen Titel keinerlei Anspruch mehr. Was bedeutet heute auf dem Planeten ein Gebilde, das in seinem Verhältnis von Volkszahl zur Grundfläche so jämmerlich beschaffen ist wie das derzeitige Deutsche Reich? In einem Zeitalter, in dem allmählich die Erde in den Besitz von Staaten aufgeteilt wird, von denen manche selbst nahezu Kontinente umspannen, kann man nicht von Weltmacht bei einem Gebilde reden, dessen politisches Mutterland auf die lächerliche Grundfläche von kaum fünfhunderttausend Quadratkilometer beschränkt ist. [...]

Die Forderung nach Wiederherstellung der Grenzen des Jahres 1914 ist ein politischer Unsinn von Ausmaßen und Folgen, die ihn als Verbrechen erscheinen lassen. Ganz abgesehen davon, dass die Grenzen des Reiches im Jahre 1914 alles andere eher als logische waren. Denn sie waren in Wirklichkeit weder vollständig in Bezug auf die Zusammenfassung der Menschen deutscher Nationalität noch vernünftig in Hinsicht auf ihre militärgeographische Zweckmäßigkeit. Sie waren nicht das Ergebnis eines überlegten politischen Handelns, sondern Augenblicksgrenzen eines in keinerlei Weise abgeschlossenen politischen Ringens, ja zu Teil Folgen eines Zufallsspieles. [...]

Das Recht auf Grund und Boden kann zur Pflicht werden, wenn ohne Bodenerweiterung ein großes Volk dem Untergang geweiht erscheint. Noch ganz besonders dann, wenn es sich dabei nicht um ein x-beliebiges Negervölkchen handelt, sondern um die germanische Mutter all des Lebens, das der heutigen Welt ihr kulturelles Bild gegeben hat. Deutschland wird entweder Weltmacht sein oder überhaupt nicht sein. Zur Weltmacht aber braucht es jene Größe, die ihm in der heutigen Zeit die notwendige Bedeutung und seinen Bürgern das Leben gibt. Damit ziehen wir Nationalsozialisten bewusst einen Strich unter die außenpolitische Richtung unserer Vorkriegszeit. Wir setzen dort an, wo man vor sechs Jahrhunderten endete. Wir stoppen den ewigen Germanenzug nach dem Süden und Westen Europas und weisen den Blick nach dem Land im Osten. Wir schließen endlich ab die Kolonial- und Handelspolitik der Vorkriegszeit und gehen über zur Bodenpolitik der Zukunft.

Wenn wir aber heute in Europa von neuem Grund und Boden reden, können wir in erster Linie nur an Russland und die ihm untertanen Randstaaten denken. Das Schicksal selbst scheint uns hier einen Fingerzeig geben zu wollen. Indem es Russland dem Bolschewismus überantwortete, raubte es dem russischen Volke jene Intelligenz, die bisher dessen staatlichen Bestand herbeiführte und garantierte. Denn die Organisation eines russischen Staatsgebildes war nicht das Ergebnis der staatspolitischen Fähigkeiten des Slawentums in Russland, sondern vielmehr nur ein wundervolles Beispiel für die Staaten bildende Wirksamkeit des germanischen Elements in einer minderwertigen Rasse. So sind zahlreiche mächtige Reiche der Erde geschaffen worden. Niedere Völker mit germanischen Organisatoren und Herren als Leiter derselben sind öfter als einmal zu gewaltigen Staatsgebilden angeschwollen und blieben bestehen, solange der rassische Kern der bildenden Staatsmasse sich erhielt. Seit Jahrhunderten zehrte Russland von diesem germanischen Kern seiner oberen leitenden Schichten. Er kann heute als fast restlos ausgerottet und ausgelöscht angesehen werden. An seine Stelle ist der Jude getreten. So unmöglich es dem Russen an sich ist, aus eigener Kraft das Joch des Juden abzuschütteln, so unmöglich ist es dem Juden, das mächtige Reich auf die Dauer zu erhalten. Er selbst ist kein Element der Organisation, sondern ein Ferment der Dekomposition. Das Riesenreich im Osten ist reif zum Zusammenbruch. Und das Ende der Judenherrschaft in Russland wird auch das Ende Russlands als Staat sein. Wir sind vom Schicksal ausersehen, Zeugen einer Katastrophe zu werden, die die gewaltigste Bestätigung für die Richtigkeit der völkischen Rassentheorie sein wird.

Adolf Hitler: Mein Kampf. Eher, München 1927, S. 728 f., 736 und 741 ff.

C Rassismus und Antisemitismus

D1

Rassismus als langlebige Ideologie

Anlässlich der Ausstellung „Rassismus. Die Erfindung von Menschenrassen" 2018 in Dresden schrieb der deutsche Historiker Christian Geulen (geb. 1969) in dem dazugehörigen Ausstellungskatalog des Deutschen Hygiene-Museums[1]:

[…] Vor allem in Zeiten unsicher oder fragwürdig gewordener Grenzen und Ordnungen von Zugehörigkeit bietet der Rassismus eine Möglichkeit an, die hergebrachte oder auch eine modifizierte Zugehörigkeitsordnung theoretisch neu zu begründen *und* praktisch herzustellen. Dafür hält er ein bestimmtes Wissen bereit, nicht nur über die Natur des Menschen und über das natürliche Verhältnis zwischen Menschengruppen, sondern auch darüber, was diese Menschengruppen in ihrer angeblichen Natur gefährdet, und darüber, was diese tun müssen, um in ihrer natürlichen Art zu überleben. Derartiges Wissen hat zum einen rechtfertigende Funktion, liefert zum anderen aber auch Handlungsleitungen. Dabei hat es kaum etwas mit Wirklichkeit und Erfahrung zu tun, sondern erschafft ein Bild der Welt, wie sie „von Natur aus" sein *sollte*. Zugehörigkeitsordnungen für den Rassismus sind folglich nicht einfach gegeben, sondern sie müssen entdeckt, identifiziert, bewertet, klassifiziert und vermittelt werden, um die wirkliche Welt dann praktisch handelnd an diese ideale Ordnung anzupassen.

Daher haben „rassistische Weltbilder" so häufig den Charakter einer Verschwörungstheorie. Das lässt sich bereits dort feststellen, wo der Begriff der *Rasse*, bis dahin nur in der Pferdezucht präsent, zum ersten Mal auf Menschengruppen angewandt wurde. Im Zuge der „Reconquista", der Re-Christianisierung Spaniens im späten Mittelalter, traten neben die „Reinheit des Glaubens" die „Reinheit des Blutes" und damit das Konzept der Rasse als zusätzliches Kriterium der Feststellung unübersichtlicher Gruppenzugehörigkeit. Vor allem die vielen Muslime und Juden, die erst jüngst und womöglich nur zum Schein zum Christentum konvertiert waren, versuchte man auf diese Weise zu kategorisieren, um sie eventuell einer nochmaligen Zwangsbekehrung zuzuführen. Schon hier wurde also eine scheinbar natürliche Ordnung erfunden, um eine sozial und politisch unsicher gewordene Ordnung praktisch stabilisieren und vereinheitlichen zu können.

Im 18. Jahrhundert hatte der Rassismus dann vor allem eine rechtfertigende Funktion. Mit ihren universalistischen Konzepten der Gleichheit, der Freiheit und der brüderlichen Menschheit formulierte die Aufklärung einen politischen Anspruch der globalen Gleichbehandlung, dem die faktischen Machtverhältnisse besonders zwischen den kolonisierenden Europäern und den kolonisierten außereuropäischen Kulturen massiv widersprachen. Im Rahmen der jetzt erfundenen rassistischen Naturordnungen einer kulturellen Höher- und Minderwertigkeit von Menschengruppen konnte die Ungleichbehandlung als europäischer „Zivilisierungsauftrag" verstanden und die weitere koloniale Ausbeutung legitimiert werden. Im 19. Jahrhundert reichte das aber nicht mehr aus, als der globale Konkurrenzkampf zwischen Nationen, *Rassen* und Kulturen sich immer deutlicher ausprägte. Eben diesen Konkurrenzkampf erklärte Charles Darwin dann zum eigentlichen Antrieb aller natürlichen Evolution, ohne den „rassische" Höherentwicklung gar nicht möglich sei. Die Folge war ein Rassismus, der jetzt nicht mehr nur bestehende Verhältnisse rechtfertigte, sondern zur Austragung des „Rassenkampfes" und zur Erzeugung neuer und besserer *Rassen* durch Bekämpfung und Vernichtung „des Anderen", „des Fremden" aufrief. In diesem Kontext entwickelte sich die Idee, dass die bloße Existenz anderer *Rassen* bereits eine unbedingt zu bekämpfende Gefahr für die eigene darstelle, zum Grundgedanken des modernen Rassismus.

Die Formen der systematischen Vernichtungspolitik, die sich daraus etwa im Hochimperialismus oder im Nationalsozialismus ergaben, gelten heute als überwunden; zudem ist der Begriff der *Rasse* politisch und gesellschaftlich heute höchst umstritten. Die Idee aber, das „Andere" und „Fremde" durch ihre bloße Nähe das „Eigene" gefährdeten und dieser Gefahr nur durch praktisches Ausgrenzungshandeln begegnet werden könne, wird heute mit politischem, medialem und auch wissenschaftlichem Aufwand wieder populär gemacht. […] Gerade weil er sich nicht auf eine bestimmte des Handelns oder auf eine bestimmte Form des Denkens reduzieren lässt, ist der Rassismus eine der langlebigsten und anpassungsfähigsten Ideologien der Moderne.

Christian Geulen: Geschichte und Aktualität einer Ideologie. In: Rassismus. Die Erfindung von Menschenrassen. Hrsg. für das Deutsche Hygiene-Museum von Susanne Wernsing, Christian Geulen und Klaus Vogel. Wallstein Verlag Göttingen 2018, S. 13 f.

1 Deutsches Hygiene Museum = die 1912 gegründete Einrichtung spielte 1933–1945 selbst eine wichtige Rolle in der „Rassen- und Gesundheitspflege" des NS-Regimes

Q 8

NS-Eingriffe ins Kulturleben

Im April 1930 setzte die NSDAP in Thüringen als Teil der dortigen Regierung neue Vorgaben für den Kulturbetrieb durch:

Seit Jahren machen sich fast auf allen kulturellen Gebieten in steigendem Maße fremdrassige Einflüsse geltend, die die sittlichen Kräfte des deutschen Volkstums zu unterwühlen geeignet sind. Einen breiten Raum nehmen dabei die Erzeugnisse ein, die, wie Jazzband- und Schlagzeug-Musik, Negertänze, Negergesänge, Negerstücke, eine Verherrlichung des Negertums darstellen und dem deutschen Kulturempfinden ins Gesicht schlagen. Diese Zersetzungserscheinungen nach Möglichkeit zu unterbinden, liegt im Interesse der Erhaltung und Erstarkung des deutschen Volkstums. […]

Es ist Aufgabe der Polizeibehörden, in allen Fällen, in denen Darbietungen in der angegebenen Weise den guten Sitten zuwiderlaufen oder der Unternehmer der erforderlichen Zuverlässigkeit in sittlicher oder künstlerischer Beziehung

ermangelt, mit aller Schärfe einzuschreiten und das Verfahren auf Entziehung der erteilten Erlaubnis einzuleiten.
Gilt es so auf der einen Seite, die Verseuchung deutschen Volkstums durch fremdrassige Unkultur wo nötig mit polizeilichen Mitteln abzuwehren, so werden auf der anderen Seite die Behörden der inneren Verwaltung, soweit sie dazu nach ihrem Wirkungskreis in der Lage sind, unter der Leitung des Volksbildungsministeriums alles tun, um in positivem Sinn deutsche Kunst, deutsche Kultur und deutsches Volkstum zu erhalten, zu fördern und zu stärken.

Zit. nach: Erlass IV C II/771, Nr. 53 „Wider die Negerkultur für deutsches Volkstum", 5. April 1930. In: Amtsblatt des Thüringischen Ministeriums für Volksbildung. Weimar 9 (1930) Nr. 6/1930, 22. April 1930, S. 40 f.

Q9

Nationalsozialistisches Menschenbild

Aus einer ideologischen Schrift der NSDAP über den angeblichen „Wert" von Menschen verschiedener Herkunft:

Das allgemeinste unerbittliche Gesetz des Lebens ist nun Kampf um sein Dasein und seine Entfaltung, Kampf der Rassen um ihren Lebensraum, d. h. auch auf die Völker bezogen mit der Natur und, wenn es sein muss, mit anderen Völkern, die der eigenen völkischen Lebensentfaltung entgegenstehen. Grundvoraussetzung für jede völkische Entwicklung, ja jeder Entwicklung des Lebens überhaupt, ist eine beständige Erneuerung an seinen Quellpunkten durch Zeugung und Fortpflanzung. Völker, die sich nicht mehr genügend fortpflanzen, sind dem Untergange geweiht, mögen sie auf noch so imponierender Höhe der Kultur und der politischen Macht stehen. Sie müssen nach einer bestimmten Zeit dem Drucke geburtenstärkerer Rassen weichen, in denen sich zu gleich im Bevölkerungsüberschuss die emporzüchtende Kraft der Auslese zu entfalten vermag.
Von grundlegender Bedeutung für das Staats-, Kultur- und Bildungsideal ist hier nun die Art, wie Rassen und Völker diesen Kampf um ihren Lebensraum bestehen. Die einen suchen diesen durch Bedürfnislosigkeit, Fügsamkeit, Zähigkeit, vielfach auch Fleiß und allmähliches unmerkliches Eindringen in schon bevölkerte Räume auszufechten. Sie zeichnen sich durchgehend durch eine außerordentliche Fruchtbarkeit aus, aber vermeiden möglichst den offenen Kampf zur Sicherung des Lebensraumes für ihre Nachkommen. Zu diesen „Kuli-[1] oder Fellachenrassen"[2] gehört die Überzahl der Bevölkerung des Erdballs, das Gros der farbigen Menschen Asiens und Afrikas und das ostbaltisch-ostisch-innerasiatische Volkstum Russlands.
Ein kleiner, aber mächtiger Teil der Erdbevölkerung wählte den Weg der Parasiten. Er sucht sich durch intelligente und heuchlerische Einfühlung und Überlistung in bodenständigen Volkstümern einzunisten, diese mit händlerischer Schlauheit um den Ertrag ihrer Arbeit zu bringen und durch raffinierte geistige Zersetzung der Selbstführung zu berauben. Die bekannteste und gefährlichste Art dieser Rasse ist das Judentum.
Die dritte Gruppe endlich führt den Kampf offen, mit Wagemut und selbstbewusstem Einsatz rassischer Kraft. Sie umfasst die ausgesprochenen Herren- und Kriegerrassen. Sie ringen mit der Natur, um ihr Nahrung und Schätze des Bodens abzugewinnen, erst als Jäger, dann als Hirten und Bauern. Aber sie greifen auch zum Schwerte, wenn man sie ihrer Freiheit berauben will oder andere, insbesondere niedere Rassen, ihrem Nachwuchs einen Lebensraum streitig machen wollen, den diese ungenügend zu nutzen wissen. Nur diese Rassen haben sich als kulturschöpferisch und staatenbildend erwiesen. Die bedeutsamste unter ihnen ist die nordische geblieben, die sich mit ihrer Arbeits- und Wehrkraft über die Hälfte des Erdballes erobert und mit ihrer Technik und Wissenschaft ihn heute fast ganz unterworfen hat, das Vorvolk *[führende Volk]* dieser Rasse aber ist das deutsche […].

Karl Zimmermann: Die geistigen Grundlagen des Nationalsozialismus. Quelle & Meyer, Leipzig 1933, S. 73–75.

1 Kuli = abwertende Bezeichnung Ende 19./Anfang 20. Jahrhundert für ungelernte Lohnarbeiter in Süd-/Südostasien
2 Fellachen = abwertende Bezeichnung für Menschen, die vom Ackerbau leben (Vorderer Orient, insbesondere Ägypten)

Q10

Gleichsetzung Judentum und internationale Finanzwelt

1925 schrieb Adolf Hitler in „Mein Kampf":

[…] Das Finanzjudentum wünscht […] nicht nur die restlose wirtschaftliche Vernichtung Deutschlands, sondern auch die vollkommene politische Versklavung. […] So ist der Jude heute der große Hetzer zur restlosen Zerstörung Deutschlands. Wo immer wir in der Welt Angriffe gegen Deutschland lesen, sind Juden ihre Fabrikanten […]. […] Die Gedankengänge des Judentums dabei sind klar. Die Bolschewisierung Deutschlands, d. h. die Ausrottung der nationalen völkischen deutschen Intelligenz und die dadurch ermöglichte Auspressung der deutschen Arbeitskraft im Joche der jüdischen Weltfinanz, ist nur als Vorspiel gedacht für die Weiterverbreitung dieser Welteroberungstendenz. Werden unser Volk und unser Staat das Opfer dieser blut- und geldgierigen jüdischen Völkertyrannen, so sinkt die ganze Erde in die Umstrickung dieses Polypen; befreit sich Deutschland aus dieser Umklammerung, so darf diese größte Völkergefahr als für die gesamte Welt gebrochen gelten.

Adolf Hitler: Mein Kampf. Eher, München 1927, S. 702 f.

D2

Jüdische Bevölkerung in Deutschland

a) Die jüdische Bevölkerung im Deutschen Reich 1871–1933 (Anteil an der Gesamtbevölkerung in %)

Jahr	Gesamt-bevölkerung	Juden	in %
1871	36323000	383000	1,05
1880	40218000	437000	1,09
1890	44230000	465000	1,05
1900	50626000	497000	0,98
1910	58451000	539000	0,92
1925	63181000	568000	0,90
1933	66029000	503000	0,76

Aus: Statistik des deutschen Reichs, Bd. 451/5. Nach: D. Bennathan: Die demographische und wirtschaftliche Struktur der Juden. Zit. nach: Entscheidungsjahr 1932. Mohr: Siebeck, Tübingen 1965, S. 94.

b) Die jüdische Bevölkerung in der heutigen Bundesrepublik Deutschland 1998–2018 (Anteil an der Gesamtbevölkerung in %):

1998	82000000	74289	0,09%
2008	82100000	106435	0,13%
2018	83000000	96195	0,12%

Zusammengestellt aus: www.zwst.org/medialibrary/service-information/ZWST-Mitgliederstatistik-2018-Auszug.pdf und www.hagalil.com/2019/03/antisemitismus-25/ (Zugriff 15.10.2019)

D Nationalsozialismus – eine antikapitalistische Bewegung?

Q11

Nationalsozialismus und Wirtschaft

Der Parteiname „NSDAP" und die wenigen wirtschaftspolitischen Aussagen des Parteiprogramms von 1920 ließen unterschiedliche Auslegungen zu; folglich war die Wirtschaftspolitik in der NSDAP bis 1934 (Ausschaltung des linken Parteiflügels durch die Röhm-Morde) durchaus umstritten. Die innerparteiliche Linke um die Brüder Gregor und Otto Strasser betonte die antikapitalistischen bzw. „sozialistischen" Elemente im Nationalsozialismus. Otto Strasser veröffentlichte 1936 im Exil ein Buch, in der er eine heftige wirtschaftspolitische Diskussion zwischen ihm und Hitler am 21./22. Mai 1930 im Berliner „Hotel Sanssouci" schilderte.

Ich: „Ja, Herr Hitler, wenn Sie also das kapitalistische System aufrechterhalten wollen, dann dürfen Sie aber auch nicht von Sozialismus reden! Denn unsere Parteianhänger sind in erster Linie Sozialisten, und sie berufen sich da auf das Parteiprogramm, das ausdrücklich die Sozialisierung der vergesellschafteten Betriebe fordert."

Er: „Der Ausdruck Sozialismus ist an sich schlecht, aber vor allem heißt das nicht, dass diese Betriebe sozialisiert werden müssen, sondern nur, dass sie sozialisiert werden können, nämlich, wenn sie gegen das Interesse der Nation verstoßen. So lange sie das nicht tun, wäre es einfach ein Verbrechen, die Wirtschaft zu zerstören."

Ich: „Ich habe allerdings noch nie einen Kapitalisten gesehen, der nicht erklärt hätte, dass er alles ‚für das Wohl der Nation' tue. Wie wollen Sie das von außen feststellen? Wie wollen Sie auch hier das Eingriffsrecht des Staates verankern, ohne ein schrankenloses Willkürregiment von Beamten über die Wirtschaft aufzurichten, das dann einen viel höheren Grad der Beunruhigung in die Wirtschaft trägt als jeder Sozialismus?"

Er: „Wir haben hier ja ein Vorbild, das wir ohne weiteres annehmen können, den Faschismus! Genauso wie die Faschisten dies bereits durchgeführt haben, werden auch in unserem nationalsozialistischen Staat Unternehmertum und Arbeiterschaft gleichberechtigt nebeneinanderstehen, während der starke Staat bei Streitigkeiten die Entscheidung fällt und dafür sorgt, dass nicht Wirtschaftskämpfe das Leben der Nation gefährden."

Ich: „Der Faschismus hat aber eine Lösung zwischen Kapital und Arbeit überhaupt nicht gefunden, ja nicht einmal versucht, er begnügt sich einfach damit, den Kampf zwischen den beiden niederzuhalten, wobei die Übermacht des Kapitals über die Arbeit durchaus festgehalten ist. Der Faschismus ist nicht im Mindesten eine Überwindung des Kapitalismus, sondern hat im Gegenteil – wenigstens bisher – das kapitalistische System unangetastet bestehen lassen, genau so, wie Sie es bestehen lassen wollen."

Er: „Das ist ja alles Theorie. In Wirklichkeit gibt es in der Wirtschaft immer nur ein System: Verantwortung nach oben, Autorität nach unten. […] Das ist seit Jahrtausenden so gewesen und kann gar nicht anders sein."

Otto Strasser: Aufbau des deutschen Sozialismus. Als Anlage das historische Gespräch Hitlers mit Dr. Straßer. Heinrich Grunov-Verlag, Prag 1936 ², S. 133 f.

Arbeitsvorschläge

Arbeitsvorschläge zum darstellenden Text

1. Stellen Sie in Partnerarbeit die zentralen Elemente der nationalsozialistischen Ideologie mit einer stichwortartigen Kurzerklärung tabellarisch zusammen. [II]
2. Diskutieren Sie, inwieweit ähnliche Elemente auch heute noch von manchen Gruppen in unserer Gesellschaft vertreten werden. [III]
3. Charakterisieren Sie auf Basis Ihres erarbeiteten Vorwissens, welche Auswirkungen die Krisenjahre nach dem Ersten Weltkrieg, insbesondere die der Weltwirtschafts- und Finanzkrise ab 1929, auf die deutsche Gesellschaft gehabt haben. [II]

A Volksgemeinschaft – ein Hort des Geborgenheitsgefühls?

4. Bewerten Sie Hitlers Perspektive auf die Situation der Gesellschaft vor 1933 (Q 1). [III]
5. Erläutern Sie anhand von Q 1 die Rolle der „Volksgemeinschaft" in der NS-Ideologie und stellen Sie dar, was dies für diejenigen bedeutete, die er nicht als Teil der „Volksgemeinschaft" sah. [II]
6. Beschreiben Sie mit eigenen Worten, was der Staatswissenschaftler Ernst Huber 1936 mit „Es gibt kein Individuum" ausdrücken wollte (Q 2). [I]
7. Verfassen Sie eine Erwiderung auf die Aussagen von Ernst Huber zum Thema „Die Bedeutung des Individualismus in der Gesellschaft". Erörtern Sie anschließend die Bedeutung des Individualismus und der Kollektivität. [III] ●
8. Arbeiten Sie textkritisch die Kausalkette des Handbuches des Reichsarbeitsdienstes und die daraus gezogene Schlussfolgerung heraus. Beachten Sie dabei die Zielgruppe des Handbuchs (Q 3). [II]
9. Analysieren Sie das Verständnis Hitlers in Bezug auf die Rolle der Geschlechter. Berücksichtigen Sie dabei, mit welchen Bildern Hitler in seiner Rede arbeitet (Q 4). [II]
10. Beschreiben und charakterisieren Sie die Szenerie in Altenburg (Q 5) und beurteilen Sie die Maßnahmen des NS-Regimes. [I/II/III]

B Lebensraum als Verheißung zukünftiger Stellung einer Supermacht

11. Beurteilen Sie den Zusammenhang zwischen Hitlers Ausgrenzungs- und seiner Außenpolitik (Q 6, Q 7). [III]
12. Erläutern und bewerten Sie die „Lebensraum"-Ideologie der Nationalsozialisten. [II/III]

C Rassismus und Antisemitismus

MK 13. Erstellen Sie auf Basis des Ausstellungstextes D 1 graphisch die Entwicklung des Rassismus als Ideologie. [II]

14. Setzen Sie sich in Arbeitsgruppen mit den Quellen Q 8–Q 10 auseinander. ●
    a) Analysieren Sie die rassistischen Stereotype. Sammeln Sie anschließend ihre Ergebnisse. [II]
    b) Beurteilen Sie die gesellschaftliche Akzeptanz der herausgearbeiteten Stereotype in jener Zeit. [III]
    c) Bewerten Sie die Aussagen aus Ihrer heutigen Perspektive. [III]

D Nationalsozialismus – eine antikapitalistische Bewegung?

15. Arbeiten Sie Otto Strassers und Hitlers jeweilige wirtschaftspolitische Positionen heraus. [II]
16. Informieren Sie sich über Otto Strasser und erstellen Sie eine Kurzbiografie. Entwickeln Sie eigene Fragen bezüglich der Rolle und der Bedeutung von Otto Strasser als historische Figur. [III] ○

Online- und Differenzierungsmaterialien zu Kapitel 2.5
○ Arbeitshilfen zur Aufgabe 16
● Vertiefungsangebote zu den Aufgaben 7 und 14
Podcast NS-Ideologie

Online-Code: 8hf6he

2.6 Etablierung der NS-Diktatur – Selbstaufgabe der Republik?

„Wenn wir einmal die Macht bekommen", erklärte Hitler in einer Rede am 17. Oktober 1932, „dann werden wir sie, so wahr uns Gott helfe, behalten. Wegnehmen lassen wir sie uns dann nicht mehr." Als Hitler am 30. Januar 1933 zum Reichskanzler ernannt wurde, machten sich die Nationalsozialisten umgehend daran, ihre Macht sowohl mit legalen als auch mit terroristischen Mitteln zu festigen. In der Rückschau fällt es schwer zu verstehen, wie die Umwandlung des Weimarer Parteien- und Verfassungsstaats in einen „Führerstaat" so schnell vollzogen werden konnte: War es in erster Linie eine „Machtergreifung" (mit terroristischen Mitteln) oder eine „Machtübertragung" (auf legalem Wege)?

Alfred Hugenberg (1865–1951)
Medienmogul und Rüstungsindustrieller, seit 1928 DNVP-Vorsitzender, 1933 kurzzeitig Minister im 1. Kabinett Hitler

2003 in Mössingen angebrachte Gedenktafel zum missglückten kommunistischen Generalstreik vom 30./31. Januar 1933

Adolf Hitler wird Reichskanzler

Am 30. Januar 1933 ernannte Reichspräsident Hindenburg Adolf Hitler zum Reichskanzler. Die Reaktionen in der deutschen Bevölkerung auf dieses im Rückblick einschneidende Ereignis der Geschichte fielen sehr unterschiedlich aus. Es kam zu spontanen Begeisterungsstürmen, organisierten NS-Paraden, Demonstrationen gegen das NS-Regime sowie in einzelnen Fällen sogar zu Arbeiterstreiks, wie im württembergischen Industriestädtchen Mössingen. Gleichzeitig kam es zu offener Gewalt durch SA-Schlägertrupps, die allein in Berlin mehrere Todesopfer forderte. Strukturell war der 30. Januar 1933 zunächst allerdings kein epochales Ereignis. Zu klar erkennbar waren die Kontinuitäten zu der vorangegangenen Politik der Präsidialkabinette. In dem elfköpfigen Ministerkabinett Hitlers befanden sich zudem nur zwei Nationalsozialisten: Wilhelm Frick (Innenministerium) und Hermann Göring (ohne Geschäftsbereich). In der sogenannten Regierungskoalition der „Nationalen Konzentration" überwogen die national-konservativen Kräfte. Der Unternehmer und DNVP-Politiker Alfred Hugenberg wurde einflussreicher Minister für die Ressorts „Wirtschaft, Landwirtschaft und Ernährung". Als heimlichen Strippenzieher im Hintergrund sah sich jedoch Vizekanzler Franz von Papen, der ein enger Vertrauter des zu diesem Zeitpunkt noch mächtigsten Mannes im Land war: Reichspräsident Hindenburg. Er zielte auf die Abschaffung der Weimarer Republik und die Errichtung eines autoritären Präsidialsystems.

Organisierter Widerstand gegen das neue Kabinett blieb weitgehend aus

Allein die KPD versuchte durch einen Aufruf zum reichsweiten Generalstreik ihre Anhänger zu mobilisieren, um das eingesetzte Hitler-Kabinett zu stürzen, jedoch folgten dem Aufruf nur wenige. Die Gründe dafür sind bis heute umstritten. Vermutlich unterschätzten viele die Entschlossenheit der NSDAP-DNVP-Regierung, sehr schnell jegliche Opposition auszuschalten ebenso wie die Bereitschaft von Staatsverwaltung, Polizei und Justiz, dies mitzutragen. Eine der wenigen Ausnahmen war lokal begrenzt und geschah im württembergischen Mössingen. Dort lebten überwiegend Textilarbeiter mit einem hohen Anteil von KPD-Anhängern. Noch am Abend des 30. Januar kam es zu einer ersten Demonstration von rund 200 Menschen unter der Parole „Hitler bedeutet Krieg!". Am Tag darauf folgten weitere Demonstrationen und Streikaufrufe mit mehreren Hundert Teilnehmern. Als sich jedoch abzeichnete, dass sich der Streik nicht auch auf andere Orte ausdehnte und Polizeikräfte aufmarschierten, löste sich der Streik auf. Es folgte augenblicklich eine Verhaftungswelle. Viele am Streik Beteiligte wurden von den Unternehmen fristlos entlassen. Gegen fast 100 wurden von der württembergischen Justiz Strafverfahren eröffnet, 77 zu teils mehrjährigen Haftstrafen verurteilt. Der Hauptredner der Demonstration, der KPD-Unterbezirksleiter Fritz Wandel wurde wegen Hochverrat zu 4 ½ Jahren Einzelhaft verurteilt, anschließend bis 1943 im **Konzentrationslager** Dachau inhaftiert und in den letzten Kriegsmonaten zwangsweise in einer Strafeinheit als Soldat an die Ostfront geschickt.

Reichstagsbrandverordnung vom 28. Februar 1933

Marinus van der Lubbe (1909–1934)
Foto 1930

Während die Nationalkonservativen noch glaubten mit Hitler und der NSDAP gemeinsame Politik betreiben zu können, machten sich die Nationalsozialisten schnell daran, ihre gewonnene Macht auszubauen. Als Erstes brachte Hitler Hindenburg dazu, Neuwahlen für den 5. März anzusetzen. Der Reichstag wurde aufgelöst und der neuerliche Wahlkampf begann. Diesen Wahlkampf führten die Nationalsozialisten mit allen Mitteln. Die politische Opposition – insbesondere die KPD und die SPD, aber auch das Zentrum – wurde systematisch eingeschüchtert und terrorisiert. Als in der Nacht zum 28. Februar der Reichstag in Berlin in Flammen stand, hatte man den Schuldigen für diese Brandstiftung schnell ausgemacht: Der junge holländische Kommunist Marinus van der Lubbe wurde als Verantwortlicher verhaftet. Offiziell sprach die neue Staatsführung von einer kommunistischen Verschwörung. In der Forschung ist bis heute umstritten, ob Lubbe (als Einzeltäter) oder die Nationalsozialisten selbst den Reichstag in Brand gesetzt hatten. Die Konsequenzen des Ereignisses waren jedenfalls verheerend. Noch in derselben Nacht konnte man Hindenburg davon überzeugen, die unter Anleitung führender Nationalsozialisten formulierte „Verordnung des Reichspräsidenten zum Schutz von Volk und Staat“ zu unterzeichnen. Diese Verordnung hob zahlreiche Grundrechte der Weimarer Verfassung auf und verschärfte besonders die Bestrafung von „Landesverrätern“, die nun mit dem Tode bestraft werden konnten. Nach vorbereiteten Listen begann am Morgen des 28. Februars die Verfolgung, Inhaftierung und Folterung Tausender Kommunisten, Sozialdemokraten und anderer politischer Gegner. Die sogenannte Reichstagsbrandverordnung blieb bis zum Ende des Nationalsozialismus die rechtliche Grundlage für die Geheime Staatspolizei (Gestapo) zur Verfolgung und Verhaftung deutscher Staatsbürger.

Pseudolegalität
Verwendung von Gerichten, Polizei oder juristischen Verfahren, um dem eigenen Handeln den Anschein von Legalität zu verleihen, obwohl dieses rechtlich nicht legal ist

Das Ermächtigungsgesetz vom 23. März 1933

Die Wahlen vom 5. März waren keine freien Wahlen mehr. Trotzdem erreichte die NSDAP keine absolute Mehrheit (43,9%). Auf der Basis der „Reichstagsbrandverordnung“ wurden am 8. März jedoch die 81 Sitze der KPD zurückgenommen, sodass die NSDAP nun auch ohne die Stimmen der DNVP (8%) die erwünschte absolute Mehrheit innehatte. Nur kurze Zeit darauf gelang es der NSDAP, u.a. mithilfe der Stimmen von DNVP und der Zentrumspartei, dem „Ermächtigungsgesetz“ im Reichstag die benötigte Zweidrittelmehrheit zu verschaffen. Nur die SPD stimmte geschlossen dagegen, die KPD war bereits zerschlagen worden. Das Ermächtigungsgesetz räumte der Regierung für die Zeit von vier Jahren das Recht ein, ohne Parlamentszustimmung Gesetze zu erlassen sowie die Verfassung zu ändern. Mit diesem Gesetz war die Gewaltenteilung aufgehoben, die parlamentarische Demokratie abgeschafft. Formell bestand die Weimarer Verfassung jedoch fort. Die NSDAP-Führung hätte wahrscheinlich auch ohne das „Ermächtigungsgesetz“ eine Diktatur durchgesetzt, konnte sich so aber eine **Pseudolegalität** verschaffen.

Robert Wagner geb. Backfisch (1895–1946)
1919 Freikorpssoldat
Organisator der NSDAP in Baden,
seit 1925 Gauleiter von Baden,
seit 1933 Reichsstatthalter von Baden

Gleichschaltung

Der Begriff „Gleichschaltung“ entstammt der nationalsozialistischen Terminologie. Er bezeichnet alle Maßnahmen, die auf den Ausschluss regimekritischer und jüdischer Beamter sowie auf die Vereinheitlichung und Zentralisierung aller Machtbefugnisse öffentlicher Institutionen in den Jahren 1933/34 zielten. Juristisch basierten diese Maßnahmen auf der „Reichstagsbrandverordnung“ sowie dem „Gleichschaltungsgesetz“.

Die Gleichschaltungsmaßnahmen betrafen jedoch nicht allein politische Institutionen. Sie zielten grundsätzlich auf die Vereinheitlichung des gesellschaftlichen Lebens sowie auf die Etablierung der „Volksgemeinschaft“:

- Gleichschaltung der Länder (Gleichschaltungsgesetze vom 31. März und 7. April 1933). Durch diese Gesetze verloren die einzelnen Länder(-regierungen) ihre Autonomie und unterstanden fortan einem „Reichsstatthalter“ mit weitreichenden Befugnissen, zum Beispiel Robert Wagner, der als „alter Kämpfer“ der NSDAP Reichsstatthalter in Baden wurde.

Q1

Einrichtung erster Konzentrationslager
Bereits ab Anfang März 1933 wurden improvisierte Konzentrationslager eingerichtet. Willkürlich verhaftet und eingesperrt wurden beispielsweise oppositionelle Politiker oder kritische Medienvertreter. Das Foto zeigt eine Szene im KZ Oranienburg im August 1933. Abgebildet sind von links nach rechts die Häftlinge Ernst Heilmann, Friedrich Ebert (Sohn des früheren Reichspräsidenten), Alfred Braun, Heinrich Giesecke, Hans Flesch und Kurt Magnus.

Die Nationalsozialisten verboten Swing und Jazz als vermeintlich schädlichen kulturellen Einfluss.
Plakat in Anlehnung an die NS-Ausstellung „Entartete Kunst" (1938)

- Mit dem „Gesetz zur Wiederherstellung des Berufsbeamtentums" vom 7. April 1933 wurden unliebsame Beamte – besonders Kommunisten, Sozialdemokraten und Juden – aus dem öffentlichen Dienst entlassen.
- Im Mai 1933 kam es zur Zerschlagung der Gewerkschaften, deren Vermögen geraubt und deren Mitglieder zwangsweise in die am 10. Mai 1933 neu gegründete Deutsche Arbeitsfront (DAF) eingegliedert wurden.
- Zerschlagung der Parteienlandschaft: Am 22. Juni 1933 wurde nach der KPD auch die SPD verboten. Die meisten SPD-Funktionäre flohen ins Ausland. Alle anderen Parteien lösten sich kurz darauf selbst auf. Mit dem „Gesetz gegen die Neubildung von Parteien" vom 14. Juli 1933 wurde die NSDAP als einzig legitime Partei Deutschlands festgelegt.
- Die Gleichschaltung von Kunst, Kultur und Journalismus wurde mit dem „Reichskulturkammergesetz" vom 22. September 1933 angestrebt, das alle Kulturschaffenden und Künstler in Deutschland dazu zwang, Mitglied der Reichskulturkammer oder einer ihrer Unterorganisationen zu sein. Zur Aufnahme war allerdings ein Ariernachweis vonnöten, sodass jüdische Deutsche nach und nach aus allen offiziellen Kulturorganisationen gedrängt wurden. Dieses Berufsverbot betraf auch Künstler, die nach Meinung der Nationalsozialisten „entartete Kunst" herstellten und regimekritisch eingestellt waren. Kritische Intendanten der zunehmend einflussreichen Radioanstalten wurden abgesetzt und verhaftet.

Zweite Phase der Machtsicherung: „Röhm-Putsch" und Tod Hindenburgs

Der Historiker Karl Dietrich Bracher unterscheidet zwei Phasen der „Machtergreifung". Die erste Phase dauerte etwa bis zum Sommer 1933 und zielte auf die Zerstörung der politischen Opposition. Die zweite Phase dagegen richtete sich auf die Reichswehr, den Reichspräsidenten sowie die **SA**. Insbesondere die SA hatte in den wenigen Monaten nach der Machtergreifung an enormer Macht gewonnen. Sie zielte unter der Leitung von Ernst Röhm auf eine „zweite Revolution", eine „Volksmiliz" und die Unterordnung der Reichswehr. Diesen Forderungen wollte Hitler nicht nachkommen, weil er damit um die Loyalität des Militärs sowie der Großindustriellen hätte bangen müssen. So wurden am 30. Juni 1934 mithilfe der Wehrmacht die gesamte SA-Führung, darunter Röhm, zwei ehemalige Reichswehrgeneräle und Vertreter des linken, antikapitalistischen Parteiflügels wie Gregor Strasser, durch die **SS** ermordet. Diese Aktion wurde mit einem angeblichen Putsch-Versuch Röhms gerechtfertigt. Schließlich blieb nur noch der alternde und kränkelnde Hindenburg als Bedrohung für den neuen NS-Staat übrig. Einen Tag vor dessen Tod schaffte die NS-Führung per Gesetz am 1. August 1934 das Amt des Reichspräsidenten ab und vereinigte dessen Befugnisse mit jenen des Reichskanzlers auf die Position des „Führers" des Deutschen Reichs. Damit zerschlugen sich alle Hoffnungen der Nationalkonservativen, doch noch an die Macht zu gelangen.

SA (Schutzabteilung)
Paramilitärische Kampftruppe der NSDAP, die zur Absicherung von Parteiveranstaltungen oder zu Straßenkämpfen im Wahlkampf vorgesehen war. 1933 wurde sie – mittlerweile 400 000 Mann stark – zeitweise als „Hilfspolizei" zur Verfolgung polit. Gegner eingesetzt. 1934 ließ die NSDAP-Spitze die SA-Führung liquidieren.

SS (Schutzstaffel)
1925 als Leibgarde Hitlers gegründet, wurde sie später als parteiinterne Polizei verwendet. Sie verübte u. a. politische Morde, betrieb ab 1934 die dt. Konzentrations- bzw. ab 1941 die Vernichtungslager.

Schwacher Diktator oder charismatischer Führer?

War damit Hitler als „Führer" ein alleiniger, vielleicht sogar allmächtiger Herrscher im NS-Staat? Ganz so einfach verhielt es sich nicht. Über die Rolle des „Führers" für das nationalsozialistische Herrschaftssystem wird unter Historikern bis heute gestritten.

Einige Historiker vertreten die Ansicht, Hitler sei „ein schwacher Diktator" (Hans Mommsen) gewesen. Sie begründen dies damit, dass sich Hitler regelmäßig entscheidungsunwillig gezeigt und sich aus vielen Entscheidungsprozessen gänzlich herausgehalten habe. Wenn er jedoch eine Entscheidung traf, dann geschah dies immer zugunsten der mächtigen Gauleiter, von deren Unterstützung auch er abhängig war. Darüber hinaus lasse sich in Bezug auf den Nationalsozialismus kaum von einem hierarchisch gegliederten Staat sprechen, an deren Spitze der „Führer" stand. Vielmehr habe eine „Polykratie" geherrscht, ein undurchdringbares Netz aus unterschiedlichen Macht- und Interessensverhältnissen. Die unklare Machtverteilung habe zu chaotischen Verhältnissen im NS-Herrschaftssystem geführt.

Auf der anderen Seite gibt es Historiker, die der Ansicht sind, dass der Nationalsozialismus ohne die besondere Rolle Hitlers gar nicht denkbar gewesen sei und deswegen auch von einem „Hitlerismus" gesprochen werden könne. Sie betonen dabei die enorme Macht, die Hitler als „Führer" bündelte, und gehen davon aus, dass seine Zurückhaltung bei vielen Entscheidungsprozessen nicht von Schwäche herrührte. Vielmehr habe sich Hitler durch seine teilweise Zurücknahme aus parteiinternem Gezänk als unantastbare, über allen Streitereien stehende Schlichtungsinstanz inszeniert. Nicht zuletzt habe Hitler aufgrund seiner charismatischen Wirkung auf das deutsche Volk eine Sonderstellung eingenommen. Ohne diese charismatische Anziehungskraft Hitlers sei der Aufstieg und Machterhalt der Nationalsozialisten gar nicht zu erklären.

A Maßnahmen der Machtsicherung und Gleichschaltung

Q2

Die „Reichstagsbrandverordnung" vom 28. Februar 1933

Am 27. Februar 1933 brannte das Reichstagsgebäude. Die Regierung erklärte den Brand zum Versuch eines kommunistischen Aufstands. Bereits am 28. Februar wurde die „Verordnung des Reichspräsidenten zum Schutz von Volk und Staat" erlassen, der erste gesetzliche Schritt zur Errichtung der NS-Diktatur:

Aufgrund des Artikels 48 Absatz 2 der Reichsverfassung wird zur Abwehr kommunistischer staatsgefährdender Gewaltakte Folgendes verordnet:

§ 1 Die Artikel 114, 115, 117, 118, 123, 124 und 153 der Verfassung des Deutschen Reichs werden bis auf Weiteres außer Kraft gesetzt. Es sind daher Beschränkungen der persönlichen Freiheit, des Rechts der freien Meinungsäußerung, einschließlich der Pressefreiheit, des Vereins- und Versammlungsrechts, Eingriffe in das Brief-, Post-, Telegrafen- und Fernsprechgeheimnis, Anordnungen von Haussuchungen und von Beschlagnahmen sowie Beschränkungen des Eigentums auch außerhalb der sonst hierfür bestimmten gesetzlichen Grenzen zulässig.

§ 2 Werden in einem Lande die zur Wiederherstellung der öffentlichen Sicherheit und Ordnung nötigen Maßnahmen nicht getroffen, so kann die Reichsregierung insoweit die Befugnisse der obersten Landesbehörde vorübergehend wahrnehmen. […]

§ 5 Mit dem Tode sind die Verbrechen zu bestrafen, die das Strafgesetzbuch in den Paragrafen 81 (Hochverrat), 229 (Giftbeibringung), 307 (Brandstiftung), 311 (Explosion), 312 (Überschwemmung), 315 Abs. 2 (Beschädigung von Eisenbahnanlagen), 324 (gemeingefährliche Vergiftung) mit lebenslangem Zuchthaus bedroht.

Mit dem Tode oder […] mit lebenslangem Zuchthaus oder mit Zuchthaus bis zu 15 Jahren wird bestraft:

1. wer es unternimmt, den Reichspräsidenten oder ein Mitglied oder einen Kommissar der Reichsregierung oder einer Landesregierung zu töten oder wer zu einer solchen Tötung auffordert […];

2. wer in den Fällen des § 115 Absatz 2 des Strafgesetzbuchs (schwerer Aufruhr) oder des § 125 Absatz 2 des Strafgesetzbuchs (schwerer Landfriedensbruch) die Tat mit Waffen oder in bewusstem und gewolltem Zusammenwirken mit einem Bewaffneten begeht; […]

Wolfgang Lautemann/Manfred Schlenke (Hrsg.): Geschichte in Quellen. Bd. 5: Weltkriege und Revolutionen 1914 – 1945. Bearb. v. Günter Schönbrunn. Bayerischer Schulbuchverlag, München 1970, S. 278 f.

Q3

NSDAP-Wahlplakat (März 1933)

Q4

Das „Ermächtigungsgesetz"

Aus dem sogenannten „Gesetz zur Behebung der Not von Volk und Staat" vom 24. März 1933:

Artikel 1. Reichsgesetze können außer in dem in der Reichsverfassung vorgesehenen Verfahren auch durch die Reichsregierung beschlossen werden. […]

Artikel 2. Die von der Reichsregierung beschlossenen Reichsgesetze können von der Reichsverfassung abweichen, soweit sie nicht die Einrichtung des Reichstags und des Reichsrats als solche zum Gegenstand haben. Die Rechte des Reichspräsidenten bleiben unberührt.

Artikel 3. Die von der Reichsregierung beschlossenen Reichsgesetze werden vom Reichskanzler ausgefertigt und im Reichsgesetzblatt verkündet. […]

Aus: Dokumente der Deutschen Politik und Geschichte von 1848 bis zur Gegenwart, Bd. IV: Die Zeit der nationalsozialistischen Diktatur 1933–1945. Aufbau und Entwicklung 1933–1938. Giersch & Co., Berlin/München o. J., S. 40.

Q5

Die Gleichschaltung der Beamten

Auszüge aus dem „Gesetz zur Wiederherstellung des Berufsbeamtentums" vom 7. April 1933:

§ 1. (1) Zur Wiederherstellung eines nationalen Berufsbeamtentums und zur Vereinfachung der Verwaltung können Beamte nach Maßgabe der folgenden Bestimmungen aus dem Amt entlassen werden, auch wenn die nach dem geltenden Recht hierfür erforderlichen Voraussetzungen nicht vorliegen. [...]

§ 2. (1) Beamte, die seit dem 9. November 1918 in das Beamtenverhältnis eingetreten sind, ohne die für ihre Laufbahn vorgeschriebene oder übliche Vorbildung oder sonstige Eignung zu besitzen, sind aus dem Dienste zu entlassen. [...]

§ 3 (1) Beamte, die nicht arischer Abstammung sind, sind in den Ruhestand (§§ 8 ff.) zu versetzen, soweit es sich um Ehrenbeamte handelt, sind sie aus dem Amtsverhältnis zu entlassen. [...]

§ 4. Beamte, die nach ihrer bisherigen politischen Betätigung nicht die Gewähr dafür bieten, dass sie jederzeit rückhaltlos für den nationalen Staat eintreten, können aus dem Dienst entlassen werden. [...]

§ 7. (1) Die Entlassung aus dem Amte, die Versetzung in ein anderes Amt und die Versetzung in den Ruhestand wird durch die oberste Reichs- oder Landesbehörde ausgesprochen, die endgültig unter Ausschluss des Rechtsweges entscheidet.

Werner Conze: Der Nationalsozialismus I. 1919–1934 (= Quellen- und Arbeitshefte zur Geschichte und Politik). Klett, Stuttgart 1972, S. 71.

Q6

Verbot der SPD

Am 22. Juni 1933 gab der Reichsminister des Innern bekannt:

Die Vorgänge der letzten Zeit haben den unumstößlichen Beweis dafür geliefert, dass die deutsche Sozialdemokratie vor hoch- und landesverräterischen Unternehmungen gegen Deutschland und seine rechtmäßige Regierung nicht zurückschreckt. [...] Dies alles zwingt zu dem Schluss, die Sozialdemokratische Partei Deutschlands als eine staats- und volksfeindliche Partei anzusehen, die keine andere Behandlung mehr beanspruchen kann, wie sie der Kommunistischen Partei gegenüber angewandt worden ist. [...] Insbesondere sollen sämtliche Mitglieder der SPD, die heute noch den Volksvertretungen angehören, von der weiteren Ausübung ihrer Mandate sofort ausgeschlossen werden. [...] Der Sozialdemokratie kann auch nicht mehr die Möglichkeit gewährt werden, sich in irgendeiner Form propagandistisch zu betätigen. Versammlungen der Sozialdemokratischen Partei sowie ihrer Hilfs- und Ersatzorganisationen werden nicht mehr erlaubt werden. Ebenso dürfen sozialdemokratische Zeitungen und Zeitschriften nicht mehr herausgegeben werden. Das Vermögen der Sozialdemokratischen Partei und ihrer Hilfs- und Ersatzorganisationen wird, soweit es nicht bereits in Verbindung mit der Auflösung der freien Gewerkschaften sichergestellt worden ist, beschlagnahmt. Mit dem landesverräterischen Charakter der Sozialdemokratischen Partei ist die weitere Zugehörigkeit von Beamten, Angestellten und Arbeitern, die aus öffentlichen Mitteln Gehalt, Lohn oder Ruhegeld beziehen, zu dieser Partei selbstverständlich unvereinbar.

Werner Conze: Der Nationalsozialismus I. 1919–1934 (= Quellen- und Arbeitshefte zur Geschichte und Politik). Klett, Stuttgart 1972, S. 71.

B Handlungsspielräume und Reaktionen deutscher Bürger 1933/34

Q7

Methoden der SA

Der Berliner Gerichtsreferendar und spätere Autor Sebastian Haffner beschreibt in seiner autobiografischen Erzählung „Geschichte eines Deutschen" seine erste persönliche Begegnung mit den Nationalsozialisten am 31. März 1933. Während er in der Bibliothek des Kammergerichts sitzt, stürmten plötzlich einige SA-Männer in den Raum:

Auf einmal saß alles aufgeschreckt da, mit dem Ausdruck gespannten Horchens. [...] Draußen in den Gängen hörte man Getrappel, [...] dann fernes unentwirrbares Getöse, Rufen, Türenschlagen. Ein paar standen auf, gingen zur Tür, öffneten sie, spähten hinaus und kamen zurück. Ein paar traten zu den Wachtmeistern und sprachen mit ihnen, immer noch gedämpft – in diesem Raum durfte nur gedämpft gesprochen werden. Draußen der Lärm wurde stärker. Einer sagte in die vorhaltende Stille hinein: „SA". Darauf sagte ein anderer, mit nicht besonders erhobener Stimme: „Die schmeißen die Juden raus", und zwei oder drei Leute lachten dazu. Dieses Lachen war im Augenblick erschreckender als der Vorgang selbst: Es ließ blitzhaft daran denken, dass ja auch in diesem Raum, wie sonderbar, Nazis saßen. [...] Inzwischen erschienen die Eindringlinge auch bei uns. Die Tür wurde aufgerissen, braune Uniformen quollen herein, und einer, offenbar der Anführer, rief mit schallender, strammer Ausruferstimme: „Nichtarier haben sofort das Lokal zu verlassen!" [...] Wieder antwortete einer, offenbar derselbe wie vorhin: „Sind schon raus." Unsere Wachtmeister standen in einer Haltung da, als wollten sie die Hand an die Mütze legen. Mir schlug das Herz. Was konnte man tun, wie wahrte man seine Haltung? Ignorieren, sich gar nicht stören lassen! Ich senkte mich auf mein Aktenstück. Ich las mechanisch irgendwelche Sätze […]. In dem kam eine braune Uniform auf mich zu und machte Front vor mir: „Sind Sie arisch?“ Ehe ich mich besinnen konnte, hatte ich geantwortet: „Ja.“ Ein prüfender Blick auf meine Nase – und er retirierte [zog sich zurück]. Mir aber schoss das Blut ins Gesicht. Ich empfand, einen Augenblick zu spät, die Blamage, die Niederlage. Ich hatte „ja“ gesagt! Nun ja, ich war ein „Arier“, in Gottes Namen. Ich hatte nicht gelogen. Ich hatte nur viel Schlimmeres geschehen lassen. Welche Demütigung, Unbefugten auf Befragen pünktlich zu erklären, ich sei arisch – worauf ich übrigens keinen Wert legte. Welche Schande, damit zu erkaufen, dass ich hier hinter meinem Aktenstück in Frieden gelassen würde! […] Versagt in der ersten Prüfung! Ich hätte mich ohrfeigen können!

Sebastian Haffner: Geschichte eines Deutschen. Die Erinnerungen 1914–1933. Deutsche Verlags-Anstalt, Stuttgart 2000, S. 144–148.

C Der Tag von Potsdam

Q 8

Inszenierung der Machtübertragung

Der „Tag von Potsdam“ (21. März 1933) gilt als Paradebeispiel gelungener NS-Propaganda. Dabei entstand das Foto Hitlers und Hindenburgs zufällig in einer eher unwichtigen Situation (bei der Verabschiedung). Goebbels hatte im Vorfeld große Sorge, von der Symbolik der Nationalkonservativen erdrückt zu werden. Allerdings ohne Grund: Die Zuschauer feierten den Tag als Versöhnung von Tradition und Zukunft und Hindenburg verlor alle Zweifel über Hitlers Kanzlerschaft.

Arbeitsvorschläge

Arbeitsvorschläge zum darstellenden Teil

MK **1.** Erstellen Sie mithilfe des Darstellungstextes einen Zeitstrahl zum Thema „Machtübernahme der NS 1933/34". Ziehen Sie für diese Zeitleiste auch weitere Informationsquellen (zum Beispiel Lexika, Internet) zurate. [I] ○

2. Recherchieren Sie arbeitsteilig über die auf dem Foto Q 1 als Inhaftierte abgebildeten Personen sowie zum Thema „Reichs-Rundfunk-Prozess". Stellen Sie an einem der abgebildeten Personen den Hintergrund für dessen Festnahme und seinen weiteren Lebenslauf dar. [II]

A Maßnahmen der Machtsicherung und Gleichschaltung

3. Erläutern Sie mithilfe von Q 2 und Q 4 wie die Nationalsozialisten ihre Macht juristisch festigten. [II]

4. Analysieren Sie Q 5 und Q 6 insbesondere im Hinblick darauf, welche Maßnahmen zur „Gleichschaltung" der Gesellschaft getroffen wurden. [II]

5. Beurteilen Sie die Bedeutung der getroffenen Maßnahmen und erlassenen Gesetze. Klären Sie dabei auch, welche Veränderungen diese herbeiführten und wem sie nützten bzw. schadeten. [III]

B Handlungsspielräume und Reaktionen deutscher Bürger 1933/34

6. Analysieren Sie die Quelle Q 7. Überlegen Sie auch, welche Alternative der junge Gerichtsreferendar Sebastian Haffner gehabt hätte (mit welchen Konsequenzen). [II] ●

7. Bewerten Sie Verhalten und Denkweise von Sebastian Haffner (Q 7). [III]

8. Diskutieren Sie, inwieweit die Reaktion von Sebastian Haffner „richtig" oder „falsch", nachvollziehbar oder nicht nachvollziehbar ist. [III]

C Der Tag von Potsdam

9. Erläutern Sie, welche Wirkungen die Fotografie (Q 8) vermutlich bei den Zeitgenossen hervorrief. [II]

10. Recherchieren Sie Hintergrundinformationen zum „Tag von Potsdam" sowie zu der Fotografie und stellen Sie ihre gesammelten Erkenntnisse in einem Kurzreferat vor. [II] ○

11. Der Historiker Martin Sabrow schreibt:
„Der Tag von Potsdam wurde zu einem machtpolitischen Erfolg des NS-Regimes (...). Am 21. März zerbrach das konservative Zähmungskonzept, gerade weil es sich so eindrucksvoll bewährt zu haben schien."
Erklären und diskutieren Sie diese Aussage vor dem Hintergrund Ihrer Erkenntnisse. [II/III]

Übergreifende Arbeitsvorschläge

12. Diskutieren Sie anhand des Darstellungstextes sowie der Materialien des Kapitels, ob die Zeit 1933/34 als eine „Machtergreifung" oder eine „Machtübertragung" bezeichnet werden sollte. [III] ●

MK **13.** Informieren Sie sich über das Leben eines der langjährigen NS-Gauleiter wie Robert Wagner (Baden) oder Reichsstatthalter von Württemberg Wilhelm Murr. Stellen Sie deren Person in einer Präsentation unter einer selbstgewählten Fragestellung dar. Begründen Sie dabei die von Ihnen gewählte Problematisierung. [III] ○

14. Die Gleichschaltung und Vereinnahmung durch das NS-Regime betraf auch den Sport. Informieren Sie sich am Beispiel des DFB oder eines Fußballvereins wie beispielsweise dem VfB Stuttgart, wie sich dieser gegenüber dem Druck bzgl. Gleichschaltung oder Arisierung verhielt. Stellen Sie Ihre Ergebnisse in einem Referat vor. [I] ○

Online- und Differenzierungsmaterialien zu Kapitel 2.6
○ Arbeitshilfen zu den Aufgaben 1, 10, 13 und 14
● Vertiefungsangebote zu den Aufgaben 6 und 12

Online-Code: 8sq3xa

E Erweiterungsband Kapitel 2.8, S. 140–147

2.7 Herrschaftspraxis des Nationalsozialismus – Kombination aus Gemeinschaftsgefühl und Terror?

Im November 1932 war die NSDAP bei einer Wahlbeteiligung von 80,6% von 33,1% der Wahlberechtigten gewählt worden. Damit bekam sie zwei Millionen Stimmen weniger als bei der vorherigen Wahl. Sie war somit nicht die unbestrittene politische Führungskraft. Wie konnten die Nationalsozialisten ihre Herrschaft trotzdem so schnell und so umfassend etablieren?

Das NS-Machtsystem: nur ein Terror- und Überwachungsstaat?

Wie kam es dazu, dass die Nationalsozialisten innerhalb kürzester Zeit ihre Herrschaft ausbauen und festigen konnten? Was war mit jener Hälfte der Wähler, die noch im März 1933 gegen sie und ihre deutschnationalen Koalitionspartner stimmten? Auf den ersten Blick liegt es nahe, diese Fragen mit der terroristischen Herrschaftspraxis und der damit einhergehenden Einschüchterung der Bevölkerung zu erklären. Mit der **SA** und der **SS** verfügten die Nationalsozialisten über zwei paramilitärische Verbünde. Insbesondere die SA hatte bis zu ihrer Entmachtung Mitte 1934 eine enorme Bedeutung bei der Verbreitung von **Terror** zur Einschüchterung jeglicher Opposition. Sie postierten sich während der Wahl am 5. März 1933 in den Wahllokalen und sie positionierten sich mit antisemitischen Aufrufen während des Judenboykotts vom 1. April 1933 vor den jüdischen Geschäften. Die SS wurde nach der Entmachtung der SA zur wichtigsten paramilitärischen Institution der Nationalsozialisten und übernahm ab 1934 die Leitung der **Konzentrationslager**.

Konzentrationslager (KZ)
zusätzlich zu Gefängnissen 1933 eingerichtete Inhaftierungsstätten für vermeintliche oder tatsächliche politische Gegner der NSDAP

Wissen über die brutale Internierungspraxis in den bereits ab Frühjahr 1933 eingerichteten Lagern, wie dem KZ Kislau beim badischen Mingolsheim oder dem KZ Oberer Kuhberg bei Ulm, drang immer wieder an die Öffentlichkeit und wurde von den Nationalsozialisten auch zur Einschüchterung der politische Opposition eingesetzt. Allein im Februar und März 1933 wurden schätzungsweise 100 000 Menschen interniert, viele davon wurden misshandelt. Hinzu kam die im Laufe des Jahres 1933 gegründete Geheime Staatspolizei (Gestapo). Diese diente in erster Linie der Infiltration und Bekämpfung des organisierten politischen Widerstands. Zudem fertigte die Gestapo bis 1936 regelmäßige Lageberichte über die Stimmung in der deutschen Bevölkerung an, um kritische Meinungen frühzeitig erkennen und dagegen vorgehen zu können. Insgesamt stellt die Vorstellung eines „totalen Überwachungsstaats“ jedoch einen Mythos dar, der auch durch die nationalsozialistische Propaganda selbst inszeniert wurde. Der Apparat der Gestapo war zu klein für eine „totale“ Überwachung. Deshalb riefen die staatlichen Institutionen die Bevölkerung zur Mithilfe auf: Zahlreiche Menschen folgten öffentlichen Aufrufen, Oppositionelle bei der Polizei zu denunzieren. Gerade dieses Beispiel zeigt: Das Bild eines terroristischen Herrschaftssystems auf der einen und einer unterdrückten Bevölkerung auf der anderen Seite, kann Aufstieg und Machtetablierung der Nationalsozialisten allein nicht erklären. Sie vertraten stattdessen ein politisches Ordnungsmodell, das vor und nach 1933 für viele Menschen eine attraktive Alternative zur demokratischen Verfassung der Weimarer Republik darstellte und zumindest von einem Teil der Bevölkerung unterstützt wurde. Viele Deutsche erhofften sich von den Nationalsozialisten ein Ende des „Parteiengezänks“ und den Aufbau eines „einheitlichen, wiedererstarkten Deutschlands“: einer „deutschen Volksgemeinschaft“.

→ Kapitel 2.5, S. 152

Die „NS-Volksgemeinschaft": Politik der Gleichheit unter „rassisch Gleichen"?

Die „Volksgemeinschaft" war in den Vorstellungen der Nationalsozialisten eine „rassebiologisch" begründete „Abstammungsgemeinschaft", der man – so die Nationalsozialisten – nur qua Geburt und nicht etwa durch Verleihung einer Staatsangehörigkeit zugehören konnte. In seiner öffentlichen Inszenierung tat das nationalsozialistische Regime alles dafür, diese „rassische Gemeinschaft" unter dem NS-Staat als reale Einheit darzustellen. Für ihre Opfer bedeutete diese Ideologie Angst, Ausgrenzung, Verfolgung und Lebensgefahr. Als „arisch" geltende Deutsche, die die nationalsozialistische Ideologie öffentlich nicht hinterfragten, profitierten allerdings durchaus von Initiativen und Programmen, die sie für die „Volksgemeinschaft" gewinnen sollten:

- „Kraft durch Freude" (KdF): Das von der Deutschen Arbeitsfront (DAF) nach einem italienischen Vorbild organisierte Programm sollte geringer verdienenden Deutschen vor allem aus der Arbeiterschaft subventionierte Kurzurlaube im In- und Ausland ermöglichen. Diese erfreuten sich großer Beliebtheit: Schon 1935 nahmen zirka 5,7 Millionen Menschen an solchen Kurzfahrten im Inland teil. Die besonders propagandaträchtigen KdF-Kreuzfahrten blieben dabei trotz Subventionierung für Arbeiter meist unerschwinglich.
- „NS-Volkswohlfahrt" (NSV): Die Organisation setzte sich öffentlichkeitswirksam mit ergiebigen, reichsweiten Spendenaktionen, mit „Eintopfsonntagen" oder der Einrichtung von Kindertagesstätten in Szene.
- Jugendorganisationen: Großen Wert legten die Nationalsozialisten auf die einheitliche Erziehung und Indoktrination der Jugend. Die Hitler-Jugend (HJ) und der Bund Deutscher Mädel (BDM) bot Jugendlichen zwischen 10 und 18 Jahren mit Zeltlagerfahrten und großen Feiern „Gemeinschaftserlebnisse". Wer allerdings an einer alternativen Jugendkultur festhielt, musste mit schwersten Repressalien rechnen.
- Soziale Mobilität: Für bestimmte Bevölkerungsgruppen ergaben sich im Nationalsozialismus ganz neue Aufstiegsmöglichkeiten. Insbesondere in der boomenden Rüstungsindustrie, im Verwaltungsapparat der NSDAP sowie während des Zweiten Weltkrieges im Militär war mitunter ein schneller gesellschaftlicher Aufstieg möglich.

Treuedienst-Ehrenzeichen (1938)
plakative Ehrung von Mitgliedern der Volksgemeinschaft: Dienstauszeichnung für Beamte, Angestellte und Arbeiter des Öffentlichen Dienstes anlässlich einer 25- oder 40-jährigen Arbeitszeit

Beschwören eines „nationalsozialistischen Wirtschaftswunders" – NS-Politik als Kriegsvorbereitung

Der äußere Schein der „Politik für das Volk" trog allerdings. Die NS-Gesellschaftspolitik war in allen Bereichen auf die „geistige" wie materielle Aufrüstung für den Krieg ausgerichtet. Die Einführung von Urlaub und organisierten Kurzfahrten für die Arbeiterschaft begründete die NS-Führung inoffiziell damit, dass ein „nervenstarkes Volk" für den Krieg gebraucht werde. Auch die militarisierten Jugendorganisationen dienten der Kriegsvorbereitung. Und die Überschüsse der Sammelaktionen der NS-Volkswohlfahrt wurden in die Rüstungsindustrie investiert. Schaut man auf die statistischen Zahlen, stieg die Kluft zwischen Arm und Reich unter der NS-Herrschaft an. Trotz der abnehmenden Arbeitslosenquote sank der private Konsum der Vorkriegsjahre im Vergleich zu den letzten Jahren der Weimarer Republik. Das lag vor allem daran, dass die Konsumgüterproduktion zugunsten der militärischen Aufrüstung vernachlässigt und die Löhne von Arbeitern trotz erhöhter Wochenstundenzahl nicht angehoben wurden.

Die forcierte Aufrüstungspolitik ließ die Verschuldung des Reiches emporschnellen, wurde aber bereitwillig von großen Konzernen wie den **Vereinigten Stahlwerken** oder der **I. G. Farben** ermöglicht. So zählten Letztere nach 1933 zu den wichtigsten Sponsoren der NSDAP. Die I. G. Farben hatten seit 1926 beträchtlich in die Entwicklung synthetischen Benzins investiert, das aber nach Erdölfunden in Arabien auf dem Weltmarkt zu teuer war. Ende November 1932 hatte die Konzernleitung von der NSDAP-Führung die Zusage bekommen, dass eine zukünftige NS-Regierung die Herstellung des synthetischen Benzins mit staatlichen Mitteln unterstützen würde. Tatsächlich erhielt der I. G. Farben-Konzern 1933 einen Vertrag über die vollständige Treibstoffversorgung der deutschen Streitkräfte. Ohne die zuneh-

Vereinigte Stahlwerke
1926 gegründetes Kartell der wichtigsten Eisen-, Stahl- und Bergwerksunternehmen in Deutschland. Zeitweise stiegen die Vereinigten Stahlwerke zum zweitgrößten Stahlunternehmen der Welt auf. Es unterstützte seit 1932 die NSDAP.

I. G. Farben
Zusammenschluss der größten dt. Chemieunternehmen 1925 mit Sitz in Frankfurt/M. 1933–1945 arbeitete die I. G. Farben AG sehr eng mit dem NS-Regime zusammen.

mende Umstellung der I. G. Farben-Forschung und Produktion zugunsten kriegsrelevanter chemischer Produkte (wie synthetische Treibstoffe, Ersatzmaterialien für Naturkautschuk und die Grundbestandteile für Sprengstoffe) hätte Deutschland 1939 nicht die Voraussetzungen gehabt, um einen mehrjährigen Krieg zu führen.
Natürlich blieb diese Entwicklung auch im Land nicht verborgen. Allerdings war den meisten Deutschen zunächst wichtig, dass die Arbeitsplätze erhalten und neue geschaffen wurden, um nach den Jahren wirtschaftlicher Unsicherheit eine verlässliche Lebensgrundlage zu haben. Bereits seit den 1920er-Jahren war in Großbritannien durch den Ökonomen John Maynard Keynes die Forderung nach staatlichen Arbeitsbeschaffungsprogrammen zur Bekämpfung von Arbeitslosigkeit erhoben worden. Sowohl marxistische Ökonomen als auch Zentrumspolitiker wie Heinrich Brüning bezweifelten deren Wirksamkeit. Die NS-Regierung führte 1935 unter Bruch des Versailler Vertrages die Wehrpflicht und einen halbjährigen Reichsarbeitsdienst (RAD) ein. Im RAD wurde die männliche Jugend besonders im Straßenbau sowie in der Forst- und Landwirtschaft eingesetzt. Die Arbeitsbeschaffungsprogramme in Deutschland besaßen in erster Linie propagandistischen Charakter. Der volkswirtschaftliche Nutzen war, da die Maßnahmen durch Schulden finanziert wurden, gering.

Reichspogromnacht
Nacht vom 9. zum 10. November 1938, in der es in Deutschland zu staatlich organisierten und gelenkten Gewaltaktionen gegen jüdische Deutsche kam, von denen über 400 zu Tode kamen. Wegen der Scherben der zerschlagenen Fenster der über 1400 zerstörten jüdischen Gebäude und Geschäfte verbreitete das NS-Regime den Ausdruck „Reichskristallnacht".

Umverteilung durch „Arisierung"

Ein weiterer Baustein der nationalsozialistischen Wirtschaftspolitik war die Umverteilung von Vermögen durch die „Arisierung" jüdischer Unternehmen. Mit gesetzlichem Druck und oft gewaltsam wurden jüdische Geschäftsleute gezwungen, ihre Immobilien und Geschäfte „arischen" Teilhabern und interessierten Käufern zu übertragen und weit unter Wert zu verkaufen. Dies betraf Warenhäuser und große Bankhäuser ebenso wie kleine Geschäfte oder Kanzleien jüdischer Inhaber. Unmittelbar nach der **Reichspogromnacht** erließ die NS-Regierung am 12. November 1938 die „Verordnung zur Ausschaltung der Juden aus dem deutschen Wirtschaftsleben". Die noch verbliebenen Betriebe mit jüdischen Inhabern wurden nun zwangsaufgelöst, die Erlöse vom Staat konfisziert. Jüdische Selbstständige unterlagen fortan einem weitgehenden Berufsverbot. Viele nicht jüdische Bürger bereicherten sich an dieser Entrechtung der jüdischen Bevölkerung: Geschäftsleute konnten lästige Konkurrenz

Q1

„Kaufhaus Geschwister Knopf in arischem Besitz"
Annonce in der NSDAP-Zeitung in Baden „Der Führer" vom 22. September 1938

billig aufkaufen. Privatleute ersteigerten günstig ehemaligen Besitz von Juden, Museen erwarben Kunstwerke weit unter Wert. Auch das angebliche „Wirtschaftswunder" der Nazis entpuppt sich bei genauerer Betrachtung als Mythos. Die Arbeitslosenstatistiken waren von den Nationalsozialisten mit Tricks wie dem Ehestandsdarlehen geschönt worden. Dieses wurde nur gewährt, wenn die Frau „mit Rücksicht auf die Eheschließung" nicht berufstätig war, also aus dem Arbeitsmarkt ausschied. Eine wirkliche Vollbeschäftigung wurde nie erreicht. Durch die Aufrüstung für den Krieg nahm die Verschuldung des deutschen Staats unter der NS-Herrschaft bis 1939 ein dramatisches Ausmaß an, welches allerdings vor der Öffentlichkeit geheim gehalten wurde.

Gesellschaftspolitik im Lichte der NS-Rassetheorie

→ Q9, S. 177

Johann Wilhelm „Rukeli" Trollmann (1907–1944)
deutscher Sinto
8. Juni 1933 Deutscher Meister im Halbschwergewicht (vom Boxverband sofort wieder aberkannt),
Verlust der Boxlizenz,
1935 zwangssterilisiert,
1938 Arbeitslager Hannover-Ahlem
1939–1942 Soldat
1942–1944 KZ-Neuengamme

Die von den Nationalsozialisten verkündete „Wiedergeburt einer Nation" war ihrem Verständnis nach nur durch die Schaffung eines „neuen Menschen" zu schaffen. Die Vorstellung vom „starken, reinrassigen Arier" versuchte das Regime mithilfe einer systematischen, tief ins Privatleben der Menschen eingreifenden Geburten- und Familienpolitik zu erreichen. Die nach dem rassistischen NS-Menschenbild „erbgesunde" und „artgerechte" Familie wurde staatlich geschützt und gefördert, zum Beispiel ab 1936 durch ein Kindergeld für jedes 5. Kind einer Familie oder ein zinsfreies Ehestandsdarlehen. Solche Vorzüge erhielten allerdings nur Familien, die durch ein medizinisches Gutachten ihre „Erbgesundheit" unter Beweis gestellt hatten. Dieser barbarischen Logik zufolge, wurden Menschen aus der sozialen Unterschicht („**Asoziale**") wie Alkoholabhängige oder Obdachlose, Sinti und Roma, Juden sowie Menschen mit Behinderung interniert, sterilisiert (Gesetz zur Verhütung erbkranken Nachwuchses vom 14. Juli 1933) oder ermordet.
Diese menschenunwürdigen Maßnahmen wurden von einem Teil der Bevölkerung mitgetragen oder toleriert, da viele der betroffenen Opfergruppen bereits seit langer Zeit sozial ausgegrenzt und stigmatisiert wurden. Dazu zählten beispielsweise Sinti und Roma – oft in abwertender Absicht „Zigeuner" genannt –, die wegen ihrer häufig nomadischen Lebensweise seit dem 18. Jahrhundert zunehmend diskriminiert wurden. Gegen die Ermordung von Menschen mit Behinderung regte sich allerdings zunehmend gesellschaftlicher Widerstand, besonders aus kirchlichen Kreisen.
1936 wurde die Gestapo mit der deutschen Kriminalpolizei zusammengeführt und Heinrich Himmler als Leiter der Gestapo neuer Polizeichef. Die Polizei vollzog nun auch die Inhaftierung von „Gemeinschaftsfremden", die nicht als Teile der „Volksgemeinschaft" angesehen wurden. Das „Blutschutzgesetz" von 1935 verbot den Geschlechtsverkehr zwischen „Ariern" und „Juden" („Rassenschande"). Im Oktober 1939 gab Hitler den Auftrag für die „Aktion T4". Diese erlaubte die systematische Erfassung und Tötung von Patienten aus deutschen Heilanstalten in „Euthanasie-Anstalten" wie dem Schloss Grafeneck in Württemberg. Historikerinnen und Historiker nehmen an, dass der Euthanasie-Politik geschätzt zwischen 200 000 und 300 000 Menschen zum Opfer fielen.

A Überwindung der sozialen Gegensätze durch „Einheit von Oben"?

D1

Der Traum vom „Volksreich"

Der deutsche Historiker Götz Aly beschreibt 2006, warum das nationalsozialistische Regime für eine Mehrheit der jungen Deutschen attraktiv schien:

Wie alle Revolutionäre erzeugten die überaus jungen Gefolgsleute der NS-Bewegung die Aura des Jetzt-oder-nie. Zum Zeitpunkt der Machtübernahme 1933 war Joseph Goebbels 35 Jahre alt, Reinhard Heydrich 28, Albert Speer 27, Adolf Eichmann 26, Josef Mengele 21, Heinrich Himmler und Hans Frank waren 32. Hermann Göring – einer der Älteren – hatte gerade den 40. Geburtstag gefeiert. Noch mitten im Krieg konnte Goebbels […] feststellen: „Danach beträgt das Durchschnittsalter der führenden Persönlichkeiten auch in der mittleren Schicht der Partei 34 und innerhalb des Staates 44. Man kann also in der Tat davon sprechen, dass Deutschland heute von seiner Jugend geführt wird." […]
Für die Mehrzahl der jungen Deutschen bedeutete der Nationalsozialismus nicht Diktatur, Redeverbot und Unterdrückung, sondern Freiheit und Abenteuer. Sie sahen darin eine Verlängerung der Jugendbewegung, ein körperliches und geistiges Antiaging-Programm. Die tonangebenden 20–30-Jährigen erhoben sich 1935 verächtlich über die Kleingeister. Sie sahen sich als moderne, antiindividualistische Tatmenschen. Sie belächelten des „Spießers Sorgen – denn uns gehört das große Morgen". Im Januar 1940 wähnten sie sich vor der „großen Schlacht", von der sie annahmen „… gleich wer fällt, so wird dieses Land einer glücklichen, großen Zukunft entgegengehen", um noch Anfang März 1944 – trotz aller mittlerweile erlebten Schrecken – „zum Endspurt dieses Krieges" anzusetzen.

Götz Aly: Hitlers Volksstaat. Raub, Rassenkrieg und nationaler Sozialismus. Fischer Verlag, Frankfurt a. M. 2006, S. 12.

Q2

Hedonismus statt Heroismus?

Robert Ley, Leiter der DAF, äußert sich zum Jahrestag der NS-Freizeitorganisation „Kraft durch Freude" am 27. November 1934:

[…] Der Führer war es, der auch hier, wie immer, richtungsweisend war. Er sagte: „Ich will, dass dem Arbeiter ein aus-

Q3

„Kraft durch Freunde"

Szene aus einer Veranstaltung der Partei AfD im Oktober 2019 während des Landtagswahlkampfs in Thüringen

reichender Urlaub gewährt wird und dass alles geschieht, um ihm diesen Urlaub sowie seine übrige Freizeit zu einer wahren Erholung werden zu lassen. Ich wünsche das, weil ich ein nervenstarkes Volk will, denn nur allein mit einem Volk, das seine Nerven behält, kann man wahrhaft große Politik machen." Dieser Wille des Führers war uns heiliger Befehl! [...] Die marxistischen und bürgerlichen Klassenkampfinstrumente – die alten Verbände – [...] durften wir nicht weiter bestehen lassen. Deshalb bauten wir systematisch die Organisation der Gemeinschaft der Schaffenden, Unternehmer wie Arbeiter: die Arbeitsfront. [...] Die Arbeitsfront ist der Exerzierplatz, auf dem täglich Gemeinschaft geübt wird, und „Kraft durch Freude" ist das Reglement nach dem wir exerzieren. [...]

Unser Prachtstück ist das Amt für „Reisen und Wandern". Nach Einzelmeldung der Gaue und der Meldung des Zentralamtes wurden insgesamt 2168032 Arbeiter auf Reisen geschickt, davon 1 ¾ Millionen auf Urlaubsreisen von 7–10 Tagen. [...] Durch eine vorzügliche Organisation wurden die Kosten der einzelnen Fahrten sensationell niedrig gehalten. [...] Und als Letztes sei nun der vielen tausend Veranstaltungen gedacht, die die Güter der Kultur und des Brauchtums vermittelten. [...] Allein Berlin ermöglichte 500000 Arbeitern für 70 Pfennig den Besuch des Theaters des Volkes, wo beste Kunst geboten wird. [...] Das Amt für Propaganda lässt dauernd 14 Film- und Funkzüge, die z. T. für Theater ausgerüstet sind, durch alle Gaue laufen. Im Augenblick betreuen diese die Arbeiter auf den Autobahnen und Notstandsgebieten. [...]

Wolfgang Michalka (Hrsg.): Das Dritte Reich. 2 Bde., Bd. 1. dtv, Frankfurt/M. 1985, S. 86 ff.

Q 5

Ziele der DAF

Verordnung des Führers und Reichskanzlers über Wesen und Ziel der Deutschen Arbeitsfront vom 24. Oktober 1934. Diese wurde wenige Tage nach der Zerschlagung der Gewerkschaften am 10. Mai 1933 als neue einheitliche Organisation gegründet, um „durch Bildung einer wirklichen Volks- und Leistungsgemeinschaft" die Interessen „aller schaffenden Deutschen" wahrzunehmen:

§ 1. Die Deutsche Arbeitsfront ist die Organisation der schaffenden Deutschen der Stirn und der Faust.

In ihr sind insbesondere die Angehörigen der ehemaligen Gewerkschaften, der ehemaligen Angestellten-Verbände und der ehemaligen Unternehmervereinigungen als gleichberechtigte Mitglieder zusammengeschlossen. [...]

Der Reichskanzler kann bestimmen, dass gesetzlich anerkannte ständische Organisationen der Deutschen Arbeitsfront korporativ angehören.

§ 2. Das Ziel der Deutschen Arbeitsfront ist die Bildung einer wirklichen Volks- und Leistungsgemeinschaft aller Deutschen.

Sie hat dafür zu sorgen, dass jeder Einzelne seinen Platz im wirtschaftlichen Leben der Nation in der geistigen und körperlichen Verfassung einnehmen kann, die ihn zur höchsten Leistung befähigt und damit den größten Nutzen für die Volksgemeinschaft gewährleistet.

§ 3. Die Deutsche Arbeitsfront ist eine Gliederung der NSDAP im Sinne des Gesetzes zur Sicherung der Einheit von Partei und Staat vom 1. Dezember 1933. [...]

§ 7. Die Deutsche Arbeitsfront hat den Arbeitsfrieden dadurch zu sichern, dass bei den Betriebsführern das Verständnis für die berechtigten Ansprüche ihrer Gefolgschaft, bei den Gefolgschaften das Verständnis für die Lage und die Möglichkeiten ihres Betriebes geschaffen wird.

Die Deutsche Arbeitsfront hat die Aufgabe, zwischen den berechtigten Interessen aller Beteiligten jenen Ausgleich zu finden, der den nationalsozialistischen Grundsätzen entspricht und die Anzahl der Fälle einschränkt, die den nach dem Gesetz vom 20. Januar 1934[1] zur Entscheidung allein zuständigen staatlichen Organen zu überweisen sind. [...]

Völkischer Beobachter vom 25. Oktober 1934, S. 2

1 Gesetz zur Ordnung der nationalen Arbeit

Q 4

Werbeplakat der Deutschen Arbeitsfront (1933)

Q6

„Das geht uns alle an"

Joseph Goebbels, Propagandachef der NSDAP, erläutert 1932/33 (Datum unbekannt) in einer Rundfunkrede („Appell an die Nation") seine Vorstellungen von Nationalsozialismus und Volksgemeinschaft.

Männer und Frauen!

Das deutsche Volk hat nun über fünfzehn Jahre geopfert, gekämpft, gelitten und gedarbt, und dabei ist die Nation in dumpfes Schweigen versunken. […] Das ist nun zu Ende. Die Nation steht auf, das Volk ist im Erwachen. […] In Fabriken und Werkstätten, in Kontoren und Schreibstuben, hinter dem Pflug, der durch die braunen Ackerschollen geht, und tief unter der Erde in den dunklen Schächten, wo die Hämmer und Äxte das ewige Lied der Arbeit singen, steht heute ein neues, waches Geschlecht: das deutsche Arbeitertum der Stirne und der Faust. Es hat aus der schmerz- und leidvollen Vergangenheit gelernt und will nun handeln. Die Nation ist sein Ziel, ein sozialistisches Deutschland, das seinen Kindern wieder Brot gibt und dem Volke die Ehre. Die Unwerte der liberalen Demokratie sind im Sinken, und über ihrem unausbleiblichen Sturz steigen die Werte einer neuen deutschen Aristokratie hoch. Der Adel der Arbeit und der Leistung hat sich in Marsch gesetzt auf den Staat. Es gibt nun kein Zurück mehr, nur noch ein Vorwärts.

Wir haben in der Vergangenheit oft genug unsere Stunde verpasst. Nun geben wir der Nation die letzte Trumpfkarte in die Hand. Sie wird ausgespielt werden, und dann muss es sich entscheiden, ob wir als Volk noch eine Berechtigung zum Leben haben oder sterben müssen. Das geht uns alle an: Männer und Frauen, Arbeiter, Bauern und Bürger, Studenten und Soldaten. Der Klassen- und Parteienstaat gehört der Vergangenheit an, der Volksstaat ist im Werden. Die Sache der Nation muss wieder die Sache des Volkes sein. Es gilt, die deutsche Arbeit den Klauen der internationalen Raubfinanz zu entreißen und damit dem deutschen Volk wieder Luft und Licht zum Atmen und zum Leben zu geben. Wir wollen es nicht mehr dulden, dass der deutsche Arbeiter der Proletarier der Nation ist – darum sind wir Sozialisten. Wir wollen es nicht mehr zulassen, dass die deutsche Nation der Proletarier der Welt ist – darum sind wir Nationalisten. Und weil wir in diesen beiden Aufgaben den einmaligen geschichtlichen Sinn deutscher Zukunft erblicken, der nur insgesamt gelöst werden kann, darum nennen wir uns Nationalsozialisten. Das kommende Deutschland wird diesen Stempel tragen oder aus der Reihe der anderen Völker gestrichen werden. Wohlan denn: arbeitet, kämpft, opfert, leidet und duldet! Es handelt sich um Deutschland! Wenn Deutschland stirbt, dann geht das Licht der Welt aus.

Zit. nach: Helmut Heiber (Hrsg.): Goebbels. Reden, Bd. 1: 1932–1939. Heyne, München 1978, S. 60 f.

Q7

NS-Vorstellungen eines „Neuen Volks"

Plakat für einen Kalender des Rassenpolitischen Amtes der NSDAP, 1938

Q8

Ziele der NS-„Rassenpolitik"

In einer Rede vom 7. September 1937 anlässlich des Baus des Reichsparteitagsgeländes beschreibt Hitler seine Vision vom neuen Menschen und einer neuen Nation:

Die größte Revolution aber hat Deutschland erlebt durch die in diesem Lande zum ersten Mal planmäßig in Angriff genommene Volks- und damit Rassenhygiene. Die Folgen dieser deutschen Rassenpolitik werden entscheidendere sein für die Zukunft unseres Volkes als die Auswirkung aller anderen Gesetze. Denn sie schaffen den neuen Menschen. Sie werden unser Volk davor bewahren, wie so viele geschichtliche traurige Vorbilder anderer Rassen an der Unkenntnis einer einzigen Frage das irdische Dasein für im-

mer zu verlieren. […] Was hat aber jeder Dienst an diesem Menschen für einen Wert, wenn wir das wichtigste versäumen, ihn in seinem Blute rein und unverdorben zu erhalten? Jeder anderer Fehler ist zu beheben, jeder sonstige Irrtum einmal zu korrigieren, nur was auf diesem Gebiete versäumt wird, kann sehr oft niemals mehr gutgemacht werden.
Ob aber auf diesem rassen- und damit volkshygienischen Gebiet unsere Arbeit eine fruchtbare war, können Sie wohl in diesen Tagen hier am besten selbst ermessen. […] Messen Sie nicht nur die Zahl der mehr geborenen Kinder, sondern messen Sie vor allem das Aussehen unserer Jugend.
Wie schön sind unsere Mädchen und unsere Knaben, wie leuchtend ist ihr Blick, wie gesund und frisch ihre Haltung, wie herrlich sind die Körper der Hundertausenden und Millionen, die durch unsere Organisationen geschult und gepflegt werden.
Wo gibt es heute bessere Männer, als sie hier zu sehen sind? Es ist wirklich die Wiedergeburt einer Nation eingetreten durch die bewusste Züchtung eines neuen Menschen.

Adolf Hitler: Proklamation zum Bau des Reichsparteitagsgeländes vom 7. September 1937. In: Max Domarus (Hrsg.): Reden und Proklamationen 1932–1945. Bd. 1. Süddt. Verlag, München 1965, S. 715–717, hier S. 717.

Q9

Indoktrination von Schülerinnen und Schülern

Offizieller Handzettel zur Verteilung an Schüler, 1935:

1. Sichere die Ewigkeit deines Volkes durch den Kinderreichtum deiner Familie.
2. Deutscher Mann, achte und schütze in jeder Frau die Mutter deutscher Kinder.
3. Deutsche Frau, vergiss nie deine Aufgabe, Hüterin deutscher Art zu sein.
4. Schütze deine Kinder vor dem Schicksal des Mischlings.
5. Halte das deutsche Blut rein.
6. Jeder, der nicht deutschen Blutes ist, ist fremdblütig.
7. Wahre deine Ehre und deine Art bei Begegnungen mit Volksfremden.
8. Deutsches Mädchen, deine Zurückhaltung gegenüber Volksfremden ist keine Beleidigung, im Gegenteil: Jeder anständige Ausländer wird dich deswegen besonders achten.

[…]

10. Der Schutz des eigenen Blutes bedeutet keine Verachtung anderer Völker.
11. Die Reinhaltung des Blutes liegt im Interesse aller wertvollen Rassen.
12. Die Reinhaltung des Blutes ist keine Privatangelegenheit, sondern eine selbstverständliche Pflicht jedes deutschen Menschen gegenüber seinem Volke.
13. SEI STOLZ, DASS DU EIN DEUTSCHER BIST!

Joachim Schröder: Bildung im geteilten Raum. Waxmann, Münster 2002, S. 38.

B Die Jugend als Basis des „neuen Reiches"?

Q10

Die NS-Ziele schulischen Lernens

Aus Hitlers Buch „Mein Kampf", 1925:

Der völkische Staat hat in dieser Erkenntnis seine gesamte Erziehungsarbeit in erster Linie nicht auf das Einpumpen bloßen Wissens einzustellen, sondern auf das Heranzüchten gesunder Körper. Erst in zweiter Linie kommt dann die Ausbildung der geistigen Fähigkeiten. Hier aber wieder an der Spitze die Entwicklung des Charakters, besonders die Förderung der Willens- und Entschlußkraft, verbunden mit der Erziehung zur Verantwortungsfreudigkeit, und erst als Letztes die wissenschaftliche Schulung.
Der völkische Staat muß dabei von der Voraussetzung ausgehen, daß ein zwar wissenschaftlich wenig gebildeter aber körperlich gesunder Mensch mit gutem, festem Charakter, erfüllt von Entschlußfreudigkeit und Willenskraft, für die Volksgemeinschaft wertvoller ist als ein geistreicher Schwächling. Ein Volk von Gelehrten wird, wenn diese dabei körperlich degenerierte, willensschwache und feige Pazifisten sind, den Himmel nicht erobern, ja nicht einmal auf dieser Erde sich das Dasein zu sichern vermögen. […]

Adolf Hitler, Mein Kampf. Eher, München 1925, S. 452 f.

Q11

Zum Stand der Schulreform

Besonders gefährdete Vorstandsmitglieder der SPD – damals „Sopade" genannt – gingen 1933 ins Exil. Von dort versuchten sie, Kontakte zur deutschen Arbeiterschaft aufrechtzuerhalten. Regelmäßige Berichte erörterten die Stimmung in Deutschland. In einem solchen Bericht von 1939 heißt es:

Die Schule hat sich in der Tat seit 1933 weltanschaulich umgestellt. Aus der liberalen Schule der Weimarer Republik ist die Schule als „Instrument der politischen Führung des Volkes" geworden.
„Die Grundkenntnisse der nationalsozialistischen Partei", so las man im „Deutschen Erzieher" […] „sind auch die Leitsterne unserer schulischen Erziehung, und des Führers unsterbliches Werk „Mein Kampf" ist auch unsere unfehlbare pädagogische Richtlinie. […]"
Soweit es die Volksschule angeht, scheint dieses Ideal keineswegs zu 100 % erreicht. […] die nationalsozialistische Führung [hat …] kein Vertrauen zu der gesinnungsmäßigen Zuverlässigkeit der bestehenden Volksschule. […] [Bis] in die jüngsten Tage hinein [ist] das Vertrauen der höchsten Instanzen mehr bei der Jugendführung als bei der Lehrerschaft. […] Auch für die höhere Schule gilt die gleiche Tendenz. Man ist sich dessen wohl bewußt, daß die höhere

Schule die Vorschule für leitende Posten in der Wirtschaft, in der Kultur und dadurch auch in der Politik ist. Man hat daher die höhere Schule stark unter die Kontrolle des Parteiapparates genommen und neben die eigentliche öffentliche Schule die Adolf Hitlerschulen und die Nationalpolitischen Erziehungsanstalten als privilegierte Schule unter die Aufsicht und Verwaltung der Hitler-Jugend und der Deutschen Arbeitsfront gestellt.

Delia und Gerd Nixdorf, Politisierung und Neutralisierung der Schule in der NS-Zeit, in: Hans Mommsen/Susanne Willens (Hrsg.), Herrschaftsalltag im Dritten Reich. Schwann Verlag, Düsseldorf 1988, S. 165 f.

C Die Wirtschaftspolitik des NS-Staates – ein Erfolg?

Q12

Bau von Autobahnen als Arbeitsbeschaffungsmaßnahmen

Um möglichst viele Arbeitslose beim Bau von Autobahnen oder anderen Arbeitsbeschaffungsmaßnahmen unterzubringen, wurden wenig Maschinen und schweres Gerät eingesetzt. Propagandacollage September 1936.

Q13

Interne Kritik an der NS-Wirtschaftspolitik

a) Aus einem Schreiben des Reichswirtschaftsministers und Reichsbankpräsidenten Hjalmar Schacht an Hermann Göring (Beauftragter des Vierjahresplans) über die Folgen der Kriegswirtschaft vom 2. April 1937:

a) Die durch Rüstung und Vierjahresplan[1] auf höchste Tourenzahl gebrachte deutsche Volkswirtschaft lässt den deutschen Fabrikanten sehr häufig das Exportgeschäft zugunsten des lukrativen und risikolosen Inlandsgeschäftes vernachlässigen.

b) Obwohl die mir unterstehenden Überwachungsstellen strikte Anweisung haben, die Rohstoffe für die Exportaufträge bevorzugt zuzuteilen, macht sich der Rohstoffmangel für den Export immer störender bemerkbar. […]

c) Rüstung und Vierjahresplan haben so viel Facharbeiter absorbiert, dass für die Produktion von Exportgütern ein außerordentlich empfindlicher Mangel an geeigneten Arbeitskräften eingetreten ist. Dies gilt insbesondere für diejenigen Industrien, bei denen die größten Exportchancen vorhanden sind.

d) Umfang und Dringlichkeit der Heeresaufträge und neuerdings auch der Aufträge des Vierjahresplans haben die Kapazität der deutschen Fabriken so stark beansprucht, dass für die Ausführung von Exportaufträgen kein oder nur ungenügender Raum bleibt.

Die Folge dieser Entwicklung ist, […] dass es die ausländischen Käufer vorziehen, in der Schweiz, in Schweden, Belgien, in den Vereinigten Staaten und in der Tschechoslowakei zu kaufen. […] Ich habe daher die Befürchtung, dass die Exporterlöse und damit die Einfuhrmöglichkeiten in dem Augenblick geringer werden, wo auch die Einnahmen aus den auswärtigen Vermögensbeständen nicht mehr verfügbar sein werden. Ich brauche nicht zu betonen, dass durch eine solche Entwicklung nicht nur die Durchführung des Vierjahresplans gefährdet wird, sondern dass auch die Fortführung der Rüstung infrage gestellt wird. […]

Zit. nach: Ursachen und Folgen. Vom deutschen Zusammenbruch 1918 und 1945 bis zur staatlichen Neuordnung Deutschlands in der Gegenwart. Hrsg. von Herbert Michaelis/Ernst Schraepler. Bd. 10. Dokumenten-Verlag, Berlin o.J., S. 562.

1 1936 entworfenes Ziel, Deutschland innerhalb von vier Jahren wirtschaftlich von Importen unabhängig und das Deutsche Reich kriegsbereit zu machen.

b) Aus einem Schreiben des Reichsbankdirektoriums vom 9. Januar 1939 an Hitler über die Folgen der staatlichen Finanzpolitik. Unmittelbar danach trat Hjalmar Schacht vom Amt des Reichsbankpräsidenten zurück.

[…] In entscheidendem Maße wird die Währung von der hemmungslosen Ausgabenwirtschaft der öffentlichen Hand bedroht. Das unbegrenzte Anschwellen der Staatsausgaben sprengt jeden Versuch eines geordneten Etats, bringt trotz ungeheurer Anspannung der Steuerschraube die Staatsfinanzen an den Rand des Zusammenbruchs und zerrüttet von hier aus die Notenbank und die Währung. Es gibt kein noch so geniales und ausgeklügeltes Rezept oder System der Finanz- und Geldtechnik, keine Organisation und keine Kontrollmaßnahmen, die wirksam genug wären, die verheerenden Wirkungen einer uferlosen Ausgabenwirtschaft auf die Währung hintan zu halten. Keine Notenbank ist imstande, die Währung aufrechtzuerhalten gegen eine inflationistische Ausgabenpolitik des Staates. War während der beiden großen außenpolitischen Aktionen in der Ostmark[1] und im Sudetenland[2] eine Steigerung der öffentlichen Ausgaben zwangsläufig, so macht die Tatsache, dass nach Beendigung der außenpolitischen Aktionen eine Beschränkung der Ausgabenpolitik nicht zu erkennen ist, vielmehr alles daraufhin deutet, dass eine weitere Ausgabensteigerung geplant ist, es nunmehr zur gebieterischen Pflicht, auf die Folgen für die Währung hinzuweisen. […]

Zit. nach: Wolfgang Michalka (Hrsg.): Das Dritte Reich. Bd. 1, dtv, Frankfurt/M. 1985, S. 205 f.

1 Gemeint ist die Besetzung und Anschluss Österreichs März 1938.
2 Anschluss der tschechischen Grenzgebiete („Sudetenland“) September 1938 (s. Kap. 2.9)

D2

Aufrüstung und Staatsverschuldung

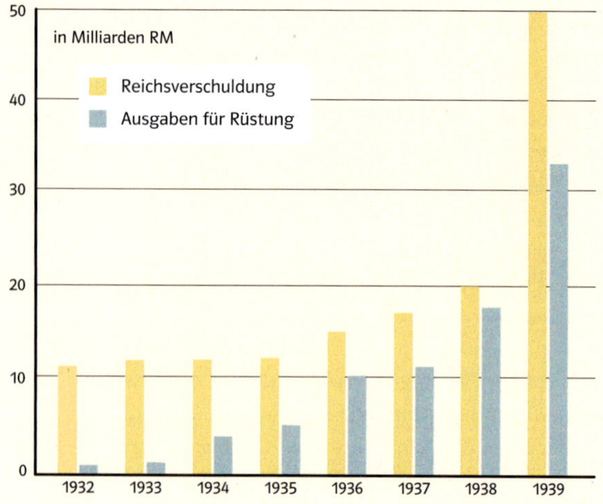

nach: R. Erbe: Die nationalsozialistische Wirtschaftspolitik 1933 bis 1939 im Licht der modernen Theorie. Polygraphischer Verlag, Zürich 1958, S. 36–38.

D3

Veränderungen der Ausgabenpolitik unter der NS-Regierung

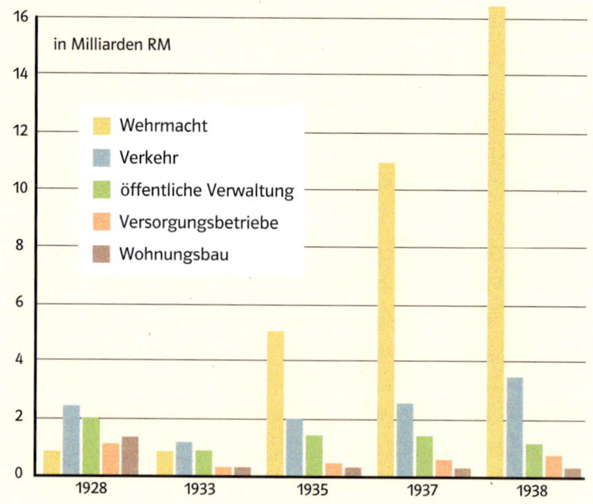

nach: R. Erbe: Die nationalsozialistische Wirtschaftspolitik 1933 bis 1939 im Licht der modernen Theorie. Polygraphischer Verlag, Zürich 1958, S. 36–38.

D4

Entwicklung der Tarif-Stundenlöhne (in Pfennig)

	1929	1932	1936	1939
Facharbeiter	101,1	81,6	78,3	79,1
Hilfsarbeiter	79,4	64,4	62,3	62,8
Facharbeiterin	63,4	53,1	51,6	51,5
Hilfsarbeiterin	52,7	43,9	43,4	44,0

nach: René Erbe: Die nationalsozialistische Wirtschaftspolitik 1933 bis 1939 im Licht der modernen Theorie. Polygraphischer Verlag, Zürich 1958, S. 36 – 38.

D5

Durchschnittlicher Jahresverbrauch in einem Vier-Personen-Haushalt

	1928	1937
Fleisch (kg)	146,5	118,5
Eier (Stück)	472	258
Milch (l)	481	358
Kartoffel (kg)	507,8	530,3
Gemüse (kg)	127,3	117,8
Obst (kg)	96,2	64,9

nach: René Erbe: Die nationalsozialistische Wirtschaftspolitik 1933 bis 1939 im Licht der modernen Theorie. Polygraphischer Verlag, Zürich 1958, S. 36 – 38.

Arbeitsvorschläge

Arbeitsvorschläge zum darstellenden Teil

1. Nennen Sie die Kernaussagen des darstellenden Textes auf die Fragen, ob
   a) der NS-Staat ein totaler Überwachungsstaat gewesen ist und
   b) hinsichtlich der Wirtschaftspolitik des NS-Staates von einem Wirtschaftswunder gesprochen werden kann. [I]
2. Erklären Sie die Bedeutung der Einführung von Orden wie dem „Treuedienst-Ehrenzeichen“ (S. 171). [II] ●
3. MK Warenhäuser wie das Kaufhaus Geschwister Knopf (Q1) waren ein beliebtes Propagandaobjekt. Die modernen Großkaufhäuser verdrängten eine große Zahl kleiner Gewerbetreibender des Einzelhandels schufen und somit viele „Opfer“ der Moderne, gleichzeitig entstanden mehrere erfolgreiche Warenhäuser deutscher Unternehmer mit jüdischem Glauben. Dies wussten Antisemiten propagandistisch für ihre Zwecke zu instrumentalisieren. Informieren Sie sich über die Geschichte des Warenhauses Knopf und gestalten Sie eine Visualisierung über Aufstieg und Zerschlagung des Unternehmens sowie dessen Geschichte nach 1945. [III] ○
4. Informieren Sie sich über das Leben Johann „Rukeli“ Trollmanns und inwiefern heute seiner gedacht wird und welche Haltung der Bund Deutscher Berufsboxer e. V. (BDB) ihm gegenüber einnahm bzw. einnimmt. [II] ○

A Überwindung der sozialen Gegensätze durch „Einheit von Oben“?

5. Begründen Sie auf Basis der Aussagen von Götz Aly, warum der NS-Staat besonders für viele jüngere Menschen interessant war (D1). [II]
6. Arbeiten Sie die Zielsetzung und die Mittel zu deren Umsetzung aus den Ausführungen von Robert Ley heraus (Q2). Beziehen Sie Ihr Vorwissen zur Lebenssituation von Arbeitern und Angestellten der vorangegangenen Jahre mit ein. [II]
7. Mit dem Slogan „Kraft durch Freunde“ wurde im Umfeld der heutigen Partei AfD in den Landtagswahlkämpfen in Sachsen und Thüringen 2019 Werbung gemacht. Bewerten Sie die Tatsache, dass Teile der AfD mit dem Bezug auf die Organisation „Kraft durch Freude“ 2019 Wahlkampf machen. [III]
8. Beschreiben Sie zunächst das Plakat Q4, analysieren Sie anschließend dessen Aussage und beurteilen Sie, an wen sich das Plakat richtete. [I/II/III]
9. Nennen Sie die Ziele der DAF (Q5). [I]
10. MK Analysieren Sie arbeitsteilig aus den Materialien Q6–Q9 die NS-Vorstellungen eines neuen Volkes. Beziehen Sie auch aus Kapitel 2.5 Q4 und Kapitel 2.11 Q1 mit ein. Visualisieren Sie Ihre Ergebnisse in einer Mindmap oder stellen Sie diese tabellarisch gegenüber. [II]

B Die Jugend als Basis des „neuen Reiches“?

11. Arbeiten Sie mittels Q10 heraus, welche Rolle der Nationalsozialismus der Jugend im „neuen“ Deutschland zuschrieb. [II]
12. Charakterisieren Sie die Entwicklung des Schulwesens anhand des Berichts Q11. [II]

C Die Wirtschaftspolitik des NS-Staates – ein Erfolg?

13. Beschreiben Sie die Aussagen der Collage Q12 und erläutern Sie deren Aussage. [I/II]
14. Informieren Sie sich über das NS-Autobahnbauprogramm und setzen Sie sich anschließend kritisch mit der Collage Q12 auseinander. [II]
15. Arbeiten Sie auf Basis des Schreibens die Probleme der deutschen Wirtschaft 1937 heraus (Q13). [II]
16. Bewerten Sie auf Basis von D2–D5 die Wirtschafts- und Finanzpolitik des NS-Staates. [III]

Übergreifender Arbeitsvorschlag

17. Beantworten Sie in einem eigenen Urteil die Frage der Kapitelübelschrift „Herrschaftspraxis des Nationalsozialismus – Kombination aus Gemeinschaftsgefühl und Terror?“ [III]

Online- und Differenzierungsmaterialien zu Kapitel 2.7

○ Arbeitshilfen zu den Aufgaben 3 und 4
● Vertiefungsangebot zur Aufgabe 2

Online-Code: gh2uw3

Denkmäler untersuchen

Denkmäler begegnen uns in Städten und Gemeinden in unterschiedlichen Formen – etwa als Großplastik, Bauwerk oder Gedenktafel. Sie erinnern an historische Akteure oder Ereignisse und wollen damit den nachfolgenden Generationen wichtige Informationen über die Geschichte vermitteln.

Denkmäler als Quelle

Aber auch als historische Quelle können Denkmäler sehr aufschlussreich sein, „verraten" sie uns doch einiges über die Epoche, in der sie entstanden sind. Nicht nur die „klassischen" Denkmalstypen wie Reiterstandbilder oder Herrscherdenkmäler weisen mit ihrer Gestaltung zurück in die Zeit ihres Entstehens. Sie vermitteln uns einen Eindruck von den Gedanken und Vorstellungen derjenigen, die das Denkmal einst errichtet haben. Somit liefern uns Denkmäler einen gegenständlichen Zugang zu einer vergangenen Zeit.

Stolpersteine

Eine besondere Form der Erinnerung an die Zeit des Nationalsozialismus ermöglichen die sogenannten „Stolpersteine", die sich in immer mehr Städten in Deutschland finden. Bei den „Stolpersteinen" handelt es sich um kleine in den Gehweg eingelassene Messingplatten, auf denen Namen von Menschen eingraviert sind, die in der Zeit des Nationalsozialismus verfolgt und ermordet wurden. Die „Stolpersteine" sind genau an jenen Stellen im Bürgersteig zu finden, an denen die Verfolgten früher gelebt haben. Der Initiator der „Stolpersteine" Gunter Demnig möchte mit seinen Gedenksteinen die Erinnerung an die Verbrechen der Nationalsozialisten lebendig halten.

Fragen an die Geschichte

Ihren Namen haben die „Stolpersteine" mit Bedacht bekommen: Sie sollen uns aus dem Tritt bringen. Wer eine solche Messingplatte auf dem Gehweg bemerkt, bleibt fast zwangsläufig stehen und betrachtet die Inschrift. Fragen kommen einem in den Sinn: Wer war der Mensch, der hier verfolgt wurde? Wie starb er? Was haben die ehemaligen Nachbarn wahrgenommen? Ein solches „Denkmal" provoziert Fragen an die Geschichte, denen man durch weitere Recherchen nachgehen kann.

Methodische Arbeitsschritte

1. Fragen zur Lage und zur Entstehungszeit des Denkmals
- Wo befindet sich das Denkmal?
- Welche Gebäude liegen beziehungsweise lagen um das Denkmal herum?
- Wann ist das Denkmal errichtet worden? Wann wurde es umgestaltet? Wann entfernt?

2. Fragen zu den Auftraggebern des Denkmals
- Wer hat das Denkmal errichten lassen?
- Wie wurde es finanziert?

3. Fragen zum Stil und Inhalt des Denkmals
- Welche Stilmerkmale und Besonderheiten weist das Denkmal auf?
- Wer oder was ist dargestellt?
- Gab oder gibt es ähnliche Denkmäler an anderen Orten?
- Kann man das Denkmal mit anderen Denkmälern vergleichen?

4. Fragen zum Umgang mit dem Denkmal
- Wie geht man heute mit dem Denkmal um?
- Gab es Kontroversen um das Denkmal?

D1

Stolpersteine in Stuttgart (oben) und Karlsruhe sowie Freiburg (unten)

Arbeitsvorschläge

MK 1. Informieren Sie sich im Internet über „Stolpersteine" in Ihrer Stadt. Versuchen Sie, die Geschichte der Menschen, an die erinnert wird, genauer zu rekonstruieren. [II]

2. Recherchieren Sie Informationen über die Debatte zur möglichen Errichtung eines Denkmals zur Erinnerung an die Vereinigung der beiden deutschen Staaten 1989/1990 und diskutieren Sie, welche Funktionen einem solchen Denkmal zugeschrieben werden. Welche künstlerischen Lösungen für ein solches Denkmal werden diskutiert? [II]

3. Beobachten Sie bei der Besichtigung eines Denkmals, wie sich die Menschen bei der Begegnung mit dem Denkmal verhalten. Wer nimmt was wie wahr? Was sagt das über die Gegenwart des Vergangenen aus? [II]

E Erweiterungsband Kapitel 2.1, S. 88–95

2.8 Stalinismus – Mit Gewalt zur Industrienation?

Der Diktator Iosseb Bessarionis dse Dschughaschwili, nach seinem 1912 angenommenen Kampfnamen Stalin genannt, zwang der Sowjetunion in den 1930er-Jahren eine rücksichtslose Umgestaltung in allen gesellschaftlichen Bereichen auf. Die Folgen des „Stalinismus" prägen die Nachfolgestaaten der UdSSR bis heute, entsprechend zwiespältig ist die Erinnerungskultur an ihn.

→ vgl. Kapitel 2.2, S. 118

Lenin und Stalin
Das Foto zeigt Stalin bei seinem Besuch bei Lenin, nach dessen Schlaganfall 1922. Mittels solcher Fotos wurde später (wahrheitswidrig) versucht, Stalin als besten Schüler Lenins und dessen engsten Kampfgefährten darzustellen.

Die Bolschewiki putschen sich an die Macht in Russland

Das Zarenreich Russland hatte Anfang des 20. Jahrhunderts gerade erst begonnen, erste industrialisierte Strukturen herauszubilden, und litt unter der weit verbreiteten Not der Bauern. Allein von den zwölf Millionen eingezogenen Soldaten des Zaren kam geschätzt jeder sechste im Krieg um. Im Frühjahr 1917 kam es in den Städten zu Massenprotesten wegen der immer größeren Not durch die Kriegsbelastungen. Dies führte in der sogenannten Februarrevolution 1917 zum Sturz der Zarenherrschaft. Da die neue Revolutionsregierung aus überwiegend bürgerlichen Politikern den Krieg trotzdem weiterführte, kam es im Herbst 1917 unter Führung der radikallinken Opposition (Bolschewisten) zu einem erfolgreichen Putsch in der Hauptstadt Petrograd (heutiges Sankt Petersburg). Zu den Führungskräften der Bolschewiki zählten dabei Wladimir Uljanow (Kampfname „Lenin") und Leo Trotzki.

Die Bolschewiki hatten zuvor viele radikale populistische Forderungen erhoben, die sie nun, wollten sie ihre Macht festigen und aufs ganze Land ausbreiten, schnell umsetzen mussten. Kernziel war die Schaffung einer Klassendiktatur, das bedeutete im Sinne der „Diktatur des Proletariats" von Karl Marx, dass der Staat und die Wirtschaft von der arbeitenden Bevölkerung (Arbeiter und Bauern) geleitet werden solle. In der aktuellen Situation 1917 forderten die Bolschewiki außenpolitisch einen sofortigen Friedensschluss ohne territoriale **Annexionen** und **Kontributionen**. Innenpolitisch verkündeten sie die sofortige und entschädigungslose Enteignung aller Großgrundbesitzer (in erster Linie Adel, Kirche). Deren Land sollte unter den Kleinbauern verteilt werden. Ähnliches sollte mit den Industriellen geschehen. Große Unternehmen wurden enteignet und der Verwaltung von Arbeiterräten übertragen. Den verschiedenen, bislang oft diskriminierten Nationalitäten wurde ein uneingeschränktes Selbstbestimmungsrecht zugesichert. Da die Bolschewiki nur einen sehr kleinen Teil Russlands kontrollierten, waren dies zunächst nicht mehr als Absichtserklärungen. Hinzu kam, dass die Bolschewiki in den wenig später durchgeführten Wahlen zu einer Verfassungsgebenden Versammlung, die noch von der Provisorischen Regierung beschlossen worden war, nur knapp ein Viertel der Stimmen erlangten. Stärkste Kraft wurden stattdessen die gemäßigteren Sozialrevolutionäre. Die Bolschewiki lösten daraufhin gewaltsam die Versammlung auf, was den Auslöser zu einem verheerenden Bürgerkrieg gab. Dieser dauerte bis 1920 und forderte rund 8–10 Millionen Opfer. Darunter befand sich auch die russische Zarenfamilie, die im Juli 1918 von den Bolschewiki ermordet wurde.

Vom Kriegskommunismus zur Gründung der UdSSR

Trotz der militärischen Intervention mehrerer ausländischer Mächte wie Großbritannien, Frankreich, die USA und Japan, gingen die Bolschewiki letztlich siegreich aus dem Bürgerkrieg hervor. Bereits während der Bürgerkriegsjahre hatten die Bolschewiki damit begonnen, ihre revolutionären Vorstellungen einer sozialistischen Wirtschaft unter den Belastungen des Krieges umzusetzen. Im Rahmen dieses **„Kriegskommunismus"** wurden Betriebe und Landbesitz diktatorisch enteignet, Privateigentum abgeschafft und Lebensmittel beschlagnahmt. Dazu zählte auch eine Arbeitspflicht, die mit der Parole verbunden wurde

Kollektivierung
radikale Neuorganisation der Landwirtschaft zur Abschaffung traditioneller Dorfstrukturen durch Zusammenschluss der einzelnen Bauernhöfe zu landwirtschaftlichen Produktionsgenossenschaften

„Wer nicht arbeitet, hat kein Daseinsrecht". Darüber hinaus wurde versucht, Geld als kapitalistisches Zahlungsmittel abzuschaffen. Alles sollte durch eine zentrale Verwaltung der Arbeiter- und Bauernregierung verteilt werden. In manchen Regionen wurde auch bereits damit begonnen, Bauern zur **Kollektivierung** ihrer Höfe zu zwingen. Die Folgen waren eine rasante Hyperinflation und gravierende Hungersnöte.

1918 gründeten die Bolschewiki die Kommunistische Partei Russlands (KPR). Entgegen früheren Vorstellungen wurde die Idee einer direkten Demokratie über Räte bald aufgegeben. Die KPR entwickelte sich schnell zu einer autoritären bürokratisch-hierarchischen Partei. Die Mitsprache der Parteigenossen wurde immer stärker beschränkt. Andere Parteien wurden gänzlich verboten. Nach Ende des Bürgerkriegs verkündete Lenin 1921 die Parole des demokratischen Zentralismus, der die Bildung innerparteilicher oppositioneller Fraktionen untersagte. Damit war eine Ein-Parteien-Diktatur entstanden.

Die wachsenden wirtschaftlichen Probleme zwangen die Parteiführung aber letztlich dann doch zu einer zumindest teilweisen Kurskorrektur. In der Folgezeit ging sie zu flexibleren Lösungen über. Die im Jahr 1922 gegründete „Union der Sozialistischen Sowjetrepubliken" (UdSSR) basierte auf einer föderativen Grundstruktur. Zur Integration der nichtrussischen Nationalitäten, die von Stalin geleitet wurde, versuchte man gegenüber diesen eine weitreichende Kulturförderung zu betreiben, um sie für die bolschewistische Bewegung zu gewinnen. Hinzu kamen Ansätze einer liberaleren Wirtschaftspolitik. Die „Neue Ökonomische Politik" (NEP) ließ ab März 1921 wieder marktwirtschaftliche Elemente in der Landwirtschaft, Kleinindustrie und im lokalen Kleinhandel zu. Dies trug maßgeblich dazu bei, die wirtschaftlichen Folgen der Kriegsjahre und des Kriegskommunismus zu überwinden. 1923 wurde die erste sowjetische Verfassung verabschiedet. Diese trat im Januar 1924 in Kraft und zementierte die zentrale Stellung der Kommunistischen Partei.

Leo Trotzki (1879–1940)
russischer Revolutionär, kommunistischer Politiker, marxistischer Theoretiker

Tod Lenins und der innerparteiliche Richtungskampf

Der bald zum unbestrittenen Führer der Revolution verklärte Lenin starb am 21. Januar 1924. Bereits in den Monaten zuvor hatte ein innerparteilicher Machtkampf begonnen, in dessen Zentrum bekämpften sich der Führer des revolutionären linken Parteiflügels Leo Trotzki und des rechten Flügels unter Josef Stalin, der seit 1922 dem einflussreichen Zentralkomitee der Partei vorstand. Der linke Flügel trat für den gezielten Export der Revolution in die kapitalistische Welt unter Mithilfe der 1919 gegründeten **Komintern** ein, um so eine Weltrevolution auszulösen. Stalin und seine Unterstützer befürworteten, die Revolution zunächst in Russland zu festigen („Sozialismus in einem Land"). Obwohl Lenin sich in seinen letzten Lebensmonaten gegen eine Führungsposition Stalins aussprach, setzte sich dieser letztendlich durch. Bis Ende der 1920er-Jahre gelang es Stalin, Trotzki ins Exil und dessen Anhänger aus den Parteigremien zu drängen. Anfang der 1930er Jahre entledigte Stalin sich auch seiner ehemaligen Unterstützer des rechten Parteiflügels.

Komintern
(Kommunistische Internationale)
1919 auf Betreiben der KPR in Moskau gegründeter internationaler Zusammenschluss aller kommunistischen Parteien der Welt. Die von der KPR dominierte Komintern sollte eine Weltrevolution forcieren. Die UdSSR unterstützte andere Komintern-Mitglieder mit Beratern und materieller Hilfe. Ein Schwerpunkt lag dabei auf instabilen Staaten wie den Verliererstaaten des Ersten Weltkrieges oder Bürgerkriegsregionen wie z. B. China.

→ **Q4** , S. 189

Ein „großer Umbruch" mittels staatlichen Terrors

Stalin setzte sich unter anderem deswegen durch, weil er sich kontinuierlich eine starke personelle Machtbasis innerhalb des Parteiapparates geschaffen hatte. Unter ihm gewannen bald innerhalb der Partei und den verschiedenen Partei- und Staatseinrichtungen junge, aufstrebende Technokraten zunehmenden Einfluss.

Als sich zeigte, dass nur wenige arme Kleinbauern bereit waren, sich freiwillig in Kollektiven zusammenzuschließen und es 1927/28 erneut zu Missernten kam, schwenkte die Regierung zu einer härteren Politik um. Die privatwirtschaftlichen Ansätze der Neuen Ökonomischen Politik wurden wieder beseitigt. Das Land sollte, so die Vorstellung der Partei- und Staatsführung unter Stalin, modernisiert und industrialisiert werden, wofür der Propagandabegriff des „großen Umbruchs" kreiert wurde. Eine moderne sozialistische Zukunft war jedoch aus ihrer Sicht mit den „sturen" und „selbstsüchtigen" Bauern nicht möglich. Aus Bauern sollten modern ausgebildete Landarbeiter werden, die in „freiwilligen" Kollektiven (Kolchosen) oder in landwirtschaftlichen Staatsbetrieben, den auf eine bestimmte Produktionsart spezialisierten Sowchosen, arbeiten. Ihre Erträge sollten von der Gemeinschaft, was letztlich die Partei beziehungsweise der Staat bedeutete, verwaltet werden. Die durch moderne Bewirtschaftung zu steigernden Erträge dienten letztlich auch dem Export, um mit dessen Erlösen die angestrebte, zentral organisierte Industrialisierung des Landes zu finanzieren. In Fünfjahresplänen wurden hohe Ertragsziele vorgegeben, die zu erreichen waren. Um diese Ziele möglichst schnell umsetzen zu können, wurde der Druck auf die Bauern drastisch erhöht. In der Propaganda wurden „Spekulanten", „Kulaken" und „Desorganisatoren des Marktes" zum Kern des Problems erklärt. Zwar wurde theoretisch definiert, wer als Kulak (Großbauer) zu gelten habe, doch wurde der Begriff bald auf jeden angewendet, der im Verdacht stand, sich den Parteivorgaben zu widersetzen. Verhaftungen und Deportationen nahmen ab 1928 drastisch zu. Zu den Opfern zählten nun auch die zahlreichen nomadischen Bevölkerungsgruppen, die zur Sesshaftigkeit gezwungen werden sollten. Diese Politik führte zu passivem Widerstand (Teile der Ernte wurden versteckt, Vieh geschlachtet), vielerorts aber auch bewaffnetem Widerstand, der ab 1929 in vielen Regionen bürgerkriegsähnliche Zustände annahm. Die Regierung reagierte mit dem Einsatz von **Terror** mittels der Armee, Deportationen und Verurteilungen zu Zwangsarbeit in Arbeitslagern (**GULag**). Zu den Folgen dieser Zwangskollektivierung gehörten in der ersten Hälfte der 1930er-Jahre gewaltige Hungerkatastrophen, die beispielsweise in der Ukraine und Mittelasien Millionen von Opfern forderten. Bis heute ist umstritten, ob die stalinistische Regierung diese ganz bewusst in Kauf nahm, um den zu erzwingenden Umbau der Gesellschaft durchsetzen zu können.

GULag
(Übersetzung des abgekürzten Begriffs: Hauptverwaltung der Besserungsarbeitslager und -kolonien) Sammelbegriff für ein Repressionssystem in Form von Zwangsarbeitslagern, Straflagern, Gefängnissen und Verbannungsorten. Ziel war die Unterdrückung tatsächlicher oder vermeintlicher politischer Gegner. 1941 betraf dies auch Kriegsgefangene des Deutschen Reiches und seiner Verbündeten.

Gewinner der Modernisierung und internationale Außenwirkung

Vorteilhaft für die führende Parteielite um Stalin war in diesem Prozess, dass mit der wirtschaftlichen Umgestaltung eine neue Generation von Fachkräften heranwuchs. Unter dem Schlagwort „Die Technik entscheidet alles" wurden Sonderprogramme initiiert, um jedes Jahr Tausende parteitreue junge Menschen an Universitäten zu schicken. Es war nicht zuletzt diese neue, technisch oder naturwissenschaftlich ausgebildete Elite, die ihren Aufstieg Stalin durch besondere Loyalität dankte. Dazu zählte auch eine wachsende Zahl von Frauen, denen neue berufliche Entwicklungschancen jenseits ihrer traditionellen Rolle als Ehefrau, Mutter und oft rechtlose Arbeitskraft ermöglicht wurden. Ein Baustein dafür war der Aufbau eines dichten Netzes von staatlichen, oft ganztagsausgerichteten Betreuungs- und Erziehungseinrichtungen für Kinder. Bereits 1929 wurden hohe Frauenquoten für die Neuaufnahme an Technischen Hochschulen (20%) oder Hochschulen für Chemie und Textilindustrie (25%) eingeführt.

Unter großen (verschwiegenen) Opfern gelang so der sowjetischen Wirtschaft zwischen 1928 und 1940 ein beachtliches Wirtschaftswachstum, während die übrige Welt unter der Weltwirtschaftskrise litt. Von außen betrachtet, wirkte die stalinistische UdSSR besonders in den globalen Krisenjahren ab 1930 als neues Erfolgsmodell und als Alternative gegenüber der liberalen, kapitalistischen Wirtschaftsweise. Viele linksorientierte Intellektuelle aus Westeuropa und Nordamerika reisten begeistert in die UdSSR, um beim dortigen Aufbau des Sozialismus zu helfen. Verknüpft mit dem Verweis auf die internationalen Aktivitäten der Komintern der 1920er-Jahre entwickelte sich die wirtschaftlich prosperierende UdSSR hingegen in konservativen und völkischen Kreisen zum bedrohlichen „Weltbolschewismus". Faschistische Bewegungen boten sich in dieser Situation immer lauter als „dritten Weg" an und gewannen zunehmend Rückhalt gerade in industriellen Wirtschaftskreisen.

„Unter dem Banner Lenins"
Plakat 1931

Material
Karte Stalinistischer Terror
d8b6hk

Die „Säuberung“ des Staats- und Militärapparates

Während in der Zeit des „Großen Terrors“ Millionen von Menschen starben oder deportiert wurden, setzte die Regierung eine neue Verfassung durch, die auf den ersten Blick demokratisch wirkte, letztlich jedoch alle Entscheidungswege beim Generalsekretär der Partei und damit bei Stalin zentrierte. Zu diesem Zeitpunkt war längst auch der oberste Zirkel des Staatsapparates in den Blick der „Säuberungen“ geraten. Jeder, der aus der Perspektive von Stalin dessen Alleinherrschaftsanspruch hätte bezweifeln können, wurde entfernt, deportiert oder ermordet. Oft reichte nur ein Verdacht, eventuell eine abweichende Meinung zur offiziellen stalinistischen Linie zu vertreten. Niemand konnte sich sicher fühlen. In öffentlichen **Schauprozessen** wurden hohe Partei- und Staatsfunktionäre sowie Militärs wegen angeblicher staatsfeindlicher Aktivitäten zum Tode oder zur Zwangsarbeit im GULag verurteilt. Derartige „Säuberungen“, denen beispielsweise ein Großteil des Führungspersonals der Streitkräfte zum Opfer fiel, fanden ihren Höhepunkt in den Jahren 1936–1938. Diese Verfolgungspolitik erstreckte sich aber auch über die Grenzen hinaus. So wurde Leo Trotzki, der 1929 zunächst in die Türkei, dann nach Mexiko emigriert war, dort 1940 vom sowjetischen Geheimdienst ermordet. Über die Komintern wurde darüber hinaus Druck auf andere kommunistische Bewegungen und Parteien ausgeübt, ihre Mitglieder von „Abweichlern“ zu säubern.

Stalin als zu verehrender Führer des sozialistischen Vaterlandes

Der Aufstieg Stalins zur zentralen Figur innerhalb der Kommunistischen Partei war begleitet von einem immer größeren **Personenkult**, der um ihn gestrickt wurde. Dieser Kult wurde fester Bestandteil einer gezielt geförderten **Massenkultur**. Großen Wert legte die stalinistische **Propaganda** darauf, ihn als besonders engen Weggefährten Lenins darzustellen. In Filmen und retuschierten Fotos wurde Stalin immer wieder als wichtigster Vertrauter Lenins dargestellt. Er wurde als Vollender des sozialistischen Weges in Russland, als visionärer Modernisierer und als unerschrockener Kämpfer gegen jegliche Form von klassenfeindlichem rechten und linken Opportunismus gefeiert. Gleichzeitig malte man von ihm das Bild des gütigen, fürsorglichen Vaters. Bereits zu seinem 50. Geburtstag im Jahr 1929 wurde ihm offiziell der Titel „Führer“ (russ. Vožd) übertragen. Auch wenn er 1936 eine scheinbar sehr demokratisch wirkende neue Verfassung verabschieden ließ, waren doch alle Entscheidungswege weiterhin auf ihn ausgerichtet. Selbst nur leise vernehmbare kritische Stimmen verstummten spätestens mit dem „Großen Terror“. Es gab ohne Frage eine neue, dem stalinistischen System ergebene Schicht besonders junger Technokraten. Inwieweit jedoch die Identifikation und damit auch Loyalität dem stalinistischen Regime gegenüber ein Massenphänomen war, ist eine umstrittene Frage. Millionen von Menschen zählten direkt oder indirekt zu den Opfern des Stalinismus. Die Menschen lernten, sich möglichst unauffällig zu verhalten und notfalls vordergründig bei den vorgegebenen Massenveranstaltungen Präsenz zu zeigen. Manche sprechen daher auch von einem großen **Loyalitätsdefizit** unter der Sowjetbevölkerung.

Schauprozesse
Bezeichnung für öffentliche Gerichtsverfahren, bei dem die Verurteilung der Angeklagten bereits zuvor feststand. Der Prozess wird allein aus propagandistischen Zwecken und zur Demütigung der Angeklagten geführt.

Personenkult
Glorifizierung einer Person, in der Politik oft als angebliches Vorbild für alle gesellschaftlichen Bereiche

Massenkultur
gezielt geförderte Vereinheitlichung von Alltagskultur

Propaganda
zielgerichteter Versuch, politische Meinungen oder gesellschaftliche Sichtweisen zu beeinflussen

Loyalitätsdefizit
Ausdruck für nur vorgetäuschte Zustimmung bzw. Unterstutzung hinsichtlich eines Regimes oder einer Partei

A Der umstrittene Aufstieg Stalins

Q1

Lenin über Trotzki und Stalin (1922/1923)

Lenin erlitt 1922/23 mehrere schwere Schlaganfälle und wurde daraufhin durch die Parteiführung von der Außenwelt abgeschirmt. Angesichts des Machtkampfes zwischen dem linken Parteiflügel um Trotzki und dem rechten Flügel um Stalin schrieb Lenin am 25. Dezember 1922 und 4. Januar 1923 persönliche Empfehlungen für die Partei auf. Diese Schriften wurden von seinem Umfeld aber erst nach seinem Tod (21. Januar 1924) der Partei zur Kenntnis gebracht.

[...] Genosse Stalin hat, nachdem er Generalsekretär[1] geworden ist, eine unermessliche Macht in seinen Händen konzentriert und ich bin nicht überzeugt, dass er es immer verstehen wird, von dieser Macht vorsichtig genug Gebrauch zu machen. Andererseits zeichnet sich Gen.[2] Trotzki, wie schon sein Kampf gegen das ZK[3] in der Frage des Volkskommissariats[4] für Verkehrswesen bewiesen hat, nicht nur durch hervorragende Fähigkeiten aus. Persönlich ist er wohl der fähigste Mann im gegenwärtigen ZK, aber auch ein Mensch, der ein Übermaß von Selbstbewusstsein und eine übermäßige Vorliebe für rein administrative Maßnahmen hat.

Diese zwei Eigenschaften zweier hervorragender Führer des gegenwärtigen ZK können unbeabsichtigt zu einer Spaltung führen und wenn unsere Partei nicht Maßnahmen ergreift, um das zu verhindern, so kann die Spaltung überraschend kommen.

Stalin ist zu grob, und dieser Mangel, der in unserer Mitte und im Verkehr zwischen uns Kommunisten durchaus erträglich ist, kann in der Funktion des Generalsekretärs nicht geduldet werden. Deshalb schlage ich den Genossen vor, sich zu überlegen, wie man Stalin ablösen könnte, und jemand anderen an diese Stelle zu setzen, der sich in jeder Hinsicht von Gen. Stalin nur durch einen Vorzug unterscheidet, nämlich dadurch, dass er toleranter, loyaler, höflich und den Genossen gegenüber aufmerksamer, weniger launenhaft usw. ist. Es könnte so scheinen, als sei dieser Umstand eine winzige Kleinigkeit. Ich glaube jedoch, unter dem Gesichtspunkt der Vermeidung einer Spaltung und unter dem Gesichtspunkt der von mir oben geschilderten Beziehungen zwischen Stalin und Trotzki ist das keine Kleinigkeit oder eine solche Kleinigkeit, die entscheidende Bedeutung erlangen kann.

Auszüge aus Lenins „Brief an den Parteitag vom 24. Dezember 1922" und seine „Ergänzung zum Brief" vom 4. Januar 1923. Zit. nach: Geschichte lernen, Heft 20/1991, S. 44.

1 Generalsekretär = 1922 geschaffenes Amt, Vorsitzender des Zentralkomitees der Kommunistischen Partei (oberstes Parteigremium)
2 Gen. = Abkürzung für Anredeform Genosse
3 ZK = Zentralkomitee, wichtigstes Gremium der Kommunistischen Partei
4 Volkskommissariat = identisch mit Bezeichnung Ministerium

Q2

Stalins Lehre vom „Sozialismus in einem Lande"

Der hier folgende 1. Absatz ist ein Zitat aus Stalins Rede „Zu den Ergebnissen der Arbeiten der XIV. Parteikonferenz", die im Mai 1925 erschienen ist. Der zweite Absatz stammt aus der Schrift „Zu den Fragen des Leninismus" (25. Januar 1926):

Wir können den Sozialismus errichten, und wir werden ihn zusammen mit der Bauernschaft, unter der Führung der Arbeiterklasse aufbauen, [...] denn unter der Diktatur des Proletariats sind bei uns alle Vorbedingungen gegeben, die notwendig sind, um die vollendete sozialistische Gesellschaft zu errichten, wobei alle und jede inneren Schwierigkeiten überwunden werden. Denn wir können und müssen sie durch unsere eigenen Kräfte überwinden.

[...]

Was bedeutet die Möglichkeit des Sieges des Sozialismus in einem Lande?

Das bedeutet die Möglichkeit, die Gegensätze zwischen Proletariat und Bauernschaft mit den inneren Kräften unseres Landes zu überwinden, die Möglichkeit, dass das Proletariat die ergreifen und diese Macht zur Errichtung der vollendeten sozialistischen Gesellschaft in unserem Lande ausnutzen kann, gestützt auf die Sympathien und die Unterstützung der Proletarier der anderen Länder, aber ohne vorhergehenden Sieg der proletarischen Revolution in anderen Ländern [...].

Wolfgang Lautemann/Manfred Schlenke (Hrsg.): Geschichte in Quellen. Bd. 5: Weltkriege und Revolutionen 1914–1945. Bearb. v. Günter Schönbrunn. Bayerischer Schulbuchverlag, München 1970, S. 140.

B Wirtschaftspolitik – Zwischen Realität und Utopie?

Q3

Der Erste Fünfjahresplan

Der 15. Parteitag legt die Richtlinien für die Erstellung des Fünfjahresplans fest, 19. Dezember 1927:

Der einzig richtige Weg zur Beseitigung der genannten Disproportionen[1] ist der Weg der Senkung der Selbstkosten der industriellen Produktion auf der Grundlage einer energisch vorangetriebenen Rationalisierung und Erweiterung der Industrie, folglich auf der Grundlage einer Politik der Senkung der Industriepreise, der Weg der Entwicklung von arbeitsintensiven Kulturen auf dem Dorf und der Industrialisierung der Landwirtschaft selbst (besonders durch den Aufbau einer Industrie zur Verarbeitung von Landwirtschaftsprodukten); der Weg der umfassenden Heranziehung der kleinen Ersparnisse (durch innere Anleihen, Sparkassen, Einlagen in die Genossenschaft, Errichtung von Genossenschaftsfabriken) und ihre Einbeziehung in das Kreditsystem.

[…] Der Fünfjahrplan hat besonders eine Vergrößerung der Saatflächen, der Ernteerträge und der Marktproduktion von Weizen und Gerste zu projizieren, damit der wachsende Bedarf im Innern des Landes befriedigt und der notwendige Exportfonds bereitgestellt wird. […] Weiter sind Maßnahmen zu planen, die die Versorgung des Dorfes mit komplizierten landwirtschaftlichen Maschinen und besonders mit Traktoren sicherstellen, die unter unseren Verhältnissen ein Mittel zur Beschleunigung der Kollektivierung der landwirtschaftlichen Produktion darstellen. […]
Der Plan hat von der grundlegenden Klassenposition der Partei auszugehen, deren Politik sich auf die Dorfarmut stützt, ein stabiles Bündnis mit den Mittelbauern anstrebt und dem Kulaken[2] offensiv begegnet. Der Plan muss deshalb von der Unterstützung der Genossenschaft ausgehen (und hierbei die Vorschläge der Opposition, der Genossenschaft Kapitalien[3] zu entziehen, entschieden zurückweisen, weil sie den ganzen Genossenschaftsplan Lenins vereiteln würden); er hat von einer richtigen Politik innerhalb der Genossenschaft auszugehen (den schwachen Wirtschaften Kredit zu gewähren, kulakische Tendenzen zu bekämpfen, eine analoge Politik in den Maschinengenossenschaften durchzuführen usw.); weiter hat er davon auszugehen, dass neben der intensiven Entwicklung der Absatzgenossenschaft gegenwärtig die tatkräftige Unterstützung aller lebensfähigen Formen der Proletarischen Genossenschaft notwendig ist (Kommunen, Kollektivwirtschaften, Artels[4], Produktionsvereinigungen, genossenschaftlich betriebene Fabriken usw.); ebenso sind die Sowjetwirtschaften auf ein höheres Niveau zu heben.

Helmut Altrichter (Hrsg.): Die Sowjetunion. Von der Oktoberrevolution bis zu Stalins Tod. Bd. 2 Wirtschaft und Gesellschaft, dtv, München 1986, S. 212 f.

1 ungleiches Verhältnis, hier: ungleiche Verteilung von Landbesitz und Kapital
2 Kulaken = russ. Begriff für selbstständige, meist wohlhabende Bauern, hier ideologischer Begriff mit sehr offener Definition
3 Kapitalien = finanzielle Mittel
4 Artel = freiwilliger Zusammenschluss von Menschen zur Organisation gemeinsamer wirtschaftlicher Aktivitäten (Bauern, Handwerker, Pächter, Bettler, Diebe etc.) zur Zeit des Russischen Kaiserreiches

Q 4

Staatliches Plakat während der Kollektivierungskampagne 1930

Auf dem Plakat steht links: „Knecht, tritt der Kolchose unter der Führung der armen Bauern und der Mittelbauern bei". Rechts steht: „Im Jahr 1930 werden wir eine Million Brüder in die Kolchosen holen."

C Nomadenwesen – eine für den „modernen“ sozialistischen Staat unkonforme Lebensform?

D1

Kollektivierung und Sesshaftmachung

Der deutsche Historiker Robert Kindler (geb. 1978) untersuchte die Folgen der Kollektivierungspolitik unter Stalin am Beispiel der nomadischen Gesellschaften in Zentralasien.

Die Sowjetunion sollte nicht nur der Staat der Arbeiter und Bauern sein, sie war auch die Heimat zahlreicher Nomaden. Insbesondere an den Peripherien des Vielvölkerreiches, im Norden und Osten Sibiriens, in den Steppenregionen Zentralasiens und im Kaukasus gab es in den Jahrzehnten bis zum Beginn des Zweiten Weltkrieges eine Vielzahl nomadischer Gemeinschaften. Doch im Sowjetstaat war für sie auf Dauer kein Platz vorgesehen. Aufgrund ihrer Mobilität waren sie nur schwer kontrollierbar, und oft genug konnten sie sich den Anforderungen und Zumutungen der herrschenden Bolschewiki buchstäblich entziehen. […] Deshalb wurden Kontrolle und Unterwerfung der Nomaden unter die Diktatur des sowjetischen Staates zu einem zentralen Ziel bolschewistischer Politik in Kasachstan; das Mittel, um es zu erreichen, war die Sesshaftmachung. […] Die zentralasiatische Sowjetrepublik gehörte zwar mit einer Fläche von rund 2,7 Millionen Quadratkilometern zu den größten administrativen Einheiten der Sowjetunion, doch war sie nur dünn besiedelt. 1926 lebte hier eine multiethnische Bevölkerung von etwas mehr als 6 Millionen Menschen. Mit rund 3,6 Millionen stellten die Kasachen die mit Abstand größte Bevölkerungsgruppe, […]. […]

Die Sesshaftmachung der Nomaden war untrennbar mit der Kollektivierung der sowjetischen Landwirtschaft verbunden. […] Die Kollektivierung war als Teil der stalinschen „Kulturrevolution“ nicht zuletzt darauf gerichtet, der Landbevölkerung ihre Ressourcen zu entziehen und sie von staatlichen Verteilungs- und Produktionsmechanismen abhängig zu machen. Bauern und Nomaden wurden mittellos. Was aus Sicht der Bauern eine Tragödie war, bedeutete für die Nomaden eine Katastrophe: Der Verlust ihrer Viehherden war gleichbedeutend mit dem Verlust ihrer ökonomischen und kulturellen Existenzgrundlagen. […] Damit war auch das Desaster der „planmäßigen“ Sesshaftmachung vorgezeichnet. Was sich ursprünglich als lang andauernder und evolutionärer Prozess vollziehen sollte, musste nun innerhalb weniger Jahre umgesetzt werden. In nur vier Jahren, von 1930 bis Ende 1933, […] sollten mehr als zwei Millionen Menschen von „Maßnahmen zur Sesshaftmachung“ erfasst werden.

So grandios die Absichten sich auch ausnahmen, so bescheiden waren die dafür zur Verfügung stehenden Mittel. Und noch schlechter war es um die Expertise derjenigen Funktionäre bestellt, die die Sesshaftmachung in der Steppe realisieren sollten. Die meisten unter ihnen wussten weder, was sie sich unter dem Begriff vorzustellen hatten, noch waren sie in der Lage, die abstrakten Planvorgaben zu erfüllen. Viele unter den chronisch überforderten Kadern in den Regionen ignorierten die von oben gekommenen Beschlüsse zunächst sogar gänzlich – eine im sowjetischen Apparat angesichts knapper Ressourcen und häufig widersprüchlicher Direktiven durchaus übliche Praxis. […] Schließlich fehlte es an den sogenannten Ansiedlungspunkten an allem: Zum Mangel an Baumaterialien, landwirtschaftlichem Gerät und Saatgut kam das dramatische Missmanagement bei der Auswahl der zur Sesshaftmachung vorgesehenen Orte. Häufig gab es hier kein Wasser, keine fruchtbaren Böden oder Weiden […].

[…] Ungeachtet aller Herausforderungen und Schwierigkeiten bei der Sesshaftmachung standen die Funktionsträger in den Regionen stets unter dem erbarmungslosen Diktat der Planerfüllung. Von ihnen wurde verlangt, die ebenso strikten wie immer wieder erhöhten Ablieferungsquoten für Agrarprodukte zu erfüllen. Mit Menschen, die nur über wenig Erfahrung im Landbau verfügten, war dies jedoch nicht realistisch. Auch deshalb interessierten sich viele Funktionäre auf der lokalen Ebene kaum für die Sesshaftmachung. Diese Mischung aus Desinteresse und fehlenden Ressourcen erwies sich für die Kasachen als fatal, […]. […] Den führenden Funktionären ging es zunächst vor allem darum, möglichst weitreichende und revolutionäre Ziele zu proklamieren, die in möglichst kurzer Zeit realisiert werden sollten. Auf welchem Wege die epochalen Absichten Realität wurden und welche Schwierigkeiten es dabei zu überwinden galt, spielte eine höchst untergeordnete Rolle. Wer Einwände und Bedenken äußerte, wurde bestenfalls mit Schweigen übergangen, ansonsten heftig kritisiert oder mundtot gemacht. Gesellschaftliche Veränderungen wurden im Stile von Stoßkampagnen unter Aufbietung aller Kräfte und gegen jeglichen Widerstand durchgepeitscht. […]

Gleichzeitig griffen immer mehr Kasachen zu den Waffen, um sich und ihren Besitz zu verteidigen; vielfach ging es ihnen auch nur darum, die Fluchten ihrer Familien zu sichern. Eine signifikante Minderheit leistete zudem offenen Widerstand gegen die Sowjetmacht. Solche bewaffneten Aufstände blieben nicht auf Kasachstan beschränkt, sondern brachen in vielen Regionen Zentralasiens aus. […] Das stalinsche Regime beantwortete die Herausforderung mit einer bis dahin unbekannten Gewalteskalation […]. Was als Attacke auf Kultur und Lebensweise der Nomaden begonnen hatte, endete in einem brutalen Bürgerkrieg, den die Bolschewiki schließlich aufgrund ihrer überlegenen Kräfte und der sich immer weiter ausbreitenden Hungersnot für sich entschieden. […] 1932/33 kam es schließlich in weiten Teilen der Sowjetunion zu Hungersnöten, deren Epizentren sich in der Ukraine, im Wolgagebiet, dem Nordkaukasus und Kasachstan befanden. Nach den plausibelsten Berechnungen fielen dem Hunger dieser Jahre in der gesamten Sowjetunion zwischen 5,5 bis 6,5 Millionen Menschen zum Opfer. Davon kamen die meisten Menschen (etwa 3,5 Millionen) in der Ukraine ums Leben. Doch keine Region traf der Hunger härter als Kasachstan: Die zuvor bereits stark in Mitleidenschaft gezogenen Viehbestände wurden endgültig dezimiert, sodass die ökonomische Basis der Republik Mitte 1933 praktisch vollständig vernichtet war. Durch Hunger und die damit verbundenen Krankheiten starben mehr als 1,5 Millionen Menschen: rund ein Drittel der Kasachen beziehungsweise ein Viertel der Gesamtbevölkerung.

Robert Kindler: Sesshaftmachung als Unterwerfung – Die kasachischen Nomaden im Stalinismus. (15.6.2015). Unter: www.bpb.de/apuz/208253/sesshaftmachung-als-unterwerfung-die-kasachischen-nomaden-im-stalinismus?p=all (Zugriff: 20.01.2020).

D Der Stalinismus als Chance für Frauen?

Q5

Das neue propagierte Frauen- und Familienideal

Der Amerikaner John Scott (1912–1976) verließ 1932 die USA, um beim Aufbau des Kommunismus in der sowjetischen Industriestadt Magnitogorsk mitzuarbeiten. Er blieb dort bis 1941 und schrieb später über sein dortiges Familienleben:

Mascha und ich lebten ein arbeitsames, glückliches und einfaches Leben. Im Herbst 1935 trat jedoch ein Ereignis ein, das unser Dasein bedeutend komplizierter machte. Unsere erste Tochter wurde geboren. Keiner von uns wusste, wie man einen Säugling behandelt, und, was noch mehr ins Gewicht fiel, wir waren beide ungeheuer an unserer Arbeit und unseren Studien interessiert. Es dauerte mehrere Monate, bis wir einsahen, dass wir unsere Lebensweise zugunsten der nächsten Generation verändern mussten.

Es gelang uns, ein ideales Mädchen zu finden, das sich unseres etwas verwahrlosten Haushaltes annahm, sodass alles schließlich wie am Schnürchen ging. […]

Einige Monate nach Elkas Geburt legte Mascha das Abschlussexamen ab und erhielt einen Platz als Mathematiklehrerin […] Sie unterrichtete im Durchschnitt fünf Stunden am Tag und erhielt ein Monatsgehalt von 500 Rubel, ungefähr gerade so viel, wie ich verdiente. Sie fühlte sich sehr wohl in ihrer Arbeit und hatte gute Erfolge. […] Die Söhne und Töchter der dortigen Schichten hatten sich schwer durcharbeiten müssen, es war eine harte, natürliche Auslese. Die Schwächsten und am wenigsten Begabten hatten nicht durchgehalten, und die anderen erstrebten selbst eine gründliche Bildung. Ihre Väter waren in der Regel die energischsten und tüchtigsten Leute in den Dörfern gewesen, aus denen sie kamen. Sie existierten nach der Kollektivisierung nicht mehr als Klasse, aber ihre Kinder waren geeignet, Führer auf anderen Gebieten zu werden. […].

Mascha war typisch für eine ganze Generation junger Sowjetfrauen, die die umfassenden Ausbildungsmöglichkeiten, die ihnen geboten wurden, ausnutzten und gebildete Berufsfrauen wurden, während ihre Eltern nur gerade lesen und schreiben konnten. Diese Gruppe […] war unter dem Schlagwort „Gleiche Möglichkeiten für Männer und Frauen" geformt worden. Sie waren in den zwanziger Jahren mit Propaganda über die Beseitigung der bürgerlichen Familie als Institution überschüttet worden. Mit Kochen, Abwaschen und Nähen wollten sie sich so wenig wie möglich befassen. Solche Aufgaben waren für die Dienstboten da, die nicht genügend Intelligenz besaßen oder nicht genug Schulung hatten, um einen anderen Beruf auszuüben.

John Scott: Jenseits des Ural. Die Kraftquellen der Sowjetunion. Bernann-Fischer-Verlag, Stockholm 1944, S. 154–158. Berechtigte Übertragung aus d. Amerikanischen.

Q6

Der sozialistische Staat hält den Frauen den Rücken frei?

„Zum Studium, zur Werkbank, zum gesellschaftlichen Leben – das Netz aus Kinderkrippen und Kantinen für die Allgemeinheit werden wir weiter auswerfen – wir werden Millionen Frauen für die Teilnahme am sozialistischen Aufbau freimachen" (Plakat 1933)

E Eine Verfassung und ihre Deutung – eine Diktatur unterm Deckmantel?

Q7

Die sowjetische Verfassung von 1936

a) Auszüge aus dem Verfassungstext

Artikel 124: Zum Zwecke der Gewährleistung der Gewissensfreiheit für die Bürger sind in der UdSSR die Kirche vom Staat und die Schule von der Kirche getrennt. Die Freiheit der Ausübung religiöser Kulthandlungen und die Freiheit antireligiöser Propaganda werden allen Bürgern zuerkannt.

Artikel 126: In Übereinstimmung mit den Interessen der Werktätigen und zum Zwecke der Entwicklung der organisatorischen Selbsttätigkeit und der politischen Aktivität der Volksmassen wird den Bürgern der UdSSR das Recht gewährleistet, sich in gesellschaftlichen Organisationen zu vereinigen: in Gewerkschaften, genossenschaftlichen Vereinigungen, Jugendorganisationen, Sport- und Wehrorganisationen, Kulturvereinigungen, technischen und wissenschaftlichen Gesellschaften, während die aktivsten und zielbewusstesten Bürger aus den Reihen der Arbeiterklasse, der werktätigen Bauern und der schaffenden Intelligenz sich freiwillig in der kommunistischen Partei der Sowjetunion vereinigen, die der Vortrupp der Werktätigen in ihrem Kampf für die Errichtung der kommunistischen Gesellschaft ist und den leitenden Kern aller Organisationen der Werktätigen, der gesellschaftlichen sowohl wie der staatlichen, bildet.

Artikel 135: Die Deputierten werden in allgemeiner Wahl gewählt: Alle Bürger der UdSSR, die das Alter von 18 Jahren erreicht haben, besitzen […] das Recht, an den Wahlen der Deputierten teilzunehmen, mit Ausnahme von Geisteskranken und Personen, die vom Gericht unter Aberkennung des Wahlrechts verurteilt worden sind.

Zum Deputierten des Obersten Sowjets der UdSSR kann jeder Bürger der UdSSR gewählt werden, der das Alter von 23 Jahren erreicht hat […].

Artikel 141: Die Aufstellung der Kandidaten für die Wahlen erfolgt nach Wahlkreisen.

Das Recht, Kandidaten aufzustellen, wird den gesellschaftlichen Organisationen und den Vereinigungen der Werktätigen gewährleistet: den kommunistischen Parteiorganisationen, den Gewerkschaften, Genossenschaften, Jugendorganisationen, Kulturvereinigungen.

Georg von Rauch: Machtkämpfe und soziale Wandlungen in der Sowjetunion seit 1923. Ernst Klett Verlag Stuttgart 1971, S. 26–29.

b) Der deutsche Strafrechtler Reinhart Maurach (1902–1976) schrieb 1955 über die sowjetische Verfassung von 1936:

Es darf nicht übersehen werden, dass den Gegnern der Kirche in Art. 124 durch das Recht auf Ausübung antireligiöser Propaganda wesentlich mehr Freiheit gewährt wird als den Kirchen und Glaubensgemeinschaften selber, deren Recht auf die Ausübung religiöser Kulthandlungen beschränkt wird unter Vorbehalt einer religiösen Propaganda (Mission).

Optisch scheinen die in Art. 126 aufgezählten Grundrechte denen liberaler Verfassungen über Vereins- und insbesondere Koalitionsfreiheit zu gleichen. Tatsächlich ergeben sich aber wesentliche Einschränkungen dieser politisch sehr wichtigen Grundrechte:

1. Das Recht auf Vereinsbildung ist nicht absolut, d. h. es wird nur unter der Voraussetzung gewährt, dass durch die Vereinsbildung dem Interesse von Partei und Staat positiv entsprochen wird. Schon bevor sich ein Verein gebildet hat und bevor ihm die Verfolgung von Zielen nachgewiesen werden kann, die „den Interessen der Werktätigen“ usw. nicht positiv entsprechen, kann ihm seine Konstituierung verboten werden.
2. Das Recht auf Gründung politisch indifferenter und rein privater Vereine besteht nicht. Nur solche Zusammenschlüsse sind erlaubt, deren Existenz Staat und Partei Förderung ihrer eigenen Ziele erwarten lassen. […]

4. Die Kommunistische Partei wird ausdrücklich erwähnt
a) in beherrschender Stellung als einzige Partei (Koalition)
b) in moralisch qualifizierter Stellung als Vereinigung der Besten.

Art. 135 bekennt sich zum Grundsatz der Allgemeinheit des Wahlrechts, nachdem bis 1936 radikale, unter „Klassen“-Gesichtspunkten erfolgende Beschränkungen für das aktive wie passive Wahlrecht bestanden hatten. Die heutigen Einschränkungen des Wahlrechts (Geisteskrankheit, Verlust der politischen und Bürgerrechte) halten sich im Rahmen der liberalen Verfassungen. Von der Möglichkeit des Rechtsverlusts wird allerdings sehr weitgehend Gebrauch gemacht; hiervon sind nicht nur die Millionen der Strafgefangenen betroffen, sondern auch den bereits Strafentlassenen wird für eine bestimmte Zeit das Wahlrecht aberkannt. […]

Art. 141, Abs. 2 macht jede Form freier Wahlen unmöglich: Nach gründlicher Vorprüfung und Siebung durch die Partei und die ihr hörigen Organisationen werden die Kandidaten nominiert; von einer Wahl kann insofern keine Rede sein, da für jeden Wahlkreis nur ein Kandidat vorgeschlagen wird. In Art. 141 schließt sich der Ring der um das Volk geschmiedeten Diktatur der Partei.

Reinhart Maurach: Handbuch der Sowjetverfassung. Isar-Verlag, München 1955, S. 221–223.

Arbeitsvorschläge

Arbeitsvorschlag zum darstellenden Teil

1. Erklären Sie die Parole „Sozialismus in einem Land". [II]

A Der umstrittene Aufstieg Stalins

2. Arbeiten Sie die Charakterisierung Stalins und Trotzkis durch Lenin heraus (Q 1). [II]
3. Erläutern Sie auf Basis Ihres, aus dem Darstellungstext herausgearbeiteten Wissens, Lenins Priorisierung für einen neuen Führer der Partei. [II]
4. Erläutern Sie Stalins Verständnis vom Begriff „Sozialismus" (Q 2). [II]

B Wirtschaftspolitik – Zwischen Realität und Utopie?

5. Arbeiten Sie heraus, welche
   a) wirtschaftlichen und
   b) parteipolitischen
   Ziele der Fünfjahresplan verfolgte (Q 3). [II]
6. Erläutern Sie die Folgen des Fünfjahresplans für die Bevölkerung und das Wirtschaftsleben. Ziehen Sie dazu auch Ihre Erkenntnisse aus dem Darstellungstext des Kapitels heran. [II]
7. Untersuchen Sie das Plakat zur Kollektivierungskampagne (Q 4), indem Sie es
   a) beschreiben,
   b) seine Bildsprache erklären und
   c) seine Ziele im historischen Kontext beurteilen.
   [I/II/III]

C Nomadenwesen – eine für den „modernen" sozialistischen Staat unkonforme Lebensform?

8. Arbeiten Sie mittels D1 am Beispiel Kasachstan das Problem des Nomadentums für den „modernen" Staat heraus. [II]
9. Nennen Sie die Probleme für die verantwortlichen Funktionäre vor Ort bei der Durchsetzung der Kollektivierung und Sesshaftmachung. [I]
10. Erläutern Sie die Folgen der sowjetischen Politik für die kasachische Gesellschaft. [II]
11. Recherchieren Sie den Beitrag von Robert Kindler unter der Frage, in welcher Form der kasachische Staat sich heute an die Jahre des „Großen Terrors" erinnert und erläutern Sie, warum er dies in der dort beschriebenen Form tut. [II]

D Der Stalinismus als Chance für Frauen?

12. Charakterisieren Sie auf Basis Ihres Vorwissens die soziale Position der meisten Frauen in der europäischen bürgerlichen Gesellschaft Anfang des 20. Jahrhunderts. [II] ○
13. Stellen Sie dar, inwieweit John Scott eine neue Situation der Frauen im Sowjetkommunismus beschreibt. [II]
14. Beurteilen Sie quellenkritisch, inwieweit die Beschreibungen von John Scott für die Sowjetgesellschaft verallgemeinert werden können. [III] ○
15. Untersuchen Sie das Plakat (Q 6), indem Sie es
    a) beschreiben,
    b) seine Bildsprache erklären und
    c) die in ihm aufgezeigten Neuerungen für Frauen im historischen Kontext beurteilen.
    [I/II/III]

E Eine Verfassung und ihre Deutung – eine Diktatur unterm Deckmantel?

16. Beurteilen Sie die Verfassungsauszüge von Q 7a hinsichtlich der Frage, inwieweit die Verfassung als demokratisch bezeichnet werden kann. [III] ○
17. Vergleichen Sie Ihre Ergebnisse aus dem Arbeitsvorschlag 16 mit der Einschätzung von Reinhard Maurach (Q 7b). [II]

Online- und Differenzierungsmaterialien zu Kapitel 2.8
○ Arbeitshilfen zu den Aufgaben 12, 14 und 16
Karte Stalinistischer Terror

Online-Code: d8b6hk

E Erweiterungsband
Kapitel 2.9,
S. 148–153

2.9 Der Zweite Weltkrieg – ein ideologischer Eroberungskrieg um Lebensraum und globale Vorherrschaft

Die seit Längerem schwelenden gesellschaftlichen und wirtschaftlichen Konflikte sowie die ideologische Radikalisierung führten schließlich zu einem neuen Weltkrieg. Dabei ging es um territoriale Eroberungen und um rassistisch motivierte Vernichtung.

Material
Karte Ausbreitung Autoritarismus in Europa
i2j3fu

Die außenpolitischen Ziele des NS-Regimes ab 1933

Die Außenpolitik des Deutschen Reiches verfolgte ab 1933 ideologische Ziele. Zumindest in den ersten Jahren orientierte sie sich aber realpolitisch an der internationalen Situation, die immer stärker von ideologischen Rivalitäten, faschistischen, liberalen und kommunistischen Ordnungsvorstellungen geprägt war. Die großen sozialen Probleme infolge der globalen Wirtschafts- und Finanzkrise heizten das Klima zusätzlich an. Das Kernziel der deutschen Außenpolitik unter dem NS-Regime war die Eroberung von „Lebensraum" in Osteuropa. Dieses Ziel ging einher mit dem Bestreben, die Sowjetunion als Zentrum des internationalen Kommunismus zu vernichten. Letztendlich ging es um den Aufstieg zu einer Weltmacht.

Das internationale Machtgefüge war Mitte der 1930er Jahre instabil geworden. Großbritannien und Frankreich hatten mit innenpolitischen Problemen sowie zahlreichen kolonialen Konflikten und Unabhängigkeitsbestrebungen zu kämpfen. In beiden Ländern waren zudem die Erinnerungen an die riesigen Menschenverluste im Ersten Weltkrieg sehr präsent, sodass wenig Bereitschaft für einen erneuten militärischen Großkonflikt bestand. Die USA kämpften im ähnlichen Maße mit wirtschaftlichen Schwierigkeiten und schotteten sich zunehmend ab. Im Westpazifik entwickelte sich Japan zu einer aggressiven Diktatur, die nach der Vorherrschaft in Ostasien strebte. In den 1930er-Jahren ging Japan zum offenen Konflikt mit China über und schloss mit Deutschland und Italien ein loses Bündnis (**Antikominternpakt**). Ideologisch sahen die liberalen Großmächte eher in der Sowjetunion als in den faschistischen Mächten die Hauptbedrohung.

Antikominternpakt
1919 gründete sich ein Zusammenschluss sozialistischer Parteien mit dem Ziel, eine weltweite proletarische Revolution durchzusetzen. Die Komintern wurde bald von der UdSSR kontrolliert. 1936 schlossen Japan und das Deutsche Reich ein Bündnis zur Bekämpfung der Komintern. Diesem Pakt traten später u. a. auch Italien, Ungarn und Spanien bei.

Die Radikalisierung der deutschen Außenpolitik seit 1933

Die NS-Regierung machte kein Geheimnis daraus, dass sie Deutschland wieder zu einer gleichberechtigten Großmacht entwickeln wollte. Solange ihr allerdings noch die militärischen und wirtschaftlichen Mittel fehlten, beteuerte sie ihre friedlichen Absichten. Trotzdem trat sie bereits 1933 aus dem **Völkerbund** aus, verbot internationale, pazifistische Organisationen wie die **Paneuropa-Union** und begann mit einer ambitionierten Wiederaufrüstung, wogegen die Westmächte protestierten, jedoch nicht einschritten. In gleicher Weise reagierten sie, als deutsche Truppen 1936 das eigentlich seit 1919 entmilitarisierte Rheinland besetzten.

Ebenso wie Italien engagierte sich das Deutsche Reich militärisch im **Spanischen Bürgerkrieg** aufseiten der rechtsgerichteten Putschisten. Bereits im Juli 1934 hatte die deutsche Regierung mithilfe des österreichischen Ablegers der NSDAP einen Anschluss des südlichen Nachbarlandes zu erzwingen versucht. Dieser Putsch scheiterte jedoch, was zunächst zu einem starken Dämpfer der deutschen Ambitionen geführt hatte. Im Marz 1938 marschierten deutsche Truppen in Österreich ein. Mithilfe einer undemokratischen Volksabstimmung wurde der „freiwillige Anschluss" Österreichs an Deutschland vollzogen. Zwar rief die UdSSR die anderen Großmächte zu einem gemeinsamen Vorgehen gegen Deutschland auf, jedoch beließen diese es bei diplomatischen Protesten.

Paneuropa-Union
1922 von Politikern und Intellektuellen aus mehreren europäischen Staaten gegründete Organisation, die sich seitdem für einen föderativen Zusammenschluss der europäischen Nationen auf Basis von Demokratie und Pazifismus einsetzt

„Heim ins Reich"
deutsche Briefmarke 1938 anlässlich der Angliederung Österreichs

Dies ermunterte das NS-Regime, die seit Längerem schwelenden und von der NSDAP geförderten Konflikte der deutschen Minderheit in der Tschechoslowakei zu einer diplomatischen Krise anzuheizen. Die deutsche Regierung forderte den Anschluss der überwiegend deutsch besiedelten Grenzgebiete („Sudetenland") an das Deutsche Reich. Wieder scheuten die Westmächte einen Konflikt. Unter Vermittlung Italiens und Ausgrenzung der UdSSR stimmten sie schließlich im sogenannten Münchner Abkommen im September 1938 der deutschen Annexion des Sudetenlandes zu. Diese „**Appeasement-Politik**" der Westmächte erwies sich jedoch bereits im Frühjahr 1939 als gescheitert, da sich die Slowakei mit deutscher Rückendeckung für unabhängig erklärte und Deutschland die „Rest-Tschechei" besetzte. Zu diesem Zeitpunkt hatte Italien bereits 1935 einen offenen Lebensraumkrieg in Ostafrika gegen das Völkerbundmitglied **Abessinien** begonnen, während Japan seinen Einfluss bis zur Mongolei ausdehnte und einen Eroberungskrieg gegen China startete.

Appeasement-Politik
appease = beschwichtigen
politisches Schlagwort für die Politik des wiederholten Nachgebens der brit. und franz. Regierung gegenüber dem NS-Regime

Abessinien
in Europa gebräuchliche Bezeichnung für das ostafrikanische Kaiserreich Äthiopien

Der deutsch-sowjetische Nichtangriffspakt

1939 verschärfte die deutsche Außenpolitik ihren Ton gegenüber Polen. Entgegen allen ideologischen Vorbehalten suchten die Westmächte daraufhin nun doch ein gemeinsames Bündnis mit der UdSSR zum Schutz Polens. Die Sowjetunion hatte bereits seit 1933 die NS-Regierung als wachsende Bedrohung angesehen. Andererseits bestanden aber auch gegenüber den liberalen Demokratien große ideologische Vorbehalte. Zudem sah sich die UdSSR von der Expansion Japans in Ostasien bedroht. Die Stalin-Regierung begann daher sowohl mit den Westmächten, als auch mit der deutschen Regierung Verhandlungen.
Bis heute ist in der Wissenschaft umstritten, warum letztlich die sowjetische Diplomatie ein Bündnis mit der NS-Regierung einging. Dieses umfasste einen Wirtschaftsvertrag, der Deutschland umfangreiche Lieferungen wichtiger Rohstoffe wie Rohöl und Erze aus der UdSSR zusagte. Nur so war es Deutschland möglich, sich auch im Falle eines Krieges mit zentralen, kriegswichtigen Rohstoffen zu versorgen. Wenige Tage später, am 24. August 1939, schlossen beide Mächte einen gemeinsamen Nichtangriffspakt. In einem geheimen Zusatzabkommen teilten sie Osteuropa in Einflusszonen auf.
Für beide Vertragsparteien war es letztlich ein Bündnis auf Zeit, sahen sie doch die jeweilige andere Macht als ihren ideologischen Hauptfeind an. Trotzdem verlor beispielsweise Japan durch diese überraschende Wendung sein Vertrauen in die Entschlossenheit Deutschlands zum Krieg mit der UdSSR. Es beendete seine 1939 bestehenden Grenzkonflikte mit der Sowjetunion und richtete seine Expansion von nun an auf Südostasien aus.

Die NS-Führung verrechnet sich

Derweil überfiel Deutschland am 1. September 1939 Polen. Die deutsche Reichsführung vertraute darauf, dass die Westmächte, wie bereits bei der Zerschlagung der Tschechoslowakei, nicht einschreiten würden. Dies taten sie jedoch, was zur Ausweitung des deutschen Krieges gegen Polen zu einem neuen Weltkrieg führte. Großbritannien und Frankreich stellten sich auf die Seite Polens und erklärten Deutschland den Krieg, ohne allerdings militärisch übermäßig aktiv zu werden. Anfang Oktober musste Polen kapitulieren und wurde als Staat zerschlagen, wobei der Ostteil von der UdSSR annektiert wurde.
Um sich wichtige Rohstoffe für die Rüstungsindustrie gegen einen möglichen britischen Zugriff zu sichern, überfiel Deutschland im April 1940 auch die neutralen Staaten Dänemark und Norwegen. Im Mai und Juni 1940 gelang es der deutschen **Wehrmacht**, unter Verletzung der Neutralität der drei Benelux-Staaten, innerhalb von sechs Wochen überraschend die französischen Streitkräfte zu besiegen. Erstmals kam es dabei zur massenhaften Verwendung der synthetischen Aufputschdroge **Perivitin**. Italien nutzte die scheinbar günstige Gelegenheit und schloss sich in der Schlussphase des Feldzuges Deutschland an. Am 22. Juni 1940 musste Frankreich kapitulieren. Großbritannien führte allerdings trotz allem den Krieg weiter. Der deutsche Versuch, zunächst die Lufthoheit über England zu erkämpfen, schei-

Wehrmacht
1935 von der dt. Regierung eingeführte Bezeichnung für die Streitkräfte (zuvor „Reichswehr")

Perivitin
synthetische Droge Methamphetamin, u. a. eingesetzt in der dt. Wehrmacht ab 1940, entspricht der Droge Crystal Meth

terte im Spätsommer 1940. Die Pläne einer Invasion der britischen Inseln wurden daraufhin aufgeschoben und stattdessen ein Überfall auf die Sowjetunion vorbereitet. Diese bildete ohnehin das eigentliche Expansionsziel des NS-Regimes.

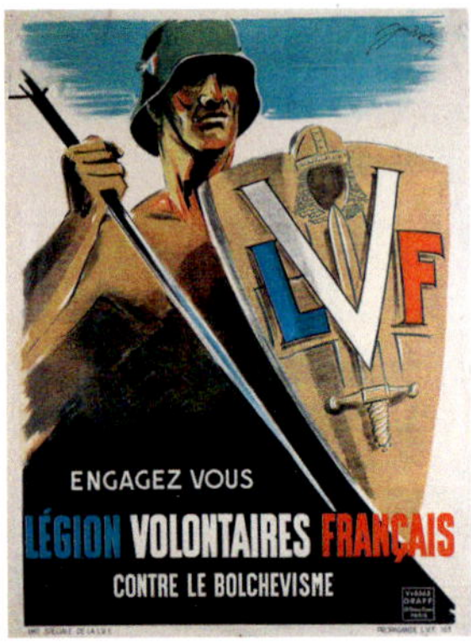

Werbeplakat der französischen Freiwilligenlegion LVF

Das Ende der Blitzkriege

Das Bündnis mit Italien weitete den Krieg auf Südosteuropa und Nordafrika aus. Am 22. Juni 1941 startete Deutschland seinen Überfall auf die UdSSR. Daran beteiligten sich auch Deutschlands Verbündete Finnland, Rumänien, Italien, Ungarn, Kroatien und die Slowakei. Spätestens jetzt hatte für Deutschland der **Weltanschauungskrieg** begonnen. Dies drückte sich auch durch den Einsatz Zehntausender Freiwilligen aus vielen europäischen Ländern aus, die sich am Kampf gegen den Bolschewismus beteiligen. Auch Spanien entsandte Freiwilligentruppen. Hinzu kamen weitere Freiwillige aus eroberten Teilen der UdSSR wie dem Baltikum und der Ukraine, die sich gegen die stalinistische Herrschaft wendeten. Tatsächlich eroberten die Wehrmacht und die Truppen ihrer Verbündeten innerhalb weniger Monate große Teile der westlichen Sowjetunion. Im Winter 1941/42 blieb jedoch der Vormarsch stecken. Die Hoffnung auf einen erneuten schnellen Sieg war gescheitert. Im Jahr 1942 gerieten das Deutsche Reich und seine Verbündeten zunächst in Nordafrika und dann auch in der Sowjetunion endgültig in die Defensive.

Ganz ähnlich erging es Japan. Dieses hatte am 7. Dezember 1941 einen Überraschungsangriff gegen den US-amerikanischen Marinestützpunkt Pearl Harbor (Hawaii) durchgeführt, was auch die USA in den Krieg miteinbezog. Zwar gelang es den japanischen Streitkräften, bis Ende 1942 nahezu ganz Südostasien zu erobern. Spätestens ab 1943 aber musste auch Japan immer mehr seiner Eroberungen wieder aufgeben.

D1

Konfliktregionen im Zweiten Weltkrieg

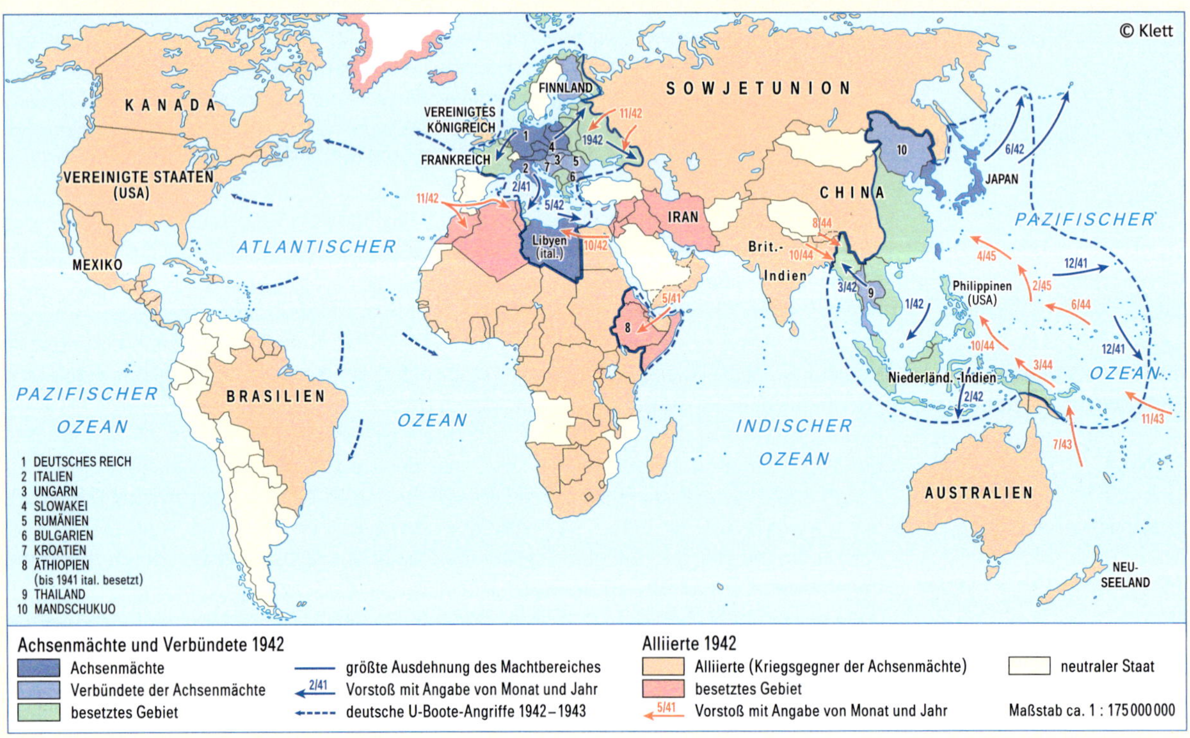

Ausplünderung der besetzten Gebiete und rassischer Vernichtungskrieg in Osteuropa

Sowohl Deutschland als auch Japan bemühten sich, sämtliche Ressourcen der besetzten Länder für die eigene Kriegswirtschaft auszuschöpfen. Dies führte oft zu einer gnadenlosen Ausplünderung ohne Rücksicht auf die dortige Bevölkerung und die steigende Zahl an Hungeropfern. Millionen von Menschen wurden als **Zwangsarbeiter** nach Deutschland geholt. Nach und nach entwickelten sich in allen besetzten Ländern Widerstands-, oft auch Partisanengruppen. Es gab aber auch Zusammenarbeit (Kollaboration). In Norwegen und im Süden des besetzten Frankreichs bildeten sich sogar Kollaborationsregime, die Deutschland unterstützten.
In Osteuropa verfolgte das Deutsche Reich das visionäre Ziel eines zukünftigen „Großgermanischen Reiches". Basierend auf der NS-Vorstellung der Eroberung von „Lebensraum im Osten" arbeitete die NS-Führung den „Generalplan Ost" aus. Dieser sah eine Neuaufteilung der Länder im Osten Europas bis zum Ural vor. Die dort lebende Bevölkerung sollte vernichtet, versklavt oder vertrieben werden, um so ein Siedlungsgebiet für Deutsche zu schaffen. Der millionenfache Tod durch Hunger, Seuchen oder zu hohe Arbeitsbelastung wurde eingeplant. Regeln des internationalen Kriegsrechts, zum Beispiel der Schutz von Kriegsgefangenen und Zivilisten, wurden außer Kraft gesetzt. Umgesetzt wurden diese Verbrechen von speziell gebildeten Sondereinheiten, der SS, aber auch von Verbänden der Wehrmacht oder deren Verbündeten. Gleichzeitig begann in allen besetzten Gebieten die organisierte Ermordung der Juden, Sinti und Roma.
Insgesamt starben durch den deutschen **Vernichtungskrieg** in der UdSSR etwa 25 bis 30 Millionen Sowjetbürger infolge von Kämpfen, Unterversorgung, Massenexekutionen oder Zwangsarbeit - davon mehr als die Hälfte Zivilisten. Weitere ca. 4,7 Millionen **Ostarbeiter** wurden als Arbeitssklaven in der deutschen Wirtschaft eingesetzt.

Die Alliierten gewinnen die Oberhand

Spätestens im Sommer 1943 begann sich das Blatt zugunsten der Alliierten zu wenden. In Osteuropa begannen die sowjetischen Truppen, die deutsche Wehrmacht und ihre Verbündeten zurückzudrängen. Im Juli 1943 landeten westalliierte Truppen auf Sizilien. Im Juni 1944 erfolgte die alliierte Landung in der französischen Normandie. In immer größerem Umfang griffen britische und amerikanische Bomberflotten deutsche Städte, Industriekomplexe und Infrastruktur an.
Bereits im August 1941 hatten sich die Regierungschefs von Großbritannien, Winston Churchill, und der USA, Franklin D. Roosevelt, in der sogenannten **Atlantik-Charta** auf Eckpunkte einer Nachkriegsordnung abgestimmt. Weitere Konferenzen folgten unter Einbeziehung der UdSSR im Herbst 1943 in Teheran und Januar 1945 in Jalta. Das Verhältnis zwischen den liberalen Westmächten und der stalinistischen UdSSR war zwar von einem gegenseitigen Grundmisstrauen geprägt, doch hielt das Bündnis.
Auch als nach und nach immer mehr Verbündete kapitulieren mussten oder gar, wie Italien, die Seiten wechselten, war die deutsche Regierung nicht bereit zu kapitulieren. Im Januar 1945 erreichten die Kämpfe in Ost und West das deutsche Reichsgebiet. Der Krieg in Europa endete erst am 7./8. Mai 1945 mit der totalen militärischen Niederlage und der Besetzung Deutschlands. In Ostasien war auch Japan im Herbst 1943 gegenüber den US-amerikanischen Rüstungsanstrengungen, der Mobilisierung von rund 2,5 Millionen indischen Soldaten durch Großbritannien und dem anhaltenden Widerstand Chinas in die Defensive geraten. Trotz der schließlich militärisch aussichtslosen Lage kapitulierte Japan erst am 2. September 1945 nach dem verheerenden Abwurf der ersten US-amerikanischen Atombomben auf die japanischen Städte Hiroshima und Nagasaki.
Erst jetzt war der Krieg, der schätzungsweise 55 Millionen Menschen das Leben gekostet hatte, vorbei.

Weltanschauungskrieg
Propagandabegriff für die Bekämpfung kommunistischer und liberaler Gesellschaften ohne Rücksicht auf das Völkerrecht

Zwangsarbeiter
Menschen, die gegen ihren Willen zu Arbeiten gezwungen werden (z. B. in Industrie, Bergbau, Landwirtschaft, Prostitution)

Vernichtungskrieg
Kriegsführung zur völligen Vernichtung des gegnerischen Staates, dessen Kultur und letztlich auch dessen Bevölkerung

Ostarbeiter
Zwangsarbeiter aus den besetzten osteuropäischen Gebieten. Als angeblich „rassisch Minderwertige" wurden sie unter noch schlechteren Bedingungen zur Arbeit gezwungen, als westeuropäische Zwangsarbeiter.

Atlantik-Charta
gemeinsame Erklärung der brit. und US-amerikanischen Regierungschefs am 14. August 1941 bzgl. gemeinsamer Grundsätze in ihrer internationalen Politik, abgeschlossen auf einem Kriegsschiff auf dem Atlantik

A Ein Krieg wie „jeder andere"?

Q1

Die „volksthümliche Ausrottung" der polnischen Intelligenz

Aus einem Aktenvermerk des Oberleutnants Erwin von Lahousen über die Besprechung im „Führerzug" am 12. September 1939 für seine Vorgesetzten in der „Abwehr", dem deutschen militärischen Geheimdienst. Lahousen zählte zum militärischen Widerstand:

Ich machte Ge. Oberst Keitel darauf aufmerksam, dass ich davon Kenntnis habe, dass umfangreiche Füsilierungen [Erschießungen] in Polen geplant seien und dass insbesondere Adel und Geistlichkeit ausgerottet werden sollen. Für diese Methoden werde die Welt schließlich doch auch die Wehrmacht verantwortlich machen, unter deren Augen diese Dinge geschähen. Gen. Oberst Keitel erwiderte hierauf, dass diese Sache bereits vom Führer entschieden sei, der dem ObdH (dem Oberkommando des Heeres, das war Keitel selbst) klargemacht habe, dass, wenn die Wehrmacht hiermit nichts zu tun haben wolle, sie es auch hinnehmen müsse, dass SS und Gestapo neben ihr in Erscheinung treten. Es werde daher in jedem Militärbezirk neben dem Militär- auch ein Zivil-Befehlshaber eingesetzt werden. Letzterem werde eben die „volksthümliche Ausrottung" zufallen.

Helmuth Groscurth. Tagebücher eines Abwehroffiziers 1938–1940. Hrsg. v. Helmut Krausnick/Harald C. Deutsch. DVA, Stuttgart 1970, S. 358.

Q2

Kriegführung im Osten

Aktennotiz deutscher Staatssekretäre, 2. Mai 1941:

1. Der Krieg ist nur weiterzuführen, wenn die gesamte Wehrmacht im 3. Kriegsjahr aus Russland ernährt wird.
2. Hierbei werden zweifellos zig Millionen Menschen verhungern, wenn von uns das für uns Notwendige aus dem Lande herausgeholt wird.
3. Am wichtigsten ist die Bergung und Abtransport von Ölsaaten, Ölkuchen, dann erst Getreide. Das vorhandene Fett und Fleisch wird voraussichtlich die Truppe verbrauchen.
4. Die Beschäftigung der Industrie darf nur auf Mangelgebieten wieder aufgenommen werden, z. B. die Werke für Verkehrsmittel, die Werke für allgemeine Versorgungsanlagen (Eisen), die Werke für Textilien, von Rüstungsbetrieben nur solche, bei denen in Deutschland Engpässe bestehen.

Gerd R. Ueberschär/Wolfgang Wette (Hrsg.): „Unternehmen Barbarossa". Der deutsche Überfall auf die Sowjetunion 1941. Berichte, Analysen, Dokumente. Schöningh, Paderborn 1984, S. 377.

Q3

Sowjetische Kundschafter südlich von Leningrad (heutiges Sankt Petersburg) 1942

Die deutsche Wehrmacht versuchte durch eine Blockade die Millionenstadt Leningrad auszuhungern. Während der Blockade von September 1941 bis Januar 1944 starben in der Stadt schätzungsweise eine Million Menschen.

D1

Das neue, rationale deutsche Europa

Die nationalsozialistische Rassen- und Lebensraumideologie verband sich mit Ideen einer neuen Generation junger Ökonomen und Raumplaner. In wissenschaftlichen Institutionen und Behörden erarbeiteten sie Modelle und Pläne zur Umgestaltung Europas.

In den Entwürfen für ein modernisiertes und „bereinigtes" Europa legten die beteiligten Technokraten nahe, dass all ihre Ziele am schnellsten und billigsten dann zu erreichen wären, wenn der „Faktor Bevölkerung" verändert, die Bevölkerung „optimiert" würde. Bevölkerungspolitik wurde nicht um ihrer selbst willen betrieben, sondern als Mittel zur Rationalisierung der Wirtschaft begriffen: Es ging darum, die „toten Kosten" zu verringern, die gesamtgesellschaftliche Produktivität zu steigern. Nach der festen Überzeugung der Planer waren massive Bevölkerungsverschiebungen in ganz Europa die Voraussetzung schlechthin, um eine zweckmäßige Großraumpolitik zu betreiben. Das bedeutete immer auch Selektion. Dabei war die Umsiedlung nur ein erstes Mittel jener sogenannten negativen Bevölkerungspolitik. Andere Methoden folgten: Deportation zur Zwangsarbeit, Gettoisierung, Vertreibung von Menschen in künstlich geschaffene Hungerregionen, Versuche einer Geburtenkontrolle und – Massenmord. [...]

In ihren Zukunftsentwürfen sahen die Planer Verkehrsadern, Rohstoffreserven, -gebiete und Menschen als gleichrangige „Faktoren". Transportprobleme, „Ernährungsengpässe" und die Beseitigung der „Überbevölkerung" stellten aus ihrer Perspektive gleichermaßen Sachzwänge dar, die mit den Mitteln moderner, rationeller Planung und Verwaltung zu bewältigen seien. Die bürokratische und wissenschaftliche Versachlichung des Massenmords ließen moralische Skrupel gar nicht erst aufkommen. [...]

Die Wissenschaftler verstanden sich ebenso wie die Experten aus der Bürokratie nicht als Ideologen. Die nationalsozialistische Ideologie kam ihnen aber besonders entgegen, wo sie die Menschen in „höherwertige und minderwertige" einteilte und damit ein rassenideologisches und sozialdarwinistisches Wertesystem vorgab, nach dem Menschen privilegiert, versklavt oder „ausgemerzt" werden sollten.

Vordenker der Vernichtung waren in sehr verschiedenartigen Institutionen tätig: Sie nahmen entweder direkt auf die Politik in den besetzten Ländern Einfluss oder beteiligten sich an der langfristigen Zukunftsplanung für ein deutsches Europa. [...] Diese Experten lieferten wissenschaftliche Gutachten, die als Entscheidungsgrundlagen in Regierungssitzungen, Staatssekretärskonferenzen und ad hoc gebildeten neuen Gremien dienten, Pläne und Strategieentwürfe, die sehr schnell in Erlasse und Befehle umgesetzt wurden. [...]

Die „neue europäische Ordnung" verstanden die Planer als Resultat einer Revolution von oben. Die jungen, gerade eingestellten und schnell aufsteigenden Macher setzten ihren ganzen Ehrgeiz darein, jeden sozialen Widerspruch, jeden Zielkonflikt auf ihre Weise zu „lösen", möglichst „endgültig" und „restlos". [...] Wenn die „Probleme" erfasst und die „Sachzwänge" benannt waren, ging es in diesem in sich geschlossenen, zweckrationalen System nur noch darum, die effizientesten Mittel einzusetzen. [...] Indem sie [Raumplaner, Ökonomen] Millionen Menschen als hinderlich und überflüssig erklärten, sie in ihren Zukunftsplänen einfach als nicht existent betrachteten oder ihre „Aussiedlung" vorschlugen, bereiteten sie den Weg, um die „Tabula rasa" mit militärischer und polizeilicher Gewalt und schließlich mithilfe von Vernichtungslagern zu schaffen.

Götz Aly/Susanne Heim: Vordenker der Vernichtung. Auschwitz und die deutschen Pläne für eine neue europäische Ordnung. Fischer Taschenbuch-Verl., Frankfurt/M. 1995, S. 483–488.

Q4

Der „Erlass über die Ausübung der Kriegsgerichtsbarkeit im Gebiet ‚Barbarossa'"

„Unternehmen Barbarossa" war der Deckname für den Angriff auf die Sowjetunion, der am 22. Juni 1941 begann. Wie die Wehrmacht mit den Zivilpersonen im überfallenen Gebiet umzugehen habe, regelte der „Kriegsgerichtsbarkeitserlass" vom 13. Mai 1941:

Behandlung von Straftaten feindlicher Zivilpersonen:

1. Straftaten feindlicher Zivilpersonen sind der Zuständigkeit der Kriegsgerichte und der Standgerichte bis auf Weiteres entzogen.
2. Freischärler sind durch die Truppe im Kampf oder auf der Flucht schonungslos zu erledigen.
3. Auch alle anderen Angriffe feindlicher Zivilpersonen gegen die Wehrmacht, ihre Angehörigen und das Gefolge sind von der Truppe auf der Stelle mit den äußersten Mitteln bis zur Vernichtung des Angreifers niederzukämpfen. [...]

Behandlung der Straftaten von Angehörigen der Wehrmacht und des Gefolges gegen Landeseinwohner:

1. Für Handlungen, die Angehörige der Wehrmacht und des Gefolges gegen feindliche Zivilpersonen begehen, besteht kein Verfolgungszwang, auch dann nicht, wenn die Tat zugleich ein militärisches Verbrechen oder Vergehen ist.

Gerd R. Ueberschär/Wolfgang Wette (Hrsg.): „Unternehmen Barbarossa". Der deutsche Überfall auf die Sowjetunion 1941. Berichte, Analysen, Dokumente. Schöningh, Paderborn 1984, S. 306 f.

Q5

Nicht viel Federlesen ...

Ein deutscher Soldat schrieb in einem Brief:

In unserem Ort, der sich ziemlich lange hinzieht und eine ziemliche Größe hat, war mal wieder etwas fällig. Es liegt hier nur unsere Kompanie mit ca. 60 Mann und Teile unserer 2. Kompanie. Das ist alles. Man kam dahinter, dass eine Partisanengruppe unsere Fahrzeuge in die Luft sprengen wollte. Vergangenen Sonntag hatte man den Landwirtschaftsführer und einen Obergefreiten, der zu ihm gehörte, im Quartier erschossen. Vorgestern morgen wurden schlagartig Kosaken[1] eingesetzt, die sofort mit einer affenartigen Geschwindigkeit die Ortschaft durchkämmten. Gestern früh wurden am Ortsrand 40 Mann erschossen. In den Quartieren bei den Leuten war vielleicht ein Gejammere. Es haben natürlich eine Anzahl von Unschuldigen das Leben lassen müssen. Schon als die Kosaken vorgestern Mittag alle Männer aus den Häusern hervorholten, da krachte es schon alle naselang, als die Leute abgeführt wurden. Man hatte nicht viel Federlesens gemacht und unterwegs schon welche umgelegt.

Ortwin Buchbender u.a. (Hrsg.): Das andere Gesicht des Krieges. Deutsche Feldpostbriefe 1939–1945. C.H. Beck, München 1982, S. 152.

1 Kosaken: russisch-ukrainische Bevölkerungsgruppe, die teilweise die deutsche Wehrmacht unterstützte

Q7

Warnung vor den „tierischen Instinkten"

In einem Flugblatt der Schweriner NS-Behörden kurz nach Kriegsbeginn an die Bevölkerung heißt es 1940:

[...] Farbige Franzosen! Wenn diese auch vorläufig nicht zur Arbeit eingesetzt werden, so ist doch ihre Berührung mit der Zivilbevölkerung möglich, bei eventuellem späteren Einsatz ist sie sicher.
Als Nachrichtenträger werden die Farbigen mangels Intelligenz kaum in Erscheinung treten, aber ihre bekannten tierischen Instinkte dürfen in keiner wie immer gearteten Form zum Ausbruch kommen. Der gesunde Instinkt des deutschen Volkes wird jeden Verkehr mit den farbigen „Kulturbringern" von sich aus ablehnen, Ausnahmen bestätigen aber oft die Regel!
Wer sich mit Farbigen irgendwie einlässt, ohne zu ihrer Aufsicht dienstlich verpflichtet zu sein, wird außer aus dem Gesetz zum Schutz der Wehrmacht des deutschen Volkes obendrein noch aus den Rassegesetzen zur Verantwortung gezogen. Darauf steht unweigerlich und ohne Berufungsrecht Zuchthaus und unter Umständen sogar Todesstrafe für beide Teile!

(Warnung vor den „tierischen Instinkten"): Stadtarchiv Schwerin MB699. Aus: Gerhard Höpp: Arabische Opfer des Nationalsozialismus. In: Gerhard Höpp u.a. (Hrsg.): Blind für die Geschichte? Arabische Begegnungen mit dem Nationalsozialismus. Klaus-Schwarz-Verl., Berlin 2004, S. 249.

B Der Krieg aus afrikanischer Perspektive

Q6

„Wir mussten einrücken!"

Der im Senegal geborene Yoro Ba wurde zur französischen Armee zwangsrekrutiert. 1997 berichtete er darüber:

Die Franzosen sind 1940 auf der Suche nach Soldaten über die Dörfer gezogen. Sie haben sich dabei direkt an die Dorfchefs gewandt [...] und sich Namenslisten von jungen Männern geben lassen. Uns hat niemand gefragt. [...] Wären wir zu Hause geblieben, hätten sie uns vor Gericht gestellt und vielleicht erschossen. [...] Weiße und afrikanische Soldaten waren schon in der Ausbildung strikt voneinander getrennt. In der Armee kochten französische Köche für die Franzosen und Schwarze für die Tirailleurs[1]. [...] Noch auf dem Schlachtfeld waren wir Afrikaner benachteiligt. Ich weiß nicht genau, wie hoch der Sold der europäischen Soldaten war, unserer war in jedem Fall geringer. Und manchmal haben sie nicht einmal das ausgezahlt, was sie versprochen hatten.

Birgit Morgenrath im Gespräch mit Yoro Ba. In: Rheinisches JournalistInnenbüro: Die Dritte Welt im Zweiten Weltkrieg, Unterrichtsmaterialien zu einem vergessenen Kapitel der Geschichte, Recherche International, Köln 2008, S. 61.

1 französische Kolonialsoldaten aus Afrika

Q8

Liquidierung afrikanischer Kriegsgefangener

In einem Augenzeugenbericht vom 10. Juli 1940 ist zu lesen:

Nach ihrer Entwaffnung werden die Soldaten rasch auseinandergetrieben: die Weißen auf die eine Seite, die Schwarzen auf die andere. Während die Deutschen Erstere zunächst nicht weiter beachteten, müssen sich alle Tirailleurs, die noch in der Lage sind, also auch Verletzte, sofern sie noch gehen können, am Straßenrand aufstellen. Dort werden sie mit Maschinengewehren niedergemäht. Wer zu fliehen versucht, wird zur Zielscheibe deutscher Scharfschützen, die mit Karabinern bewaffnet sind.
Auf Befehl eines deutschen Offiziers wird eine Gruppe von verletzten Senegalesen auf die Straße geschleppt. Der Offizier zieht seine Pistole und jagt den Schwarzen, die auf der Erde liegen, unter wüsten Beschimpfungen einem nach dem anderen eine Kugel in den Kopf. Dann brüllt er den gefangenen weißen Soldaten zu: „Erzählt das in Frankreich!"

Nancy Lawler: Soldats d'infortune. Les tirailleurs ivoiriens de la Deuxième Guerre Mondiale. Paris 1996, S. 100. Zit. nach: Die Dritte Welt im Zweiten Weltkrieg. Unterrichtsmaterialien von Recherche International e.V. Köln 2008, S. 66.

Arbeitsvorschläge

Arbeitsvorschlag zum darstellenden Teil

E **1.** Nennen Sie die wichtigsten Etappen auf dem Weg zum Zweiten Weltkrieg und stellen Sie diese in einem Fließdiagramm dar. [I/II] ●

A Ein Krieg wie „jeder andere"?

2. Charakterisieren Sie mithilfe des darstellenden Textes sowie von Q1 und Q2 Kriegsziele und das deutsche militärische Vorgehen in Polen. [I]

3. Charakterisieren Sie mithilfe von Q3–Q5 die deutsche Kriegsführung in Osteuropa. [I]

4. Erläutern Sie, warum sich für den deutsch-sowjetischen Krieg 1941–1945 der Begriff „Vernichtungskrieg" durchgesetzt hat. [II]

5. Analysieren Sie, wie der Soldat in seinem Brief (Q5) den Alltag des Vernichtungskriegs in Russland beschreibt und rechtfertigt. [II]

6. Über den Vernichtungsfeldzug in Russland schreibt der Historiker Peter Jahn:
„Es ist erstaunlich, dass bis heute diese schier unfassbaren Schrecken unser Bild von der NS-Zeit nur schwach geprägt haben."
Diskutieren Sie diese Aussage und überlegen Sie, inwiefern die Öffentlichkeit in Deutschland zu wenig über den Vernichtungskrieg in der ehemaligen Sowjetunion weiß. [III] ●

7. Analysieren Sie anhand von D1 die Bedeutung von deutschen Technokraten aus Behörden und Institutionen für den Umgestaltungsplan Europas des NS-Regimes. [II]

8. Zu den in D1 beschriebenen Technokraten zur Planung des „neuen Europas" zählten junge Wissenschaftler wie Konrad Meyer, Peter-Heinz Seraphim und Theodor Oberländer. Recherchieren Sie exemplarisch einen ihrer Lebensläufe und erstellen Sie ein Kurzporträt. [I] ○

B Der Krieg aus afrikanischer Perspektive

9. Analysieren Sie anhand von Q6, inwiefern Kolonialsoldaten in der französischen Armee diskriminiert wurden. [II]

10. Setzen Sie sich auf der Basis Ihres Vorwissens mit der Frage auseinander, welche direkten Kontakte oder medialen Einflüsse das Bild von Menschen aus Afrika oder Asien in Deutschland in den Jahrzehnten vor dem Zweiten Weltkrieg geprägt haben könnten. [III]

11. Arbeiten Sie aus dem Flugblatt Q7 die Ängste der deutschen Regierung gegenüber „farbigen" Kriegsgefangenen heraus. [II]

12. Beurteilen Sie, wie es zu einem Massaker durch deutsche Wehrmachtssoldaten an afrikanischen Kriegsgefangenen, wie dem in Q8 beschriebenen, kommen konnte. [III]

Übergreifende Arbeitsvorschläge

13. Erstellen Sie mithilfe der Methodentrainingsseite auf S. 350 f. einen Podcast über die Bedeutung des Zweiten Weltkrieges in Europa. Nehmen Sie dazu eine deutsche, österreichische, polnische, sowjetische oder französische Perspektive ein. [II] ○

14. Erstellen Sie mithilfe der Methodentrainingsseite auf S. 350 f. ein Podcast über die Bedeutung des Zweiten Weltkrieges aus nichteuropäischer Sicht (z. B. aus nordafrikanischer, japanischer oder amerikanischer Perspektive). Recherchieren Sie dazu ggf. weitere Informationen. [II] ○

Online- und Differenzierungsmaterialien zu Kapitel 2.9
○ Arbeitshilfen zu den Aufgaben 8, 13 und 14
● Vertiefungsangebote zu den Aufgaben 1 und 6
Karte Ausbreitung Autoritarismus in Europa

Online-Code: i2j3fu

2.10 Verfolgung und Vernichtung

Bereits 1933 begann das NS-Regime mit der gezielten Drangsalierung ganzer Bevölkerungsgruppen, die als „schädlich" für die „Volksgemeinschaft" angesehen wurden. Aus staatlicher Entrechtung und Drangsalierung wurde schließlich im Schatten des Zweiten Weltkrieges eine gezielte Vernichtung.

Alle Hemmungen fallen – Beginn der systematischen Krankenmorde

→ Q1, Q2, S. 204

Zu Beginn des Krieges ging die deutsche Regierung zur gezielten direkten Tötung von in ihren Augen „unwertem" Leben über. Im Oktober 1939 begann die „Aktion T4", benannt nach einer eigens gegründeten Organisationszentrale in der Berliner Tiergartenstraße 4. Die Verantwortlichen verschleierten die Morde mit dem Begriff „Euthanasie" („Gnadentod"). An sechs Orten wurden in Pflege- und Krankeneinrichtungen Gaskammern installiert, so im schwäbischen Grafeneck. Dort wurden schwer psychisch Kranke und Menschen mit schweren Missbildungen oder Erbkrankheiten mittels Verhungern, Giftgas oder Medikamenten getötet. Auch in zahlreichen anderen Kliniken wurden zur Euthanasie ausgewählte Patienten ermordet. Die Erfahrungen mit der Massentötung mittels Giftgas wurden ausgewertet und weitergegeben. Insgesamt fielen den systematischen Euthanasiemorden über 70 000 Menschen zum Opfer, darunter etwa 5 000 Kinder. Bezieht man die dezentralen Tötungen von Kranken mit körperlichen, geistigen und seelischen Behinderungen mit ein, wird die Opferzahl heute auf rund 216 000 Ermordete geschätzt. Verschont wurden selbst im Krieg schwer traumatisierte und dadurch psychisch erkrankte Wehrmachts- oder SS-Soldaten nicht.

Entrechtung der jüdischen Bevölkerung

→ Q3, S. 205

Bereits 1933 begannen erste Maßnahmen gegen Bevölkerungsgruppen, die nicht als Teil der Volksgemeinschaft angesehen wurden. Dies betraf in besonderem Maße die jüdischen Staatsbürger. Am 1. April 1933 wurde offen zu einem eintägigen Boykott jüdischer Geschäfte, Anwaltskanzleien und Arztpraxen aufgerufen. In den nachfolgenden Monaten wurden Juden aus dem öffentlichen Dienst, Presse, Rundfunk und Theaterbetrieben gedrängt. Am 15. September 1935 stellten die Nürnberger Gesetze die Eheschließungen, ja selbst außerehelichen Geschlechtsverkehr zwischen Juden und „Ariern" unter Strafe. Viele Maßnahmen zielten darauf, jüdische Bevölkerung unter Beschlagnahmung ihres Vermögens zur Auswanderung zu bewegen. Erwünscht waren sie in den anderen Staaten nicht. Dies hatte sowohl wirtschaftliche, aber nicht selten auch antisemitische Beweggründe.

→ D1, S. 204
→ Q4, S. 206

Ende 1938 verschärfte die deutsche Regierung ihren antisemitischen Kurs. Als am 7. November 1938 der jüdische Deutsche Herschel Grynszpan ein Attentat auf ein Mitglied der deutschen Botschaft in Paris verübte, kam es in der Nacht vom 9. auf den 10. November in vielen Gemeinden und Städten zu Pogromen, Plünderungen jüdischer Geschäfte und der Zerstörung von Synagogen. Etwa 30 000 jüdische Deutsche wurden in Konzentrationslagern inhaftiert, wo mehrere Hundert zu Tode kamen.

Beginn der gezielten Vernichtung

→ D2, S. 206

Während im Rahmen der Euthanasiemorde bereits erste Erfahrungen mit der systematischen Ermordung einer größeren Menschenanzahl gesammelt wurden, begann das NS-Regime nach Kriegsbeginn mit der gezielten Tötung all jener, die als rassisch minderwertig und als Störfaktor für das zukünftige „Großdeutschland" angesehen wurden. Nach der Eroberung Polens begann dort die Massenermordung von Juden und Angehörigen der polnischen Intelligenz (Priester, Akademiker etc.). Soweit nicht getötet, wurde die jüdische Bevölkerung gezwungen in eingerichtete Gettos umzuziehen.

→ Kapitel 2.9, S. 194

Mit dem Überfall auf die Sowjetunion, der den Charakter eines rassisch motivierten Vernichtungskrieges besaß, wurde die Massenermordung auf die jüdische Bevölkerung ausgeweitet. Im November 1941 wurde allen deutschen Juden die Ausreise untersagt. Man zwang sie, sich durch das Tragen eines „Judensterns“ äußerlich jederzeit kenntlich zu machen. Im besetzten Kernpolen, das als Generalgouvernement ein Sonderverwaltungsgebiet geworden war, begann der Bau der Vernichtungslager Belzec, Sobibor und Treblinka. Bereits 1940 war ein Konzentrationslager bei Auschwitz entstanden, wo die Inhaftierten als Arbeitskräfte für einen dort errichteten Industriekomplex des Chemiekonzerns **I.G. Farben** zu dienen hatten. Am 20. Januar 1942 wurde der mittlerweile erarbeitete Plan zur „Endlösung“ auf einer Konferenz am Berliner Wannsee („Wannseekonferenz“) von 15 hochrangigen Vertretern aus Reichsbehörden abgesegnet. Wenig später begannen deutsche Behörden, unterstützt durch die mit ihnen verbündeten Staaten, mit der Deportation der jüdischen Bevölkerung aus allen besetzten Gebieten in Europa. Wer noch kräftig genug war, wurde zunächst bis zur Erschöpfung zur Zwangsarbeit in dafür eingerichteten Betrieben deutscher Großunternehmen eingesetzt. Allein im Lager Auschwitz-Birkenau kamen bis November 1944 ca. 1,5 Millionen Menschen in den Gaskammern oder durch „Tod durch Arbeit“ ums Leben. Die deutschen Behörden nutzten das „Menschenmaterial“ für medizinische Experimente. Kleidung, Geld, Zahngold, selbst Haare der Getöteten wurde gesammelt und wiederverwendet.

Stolperstein von Julius Hirsch (1892–zum 8. Mai 1945 für tot erklärt) vor seiner ehemaligen Wohnung in der Karlsruher Murgstr. 7
erfolgreicher deutscher Fußballspieler (Deutscher Meister mit Karlsruher FV, SpVgg Fürth, Deutscher Nationalspieler),
1933 als Jude aus dem Karlsruher FV ausgeschlossen
1942 Zwangsarbeit
1943 Deportation nach Auschwitz-Birkenau

Oft vergessene Opfergruppe wie zum Beispiel Sinti und Roma

Neben Juden wurden auch Sinti und Roma und viele sogenannte „Asoziale“ in die Konzentrationslager geschickt. Nach 1933 waren die Rechte von „Zigeunern“, ähnlich wie die von Juden, drastisch eingeschränkt. Ihnen wurden die meisten ihrer traditionellen Berufe verboten, den Kindern die Schulbildung verwehrt. Das „Gesetz zur Verhütung erbkranken Nachwuchses“ und das „Gesetz gegen gefährliche Gewohnheitsverbrecher“ erlaubten schon 1933 Zwangssterilisierungen und die Einweisung in ein Konzentrationslager. Das „Gesetz zum Schutz des deutschen Blutes und der deutschen Ehre“ und das sogenannte „Reichsbürgergesetz“ 1935 entzog ihnen ihre staatsbürgerlichen Rechte. Ab Dezember 1942 begann dann die Deportation von Angehörigen der Sinti- und Roma-Bevölkerung in die Vernichtungslager. Dem als Porajmos (Romanes-Begriff für „das Verschlingen“) bezeichneten Völkermord fielen mindestens 100 000 europäische Sinti und Roma zum Opfer. Die genaue Zahl ist unter Historikern jedoch umstritten. Anders als im Falle der jüdischen Verfolgten, blieben Sinti und Roma lange Zeit die Anerkennung als Opfer rassisch motivierter Verfolgung versagt. Den meisten Opfern des Porajmos wurde eine Entschädigung verweigert. Obwohl nicht planvoll und organisiert verfolgt, zählten zu den Opfergruppen auch Angehörige der Zeugen Jehovas, Homosexuelle, sogenannte **„Asoziale“** und Opfer der Euthanasiemorde.

Reinhard Tristan Heydrich (1904–1942)
dt. Kriegsverbrecher
Leiter des Reichssicherheitshauptamts (RSHA)
stellv. Reichsprotektor in Böhmen und Mähren

Export der antisemitischen Verfolgungspolitik in den Nahen Osten

Die Behörden des Deutschen Reiches beschränkten sich bei der Verfolgung und gezielten Vernichtung nicht allein auf den eigenen Machtbereich. Auch die Kooperation mit Antisemiten außerhalb Europas wurde gesucht. Ein folgenreiches Beispiel bildete die Zusammenarbeit des Reichssicherheitshauptamts unter dem SS-Funktionär Reinhard Heydrich mit antisemitischen arabischen Nationalisten im Nahen Osten, wie dem Geistlichen Mohammed Amin al-Husseini. Dieser erhoffte sich von einer Kooperation mit dem NS-Regime die Schaffung eines unabhängigen arabischen Staates in Palästina, befürwortete jedoch auch die deutsche Politik der gezielten Vernichtung der jüdischen Bevölkerung. Er trat beispielsweise immer wieder im deutschen Radio auf, das versuchte in arabischer Sprache antisemitische Propaganda in Nordafrika und dem Nahen Osten zu verbreiten. Dabei wurden gezielt Koran-Texte antisemitisch interpretiert. Ebenso wie viele wichtige Nationalsozialisten floh Mohammed Amin al-Husseini nach dem Zweiten Weltkrieg nach Ägypten. Dort bemühte er sich, unterstützt von emigrierten Nationalsozialisten, das antisemitische Gedankengut der NSDAP in der Region zu verbreiten.

A Euthanasiemorde am Beispiel Grafeneck

Q1

Schloss Grafeneck
Foto, 2018

Q2

Protest des Evangelischen Landesbischofs von Württemberg
Theophil Wurm verfasste eine Vielzahl von Protestschreiben, das Folgende ist vom Juli 1940:

Sehr geehrter Herr Reichsminister!
… Durch zahlreiche Anfragen aus Stadt und Land […] halte ich es für meine Pflicht, die Reichsregierung darauf aufmerksam zu machen, dass in unserem kleinen Lande diese Sache ganz großes Aufsehen erregt. Zunächst einmal deshalb, weil sich eine der in Betracht kommenden Anstalten, das Schloss Grafeneck, […] in Württemberg befindet. Grafeneck ist Eigentum einer Anstalt der Inneren Mission, der Samariterstiftung, die an verschiedenen Orten körperlich und geistig Behinderte seit vielen Jahren aufnimmt und verpflegt. […] Das Schloss liegt auf einer Anhöhe der Schwäbischen Alb inmitten eines spärlich bewohnten Waldgebiets. Um so aufmerksamer verfolgt die Bevölkerung der Umgegend die Vorgänge, die sich dort abspielen. Die Krankentransporte, die auf den kleinen Bahnhof Marbach a. L. ausgeladen wurden, die Autobusse mit undurchsichtigen Fenstern [Milchglasscheiben], die die Kranken von entfernteren Bahnhöfen oder unmittelbar von den Anstalten bringen, der aus dem Krematorium aufsteigende Rauch […] – dies alles erregt die Gemüter um so mehr, als niemand Zutritt zu dem Schloss bekommt… […] Wird nun aber eine so ernste Sache wie die Fürsorge für hunderttausende leidende und pflegebedürftige Volksgenossen lediglich vom Gesichtspunkt des augenblicklichen Nutzens aus behandelt und im Sinne einer brutalen Ausrottung dieser Volksgenossen entschieden, dann ist damit der Schlussstrich unter eine verhängnisvolle Entwicklung gezogen und dem Christentum als einer das individuelle und das Gemeinschaftsleben des deutschen Volkes bestimmenden Lebensmacht endgültig der Abschied gegeben. […] Entweder erkennt auch der nationalsozialistische Staat die Grenzen an, die ihm von Gott gesetzt sind, oder er begünstigt einen Sittenverfall, der auch den Verfall des Staates nach sich ziehen würde. Wenn ich trotzdem diese Darlegungen gemacht habe, so tat ich es in erster Linie deshalb, weil die Angehörigen der betroffenen Volksgenossen von der Leitung einer Kirche einen solchen Schritt erwarten. … Dixi et salvavi animam meam [Das sage ich zur Rettung meiner Seele! Hesekiel 3.19]! Heil Hitler! Ihr ergebener (gez.) D. Wurm

Grafeneck 1940, „Wohin bringt ihr uns?", NS-„Euthanasie" im deutschen Südwesten, Geschichte, Quellen, Arbeitsblätter, Landeszentrale für politische Bildung Baden-Württemberg (Hrsg.) Stuttgart 2010, S. 38.

B Entrechtung der jüdischen Deutschen

D1

Flüchtlingskonferenz in Évian 1938
Im Frühjahr 1938, nach der Annexion Österreichs durch das Deutsche Reich, erhöhte die deutsche Regierung ihren Druck auf jüdische Deutsche und Österreicher. Die Entrechtung, Ausgrenzung und die Zahl der Einlieferungen in Konzentrationslager nahm deutlich zu. Einher ging die wachsende Zahl jüdischer Flüchtlinge. In Anbetracht dieser Situation regte die US-Regierung eine internationale Flüchtlingskonferenz an, um auszuloten, wie man mit der steigenden Flüchtlingszahl umgehen könnte:

Bertrand Russell[1], der britische Philosoph und spätere Literatur-Nobelpreisträger, sorgt in diesen Tagen für eine Kontroverse im eigenen Land. Er ruft in der „Portsmouth Evening News" dazu auf, den aus Deutschland und Österreich vertriebenen Juden zu helfen. Er plädiert für Druck auf die eigene Regierung „gegenüber Flüchtlingen gastfreundlich und nicht kleinlich" zu sein, wenn es darum gehe, ihnen eine Erlaubnis zu erteilen verbunden mit der Chance, ein neues Leben aufzubauen. Der Chefkommentator des Blattes widerspricht Russell: „hilflose Emotionalität" habe das Potential, für einen wirklichen Antisemitismus auf der Insel zu sorgen, schreibt er. Großbritannien, Frankreich und die USA, so die Schätzung des Journalisten, näherten sich bei der Einwanderung der Belastungsgrenze. Tatsächlich befinden sich weniger als 10.000 aus Deutschland geflohene

Menschen im Juli 1938 in Großbritannien. Die Auswahl erfolgt nach dem Grundsatz von „British interests" in einem engeren Sinn, man kann sie auch „Rosinenpickerei" nennen. Denn bevorzugte Aufnahme finden Unternehmer, Wissenschaftler mit internationalem Renommee und Jugendliche, deren Eltern das Geld für Privatschulen oder Universitäten haben.

Der 17-jährige Walter Laqueur[2] erfährt am eigenen Leib, welche Argumente der britische und der kanadische Verhandlungsführer in Evian am Vortag vorgebracht haben, um größere Zahlen von Flüchtlingen abzuwehren. Dem gebürtigen Breslauer, der später ein bekannter amerikanischer Historiker werden wird, fällt viele Jahre später ein mittlerweile vergilbtes Informationsblatt eines Emigrationsbüros in die Hände. Es weist eine schier endlose Liste von Staaten auf, die keine Juden oder nur sehr wenige aufnehmen. Die Aussichten der deutschen Juden im Juli 1938 anhand dieses Merkblattes kommentiert Laqueur mit Sarkasmus: „Sie konnten auf die Fidschi-Inseln emigrieren, wenn sie Konditor zwischen 25 und 30 Jahren waren, oder nach Mandschukuo[3], wenn Sie weiblichen Geschlechts waren oder ein Instrument spielten – und darauf vorbereitet waren, als Truppenunterhalter bei den japanischen Streitkräften aufzutreten!"

Die französische katholische Zeitung „La Croix" vertritt zum Konferenzauftakt in Evian die Ansicht, dass das Land keine Migranten aufnehmen könne. Frankreich „droht [...] die Selbstzerstörung auf dem Altar der Nachbarschaftsliebe". Auf der anderen Seite könne Frankreich menschliches Leiden nicht ignorieren und sei dazu verpflichtet, sich „aufrichtig und menschlich" zu verhalten. Zu einer ähnlichen Einschätzung kommt an diesem 8. Juli 1938, einem Freitag, der renommierte Historiker Louis Madelin, Mitglied der Académie Française[4]. In einem großen Meinungsartikel auf der Seite 1 der in Paris erscheinenden Tageszeitung „Journal", der die Überschrift „La France envahie[5] [...]" trägt, schreibt Madelin: „[...] Unaufhaltsam nimmt die Zahl der Ausländer zu, die aus ihren Ländern vertrieben werden. Auf der anderen Seite stellt unsere niedrige Geburtenrate eine Gefahr dar, mit der Aussicht, dass eines Tages der Franzose seines eigenen Landes verlustig geht [...]."

Jochen Thies: Evian 1938. Als die Welt die Juden verriet. Klartext, Essen 2017, S. 56 f.

1 Bertrand Russell (1872–1970): britischer Philosoph und Mathematiker, 1950 Literatur-Nobelpreis
2 Walter Laqueur (1921–2018): US-amerikanischer Historiker und Publizist deutsch-jüdischer Herkunft, emigrierte 1938 aus Deutschland nach Palästina
3 Mandschukuo = 1932 von Japan in der chinesischen Provinz Mandschurei errichtetes, von Japan abhängiges Kaiserreich
4 Académie Française = älteste und prestigereichste Wissenschaftsinstitution Frankreichs
5 La France envahie = „Frankreich überschwemmt"

Q3

Die Entrechtung der Juden

Der jüdischstämmige Deutsche Victor Klemperer (1881–1960) war von 1920 bis 1935 Professor für Romanistik an der Technischen Hochschule Dresden. Aufgrund einer „privilegierten Mischehe" wurde er nicht in ein Konzentrations- oder Vernichtungslager gebracht und überlebte den Zweiten Weltkrieg in verschiedenen „Judenhäusern". Am 2. Juni 1942 schrieb er in sein Tagebuch:

Ich stelle einmal die Verordnungen zusammen: 1) Nach acht oder neun Uhr abends zu Hause sein. Kontrolle! 2) Aus dem eigenen Haus vertrieben. 3) Radioverbot, Telefonverbot. 4) Theater-, Kino-, Konzert-, Museumsverbot. 5) Verbot, Zeitschriften zu abonnieren oder zu kaufen. 6) Verbot zu fahren; (dreiphasig: a) Autobusse verboten, nur Vorderperron der Tram erlaubt, b) alles Fahren verboten, außer zur Arbeit, c) auch zur Arbeit zu Fuß, sofern man nicht 7 km entfernt wohnt oder krank ist (aber um ein Krankheitsattest wird schwer gekämpft.) Natürlich auch Verbot der Autodroschke.) 7) Verbot, „Mangelware" zu kaufen. 8) Verbot, Zigarren zu kaufen oder irgendwelche Rauchstoffe. 9) Verbot, Blumen zu kaufen. 10) Entziehung der Milchkarte. 11) Verbot, zum Barbier zu gehen. 12) Jede Art Handwerker nur nach Antrag bei der Gemeinde bestellbar. 13) Zwangsablieferung von Schreibmaschinen, 14) von Pelzen und Wolldecken, 15) von Fahrrädern – zur Arbeit darf geradelt werden, 16) von Liegestühlen, 17) von Hunden, Katzen, Vögeln. 18) Verbot, die Bannmeile Dresdens zu verlassen, 19) den Bahnhof zu betreten, 20) das Ministeriumsufer, die Parks zu betreten, 21) die Bürgerwiese und die Randstraßen des Großen Gartens [...] zu benutzen. Diese letzte Verschärfung seit gestern erst. Auch das Betreten der Markthallen seit vorgestern verboten. 22) Seit dem 19. September den Judenstern. 23) Verbot, Vorräte an Esswaren im Hause zu haben. (Gestapo nimmt auch mit, was auf Marken gekauft ist.) 24) Verbot der Leihbibliotheken. 25) Durch den Stern sind uns alle Restaurants verschlossen. Und in den Restaurants bekommt man immer noch etwas zu essen, irgendeinen „Stamm", wenn man zu Haus gar nichts mehr hat. Eva sagt, die Restaurants seien übervoll. 26) Keine Kleiderkarte. 27) Keine Fischkarte. 28) Keine Sonderzuteilung wie Kaffee, Schokolade, Obst, Kondensmilch. 29) Die Sondersteuern. 30) Die ständig verengte Freigrenze. Meine zuerst 600, dann 320, jetzt 185 Mark. 31) Einkaufsbeschränkung auf eine Stunde (drei bis vier. Sonnabend zwölf bis eins). Ich glaube, diese 31 Punkte sind alles. Sie sind aber alle zusammen gar nichts gegen die ständige Gefahr der Haussuchung, der Misshandlung, des Gefängnisses, Konzentrationslagers und gewaltsamen Todes.

Walter Nowojski (Hrsg.): „Ich will Zeugnis ablegen bis zum letzten." Die Tagebücher von Victor Klemperer 1933–1945. Bd. 5: 1942. Aufbau Verlag, Berlin 1995, S. 107 f.

Q4

Verhaftung jüdischer Bürger in Baden-Baden während der Pogrome am 9. November 1938
Im Laufe der organisierten Pogrome wurde mehr als die Hälfte aller jüdischen Gotteshäuser in Deutschland zerstört. Über 30 000 Juden wurden in Konzentrationslagern inhaftiert. Widerstand der lokalen Bevölkerung gegen die Ausschreitungen gab es in der Regel nicht. Pressefoto.

D2

Deutsche Vernichtungs- und Arbeitslager 1939–1945

C Wir haben von nichts gewusst

Q5

„Sie kehren niemals zurück"

Karl Dürkefälden, regimekritischer Deutscher aus Celle (1902–1976), hat in seinem Tagebuch sein Wissen über die Verbrechen des Nationalsozialismus dokumentiert:

Anfang Februar 1942 sprach Thomas Mann[1] von Amerika [aus] über den Londoner Sender, es seien in Deutschland 400 junge holländische Juden durch Ausprobieren eines Kampfgases umgebracht worden. Wenn man alle Androhungen Adolf Hitlers und seiner Genossen betrachtet, muss man an solche Gasvergiftungen glauben. [...]

Am Sonnabend, dem 6. Juni 1942, besuchten uns Walter und Bertchen [Kaßler]. Walter [der Schwager von Dürkefälden, auf Heimaturlaub] erzählte uns, dass er in Kiew Bauführer gewesen sei bei einer Kriegsbrücke, die über den Dnjepr gebaut wurde. [...] „Wir können uns freuen, dass wir nicht Juden sind", betonte Walter mehrmals. „In der Ukraine gibt es keine Juden mehr", erzählte er weiter, „was nicht geflüchtet ist, wurde erschossen. Gefangengenommene Juden und Kommissare werden gleich erschossen." In einer Mulde hätte man 50 000 Juden (nach anderen Angaben, die Walter gemacht, wurden 80 000) zusammengetrieben und zugesprengt[2], so dass sie gleich begraben waren. „Was jetzt noch an Juden in der Ukraine arbeitet, wird nacheinander aus den Ghettos in Polen geholt; sie kehren niemals zurück."

Sibylle Obenaus/Herbert Obenaus (Hrsg.), „Schreiben, wie es wirklich war." Aufzeichnungen Karl Dürkefäldens aus den Jahren 1933–1945, Fackelträger Verlag, Hannover 1988, S. 156.

1 Thomas Mann (1875–1955), deutscher Schriftsteller, ging 1933 ins Exil in die Schweiz bzw. von dort in die USA
2 zugesprengt = Zuschüttung einer Grube mittels einer Sprengladung

D3

Was wussten deutsche Unternehmer und Bankiers vom Holocaust?

Der Historiker Tobias Bütow setzte sich 2011 mit der Frage auseinander, wie viel über die Massenmorde und den Holocaust in Unternehmerkreisen bekannt gewesen war.

Das Wissen über die Morde zirkulierte unkontrollierbar in der Gesellschaft. Um es geheim zu halten, waren die Anzahl der Opfer, Täter und Zuschauer, das geografische Ausmaß und die Brutalität der Völkermorde viel zu immens. Stufenweise, ihrer gesellschaftlichen Position und Vernetzung nach, erhielten etliche Deutsche Kenntnis von den Verbrechen. Auch versuchte die NS-Führung ihr Wissen partiell zu teilen, um Komplizenschaft zu fördern, nicht zuletzt mit Mitgliedern der weiteren Elite des Reiches. Zu dieser gehörten Unternehmer und Bankiers. Da Wirtschaft und Politik (besonders seit dem Beginn des Krieges) immer enger miteinander verflochten waren, erhielten sie privilegierten Zugang zum Herrschaftswissen. Sie erfuhren von den Morden per Korrespondenz, im persönlichen Gespräch oder bei Besichtigungen an den Orten des Grauens. Europaweit waren sie in die Besatzungspolitik eingebunden, wie etwa beim Einsatz von KZ-Häftlingen und Zwangsarbeitern. Für die Unternehmen versprach die Kooperation mit dem Regime angesichts der Aufrüstungs-, Expansions- und Raubpolitik unternehmerische Stabilität und einen betriebswirtschaftlichen Mehrwert in gewaltigen Dimensionen. Nur einzelne Manager und Unternehmer wie Oskar Schindler (Krakau), Berthold Beitz (Borylaw), Eduard Schulte (Breslau) oder Otto Weidt (Berlin) entschlossen sich angesichts des großen Mordens zu Rettungsaktionen für bedrohte Juden.

Nach dem Krieg war es auch in der Wirtschaft gang und gäbe, jedes Mitwissen abzustreiten. [...]

In manchen Unternehmen versuchte man, das Wissen über das systematische Morden auch zu nutzen. Ein makabrer Rechtsstreit der Dresdner Bank mit dem Reich dokumentiert, wie dieses Wissen in die privatwirtschaftliche Handlungslogik übersetzt wurde. Als Anfang 1942 die jüdische Witwe eines 1930 verstorbenen Bankdirektors deportiert worden war, wies das Oberfinanzpräsidium Berlin die Bank an, die von dem Institut gezahlte Rente der Frau nunmehr an das Reich zu überweisen. Bis in das Frühjahr 1945 stritt die Rechtsabteilung des Kreditinstituts für seine Interessen und argumentierte, dass die Rentenansprüche der Frau erloschen seien: Aufgrund der Deportation sei der Tod der Frau anzunehmen, falls nicht eine „Lebensbescheinigung" vorgelegt werde.

Tobias Bütow: Bei Kerzenschein und bestem Wein. In: DIE ZEIT v. 29.9.2011, S. 22

D Warum fanden sich überall willige Helfer?

D4

Vernichtungspolitik auch auf dem Balkan

Während des Zweiten Weltkrieges weitete sich die Vernichtungspolitik gegenüber Juden, Roma u. a. auf ganz Europa aus. Bereits unmittelbar nach der Besetzung Südosteuropas setzte auch dort die gezielte Ermordung der jüdischen Bevölkerung ein. Dies geschah direkt durch Massenerschießungen durch Wehrmachtseinheiten oder mithilfe verbündeter Staaten.

a) Jugoslawien wurde nach dessen Eroberung im Frühjahr 1941 territorial aufgeteilt und von den Truppen der sogenannten Achsenmächte (Deutsches Reich, Italien, Ungarn und Bulgarien) besetzt. Unter Führung der kroatischen faschis-

tischen Organisation Ustascha wurde aus Teilen des Landes ein neuer Staat gegründet („Unabhängiger Staat Kroatien"). Die deutsche Wehrmacht blieb in weiten Teilen als Besatzungsmacht und begann nach kurzer Zeit mit der Verfolgung und Ermordung unter anderem von Juden und Roma.

Als die deutschen Truppen am 6. April 1941 ohne Kriegserklärung Jugoslawien überfielen, lebten in diesem Land etwa 80 000 Juden. Etwa 55 000–60 000 jugoslawische Juden und rund 4 000 ausländische jüdische Flüchtlinge fielen dem Holocaust zum Opfer. Damit hatte Jugoslawien prozentual eine der höchsten jüdischen Opferraten zu verzeichnen.

Nach der militärischen Kapitulation Jugoslawiens Mitte April 1941 wurde der jugoslawische Staat zerschlagen und zwischen den Achsenmächten aufgeteilt. Der Vernichtungsprozess der jugoslawischen Juden verlief territorial unterschiedlich. Je nachdem, ob die Juden unter bulgarischer, ungarischer, italienischer, deutscher Besatzungsherrschaft oder auf dem Gebiet des kroatischen Ustascha-Staates lebten, wurden sie zu verschiedenen Zeitpunkten und unter unterschiedlichen Begründungszusammenhängen vom Vernichtungsapparat erfasst. So etwa wurde der überwiegende Teil der in Kroatien lebenden Juden von der kroatischen Ustascha [...] ermordet, und nur ein relativ kleiner Teil wurde im Zuge der „Endlösung der Judenfrage" ab 1943 nach Auschwitz deportiert. Während die etwa 16 000 Juden in den von Ungarn annektierten Gebieten [...] bis zum Einmarsch der deutschen Truppen in Ungarn im März 1944 von der Massenvernichtung verschont blieben, gab [...] Emanuel Schäfer[1] bereits im Juni 1942 die Meldung [...] durch: „Serbien ist judenfrei." In etwas mehr als einem Jahr militärischer Okkupation hatten Wehrmacht und Sicherheitspolizei nahezu die Gesamtheit der etwa 17 000 auf serbischem Gebiet lebenden Juden ermordet.

Walter Manoschek: Die Vernichtung der Juden in Serbien. S. 209–234, hier S. 209 f. In: Ulrich Herbert (Hrsg.): Nationalsozialistische Vernichtungspolitik 1939–1945. Fischer-Taschenbuch-Verl., Frankfurt/M. 1998.

1 deutscher Befehlshaber der Sicherheitspolizei in Serbien (1942–1944)

b) Die Königsdiktatur Bulgarien wurde 1941 Verbündeter der Achsenmächte und besetzte Gebiete in Nordgriechenland und des zerschlagenen Jugoslawiens.

Deutlich antisemitische Züge erhielt die bulgarische Staatsführung Ende Oktober 1939 mit der Berufung des Rechtspolitikers Petar Gabrovski ins Kabinett. Im Februar 1940 übernahm dieser das Innenministerium, richtete dort eine Sektion für Judenfragen ein und brachte einige Monate später das nach Vorbild der deutschen Nürnberger Rassegesetze formulierte „Gesetz zum Schutz der Nation" durch das Parlament. [...]

Nachdem spätestens auf der Wannseekonferenz am 20. Januar 1942 von der deutschen Reichsführung die endgültige, systematische Vernichtung der jüdischen Bevölkerung [...] beschlossen worden war, begann eine engere Kooperation mit den Dreimächtepakt-Partnern hinsichtlich der Deportation der dort lebenden Juden. Fakt ist, dass spätestens im Juni 1942 das Auswärtige Amt die bulgarische Regierung drängte, der Deportation aller bulgarischen Juden zuzustimmen. Sicher ist auch, dass nur zwei Monate später das bulgarische Innenministerium eine neue Unterbehörde, das „Kommissariat für jüdische Fragen" einrichtete [...]. Auch in den von Bulgarien besetzten Gebieten wurden nun die dort lebenden Juden gezwungen, ihre Papiere gegen einen neuen, andersfarbigen „Judenpass" umzutauschen. Waren Juden bislang als Religionsgruppe definiert worden, wurde nun von jüdischer „Abstammung" gesprochen und somit nach deutschem Vorbild ethnisch ausgelegt. Auch durften dort Juden keine Ehen mit Nichtjuden eingehen. [...]

Bereits kurz nach dem Einmarsch bulgarischer Truppen hatten sich alle Juden im Polizeiregister eintragen lassen müssen. Anders als anderen Bevölkerungsgruppen wurde ihnen die bulgarische Staatsbürgerschaft verwehrt. Ein Jahr später mussten alle Juden ihre Häuser, Wohnungen, Geschäfte und Betriebe mit Davidsternen als jüdisch kennzeichnen. Ab September 1942 mussten Juden älter als zehn Jahre den gelben Davidstern kaufen und an der Kleidung tragen. Zunächst entzog die bulgarische Regierung durch immer größere Einschränkungen den makedonischen und thrakischen Juden endgültig ihre ökonomische Grundlage. So erlegte ihnen das bulgarische Finanzministerium eine Sondersteuer in Höhe von 20 % ihres Besitzes auf. Wenig später wurden sämtliche jüdischen Handwerksläden zwangsweise geschlossen, jüdische Geschäftsleute gezwungen, ihren Besitz nichtjüdischen Bürgern zu verkaufen und ihr Vermögen auf festgelegte Banken einzuzahlen. Unmittelbar darauf sperrten die bulgarischen Behörden diese eingerichteten Konten, was einer Konfiszierung der Geldeinlagen gleichkam. In der Nacht vom 3. zum 4. März 1943 begannen die bulgarischen Besatzungsbehörden mit der vorbereiteten Verhaftung der jüdischen Bevölkerung im besetzten Thrakien und deren anschließenden Deportation in Richtung des bulgarischen Donauhafens Lom. [...] Ganz ähnlich verlief die Deportation in Vardar-Makedonien. [...] Die makedonischen Juden wurden festgenommen und [...] interniert, ihre Wohnungen und Läden geplündert. Einige Spezialisten, deren Berufe in Makedonien und Bulgarien rar waren, darunter Apotheker und Ärzte, wurden mit ihren Familien wieder freigelassen. [...] Die übrigen rund 7100 internierten Juden, darunter über 2200 Kinder, traten zwischen dem 22. und 29. März ihre Deportation nach Treblinka an. [...]

Björn Opfer-Klinger: Ethnopolitische Gewalt in Vardar-Makedonien unter bulgarischer Verwaltung 1941–1944. In: Meinolf Arens, Martina Bitunjac (Hrsg.): Massengewalt in Südosteuropa im 19. und 20. Jahrhundert. Duncker & Humblot, Berlin 2021, S. 97.

Arbeitsvorschläge

Arbeitsvorschlag zum darstellenden Teil

1. Beschreiben Sie mithilfe der antisemitischen Verordnungen und Gesetze, wie sich das Alltagsleben der jüdischen Deutschen zwischen 1933 und 1940 infolge dieser Maßnahmen veränderte. [I] ○

A Euthanasiemorde am Beispiel Grafeneck

2. Erläutern Sie den Begriff Euthanasie. [II]
3. Informieren Sie sich über die Euthanasieanstalt Grafeneck und stellen Sie Ihre Erkenntnisse in einem Kurzreferat dar. [II]
4. Analysieren Sie das Protestschreiben von Landesbischof Wurm (Q 2). [II]
5. Bewerten Sie das Verhalten von Landesbischof Wurm. [III]

B Entrechtung der jüdischen Deutschen

6. Arbeiten Sie die wichtigsten Aussagen der Darstellung über die Évian-Konferenz von 1938 (D 1) heraus. [I]
7. Diskutieren Sie, inwieweit die Konferenz von Évian vergleichbar ist mit dem Umgang mit Flüchtlingskrisen der letzten Jahre (z. B. im Zusammenhang mit den Bürgerkriegsflüchtlingen aus Syrien). [III] ○
8. Diskutieren Sie anhand des Tagebucheintrages von Victor Klemperer (Q 3) die Konsequenzen der antisemitischen Rechtsprechung ab 1933 als Eingriff in das Leben und die Privatsphäre eines Menschen. Informieren Sie sich hierzu über das Leben Klemperers und dessen Tagebücher. [III] ○
9. Analysieren Sie das Foto in Baden-Baden vom 9. November 1938 (Q 4). [II]

C Wir haben von nichts gewusst

10. Analysieren Sie, mithilfe welcher Quellen Karl Dürkefälden (Q 5) welches Wissen über die NS-Verbrechen dokumentieren konnte. [II]
11. Beurteilen Sie auf Basis von Q5 und D3 die These, dass die Mehrheit der deutschen Bevölkerung von den Massenmorden in den besetzten Gebieten und dem Holocaust nichts gewusst hat. [III]
12. Bewerten Sie die spätere Leugnung vieler Menschen, von den Massenmorden gewusst zu haben. [III]

D Warum fanden sich überall willige Helfer?

13. Charakterisieren Sie die Vernichtungspolitik in Jugoslawien auf Basis von D4a. [II]
14. Arbeiten Sie aus D4b die Entwicklung des bulgarischen Staates unter dem Aspekt der antisemitischen Politik heraus. [II]

Online- und Differenzierungsmaterialien zu Kapitel 2.10
○ Arbeitshilfen zu den Aufgaben 1, 7 und 8

Online-Code: yg3a32

MK #holocaust #selfies #Dümmergehtsnicht???

Das oder der Selfie – vom Verlag Oxford Dictionaries zum Wort des Jahres 2013 gekürt – ist eine (in der Regel mit dem Handy) aufgenommene Selbstfotografie. Über die sozialen Netzwerke finden Selfies umgehend ihren Weg in die Öffentlichkeit und werden mit Hashtags thematisch verbunden.
Dass sich die Selbstfotografen dabei nicht immer ins erwünscht positive Licht rücken, zeigt eine Diskussion, die jüngst um Selfies zum Holocaustgedenken (z. B. während Besichtigungen von Auschwitz, Dachau, Treblinka oder dem Mahnmal für den Völkermord an den europäischen Juden in Berlin) entstanden ist. Was sagen diese Selfies und ihre Hashtags über die Einstellungen und das Wissen Jugendlicher zum Holocaust aus?

Q1

Gut drauf vorm Mahnmal*?*

Selfie am Holocaust-Mahnmal in Berlin, welches aus 2711 quaderförmigen Beton-Stelen besteht. Das 2005 eingeweihte Mahnmal umfasst eine Fläche von 19 000 m³ und liegt südlich des Brandenburger Tores.

D1

Im Abenteuertourismus verschwunden

Die Journalistin Andrea Hünniger kommentiert Selfies und Hashtags zum Holocaust wie folgt:

#Cheapmonday #Holocaust #Feelgood #Zyklonb #Auschwitz #Interrailing #Fun. Das ist eine willkürliche Hashtag-Folge, also eine Kategorisierung der Fotoplattform Instagram, in der man unter anderem das Foto eines Mädchens sehen kann, das sich grinsend vor den Gaskammern in Auschwitz fotografiert hat. Über 50 000 solcher Selfies gibt es allein unter #Holocaust. Lachende Teenies fotografieren sich selbst. Im Hintergrund Treblinka, Buchenwald, Genickschussanlagen, Denkmäler. Wahrscheinlich ist der Holocaust noch nie so banalisiert worden und im Abenteuertourismus verschwunden wie heute.

Andrea H. Hünniger: Bloß keine komischen Gefühle. In: Der Freitag 48/13 vom 28.11.2013.

Q2

Hashtags zu verschiedenen Selfies an Holocaust-Erinnerungsorten

1) #Treblinka #Arbeitmachtfrei #ZyklonB #feelgood
2) #Dachau #concentration #camp #big #Deutschland #summer13 #holidays #in #Germany #withmyparents #fantastic #perfect #country #☺
3) #terezin [Theresienstadt] #czech #nazi […] #picoftheday #fascism #follow4follow
4) #holocaustmemorial #berlin #germany #europe #interrail #friend #jumping #summer #goodtimes

Instagram, 2014.

D2

Zwang zu politischer Korrektheit?

Eine repräsentative Befragung von Jugendlichen der Wochenzeitschrift ZEIT kam 2010 zu dem Ergebnis, dass zwei Drittel der Jugendlichen sich für den Holocaust als Thema interessieren und in der eigenen Generation die Pflicht sehen, die Erinnerung an den Holocaust zu bewahren. 80 % der Befragten halten Holocaustgedenken für sinnvoll. 59 % empfinden bei dem Thema Scham, obwohl 56 % der Ansicht sind, dass die heutige Generation keine Schuld mehr trifft. Dennoch haben 40 % das Gefühl, sich beim Thema „politisch korrekt" verhalten zu müssen und 43 % sind sogar der Auffassung, sie seien gezwungen, „Betroffenheit" zu zeigen. Der Sozialpsychologe Harald Welzer spricht in diesem Zusammenhang von einem paradoxen Befund:

Aus meiner Sicht ist dieser Befund […] der gewichtigste Anlass, über eine Modernisierung der historischen Vermittlungspraxis nachzudenken. Aus sozialpsychologischer Sicht ist es ohnehin kontraproduktiv, die Vermittlung historischen Wissens mit einer moralischen Gebrauchsanweisung zu versehen. Aktive Aneignungsprozesse und die Entwicklung eigenständiger Deutungen und Bewertungen sind viel nachhaltiger für das Geschichtsbewusstsein als die Übernahme vorgefertigter moralistischer Glaubenssätze.

Harald Welzer: Für eine Modernisierung der Erinnerungs- und Gedenkkultur. Gedenkstättenrundbrief 162 (8/2011), S. 3–9, hier S.. 9.

Arbeitsvorschläge

1. Beschreiben Sie das Selfie (Q 1). Welchen Eindruck vermittelt es und welchen Umgang mit der Erinnerung an den Holocaust dokumentiert es? [I]
2. MK Optional: Suchen Sie Selfies an Holocaust-Gedenkstätten im Internet, indem Sie bei Instagram nach #Holocaust suchen. [II]
3. Bewerten Sie auf Basis von Q 2 kritisch, inwieweit Selfies und Hashtags als Quelle Rückschlüsse über das Geschichtsbewusstsein der Jugendlichen zum Holocaust (positiv wie negativ) zulassen. [III]
4. Erörtern Sie vor diesem Hintergrund kritisch die Aussage der Journalistin Andrea Hünniger (D 1). Beziehen Sie in diese Diskussion die Erkenntnisse der repräsentativen ZEIT-Umfrage und Welzers Einschätzung ein (D 2). [III]

2.11 Verweigerung und Widerstand

Ein junger Mensch zu sein, ist immer eine Herausforderung. Das Heranwachsen und das Hineinwachsen in eine Gesellschaft braucht Orientierung und Unterstützung. Was ist aber, wenn junge Menschen fühlen, dass sie der Welt, in der sie leben, nicht zustimmen können? Wenn sie an der Gesellschaft nicht teilhaben wollen? Was ist, wenn sie diese Welt sogar ablehnen, ja verurteilen, aber keinen Raum für eine Auseinandersetzung erhalten?

Was ist Widerstand?

→ D1, S. 216

Bis heute diskutieren Historiker, was als Widerstand gegen den Nationalsozialismus bezeichnet werden kann. Zählt die Verweigerung des Hitler-Grußes als Widerstand? Oder das Verteilen von Flugblättern, auf denen das Ende des Krieges gefordert wurde?
Menschen, die anders dachten als das NS-Regime oder gar öffentlich eine andere Meinung vertraten, lebten gefährlich. Jegliches von der NS-Gesinnung abweichende Verhalten wurde kriminalisiert und rücksichtslos verfolgt. Zudem konnte sich die NS-Regierung auf die Unterstützung der Bevölkerungsmehrheit verlassen. Viele Deutsche waren bereit, Nachbarn, Bekannte oder Arbeitskollegen zu denunzieren, wenn diese sich nicht NS-konform verhielten. In diesem Klima war es nicht leicht, Widerstand zu leisten. Doch es gab Menschen, die sich widersetzten.

Politischer Widerstand

→ Q4, S. 215

Der organisierte politische Widerstand von Kommunisten (KPD) und Sozialdemokraten (SPD) beschränkte sich auf die Anfangszeit der NS-Diktatur. Insbesondere die KPD rief bis 1934 mit öffentlichen Aktionen (Verteilung von Flugblättern, Demonstrationen) zum Widerstand gegen das NS-Regime auf. Ein solches Beispiel war Hans Gasparitsch, Mitglied einer oppositionellen Jugendgruppe aus dem Arbeitermilieu. Er schrieb am 14. März 1935 auf die Sockel der Rossebändiger-Statuen im Stuttgarter Unteren Schlossgarten in roter Farbe: „Hitler = Krieg" sowie „Rot Front". Er wurde verhaftet und bis 1945 wegen angeblichen Hochverrats zunächst zu Gefängnishaft verurteilt, dann in verschiedenen Konzentrationslagern eingesperrt.
Der Widerstand aus den Reihen der Gewerkschaften war unterschiedlich. Kleinere Widerstandsaktionen beschränkten sich oft auf die Anfangsmonate des NS-Regimes 1933/34. Längerfristiger Widerstand entstand in erster Linie aus anarchistischen oder kommunistischen Gewerkschaftskreisen der Metallindustrie und Eisenbahn.

Gertrud Luckner (1900–1995)
Pazifistin und christliche Widerstandskämpferin
Stolperstein vor der Gertrud-Luckner-Gewerbeschule in Freiburg

Widerstand aus Kirchenkreisen

Aktiven Widerstand aus dem kirchlichen Umfeld leisteten lediglich Einzelpersonen. So zum Beispiel die Freiburger Caritas-Mitarbeiterin Gertrud Luckner, die sich für die Rettung von Juden einsetzte. Sie stand dabei in Verbindung mit jüdischen Widerständlern. Gertrud Luckner wurde 1943 verhaftet und in das Frauenkonzentrationslager Ravensbrück gesperrt.
In der evangelischen Kirche war es vor allem die Bewegung der Bekennenden Kirche, die darauf verwies, dass die Ideen der Nationalsozialisten nicht mit den christlichen Glaubensgrundsätzen zu vereinbaren seien. Doch auch hier widersetzten sich nur Einzelpersonen, wie etwa Dietrich Bonhoeffer, der kurz vor Kriegsende im KZ Flossenbürg hingerichtet wurde.

Militärischer Widerstand: 20. Juli 1944

Die NS-Herrschaft wirklich gefährden konnte nur das Militär, doch von dort drohte Hitler lange Zeit keine Gefahr. Zwar gab es dort schon vor 1939 einen kleinen regimekritischen Kreis, doch die Anfangserfolge im Krieg stärkten Hitlers Ansehen im Militär. Erst die absehbare Kriegsniederlage ließ NS-kritische Stimmen lauter werden.

Als Teil einer Widerstandsgruppe von Offizieren und hohen Verwaltungsangestellten platzierte am 20. Juli 1944 Oberst Claus Schenk Graf von Stauffenberg eine Bombe mit einem Zeitzünder in Hitlers Hauptquartier. Das Attentat sollte der Beginn eines Staatsstreichs sein, bei dem Teile des militärischen Widerstands die Macht an sich nehmen und sofortige Friedensbedingungen aushandeln sollten. Doch das Attentat schlug fehl, Hitler überlebte leicht verletzt. In der sich anschließenden Verfolgungswelle wurden Hunderte regimekritische Personen verhaftet und hingerichtet.

Claus Schenk Graf von Stauffenberg (1907–1944)
Widerstandskämpfer
seit seinem Abitur 1926 beim Militär
1933–1944 militärische Karriere
Beteiligung am Attentat des 20. Juli 1944

→ **Q2**, S. 214

→ **Q3**, S. 214

Jugendlicher Widerstand

Die Bandbreite nonkonformer, oppositioneller und widerständiger Verhaltensweisen von Jugendlichen umfasste organisierte Gruppen und Verbände sowie von den Behörden als „wilde Cliquen" bezeichnete Gruppen.

In den Anfangsjahren 1933/34 waren vor allem politische Gruppen, wie kommunistische oder sozialistische Arbeiterjugendverbände, aktiv. Sie verteilten meist ideologische Materialien, die zum „Machtkampf" anregen sollten. Bedeutend waren nicht zuletzt auch die konfessionellen Gruppen, besonders die katholische Jugend. Allerdings wurde die evangelische Jugend bereits 1933 in die HJ eingegliedert, die Zwangsauflösung der katholischen Jugendgruppen folgte 1937/38.

Ähnlich den konfessionellen Jugendgruppen versuchten auch andere Jugendliche, eine alternative Kultur zu leben. So lehnten beispielsweise Gruppen wie die Leipziger Meuten oder später die rheinländischen Edelweißpiraten das reglementierende Konzept und den militärischen Charakter der NS-Jugenderziehung ab. Später verübten vereinzelte Mitglieder auch Sabotageakte. Die sogenannte „Swing-Jugend" entstammte größtenteils dem großstädtischen Bürgertum. Ihr Vorbild waren „westliche" Jugendkulturen. Als anglophile Gruppen, die US-amerikanische Musik und Mode pflegten, galten sie als besonders schädlich für die „deutsche Volkskraft".

Alle diese Jugendlichen wurden vom NS-System verfolgt. Viele kamen in Erziehungs- und Arbeitslager. Einige, wie die Studentengruppe Weiße Rose, die Flugblätter verteilte, wurden hingerichtet.

Einzelwiderständler

Auch einzelne wenige „Normalbürger", die nicht in einer Widerstandsgruppe organisiert waren, entschlossen sich zum aktiven Widerstand. Dazu zählte der schwäbische Kunstschreiner Johann Georg Elser. Er versuchte mittels einer selbst gebauten Bombe am 9. November 1939 Hitler und andere hochrangige Parteimitglieder der NSDAP während einer Veranstaltung im Münchner Bürgerbräukeller zu töten. Der Anschlag misslang, weil Hitler und sein Führungsstab früher den Saal verließen. Elser wurde verhaftet, in verschiedene Konzentrationslager gesperrt und am 9. April 1945 im KZ Dachau ermordet.

Zum Spektrum des Einzelwiderstandes zählen auch Personen oder kleinere Gruppen von Menschen, die versuchten Oppositionelle oder Juden zu verstecken oder in anderer Weise zu unterstützen, NS-Verbrechen dokumentierten oder eigene illegale Flugblätter erstellten und verbreiteten. Zu diesen Kreisen zählt beispielsweise das lose Netzwerk „Rote Kapelle" in Berlin mit schätzungsweise 400 Beteiligten. Etwa 70 von ihnen wurden zum Tode verurteilt oder ohne Gerichtsverfahren ermordet.

Johann Georg Elser (1903–1945)
Widerstandskämpfer
aus Königsbronn

A Der NS-Staat und „seine" Jugend

Q1

„und sie werden nicht mehr frei"

Adolf Hitler in einer Rede am 2. Dezember 1938 über die deutsche Jugend:

Diese Jugend, die lernt ja nichts anderes als deutsch denken, deutsch handeln, und wenn diese Knaben mit zehn Jahren in unsere Organisation hineinkommen und dort oft zum ersten Mal überhaupt eine frische Luft bekommen und fühlen, dann kommen sie vier Jahre später vom Jungvolk in die Hitlerjugend, und dort behalten wir sie wieder vier Jahre. Und dann geben wir sie erst recht nicht zurück in die Hände unsrer alten Klassen-und Standeserzeuger, sondern dann nehmen wir sie sofort in die Partei, in die Arbeitsfront[1], in die SA oder in die SS, in das NSKK[2] und so weiter. Und wenn sie dort zwei Jahre oder anderthalb Jahre sind und noch nicht ganze Nationalsozialisten geworden sein sollten, dann kommen sie in den Arbeitsdienst[3] und werden dort wieder sechs und sieben Monate geschliffen, alles mit einem Symbol, dem deutschen Spaten. Und was dann nach sechs oder sieben Monaten noch an Klassen- und Standesdünkel da oder da noch vorhanden sein sollte, das übernimmt die Wehrmacht zur weiteren Behandlung auf zwei Jahre, und wenn sie nach zwei, drei oder vier Jahren zurückkehren, dann nehmen wir sie, damit sie auf keinen Fall rückfällig werden, sofort wieder in die SA, SS und so weiter, und sie werden nicht mehr frei ihr ganzes Leben und sie sind glücklich dabei. Und wenn mir einer sagt, ja, da werden aber immer noch welche übrig bleiben: Der Nationalsozialismus steht nicht am Ende seiner Tage, sondern erst am Anfang!

Adolf Hitler: Auszug aus der Rede vor Kreisleitern in Reichenberg am 2.12.1938. Abgedruckt im „Völkischen Beobachter" vom 4.12.1938.

1 Deutsche Arbeitsfront (DAF) = im NS-Staat als Ersatz für Gewerkschaften eingeführter Verband für Arbeitnehmer und Arbeitgeber
2 NSKK = Nationalsozialistisches Kraftfahrkorps, paramilitärische Unterorganisation der NSDAP
3 gemeint ist der 1935 eingeführte, verpflichtende Reichsarbeitsdienst für junge Männer und Frauen

B Die „wilden Cliquen"

Q2

„Ich war inspiriert"

Der später berühmte Jazz-Posaunist Albert Mangelsdorff (1928–2005) beschreibt in einem Interview seine Lebensweise im Nationalsozialismus:

Ja, und zwar nicht zuletzt inspiriert durch Artikel und Abbildungen im „Völkischen Beobachter", in denen über Jazz hergezogen wurde. Unter einem Foto der Hände von Benny Goodman[1] las man „Verbrecherhände"; andererseits sah man junge amerikanische Jazzfans abgebildet, sogenannte „Zoot Suiters". Die hatten ganz bestimmte enge Röhrenhosen an und weite Jacketts, dazu lange, hängende Uhrenketten und anderes. Das wurde nachgemacht. […] Die Haartracht war auch ein gewisses Erkennungszeichen der Leute, die damals in Jazzkreisen verkehrten. Selbst ich lief damals, bereits als Zwölf- bis Dreizehnjähriger, mit längeren Haaren herum. […] Jazz stand für Freiheit und damit im Gegensatz zu dem, was da oben war.

Albert Mangelsdorff: Opposition im Medium der Klänge. A. M. im Gespräch mit Bert Noglik. In: Heinrich Himmler und die Liebe zum Swing. Reclam, Leipzig 1993, S. 151.

1 Benjamin David „Benny" Goodman (1909–1986) US-amerikanischer Jazz- und Swingmusiker

Q3

Flugblatt der Wuppertaler Edelweißpiraten

C Jugend vor Gericht

Q4

„Staatsfeindliche Betätigung"

Am 2. Juli 1934 berichtet die Rheinisch-Westfälische Zeitung über einen Prozess gegen junge Kommunisten aus Wuppertal:

Ein außerordentlicher bedauerlicher Vorfall trug sich vor dem Amtsgericht in Wuppertal am 2. Juli dieses Jahres zu. Zur Verhandlung stand ein Prozess wegen staatsfeindlicher Betätigung gegen 24 jugendliche Arbeiter und Arbeiterinnen, die zum großen Teil nachweisbar Mitglieder des Kommunistischen Jugendverbandes, der Jugendorganisation der Kommunistischen Partei Deutschlands waren. Als sie in den Verhandlungssaal geführt wurden, rissen sich plötzlich alle Angeklagten ihre Häftlingskleidung herunter, zeigten auf blaue Stellen an ihrem Körper und riefen: „Seht, so hat man uns misshandelt und unsere Aussagen erpresst!" Wahrscheinlich haben sie sich durch kleine Schlägereien und Püffe untereinander, was diese Burschen ja gewöhnt sind, diese blauen Flecken selbst beigebracht, um auf diese noch nicht dagewesene, unerhört freche Art Gräuelmärchen aufzutischen und den Eindruck bei den unbeteiligten Zuschauern zu erwecken, als hätte man sie geschlagen. Die Anführerin dieser durchtriebenen Bande war eine fünfzehnjährige Textilarbeiterin, eingefleischtes und überzeugtes Mitglied des Kommunistischen Jugendverbandes, die es nach diesem frechen Auftreten noch wagte, eine halbe Stunde lang eine politische Agitationsrede zu halten. [...] Hoffentlich trifft diese jugendlichen Staatsfeinde die notwendige harte Strafe.

Arno Klönne: Jugendliche Opposition im „Dritten Reich". Landeszentrale für politische Bildung Thüringen. Erfurt 1996, S. 51.

Q5

„Gemeine Verbrecher"

In einem Zeitungsbericht vom 23. Juli 1937 berichtet die Mainfränkische Zeitung über einen Prozess gegen katholische Jugendliche. Der erwähnte Georgspfadfinder J. kam 1943 im KZ Auschwitz um.

In Würzburg gibt es eine katholische Pfadfinderschaft St. Georg, in der junge Menschen mit ungesundem Blut gesammelt und unter fachmännischer Leitung so verdorben werden, dass sie für die deutsche Volksgemeinschaft restlos verloren sind. [...] Dass das gründlich geschieht, dafür bürgt die Person des Halbjuden J., der die geistige Führung dieses Bundes innehat. [...] Die „Pfadfinder", die antivölkisch denken und die das Heldische aufgrund ihrer Einstellung ablehnen müssen, haben mit Kriegerdenkmälern nichts zu tun. Das wusste auch der Halbjude J. und seine Spießgesellen. Er wusste, dass der Kriegerehrenstätte keine größere Entweihung angetan werden könne als dadurch, dass Verächter des Heroischen dort oben eine Kriegergedenkfeier kopieren. [...] Er trommelte also Ende Oktober [...] zehn bis zwölf Angehörige seines „Bundes" zusammen und vereinbarte mit ihnen, dass sie um die Mitternachtsstunde zum Würzburger Kriegerdenkmal hinziehen sollten, um dort einen Kranz niederzulegen und [...] Pfadfinderlieder zu singen. [...] Wegen dieses lächerlichen Treibens hatten sich am Dienstag der Halbjude J. und zwei weitere Hauptschuldige G. und H. vor dem Schöffengericht Würzburg zu verantworten. [...] Nach längerer Verhandlung wurde verurteilt: J. zu fünf Monaten und zwei Wochen Gefängnis, G. zu fünf Monaten Gefängnis und H. zu zwei Monaten und zwei Wochen Gefängnis. [...] Lumpen, die die göttlichen Gesetze von Blut und Boden, von Volk und Rasse missachten, werden niemals Märtyrer werden, sondern lediglich eines: ganz gemeine Verbrecher.

Arno Klönne: Jugendliche Opposition im „Dritten Reich". Landeszentrale für politische Bildung Thüringen. Erfurt 1996, S. 58 f.

D Die Weiße Rose

Q6

„Wir sind euer böses Gewissen"

Fünftes Flugblatt der Weißen Rose vom Januar 1943, nach einem Entwurf von Hans Scholl (1918–1943) und Alexander Schmorell (1917–1943):

Aufruf an alle Deutsche!

Der Krieg geht seinem sicheren Ende entgegen. […] Mit mathematischer Sicherheit führt Hitler das deutsche Volk in den Abgrund. Hitler kann den Krieg nicht gewinnen, nur noch verlängern! Seine und seiner Helfer Schuld hat jedes Maß unendlich überschritten. Die gerechte Strafe rückt näher und näher!

Was aber tut das deutsche Volk? Es sieht nicht und es hört nicht. Blindlings folgt es seinen Verführern ins Verderben. Sieg um jeden Preis! haben sie auf ihre Fahne geschrieben. Ich kämpfe bis zum letzten Mann, sagt Hitler – indes ist der Krieg bereits verloren.

Deutsche! Wollt Ihr und Eure Kinder dasselbe Schicksal erleiden, das den Juden widerfahren ist? Wollt Ihr mit dem gleichen Maße gemessen werden wie Eure Verführer? Sollen wir auf ewig das von aller Welt gehasste und ausgestoßene Volk sein? Nein! Darum trennt Euch von dem nationalsozialistischen Untermenschentum! Beweist durch die Tat, dass Ihr anders denkt! Ein neuer Befreiungskrieg bricht an. Der bessere Teil des Volkes kämpft auf unserer Seite. Zerreißt den Mantel der Gleichgültigkeit, den Ihr um Euer Herz gelegt! Entscheidet Euch, ehe es zu spät ist!

Glaubt nicht der nationalsozialistischen Propaganda, die Euch den Bolschewistenschreck[1] in die Glieder gejagt hat! Glaubt nicht, dass Deutschlands Heil mit dem Sieg des Nationalsozialismus auf Gedeih und Verderben verbunden sei! Ein Verbrechertum kann keinen deutschen Sieg erringen. Trennt Euch rechtzeitig von allem, was mit dem Nationalsozialismus zusammenhängt! Nachher wird ein schreckliches, aber gerechtes Gericht kommen über die, so sich feig und unentschlossen verborgen hielten.

Was lehrt uns der Ausgang dieses Krieges, der nie ein nationaler war?

Der imperialistische Machtgedanke muss, von welcher Seite er auch kommen möge, für alle Zeit unschädlich gemacht werden. Ein einseitiger preußischer Militarismus darf nie mehr zur Macht gelangen. Nur in großzügiger Zusammenarbeit der europäischen Völker kann der Boden geschaffen werden, auf welchem ein neuer Aufbau möglich sein wird. Jede zentralistische Gewalt, wie sie der preußische Staat in Deutschland und Europa auszuüben versucht hat, muss im Keime erstickt werden. Das kommende Deutschland kann nur föderalistisch sein. Nur eine gesunde föderalistische Staatenordnung vermag heute noch das geschwächte Europa mit neuem Leben zu erfüllen. Die Arbeiterschaft muss durch einen vernünftigen Sozialismus aus ihrem Zustand niedrigster Sklaverei befreit werden. Das Truggebilde der autarken Wirtschaft muss in Europa verschwinden. Jedes Volk, jeder Einzelne hat ein Recht auf die Güter der Welt!

Freiheit der Rede, Freiheit des Bekenntnisses, Schutz des einzelnen Bürgers vor der Willkür verbrecherischer Gewaltstaaten, das sind die Grundlagen des neuen Europa.

Unterstützt die Widerstandsbewegung, verbreitet die Flugblätter!

Inge Scholl: Die Weiße Rose. Erw. Neuausgabe. Fischer Taschenbuch-Verlag, Frankfurt/M. 1982, S. 96–121.

1 Bolschewistenschreck = Verweis auf die NS-Propaganda, die immer wieder die Sowjetsoldaten als blutrünstige, unzivilisierte Barbaren darstellte und dabei auf ähnliche Propagandabilder zur Zeit des Russischen Bürgerkrieges zurückgriff

E Was ist Widerstand?

D1

Peukerts Stufenmodell

Der Historiker Detlev Peukert hat ein Modell vorgelegt, mit dessen Hilfe verschiedene Ausprägungen von politisch abweichendem Verhalten erfasst werden.

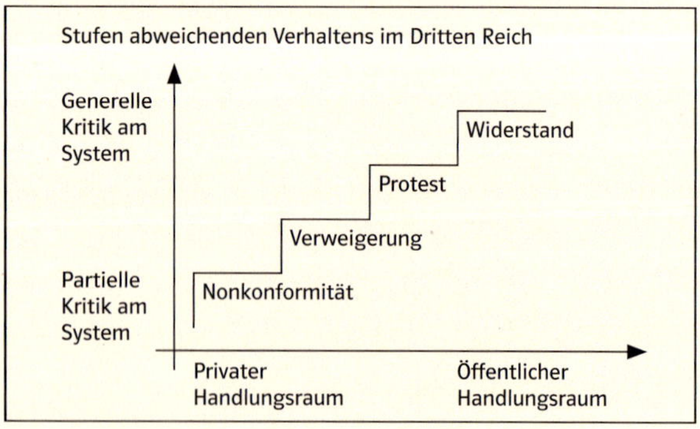

Detlev Peukert: Die Edelweißpiraten. Bund-Verlag, Köln 1980, S. 236.

Arbeitsvorschläge

A Der NS-Staat und „seine" Jugend

1. Arbeiten Sie aus Q 1 heraus, was Hitler von „seiner" Jugend forderte. [I]
2. Analysieren Sie, wie Individualität in Q 1 beurteilt wird. [II]

B Die „wilden Cliquen"

3. Nennen Sie die in den Quellen angeführten Aspekte, die Albert Mangelsdorff (Q 2) an der „Swing-Kultur" attraktiv fand, und welche Lebensbereiche betroffen waren. [I]
4. Analysieren Sie anhand von Q 3, warum die Edelweißpiraten in Konkurrenz und Opposition zur Hitlerjugend standen. [II]
5. MK Erstellen Sie ein Schaubild, aus dem hervorgeht, wie sich das Ideal einer „Volksgemeinschaft" zu den Werten der Swing-Jugend und der Edelweißpiraten verhält. [I]
6. Beziehen Sie aus Ihrem Verständnis Stellung: Verhielten sich HJ, BDM, Swing-Jugend und Edelweißpiraten typisch für Jugendliche? [III]

C Jugend vor Gericht

7. Arbeiten Sie die in dem Zeitungsartikel (Q 4) angeführten Gründe für die Anklage gegen junge Kommunisten heraus. [I]
8. Analysieren Sie die politischen Ziele, die mit dem Zeitungsartikel Q 4 in der Öffentlichkeit verfolgt wurden. [II]
9. Erläutern Sie die argumentative Strategie des Zeitungsberichts über einen Prozess gegen katholische Jugendliche (Q 5). [II]
10. Analysieren Sie, worin das „staatsgefährdende Potenzial" der Aktion der katholischen Jugendlichen aus Sicht der NS-Ideologie bestand (Q 5). [II]

D Die Weiße Rose

11. Arbeiten Sie aus Q 6 heraus, was die Gruppe „Weiße Rose" am NS-Regime kritisierte. [II]
12. Analysieren Sie, was die „Weiße Rose" mit der häufigen Verwendung des Wortes „muss" bezweckte. [II]
13. Informieren Sie sich über die konkreten Ziele und Aktivitäten der „Weißen Rose" und ihr weiteres Schicksal. [I] ○

E Was ist Widerstand?

14. Analysieren Sie die Möglichkeiten und Grenzen der Einordnung von Widerstand in Peukerts Stufenmodell (D 1). [II]

Übergreifender Arbeitsvorschlag

15. Überlegen Sie, in welchen Fällen Sie von Ihrem Widerstandsrecht (Art. 20 GG) gegen den Staat Gebrauch machen würden.
    Wofür oder wogegen lohnt es sich heute zu kämpfen? [II] ○

Online- und Differenzierungsmaterialien zu Kapitel 2.11
○ Arbeitshilfen zu den Aufgaben 13 und 15

Online-Code: uq7j8g

MK Eine filmische Dokumentation über eine Gedenkstätte erstellen

Gedenkstätten sind Erinnerungs- und Gedenkorte, die dem gemeinsamen Lernen und der Auseinandersetzung mit der Vergangenheit dienen. Ihr Ziel ist die kritische Reflexion und die Darstellung von Geschehnissen, die uns bis in die Gegenwart tief bewegen. In Form von biografischen Zugängen, exemplarischen Geschichten, persönlichen Erlebnissen von Zeitzeuginnen und Zeitzeugen sowie ihrer emotionalen Verarbeitung wird Geschichte oft als Teil unserer Geschichtskultur tief greifend veranschaulicht.

Auswahl von Gedenkstätten
- KZ-Gedenkstätte Bisingen www.museum-bisingen.de
- Gedenkstätte Grafeneck www.gedenkstaette-grafeneck.de
- ehemaliges KZ Kochendorf www.kz-kochendorf.de
- Dokumentations- und Kulturzentrum Deutscher Sinti und Roma www.sintiundroma.de
- Struthof - Gedenkstätte des ehemaligen KZ Natzweiler www.struthof.fr
- KZ-Gedenkstätte Sandhofen www.kz-gedenkstaette-sandhofen.de
- Dokumentationszentrum Oberer Kuhberg (Ulm) www.dzok-ulm.de

Gedenkstätten als spezifische Erinnerungsorte darstellen

Im Geschichtsunterricht werden regelmäßig Gedenkstätten zur Aufarbeitung des Nationalsozialismus oder der DDR-Geschichte besucht. Nicht nur Berichte aus der Perspektive der Opfer oder des Widerstands, sondern auch Erinnerungen von Mitläufern oder Zuschauern können wichtige Erkenntnisse über individuelles Verhalten unter extremen Bedingungen vermitteln. Aber auch die Auseinandersetzung anhand ausgewählter Biografien von Tätern und die Frage, in welchem Maße diese Personen für die jeweilige Diktatur Verantwortung getragen und Schuld auf sich geladen haben, ist von zentraler Bedeutung. Manchmal können Menschen gar Opfer und Täter in einem sein. Vor dem Besuch einer Gedenkstätte sollten Sie auf der Basis Ihres grundlegenden Vorwissens selbstständig Fragen entwickeln, damit Sie ins Gespräch mit pädagogischen Mitarbeitern bei einer Führung gelangen können. Es ist empfehlenswert, dass nicht nur genügend Zeit für den Besuch einer Gedenkstätte eingeräumt wird, sondern auch eine Reflexion in Auseinandersetzung mit dem Erlebten erfolgt.

Im Rahmen eines Gedenkstättenbesuchs bietet sich das Erstellen einer filmischen Dokumentation an. Grundlage dafür können Berichte von Zeitzeuginnen und Zeitzeugen, die Darstellung von Einzelschicksalen, die Geschichte des Geländes, eine gemeinsame Erarbeitung einer Gedenkzeremonie (Texte, Musik, künstlerisches Gestalten) oder Überlegungen zum Umgang mit Gedenkstätten sein.

Methodische Arbeitsschritte

Vorbereitung

Bevor Sie Ihr Projekt beginnen, schauen Sie sich professionelle filmische Dokumente im Internet bei Mediatheken der öffentlich-rechtlichen Sendeanstalten oder auf YouTube-Kanälen an. Durch eine themenzentrierte Recherche sollten Sie sich Informationen einholen, zum Beispiel über die Zeitzeugen, Drehstandorte, Drehgenehmigung. Ebenso sollten Sie sich im Voraus mit der Technik auseinandersetzen und vertraut machen. Verteilen Sie in Ihrem Team die Rollen, zum Beispiel Offtextsprecher, Interviewer, Kameramann usw. Bevor das Team mit der Produktion des Films beginnt, sollten Sie ein Dreh- beziehungsweise Ideenbuch schreiben: Planen Sie die Offtexte, das Interview und die Schnittbilder sorgsam.

Durchführung

Unterstützung bei der Gestaltung einer filmischen Dokumentation können Sie sich bestimmt auch bei Ihrer Lehrkraft für Informatik einholen. Weitere Möglichkeiten erhalten Sie durch Experten, beispielsweise bei den Offenen Kanälen oder Medienvereinen. Mit den folgenden Schritten können Sie auch selbst eine filmische Dokumentation gestalten:

1. Zeichnen Sie zunächst Schnittbilder am Drehort auf: Panoramaschwenk, Interviewpartner bei Tätigkeiten, Merkmale des Standortes durch detaillierte Aufnahmen, Besucher usw.
2. Bei der Moderation oder dem Interview sollten Sie unbedingt die Bildkomposition der Person einhalten: Schauen Sie nicht direkt in die Kamera, sondern reden Sie in den „freien Raum". Lassen Sie etwas Raum über dem Kopf der Person und „schneiden Sie den Kopf der Person nicht ab". Eine stetige Kommunikation mit dem Interviewpartner ist wichtig. Der Moderator und Interviewer sollte auf seine Mimik, Gestik und Körpersprache achten.
3. Nutzen Sie während des eigentlichen Filmens die verschiedenen Funktionen und Möglichkeiten der Kamera: Kontrast, Helligkeit, verschiedene Perspektiven. Halten Sie für den anschließenden Schnitt vor und nach jeder Aufzeichnung die Kamera etwa 3 Sekunden still. Sorgen Sie dafür, dass im Hintergrund keine Störgeräusche zu hören sind.
4. Werten Sie dann die Aufzeichnungen gründlich aus und selektieren Sie gleich unbrauchbares Material. Entscheiden Sie sich im Zweifel für einen neuen Dreh der Szene.
5. Nachdem Sie die für Ihre filmische Dokumentation gesammelten Szenen haben, fügen Sie die Video-, Bild- und Audiodateien in ein dafür geeignetes Videoschnittprogramm, zum Beispiel Windows MovieMaker, iMovie, ein. Wenn Sie kostenlose Musik, Soundeffekte oder Bilder aus dem Internet verwenden, müssen Sie unbedingt das Copyright beachten. Wichtig dabei ist, eine sinnvolle Reihenfolge einzuhalten, Ausschnitte aus dem Gesamtwerk zur Einführung in den fertigen Beitrag zu verwenden, die Lautstärke anzupassen, Übergänge gleichmäßig zu verteilen und fertiges Schnittmaterial zu rendern beziehungsweise zu exportieren.

Präsentation

Es bietet sich für eine filmische Dokumentation an, diese bei einem Offenen Kanal oder einem Medienverband in Ihrer Region zu veröffentlichen. Ebenso kann Ihr Film ein guter Beitrag auf Ihrer Schulhomepage sein oder Sie nehmen mit Ihrem Ergebnis an einem Schülerwettbewerb teil. Auf jeden Fall ist die Methode der Filmproduktion eine interessante Möglichkeit, um sich mit der Geschichtskultur in Ihrer Region zu beschäftigen und somit für Ihr soziales Umfeld nachhaltig festzuhalten.

Projektvorschlag

Informieren Sie sich, welche Gedenkstätten, die sich mit der NS-Vergangenheit auseinandersetzen, es in Ihrer Stadt oder Region gibt. Wählen Sie eine aus und stellen Sie sie in geeigneter Form in einer filmischen Dokumentation dar.

2.12 Die Expansion Italiens in Afrika als Verwirklichung eines faschistischen Imperiums?

Italien bemühte sich seit den 1880er-Jahren verstärkt, in die Reihe der anderen Kolonial- und Industriemächte vorzustoßen. Unter der Herrschaft des italienischen Faschismus radikalisierte sich diese Politik in vielfältiger Weise. Nun war das Ziel, ein neues Römisches Imperium zu erkämpfen.

Kolonie
Gebiet, welches durch militärischen oder politischen Druck unter Kontrolle gebracht und direkt (Verwaltung) oder indirekt (durch eingebundene, abhängige Eliten) kontrolliert wurde. In erster Linie dienten Kolonien der wirtschaftlichen Ausbeutung (Rohstoffabbau, Plantagenerträge), in geringerem Maße als Absatzmarkt, manchmal aber auch als Siedlerland für Auswanderer der Kolonialmacht.

→ Erinnern Sie sich an Ihr Vorwissen zum Osmanischen Reich aus der Klassenstufe 10

Italien – Ein „verspäteter" Nationalstaat mit imperialistischem „Nachholbedarf"?

Der italienische Nationalstaat entstand 1861 als Zusammenschluss unter Führung des Königreiches Sardinien. Lange Zeit blieb Italien im Inneren noch von tiefen gesellschaftlichen und regionalen Gegensätzen geprägt. Trotzdem strebten die italienischen Eliten danach, als gleichberechtigte europäische Großmacht auftreten zu können. Dazu zählte nach dem Verständnis des damaligen Imperialismus auch der Erwerb von **Kolonien**. Als nationales Vorbild galten dabei das antike Römische Reich und dessen Ausdehnung in Nordafrika und dem Nahen Osten. Auch erhoben italienische Nationalisten Anspruch auf angrenzende Territorien mit großer italienischsprachiger Bevölkerung, insbesondere gegenüber dem benachbarten Österreich-Ungarn.

Zur Verfolgung seiner imperialistischen Ziele sah sich Italien allerdings besonders in Konkurrenz zu Frankreich und Großbritannien, die bereits wichtige Gebiete in Afrika und Asien als Kolonien unter ihre Kontrolle bekommen hatten. Erschwerend kam hinzu, dass es einen Widerspruch gab zwischen den eingeschränkten wirtschaftlichen und militärischen Möglichkeiten Italiens und seinen imperialistischen Ambitionen. Andererseits forcierte die große Bevölkerungszunahme von knapp 27 Millionen im Jahr 1871 auf knapp 33 Millionen 1901 und die weit verbreitete Armut der Landbevölkerung die Auswanderung, insbesondere nach Österreich-Ungarn, Deutschland und in die USA. Italienische Nationalisten drängten daher darauf, diesen Auswanderern in eigenen italienischen Kolonien eine Zukunft zu ermöglichen und sie so der Nation zu erhalten. Das Hauptaugenmerk fiel dabei auf nord- und ostafrikanische Gebiete, die unter Oberherrschaft des von Krisen geschüttelten Osmanischen Reiches standen. 1885 besetzten italienische Truppen die beiden Hafenstädte Massawa und Assab an der Küste des heutigen Eritrea. Nach und nach weitete Italien seine Kontrolle auch über deren Hinterland aus. 1886/87 führte Italien einen Krieg gegen das angrenzende Kaiserreich **Abessinien**, in dem es jedoch eine Niederlage erlitt. In der nationalen Erinnerung sollte diese Niederlage noch lange als „Schmach" nachwirken. Ab 1888 wurden italienische Protektorate über Küstengebiete des heutigen Somalia durchgesetzt. Die Zahl der Italiener in den Kolonien blieb lange Zeit jedoch äußerst gering, so dass die italienische Kolonialverwaltung auf die Kooperation mit einheimischen Eliten angewiesen war. Erst nach der Jahrhundertwende, als sich in Italien der industrielle Aufschwung bemerkbar machte und das Land mehr in die Kolonien investieren konnte, nahm die Zahl italienischer Einwanderer in Eritrea und Somalia zu. Nun wurden nach Vorbild anderer Kolonialmächte auch erste Schritte zur Rassentrennung in den kolonialen Zentren durchgeführt.

Die erste Hochphase der italienischen Industrialisierung und unter dem Eindruck der zunehmenden Dominanz Frankreichs im Sultanat Marokko, bewegten Italien 1911 dazu, das Osmanische Reich in dessen nordafrikanischen Besitzungen anzugreifen. 1912 musste das Osmanische Reich auf seine Hoheitsansprüche auf dem Gebiet des heutigen Libyen verzichten. Italien kontrollierte dort allerdings vorerst kaum mehr als die Küstenregion, baute jedoch in den nachfolgenden Jahren seine Herrschaft ins Landesinnere aus.

Benito Mussolini (1883–1945)
Begründer der faschistischen Bewegung 1919, italienischer Ministerpräsident 1922–1943 (ab 1925 Diktator), 1943–1945 „Führer" der Republik von Salò

Das Rutenbündel mit Beil, ein Symbol des antiken römischen Reiches, wurde zum Parteisymbol der Partito Nazionale Fascista (PNF). Es ziert bis heute u. a. den Mailänder Hauptbahnhof. Foto 2015

Italien zwischen inneren Krisen und enttäuschten Erwartungen

Seit Beginn des 20. Jahrhunderts hatten sich die sozialen und politischen Gegensätze in Italien zunehmend verschärft. Streitpunkte waren die politische Mitbestimmung, die Soziale Frage, aber auch nationalistisch-imperialistische Ambitionen. Eine 1912 vorgenommene Ausweitung des Wahlrechts auf etwa ein Viertel der Bevölkerung und sozialpolitische Reformen blieben jedoch ungenügend. Sozialistische Kräfte gewannen in den norditalienischen Industriezentren an Gewicht.
1915 trat Italien auf Seite der Entente-Staaten in den Ersten Weltkrieg ein. Militärisch erlangten die italienischen Streitkräfte kaum Erfolge, sondern erlitten gravierende Verluste. Gleichzeitig wurden enorme Erwartungen auf territoriale Zugewinne geschürt. Auch wenn Italien nach dem Krieg zu den Siegermächten zählte, so blieben die Ergebnisse der Friedensordnung 1919/20 weit hinter dem Erhofften zurück. Dies forcierte die innerpolitische Radikalisierung. Verbunden mit den großen sozialen und wirtschaftlichen Problemen entwickelte sich in der unmittelbaren Nachkriegszeit eine zunehmende politische Gewalt zwischen den politischen Lagern. In den norditalienischen Industriezentren kam es zu großen Streiks sozialistischer Arbeiter. In den ländlichen Regionen revoltierten anarchistische Landarbeiter. Die rasch wechselnden Regierungen bürgerlich-liberaler Politiker waren überfordert.

Aufstieg des italienischen Faschismus zur diktatorischen Macht

In dieser Situation gewannen rechtsextreme Kampfbünde, ähnlich wie Freikorps in Deutschland, einen wachsenden Einfluss. In der rechtsgerichteten Szene setzte sich der Ex-Sozialist Benito Mussolini als Führerfigur durch. Mit Gewalt gegen Sozialisten und Anarchisten erlangten die Kampfbünde Sympathien in Industriellen- und Armeekreisen. 1921 entstand aus den Kampfbünden die Nationale Faschistische Partei (Partito Nazionale Fascista, PNF). Als 1922 ein sozialistischer Generalstreik die Regierung unter Druck setzte, organisierte Mussolini einen Marsch mehrerer Tausend Anhänger der faschistischen Partei in Richtung Hauptstadt. Dessen Ausmaß wurde später propagandistisch verklärt. Er gewann trotzdem an zentraler Bedeutung, da die schwache Regierung den Einsatz von Militär gegen diese Provokation der Faschisten scheute. In dieser Situation ließ sich der König überzeugen, das Kabinett abzusetzen und Mussolini mit einer neuen Regierungsbildung zu beauftragen. Nicht zuletzt durch Ausbau der paramilitärischen Parteimiliz und durch eine Änderung des Wahlrechts gelang es der PNF 1924 eine absolute Mehrheit zu erlangen und dem Mussolini-Kabinett absolute Vollmachten übertragen zu lassen. In den Folgejahren baute die PNF gezielt eine faschistische Diktatur auf.
Die Faschisten sahen sich als Nachfolger und Vollender des römischen Kaiserreichs der Antike. Gleichzeitig propagierten sie die Durchsetzung einer neuen Gesellschaft ohne Klassengegensätze. Faschismus sollte, nach eigenem Selbstverständnis, als alternativer dritter ideologischer Weg in Abgrenzung zum Liberalismus und zum Kommunismus eine geeinte italienische **Volksgemeinschaft** entstehen lassen und das Land modernisieren. Damit wurde er zum Vorbild vieler ähnlicher Bewegungen und Parteien im Ausland, u. a. der noch kleinen und unbedeutenden NSDAP. Zunächst lag der Fokus der PNF-Diktatur auf der inneren Umgestaltung des Staates und der Gesellschaft im faschistischen Sinne. Daher bemühte sie sich um eine stabile Außenpolitik und konzentrierte sich auf wirtschafts- und sozialpolitische Maßnahmen im Inneren, eine Verständigung mit der wichtigen katholischen Kirche bzw. auf die Ausschaltung potentieller politischer Opposition. Nichtsdestotrotz hatte die PNF und die mit ihr sympathisierenden Eliten der Industrie und des Militärs aber auch eine zukünftige expansive Außenpolitik der Stärke im Blick.

Imperium (Impero)
Propagandabegriff italienischer Ultranationalisten und Faschisten für ein italienisches Großreich als Nachfolge des antiken Römischen Reiches. Kernstück war die Vorherrschaft im Mittelmeer (Mare nostrum).

Beförderten nationalistische Minderwertigkeitskomplexe und Migrationsdruck die faschistische Expansionspolitik?

1923 war Italien noch immer eine nur kleine, unbedeutende Kolonialmacht und weit davon entfernt, sich auf einer Stufe mit den imperialistischen Großmächten Frankreich und Großbritannien zu fühlen. Das von radikalen Nationalisten erträumte **Imperium** war in weiter Ferne. Eritrea und Somalia spielten weder als Siedlerkolonie noch unter wirtschaftlichen Gesichtspunkten eine nennenswerte Rolle. Seit der Eroberung 1911/12 war es in den nordafrikanischen Gebieten nicht gelungen, eine umfassende italienische Herrschaft durchzusetzen. Besonders die nomadische Wüsten- und Oasenbevölkerung im Landesinneren leistete immer wieder erfolgreich Widerstand. Die neue faschistische Regierung begann daher ab 1923 mit einem gnadenlosen Terrorkrieg, der auch den Einsatz von Giftgas, Massendeportationen in Konzentrationslager und Flächenbombardements beinhaltete. Auch andere Kolonialmächte griffen zur Bekämpfung antikolonialen Widerstandes auf den Einsatz von Giftgas zurück, so beispielsweise im irakischen Kurdistan (Großbritannien) oder Nordmarokko (Spanien), jedoch fiel das faschistische Vorgehen in seiner Radikalität der brutalen Unterdrückung auf. 1932 hatte das italienische Kolonialregime den letzten Widerstand gebrochen. Ein Achtel der einheimischen Gesamtbevölkerung hatte diese Jahre nicht überlebt. Das faschistische Regime feierte dies als großen Sieg.

Trotzdem stand der Faschismus unter Erfolgsdruck. Zusätzlich verstärkt durch die Weltwirtschaftskrise verließen noch immer Tausende Italiener als Migranten ihr Land. Für die faschistische Führung stand daher eine zukünftige Expansion nicht nur im ideologischen Zeichen eines wieder zu errichtenden Römischen Imperiums, sondern auch als Schaffung neuer Heimstätten für italienische Auswanderer. Dies wurde auch deswegen wichtig, da klassische Zielländer für Migranten wie die USA ihre Einwanderungsquoten drastisch reduzierten.

Haile Selassie I. (1892–1975)
1916–1930 Regent bzw.
1930–1974 Kaiser von Abessinien
1936–1941 brit. Exil

Der Abessinienkrieg 1935/36 – ein klassischer Kolonialkrieg?

Bis heute wird unter Historikern darüber diskutiert, warum das faschistische Regime 1935 den Weg zur aggressiven Expansion einschlug. Dieser begann in Ostafrika und setzte sich 1939 gegenüber Albanien beziehungsweise 1940 gegen Griechenland fort. Innenpolitisch galt das faschistische Regime Anfang der 1930er-Jahre als gefestigt, allerdings nahmen die wirtschaftlichen Probleme zu. Sollten neue Absatzmärkte, Rohstoffquellen und Siedlungsgebiete für arbeitslose Auswanderer erobert werden? Oder war es der aufgeschobene ideologisch motivierte Schritt zur Verwirklichung eines Großrömischen Reiches?

Der Fokus lag dabei für die italienischen Nationalisten weiterhin darauf, die erlittene „Demütigung" von 1896 gegenüber dem ostafrikanischen Kaiserreich Abessinien wettzumachen. Dass Abessinien mittlerweile Mitglied im **Völkerbund** und damit ein gleichberechtigter Teil der internationalen Staatenwelt war, war für die PNF kein Hindernis.

Um dieses expansive Ziel nunmehr zu erreichen, begann die faschistische Regierung 1932 einen Eroberungskrieg vorzubereiten. Als der Überfall am 2. Oktober 1935 begann, bot Italien dazu einen beachtlichen Teil eines militärischen Potenzials auf. Dazu zählten insbesondere moderne Kampfmittel wie Luftstreitkräfte und das mittlerweile international geächtete Giftgas sowie 400 000 Soldaten. Ähnlich wie der Kolonialkrieg in Libyen wurde dieser Angriffskrieg mit größtmöglicher Brutalität und ohne Rücksicht auf Völker- und Kriegsrecht geführt. Viele Kriegsgefangene wurden in das 1935 errichtete Konzentrationslager Danane in Somalia deportiert. Seitens des Völkerbundes wurden halbherzige Sanktionen verhängt, die jedoch wenig bewirkten. Nach einem Dreivierteljahr war der abessinische Widerstand gebrochen. Kaiser Haile Selassie floh mit seiner Regierung und anderen Führungskräften ins Exil nach London. Am 5. Mai 1936 eroberten italienische Truppen die Hauptstadt Addis Abeba. Vier Tage später verkündete Mussolini die Vollendung des „Imperiums".

Italienisch-Ostafrika – mehr als eine Ansammlung von Kolonien?

Italien kontrollierte zu keinem Zeitpunkt ganz Abessinien. Besonders in den zahlreichen unwegsamen Bergregionen wurde der Widerstand von abessinischen Partisanen fortgeführt. Entsprechend repressiv verhielt sich die Besatzungsmacht gegen die Zivilbevölkerung, die ohnehin als rassisch minderwertig angesehen wurde.

1936 war General Graziani zum italienischen Vizekönig in Abessinien ernannt worden. Er hatte bereits im Kolonialkrieg in Libyen eine wichtige Rolle gespielt. Allein für das eroberte Abessinien standen ihm über eine Viertelmillion Soldaten zur Verfügung. 1939 wurde Abessinien in neue Provinzen geteilt und mit Eritrea und Somalia als **Italienisch-Ostafrika** vereint. Ab Sommer 1940 wurden auch die benachbarten Kolonien Britisch-Somalia und Französisch-Somalia (Djibuti) besetzt.

Italienisch-Ostafrika (Africa Orientale Italiana) kurzlebiger Zusammenschluss der ital. Kolonien Eritrea, Somalia und des eroberten Abessinien

Das eroberte Abessinien spielte dabei eine Sonderrolle in der Verwaltung. Das abessinische Kaiserreich blickte auf eine fast 2000 Jahre alte Tradition zurück. Der geflohene König entstammte einer Dynastie, die sich als Nachkommen des biblischen König Salomo ansah. Ende des 19. Jahrhunderts hatte Abessinien selbst sein Territorium stark erweitert und dabei besonders muslimische Gebiete erobert. Die italienische Herrschaft setzte daher bewusst viele muslimische Kolonialtruppen aus Somalia und Libyen ein. Damit schürte sie religiöse Gegensätze, bemühte sich jedoch auch bestehende ethnische Konflikte zur eigenen Herrschaftssicherung zu schüren. Für politische Häftlinge aus der Kolonie wurde das Konzentrationslager Nocra im Dahlak-Archipel vor der eritreischen Küste eingerichtet. Dort mussten die Häftlinge u.a. Zwangsarbeit in der Erdölexploration für die italienische Mineralölindustrie leisten.

Wappen von Italienisch-Ostafrika ab 1939

Gleichzeitig verfolgte sie, wie bereits zuvor in Eritrea, eine Politik der nicht nur räumlichen, sondern auch rechtlichen Rassentrennung zwischen Europäern und der afrikanischen Bevölkerung. Langfristig sollte, so die Vorstellung, Italienisch-Ostafrika mehr und mehr mit Italienern als herrschende „Herrenrasse" besiedelt werden. Angehörigen der einheimischen, afrikanischen Bevölkerung war lediglich die Rolle als rechtlose Arbeitskräfte oder als Hilfstruppen zugedacht.

Die italienische Herrschaft endete im Frühjahr 1941. Britische Truppen griffen von Kenia und dem Sudan aus Italienisch-Ostafrika an. Beteiligt waren dabei auch neu aufgestellte abessinische Einheiten unter dem Kommando von Kaiser Haile Selassie. Im März 1941 eroberten sie Somalia und die abessinische Hauptstadt Addis Abeba. Im November 1941 gaben die letzten italienischen Truppen ihren Widerstand auf.

D1

Italienisch-Ostafrika (Africa Orientale Italiana) Anfang 1941

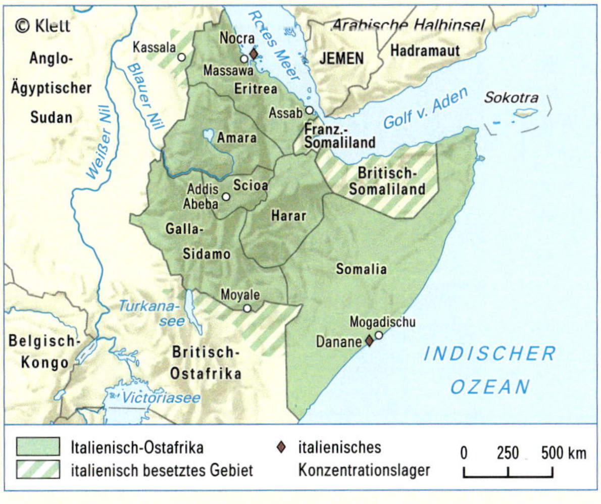

A Die ideologische Funktion der Impero-Idee

D2

Impero als Kolonialarchitektur

Die Kunsthistorikerin Vera Simone Bader untersuchte den Ausdruck des faschistischen Imperiumsgedanken am Beispiel der kolonialen Architektur in Ostafrika:

Wie schon Crispi[1] Ende des 19. Jahrhunderts führte auch das faschistische Regime den uneinigen Zustand des Landes auf die lang andauernde Phase zurück, in der es von fremden Nationen okkupiert worden war.[2] Mussolini verfolgte das Ziel, die unterschiedlichen Regionen Italiens in Einklang zu bringen [...]. Die Lösung für dieses Problem sah er [...] in einer militärischen Unternehmung. Doch sollte der Krieg nicht nur als identitätsstiftendes Ereignis fungieren und das Gefühl der Zusammengehörigkeit stärken. Über das nationale Selbstvertrauen hinaus war es Mussolinis Ambition und häufig formuliertes Ziel, den Italienern ein imperiales Bewusstsein zu verleihen, weshalb er am 9. Mai 1936 eine neue Ära verkündete. [...]

Legitimation, Ausgangspunkt und Vorbild für die Invasion in Äthiopien bildete aber vor allem der Rückbezug auf die Vergangenheit. Mussolini behauptet in seinem Traktat „Der Geist des Faschismus", das römische Imperium und sein unstillbarer Eroberungszwang seien Ursprung der italienischen Nation, und damit Basis der faschistischen Ideologie: „Der faschistische Staat ist Wille zur Macht und Herrschaft. Die römische Überlieferung ist ihm eine Idee des Antriebs. [...] Für den Faschismus ist das Streben zum Impero, das heißt zur Expansion der Nation ein Ausdruck der Vitalität. [...]"

Die neue, auf Expansion gerichtete Politik besaß demnach von Anfang an eine hohe, symbolische Tragweite, zu deren Förderung und Festigung architektonisches Design und urbane Formen als Hilfsmittel herangezogen wurden. Sie bildeten gewissermaßen die neue Rhetorik einer breitgefächerten Propaganda. Denn wie im römischen Reich sollte die Verbundenheit und Zusammengehörigkeit der verschiedenen Kolonien durch die infrastrukturelle Vernetzung, durch eine einheitliche Architektur und durch eine homogene urbane Ausgestaltung aller größeren afrikanischen Zentren erreicht werden. Dabei kam den Architekten und den Städteplanern die Aufgabe der Vermittlung und der Umsetzung von politischen Vorstellungen und Ideen zu.

Vera Simone Bader: Moderne in Afrika. Asmara. Die Konstruktion einer italienischen Kolonialstadt 1889–1941. Gebr. Mann Verlag Berlin 2016, S. 71–74.

1 Francesco Crispi (1818–1901) war einer der führenden Politiker im Königreich Italien und Verfechter einer expansiven Kolonialpolitik

2 Gemeint ist hiermit die Herrschaft spanischer, französischer oder österreichischer Fürsten vor der nationalen Einigung Italiens Mitte des 19. Jahrhunderts.

Q1

Architektur als ideologisches Programm

In den 1930er-Jahren stieg die italienische Einwanderung in Eritrea stark an. Die Hauptstadt Asmara verfünffachte seine Bevölkerung auf rund 100 000 Einwohner. Die Hälfte davon waren Italiener. Einher ging dies mit einer umfangreichen Bautätigkeit des faschistischen Regimes. Das Foto von 2015 zeigt das 1937 gebaute Kino Impero in Asmara, in dem zu getrennten Zeiten Filme für Europäer und Afrikaner gezeigt wurden.

B Rassismus im italienischen Faschismus

D3

Der faschistische Rassebegriff vor und nach 1938

Rassismus als politisches Konzept lehnte Mussolini noch bis zur Mitte der 30er Jahre kategorisch ab und mokierte sich mehr als einmal über die Rassenideologie der Nationalsozialisten. [...] Auf Skepsis stieß bei Mussolini vor allem die Zuverlässigkeit biologischer Studien, weshalb er bezweifelte, von „reinen Rassen“ sprechen zu können. Schon deshalb stellte der Rassebegriff für ihn keine Realität, sondern ein Gefühl dar, [...]. Wenn sich der Duce[1] dennoch des Rassebegriffs bediente, tat er dies [...] nicht im biologischen, sondern vor allem im kulturell-historischen Sinne von „Volk“ oder „Nation“. Sprach er vom gemeinsamen „latinischen Blut“ oder von den Italienern als Teil der „mediterranen Rasse“, so verstand er darunter keine anthropologisch[2] homogene Gruppe, sondern vielmehr eine geistige und moralische Einheit, zusammengeschweißt aus der gemeinsam erlebten Geschichte, den kollektiven Erfahrungen sowie den spezifischen geographischen Bedingungen des Landes, die dem italienischen Volk seine unverwechselbare Charakteristika verliehen hatten.

[...]

Unter den afrikanischen Völkern erfuhren die Äthiopier meist eine bessere Beurteilung, galten sie doch [...] als eine Sonderform der schwarzen „Rasse“, die in ethnischer Verwandtschaft zu den Ägyptern gesetzt wurde. [...] Mit der Eroberung Äthiopiens wichen allerdings die zuvor oft positiven Beschreibungen seiner Einwohner mehr und mehr negativen Beurteilungen. Waren sie in früheren Schriften durch ihre Zugehörigkeit zum Christentum als ein „höherwertiges“ afrikanisches Volk angesehen worden, [...] galt die koptische Kirche[3] nun als dekadent und das von ihr propagierte Christentum aufgrund der angeblich geistigen Minderwertigkeit der Abessinier lediglich als Kopie. Wurden sie zuvor als unmündige Kinder beschrieben, die unter dem wohlwollenden Einfluß der Europäer respektive der Italiener zur weiteren Entwicklung fähig seien, bezeichnete man sie jetzt als „geborene Lügner“ und „Wilde“, deren Schicksal zwar gelindert werden könne, deren „natürliche“ Eigenschaften aber einer echten Zivilisierung entgegenstünden.

Gabriele Schneider: Mussolini in Afrika. Die faschistische Rassenpolitik in den italienischen Kolonien 1936–1941. SH-Verlag, Köln 2000, S. 46, 92 und 96.

1 Duce = italienische Bezeichnung für „Führer“
2 Anthropologie = Lehre vom Menschen, Betrachtung des Menschen als biologisches Wesen
3 Koptische Kirche = altorientalische Kirche des 1. Jahrhunderts, verbreitet besonders in Ägypten, Sudan, Eritrea und Äthiopien

Q2

„Rassische“ Unterschiede in den Kolonien Tripolitanien, Kyrenaika und Fessan (Libyen)

Hatte die italienische Kolonialherrschaft in den nordafrikanischen Kolonien (Gebiet des späteren Libyen) noch eine lokale Mitbestimmung mittels Volksvertretungen und zumindest auf dem Papier eine rechtliche Gleichstellung von Libyern und Italienern geduldet, änderte sich dies unter den Faschisten. Seit 1927 wurde die Kolonie direkt von Rom verwaltet. Anstatt der italienischen wurde 1934 eine italienisch-libysche Staatsbürgerschaft eingeführt, die z. B. keine freie Berufswahl sowie kein Recht auf Versammlung oder freie Meinungsäußerung vorsah. Einigen Regionen wurde allerdings die theoretische Erlangung der italienischen Staatsbürgerschaft in Aussicht gestellt. Der faschistische Journalist Virginio Gayda (1885–1944) schrieb dazu:

In Libyen z. B. müssen zwei Zonen unterschieden werden, nicht nur bezüglich des Klimas und des Raumes, sondern auch hinsichtlich der Bevölkerung. Es gibt eine innere Zone, die Libysche Sahara, die von negroiden Rassen, die beinahe alle Nomaden und nicht entwicklungsfähig sind, bewohnt ist. Für diese Menschen genügt ein patriarchalischer Schutz, der sie in ihren elementaren Lebensbedürfnissen unterstützt. Ferner gibt es ein Küstengebiet, das von Arabern und Berbern bewohnt wird. Diese zählen zu den höherstehenden Rassen, in denen sich der Einfluss der mittelmeerländischen Kultur widerspiegelt, nur verändert durch die langen dunklen Jahrhunderte [...] des barbarischen türkischen Regimes. Diese Zone ist entwicklungsfähig. Sie kann den Geist und das Gesetz der weißen Kultur assimilieren und ist eines Zusammenlebens und einer Zusammenarbeit mit der italienischen Rasse fähig.

Virginio Gayda: Was will Italien? Übers. v. Johannes Gehlen. Goten-Verl., Leipzig 1941 ², S. 352.

D4

Etappen der Rassentrennung in den italienischen Kolonien (Auswahl)

- seit der Jahrhundertwende hatte sich die ital. Kolonialherrschaft in Eritrea/Somalia gefestigt, Beginn einer offensiven Rassentrennung
- 1908: eritreische Stadt Asmara wird in drei Zonen untergliedert (1. allein für Europäer, 2. Gemischt, 3. Wohnbereich für Einheimische)
- 1909: Beginn getrenntes Schulsystem in Eritrea (Europäer getrennt von Kindern einheimischer Eliten)
- 1916: Zutritt in 1. Zone wird Einheimischen verboten (Ausnahme für Bedienstete)

- seit 1921 Bemühungen Inhalte des Schulwesens für Einheimische auf Handwerk/Agrarwirtschaft zu konzentrieren, Beschränkung der Schuldauer auf drei Jahre
- seit 1923 gezielte bauliche Umgestaltung somalischer Städte zur Trennung von Europäern und Einheimischen, ähnliche bauliche Maßnahmen ab 1931 auch in libyschen Küstenstädten (Tripolis), als Vorbild dienten brit./frz. Kolonialstädte
- Mitte 1930er-Jahre Trennung der öffentlich verkehrenden Busse in Bereiche für Europäer (vorn) und Einheimische (hinten) in Kolonialstädten
- seit 1936 Beginn einer radikalisierten, zentral von Rom ausgehenden Rassentrennungspolitik (bislang oft Initiativen der Gouverneure) zur weitgehenden Trennung der Lebensbereiche von Europäern und Einheimischen
- 19. April 1937 erstes koloniales Rassegesetz (Bestrafung eheähnlicher Beziehungen ital. Staatsbürger mit Einheimischen), Strafen von bis zu fünfjähriger Gefängnishaft (biologische Vermischung verhindern)
- 1938 antisemitische Rassegesetzgebung (umfassende Ausgrenzung von Juden aus allen Lebensbereichen), zielte in Kolonien u. a. auf Ausweisung dort lebender Juden
- 29. Juni 1939 zweites koloniales Rassegesetz („Strafmaßnahmen zum Schutz des Rasseansehens gegenüber den Eingeborenen in Italienisch-Ostafrika"), Verbot eheähnlicher Beziehungen mit Afrikanern ausgedehnt auf alle Mitglieder der „arischen Rasse" in Kolonien und in Italien selbst, Verschärfung der Rassentrennung im öffentlichen Leben (Lokale, Kinos etc.)
- seit 1939 galt ideologische Devise, dass angebliche „Minderwertigkeit" der afrikanischen „Rasse" erblich bedingt sei und auch durch Erziehung seitens der höherstehenden Europäer nicht zu beheben sei
- 13. Mai 1940 drittes koloniales Rassegesetz, starke rechtliche Diskriminierung sogenannter rassischer Mischlinge

Zusammengestellt von der Redaktion

C Abessinienkrieg – Ein folgenreiches Versagen der Weltgemeinschaft?

D5

Expansionsziele der italienischen PNF

Q3

Zeitschriftencover von F. T. Marinetti, 1936

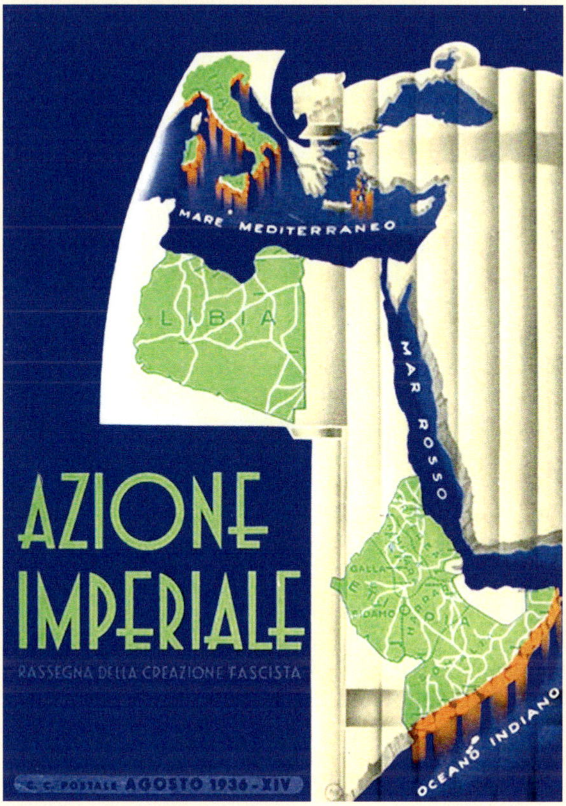

Q4

„Wir bringen dir Italien"

Der Südtiroler Ludwig Karl Ratschiller erinnert sich, welches Bild von der italienischen Expansion den Schülern im Schuljahr 1933/34 in Bozen vermittelt wurde:

Sie erzählten uns nur, dass Italien von Engländern und Franzosen, die alle Kolonien für sich behielten und die Welt im Stile echter Plutokraten beherrschten, ungerecht behandelt würde. Auch Italien jedoch hätte das Recht auf einen „Platz an der Sonne". Daher mussten unterdrückte Völker aus der Sklaverei befreit werden. In diesem Sinne brachten sie uns Lieder bei wie: „Kleines Schwarzgesicht, kleine Abessinierin, warte und hoffe, denn schon naht die Stunde. Wir bringen dir Italien, einen neuen Führer und einen neuen König." Für uns konnte somit der Kaiser von Äthiopien Haile Selassie, genannt „Negus", nur ein großer Barbar sein.

Ludwig Karl Ratschiller: Zwischen allen Fronten. Autobiographie eines Südtiroler Partisanen. Hrsg. v. Gerald Steinacher. Bozen: Edition Raetia 2003, S. 56 f. Übers. Ulrich Beuttler

Q5

Am Scheideweg der Geschichte?

Paul Schmidt war als deutscher Chefdolmetscher im Auswärtigen Amt von 1923–1945 bei zahlreichen europäischen Gesprächen und Konferenzen dabei. In seinen Aufzeichnungen zum Abessinienkrieg schreibt er:

Den Abessinienkonflikt, wie er sich in Genf abspielte, hatte ich aus der Ferne mit lebhaftem Interesse verfolgt. Ich hätte es auf Grund meiner eigenen Genfer Erfahrungen nicht für möglich gehalten, dass sich der gesamte Völkerbund in einer Einheitsfront gegen Italien zusammenfinden und es durch Wirtschaftssanktionen an der Durchführung seiner Angriffspläne zu hindern versuchen würde. Ich hoffte von ganzem Herzen auf einen Erfolg des Völkerbundes, denn ich glaubte, dass nichts eine heilsamere Wirkung auf die Mentalität Hitlers haben würde als ein Scheitern der Pläne Mussolinis. Dass der alte Völkerbund damals sehr nahe an einem Erfolg in der Bekämpfung von Aggressionen durch kollektive Sicherheitsmaßnahmen herangekommen war, wurde mir 1938 am Abend der Münchner Konferenz von Mussolini bestätigt. „Hätte der Völkerbund im Abessinienkonflikt den Rat Edens[1] befolgt und die Wirtschaftssanktionen gegen Italien auf das Öl ausgedehnt", sagte damals Mussolini zu Hitler, „dann hätte ich innerhalb von acht Tagen den Rückzug aus Abessinien antreten müssen. Es wäre eine unausdenkbare Katastrophe für mich gewesen." Interessanterweise waren die Ölsanktionen am Widerstand der französischen Regierung, der Vorkämpferin für kollektive Sicherheit, gescheitert, da Laval[2] es mit Italien nicht zum offenen Bruch kommen lassen wollte. Als er sich während des letzten Krieges wieder einmal recht heftig über die Schwierigkeiten beklagte, die Frankreich von italienischer Seite gemacht wurden, konnte ich ihm daher mit einer gewissen Berechtigung erwidern: „Wie undankbar von Mussolini, Herr Ministerpräsident, denn Sie haben ihm seinerzeit im Abessinienkonflikt das Leben gerettet. Das hat er in meiner Gegenwart in München anerkannt." Darauf konnte selbst der sonst so schlagfertige Laval nichts erwidern. Wie anders wäre vielleicht die Geschichte verlaufen, wenn damals der italienische Diktator gegen den Völkerbund unterlegen wäre!

Paul Schmidt: Statist auf diplomatischer Bühne 1923–45. Erlebnisse des Chefdolmetschers im Auswärtigen Amt mit den Staatsmännern Europas. Athenäum-Verl., Bonn 1950, S. 342 f.

1 Robert Anthony Eden (1897–1977), 1935–1938 britischer Außenminister
2 Pierre Laval (1883–1945), u. a. 1934–1936 franz. Außenminister, 1935–1936 franz. Ministerpräsident, Befürworter einer Annäherung an das faschistische Italien

Q 6

Appell an das Gewissen der Völker

Am 30. Juni 1936 sprach Kaiser Haile Selassie I. vor dem Plenum des Völkerbundes in Genf:

Ich erneuere meinen Protest gegen die Verletzung von Verträgen, deren Opfer das äthiopische Volk ist. Ich erkläre vor der ganzen Welt, dass der Kaiser, die Regierung und das Volk von Äthiopien sich der Gewalt nicht beugen werden, dass sie an ihren Ansprüchen festhalten, dass sie alle in ihrer Macht stehenden Mittel ergreifen werden, um den Triumph des Rechts und die Achtung der Völkerbundakte zu gewährleisten. Ich frage die 52 Staaten, die dem äthiopischen Volk ein Versprechen abgegeben haben, ihm in seinem Widerstand gegen den Aggressor beizustehen: Was sind sie willens, für Äthiopien zu tun? Ich frage die Großmächte, die den kleinen Staaten eine Garantie der kollektiven Sicherheit gegeben haben – jene Kleinstaaten, über denen die Drohung hängt, dass sie eines Tages das Schicksal von Äthiopien erleiden könnten: Was für Maßnahmen beabsichtigen sie zu ergreifen?

Aram Mattioli: Entgrenzte Kriegsgewalt. Der italienische Giftgaseinsatz in Abessinien 1935–1936 © Prof. Dr. Aram Mattioli. In: Vierteljahreshefte für Zeitgeschichte, Jg. 51, Heft 3, Juli 2003. Hrsg. v. Bracher, Karl Dietrich/ Schwarz, Hans-Peter/Möller, Horst. München/Berlin: Institut für Zeitgeschichte 2003, S. 335. Unter: www.ifz-muenchen.de/heftarchiv/2003_3.pdf © Vierteljahreshefte für Zeitgeschichte.

D 6

Das sabotierte Kriegsverbrechertribunal

Der Schweizer Historiker und Faschismusexperte Aram Mattioli (geb. 1961) zählt zu den wichtigsten europäischen Wissenschaftlern, die den italienischen Angriffskrieg auf Abessinien 1935 erforschen. Über die Frage, warum es nach dem Sturz des Faschismus in Italien und dem Ende des 2. Weltkriegs zu keiner strafrechtlichen Verfolgung italienischer Kriegsverbrechen nach Vorbild der Nürnberger oder Tokioter Prozesse kam, schreibt er 2006:

Auf ihren Gipfeltreffen von Moskau, Teheran und Jalta bekräftigten die Führer der alliierten Mächte ihren Willen, Kriegsverbrecher bis in den hintersten Winkel der Erde zu verfolgen und an ihre Ankläger auszuliefern, […].

Vor dem Hintergrund des Nürnberger und Tokioter Prozesses strengte das Kaiserreich Äthiopien ein internationales Tribunal zur Aburteilung der italienischen Kriegsverbrecher an. Schließlich war das Land nicht nur das erste Opfer der späteren „Achsenmächte“ gewesen, sondern während der italienischen Invasion und Okkupation auch zum Schauplatz schlimmer Kriegs- und Besatzungsverbrechen geworden. Zwischen 1935 und 1941 waren ihnen bis zu 380 000 Menschen zum Opfer gefallen. Schon nach damaliger Rechtslage handelte es sich bei vielen der in Äthiopien verübten Untaten um gravierende Verletzungen des Völkerrechts.

So stellte bereits die Invasion als solche einen verbrecherischen Akt dar, weil sie gegen den Briand-Kellogg-Pakt[1] verstieß, durch den die Welt 1928 Angriffs- und Eroberungskriege prinzipiell geächtet hatte. Der kalkulierte Einbezug der Zivilbevölkerung in die Kampfhandlungen kam einem Bruch mit den Prinzipien der Haager Landkriegsordnung[2] gleich. Völkerrechtswidrig waren die Luftangriffe auf unverteidigte Städte und Dörfer, die Zerstörung der natürlichen Lebensgrundlagen durch die Verseuchung von Wasserstellen und das Abschlachten von Viehherden sowie die willkürliche Hinrichtung von unbeteiligten Zivilisten. Italiens massive und systematische Gaskriegsführung verletzte die seit 1925 bestehende internationale Vereinbarung über das Verbot von erstickenden, giftigen oder ähnlichen Gasen sowie von bakteriologischen Mitteln im Krieg. Mit Füßen traten die Invasoren auch die Genfer Konvention von 1929, die einen erweiterten Schutz und eine menschliche Behandlung von Kriegsgefangenen vorsah. […] Nach der Befreiung des Landes ließ Äthiopien nichts unversucht, um italienische Kriegsverbrecher der Gerechtigkeit zuzuführen. […]

[Großbritannien] zeigte Äthiopien jedoch die kalte Schulter und verwies das afrikanische Land am 31. Januar 1949 auf den direkten Verhandlungsweg mit Italien. Nicht genug damit unternahmen hohe Beamte des Foreign Office in dieser Zeit mehrere Versuche, Äthiopien von seinem Ansinnen abzubringen. Dieses kam für die ehemalige Weltmacht zur Unzeit. Großbritannien war erstaunlich früh an einer vollständigen Normalisierung seiner Beziehungen zum ehemaligen Kriegsgegner interessiert. Alle britischen Regierungen wollten Italien, das sich seit Herbst 1943 auf der alliierten Seite am Krieg gegen seinen ehemaligen Verbündeten beteiligt hatte, nicht für Verbrechen im fernen Afrika zur Verantwortung ziehen, die in den Jahren der unglücklichen Appeasement-Politik[3] begangen worden waren. Ein Tribunal, auf dem die Kolonialverbrechen der Italiener verhandelt worden wären, hätte freilich auch viele unangenehme Fragen zur britischen Politik jener Jahre aufgeworfen.

[…] In der Folge musste sich keiner der großen und vielen kleinen italienischen Täter für die in Afrika begangenen Verbrechen je vor irgendeinem Gericht verantworten.

Aram Mattioli: Das sabotierte Kriegsverbrechertribunal. In: Der erste faschistische Vernichtungskrieg. Die italienische Aggression gegen Äthiopien 1935–1941. Hrsg. v. Asfa-Wossen Asserate, Aram Mattioli. © Prof. Dr. Aram Mattioli. Köln: SH-Verlag 2006, S. 155, 159 f.

1 Briand-Kellogg-Pakt = internationaler Vertrag 1928 (in Kraft getreten 1929) zur Ächtung des Krieges als Mittel zur Konfliktaustragung, unterzeichnet u. a. von Italien
2 Haager Landkriegsordnung = internationales Abkommen zur Regelung von Landkriegen (1899), wichtiger Teil des Völkerrechts
3 Beschwichtigungspolitik der britischen Chamberlain-Regierung 1938 gegenüber der Außenpolitik des NS-Regime

Arbeitsvorschläge

Arbeitsvorschläge zum darstellenden Teil

1. Erläutern Sie noch einmal kurz das von Ihnen in den vorangegangenen Kapiteln erarbeitete Wissen zur nationalsozialistischen Ideologie und zum Propagandabegriff „Lebensraum im Osten". [II]
2. Benennen Sie die geografische Ausdehnung von Italienisch-Ostafrika Ende der 1930er-Jahre. [I]
3. Bewerten Sie auf Basis des Darstellungsteils den Charakter der italienischen Herrschaft in Ostafrika. [III]
4. Beschreiben Sie die außenpolitische Situation Abessiniens in den Jahren vor dem italienischen Überfall 1935. Recherchieren Sie ggf. weitere Informationen zum abessinischen Kaiserreich. [I] ○

A Die ideologische Funktion der Impero-Idee

5. Setzen Sie sich mit dem Textauszug der Kunsthistorikerin Vera Bader (D 2) auseinander:
   a) Arbeiten Sie die Kernaussagen des Textes heraus. [I]
   b) Erklären Sie den Zusammenhang zwischen faschistischer Ideologie und Architekturdesign. Beziehen Sie dazu auch exemplarisch Q 1 mit ein. [II]
   c) Bewerten Sie die Aussagen von D 2. [III]
6. Gestalten Sie ein Streitgespräch über die Aussage, dass Expansion Ausdruck von Vitalität ist. [III]

B Rassismus im italienischen Faschismus

7. Charakterisieren Sie auf Basis des Darstellungsteils auf S. 223 und D 3 die Bedeutung des Rassismus für den italienischen Faschismus. [I]
8. Setzen Sie sich kritisch mit den rassistischen Auffassungen des italienischen Faschismus auseinander. [III]
9. Informieren Sie sich über die Bevölkerungsstruktur des heutigen Staates Libyen und nennen Sie die wichtigsten ethnisch-kulturellen Bevölkerungsgruppen. [I] ○
10. Charakterisieren Sie auf Basis Ihrer Erkenntnisse aus Aufgabe 9 die rassistischen Kategorien von Virginio Gayda (Q 2). [II]
11. Überprüfen Sie, inwieweit es in Libyen einen Gegensatz zwischen der Lebensform der Nomaden und der Küstenbewohner gab oder eventuell noch gibt. [III]
12. Erstellen Sie mittels der Daten aus D 4 einen Zeitstrahl. [II] ●
13. Formulieren Sie eigene Fragen an die Aussagen von D4 und begründen Sie deren Relevanz. [II]

C Abessinienkrieg – Ein folgenreiches Versagen der Weltgemeinschaft?

14. Analysieren Sie das Plakat Q 3 und arbeiten Sie die enthaltene faschistische Symbolik heraus. [II]
15. Ordnen Sie Q 4 in ihren historischen Kontext ein. [II]
16. Analysieren Sie die Möglichkeiten, die der Völkerbund gehabt hätte, Italien am Krieg zu hindern. Erklären Sie ggf. zunächst die Funktion und Zusammensetzung des Völkerbundes. [II]
17. Erklären Sie auf Basis Ihres bereits erworbenen Vorwissens zur internationalen Situation der 1930er-Jahre, aus welchen Beweggründen sich insbesondere Großbritannien und Frankreich für vergleichsweise geringe Sanktionen einsetzten (Q 5). [II] ○
18. Überprüfen Sie Q 6 unter der Frage, inwiefern Kaiser Haile Selassie in seiner Rede spätere Ereignisse vorwegnahm. [III]

Übergreifende Arbeitsvorschläge

19. Beurteilen Sie die langfristigen Folgen des Ausbleibens einer völkerrechtlichen Ahndung der italienischen Kriegsverbrechen in Ostafrika (D 6). [III]
20. MK Untersuchen Sie eine filmische Darstellung der Kolonialherrschaft des faschistischen Italiens. Analysieren und bewerten Sie den ausgewählten Film unter Berücksichtigung der jeweiligen Filmgattung. Stellen Sie Ihre Ergebnisse in einem Kurzreferat vor. [III] ○
    Mögliche Filme (jeweils online recherchierbar) sind:
    - Omar Mukhtar – Löwe der Wüste (USA/Libyen 1980)
    - Fascist Legacy (UK 1989)
    - Die Südtiroler in Mussolinis Abessinienkrieg 1935–1941 (Italien 2009)

Online- und Differenzierungsmaterialien zu Kapitel 2.12

○ Arbeitshilfen zur Aufgabe 4, 9, 17 und 20
● Vertiefungsangebote zur Aufgabe 12

Online-Code: er45im

2.13 Gemeinsamkeiten und Unterschiede der antiliberalen Modernisierungsdiktaturen

Der Faschismus als Ideologie und das NS-Regime als eine Ausformung dessen wurden und werden bis heute von Wissenschaftlern unterschiedlich gedeutet. Diese Deutungsansätze entstanden natürlich jeweils unter dem Eindruck des jeweiligen Zeitgeschehens.

Mit der Herausbildung Sowjetrusslands und der faschistischen Diktatur in Italien entstanden nach dem Ersten Weltkrieg Staaten, deren Machthaber einen totalen Anspruch formulierten. Allerdings blieben zum Beispiel noch viele Jahre innerhalb der Sowjetdiktatur abweichende Positionen bestehen. Erst nach der Beseitigung des linken Flügels aus offiziellen Positionen konnte in der UdSSR von einem zunehmend totalitären Herrschaftssystem gesprochen werden. Grundsätzlich stand diesem totalitären Verständnis von Herrschaft die bürgerliche Vorstellung eines demokratisch-freiheitlichen Rechtsstaates mit Gewaltenteilung und marktwirtschaftlichen Prinzipien diametral entgegen.
Bereits 1923 prägte der italienische Liberale Giovanni Amendola das von den Faschisten unter Benito Mussolini durchgesetzte Herrschaftssystem als „sistema totalitario“, als totalitäres System. Es sollte eine Warnung an die demokratisch-liberale Welt sein. Die Faschisten übernahmen hingegen den Begriff des totalen Staates als in ihrem Sinne positiv in ihre eigene Ideologie. So forderte Benito Mussolini bereits 1925 in einer Rede: Alles im Staate, nichts außerhalb des Staates, nichts gegen den Staat. In den nachfolgenden Jahrzehnten wurde immer wieder über den Charakter und die Vergleichbarkeit von „totalitären“ Staaten diskutiert. Dazu gehörte auch die Frage, inwieweit Anspruch und Wirklichkeit eines „totalen“ Staates auseinanderklafften.

Faschismus als verlängerter Arm des Finanzkapitals?

Zu den frühen Erklärungsversuchen zählten seit den 1920er Jahren marxistisch-leninistische Deutungsansätze. Ein Vergleich mit der stalinistischen Sowjetunion wurde nicht vorgenommen. Dies geschah erst ab den 1930er-Jahren mit Herausbildung der stalinistischen Diktatur. Zugespitzt in einer 1933 von dem bulgarischen Kommunisten Georgi Dimitrow formulierten These war der Faschismus und damit auch der NS-Staat eine radikalisierte Form der bürgerlich-kapitalistischen Herrschaft. Aspekte wie einen extremistischen Antisemitismus und ideologische Aspekte wie die „Volksgemeinschaft“ ließ Dimitrow dabei unbeachtet. Dimitrow beschränkte sich auf das Erklärungsmuster, dass die am meisten reaktionären, chauvinistischen und imperialistischen Elemente des Finanzkapitals mit dem Faschismus eine terroristische Diktatur errichtet hätten, um die ihnen gefährlich gewordene internationale proletarische Bewegung auszuschalten. Im Rahmen dieser These deuteten spätere Wissenschaftler aus den sozialistischen Warschauer Pakt-Staaten Diktatoren wie Hitler oder Mussolini als Marionetten der im Hintergrund herrschenden Kapitalistenklasse (Großbank, Konzerne etc.).

Georgi Dimitrow (1882–1949)
bulgarischer kommunistischer Politiker
1935–1943 Generalsekretär der Komintern
1946–1949 bulgarischer Ministerpräsident

Die Betonung der Wesensverwandtschaft von Faschismus und Stalinismus

In den 1930er-Jahren entstanden immer mehr politische Bewegungen, die sich am totalitären Faschismus orientierten. Es entstanden Diktaturen, die Teile des faschistischen Herrschaftsgedankens übernahmen. Gleichzeitig gewann der totalitäre Stalinismus in der Sowjetunion immer mehr an Bedeutung und wurde spätestens nach 1945 in andere Staaten exportiert. Ein Vergleich zwischen den faschistischen und den stalinistischen antiliberalen Modernisierungsdiktaturen rückte ins Blickfeld. Dies ging besonders von bürgerlich-konservativen Wissenschaftlern aus, die seit den 1950er-Jahren unter dem Eindruck der ideologisch aufgeladenen Stimmung des Kalten Krieges standen. Der Faschismus wurde von ihnen in

seiner Wesensart gleichgesetzt mit dem stalinistischen Kommunismus. Dabei betonten die Verfechter des Deutungsansatzes eines Totalitarismus beider Regime. Beide forderten die gänzliche Unterordnung des Einzelnen unter die Gemeinschaft, die Aufhebung einer Gewaltenteilung und der bürgerlichen Freiheiten wie Meinungs- oder Gewissensfreiheit. Ebenso verfolgten beide die beständige Mobilisierung mittels einer hierarchisch organisierten Massenpartei sowie der ideologischen Indoktrinierung der Menschen von der frühesten Kindheit. Ein weiterer Punkt war der Terror als wesentliche Basis der faschistischen und stalinistischen Herrschaftsausübung.
Spätere Historiker hinterfragten wiederum nach 1945 diesen vergleichenden Erklärungsansatz der Totalitarismusidee kritisch. Sie warfen die Frage auf, ob nicht dadurch bewusst oder unbewusst das passive Verhalten des liberalen und konservativen Bürgertums, welches nicht zwangsläufig demokratisch gesinnt war, gegenüber der NS-Diktatur relativiert werden sollte. So wurde beispielsweise die Frage aufgeworfen, inwieweit in Italien oder Deutschland Unternehmen, Vereine oder die Kirchen wirklich alternativlos gezwungen waren, sich der angeblich totalen Diktatur zu unterwerfen oder inwieweit sie sich mitunter freiwillig in das System einbinden ließen, da dies der Durchsetzung eigener wirtschaftlicher oder ideologischer Interessen diente. Ebenso wurde diskutiert, inwieweit das Ziel des Nationalsozialismus, große religiöse oder ethnische Bevölkerungsgruppen gänzlich zu versklaven oder zu vernichten, wirklich vergleichbar war, gegenüber der repressiven Politik des Stalinismus mit seinen Zwangsdeportationen und dem GULag. Neuere Forschungen heute zeigten, wie selten der stalinistische Terror zentral gelenkt und durchgeführt wurde. Der Terror entstand oft ungeordnet.

→ vgl. Beispiel des Völkermords an den kasachischen Nomaden während der Zwangskollektivierung: Kapitel 2.8, S. 190, D1

Ernst Nolte (1923–2016)
deutscher Historiker und Philosoph

Modernisierungs- und Erziehungsdiktatur

Ab den 1960er-Jahren setzten sich im Zuge der allmählichen Aufarbeitung der deutschen NS-Vergangenheit, immer mehr Sozialwissenschaftler detaillierter mit den Gründen für die Etablierung des NS-Staates sowie anderer faschistischer und faschistoider Systeme auseinander. Debatten über einen Vergleich zur Sowjetunion rückten in den Hintergrund. Soziologen und Historiker wie Ralf Dahrendorf oder später Rainer Zitelmann sahen im Nationalismus und italienischen Faschismus eine Form von Entwicklungsdiktatur. Diese habe den modernisierungshemmenden Einfluss alter Eliten wie Adel oder Kirche zurückzudrängen. Stattdessen sei eine technik- und naturwissenschaftsaffine, moderne Gesellschaft gefördert worden. Mit einer diktatorisch durchgesetzten Modernisierung und der Überwindung alter gesellschaftlicher Schranken sei letztlich die soziale Mobilität für alle Bevölkerungsschichten angestrebt worden. Der Faschismus sei eine „Soziale Revolution" mit bürgerlich-industriellen Charakter gewesen.

Jürgen Habermas (geb. 1929)
deutscher Soziologe

Historikerstreit um die Frage der Singularität der NS-Verbrechen

Eine weitere Kontroverse entstand 1986 in der Bundesrepublik Deutschland. In ihr wurde im Kern darum gestritten, welche Bedeutung der Holocaust für das identitätsstiftende deutsche Geschichtsbild habe. Ebenso wurde debattiert, inwieweit der Holocaust eine Reaktion des Nationalsozialismus auf die zuvor begonnenen Verbrechen im sowjetischen GULag gewesen sei. Diese Deutungen von deutschen Historikern wie Ernst Nolte und Andreas Hillgruber wurden heftig unter anderem von dem deutschen Philosophen Jürgen Habermas kritisiert. Im Kern drehte sich die Auseinandersetzung um die Frage, ob der vom nationalsozialistischen Deutschland verübte Holocaust vergleichbar mit anderen Massenverbrechen gewesen sei oder ob er singulär gewesen sei und später wesentlich das identitätsstiftende Geschichtsbild Deutschlands geprägt hat. Ein weiterer Streitpunkt war, ob der Holocaust einen Nachahmungscharakter gegenüber dem stalinistischen GULag beinhaltet habe. Dieser „Historikerstreit" der Jahre 1986/87 löste nicht nur in Deutschland, sondern auch in anderen europäischen Staaten Debatten über den Zusammenhang von Geschichtsschreibung und nationaler Identität aus.

A Der NS-Staat eine Gefälligkeitsdiktatur? – Eine neuere Historikerdebatte in Deutschland

D1

Der NS-Staat eine „Gefälligkeitsdiktatur" oder „Mobilisierungsdiktatur"?

Wie immer wieder Deutungen zum Nationalsozialismus große Debatten auslösen konnten, zeigte 2005 der deutsche Politikwissenschaftler und Historiker Götz Aly mit seinem Buch „Hitlers Volksstaat". Darin betonte er die Bemühungen des NS-Regimes um eine umfangreiche Sozialpolitik und materielle Versorgung der deutschen Bevölkerung mittels der Umverteilung jüdischer Besitzstände und der Ausplünderung des besetzten Europas. Der NS-Staat basierte seiner Ansicht stark auf dem Charakter einer Gefälligkeitsdiktatur, um sich so den Rückhalt und die Zustimmung der Mehrheit der Bevölkerung zu sichern. Kritisiert wurde er dabei besonders von dem britischen Wirtschaftshistoriker Adam Tooze und von dem deutschen Historiker Hans-Ulrich Wehler.

Hannah Arendt hat im Blick auf den Nationalsozialismus von der „Banalität des Bösen" gesprochen. Der Historiker Götz Aly hat die These vertreten, dass man die Dinge allzu sehr dramatisiere, wenn man Hitlers Machtgewinn und -erhalt nur aus einer Mischung aus Terror, Verführung und Charisma erkläre. Die Wahrheit sei viel simpler: Die NS-Diktatur habe den Deutschen materielle Vorteile versprochen.

a) Korrumpierung der Deutschen durch Ausplünderung des Auslands?
Heftige Diskussionen erregte das Buch „Hitlers Volksstaat" von Götz Aly, der die NS-Herrschaft als eine „Gefälligkeitsdiktatur" charakterisierte (2005):

Wie konnte ein im Nachhinein so offenkundig betrügerisches, größenwahnsinniges und verbrecherisches Unternehmen wie der Nationalsozialismus ein derart hohes, den Heutigen kaum erklärbares Maß an politischer Integration erreichen?
Um zu einer überzeugenden Antwort zu gelangen, betrachte ich die NS-Herrschaft aus einem Blickwinkel, der sie als Gefälligkeitsdiktatur zeigt. [...] Hitler, die Gauleiter der NSDAP, ein Gutteil der Minister, Staatssekretäre und Berater agierten als klassische Stimmungspolitiker. Sie fragten sich fast stündlich, wie sie die allgemeine Zufriedenheit sicherstellen und verbessern könnten. Sie erkauften sich den öffentlichen Zuspruch oder wenigstens die Gleichgültigkeit jeden Tag neu. Auf der Basis von Geben und Nehmen errichteten sie eine jederzeit mehrheitsfähige Zustimmungsdiktatur. Die kritischen Punkte, an denen sich ihre Politik der volksnahen Wohltaten zu bewähren hatten, ergaben sich aus der Analyse des inneren Zusammenbruchs am Ende des Ersten Weltkriegs.[1] Folglich versuchte die NS-Führung im Zweiten Weltkrieg erstens die Lebensmittel möglichst so zu verteilen, dass die Vergabe namentlich von den einfachen Leuten als gerecht empfunden wurde. Zweitens tat sie alles, um die Reichsmark wenigstens äußerlich stabil zu halten. [...]
In Deutschland setzte die Regierung ein strenges, als gerecht empfundenes Zuteilungsregime einschließlich Preisstopp durch. Doch im Ausland sollten und wollten sich die deutschen Soldaten bereichern. Aus der Sicht des Reichsfinanzministers war es das Beste, wenn sie dort einen Teil des Kaufkraftüberhangs (zu einem für die Deutschen günstigen Wechselkurs) in fremde Währungen verwandelten und buchstäblich verbutterten. [...] Das Bild vom autoritär durchgeformten Führerstaat ist falsch. Innerhalb politisch und gewaltsam gezogener Grenzen bewahrte das NS-System eine bemerkenswert lebendige Differenz der Ansichten und politisch-fachlicher Vorschläge. [...]
Innenpolitisch erkaufte sich die NS-Regierung ihren Rückhalt zunächst mit unseriösen, bald kriminellen Techniken der Haushaltspolitik. Schon 1935 verbot Hitler die Bekanntgabe des Staatsetats, eben weil seine Politik ständig und seit 1936 zunehmend vom Vorgriff auf die Zukunft lebte. Daraus ergab sich der immanente Zwang zu Krieg und Raub.

Götz Aly: Hitlers Volksstaat. Raub, Rassenkrieg und nationaler Sozialismus. Fischer Taschenbuch Verlag, Frankfurt/M. 2006, S. 36, 347 und 353.

1 Infolge Kriegswirtschaft und alliierter Handelsblockade herrschten in Deutschland 1917/18 Inflation, großer Versorgungsmangel und Hunger.

b) Zu den Thesen Götz Alys schrieb der britische Historiker Adam Tooze, der die bislang umfangreichste „Geschichte der Wirtschaft im Nationalsozialismus" (Obertitel: „Ökonomie der Zerstörung", 2006) verfasste:

[Alys] Fazit: 70 Prozent „der Gelder, die der Krieg auf deutscher Seite täglich verschlang", wurden vom Ausland und durch den Raub an den Juden finanziert. Gewöhnliche deutsche Klein- und Durchschnittsverdiener haben höchstens 10 Prozent der laufenden Kriegskosten des Reiches bezahlt. Eine beeindruckende Rechnung – wenn sie stimmen würde.
Nur: Sie stimmt nicht. Die Verhältnisse waren genau umgekehrt. Mehr als drei Viertel der Ressourcen für Hitlers Krieg wurden von der deutschen Volkswirtschaft, von den Deutschen selbst aufgebracht. Der Außenbeitrag war von großer Bedeutung, lag aber höchstens bei einem Viertel. Nicht 70 Prozent also, sondern nur 25 Prozent. Aly verrechnet sich so grob, weil er unsymmetrisch vorgeht. Auf der deutschen Seite betrachtet er nur Steuern als Kriegsbeitrag. Bei den Fremdbeiträgen rechnet er alle Einnahmen zusammen, wie immer sie auch finanziert wurden. Ihm ist egal, ob nun zum Beispiel die französische Regierung das Geld für die Deut-

schen durch Steuern heranschaffte oder über Anleihen oder ob sie einfach Geld gedruckt hat. Genauso hätte Aly auch den deutschen Beitrag berechnen sollen. [...] Die Kriegsinflation hat nicht nur die Zwangsanleihen[2] der jüdischen Bevölkerung ausgelöscht, sondern auch die Sparkasseneinlagen „deutscher Normalverdiener". [...]
Die Milliardenbeträge, die aus deutschen Sparkassen, Banken und Versicherungen über die sogenannte geräuschlose Finanzierung in die Reichskassen geschleust wurden, waren die Hauptstütze der Kriegsfinanzierung, nicht die Steuereinkünfte und auch nicht die Besatzungskosten. Diese unfreiwillig angelegten Beträge waren der geldmäßige Ausdruck der reellen wirtschaftlichen Kosten des Krieges: Die Menschen konnten mit ihrem Geld weder konsumieren noch es investieren.
Auch wenn Hitlers Regime die Volksgenossen lieber nicht besteuerte – die Menschen, die Rohstoffe, die Kapazitäten der Industrie hat es trotzdem mobilisiert. Und das wird auch von den Ergebnissen der vergleichenden Forschung bestätigt, die Aly weitgehend ignoriert.
Es ist natürlich alles eine Frage des Maßstabes. So übertrifft die ungeheure Mobilisierungsleistung der stalinistischen Diktatur die aller westlichen Staaten bei weitem. Aber Alys Vergleichsmaßstab ist nicht die Sowjetunion, sondern das England von Churchill, das mythische, demokratische England – ein „Regime" also, das sich laut Aly siegesgewiss auf einen wahren Konsens seiner Bevölkerung stützen konnte. [...] Die Kriegsgesellschaft des nationalsozialistischen Deutschlands als Gefälligkeitsdiktatur zu beschreiben geht an der Realität völlig vorbei. Selbst in den besten Zeiten war Hitlers Krieg ein riesiges Wagnis, für das Hitlers Regime alle zur Verfügung stehenden Mittel mobilisierte.

Adam Tooze: Einfach verkalkuliert. In: „die tageszeitung" vom 12.3.2005. Zit. nach: https://taz.de/!635819/ (Zugriff 16.01.2020)

2 1938 wurden Vermögenswerte deutscher Juden zwangsweise in Staatsanleihen umgewandelt.

Arbeitsvorschläge

1. Benennen Sie, in welcher Zeit welche Erklärungsansätze für das Phänomen des Faschismus und Stalinismus entstanden sind. [I]
2. Erklären Sie mit eigenen Worten die Begriffe Totalitarismus, Modernisierungsdiktatur, Erziehungsdiktatur, Gefälligkeitsdiktatur und Singularität der NS-Verbrechen. [II]
3. Stellen Sie die Aussagen aus D1a und die Gegenargumente von D1b gegenüber. [II]
4. Diskutieren Sie anhand Ihres im Großkapitel 2 erarbeiteten Vorwissens, inwieweit Gemeinsamkeiten und Unterschiede zwischen den antiliberalen Modernisierungsdiktaturen bestanden. [III] ○

Online- und Differenzierungsmaterialien zu Kapitel 2.13
○ Arbeitshilfen zur Aufgabe 4

Online-Code: ve25ev

2.14 Geschichtsrevisionismus der Gegenwart – ein Angriff auf die Vergangenheit?

Auch wenn das merkwürdig klingt: Geschichte hat mit der Gegenwart mindestens so viel zu tun wie mit der Vergangenheit. Denn erst, wenn uns Ereignisse von gestern Antwort geben auf Fragen von heute, wenn sie von uns gedeutet werden, sprechen wir von „Geschichte". Das ist allerdings alles andere als einfach. Und streng „objektiv" wie in den Naturwissenschaften kann es dabei schon deshalb nicht laufen, weil Historiker mit Begriffen arbeiten und sich deren Bedeutung verändert. Doch wo liegen die Grenzen dessen, was man über die Vergangenheit behaupten darf – wie lässt sich ein unhaltbares historisches Urteil widerlegen?

Über die Grenzen eines historischen Urteils

Umdeutungen von Ereignissen oder Gegenerzählungen sind in der Geschichtswissenschaft an der Tagesordnung. Es ist das, was Historiker tun, wenn sie neue Fragen oder neue Quellen haben. So ist die Frage, warum es zum Ersten Weltkrieg kam, ähnlich umstritten wie die Frage, ob die DDR ein Unrechtsstaat war. Das heißt im Umkehrschluss aber nicht, dass jedes Urteil über die Vergangenheit klug oder auch nur akzeptabel ist. Dass das Deutsche Kaiserreich unschuldig war am Beginn des Ersten Weltkriegs, ist genauso falsch wie die These, in der DDR habe es kein staatliches Unrecht gegeben.
Zur Kennzeichnung solcher Überzeugungen hat sich in den letzten Jahrzehnten der Begriff „Geschichtsrevisionismus" oder kurz: „Revisionismus" eingebürgert. Der Begriff kommt vom Lateinischen *re-videre*, was „wieder" oder „neu hinsehen" heißt. Er wurde Ende des 19. Jahrhunderts ursprünglich in der Sozialdemokratie verwendet. Dort bezeichnete er diejenigen, die Aussagen von Karl Marx, einem ihrer Gründerväter, in Zweifel zogen. „Revisionismus" war also ein Kampfbegriff, der herabwürdigend gemeint war. Heute dagegen wird unter „Geschichtsrevisionismus" allgemeiner eine Bewegung zur Änderung einer historischen oder politischen Lehre mit meist pseudowissenschaftlichen Mitteln verstanden. Für die Durchsetzung der eigenen extremistischen Überzeugungen wollen Revisionisten weniger überzeugen, sondern vielmehr das gesamte System destabilisieren. Ein Revisionist kommt nach dieser Definition also erstens selten allein, zweitens stellt er sich mit seinen Überzeugungen innerhalb der Wissenschaft ins Abseits und hat aber drittens politische Ziele. Es geht ihm mit seinem Urteil über die Geschichte ums Ganze, nämlich darum, Zweifel über das Zusammenleben auszustreuen – und nicht darum, herauszufinden, was früher eigentlich geschehen ist.

Wie Revisionisten vorgehen – und warum ihre Positionen so attraktiv sind

Eine Form, in der Revisionismen auftreten, ist die Lüge. Die vielleicht wirkungsmächtigste deutsche Geschichtslüge war die Überzeugung vieler Deutscher in der Weimarer Republik, das eigene Heer hätte im Ersten Weltkrieg gar nicht verloren. Es sei nur deshalb besiegt worden, weil die Soldaten von ihren sozialistischen Landsleuten zu Hause durch eine Revolution gestoppt worden wären. Diese Dolchstoßlüge wurde maßgeblich vom damaligen General und späteren Reichspräsidenten Hindenburg befördert. Der ehemalige Chef der deutschen Heeresleitung des Ersten Weltkriegs behauptete vor dem Parlamentarischen Untersuchungsausschuss im November 1919, das deutsche Militär habe den Krieg gar nicht verloren – sondern sei von deutschen revolutionären Kräften mit einem „Dolchstoß" im eigenen Land niedergekämpft worden. Dabei argumentierte er wie viele Revisionisten heute: Er übertrieb, argumentierte allzu gefühlvoll und appellierte geschickt an den Patriotismus seiner Zuhörer.

Paul von Hindenburg (1847–1934)
1916–1918 Chef der Obersten Heeresleitung
1919 Schöpfer der „Dolchstoßlüge"

Ähnliche Elemente sind heute etwa bei denjenigen Revisionisten zu entdecken, die die Vernichtung von sechs Millionen Juden durch die Nationalsozialisten leugnen. Auch sie beugen historische Tatsachen und inszenieren sich als die „wahren" Deutschen. Sie stellen dabei gerne wissenschaftliche Gutachten infrage oder zitieren daraus auf eine Weise, mit der ihr Sinn ins Gegenteil verkehrt wird. Sie drohen dabei bisweilen Andersdenkenden, prangern eine Regierung an, die ihnen angeblich die freie Meinungsäußerung verweigere und vermuten hinter ihr ein zweifelhaft „jüdisches Finanzkapital", das aus einer vermeintlichen „Holocaustindustrie" Vorteile ziehe. Oder sie zitieren Zeitzeugen, die in vielen Fällen selbst in die Mordmaschinerie der Nationalsozialisten verstrickt waren. Mit einem geschichtswissenschaftlichen Faktencheck anhand der vielfältigen und umfangreichen Quellenlage hat dies nichts zu tun.

→ Kapitel 2.3, S. 130–139

An solchen Geschichtslügen lässt sich ablesen, warum sich auch heute noch manche - und nach einigen Berechnungen sogar immer mehr - Menschen von ihnen angezogen fühlen. So demonstrierten 350 Neonazis im Mai 2018, als die damals 89jährige, mehrfach verurteilte Holocaust-Leugnerin Ursula Haverbeck zu einer Gefängnisstrafe verurteilt wurde. Revisionisten wie Haverbeck geben sich aufklärerisch und im Alleinbesitz einer, in ihrem Fall sogar „göttlichen", Wahrheit. Sie bedienen so eine natürliche Neugier von Menschen, die nicht alles glauben möchten, was sie hören. Solche Methoden versprechen Geheimwissen und binden Menschen zusammen, wie hier eine Seniorin, die in ihrer Jugend Pädagogik studiert hat, mit jungen Rechtsradikalen. Damit reagieren Revisionisten geschickt auf die Unübersichtlichkeit der modernen Gesellschaft, in der lange vertraute Werte ebenso fraglich werden wie der eigene Job, wo die Kraft der Religion genauso schwindet wie eine als selbstverständlich empfundene politische Weltordnung. Angesichts dessen erscheinen verkürzte Deutungen darüber, wie angeblich „Geschichte wirklich war", für manche Menschen verheißungsvoller als hundertseitige quellenkritische Forschungsarbeiten mit differenzierenden Urteilen.

Wie man revisionistische Lügen aufdeckt und sich gegen sie wehren kann

Eine Geschichtslüge muss mit den Werkzeugen eines Historikers enttarnt werden. Das allein reicht aber nicht. Zu fragen ist auch, warum sie überhaupt aufgekommen ist, welche Bedürfnisse sie stillt und welche sozialen Wünsche hinter ihr stehen. Dafür hat sich der Begriff der „Ideologiekritik" eingebürgert. Und zu diesem Zweck hat die Geschichtswissenschaft in den letzten zwei Jahrhunderten ihren Instrumentenkoffer entwickelt. Dazu gehört die Untersuchung der Vertrauenswürdigkeit eines Textes durch Quellenkritik. Gerade im Internet kann es, etwa bei der Vorbereitung eines Referates, schwierig sein, wissenschaftliche historische Angaben von revisionistischen Positionen zu unterscheiden. Die „Internationale Vereinigung bibliothekarischer Verbände und Einrichtungen" hat dafür einen Fakten-Checker entworfen. In sieben Schritten hilft er, Fake News und Geschichtsrevisionismen aufzuspüren:

1. **Beachten Sie die Quelle.** Sehen Sie sich die Website genauer an. Wer steckt dahinter?
2. **Prüfen Sie den Autor.** Ist der Autor/die Autorin glaubwürdig? Gibt es ihn oder sie wirklich?
3. **Bewerten Sie die Quellen.** Folgen Sie den Links, auf die verwiesen wird. Belegen sie wirklich die Thesen des Autors?
4. **Achten Sie auf das Datum.** Ältere Nachrichten können überholt sein, auch wenn sie gerade erst gepostet wurden.
5. **Achten Sie auf den Stil.** Eine emotionale Sprache und auch viele „Likes" können über die Dürftigkeit der Argumente hinwegtäuschen.
6. **Lesen Sie weiter.** Schlagzeilen klingen oft aufregend. Aber wie lautet die ganze Geschichte? Vielleicht sind Einzelereignisse aus dem historischen Zusammenhang gerissen oder verfälscht worden.
7. **Fragen Sie einen Experten**. Lehrkräfte oder Bibliotheksmitarbeitende werden Ihnen gerne weiterhelfen.

A Geschichtsrevisionismus am Beispiel der Holocaust-Leugnung

Q1

Behauptungen über die NS-Zeit

Die Zeitschrift „Aufklärung und Kritik" der Gesellschaft für kritische Philosophie versteht sich als Forum für aktuelle sowie grundsätzliche philosophische Themen. Mitherausgeber Professor Armin Pfahl-Traughber war Referatsleiter in der Abteilung für Rechtsextremismus im Bundesamt für Verfassungsschutz. Heute ist er Mitglied im Unabhängigen Expertenkreis Antisemitismus des Deutschen Bundestages sowie im Bündnis für Demokratie und Toleranz. Zu seinen Forschungsschwerpunkten zählen u. a. der politische Extremismus, der Totalitarismus als auch das Thema Antisemitismus. In seiner Forschungsarbeit setzt er sich u. a. mit revisionistischen Behauptungen und rechtsextremistischen Geschichtsverfälschungen wie den folgenden auseinander:

[…] Hitler sah sich am 1. September 1939 zum Krieg gegen Polen genötigt, da nicht anders den auch unmittelbar zuvor erfolgten Überfällen von polnischen Freischärlern auf das Reichsgebiet entgegengewirkt werden konnte.

[…] Der amerikanische Gaskammer-Experte Fred Leuchter[1] hat in mehreren Untersuchungen und Gutachten („Leuchter-Report") festgestellt, dass Massenvergasungen von Menschen im Konzentrationslager Auschwitz technisch gar nicht möglich gewesen sind. Damit widerlegte er naturwissenschaftlich die Auffassung von den Vergasungen.

Armin Pfahl-Traughber: Revisionistische Behauptungen und historische Wahrheit. Zur Kritik rechtsextremistischer Geschichtsverfälschungen. In: „Aufklärung und Kritik" 2/2000, S. 84 ff, Gesellschaft für kritische Philosophie, Lauf a. d. Pegnitz. Unter: www.gkpn.de/id164.htm (Zugriff: 28.01.2020).

1 Fred Leuchter gehört zu den Holocaustleugnern. Unter anderem gab er vor, ein technischer und organisatorischer Experte für Hinrichtungsapparaturen zu sein.

Q2

Rundschreiben Nr. 31/48 – Lachout-Dokument von 1987

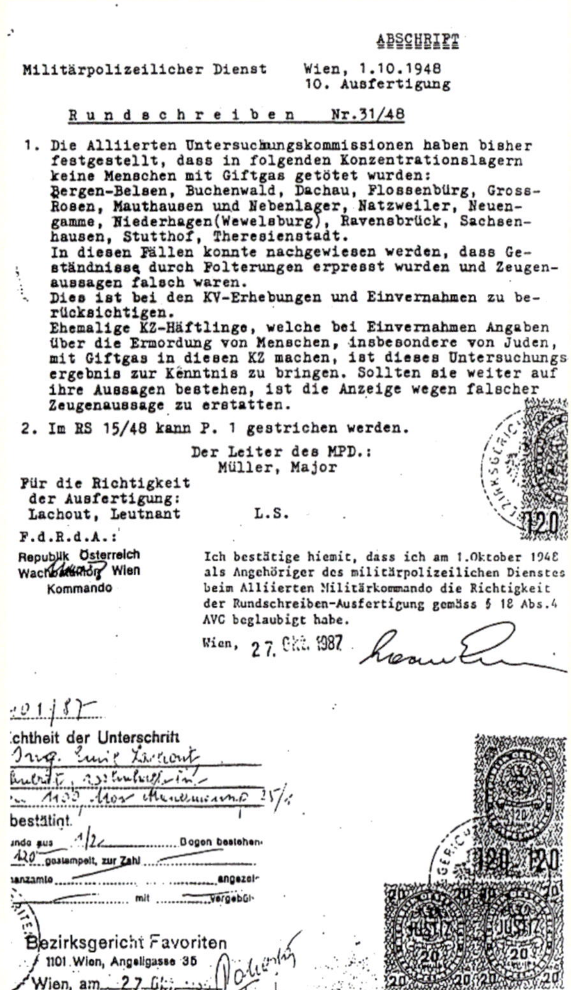

ABSCHRIFT

Militärpolizeilicher Dienst — Wien, 1.10.1948
10. Ausfertigung

Rundschreiben Nr.31/48

1. Die Alliierten Untersuchungskommissionen haben bisher festgestellt, dass in folgenden Konzentrationslagern keine Menschen mit Giftgas getötet wurden: Bergen-Belsen, Buchenwald, Dachau, Flossenbürg, Gross-Rosen, Mauthausen und Nebenlager, Natzweiler, Neuengamme, Niederhagen(Wewelsburg), Ravensbrück, Sachsenhausen, Stutthof, Theresienstadt.
In diesen Fällen konnte nachgewiesen werden, dass Geständnisse durch Folterungen erpresst wurden und Zeugenaussagen falsch waren.
Dies ist bei den KV-Erhebungen und Einvernahmen zu berücksichtigen.
Ehemalige KZ-Häftlinge, welche bei Einvernahmen Angaben über die Ermordung von Menschen, insbesondere von Juden, mit Giftgas in diesen KZ machen, ist dieses Untersuchungsergebnis zur Kenntnis zu bringen. Sollten sie weiter auf ihre Aussagen bestehen, ist die Anzeige wegen falscher Zeugenaussage zu erstatten.
2. Im RS 15/48 kann P. 1 gestrichen werden.

Der Leiter des MPD.:
Müller, Major

Für die Richtigkeit der Ausfertigung:
Lachout, Leutnant — L.S.

F.d.R.d.A.:
Republik Österreich
Wachbataillon Wien
Kommando

Ich bestätige hiemit, dass ich am 1.Oktober 1948 als Angehöriger des militärpolizeilichen Dienstes beim Alliierten Militärkommando die Richtigkeit der Rundschreiben-Ausfertigung gemäss § 18 Abs.4 AVC beglaubigt habe.

Wien, 27. Okt. 1987

…chtheit der Unterschrift … bestätigt.
…ndo aus … Bogen bestehen…
120 gestempelt, zur Zahl …
…nanzamte … angezei…
… mit … vergebü…

Bezirksgericht Favoriten
1101 Wien, Angeligasse 35
Wien, am 27. Okt. 1987

Arbeitsvorschläge

1. Fassen Sie mithilfe des Darstellungstextes auf S. 234 den Begriff „Geschichtsrevisionismus“ in eigenen Worten zusammen. [I] ●
2. Q1 zeigt Ihnen zwei verschiedene Behauptungen zur NS-Zeit. Überprüfen Sie die erste mithilfe Ihres Schulbuches. Gehen Sie anschließend ins Internet und überprüfen Sie die zweite Aussage auf ihre Stichhaltigkeit. [III] ○

MK 3. Primo Levi (italienischer Chemiker, Überlebender von Auschwitz und Schriftsteller) schrieb über die seelische Verfassung der Häftlinge bei der Befreiung: „Sie grüßten nicht, sie lächelten nicht; sie schienen befangen, nicht so sehr aus Mitleid, als aus einer unbestimmten Hemmung heraus, die ihnen den Mund verschloss und ihre Augen an das düstere Schauspiel gefesselt hielt.“
(Zit. aus „Die Untergegangenen und die Geretteten“; www.transatlantikblog.de/zitate-zu-holocaust-auschwitz-shoah/, 7.10.2019)

a) Definieren Sie mithilfe des Wikipedia-Eintrages den Begriff ‚Holocaust‘ und vergleichen Sie diese Definition mit der in Ihrem Schulbuch. Gehen Sie anschließend auf derselben Internet-Seite auf den oben rechts befindlichen Link „Versionsgeschichte“. Suchen Sie den Vergleich „Version vom 18. Dezember 2003, 18:07 Uhr“ – „Version vom 5. Januar 2004, 01:44 Uhr“ auf. Beobachten Sie, während Sie bis zur „Version vom 28. Januar 2004, 20:38 Uhr“ weiter klicken („Zum nächsten Versionsunterschied“), die angezeigten Textpassagen und ihre Veränderungen. [II]
b) Beurteilen Sie das Entstehen eines Wikipedia-Artikels und die möglichen Folgen einer unkritischen Übernahme der dort eingestellten Inhalte. [III]
c) Lesen Sie noch einmal das Zitat des Holocaust-Überlebenden Primo Levi. Wie verändert sich die Aussagekraft, wenn das Zitat nicht von ihm, sondern von einem SS-Mann, einem Alliierten nach einem Bombenangriff auf Berlin oder einem Widerstandskämpfer vor einem NS-Gerichtshof stammen würde? Schreiben Sie einen Zeitungsartikel über „das düstere Schauspiel“ aus Sicht des Juden, des SS-Mannes, des Alliierten oder des Widerstandskämpfers. Erläutern Sie Ihre „Geschichtsmanipulation“ und bewerten Sie diese. [II/III] ○

4. Analysieren Sie Q 2,

a) indem Sie zuerst das Rundschreiben zusammenfassen und seinen Inhalt historisch einordnen. Charakterisieren Sie danach Aufbau und Stil des Rundschreibens und beurteilen Sie dieses inhaltlich und methodisch. [II]
b) Recherchieren Sie anschließend im Internet die Begriffe „Alliiertes Kommando“, „Militärpolizeilicher Dienst“ und „Wachbataillon Wien“ sowie die Person Emil Lachout. [II] ○
c) Beurteilen Sie Q 2 vor dem Hintergrund Ihrer Recherchen. [III]

5. „Viele haben gedacht, das Thema Antisemitismus sei vorbei, es gebe vielleicht noch ein paar alte Nazis, aber die würden aussterben. Das hat die Politik falsch eingeschätzt.“
(Antisemismusbeauftragter des Landes Baden-Württemberg, Dr. Blume, am 27. Januar 2020).
Erörtern Sie die These von Dr. Blume. [III]

Online- und Differenzierungsmaterialien zu Kapitel 2.14
○ Arbeitshilfen zu den Aufgaben 2, 3c und 4b
● Vertiefungsangebot zur Aufgabe 1

Online-Code: gi3w3s

A Das Ende des Verfassungsstaates in Deutschland

Notverordnung zum „Schutz von Volk und Staat"
- Beseitigung der Grundrechte
- Legalisierung des Terrors
- Schutzhaft/Konzentrationslager

Neuwahlen zum Reichstag März 1933
- Ziel: Zweidrittelmehrheit
- Ergebnis 43,9 % NSDAP

Ministerium für Volksaufklärung und Propaganda
- Kontrolle der Medien
- Bücherverbrennungen

Ermächtigungsgesetz
- Macht des Reichstags beseitigt
- Regierung kann Gesetze erlassen
- Aufhebung der Gewaltenteilung

Gleichschaltung der Länder

Gesetz zur „Wiederherstellung des Berufsbeamtentums"

Verbot der Gewerkschaften

Verbot bzw. Selbstauflösung aller Parteien außer der NSDAP

Röhm-Putsch 1934
- Beseitigung innerparteilicher Gegner

Tod Hindenburgs 1934
- Hitler wird „Reichskanzler und Führer"
- Vereidigung der Reichswehr auf Hitler

„Machtergreifung" 1933/34

- **Monopolisierung der Macht im politischen und vorpolitischen Raum**
- **Ausschaltung der politischen Institutionen der Weimarer Demokratie**
- **Aushöhlung der Verfassung**
- **Beseitigung politischer Gegner**
- **Monopolisierung des Kulturbetriebs**

B Das Herrschaftssystem des NS-Staates

„Doppelstaat":
staatliche Institutionen konkurrieren mit Parteigliederungen = „Polykratie" und Kompetenzgerangel, „Führer" hat das letzte Wort. Sicherung der Macht durch:

Einschüchterung, Repression und Terror (weitgehend staatlicher und juristischer Kontrolle entzogen) ↔ Zustimmung zum NS-Regime, Integration

- KZ/Schutzhaft
- Heimtückegesetz
- Gestapo (Überwachung des „Volkskörpers")
- Denunziationswesen
- Willkürherrschaft

↔

- „Kraft durch Freude"
- Festkultur, Massenveranstaltungen
- Gemeinschaftserlebnisse
- Jugendorganisationen
- Volksempfänger
- Arbeitsbeschaffungsmaßnahmen (RAD, Rüstungsproduktion)

Problem Staatsverschuldung, sollte durch eine künftige Kriegsbeute bezahlt werden

C Die nationalsozialistische Ideologie

Antihaltungen:

- Antiliberalismus
- Antiparlamentarismus
- (Pseudo-)Antikapitalismus
- Antimarxismus
- Antipazifismus
- Antisemitismus

NS-Ideologie

tritt ein für:

- „Volksgemeinschaft" – eingeschworene Kampf- oder Schicksalsgemeinschaft – Kampf um „Lebensraum"
- „rassische Reinheit" des „Volkskörpers"
- „Führerprinzip"

D Der Völkermord an den europäischen Juden

1933: Boykott und Berufsverbote

1935: Nürnberger Gesetze

9. November 1938: Reichspogromnacht/Ausreiseverbote/„Arisierung" des jüdischen Vermögens

1941/42: „Endlösung der Judenfrage" – systematische „fabrikmäßige" Ermordung der Juden nach Wannsee-Konferenz

Arbeitsvorschläge

1. Versuchen Sie im Schaubild A den Punkt zu identifizieren, an dem Deutschland aufhörte eine Demokratie zu sein.
2. Ergänzen Sie die Grafik D um weitere Schritte in der Entrechtung und Verfolgung von Juden.

Arbeitsblatt
Selbsteinschätzungsbogen
Kapitel 2
5yh44u

3 West- und Osteuropa nach 1945: Streben nach Wohlstand und Partizipation

Langfristige Folgen des Kalten Krieges
Der Kalte Krieg spaltete ideologisch, wirtschaftlich und militärisch die Welt. Stellvertreterkriege erschütterten den Nahen Osten, Mittelamerika, Afrika und Ostasien. Nicht jeder Konflikt konnte nach dem Ende des Kalten Krieges gelöst werden.
Foto: Grenze zwischen den beiden koreanischen Staaten 2016

Nach der Katastrophe des Zweiten Weltkrieges begann eine Spaltung in zwei gegensätzliche ideologische Systeme. Die Länder beider Blöcke erlebten einen wirtschaftlichen Aufschwung. Die Erwartungen an bessere soziale Sicherung durch den Staat nahmen ebenso zu wie die Konsumbedürfnisse.

Gleichzeitig forderten immer mehr Menschen eine stärkere Mitbestimmung. Dies betraf die westlichen parlamentarischen Demokratien ebenso wie die östlichen sozialistischen Volksrepubliken. Dynamik erhielten solche Forderungen nicht zuletzt durch große wirtschaftliche Krisen und die Folgen eines wirtschaftlichen und gesellschaftlichen Strukturwandels.

Vorwissen

Erinnern Sie sich an:
- die Entstehung der beiden deutschen Staaten und den Kampf der Systeme im Kalten Krieg
- die Entwicklung der Europäischen Integration seit den 1950er-Jahren bis in die Gegenwart

→

Schritte des Kompetenzaufbaus

- die Ausgangssituation Europas nach 1945 darstellen
- die Grundstrukturen und Entwicklungslinien des Kalten Krieges erläutern

→ Kapitel 3.1–3.2

→

- den wirtschaftlichen Aufschwung Europas am deutsch-deutschen Beispiel analysieren und vergleichen
- Umgang mit Protestbewegungen in West- und Osteuropa vergleichen und bewerten

→ Kapitel 3.3–3.4

→

Bringt der Kalte Krieg die Demokratie an ihre Grenzen?

Auf Basis des sogenannten Radikalenerlasses von 1972 wurde Personen, die Mitglied einer „verfassungsfeindlichen Organisation" waren, verwehrt, im Staatsdienst zu arbeiten. Dazu konnte bereits genügen, dass in einer solchen Organisation ein Kommunist eine führende Rolle spielte. Demonstration in Berlin gegen Berufsverbote für Angehörige des öffentlichen Dienstes.

Arbeitsvorschlag

1. Sammeln Sie Schlagwörter zum Begriff Kalter Krieg und ordnen Sie diese nach selbst gewählten Kategorien. Nutzen Sie dazu auch die beiden Bildquellen dieser Auftaktseite.

- Aufbruchsversuche in West und Ost nach mehr Bürgerbeteiligung erläutern
- die Auswirkungen der wirtschaftlichen Krisen der 1970er-/1980er-Jahre auf Europa erläutern

→ Kapitel 3.4–3.8

→

- den Zusammenbruch des Ostblocks erklären
- die Transformation des ehemaligen Ostblocks erläutern
- Herausforderungen Europas Anfang des 21. Jahrhunderts erläutern und beurteilen

→ Kapitel 3.9–3.11

→

Erreichtes Ziel

Befähigung, die Chancen und Probleme der politischen und wirtschaftlichen Entwicklung in West- und Osteuropa nach 1945 analysieren zu können

Zeitliche Orientierung

Kultur und Gesellschaft

Vorstellung eines „Robotron"-Computers aus der DDR auf der Leipziger Messe
Foto Ende der 1980er-Jahre

1945 | 1960

1950
DEFA-Film „Der Rat der Götter" (Kurt Maetzig)

1945
Auflösung/Enteignung aller bürgerlichen Sportvereine durch sowjet. Besatzungsmacht

1960er Jahre
Beatles werden Kultband

1959
- DEFA-Film „Sterne" (Konrad W
- Film „Rose für den Sta anwalt" (W gang Stau

1954
- bundesdeutsche Nationalman schaft wird Fußballweltmeiste („Wunder von Bern")
- DDR gründet Bezirkssportklub Zwangsauflösung verschieder Vereine

Politische Entwicklung

Zu den „Altlasten" zählte der seit 1870 bestehende deutsch-französische Gegensatz. 1950 forderten deutsche und französische Studierende symbolisch durch die Verbrennung von Grenzpfählen bei St. Germannshof nicht zuletzt eine Überwindung dieses Konflikts.

1945 | 1960

1950
Gründung Ministerium für Staatssicherheit (Stasi)

1955
Hallstein-Doktrin

1949
Gründung BRD und DDR

1948/49
Berlin-Blockade

1953
Arbeiteraufstand des 17. Juni

1947
Marshallplan

1961
Bau der Berliner Mauer, Befestigung der dt.-dt. Grenze

1946
- Gründung Organisation Gehlen
- Gründung der SED

1962
Spiegel-Affäre

1945
Potsdamer Abkommen

Außereuropäische Geschichte

Globale Zunahme terroristischer Gewalt und Gegengewalt. Zum Symbol wurde der Anschlag am 11.09.2001 gegen Einrichtungen in den USA.

1945 | 1960

1955–1975
Vietnamkrieg

1950–1953
Koreakrieg

1960
„Afrikanisches Jahr"

1948
Gründung des Staates Israel

1962
Kubakrise

1947
Truman-Doktrin

1946
Tokioter Kriegsverbrecherprozesse

1975 | 1990

1966
Start der Science-Fiction-Serie „Star Trek" („Raumschiff Enterprise")

965
eipziger Beatdemo

-Jugendradiosender DT64

1976
- Beginn der Neuen Deutschen Welle
- Ausbürgerung des DDR-Musikers Wolf Biermann

1977
DDR-Maler Wolfgang Mattheuer nimmt an der *documenta* in Kassel teil

1980
Gründung der experimentellen Westberliner Band Einstürzende Neubauten und der brit. Synthie-Pop-Band Depeche Mode

1983
Christa Wolf „Kassandra"

1989
Entwicklung der Grundlagen des World Wide Web

1990
- Christa Wolf „Was bleibt"
- Pink Floyd-Konzert „The Wall" in Berlin

1992
Francis Fukuyama „Ende der Geschichte" („The End of History and the Last Man")

1994
Tod des US-amerikanischen Grungemusikers Kurt Cobain (Nirvana)

2000er Jahre
Digitalisierung durchdringt immer mehr Lebensbereiche

1975 | 1990

1968
„Prager Frühling"

1969–1982
sozialliberale Koalition in der BRD

1970–1977
1. RAF-Generation

1971
- Anti-§-218-Kampagne der westdeutschen Frauenbewegung

1972
Radikalenerlass in der BRD

1976
DDR: Einheit von Wirtschafts- und Sozialpolitik

1977
Charta 77

1979–1983
Massenproteste gegen NATO-Doppelbeschluss

1980
- Gründung der Partei Die Grünen
- Streikbewegung in Polen auf der Danziger Lenin-Werft, Gründung der Gewerkschaft Solidarność

1985
Beginn der Reformpolitik in der UdSSR unter Michail Gorbatschow

1989
„Friedliche Revolution" in der DDR

1989–1990
Revolution in Ostblock-Staaten

1990
- 2+4-Gespräche
- Beitritt der DDR zur BRD
- Treuhandgesetz
- Gründung der Gauck-Behörde (Stasi-Unterlagen)

1991
- beginnender Zerfall Jugoslawiens
- Auflösung der UdSSR

1997/2004/2007
EU-Osterweiterung

seit 1999
neuer neonazistischer Terrorismus in Deutschland

1945 | 1990

1966–1976
„Kulturrevolution" in China

1967
Sechstagekrieg im Nahen Osten

1973
1. Ölpreiskrise

1979
- Islamische Revolution im Iran
- 2. Ölpreiskrise
- Beginn marktwirtschaftlicher Reformen in China

1980–1988
1. Golfkrieg

1983
USA startet SDI-Programm

1989
April–Juni: gewaltsame Niederschlagung der Demokratiebewegung in China

1990–1991
2. Golfkrieg

2000er Jahre
China und Indien: Aufstieg zu Weltwirtschaftsmächten

Arbeitsvorschläge

1. Benennen Sie fünf Ereignisse, die Ihrer Meinung nach am stärksten auf das Verhältnis der beiden deutschen Staaten einwirkten. [I]
2. Benennen Sie begründet die fünf Ereignisse, die aus Ihrer Perspektive für das Kursthema am unwichtigsten sind. [I]

3.1 Europa nach 1945 – eine Zeit der Anarchie?

Die bedingungslose Kapitulation der deutschen Wehrmacht am 8. Mai 1945 markiert das offizielle Ende des Zweiten Weltkriegs in Europa. Allerdings dauerte es noch Monate, teils sogar Jahre, um einen Konflikt von den Ausmaßen des Zweiten Weltkriegs endgültig zu beenden. Viele europäische Großstädte lagen in Trümmern, Millionen von Menschen waren auf der Flucht, wurden zwangsumgesiedelt, befanden sich in Kriegsgefangenschaft oder litten an Hunger. Außerdem hatte der Krieg in verschiedenen Teilen Europas zahlreiche weitere innere Auseinandersetzungen nach sich gezogen. Unter welchen chaotischen Startbedingungen also musste die Neuordnung und der Wiederaufbau Europas nach 1945 stattfinden?

DDR-Erinnerungsmünze an die Kapitulation 1945

Kriegsende(n) in Europa – eine europäische „Stunde Null"?

Der Zweite Weltkrieg endete in Europa nicht überall zur gleichen Zeit: In Süditalien war er nach dem Einmarsch britischer und amerikanischer Truppen bereits im Spätsommer 1943 praktisch vorbei. In Frankreich endete er für die Zivilbevölkerung etwa ein Jahr später, mit der Befreiung durch die Alliierten im Herbst 1944. Auf dem Gebiet des besiegten und besetzten Deutschlands schwiegen am 8. Mai 1945 die Waffen. In Jugoslawien und Griechenland wiederum tobten noch bis Ende der 1940er-Jahre Bürgerkriege, die sich während des Zweiten Weltkrieges entzündet hatten. Und in Osteuropa, vor allem in der Ukraine, dem Baltikum und Bulgarien, setzten nationalistische Kräfte ihren Partisanenkrieg gegen sowjetische Truppen und die nun errichteten sozialistischen Regime sogar bis in die frühen 1950er-Jahre fort. In Norditalien kam es zu bürgerkriegsähnlichen Unruhen. Nahezu überall dauerten die ethnischen Spannungen auch nach Kriegsende an, Juden und andere Minderheiten wurden weiterhin verfolgt, eine Welle der Rache und Vergeltung – vor allem auch gegen **Kollaborateure** – ergriff den Kontinent. Eine gemeinsame europäische **„Stunde Null"** konnte es also nicht geben. Im Gegenteil: In den verschiedenen Teilen Europas war es erst zu verschiedenen Zeitpunkten möglich, überhaupt an Neubeginn und Wiederaufbau sowie an einen stabilen Frieden zu denken.

Kollaborateure
Begriff für Menschen, die mit einer fremden Besatzungsmacht zusammengearbeitet und diese damit unterstützt haben. Im Einzelnen ist der Begriff jedoch oft schwer zu definieren. Teilweise wurden nach 1945 ganze Berufs- oder Bevölkerungsgruppen wie Minderheiten pauschal und undifferenziert als Kollaborateure verunglimpft und verfolgt.

„Stunde Null"
Umstrittener Begriff für einen voraussetzungslosen und umfassenden politischen, wirtschaftlichen und gesellschaftlichen Neuanfang nach einer bedingungslosen Kapitulation bzw. dem totalen Zusammenbruch eines Staates. Der Begriff suggeriert, dass es keine Kontinuitäten zum vorangegangenen Staat gab und ein Neuanfang ohne den „Ballast" einer schwierigen Vergangenheit begonnen werden kann.

Der 8. Mai 1945 – Befreiung oder Niederlage?

Trotz der unterschiedlichen Kriegsenden in Europa feierten die alliierten Siegermächte den 8. Mai 1945 als VE-Day (Victory in Europe Day). In zahlreichen Großstädten, vor allem in London, Paris und New York, versammelten sich an diesem Tag jubelnde Menschenmassen auf den Straßen und feierten ausgelassen den Sieg über das Deutsche Reich. Bis heute ist der 8. Mai daher als „Tag der Befreiung" in einigen europäischen Staaten, z. B. in Frankreich, Tschechien und der Slowakei, ein gesetzlicher Gedenk- oder Feiertag.
Für viele Verlierer des Krieges wiederum fühlte sich der 8. Mai 1945 – trotz der Erleichterung über das Ende des Krieges und das eigene Überleben – zunächst allerdings nicht als Befreiung, sondern vielmehr als Niederlage an. Gerade in der Erinnerungskultur der Deutschen wurde lange um die (Be-)Deutung dieses Tages gerungen: Der erste Bundespräsident der Bundesrepublik Deutschland, Theodor Heuss, sah im 8. Mai noch die „tragischste und fragwürdigste Paradoxie der Geschichte", da die Deutschen an diesem Tag zugleich erlöst und vernichtet worden seien. Erst im Jahr 1985, zum vierzigjährigen Jahrestag der deutschen Kapitulation, setzte eine Rede des damaligen Bundespräsidenten Richard von Weizsäcker der Debatte ein vorläufiges Ende: Er bezeichnete den 8. Mai ganz explizit als „Tag der Befreiung von dem menschenverachtenden System der nationalsozialistischen Gewaltherrschaft", als der er bis heute gesehen wird. Für die Länder Osteuropas ist die Deutung des Kriegsendes 1945 als Befreiung von der NS-Diktatur in der Rückschau ebenfalls paradox und

problematisch, da sie sich schon bald nach dem Krieg in einem neuerlichen, nämlich dem sowjetischen Diktatursystem wiederfanden. In der Erinnerungskultur Polens, Estlands oder Litauens gilt daher oft erst der Zusammenbruch der Sowjetunion Anfang der 1990er-Jahre als tatsächlicher Tag der Befreiung und endgültiges Ende des Krieges.

Materiell, menschlich, moralisch – Dimensionen der Zerstörung

Der Zweite Weltkrieg brachte für Europa bis dahin ungekannte materielle, menschliche und moralische Zerstörungen mit sich, von denen der ganze Kontinent, Sieger und Verlierer des Krieges gleichermaßen, betroffen war.
Materielle Zerstörung meint die teilweise oder vollständige Verwüstung zahlreicher europäischer Städte, den Verlust von Wohngebäuden, Fabriken, Industrieanlagen sowie der Infrastruktur, die Verheerung landwirtschaftlicher Nutzflächen, überhaupt die Auslöschung der teils seit Jahrhunderten gewachsenen Architektur und Kultur einzelner Städte und Länder. Besonders hart traf es dabei die osteuropäischen Hauptstädte Minsk, Kiew und Warschau, die von den deutschen Besatzern systematisch dem Erdboden gleichgemacht wurden und praktisch unbewohnbar waren. Ähnlich schlimme materielle Zerstörungen verursachten die Luftangriffe der Alliierten in den letzten beiden Kriegsjahren: Davon betroffen waren neben einigen französischen Hafenstädten auch die österreichische Hauptstadt Wien sowie Dutzende deutscher Städte. Als Berlin im Mai 1945 von der Roten Armee eingenommen wurde, war die deutsche Hauptstadt eine einzige Trümmerlandschaft. Dazu kam neben dem materiellen Verlust immer auch die Symbolik der Ruinen und Trümmer, die den Menschen in der unmittelbaren Nachkriegszeit die Schrecken des Krieges und ihr gegenwärtiges Elend jeden Tag aufs Neue vor Augen führten.
Zu den gewaltigen materiellen Schäden kamen die menschlichen Verluste: Schätzungen zufolge sollen allein in Europa zwischen 35 und 40 Millionen Menschen an kriegsbedingten Ursachen gestorben sein. Der Zweite Weltkrieg erfasste als totaler Krieg sowohl die Soldaten an der Front als auch die Zivilbevölkerung. Letztere litt ganz besonders unter dem Krieg: Häufigste Todesursachen an der „Heimatfront" waren Krankheiten, Mangelernährung und Hunger, die schonungslose Ausbeutung in Rüstungsbetrieben, Vergeltungsmaßnahmen der Besatzer, Luftbombardements sowie gezielte Angriffe auf Flüchtlingstrecks.
Insbesondere der Krieg in Osteuropa durch Deutschland und seine Verbündeten hatte durch Massenmorde an Zivilisten, Vergewaltigungen und Zerstörung auch viele moralische Normen schwer beschädigt. Dies prägte zwangsläufig auch alliierte Soldaten, wie beispielsweise viele sowjetische Rotarmisten. Als diese in den letzten Kriegsmonaten die deutschen Vernichtungslager befreiten und auf deutsches Staatsgebiet vorstießen, kam es ihrerseits zu ähnlichen schweren Gewalttaten und lösten nun unter der deutschen Bevölkerung eine millionenfache Fluchtbewegung aus. Die verursachten Traumata solcher Kriegsführung prägte viele Gesellschaften der betroffenen Staaten oft über mehrere Generationen.

Auto mit der Beschriftung UNRRA
(United Nations Relief and Rehabilitation Administration) = Nothilfe- und Wiederaufbauverwaltung der Vereinten Nationen. Diese 1943 gegründete humanitäre Organisation sollte die Verteilung von Lebensmitteln und medizinischer Hilfe in den befreiten Teilen Europas sicherstellen. Nach Kriegsende bestand ihre wichtigste Aufgabe darin, die Verteilung lebensnotwendiger Bedarfsgüter unter Flüchtlingen und Vertriebenen in ganz Europa zu koordinieren.
Auf dem Trittbrett sitzt der 1941 geborene Janek Szlajfaztajn nach seiner Befreiung aus dem KZ Buchenwald.

Hunger und Abwesenheit – Merkmale von „Zusammenbruchsgesellschaften"?

Die prekäre Lage für die Zivilbevölkerung war mit der Einstellung der Kampfhandlungen keineswegs beendet. Das zeigt sich besonders am allgegenwärtigen Problem des Hungers, das ganz Europa – von Frankreich bis in die Ukraine und von Norwegen bis nach Griechenland – betraf. Denn die Nahrungsversorgung hatte sich mit Kriegsende keineswegs gebessert, sondern vielerorts, unter anderem bedingt durch die Zerstörungen in der Landwirtschaft oder den „Hungerwinter" in Westeuropa 1946/47, sogar noch verschlechtert. Nahrungsmittel wurden überall streng rationiert. Die chronische Unterernährung hatte wiederum Mangelkrankheiten zur Folge, viele Europäer litten bei Kriegsende an Hungerödemen. Selbst in den verhältnismäßig wohlhabenden Vierteln einiger europäischer Großstädte herrschte vor allem unter Kindern eine hohe Sterblichkeit, zumal auch die medizinische Versorgung durch die Zerstörung zahlreicher Krankenhäuser zusammengebrochen war.

Die Siegermächte und Hilfsorganisationen (z. B. die **UNRRA**) waren organisatorisch und personell überfordert. Die Aufbauhelfer, die keineswegs als solche ausgebildet waren, bemühten sich vergebens, die Millionen hungernder Europäer ausreichend zu ernähren. Trotz aller Hilfslieferungen, deren Verteilung durch die weitgehend zerstörte Infrastruktur zudem erschwert wurde, sanken die Tagesrationen nach Kriegsende weiter. Die verzweifelte Suche nach Grundnahrungsmitteln wie Kartoffeln, Brot oder Trinkwasser und die auf dem ganzen Kontinent grassierende Armut ließen allerorten auch den illegalen Schwarzmarkthandel aufblühen, den wohl häufigsten Gesetzesverstoß in Europa nach dem Krieg.

Das Problem der mangelhaften Versorgung betraf auch die Kriegsgefangenenlager. Über 12 Millionen Soldaten des Deutschen Reiches und seiner europäischen Verbündeten befanden sich bei Kriegsende in Gefangenschaft. Die hygienischen Zustände und die Versorgungslage in den Lagern waren teils desolat. Tausende starben an Hunger, Kälte, Krankheit oder Erschöpfung durch Zwangsarbeit. Und diejenigen, die die Gefangenschaft überlebten, kehrten teils erst Mitte der 1950er-Jahre in ihre Familien zurück.

Die soziale Lage nach Kriegsende war in vielen europäischen Ländern geprägt von einem kollektiven Gefühl der Abwesenheit: Familienangehörige und Freunde, vor allem Väter und Söhne, waren gefallen oder in Gefangenschaft, Nachbarn wurden vermisst oder waren verstorben. In vielen europäischen Ländern herrschte nach dem Krieg akuter Männermangel. Dies hatte zur Folge, dass eine ganze Generation mindestens ohne Vater aufwuchs. Und diejenigen Männer, die den Krieg überlebt hatten, waren oft versehrt oder traumatisiert. „Ausgebombte" hatten ihre Häuser und ihr Hab und Gut verloren. Das Leben in den Trümmern der Städte, der tägliche Kampf ums Überleben, die Obdachlosigkeit und der Hunger, das Fehlen funktionierender staatlicher Institutionen, die Zerschlagung der Verwaltungs- und Verkehrssysteme sowie die Zerstörung der Strom-, Gas- und Wasserversorgung, des Eisenbahnnetzes und der Post verstärkten den Eindruck europäischer **„Zusammenbruchsgesellschaften"**.

Zusammenbruchsgesellschaft
Sammelbegriff für die kollabierten politischen, wirtschaftlichen und sozialen Zustände bei Kriegsende, v. a. in Deutschland

Flucht und Vertreibung – Heimatlosigkeit als Signum der Nachkriegszeit?

Diese „Zusammenbruchsgesellschaften" wurden nach Kriegsende zudem mit einer beispiellosen Bevölkerungsbewegung und Flüchtlingskrise konfrontiert, die der Zweite Weltkrieg ausgelöst hatte. Gegen Ende des Krieges flohen allein aus den deutschen Ostgebieten (Schlesien, Ostpreußen, Pommern und Ostbrandenburg) ca. 4 Millionen Menschen vor der heranrückenden Roten Armee. Nach dem Krieg wurden über 3 Millionen weitere sog. **„Volksdeutsche"** aus Polen, Rumänien, Ungarn und Jugoslawien zurück in ihre Heimat vertrieben. Dazu kamen die knapp 5 Millionen Binnenflüchtlinge, die sich vor den alliierten Flächenbombardements in Sicherheit brachten. Ferner flohen aus Osteuropa Balten, Ukrainer, Kosaken, Ungarn und Rumänen nach Mitteleuropa, die allesamt nicht unter kommunistische Herrschaft geraten wollten. Auch zahlreiche überlebende Juden, vor allem aus Polen, fanden nach dem Krieg – so bizarr dies nach dem Holocaust erscheinen mag – den Weg nach Deutschland, da sie in Osteuropa nach wie vor unerwünscht waren oder neuerlich verfolgt wurden. Außerdem flohen in ganz Europa viele ethnische Minderheiten, die mit verschiedenen Besatzungsmächten kollaboriert hatten, aus Angst vor Rache und Vergeltung. Die Sowjetunion führte ihrerseits mehrere Zwangsumsiedlungen durch, vor allem zwischen der Ukraine und Polen. Während nach dem Ersten Weltkrieg in Europa die Staatsgrenzen gänzlich neu gezogen wurden, blieben diese nach dem Zweiten Weltkrieg – mit Ausnahme der territorialen Neuordnung Polens – weitgehend intakt. Manche Historiker sehen als Folge dieser Zwangsumsiedlungen und Vertreibungen in vielen Regionen das Ende einer alten ethnisch-kulturellen Vielfalt. Das war einerseits mit dem Leid von Millionen Europäern verbunden; andererseits bewirkten die ethnopolitische Gewalt in der Rückschau einen langen Frieden in Europa, da sie mit der Klärung nationaler Fragen und Rivalitäten verbunden waren, die die beiden Weltkriege mitverursacht hatten.

→ **D2**, S. 250

Volksdeutsche
Bezeichnung des NS-Sprachgebrauchs für bestimmte „deutsche" Bevölkerungsgruppen außerhalb des Deutschen Reiches (in den Grenzen von März 1938) ohne deutsche Staatszugehörigkeit. Die Zugehörigkeit zum „deutschen Volkstum" war 1935 gesetzlich mit Verweis auf „deutsches und artverwandtes Blut" definiert worden.

Displaced Persons
1943 entstandener Begriff für Zivilpersonen, die sich kriegsbedingt in einem anderen Land aufhielten und nicht aus eigenen Kräften heraus in ihre Heimat zurückkehren konnten

Repatriierung
Begriff für die Rückführung von Flüchtlingen, Zwangsdeportierten oder Kriegsgefangenen

Durch den Zweiten Weltkrieg waren in ganz Europa insgesamt mehr als 40 Millionen Menschen für unterschiedlich lange Zeiträume heimatlos geworden. Personen, die sich kriegsbedingt außerhalb ihrer Heimat befanden, bezeichnete man als **„Displaced Persons“** (DPs). Die größte Gruppe unter den DPs bildeten 1945 die etwa 8 Millionen ausländischen Zwangsarbeiter, die aus allen Winkeln Europas nach Deutschland gebracht worden waren, um die Produktion in der Industrie und Landwirtschaft aufrechtzuerhalten. Zu den DPs zählten ferner auch die Überlebenden der Arbeits- und Konzentrationslager, befreite Insassen deutscher Kriegsgefangenenlager oder Nichtdeutsche, die unter deutschem Kommando gegen die Alliierten gekämpft hatten. Diese Personen, die in zunächst provisorischen Lagern der Alliierten untergebracht und dort mit Nahrungsmitteln, Medikamenten und Kleidung versorgt wurden, sollten nach Kriegsende so schnell wie möglich repatriiert werden. Die **Repatriierung**, die organisierte Rückführung der DPs in ihre Heimatländer, oblag zunächst den alliierten Militärverwaltungen, später der UNRRA. Bereits Ende 1945 unterhielt die Organisation in Mitteleuropa über 250 solcher Lager- und Hilfseinrichtungen für DPs und Flüchtlinge.

Ante Pavelić (1889–1959)
1941–1945 „Führer“ des Unabhängigen Staates Kroatien
1945 Flucht mithilfe des Vatikans nach Südamerika

Schauplätze der Nachkriegszeit – Kriege im Frieden?

Mit der Einstellung der Kampfhandlungen in Europa nach der Kapitulation der deutschen Wehrmacht wurde tatsächlich nur der offene Krieg zwischen Staaten beendet. An verschiedenen Stellen des Kontinents wurden zahlreiche ethnische, nationale oder machtpolitische Konflikte, die durch den Zweiten Weltkrieg noch nicht gelöst waren, weitergeführt. Für diese Fortsetzungen des Krieges im Frieden hat die Forschung den Begriff „Nachkrieg“ geprägt.
Zentraler Kampfraum dieses Nachkriegs blieb der Osten und Südosten Europas, besonders die vom britischen Historiker Timothy Snyder so genannten „Bloodlands“ im Westen der Ukraine, der vormals zu Ostpolen gehörte. Aber auch in Jugoslawien zeigte sich die enthemmte Gewalt: Wie in keinem anderen europäischen Land unter deutscher Besatzung kämpften die Besetzten schon während des Krieges auf brutale Weise untereinander – und diese Kämpfe wurden nach Kriegsende nahtlos fortgesetzt. Die faschistische Terrororganisation der Ustascha kollaborierte während der Besatzungszeit mit den Deutschen und regierte unter ihrem Anführer Ante Pavelić als Marionettenstaat des Deutschen Reiches den „Unabhängigen Staat Kroatien“. Diese Gruppierung kämpfte nun gegen die königstreuen, anti-kommunistischen Tschetniks, einer vornehmlich aus Serben bestehenden Miliz, sowie gegen kommunistische Partisanen unter der Führung Josip Brosz Titos um die Vorherrschaft. Dieser Machtkampf, den Tito auch mit Hilfe seiner britischen und sowjetischen Verbündeten letztlich für sich entschied, war auf allen Seiten geprägt von Hinrichtungen und Massakern in ungekanntem Ausmaß. Allein bei den Morden nach Kriegsende starben schätzungsweise rund 70 000 Menschen, davon ca. 50 000 im Zuge des „Massakers bei Bleiburg“ an der jugoslawisch-österreichischen Grenze.

50-Pfennig-Münze
Die Münze sollte an die Leistungen der „Trümmerfrauen“ bei der Wiederaufforstung des während des Krieges und unter französischer Besatzung stark gerodeten Schwarzwaldes erinnern. Der Stundenlohn der Pflanzerinnen betrug damals 50 Pfennig.

Der Wiederaufbau Europas – Krieg als Voraussetzung für den europäischen Frieden?

Unter diesen Voraussetzungen mag es erstaunlich erscheinen, dass sich Europa letztlich doch recht schnell von diesem zerstörerischen Krieg erholen konnte. Neben den politischen Rahmenbedingungen, die zunehmend und maßgeblich vom heraufziehenden Kalten Krieg beeinflusst wurden, gab es an vielen Stellen in Europa auch früh schon lokale, regionale und nationale Initiativen zur Linderung der Not sowie einen beeindruckenden Willen, beim Wiederaufbau zu helfen. Als Beispiel dafür können die fast mythisch verklärten „Trümmerfrauen“ in Nachkriegsdeutschland dienen, die als Symbol für den Neubeginn in die Geschichte eingegangen sind.
Der Zweite Weltkrieg veränderte Europa – und doch war es letztlich dieser Krieg, der einen langen und stabilen Frieden erst möglich machte. In der gezeichneten Vielschichtigkeit der Nachkriegszeit nahm das moderne, wohlhabende, tolerante und friedliche Europa, das in der zweiten Hälfte des 20. Jahrhunderts entstand, seinen Anfang.

A Die Ausgangssituation in Europa nach dem Zweiten Weltkrieg – Chaos oder Chance für einen Neuanfang?

D1

Ein Schreckensszenario

Der Historiker Keith Lowe über die Situation in Europa nach dem Zweiten Weltkrieg:

Versuchen Sie sich eine Welt vorzustellen, in der es keine Institutionen gibt. Es ist eine Welt, in der sich die Grenzen zwischen den Ländern anscheinend aufgelöst haben. Menschen durchstreiften das grenzenlose Land auf der Suche nach Gemeinschaften, die nicht mehr existierten. Es gibt keine Verwaltungen mehr, weder nationale noch lokale. Es gibt keine Schulen und Universitäten, keine Bibliotheken und Archive mehr. Die Menschen haben keinerlei Zugang mehr zu Informationen. Es gibt keine Kinos oder Theater und natürlich auch kein Fernsehen. Das Radio funktioniert gelegentlich, aber das Signal ist schwach und die Sendungen, die man hören kann, sind fast immer in einer fremden Sprache. Eine Zeitung hat seit Wochen niemand mehr in der Hand gehabt. Es fahren keine Züge oder Autos, man kann weder telefonieren noch Telegramme verschicken, die Postämter sind alle verwaist – abgesehen von dem, was mündlich weitergegeben wird, ist die Kommunikation unmöglich.

Es gibt keine Banken mehr, was jedoch keine Rolle spielt, da das Geld ohnehin wertlos ist. Es gibt keine Läden, denn niemand hat irgendetwas zu verkaufen. Es wird nichts mehr produziert: Die großen Fabriken und Unternehmen wurden alle zerstört oder stillgelegt, und auch die meisten anderen Gebäude stehen nicht mehr. Es gibt keine Werkzeuge außer denen, die man im Schutt findet. Es gibt keine Nahrung.

Recht und Ordnung existieren praktisch nicht mehr, denn es gibt weder Sicherheitskräfte noch ein Justizsystem. In einigen Gebieten scheinen die Menschen nicht mehr zu wissen, was Recht und was Unrecht ist. Sie eignen sich an, was greifbar ist, ohne darüber nachzudenken, wem es gehört, denn sie haben offenbar keine Vorstellung mehr vom Eigentum. Wer etwas besitzen darf, hängt davon ab, wer der Stärkere ist und es mit seinem Leben verteidigen wird. Bewaffnete Männer ziehen durch die Straßen, nehmen sich, was sie wollen, und bedrohen jeden mit dem Tod, der sich ihnen in den Weg stellt. Frauen aus allen Gesellschaftsschichten und jeden Alters prostituieren sich für Nahrung und Schutz. Die Menschen haben jedes Schamgefühl verloren und kümmern sich nicht mehr um moralische Normen. Es zählt nur das nackte Überleben.

Keith Lowe: Der wilde Kontinent. Europa in den Jahren der Anarchie 1943–1950. Klett-Cotta Stuttgart, Stuttgart 2016, S. 11 f., Übers. Stephan Gebauer/Thorsten Schmidt

Q1

Unbegreiflich Böse

a) Der US-Fotograf John Vachon kam im Januar 1946 nach Warschau und schrieb von dort seiner Frau:

Dies ist wirklich eine unfassbare Stadt. Ich möchte sie dir beschreiben, weiß jedoch nicht, wie ich das anstellen soll. Es ist eine große Stadt, vor dem Krieg hatte sie mehr als eine Million Einwohner. Sie ist so groß wie Detroit. Nun sind 90 Prozent davon vollkommen zerstört. […] Wo man auch hinkommt, man sieht nur Reste von Gebäuden, denen die Dächer oder Seitenmauern fehlen, und darin leben Menschen. Eine Ausnahme ist das Ghetto, das nur eine weite Ebene ist, übersät mit Ziegelsteinen, verbogenen Bettgestellen, Badewannen, Sofas, gerahmten Bildern, Baumstümpfen, Millionen Dingen, die aus dem Schutt hervorragen. Ich verstehe nicht, wie jemand das tun konnte. […] Es ist unbegreiflich böse.

Keith Lowe: Der wilde Kontinent. Europa in den Jahren der Anarchie 1943–1950. Klett-Cotta Stuttgart, Stuttgart 2016, S. 23, Übers. Stephan Gebauer/Thorsten Schmidt

b) Fotografie des zerstörten Warschaus 1945

Q2

40. Jahrestag des Kriegsendes

Am 8. Mai 1985 sagte der damalige Bundespräsident Richard v. Weizsäcker in einer Rede im Bundestag:

Viele Völker gedenken heute des Tages, an dem der Zweite Weltkrieg in Europa zu Ende ging. Seinem Schicksal gemäß hat jedes Volk dabei seine eigenen Gefühle. Sieg oder Niederlage, Befreiung von Unrecht und Fremdherrschaft oder Übergang zu neuer Abhängigkeit, Teilung, neue Bündnisse, gewaltige Machtverschiebungen – der 8. Mai 1945 ist ein Datum von entscheidender historischer Bedeutung in Europa. Wir Deutsche begehen den Tag unter uns, und das ist notwendig. […] Der 8. Mai ist für uns vor allem ein Tag der

Erinnerung an das, was Menschen erleiden mussten. Er ist zugleich ein Tag des Nachdenkens über den Gang unserer Geschichte. Je ehrlicher wir ihn begehen, desto freier sind wir, uns seinen Folgen verantwortlich zu stellen.
Der 8. Mai ist für uns Deutsche kein Tag zum Feiern. Die Menschen, die ihn bewusst erlebt haben, denken an ganz persönliche und damit ganz unterschiedliche Erfahrungen zurück. Der eine kehrte heim, der andere wurde heimatlos. Dieser wurde befreit, für jenen begann die Gefangenschaft. Viele waren einfach nur dafür dankbar, dass Bombennächte und Angst vorüber und sie mit dem Leben davongekommen waren. Andere empfanden Schmerz über die vollständige Niederlage des eigenen Vaterlandes. Verbittert standen Deutsche vor zerrissenen Illusionen, dankbar andere Deutsche vor dem geschenkten neuen Anfang.
Es war schwer, sich alsbald klar zu orientieren. Ungewissheit erfüllte das Land. Die militärische Kapitulation war bedingungslos. Unser Schicksal lag in der Hand der Feinde. Die Vergangenheit war furchtbar gewesen, zumal auch für viele dieser Feinde. Würden sie uns nun nicht vielfach entgelten lassen, was wir ihnen angetan hatten? Die meisten Deutschen hatten geglaubt, für die gute Sache des eigenen Landes zu kämpfen und zu leiden. Und nun sollte sich herausstellen: Das alles war nicht nur vergeblich und sinnlos, sondern es hatte den unmenschlichen Zielen einer verbrecherischen Führung gedient. Erschöpfung, Ratlosigkeit und neue Sorgen kennzeichneten die Gefühle der meisten. Würde man noch eigene Angehörige finden? Hatte ein Neuaufbau in diesen Ruinen überhaupt Sinn?
Der Blick ging zurück in einen dunklen Abgrund der Vergangenheit und nach vorn in eine ungewisse dunkle Zukunft. Und dennoch wurde von Tag zu Tag klarer, was es heute für uns alle gemeinsam zu sagen gilt: Der 8. Mai war ein Tag der Befreiung. Er hat uns alle befreit von dem menschenverachtenden System der nationalsozialistischen Gewaltherrschaft. Niemand wird um dieser Befreiung willen vergessen, welche schweren Leiden für viele Menschen mit dem 8. Mai erst begannen und danach folgten. Aber wir dürfen nicht im Ende des Krieges die Ursache für Flucht, Vertreibung und Unfreiheit sehen. Sie liegt vielmehr in seinem Anfang und im Beginn jener Gewaltherrschaft, die zum Krieg führte. Wir dürfen den 8. Mai 1945 nicht vom 30. Januar 1933 trennen. Wir haben wahrlich keinen Grund, uns am heutigen Tag an Siegesfesten zu beteiligen. Aber wir haben allen Grund, den 8. Mai 1945 als das Ende eines Irrweges deutscher Geschichte zu erkennen, das den Keim der Hoffnung auf eine bessere Zukunft barg.

Rede R. von Weizsäckers: Gedenkveranstaltung im Plenarsaal des Deutschen Bundestages zum 40. Jahrestag des Endes des Zweiten Weltkrieges in Europa am 8.5.1985. Unter: www.bundespraesident.de/SharedDocs/Reden/DE/Richard-von-Weizsaecker/Reden/1985/05/19850508_Rede.html (Zugriff 22.01.2020).

Q3

Auszug aus der „Rede vor der akademischen Jugend" von Winston Churchill, gehalten 1946 an der Universität Zürich. Churchill war von 1940–1945 und 1951–55 britischer Premierminister, zum Zeitpunkt der Rede Oppositionsführer im britischen Parlament. Die Rede wurde auch als „Let Europe arise!"-Rede bekannt.

Welches ist der Zustand, in den Europa gebracht worden ist? Zwar haben sich einige der kleineren Staaten gut erholt, aber in weiten Gebieten starren ungeheure Massen zitternder menschlicher Wesen gequält, hungrig, abgehärmt und verzweifelt auf die Ruinen ihrer Städte und Behausungen und suchen den düsteren Horizont angestrengt nach dem Auftauchen einer neuen Gefahr, einer neuen Tyrannei oder eines neuen Schreckens ab. [...] [Ein Heilmittel] ist die Neuschöpfung der europäischen Völkerfamilie, oder doch so viel davon, wie möglich ist, indem wir ihr eine Struktur geben, in welcher sie in Frieden, in Sicherheit und in Freiheit bestehen kann. Wir müssen eine Art Vereinigte Staaten von Europa errichten. Nur auf diese Weise werden Hunderte von Millionen sich abmühender Menschen in die Lage versetzt, jene einfachen Freuden und Hoffnungen wiederzuerhalten, die das Leben lebenswert machen. Das Vorgehen ist einfach. Das einzige, was nötig ist, ist der Entschluss Hunderter von Millionen Männer und Frauen, Recht statt Unrecht zu tun und dafür Segen statt Fluch als Belohnung zu ernten. [...]
Der Schuldige muss bestraft werden. Deutschland muss der Macht beraubt werden, sich wieder zu bewaffnen und einen neuen Angriffskrieg zu entfesseln. Aber wenn all das getan worden ist, so wie es getan werden wird, so wie man es bereits jetzt tut, dann muss die Vergeltung ein Ende haben. Wir alle müssen den Schrecknissen der Vergangenheit den Rücken kehren. Wir müssen in die Zukunft schauen. Wir können es uns nicht leisten, den Hass und die Rachegefühle, welche den Kränkungen der Vergangenheit entsprangen, durch die kommenden Jahre mitzuschleppen. Wenn Europa vor endlosem Elend und schließlich vor seinem Untergang bewahrt werden soll, dann muss es in der europäischen Völkerfamilie diesen Akt des Vertrauens und diesen Akt des Vergessens gegenüber den Verbrechen und Wahnsinnstaten der Vergangenheit geben.
Ich sage Ihnen jetzt etwas, das Sie erstaunen wird. Der erste Schritt zu einer Neuschöpfung der europäischen Völkerfamilie muss eine Partnerschaft zwischen Frankreich und Deutschland sein. Nur so kann Frankreich seine moralische und kulturelle Führerrolle in Europa wiedererlangen. Es gibt kein Wiederaufleben Europas ohne ein geistig großes Frankreich und ein geistig großes Deutschland. Wenn das Gefüge der Vereinigten Staaten von Europa gut und richtig gebaut wird, so wird die materielle Stärke eines einzelnen

Staates weniger wichtig sein. Kleine Nationen werden genau so viel zählen wie große, und sie werden sich ihren Rang durch ihren Beitrag für die gemeinsame Sache sichern. Aber ich muss Sie warnen. Vielleicht bleibt wenig Zeit. Gegenwärtig gibt es eine Atempause. Die Kanonen sind verstummt. Die Kampfhandlungen haben aufgehört; aber die Gefahren haben nicht aufgehört. Wenn wir die Vereinigten Staaten von Europa, oder welchen Namen sie haben werden, bilden wollen, müssen wir jetzt anfangen. […]

Ich will nun die Aufgaben, die vor Ihnen stehen, zusammenfassen. Unser beständiges Ziel muss sein, die Vereinten Nationen aufzubauen und zu festigen. Unter- und innerhalb dieser weltumfassenden Konzeption müssen wir die europäische Völkerfamilie in einer regionalen Organisation neu zusammenfassen, die man vielleicht die Vereinigten Staaten von Europa nennen könnte. Die Errettung der Menschen aller Rassen und aller Länder aus Krieg und Knechtschaft muss auf soliden Grundlagen beruhen und garantiert werden durch die Bereitschaft aller Männer und Frauen, lieber zu sterben, als sich der Tyrannei zu unterwerfen. Bei all diesen dringenden Aufgaben müssen Frankreich und Deutschland zusammen die Führung übernehmen. Großbritannien, das britische Commonwealth, das mächtige Amerika, und, so hoffe ich wenigstens, Sowjetrussland – denn dann wäre tatsächlich alles gut – sollen die Freunde und Förderer des neuen Europa sein und dessen Recht, zu leben und zu leuchten, beschützen. Darum sage ich Ihnen: Lassen Sie Europa entstehen!

Winston Churchill: „Let Europe Arise!" (o. J.). Unter: www.srf.ch/kultur/content/download/15307107/file/180400_churchill_ uebersetzt.pdf (Zugriff: 22.01.2020).

B Welche Folgen hatte das Kriegsende für die Menschen in Europa?

D2

Fluchtbewegungen 1945–1950 in Europa

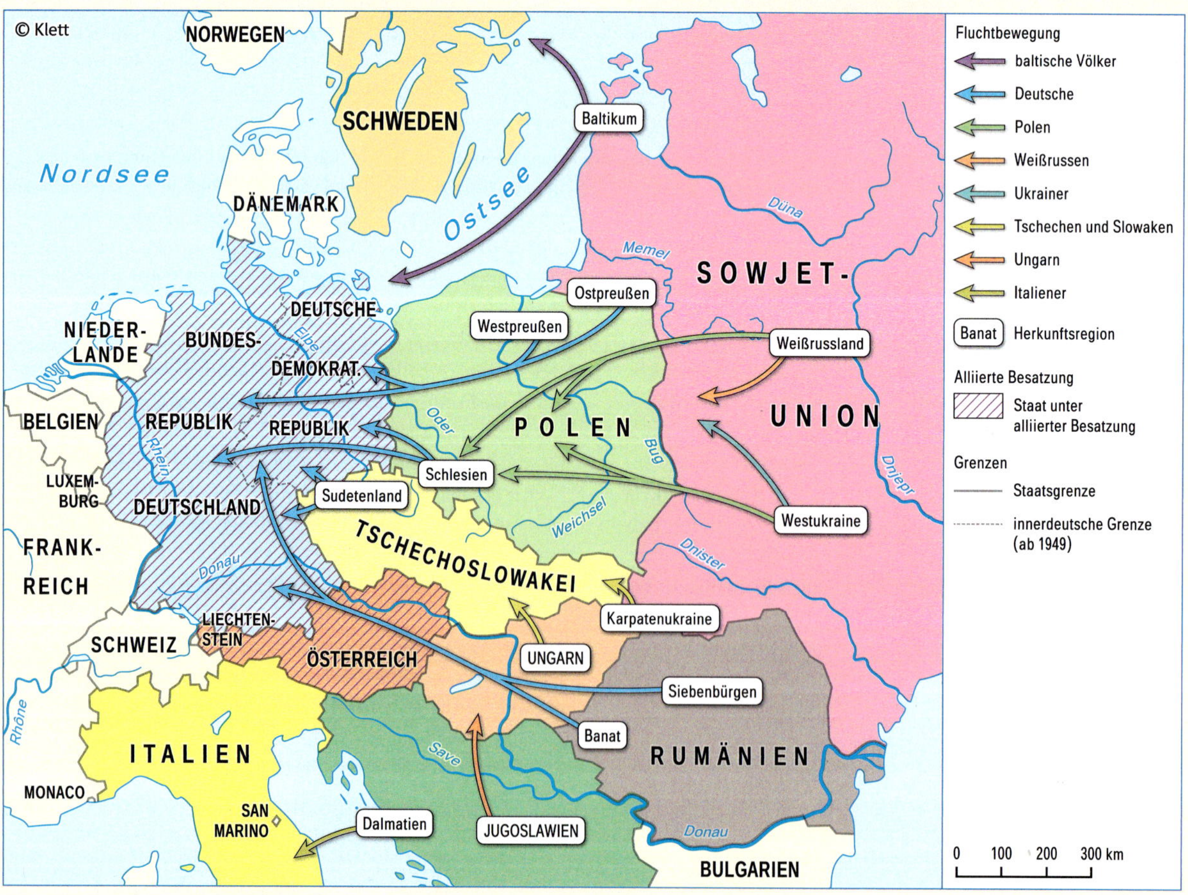

Arbeitsvorschläge

Arbeitsvorschlag zur Wiederholung des bereits erarbeiteten Vorwissens

1. Lesen Sie nochmals Kap. 2.9. Stellen Sie stichwortartig die wichtigsten Erkenntnisse und Informationen zum „Vernichtungskrieg“ zusammen. [I]

A Die Ausgangssituation in Europa nach dem Zweiten Weltkrieg – Chaos oder Chance für einen Neuanfang?

2. Setzen Sie sich mit dem Text des Historikers Keith Lowe (D 1) auseinander:

a) Beschreiben Sie die Stimmung, die Lowe mit seinem Nachkriegsszenario beim Leser erzeugt. [I]

MK b) Arbeiten Sie die angesprochenen Probleme und Herausforderungen nach Kriegsende heraus. Ordnen Sie diese anschließend in einer Mindmap selbst gewählten Oberbegriffen und Kategorien zu. [II]

c) Lesen Sie den Darstellungstext des Kapitels und fassen Sie die Situation in Europa nach 1945 zusammen. Erweitern Sie dazu Ihre Mindmap mit den jeweils wichtigsten Aspekten. [II]

3. Vergleichen Sie Brief und Foto (Q 1) miteinander. [II]

4. Recherchieren Sie arbeitsteilig nach weiteren Quellen (Zeitzeugenberichte, Fotos, …) zur Zerstörung im Zweiten Weltkrieg. Grenzen Sie Ihre Suche ein, indem Sie gezielt nach Material zu einem bestimmten Ort suchen. Präsentieren Sie Ihre Ergebnisse der Klasse. Achten Sie dabei auf eine repräsentative Auswahl der Bilder und ein angemessenes Verhältnis von Text- und Bildquellen. Erklären Sie, warum Sie sich für diese Auswahl entschieden haben. [II] ○

5. Analysieren Sie die Rede von Bundespräsident Weizsäcker (Q 2). Arbeiten Sie dabei vor allem die Argumente von Weizsäckers heraus, wieso der 8. Mai für die Deutschen ein „Tag der Befreiung“ war. [II]

6. Beurteilen Sie, ob diese Rede heute immer noch so gehalten werden könnte. [III]

7. Setzen Sie sich mit der Rede von Winston Churchill auseinander (Q 3):

a) Arbeiten Sie aus der Rede heraus, wie Winston Churchill die Ausgangssituation in Europa nach dem Zweiten Weltkrieg beschreibt. [II]

b) Erläutern Sie, welche Vorschläge er für das zukünftige Europa formuliert und welche Voraussetzungen dafür erfüllt sein müssen. [II]

c) Beurteilen Sie den Quellenwert der Rede. Beachten Sie dabei v. a. die politische Position Churchills zum Zeitpunkt der Rede. [III]

d) Überprüfen Sie, inwiefern Churchills Vorschläge in die Realität umgesetzt wurden. [III]

B Welche Folgen hatte das Kriegsende für die Menschen in Europa?

8. *„Wir konnten die Zerstörung der dinglichen Welt sehen, aber die Auswirkungen der gewaltigen wirtschaftlichen Verwerfungen und der politischen, sozialen und psychischen Zerstörung […] blieben uns verborgen.“* (Dean Acheson, Staatssekretär im US-Außenministerium, 1947)
Erläutern Sie das Zitat und bewerten Sie es. [II/III]

9. Beschreiben und erläutern Sie die Karte (D 2). [I/II]

10. Im Jahr 1951 wurde in Bonn der „Bund der Vertriebenen“ gegründet. Der Verein vertritt bis heute die Interessen der von Flucht und Vertreibung betroffenen Deutschen, seine Wertegrundlage ist die sog. „Charta der deutschen Heimatvertriebenen“. Recherchieren Sie nach dieser Charta, analysieren Sie diese und ordnen Sie sie in den historischen Kontext ein. [II]

11. Recherchieren Sie nach lokalgeschichtlichen Dokumenten (Zeitzeugenberichte, Fotos, …) zum Thema „Flucht und Vertreibung“. Formulieren Sie eigene Fragen und treffen Sie eine Auswahl aus Ihrem recherchierten Material. Organisieren Sie anschließend mit Ihrer Klasse einen Gallery Walk oder eine Ausstellung. [III] ○

Online- und Differenzierungsmaterialien zu Kapitel 3.1
○ Arbeitshilfen zu den Aufgaben 4 und 11

Online-Code: 2yk8zt

E Erweiterungsband Kapitel 3.1, S. 156–163

3.2 Der Kalte Krieg: ein unüberwindlicher Systemkonflikt?

Die gemeinsame Koalition gegen das Deutsche Reich, Japan und ihre Verbündeten hatte Länder mit völlig unterschiedlichen politischen und wirtschaftlichen Systemen zu Partnern gemacht. Besonders augenfällig waren die ideologischen Gegensätze zwischen den USA mit ihrer liberalen Demokratie und der antiliberalen kommunistischen Sowjetunion. Das Ende des Zweiten Weltkrieges verlangte vor allem eine dringende Neuordnung des durch Zerstörungen schwer in Mitleidenschaft gezogenen Europas und Ostasiens. Schon während des Krieges waren jedoch über die ideologischen Differenzen hinaus unterschiedliche strategische Interessen der Bündnispartner erkennbar. Die Frage der Nachkriegsordnung mündete dann auch bald in Konflikten. Ungewiss war, ob angesichts der verhärteten Positionen der Siegermächte Kompromisse und eine friedliche Koexistenz überhaupt denkbar sein würden.

Gemeinsamer Kampf gegen das Deutsche Reich: Überwindung der Gegensätze?

Schon während der Herrschaft der Zaren bestand ein großer Gegensatz zwischen den demokratisch regierten USA und dem autokratischen System in Russland. In Folge der Oktoberrevolution 1917 und der kommunistischen Vorstellung von einer Weltrevolution wuchs im Westen ein Gefühl der Beklemmung gegenüber der Sowjetunion. Viele fühlten sich von der Kommunistischen Internationalen (Komintern) bedroht, Skepsis weckte auch der Erfolg der Kommunisten bei Wahlen in verschiedenen westlichen Ländern nach dem Ersten Weltkrieg. Auf der anderen Seite fürchteten die sowjetischen Eliten eine militärische Intervention des Westens wie zur Zeit des russischen Bürgerkrieges.

→ vgl. Kapitel 2.8, S. 184 – 193

Die sowjetische Führung unter Stalin hatte angesichts der umfangreichen Industrialisierungspläne zunächst den Sozialismus im eigenen Land verwirklichen und eine Weltrevolution vorerst nicht weiterverfolgen wollen. Trotzdem blieb natürlich die Komintern weltweit aktiv. 1939 zeigte sich, dass auch die UdSSR Chancen auf eine territoriale Expansion wahrzunehmen bereit war. In Ostasien wurde 1936 in der Mongolei (seit 1921 eine sozialistische Volksrepublik) ein ergebenes, stalinistisches Regime durchgesetzt und das Land mit sowjetischen Truppen besetzt. Der Hitler-Stalin-Pakt von 1939 ermöglichte der UdSSR eine territoriale Ausdehnung auf Kosten von Polen, Rumänien, Finnland und den baltischen Staaten. Mit dem Überfall des Deutschen Reiches und seiner europäischen Verbündeten auf die Sowjetunion im Juni 1941 bildete das bedrohte Land mit westlichen Demokratien, allen voran den USA und Großbritannien, die Anti-Hitler-Koalition. Angesichts der grundlegend anderen Systeme handelte es sich um ein reines Zweckbündnis.

Kriegskonferenzen: vom Systemkonflikt zum Machtkonflikt?

Schon im Dezember 1943 waren die „Großen Drei", US-Präsident Franklin D. Roosevelt, der britische Premierminister Winston Churchill und der sowjetische Staatschef Josef Stalin, in Teheran zusammengekommen, um wichtige Fragen auszuloten. Im Februar 1945 setzten sie ihre persönlichen Gespräche auf der Konferenz von Jalta fort. Dort offenbarten sich allerdings erste Spannungen zwischen Ost und West, die nicht nur einen **Systemkonflikt**, sondern auch einen beginnenden **Machtkonflikt** erkennen ließen. Die USA fürchteten die Präsenz starker sowjetischer Truppen in Ost- und Südosteuropa seit 1945. Schließlich hatte 1942/43 niemand voraussehen können, wie weit die sowjetischen Truppen nach Westen und Süden vorrücken würden. Die USA vertraten eigene Interessen in Europa und waren bestrebt, durch Freihandel (open door policy) ihre äußerst starke Stellung im Welthandel weiter auszudehnen. Die sowjetische Führung empfand diese Politik als Bedrohung ihrer eigenen Einflusssphäre. Gleichzeitig hatte die Sowjetunion durch die leidvollen Erfahrungen der deutschen Invasion größtes Interesse, eine nachhaltige Sicherheitspolitik zu betreiben.

Das gegenseitige Misstrauen wuchs. Die ideologischen Gegensätze und unterschiedlichen Ziele traten auch auf der Konferenz in Potsdam im Juli und August 1945 offen zutage. Darüber konnte selbst das Ende des Zweiten Weltkrieges und die Freude über den gemeinsamen Sieg über das Deutsche Reich nicht hinwegtäuschen.

Unterschiedliche Voraussetzungen in Ost und West nach 1945

→ Kapitel 3.1, S. 245 f.

→ Kapitel 2.9, S. 197

Die Sowjetunion bot nach dem Krieg ein zwiespältiges Bild. Einerseits hatte sie ihr Territorium erheblich ausgedehnt. Andererseits war das Land durch den Krieg massiv geschwächt. Die USA befanden sich in einer grundlegend anderen Situation. Sie hatten wirtschaftlich vom Krieg profitiert und der US-Dollar war zur weltweiten Leitwährung aufgestiegen. Somit standen die USA wirtschaftlich hervorragend da und verfügten über die stärkste Volkswirtschaft der Welt. Gleichzeitig hatte nicht zuletzt der Einsatz von Atombomben im Krieg gegen Japan die militärische Schlagkraft des Landes offenbart. Die Sowjetunion war anders als die USA 1945, trotz eigener Forschung, noch keine Atommacht und nahm diese Überlegenheit der anderen Seite mit Skepsis wahr. Die USA fürchteten demgegenüber vor allem in Europa die großen Panzerarmeen der Sowjetunion. Sie wollten daher ihre strategische Position dort festigen und nach Möglichkeit ausdehnen. Die sowjetische Führung richtete ihr Hauptaugenmerk darauf, die besetzten Staaten dauerhaft in ihre Machtsphäre einzubinden. Auf der Konferenz von Jalta hatte Stalin noch eine demokratische Entwicklung dieser Staaten versprochen. Doch hier zeigte sich jetzt, dass die westlichen Länder unter „Demokratie" etwas ganz anderes verstanden als die sowjetische Führung. Sie gingen von einer **parlamentarischen Demokratie** aus. Die Sowjetunion hingegen errichtete in ihren nun entstehenden Satellitenstaaten antiliberale **Volksdemokratien** nach eigenem Vorbild, die unter Hegemonie der UdSSR standen.

Der Marshallplan – wirtschaftliche Kooperation in Europa?

Die USA waren bestrebt, den freien Weltmarkt auf Grundlage der am **Kapitalismus** orientierten **Marktwirtschaft** wiederherzustellen. Es ging maßgeblich darum, das geschwächte Europa als wichtigen Absatzmarkt für amerikanische Waren schnell wieder zu stabilisieren. 1947 verkündete US-Außenminister Marshall ein Programm für den Wiederaufbau Europas und stellte amerikanische Hilfe in Aussicht. Die USA knüpften die hohen finanziellen Zuwendungen allerdings an die Bedingung, dass die europäischen Staaten bereit waren, freien Handel zu gewährleisten. Die sowjetische Führung hatte in den von ihr abhängigen Staaten die Einführung der nach festen Regeln organisierten **Zentralverwaltungswirtschaft** vorgesehen. Sie untersagte den Satellitenstaaten am Marshallplan-Programm teilzunehmen, obwohl diese die finanziellen Zuwendungen dringend benötigt hätten. Die UdSSR reagierte auf den Marshallplan 1947 mit der Gründung des Kominform, des Informationsbüros der kommunistischen Parteien. Offiziell handelte es sich dabei um ein Forum für wechselseitigen Austausch, in Wirklichkeit wurde es zu einer Kontrollinstanz, um nationale Alleingänge der Staaten im sowjetischen Machtbereich zu verhindern und um gezielte **Propaganda** gegen die westlich-kapitalistischen Staaten zu betreiben.

Emblem des Warschauer Paktes (1955–1991)

Blockbildung – eine unvermeidliche Entwicklung?

Der amerikanische Präsident Truman formulierte einige Monate später in der nach ihm benannten Doktrin (Truman-Doktrin) das Ziel, den Einfluss und die weitere Expansion der Sowjetunion einzudämmen (Containment-Politik). In der Sowjetunion bildete sich parallel die Zwei-Lager-Theorie heraus. Sie besagte, dass sich jetzt ein kommunistischer Machtbereich unter Führung der Sowjetunion und ein „kapitalistischer" Machtbereich unter Führung der USA gegenüberstanden. In Europa zeichnete sich auf diese Weise immer mehr eine verhärtete **Blockbildung** ab.

Die Westeuropäer schlossen sich 1949 unter der Führung der USA im Nordatlantischen Verteidigungspakt (NATO) zusammen. Die Sowjetunion gründete im Mai 1955 mit ihren Satellitenstaaten als Gegenbündnis den Warschauer Pakt. Man spricht in diesem Zusammenhang von **Bipolarität**, das bedeutet, dass die Welt in zwei bestimmende Blöcke unterteilt war. Da sich die Großmächte mit ihren Verbündeten in West und Ost nicht direkt bekämpften, einander aber in unversöhnlicher Gegnerschaft gegenüberstanden, kam für diesen Konflikt die Bezeichnung **Kalter Krieg** auf. Den Kalten Krieg datiert man gewöhnlich von 1947 bis zum Zerfall der Sowjetunion 1991.

Kim Il-sung (1912–1994)
nordkoreanischer Politiker
1948–1994 Staatschef der
Volksrepublik Korea

Ungelöste Fragen der Nachkriegsordnung: Blockbildung in Korea

Wer heute eine nächtliche Luftaufnahme der koreanischen Halbinsel betrachtet, sieht eine riesige beleuchtete Demarkationslinie zwischen dem Norden und dem Süden. An einem der ersten Schauplätze des Kalten Krieges lassen sich Spuren dieses Konfliktes bis heute beobachten. Wie kam es dazu?

Das ursprüngliche Kaiserreich Korea geriet 1905 unter japanisches Protektorat und erhielt kurz darauf faktisch den Status einer Kolonie. Nach der Niederlage Japans besetzten im Spätsommer 1945 die USA den Süden, die Sowjetunion den Norden der koreanischen Halbinsel. Es entstanden entlang des 38. Breitengrades zwei sehr unterschiedliche Staaten. Die Sowjetunion installierte gemäß ihren Interessen in Nordkorea, das an ihr eigenes Territorium grenzte, ein diktatorisches kommunistisches Regime unter Kim Il-sung. Im Süden verhalfen die USA einer Regierung an die Macht, die ihrerseits autoritär regierte, seit 1948 einen strikt antikommunistischen Kurs einschlug und jede Form von tatsächlichen oder

D1

Globale Blockbildung in Gestalt rivalisierender Bündnissysteme

Material
Karte Koreakrieg
53x5cp

scheinbaren kommunistischen Bewegungen rücksichtslos bekämpfte. Die Folge waren Massaker mit mehreren Tausend Toten. Hinzu kam, dass im Nachbarland China ein Bürgerkrieg tobte. In ihm konnten sich die Kommunisten unter Mao Zedong durchsetzen, die 1949 die Volksrepublik China gründeten. Vor diesem Hintergrund hatten die USA angesichts der deutlichen Ausdehnung des kommunistischen Machtbereiches großes Interesse daran, ihre Position in Ostasien und speziell in Südkorea zu festigen. Damit hatte sich das Klima in Korea extrem aufgeheizt, der ideologische Gegensatz beider Landesteile trat deutlich zutage und offenbarte auf lokalem Raum den **System-** und **Machtkonflikt** der Supermächte.

Der Koreakrieg 1950–1953 – ein „Stellvertreterkrieg"?

Die maßgeblich mit sowjetischen Waffen ausgestattete nordkoreanische Armee drang mit Zustimmung der UdSSR am 25. Juni 1950 in Südkorea ein und besetzte fast das ganze Land. Ziel war es, Korea unter kommunistischer Führung wieder zu vereinigen. Die USA, die sich eine Eindämmung des Kommunismus zum Ziel gesetzt hatten, waren bestrebt ihren Einfluss in Ostasien zu bewahren. Unterstützt von anderen westlichen Staaten griffen die USA im Auftrag der UNO mit großen Truppenverbänden an der Seite von Südkorea in den Krieg ein. In diesem Konflikt gelang es den US-Truppen und ihren Verbündeten, den Gegner zurückzudrängen und selbst bis weit nach Nordkorea vorzustoßen. Die sowjetische Führung wollte nicht direkt mit eigenen Truppen eingreifen. Man bezeichnet die Auseinandersetzung daher als **Stellvertreterkrieg**. Hinzu kam, dass das kommunistische China ein geeintes Korea unter Einfluss der USA als Nachbarland nicht dulden wollte. Mao griff daher mit großen Verbänden an der Seite Nordkoreas ein. Nach langwierigen und äußerst blutigen Kämpfen mussten sich die Südkoreaner, Amerikaner und deren Verbündeten nach Süden zurückziehen. Ende 1953 wurde die Grenze am 38. Breitengrad weitgehend wiederhergestellt. Es gab keinen Sieger in der ersten bewaffneten Auseinandersetzung des Kalten Krieges, der nach Schätzungen wohl über vier Millionen Menschen zum Opfer fielen. Genaue Zahlen liegen nicht vor, da Wissenschaftler keinen Zugang zu nordkoreanischen Quellen haben und auch das Material aus den chinesischen bzw. ehemaligen sowjetischen Archiven nur sehr eingeschränkt zur Verfügung steht.

Der Koreakrieg hatte der Welt gezeigt, wie der System- und Machtkonflikt aufgrund schwieriger, ungelöster Fragen der Nachkriegsordnung zu einem zwar lokal begrenzten, aber „heißen" Krieg führen konnte. Das gegenseitige Misstrauen zwischen West und Ost hatte sich seit den Ereignissen in Korea verfestigt und die Länder beider Blöcke rüsteten umfassend auf. In diesem Zusammenhang kam es auch zur Wiederbewaffnung der Bundesrepublik Deutschland und ihrer Aufnahme in die Nato. Der **Rüstungswettlauf** zwischen West und Ost wurde zu einem Kennzeichen des Kalten Krieges. Auch die atomare Aufrüstung war Teil dieses Wettrüstens. Nach den USA stiegen mehrere Länder im Laufe der Zeit zu Atommächten auf: die UdSSR 1949, Großbritannien 1952, Frankreich 1960, China 1964

Stellvertreterkrieg
Konflikte, in denen Großmächte nicht unmittelbar beteiligt sind, aber indirekt aus dem Hintergrund heraus auf eine militärische Auseinandersetzung einwirken. Der Konflikt zwischen den Großmächten wird so über Dritte ausgetragen.

Rüstungswettlauf
Wechselwirkung zwischen zwei rivalisierenden Staaten oder Bündnissen, wobei eine Seite ihre Rüstungsausgaben erhöht, woraufhin die andere dies ebenfalls tut, was wiederum den Ersten veranlasst noch mehr aufzurüsten etc.

→ vgl. Kapitel 3.4, S. 277f.

A Unversöhnliche Gegensätze?

Q1

Der kapitalistische Westen – ein Feindbild der Sowjetunion?

Karikatur von Viktor Deni 1919, sie wurde in verschiedenen sowjetischen Zeitungen veröffentlicht. Der Schriftzug heißt übersetzt: „Völkerbund: Kapitalisten aller Länder, vereinigt euch!"

Q2

Der Bolschewismus – eine Bedrohung für den Westen?

US-amerikanisches Propagandaplakat 1920

Q3

Die „Truman-Doktrin"

Am 12. März 1947 sprach der US-amerikanische Präsident Harry S. Truman vor beiden Häusern des Kongresses über die amerikanische Außenpolitik. Die aufgezeigte außenpolitische Richtlinie („containment" – „Eindämmung") wurde als „Truman-Doktrin" bekannt:

Eines der vornehmsten Ziele der Außenpolitik der Vereinigten Staaten ist die Schaffung von Verhältnissen, unter denen wir und andere Nationen in der Lage sind, ein Leben frei von Zwang zu führen. Dies war der Grundgedanke im Krieg mit Deutschland und Japan. Unser Sieg wurde über Länder errungen, die darauf ausgingen, anderen Nationen ihren Willen und ihre Lebensweise aufzuzwingen. Um eine friedliche Entwicklung der Nationen, frei von Zwang, sicherzustellen, haben die Vereinigten Staaten den größten Anteil bei der Schaffung der Vereinten Nationen übernommen. Die Vereinten Nationen sind dazu ausersehen, dauernde Freiheit und Unabhängigkeit für alle ihre Mitglieder zu ermöglichen. Wir werden jedoch unsere Ziele erst verwirklichen, wenn wir willens sind, freien Völkern bei der Erhaltung ihrer freien Institutionen und ihrer nationalen Integrität gegen Bewegungen zu helfen, die ihnen ein totalitäres Regime aufzwingen wollen. Dies ist nur die Anerkennung der Tatsache, dass totale Regierungsformen, die freien Völkern durch direkte oder indirekte Aggression auferlegt werden, die Grundlagen des internationalen Friedens und damit die Sicherheit der Vereinigten Staaten untergraben.

Den Völkern einer Reihe von Staaten der Welt wurde vor Kurzem gegen ihren Willen ein totalitäres Regime aufgezwungen. [...] Im gegenwärtigen Augenblick der Weltgeschichte muss fast jede Nation zwischen zwei verschiedenen Lebensarten wählen. Zu oft ist die Wahl keine freie. Die eine Art zu leben gründet sich auf den Willen der Mehrheit und zeichnet sich durch freie Institutionen, repräsentative Regierungen, freie Wahlen, Garantien der persönlichen Freiheit von politischer Unterdrückung aus. Die zweite Lebensart hat als Grundlagen den Willen einer Minderheit, die mit Gewalt der Mehrheit gegenüber geltend gemacht wird. Sie stützt sich auf Terror und Unterdrückung, kontrollierte Presse und Rundfunk, von vornherein bestimmte Wahlen und auf die Unterdrückung der persönlichen Freiheit. Ich bin der Ansicht, dass wir den freien Völkern beistehen müssen, ihr eigenes Geschick auf ihre Weise zu bestimmen. Ich glaube, dass unser Beistand in erster Linie in Form von wirtschaftlicher und finanzieller Hilfe gewährt werden sollte, eine Hilfe, die wesentlich ist für die wirtschaftliche Stabilität und ordnungsgemäße politische Entwicklung.

Heinrich von Siegler: Keesing's Archiv der Gegenwart. Die weltweite Dokumentation für Politik und Wirtschaft. Übers. Wilhelm v. Cornides. Siegler Verlag, Sankt Augustin 1947, S. 1038–1040.

Q4

Auf dem Weg zur Blockbildung: Deklaration der Kommunistischen Informationskonferenz zur internationalen Lage

Im September 1947 fand eine Konferenz der wichtigsten kommunistischen Parteien Europas in Polen statt. Als Ergebnis dieser Zusammenkunft wurde das Kommunistische Informationsbüro (KOMINFORM) gegründet. In der Deklaration heißt es:

Während der Krieg im Gange war, marschierten die Alliierten im Kampfe gegen Deutschland und Japan zusammen und bildeten ein einziges Lager. Nichtsdestoweniger bestanden sogar während des Krieges im alliierten Lager im Hinblick auf die Definition sowohl der Kriegsziele als auch der Aufgaben der Nachkriegsorganisation der Welt Meinungsverschiedenheiten. Die Sowjetunion und die demokratischen Länder sahen ihre hauptsächlichen Kriegsziele in der Wiederherstellung und Konsolidierung der demokratischen Ordnung in Europa, in der Beseitigung des Faschismus und der Verhinderung der Möglichkeit einer neuen Aggression seitens Deutschlands und in der Herstellung einer allseitigen, dauerhaften Zusammenarbeit unter den Nationen Europas. Die Vereinigten Staaten von Amerika – und Großbritannien im Einvernehmen mit ihnen – stellten sich ein anderes Kriegsziel: sie wollten die Konkurrenten auf den Märkten – Deutschland und Japan – loswerden und ihre eigene Überlegenheit sichern. Dieser Unterschied in der Definition der Kriegsziele und der Aufgabe der Nachkriegsregelung begann in der Nachkriegsperiode deutlich zu werden. Zwei entgegengesetzte Kurse der Politik nahmen Gestalt an: auf der einen Seite strebte die Politik der UdSSR und der demokratischen Länder nach der Überwindung des Imperialismus und der Konsolidierung der Demokratie. Auf der anderen Seite strebte die Politik der Vereinigten Staaten und Großbritanniens nach der Stärkung des Imperialismus und der Abwürgung der Demokratie. Angesichts der Tatsache, dass die UdSSR und die Länder der neuen Demokratie die Verwirklichung der imperialistischen Pläne für den Kampf um die Weltvormachtstellung und um die Vernichtung der demokratischen Bewegungen verhinderten, wurde eine Kampagne gegen die UdSSR und die Länder der Demokratie proklamiert. [...]

Der Truman-Marshall-Plan ist nur ein Teil, das europäische Kapitel eines allgemeinen Planes für eine die Welt umfassende expansinistische Politik, die von den Vereinigten Staaten in allen Teilen der Erde verfolgt wird. Der Plan für die wirtschaftliche und politische Versklavung Europas durch den amerikanischen Imperialismus wird durch die Pläne einer wirtschaftlichen und politischen Versklavung Chinas, Indonesiens und der südafrikanischen Länder ergänzt [...].

Wolfgang Lautemann/Manfred Schlenke (Hrsg.): Geschichte in Quellen. Die Welt seit 1945. Bearb. v. Helmut Krause und Karlheinz Reif. Bayerischer Schulbuch-Verlag, München 1980, S. 461.

B Der Kalte Krieg – eine unvermeidliche Entwicklung?

D2

Ein „festgefahrener" Konflikt?

Der Historiker Helmut Altrichter forschte und schrieb vor allem während des Kalten Krieges. In dieser Zeit waren viele wichtige Archive zur aktuellen Politik der rivalisierenden Blöcke für Wissenschaftler gar nicht oder nur sehr eingeschränkt zugänglich. Insofern hatte er deutlich weniger Quellen zur Verfügung als nachfolgende Generationen von Forschern. Der folgende Textauszug entstand 1993. Zwei Jahre zuvor war die Sowjetunion zerfallen.

In der britischen und amerikanischen Führung hatten Auftreten und Vorrücken der Roten Armee Ernüchterung und wachsendes Befremden ausgelöst. Die Übergriffe gegen die Zivilbevölkerung, die Vergewaltigungen und die privaten Beutezüge, der amtlich verfügte Abtransport von Nahrungsmitteln und Industriegütern, die Massenverhaftungen und Regierungsumbildungen, schließlich der Rigorismus, die Politik der vollendeten Tatsachen, mit der man im „befreundeten" Polen den sowjetischen Kurs durchzusetzen versuchte – so hatten sich die Westalliierten die Befreiung Europas vom Faschismus nicht vorgestellt. Sie erinnerten Stalin an das Selbstbestimmungsrecht der Völker, an die in Jalta abgegebene Erklärung zur Durchführung demokratischer Wahlen […].

Für Stalin stellten die Westalliierten damit wieder in Frage, was sie – aus seiner Sicht – der Sowjetunion längst zugestanden hatten; wenn sie von der mangelnden demokratischen Legitimation der Regierungen in Osteuropa sprachen, […] wenn die Partner Mitsprache in Osteuropa verlangten, stand aus seiner Sicht der Sowjetunion gleiches Recht in Westeuropa, im Mittelmeer oder in Nordafrika zu. […]

Die Differenzen schlugen auch auf das deutsche Problem durch. Zwar blieben sich die Kriegsalliierten einig, daß Deutschland bestraft, entmilitarisiert und entnazifiziert, seine Wirtschaft entflochten und seine Bevölkerung politisch umerzogen werden müßte. Doch wenn Stalin darüber hinaus Reparationen in Milliardenhöhe zum Wiederaufbau der Sowjetunion und die Beteiligung an der Ruhrkontrolle verlangte, so stieß er auf Ablehnung, so wie umgekehrt der westliche Vorstoß, die Grenzen noch einmal zur Diskussion zu stellen, scheiterte.

Helmut Altrichter: Kleine Geschichte der Sowjetunion 1917–1991. C. H. Beck, München 2013 (4. Aufl.), S. 115 f.

D3

„Wende" oder „Rückkehr zu gewohnten Sichtweisen"?

Der Historiker Bernd Stöver forschte und schrieb eine Generation nach Helmut Altrichter (vgl. D2). Er hatte bei seinen Forschungen zu den USA und zu Osteuropa Zugang zu wesentlich mehr Quellen. Stöver konnte in den 1990er-Jahren umfangreich auf ehemals sowjetische Archive zurückgreifen, die in dieser Zeit für Forschungen offenstanden. Er schreibt:

Der Bruch zwischen den Alliierten 1944/45 ist zum Teil als überraschende „Wende" interpretiert worden. Man kann sie aber auch schlicht als absehbare Rückkehr zu gewohnten Sichtweisen verstehen. Nachdem das gemeinsame Ziel erreicht war, zeigten sich die aufgestauten Konflikte und ideologisch-politischen Unterschiede umso deutlicher. Neben dem kontinuierlichen Streitpunkt um den Aufbau einer zweiten Front betraf der wichtigste politische Konflikt die Nachkriegsordnung. Was sollte mit den befreiten Staaten, was sollte vor allem mit Deutschland geschehen? Gemeinsame Erklärungen gab es genug, und die Westalliierten kamen Stalin weit genug entgegen. […]

Die Potsdamer Konferenz im Juli und August 1945 war bereits erkennbar vom Konflikt gekennzeichnet. Von westlicher Seite nahm als Nachfolger des im April verstorbenen Roosevelt dessen ehemaliger Vizepräsident, Harry S. Truman, teil. Er war zwar von seinem Vorgänger nicht über alles informiert worden, seinem Ärger über das sowjetische Vorgehen in Ostmitteleuropa hatte er jedoch bereits im April gegenüber Außenminister Molotow Luft gemacht. Auch auf der UNO-Gründungstagung waren bereits eindeutig moskaufeindliche Äußerungen gefallen. Truman veranlasste zudem den sofortigen Stopp der Lieferungen an die Sowjetunion. […] Alle Fragen, die in Potsdam offen blieben oder unzulänglich geklärt worden waren, wurden zum Problem des entstehenden Kalten Krieges. Darüber hinaus wurde während der Konferenz der wichtigste technisch-militärische Betrag zum Kalten Krieg geliefert, der den bisherigen Ost-West-Konflikt in eine neue, bisher unbekannte Dimension hob, obwohl dies die Beteiligten zunächst nicht ahnten. Noch am Vorabend der Konferenz war Truman über den erfolgreichen Test der Atombombe informiert worden. […] Der Einsatz der Kernwaffen, der den USA für etwa vier Jahre einen technologischen Vorsprung sicherte, war aber auch eine Machtdemonstration gegenüber Stalin. Der von Truman noch vor dem Einsatz informierte sowjetische Diktator zeigte sich jedoch auffallend unbeeindruckt. Mittlerweile weiß man, dass er bereits Kenntnisse hatte und die UdSSR selbst die Entwicklung einer eigenen Atomwaffe vorantrieb. Am 29. August 1949 konnte die erste sowjetische Atombombe erfolgreich gezündet werden.

Bernd Stöver: Der Kalte Krieg. C. H. Beck, München 2017 (5. Aufl.), S. 18–20.

C Ein „Stellvertreterkrieg" in Korea?

Q5

Koreas Grenze – ein Relikt des Kalten Krieges (2019)

Q6

Koreakrieg: Die Sicht des Westens

Erklärung von Präsident Truman vom 27. Juni 1950 zum Angriff nordkoreanischer Truppen auf Südkorea:

In Korea wurden Regierungstruppen, die bewaffnet worden waren, um Grenzverletzungen zu verhindern und die innere Sicherheit des Landes zu erhalten, von aus Nordkorea eindringenden Truppen angegriffen. Der Sicherheitsrat der Vereinten Nationen forderte die eindringenden Truppen auf, die Feindseligkeiten einzustellen und sich hinter den 38. Breitengrad zurückzuziehen. Der Sicherheitsrat forderte daraufhin alle Mitglieder der Vereinten Nationen auf, den Vereinten Nationen jede nur mögliche Unterstützung in der Durchführung dieser Entschließung zu gewähren. In dieser Situation habe ich den Luft- und Seestreitkräften der Vereinigten Staaten den Befehl gegeben, den Truppen der koreanischen Regierung Deckung und Unterstützung zu geben. Der Angriff auf Korea macht über allen Zweifel deutlich, dass der Kommunismus die Phase des Einsatzes subversiver Tätigkeit zur Unterwerfung unabhängiger Nationen hinter sich hat und jetzt zum Mittel bewaffneter Invasion und Krieg greifen wird. Der Kommunismus hat den Anordnungen des Sicherheitsrates getrotzt, die den internationalen Frieden und die internationale Sicherheit erhalten sollten.

Ernst-Otto Czempiel/Carl-Christoph Schweitzer: Weltpolitik der USA nach 1945. Einführung und Dokumente. VS Verlag für Sozialwissenschaften Wiesbaden 1984, S. 98.

Q7

Koreakrieg: Die Sicht des Ostens

Dieses Plakat entstand 1950 in der DDR unmittelbar nach Beginn des Koreakrieges. Der pro-sowjetische Künstler, Alfred Beier-Red, war DDR-Funktionär und lange Jahre Leiter der Sektion Karikatur im Verband Bildender Künstler der DDR. Während des Zweiten Weltkrieges war er Pressezeichner der sowjetischen Zeitung „Prawda".

Arbeitsvorschläge

A Unversöhnliche Gegensätze?

1. Die Sowjetunion und der Westen – ein von Anfang an gestörtes Verhältnis?
   a) Beschreiben Sie die Bilder Q 1 und Q 2. [I]
   b) Analysieren und vergleichen Sie Q 1 und Q 2 unter dem Gesichtspunkt der jeweiligen Perspektive. Sie können dazu auch einen Blick auf die Methodendoppelseite (S. 140 f.) werfen. [I/II]
2. Wie kam es zum Ende der Anti-Hitler-Koalition?
   a) Erläutern Sie, wie es zum Machtkonflikt zwischen West und Ost nach dem Zweiten Weltkrieg kam. [II]
   b) Beschreiben Sie anhand der Karte auf Seite 254 die territorialen Veränderungen in Europa. [I]
   c) Arbeiten Sie aus Q 3 heraus, was für Ansichten US-Präsident Truman gegenüber der Sowjetunion vertritt und welche Politik er in diesem Zusammenhang verfolgt. [I]
   d) Arbeiten Sie aus Q 4 heraus, wie die sowjetische Seite ihre eigene Rolle und die des Westens einschätzt. Erläutern Sie anhand der Formulierungen im Text, wie der Gegensatz zwischen West und Ost deutlich wird. [I/II]
3. Beurteilen Sie, inwieweit sich in Q 3 und Q 4 Anzeichen einer Blockbildung zwischen Ost und West finden lassen. Geben Sie Beispiele aus beiden Texten an. [III]

B Der Kalte Krieg – eine unvermeidliche Entwicklung?

4. Arbeiten Sie aus D 2 heraus, wie Helmut Altrichter die beginnenden Spannungen zwischen Ost und West charakterisiert. [I]
5. Erläutern Sie, wie die Konflikte zwischen den beiden Blöcken laut dem Historiker Bernd Stöver begannen (D 3). Vergleichen Sie die Sichtweisen beider Historiker (D 2 und D 3) vor dem Hintergrund ihrer jeweiligen Perspektive. [II]
6. Erörtern Sie, ob der Kalte Krieg unvermeidlich war. Beziehen Sie dazu auch Ihre Kenntnisse über das Verhältnis zwischen der Sowjetunion und dem Westen vor dem Zweiten Weltkrieg mit ein. [III]

C Ein „Stellvertreterkrieg" in Korea?

7. Beschreiben Sie Q 5. Erläutern Sie die historischen Hintergründe dieser Grenzziehung zwischen Nord- und Südkorea. [I/II]
8. Erläutern Sie den Begriff „Stellvertreterkrieg". Überprüfen Sie, ob diese Bezeichnung auf den Koreakrieg zutrifft. [II/III]
9. Arbeiten Sie aus Q6 heraus, wie US-Präsident Truman den beginnenden Krieg in Korea bewertet. [I]
10. Beschreiben Sie das Bild Q 7 und erläutern Sie, wie die USA hier dargestellt werden. Überprüfen Sie die Sichtweise des Künstlers auf der Basis Ihrer Kenntnisse zum Koreakrieg. Bei der Lösung dieser Aufgabe können die Methodenseiten (S. 413) hilfreich sein. [I/II/III]

Übergreifende Arbeitsvorschläge

11. Recherchieren Sie, für welche konkreten Fälle die Marshallplan-Hilfe verwendet wurde. Greifen Sie dabei nach Möglichkeit auf Beispiele aus Ihrer Region zurück. [II] ○
12. Verfassen Sie a) den Brief eines sowjetischen Diplomaten an die US-Regierung mit Blick auf die Truman-Doktrin (Q 3) und b) den Brief eines amerikanischen Diplomaten an die Sowjetunion als Reaktion auf die Deklaration der kommunistischen Informationskonferenz (Q 4). [III]
13. Gestalten Sie einen Gallery-Walk zum Thema „Beginnender Kalter Krieg". Gehen Sie dabei vor allem auf die Ursachen sowie auf wesentliche historische Etappen ein. [III]
14. Recherchieren Sie Hintergründe zur heutigen Situation in Nordkorea und dessen außenpolitische Situation hinsichtlich der USA. Überprüfen Sie, ob sich Anzeichen der Entspannung erkennen lassen. [III] ○

Online- und Differenzierungsmaterialien zu Kapitel 3.2
○ Arbeitshilfen zu den Aufgaben 11 und 14
Karte Koreakrieg 1950–1953

Online-Code: 53x5cp

E Erweiterungsband Kapitel 3.2, S. 164–171

3.3 Bundesrepublik und DDR: zwischen Marktwirtschaft und Sozialismus

In den ersten Jahren nach dem Krieg litten die Menschen in Deutschland unter schwersten Entbehrungen. Konsumgüter waren nur sehr eingeschränkt zu bekommen. Angesichts dieses Elends glaubten viele Beobachter, diese unhaltbare Situation könne nur über eine zentrale staatliche Steuerung bewältigt werden. 1945 war in Deutschland und in den Ländern Mittel- und Osteuropas die Wirtschaft teilweise zusammengebrochen. Konnten Unternehmen angesichts dieser Situation an ihre früheren Geschäfte und Tätigkeiten anknüpfen? Welches Wirtschaftsmodell war am ehesten geeignet, den schwer in Mitleidenschaft gezogenen Ländern wieder aufzuhelfen?

Westdeutschland: Kontroversen um die Wirtschaftsform

Seit den 1920er-Jahren hatten in Deutschland zunehmend Großkonzerne die Wirtschaft dominiert, wie beispielsweise die **Vereinigten Stahlwerke** oder **I. G. Farben**. Sie hatten sich ab 1933 mehr und mehr auf die Bedürfnisse des NS-Regimes und auf den Krieg ausgerichtet. Jetzt ging es darum, eine neue Ordnung in dem am Boden liegenden Deutschland zu schaffen.

Anfangs diskutierte man in der Bundesrepublik kontrovers darüber, welche Wirtschaftsform der neu gegründete Staat erhalten sollte. Vor allem Gewerkschaften und die SPD unter ihrem Vorsitzenden Kurt Schumacher verlangten, der Staat solle die Wirtschaft sehr weitgehend lenken und in sie eingreifen, um die Versorgung zu sichern und soziale Härten abzumildern. Wichtige Industriezweige, so ihre Meinung, sollten in staatlich kontrolliertes Gemeineigentum überführt werden. Doch Ludwig Erhard (CDU), der erste Wirtschaftsminister des westdeutschen Staates, und die Mehrheit seiner Partei wollten nicht so weit gehen. Erhard trat wie auch der seit 1949 regierende Bundeskanzler Adenauer für die Variante einer **Sozialen Marktwirtschaft** ein. Das heißt, es sollte in ihren Augen eine Wirtschaftsform sein, in der der Staat eine gute soziale Absicherung ermöglicht und sich weitgehend aus den freien Wirtschaftsabläufen heraushält. Ein wichtiges Ziel der Verfechter der Sozialen Marktwirtschaft war es, dass die Deutschen durch soziale Absicherung nicht in Armut geraten durften, damit sie sich nicht erneut für radikale politische Ideen öffnen würden. Die Vorstellungen Erhards waren auch in seiner Partei nicht unumstritten und mussten sich erst in der Praxis bewähren. Schließlich gestaltete sich bis zu Beginn der 1950er-Jahre die wirtschaftliche Situation in der Bundesrepublik noch sehr schwierig. Vor allem gewaltige Preissteigerungen und der Mangel an Lebensmitteln machten den Leuten zu schaffen. Bis März 1951 gab es noch Lebensmittelrationierungen.

Soziale Marktwirtschaft
Wirtschaftsordnung auf der Basis von freiem Wettbewerb, der Staat verfolgt allerdings das Ziel des sozialen Ausgleichs und greift zu diesem Zweck teilweise in das Wirtschaftsgeschehen ein.

Konrad Adenauer (1876–1967)
CDU-Politiker
1949–1963 Bundeskanzler der Bundesrepublik Deutschland
(Wahlplakat Bundestagswahl 1957)

Gesetzliche Regelungen: sozialpolitische Maßnahmen, wirtschaftliche Effizienz?

Während der Endphase der Weimarer Republik hatten die Folgen der tiefgreifenden Weltwirtschaftskrise dazu geführt, dass viele Menschen in Deutschland am Existenzminimum lebten. Die ohnehin nicht großen Leistungen der damals noch sehr jungen staatlichen Arbeitslosen- und Fürsorgeunterstützung hatten heruntergefahren werden müssen. Das hatte nicht nur den radikalen Kräften des linken und rechten Spektrums Zulauf gebracht, sondern auch zu erbitterten Arbeitskämpfen und zu weiterer Instabilität geführt. Wie ließ sich eine solche Situation in der Bundesrepublik Deutschland vermeiden?

Zunächst musste es für die Bundesregierung um die Beseitigung der größten Not gehen. Im Laufe der 1950er-Jahre brachte sie daher umfangreiche gesetzliche Regelungen auf den Weg, um eine bessere Versorgung und soziale Absicherung zu gewährleisten. Um fortan lähmende Arbeitskämpfe zu vermeiden, wurde nach Lösungen gesucht, auch die Gewerkschaften als Arbeitnehmervertretungen einzubinden, was u.a. durch das nun eingeführte

Betriebsverfassungsgesetz ermöglicht wurde. Tarifautonomie, also das Recht der Sozialpartner ohne staatliche Einmischung Tarifverträge auszuhandeln und zu kündigen, wurde bald zu einem festen Bestandteil der Wirtschaftsordnung. Eine große Neuerung stellte die Rentenreform von 1957 dar, nachdem zuvor das staatliche Rentensystem nicht mehr als eine sehr kleine Grundsicherung ermöglicht hatte und in Krisenzeiten eine Verarmung der Rentner nicht verhindern konnte. Durch solche und weitere Maßnahmen, wie Kindergeld oder Lohnfortzahlung im Krankheitsfall, gelang es der Bundesrepublik einen **Sozialstaat** zu schaffen und den gesellschaftlichen Frieden zu gewährleisten, so dass sich viele Menschen mit dem neuen Staat identifizierten.

Sozialstaat
Der Begriff bezeichnet einen Staat, der sich verpflichtet, mittels Gesetzgebung und der Einrichtung von Behörden einen sozialen Ausgleich innerhalb der Gesellschaft im Sinne sozialer Gerechtigkeit und sozialer Sicherheit herzustellen.

Zugleich musste es darum gehen, die Wirtschaft anzukurbeln. Dazu beschloss die Regierung das Investitionshilfegesetz (1952). Hierbei ging es darum, angesichts des allgemeinen Kapitalmangels vor allem in den wichtigen Industriezweigen Kohle und Stahl Unterstützung durch staatliche Subventionen zu leisten. Das Kartellgesetz (1957) sollte eine übermäßige Konzentration wirtschaftlicher Macht verhindern, wie sie vor 1945 vorgekommen war. Darüber hinaus sollte es für freien und fairen Wettbewerb sorgen.

Doch auch die Soziale Marktwirtschaft und die Herausbildung eines Sozialstaates konnten nicht verhindern, dass der Lebensstandard in der Bundesrepublik sehr unterschiedlich war. Der Freiheit der Wirtschaft wurde klar ein höherer Wert beigemessen als der Gleichheit und Gerechtigkeit der Versorgung.

Ein „Wirtschaftswunder"?

Schon die Einführung der D-Mark als neue stabile Währung in den Westzonen 1948 hatte Grundlagen dafür gelegt, die wirtschaftliche Situation zu verbessern. Positiv wirkte sich auch die Marshallplan-Hilfe aus. Dennoch verzeichnete die stark angeschlagene Wirtschaft zunächst keinen nachhaltigen Aufschwung. 1950 gab es noch zwei Millionen **Arbeitssuchende** (Arbeitslosenquote: 13,5%). Westdeutschland hatte allerdings den Vorteil, dass es über eine gewachsene Schwerindustrie und eine recht ausgeglichene Industriestruktur verfügte, die eine gewisse Kontinuität boten. Hinzu kam, dass sich viele ursprünglich in der sowjetischen Besatzungszone ansässige Unternehmen in Westdeutschland ansiedelten. Dazu gehörten Carl Zeiss, ein Unternehmen der feinmechanisch-optischen Industrie, und die Auto Union (später Audi), die sich im Süden und Südwesten niederließen. In diesen Jahren setzte sich ein Strukturwandel fort, der schon vor 1945 eingesetzt hatte: Zugunsten von Industrie und Dienstleistungen verlor die Landwirtschaft an Bedeutung. Vorteilhaft für die Wirtschaft in der Bundesrepublik war es, dass es durch den Koreakrieg seit 1950 zu einem **Boom** in den USA und in Westeuropa kam („Korea-Boom"). Die USA und viele westeuropäische Länder konzentrierten sich angesichts des Krieges in Korea auf die Produktion von Rüstungsgütern. Dadurch entstand eine Lücke beispielsweise im Bereich der Konsumgüterindustrie und der technischen Industrie. Deutschland exportierte nun zunehmend Waren und Güter ins Ausland und profitierte erheblich davon. Ab 1952 ließen sich in der Bundesrepublik deutliche Anzeichen erkennen, dass sich die wirtschaftliche Lage nachhaltig verbesserte. Das war nicht zuletzt bedeutsam, um die vielen neuen sozialen Maßnahmen zu finanzieren und den Bestand der Sozialen Marktwirtschaft zu garantieren. Auch erleichterte dies die Integration der vielen Flüchtlinge und Vertriebenen. Kriegszerstörungen und **Demontagen** durch die Alliierten hatten der deutschen Wirtschaft zunächst geschadet. Gerade im Südwesten hatten die Franzosen in ihrer Zone sehr umfassende Demontagen durchgeführt. Allerdings verbesserte der Aufbau moderner Produktionsanlagen anstelle der im Krieg zerstörten Fabriken die Effizienz der Herstellung und die Qualität der Produkte. Dadurch steigerte sich die Wettbewerbsfähigkeit der bundesdeutschen Wirtschaft erheblich.

Die Wachstumsraten pendelten sich auf hohem Niveau ein, Löhne stiegen und damit auch die Kaufkraft der Menschen, die in der Folge deutlich mehr konsumierten. Die Arbeitslosigkeit ging zurück, und es wurde schließlich in den 1960er-Jahren **Vollbeschäftigung** erreicht. Das lag auch daran, dass viele Frauen nach 1945 wieder aus ihrer Arbeit herausgedrängt

Arbeitssuchende
Personen, die beim Arbeitsamt als arbeitslos gemeldet und damit als arbeitssuchend registriert sind. Der Begriff beinhaltet nicht die Gesamtzahl der Erwerbslosen, z.B. verheiratete Frauen, die als Hausfrau zu Hause blieben bzw. nach dem damaligen bundesdeutschen Recht nicht die Arbeitserlaubnis durch den Ehemann besaßen.

Boom
Synonym für Hochkonjunktur

Demontage
Abbau von Industrieanlagen (Maschinen, Fabriken) und Verkehrseinrichtungen (z.B. Eisenbahnschienen) als Kriegswiedergutmachung

Vollbeschäftigung
Beschäftigung des größten Teils der arbeitswilligen Erwerbspersonen

wurden, die sie übernommen hatten, nachdem ihre Männer während des Zweiten Weltkrieges eingezogen worden waren. Gemäß der bundesdeutschen Gesetzgebung bedurfte es der Zustimmung des Ehemannes, wenn eine Frau einen Beruf ausüben und ein eigenes Konto besitzen wollte. Für viele Männer war es damals ein Statussymbol sagen zu können, dass ihre Frauen nicht arbeiten mussten.

Gegen Ende der 1950er-Jahre fehlte es angesichts der rasanten wirtschaftlichen Entwicklung schließlich sogar an Arbeitskräften. Die Bundesregierung verhandelte daher Anwerbeabkommen mit mehreren ärmeren Ländern, darunter zunächst Italien, später auch Portugal, Spanien, Griechenland, der Türkei, Jugoslawien sowie Tunesien und Marokko. Diese „Gastarbeiter" übernahmen oft Aufgaben, die die Deutschen nicht mehr erledigen wollten, wie beispielsweise Müllabfuhr, Untertagearbeit oder Reinigungsdienste.

Der wachsende Lebensstandard führte zu einem lebhafteren Konsumverhalten, und die wachsende Nachfrage kurbelte wiederum die Wirtschaft an. Mehr Menschen konnten sich mehr Konsumartikel leisten, die das Leben angenehmer machten und die früher als unerschwingliche Luxuswaren gegolten hatten: Kühlschränke, Waschmaschinen und größere Wohnungen, später auch Fernseher und Autos. Historiker und Sozialwissenschaftler sprechen in diesem Zusammenhang von der Herausbildung einer **Konsumgesellschaft**. Es kam zu neuer ungeahnter Mobilität, damit wuchs das Gefühl von Freiheit auch mit Blick auf Freizeitgestaltung am Wochenende und im Urlaub. Diese Boomphase des „Wirtschaftswunders" dauerte bis zur Ölkrise in der ersten Hälfte der 1970er-Jahre. Die wirtschaftliche Stabilität und der Wohlstand wurden auch zu einem wichtigen Pfeiler politischer Stabilität in der frühen Bundesrepublik. Das „Wirtschaftswunder" wurde lange als „Mythos" verklärt. Dabei übersieht man leicht, dass damals nicht alle Menschen von der vorteilhaften wirtschaftlichen Situation profitierten. Sie mussten sich die Konsumgüter oft sehr hart erarbeiten und, je nach Erwerbsniveau, teilweise ganz darauf verzichten. Auch wird der Begriff „Wunder" heute überwiegend kritisch gesehen.

Konsumgesellschaft
Begriff für Aspekte moderner Lebensstile in Industriestaaten, bei dem die Befriedigung von Konsumwünschen (Kauf/Verbrauch) im Mittelpunkt steht. Als Synonym wird teilweise auch „Überfluss-" oder „Wegwerfgesellschaft" verwendet.

→ vgl. Kapitel 3.7, S. 302

Vergleichbare Voraussetzungen in der DDR?

Anders als im Westen war auf dem Gebiet der DDR die Industrie in ihrer Struktur weniger ausgeglichen. Im Osten befanden sich eher verarbeitende Industriezweige, wie beispielsweise Chemie, Elektrotechnik und Textilien. Rohstoffe und Grundstoffindustrien, wie etwa im Ruhrgebiet, gab es hingegen kaum. Hinzu kam, dass die Sowjetunion die DDR nicht mit Wiederaufbauhilfe unterstützte. Vielmehr führte sie dort in großem Stil Demontagen durch, um das eigene, im Krieg zerstörte Land schneller wieder aufbauen zu können. Die DDR durfte wie auch die anderen osteuropäischen Staaten auf Druck der Sowjetunion nicht am Wiederaufbauprogramm des Marshallplans teilnehmen. Viele Produktionsstätten der DDR lagen bis in die 1950er-Jahre in den Händen von Sowjetischen Aktiengesellschaften (SAG), die wirtschaftliche Schlüsselbereiche kontrollierten. Sie waren sowjetisches Eigentum, und somit konnten die DDR-Behörden nicht auf sie zurückgreifen und verloren wichtige Standorte mit viel Potenzial. Durch den „Eisernen Vorhang" und die wachsende Distanz zwischen Ost und West wurde die DDR zunehmend von den westlichen Märkten isoliert, zu denen in der Vergangenheit traditionell enge Kontakte bestanden hatten. Die DDR orientierte sich notgedrungen auf die Märkte der anderen sozialistischen Staaten. Dieser Markt war allerdings vergleichsweise rückständig und bot nicht dieselben Chancen wie in Westeuropa. Zudem herrschten auch hier Reglementierungen durch die Sowjetunion. Somit war es der DDR-Wirtschaft nur bedingt möglich, ihre Investitionen auszubauen. Es gab zwar viele Innovationen, die jedoch im System der Planwirtschaft oft nicht gefördert wurden. Dennoch verzeichnete die DDR zwischen 1950 und 1960 trotz mancher Hemmnisse ein beträchtliches Wirtschaftswachstum mit großen Fortschritten hinsichtlich neuen Wohnraums und Mobilität dank der Förderung des erschwinglicheren Motorradbaus.

→ Kapitel 3.2, S. 253

Sozialismus in der DDR – ein „gerechteres" Wirtschaftssystem?

→ vgl. Kapitel 2.2 und 3.2, S. 119 und S. 253

Bis 1952 hatte es in der DDR noch keine systematische Umstrukturierung der Wirtschaft hin zu einem sozialistischen Modell gegeben. Das lag daran, dass sich das Regime wie auch in den anderen sozialistischen Ländern erst etablieren musste. Anfang der 1950er-Jahre begann in der DDR der systematische Aufbau des Sozialismus nach sowjetischem Vorbild. Ziel war es, nach der Lehre von Marx und Lenin Privateigentum an Produktionsmitteln abzuschaffen und die Klassenunterschiede zu überwinden. In manchen Sparten wie im Handwerk oder der Gastronomie blieb allerdings auch in der DDR ein kleiner privatwirtschaftlicher Sektor erhalten. Die SED sorgte dafür, dass die Wirtschaft einem staatlichen Lenkungsmechanismus unterlag, der bis hin zu den Preisen fast alles reglementierte. Im Rahmen dieser **Zentralverwaltungswirtschaft** legte die DDR-Führung nach sowjetischem Beispiel Fünfjahrespläne in der Produktion von Waren und Gütern fest. Diese Fünfjahrespläne bildeten den Maßstab allen Wirtschaftens, ließen sich aber aufgrund allzu ehrgeiziger Ziele oft nicht erreichen. Wie die Sowjetunion forcierte die Regierung in der DDR den einseitigen Ausbau der **Schwerindustrie**. Dabei trat allerdings mangels Kapital und Arbeitskräften neben den bisherigen Wirtschaftszweigen die Konsumgüterindustrie in den Hintergrund. Durch diesen kompromisslosen Strukturwandel, zu dem seit Ende der 1950er-Jahre auch die Förderung der Chemieindustrie hinzukam, veränderten sich die Produktionsverhältnisse in der DDR erheblich. Hier wurden jetzt aufgrund der verstärkten wirtschaftlichen Kooperation mit anderen sozialistischen Ostblockstaaten Produkte vor allem für diese Räume hergestellt.

Schwerindustrie
Sammelbegriff für Eisen- und Stahlindustrie sowie Berg- und Tagebau

Auch Bauern konnten immer weniger frei wirtschaften. Die Behörden zwangen sie in kollektiv organisierte landwirtschaftliche Betriebe, sogenannte LPGs (Landwirtschaftliche Produktionsgenossenschaften), einzutreten. Darüber hinaus entstanden „Volkseigene Produktionsgenossenschaften", die nicht unmittelbar staatlich waren, aber eine private Tätigkeit der Bauern verhinderten.

Sozialismus in der Praxis – zwischen Anspruch und Wirklichkeit

Die DDR wurde nicht müde, das rasante Wachstum der Schwerindustrie zu betonen. Doch in der Realität war durch die Vorgabe von starrem Plansoll in der Industrie flexibles unternehmerisches Wirken weitgehend unmöglich. Es kam vor allem auf die Erreichung der Planzahlen und erst in zweiter Hinsicht auf die Qualität an. Die Gewinne wurden zum größten Teil wieder an den Staat abgeführt. Individuelle finanzielle Anreize gab es für die Arbeitenden kaum. In Abgrenzung zur Bundesrepublik Deutschland betonte die DDR-Führung allerdings, dass es im Land keine Arbeitslosigkeit gab. Hier galt anders als in den kapitalistischen westlichen Staaten das von der DDR-Verfassung garantierte **Recht auf Arbeit**. Andererseits war die Freiheit der Berufswahl insbesondere im Bereich der höheren Bildung sehr eingeschränkt. So wurden Studienplätze häufig nur an Kandidatinnen und Kandidaten vergeben, die als systemtreu oder zumindest als konform eingeschätzt wurden.

Recht auf Arbeit
staatlich verbürgtes Grundrecht auf einen Arbeitsplatz im arbeitsfähigen Alter

Die DDR-Führung legte Wert darauf, die „Gleichheit" der Bürger, Frauen und Männer gleichermaßen, zu betonen. So sollten bezahlbare Grundnahrungsmittel und Mieten, eine flächendeckende Gesundheitsversorgung, Zugang zu Bildung und das Recht auf Arbeit für alle garantiert sein. Stellte sich die DDR in der Propaganda als „Arbeiter- und Bauernstaat" dar, so gestaltete sich die Wirklichkeit besonders in den 1950er-Jahren anders. Die Ansprüche an die Arbeiter stiegen oft immer weiter, und der Staat erhöhte die Arbeitsnormen. Das bedeutet, dass er feste Vorgabezeiten für die Produktion einer festgelegten Zahl von Gütern oder für Arbeitsgänge bestimmte. Im Gegenzug gab es Prämien für Höchstleistungen, Sonderurlaube oder bevorzugte Zuteilungen von Wohnungen. Das schuf aber ein System individueller Bevorzugung durch den Staat und entgegen dem Anspruch des Sozialismus Unterschiede im Lebensstandard, wenn auch qualitativ und quantitativ wesentlich geringer als in Westdeutschland. Als Folge wirtschaftlicher Reglementierung und politischer Unterdrückung siedelten viele Menschen nach Westdeutschland über.

→ vgl. Kapitel 3.4, S. 277

A Markt- oder Planwirtschaft?

Q1

Kurt Schumacher (1895–1952)
SPD-Politiker, 1949–1952 Oppositionsführer im Bundestag

Q2

Wirtschaftliche Ziele der SPD
Der SPD-Vorsitzende Kurt Schumacher formulierte 1945 die Ziele der Sozialdemokraten in den Leitsätzen zum Wirtschaftsprogramm:
Die Zeit ist heute reif, den Sozialismus zur Angelegenheit des ganzen Volkes zu machen. Eine sozialistische Bewegung, die das ganze Volk erfassen will, muss daher ein Programm für Arbeiter, Bauern, Handwerker, Gewerbetreibende und geistige Berufe entwickeln. Diese Schichten stehen in natürlichem Gegensatz zu jener kleinen, aber mächtigen Ausbeuterschicht, die dank ihrem Klassenmonopol einen unverhältnismäßig großen Teil des gesellschaftlichen Reichtums an sich zu ziehen vermag und seit je jedem sozialen Aufstieg der breiten Massen entgegensteht. Sie ist zugleich der geschworene Feind der Demokratie, wissend, dass diese letzten Endes zum Arbeiterstaat und zur Vernichtung aller Klassenvorrechte führen muss. […]
Der Staat ist die entscheidende Wirtschaftstatsache der Gegenwart, und von der Kräfteverteilung im Staat hängt die Gestaltung der Wirtschaft grundlegend ab. Der demokratische Staat muss dank der den breiten Massen in ihm zufallenden Macht in eine immer deutlicher herausstrebende Kampfstellung gegen die kapitalistische Wirtschaft getrieben werden, die immer ausschließlicher von dem Profitstreben einer dünnen Kapitalistengruppe beherrscht wird. Damit wird der Staat von einem Instrument der Unterdrückung zu einem Instrument sozialer Wirtschaftsgestaltung und allgemeiner Wohlfahrtsförderung. […]
Die Verstaatlichung der Großindustrie, der Großfinanz und Aufsiedlung des Großgrundbesitzes sind aber auch notwendig, um der ökonomischen Ordnung des Staates ein sozialistisches Gepräge zu geben und um für alle Zukunft zu verhindern, dass ökonomische Macht in den Händen weniger Großkapitalisten zu politischer Macht wird […]. Aber auch in der übrigen Wirtschaft ist die Aufgabe gestellt, durch Schaffung einer vollkommenen Produktionsordnung die kapitalistische Wirtschaftsnot zu überwinden. Mit der Preisgabe des Konkurrenzprinzips tritt an die Stelle der Selbstbesteuerung eine von oben gesteuerte Wirtschaftsführung, der jedoch die planmäßige Vereinheitlichung und die Ausrichtung auf das Gemeinwohl fehlt.

Geschichte in Quellen. Die Welt seit 1945, herausgegeben von Wolfgang Lautemann und Manfred Schlenke. Bayerischer Schulbuch Verlag, München 1980, S. 205–207.

Q3

Wirtschaftliche Ziele der CDU
Die CDU veröffentlichte am 15. Juli 1949 die Düsseldorfer Leitsätze, in denen sie ihre Ziele im Bereich der künftigen Wirtschaftsordnung der Bundesrepublik Deutschland formulierte:
Was versteht die CDU unter sozialer Marktwirtschaft? Die „soziale Marktwirtschaft" ist die sozial gebundene Verfassung der gewerblichen Wirtschaft, in der die Leistung freier und tüchtiger Menschen in eine Ordnung gebracht wird, die ein Höchstmaß von wirtschaftlichem Nutzen und sozialer Gerechtigkeit für alle erbringt. Diese Ordnung wird geschaffen durch Freiheit und Bindung, die in der „sozialen Marktwirtschaft" durch echten Leistungswettbewerb und unabhängige Monopolkontrolle zum Ausdruck kommen. Echter Leistungswettbewerb liegt vor, wenn durch eine Wettbewerbsordnung sichergestellt ist, dass bei gleichen Chancen und fairen Wettkampfbedingungen in freier Konkurrenz die bessere Leistung belohnt wird. Das Zusammenwirken aller Beteiligten wird durch marktgerechte Preise gesteuert. Marktgerechte Preise sind Motor und Steuerungsmittel der Marktwirtschaft. Marktgerechte Preise entstehen, indem Kaufkraft und angebotene Gütermenge auf den Märkten zum Ausgleich gebracht werden. Wichtigste Vorbedingung, um diesen Ausgleich herbeizuführen, ist ein geordnetes Geldwesen.

In einer solchen Wirtschaftsordnung ist jeder Betrieb und jeder Haushalt im Rahmen der für alle gleichen Gesetze an Stelle einer lenkenden Behörde Herr seiner wirtschaftlichen Entschlüsse. Die einzelnen Betriebe planen in eigener Verantwortung, was sie erzeugen, und bieten ihre Erzeugnisse dem Markt an. Auf dem Markt findet ein Wettkampf der Erzeuger um die Gunst der Verbraucher statt. Wenn die Erzeuger richtig geplant haben, bezahlen die Verbraucher gute Preise, wenn sie falsch planen, werden die Erzeugnisse von den Verbrauchern abgelehnt oder nur zu niedrigen Preisen abgenommen. Im ersteren Falle werden die Erzeuger durch Gewinn belohnt und zu größerer Produktion angeregt, im letzteren Falle werden sie durch Verlust gestraft und zur Umstellung auf eine andere, dem Verbraucher genehmere Produktion angehalten. Auf diese Weise bestimmen die Verbraucher mittelbar, was produziert werden soll, und können gleichzeitig frei über ihr Einkommen verfügen. Die „soziale Marktwirtschaft" steht im scharfen Gegensatz zum System der Planwirtschaft, die wir ablehnen, ganz gleich, ob in ihr die Lenkungsstellen zentral oder dezentral, staatlich oder selbstverwaltungsmäßig organisiert sind. Das System der Planwirtschaft beraubt den schaffenden Menschen seiner wirtschaftlichen Selbstbestimmung und Freiheit. Die Planwirtschaft bringt die Unternehmen in Abhängigkeit von der Staats- und Selbstverwaltungsbürokratie und verwandelt sie dadurch in Beamte und Kommissare. Sie schaltet den Einfluss der Verbraucher auf die Erzeugung aus und bringt damit auch den Arbeitern und Angestellten keine Vorteile. […] Die „soziale Marktwirtschaft" steht auch im Gegensatz zur sogenannten „freien Wirtschaft" liberalistischer Prägung. Um einen Rückfall in die „freie Wirtschaft" zu vermeiden, ist zur Sicherung des Leistungswettbewerbs die unabhängige Monopolkontrolle nötig. Denn so wenig der Staat oder halböffentliche Stellen die gewerbliche Wirtschaft und einzelne Märkte lenken sollen, so wenig dürfen Privatpersonen und private Verbände derartige Lenkungsaufgaben übernehmen. […]

Geschichte in Quellen. Die Welt seit 1945, herausgegeben von Wolfgang Lautemann und Manfred Schlenke. Bayerischer Schulbuch Verlag München 1980, S. 214.

B Die BRD – in einer günstigeren Situation als die DDR?

D1

Neuerungen der bundesdeutschen Sozial- und Wirtschaftsgesetzgebung in den 1950er-Jahren

Gesetzliche Regelungen	Inhalte
Bundesversorgungsgesetz (BVG) (1950)	Es regelte die Versorgung der Kriegsopfer, z. B. von Verletzten, aber auch die Versorgung von Hinterbliebenen (z. B. Waisen, Witwen). Leistungen bestanden u. a. in Krankenbehandlung und Kriegsopferfürsorge (z. B. im Bereich der Ausbildung, der Erholung oder der Wohnung) sowie Geldleistungen.
Montanmitbestimmungsgesetz (1951)	Es führte die paritätische Mitbestimmung in Großbetrieben ein, d. h. die Position der Arbeitnehmer wurde deutlich gestärkt. In den Aufsichtsräten sollten gleich viele Vertreter von Arbeitnehmern wie Arbeitgebern sitzen.
Lastenausgleichsgesetz (LAG) (1952)	Dieses Gesetz zielte darauf ab, durch Kriegsschäden, Enteignungen und sonstige Verluste entstandene Nachteile auszugleichen, soweit es ging. Dazu gehörte auch die Integration von Vertriebenen und Flüchtlingen aus den ehemaligen deutschen Ostgebieten. Vermögende, nicht geschädigte Bürger mussten Beträge an einen Ausgleichsfonds zahlen und sich so beteiligen.
Betriebsverfassungsgesetz (1952)	Das Gesetz garantiert Arbeitnehmervertretern (z. B. dem Betriebsrat) Mitwirkungsrechte in verschiedenen Bereichen. Die Arbeitnehmer sind zu einem Drittel in Aufsichtsräten von Unternehmen mit mehr als 500 Beschäftigten beteiligt.
Einführung der dynamischen Altersrente (1957)	Dadurch wurde sichergestellt, dass sich die Rente an die durchschnittlichen Lohn- und Gehaltserhöhungen anpasste. Als Folge stieg die Rentenhöhe, zuvor war das Rentenniveau gering gewesen, häufig hatte Altersarmut geherrscht.

Q 4

Daten zur deutsch-deutschen Industrieproduktion

a) Anteil der Produktion im Gebiet der späteren sowjetisch besetzten Zone (SBZ) im Jahr 1948 prozentual zur Zeit des Deutschen Reichs von 1944

Braunkohle	66,9%
Kunstdünger	63,0%
Pottasche	58,9%
Elektrizität	34,8%
Stahl	7,9%
Eisen	1,6%
Gesamte Industrie	28,7%

aus: Albrecht Ritschl: Aufstieg und Niedergang der Wirtschaft der DDR: ein Zahlenbild 1945–1989. In: Jahrbuch für Wirtschaftsgeschichte 1995/II, 11–46, hier S. 18.

b) Wirtschaftliche Entwicklung im Gebiet der drei Westzonen/späteren Bundesrepublik Deutschland im Vergleich zur Wirtschaftskraft des gleichen Territoriums im Jahr 1936:

	1936	1948	1954
Bevölkerung	100	118	127
Reales Bruttosozialprodukt	100	98	162
Volkseinkommen/Einwohner	100	84	124
Industrielle Produktion	100	61	165
Steinkohleförderung	100	74	124
Rohstahlproduktion	100	38	136
Elektrizitätsproduktion	100	137	284
Nahrungsmittelproduktion	100	58	118
Wohnungen auf 1000 Einwohner	100	84	98

Hans Adamsen: Faktoren und Daten der wirtschaftlichen Entwicklung in der Frühphase der Bundesrepublik. In: Archiv für Sozialgeschichte 18 (1978), S. 224.

c) Anteil der Reparationsleistungen am Bruttosozialprodukt (BSP) der DDR und der BRD 1946–1953

	1946	1947	1948	1949	1950	1951	1952	1953
DDR in % am BSP	48,8	38,4	31,1	19,9	18,4	16,4	14,6	12,9
BRD in % am BSP	14,6	12,8	9,0	6,0	5,8	7,1	6,0	3,8

Dietrich Staritz: Die Gründung der DDR. Von der sowjetischen Besatzungsherrschaft zum sozialistischen Staat. dtv, München 1995, S. 58.

d) Versorgung der Bevölkerung in der SBZ/DDR (Vergleichswert 1947 = 100)

	1946	1947	1948	1949	1953
Fleisch/Fleischwaren	47	100	129	182	206
Fisch/Fischwaren	79	100	172	142	174
Fette (insg.)	56	100	146	164	164
Trinkmilch (2,5% Fett)	70	100	121	128	138
Eier	57	100	172	261	276
Weißzucker	92	100	114	133	127
Obertrikotagen	94	100	200	293	362
Untertrikotagen	74	100	168	188	218

Bundesarchiv Berlin, DE 1, Nr. 12.561, Bl. 123.

Q5

Millionster VW-Käfer

Er war aus Feier des Anlasses vergoldet und rollte 1955 in Wolfsburg vom Band.

Q6

Ein erfolgreiches Land?

Im Sommer 1974 blickt der Stellvertretende Ministerrats-vorsitzende und Vorsitzende der Plankommission Gerhard Schürer auf 25 Jahre sozialistische Planwirtschaft zurück:

[…] Deutlicher denn je treten im 25. Jahr des Bestehens der DDR Rolle, Bedeutung und Erfolge der sozialistischen Planwirtschaft zutage, die unter der Führung der Partei der Arbeiterklasse ständig weiterentwickelt wurde. Sie hat großen Anteil an der Entwicklung unserer Republik zu einem international geachteten sozialistischen Staat mit moderner Industrie und leistungsfähiger Landwirtschaft, zu einem Land mit hohem Bildungs- und Kulturniveau, zu einem stabilen Faktor des Friedens und des Sozialismus im Herzen Europas. […]

Es ist eine unumstößliche Tatsache: Eine solche Entwicklung, wie sie die DDR zu verzeichnen hat, war nur möglich durch die bewusste Nutzung der ökonomischen Gesetze des Sozialismus, durch sozialistische Leitung und Planung. […]

Die zentrale Planung im volkswirtschaftlichen Maßstab erfolgte stets unter der demokratischen Mitwirkung der Werktätigen […].

Anstelle der dem Kapitalismus wesenseigenen Konkurrenz und Anarchie, anstelle von Zersplitterung und Gegeneinander im Handeln der Menschen wurde eine höhere Form der gesellschaftlichen Organisation der Produktion herbeigeführt. […]

Nur die sozialistische Planwirtschaft vermag allen Werktätigen die wachsende Befriedigung ihrer Lebensbedürfnisse, die freie und allseitige Entfaltung ihrer Persönlichkeit und soziale Sicherheit zu gewährleisten. Im Gegensatz dazu treten gegenwärtig die unheilbaren Gebrechen des Kapitalismus besonders deutlich hervor. Inflationistische Preisentwicklung, wachsende Sorge der Werktätigen um den Arbeitsplatz, Diskriminierung und Benachteiligung des arbeitenden Menschen auf jedem Gebiet, andererseits Riesenprofite der multinationalen Konzerne – diese Erscheinungen sind typisch für die kapitalistische Welt.

Bereich Presse und Information des Ministeriums für Auswärtige Angelegenheiten der DDR (Hrsg.): Außenpolitische Korrespondenz Nr. 34 v. 22.08.1974. Staatsverl. d. DDR, Berlin, S. 259–262.

Q7

Motorisierung der DDR

In der DDR lief die Autoproduktion nicht so umfangreich an wie in der Bundesrepublik. Verbreiteter waren vor allem Motorräder und Mopeds. Allein beim VEB Simson Suhl verließ 1969 das millionste Kleinkraftrad das Band.

C Das „Wirtschaftswunder" – ein Zustand ohne Schattenseiten?

Q8

Höchster Lebensstandard?

Wirtschaftsminister Ludwig Erhard äußerte sich über die wirtschaftliche Entwicklung im Jahr 1956. Das geschah ein Jahr vor der Bundestagswahl und wenige Monate vor der Veröffentlichung seines Buches „Wohlstand für Alle":

Das deutsche Volk kann, so meine ich, mit dem wirtschaftlichen Ablauf des Jahres 1956 und dem, was es für jeden einzelnen gebracht hat, wahrlich zufrieden sein. Bei einem Rekordstand von 18,6 Millionen beschäftigter Menschen in abhängiger Arbeit konnte die industrielle Produktion noch einmal um über 10 v. H. gesteigert werden. Handwerks- und Einzelhandelsumsätze haben sich im gleichen Maße erhöht, und die deutsche Ausfuhr ist sogar um 23 v. H. angestiegen. Im Zeichen dieser Vollbeschäftigung hat mit einer entsprechenden Verbesserung des Nominaleinkommens aller im Wirtschaftsleben tätiger Menschen das deutsche Volk im Jahre 1956 trotz der kaum hinter uns liegenden Notzeit den höchsten Lebensstandard seiner Geschichte erreicht. […] Diesem gleichen Umstand ist es zu verdanken, daß sich uns im Außenhandel immer bessere Chancen eröffnen, daß wir in diesem Jahre einen Export von 31 Mrd. DM erreichen, über eine Gold- und Devisenreserve von nahezu 18 Mrd. DM verfügen, daß unsere Währung zu einer der härtesten der Welt geworden ist und dank dieser unserer Leistungskraft im internationalen Wettbewerb die Sicherheit der deutschen Arbeitsplätze als über alle Zweifel gewährleistet gelten kann. […]

Hans Georg Lehmann (Hrsg.): Deutschland-Dokumentation 1945–2004. Dietz Nachf., Bonn 2004, Begleit-CD-ROM.

Q9

Ludwig Erhard (1897–1977)

CDU-Politiker,
1949–1963 Bundeswirtschaftsminister,
1963–1966 Bundeskanzler

D2

Das „Wirtschaftswunder" – ein Verdienst der „fleißigen Deutschen"?

Der Wissenschaftsjournalist Harald Wiederschein beschäftigt sich in einem Beitrag auf focus online, einem der reichweitenstärksten Nachrichtenmagazine in Deutschland, mit verschiedenen Irrtümern der Nachkriegszeit. Er wendet sich somit an ein breites Publikum und geht auch auf das „Wirtschaftswunder" ein:

Wären die Deutschen des Jahres 1945 plötzlich 1965 aufgewacht, hätten sie ihren Augen nicht getraut: Die Trümmerlandschaften der Innenstädte waren abgetragen und oft durch moderne Gebäude ersetzt, statt magerer Hungergestalten schoben sich Wohlstandsbäuche durch die Straßen und der Verkehrslärm übertönte alles andere – schließlich konnte sich jetzt auch „Otto Normalverbraucher" ein eigenes Auto leisten, am liebsten einen VW-Käfer.

Kaum jemand hätte in den ersten Nachkriegsjahren erwartet, dass die besiegten Deutschen so schnell zu Wohlstand kommen würden. […]

Bereits zu dieser Zeit machte das Wort vom deutschen „Wirtschaftswunder" die Runde. Nach der totalen Niederlage im Zweiten Weltkrieg begründete der ökonomische Erfolg auch ein neues Selbstbewusstsein. Man war wieder wer und schrieb das in erster Linie dem eigenen Fleiß und der eigenen Tüchtigkeit zu. Eine fragwürdige Einschätzung, die zugleich implizierte, dass diejenigen, denen es schlechter ging, im Gegensatz zu einem selbst einfach nicht fleißig genug waren.

Denn der Wille der Deutschen zum materiellen Neuaufbau, der zweifellos vorhanden war, hätte alleine nicht gereicht. Zahlreiche weitere Faktoren spielten eine nicht zu unterschätzende Rolle. Beispielsweise das Konzept der „Sozialen Marktwirtschaft", das die Früchte des Wachstums auf breitere Schichten verteilte, aber auch viele ökonomische Hemmnisse beseitigte. „Zudem gab es nach dem Krieg europaweit und sogar darüber hinaus einen gewaltigen Nachholbedarf an Konsum- und Investitionsgütern", bemerkt Thomas Schlemmer, Historiker am Institut für Zeitgeschichte in München. […]

Von enormer Bedeutung war überdies, dass die Vereinigten Staaten in Europa präsent blieben – anders als nach dem Ersten Weltkrieg. Das sorgte für politische Stabilität, was für die wirtschaftliche Erholung günstig war. „Außerdem kurbelten die USA mit dem Marshall-Plan aktiv die westeuropäische Ökonomie an", erläutert Schlemmer. „Und sie förderten damit zugleich die europäische Integration und den Abbau von Handelsbarrieren."

Dank dieser internationalen Entwicklungen erlebten auch andere europäische Staaten ihr „Wirtschaftswunder". In Spanien, Frankreich, Italien oder Österreich beispielsweise nahm das Bruttosozialprodukt ähnlich stark zu wie in der Bundesrepublik. Ein historisch einzigartiges und nachhaltiges Wachstum, das bis zum „Ölpreisschock" von 1973 andauerte. […]

Der unerwartete Nachkriegsboom in der Bundesrepublik zeigte aber auch: Deutschland war im Krieg längst nicht so stark zerstört worden, wie die Aufnahmen von den Trümmerlandschaften der Städte vermuten ließen. „Tatsächlich blieben die industriellen Ressourcen in einem erstaunlichen Ausmaß erhalten", sagt Schlemmer. Trotz der nach Kriegsende erfolgten Demontagen hätten sie die Keimzelle gebildet für den nachfolgenden wirtschaftlichen Aufschwung.

Von Vorteil war dabei, dass die Kriegswirtschaft der Nationalsozialisten den Produktionsapparat enorm aufgebläht hatte. Möglich gemacht hatten das Millionen von Zwangsarbeitern, die unter oft unmenschlichen Bedingungen im Deutschen Reich schuften mussten. Insofern hatten diese Menschen schon vor Kriegsende unfreiwillig dazu beigetragen, dass es den Deutschen nach der Niederlage bald materiell wieder besser ging. […]

Aus freien Stücken hingegen wirkte eine andere Gruppe am deutschen „Wirtschaftswunder" mit. Als die Arbeitskräfte knapp zu werden drohten, strömten seit Mitte der 1950er- und vor allem in den 1960er-Jahren zahlreiche „Gastarbeiter" ins Land. Nicht zuletzt dank der Hilfe dieser ausländischen Arbeitnehmer geriet der ökonomische Aufschwung nicht ins Stocken.

Nur teilweise können sich die Deutschen also ihr „Wirtschaftswunder" auf die eigenen Fahnen schreiben. Auch wuchs mit zunehmendem Stolz auf ihre Leistung der Wunsch, durch den ökonomischen Erfolg die Verbrechen der Vergangenheit vergessen zu lassen.

Harald Wiederschein: Fünf Irrtümer über die Nachkriegszeit. Irrtum 3: Das Wirtschaftswunder war allein das Verdienst der fleißigen Deutschen. In: Focus online v. 3.3.2016. Unter: www.focus.de/wissen/mensch/geschichte/serie-fuenf-irrtuemer-ueber-die-nachkriegszeit-vw-kaefer-und-wohlstandsbauch-aus-eigener-kraft-haetten-die-deutschen-ihr-wirtschaftswunder-nicht-geschafft_id_4726602.html (Zugriff: 01.11.2019).

Q10

„Imperialismus" statt „Wirtschaftswunder"?

Dieser Text erschien in dem 1973 in 4. Auflage veröffentlichten Buch „Der Imperialismus in der BRD". Es wurde herausgegeben vom Institut für Gesellschaftswissenschaften des Zentralkomitees der SED.

Betrachten wir die Periode von 1949 bis 1955/1956 in ihrer Gesamtheit, so zeigt sich ganz eindeutig, was hinter dem sogenannten Wirtschaftswunder wirklich steht. Der Hauptinhalt der Entwicklung der BRD war das Wiedererstehen des westdeutschen Imperialismus auf einer neuen Stufe des staatsmonopolistischen Kapitalismus[1]. Die umfassendere und tiefgreifendere Vereinigung der Macht der Monopole mit der Macht des Staates war einer der wesentlichen Faktoren, die es der Monopolbourgeoisie[2] ermöglichten, die Nachkriegsjahre für einen schnellen konjunkturellen Aufschwung auszunutzen. […] Die Einsetzung einiger früherer, vor allem faschistischer Formen der Staatseingriffe in das Wirtschaftsleben durch eine teilweise vordergründige und der Situation sowie den monopolistischen Bedürfnissen besser angepasste staatliche Wirtschaftspolitik verschafften der großangelegten Propaganda von der „freien Marktwirtschaft" bei einem beträchtlichen Teil der Bevölkerung, besonders des Mittelstandes, eine gewisse zeitweilige Glaubwürdigkeit. Das Hauptziel dieser ideologischen Offensive war antikommunistisch. Sie sollte die westdeutschen Arbeiter und die anderen Friedenskräfte davon abhalten, von ihrem Selbstbestimmungsrecht Gebrauch zu machen und ebenfalls einen demokratischen Weg zu gehen. Mit dieser ideologischen Offensive gelang es den alten, reaktionären Kräften des Monopolkapitals und des Militarismus, mit Hilfe rechter SPD-Führer ihre Macht zu restaurieren und immer mehr auszubauen. […]

Lutz Maier: Der Imperialismus der BRD. Hrsg. v. Institut für Gesellschaftswissenschaften. Dietz Verlag, Berlin 1973. Zit. n.: Wolfgang Lautemann/Manfred Schlenke (Hrsg.): Geschichte in Quellen. Die Welt seit 1945. Bearb. v. Helmut Krause und Karlheinz Reif. Bayerischer Schulbuch-Verlag, München 1980, S. 269 f.

1 Staatsmonopolistischer Kapitalismus: Begriff aus der marxistischen Vorstellung, nach der im Kapitalismus der „imperialistische" Staat sich mehr und mehr mit der Wirtschaft verbindet, die wiederum aus Monopolen großer Konzerne besteht. Wenige „Imperialisten" und Großindustrielle geben dieser Vorstellung zufolge im Staat den Ton an.

2 Monopolbourgeoisie: der Teil der Bourgeoisie (des „Bürgertums"), der sich nach marxistischer Vorstellung immer mehr das Eigentum an Produktionsmitteln sichert und Monopole großer Konzerne leitet

Q11

„Zufrieden – Nicht wahr, Michelchen – keine Experimente."
Karikatur von Erich Köhler. Vorne am Wagen ist ein Kanonenrohr angedeutet. Die Karikatur erschien im Zusammenhang mit der Bundestagswahl 1957 in der Frankfurter Allgemeinen Zeitung.

Arbeitsvorschläge

A Markt- oder Planwirtschaft?

1. Erläutern Sie das System der Sozialen Marktwirtschaft im Vergleich zur Planwirtschaft. [II] ○
2. Analysieren und vergleichen Sie Q 2 und Q 3 im Hinblick darauf, was für Vorstellungen Vertreter der CDU und der SPD mit Blick auf die künftige Wirtschaftsordnung formulieren. Vergleichen Sie die unterschiedlichen Ansichten. [I/II]
3. Erläutern Sie, was unter dem Begriff „Versorgungsstaat" zu verstehen ist. Erörtern Sie in einem zweiten Schritt, ob die Bezeichnung „Versorgungsstaat" für die Bundesrepublik Deutschland mit ihrer Sozialen Marktwirtschaft zutreffend ist. [III]

B Die BRD – in einer günstigeren Situation als die DDR?

4. Die gesetzlichen Regelungen der frühen Bundesrepublik (D 1) beeinflussen unser Leben teilweise bis heute. Charakterisieren Sie die einzelnen Maßnahmen mit Blick auf ihre Wirkungsdauer und ihre Relevanz für heute. [II]
5. Charakterisieren Sie die wirtschaftliche Situation der BRD und der DDR in den 1950er- und 1960er-Jahren. Beziehen Sie dazu neben eigenem Wissen auch Q 4, Q 5 und Q 7 mit ein. [II]
6. Beurteilen Sie, inwieweit die DDR schlechtere Grundvoraussetzungen hatte als die BRD. [III]
7. Nennen Sie Folgen, die sich in der DDR durch die einseitige Förderung der Stahlindustrie ergaben. [I]
8. Analysieren Sie Q 6 mit Blick auf den historischen Kontext und die Wirtschaftspolitik der DDR. [III]

C Das „Wirtschaftswunder" – ein Zustand ohne Schattenseiten?

9. Nennen Sie Gründe für die relativ schnelle wirtschaftliche Erholung der Bundesrepublik Deutschland in den 1950er-Jahren. [I]
10. Erläutern Sie, wie Ludwig Erhard die Situation der Bundesrepublik Deutschland einschätzt (Q 8). [II]
11. Arbeiten Sie aus D2 heraus, welche Kritikpunkte der Autor mit Blick auf das „Wirtschaftswunder" vorbringt. Bewerten Sie die jeweiligen Aussagen. [II]
12. Arbeiten Sie aus Q 10 heraus, wie die offizielle Sicht der DDR auf die wirtschaftliche Situation der Bundesrepublik ausfällt. Nennen Sie charakteristische Formulierungen aus dem Text. [I]
13. Vergleichen Sie die Ansichten Ludwig Erhards (Q 8, Q 9) mit der Einschätzung der DDR zur wirtschaftlichen Entwicklung in der BRD (Q 10). Berücksichtigen Sie dabei den zeitlichen Abstand der beiden Quellen. [II/III]
14. Analysieren Sie Q 11. Gehen Sie besonders darauf ein, wie der Zeichner seine Kritik zum Ausdruck bringt. [II]
15. Überprüfen Sie, inwieweit man den Boom in der Bundesrepublik in den 1950er- und 1960er-Jahren als „Wunder" bezeichnen kann. [III]

Übergreifende Arbeitsvorschläge

16. Konsumgesellschaft – ein passender Begriff?
   a) Informieren Sie sich über Produkte, die während des „Wirtschafswunders" eine besondere Rolle spielten. Gestalten Sie ein Plakat dazu. [III]
   b) Erläutern Sie, was man unter „Konsumgesellschaft" versteht. Überprüfen Sie ausgehend von den Ergebnissen Ihrer Recherche und dem Lernplakat, ob man die Gesellschaft in der Bundesrepublik in den 1950er- und 1960er-Jahren als „Konsumgesellschaft" bezeichnen kann. [III]
17. In der DDR wurde der Titel „Held der Arbeit" verliehen. Informieren Sie sich was es damit auf sich hatte und gestalten Sie ein Kurzreferat. Begründen Sie dabei auch, warum der „Held der Arbeit" typisch für das System der DDR-Wirtschaft war. [II]
18. Die DDR propagierte stets, dass sie die Grundversorgung ihrer Bürger garantiert. Erörtern Sie ausgehend davon, inwieweit aus Ihrer Sicht diese garantierte Grundversorgung andere Mängel und Defizite im ostdeutschen Staat aufwog. [III] ○
19. Recherchieren Sie weitere Hintergründe zur Geschichte der Firma Carl Zeiss in der DDR und in Baden-Württemberg. Stellen Sie Ihre Ergebnisse auf einem Lernplakat dar. Gehen Sie anhand des Unternehmens auch auf die unterschiedlichen Voraussetzungen in West- und Ostdeutschland ein. [II]

Online- und Differenzierungsmaterialien zu Kapitel 3.3
○ Arbeitshilfen zu den Aufgaben 1 und 18

Online-Code: hw6ee5

MK Vorträge und Präsentationen erfolgreich gestalten

Mündliche Vorträge, wie etwa Referate oder mediengestützte Präsentationen, spielen im Unterricht in der Oberstufe eine immer größere Rolle. Als Schüler bzw. Schülerin sollen Sie dabei zeigen, dass Sie in der Lage sind, Themen selbstständig zu erarbeiten. Dazu zählen das sorgfältige Recherchieren, das Ordnen von Informationen und schließlich das strukturierte Präsentieren von Ergebnissen. Dadurch werden Schlüsselqualifikationen trainiert, die im späteren Berufsleben immer wichtiger werden. Damit Ihre Vorträge und Präsentationen gelingen, empfiehlt es sich, bestimmte Arbeitstechniken und Arbeitsschritte zu berücksichtigen.

Themenfindung und Gliederung des Vortrages

Als Erstes müssen Sie ein Thema wählen, dieses eingrenzen, Schwerpunkte setzen und überlegen, welche Leitfrage Sie in Ihrem Vortrag stellen und beantworten wollen. Formulieren Sie eine möglichst konkrete Fragestellung.

Anhand der Fragestellung können Sie in einem zweiten Schritt eine erste Gliederung erarbeiten. Gliedern Sie den Vortrag in die drei Abschnitte Einleitung, Hauptteil und Schluss und setzen Sie dabei Schwerpunkte: Welche Aspekte des Themas sind besonders erwähnenswert? Was sollte nur am Rande erwähnt werden? Trennen Sie Wichtiges von Unwichtigem.

Recherche

Arbeiten Sie sich nun sorgfältig in das Thema ein. Für die erste Orientierung können Sie auf Lexika und Überblicksdarstellungen zurückgreifen. Sprechen Sie zudem mit Ihrer Lehrkraft über weitere Quellen (Archive o. Ä.) für Ihren Vortrag.

Auch das Internet kann ein wertvoller Fundus für Informationen sein, allerdings ist bei der Online-Recherche Vorsicht geboten: Nicht jede Internet-Quelle ist zuverlässig. Zudem besteht die Gefahr, in der Informationsflut sprichwörtlich zu ertrinken. Deshalb gilt für die Suche im Internet der Grundsatz: Weniger ist mehr. Finden Sie zunächst heraus, ob es aussagekräftige Quellen und Dokumente zu Ihrem Thema im Internet gibt. Stellen Sie dann unbedingt sicher, dass es sich um zuverlässige Materialien handelt.

Ordnen der Informationen

Ordnen Sie Ihr recherchiertes Material den verschiedenen Teilbereichen Ihres Vortrages zu. Überlegen Sie sich für die Einleitung genau, wie Sie den Vortrag beginnen wollen (etwa mit einem Bild, einer Karikatur, einer Karte, einem Zitat oder einer Zeitungsschlagzeile). Stellen Sie sich die Frage, mit welchem Einstieg Sie am ehesten das Interesse Ihrer Zuhörer wecken können.

Fertigen Sie einen Ablaufplan mit genauen Zeitvorgaben für Ihren Vortrag an. Achten Sie darauf, dass die zeitliche Einteilung stimmig ist. Planen Sie auch Zeit für den Einsatz technischer Geräte ein (Laptop oder Beamer).

Vortragen und Präsentieren: Gliederung ...

Ein guter Vortrag ist logisch und strukturiert aufgebaut, wird möglichst frei gehalten und visuell durch ausgewählte Medien unterstützt (Bilder, Tabellen, Grafiken). Der Vortrag sollte nicht mit Details überfrachtet werden, sondern dem Zuhörer einen guten Überblick bieten und gegebenenfalls zur Diskussion anregen. Vermeiden Sie eine reine Aneinanderreihung von Fakten ohne einen „roten Faden“. Wählen Sie die entsprechenden Medien deshalb sorgfältig aus und prüfen Sie, ob diese wirklich aussagekräftig sind.

Checkliste
- Thema finden
- …
- …

Stellen Sie zu Beginn des Vortrages kurz Ihre Fragestellung und Gliederung vor. Versuchen Sie, die Zuhörer mit einleitenden und überleitenden Sätzen durch den Vortrag zu führen („Beginnen möchte ich mit …", „Ich komme nun zum zweiten Punkt …", „Zusammenfassend möchte ich festhalten, …").

… Sprache, Mimik und Gestik …

Sprechen Sie laut und deutlich und vor allem nicht zu schnell (Pausen machen). Variieren Sie den Tonfall, ansonsten besteht die Gefahr, dass der Vortrag zu monoton wird. Üben Sie das freie Sprechen vor einem Spiegel oder indem Sie sich dabei aufnehmen. Achten Sie dabei auch auf Ihre Mimik und Gestik und auf die Einhaltung der Zeit.
Ganz wichtig ist es, den Blickkontakt zum Publikum zu halten. Beobachten Sie die Reaktionen des Publikums und gehen Sie auf diese ein, indem Sie spontane Erläuterungen einfügen oder Sachverhalte wiederholen. Lesen Sie keinen Text ab, sondern formulieren Sie frei anhand von Stichworten, die Sie sich zuvor auf Karteikarten notiert haben.
Auch die Körperhaltung ist für einen gelungenen Vortrag zentral: Vermeiden Sie eine geschlossene Körperhaltung (etwa verschränkte Arme). Stehen Sie ruhig und gerade vor Ihrem Publikum. Wechseln Sie gelegentlich Ihren Standort, um alle Zuhörer im Blick zu haben.

… Abschluss und Diskussion

Runden Sie Ihren Vortrag ab, indem Sie zum Schluss Ihre Leitfrage wieder aufgreifen. Die eingangs aufgeworfene Fragestellung sollte nun beantwortet werden. Sollte das Thema kontrovers sein und keine eindeutige Antwort zulassen, so ist dies noch einmal zu betonen. Formulieren Sie in diesem Fall Ihre eigene These und eröffnen Sie die Diskussion. Binden Sie dabei das Publikum ein: Bitten Sie um Fragen, Rückmeldungen oder Diskussionsbeiträge. Teilen Sie zum Schluss ein Handout mit den wichtigsten Fakten Ihres Vortrages aus.

Feedback

Bitten Sie nach Ihrem Vortrag um eine kritische Bewertung bzw. Rückmeldung anhand der oben genannten Kriterien. Haben Sie Ihr Publikum erreicht? Wurde das Thema verständlich und vollständig präsentiert? Was hat den Zuhörern besonders gefallen, was hat sie angesprochen? Was könnte man besser machen?

Arbeitsvorschläge

1. Erstellen Sie anhand des Textes eine Checkliste mit den wichtigsten Tipps für gelungene Präsentationen und Vorträge. Ergänzen Sie die Liste mit weiteren, Ihnen wichtig erscheinenden Punkten. [I]
2. Überlegen Sie sich in Kleingruppen jeweils ein Thema für einen Vortrag bzw. eine Präsentation. Erarbeiten Sie gemeinsam den Vortrag nach der obigen Vorgehensweise und tragen Sie gemeinsam vor. [II]
3. Dokumentieren Sie die Vorträge mit einer Kamera und analysieren Sie diese nach den folgenden Kriterien: Inhalt, Methodik, Medien/Visualisierung, Rhetorik und Körpersprache. [II]
4. Diskutieren Sie in der Klasse, welche Phasen besonders gut gelungen waren und welche noch verbessert werden könnten. [III]

E Erweiterungsband Kapitel 3.3, S. 172–175

3.4 Erfolgreiche Politik mit anderen Mitteln? Protest in West- und Osteuropa in den 1950er- und 1960er-Jahren

Fridays for Future
Sommer 2019 in Freiburg/Br.: „Wir streiken bis ihr handelt."

Kann ich meine Zukunft durch öffentlichen Protest auf der Straße gestalten, statt in der Schule dafür zu lernen? Im Zuge der „Fridays for Future"-Bewegung im Jahr 2019 bejahten viele Jugendliche in Deutschland jeden Freitag diese Frage und zeigten öffentlich ihr gesellschaftspolitisches Bewusstsein. Die junge Generation reiht sich damit ein in eine Protestkultur, die die Geschichte Ost- und Westeuropas besonders in den 1960er-Jahren grundlegend bestimmte.

Protest – Fortsetzung der Politik mit anderen Mitteln?

Mehren sich in einer Gesellschaft öffentliche Proteste, lassen politische Reaktionen nicht auf sich warten. Als in Syrien 2011 tausende Demonstranten gegen das diktatorische Regime auf die Straße gingen, reagierte dieses mit einer Verhaftungswelle und provozierte damit einen langjährigen Bürgerkrieg.
Diese Reaktion ist typisch für autoritär geführte Staaten. Protest bedeutet Widerspruch, der nicht geduldet wird. In westlichen Demokratien ist öffentlicher Protest hingegen ein legitimes Mittel der Meinungsäußerung. Unser Grundgesetz sichert in Artikel 8 jedem dieses Recht zu, solange bestimmte Regeln eingehalten werden. Der öffentlich geäußerte Widerspruch wird Teil der politischen und gesellschaftlichen Diskussion.
Dabei sichert die Straße den Protestierenden ein großes Maß an medialer Aufmerksamkeit. Hier wird der Protest sichtbar und hörbar, die Straße wird zur Bühne. Gleichzeitig entsteht ein Gemeinschaftsgefühl, das sich bestärkend auf die Beteiligten auswirkt. Gerade bei den „Fridays for Future"-Demonstrationen wird dieser Punkt sehr anschaulich: Gehe ich statt in die Schule zur Demonstration und treffe dort viele Gleichgesinnte, dann gibt mir diese Gemeinschaft das Gefühl, die richtige Entscheidung getroffen zu haben. Gleichzeitig mache ich so deutlich, dass ich persönlich bereit bin, für mein Anliegen sichtbar einzustehen. Das unterscheidet den Straßenprotest deutlich vom anonymen Netzprotest und erhöht wiederum seine Wirksamkeit. Dabei verändern die sozialen Medien auch den Straßenprotest: Videos und Bilder verbreiten sich rasend schnell und erreichen ein Publikum, das die traditionellen Medien häufig nicht erreichten.
Darf man nun aber soweit gehen, Protest als Form der Politik zu bezeichnen?
Zunächst ist Protest Ausdruck von Unbehagen. Er legt offen, was der Gesellschaft wichtig ist und welche Probleme sie beschäftigten. Protest verfolgt aber auch immer ein Ziel: Das Anliegen soll gehört und angegangen werden. Somit wird öffentlicher Protest zur Form der politischen Kommunikation. Eine Demokratie kann nur dann lebendig sein, wenn diese Kommunikation funktioniert.

BRD – Disziplinierte Sozialproteste

„Wollt ihr den Radikalismus?" Mit diesem Slogan begannen die ersten großen Proteste in der noch jungen Bundesrepublik. Träger des Protests waren überwiegend Kriegsopfer, darunter vor allem die Opfer von Flucht und Vertreibung, die mehr Unterstützung forderten. So verwundert es nicht, dass die Diskussion um das **Lastenausgleichsgesetz** 1951/52 eine Protestwelle in Bonn auslöste. Anders als die Parole vermuten lässt, waren diese Demonstrationen aber überaus diszipliniert: es handelte sich um geordnete und fast immer friedliche Demonstrationen in der Tradition der Arbeiterbewegung des Kaiserreichs.

Lastenausgleichsgesetz
Das Gesetz wurde 1952 verabschiedet und sollte all jene Deutsche entschädigen, die infolge des Zweiten Weltkriegs und dessen Nachwirkungen (z. B. durch Vertreibung) Vermögensschäden erlitten hatten.

Kaderpartei
bezeichnet eine hierarchisch aufgebaute Partei, in der politisch intensiv geschulte und ausgewählte Führungskräfte (Kader) die Parteilinie vorgeben. Im Selbstverständnis der kommunistischen Kaderparteien ist nur die geschulte Parteiführung in der Lage, die richtige, für alle Mitglieder verbindliche, Politik vorzugeben.

Walter Ulbricht (1893–1973)
KPD-Berufsrevolutionär während der Weimarer Republik, mit Rückendeckung durch die UdSSR 1949–1971 einer der führenden Politiker der DDR, 1960–1973 Staatsratsvorsitzender

DDR: 17. Juni 1953 – Mehr Arbeit bei gleichem Lohn?

1952 verkündete Walter Ulbricht den „planmäßigen Aufbau des Sozialismus“, um den Umbau der ostdeutschen Gesellschaft nach sowjetischem Vorbild zu beschleunigen. Sinnbildlich dafür steht der Ausbau der SED zur **Kaderpartei**, in deren Parteibasis Meinungsvielfalt unerwünscht wurde. In dieser Phase der Zentralisierung, die alle Lebensbereiche betraf, starb der sowjetische Diktator Josef Stalin. Nach seinem Tod am 5. März 1953 begann man in der UdSSR, den stalinistischen Zentralismus zu lockern. Walter Ulbricht sah sich daraufhin in Moskau scharfer Kritik ausgesetzt und musste anschließend Fehler im Aufbau des Sozialismus öffentlich eingestehen. Der Druck aus Moskau und der dort beginnende Kurswechsel verunsicherten die Führung der DDR, war doch der 1952 eingeschlagene Weg eng an Stalins zentralistischem System angelehnt. Begleitet wurde diese Entwicklung von massiven wirtschaftlichen Problemen. Der 1950 beschlossene **Fünfjahresplan**, der den Ausbau der Schwerindustrie forcierte und bereits vorhandene Industriezweige stark vernachlässigte, blieb deutlich hinter seinen Zielen zurück, sodass die Regierung die Arbeitsnorm erhöhte. Das bedeutete mehr Arbeit für gleiches Geld. Parallel verteuerten sich Lebensmittel und Konsumgüter, der Lebensstandard sank spürbar. So geriet gerade die Arbeiterschaft unter Druck, deren Belange sich die Regierung der DDR auf die Fahnen geschrieben hatte. Ein Artikel in der Gewerkschaftszeitung „Tribüne“ brachte am 16. Juni 1953 das Fass zum Überlaufen: Entgegen den Forderungen der Arbeiter verteidigte der stellvertretende Vorsitzende der einzig verbliebenen und der SED unterstellten Gewerkschaft (FDGB) die Normerhöhung.

Fünfjahresplan
Zentral durch die Regierung für den Zeitraum von fünf Jahren vorgegebene Zuweisung von Ressourcen an Wirtschaftszweige, bei gleichzeitiger Vorgabe u. a. zu Produktionszahlen (z. B. 250 000 Motorräder innerhalb von fünf Jahren)

Generalstreik
Streikaktion der gesamten Arbeiterschaft in einer Region/eines Landes, was zur Stilllegung des öffentlichen Nahverkehrs, vieler Behörden und der Industrieproduktion führt

DDR: „... Es geht hier um mehr!“ Vom Arbeiterprotest zum Volksaufstand

Die bereits seit einigen Tagen schwelenden Unruhen nahmen zu und erfassten von Berlin aus die traditionellen Arbeitergebiete wie Magdeburg, Halle und Bitterfeld. Die Rücknahme der Normerhöhung konnte den Arbeiteraufstand nicht mehr aufhalten. Ein **Generalstreik** erfasste Ostberlin, wo sich auf den Straßen dem Zug der Arbeiterinnen und Arbeiter immer mehr Menschen anschlossen: Hausfrauen, Schüler, Einzelhändler, Passanten. Die Frage nach der Arbeitsnorm verschwand hinter der Forderung nach freien Wahlen. Aus den Protesten der Arbeiter war ein Volksaufstand erwachsen, der die ganze DDR für einige Stunden ins Wanken brachte. Die SED zeigte sich völlig überrascht von dem regimegefährdenden Protest und erst der Einsatz sowjetischer Truppen gegen die Protestierenden stabilisierte die SED-Regierung. Welche Konsequenzen zog man nun aus diesem Protest?
Es begann eine Verhaftungswelle und zahlreiche Teilnehmer des Aufstands wurden zu langjährigen Freiheitsstrafen, in einigen Fällen sogar zur Todesstrafe, verurteilt.
Innerhalb der SED und der Gewerkschaft setzte man eine große Zahl von Führungskräften ab. Gleichzeitig baute man das für die „innere Sicherheit“ zuständige Ministerium für Staatssicherheit (MfS, im Volksmund „Stasi“) aus. Die Überwachung der Gesellschaft wurde feinmaschiger, der offene und kritische Dialog mit der Regierung praktisch unmöglich. Der Rückzug des Einzelnen in kleine private Nischen begann. In den offiziellen Darstellungen der DDR galt der 17. Juni fortan als eine „faschistische Provokation ausländischer Agenten“.

→ Q4, Q5, S. 284 f.

BRD: „Lieber aktiv als radioaktiv“ – Wiederbewaffnung als Katalysator des Protests

In der Bundesrepublik trug die wirtschaftliche Erholung der 1950er-Jahre deutlich zur Stabilisierung der jungen Demokratie bei. Unbehagen machte sich innerhalb der Gesellschaft jedoch bemerkbar, als die konservative Regierungskoalition unter Konrad Adenauer die **Wiederbewaffnung** vorantrieb. Erster Widerstand formierte sich unter dem Slogan „Ohne mich“. Ein Großteil der Bevölkerung lehnte 1950 den Dienst an der Waffe ab. Die Erinnerung an das Leid des Zweiten Weltkrieges war noch allgegenwärtig. Gleichzeitig fürchteten viele, dass sich durch eine Wiederbewaffnung die Teilung Deutschlands verfestigen würde. Doch ein anhaltender Massenprotest erwuchs daraus nicht. 1955 zeigten Umfragen, dass sich inzwischen eine knappe Mehrheit für die Wiederbewaffnung aussprach. Wie kam es zu diesem Stimmungsumschwung?

Wiederbewaffnung
meint die Wiedereinführung von Streitkräften. 1955 wurde in der Bundesrepublik die Bundeswehr gegründet.

Koreakrieg
Truppen des kommunistischen Nordkoreas überfallen 1950 Südkorea – damals eine von den USA gestützte Militärdiktatur. Erst drei Jahre später kommt es zum Waffenstillstandsabkommen, seither trennt eine entmilitarisierte Zone Nord- und Südkorea.

Pariser Verträge 1954
Aufhebung des alliierten Besatzungsstatuts in Westdeutschland

Die Angst vor der UdSSR und die Zuspitzung des Ost-West-Konflikts durch den **Koreakrieg** 1950–1953 spielten eine zentrale Rolle. Die Adenauer-Regierung konnte diese Ängste geschickt instrumentalisieren. Mit der Unterzeichnung der **Pariser Verträge** 1954 wurde die Wiederbewaffnung offiziell beschlossen, 1955 wurde die BRD in die NATO aufgenommen. Als die 1955 gegründete Bundeswehr mit Waffensystemen ausgestattet werden sollte, die atomare Sprengköpfe der USA transportieren konnten, wurde der Protest aber deutlich lauter und gesellschaftlich breiter. „Kampf dem Atomtod" lautete die Parole, hinter der sich eine erste außerparlamentarische Koalition aus Gewerkschaften, Kirchenvertretern und Wissenschaftlern versammelte. Im April 1958 verzeichnete Hamburg mehr als 100 000 Demonstrierende, einige Betriebe gaben ihren Angestellten dafür sogar frei. Politisch blieb dieser Protest ohne Erfolg, doch zeigte er Langzeitwirkung: Aus diesen frühen Anfängen erwuchs 1960 die Ostermarsch-Bewegung, die sich bis heute für eine weltweite atomare Abrüstung einsetzt. Man orientierte sich damals am britischen Vorbild der „Campaign for Nuclear Disarmament" und reihte sich in einen international stattfindenden Protest gegen Atomwaffen ein. Jedoch zeigen sich auch an diesem Beispiel Grenzen öffentlichen Protests: Die Situation in Deutschland war geprägt vom Verlauf des Kalten Krieges. Die internationale Politik überlagerte den national stattfindenden Protest. Gleichzeitig war die Ostermarsch-Bewegung immer wieder antikommunistischen Anschuldigungen ausgesetzt. Behörden wiesen den Demonstrationszügen oft publikumsferne Routen zu. Der demokratische Staat ließ öffentlichen Protest zu, zeigte aber nur eine geringe Bereitschaft zum Dialog.

DDR: Eine andere Form des Protests? Die Republikflucht

Die Jahre nach dem 17. Juni 1953 verliefen in der DDR und im gesamten Ostblock alles andere als ruhig. Im Zuge der 1956 in der UdSSR vorangetriebenen Entstalinisierung keimte die Hoffnung auf eine Liberalisierung weiter. In Polen und Ungarn kam es zu größeren Protestwellen, die sich in Ungarn bis zum Volksaufstand ausweiteten. Auch in der DDR wurde der Ruf nach mehr Freiheit wieder laut, allerdings blieb der Protest auf die Ostberliner Humboldt-Universität beschränkt. Dort solidarisierten sich die Studierenden zeitweise mit den Aufständischen in Ungarn. Auf diese Proteste reagierte die SED schnell. Das Spitzelsystem an den Universitäten wurde gestärkt, zahlreiche Verhaftungen und Verurteilungen waren die Folge, der ideologische Druck verschärfte sich. Parallel dazu wurde die **Zwangskollektivierung** in der Landwirtschaft vorangetrieben. Aber auch mittelständische Betriebe mussten ihre Selbstständigkeit zugunsten volkseigener Betriebe (VEB) aufgeben.
Für viele Bürgerinnen und Bürger der DDR wurde es immer schwieriger, in ihrem Staat das bessere, das antifaschistische Deutschland zu sehen, als das sich die DDR selbst präsentierte. Wer sein Unbehagen am Staat äußern wollte, dem blieb nur noch der Weg über die Grenze Richtung Westen. In den Jahren 1950 bis 1961 verließen jeden Monat 10 000–20 000 Menschen die DDR, das entsprach jeweils der Einwohnerschaft einer Kleinstadt. Insgesamt waren es bis 1961 mehr als 2,8 Millionen. Der Staat fühlte sich dadurch herausgefordert und musste reagieren, auch weil er vor allem die Jugend, hochqualifizierte Fachkräfte und viele Bauern verlor. Die Übersiedler, die aus familiären, wirtschaftlichen oder aus politischen Gründen der BRD den Rücken kehrten und in die DDR zogen, konnten diesen Bevölkerungsschwund nicht ausgleichen, zwischen 1949 und 1961 waren es ca. 550 000 Menschen.

Zwangskollektivierung
Bisher selbstständige Bauern wurden gezwungen, sich zu landwirtschaftlichen Produktionsgenossenschaften, sog. LPGs, zusammenzuschließen. Grund und Boden blieb zwar im Besitz der Bauern, die LPG hatte aber ein umfassendes Nutzungsrecht. Gebäude und landwirtschaftliches Inventar gingen an die LPG über.

DDR: Beton, Stacheldraht und Schießbefehl als Antwort auf Protest

Die DDR-Regierung reagierte auf die Fluchtbewegung und bestrafte zunächst diejenigen, die blieben: Familienangehörige von Geflüchteten wurden von der Stasi verhört, Jugendlichen, deren Geschwister „rübergemacht haben", wurde der Weg zum Abitur oder Studium deutlich erschwert oder gar unmöglich gemacht. Walter Ulbricht drängte schon länger nach einer Lösung des Flüchtlingsproblems und konnte sich im August 1961 gegen anfängliche Bedenken anderer Ostblockstaaten durchsetzen: Am 13. August 1961 begann die Abriegelung der Grenze zwischen Ost- und Westberlin. Dies war seit 1952 die letzte verbliebene

Junge Französinnen demonstrieren in Paris – der Minirock wurde zum Symbol der Emanzipation.
(Foto 1960er-Jahre)

Grenze zwischen der DDR und der Bundesrepublik, die ohne Reiseantrag passiert werden konnte. Der schnell gezogene Stacheldraht wurde durch eine Mauer ersetzt. Kurz danach erging der Schießbefehl an alle Grenzsoldaten: Flüchtende sollten auch mit der Schusswaffe gestoppt werden können.

In den ostdeutschen Medien sprach die SED vom „antifaschistischen Schutzwall", mit dem man sich vor westlichen Angriffen schützen wolle. Zwischen 1961 und 1989 kamen durch die Errichtung der Grenzanlagen an der innerdeutschen Grenze über 300 Menschen zu Tode, überwiegend bei Fluchtversuchen. Es gab allerdings auch mindestens 44 Selbstmorde von DDR-Grenzsoldaten aus Gewissensnöten. Die gescheiterten Fluchtversuche über die Ostsee oder über Grenzen anderer Ostblockstaaten sind immer noch nicht ausreichend erforscht, um genaue Zahlen zu liefern. Ab 1968 konnte der versuchte ungesetzliche Übertritt der Grenze, die „Republikflucht", mit bis zu fünf Jahren Gefängnis bestraft werden.

BRD: Die frühen 1960er-Jahre – im Westen beginnt es zu gären

Während sich die DDR einmauerte und öffentliche Proteste im Keim erstickte, standen die Zeichen in der Bundesrepublik auf Veränderung. Viele Jugendliche der Nachkriegsgeneration begannen, Autoritäten, Traditionen und Moralvorstellungen in Frage zu stellen und setzten an deren Stelle die Freiheit zur individuellen Entwicklung. Konflikte mit der überwiegend konservativen Elterngeneration waren vorprogrammiert, ein **Wertewandel** deutete sich an. Dieser wurde auch rein äußerlich sichtbar: Mädchen trugen nun Miniröcke, Jungs lange Haare. Musikalisch zog es die junge Generation zu Twist, Beat und Rock. Neben den Beatles wurden die Rolling Stones zu einer der beliebtesten Bands der Jugend. Parallel entstand ein zeitkritischer westdeutscher Journalismus und die bisher kaum aufgearbeitete nationalsozialistische Vergangenheit rückte stärker in den Fokus.

In diese Atmosphäre hinein trat die Diskussion um die **Notstandsgesetzgebung** der BRD. Zunächst waren es vor allem die Gewerkschaften, die aus Angst vor Einschränkungen des Streikrechts dagegen mobilisierten. Als sich im Bundestag 1966 durch das Zustandekommen einer großen Koalition aus CDU/CSU und SPD eine Einigung abzeichnete, wuchs der Protest deutlich an und vereinigte sich unter dem Schlagwort „außerparlamentarische Opposition", kurz APO genannt. Tonangebend wurde dort der Sozialistische Deutsche Studentenbund (SDS). Die Demokratie sei in Gefahr, die Notstandsgesetze seien vergleichbar mit §48 der Weimarer Verfassung und mit dem Ermächtigungsgesetz von 1933, Deutschland drohe, wieder in den Faschismus abzugleiten, so die Befürchtungen in der APO. Die Heftigkeit der Diskussion verwundert angesichts dessen, dass die Notstandsverfassung im Parlament intensiv diskutiert wurde und das Zustandekommen eine Zwei-Drittel-Mehrheit im Bundestag erforderte. Doch ein Blick über die BRD hinaus zeigt, dass dieses geäußerte Misstrauen in die parlamentarische Demokratie keineswegs ein Einzelfall war.

BRD: Die Demokratie auf dem Prüfstand – die Jugend im Westen begehrt auf

Weltweit stellten Jugendliche, überwiegend Studierende, Ende der 1960er-Jahre die bisherige Ordnung infrage. Zum verbindenden Symbol der gesamten Bewegung wurde der Kampf gegen den **Vietnamkrieg**, zu den Vorbildern zählten die Revolutionäre Che Guevara und Ho Chi Minh. Man diskutierte die Möglichkeiten einer sozialistischen Revolution mit dem Ziel einer Räterepublik, die die Demokratie ablösen sollte. Neben klassischen Demonstrationen veranstaltete man Sit-ins, Go-ins und skurrile Happenings, die nicht nur Spaß machen sollten, sondern auch medienwirksame Bilder lieferten. Die Proteste liefen in allen westlichen Industrienationen aber auch einher mit Gewalt – sowohl seitens der Polizei als auch seitens der Studierenden. In Frankreich und Italien solidarisierten sich die Gewerkschaften mit dem studentischen Protest, was in Frankreich eine Staatskrise hervorrief. In den USA verband sich der Protest zeitweise mit der Bürgerrechtsbewegung und deren Kampf für die Gleichstellung der afroamerikanischen Bevölkerung. Alle Autoritäten, Traditionen und Wertevorstellungen wurden auf den Prüfstand gestellt.

Wertewandel
Infragestellung bisheriger gesellschaftlicher und individueller Werte und Normen. Dazu konnte z. B. die Ablehnung von autoritären Strukturen (Vater als uneingeschränktes Familienoberhaupt) oder von Normen „anständiger und sittlicher Kleidung" zählen (wenig Haut zeigen).

Notstandsgesetzgebung
Im Falle eines inneren oder äußeren Notstands können die Grundrechte eingeschrankt werden und ein sog. Notparlament kann die Aufgaben von Bundestag und Bundesrat übernehmen.

Vietnamkrieg
1965 griffen die USA in einen bereits bestehenden Konflikt zwischen dem von einem Militärregime regierten Südvietnam und dem sozialistischen Nordvietnam ein. Der Krieg gilt als Stellvertreterkrieg im Ost-West-Konflikt.

BRD: Die 1968er und das kollektive Gedächtnis einer ganzen Nation

Wirft man einen Blick auf die westdeutschen Album-Charts aus dem Jahr 1968, so spiegelt sich darin die Diskrepanz innerhalb der Gesellschaft wider: Viele zog es nach wie vor zur heilen Welt der Schlager, während es die Idole der jugendlichen Protestierenden, die Rolling Stones, mit ihrem Album nur auf Platz 24 schafften. Große Teile der Bevölkerung konnten sich weder mit der Musik noch mit den Idealen der jugendlichen Protestierenden identifizieren. Ins kollektive Gedächtnis sind diese trotzdem eingegangen. Wie kam es dazu?
Ein Grund liegt in der Heftigkeit der Auseinandersetzungen. Als 1967 der diktatorisch regierende Schah von Persien Westberlin besuchte, kam es zu großen Protesten. Dabei erschoss der Polizist Karl-Heinz Kurras den demonstrierenden Studenten Benno Ohnesorg. Die Protestierenden unterstellten der Polizei einen vorsätzlichen Mord und faschistische Methoden, die Polizei und der regierende Bürgermeister Westberlins hingegen machten die Demonstranten selbst für den Tod verantwortlich. Bezeichnend war die Reaktion der Berliner Bild-Zeitung am 3. Juni 1967, Benno Ohnesorg sei das „Opfer von Krawallen, die politische Halbstarke inszenierten“. Dieser Vorfall steht symbolisch für die darauf folgenden Monate: Auf der einen Seite standen die revolutionär gesinnten Studierenden, die dem Staat ein Abgleiten in den Faschismus unterstellten. Auf der anderen Seite stand die Regierung, die mit harten Polizeieinsätzen gegen die Proteste vorging, aber auch die Presse des Springer-Verlags, zu der die Bild-Zeitung gehört.

→ Q6, Q7, S. 286

Der Protest weitete sich zunehmend zur Bewährungsprobe der Demokratie aus. Am 11. April 1968 – eine Woche nach dem Mord an dem Bürgerrechtler Martin Luther King in den USA – schoss der rechtsextreme Josef Bachmann auf den Wortführer der Studentenschaft Rudi Dutschke. Dieser überlebte schwerverletzt, starb aber 1979 an den Spätfolgen dieses Attentats. In 27 westdeutschen Städten fanden Großdemonstrationen statt, die zum Teil in Straßenschlachten endeten. Es kam zu den bisher härtesten innenpolitischen Unruhen in der BRD. Diese Unruhen beschleunigten letztlich aber auch das Ende der Revolte. Der Ausbruch der Gewalt schreckte viele ab und selbst in der jungen Generation schwand die Zustimmung.

Rudi Dutschke während der Vorbereitungsveranstaltung für den Schah-Besuch (am 2. Juni 1967) im Audimax der Freien Universität Berlin

Ein weiterer Grund für die Berühmtheit der 68er liegt in deren medialer Präsenz. In den 1960er-Jahren konnten sich immer mehr Haushalte ein Fernsehgerät leisten und seit dem Sommer 1967 wurde sogar in Farbe übertragen. Die Aktionen der Studierenden lieferten den Medien viele Bilder und Nachrichtenmagazine wie der Spiegel widmeten den Protesten häufig ihre Titelseiten. Nicht zuletzt die Vehemenz der Springer-Presse, die durch den Protest die Gesellschaft der BRD in Gefahr sah, verschaffte der Studentenbewegung enorme Aufmerksamkeit. Gleichzeitig handelte es sich um einen global stattfindenden Protest, wodurch die Aufmerksamkeit größer war. Diese mediale Präsenz wirkt bis heute nach, wenn es um die Frage geht, welche Bedeutung die 68er für die westdeutsche Gesellschaft hatten.

BRD: Die Notstandsgesetzgebung – alles umsonst?

Am 30. Mai 1968 beschloss der Bundestag die Einführung der Notstandsgesetze. Damit war die Bewegung rund um die APO am Ende. Doch ein grundsätzliches Scheitern der Bewegung lässt sich daraus nicht ableiten. Der Kampf gegen die Notstandsgesetze war Ausdruck eines generellen Unbehagens mit noch vorhandenen vordemokratischen Autoritätskonzepten und antiquierten Moralvorstellungen. Gleichzeitig spiegelten die Proteste den in den 60er-Jahren beginnenden Wertewandel wider, auf den sie gleichsam beschleunigend wirkten. Die BRD ging aus diesen unruhigen Monaten verändert hervor. Als die SPD mit Willy Brandt 1969 die Bundestagswahlen gewann, tat sie dies mit dem Slogan „Mehr Demokratie wagen“ und setzte damit auf den verstärkten Dialog zwischen Gesellschaft und Politik. Ein Großteil der Protestierenden nahm dieses Angebot an und tauschte den Platz auf der Straße mit einem Platz in Parteien oder anderen Institutionen, um die Gesellschaft und Politik von innen heraus zu wandeln. Ein kleiner Teil der Bewegung driftete in den linksextremen Terrorismus ab, der die BRD in den 1970er- und 1980er-Jahren in Atem hielt.

Q1

21. August 1968: Ein Mann stellt sich in Bratislava einem Panzer der Invasionstruppen entgegen. Als Fotoausschnitt wurde der Mann später zur Bildikone.

DDR: Der Osten und das Jahr 1968 – Frühlingserwachen oder Grabesruhe?

Die Beats aus dem Westen machten vor dem Eisernen Vorhang keinen Halt – auch die Jugend im Osten liebte die Rolling Stones, die Beatles, lange Haare und Jeans. Die Führung in der DDR begegnete dieser Bewegung zunächst überraschend liberal, der Jugendverband Freie Deutsche Jugend (FDJ) nahm Beat-Musik in sein Veranstaltungsprogramm auf und das DDR-Plattenlabel Amiga brachte 1964 eine erste Beatles-LP auf den Markt. Doch 1965 beendete die SED-Führung diesen Kurs und drängte auf die Herausbildung einer eigenen, sozialistischen Definition von „Kultur". Beat-Bands wurden verboten, was in einigen Städten zu spontanen Demonstrationen führte, auf die die Polizei nicht selten mit Gewalt reagierte. In dieser Zeit entwickelte sich die Tschechoslowakei zu einem beliebten Reiseziel der Ostdeutschen. Prag galt als fortschrittlich und offen: Man bekam westliche Zeitungen und Bücher, Filme waren in der amerikanischen Originalfassung zu sehen und man konnte Freunde und Verwandte aus der BRD treffen. Im Frühling 1968 begann dort ein Reformprojekt aus der kommunistischen Partei (KSČ) heraus, das einen „Sozialismus mit menschlichem Antlitz" anstrebte. Meinungs-, Versammlungs- und Pressefreiheit sollten garantiert und der absolute Herrschaftsanspruch der KSČ zugunsten einer „sozialistischen Demokratie" aufgegeben werden. Der „Prager Frühling" dauerte jedoch nur kurz: Am 21. August rollten sowjetische Panzer in Prag ein, innerhalb kurzer Zeit besetzte eine halbe Million Soldaten des Warschauer Pakts das Land. Wenig später formulierte die UdSSR die **Breschnew-Doktrin**. Am Ende forderte das gewaltsame Ende des „Prager Frühlings" über 100 Menschenleben und begrub die Hoffnung auf eine demokratischere Gesellschaft in allen Staaten des Ostblocks. Der Dialog zwischen der politischen Führung und dem Volk war abgerissen, alle noch verbliebenen Hoffnungen auf einen alternativen Weg zum Sozialismus waren endgültig begraben. Erst nach neuen Impulsen aus der UdSSR in den 1980er-Jahren sollte sich daran etwas ändern.

Breschnew-Doktrin
Am 12. November 1968 verkündete der Vorsitzende der sowjetischen KPdSU, Leonid Breschnew, dass die Sowjetunion das Recht habe, jederzeit militärisch in einem der verbündeten sozialistischen Staaten intervenieren dürfe, wenn dort der Sozialismus bedroht würde.

A Proteste in der DDR 1953

Q2

Der 17. Juni 1953

a) Zeitzeuge Erich Kluge: „Die Macht war unser …" über den 17. Juni 1953 in Bitterfeld

Erich Kluge, am 17. Juni 1953 Mitglied der Streikleitung von „Agfa Wolfen", vom Bezirksgericht Halle am 21. Juli 1953 zu drei Jahren Zuchthaus[1] verurteilt, hat den folgenden Bericht nach seiner Freilassung im Jahr 1956 zum dritten Jahrestag des Volksaufstandes in der West-Berliner Tageszeitung „Telegraf" veröffentlicht.

Am Morgen des 17. Juni gegen 7.30 Uhr legte die gesamte im Werk befindliche Belegschaft, etwa 5000 Menschen, die Arbeit nieder und versammelte sich vor dem Verwaltungsgebäude.

Sprechchöre brandeten hoch. Stimmen wurden laut, die eine Streikleitung forderten. Namen wurden genannt, auch meiner. Um acht Uhr war es soweit: die Streikleitung, darunter ich, war gewählt. Wir gingen auf den Balkon. Dort ergriff ich das Mikrophon des Werkfunks und forderte die Kollegen auf, sich zu keinen Unbesonnenheiten hinreißen zu lassen.

Im Auftrage der Streikleitung gab ich die Anweisung, dass alle lebenswichtigen Betriebe, wie Gas- und Wasserwerk, weiterarbeiten müssten, sonst aber jede Arbeit zu ruhen habe, bis unsere Forderungen erfüllt seien, die wir unter stürmischer Zustimmung proklamierten. Die wichtigsten Punkte waren: Zurücknahme der Normenerhöhung – Rücktritt der Regierung Grotewohl[2] – Freilassung der politischen Gefangenen.

[…]

Gegen 17.00 Uhr war ich wieder im Werk. Dort bot sich mir ein erschütterndes Bild. Sowjetische Mannschafts- und Kampfwagen fuhren durch das Tor, während die SED-Leute aus ihren Löchern hervorgekrochen kamen, um händeklatschend ihren Befreiern nachzulaufen, sie zu umarmen und abzuküssen.

Nachts 23.00 Uhr – ich war mit dem Fahrrad zu einem Kollegen von der Streikleitung unterwegs – wurde ich von einer Streife, bestehend aus zwei sowjetischen Offizieren und zwei Beamten des SSD[3], verhaftet, niedergeschlagen und in die alte Leopoldkaserne nach Dessau, dem Sitz des SSD, gebracht.

Nach sechs Tagen, nachdem wir vor allem von dem Vopo[4] – Meister Schellenberg unmenschlich schikaniert worden waren, brachte man mich und zahlreiche verhaftete Kollegen aus anderen Betrieben, mit Handschellen aneinander geschlossen, in den berüchtigten „Roten Ochsen" (Zuchthaus) in Halle.

In der nun folgenden Zeit der Vernehmungen wurde immer wieder versucht, mich durch Erpressungsmanöver und körperliche Torturen zu dem „Geständnis" zu bewegen, ich sei Angehöriger einer „westdeutschen Agentengruppe", der vom amerikanischen Geheimdienst der Auftrag gestellt worden sei, den Sturz der Regierung Grotewohl vorzubereiten. Ich blieb hart.

Erst 14 Tage nach meiner Festnahme erhielt ich den Haftbefehl vom Untersuchungsrichter Pasche (Halle) vorgelegt. Der 1. Strafsenat des Bezirksgerichtes Halle verurteilte mich am 21. Juli zu drei Jahren Zuchthaus.

Sofort nach der Rückkehr in den „Roten Ochsen" wurde ich mit 17 anderen Verurteilten in eine Kellerzelle gelegt, die von Ratten wimmelte. Die Wachmannschaft begrüßte uns mit den Worten: „Für euch Schweine wäre lebenslänglich richtig gewesen!"

Das Essen war erbärmlich und der Hunger unser täglicher Gast. Als „17.-Juni-Verurteilte" waren wir von der Vergünstigung des „Nachschlages" ausgeschlossen. Die wenigen Pakete, die mich erreichten, waren zerschnitten, der Inhalt war nur noch eine formlose Masse. […]

Die Zuchthausjahre haben in mir die Überzeugung gestärkt, dass es richtig war, was wir am 17. Juni 1953 unternommen haben. Aus dieser Tat wird einst die Einheit Deutschlands in Freiheit wachsen.

Quelle: Telegraf, 17. Juni 1956, S. 3. Entnommen von: www.17juni53.de/material/zeitzeugen.html, (Zugriff 20.01.2020)

1 Zuchthaus: Gefängnis für Vergehen, bei denen eine besondere Schwere der Tat festgestellt wurde, 1968 wurde die Zuchthausstrafe offiziell in der DDR abgeschafft
2 Otto Grotewohl: Vorsitzender des Ministerrats und somit der Regierung der DDR
3 Staatssicherheitsdienst, westdeutsche Bezeichnung für das ostdeutsche Ministerium für Staatssicherheit
4 umgangssprachlich für Polizei der DDR (offiziell Volkspolizei genannt)

b) Rede von Bundespräsident Johannes Rau bei der Gedenkveranstaltung im Deutschen Bundestag anlässlich der fünfzigsten Wiederkehr des 17. Juni 1953, Berlin, 17. Juni 2003

Wiederholungen von Daten, Fakten und Zahlen können ermüden und überdrüssig machen. Aber sie können auch das Gedächtnis schärfen und erneuern. Angesichts der Fülle von Reden, Artikeln, Fernsehberichten, Büchern und Gesprächen wünschte ich mir, dass wir mit Blick auf den 17. Juni 1953 diesen zweiten Weg gingen[,] also den der Bildung eines kollektiven Gewissens in unserem Land, und nicht den des Überdrusses.

I.

Bilder bestimmen mehr als alles andere unsere Vorstellung von historischen Ereignissen. Auch unsere Vorstellung vom 17. Juni 1953 ist durch Bilder besonders geprägt. Zwei besonders bekannte sind wenige hundert Meter von hier entfernt entstanden:

- Das eine zeigt begeisterte Menschen, Männer in Arbeitskleidung und Jugendliche, die durch das Brandenburger

Tor ziehen, in den Händen schwarz-rot-goldene, mit Blumen geschmückte Fahnen.
- Das andere zeigt zwei junge Männer vor einem sowjetischen Panzer. Der eine hat gerade einen Stein auf den Panzer geworfen, der andere holt zum Wurf aus. Die Mündung der Panzerkanone ist auf die beiden gerichtet.

Zwei Bilder, aufgenommen im Abstand von wenigen Stunden. So dicht lagen Höhepunkt und Scheitern des Juni-Aufstandes beieinander – Aufbruch und Niederlage, Zuversicht und Verzweiflung.
Zwei Bilder, die die Nachricht vom Mut und vom Freiheitswillen der Ostberliner Arbeiter und vom Scheitern ihrer Auflehnung um die Welt getragen haben.
Diese Bilder aber zeigen, wie so viele andere, die uns aus Schulbüchern und historischen Standardwerken vergangener Jahrzehnte vertraut sind, nur einen Teil der Wirklichkeit.
Heute wissen wir:
- Der Aufstand vom 17. Juni 1953 erfasste praktisch die gesamte Sowjetisch Besetzte Zone, wie man die DDR damals im Westen nannte. Mehr als eine Million Menschen in mehr als siebenhundert Orten setzten sich für die Ziele des Aufstandes ein.
- Der Aufstand hatte an vielen Orten eine Vorgeschichte und oft auch eine Fortsetzung. Bis in den Juli hinein kam es zu Protesten und zu Arbeitsniederlegungen.
- In vielen Orten ging der Aufstand noch weiter als in Berlin: In Halle, in Görlitz, in Bitterfeld gelang es den Aufständischen, vorübergehend die Macht zu übernehmen. Sie bildeten Streikleitungen und Komitees und versuchten, die politischen Verhältnisse neu zu ordnen.
- Zum Aufstand der Arbeiter kam ein Aufstand der Bauern in mehr als zweihundert kleinen Dörfern.
- Der 17. Juni 1953: Das war ein Aufstand der Arbeiter und der Bauern – aber auch der Angestellten, der Verkäuferinnen, der Jugendlichen und mancher Akademiker – und vereinzelt haben sich ihm Mitglieder der SED und sogar Angehörige der Sicherheitskräfte angeschlossen.

Es war ein Aufstand des ganzen Volkes. Er wurde ausgelöst durch die Erhöhung der Arbeitsnormen der Bauarbeiter. Das kam einer Senkung der Löhne gleich. Innerhalb weniger Stunden ist daraus eine landesweite Erhebung für Freiheit, Demokratie und Einheit geworden.
[...]
Zu den Unrechtsurteilen der Gerichte kommen organisierte Verdächtigung und Verleumdung. Die streikenden und protestierenden Menschen werden als westliche Agenten und als Faschisten denunziert. Früher ahnten wir, heute wissen wir: Der Staatssicherheit war keine Fälschung zu plump, keine Behauptung zu dreist, keine Verleumdung zu niedrig für den Vorwurf, die Aufständischen hätten die NS-Diktatur wieder aufleben lassen wollen. Die SED wollte und konnte eben nicht wahrhaben, dass Arbeiter und Bauern sich gegen die angebliche Arbeiter- und Bauernmacht erhoben.
Die Verleumdung gehörte zum Gemeinsten: Die Aufständischen sollten nicht nur wehrlos, sondern auch ehrlos gemacht werden.
Die Strategie, den Aufständischen niedrigste Absichten zu unterschieben, verfing allzu leicht: Viele Menschen unterstützten ja ehrlichen Herzens den Versuch, einen besseren deutschen Staat zu errichten. Darum ließen viele sich von der These eines faschistischen Putsches beeindrucken. [...]
Wie reagierte der Westen auf den Aufstand? Die Verantwortlichen in Bonn und Westberlin, in Washington, in London und Paris waren genauso unvorbereitet wie die in Ostberlin und Moskau. Niemand hatte ein Konzept für diese Situation. Fasst man die Reaktionen am 17. Juni und in den Tagen danach zusammen, dann lässt sich sagen: Sie haben alles getan, damit in West-Berlin Ruhe und Ordnung herrschten und damit eine Eskalation in der sowjetischen Zone oder zwischen den Blöcken vermieden würde. Die internationale Lage war angespannt, die Entwicklung in der Sowjetunion unübersichtlich.
Ich kann verstehen, dass viele Aufständische davon tief und bitter enttäuscht waren. Sie hatten fest mit Unterstützung aus dem Westen gerechnet, und manche politische Rhetorik hatte solche Hoffnungen ja auch genährt. [...]
Wir tun gut daran, das Erbe des 17. Juni 1953 wach zu halten und hoch zu halten. Der mutige, der spontane und von Menschen aus allen Schichten und Generationen des Volkes getragene Aufstand ist eine der großen Wegmarken deutscher und europäischer Freiheitsgeschichte. Der Einsatz für Freiheit, Demokratie und Einheit sollte uns dauerndes Vorbild sein.

Unter: www.bundespraesident.de/SharedDocs/Reden/DE/Johannes-Rau/Reden/2003/06/20030617_Rede.html (Zugriff: 29.06.2020).

c) Junge Männer bewerfen sowjetische Panzer in Ostberlin mit Steinen, Juni 1953

Q3

„Warum gibt es in der DDR keine Opposition?"
Offizielle Stellungnahme aus Neues Deutschland (zentrales Presseorgan der SED) 17. Mai 1957

Manche Bürger fragen, warum es bei uns keine Opposition gibt, und meinen, zu einer richtigen Demokratie gehöre doch auch eine Opposition. Demokratie herrscht aber nicht dort, wo verschiedene Parteien gegeneinander auftreten, wo die Kraft der Arbeiterklasse gespalten ist und eine Opposition besteht. Im Gegenteil, das Vorhandensein oppositioneller Kräfte in bürgerlich-kapitalistischen Staaten offenbart den immer schärfer hervortretenden Interessensgegensatz zwischen den sich an der Macht befindlichen Monopolisten und Militaristen und der von der Macht ausgeschlossenen unterdrückten Bevölkerung. Opposition ist nur der Beweis dafür, dass die Volksmassen gegen die herrschende Klasse für ihr Recht kämpfen müssen. [...]

In unserer Deutschen Demokratischen Republik sind die Kriegsverbrecher, Monopolisten und Junker entmachtet. Hier gehören die Fabriken und Banken dem Volk. Die Armee, Polizei und Justiz – die Machtmittel des Staates – sind Instrumente der Werktätigen. Es gibt keinen Gegensatz zwischen der Politik unserer Regierung und den Interessen der gesamten Bevölkerung.

Eine Opposition in der DDR könnte doch nur gegen die Politik unserer Regierung gerichtet sein. Sie müsste sich also gegen die Einführung der 45-Stunden-Woche, gegen den Bau von zusätzlich hunderttausend Wohnungen, gegen unsere niedrigen Mieten, gegen die Stabilität unserer Preise, gegen die niedrigen MTS-Tarife[1], gegen die hohen Ausgaben für Wissenschaft und Kultur und gegen unsere Friedenspolitik richten. Sie müsste sich gegen die Einheit der Arbeiterklasse, gegen unseren Arbeiter-und-Bauern-Staat richten. Sie müsste für den Einsatz von Militaristen und Faschisten in hohe Machtpositionen, für den NATO-Kriegspakt und für die Vorbereitung eines Atomkrieges sein. Solch eine Opposition zu dulden wäre verbrecherisch. [...]

Neues Deutschland 17. Mai 1957, S. 3.

1 MTS = Maschinen-Traktoren-Station, hier konnten diese Geräte ausgeliehen werden

B Proteste in Westdeutschland

Q4

Wiederbewaffnung
Plakat der CDU 1953.
Im Hintergrund ist die Frauenkirche in München zu sehen.

Material
Statistik Fluchtbewegung aus DDR
5zj28p

Q5

Rückblickendes Gespräch mit Pfarrer Herbert Mochalski

Herr Mochalski, Sie gehörten in den 50er Jahren als Studentenpfarrer in Darmstadt und Geschäftsführer des „Bruderrates der Bekennenden Kirche“ zu den entschiedensten Gegnern der atomaren Bewaffnung der Bundeswehr. Sie waren an vielen Initiativen, die 1957/58 initiiert und ergriffen wurden, maßgeblich beteiligt. [...]

Für mich stand am Anfang die Gegnerschaft gegen die Remilitarisierung der Bundesrepublik 1951/52 und mein Kampf gegen die atomare Bewaffnung war daher nur eine Konsequenz aus dem Kampf gegen die Remilitarisierung. Es war einfach die Fortsetzung gegen das, was 1951 mit der von Adenauer geplanten Wiederaufrüstung begann. [...]

Sie gehörten damals zu den Erstunterzeichnern des Aufrufes zur Bildung einer „Aktionsgemeinschaft gegen die atomare Aufrüstung“, die dann am 30. März 1958 in Frankfurt am Main gegründet wurde. Wie kam es dazu und was war der eigentliche Anlass?

Es gab damals verschiedene Quellen des Widerstandes gegen die atomare Bewaffnung. Die Aktionsgemeinschaft [...] sollte eine breite Front gegen die Atombewaffnung schaffen. [...]

Kam es tatsächlich zu einer Zusammenarbeit der verschiedenen Kräfte, so etwas wie Verständigung ...

Das ist nicht gelungen, weil Ollenhauer, also die SPD, die Dinge in die Hand nahm unter strenger Abgrenzung [...].

Wie weit ging diese Abgrenzungspolitik?

Es gab z.B. eine Denkschrift des Parteivorstandes der SPD gegen mich mit dem Tenor: „Das ist ein Kerl, der mit Kommunisten zusammenarbeitet“. Das war damals das Schlimmste, was man überhaupt über einen Menschen sagen konnte. [...]

Ihre Aktivitäten gegen die Atombewaffnung waren ja nicht nur der SPD-Parteiführung unerwünscht[,] sondern wurden auch von der Adenauer-Regierung als „kommunistische Umtriebe“ diffamiert und verfolgt ...

1958 geschah die erste Beschlagnahme, die ich nach der Gestapo erlebt habe. Da hatte ich einen Artikel geschrieben „Wir rufen zum Aufstand der Gewissen“. Das war im Juni 1958 und wurde dann als Flugblatt verbreitet. Die letzten Sätze darin hießen: „Die Lage ist wirklich so ernst wie noch nie. Es geht nicht um politische Ermessensfragen, nicht um Parteien und ökonomische Systeme, nicht um Verteidigung von Freiheit, Frieden, Sicherheit, sondern es geht um Mord bei der atomaren Rüstung. Diesmal wird niemand sagen können: Das habe ich nicht gewusst. Darum rufen wir zum Aufstand der Gewissen.“ Und weiter hieß es – aufgrund dessen kam es zur Beschlagnahmung: „Schon einmal haben wir es erlebt, dass die Staatsgewalt selber zum Massenmörder wurde. Wir können nur mit Grauen und Verzweiflung an jene staatlich legitimierten Massenmorde an unschuldigen Menschen zurückdenken. Dass das nie wieder geschehe, dagegen wehren wir uns heute mit allen Kräften des Gewissens...

Wir stehen schon wieder vor der Tatsache, dass Minister, Abgeordnete und eine Handvoll Generäle von gestern den Massenmord unseres ganzen Volkes in West und Ost mit einkalkulieren.“

Das war natürlich zu viel. Daraufhin hat die Staatsanwaltschaft eine Hausdurchsuchung in meinem Büro veranlasst und hat sämtliche Flugblätter, die noch da waren, beschlagnahmt.

Und ich weiß noch, was ich den Kriminalbeamten damals gesagt habe: Seid ihr denn schon wieder Gestapo-Beamte, die gegen das freie Wort und gegen die Überzeugung, die ein Mensch zum Ausdruck bringt – und für mich ist es die Wahrheit, dass heute schon wieder der Mord des ganzen Volkes einkalkuliert wird – dass ihr schon wieder auftretet und beschlagnahmt? Die konnten ja nichts dafür, aber man musste es ihnen sagen. Eines Tages bekam ich die beschlagnahmten Flugblätter wieder zurück; es wurde kein Verfahren eröffnet. Warum wohl?

[...] Waren die Menschen nicht beeindruckt, wenn sich so bekannte und dennoch so unterschiedliche Personen wie Ernst Rowohlt, Erich Kästner und Luis Trenker engagierten? Die Unterzeichnerlisten von damals lesen sich wie ein Namensregister der kulturellen Elite der 50er Jahre. Für die Friedensbewegung der 80er Jahre war die große Unterstützung durch die Künstler und Wissenschaftler eine wichtige Hilfe.

Richtig. Sie hatte damals aber nicht dieselbe Bedeutung wie heute. Dazwischen liegen eben 30 Jahre Erlebnisse und Erfahrungen und Erkenntnisse.

In den 50er Jahren war eine völlig andere Situation. Das ist das, was uns Alte in den 80er Jahren so bewegt. Wenn wir das vor 30 Jahren gehabt hätten. Aber wir hatten es nicht. Dass jetzt eine Generation da ist, die in einer breiten Friedensbewegung das durchsetzt, was wir anzufangen versuchten, erfüllt uns mit großer Freude und Hoffnung.

Peter Brollik/Klaus Mannhardt (Hrsg): Blaubuch 1958. Kampf dem Atomtod. Dokumente und Aufrufe. Klartext-Verl., Essen 1988, S. 288

Q6

Die Studentenproteste 1967/1968

a) Die Proteste anlässlich des Besuchs des Schahs von Persien in Berlin im Juni 1967

Sit-in gegen den Schah-Besuch 2. Juni 1967:
Viele Demonstranten verdeckten ihre Gesichter mit Papiertüten, auf denen das Gesicht das Schahs – wie hier im Bild – aufgemalt war. Die Demonstration wurde vom SDS organisiert, die Tüten mit dem Konterfei waren die Idee der Kommune I[1].

1 Kommune I: politisch motivierte Wohngemeinschaft 1967–1969 in Westberlin, die sich als Gegenmodell zur bürgerlichen Kleinfamilie sah

b) Der Tod Benno Ohnesorgs

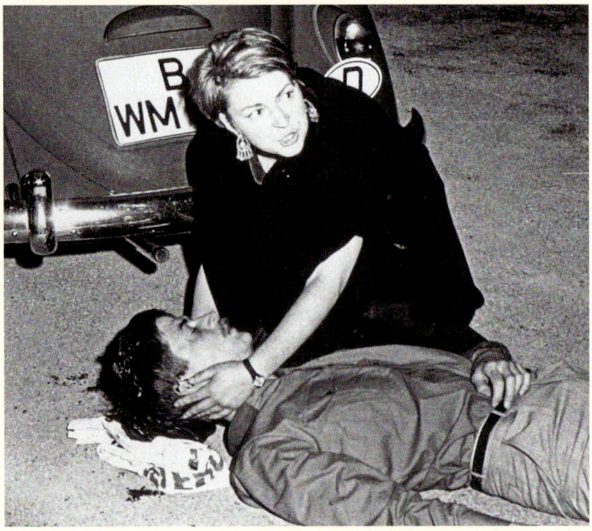

Der bisher kaum in Erscheinung getretene Student Benno Ohnesorg wird zum Märtyrer der Studentenbewegung, als er am 2. Juni 1967 erschossen wird. Er demonstrierte mit zahlreichen anderen Studierenden vor der Oper in Berlin, in der der Schah zu einer Aufführung eingeladen war. Sowohl Anhänger des Schahs, sog. Jubel- oder Prügelperser, als auch Polizisten gingen brutal gegen die Demonstranten vor. Auch die Leiche von Benno Ohnesorg wies zahlreiche Prellungen und Hämatome auf.

Q7

Erklärung des Regierenden Bürgermeisters Heinrich Albertz vom 3. Juni 1967

Die Geduld der Stadt ist am Ende.

Einige Dutzend Demonstranten, unter ihnen auch Studenten, haben sich das traurige Verdienst erworben, nicht nur einen Gast der Bundesrepublik Deutschland in der deutschen Hauptstadt beschimpft und beleidigt zu haben, sondern auf ihr Konto gehen auch ein Toter und zahlreiche Verletzte – Polizeibeamte und Demonstranten.

Die Polizei, durch Rowdies provoziert, war gezwungen, scharf vorzugehen und von ihren Schlagstöcken Gebrauch zu machen. Ich sage ausdrücklich, dass ich das Verhalten der Polizei billige und dass ich mich durch eigenen Augenschein davon überzeugt habe, dass sich die Polizei bis an die Grenzen des Zumutbaren zurückgehalten hat.

Karl A. Otto: APO. Pahl-Rugenstein Köln 1989, S. 234.

Arbeitsvorschläge

Arbeitsvorschläge zum darstellenden Teil

1. Informieren Sie sich über die Bewegung „Fridays for Future" und überprüfen Sie, inwiefern hier von einer Fortsetzung der Politik mit anderen Mitteln gesprochen werden kann. [III] ●
2. Veranstalten Sie – ausgehend von der Bewegung „Fridays for Future" – eine Diskussion unter dem Motto „Meine Zukunft lässt sich auf der Straße nicht gestalten". [III]

A Proteste in der DDR 1953

3. Arbeiten Sie aus Q 2a heraus, welche Konsequenzen sich für den Zeitzeugen aus seiner Beteiligung am 17. Juni 1953 ergaben. ●
4. Diskutieren Sie ausgehend von dem Ihnen vorliegenden Material Q 2 die Vor- und Nachteile von Zeitzeugenberichten. [III] ○
5. Die offizielle Darstellung der DDR spricht von einem sog. „faschistischen Aufstand". Erläutern Sie die Begriffe Faschismus und Antifaschismus und stellen Sie dar, welche Bedeutung beide Begriffe im Selbstverständnis der DDR hatten. [II] ●
6. Johannes Rau bezeichnet in Q 2b den 17. Juni 1953 als einen „der großen Tage deutscher Freiheitsgeschichte". Arbeiten Sie aus der Rede heraus, wie er diese These begründet. Überprüfen Sie diese Einschätzung. [II/III]
7. „Diese Bilder aber zeigen, wie so viele andere, [...] nur [...] einen Teil der Wirklichkeit." (Z. 98–100) Begründen Sie diese These von Johannes Rau. [III]
8. Nehmen Sie Stellung zu Raus Aufruf, das Erbe des 17. Junis 1953 auch heute noch wachzuhalten (Q 2b). [III] ●
9. Diskutieren Sie, ob Steinewerfen auf Protestaktionen ein legitimes Protestmittel ist. [III] ●
10. Häufig wird aus diesem Bild nur der eingezeichnete Abschnitt gezeigt. Erläutern Sie, wie sich dadurch die Bewertung des Geschehens verändert (Q 2c). [II]
11. Landläufig gelten Fotos als Abbild der Realität. Nehmen Sie zu dieser These Stellung. [III]
12. Arbeiten Sie heraus, warum es laut Verfasser von Q 3 keine Opposition in der DDR geben kann. [II]
13. Bewerten Sie die Folgen, die sich aus diesem Demokratieverständnis für den Einzelnen ergeben. [III]

B Proteste in Westdeutschland

14. Beschreiben Sie das Plakat Q 4 und ordnen Sie das Plakat in den historischen Hintergrund ein. [I/II]
15. Fassen Sie die Einschätzung von Herbert Mochalski über die BRD der 50er-Jahre zusammen (Q 5). [I]
16. Arbeiten Sie aus dem Interview heraus, wie Herbert Mochalski seinen Protest gegen die Wiederbewaffnung und gegen die Stationierung von Atomwaffen in der Bundesrepublik begründet. Bewerten Sie seine Argumentation. [II/III] ●
17. Beschreiben Sie das Foto Q 6a der demonstrierenden Studenten und erklären Sie, welche Wirkung die Studierenden mit der dargestellten Form des Protests erzielen wollten. [I/II] ●
18. Beschreiben Sie das Foto des toten Studenten Benno Ohnesorg. Erklären Sie anschließend, worin die große Wirkung dieses Fotos liegt. [I/II]
19. Das Foto des toten Benno Ohnesorgs Q 6b findet sich in einem Sammelband mit dem Titel „Das Jahrhundert der Bilder" und wird dabei als „ikonische Initialzündung der Studentenbewegung" bezeichnet. Erklären Sie diese Zuschreibung und beurteilen Sie, ob das Foto zu Recht dort seinen Platz gefunden hat. [III]
20. Arbeiten Sie aus der Erklärung Heinrich Albertz' (Q 7) heraus, aus welchen Gründen er „Demonstranten" für den Tod Benno Ohnesorgs verantwortlich macht. [II]
21. Überprüfen Sie seine These. Recherchieren Sie dazu den genauen Verlauf des 2. Junis 1967 in Westberlin. [III] ●
22. Tauschen Sie sich aus: Welche Fotos der letzten Jahre sind Ihnen im Gedächtnis geblieben und warum? Befragen Sie dazu auch Ihre Eltern und Großeltern. Diskutieren Sie anschließend im Kurs, welche Chancen und Risiken Fotografien als Quelle haben. [III]

Online- und Differenzierungsmaterialien zu Kapitel 3.4

○ Arbeitshilfen zur Aufgabe 4

● Vertiefungsangebote zu den Aufgaben 1, 3, 5, 8, 9, 16, 17 und 21

Statistik Fluchtbewegung aus DDR

Online-Code: 5zj28p

3.5 Koexistenz und Krise

1989 wurden in Polen und Ungarn die sozialistischen Regime abgeschafft, die Berliner Mauer fiel, der Ostblock öffnete sich. 1991 löste sich dann die Sowjetunion auf, womit der fast ein halbes Jahrhundert währende Kalte Krieg zu Ende war. Vorausgegangen waren dieser Entwicklung Phasen der Entspannung in den 1960er- und 1970er-Jahren und eine Phase der erneuten Konfrontation zu Beginn der 1980er-Jahre.

Bemühungen einer Entspannungspolitik

In den 1960er-Jahren entwickelte sich ein gemeinsames Interesse der Weltmächte USA und Sowjetunion, die Spannungen im beiderseitigen Verhältnis abzubauen und die Gefahr einer direkten militärischen Konfrontation zu verhindern. Ursächlich hierfür waren vor allem die Einsicht in die Gefahr eines Atomkriegs und die Kosten, welche die Auseinandersetzung der beiden Blöcke insbesondere durch den **Rüstungswettlauf** mit sich brachte. In diesem Kontext entstand ein neues Konzept internationaler Politik, die Entspannungspolitik, deren Grundlagen Rüstungsbegrenzung sowie Stabilität und Sicherheit in den Beziehungen zwischen den Supermächten sein sollten. Gleichwohl war dies im Grunde nie Selbstzweck, sondern dahinter stand die Absicht, Auswege aus politischen oder wirtschaftlichen Schwierigkeiten zu finden, ohne eine Gefahr für die eigene Sicherheit in Kauf nehmen zu müssen. Obwohl es bereits vorher Bemühungen zur Entspannung gab, stellte das Jahr 1963, unmittelbar nach der Kubakrise, eine entscheidende Zäsur dar. Politisch fand die Politik ihren Ausdruck in einer Rede des US-Präsidenten John F. Kennedy an der Universität in Washington, wo er eine „Strategie des Friedens" proklamierte und bei allen Systemunterschieden das gemeinsame Interesse der Supermächte an der Erhaltung des Weltfriedens betonte. Dies müsse, so Kennedy, die Grundlage für konkrete Schritte zur Entspannung sein. Als erste Schritte zur Annäherung der Supermächte wurde ein „heißer Draht" eingerichtet. Dabei handelte es sich um eine ständige Fernschreibeverbindung zwischen Washington und Moskau, die eine schnelle Kommunikation ermöglichte. Die Unterzeichnung eines Vertrages zum Teststopp von Atomwaffen im Weltraum, unter Wasser oder in der Atmosphäre bildete einen weiteren Schritt zur Annäherung der Supermächte.

→ Erinnern Sie sich an die Jahrgangsstufe 10

Ende der 1960er- und Anfang der 1970er-Jahre intensivierten sich die Bemühungen, konkrete Vereinbarungen zur Rüstungskontrolle und zur Abrüstung zu treffen. Ein Ergebnis waren die Verhandlungen zur Begrenzung der strategischen Rüstung (SALT). In dem im Jahr 1972 zwischen den USA und der Sowjetunion geschlossenen ersten SALT-Vertrag wurde die Begrenzung von Raketenabwehrsystemen und von Offensivwaffen wie Interkontinentalraketen vereinbart. Durch die Begrenzung der Raketenabwehr sollte das Gleichgewicht der atomaren Bedrohung festgeschrieben und damit Stabilität und Frieden gesichert werden. Trotz der Entspannungspolitik muss jedoch letztlich festgehalten werden, dass der Rüstungswettlauf nicht gestoppt wurde.

Vertrauensbildung durch die KSZE

Ein weiterer Schritt zur Entspannung sollte die Konferenz für Sicherheit und Zusammenarbeit in Europa sein, an der alle europäischen Staaten sowie die USA und Kanada teilnahmen. Ziel war es, durch eine schrittweise Vertrauensbildung und Zusammenarbeit begleitet von Abrüstung und Truppenreduzierungen zu einer dauerhaften europäischen Friedensordnung zu gelangen. Das Ergebnis dieser Verhandlungen war die Unterzeichnung einer Deklaration durch die KSZE am 1. August 1975 in Helsinki. In der KSZE-Schlussakte waren Bestimmungen über vertrauensbildende Maßnahmen im militärischen Bereich, Vorschläge für wissenschaftliche und wirtschaftliche Kooperation sowie Vereinbarungen über die Verwirklichung größerer Freizügigkeit für Informationen, Meinungen und vor allem Menschen festgehalten. Zugleich wurden die Unverletzlichkeit der Grenzen in Europa so-

→ Q2, S. 290
→ Q4, S. 291

wie der Verzicht auf die Androhung und Anwendung von Gewalt vereinbart. Dadurch sollte das Bedürfnis nach Stabilität und Sicherheit auf beiden Seiten als Grundlage des Entspannungsprozesses gewährleistet werden.

An die Vereinbarungen von Helsinki schlossen sich Folgekonferenzen an. Die Verschlechterung der Ost-West-Beziehungen am Ende der 1970er-Jahre konnte dadurch allerdings nicht verhindert werden. Spätestens mit dem Einmarsch der Sowjetunion in Afghanistan 1979 verschlechterten sich die Beziehungen wieder erheblich. Mit dem **NATO-Doppelbeschluss** wurde festgelegt, dass in Europa bei einer Weigerung der Sowjetunion, Mittelstreckenraketen abzubauen, eigene Mittelstreckenraketen nachgerüstet werden sollten.

Damit stellte die KSZE-Schlussakte zugleich einen Höhe- und Wendepunkt der Entspannung dar. Die Sowjetunion hatte mit der Festschreibung der territorialen Grenzen ihr Hauptziel erreicht und versuchte, die humanitären Vereinbarungen in ihrem Machtbereich zu umgehen. Zugleich beriefen sich Bürgerbewegungen wie die **Charta 77** in der Tschechoslowakei oder die **Solidarność**-Gewerkschaft in Polen auf die Menschenrechtsvereinbarungen der Schlussakte. Die USA nutzten die humanitären Bestimmungen zur Kritik an der Menschenrechtspraxis in Osteuropa, um die politischen Verhältnisse im Ostblock zu destabilisieren.

→ **Q3**, S. 290

„Neue Eiszeit"

Ronald W. Reagan (1911–2004)
US-amerikanischer Schauspieler, republikanischer Politiker
40. US-Präsident 1981–1989

Nach der Wahl Ronald Reagans 1981 zum neuen US-Präsidenten leiteten die USA eine neue Politik der Stärke ein, wodurch sich die Konfrontation zwischen den Blöcken wieder verschärfte. Reagan bezeichnete den Kommunismus als „Mittelpunkt des Bösen in der modernen Welt". Die USA rüsteten militärisch auf und über die Containment-Politik der 1950er-Jahre hinaus verfolgte Reagan nun eine Strategie der globalen Offensive. Weltweit wurden Widerständler gegen linksgerichtete Regime, wie beispielsweise in Afghanistan, Nicaragua oder Angola, mit Waffen und Geld unterstützt.

Gorbatschows Reformen und Wandel im Ostblock

Mit dem Regierungsantritt Michail Gorbatschows in der UdSSR wurde ein Prozess eingeleitet, der letztlich das Ende der Sowjetunion und damit des Kalten Krieges zur Folge hatte. Gorbatschow wollte die Sowjetunion unter den Prinzipien Perestroika (Umgestaltung) und Glasnost (Offenheit) reformieren. Ziel war es, das Staatssystem teilweise zu demokratisieren und die Wirtschaft ansatzweise an marktwirtschaftlichen Prinzipien zu orientieren. Insbesondere die zunehmende wirtschaftliche Rückständigkeit der Sowjetunion war ursächlich hierfür. Beigetragen zu dieser Situation hatte sicherlich aber auch die von Ronald Reagan durchgesetzte Politik der Aufrüstung und der Stärke, bei der die USA an die Grenzen ihrer finanziellen Möglichkeiten gingen. Dies machte Moskau die Grenzen im Wettbewerb mit dem Westen deutlich. Nicht zuletzt deshalb wollte Gorbatschow auch eine Phase der Entspannung im Konflikt mit dem Westen einleiten und „eine friedliche Koexistenz" erreichen. Dazu machte Gorbatschow dem Westen weitreichende Vorschläge hinsichtlich Abrüstung und Kooperation.

→ **Q8**, S. 293

Darüber hinaus stellte er die Beziehungen innerhalb des Ostblocks auf eine neue Basis, indem die einzelnen Staaten sowohl bei der Ausgestaltung des Sozialismus als auch in ihrem außenpolitischen Handeln selbstständig sein sollten. Der Abschied von der Breschnew-Doktrin lässt sich durch eine notgedrungene Konzentration auf die eigenen Probleme erklären, die aber den Satellitenstaaten immer größere Freiräume verschaffte. Dies führte dazu, dass sich in den einzelnen Staaten Reformbewegungen entwickelten und schließlich die alten sozialistischen Regierungen gestürzt wurden. Mit der Auflösung der Sowjetunion und des Warschauer Pakts 1991 war der Kalte Krieg zu Ende. Der Verlust der Stellung als Supermacht und der Verlust der Kontrolle über das Baltikum, die Ukraine und Zentralasien wirkten allerdings in den folgenden Jahren im Selbstbild Russlands bis heute nach.

A Entspannungspolitik

Q1

Wille zur Normalität

Grundsatzerklärung über die amerikanisch-sowjetischen Beziehungen, unterzeichnet anlässlich des Staatsbesuchs von US-Präsident Richard Nixon in Moskau (29. Mai 1972):

Die Vereinigten Staaten von Amerika und die Union der Sozialistischen Sowjetrepubliken sind […] wie folgt übereingekommen:

1. Sie werden von dem gemeinsamen Schluss ausgehen, dass es im Nuklearzeitalter keine andere Alternative gibt, als die gegenseitigen Beziehungen auf der Grundlage einer friedlichen Koexistenz zu gestalten. Unterschiede in der Ideologie und in den Gesellschaftssystemen der USA und der UdSSR sind keine Hindernisse für die bilaterale Entwicklung normaler Beziehungen […]. Die Vertragspartner werden ihre Bemühungen fortsetzen, die Rüstungen sowohl auf bilateraler als auch auf multilateraler Basis zu begrenzen. Sie werden weiterhin besondere Anstrengungen unternehmen, um die strategischen Rüstungen zu begrenzen. Wo immer möglich, werden sie konkrete Abkommen schließen, die der Erreichung dieser Ziele dienen.

Die USA und die UdSSR betrachten als das letztliche Ziel ihrer Bemühungen die Erreichung einer allgemeinen und vollständigen Abrüstung und die Errichtung eines wirksamen Systems der internationalen Sicherheit in Übereinstimmung mit den Zielsetzungen und Grundsätzen der Vereinten Nationen.

Europa-Archiv, 1972, D 289–D 291.

Q2

Die Schlussakte von Helsinki

Das 1975 unterzeichnete Papier stellte kein völkerrechtliches Dokument, sondern eine Absichtserklärung dar.

I. Souveräne Gleichheit, Achtung der der Souveränität innewohnenden Rechte

Die Teilnehmerstaaten werden gegenseitig ihre souveräne Gleichheit und Individualität sowie alle ihrer Souveränität innewohnenden und von ihr umschlossenen Rechte achten, einschließlich insbesondere des Rechtes eines jeden Staates auf rechtliche Gleichheit, auf territoriale Integrität sowie auf Freiheit und politische Unabhängigkeit. Sie werden ebenfalls das Recht jedes anderen Teilnehmerstaates achten, sein politisches, soziales, wirtschaftliches und kulturelles System frei zu wählen und zu entwickeln sowie sein Recht, seine Gesetze und Verordnungen zu bestimmen. […]

II. Enthaltung von der Androhung oder Anwendung von Gewalt

Die Teilnehmerstaaten werden sich in ihren gegenseitigen Beziehungen sowie in ihren internationalen Beziehungen im Allgemeinen der Androhung oder Anwendung von Gewalt, die gegen die territoriale Integrität oder politische Unabhängigkeit irgendeines Staates gerichtet oder auf irgendeine andere Weise mit den Zielen der Vereinten Nationen und mit der vorliegenden Erklärung unvereinbar ist, enthalten. […]

III. Unverletzlichkeit der Grenzen

Die Teilnehmerstaaten betrachten gegenseitig alle ihre Grenzen sowie die Grenzen aller Staaten in Europa als unverletzlich und werden deshalb jetzt und in der Zukunft keinen Anschlag auf diese Grenzen verüben. […]

V. Friedliche Regelung von Streitfällen

Die Teilnehmerstaaten werden Streitfälle zwischen ihnen mit friedlichen Mitteln auf solche Weise regeln, dass der internationale Frieden und die internationale Sicherheit sowie die Gerechtigkeit nicht gefährdet werden. […]

VI. Nichteinmischung in innere Angelegenheiten

Die Teilnehmerstaaten werden sich ungeachtet ihrer gegenseitigen Beziehungen jeder direkten oder indirekten, individuellen oder kollektiven Einmischung in die inneren oder äußeren Angelegenheiten enthalten, die in die innerstaatliche Zuständigkeit eines anderen Teilnehmerstaates fallen. […]

VII. Achtung der Menschenrechte und Grundfreiheiten

Die Teilnehmerstaaten werden die Menschenrechte und Grundfreiheiten, einschließlich der Gedanken-, Gewissens-, Religions- oder Überzeugungsfreiheit für alle ohne Unterschied der Rasse, des Geschlechts, der Sprache oder der Religion achten.

Wolfgang Lautemann/Manfred Schlenke (Hrsg.): Geschichte in Quellen. Die Welt seit 1945. Bearb. v. Helmut Krause und Karlheinz Reif. Bayerischer Schulbuch-Verlag, München 1980, S. 691–693.

Q3

That Makes It Legitimate?

KSZE-Schlussakte aus der Perspektive einer US-amerikanischen Zeitung (31. Juli 1975).
Karikatur von Karl Hubenthal im Los Angeles Herald-Express

B Neue Konfrontation

Q4

1980 – Erneutes Wettrüsten?

Offener Brief Andrej Sacharows an Leonid Breschnew anlässlich des sowjetischen Einmarschs in Afghanistan, wo die Sowjetunion 1979 zur Stabilisierung der linksgerichteten Regierung gegen Aufständische, die von NATO-Staaten unterstützt wurden, militärisch eingegriffen hatte (27. Juli 1980):

Die Kriegshandlungen in Afghanistan dauern bereits sieben Monate. Ums Leben gekommen und verstümmelt sind bereits Tausende sowjetischer Menschen und Zehntausende Afghanen – nicht nur Partisanen, sondern hauptsächlich Zivilbevölkerung: alte Menschen, Frauen, Kinder, Bauern und Städter. [...]

Es unterliegt auch keinem Zweifel, dass die Geschehnisse in Afghanistan die politische Situation in der Welt von Grund auf verändert haben. Sie haben die Entspannung gefährdet und direkt den Frieden nicht nur in dieser Region, sondern auch überall bedroht. Sie haben die Ratifizierung des SALT II-Vertrages, der für die ganze Welt lebenswichtig ist, insbesondere als Voraussetzung weiterer Etappen des Abrüstungsprozesses, erschwert, ja vielleicht überhaupt unmöglich gemacht. Die Handlungen der UdSSR trugen (das konnte auch nicht anders sein) zur Vergrößerung der Militärbudgets und zur Annahme neuer militärtechnischer Programme in allen größeren Ländern bei, was noch viele Jahre nachwirken und die Gefahr eines Wettrüstens steigern wird. [...]

Innerhalb der UdSSR verstärkt sich die ruinierende Militarisierung des Landes (die unter den Bedingungen der ökonomischen Schwierigkeiten besonders schädlich ist), werden die lebenswichtigen Reformen auf ökonomischem und sozialem Gebiet nicht verwirklicht, verstärkt sich die gefährliche Rolle der repressiven Organe, die außerhalb der Kontrolle geraten können. [...]

Ich persönlich betrachte das Vorgehen der UdSSR als zweifellose Expansion und Verletzung der Souveränität Afghanistans. Doch auch diejenigen, die einen anderen Standpunkt vertreten, müssen, wie mir scheint, zugeben, dass dieses Vorgehen ein schrecklicher Fehler ist, den man so schnell wie möglich wiedergutmachen muss, zumal dies sich mit jedem Tag immer schwerer machen lässt.

Alexej Serow (Hrsg.): Das Vermächtnis Andrej Sacharows. Übers. v. Marta Beresina und Viktor Baum. Nowosti, Moskau 1990, S. 68 f.

Q5

Die SDI-Vision

Aus einer Fernsehrede des US-Präsidenten Ronald Reagan, in der er die „Strategic Defense Initiative" (SDI) ankündigte (23. März 1983):

Seit 20 Jahren häuft die Sowjetunion eine gewaltige militärische Macht an. Und sie hörte damit auch dann nicht auf, als ihre Streitkräfte alle Anforderungen einer legitimen Verteidigungskapazität überstiegen. Und sie hat damit immer noch nicht aufgehört, auch jetzt noch nicht. Während der vergangenen eineinhalb Jahrzehnte haben die Sowjets ein umfangreiches Arsenal neuer strategischer Kernwaffen aufgebaut – Waffen, die die Vereinigten Staaten direkt treffen können. [...]

Teilen Sie mit mir eine Vision der Zukunft, die Hoffnung bietet. Sie besteht darin, dass wir ein Programm in die Wege leiten, um der schrecklichen sowjetischen Raketenbedrohung mit Maßnahmen zu begegnen, die defensiv sind.

Wollen wir uns auf eben die Stärken unserer Technologie besinnen, die unsere große industrielle Basis hervorgebracht und uns die Lebensqualität geschenkt hat, der wir uns heute erfreuen.
Wie wäre es, wenn freie Menschen sicher leben könnten in dem Wissen, dass ihre Sicherheit nicht auf der amerikanischen Drohung einer sofortigen Vergeltung beruht, um vor einem sowjetischen Angriff abzuschrecken, dass wir strategische Raketen abfangen und vernichten können, bevor sie unseren Boden oder den unserer Verbündeten erreichen? Ich weiß, dass das eine gewaltige technische Aufgabe ist – eine Aufgabe, die nicht vor Ende dieses Jahrhunderts bewältigt sein dürfte. Und doch hat die derzeitige Technologie einen Stand der Verfeinerung erreicht, dass es durchaus vernünftig ist, wenn wir uns an diese Aufgabe machen. […] Heute Abend unternehme ich – in Übereinstimmung mit unseren Verpflichtungen des ABM-Vertrages [Vertrag über Raketenabwehr] und eingedenk der Notwendigkeit enger Konsultationen mit unseren Verbündeten – einen ersten wichtigen Schritt. Ich gebe die Anweisung zu einer umfassenden und intensiven Anstrengung, ein langfristiges Forschungs- und Entwicklungsprogramm auszuarbeiten, um unserem Endziel näher zu kommen, die Bedrohung durch strategische Nuklearraketen zu beseitigen.

Ernst O. Czempiel/Carl C. Schweitzer: Weltpolitik der USA nach 1945. Verlag für Sozialwissenschaften, Wiesbaden 1984, S. 414–418.

Q 6

Atomare Rüstung als Schutz vor Ängsten?

Die US-amerikanische Karikatur kommentiert 1987 die Abrüstungsvorschläge Gorbatschows.
Karikatur von Joe Heller in der Green Bay Press-Gazette 1987.

C Reformen im Ostblock

Q7

Das Ende der UdSSR

Aus der Fernsehrede Michail Gorbatschows anlässlich seines Rücktritts (25. Dezember 1991):

Verehrte Landsleute! Mitbürger! Angesichts der Situation, die nach der Gründung der Gemeinschaft Unabhängiger Staaten entstanden ist, beende ich meine Tätigkeit als Präsident der UdSSR. Diese Entscheidung treffe ich auf Grund meiner Prinzipien. Ich trat immer fest ein für die Selbstständigkeit und die Unabhängigkeit der Völker, die Souveränität der Republiken. Aber gleichzeitig war ich auch für die Erhaltung des Unionsstaates und des ganzen Landes. Die Ereignisse haben sich in eine andere Richtung entwickelt. [...] Ich spreche zu Ihnen das letzte Mal als Präsident der UdSSR.

Deshalb halte ich es für notwendig, meinen seit 1985 gegangenen Weg einzuschätzen. Und dies umso mehr, da es darüber nicht wenige oberflächliche, widersprüchliche und nicht objektive Wertungen gibt. Das Schicksal hat es so gefügt, dass es sich bereits bei meiner Amtsübernahme zeigte, dass es im Land Probleme gab [...] – die Gesellschaft befand sich in der Schlinge eines bürokratischen Kommandosystems. Die Gesellschaft musste der Ideologie dienen und dabei die furchtbare Last des Wettrüstens tragen. [...] Es musste alles grundlegend verändert werden. [...] Mir war klar, dass die Einleitung von solchen großen Reformen in einer solchen Gesellschaft wie der unseren eine äußerst schwere und auch in bestimmter Hinsicht eine riskante Sache ist. Und auch heute bin ich noch von der historischen Richtigkeit der demokratischen Reformen überzeugt, die im Frühjahr 1985 eingeleitet wurden.

Der Prozess der Erneuerung des Landes und der grundlegenden Veränderungen in der Weltgemeinschaft hat sich komplizierter erwiesen, als man voraussagen konnte. Trotzdem muss man das Vollbrachte gebührend einschätzen. Die Gesellschaft wurde frei. Und das in politischer und geistiger Hinsicht. Und das ist die größte Errungenschaft. [...] Es wurde ein totalitäres System beseitigt, das ein weiteres Aufblühen und Wohlergehen des Landes verhinderte. Es wurde ein Durchbruch zu demokratischen Veränderungen vollzogen.

Freie Wahlen, eine freie Presse, Religionsfreiheit, wirkliche Machtorgane und ein Mehrparteiensystem wurden zur Realität. Die Menschenrechte wurden als oberstes Prinzip anerkannt. Es wurde mit dem Übergang zu einer vielseitigen Wirtschaft begonnen. Alle Formen des Eigentums werden als gleichberechtigt anerkannt. [...] Die wirtschaftliche Freiheit des Produzenten wurde gesetzlich verankert. Das Unternehmertum, die Gründung von Aktiengesellschaften und die Privatisierung gewannen immer mehr an Kraft. Es muss daran erinnert werden, dass der Übergang zur Marktwirtschaft im Interesse des Menschen erfolgt. In dieser schweren Zeit muss alles für seinen sozialen Schutz getan werden. Das gilt vor allem für die alten Menschen und die Kinder.

Wir leben in einer anderen Welt: Der „Kalte Krieg" ist vorbei. Das Wettrüsten wurde gestoppt. Die wahnsinnige Militarisierung unseres Landes, die unsere Wirtschaft, das gesellschaftliche Bewusstsein und die Moral zugrunde richtete, wurde beendet. Die Gefahr eines Weltkrieges wurde beseitigt. Ich möchte noch einmal betonen, dass von meiner Seite in der Übergangsperiode alles für eine zuverlässige Kontrolle der Kernwaffen getan wurde. [...] Als lebenswichtig erachte ich die Erhaltung der demokratischen Errungenschaften der letzten Jahre. Sie wurden unter den Qualen unserer gesamten Geschichte hervorgebracht.

Auf sie darf unter keinen Umständen verzichtet werden. [...] Ich verlasse meinen Posten mit Besorgnis. Aber auch mit der Hoffnung und dem Glauben in Ihre Klugheit und geistige Stärke. Wir sind die Nachkommen einer großen Zivilisation. Und es hängt jetzt von uns allen und von jedem Einzelnen ab, dass diese Zivilisation zu einem neuen und ihr würdigen und zeitgemäßen Leben erwacht.

Wostok, Informationen aus dem Osten für den Westen. Wostok-Verlagsgesellschaft, Köln 1992, Heft 1/92, Beilage II.

D1

Warum kam es zum Ende des Kalten Krieges?

Der Historiker Bernd Stöver erklärt das Ende des Kalten Krieges (2003):

Versucht man die Erklärungsmuster zum Ende des Kalten Krieges und zum Untergang der Sowjetunion zu bündeln, so zeigen sich zwei Hauptrichtungen. Nach der ersten waren vor allem interne Gründe, die bereits in der Gründungsphase der UdSSR angelegt wurden, für den Zerfall verantwortlich. Die Sowjetunion war nach dieser Theorie aufgrund fehlender intellektueller und wirtschaftlicher Ressourcen nicht in der Lage, die ideologische Wegbereiterrolle der „Weltrevolution" zu spielen, die ihr Lenin zugedacht hatte. Unter Stalin sei der Weg ideologischer Überzeugung zugunsten der Ausübung militärisch-politischen Drucks endgültig verlassen worden. Hieraus seien die Widerstände gegen Moskau und den Kommunismus innerhalb des sowjetischen Machtbereichs, so unterschiedlich sie im Einzelnen auch begründet waren, entstanden.

Die zweite Erklärung gibt den externen Gründen die Hauptschuld am Niedergang. Nach dieser Deutung hat der Westen durch seine Offensive gegen den Kommunismus seit dem Beginn des Kalten Krieges, schließlich vor allem

auch die Ankündigung des SDI-Programms, die Sowjetunion besiegt.
Man kann noch eine dritte Erklärung anbieten, die beide Auffassungen verknüpft, aber die Bedeutung der zahmeren Version der Befreiungsidee, die John F. Kennedys „Strategy of Peace" oder Egon Bahrs „Wandel durch Annäherung" letztendlich waren, stärker heraushebt. Beide Ideen beruhten auf der Magnettheorie als Teil der Befreiungspolitik, auch wenn sie die offensive Form der Liberation Policy, wie sie bis 1956 stattgefunden hatte, strikt ablehnten. Bahr hatte 1963 ausdrücklich die gezielte Erzeugung von Konsumwünschen im sowjetischen Machtbereich als Hebel zur Wiedervereinigung und letztendlich auch zur Auflösung des Ostblocks bezeichnet. Er sollte die Entwicklung kontrollierbar machen und weitere unerwünschte blutige Aufstände verhindern. Gezielte Informations- und Handelspolitik waren auch der Kern dieser Strategie. Man kann nicht bestreiten, dass diese zahmere Version einer Befreiungspolitik, die man auch als offensives Containment bezeichnen kann, sich zumindest für Europa als erfolgreich erwies.
Die Verknüpfung aller drei Thesen trifft wahrscheinlich am ehesten die historische Wahrheit: Die Sowjetunion stand in den achtziger Jahren innen- wie außenpolitisch vor enormen Herausforderungen. Gleichzeitig schien auf die bisherige Weise keine tragfähige Lösung mehr möglich. Zu den Verstärkern der Krise gehörten neben dem vom Westen angekündigten immens teuren SDI-Programm, das ja die über Jahre angehäuften Nuklearwaffen auf einen Schlag nutzlos gemacht hätte, insbesondere die intensiver geäußerten Konsumansprüche der Bevölkerung im gesamten sowjetischen Machtbereich. Sie waren durch die elektronischen Medien des Westens erheblich forciert worden. Mit ihnen verband sich schließlich die Forderung nach mehr persönlicher Freiheit und politischer Selbstbestimmung.

Bernd Stöver: Der Kalte Krieg. C. H. Beck, München 2003, S. 117 f.

D Interpretationen des Kalten Krieges

D2

Stabilität dank Bipolarität?

Der US-amerikanische Historiker John Lewis Gaddis versucht am Ende seines 2007 erschienenen Standardwerkes über den Kalten Krieg positive Aspekte dieser Epoche herauszuarbeiten:

Nach einer Zählung verfünffachte sich die Zahl der Demokratien in der zweiten Hälfte des 20. Jahrhunderts – ein Ergebnis, mit dem am Ende der ersten Hälfte niemand gerechnet hätte. Die Faktoren, die aus der Ära des Kalten Krieges eine demokratische Periode machten, sind auch heute noch schwer zu erkennen. Eine Rolle spielte sicherlich, dass tiefe Wirtschaftskrisen und große Kriege ausblieben; die dreißiger und frühen vierziger Jahre hatten gezeigt, wie zerbrechlich Demokratien unter den Bedingungen von Krise und Krieg sein konnten. Die politischen Optionen trugen ebenfalls dazu bei: Die Förderung der Demokratie wurde zur sichtbarsten Methode, durch die sich die Amerikaner und ihre westeuropäischen Verbündeten von ihren marxistisch-leninistischen Rivalen abheben konnten. Ein weiterer Faktor war die Bildung. Während des Kalten Krieges erhöhten sich der Grad der Lesefähigkeit und die Anzahl der Schuljahre fast überall, und obwohl gebildete Gesellschaften nicht in jedem Fall demokratisch sind, wie das Beispiel von Hitlers Deutschland gezeigt hat, hat es doch den Anschein, als würden die Menschen, je mehr sie über sich selbst und ihre Umwelt wissen, umso weniger bereit sein, sich von anderen sagen zu lassen, wie sie ihr Leben führen sollen. Beschleunigt wurde die Verbreitung der Demokratie durch die Informationsrevolution, die es den Menschen erlaubte, sich schneller als in der Vergangenheit zu informieren und auf das Erfahrene zu reagieren. Während des Kalten Krieges wurde es immer schwieriger, Nachrichten über die Geschehnisse in der übrigen Welt zurückzuhalten und die Vorgänge im eigenen Land zu verschleiern. […] Aber die Demokratien schlugen auch deshalb Wurzeln, weil sie die Autokratien bei der Hebung des Lebensstandards in der Regel übertrafen. Märkte erfordern nicht unbedingt eine Demokratie, um zu funktionieren: Südkorea, Taiwan, Singapur und China haben unter keineswegs demokratischen Bedingungen erfolgreiche Marktwirtschaften aufgebaut.
Die Erfahrungen des Kalten Krieges zeigten dennoch, dass es nicht leicht war, gleichzeitig den Markt offen zu halten und das Denken zu begrenzen.

John Lewis Gaddis: Der Kalte Krieg. Eine neue Geschichte. Übers. v. Klaus-Dieter Schmidt. Siedler Verlag, München 2007, S. 125 f.

Arbeitsvorschläge

A Entspannungspolitik

1. Arbeiten Sie aus der Grundsatzerklärung über die amerikanisch-sowjetischen Beziehungen (Q 1) die Zielsetzung heraus. [II]
2. Vergleichen Sie die Grundsatzerklärung über die amerikanisch-sowjetischen Beziehungen (Q 1) mit den Reden von Reagan (Q 5) und Sacharow (Q 4). [II] ○
3. Erläutern Sie, inwiefern sich das Verhältnis zwischen den USA und der Sowjetunion 1947 und 1972 unterscheidet. [II]
4. Beurteilen Sie, worauf die Veränderungen in den Beziehungen zwischen USA und Sowjetunion zurückzuführen sind. [III]
5. Verschaffen Sie sich einen Überblick über die Bestimmungen der KSZE-Schlussakte und erörtern Sie, welche Aspekte für den „Westen" und welche für den „Osten" von zentralerem Interesse waren (Q 2). [III]
6. Beurteilen Sie, welche potenziellen Folgen sich aus den Vereinbarungen der KSZE-Schlussakte für das Verhältnis zwischen Ost und West ergaben. [III]
7. Setzen Sie sich mit der Karikatur Q 3 auf Basis der methodischen Vorgehensweise der Karikaturenanalyse auseinander. [III]
8. Beurteilen Sie, welche Bedeutung die KSZE-Schlussakte für die Oppositionsbewegungen in Osteuropa hatte. [III]

B Neue Konfrontation

9. Informieren Sie sich über die Situation in Afghanistan Ende der 1970er-Jahre. Arbeiten Sie heraus, wie Sacharow den sowjetischen Einmarsch in Afghanistan beurteilt (Q 4). [II] ○
10. Erklären Sie, inwiefern sich in Q 4 ein Ende der Entspannung abzeichnet. [II]
11. Arbeiten Sie die Ziele Reagans aus seiner Rede (Q 5) heraus. [II]
12. Informieren Sie sich über das SDI-Programm der USA. Beurteilen Sie in einem zweiten Schritt, inwiefern durch SDI die bisherige relative Stabilität des bipolaren Systems infrage gestellt werden könnte. [III]
13. Beurteilen Sie, ob die USA oder die Sowjetunion größeren Anteil an der erneuten Konfrontation in den 1980er-Jahren hatte. [III]
14. Setzen Sie sich mit der Karikatur Q 6 auf Basis der methodischen Vorgehensweise der Karikaturenanalyse auseinander. [I/II/III]

C Reformen im Ostblock

15. Arbeiten Sie aus dem darstellenden Text heraus, welche Reformen Michail Gorbatschow in der Sowjetunion einleitete. [I]
16. Arbeiten Sie heraus, wie Michail Gorbatschow seine Politik in der Rückschau beurteilt (Q 7). [II]
17. Nehmen Sie Stellung zu Gorbatschows Aussagen. [III]
18. Arbeiten Sie heraus, wie Bernd Stöver die Auflösung des Ostblocks erklärt (D 1). [II]
19. Beurteilen Sie die Bedeutung der Politik Gorbatschows für die Auflösung des Ostblocks und das Ende der Sowjetunion. [III]

D Interpretationen des Kalten Krieges

20. Arbeiten Sie die zentralen Aussagen von John Lewis Gaddis heraus (D 2). [I]
21. Diskutieren Sie den von Gaddis behaupteten Einfluss des Kalten Krieges auf die globale Entwicklung der Demokratie. [III]

Online- und Differenzierungsmaterialien zu Kapitel 3.5
○ Arbeitshilfen zur Aufgabe 2 und 9

Online-Code: f8f5rb

3.6 Aufbruchstimmung in West und Ost

Nach den protestreichen 1960er-Jahren drängte eine neue Generation in politische und gesellschaftliche Verantwortung. Andere Bewegungen radikalisierten sich und lehnten den bestehenden Staat als solchen ab.

Bundesregierung Brandt: „Mehr Demokratie wagen"

→ vgl. Kapitel 3.5, S. 288

→ vgl. Kapitel 3.3 und 3.7, S. 262 und S. 302

Die 1969 gebildete Koalition aus SPD und FDP mit Willy Brandt als neuem Bundeskanzler trat nicht nur für neue außen- und wirtschaftspolitische Wege ein. Neben dem Bemühen um eine Annäherung zwischen den beiden deutschen Staaten und der Bekämpfung der Wirtschafts- und Finanzkrise richtete sie ihren Blick auch verstärkt auf die innenpolitischen Zustände. Die konfliktreichen 1960er-Jahre hatten wachsende Generationskonflikte und eine Radikalisierung an den politischen Rändern offengelegt. Eine spürbare Zahl jüngerer Menschen der 1940er- und 1950er-Jahrgänge konnten und wollten sich nicht mehr mit den Wertevorstellungen und Lebensmustern ihrer Eltern identifizieren. Eine wachsende Zahl strebte nach einer größeren persönlichen Selbstverwirklichung und mehr demokratischer Mitbestimmung. Von den Jahren des angeblichen „Wirtschaftswunders" hatten zwar viele Menschen profitiert, doch änderte dies wenig an bestehenden sozialen Schranken in der Gesellschaft. Soziale Chancengleichheit und Gerechtigkeit, aber auch der Schutz der Umwelt und Solidarität mit der sogenannten Dritten Welt waren Themen, die Menschen bewegten, sich zu organisieren und zu engagieren. Es entstanden Bürgerinitiativen, kurzlebige soziale und ökologische Bewegungen wie die Alternative Liste für Demokratie und Umweltschutz.
Die sozialliberale Koalition hatte im Wahlkampf ein Reformprogramm angekündigt, in dem sie mehr Chancengleichheit und Mitbestimmung versprach. Dieses Programm leitete Willy Brandt bei dessen Vorstellung mit dem Slogan ein: „Mehr Demokratie wagen". Tatsächlich folgten in den 1970er-Jahren eine ganze Reihe an Reformen. Das Wahlalter wurde von 21 auf 18 Jahre gesenkt. Arbeitnehmer erhielten durch das Betriebsverfassungsrecht 1972 mehr Mitspracherechte. Die Einführung des BaföGs (Bundesausbildungsförderungsgesetz) war der Versuch, auch Kindern aus finanziell schwächeren Familien eine höhere Ausbildung zu ermöglichen. 1977 folgte ein neues Familiengesetz, in dem nunmehr Ehefrauen gegenüber ihren Ehemännern in der Ehe rechtlich gleichgestellt wurden. Auch wenn viele dieser Reformen in vielen Bereichen, wie etwa der sozialen Chancengleichheit, nur sehr eingeschränkt etwas bewegten, nahmen viele Menschen die 1970er-Jahre doch als Zeit der großen Veränderungen in der Gesellschaft wahr.

Bedrohung des demokratischen Rechtsstaates durch Terrorismus

Eine schwere Belastung erlebte der Rechtsstaat durch die Zunahme terroristischer Gewalt. Die größte Aufmerksamkeit erlangte der Linksextremismus, als militante Mitglieder der Studentenbewegung in den Untergrund gingen. Ähnlich wie den Roten Brigaden in Italien oder der Action Directe in Frankreich, gründeten in Westdeutschland Extremisten die Rote Armee Fraktion (RAF). Diese verübte ab 1972 gezielt Bombenanschläge und Mordanschläge gegen Einrichtungen und Menschen, die aus ihrer Perspektive Symbole „des Kapitals" waren.
Die Bekämpfung der terroristischen Gewalt stellte den Staat vor die Frage, welche Maßnahmen mit der rechtsstaatlichen Ordnung vereinbar sein konnten und welche nicht. Beispielsweise wurden immer wieder Gespräche zwischen inhaftierten RAF-Mitgliedern und ihren Anwälten abgehört, ebenso wurden Telefone mutmaßlicher RAF-Sympathisanten überwacht. Bis heute ist dies juristisch nicht vollständig aufgeklärt. Ebenso umstritten war der Radikalenerlass von 1972. Gegenüber Personen, die im Verdacht standen, links- oder rechtsextremen Organisationen und Parteien nahezustehen, konnte ein Beschäftigungsverbot im Öffentlichen Dienst ausgesprochen werden. Bis 1985 wurden etwa 3,5 Millionen Personen auf Basis des Erlasses überprüft.

Logo der Roten Armee Fraktion
Die RAF wurde 1970 gegründet und verübte Anschläge, Banküberfälle und Geiselnahmen. Sie kooperierte auch mit ausländischen Terrorgruppen. Ihr werden über 30 Morde zugeschrieben.

Brandts Nachfolger, Bundeskanzler Helmut Schmidt, sagte später: „Ich glaube, dass wir bis an die Grenzen des Rechtsstaates gegangen sind. Aber wir haben sie nicht überschritten."

Uniformaufnäher der Wache des Ministeriums für Staatssicherheit

Die Ära Honecker – der ostdeutsche Versorgungsstaat in der Krise?

Auch in der DDR gab es seit den 1960er-Jahren Veränderungen. Die Aufstände und Unruhen in der DDR 1953, in Ungarn 1956, der „Prager Frühling" 1968 und erste große Streiks auf der Danziger Leninwerft in Polen schürten bei den herrschenden sozialistischen Parteien starke Verunsicherung. Es wurden große Bemühungen gestartet, den Lebensstandard der Bevölkerung zu steigern. Die Löhne blieben zwar niedrig, doch wurden zunehmend Waren des täglichen Bedarfs wie Grundnahrungsmittel, Energie und Strom oder Miete, aber auch Krippen- und Kindergartenplätze subventioniert (Prinzip der „2. Lohntüte"). Arbeitslosigkeit gab es de facto nicht. Allerdings ließ die Beschäftigung möglichst vieler Arbeitskräfte viele Betriebe ineffizient werden.

Gleichzeitig wurden von der Ostsee bis zum Schwarzen Meer die Außengrenzen zur westlich-kapitalistischen Welt immer stärker befestigt und das Überwachungssystem im Inneren immer umfangreicher ausgebaut. Im Inneren wurde weniger mit offener Repression gegen Andersdenkende vorgegangen, allerdings zugleich die Überwachung und Bespitzelung durch das Ministerium für Staatssicherheit („Stasi") beständig erweitert. Es wurde nicht mehr eingefordert, dass sich die Menschen immer wieder offen zur sozialistischen Ideologie bekannten. Nur offen in Frage stellen durften sie diese nicht. Das dadurch geschürte Klima führte bei immer mehr Menschen zum „Rückzug ins Private".

Dissidenten und jugendliche Subkulturen als Formen des Widerstands?

In diesen Nischen entwickelten sich nichtsdestotrotz Strukturen von Menschen- und Bürgerrechtlern, die nicht bereit waren, sich konform zum vorgegebenen ideologischen System zu verhalten. Bestärkung fanden diese in der KSZE-Schlussakte von 1975. Künstler und Intellektuelle, aber auch Menschen aus dem kirchlichen Umfeld begannen auf Menschenrechtsverletzungen hinzuweisen.

→ vgl. Kapitel 3.5, S. 288

1976 führte das repressive Vorgehen der tschechoslowakischen Staatsgewalt gegen die alternative Musikband Plastic People of the Universe dazu, dass Dissidenten über westeuropäischen Zeitungen in einem Aufruf offen gegen dieses Vorgehen protestierten. Diese „Charta 77" fand bald Nachahmer, z. B. in einer weiteren Charta 77 von Dissidenten aus der DDR. Dies und eine erneute Streikwelle auf der Danziger Leninwerft 1980 bestärkte mehr Menschen, sich in kritischen Gruppen zusammenzutun, besonders aus Kreisen der Friedensbewegung. Unter dem Slogan „Schwerter zu Pflugscharen" forderten diese, ebenso wie die Friedensbewegung in Westeuropa, ein Ende des globalen atomaren Wettrüstens und eine Alternative zum verpflichtenden Wehrdienst in Form eines sozialen Ersatzdienstes.

→ **Q3**, S. 299

Neben den Dissidentengruppen verfestigten sich auch jugendliche Subkulturen, die mit ihrem andersartigen Auftreten ihren Protest gegen den Staat ausdrückten. Dazu zählten Punks ebenso wie Skinheads. Während allerdings in der Bundesrepublik Punkbands mit systemkritischen Texten auftreten konnten, wurden in der DDR entsprechende Auftritte verboten und die Bandmitglieder überwacht. Dies betraf auch Bands anderer musikalischer Subkulturen wie Hip-Hopper oder Breakdancer.

A Die sozialliberale Koalition als demokratischer Sprung nach vorn?

Q1

Willy Brandts Regierungserklärung am 28. Oktober 1969

Unsere parlamentarische Demokratie hat 20 Jahre nach ihrer Gründung ihre Fähigkeit zum Wandel bewiesen und damit ihre Probe bestanden. Dies ist auch außerhalb unserer Grenzen vermerkt worden und hat unserem Staat zu neuem Vertrauen in der Welt verholfen.

Die strikte Beachtung der Formen parlamentarischer Demokratie ist selbstverständlich für politische Gemeinschaften, die seit gut 100 Jahren für die deutsche Demokratie gekämpft, sie unter schweren Opfern verteidigt und unter großen Mühen wieder aufgebaut haben. [...]

Die Bundesregierung weiß, dass sie dazu der loyalen Zusammenarbeit mit den gesetzgebenden Körperschaften bedarf. Dafür bietet sie dem Deutschen Bundestag und natürlich auch dem Bundesrat ihren guten Willen an.

Unser Volk braucht wie jedes andere seine innere Ordnung. In den 70er Jahren werden wir aber in diesem Lande nur so viel Ordnung haben, wie wir an Mitverantwortung ermutigen. Solche demokratische Ordnung braucht außerordentliche Geduld im Zuhören und außerordentliche Anstrengung, sich gegenseitig zu verstehen.

Wir wollen mehr Demokratie wagen. Wir werden unsere Arbeitsweise öffnen und dem kritischen Bedürfnis nach Information Genüge tun. [...]

Mitbestimmung, Mitverantwortung in den verschiedenen Bereichen unserer Gesellschaft wird eine bewegende Kraft der kommenden Jahre sein. Wir können nicht die perfekte Demokratie schaffen. Wir wollen eine Gesellschaft, die mehr Freiheit bietet und mehr Mitverantwortung fordert. Diese Regierung sucht das Gespräch, sie sucht kritische Partnerschaft mit allen, die Verantwortung tragen, sei es in den Kirchen, der Kunst, der Wissenschaft und der Wirtschaft oder in anderen Bereichen der Gesellschaft.

Dies gilt nicht zuletzt für die Gewerkschaften, um deren vertrauensvolle Zusammenarbeit wir uns bemühen. Wir brauchen ihnen ihre überragende Bedeutung für diesen Staat, für seinen weiteren Ausbau zum sozialen Rechtsstaat nicht zu bescheinigen.

Wenn wir leisten wollen, was geleistet werden muss, brauchen wir alle aktiven Kräfte unserer Gesellschaft. Eine Gesellschaft, die allen weltanschaulichen und religiösen Überzeugungen offen sein will, ist auf ethische Impulse angewiesen, die sich im solidarischen Dienst am Nächsten beweisen. Es kann nicht darum gehen, lediglich hinzunehmen, was durch die Kirchen für die Familie, in der Jugendarbeit oder auf dem Sektor der Bildung geleistet wird. Wir sehen die gemeinsamen Aufgaben, besonders, wo Alte, Kranke, körperlich oder geistig Behinderte in ihrer Not nicht nur materielle Unterstützung, sondern auch menschliche Solidarität brauchen. [...]

Die Bundesregierung wird in den Grenzen ihrer Möglichkeiten zu einem Gesamtbildungsplan beitragen. Das Ziel ist die Erziehung eines kritischen, urteilsfähigen Bürgers, der imstande ist, durch einen permanenten Lernprozess die Bedingungen seiner sozialen Existenz zu erkennen und sich ihnen entsprechend zu verhalten. Die Schule der Nation ist die Schule.

Wir brauchen das 10. Schuljahr, und wir brauchen einen möglichst hohen Anteil von Menschen in unserer Gesellschaft, der eine differenzierte Schulausbildung bis zum 18. Lebensjahr erhält. Die finanziellen Mittel für die Bildungspolitik müssen in den nächsten Jahren entsprechend gesteigert werden.

Die Bundesregierung wird sich von der Erkenntnis leiten lassen, dass der zentrale Auftrag des Grundgesetzes, allen Bürgern gleiche Chancen zu geben, noch nicht annähernd erfüllt wurde. Die Bildungsplanung muss entscheidend dazu beitragen, die soziale Demokratie zu verwirklichen. [...]

Für die gesellschaftspolitischen Reformen und die moderne Gestaltung unseres demokratischen Industriestaates will und braucht jede Bundesregierung eine starke Mitwirkung der Frauen.

[...] Die notwendigen Konsequenzen werden gezogen werden, um den Frauen mehr als bisher zu helfen, ihre gleichberechtigte Rolle in Familie, Beruf, Politik und Gesellschaft zu erfüllen. [...]

Die Regierung kann in der Demokratie nur erfolgreich wirken, wenn sie getragen wird vom demokratischen Engagement der Bürger. Wir haben so wenig Bedarf an blinder Zustimmung, wie unser Volk Bedarf hat an gespreizter Würde und hoheitsvoller Distanz.

Wir suchen keine Bewunderer; wir brauchen Menschen, die kritisch mitdenken, mitentscheiden und mitverantworten.

Das Selbstbewusstsein dieser Regierung wird sich als Toleranz zu erkennen geben.

Sie wird daher auch jene Solidarität zu schätzen wissen, die sich in Kritik äußert. Wir sind keine Erwählten; wir sind Gewählte. Deshalb suchen wir das Gespräch mit allen, die sich um diese Demokratie mühen.

Meine Damen und Herren, in den letzten Jahren haben manche in diesem Land befürchtet, die zweite deutsche Demokratie werde den Weg der ersten gehen. Ich habe dies nie geglaubt. Ich glaube dies heute weniger denn je.

Nein: Wir stehen nicht am Ende unserer Demokratie, wir fangen erst richtig an.

Wir wollen ein Volk der guten Nachbarn sein und werden im Inneren und nach außen.

Verhandlungen des Deutschen Bundestages, 6. Wahlperiode, Stenographische Berichte Bd. 71, Bonn 1969/70, S. 20–34. Zit. nach: www.1000dokumente.de/index.html?c=dokument_de&dokument=0021_bra&object=translation&st=&l=de (Zugriff 03.01.2020)

Q2

Die GRÜNEN als alternative Bewegung

1980 gründete sich in Karlsruhe die Partei Die Grünen. Sie war ein Zusammenschluss aus Mitgliedern der Anti-Atom- und Umwelt- und Friedensbewegung sowie verschiedenen sozialen Bewegungen. Bereits 1983 gelang ihr der Einzug in den Bundestag. 1985–1987 waren sie erstmals in Hessen an einer Landesregierung als Koalitionspartner beteiligt. Über die Entstehungsgeschichte seiner Partei schrieb 2003 der Grünen-Politiker Joschka Fischer (geb. 1948), zu dieser Zeit deutscher Außenminister:

Drei wesentliche historische Linien kreuzen sich dort, wo die Partei der GRÜNEN entstanden ist: die außerparlamentarischen Protestbewegungen mit ihren neuen ökologischen und weniger neuen pazifistischen Inhalten und ihren Erfahrungen von direkter Demokratie in der Aktion; die radikalen großstädtischen Subkulturen mit ihren alternativen Milieus, ihren Versuchen anderer Produktions- und Lebensformen und der gesamten bunten Palette der Aussteigerei (die Landkommunen[1] kann man als deren ländliche Pendants ansehen); und schließlich die Bürgerinitiativbewegung, die politisch, sozial und kulturell wesentlich breiter ausgelegt ist als das alternative Ghetto, viel weniger radikal auch, auf konkrete Einzelfragen des Lebens und der Umwelt bezogen, generationenübergreifend und in ihren Verkehrsformen der Mehrheitskultur in vielem näher als den Alternativen. In allen drei Bewegungen wirken die Traditionen, Mythen und Kampfformen der Studentenbewegung der späten Sechzigerjahre mittelbar oder unmittelbar fort und so wundert es nicht, wenn man in ihnen viele Vertreter dieser Revolte wiederfindet. Die alten Kader und Militanten der zahllosen Organisationsversuche dieser später im subkulturellen Ghetto eingeschlossenen Revolte, all die ehemaligen Jusos, Judos[2], DKPisten[3], SBler, K-Gruppen[4] kunterbunt, Trotzkisten[5], Spontis[6], Anarchos[7] und Feministinnen haben sich in den neuen sozialen Bewegungen mit den Aktivisten der Bürgerinitiativbewegung vermischt, in der die politisch Bewussteren eher vom anderen Flügel des politischen Spektrums kamen, vom sogenannten Wertkonservatismus, und daraus entstand die Partei „DIE GRÜNEN".

Möglich gemacht hat diese seltsame Verbindung des studentischen Missionars der proletarischen Weltrevolution mit dem kniebundbehosten, heimatliebenden Naturfreund vor allem eines: die Einsicht, dass man es gemeinsam schaffen könnte, in die Parlamente einzuziehen.

J. Fischer: Der grüne Wahlverein. In: Aufbruch 1984, S. 178 Zit. nach: Geschichte betrifft uns: Bergmoser & Höller Verlag, Aachen, Heft 5/2003, S. 20.

1 Lebensgemeinschaften als neue soziale Bewegung, die gemeinsam wirtschafteten und Hierarchien und Privateigentum ablehnten
2 Jungdemokraten, linker Jugendverband aus dem Umfeld der FDP, der sich als Teil der Außerparlamentarischen Opposition (APO) und des „Marsches durch die Institutionen" verstand. Infolge der Koalition der FDP mit der CDU/CSU 1982 wechselten viele Judos zu den Grünen.
3 Anhänger der 1968 gegründeten Kleinpartei Deutsche Kommunistische Partei
4 aus dem Sozialistischen Deutschen Studentenbund der 1960er-Jahre hervorgegangene linke Kleinparteien (oft maoistisch)
5 Anhänger der marxistischen Theorien des russischen Revolutionärs und Sowjetpolitikers Leo Trotzki
6 Gruppen linksgerichteter Aktivisten der 1970er-/1980er-Jahre, hervorgegangen aus der Außerparlamentarischen Opposition (APO) von 1968
7 Anarchisten

B Neuer Protest als Bedrohung der DDR?

Q3

Erklärung der Charta 77 in der Frankfurter Allgemeinen Zeitung vom 7. Januar 1977

Das Manifest begrüßt den Beitritt der Regierung zum internationalen Pakt für bürgerliche und politische Rechte und zum internationalen Pakt für wirtschaftliche, soziale und kulturelle Rechte, stellt jedoch fest, dass grundlegende Rechte in der CSSR[1] praktisch nicht existieren.

Zehntausende von „Dissidenten" dürfen nicht in ihren eigentlichen Berufen arbeiten und Hunderttausende müssen sich bei ihrer Berufstätigkeit verschiedene Arten von Diskriminierung gefallen lassen. Zahllose junge Leute dürfen entweder nicht studieren oder leben in Furcht, dass ihnen wegen ihrer eigenen oder der Ansichten ihrer Eltern das Recht auf Ausbildung entzogen wird.

Jede Ausübung des Rechts auf Information oder Meinungsäußerung zieht außergerichtliche oder sogar gerichtliche Sanktionen nach sich. Freie, öffentliche Meinungsäußerung wird behindert durch die zentralisierte Kontrolle aller Kommunikationsmittel, aller Verlage und aller kulturellen Einrichtungen. Gegen falsche und beleidigende Beschuldigungen in der offiziellen Propaganda ist keine öffentliche Verteidigung möglich.

Die freie Religionsausübung wird beschränkt durch Beeinträchtigung der Tätigkeit der Pfarrer, durch finanzielle und andere Sanktionen gegen Gläubige und durch Behinderung des Religionsunterrichts.

Viele Bürgerrechte sind eingeschränkt oder außer Kraft gesetzt, da sämtliche nationalen Institutionen und Organisationen den politischen Weisungen der herrschenden Partei und den Beschlüssen einflussreicher Persönlichkeiten unterworfen sind. Es gibt keine nicht-parteigebundene Autorität, zu der Organisationen oder einzelne Menschen, die mit solchen Weisungen in Konflikt geraten, Zuflucht nehmen

könnten. Beispielsweise hindert man Arbeiter, ihr Recht auf Einrichtung von Gewerkschaften auszuüben und von ihrem Streikrecht Gebrauch zu machen.
Bürgerrechte wie z. B. Freiheit von willkürlicher Beeinträchtigung der Privatsphäre, der Familie, der Wohnung und der Post sind durch die offizielle Praxis, Telefone und Wohnungen abzuhören, Post zu öffnen, Menschen zu beschatten und Wohnungen zu durchsuchen, und auf andere Weise aufgehoben. Die Untersuchungs- und Gerichtspraktiken verletzen das gesetzliche Recht derjenigen, die aus politischen Gründen angeklagt werden und derjenigen, die sie verteidigen. Die Behandlung der Verurteilten gefährdet ihre Menschenwürde und ihre Gesundheit. Das Recht, das Land zu verlassen, wird ständig verletzt. Die Gewährung von Visa an Ausländer wird willkürlich gehandhabt.
Das Manifest definiert die Charta 77 als eine lose, informelle und offene Vereinigung von Menschen verschiedener Ansichten, verschiedenen Glaubens und verschiedener Berufe, vereint durch den Willen, einzeln und als Gruppe für die Achtung der Bürger- und Menschenrechte in ihrem eigenen Land und überall in der Welt zu kämpfen – Rechte, die durch die beiden Konventionen, durch die Schlussakte der Konferenz von Helsinki und die Allgemeine Erklärung der Menschenrechte der Vereinten Nationen allen Menschen gewährt wurden.
Charta 77 ist keine Organisation; sie hat keine Satzung, keine ständigen Organe und keine formelle Mitgliedschaft. Sie heißt jedermann willkommen, der mit ihren Ideen übereinstimmt und sich an ihrer Arbeit beteiligt. Sie stellt nicht die Basis für oppositionelle politische Aktivitäten dar. Wie viele ähnliche Bürgerinitiativen in verschiedenen Ländern in West und Ost sucht sie der Allgemeinheit zu dienen. Weiter beabsichtigt die Charta nicht, ein eigenes Programm der politischen oder sozialen Reform oder Veränderung vorzulegen, sondern versucht, in ihrem eigenen Einflussbereich mit den politischen und staatlichen Autoritäten einen konstruktiven Dialog zu führen, insbesondere dadurch, dass sie auf Einzelfälle aufmerksam macht, wo Menschen- und Bürgerrechte verletzt werden, versucht, Missstände zu dokumentieren und Verbesserungen vorzuschlagen; versucht, Vorschläge allgemeiner Natur zu machen, die solche Rechte und die Mittel, sie zu schützen, wieder stärken sollen; versucht, als Mittler in Konfliktsituationen zu wirken, die zur Verletzung von Rechten führen könnten, usw.

Derzeitige Quellenangabe: Charta 77. Menschenrechtsbewegung in der Tschechoslowakei, hrsg. von amnesty international, Bonn 1978, S. 14–16 – Originalquelle: Gründungsdokument der Bürgerrechtsbewegung Charta 77 v. 01.01.1977, Archiv der Forschungsstelle Osteuropa, FSO 02-050.

1 Tschechoslowakische Sozialistische Republik (ČSSR)

Q4

Bettina Wegner (geb. 1947)
deutsche Liedermacherin und Lyrikerin

Q5

Sind so kleine Hände

Die Westberlinerin Bettina Wegner (geb. 1947) war mit ihren Eltern nach Gründung der DDR nach Ostberlin gezogen. Nachdem sie sich gegen die Intervention des Warschauer Paktes in Prag 1968 engagiert hatte, musste sie ihr Schauspielstudium beenden und wurde wegen „staatsfeindlicher Hetze" verurteilt. Ihre anschließende Überwachung durch die Staatssicherheit verarbeitete sie u. a. in ihren Liedern. Zu ihren bekanntesten Werken zählt das 1978 erschienene Lied „Sind so kleine Hände":

Sind so kleine Hände, winz'ge Finger dran.
Darf man nie draufschlagen, die zerbrechen dann.
Sind so kleine Füße mit so kleinen Zeh'n,
darf man nie drauftreten, könn' sie sonst nicht geh'n.
Sind so kleine Ohren scharf, und ihr erlaubt.
Darf man nie zerbrüllen, werden davon taub.
Sind so schöne Münder, sprechen alles aus.
Darf man nie verbieten, kommt sonst nichts mehr raus.
Sind so klare Augen, die noch alles seh'n.
Darf man nie verbinden, könn' sie nichts versteh'n.
Sind so kleine Seelen, offen und ganz frei.
Darf man niemals quälen, geh'n kaputt dabei.
Ist so'n kleines Rückgrat, sieht man fast noch nicht.
Darf man niemals beugen, weil es sonst zerbricht.
Grade klare Menschen wär'n ein schönes Ziel.
Leute ohne Rückgrat hab'n wir schon zu viel.

Sind so kleine Hände, Text: Bettina Wegner © Bettina Wegner.

Arbeitsvorschläge

Arbeitsvorschläge zum darstellenden Teil

1. Charakterisieren Sie die gesellschaftlichen und politischen Veränderungen der 1960er- und 1970er-Jahre in Deutschland. Beziehen Sie dazu auch Ihr Vorwissen aus den Kapiteln 3.4 und 3.5 mit ein. [II]
2. Informieren Sie sich über den Begriff „Dissident" und erklären dessen Bedeutung. [II]

A Die sozialliberale Koalition als demokratischer Sprung nach vorn?

3. Arbeiten Sie in Partnerarbeit die wesentlichen Ziele, die Willy Brandt in seiner Regierungserklärung (Q1) ankündigte, heraus und ordnen Sie diese nach selbst gewählten Kategorien. [II] ○
4. Recherchieren Sie die stenografische Mitschrift oder eine Tonaufnahme der vollständigen Regierungserklärung im Internet inklusive der Zwischenrufe aus dem Bundestag bei der Verlesung. Beurteilen Sie die historische Bedeutung der Regierungserklärung. [III] ○
5. MK Befragen Sie Zeitzeugen zur Bedeutung der Politik der Regierung Willy Brandt und vergleichen Sie die gesammelten Aussagen. Nutzen Sie dafür die Methodentrainingsseite auf S. 350 – 351. [II] ○
6. Informieren Sie sich über den Werdegang von Joschka Fischer und erstellen Sie einen Kurzlebenslauf mit Schwerpunkt der 1970er- und 1980er-Jahre. [II]
7. Charakterisieren Sie das von Joschka Fischer beschriebene Milieu der Gründergeneration der Grünen (Q2). [II]
8. Vergleichen Sie die Beschreibung der frühen Grünen mit der heutigen Partei und entwickeln Sie Thesen zu den von Ihnen festgestellten Veränderungen. [II]

B Neuer Protest als Bedrohung der DDR?

9. Nennen Sie die wesentlichen Forderungen der Unterzeichner der Charta 77. [I]
10. Betten Sie das Lied „Sind so kleine Hände" (Q5) in seine Entstehungszeit und das Kapitelthema ein. Erörtern Sie, warum das Lied in Deutschland und international durch die US-amerikanische Folksängerin Joan Baez so große Verbreitung fand. [III] ○

Übergreifender Arbeitsvorschlag

11. MK Gestalten Sie zur Frage „Die 1970er-Jahre – eine Zeit des Aufbruchs?" einen Podcast, eine Mindmap oder einen Kurzfilmclip. Nutzen Sie dazu ggf. die Methodenseite zur Podcasterstellung auf den Seiten 350–351. [II]

Online- und Differenzierungsmaterialien zu Kapitel 3.6

○ Arbeitshilfen zu den Aufgaben 3, 4, 5 und 10

Online-Code: 6mm4a4

3.7 Die wirtschaftlichen Krisen der 1970er- und 1980er-Jahre – Schock und Anstoß zu Veränderungen

Das Schuljahr 2018/19 ist ein besonderes – regelmäßig bleiben Schülerinnen und Schüler freitags dem Unterricht fern, um für eine bessere Klimapolitik zu demonstrieren. Die Fridays-for-Future-Bewegung macht auf der ganzen Welt Schlagzeilen und wird kontrovers diskutiert (→ Kapitel 3.4). Die einen sehen in der Bewegung eine friedliche und notwendige Bewegung, um die Erde zu retten; andere sprechen von gesellschaftlich legitimiertem Schulschwänzen und sehen die Bildungsziele in Gefahr. Was die Demonstranten fordern, ist nichts Geringeres als ein stärkeres Eingreifen der Politik in den Bereich der Wirtschaft, um den Klimaschutz zu intensivieren. Der Ruf nach einer stärkeren Regulierung oder Deregulierung seitens des Staates ist keinesfalls unumstritten, vielmehr scheint er einem einfachen Prinzip zu folgen: Wenn eine Krise entsteht, wird – je nachdem wie stark die Regulierung bis dato ausfiel – entweder gefordert, dass der Staat sich stärker einmischen oder aber heraushalten soll. Gerade die Krisen der 1970er- und 1980er-Jahre zeigen dieses Verhalten eindrucksvoll.

Der Jom-Kippur-Krieg als Auslöser der Ölpreiskrise von 1973

Gerade die kapitalistische Demokratie des Westens schien Anfang der 1970er-Jahre auf einer unaufhaltsamen Erfolgswelle zu schwimmen. So stiegen das US-amerikanische Bruttoinlandsprodukt sowie damit verbunden das Durchschnittseinkommen der arbeitenden Bevölkerung seit 1950 rasant an. Parallel dazu glich sich das Einkommensniveau westeuropäischer Länder durch den Nachkriegsboom dem der USA an. In der Bundesrepublik Deutschland sprach man fortan vom „Wirtschaftswunder", Worte wie Arbeitslosigkeit verschwanden allmählich aus dem alltäglichen Sprachgebrauch. Diese wirtschaftliche Idylle nahm jedoch im Jahre 1973 ein jähes Ende.

Formaler Ausgangspunkt der Krise war der sogenannte **Jom-Kippur-Krieg**. Dieser begann am 6. Oktober 1973 zwischen den Hauptkonfliktparteien Israel einerseits sowie Ägypten und Syrien andererseits. Während die westlichen Staaten, insbesondere die USA, Israel unterstützten, solidarisierten sich vor allem arabisch geprägte Länder wie Algerien, Katar oder Saudi-Arabien mit Ägypten und Syrien. Der Konflikt endete zwar durch einen über die Vereinten Nationen ausgehandelten Waffenstillstand, die wirtschaftlichen Folgen dieses kurzen Krieges waren jedoch weitreichend. Um die verbündeten Länder Israels unter Druck zu setzen, verringerte die Organisation der arabischen Erdöl exportierenden Staaten (OAPEC) ihre Erdölfördermengen. An manche Länder, wie die USA oder die Niederlande, wurden Erdöllieferungen sogar ganz eingestellt. Diese bewussten Wirtschaftssanktionen hatten einen drastischen Anstieg des Ölpreises zur Folge.

Jom-Kippur-Krieg
Versuch von Ägypten und Syrien, die von Israel 1967 besetzten Golanhöhen und die Sinai-Halbinsel zurückzuerobern (6.–26. Oktober 1973). Der Krieg endete mit einer Niederlage Ägyptens und Syriens.

Das Ende eines „Goldenen Zeitalters"

Die verteuerten Ölimporte trafen die nordamerikanischen und westeuropäischen Industrienationen schwer. Seit Beginn des 20. Jahrhunderts hatte Erdöl zunehmend Kohle als wichtigsten fossilen Energieträger abgelöst. In vielen Industriestaaten stürzte die Konjunktur ab, folglich nahmen Kurzarbeit und Arbeitslosigkeit stark zu. Zusätzlich kam es vermehrt zu Insolvenzen. Aufgrund der höheren Arbeitslosenzahlen stiegen auch die Sozialausgaben. Aber auch ein weiteres Phänomen machte sich in westlichen Industrieländern breit – die sogenannte Stagflation. Es handelt sich hierbei um eine Wortzusammensetzung aus den Begriffen **Stagnation** und **Inflation**. Durch den Anstieg des Ölpreises erhöhten sich auch die Produktionskosten. Um dieser Entwicklung entgegenzuwirken, senkten die Unternehmen

Stagnation
wirtschaftlicher Stillstand oder nur sehr geringes Wirtschaftswachstum

Inflation
anhaltende Erhöhung des Preisniveaus, sodass sich die Kaufkraft des Geldes vermindert

Sockelarbeitslosigkeit
Arbeitslosenquote, die auch bei Hochkonjunktur bestehen bleibt

D1

Krisenherde der 1970er-Jahre

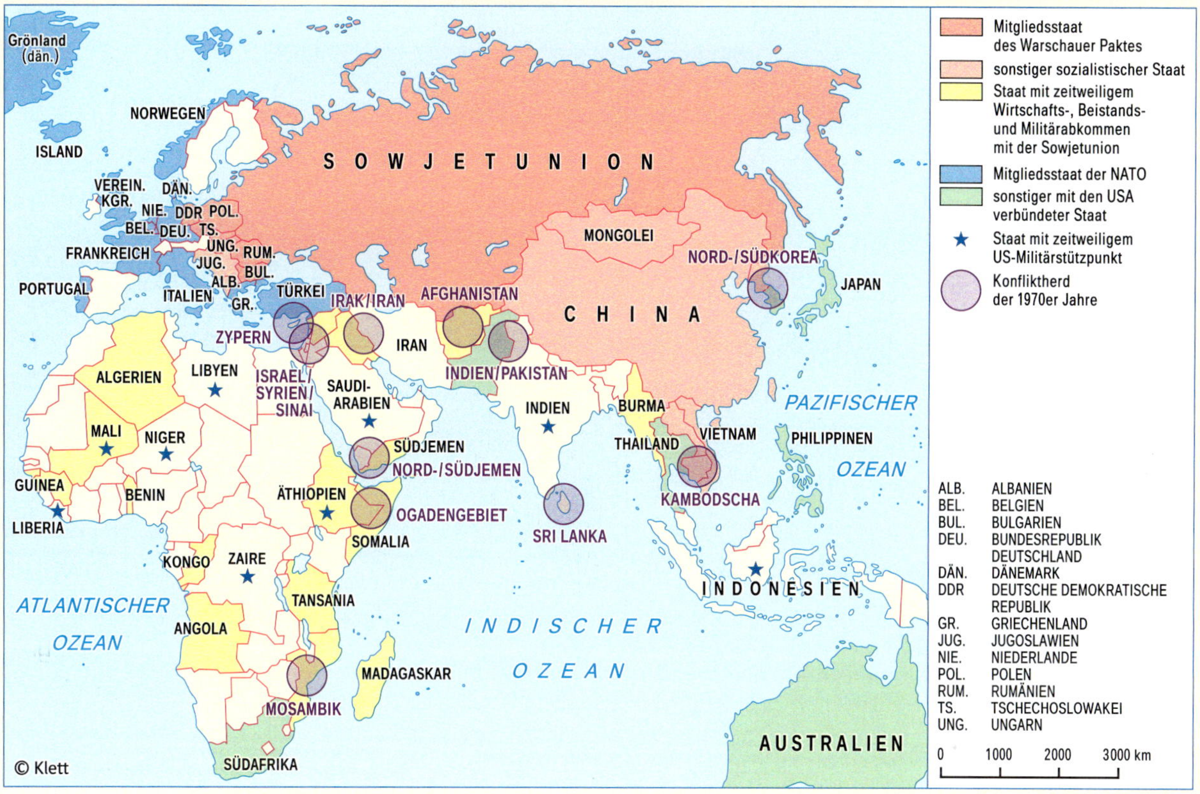

Islamische Revolution
Sturz des autoritär regierenden Königs (Schah) in Persien 1978/1979 durch islamistische Revolutionsgruppen und Umwandlung des Landes in die Islamische Republik Iran

Erster Golfkrieg
Krieg zwischen dem Irak und Iran 1980–1988. Der Irak versuchte dabei, sich als neue Regionalmacht gegenüber dem von der Revolution 1979 geschwächten Iran durchzusetzen. Der Krieg endete nach Erschöpfung beider Seiten in einem Waffenstillstand.

ihre Produktion, sodass sich auch die Preise erhöhten. Während das Wirtschaftswachstum gleichblieb oder gar sank, wuchsen die Inflationsrate sowie die Arbeitslosenzahl. **Sockelarbeitslosigkeit** wurde normal. Schnell wurde klar, dass der Nachkriegsboom der 1950er-/60er-Jahre zum Stillstand kam – ein „Goldenes Zeitalter" war vorüber.

Kaum hatte sich der Ölpreis nach der Krise wieder etwas erholt, folgte in den Jahren 1979/80 eine zweite Ölkrise, diesmal ausgelöst durch die **Islamische Revolution** im Iran sowie den Beginn des **Ersten Golfkriegs**. Diese beiden Ereignisse verunsicherten die wichtigen Ölförderländer, sodass es erneut zu Förderungsausfällen und damit verbunden zu Konjunkturschwankungen bzw. in vielen Staaten zu einer Rezession kam. Von da ab sank der Ölpreis wieder stetig.

Anfang der 1980er-Jahre wurden auch die Ostblockstaaten von den verspäteten Auswirkungen der Ölpreiskrise getroffen. Konnte die DDR in den 1970er-Jahren durch den Zwischenhandel mit Rohöl aus der UdSSR und daraus gewonnenen Chemieroh- und Treibstoffen profitieren, fehlte es nun an benötigten Ölmengen. Mangels technologischer Alternativen konzentrierte sich die DDR-Regierung vermehrt auf die heimische Braunkohle als Energieträger. So war es unter anderem möglich, verflüssigte Kohle als Brennstoff zu gewinnen und dadurch den Ölverbrauch zu reduzieren.

Die Krisen der 1970er- und 1980er-Jahre beschränkten sich nicht ausschließlich auf den Wirtschaftssektor, sondern weiteten sich auch auf die Bereiche Politik, Religion und Gesellschaft aus. Die ökonomischen Probleme der „alten Welt" erwiesen sich als Nährboden für extremistische Strömungen. Während vorzugsweise in Europa und Amerika Links- wie Rechtsextreme

Q1

Polizeikontrollen an einem autofreien Sonntag 1973
Wegen der anhaltenden Ölkrise wurden am 25. November 1973 erstmals sonntägliche Fahrverbote verhängt. Nur Verkehrsteilnehmer mit Sondergenehmigungen durften an solchen festgelegten Tagen ihre Fahrzeuge benutzen.

auf dem Vormarsch waren, entwickelte sich nun auch der islamistische Fundamentalismus allmählich zu einer globalen Gefahr. Die Anhänger solcher Strömungen suchten in den Krisenzeiten nach Antworten und fühlten sich vom Staat im Stich gelassen oder projizierten die Schuld auf andere. Weder die Demokratie noch der Sozialismus oder andere Herrschafts- und Gesellschaftsordnungen schienen vor solchen Entwicklungen gefeit zu sein.

Die Ölpreiskrisen als Ausgangspunkt neuer Ideen

→ **D3**, **Q2**, S. 306

Fasst man das Wort Krise als Wendepunkt auf, ergaben sich durch die beiden Ölpreiskrisen auch neue Chancen. Noch nie zuvor wurde die Abhängigkeit der Industrieländer von fossilen Brennstoffen dermaßen zur Schau gestellt. Bereits am 9. November 1973 verabschiedete die damalige sozialliberale Bundesregierung unter Bundeskanzler Willy Brandt das sogenannte Energiesicherungsgesetz. Dieses ermächtigte die Regierung, zeitlich begrenzt Energie zu rationieren, Höchstpreise festzusetzen und Verkehrsbeschränkungen, wie beispielsweise **autofreie Sonntage**, zu verhängen. Auch wenn der Erfolg solcher Maßnahmen im Nachhinein als eher gering einzuschätzen ist, setzte allmählich ein Umdenken in Politik, Industrie und Gesellschaft ein.

autofreie Sonntage
staatlich verordnete Fahrverbote an ausgewählten Sonntagen infolge von Erdölengpässen in der Schweiz (1956 und 1973) sowie Österreich und der Bundesrepublik Deutschland (1973)

Um sich vom Erdöl unabhängiger zu machen, beschäftigte man sich fortan mit alternativen Energiequellen, aber auch mit Atomenergie. So plante die Bundesregierung in den 1970er-Jahren den Bau von 40 Kernkraftwerken, darunter beispielsweise auch die baden-württembergischen Erweiterungsbauten Neckarwestheim 2 und Philippsburg 2. Das Thema Energiesparen fand einen breiteren Konsens und neue soziale Bewegungen entstanden, nicht zuletzt aufgrund des geplanten Ausbaus der Atomenergie. Dazu zählte beispielsweise die 1980 gegründete Partei Die Grünen. Diese bildete sich aus der Anti-Atomkraft- und Umweltbewegung heraus und zog im Jahre 1983 erstmals in den Deutschen Bundestag ein. Die steigende Arbeitslosigkeit in der Bundesrepublik Deutschland von 0,7 im Jahr 1965 auf 9,3 Prozent im Jahr 1985 befeuerte zudem den Strukturwandel hin zu einer Dienstleistungsgesellschaft. Begünstigt wurde dieser durch den gleichzeitigen Abbau von Arbeitsplätzen im industriellen Sektor. Wie so häufig gab es dabei Gewinner und Verlierer: Während das

Bundesland Bayern in den 1980er-Jahren erfolgreich den Wandel von einem Agrar- hin zu einem Industrie- und Dienstleistungsland schaffte, litt und leidet das jahrelang wirtschaftlich stärkste Bundesland Nordrhein-Westfalen unter Strukturproblemen, was vor allem auf den Bedeutungsverlust der Steinkohle zurückzuführen ist.

→ Kapitel 1.11, S. 96

Ebenso setzte in der Industrie allmählich der Digitalisierungsprozess ein, der zunehmend als Chance gesehen wurde, die Produktion schneller und kostengünstiger zu gestalten. Kennzeichnend für diese „dritte industrielle Revolution" waren die Einführung der Raumfahrt sowie der zunehmende Einsatz von Computern. Es sollte aber noch eine Zeit dauern, bis die neuen Computertechnologien die gesamte Wirtschaft veränderten. Ohne diese in den 1970er-Jahren einsetzenden Entwicklungen wären jedoch heutige Bestrebungen einer umfassenden Digitalisierung der industriellen Produktion – zusammengefasst unter dem Schlagwort „Industrie 4.0" – undenkbar.

Der Neoliberalismus als Rettung?

John Maynard Keynes (1883–1946)
britischer Volkswirtschaftler

Die beiden Ölkrisen und die hierbei zutage getretene Machtlosigkeit der Staaten erforderten auch neue Antworten hinsichtlich einer neuen Marktordnung. Die Marktpolitik der westlichen Industrieländer in der Nachkriegszeit folgte den Ansätzen des Keynesianismus, benannt nach dem britischen Wirtschaftswissenschaftler John Maynard Keynes. Seiner Theorie folgend rückte die gesamtwirtschaftliche Nachfrage in den Fokus, welche als entscheidende Größe für Produktion und Beschäftigung angesehen wurde. Keynes ging zudem davon aus, dass Angebot und Nachfrage alleine nicht zu einem gesamtwirtschaftlichen Gleichgewicht mit einem hohen Beschäftigungsstand führen würden. Sofern die private Nachfrage nach Gütern und Dienstleistungen sank, griff demnach der Staat ins Marktgeschehen ein, um die Konjunktur anzukurbeln. Diese großen Staatseingriffe in die Marktwirtschaft waren kennzeichnend für den Keynesianismus, bewirkten aber gerade in Krisenzeiten eine hohe Staatsverschuldung und begünstigten die **Stagflation** der 1970er-Jahre.

Einen neuen Ansatz versprach der sogenannte Neoliberalismus. Der Theoriebegriff setzt sich aus den Wörtern „neu" und „freiheitlich" zusammen und ist eher als Sammelbegriff für wirtschaftswissenschaftliche Strömungen zu deuten. Die Ideen dieser wirtschaftlichen Denkrichtung reichen bis in die 1930er-Jahre zurück, galten aber bis in die 1970er-Jahre hinein als unpopulär. Im Gegensatz zum Keynesianismus lehnen die Befürworter des Neoliberalismus größere staatliche Eingriffe in das Marktgeschehen ab. Der Staat solle sich weitgehend aus der Marktpolitik heraushalten und stattdessen möglichst optimale Infrastrukturen für die Markttreibenden schaffen. Im Zuge dessen kam es in der Folgezeit vermehrt zu Privatisierungen, indem ehemals staatliches Vermögen, beispielsweise staatliche Beteiligungen an Industrieunternehmen, in Privatbesitz umgewandelt wurde.

Stagflation
ökonomischer Zustand, wenn wirtschaftlicher Stillstand und Inflation parallel bestehen

Deregulierungsprozesse
Abbau von staatlichen Eingriffen in den Wirtschaftskreislauf, z. B. beim staatlichen Monopol der Deutschen Bahn (Bahnverkehr) oder der Deutschen Post (Postversand und Telekommunikation)

Durch diesen **Deregulierungsprozess** verloren die Staaten aber auch allmählich die Kontrolle über die Marktpolitik. Außerdem konnte der Neoliberalismus in der Folgezeit weder Krisen verhindern noch einen hohen Beschäftigungsstand garantieren. Darüber hinaus wuchs die Diskrepanz zwischen armen und reichen Bevölkerungsschichten. In Westdeutschland begann bereits in den 1980er-Jahren eine Diskussion über eine „Zwei-Drittel-Gesellschaft". Gemeint ist hiermit, dass in Industriegesellschaften der Anteil an Langzeitarbeitslosen und Geringverdienern zunehmen kann, obgleich auch der Gesamtwohlstand und das Wirtschaftswachstum einer Volkswirtschaft steigen. Dieses paradox erscheinende Phänomen teilt die Gesellschaft grob in zwei Kategorien auf: Während dem Begriff folgend zwei Drittel der Bevölkerung von der Marktwirtschaft profitieren würden, bliebe ein Drittel auf der Strecke. Diesbezüglich fanden auch heftige Diskussionen um den Begriff einer modernen „Unterschicht" statt, die bis heute nicht abreißen. Sah man in den Jahren nach den beiden Ölkrisen eine große Chance im Neoliberalismus, wird der Begriff heute oftmals abwertend für eine marktradikale Wettbewerbswirtschaft eingesetzt, welche die Welt in Arm und Reich spalte.

A Fossile Energien und Ölpreiskrisen

D2

Das Auf und Ab der Wirtschaft

Konjunkturentwicklung in der Bundesrepublik Deutschland seit den 1950er-Jahren

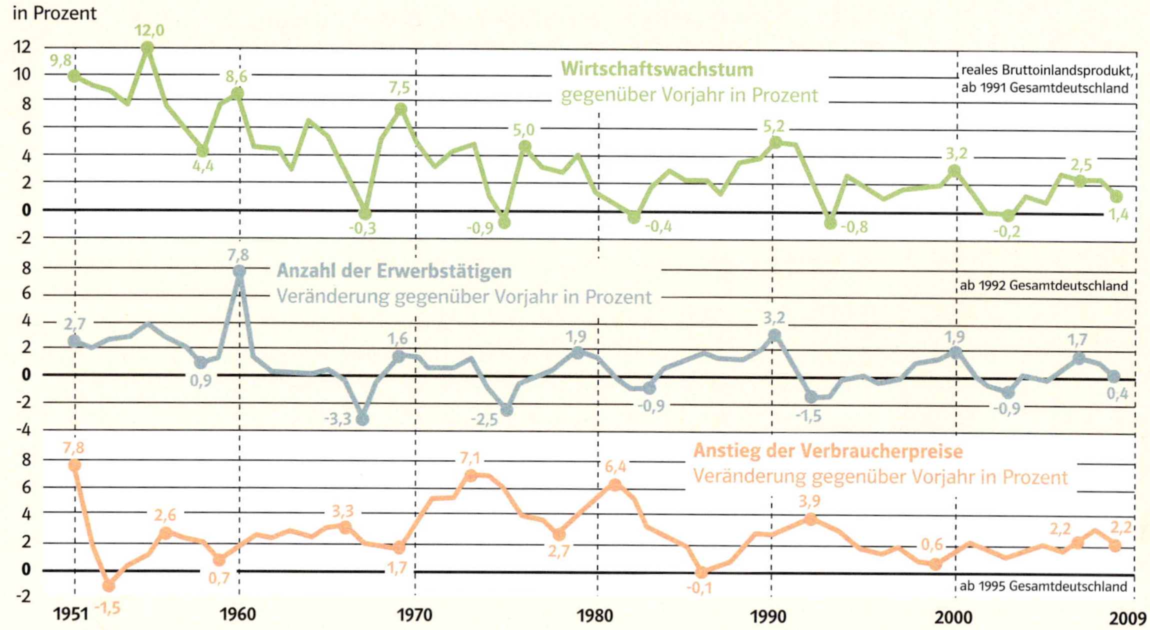

D3

Der globale Ölmarkt

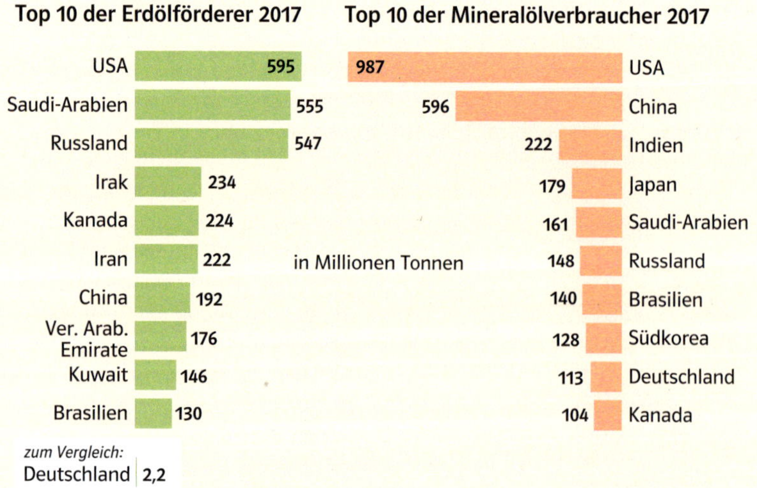

Q2

Titelblatt des Nachrichtenmagazins DER SPIEGEL (Ausgabe 29/1979)

B Arbeitsplätze und Energiewandel – ein Widerspruch?

Q3

Kundgebung gegen Atomstrom

Rund 7000 Demonstranten versammeln sich am 7. Juni 1986 zu einer friedlichen Kundgebung am Hochtemperatur-Reaktor Hamm-Uentrop und werden von einem starken Polizeiaufgebot begleitet. Die Demonstranten solidarisieren sich mit den rund 50 Bauern, die seit einigen Tagen die Tore des Kernkraftwerkes mit ihren landwirtschaftlichen Maschinen blockieren.

Q4

Demonstration zur Erhaltung von AKW-Arbeitsplätzen

Nach ihrer Ankunft in Biblis stehen die Beschäftigten der baden-württembergischen Atomkraftwerke am 8. Mai 1999 mit einem Transparent vor dem Atomkraftwerk Biblis. Die Radfahrer-Demo führt 280 Kilometer vom baden-württembergischen Philippsburg durch Hessen, Rheinland-Pfalz und Nordrhein-Westfalen nach Bonn, wo die Tour am 10. Mai vor dem Bundeswirtschaftsministerium enden soll. Zu der Aktion zum Erhalt der Arbeitsplätze hatten die Betriebsräte der Atomkraftwerke Philippsburg, Neckarwestheim und Obrigheim aufgerufen. Als damaliger Bundesminister für Umwelt, Naturschutz und Reaktorsicherheit amtierte der Grünen-Politiker Jürgen Trittin.

D4

Strommix früher und heute

Anteil der Energieträger an der Bruttostromerzeugung in Prozent

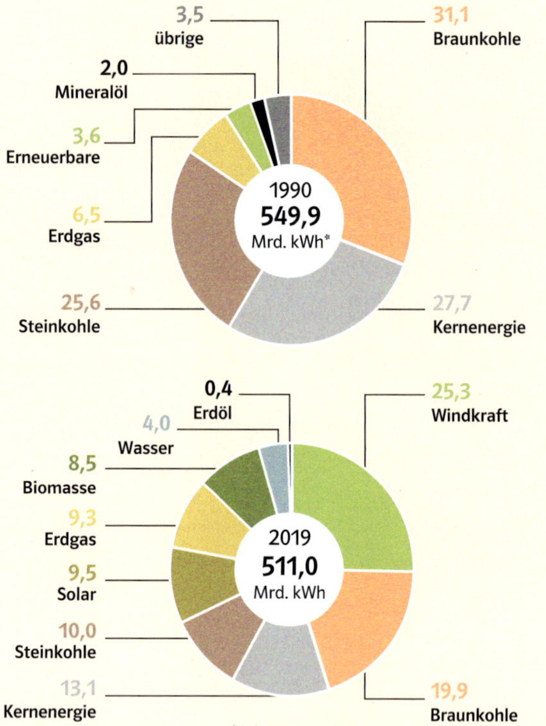

* Kilowattstunden

D5

Wandel in der Arbeitswelt

Von je 100 Erwerbstätigen arbeiten in diesen Bereichen:

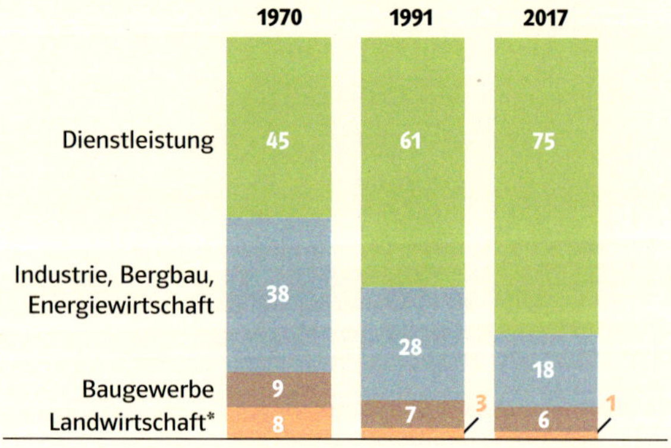

1970 nur Westdeutschland * einschl. Forstwirtschaft, Fischerei rundungsbed. Diff.

C Der Neoliberalismus – Vertiefung der Kluft zwischen Arm und Reich?

D6

Nichts als Ideologie

Michael Freuding, Redakteur bei der ZEIT, schrieb 2012:

[...] Der Begriff „Neoliberalismus“ ist überall. Für Linke, Globalisierungskritiker und Euro-Gegner gehört er zum guten Ton. Konservative und Liberale dagegen verbannen ihn ins Reich der Verschwörungstheorien. Es gebe keinen Neoliberalismus, sagen sie, nur Ewiggestrige, die nicht wüssten, was die Zeit erfordert.

Was also ist Neoliberalismus: ein Hirngespinst, ein Modetrend oder eine Art Gegenkommunismus?

Der Begriff bezeichnet eine Reihe von Grundannahmen, die seit Mitte der neunziger Jahre unser Denken beherrschen. Kern der Lehre ist die Auffassung, dass jedes Lebewesen egoistisch agiert und seine Ziele mit allen Mitteln durchsetzt. Daraus folgt: Der Reiche, Fleißige schafft Arbeitsplätze aus Geldgier; der Arme, Faule entspannt sich im sozialen Netz. Weil sich daraus ein Gerechtigkeitsgefälle ergibt, darf sich der Staat aus der Daseinsfürsorge zurückziehen. Der Theorie nach steigert das die Gewinnspanne der Fleißigen und zwingt die Faulen in die Arbeit. [...]

Gedanken, die nicht neoliberal sind, tun Macher und Gemachte als lächerlich ab. Marktkonform und effizient soll die neue Demokratie sein. Ob die Märkte auch demokratisch sind, spielt dabei keine Rolle. Die Menschen sollen an die Märkte glauben, das trichtern die Profiteure ihnen ein.

Eine besonders unselige Rolle spielt dabei das Privatfernsehen: Dokumentationen über Sozialschmarotzer und Reportagen über Erfolgstypen sind an der Tagesordnung. [...]

Doch was ist das? Bill Gates[1] spendet Milliarden, obwohl er das nach den Spielregeln des Neoliberalismus nicht dürfte. Und immer noch opfern sich Krankenschwestern aus Nächstenliebe für ihre Patienten auf. Das zeigt, was der Neoliberalismus wirklich ist: eine Ideologie, mit deren Hilfe sich Eliten auf Kosten der Allgemeinheit bereichern.

Spätestens nachdem einige Banken als „systemrelevant“ erklärt wurden, sollte uns das klar sein. Denn wenn die Ideologie ihren Verfechtern schadet, wird sie gerne auch mal über Bord geworfen.

Michael Freuding: Nichts als Ideologie. In: ZEIT ONLINE v. 23.11.2012. Unter: www.zeit.de/politik/2012-11/leserartikel-neoliberalismus (Zugriff: 28.10.2019).

1 William „Bill“ Henry Gates III, geb. 1955, ist ein US-amerikanischer Unternehmer, Programmierer und Mäzen. Bekanntheit erlangte er vor allem als Mitgründer der Firma Microsoft im Jahre 1975. Er gehört als Multimilliardär zu den reichsten Menschen der Welt.

D7

Was bedeutet „neoliberal"?

Uwe Jean Heuser, Redakteur bei der ZEIT, erläuterte 2010 für die Serie „Wirtschaft für Kinder":

Wie ein Begriff, der früher Gutes meinte, zum Schimpfwort wurde. [...]

„Liberalismus" ohne „Neo" – das ist die Lehre von der Freiheit. Einst wurde sie erfunden, weil Könige und andere Herrscher die Bürger unterdrückten. Die einzelnen Bürger sollten die Möglichkeit erhalten, sich frei zu entwickeln. Zu lernen, was sie wollten, und die Arbeit anzustreben, zu der sie Lust hatten. Sich zu treffen und zu verbünden, mit wem sie wollten, Firmen zu gründen, wenn es ihnen passte.

Bloß im wahren Leben entwickelte sich dann auch ein Problem: Manche Unternehmen wurden größer und größer, und weil sie kaum kontrolliert wurden, verdrängten sie andere Unternehmen oder kauften sie einfach auf. Sie wurden zu mächtig und kümmerten sich zu wenig um ihre Arbeiter und ihre Kunden. Viele Arbeiter dagegen verdienten zu wenig, und wer keine Arbeit hatte oder krank wurde, dem fehlte schnell das Nötigste zum Leben. Die Folge: Die allzu freie Gesellschaft zerfiel in Arm und Reich, Mächtig und Ohnmächtig. Sie brauchte neue Regeln.

Aus diesem Grund erfanden bedeutende Denker und Politiker [...] einen neuen Liberalismus, eben den Neoliberalismus. Die Bürger sollten weiter frei sein, sich zu entwickeln und nach Wohlstand zu streben. Aber der Staat sollte dafür sorgen, dass es fair zugeht. Er sollte streng kontrollieren, dass nicht ein paar Unternehmen zu mächtig werden und junge Firmen mit tollen Ideen einfach zerstören. Der Wettbewerb zwischen den Ideen sollte sich entwickeln, und die beste sollte gewinnen. Ebenso sollte der Staat ein stabiles Netz aufspannen für arbeitslose oder kranke Menschen, die ins Leere zu fallen drohen. Herauskommen sollte ein Land, in dem der Arme nicht arm bleiben muss, wenn er sich bemüht, und der Reiche nicht reicher wird, wenn er gar nichts leistet.

Diese Idee vom Neoliberalismus wurde zur Grundlage für das, was die Deutschen ihre „soziale Marktwirtschaft" nennen. Am Markt sollen freie Bürger um die besten Jobs und freie Unternehmer um die besten Ideen ringen. Aber es muss dabei „sozial" zugehen, sodass die Verlierer eine zweite Chance erhalten und die Gewinner nicht allzu mächtig und übermütig werden. [...]

Merkwürdig, wie der Ausdruck „Neoliberalismus" seine Bedeutung verändert hat. Die Neoliberalen, das waren eigentlich die Gründer der sozialen Marktwirtschaft, heute aber soll der Begriff oft solche Leute bezeichnen, die dieser sozialen Marktwirtschaft den Rücken kehren wollen. [...]

Uwe Heuser: Was bedeutet „neoliberal"? In: DIE ZEIT Nr. 48/2010 v. 01.12.2010. Unter: www.zeit.de/2010/48/Wirtschaft-fuer-Kinder (Zugriff: 28.10.2019).

D8

45 Deutsche besitzen so viel wie die ärmere Hälfte der Bevölkerung

Florian Diekmann, Redakteur bei der Zeitschrift DER SPIEGEL, schrieb 2018:

Das Vermögen in Deutschland ist sehr ungleich verteilt, das sagen offizielle Statistiken. Nun hat das Deutsche Institut für Wirtschaftsforschung diese Statistiken ergänzt: Demnach ist die Ungleichheit weit extremer. [...]

Das Ergebnis: In Deutschland besitzen die 45 reichsten Haushalte so viel wie die ärmere Hälfte der Bevölkerung. Beide Gruppen kamen im Jahr 2014 jeweils auf insgesamt 214 Milliarden Euro Vermögen. [...]

Im Vergleich zu den offiziellen EZB-Zahlen erhöht sich die Vermögensungleichheit in Deutschland dadurch drastisch: Die reichsten fünf Prozent besaßen demnach im Jahr 2014 mit 51,1 Prozent mehr als die Hälfte des gesamten Vermögens – nach EZB-Zahlen besaß diese kleine Gruppe nur 31,5 Prozent.

Das oberste Prozent der deutschen Haushalte verfügt über ein Drittel des Vermögens (statt 23,6 Prozent), und das oberste Promille über 17,4 Prozent (statt 6,3 Prozent). Die reichsten 0,001 Prozent – das sind lediglich 400 Haushalte – besaßen demnach 4,7 Prozent, also doppelt so viel wie die etwa 20 Millionen Haushalte, die die ärmere Hälfte Deutschlands bilden. [...]

Damit ist das Vermögen in Deutschland auch im europäischen Vergleich besonders ungleich zugunsten der Superreichen verteilt. Das macht ein Blick auf Spanien und Frankreich deutlich. Die EZB-Daten weisen für beide Länder eine höhere Konzentration der Vermögen für die Superreichen aus. Doch nach der Erweiterung um die nationalen Reichenlisten ändert sich dieses Bild grundlegend: Zwar steigt wie in Deutschland der Anteil der Superreichen an den gesamten Vermögen des Landes – aber weit weniger stark als in Deutschland. [...]

Florian Diekmann: 45 Deutsche besitzen so viel wie die ärmere Hälfte der Bevölkerung, 23.01.2018. In: DER SPIEGEL v. 23.01.2018. Unter: www.spiegel.de/wirtschaft/soziales/vermoegen-45-superreiche-besitzen-so-viel-wie-die-halbe-deutsche-bevoelkerung-a-1189111.html (Zugriff: 24.10.2019).

D 9

Die globale Wohlstandspyramide

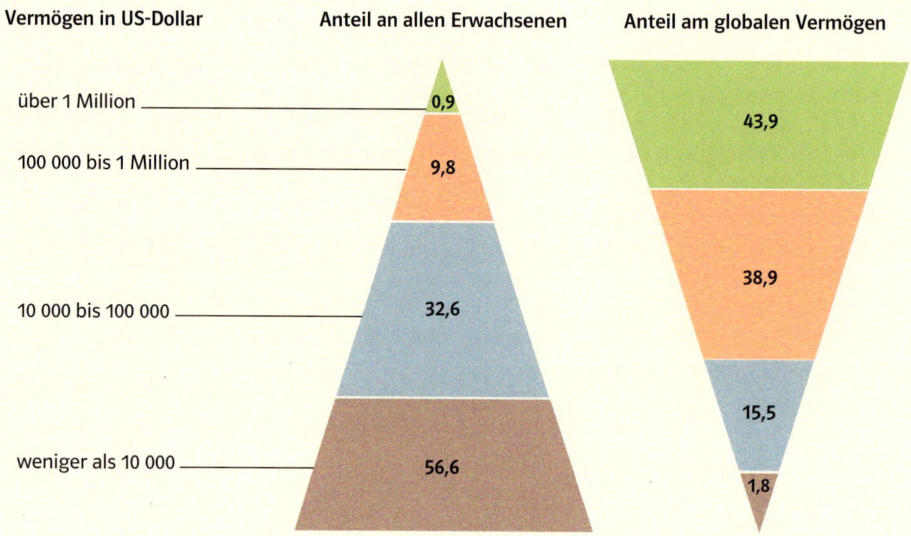

D 10

Angst um Stagnation

Karikatur von Gerhard Mester vom 20. Oktober 2003.
Nach Aussage des Karikaturisten gegenüber der Klett-Redaktion im Oktober 2020 lag in diesem Fall kein konkretes, singuläres Ereignis als Beweggrund für die Zeichnung der Karikatur vor.

Arbeitsvorschläge

Arbeitsvorschläge zum darstellenden Teil

1. Beschreiben Sie mithilfe des darstellenden Textes den Verlauf des Jom-Kippur-Krieges. [I]
2. Erläutern Sie den Zusammenhang zwischen dem Jom-Kippur-Krieg und der Ölpreisentwicklung und gehen Sie auf die Bedeutung der Ölversorgung für die Weltwirtschaft ein. [II]

A Fossile Energien und Ölpreiskrisen

3. Beziehen Sie bei den folgenden Aufgaben die Arbeitsschritte für die Interpretation von Statistiken sowie das Vorwissen aus den Kapiteln 3.3 und 3.6 ein. Gehen Sie dabei jeweils auf die Einordnung, den Inhalt, den Kontext, auf die Aussageabsicht und Ihre Erkenntnis ein. ○
   a) Erläutern Sie anhand der Statistik D 2 sowie unter Bezugnahme des darstellenden Textes den Begriff „Stagflation" sowie seine Ursachen und Folgen. [II]
   b) Beschreiben und interpretieren Sie das Schaubild D 2. [I]
   c) Beschreiben und interpretieren Sie das Schaubild D3 und bewerten Sie die Abhängigkeit Deutschlands hinsichtlich des Rohstoffes Erdöl. [I/III] ●
4. Beschreiben und interpretieren Sie das Titelblatt des Nachrichtenmagazins DER SPIEGEL aus dem Jahr 1979 (Q 2). [I/III]
5. Beurteilen Sie aus heutiger Sicht, ob der Zeichner des Spiegel-Titelbildes mit seinen Aussagen aus dem Jahr 1979 Recht behalten sollte. [III]

B Arbeitsplätze und Energiewandel – ein Widerspruch?

6. Beschreiben und kontrastieren Sie die beiden Bilder Q 3 und Q 4. Was forderten die Demonstranten? Erkennen Sie beim Vergleich der beiden Bilder hinsichtlich der Forderungen der Demonstranten einen Zielkonflikt oder denken Sie, dass prinzipiell beide Forderungen erfüllt werden könnten? Begründen Sie. [I/II] ●
7. Bewerten Sie anhand des Schaubildes D 4, ob sich die Ideen der Umweltbewegung der 1980er-Jahre nachhaltig umsetzen ließen. [III]
8. Erläutern Sie mithilfe des Schaubildes D 5 die Begriffe „Strukturwandel" und „Dienstleistungsgesellschaft". [II]

C Der Neoliberalismus – Vertiefung der Kluft zwischen Arm und Reich?

9. Analysieren Sie die ZEIT-Artikel D 6 und D 7:
   a) Erklären Sie unter Verwendung von D 7 sowie dem darstellenden Text in eigenen Worten, inwieweit sich die Bedeutungszuschreibungen des Begriffes „Neoliberalismus" im Laufe der Jahrzehnte verändert haben. Gehen Sie dabei auch auf das ursprüngliche Verhältnis zwischen dem Neoliberalismus und der sozialen Marktwirtschaft ein. [II]
   b) Beschreiben Sie Merkmale der sozialen Marktwirtschaft in Deutschland. [I]
   c) Im zweiten ZEIT-Artikel wird die Praxis des Neoliberalismus weitaus kritischer aufgefasst. Formulieren Sie mithilfe des Artikels D 7 Thesen bezüglich der Problematik des neoliberalen Marktprinzips. [II]
   d) Schreiben Sie eine kritische Stellungnahme zur heutigen Wirtschaftspraxis, die nach Ansicht mancher Ökonomen nach wie vor von neoliberalen Grundannahmen geprägt ist. Erläutern Sie dabei Vor- und Nachteile. [II]
10. Visualisieren Sie den Spiegel-Text D 8. [I]
11. Beurteilen Sie unter Bezugnahme des Spiegel-Artikels D 8, ob man auch noch im 21. Jahrhundert von einer deutschen „Zwei-Drittel-Gesellschaft" sprechen kann, wie sie im darstellenden Text beschrieben wird. Zur vertiefenden Recherche können Sie zusätzlich das Internet einbeziehen. [III] ○
12. Beschreiben und analysieren Sie das Schaubild D 9. [I/II] ○
13. Beschreiben und bewerten Sie die Karikatur D 10 im Kontext der Globalpolitik des Neoliberalismus sowie im Zusammenhang einer wachsenden Ungleichheit bei der Verteilung des Wohlstandes. An wen richtet sich welche Kritik? [I/III]

Übergreifender Arbeitsvorschlag

14. Diskutieren Sie, inwieweit Lehren aus den Krisen der 1970er- und frühen 1980er-Jahre bzw. aus deren Auswirkungen für die Gegenwart und Zukunft gezogen werden können. [III]

Online- und Differenzierungsmaterialien zu Kapitel 3.7

○ Arbeitshilfen zu den Aufgaben 3, 11 und 12

● Vertiefungsangebote zu den Aufgaben 3c und 6

Online-Code: am753e

3.8 Globalisierte Arbeits- und Wirtschaftswelt

Was versteht man unter Globalisierung? Der Begriff ist in den letzten Jahren zu einem festen Ausdruck geworden. Man versteht darunter die zunehmende weltweite Verflechtung von Individuen, Gesellschaften, Institutionen und Staaten in verschiedenen Bereichen wie Wirtschaft, Politik, Kultur, Kommunikation oder Umwelt. An der Globalisierung scheiden sich die Geister. In unserer heutigen Gesellschaft finden sich glühende Anhänger sowie harsche Kritiker der Globalisierung. Den einen ist sie Garant für den Fortschritt und den Wohlstand der Menschheit, den anderen macht sie Angst oder ermöglicht in ihren Augen Ausbeutung und teilt die Welt in Gewinner und Verlierer.

Siegel der Niederländischen Ostindien-Kompanie (VOC)
Sie war im 17./18. Jahrhundert eine der größten, global agierenden Handelsgesellschaften mit Schwerpunkt Gewürzhandel.

Erste Formen der Globalisierung

Wann die Globalisierung begonnen hat, ist schwer zu sagen. Bereits das Römische Reich unterhielt Handelskontakte bis nach China. Im späten Mittelalter entwickelten sich „global" agierende Handelshäuser. Unternehmerfamilien wie die Fugger und Welser in Augsburg tätigten im 16. Jahrhundert bereits Geschäfte in Indien und Südamerika. Es entstanden finanzstarke, private Handelsgesellschaften, wie zum Beispiel die niederländische oder die englische Ostindien-Kompanie. Diese handelten mit Menschen (Sklaven), Rohstoffen und Luxusgütern auf dem ganzen Globus. Mit staatlichen Privilegien ausgestattet unterhielten sie eigene Armeen und konnten in eroberten Gebieten nach ihrer Vorstellung Gesetze erlassen.

Schließlich nahmen mit der Industrialisierung seit dem beginnenden 19. Jahrhundert die internationalen Verflechtungen zu. Basierend auf der liberalen Freihandelsidee gewannen globale Handelsbeziehungen sowie Geld- und Migrationsbewegungen nun ein nie gekanntes Ausmaß. Auswanderer und Vertragsarbeiter überquerten zu Millionen die Weltmeere. Indische Arbeitskräfte kamen in Südafrika, chinesische und japanische in Nord- und Südamerika zum Einsatz, beispielsweise beim Eisenbahnbau. Allerdings wurde die Weltwirtschaft auch anfälliger, wie die erste globale Finanzkrise 1857 zeigte.

Moderne Formen der Globalisierung im 19. Jahrhundert

Spätestens im Zuge der Zweiten Industriellen Revolution wuchs der Welthandel schnell an. Die so in den Industrieländern produzierten Waren wurden weltweit gehandelt, während die Kolonien für sie die Rohstoffe lieferten. Erleichtert wurde der globale Handel durch technologische Entwicklungen. Dazu zählten die Dampfschiffe, die Eisenbahn und die Verlegung erster transatlantischer Telegrafenkabel. All dies führte zu einer beträchtlichen Zeit- und Kostenersparnis, was den Transport von Personen und Gütern sowie die Kommunikation betraf. Die Mobilität von Menschen, Waren und Kapital wurde drastisch erhöht. Mit einer stetig wachsenden Weltwirtschaft stiegen auch die Auslandsinvestitionen an. Gleichzeitig verschärfte dieser Trend aber auch Ängste und Abwehrreaktionen. Verfechter des Freihandels standen Befürwortern von Schutzzöllen gegenüber. Global agierende Konzerne und Finanzinstitute weckten spätestens nach dem Ersten Weltkrieg und den globalen Wirtschaftskrisen der 1920er- und 1930er-Jahre Verunsicherung.

Erklärfilme
Globaler Handel I–III
8cp86d

Globalisierung heute

Die Globalisierung unserer Zeit weist einige Ähnlichkeiten in Bezug auf die Globalisierung des ausgehenden 19. Jahrhunderts auf. Zu den Gemeinsamkeiten gehört die Beseitigung von regionalen Unterschieden, die den Handelsfluss behindern. Dies geschieht zum Beispiel durch Normierung von Maßeinheiten und die Angleichung von Währungen. Der US-Dollar stieg ab 1944 zur globalen Leitwährung auf. Die globale Verflechtung industrieller

Logo des 1945 gegründeten Internationalen Währungsfonds an der Außenwand des IWF-Hauptsitzes in Washington D.C.

→ D2 , S. 314

Produktion nimmt zu und die internationalen Finanzmärkte werden immer abhängiger voneinander.

Neue Aspekte, die die Globalisierung der zweiten Hälfte des 20. Jahrhunderts auszeichnen, liegen zum einen in den veränderten Rahmenbedingungen, zum anderen in einer zunehmenden Komplexität des Welthandels. Vollzog sich der Handel zuvor in einem kolonialen Abhängigkeitsgefüge, so beteiligen sich heute höchst unterschiedlich entwickelte, souveräne Nationalstaaten.

Der traditionelle Handel – der Austausch von Industrieprodukten gegen Rohstoffe – ist nicht mehr der bedeutendste. Heute hat der Handel mit Zwischenprodukten innerhalb einer Branche, bedingt durch die Aufsplitterung von Produktionsprozessen, größeres Gewicht. Dies gilt auch für den Handel mit Dienstleistungen.

Hinzu kommt eine räumliche Verdichtung durch Entstehung regionaler Freihandels- und Wirtschaftszonen, wie z.B. der EU. Ein weiteres entscheidendes Merkmal der heutigen Zeit ist der Einfluss transnationaler Großkonzerne, die über das notwendige Kapital verfügen, um global operieren zu können. Hinzu kommen multilaterale finanzpolitische Zusammenschlüsse wie der IWF, die Weltbank oder die New Development Bank, die der wirtschaftlichen Zusammenarbeit dienen. Eine tragende Rolle spielt darüber hinaus die voranschreitende Digitalisierung und die daraus resultierende Vernetzung der Welt.

Globalisierung im Fokus der Menschen

In den letzten beiden Jahrzehnten änderte sich nicht nur die Wirtschaft, sondern auch die Sicht der Menschen auf die Globalisierung, die einen direkten Einfluss auf den Einzelnen und die Gesellschaft hat. Kulturelle, soziologische und ökologische Aspekte der Globalisierung werden nun bewusster wahrgenommen, wozu die Vernetzung erheblich beiträgt. Dadurch vermehrt sich auch die Zahl der Globalisierungsgegner immer weiter. Im Fokus der Kritik stehen die Arbeitsbedingungen der Menschen und Überlegungen zur gerechteren Verteilung von Wohlstand und Kapital. Politikern und Wirtschaftsführern der Industrieländer wird vorgeworfen, ihre Handelsbedingungen auf Kosten ärmerer Staaten durchzusetzen und damit die Kluft zwischen Arm und Reich stetig zu vergrößern. Im Gegensatz dazu gibt es andere Stimmen, die die These vertreten, dass sich Armut als absolute Größe tendenziell verringert und durch die Globalisierung Bildung und Gesundheit weltweit zunehmen.

Q1

Proteste zur Eröffnung der neuen Europäischen Zentralbank in Frankfurt am Main 2015

A Die Globalisierung und ihre Auswirkungen

D1

Entwicklung der Arbeit und Armut in verschiedenen Weltregionen (Stand Herbst 2018)

Arbeitende Personen in Haushalten mit einem Einkommen von unter 3,10 US-Dollar (Kaufkraft) pro Tag und Kopf, in Prozent						
	1991	**2000**	**2005**	**2010**	**2013**	**2021[1]**
ökon. sich entwickelnde Staaten	70,1	56,7	46,5	37,3	30,3	22,9
davon:						
Südasien	81,4	65,9	69,1	62,5	50,5	35,0
subsaharisches Afrika	75,6	75,9	71,5	67,5	64,4	57,7
Ostasien	88,4	62,9	39,3	25,2	15,6	7,2
Süd-Ostasien und Pazifik	73,8	63,5	48,5	33,7	27,7	16,1
Lateinamerika und Karibik	21,0	18,8	14,8	9,6	8,2	7,4
Nordafrika	46,5	39,2	34,1	28,0	26,7	23,1
arabische Staaten (ohne Nordafrika)	29,9	22,2	19,1	14,9	15,9	19,4
Zentral- und Westasien	18,9	31,2	22,3	13,0	10,5	4,0
Osteuropa	3,5	8,1	2,3	0,5	0,2	0,1

1 Vorausberechnungen

© 2018 International Labour Organization (ILO): World Employment and Social Outlook: trends 2018.

D2

Globalisierung, Digitalisierung und Einkommensungleichheit aus Perspektive der Bertelsmann-Stiftung

1. Wechselwirkungen zwischen Globalisierung und Digitalisierung zu Beginn des 21. Jahrhunderts

Globalisierung und Digitalisierung mögen sich zwar begrifflich trennen lassen. Faktisch aber bedingen sie sich gegenseitig, sodass das Verständnis der Wirkungsmechanismen beider Trends letztendlich nur unter der Berücksichtigung ihrer Wechselwirkungen möglich ist. Ihre volle Wirkung entfalten Globalisierung und Digitalisierung daher auch erst im Zusammenspiel.

Auf der einen Seite hat die Digitalisierung zu einer rasanten Senkung der Transport- und Kommunikationskosten geführt. Ohne diese Kostensenkungen hätte es den erreichten Stand der weltweiten wirtschaftlichen Verflechtung gar nicht geben können. Die Digitalisierung ist daher eine zentrale Ursache der ökonomischen Globalisierung.

Auf der anderen Seite erhöht die zunehmende Globalisierung den internationalen Wettbewerbsdruck. Dies zwingt die Unternehmen, über Kostensenkungen ihre Preise zu reduzieren. Der verstärkte Einsatz von Informations- und Kommunikationstechnologien ist ein zentraler Hebel zur Senkung der Produktionskosten. So gesehen wird die ökonomische Globalisierung zur Ursache der voranschreitenden Digitalisierung. Hieraus resultiert die gegenseitige Verstärkung der beiden Megatrends.

2. Bisherige Auswirkungen von Globalisierung und Digitalisierung

Das Zusammenspiel aus ökonomischer Globalisierung und Digitalisierung hat in den letzten Jahrzehnten zu erheblichen strukturellen Veränderungen im Wirtschaftsleben geführt, von denen hier nur die wichtigsten genannt werden können. Erstens hat der verstärkte Einsatz von Telekommunikation, vollautomatisierter Produktionsverfahren und ähnlicher Technologien zu erheblichen Produktivitätssteigerungen geführt. Die Menge der Güter und Dienstleistungen, die eine Volkswirtschaft mit den gegebenen Produktionsfaktoren herstellen kann, ist daher stark angestiegen. Die Digitalisierung hat somit das Wirtschaftswachstum erhöht. Für die Bürger bedeutet dies eine Verbesserung der Versorgung mit Gütern und Dienstleistungen, also eine Zunahme des materiellen Wohlstands.

Zweitens werden die Produktionsprozesse in entwickelten Industrienationen immer kapitalintensiver, d.h., das Verhältnis von Sachkapital zu menschlicher Arbeitskraft nimmt zu. Der verstärkte Einsatz von Kapital steigert die Produktivität der Arbeitskräfte erheblich. Dies bedeutet gleichzeitig, dass eine wachsende Menge von Gütern und Dienstleistungen mit immer weniger Arbeitskräften hergestellt werden kann.

Der damit einhergehende Bedeutungsverlust des Faktors Arbeit äußert sich nicht nur in einem sinkenden Einsatz von Arbeitskräften (gemessen in Stunden), sondern auch in einem tendenziellen Druck auf die Arbeitseinkommen. Gleichzeitig nehmen die Einkommen aus Kapital und Vermögen zu. […]

Drittens erleichtert eine Verringerung von Transport- und Kommunikationskosten die Produktionsverlagerung ins Ausland. Folge ist u.a. eine Verlagerung der Produktion arbeitsintensiv hergestellter Produkte in Niedriglohnländer. In den Industrieländern bewirkt dieses „Outsourcing“ einen Rückgang der Nachfrage nach gering qualifizierten Arbeitskräften. Die Einkommens- und Beschäftigungschancen dieser Arbeitskräfte gehen folglich zurück. Damit nehmen in entwickelten Volkswirtschaften die Einkommensunterschiede zwischen gering- und hochqualifizierten Erwerbstätigen zu. Gleichzeitig ist aber auch in vielen Ländern festzustellen, dass exportierende Unternehmen ihren Beschäftigten höhere Löhne zahlen als Unternehmen ohne außenwirtschaftliche Aktivitäten […].

Alles in allem haben die zunehmende Globalisierung und Digitalisierung in den letzten Jahrzehnten also zu einer stärkeren internationalen Arbeitsteilung mit einem höheren Wirtschaftswachstum geführt. Gleichzeitig hat dies aber auch die Einkommensungleichheiten in entwickelten Volkswirtschaften vergrößert. […]

Thieß Petersen: Globalisierung, Digitalisierung und Einkommens-ungleichheit, Policy Brief # 2015/01. Unter: www.bertelsmann-stiftung.de/fileadmin/files/user_upload/Policy-Brief-Globalisierung_Digitalisierung_und_Einkommensungleichheit-de_NW_01_2015.pdf (Zugriff: 30.07.2017).

B Globalisierung in der Kritik

D3

Karikatur des deutschen Karikaturisten Klaus Stuttmann 2010

D4

Britische Karikatur „Die Welle" (2015)

C Neue Herausforderungen in einer globalisierten Welt

D5

Chancen und Risiken der Globalisierung

Der ehemalige, 1974–1982 amtierende Bundeskanzler Helmut Schmidt (1918–2015) zieht in seinem Werk „Außer Dienst" eine politische Bilanz und erörtert unter anderem auch die Rolle der Globalisierung:

Die Globalisierung des wissenschaftlichen und technischen Fortschritts hat längst begonnen, ebenso die Globalisierung der Energie- und Rohstoffmärkte – Öl, Erdgas und Stahl an der Spitze – sowie der Finanzmärkte. Die Globalisierung aller industriellen Produktmärkte steht noch bevor, aber auch sie wird unvermeidlich eintreten. Ein deutscher Politiker oder Manager oder Gewerkschafter, der diese Tatsachen nicht zur Kenntnis nehmen will, taugt nicht für seinen Beruf. Denn kein Protest, zum Beispiel gegen sogenanntes Lohn-Dumping in Ostasien, kann verhindern, dass in absehbarer Zeit kaum noch ein in Deutschland hergestelltes Mittelklasseauto in Shanghai verkauft werden kann. Die in China hergestellten Autos werden bald fast genauso gut, dafür aber erheblich billiger sein. Keiner kann wirksam verhindern, dass in Ostasien hergestellte Mobiltelefone in Deutschland billiger angeboten werden als deutsche Erzeugnisse. Wer sich mit Schutzzöllen gegen billigere Importe abschotten wollte, der würde nur die andere Seite provozieren, ein gleiches Importhindernis gegen deutsche und europäische Produkte zu verhängen. Einen Handelskrieg zwischen den billigen asiatischen Schwellenländern und den teuren europäischen Industriestaaten würde die EU in jedem Fall verlieren.

Was können Europa und Deutschland in dieser Lage tun? Wir stehen vor der Alternative, entweder einen langsam fortschreitenden relativen Verlust unseres Lebensstandards zu ertragen oder aber uns zu Leistungen zu befähigen, welche einstweilen in Asien noch nicht vollbracht werden können. Die Betonung liegt auf dem Wort „einstweilen"; in China, Indien und anderen Teilen des asiatischen Kontinents ist man schon heute in der Lage, fast jeden technischen Fortschritt der Europäer binnen weniger Jahre einzuholen. Diese Entwicklung wird sich weiter fortsetzen, und die zeitliche Spanne, welche die Asiaten brauchen, um technologisch zu den Europäern aufzuschließen, wird wahrscheinlich zunehmend kürzer werden. Ob wir uns in diesem Wettbewerb behaupten können, wird entscheidend davon abhängen, dass wir unsere Wissenschaft und Forschung, unsere Universitäten und Schulen, unsere gesamte berufliche Ausbildung zu höheren Leistungen befähigen als gegenwärtig.

Dieser Wettbewerb ist für Deutschland keineswegs aussichtslos. Unsere eigene Wirtschaftsgeschichte in den letzten Jahrzehnten des 19. Jahrhunderts hat gezeigt, dass wir angesichts der damals aufkommenden starken amerikanischen Konkurrenz zu großen wissenschaftlichen und technischen Leistungen und zu einer enormen Steigerung unserer wirtschaftlichen Leistungskraft fähig waren. Im 20. Jahrhundert ist uns dies trotz zweier zerstörerischer Weltkriege abermals gelungen. Trotz unerhörter Opfer, trotz mehrerer Staatszusammenbrüche, trotz Nazi-Zeit und über vier Jahrzehnte anhaltender Teilung der Nation haben wir nicht nur einen bislang ungekannten allgemeinen ökonomischen Wohlstand und dazu einen weitreichenden Wohlfahrtsstaat erreicht, sondern vor allem eine in der deutschen Geschichte einmalige stabile demokratische Ordnung. Dazu kommt der in der europäischen Geschichte einzigartige, noch vor wenigen Jahrzehnten undenkbare Zusammenschluss von mehr als zwei Dutzend europäischen Staaten. Wer diese Erfolgsgeschichte vor Augen hat, wird sich keinen Angstvorstellungen hingeben, wir wären im 21. Jahrhundert weniger fähig, den sich anbahnenden globalen Wettbewerb zu bestehen.

Helmut Schmidt: Außer Dienst: Eine Bilanz. Pantheon, München 2010, S. 247–249.

D6

Ursachen für Flucht und Migration

Die Gründe für Flucht und Migration in Afrika sind hinreichend bekannt: Autoritäre Regime, gewaltsame Konflikte, Armut, politische Unterdrückung, Terrorismus, Naturkatastrophen, Klimawandel, Bevölkerungswachstum und wirtschaftliche Perspektivlosigkeit sind Faktoren, die Menschen veranlassen, ihre Heimat zu verlassen. In einem Text der CSU-nahen Hanns-Seidel-Stiftung von 2016 heißt es:

In der Auseinandersetzung mit den Ursachen muss natürlich je nach Land differenziert werden. Während in manchen Ländern primär gewaltsame Konflikte oder politische Verfolgung im Vordergrund stehen, gibt es andere Staaten, in denen vornehmlich wirtschaftliche und berufliche Perspektivlosigkeit Anlass für Migration sind. Das erklärt, warum auch so viele Menschen aus friedlichen und stabilen Demokratien emigrieren. Die meisten derzeit in Europa ankommenden afrikanischen Flüchtlinge und Migranten gehören nicht zu den „Ärmsten der Armen". Es sind häufig Personen, die oberhalb der Armutsgrenze leben oder mitunter gar der afrikanischen Mittelschicht angehören. Ansonsten könnten sie sich die Kosten der Schlepper und Schleuser oft gar nicht leisten. Bekanntermaßen steigt die Migrationsbereitschaft mit wachsendem Pro-Kopf-Einkommen zunächst an und nimmt dann ab einer gewissen Einkommenshöhe wieder ab. Insofern sind auch das starke Wirtschaftswachstum und die wachsende Mittelklasse Afrikas eine direkte Ursache für Mobilität und Migration.

Neben den oben genannten Push-Faktoren spielen auch Pull-Faktoren eine wichtige Rolle bei der Migration nach Europa. Afrika ist mit seinen 54 Staaten flächenmäßig größer als China, Indien, Westeuropa und die Vereinigten Staaten zusammengenommen und bietet in vielen Ländern friedliche Zonen der Stabilität und der relativen Prosperität. Pull-Faktoren sind in aller Regel nicht Anlass für Flucht und Migration, erklären aber, warum sich Flüchtlinge und Migranten für spezifische Zielländer entscheiden und sich zum Beispiel auf den weiten und gefährlichen Weg nach Europa machen, statt sich in ein friedliches Nachbarland zu begeben. Bessere Lebens-, Arbeits- und Ausbildungsmöglichkeiten sowie die sozialen Sicherungssysteme in manchen europäischen Ländern wirken wie ein Magnet auf Flüchtlinge und Migranten.

Wolf Krug und Marlene Barnard: Flucht und Migration in Afrika: Ursachen, Umfang und Herausforderungen, in: Argumente und Materialien der Entwicklungszusammenarbeit 18, 2016, hrsg. von der Hanns Seidel Stiftung, S. 29 f.

D7

Globale Migration Anfang des 21. Jahrhunderts

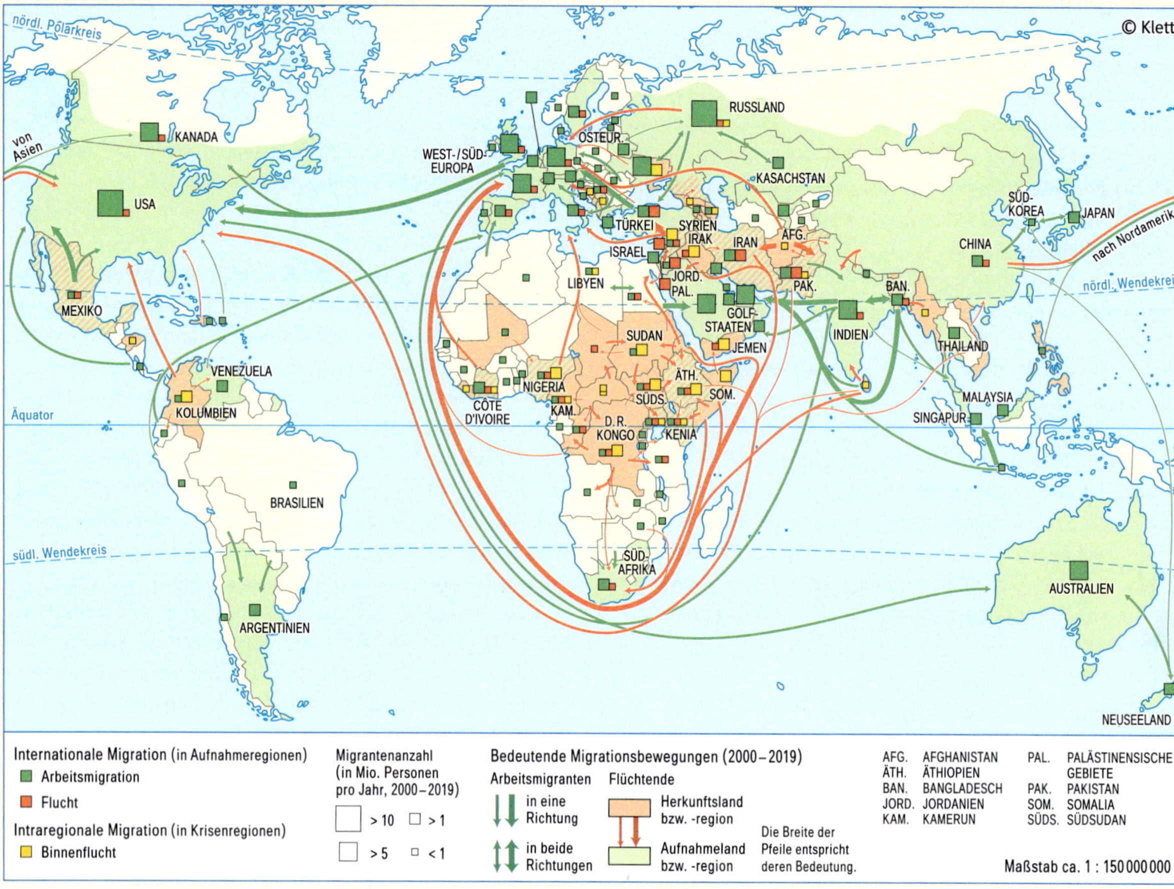

Arbeitsvorschläge

A Die Globalisierung und ihre Auswirkungen

1. Skizzieren Sie die von Thieß Petersen, einem Mitarbeiter der Bertelsmann-Stiftung, in D 2 beschriebenen Wechselwirkungen zwischen der Digitalisierung und der Globalisierung. [I]
2. Arbeiten Sie die vom Autor genannten bisherigen Auswirkungen der Globalisierung aus D 2 heraus und erläutern Sie die beschriebenen Prozesse. [II]
3. Überprüfen Sie die Werte aus D 1 hinsichtlich möglicher Gewinner und Verlierer der Globalisierung. [II]
4. Recherchieren Sie online weitere von Ihnen ausgewählte Aspekte und erörtern Sie, wie sich die Globalisierung auf einzelne Regionen, Länder oder Menschen unterschiedlich auswirkt. [III] ○

B Globalisierung in der Kritik

5. Analysieren Sie die Karikaturen D 5 und D 6. Berücksichtigen Sie dabei auch Ihre Erkenntnisse aus D 1. [II]
6. Informieren Sie sich arbeitsteilig über verschiedene Formen des Protests gegen die Globalisierung. Untersuchen Sie jeweils, gegen wen sich der Protest konkret richtet, welche Vorwürfe gemacht werden, und bewerten Sie den jeweiligen Nutzen und Erfolg. Stellen Sie Ihre Ergebnisse im Plenum vor. [II/III]

C Neue Herausforderungen in einer globalisierten Welt

7. Beschreiben Sie die Gefahren, die Helmut Schmidt (D 3) für die deutsche Wirtschaft sieht, und arbeiten Sie die von ihm genannten Lösungsvorschläge heraus. [I]
8. Schmidt führt aus, dass sich die Deutschen hinsichtlich des globalen Wettbewerbs „keinen Angstvorstellungen hin[zu]geben" bräuchten. Überprüfen Sie diese Aussage hinsichtlich anderer Auswirkungen der Globalisierung und stellen Sie Ihre Ergebnisse in geeigneter Form dar, zum Beispiel in einer Mindmap oder einem Schaubild. [III]
9.
   a) Nennen Sie die von Krug und Barnard in D 4 aufgezählten Push- und Pull-Faktoren der Migration in Afrika. [I]
   b) Erörtern Sie mögliche Zusammenhänge zwischen der voranschreitenden Globalisierung und der Migration von Afrika nach Europa. [III]
   c) Informieren Sie sich arbeitsteilig über die Lage in verschiedenen Staaten und Regionen Afrikas und untersuchen Sie mögliche Gründe für Migration hinsichtlich der in D 4 genannten Faktoren. Stellen Sie im Anschluss Ihre Ergebnisse vor. [II/III] ○

Online- und Differenzierungsmaterialien zu Kapitel 3.8
○ Arbeitshilfen zur Aufgabe 4 und 9c
Erklärfilme Globaler Handel I–III

Online-Code: 8cp86d

E Erweiterungsband Kapitel 3.5, S. 184–191

3.9 Der Zerfall des sozialistischen Ostblocks am Beispiel der DDR

Die politischen Ereignisse des Jahres 1989 bedeuteten einen globalen Epochenumbruch nicht nur in Europa. Der beginnende Wiedervereinigungsprozess der beiden deutschen Staaten war dabei nur einer von mehreren revolutionären Prozessen. Nach 40 Jahren Systemkonkurrenz hatte dies allerdings niemand erwartet.

Audio
Podcast Revolution 1989
e94wd5

Wandel durch Annäherung

In den 1970er-Jahren kam es zu einer allmählichen Lockerung der spätestens seit dem Mauerbau 1961 eisigen Beziehungen der beiden deutschen Staaten. Allerdings war in der Bundesrepublik die Hoffnung, das SED-Regime würde früher oder später von selbst stürzen, immer mehr geschrumpft. Die 1969 an die Regierung gekommene sozialliberale Koalition unter Willy Brandt hoffte daher, durch eine Annäherung an die DDR nach und nach kleine Freiräume für die DDR-Bürger zu erreichen, die längerfristig einen Systemwandel ermöglichen würden. Das Ziel einer deutschen Wiedervereinigung wurde zugunsten einer friedlichen Annäherung zurückgestellt. Diese „neue Ostpolitik" war innenpolitisch heftig umstritten, konnte aber von der CDU-/CSU-Opposition nicht verhindert werden. Die DDR-Führung ihrerseits erhoffte sich durch kleine Zugeständnisse eine volle staatliche Anerkennung seitens der Bundesrepublik sowie eine Verbesserung ihres internationalen Ansehens. Tatsächlich verbesserte sich das innerdeutsche Klima langsam. Mit ihrer Unterschrift unter die KSZE-Schlussakte (1975) eröffneten Erich Honecker und Helmut Schmidt dem deutsch-deutschen Annäherungsprozess neue Möglichkeiten. Gleichzeitig musste die DDR ihren Bürgern nun mehr innenpolitische Freiräume gewähren.

Der Anfang vom Ende begann in Polen

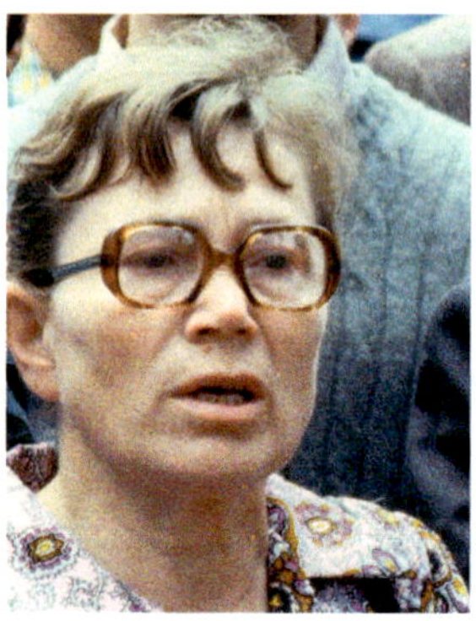

Anna Walentynowicz (1929–2010)
Arbeiterin der Leninwerft Danzig, Mitbegründerin der Gewerkschaft Solidarność

Die sozialistischen Staaten gerieten seit Mitte der 1970er-Jahre in zunehmende Schwierigkeiten. Die Sowjetunion war selbst immer weniger in der Lage, den Ostblockstaaten mit subventionierten Erdöl- und anderen Rohstofflieferungen zu helfen. Die Verschuldung stieg drastisch, die Versorgung der eigenen Bevölkerung musste zugunsten eines gesteigerten Exports reduziert werden. In Polen spitzte sich die Unzufriedenheit in Gestalt eines landesweiten Streiks – ausgehend von der Danziger Lenin-Werft – zu. Es bildete sich die von der Kommunistischen Partei unabhängige Gewerkschaft **Solidarność** („Solidarität"), der sich innerhalb eines Jahres über neun Millionen Polen anschlossen. Die polnische Regierung versuchte, durch die Verhängung des Kriegsrechts am 13. Dezember 1981, ein baldiges Verbot der Solidarność und Massenverhaftungen der Lage wieder Herr zu werden. Die Solidarność wirkte aus dem Untergrund weiter. Die Kommunistische Partei verlor immer offensichtlicher an Rückhalt. Schließlich stimmte sie Anfang des Jahres 1989 der Einrichtung eines „Runden Tisches" mit Vertretern der Solidarność zu, an dem die Abhaltung freier, demokratischer Wahlen am 4. Juni 1989 ausgehandelt wurde. Im Herbst 1989 bildete sich eine nicht kommunistische Koalitionsregierung.

Diskrepanz zwischen Propaganda und Realität

Die Ereignisse in Polen blieben nicht ohne Wirkung. In der **Tschechoslowakei**, in Ungarn und in der DDR wurden Bürger zur Opposition ermuntert. Gleichzeitig wurden die Widersprüche zwischen der offiziellen Propaganda und der Realität einer zunehmenden Mangelwirtschaft immer größer. Die veraltete DDR-Industrie erreichte 1983 nur noch 47 Prozent der bundesdeutschen Arbeitsproduktivität und verursachte immer größere Umweltschäden. Diese wurden wiederum offiziell geleugnet und provozierten die Gründung von Umweltgruppen, die sich schließlich zu politischen Bürgerrechtsgruppen weiterentwickelten.

Glasnost und Perestroika

Auch vor der Sowjetunion, die sich in einem neuen Rüstungswettlauf mit den USA wirtschaftlich erschöpfte, machten die Krisensymptome nicht halt. Die Versorgungslage verschlechterte sich gravierend, die Unzufriedenheit der Bevölkerung drohte systembedrohend zu werden. In dieser Situation wurde Michail Gorbatschow 1985 an die Spitze der Kommunistischen Partei gewählt. Er forderte ein „neues Denken" und grundsätzliche Reformen in Staat und Gesellschaft, um das sowjetische System zu retten. Viele alte Parteikader wurden gegen jüngere Reformbefürworter ausgewechselt. Unter den Schlagwörtern **Glasnost** (Offenheit, Transparenz der Entscheidungen) und **Perestroika** (Umbau, Umgestaltung) begann eine zaghafte demokratische und marktwirtschaftliche Öffnung des Landes. 1988 wurde ein Gesetz erlassen, welches es ermöglichen sollte, unrentable Betriebe zu schließen oder zu privatisieren. Betriebsleitungen sollten mehr Eigenverantwortung erhalten und marktorientiert wirtschaften. Allerdings verschärften die Reformen zunächst die wirtschaftliche Krise zusätzlich. Die verheerende Reaktorkatastrophe im Atomkraftwerk Tschernobyl im April 1986 erschütterte zusätzlich den Glauben in die Ernsthaftigkeit von Glasnost, da die Regierung versuchte, das Ausmaß der Katastrophe zu verschweigen.

→ Q1, S. 324

Folgenreiche Wahlfälschung

In der DDR wies die überalterte Parteiführung die Notwendigkeit vergleichbarer Reformen von vornherein weit von sich. Sie beharrte auf ihrem bisherigen Kurs. Offenheit wurde als Gefahr gewertet, gerade bei Wahlen. Es war seit Langem ein offenes Geheimnis, dass die bei jeder Wahl immer wieder erreichte, fast hundertprozentige Wahlbeteiligung und die nahezu vollständige Zustimmung zur Kandidatenliste der Nationalen Front nicht der Realität entsprachen. Auch bei den Kommunalwahlen am 7. Mai 1989 gingen angeblich 98,78 Prozent der Wähler zur Urne und votierten zu 98,85 Prozent für die Kandidaten der Nationalen Front. Diesmal hatten jedoch Bürgerrechtler in einem großen Teil der Wahllokale die Auszählung der Stimmen verfolgt und zahlreiche Wahlfälschungen nachgewiesen. Viele Bürgerrechtler protestierten nun offen gegen die Wahl und legten formal Beschwerde ein. Es zeigte sich, dass es der Staatsmacht nicht gelang, alle Proteste zu unterdrücken.

Erich Honecker (1912–1994)
SED-Generalsekretär
1971–1989
Staatsratsvorsitzender
1976–1989

Die Reformer der Partei werden nervös

Überall in den sozialistischen Staaten regte sich mal zaghafter, mal lauter die Forderung nach Veränderung. Im April 1989 sammelten sich Tausende Studenten im Zentrum von Peking auf dem „Platz des Himmlischen Friedens". Zunächst wurden Maßnahmen gegen Korruption und Inflation, bald aber auch Meinungs- und Pressefreiheit gefordert. Arbeiter schlossen sich den Studenten an. Zeitweise demonstrierten täglich hunderttausend Menschen. Als die Demonstrationen immer mehr Zulauf erhielten, entschloss sich die chinesische Regierung, am 3./4. Juni 1989 die Protestbewegung mit Panzern gewaltsam niederzuschlagen. Der alleinige politische Herrschaftsanspruch der chinesischen KP durfte nicht infrage gestellt werden. Andererseits begann wenig später eine marktwirtschaftliche Öffnung des Landes.

Die Ereignisse in China wurden in den sozialistischen Staaten Europas mit gemischten Gefühlen verfolgt. Viele jüngere Parteifunktionäre kamen zu der Überzeugung, dass die starre Haltung der meist überalterten Parteispitze zur Gefahr wurde, wollte man den notwendig gewordenen Reformprozess weiterhin selbst kontrollieren und lenken.

Ein solcher parteiinterner Machtwechsel fand bereits im Herbst 1988 in Ungarn statt. Dort übernahmen im November 1988 Radikalreformer unter der Führung des vierzigjährigen Wirtschaftsexperten Miklós Németh die Staatsführung. Ähnlich wie in Polen suchte die neue Parteispitze das Gespräch mit Bürgerrechtlern an einem „Runden Tisch". Im Mai 1989 entschied sie sich dafür, den „Eisernen Vorhang" entlang der Grenze zu Österreich abzubauen. Ende Juni 1989 wurde begonnen, die Grenzbefestigungen zu beseitigen.

Michail Gorbatschow
Staatschef der UdSSR
1985–1991
Foto: Ein Jugendlicher hält ein Gorbatschow-Bild bei der Demonstration in Leipzig am 23. Oktober 1989 vor sich.

„Wir wollen raus!" – „Wir bleiben hier!"

Zu dieser Zeit waren in der DDR die Ausreiseanträge bereits auf rund 120 000 angewachsen. Tausende DDR-Bürger, die nicht auf die Genehmigung eines Antrags warten wollten, suchten Zuflucht in den bundesrepublikanischen Botschaften in Prag und Warschau. Zehntausende nutzten die nun unbefestigte ungarisch-österreichische Grenze zur Flucht. Entgegen dem wütenden Protest aus Ostberlin beschloss die ungarische Regierung am 11. September 1989, alle nach Ungarn geflüchteten DDR-Bürger legal ausreisen zu lassen.

Die SED-Führung verlor immer stärker an Autorität. Die Bereitschaft vieler Bürger zum öffentlichen, organisierten Protest nahm zu. Innerhalb der Oppositionsbewegung wurden programmatische Erklärungen vorbereitet, Initiativgruppen zur Parteien- und Vereinsgründung ins Leben gerufen. Die SED-Führung verweigerte weiterhin jegliche Reformen. In der Leipziger Nikolaikirche bildete sich im Anschluss an die dort wöchentlich stattfindenden Friedensgebete seit Anfang September mit den Montagsdemonstrationen eine weitere Plattform friedlichen Protests. Die starre Haltung der politischen Machthaber führte im Herbst 1989 Hunderttausende DDR-Bürger zu Protestveranstaltungen auf die Straßen von Plauen, Jena, Leipzig, Rostock oder Ostberlin. Dort erhoben sie Forderungen nach Reise- und Versammlungsfreiheit sowie nach freien Wahlen. Trotzig, auf Reformen pochend, skandierten sie: „Wir bleiben hier".

Nicht minder trotzig beging die SED-Führung am 7. Oktober feierlich den 40. Jahrestag der DDR-Gründung. Der Festakt stand im krassen Gegensatz zu den nur wenige Straßen weiter stattfindenden Demonstrationen. Der angereiste sowjetische Staatschef Gorbatschow forderte Erich Honecker offen zu Reformen auf, während protestierende Bürger mit Rufen „Gorbi, Gorbi" und „Wir sind das Volk" den Festakt störten.

Für die SED war dies eine schwere Blamage. Nunmehr versuchten Reformkräfte der Partei, die Initiative zu ergreifen. Am 17. Oktober wurde Honecker abgesetzt. Den „Wendehälsen" um den neuen Generalsekretär Egon Krenz wurde jedoch kein Vertrauen entgegengebracht. Die Flucht- und Demonstrationsbewegung nahm immer mehr zu. Sie mündete Anfang November in Leipzig und Berlin in Massendemonstrationen, bei denen jeweils mehr als eine halbe Million Menschen auf der Straße radikale Veränderungen forderte. Unter diesem Druck verkündete die SED-Führung schließlich am 9. November 1989 die Öffnung der Berliner Mauer.

Was sollte nun kommen? Für die westlichen Regierungen, inklusive der Bundesrepublik, aber auch für die UdSSR kamen diese Ereignisse völlig überraschend. Politische Konzepte für die sich rasant verändernde Lage hatte niemand. Die Bundesregierung unter Helmut Kohl reagierte auf die unübersichtliche Lage erst, als immer mehr Demonstranten anstatt den Slogan „Wir sind das Volk" die auch durch die westdeutschen Medien forcierte Formulierung „Wir sind ein Volk" aufgriffen. Die Regierung Kohl legte nun ein „Zehn-Punkte-Programm" vor, das nach einer Phase der **Konföderation** zwischen beiden deutschen Staaten langfristig, im Rahmen des europäischen Einigungsprozesses, eine Wiedervereinigung in Aussicht stellte.

Margaret Thatcher (1925–2013)
1979–1990 brit. Premierministerin
übte 1990 großen Einfluss auf den 2 + 4-Vertrag aus

Grundlagen der Wiedervereinigung

Die nicht endende Ausreisewelle und der drohende wirtschaftliche Kollaps des Staates zwangen die SED-Führung dazu, sich nun ebenfalls mit den wichtigsten Oppositionsgruppen an einen „Runden Tisch" zu setzen, um über eine neue Verfassung, freie Wahlen und die Auflösung des verhassten Staatssicherheitsdienstes (MfS) zu verhandeln. Sehr bald wurde jedoch auch über die Möglichkeit einer schnellen Vereinigung mit der Bundesrepublik diskutiert.

Für eine Wiedervereinigung gab es zwei verfassungsrechtliche Möglichkeiten: Entweder einigen sich beide Länder auf eine gemeinsame staatliche Neugründung mit neuer Verfassung oder die DDR tritt der Bundesrepublik auf Basis des Art. 23 des Grundgesetzes bei. Bei den DDR-Volkskammerwahlen am 18. März 1990 erhielt das für den raschen Beitritt

D1

Die Vereinbarungen des Zwei-plus-Vier-Vertrags

(Vertrag über die abschließende Regelung in Bezug auf Deutschland vom 12. September 1990)

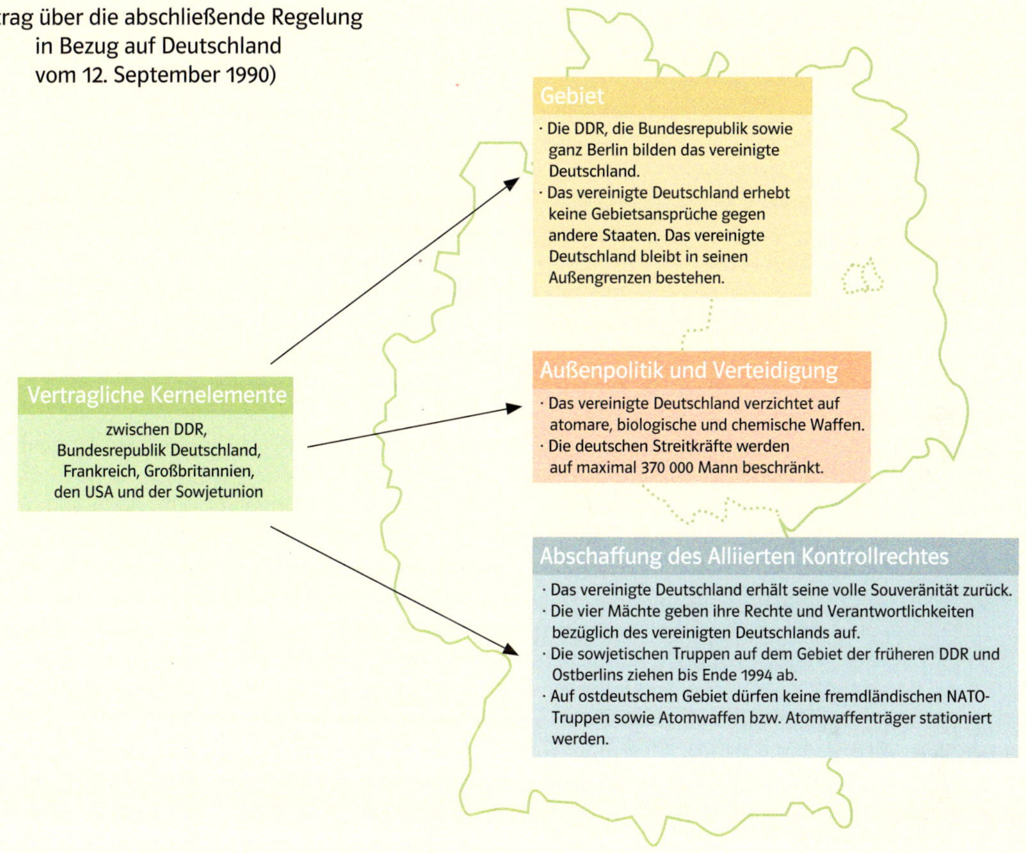

plädierende Wahlbündnis unter Führung der CDU-Ost angesichts vorangegangener Umfragen überraschend 47,8 Prozent. Daraufhin setzte sich nun auch die Bundesrepublik für eine schnelle Lösung ein. Parallel dazu kam es im 2+4-Vertrag zwischen den beiden deutschen Staaten und den vier Siegermächten des Zweiten Weltkriegs zu einer Einigung, in dem die Alliierten auf ihre Vorbehaltsrechte verzichteten. Dies erlaubte den beiden deutschen Staaten, zunächst eine Wirtschafts-, Währungs- und Sozialunion zu vereinbaren. Am 22. Juli 1990 beschloss die Volkskammer der DDR die Umwandlung der bisherigen 14 Bezirke in fünf Bundesländer zum Zeitpunkt des baldigen Beitritts zur Bundesrepublik. Ostberlin sollte dann mit Westberlin als gemeinsames Bundesland wiedervereinigt werden. Im September ratifizierten dann Bundestag und Volkskammer den **Einigungsvertrag** nach Art. 23 des Grundgesetzes. Am 3. Oktober trat die staatliche Einheit in Kraft. In Ablösung des 17. Juni (1953) als zentralen bundesdeutschen Nationalfeiertag. wurde der 3. Oktober zum neuen Nationalfeiertag erklärt. Mit dem Beitritt der ehemaligen DDR galten fortan alle gesetzlichen Regelungen und Verordnungen.

A Umbrüche in der realsozialistischen Welt

Q1

Aktionsprogramm der Solidarność (1981)

I. Grundwerte

[...] Wir sind aus dem Protest gegen Unrecht, Erniedrigung und Ungerechtigkeit entstanden. Wir sind eine unabhängige, selbstverwaltete Gewerkschaft der Werktätigen aus allen Regionen und allen Berufen. Wir verteidigen die Rechte, die Würde und die Interessen der gesamten Arbeitswelt. Wir wollen das Leben in unserem Land in Übereinstimmung mit den Idealen des Patriotismus, der sozialen Gerechtigkeit und der Bürgerdemokratie formen. Als eine Gewerkschaft hegen wir nicht die Absicht, die Aufgaben der Staatsgewalt zu übernehmen, doch wollen wir die Interessen der Werktätigen vor dieser vertreten. Daher werden wir die Rechte des Menschen, des Bürgers und des Arbeiters verteidigen. Zugleich entziehen wir uns nicht der Verantwortung für das Schicksal unserer Nation und unseres Staates.

1. Die besten Traditionen der Nation, die ethischen Prinzipien des Christentums, der politische Auftrag der Demokratie und die sozialistische Gesellschaftsidee – dies sind die vier Hauptquellen unserer Inspiration. [...]

3. Unsere grundlegende Gewerkschaftsaufgabe – die Verteidigung der Werktätigen – beruht auf dem Prinzip der Wahrung sozialer Gerechtigkeit. [...] Aus dem Prinzip der sozialen Gerechtigkeit, aus der Würde des Individuums folgt, dass alle Menschen in ihrem tiefsten Wesen gleich sind. Daher werden wir soziale Gleichheit anstreben. Aus dem Prinzip der Gleichheit folgt, dass im öffentlichen Leben uneingeschränkte Demokratie eingehalten werden muss. [...]

4. Unsere Gewerkschaftstätigkeit erfordert es, die in der Verfassung der Volksrepublik Polen niedergelegten Bürgerrechte zu beachten, wie das Recht auf freie Meinungsäußerung, die Rede- und Pressefreiheit, das Recht auf ehrliche Information, die Versammlungs- und die Koalitionsfreiheit. [...]

II. Politische Ursachen der Krise [...]

1. Der vorherrschende Zug dieses Systems ist das Fehlen demokratischer Mechanismen zur Entscheidungsfindung, von Verantwortung für getroffene Entscheidungen und von Wechsel bei Leuten in führenden Positionen. [...]

2. Die bürokratischen Regierungsmethoden machen es unmöglich, Irrtümer zu berichtigen.

3. Im bürokratischen System der Regierung des Landes und der Leitung der Wirtschaft hat sich eine exklusive Schicht von Herrschenden etabliert, die keiner Kontrolle vonseiten der Beherrschten unterliegen. Die Leute im Machtapparat treffen Entscheidungen eher im Hinblick auf ihre persönlichen Interessen, ihre materiellen Privilegien und ihre Karriere als im Hinblick auf die Interessen der Gesellschaft. [...]

4. All dies führte dazu, dass Polen keine Chance hatte zu sozialökonomischen Reformen und zur Rettung vor der Krise.

Europa-Archiv, Jg. 36/1981, S. D460–D462.

Q2

Demokratie lehren und lernen

Aus der Rede Michail Gorbatschows zum 70. Jahrestag der Oktoberrevolution am 2. November 1987:

[...] Genossen! Zu der Schlussfolgerung, dass eine Umgestaltung notwendig ist, führten uns die brennenden und unaufschiebbaren Erfordernisse. [...]

Zwei Schlüsselprobleme der Entwicklung der Gesellschaft werden das Schicksal der Umgestaltung bestimmen. Das sind die Demokratisierung des gesamten gesellschaftlichen Lebens und die radikale Wirtschaftsreform. [...]

Bei der Umgestaltung unseres ökonomischen und politischen Systems haben wir die Pflicht, erstens einen zuverlässigen und flexiblen Mechanismus zur realen Einbeziehung aller Werktätigen in die Lösung der staatlichen und gesellschaftlichen Angelegenheiten zu schaffen, zweitens die Menschen praktisch das Leben in einer sich vertiefenden Demokratie zu lehren, die Menschenrechte zu erweitern und zu festigen und die derzeitige politische Kultur der Massen weiterzuentwickeln – anders gesagt, Demokratie zu lehren und zu lernen. [...] Die Kultur der Demokratie darf sich nicht nur auf den Bereich der Politik beschränken. Sie muss alle Sphären der menschlichen Beziehungen durchdringen. [...] Wir sind für die Vielfalt der öffentlichen Meinung, für den Reichtum des geistigen Lebens. Wir dürfen uns nicht scheuen, die schwierigen Probleme der gesellschaftlichen Entwicklung offen zur Sprache zu bringen und zu lösen, Kritik zu üben und zu streiten. [...]

Genossen! Eine solide Grundlage für ein schnelleres Vorankommen auf allen Gebieten kann nur durch tief greifende Veränderungen in der Wirtschaft geschaffen werden. [...] Ziel der im Lande eingeleiteten radikalen Wirtschaftsreform ist, in den nächsten zwei bis drei Jahren den Übergang vom übermäßig zentralisierten, auf Weisungen beruhenden Leitungssystem zu einem demokratischen System der Leitung zu sichern, das überwiegend auf ökonomischen Methoden, auf einer optimalen Verbindung von Zentralismus und Selbstverwaltung begründet ist. Das setzt eine beträchtliche Erweiterung der Selbständigkeit der Vereinigungen und Betriebe, deren Umstellung auf die volle wirtschaftliche Rechnungsführung und Eigenfinanzierung sowie die Aus-

stattung der Arbeitskollektive mit allen dafür notwendigen Rechten voraus. […]
Im Jahr 2017 begeht unser Volk, die gesamte fortschrittliche Menschheit den 100. Jahrestag des Großen Oktober. […] Im Oktober 1917 haben wir die alte Welt unwiderruflich hinter uns gelassen. Wir gehen einer neuen Welt entgegen – der Welt des Kommunismus. Von diesem Weg werden wir niemals abweichen!

Michail Gorbatschow: Ausgewählte Reden und Aufsätze. Bd. 5: April 1987–Dezember 1987. Übers. v. Heike Brendler. Dietz Verlag, Berlin 1990, S. 380–383.

B Krise in der DDR

Q3

Mangelnde Flexibilität und Transparenz?

Aufzeichnungen des Staatssicherheits-Offiziers Horst Roigk über ein vertrauliches Gespräch mit dem Vorsitzenden der Staatlichen Planungskommission (SPK) Gerhard Schürer vom 24. April 1978. Die Aufzeichnungen wurden an den Minister für Staatssicherheit der DDR Erich Mielke weitergeleitet::

[Gerhard Schürer:] Da wir in den vergangenen Jahren unsere aufgenommenen Kredite für sozial-politische Maßnahmen im Wesentlichen einsetzten und bei den getätigten Investitionen nicht die Effekte erreichten, um weltmarktfähige Produkte für den Weltmarkt zu produzieren, sind […] sie nicht zweckmäßig eingesetzt, führen nicht zur Erhöhung der Produktion und der Verbesserung der Arbeits- und Lebensbedingungen, sondern es werden Schauobjekte wie Schwimmhallen, Opernhäuser, Pionierpaläste und sonstiger Luxus errichtet. […]
Genosse Schürer berichtete dann weiter, daß er alle diese Fragen im engen Kreis offen zum Ausdruck gebracht hat. Der Kreis setzte sich zusammen aus [den Politbüromitgliedern] Gen. Honecker, Gen. Mittag [ZK-Sekretär für Wirtschaftsfragen], Gen. Stoph [Vorsitzender des Ministerrates] und zeitweise Gen. Krolikowski. [Mitglied der Wirtschaftskommission und der Arbeitsgruppe Zahlungsbilanz beim Politbüro] Alle seine Bemerkungen wurden […] ohne große Diskussion beiseite geschoben. Er [Gen. Schürer] sagte, daß er bereits 1975 das erste Mal bei einer internen Aussprache mit Gen. Honecker in Gegenwart des Genossen Mittag in „Ungnade" gefallen ist, da er dort auch berichtete, wie die objektive Lage ist. Gen. Honecker habe ihm sehr erregt die Frage gestellt, ob er gegen die Beschlüsse des [VIII.] Parteitages ist und ob er wünscht, daß man die Beschlüsse des Parteitages ändert. […] Genossen Schürer [ergeht es häufig so,] daß er völlig auf sich selbst gestellt ist mit Entscheidungen, die aus dem Parteiapparat kommen, im Nachhinein konfrontiert wird. […], Als Beispiel führte Genosse Schürer an, daß sich der Genosse Tisch [Vorsitzender des FDGB und Politbüromitglied] offensichtlich in Absprache mit dem Generalsekretär auf dem Parteitag hinstellt und verkündet, daß wir zusätzlich zum Plan 100 Tausend Wohnungen bauen werden. Er habe davon keine Kenntnis gehabt, ist jetzt aber mit den Auswirkungen konfrontiert. Nämlich, an diesen 100 Tausend Wohnungen hängen 100 Tausend Badewannen, 150 Tausend Armaturen, Gasherde, Elektroherde, Rohre, Fensterglas, Radiatoren usw. Diese Ausrüstungen sind im 5-Jahrplan nicht enthalten. Sie müssen aber beschafft werden – ein Import ist auszuschließen, eine zusätzliche Produktion gegenwärtig nicht möglich, da die planmäßig vorgesehene Summe der Neubauten von Wohnungen im günstigsten Falle wie vorgesehen erfüllt wird, wobei dabei bestimmt ein Auge zugedrückt werden muß (Erneuerung von Altbausubtanzen usw.) […].
In diesem Zusammenhang erläuterte Genosse Schürer, daß unsere Preispolitik volkswirtschaftlich unmöglich ist, jeder Realität widerspricht und offensichtlich einer falschen Idee entspringt. Wenn in der ganzen Welt, selbst in der großen Sowjetunion, sich die Rohstoffe, Konsumgüter und andere Produkte verteuern, dann kann man in der kleinen DDR nicht eine sogenannte stabile Preispolitik betreiben und aufrecht erhalten[…] Durch diese Preispolitik steigen die Subventionen des Staates in den genannten Sphären in das Unermeßliche. […] Weiterhin werden bei unseren Menschen Bedürfnisse geweckt, die wir aufgrund unserer Preispolitik nicht bewältigen. […]

BStU, Bestand MfS, Akte HA XVIII 16067, Bl. 1–12.

Q4

Ausreisen?

Die junge Familie Uszkoreit durfte im Sommer 1989 die DDR legal verlassen. Sie sagte später über ihre Beweggründe:

[…] Warum wir uns zur Ausreise entschlossen haben? So viele Gründe, wichtige und unwichtige, kleine und große […]. Zum einen die sture Ablehnung all unserer Reiseanträge aus familiären Gründen zu Vater und Bruder. Diese hatten die DDR schon verlassen. […]
Zum anderen war es der Gedanke „Das soll es nun gewesen sein?" Wir hatten unsere Arbeit – gut –, sie machte uns Spaß – sehr gut –, wir hatten eine gute Wohnung in einer scheußlichen Berliner Gegend – befriedigend –, wir hatten viele Freunde (darunter viele gute), und wir hatten eine (Kirchen-)Gemeinde, in der wir uns wohlfühlten. Aber wie weiter? Das hätten wir auch in 10, 20, 30 Jahren noch genauso gehabt – ohne Veränderungen und Entwicklungen, die etwas wirklich Neues in unser Leben bringen würden.

Sind wir ehrlich, auch materielle Gedanken haben uns bewegt. Trotz und wegen der Geschenke unserer Verwandten waren wir nicht zufrieden.
Wie kann man das auch, wenn man trotz Lehre, Studium und 48-Stunden-Woche viele Dinge nur durch eine wohlmeinende ‚Westverwandtschaft' besitzt. Und ein ganzes Leben ständig dankbar sein müssen, obwohl man bestimmt nicht weniger arbeitet? […] Wir waren artige Mitläufer, die draußen mittrabten und drinnen meckerten.
Erst in den zwei Jahren des Wartens nach dem Schreiben des Ausreiseantrages erlebten wir kleine und große Kostproben eines erschreckenden Apparates. Wir begannen damals „mutig" die Zusammenkünfte der Gruppen in den Kirchen zu besuchen, die etwas aufdecken und ändern wollten. […] Der Besuch solcher Zusammenkünfte hatte ja die Ausreise bei vielen beschleunigt. Die erschreckenden Informationen über Umweltschäden, Städteverfall, Gesundheits(un)wesen u. v. a. m., die wir durch die engagierten Leute und Gruppen dort bekamen, konnten unsere Entscheidung aber nur festigen, obwohl wir doch oft dachten, man müsste etwas tun. Das war zu diesem Zeitpunkt für uns aber kein Grund zum Bleiben mehr. Wir wollten nur raus, […].

Jörg Swoboda: Die Revolution der Kerzen. Christen in den Umwälzungen der DDR. Oncken, Wuppertal und Kassel 1992, S. 112 f.

Q5

Liedtext von der politischen DDR-Liedgruppe Oktoberklub (1966–1990) aus dem Jahr 1988: „Wenn die Leute unser Land verlassen"

Wenn Leute unser Land verlassen,
stehen wir mitunter sprachlos still,
und können es oft gar nicht fassen,
dass wer mit uns nicht leben will.
Dann machen wir uns dessen Sorgen,
wie der wo anders leben wird.
Und denken der kommt wieder Morgen,
und haben meistens uns geirrt.

Wir fühlen uns verletzt, betrogen,
wir reichten ihm doch oft die Hand,
doch er zog vor den Ellebogen,
zog vor ein Ellebogenland.
Kann Helden nicht in ihnen sehen,
noch Märtyrer die an uns leiden.
Ich glaube, die darüber gehen,
die zieht es fort zu fetteren Weiden.

Was sollen wir mit solchen Leuten,
ist gut dass man sie ziehen lässt,
den kann kein Land etwas bedeuten,
der seine Heimat so verlässt.
Das gab es, das wird's lang noch geben,
das ändert nicht der Weltenlauf.
Das Land kann ohne sie auch leben,
wir nehmen ihre Arbeit auf.

Wenn die Leute unser Land verlassen (Oktoberclub Berlin 1988), Text: Gerd Eggers © Gerd Eggers

Q6

„Man sollte ihnen keine Träne nachweinen"
Reaktion der DDR-Führung vom 2. Oktober 1989 auf die Massenfluchten:

[…] Zügellos wird von Politikern und Medien der BRD eine stabsmäßig vorbereitete „Heim-ins-Reich"-Psychose geführt, um Menschen in die Irre zu führen und auf einen Weg in ein ungewisses Schicksal zu treiben. Das vorgegaukelte Bild vom Leben im Westen soll vergessen machen, was diese Menschen von der sozialistischen Gesellschaft bekommen haben und was sie nun aufgeben. Sie schaden sich selbst und verraten ihre Heimat. […] Sie haben sich selbst von ihren Arbeitsstellen und von den Menschen getrennt, mit denen sie bisher zusammen lebten und arbeiteten. Bar jeder Verantwortung handelten Eltern auch gegenüber ihren Kindern, die im sozialistischen deutschen Staat wohlbehütet aufwuchsen und denen alle […] Bildungs- und Entwicklungsmöglichkeiten offen standen. […] Sie alle haben durch ihr Verhalten die moralischen Werte mit Füßen getreten und sich selbst aus unserer Gesellschaft ausgegrenzt. Man sollte ihnen deshalb keine Träne nachweinen. […]

„Sich selbst aus unserer Gesellschaft ausgegrenzt". In: Neues Deutschland vom 2. Oktober 1989, hier in: Matthias Judt (Hrsg.): DDR-Geschichte in Dokumenten. Beschlüsse, Berichte, interne Materialien und Alltagszeugnisse. bpb, Bonn 1998, S. 531.

C Zeit der Entscheidung

Q7

Zum Schutz der Republik?
Ein Angehöriger einer Kampfgruppe erinnert sich an den 9. Oktober 1989 in Leipzig:

Bevor ich über den 9. Oktober spreche, ist es notwendig, weiter auszuholen. Ich bin seit vielen Jahren Mitglied der Kampfgruppen der Arbeiterklasse. Da gab es lange vorher heftige Diskussionen. Mitte September fand eine Übung statt, auf der auch Funktionäre der SED-Bezirksleitung erschienen. Sie informierten uns, dass am 7. Oktober in der DDR der „Tag X" stattfinden würde. Die Kampfgruppen sollten eingesetzt werden, um – so der Ausspruch des damaligen amtierenden 1. Sekretärs der SED-Bezirksleitung Helmut Hackenberg – „Nägel mit Köpfen zu machen". […] Wir wurden am 9. Oktober früh informiert, dass erhöhte Alarmbereitschaft ist, und dann gegen 14.00 Uhr benachrichtigt, dass wir uns sofort im Kampfgruppenstützpunkt einzufinden haben. Ich wurde von der Parteileitung meines Betriebes, der ich als BGL-Vorsitzender[1] angehörte, beauftragt, für die politisch-ideologische Linie in der Kampfgruppe zu sorgen. Von den 160 Genossen fanden sich rund 80 ein. […] Uns wurde mitgeteilt: Für eure Sicherheit ist gesorgt, es werden medizinische Einrichtungen aufgebaut, Ärzte sind da. Wir hatten die Aufgabe, Absperrungen durchzuführen. Bewaffnet waren wir nicht, auf eigenen Wunsch konnte man Schlagstöcke mitnehmen – mit der Anweisung, sie nur zum persönlichen Schutz einzusetzen. Es wurde generell darauf orientiert, sich in keinerlei Auseinandersetzungen einzumischen. Wir sollten absperren.

Ich kann sagen, dass dieser Einsatz ein Wendepunkt in meinem Leben war. Das, was wir am Schwanenteich vorfanden, war für uns eine einzige Ernüchterung. Wir hatten angenommen, dass nicht nur die einzelnen Kämpfer dort stehen würden, die einzelnen Produktionsarbeiter, sondern dass sich auch Funktionäre der Kreisleitungen, der Bezirksleitung der SED dort befinden. Von diesen Genossen war keiner zu sehen. Wir kamen uns vor wie ein Häuflein, das nun „die Republik retten" sollte. Vor wem? Es war eine Weltuntergangsstimmung. Polizeioffiziere rannten kopflos hin und her, wussten nicht, was sie machen sollten. […]

Ich muss sagen, dass wir zu Beginn der Demonstration starken Anpöbelungen ausgesetzt waren. Es sind Ausdrücke gefallen wie Dreckschweine, Kommunistenschweine, Arbeiterverräter. Das hat mich als BGL-Vorsitzenden schwer getroffen. Ich hab mich nie als Arbeiterverräter gesehen, auch unter schwierigen Umständen die Interessen der Kollegen vertreten. Aber die uns provoziert haben, das war nicht die Mehrzahl der Demonstranten, wie wir gesehen haben. Die große Mehrzahl war friedlich. Die Entspannung hat dann mit Bekanntwerden des Aufrufs der sechs Persönlichkeiten eingesetzt, auch im Verhältnis zu den Demonstranten. […]

Wie wir uns verhalten hätten, wenn es zur Konfrontation gekommen wäre? Das ist schwer zu sagen. Wir hätten uns sicher nicht heraushalten können. Aber wir waren uns einig, dass wir nicht eingreifen wollten. Niemand war darauf eingestellt. Aber in bestimmten Situationen ist das manchmal nicht vom Willen des Einzelnen abhängig. Ich weiß es nicht. Es war auf beiden Seiten eine große Angst da.

Leipzig, Jetzt oder nie – Demokratie. Hrsg. Rolf Henrich, Neues Forum. Forum-Verl., Leipzig 1989, S. 92–94.

1 BGL = große Wohnungsbaugenossenschaft in Leipzig

Q 8

„Es muss sich noch so viel ändern"

Eine Demonstrantin erinnert sich an den 9. Oktober 1989, als sich rund 70 000 Demonstranten auf den Leipziger Ring wagten:

Wir haben unsere Tochter – sie ist sechs Jahre alt – zeitiger ins Bett gebracht am 9. Oktober. Es gab Streit zwischen meinem Mann und mir. Mein Mann ist politisch sehr interessiert, aber es war so, dass er mich mehr oder weniger ferngehalten hat vom politischen Leben. Ich wollte unbedingt mit zur Demonstration. Teils aus Angst, so komisch das klingt. Es war ja Wahnsinn, in welcher Menge Polizei, Armee und Kampfgruppen seit dem Vormittag ausgerückt sind. Ich war erschrocken, als ich von der Arbeit nach Hause fuhr und das sah. Und ich war empört, weil ich nie gedacht hätte, dass eine Arbeiter- und Bauernmacht auf Arbeiter einschlägt, so wie das am 7. und 8. Oktober passiert ist. Das hat mich wütend gemacht. Ich hab also zu meinem Mann gesagt: Du hältst mich fern, wo das so prägnant ist, wo es wichtig ist, dass jeder auf die Straße geht. Ich wusste, dass nur möglichst viele Menschen Schlimmes verhindern können. Die Alarmbereitschaft der Polizei usw. hat mich dermaßen beeindruckt, dass ich Angst hatte, Angst um die Zukunft meines Kindes, Angst um meinen Mann. […]

Wir sind dann mit dem Trabi bis Kreuzstraße gefahren und von dort in die Stadt gelaufen. Ich muss sagen, mit Angst. Wir fassen uns generell nie an, wenn wir irgendwo hingehen. Ich hab an diesem Tag bei meinem Mann Schutz gesucht, seine Hand gehalten. Wir sind dann Querstraße, Gellertstraße gelaufen. Dort standen dann die Lkw der Bereitschaftspolizei. Am Schwanenteich vorbei, der war von Kampfgruppen belagert. Die Goethestraße hinauf, wieder Bereitschaftspolizei. In wirklicher Bereitschaft zum Kampf, mit Gummiknüppeln und diesen weißen Schilden. Als wir an der Thomaskirche waren, kam dann der Aufruf von Masur[1] […] und den anderen über Lautsprecher. Wir haben Beifall geklatscht, weil, es war die erste öffentliche Anteilnahme von führenden Persönlichkeiten an dem, was uns bewegte. Es war eine große Erleichterung für alle, die das gehört haben. Dann haben wir uns in den Zug eingereiht und sind die Runde mitgelaufen.

Seitdem gehen wir zur Demonstration, abwechselnd. Es muss sich noch so viel ändern. Wir haben jahrelang nach der Losung „So wie wir heute arbeiten, werden wir morgen leben" gearbeitet. Ich möchte wissen, ob wir Arbeiter je nur halb so gut leben werden wie die hohen Funktionäre. […]

Gudrun Fischer: 32 Jahre, Schriftsetzerin. Neues Forum Leipzig, Jetzt oder nie – Demokratie. Forum-Verl., Leipzig 1989, S. 84 f.

1 Kurt Masur (1927–2015), Gewandhauskapellmeister in Leipzig 1970–1997, Mitverfasser des Aufrufs „Keine Gewalt" vom 9. Oktober 1989

D Die Wiedervereinigungsfrage aus internationaler Perspektive

Q9

Britische Perspektive auf die deutsche Wiedervereinigung

a) Margaret Thatcher, britische Premierministerin (1925–2013) schrieb mit Blick auf die mögliche Vereinigung der beiden deutschen Staaten innerhalb des vereinten Europas:

Es ist […] wahrscheinlich, dass Deutschland in einem solchen Gefüge die Führungsrolle einnehmen würde, denn ein wiedervereinigtes Deutschland ist schlichtweg viel zu groß und zu mächtig, als dass es nur einer von vielen Mitstreitern auf dem europäischen Spielfeld wäre. Überdies hat Deutschland sich immer auch nach Osten hin orientiert, nicht nur in Richtung Westen, obwohl die moderne Version solcher Tendenzen eher auf wirtschaftliche denn auf kriegerische territoriale Expansion abzielt. Daher ist Deutschland vom Wesen her eher eine destabilisierende Kraft im europäischen Gefüge. Nur das militärische und politische Engagement der USA in Europa und die engen Beziehungen zwischen den beiden anderen starken, souveränen Staaten Europas, nämlich Großbritannien und Frankreich, können ein Gleichgewicht zur Stärke der Deutschen bilden. In einem europäischen Superstaat wäre dergleichen niemals möglich.

Margaret Thatcher: Downing Street No. 10. Die Erinnerungen. Übers. v. Heinz Tophinke. ECON Verlag, Düsseldorf 1993, S. 1095 f.

b) Cartoon von Colin Wheeler: Lebensraum, erschienen in der britischen Zeitung „Independent on Sunday" am 1.7.1990

Q10

Der deutsche Cartoonist Henning Studte thematisierte 1990 die Bedenken seitens der Warschauer-Pakt-Staaten

Arbeitsvorschläge

Arbeitsvorschlag zum darstellenden Teil

1. Arbeiten Sie heraus, inwiefern der Umbruch 1989/90 als globales Phänomen zu verstehen war. [II]

A Umbrüche in der realsozialistischen Welt

2. Untersuchen Sie Q 1 hinsichtlich der darin deutlich werdenden Kritik an Staat und Gesellschaft. [II]
3. Erläutern Sie, inwiefern in Q 1 wesentliche Elemente der realsozialistischen Herrschaftsordnung infrage gestellt werden. [II]
4. Arbeiten Sie aus Q 2 den reformerischen Ansatz der Politik Gorbatschows heraus. [II]
5. Diskutieren Sie den Stellenwert Gorbatschows und seiner neuen Politik für den Umbruch 1989/90. [III]

B Krise in der DDR

6. Erstellen Sie eine kommentierte Zeitleiste zum Umbruch in der DDR bis zum Mauerfall am 9. November 1989. [II]
7. Charakterisieren Sie arbeitsteilig die politische, ökonomische und gesellschaftliche Situation in der DDR in den 1980er-Jahren (Q 3, Q 4). [II] ○
8. Erläutern Sie den Inhalt des Liedes Q 5 und ordnen Sie dieses in den historischen Kontext ein. [II]
9. Erörtern Sie das Selbstverständnis der SED-Führung, wie es in dem Zeitungsartikel Q 6 deutlich wird. [II]
10. Beurteilen Sie, welche Zielsetzung der Artikel Q 6 in der parteinahen Tageszeitung Neues Deutschland verfolgt haben könnte. [III]

C Zeit der Entscheidung

11. Analysieren Sie arbeitsteilig Q 7 und Q 8. Stellen Sie sich in Zweiergruppen wechselseitig die Erwartungen und Gefühle vor, mit denen die beiden Erzähler zur Montagsdemonstration in Leipzig gekommen sind. [II]

D Die Wiedervereinigungsfrage aus internationaler Perspektive

12. Analysieren Sie die in Q 9 dargestellten britischen Sichtweisen im Winter 1989/90 auf die deutsche Wiedervereinigung. [III]
13. Beschreiben und analysieren Sie die Karikatur von Henning Studte (Q 10) aus dem Jahr 1990. [I/II] ○
14. Bewerten Sie die Karikatur Q 10. [III]

Online- und Differenzierungsmaterialien zu Kapitel 3.9
○ Arbeitshilfen zu den Aufgaben 7 und 13
Podcast Revolution 1989

Online-Code: e94wd5

E Erweiterungsband Kapitel 3.6, S. 192–195

3.10 Die Transformation der ehemaligen Ostblockstaaten am Beispiel Ostdeutschlands und der früheren Sowjetunion

Nach 1990 erlebten alle sozialistischen Staaten des ehemaligen sogenannten Ostblocks tiefgreifende Umbrüche. Die Bedingungen waren dabei höchst unterschiedlich. Die DDR wurde als Staat aufgelöst und in das politische, gesellschaftliche und wirtschaftliche System der Bundesrepublik Deutschland integriert. Die bisherige Supermacht UdSSR zerfiel. Die Nachfolgestaaten wie die Russische Föderation rutschten für viele Jahre in eine tiefe Krise und suchten nach einem eigenen Weg.

Gedenkmünze aus dem Jahr 1990 zur deutschen Wiedervereinigung

Vereinigtes Deutschland – ein tiefer Bruch in vielen Biografien

Am 3. Oktober 1990 traten die fünf neu gegründeten Bundesländer – die DDR kannte seit 1952 nur 14 Bezirke als Verwaltungseinheiten – der Bundesrepublik Deutschland bei. Ostberlin vereinigte sich mit Westberlin. In vielen Regionen der Altbundesländer beschränkte sich die Vereinigung weitgehend auf ein mediales Ereignis ohne persönlichen Bezug zum eigenen Leben. Für Millionen Menschen, in erster Linie Ostdeutsche, war dies aber ein radikaler Bruch in ihrem Leben. Millionen Menschen der ehemaligen DDR wurde plötzlich vermittelt, dass die Werte, für die viele von ihnen Jahrzehnte gelebt und gearbeitet haben, angeblich gänzlich falsch gewesen seien. Auch wurden schulische und berufliche Abschlüsse nun teilweise als minderwertiger bewertet, als vergleichbare Abschlüsse in den Altbundesländern. Einem mitunter geringen Verständnis für die Umbruchserleben einerseits standen nicht selten (über)große Erwartungen andererseits gegenüber. Während in Westdeutschland die Vorstellung vorherrschte, dass alles so bleiben würde wie bisher, dominierte in Ostdeutschland die Hoffnung, sehr bald den gleichen Lebensstandard und persönliche Möglichkeiten zu haben wie Westdeutsche. Forciert wurden diese Erwartungen zusätzlich durch die Regierung Kohl, verkündete doch der damalige Bundeskanzler, dass die neuen Bundesländer innerhalb weniger Jahre in „blühende Landschaften" verwandelt werden würden. Wie aber sollte möglichst schnell und schonend die Integration der neuen Bundesländer in das Rechts-, Wirtschafts-, Renten- und Verwaltungsgefüge bewältigt werden? Wie konnten Eigentumsfragen hinsichtlich der vielen, nach 1945 in der DDR vorgenommenen Enteignungen geregelt werden? Inwiefern konnten Verbrechen des SED-Staates juristisch geahndet werden? Wie konnte eine Integration der anders sozialisierten ostdeutschen Bürger in die BRD gefördert werden?

Angela Merkel (geb. 1954)
Physikerin in der DDR
seit 1990 CDU-Politikerin
seit 2005 erste Bundeskanzlerin

Zweischneidige Maßnahmen und politische Veränderungen

Als besonders zweischneidig erwies sich das Bestreben, möglichst schnell Verwaltungs-, Sicherheits-, Wirtschafts- und Wissenschaftsstrukturen anzugleichen. Inwiefern konnten beziehungsweise sollten ehemalige DDR-Eliten übernommen werden? In den meisten Fällen entschied man sich dafür, überwiegend westdeutsche Politiker, Verwaltungsbeamte, Wissenschaftler und Manager in den ostdeutschen Führungsebenen einzusetzen. Da nicht wenige den Eindruck vermittelten, quasi als Entwicklungshelfer entsandt worden zu sein, kam es schon bald zu Verstimmungen. Erst mit der CDU-Politikerin Angela Merkel als Bundeskanzlerin (2005) und dem Bürgerrechtler Joachim Gauck als Bundespräsident (2012) gelangten Ostdeutsche in politische Spitzenpositionen des vereinigten Deutschlands. Bunter wurde hingegen von Anfang an der Bundestag. So vereinigten sich Die Grünen 1990 mit ostdeutschen Bürgerrechtsparteien zu Bündnis 90/Die Grünen. Die ehemalige SED wandelte sich zunächst im Winter 1989/90 zur Partei des demokratischen Sozialismus (PDS). 2004–2007 weitete sie sich zu einer gesamtdeutschen Partei aus (Die Linke). 2014 übernahm sie erstmals die Führung einer Landesregierung (Thüringen).

Umbrüche in der deutschen Wirtschaft

Neben der politischen und mentalen Wiedervereinigung mussten Ost- und Westdeutschland auch wirtschaftlich zusammenwachsen. Dieser Prozess war schwierig und prägte besonders viele Menschen in Ostdeutschland nachhaltig. Bereits vor dem 9. November 1989 sahen sich beide deutschen Staaten ökonomisch großen Herausforderungen gegenüber. Die exportorientierte westdeutsche Wirtschaft sah sich einem wachsenden Globalisierungsdruck in Gestalt zunehmender innovativer und günstigerer Anbieter nicht zuletzt aus den asiatischen **„Tigerstaaten"** gegenüber. In vielen Bereichen kam der nötige Strukturwandel nicht voran. Der Staat versuchte daher durch teure finanzielle Zuschüsse, den nötigen Wandel zu erleichtern, wenn auch nicht immer erfolgreich. Dies machte sich auch in der stark gestiegenen Staatsverschuldung bemerkbar. Dem gegenüber stand die ostdeutsche Planwirtschaft, die unter anderem wegen mangelnder Investitionsmittel in den 1980er-Jahren immer größere Krisensymptome zeigte.

Tigerstaat
Begriff für Staaten, die sich in sehr großer Geschwindigkeit von einer landwirtschaftlich geprägten Gesellschaft zu einem modernen Industriestaat entwickelt haben (bildlich: so schnell wie ein Tiger aus dem Stand heraus weit springen kann). Beispiele sind Südkorea, Singapur, Taiwan und Hongkong.

In der Dynamik des Wiedervereinigungsprozesses 1989/1990 wurde schließlich eine rasche Zusammenführung der beiden Wirtschaftsräume vollzogen, mit unterschiedlichen Folgen. So mussten mit der Währungsunion ostdeutsche Unternehmen fortan in Deutscher Mark (DM) wirtschaften, womit sie aber einen Großteil ihrer osteuropäischen Kunden verloren, die dafür nicht die nötigen Devisen besaßen. Darüber hinaus fehlte oft das Kapital zur eigenen Modernisierung, während die bisherigen ostdeutschen Kunden zunächst verstärkt „Westprodukte" kauften.

Eine für die Bundesregierung drängende Frage war, wie mit den zahlreichen Volkseigenen Betrieben der ehemaligen DDR umgegangen werden sollte. Mit dem Ziel, die „Effizienz und Wettbewerbsfähigkeit der Unternehmen zu sichern" (§ 8 Treuhandgesetz) wurde im Juli 1990 die Treuhandanstalt gegründet. Diese sollte als Mittlerstelle zwischen Staat und Privatwirtschaft die betroffenen ostdeutschen Unternehmen privatisieren oder, falls unumgänglich, stilllegen. Spätestens seit dem Frühjahr 1991 wurde allerdings eine möglichst rasche Privatisierung vorgenommen. Die Folge waren oft Massenentlassungen und die Deindustrialisierung ganzer Regionen. Gleichzeitig begann ein umfangreiches staatliches Investitionsprogramm („Aufbau Ost"), welches fortgeführt werden sollte, bis sich die wirtschaftlichen Lebensbedingungen zwischen West- und Ostdeutschland angeglichen haben würden. Die großen Unterschiede in Löhnen und Vermögen zwischen West- und Ostdeutschland blieben jedoch bestehen. Hinzu kam eine jahrzehntelange nachteilige Rentenberechnung für Arbeitnehmer in Ostdeutschland.

→ **D1** , **D2** , S. 334–335

Verlust von Autoritäten und politischer Extremismus in den 1990er-Jahren

Die sozialen und mentalen Folgen dieser Entwicklung waren vielfältig. In den Altbundesländern nahm bald unter der dortigen Bevölkerung die Klage zu, sie müsse zu viel für die Förderung der neuen Bundesländer zahlen. In den ostdeutschen Bundesländern entwickelte sich hingegen oft das Gefühl, wirtschaftlich und vereinnahmt worden zu sein.

Schon bald entwickelte sich eine Verklärung der Zeit vor 1990, sowohl im Westen, besonders aber im Osten. Verstärkt wurde dies zusätzlich dadurch, dass der westdeutsche Konjunkturanstieg infolge der Wiedervereinigung nach einigen Jahren aufhörte und die Regierung sich gezwungen sah, den bisherigen Sozialstaat teilweise abzubauen (Hartz IV-Reformen). Mit dem Ende der DDR ging auch für viele der Verlust von Autoritäten einher. Dies betraf besonders Jugendliche, die in der Nachwendezeit beim Staat und in der Gesellschaft kaum Leitbilder fanden. Der Politik wurde mit wachsender Skepsis begegnet, im Elternhaus dominierte häufig Arbeitslosigkeit. Dies beförderte eine extremistische Szene sowohl im linken, besonders aber im rechten politischen Spektrum. Die Frage, inwieweit die deutsche Einigung heute vollzogen ist, wird immer noch, je nach Biografie und Sozialisierung, auch über dreißig Jahre nach der Wiedervereinigung ganz unterschiedlich beantwortet.

Transformation der ehemaligen UdSSR – „Das Vaterland geht unter"

Am 23. Juli 1991 wandte sich Michail S. Gorbatschow als Präsident der Sowjetunion mit einem Aufruf an die Bevölkerung seines Landes. Darin heißt es: „Ein großes, unerhörtes Unglück hat sich ereignet. Das Vaterland, unser Land, der große Staat, der uns von der Geschichte, der Natur und unseren ruhmreichen Vorfahren zur Bewahrung anvertraut wurde, geht unter, wird zerstört, versinkt in Finsternis und Nichtsein." Wenige Wochen später kam es zu einem Putschversuch gegen die Regierung Gorbatschow, der zwar scheiterte, aber letztlich mit zum Auseinanderbrechen der UdSSR in den nächsten Monaten beitrug.

Die Sowjetunion – eine Supermacht

Mit dem Sieg im Zweiten Weltkrieg, der in der Sowjetunion und im heutigen Russland der „Große vaterländische Krieg" genannt wird, war die UdSSR zur Weltmacht aufgestiegen. Mit der Entwicklung eigener Atomwaffen und eines Raumfahrtprogramms wurde sie neben den USA die zweite Supermacht des 20. Jahrhunderts. Über mehr als vier Jahrzehnte war es ihr möglich, eine große Zahl oftmals von ihr abhängiger Staaten an sich zu binden. Die Grundlage für diese Machtstellung waren die territoriale Größe der Sowjetunion, ihre Rohstoffvorkommen (Erdöl, Erdgas, Uran etc.) und ihre militärische Schlagkraft. Sie verfügte über zahlenmäßig große konventionelle Streitkräfte und entwickelte eigene Nuklear- bzw. später auch chemische, biologische und lasertechnische Waffen. Dadurch war sie in der Lage, eine Außenpolitik der Stärke zu führen und Einfluss in vielen Weltregionen zu nehmen.

Wachsende Probleme und Reformbemühungen

Michail Gorbatschow (geb. 1931)
1985–1991 Generalsekretär der KPdSU
1990–1991 Staatspräsident der UdSSR

Seit den 1970er-Jahren geriet die UdSSR jedoch in immer größere Schwierigkeiten. Der weltwirtschaftliche Strukturwandel ließ die Weltmarktpreise beispielsweise für Erdöl sinken, was die finanziellen Möglichkeiten der Sowjetunion deutlich einschränkte. Das gegenseitige Wettrüsten der beiden Supermächte zwang die sowjetische Regierung, immer größere Anteile des Staatshaushaltes in die Modernisierung des Militärs zu stecken. Für wirtschaftliche Modernisierungen fehlten zunehmend die Mittel. Hinzu kam der verlustreiche Versuch, durch eine Besetzung Afghanistans 1979–1988 den eigenen Einfluss auszudehnen. Später zeigten die Nuklearkatastrophe von Tschernobyl 1986, wie schwach die sowjetische Staatsmacht auch im Inneren geworden war. Mit sinkendem Lebensstandard nahmen die Unzufriedenheit und die Kritik an den politischen Verhältnissen im Land zu. Erst der 1985 ins Amt gekommene neue Generalsekretär Michail Gorbatschow wagte den Schritt hin zu einer grundlegenden Änderung der bisherigen Politik. Nach außen suchte er die Verständigung mit den USA über die Abrüstung der atomaren Mittelstreckenraketen und ordnete auch den Abzug der sowjetischen Truppen aus Afghanistan an. Im Inneren begann er eine Reformpolitik mit dem Ziel, eine „Umgestaltung" (**Perestroika**) des Sozialismus auf allen Gebieten zu erreichen. Einhergehen sollte eine Politik der „Offenheit" (**Glasnost**), um verloren gegangenes Vertrauen aufseiten der Bevölkerung zurückzugewinnen. Ziel war es, den Lebensstandard der Bevölkerung zu verbessern und zur aktiven Teilnahme an den Reformen zu ermuntern.

Das Ende des Sowjetimperiums

Diese Reformpolitik weckte Hoffnungen bei Dissidenten in allen sozialistischen „Bruderländern", wurde jedoch von den dortigen Regierungen nicht unterstützt. Die Folgen waren immer offenere Proteste, die 1988–1990 zum Ende der osteuropäischen Volksrepubliken führte. Die Sowjetunion schritt, anders als in den 1950er- und 1960er-Jahren nicht mehr militärisch ein. Mittlerweile hatten die finanziellen und wirtschaftlichen Probleme der UdSSR einen kritischen Grad angenommen. In Teilen des Landes nahmen gewalttätige Konflikte zu, darunter in der armenisch-aserbaidschanischen Region Bergkarabach.

1990 entschloss sich die Gorbatschow-Regierung zu einem weitreichenden Entgegenkommen in der deutsch-deutschen Frage. Zusammen mit den anderen Alliierten des Zweiten

Weltkriegs stimmte sie vor diesem Hintergrund der Wiedervereinigung Deutschlands in den Grenzen von 1945 zu. Im Gegenzug erhielt sie, die gewünschte finanzielle Hilfe, die jedoch bei weitem nicht zur Stabilisierung der sowjetischen Wirtschaft ausreichte. Hinzu kamen nur vage Zusagen westlicher Diplomaten, die NATO auch zukünftig nicht nach Osten auszudehnen. 1995 verließen die letzten russischen Besatzungstruppen Ostdeutschland. 1997 begann die NATO Beitrittsverhandlungen zunächst mit Polen, Ungarn und Tschechien.

Boris Jelzin (1931–2007)
1991–1999 russischer Präsident

Zu diesem Zeitpunkt existierte die UdSSR schon nicht mehr. Die Krise der bisherigen Planwirtschaft war viel größer gewesen, als die Verantwortlichen in Moskau erwartet hatten. Die Wirtschaftsreformen der Gorbatschow-Regierung führten zu mehr Arbeitslosigkeit, sozialer Ungerechtigkeit und größerer Armut anstatt zu mehr Wohlstand und besseren Lebensbedingungen. In verschiedenen Sowjetrepubliken forderten Teile der Bevölkerung mehr Autonomie oder sogar die Unabhängigkeit. Ein Putschversuch konservativer Parteikräfte im August 1991, mit dem Ziel das Rad der Geschichte zurückzudrehen, scheiterte zwar am Widerstand der Bevölkerung, leitete aber den Zerfall der UdSSR ein. Ende 1991 musste Gorbatschow zurücktreten. 1990 hatten bereits die drei baltischen Sowjetrepubliken ihre Unabhängigkeit erklärt. Es folgten die kaukasischen und zentralasiatischen Republiken. Am 21. Dezember 1991 löste sich die Sowjetunion offiziell auf. An ihre Stelle trat die Russische Föderation als Rechtsnachfolger sowie 14 weitere, nun unabhängige Republiken. Erster Präsident wurde der Radikalreformer Boris Jelzin.

→ **Q1** , S. 336

Das Trauma der 1990er-Jahre und der Wiederaufstieg Russlands

Oligarch
Begriff aus griech. *oligoi* = „wenige" und *archon* = „Führer"
Wirtschaftsführer, der in einem Land oder einer Region durch seinen Reichtum und seinen wirtschaftlichen Einfluss weitgehende Macht zu seinem persönlichen Vorteil ausüben kann

Aus westlicher Sicht und aus Sicht radikalerer Reformer in der Sowjetunion war diese Entwicklung eine Zeitenwende im positiven Sinne. Für viele Menschen der ehemaligen Sowjetunion bedeuteten die Ereignisse 1990/91 und die Erfahrungen mit den westlichen Staaten in den nachfolgenden Jahren eine tiefe Demütigung. Sehr bald verbreitete sich das Gefühl, von den westlichen Mächten nicht mehr ernstgenommen und stattdessen übervorteilt zu werden. Der soziale und wirtschaftliche Übergang der russischen Gesellschaft von der staatlichen Plan- zur freien kapitalistischen Marktwirtschaft bei gleichzeitigen instabilen politischen Bedingungen führte in vielen Lebensbereichen zu katastrophalen Verhältnissen. Es kam zu sozialen und politischen Spannungen. Bald existierte Massenarmut bei einem weitgehenden Zusammenbruch des staatlichen Sozial-, Bildungs- und Gesundheitssystems. Korruption und Kriminalität kennzeichneten den Alltag der 1990er-Jahre. Zusätzlich belastet durch internationale Wirtschaftskrisen und einen sinkenden Erdölpreis musste sich der russische Staat 1998 zeitweise für zahlungsunfähig erklären. Gleichzeitig gelang es in den 1990er-Jahren einigen wenigen Menschen, durch Aneignung von ehemaligem Staatseigentum zu riesigem Reichtum zu gelangen und zu **Oligarchen** aufzusteigen. Außenpolitisch und wirtschaftlich spielte die ehemalige Supermacht in den 1990er-Jahren plötzlich keine nennenswerte Rolle mehr. Unter Präsident Wladimir Putin (seit 2000) änderte sich die Politik im Innern und nach außen. Die Lebensbedingungen verbesserten sich durch weitere Reformen. Steigende Erdgas- und Erdölpreise verschafften dem Land wieder mehr finanziellen Spielraum. Andererseits entwickelte sich das Land fortan wieder zu einem autoritären Staat. Teil der neuen Politik wurde auch eine nationale Erinnerungskultur, die die frühere Größe Russlands betonte, Verbrechen in der Zeit der Sowjetunion aber wieder zunehmend verdrängte. Auch nach außen trat Russland bald aktiver auf. Unter Androhung oder sogar Anwendung von Gewalt griff es in Konflikte in benachbarten Regionen ein. 2014 nutzte es die Auseinandersetzungen in der Ukraine zwischen Anhängern und Gegnern des dortigen russlandfreundlichen Präsidenten, um die Halbinsel Krim völkerrechtswidrig zu annektieren. Zugleich unterstützt die russische Regierung ukrainische Separatisten, bemüht sich, ehemalige Sowjetrepubliken durch Wirtschafts- und Militärabkommen wieder stärker an sich zu binden und meldet sich mit neuen Großmachtansprüchen zurück. Gegenüber dem liberalen, individualisierten Westeuropa und den USA grenzt sich das putinsche Russland als moralischer und auf traditionellen, konservativen Werten basierend ab.

Wladimir Putin (geb. 1952)
1975–1991 sowjetischer Geheimdienstoffizier
seit 1999 wechselweise russischer Minister- oder Staatspräsident

A Privatisierung in der ehemaligen DDR

D1

Privatisierung der DDR-Verlage

Der Kulturjournalist Christoph Links (geb. 1954) analysiert in seinem 2009 erschienenen Buch „Das Schicksal der DDR-Verlage" die Privatisierungspolitik der Bundesregierung und der Treuhand.

a) Entstehende Probleme infolge der raschen Wiedervereinigung:

Für die meisten Verlage vollzog sich der Start in die Marktwirtschaft mit einem mehrfachen Handicap. Zum einen mussten die ohnehin unterkapitalisierten staatlichen Firmen zum 1. Juli [1990] die in den ersten sechs Monaten aufgelaufenen Gewinne mit dem DDR-Mark-Abschluss an den Staat abführen. Der gesamte Lagerbestand verlor durch die Marktöffnung extrem an Wert [...]. Gleichzeitig verfielen die Lizenzverträge mit bundesdeutschen Verlagen, allerdings nur in eine Richtung. Die mit Lizenzen aus dem Westen verlegten Bücher durften von den ostdeutschen Verlagen auf dem gesamtdeutschen Markt [...] nicht mehr angeboten werden. Die in die Bundesrepublik vergebenen Lizenzen behielten dagegen in der nunmehr größeren Bundesrepublik mehrheitlich ihre Gültigkeit, sodass gut verkäufliche Titel noch auf Jahre beim früheren Lizenznehmer verblieben und vom ostdeutschen Originalverlag nicht einfach zurückgeholt werden konnten, denn der hatte ja nur noch die DDR-Rechte, und diesen Staat gab es nicht mehr.[1] Außerdem galt ab 1. Juli 1990 auch das bundesdeutsche Vertragsrecht, was für die sehr langfristig arbeitenden DDR-Verlage zum Problem wurde, da sie gemäß der Perspektivplanforderung des Kultusministeriums Projekte auf fünf Jahre im Voraus vertraglich gebunden hatten. Viele dieser Vorhaben waren nun aber unter den veränderten gesellschaftlichen und wirtschaftlichen Bedingungen nicht mehr tragbar und mussten gestrichen werden. Die Autoren, Illustratoren und Übersetzer hatten unter den neuen Rechtsverhältnissen aber einen Anspruch darauf, dass die Verträge erfüllt wurden [...]. Hinzu kamen Ansprüche der zumeist übergroßen Belegschaft, die Gehälter schrittweise an die Westtarife anzupassen [...].

1 Viele DDR-Verlage hatten in den 1980er-Jahren Lizenzen für viele Titel an westdeutsche Verlage für den „bundesdeutschen Markt" verkauft.

b) Die Privatisierung der DDR-Verlage 1990–1993 durch die Treuhand:

Die Treuhandanstalt für das DDR-Vermögen verfolgte unter ihrem Präsidenten Detlev-Karsten Rohwedder seit Sommer 1990 die Politik, möglichst viel von der „kulturellen Substanz Ostdeutschlands" zu erhalten, so wie es laut Einigungsvertrag (Artikel 35) auch vorgesehen war. Dazu rechnete er die Profil gebenden Verlage. Das änderte sich nach seiner bis heute nicht aufgeklärten Ermordung im Frühjahr 1991[2] und der Übernahme der Geschäfte durch Birgit Breuel[3] im Juni 1991. Sie setzte nach den Vorgaben von Bundesfinanzminister Theo Waigel[4] vor allem auf zügige Verkäufe.
Für die praktische Umsetzung der jeweiligen Politik waren ab Dezember 1990 das Referat Printmedien im Direktorat Dienstleistungen (für staatliche Verlage) und die Abteilung Sondervermögen (für organisationseigene Verlage[5]) zuständig. Sie hatten nun von zentraler Stelle aus insgesamt 52 Verlage zu privatisieren, was in den Monaten zuvor vergeblich in den Regionalniederlassungen der früheren DDR-Bezirke versucht worden war. In leitender Funktion waren bei den 45 Direktoraten bis zu 80 % Mitarbeiter aus dem Westen tätig, nur wenige davon hatten Branchenkenntnisse. Für die Verlage war ein Bauingenieur zuständig. Um dieses offensichtliche und in den Medien auch beklagte Defizit zu kompensieren, wurden Anfang 1991 zwei Fachberater hinzugezogen [...]. Sie fanden einen „Stapel von ungeordnetem Papier" vor und trafen niemanden in der Abteilung, „der sonst irgendwie Bescheid wusste". Daraufhin setzten sie am 12. März 1991 eine Mitteilung ins Frankfurter Börsenblatt[6], dass noch 40 ostdeutsche Verlage zum Verkauf stünden [...]. Doch sie mussten die Erfahrung machen: „Viele westdeutsche Verlage wollten einfach abwarten, bis die DDR-Verlage eingegangen waren, oder sie versuchten, ihnen die Autoren abspenstig zu machen. So hätten sie ihren Verlag nach Potential und Auflagenhöhe vergrößern können, ohne eine Mark zu investieren."[7] Trotzdem wurden unter enormen Zeitdruck die Verkäufe in Angriff genommen, obwohl die Treuhandanstalt in ihrer Informationsbroschüre 1/1991 vom Mai 1991 noch einmal bekräftigte, dass die ostdeutsche Verlagslandschaft erhalten bleiben solle, was aber eigentlich erfordert hätte, die Partner der Direktverkäufe gründlich zu prüfen und die Übereignung mit einem klar kontrollierbaren Pflichtenheft zu verbinden.

Christoph Links: Das Schicksal der DDR-Verlage. Links-Verlag, Berlin 2009, S. 34 f. und 39 f.

2 Detlev Rohwedder (1932–1991) wurde am 1. April 1991 von einem Scharfschützen erschossen. Zu der Tat bekannte sich die Rote Armee Fraktion (RAF). Eine Aufklärung der Tat fehlt.
3 Birgit Breuel (geb. 1937), CDU-Politikerin, leitete 1991–1995 die Treuhandanstalt
4 Theo Waigel (geb. 1939), CSU-Politiker, 1989–1998 Bundesfinanzminister
5 Verlage, die zu DDR-Parteien (SED, Ost-CDU etc.) oder Organisationen (FDJ etc.) gehörten
6 Verbandsorgan des Börsenverbandes des Deutschen Buchhandels
7 Die Zitate stammen aus einem Interview mit einem der Fachberater im Januar 1992.

D2

Privatisierung der ostdeutschen Wirtschaft

a) An wen die Treuhandanstalt die Betriebe der ehemaligen DDR verkauft hat:

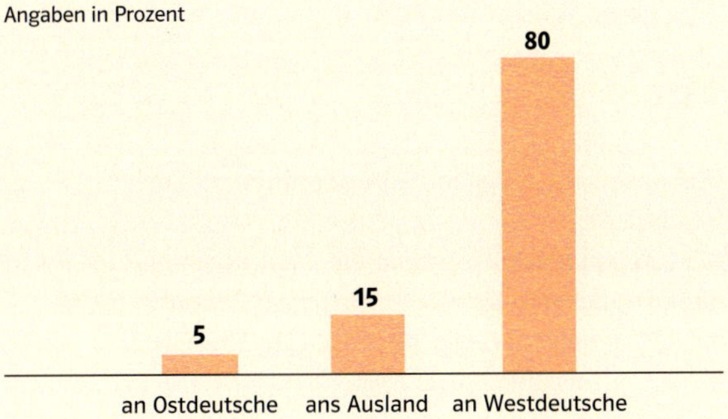

b) Wo 30 Jahre nach der Wiedervereinigung die wichtigsten deutschen Unternehmen ihren Sitz haben:

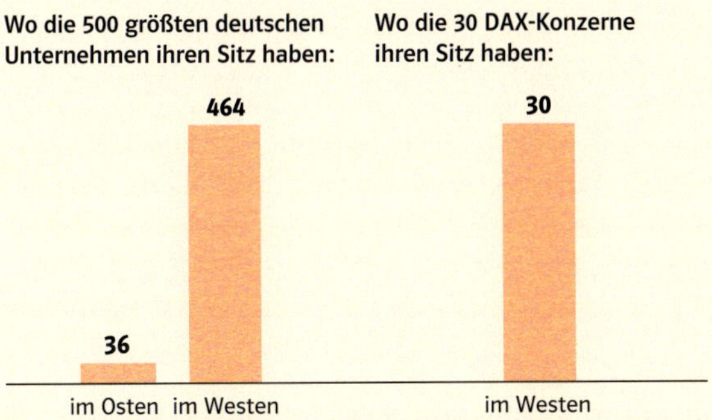

c) Schicksal der Betriebe der ehemaligen DDR:

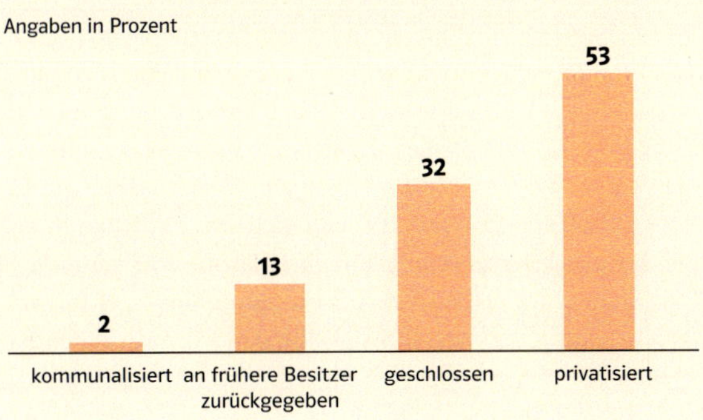

B Transformationsprozess in Russland

Q1

Ende eines Kommandosystems

Michail Gorbatschow erklärte anlässlich seines Rücktritts am 25. Dezember 1991:

Ich spreche zu Ihnen das letzte Mal als Präsident der UdSSR. Deshalb halte ich es für notwendig, meinen seit 1985 gegangenen Weg einzuschätzen. Und dies umso mehr, da es darüber nicht wenige oberflächliche, widersprüchliche und nicht objektive Wertungen gibt.
Das Schicksal hat es so gefügt, dass es sich bereits bei meiner Amtsübernahme zeigte, dass es im Land Probleme gab [...] – die Gesellschaft befand sich in der Schlinge eines bürokratischen Kommandosystems. Die Gesellschaft musste der Ideologie dienen und dabei die furchtbare Last des Wettrüstens tragen. [...] Es musste alles grundlegend verändert werden. [...] Mir war klar, dass die Einleitung von solchen großen Reformen in einer solchen Gesellschaft wie der unseren eine äußerst schwere und auch in bestimmter Hinsicht eine riskante Sache ist. Und auch heute bin ich noch von der historischen Richtigkeit der demokratischen Reformen überzeugt, die im Frühjahr 1985 eingeleitet wurden. Der Prozess der Erneuerung des Landes und der grundlegenden Veränderungen in der Weltgemeinschaft hat sich komplizierter erwiesen, als man voraussagen konnte. Trotzdem muss man das Vollbrachte gebührend einschätzen. Die Gesellschaft wurde frei. Und das in politischer und geistiger Hinsicht. Und das ist die größte Errungenschaft. [...] Es wurde ein Durchbruch zu demokratischen Veränderungen vollzogen. Freie Wahlen, eine freie Presse, Religionsfreiheit, wirkliche Machtorgane und ein Mehrparteiensystem wurden zur Realität. Die Menschenrechte wurden als oberstes Prinzip anerkannt. Es wurde mit dem Übergang zu einer vielseitigen Wirtschaft begonnen. [...] Die wirtschaftliche Freiheit des Produzenten wurde gesetzlich verankert. Das Unternehmertum, die Gründung von Aktiengesellschaften und die Privatisierung gewannen immer mehr an Kraft.
Es muss daran erinnert werden, dass der Übergang zur Marktwirtschaft im Interesse des Menschen erfolgt. In dieser schweren Zeit muss alles für seinen sozialen Schutz getan werden. Das gilt vor allem für die alten Menschen und die Kinder. Wir leben in einer anderen Welt: Der „Kalte Krieg“ ist vorbei. Das Wettrüsten wurde gestoppt. Die wahnsinnige Militarisierung unseres Landes, die unsere Wirtschaft, das gesellschaftliche Bewusstsein und die Moral zugrunde richtete, wurde beendet. Die Gefahr eines Weltkrieges wurde beseitigt. [...] Als lebenswichtig erachte ich die Erhaltung der demokratischen Errungenschaften der letzten Jahre. Sie wurden unter den Qualen unserer gesamten Geschichte hervorgebracht. Auf sie darf unter keinen Umständen verzichtet werden. [...] Ich verlasse meinen Posten mit Besorgnis. Aber auch mit der Hoffnung und dem Glauben in Ihre Klugheit und geistige Stärke.

Wostok. Informationen aus dem Osten für den Westen. Wostok-Verlagsgesellschaft, Köln 1992, Heft 1/92, Beilage II.

D3

Das putinsche Russland – Wiederaufstieg zur Großmacht?

Die Osteuropahistorikerin und Stern-Korrespondentin Katja Gloger (geb. 1960) schrieb 2017 in einem Buch über die gemeinsame deutsch-russische Geschichte über Putin:

Ewig jung aussehend und körperlich topfit – so ganz anders als seine greisen, kranken, trunkenen Vorgänger –, befindet sich Wladimir Putin im Jahr 2017 seit 18 Jahren an der Macht. [...]
Die Leitwerte seiner Politik bestehen in hysterisch beschworener imperialer Größe und Wehrhaftigkeit gegen vermeintliche innere und äußere Feinde. Damit – und mit den steigenden Ölpreisen zu Beginn seiner Herrschaft – war es ihm gelungen, den „einzigartigen, gleich dreifachen internationalen Machtverfall“ Russlands zu kompensieren: die Selbstauflösung der Sowjetunion, den Verlust der hegemonialen Stellung in Osteuropa sowie den Statusverlust als einzige, den USA ebenbürtige nukleare Supermacht. Er habe einen starken, handlungsfähigen Staat wiederhergestellt, so Putins Unterstützer auch im Westen. Allerdings hat Putins Selbstverständnis als *gosudarstwennik* – Befürworter eines starken Staates – nichts mit unabhängigen Institutionen zu tun. Vielmehr dient sein starker Staat als Werkzeug einer erschreckend perfekt simulierten „souveränen“ Demokratie. „Von Freiheit sprechen die Mächtigen gern, um der Bevölkerung das Gehirn zu waschen“, stellte Putin klar. [...]
Putins Russland ist zum Großlabor eines modernen autoritären Systems geworden. Seine „postmoderne Diktatur“ setzt weniger auf Repression und Unterdrückung als auf Bluff und Simulation des politischen Prozesses, Kontrolle der Massenmedien und vor allem auf: Verführung. [...] In Putins Russland präsentieren sich vielmehr Patrioten in einer kriegsbereiten Festung mit ihrem von Gott gesandten Präsidenten auf orthodoxer Erlösungsmission. [...] In dieser postwestlichen Ära will sich Russland dem dekadenten Westen bewusst entgegenstellen [...]. Wie einst Zar Alexander III. behauptete [...] liegt Russland zwar in Europa, aber es betrachtet sich nicht mehr als zu Europa gehörend. In der neuen postwestlichen Weltordnung sollen sich die Menschen in Russland Patriotismus, Staatsnationalismus, der Familie und anderen traditionellen Werten verpflichten [...].

Katja Gloger: Fremde Freunde. Deutsche und Russen. Die Geschichte einer schicksalshaften Beziehung. Berlin Verlag, München 2017, S. 412–415.

Arbeitsvorschläge

Arbeitsvorschläge zum darstellenden Teil

1. Erinnern Sie sich an Ihr Vorwissen aus dem vorherigen Kapitel zu den Ereignissen 1989. Beschreiben Sie die Erwartungen und Hoffnungen, die viele Menschen in der DDR mit der erreichten Grenzöffnung und den beginnenden Reformen hatten. [I]
2. Nennen Sie die wesentlichen innen- und außenpolitischen Fragen und Probleme, die mit dem Wiedervereinigungsprozess Anfang der 1990er-Jahre verbunden waren. Fügen Sie ggf. auch weitere Punkte auf der Basis Ihres Vorwissens hinzu. [I]

A Privatisierung in der ehemaligen DDR

3. Informieren Sie sich über die Person Christoph Links (D 1) und nennen Sie seinen biografischen Bezug zum DDR-Verlagswesen. [I]
4. Arbeiten Sie aus D 1a die dort genannten Probleme für das ostdeutsche Verlagswesen 1990 heraus. [II]
5. Erläutern Sie, was der Autor von D 1a mit dem Begriff der „ohnehin unterkapitalisierten staatlichen Firmen" (Z. 3/4) ausdrücken möchte. Informieren Sie sich ggf. über das Thema Altschulden/Verschuldung von DDR-Staatsbetrieben. [II] ○
6. Arbeiten Sie die Kernaussagen von D 1b heraus. [II]
7. Erörtern Sie, warum die Treuhand ab 1991 zu einem beschleunigten Privatisierungsverfahren überging (D 1b). [III]
8. Bewerten Sie die langfristigen Auswirkungen der Privatisierung der ostdeutschen Betriebe (D 1, D 2). [III]

B Transformationsprozess in Russland

9. Erläutern Sie auf Basis der Rede von Michail Gorbatschow, welche Hoffnungen sich mit dem Systemwechsel in der Sowjetunion verbanden (Q 1). [II]
10. Bewerten Sie die Rolle Gorbatschows aus deutscher und aus russischer Perspektive. [III]
11. Charakterisieren Sie das putinsche Russland aus der Perspektive von Katja Gloger (D 3). [II]
12. Stellen Sie die Entwicklung Russland in einem Zeitstrahl dar. [II]
13. Beurteilen Sie den Transformationsprozess in Russland. [III]
14. Bewerten Sie die Entwicklung Russlands seit der Auflösung der Sowjetunion 1991. [III]

Online- und Differenzierungsmaterialien zu Kapitel 3.10
○ Arbeitshilfen zur Aufgabe 5

Online-Code: 29bg6b

Rückblick auf die DDR – Erinnerung als Sozialforschung?

Erinnerungen wandeln sich. Sie werden geformt von späteren Erlebnissen und Erfahrungen, durch konsumierte Medien und durch die aktuelle Situation zum Zeitpunkt, wenn man versucht, sich zu erinnern. Entsprechend groß können die Unterschiede in den Erinnerungen zwischen den verschiedenen Generationen selbst innerhalb einer Familie sein. Dies ist umso spannender, je intensiver Kinder Erzählungen ihrer Eltern und ihrer Großeltern aufnehmen, annehmen oder hinterfragen.

drei Generationen einer DDR-Familie in Ostberlin 1980er-Jahre

Das Zentrum für Sozialforschung an der Universität Halle veröffentlichte im Dezember 2014 die Studie „Intergenerationelle Verständigungen. 25 Jahre nach dem Mauerfall". Diese basierte auf Zeitzeugenbefragungen, die sich um die Frage drehten, welchen Einfluss Gespräche innerhalb der Familie auf das jeweilige DDR-Bild haben. Ausgewählt wurden 16 Familien, in denen Personen befragt werden konnten, die vor Gründung der DDR geboren wurden (Großeltern, durchschnittlich 82 Jahre alt), in der DDR aufgewachsen sind (Eltern, durchschnittlich 57 Jahre alt) und kurz vor oder kurz nach Ende der DDR geboren wurden (Enkel, etwa 27–38 Jahre alt). Inwiefern wirkten sich Gespräche innerhalb der Familie auf Personen aus, die die DDR nicht mehr selbst bewusst erlebt hatten? Wurden in den Familien Diktaturerfahrungen aufgearbeitet oder blieben die eigenen, lebensweltlichen Bezüge im Mittelpunkt?

D1

Verändertes DDR-Bild?

Die nachfolgenden Auszüge sind der Zusammenfassung einer Studie in der Wochenzeitung DIE ZEIT vom 19. November 2015 entnommen. Gefragt wurde u. a., welche Assoziationen bestimmte Begriffe in den jeweils befragten Generationen hervorrufen.

Begriff Gemeinschaft:

Das sagen Großeltern

„Wir hatten einen Sportclub, in den sind wir Familien gemeinsam gegangen. Heutzutage ist das alles nicht mehr ganz so persönlich."

„Der Zusammenhalt hat sich nach der Wende verändert. Wir wohnten früher in einem großen Haus mit etwa 30 Mietparteien. Wir haben immer mal sonnabends eine Schicht gemacht, da wurde der Garten bearbeitet, da wurde das Haus geputzt, das war damals sehr schön gewesen. Ich glaube nicht, dass Sie das jetzt noch irgendwo finden."

Das sagen Eltern

„Der Kollektivgeist von damals, der fehlt heute. Hieß es ‚Leute, am Sonnabend ist Subbotnik[1]', dann sind alle raus mit Hacke und Schaufel, um im Stadtpark Unkraut zu entfernen. Aus einem Hochhaus mit 300 Familien sind dann 200 von ihnen gekommen, und wer nicht dabei sein konnte, hat sich entschuldigen lassen. Heute haben sie diese gleichen 300 Familien, und wenn mal zu einem freiwilligen Arbeitseinsatz aufgerufen wird, dann stehen im Park sieben Reporter und nur drei Leute, die eine Schippe bei sich haben."

Das sagen Kinder

„Wir lebten in einem Dorf mit etwa 800 Einwohnern, und da war – typisch DDR – so ein Zusammenhalt. Schon allein in der Hausgemeinschaft. Es gab Grillfeste, es wurde zusammen Geburtstag gefeiert. Ich habe Fotos davon, wie die ganze Nachbarschaft im Winter meterhohe Schneemänner gebaut hat. Jeder hat mit angepackt. Und die alte Nachbarin, die nichts selber mit anpacken konnte, hat dann eben Kakao gebracht für die Kinder."

Begriff Unrechtsstaat:[2]

Großeltern

(Der Begriff taucht in den Interviews mit den Großeltern nicht auf.)

Eltern

„Es wird ja oft schlecht über das damalige Bildungssystem geredet; und oft hört man, die DDR sei ein Unrechtsstaat gewesen. Wenn ich dann sage: ‚Na ja, ich habe das nicht so erlebt', dann staunen meine Kinder Bauklötze. In den Medien wird viel Quatsch erzählt. Ich habe etwa eine ganz andere DDR kennengelernt als meine Eltern, die noch die Nachkriegszeit erlebt hatten, eine sehr karge Zeit."

„Nun wird viel erzählt, das Leben in der DDR sei grau und trist und ohne Abwechslung gewesen, alle hätten leise sein müssen und seien bespitzelt worden."

„In der DDR wurde vieles abgeschirmt. Was man wusste, das kannte man nur von sich selber oder vielleicht durch sein nahes Umfeld. Aber was in den Gefängnissen geschehen ist, wie schlimm das da wirklich war, oder auch die Sache mit den Häftlingsfreikäufen[3], das hat man nicht gewusst."

Kinder

„Ich habe die DDR als Kind oder Jugendlicher erlebt, von daher habe ich überwiegend positive Erinnerungen. Mein Eindruck ist: Gerade zu den Jahrestagen, die an den Mauerbau oder die Wiedervereinigung erinnern sollen, wird ziemlich viel Politik betrieben mit Einschätzungen über die DDR, dann wird ein sehr einfaches DDR-Bild gezeichnet für die jüngere Generation, die diesen Staat nicht mehr miterlebt hat; oder für die Menschen aus den alten Bundesländern. Nach dem Motto: Es war eigentlich alles schlecht. Und diese Debatte um den Unrechtsstaat? Diese Debatte auf einen Begriff zu verkürzen wirkt auf mich wie Geschichtsglättung. Ich versuche, das alles ein bisschen differenzierter zu sehen."

Begriff Widerspruch in der DDR:

Großeltern

„Bei unserer Jüngsten wurde schon in der zweiten Klasse gefragt: Bei wem kommt mal keine Jugendweihe infrage? Da war sie die Einzige in der Klasse, die es ausgestanden hat."

Eltern

„Bloß weil einer IM[4] war, kann man nicht sagen, der sei ein Schwein gewesen. Ich kenne einen, der war bei der Armee, hatte da Werkzeug geklaut, und den haben sie erwischt. Für uns war klar, der geht nach Schwedt, ins Militärgefängnis[5]. Aber der kriegte eine Bewährung. Dem hatten sie gleich gesagt: ‚So, pass auf, entweder du gehst jetzt anderthalb Jahre nach Schwedt, oder du wirst bei uns Mitarbeiter.' Was hätten Sie gemacht? Ich wäre Mitarbeiter geworden. Nach Schwedt wäre ich nicht gegangen."

„Abends, das werde ich nie vergessen, ging ich im Zickzack durch die halbe Stadt, um bis zum Friedensgebet in der Kirche zu kommen. Ganz einfach aus Angst: Dich verfolgt einer."

„Ich kam irgendwann in Kreise, die kritisch waren. Umweltschutzgruppen unter dem Dach der evangelischen Kirche. Seitdem dachte ich über eine Alternative zu diesem Staat nach. Aus den Nachrichten im Westfernsehen bekam man nicht nur Rosiges mit. Okay, dachte ich, hier ist es immer noch besser als dort. Ich wäre nie rübergegangen."

„Früh im Betrieb hat man mit dem Kopf genickt, und abends hat man den Kopf geschüttelt. Früh hat man beim Parteilehrgang mitgemacht, und abends hat man die *Tagesschau* geguckt. Dieses zweigleisige Leben, das ja auch schizophren ist, wollten meine Eltern nicht. Und auch ich wollte gern eindeutig leben. Konkret hatte ich erst mal meine Mitgliedschaft in der FDJ[6] und der Gesellschaft für Deutsch-sowjetische Freundschaft[7]. Ich hab mich im Sportverein engagiert und in der Kirchgemeinde; oder ich habe Leuten aus meiner Klasse Hausaufgabennachhilfe gegeben. Ganz praktische Sachen. Meine Devise war: Nicht rausnehmen aus der bösen Welt, aber nicht alles nachplappern."

Martin Machowecz: So war das also, 19.11.2015. In: DIE ZEIT Nr. 47/2015. Unter: www.zeit.de/2015/47/ddr-nachwende-generation/komplettansicht (Zugriff: 19.12.2016).

1 sowjetrussischer Ausdruck für unbezahlten Arbeitseinsatz am Samstag
2 Abwertende Bezeichnung für einen Staat, der kein Rechtsstaat ist. Der Begriff diente und dient als (diskutiertes) politisches Schlagwort unter anderem zur Kennzeichnung der DDR.
3 In inoffiziellen Transaktionen erkaufte zwischen 1962 und 1989 die BRD von der DDR die Freilassung/Ausreise von 33755 politischen Häftlingen sowie von rund 250000 Antragstellern eines Ausreiseantrags.
4 Inoffizieller Mitarbeiter der Staatssicherheit
5 DDR-Militärgefängnis in der nordostbrandenburgischen Stadt Schwedt/Oder
6 Jugendorganisation Freie Deutsche Jugend
7 zweitgrößte Massenorganisation der DDR

Arbeitsvorschläge

1. Diskutieren Sie den Ansatz der Studie. [III]
2. Analysieren Sie die Unterschiede der Aussagen zwischen den jeweiligen Generationen. [II]

3.11 Herausforderungen und Entwicklungsperspektiven Europas

Europa war im 19. und 20. Jahrhundert immer wieder Schauplatz großer Kriege. Die beiden Großmächte Frankreich und Deutschland waren lange Zeit erbitterte Gegner, man spricht auch von der deutsch-französischen Erbfeindschaft. Negativer Höhepunkt war der Zweite Weltkrieg, in welchem sich ideologischer Hass auf unvorstellbare Weise entlud. Heute treffen viele der ehemals verfeindeten Länder Europas im Rahmen der Europäischen Union gemeinsame Entscheidungen. Doch wie kam es zu einer solchen Wende, wie ist die Gemeinschaft zu bewerten und wie kann es in Zukunft weitergehen?

Zwischen Krieg und Frieden: Die Idee eines vereinten Europas

→ Kapitel 2.9, S. 194

Katastrophen geben häufig den Ausschlag für tiefgreifende Veränderungen. Dies trifft ab Mitte des 20. Jahrhunderts auch auf den europäischen Einigungsprozess zu. Bereits nach dem Ersten Weltkrieg kam es zu einer größeren europäischen Einigungsbewegung, die in der Gründung der **Paneuropa-Union** im Jahre 1922 gipfelte. Die Ideen dieser Vereinigungsbewegung glichen denen der heutigen Europäischen Union (EU) – ein politisches und wirtschaftliches Zusammenwachsen der europäischen Staaten auf Grundlage gemeinsamer Werte sollte Fortschritt und Frieden bringen. Sie besteht mit 28 Mitgliedsstaaten (Stand 2020) bis heute.
Dass die Paneuropa-Union in der Zeit nach ihrer Gründung mehr ein Gedanke als eine wirkliche Vereinigung darstellte, lag vor allem an links- und rechtsextremistischen Gegenbewegungen, sodass die Idee eines vereinten Europas zunächst in Vergessenheit geriet. Erst nach der Katastrophe des Zweiten Weltkriegs wurden in Europa wieder Stimmen lauter, die eine europäische Integration forderten. Nicht nur, aber gerade wegen der beiden Weltkriege wuchs die Sehnsucht nach dauerhaftem Frieden.

Flagge der Paneuropa-Union

Erste europäische Einigungserfolge nach dem Zweiten Weltkrieg

Ein erstes Zeichen in Richtung einer europäischen Integration wurde im Jahr 1949 durch die Gründung des **Europarats** gesetzt. Noch entscheidender war jedoch im Jahre 1957 die Einigung auf eine Europäische Wirtschaftsgemeinschaft (EWG) im Rahmen der häufig als „Geburtsurkunde" der Europäischen Union betrachteten Römischen Verträge. Sie traten zum 1. Januar 1958 in Kraft. Neben Frankreich, Italien und der Bundesrepublik Deutschland beteiligten sich noch die Beneluxstaaten an diesem gemeinsamen Projekt. Bereits zuvor, im Jahre 1951, gründeten dieselben Staaten die Europäische Gemeinschaft für Kohle und Stahl (EGKS), welche als Vorläufer der EWG gelten kann.
Führten gerade Frankreich und Deutschland in der Vergangenheit etliche Kriege, sollten fortan diese beiden Länder den europäischen Einigungsprozess maßgeblich beschleunigen. Als historischer Schritt gilt zunächst der deutsch-französische Freundschaftsvertrag, auch bekannt als Élysée-Vertrag, der am 2. Juli 1963 in Kraft trat. Vier Jahre später fand durch die Gründung der Europäischen Gemeinschaft eine erneute Transformation des europäischen Wirtschaftsraumes statt, welche die EWG ablöste.
Mit dem Schengener Abkommen, benannt nach dem Unterzeichnungsort Schengen in Luxemburg, einigten sich die mittlerweile zehn Mitgliedsstaaten im Jahr 1985 auf den schrittweisen Abbau der gegenseitigen Grenzkontrollen sowie auf verstärkte Kontrollen der Schengen-Außengrenzen. Nur ein Jahr später traten Spanien und Portugal der EG bei. Das Ende des Kalten Krieges sowie die deutsche Wiedervereinigung 1989/90 stellen weitere epochale Ereignisse dar, die sich zugleich förderlich auf den europäischen Integrationsprozess auswirkten. Zum einen trat in der Folgezeit Deutschland als Einheit auf, zum anderen war nun die Voraussetzung einer Integration der osteuropäischen Staaten in die Europäische Gemeinschaft geschaffen.

Europarat
1949 wurde er von zunächst zehn europäischen Staaten gegründet. Er dient als Plattform für Debatten zu allgemeinen europäischen Fragen. 2020 gehörten ihm 47 Staaten an. Der Europarat ist nicht Teil der EU.

COUNCIL OF EUROPE CONSEIL DE L'EUROPE

Logo des Europarates

D1

Entwicklung des vereinten Europas 1951–2020

Meilensteine der Europäischen Union (EU)

Der Vertrag von Maastricht, der am 1. November 1993 in Kraft trat, hatte weitreichende Veränderungen zur Konsequenz. Nicht nur, dass man ab sofort von einer Europäischen Union sprach, vielmehr einigten sich die Mitgliedsländer auf eine Dreisäulenstruktur. Die erste Säule sieht die Fortführung der bisherigen EG unter Ausdehnung auf weitere Politikfelder vor, wie beispielsweise den Verbraucherschutz. Ebenfalls konnte eine Einigung auf eine gemeinsame Außen- und Sicherheitspolitik erzielt werden, was die zweite Säule darstellt. Die noch fehlende dritte Säule umfasst die Zusammenarbeit in den Bereichen Justiz und Inneres. Der wichtigste Beschluss jedoch bezog sich auf die Einführung einer gemeinsamen Währung – den Euro.

→ D1, S. 341

Die neue europäische Währung wurde am 1. Januar 2002 als Bargeld eingeführt und löste die nationalen Zahlungsmittel der Länder ab, die zusammen die Eurozone bilden (Stand 2021: 19 Staaten). Zuvor, zu Beginn des Jahres 1999, wurde der Euro bereits als **Buchgeld**, also beim bargeldlosen Finanzverkehr, eingeführt. Ausgegeben und kontrolliert wird die Einheitswährung durch die Europäische Zentralbank (EZB) mit Sitz in Frankfurt am Main. Obwohl der Euro in seiner noch jungen Geschichte bereits Berg- und Talfahrten erlebte, gilt er als identitätsstiftendes Geldmittel für Europa sowie als zweitwichtigste **Reservewährung** der Welt nach dem US-Dollar.

In den Jahren 2004 und 2007 vollzog sich die historisch bedeutende Osterweiterung der EU. Was in Zeiten des Eisernen Vorhangs noch als unmöglich galt, wurde nun Realität – Europa war nicht mehr in zwei Hälften geteilt, sondern vereinigte sich unter der Vereinbarung gemeinsamer Werte.

Ein weiteres wichtiges Abkommen auf dem Weg des EU-Integrationsprozesses trat am 1. Dezember 2009 in Kraft. Der sogenannte Vertrag von Lissabon soll die EU demokratischer, transparenter und effizienter machen. Gerade das Europäische Parlament wurde durch den Vertrag gestärkt. Die genannte Institution tritt seither als gleichberechtigter Gesetzgeber zum Rat der Europäischen Union auf. Dadurch vergrößerte sich der politische Einflussbereich des Parlaments. Auch die EU-Bürger sollen durch die getroffenen Neuerungen stärker in die europaweite Politik eingebunden werden. So wurde erstmals eine **Europäische Bürgerinitiative (EBI)** eingeführt, wodurch die Europäische Kommission gezwungen werden kann, sich mit einem Thema zu beschäftigen und zu handeln.

Buchgeld
Geld, welches digital mittels Überweisung verwendet (verbucht) werden kann

Reservewährung
Geldbestände in anderer, als stabil geltender Währung, die von Staaten angelegt werden, um so das Vertrauen bzgl. der eigenen Währung durch die internationale Finanzwelt stärken wollen

Europäische Bürgerinitiative (EBI)
seit 2012 mögliches Verfahren, mit denen EU-Bürger die Europäische Kommission veranlassen können, sich mit einer bestimmten Frage zu beschäftigen. Nötig sind mindestens eine Million unterstützende Unterschriften aus mindestens sieben EU-Mitgliedsstaaten.

Brauchen wir ein vereintes Europa?

Die Frage nach der Bedeutung und Notwendigkeit einer Europäischen Union wird kontrovers diskutiert. Kritiker bemängeln häufig einen langwierigen und in ihren Augen oft intransparent gestalteten Weg der demokratischen Entscheidungsfindung. Diesbezüglich werden auch die EU-Standards als umständlich und überzogen empfunden. Hinzu kommt die Angst vor einem Souveränitätsverlust des eigenen Staates. Die wachsende Skepsis spiegelt sich auch im Europaparlament wider: Neben den konservativen EU-Skeptikern der Fraktion der Europäischen Konservativen und Reformer gehören auch vermehrt rechtspopulistische EU-Gegner der Fraktion Identität und Demokratie (ID) dieser europäischen Institution an. Zur zweitgenannten Fraktion zählt sich auch die deutsche Partei Alternative für Deutschland (AfD).

Die EU-Befürworter erkennen zwar die teils langen bürokratischen Entscheidungswege, sehen aber vor allem die Vorteile einer europäischen Einigung. Nach deren Sichtweise schafft die Union einen einheitlichen Rahmen, innerhalb dessen man sich bewegen kann. Eben weil eine Demokratie viele Stimmen zulassen muss, würden manche Entscheidungen erst verzögert getroffen werden können. Dabei wird gleichsam angesprochen, dass die EU vermutlich einen besseren Rahmen als ein einzelner Staat vorgeben kann. Gerne wird auch auf die gemeinsame Wirtschaftsstärke verwiesen, um gegenüber anderen Wirtschaftsmächten wie den USA oder China nicht ins Hintertreffen zu geraten. Besonders in den neuen ost- und südosteuropäischen Mitgliedsländern wird die EU aus wirtschaftlicher wie auch aus politischer

Audio
Podcast
europäische Einigung
uu6eg8

Perspektive als Hoffnungsträger und als starke Institution zur Bekämpfung von Korruption innerhalb der politischen Eliten gesehen. Außerdem werden die Eurozone, die Schaffung eines europäischen Binnenmarkts sowie die Abschaffung innereuropäischer Grenzkontrollen als große Errungenschaften gewertet, welche es nach Meinung der Befürworter zu verteidigen gelte.

EU und Globalisierung: Zusammenwachsen oder Zusammenbrechen?

Die EU kann darüber hinaus als gutes Beispiel des Globalisierungsprozesses angeführt werden. Durch sie entstanden enge wirtschaftliche und soziale Verflechtungen zwischen den Mitgliedsländern unter einheitlichen politischen Organen, wie beispielsweise dem Europäischen Parlament. Da die EU allerdings ein Staatenbund und kein Bundesstaat ist, besitzen die einzelnen Mitglieder ihre eigene Souveränität, sodass die jeweiligen Regierungen nationalstaatliche Entscheidungen treffen können. Obwohl – oder gerade weil – im Laufe der Zeit neue Mitgliedsländer zur EU hinzugekommen sind, bildeten sich Interessensblöcke mit teils höchst unterschiedlichen Ansichten. Diese uneinheitlichen Positionen erschweren die Zusammenarbeit. Dies betrifft auch die wachsenden Flucht- und Migrationsbewegungen nach Europa, die zum Streit über die Verteilung der Migranten auf die Mitgliedsländer und zur Aufrüstung der EU-Außengrenzen durch **Frontex** führten. So spalteten die erhöhten Flucht- und Migrationsbewegungen ab 2015 die EU, eine gemeinsame Lösung liegt auch heute noch in weiter Ferne. Und noch eine weitere dringende Frage blieb bisher unbeantwortet: Welche Rolle wird die EU in Bezug auf den weltweiten Klimawandel einnehmen? Wie man sieht, warten auf die Europäische Union auch in der Zukunft noch große Herausforderungen. Und trotzdem, die EU wuchs im Laufe der Zeit an, sowohl in ihrer geografischen Größe als auch in ihrer wirtschaftlichen Stärke. Bei allen Krisen und Debatten darf zudem eines nicht vergessen werden: Das Hauptziel der europäischen Integration ist bis zum heutigen Tag erreicht worden, nämlich die Gewährung eines dauerhaften Friedens zwischen den Mitgliedsländern. Nicht zuletzt deshalb wurde die EU im Jahre 2012 mit dem Friedensnobelpreis ausgezeichnet.

FRONTEX
LIBERTAS SECURITAS JUSTITIA

anfängliches Logo der 2004 gegründeten Europäischen Agentur für die Grenz- und Küstenwache (umgangssprachlich Frontex genannt)

D2

Die wichtigsten EU-Institutionen

Europaparlament mit Sitz in Straßburg
- einzige direkt gewählte Institution der EU
- vertritt die Interessen der knapp 450 Mio. EU-Bürgerinnen und EU-Bürger
- übt parlamentarische Kontrolle aus
- beschließt zusammen mit Rat der Europäischen Union den EU-Haushalt
- übt Gesetzgebungsrecht aus
- erlässt gemeinsam mit dem Europäischen Rat Rechtsvorschriften

Europäischer Rat
- zusammengesetzt aus den Staats- und Regierungschefs der EU-Mitgliedsstaaten
- legt die Eckpunkte der EU-Politik fest (Impulsgeber)
- er darf selbst keine Gesetze beschließen
- seine Zusammentreffen werden umgangssprachlich als EU-Gipfel bezeichnet

Europäische Kommission
- zusammengesetzt aus je einem Kommissar/einer Kommissarin pro Mitgliedsstaat
- übt Aufgaben der Exekutive aus: schließt z.B. Abkommen mit Nicht-EU-Staaten ab
- alleiniges Initiativrecht für neue EU-Gesetze
- übt Überwachung hinsichtlich der Einhaltung/Umsetzung von EU-Verträgen („Hüterin des EU-Rechts") aus und darf Klage beim Europäischen Gerichtshof gegen ein Mitgliedsland erheben

Rat der Europäischen Union
- besteht aus den Ministern der EU-Mitgliedsstaaten und ist nach zehn Fachgebieten strukturiert (Umwelt, Auswärtige Angelegenheiten etc.)
- übt Gesetzgebungsrecht aus
- beschließt zusammen mit EU-Parlament den EU-Haushalt

A Die Idee eines vereinten Europas – damals wie heute?

Q1

Pan-Europa (Vorwort)

Der Gründer der Paneuropa-Union, Richard Nikolaus Coudenhove-Kalergi, schrieb 1923:

Dieses Buch ist bestimmt, eine große politische Bewegung zu wecken, die in allen Völkern Europas schlummert. Viele Menschen erträumten ein einiges Europa; aber wenige sind entschlossen, es zu schaffen. Als Ziel der Sehnsucht bleibt es unfruchtbar – als Ziel des Wollens wird es fruchtbar. Die einzige Kraft, die Pan-Europa verwirklichen kann, ist: der Wille der Europäer; die einzige Kraft, die Pan-Europa aufhalten kann, ist: der Wille der Europäer. So liegt in der Hand jedes Europäers ein Teil des Schicksals seiner Welt. […]

Die Ursache des europäischen Niederganges ist politisch, nicht biologisch. Europa stirbt nicht an Altersschwäche, sondern daran, daß seine Bewohner einander mit den Mitteln moderner Technik totschlagen und zugrunderichten. […]

Hier Wandel zu schaffen, ist Pflicht der europäischen Jugend. Sie ist berufen, auf den Trümmern des alten ein neues Europa zu errichten: eine europäische Organisation an die Stelle der europäischen Anarchie. […]

Die Europäische Frage lautet: „Kann Europa in seiner politischen und wirtschaftlichen Zersplitterung seinen Frieden und seine Selbstständigkeit den wachsenden außereuropäischen Weltmächten gegenüber wahren – oder ist es gezwungen, sich zur Rettung seiner Existenz zu einem Staatenbunde zu organisieren?" […]

Dieser Weg heißt Pan-Europa und bedeutet: Selbsthilfe durch Zusammenschluß Europas zu einem politisch-wirtschaftlichen Zweckverband. […]

Ob ein Gedanke Utopie bleibt oder Realität wird, hängt gewöhnlich von der Zahl und Tatkraft seiner Anhänger ab. Solange an Paneuropa Tausende glauben – ist es Utopie; wenn erst Millionen daran glauben – ist es politisches Programm; sobald hundert Millionen daran glauben – ist es verwirklicht. […]

Ich rufe die Jugend Europas auf, dieses Werk zu vollbringen!

Richard Nikolaus Coudenhove-Kalergi: Pan-Europa. Pan-Europa-Verlag, Wien 1923, S. VII–XII.

Q2

Versöhnung über den Gräbern?

Treffen von François Mitterrand und Helmut Kohl am 22. September 1984 auf der französischen Douaumont-Gedenkstätte des ehemaligen Schlachtfeldes von Verdun. Teil der Gedenkstätte ist das Gebeinhaus, in dem die Gebeine von über 130 000 nicht identifizierten französischen und deutschen Soldaten des Ersten Weltkrieges aufbewahrt werden. Beide enthüllten eine Gedenkplatte, auf der u. a. der Satz stand: „Wir haben uns versöhnt. Wir haben uns verständigt. Wir sind Freunde geworden."

D3

Helmut Kohls zweifelhaftes Erbe

Werner Mussler, Redakteur der Frankfurter Allgemeinen Zeitung (FAZ), schrieb 2016:

Vor 25 Jahren beschlossen die europäischen Staats- und Regierungschefs in Maastricht den Start in die Währungsunion. […]

Die Bundesregierung bewarb den Start in die Einheitswährung, die später „Euro" genannt werden sollte, vor allem mit ökonomischen Argumenten. Reisende müssten im Ausland kein Geld mehr wechseln, für Unternehmen entfielen im grenzüberschreitenden Verkehr die Wechselkursrisiken[1], Handel und Kapitalverkehr stiegen im integrierten Währungsraum, für die Vollendung des Binnenmarkts sei eine Einheitswährung „zwangsläufig" nötig, Währungsspekulationen werde ein Ende gesetzt. [...]

Die Währungsunion war vor 25 Jahren keine neue Idee. Jacques Rueff, der persönliche Finanzberater von Charles de Gaulles, formulierte schon 1950, Europa entstehe über das (gemeinsame) Geld oder gar nicht. [...]

Der Weg zur Währungsunion blieb indes strittig. Während die einen auf die „Lokomotivtheorie" setzten, wonach die Einheitswährung Europa gewissermaßen zur politischen Einigung ziehen sollte, hielten die anderen – vor allem die Bundesbank – davon nichts und unterstützten die „Krönungstheorie": Eine Währungsunion sei erst nach einer Angleichung der Wirtschafts- und Finanzpolitik denkbar, faktisch also erst, wenn es zu einer politischen Union gekommen wäre.

Dieser Streit hätte sich wohl noch lange fortgesetzt, wäre nicht der Fall der Mauer dazwischengekommen. Nichts war nach der deutschen Wiedervereinigung 1990 besser geeignet, die Angst vor allem des französischen Präsidenten François Mitterrand vor einem übermächtigen Deutschland zu bändigen, als Kohls Bereitschaft, die damalige monetäre Vormachtstellung der D-Mark und der Bundesbank aufzugeben und die deutsche gegen eine europäische Währung einzutauschen.

In der damaligen Euphorie glaubte der Kanzler, er könne mit seinen Amtskollegen in Maastricht die politische Einigung Europas gewissermaßen beschließen. Er wollte nicht nur die Währungsunion, sondern gleichzeitig die politische Union vorantreiben. Doch kaum einer – schon gar nicht Mitterrand – wollte ihm folgen. Und da Kohl an die Lokomotivtheorie glaubte, stimmte er zu, dass die Einheitswährung spätestens 1999 eingeführt werden solle. Diese stifte, so seine Begründung, „ein Stück kultureller Identität" und trage damit zum Zusammenwachsen Europas bei. Oberflächlich betrachtet, war das nicht falsch. [...]

Werner Mussler: Helmut Kohls zweifelhaftes Erbe. In: In: FAZ v. 10.12.2016. Unter: www.faz.net/aktuell/wirtschaft/wirtschaftspolitik/25-jahre-vertrag-von-maastricht-14567273.html (Zugriff: 24.10.2019).

1 Währungen unterliegen ähnlich wie Aktien Kursschwankungen. Der Begriff Wechselkursrisiko bezeichnet dabei das Risiko, das der Marktteilnehmer zu tragen hat, wenn er internationalen Handel betreibt, bei dem mindestens eine Fremdwährung im Spiel ist. Wenn beispielsweise ein Handelsgut exportiert wird und die Fremdwährung schwächelt, dann wird der Exporteur in dem Land, das seine Waren importiert, vermutlich weniger Waren verkaufen können. Umgekehrt müsste der Importeur aufgrund seiner schwachen Landeswährung mehr Geld für Importe aufwenden. Somit behindern Wechselkursrisiken den internationalen Güter- und Kapitalverkehr.

D4

Eurokurs gegenüber dem US-Dollar

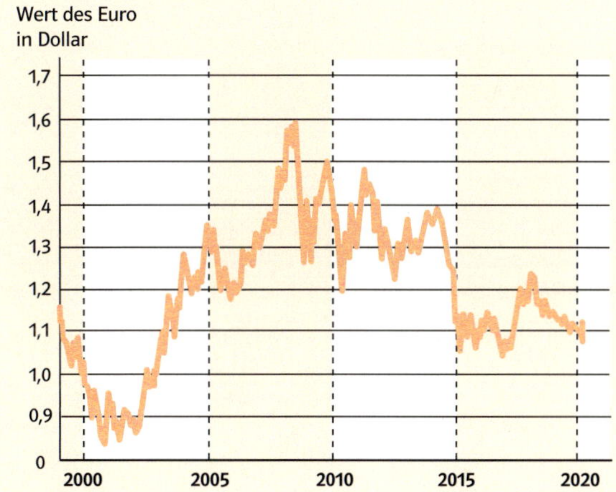

D5

Eurozone

Zusatzinformation: Laut den EU-Konvergenzkriterien (festgehalten im Maastrichter Vertrag) sollte die Staatsschuldenquote 60 % der Wirtschaftsleistung nicht überschreiten.

jeweils in Prozent des Bruttoinlandsprodukts (Schätzung), Stand: November 2018

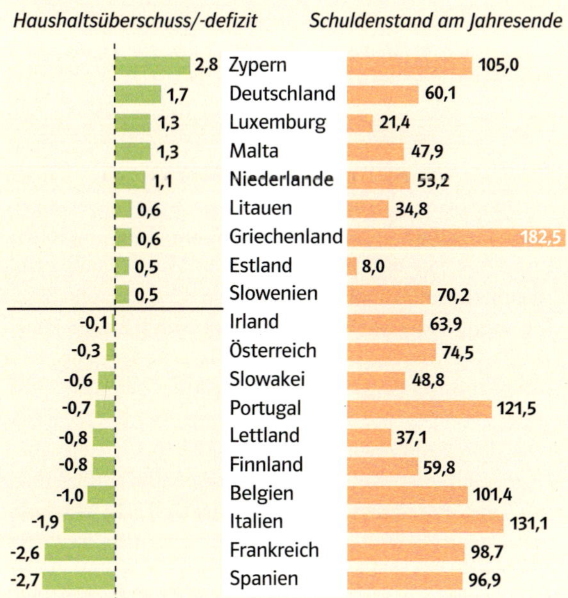

B Gefahr von links und rechts? Populismus innerhalb der EU

D6

Das EU-Parlament
Abgeordnete nach Fraktionen

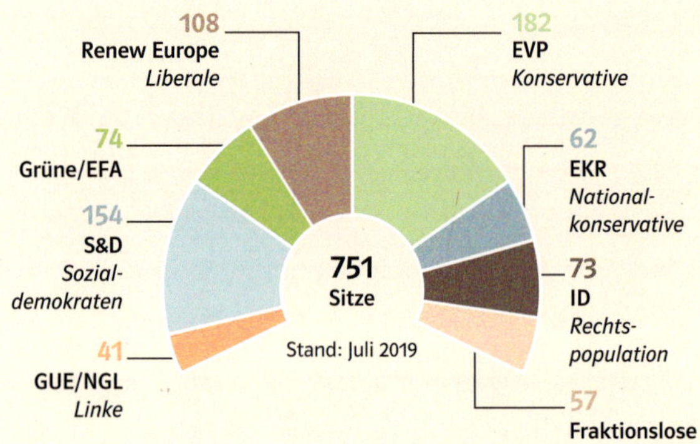

D7

Was versteht man unter „Populismus"?

Der Politikwissenschaftler Tim Spier schrieb 2014 für die Bundeszentrale für politische Bildung:

Populismus ist ein häufig genutzter Begriff. In der politischen Auseinandersetzung taucht er als Stigmawort[1] auf, um andere Politiker oder Parteien zu diffamieren[2]. In der Wissenschaft wird er z. B. benutzt, um bestimmte Programme, Positionen und Kommunikationsweisen zu beschreiben. Eineindeutig ist Populismus jedenfalls nicht. Der Politologe Tim Spier erklärt, warum.

Es ist das ironische Schicksal des Populismus-Begriffs, populär geworden zu sein. So sieht es zumindest der französische Populismus-Forscher Pierre-André Taguieff. Und in der Tat: Die Popularität des Begriffs erschwert eine einigermaßen neutrale wissenschaftliche Verwendung ungemein. Zwei Probleme ergeben sich hier: Das Wort „Populismus" ist außerordentlich wertgeladen und noch dazu unpräzise.
Mit Wertgeladenheit ist zunächst gemeint, dass der Populismus-Vorwurf ein gern genutztes Mittel in der politischen Auseinandersetzung ist. Kaum ein Politiker, der nicht schon andere Parteien und Politiker bezichtigt hätte, „populistische" Forderungen zu verbreiten. Das soll den politischen Gegner abwerten und die Ernsthaftigkeit und Realisierbarkeit seiner Forderungen in Abrede stellen. […] Der angebliche Populist zielt in dieser Sichtweise darauf ab, die Gunst der Massen zu erringen, indem er Versprechungen macht, ohne auf deren Umsetzbarkeit zu achten. Versteht man Populismus in diesem Sinne vor allem als ein Stilmittel, das auf eine größtmögliche mediale Aufmerksamkeit abzielt, so kann man den Populismus-Vorwurf durch Politiker selbst als „populistisch" bezeichnen. […]
[Die folgenden Begriffe sind typische Merkmale des Populismus:] „Das Volk" […], Identität: Gemeinschaft durch Abgrenzung […], Die Führungsfiguren […], Die Organisation: Bewegung ≠ Partei […]
Wenn Populismus bisher vor allem als Politikstil beschrieben wurde, so soll damit nicht der Eindruck erweckt werden, dass es keine ideologischen[3] Gemeinsamkeiten zwischen den verschiedenen populistischen Phänomenen gibt. Vielmehr ist Populismus das, was Michael Freeden eine „dünne" Ideologie nennt („thin-centred ideology"). […]
An die „dünne" Ideologie des Populismus lassen sich andere Ideologieelemente andocken, die ihn inhaltlich näher qualifizieren. Beim Rechtspopulismus ist das typischerweise ein radikaler Nationalismus, der die eigene Nation, das eigene „Volk", über alle anderen stellt. […]
Da Populismus in ganz verschiedenen ideologischen Ausrichtungen daherkommt, ist es schwierig, diese unterschiedlichen Phänomene über einen Kamm zu scheren. Viele zutreffende negative Bewertungen von Populismen hängen nämlich vor allem mit den angedockten Ideologieelementen zusammen. […]
Viel problematischer ist, dass die meisten Populisten einer Art „Führerdemokratie" das Wort reden: Die charismatischen Führungsfiguren der Populisten geben vor, sie selbst wüssten besser als alle anderen Politiker, was „das Volk" will und was dessen Interessen sind. Sie geben vor, diesen vermeintlichen Volkswillen gegen alle Widerstände durchzusetzen, ohne „faule Kompromisse". Eine moderne pluralistische Demokratie hingegen erkennt an, dass es in modernen Gesellschaften eine Vielfalt unterschiedlicher Meinungen und Interessen gibt, die im politischen Prozess gegeneinander austariert werden. Dies führt häufig zu politischen Kompromissen, die in der Regel komplex sind, nicht immer allen einleuchten und selten alle Seiten vollständig zufriedenstellen – dafür aber meist auch keine Meinungen und Interessen komplett außer Acht lassen und keine Minderheitenrechte ignorieren. Die Forderungen von Populisten sind demgegenüber viel einfacher, vielleicht auch leichter verständlich – doch sie suggerieren, dass es für komplexe Probleme einfache Lösungen gäbe. Dies ist in modernen Gesellschaften selten der Fall.

Tim Spier: Was versteht man unter „Populismus"? 25.09.2014, BpB. Unter: www.bpb.de/politik/extremismus/rechtspopulismus/192118/was-versteht-man-unter-populismus (Zugriff: 13.08.2019).

1 Stigmawort = Wort vor allem der politischen Auseinandersetzung, das eine parteiische Haltung/Position (die des Gegners) mit einem negativ bewerteten Ausdruck wiedergibt
2 diffamieren = in einen schlechten Ruf bringen
3 ideologisch = eine Ideologie betreffend; Ideologie = System von Weltanschauungen, Grundeinstellungen und Wertungen

Q3

Wahlplakate zur Europawahl 2019

C Herausforderungen und Chancen einer gemeinsamen EU-Politik

Q4

Die EU als supranationale Organisation hat viele Möglichkeiten, aktiv Maßnahmen zur Bekämpfung des Klimawandels durchzusetzen.
2014 wurde von der EU ein Rahmen für die Klima- und Energiepolitik bis 2030 mit EU-weiten Zielvorgaben und politischen Zielen verabschiedet. Damalige Zielvorgaben waren die Senkung der Treibhausgasemissionen um mindestens 40 % gegenüber dem Stand von 1990, die Erhöhung des Anteils von Energie aus erneuerbaren Quellen auf mindestens 32 % und die Steigerung der Energieeffizienz um mindestens 32,5 %. 2018 wurden die Zielvorgaben für erneuerbare Energiequellen und Energieeffizienz noch einmal nach oben korrigiert. Der Zeichner Jürgen Janson kommentierte 2014 die EU-Klimaziele.

'KNAPP DANEBEN' IST AUCH DANEBEN

Q5

Mutter Europa und ihre Kinder
Zeichnung von Gerhard Mester

Mutter Europa und ihre Kinder

Arbeitsvorschläge

A Die Idee eines vereinten Europas – damals wie heute?

1. Lesen Sie die Auszüge aus dem Vorwort des 1923 erschienenen Buches „Pan-Europa" (Q 1).
   a) Welche Passagen treffen auch heute noch zu und welche nicht? Begründen Sie. [II]
   b) Warum sah Coudenhove-Kalergi es gerade als „Pflicht der europäischen Jugend", ein „neues Europa" zu erschaffen? Erläutern Sie. [II]
   c) Erörtern Sie, ob auch heute noch vor allem die jungen Menschen dafür verantwortlich sind, ob die EU weiterbestehen kann. Formulieren Sie dabei auch Ideen, wie sich junge Europäer aktiv in den europäischen Integrationsprozess einbringen können. [III]
   d) Coudenhove-Kalergi spricht davon, dass sich nur ein vereintes Europa gegen andere Weltmächte behaupten könne. Bewerten Sie dies aus heutiger Sicht. [III]
   e) Stellen Sie mithilfe des Textes von S. 340–343 die wichtigsten Meilensteine der Europäischen Union in Form eines Zeitstrahls dar. [II]
2. Bewerten Sie die Symbolkraft von Q 2 im Jahr 1984. [III]
3. Lesen Sie den FAZ-Bericht (D 3).
   a) Werner Mussler beschreibt in seinem kritischen Artikel den Weg zu einer gemeinsamen europäischen Währung. Charakterisieren Sie diesen dargestellten Weg. [II]
   b) Im Artikel ist die Rede von einer „Lokomotivtheorie" und einer „Krönungstheorie". Erklären Sie diese beiden Theorien in eigenen Worten. [II]
   c) Im Text wird Helmut Kohl zitiert. Kohl begründete die Einführung des Euros unter anderem damit, dass sie „ein Stück kulturelle Identität" stifte. Erklären Sie, was damit gemeint ist. [II]
   d) Warum lautet der Titel des Artikels „Helmut Kohls zweifelhaftes Erbe"? Erläutern Sie die Skepsis des Autors unter Zuhilfenahme von D 4 und D 5. [II]

B Gefahr von links und rechts? Populismus innerhalb der EU

4. Im EU-Parlament sind mehrere Fraktionen von Parteien vertreten. Recherchieren Sie, wie viele deutsche Abgeordnete im aktuellen EU-Parlament sitzen und welche deutschen Parteien den jeweiligen Fraktionen angehören (D 6). Fassen Sie Ihre Ergebnisse kurz zusammen. [III]
5. Definieren Sie mithilfe des Textes (D 7) den Begriff „Populismus" und beschreiben Sie typische Merkmale des Populismus. [I]
6. Setzen Sie sich mit den deutschen Parteiplakaten zur EU-Wahl 2019 auseinander (Q 3):
   a) Erklären Sie kurz den Hintergrund und die Bedeutung der Slogans unter den Gesichtspunkten der folgenden Leitfrage: Für was wirbt der Slogan bzw. gegen was richtet er sich? [II] ○
   b) Beurteilen Sie, inwiefern die Botschaften der Wahlplakate als populistisch einzuschätzen sind. Begründen Sie Ihre Meinung. [III]
7. Stellen Sie mithilfe von Internetrecherchen dar, ob und inwiefern sich links- oder rechtspopulistische Parteien gegen die Idee einer Europäischen Union richten und wie sie ihre Ansichten begründen. [II] ○/●

C Herausforderungen und Chancen einer gemeinsamen EU-Politik

8. Beschreiben und interpretieren Sie die Karikatur Q 4. [I/III]
9. Diskutieren Sie Möglichkeiten, wie eine gerechte EU-Migrationspolitik aussehen könnte. Beziehen Sie dabei auch die Themen „Sicherung der EU-Außengrenzen", „Flüchtlingsobergrenze", „Wertegemeinschaft" und „Menschenrechte" in Ihre Diskussion ein. [III]
10. Arbeiten Sie die Kernaussagen der Karikatur Q 5 heraus. [II] ○/●
11. Bewerten Sie die folgende Aussage: „Die EU sollte sich nicht mehr vergrößern, stattdessen enger zusammenarbeiten." [III]

Übergreifende Arbeitsvorschläge

12. Nicht alles läuft in der EU-Politik rund. Verfassen Sie eine begründete Forderung im Rahmen der Europäischen Bürgerinitiative (EBI). Erläutern Sie, was Ihrer Meinung nach verändert werden sollte. Haben Sie Lösungsvorschläge? [III]
13. Versetzen Sie sich in die folgende Situation: Sie nehmen an einer Podiumsdiskussion zum Thema „Hat Europa noch eine Zukunft?" teil. Verfassen Sie hierzu eine Rede. [III]

Online- und Differenzierungsmaterialien zu Kapitel 3.11
○ Arbeitshilfen zu den Aufgaben 6a, 7 und 10
● Vertiefungsangebote zu den Aufgaben 7 und 10
Podcast europäische Einigung

Online-Code: uu6eg8

MK Zeitzeugen in Form von Podcasts eine Stimme geben

Oral History – eine nicht ganz einfache Methode

Durch die Methode der Oral History werden die Lebensgeschichten einer Zeitzeugin oder eines Zeitzeugen in Form eines Interviews festgehalten, wobei die subjektiven Erlebniswelten der jeweiligen Akteure von zentraler Bedeutung sind. Daher bezeichnet man die Oral History oft als Erfahrungsgeschichte oder Erfahrungswissenschaft. Demzufolge geht es schwerpunktmäßig um die Verarbeitung von Geschichte und die Veränderbarkeit der Selbstdeutungen von Menschen in der Historie. Aufgrund der starken Subjektivität der Geschehnisse und der emotionalen Eindrücke, die eine Zeitzeugin oder ein Zeitzeuge während seiner Erzählung darbietet, entsteht bei der Zuhörerschaft geradezu das Gefühl, als sei das Geschehene „wirklich" so gewesen. Deshalb bewerten viele Historikerinnen und Historiker diese Methode als sehr umstritten und fordern für Zeitzeugeninterviews eine gründliche Quellenkritik. So ist bei den Erzählungen der Zeitzeugen die lückenhafte, standortgebundene Erinnerung zu beachten, die nicht selten in Stereotype zurückfällt. Ein Zeitzeuge wird beispielsweise 1995 seine Erinnerungen und Eindrücke an die „Wendejahre" 1989/90 anders erzählen als etwa 2017. Mittlerweile sind seine Erinnerungen von Medien und neuen Erfahrungen stark beeinflusst worden. Entsprechend groß ist heute auch die diesbezügliche Hirnforschung zum Thema Erinnerung und Erinnerungsverfälschung. Jedoch hat die Methode der Oral History nicht nur negative Seiten, sondern vermittelt den jeweiligen Akteurinnen und Akteuren durch die beiderseitige Begegnung auch den Austausch von Erlebnissen, Erfahrungen und Identifikationswegen.

→ Kapitel 3.6, S. 301, Aufgabe 5

Methodische Arbeitsschritte eines Podcasts

Um die Erträge der Oral History festzuhalten und kritisch für eine breite Öffentlichkeit aufzubereiten, ist die Erstellung eines Podcasts sehr nützlich. Es ist ratsam, dass ein bestimmtes Thema multiperspektivisch dargeboten wird, indem unterschiedliche Sichtweisen von Zeitzeugen einbezogen werden. Das Gesagte der Zeitzeugen sollte in Form eines lebendigen Informationsberichtes, der Sachverhalte mit unterschiedlichen Mitteln und Effekten besonders interessant macht, anschaulich und sinnlich aufbereitet werden. Die Gestaltung eines Podcasts beschränkt sich im Gegensatz zum Video nur auf das akustisch Übertragbare.

Vorbereitung

Bevor Sie Ihr Projekt beginnen, hören Sie sich professionelle Podcasts im Internet bei Mediatheken der öffentlich-rechtlichen Sendeanstalten oder YouTube-Sendern an. Dadurch gewinnen Sie einige Eindrücke, die für Ihre Arbeit durchaus wertvoll sein können. Des Weiteren ist es ratsam, sich im Vorfeld mit der Thematik ausführlich vertraut zu machen. Somit erhalten Sie einen Überblick und sind für das Zeitzeugeninterview gut vorbereitet. Auf alle Fälle sollten Sie vorher die Fragestellungen genau aufschreiben und mit der Zeitzeugin oder dem Zeitzeugen die Thematik genau abklären, damit während des Interviews keine Missverständnisse entstehen. Sagen Sie den interviewten Personen, dass sie während des Interviews deutlich und klar sprechen sollen, damit die Aufnahmen auch verständlich sind. Probieren Sie die Ton- und Klangqualität aber vorher auf jeden Fall in der entsprechenden Umgebung aus. Während des Interviews müssen Sie unbedingt Taktgefühl entwickeln, da die Zeitzeugen ein Recht auf die Einhaltung ihrer Privatsphäre haben. Als kleine Aufmerksamkeit können Sie der Zeitzeugin oder dem Zeitzeugen einen Blumenstrauß als Geste der Dankbarkeit mitnehmen.

Ein Oberstufenschüler interviewt seine Schulleiterin als Zeitzeugin am Gymnasium Gommern.

Durchführung

Zur Unterstützung einer Gestaltung eines Podcasts können Sie sich sicherlich Hilfe beim Informatiklehrer oder bei der Informatiklehrerin einholen. Mit den folgenden Schritten können Sie auch selbst einen Podcast gestalten:

1. Nachdem Sie das Interview mit einem Diktiergerät aufgenommen haben, speichern Sie es auf Ihrem Computer/Laptop. Mittlerweile haben aber auch moderne Computer, Smartphones und Tablets eine Diktierfunktion. Die Audiodateien lassen sich leicht auf den Computer übertragen, zum Beispiel via USB.
2. Um den Podcast für den Hörer ansprechend zu gestalten, ist ein selbst gesprochener informativer Sachtext, der im Vorfeld von Ihnen aufgeschrieben werden sollte, als kurze Einleitung ratsam. Sprechen Sie Ihren Sachtext langsam und deutlich in Ihr Diktiergerät beziehungsweise in das Mikrofon Ihres technischen Gerätes. Anschließend sollten Sie den Zeitzeugen zu Wort kommen lassen.
3. Als Audioschnittprogramm empfiehlt sich der Audio-Editor Audacity, der im Internet kostenlos zur Verfügung steht. Somit können Sie die Sprachdateien in Audacity importieren und bearbeiten. Machen Sie sich zunächst mit dem Programm vertraut und holen Sie eventuell bei einer Expertin oder einem Experten Rat.
4. Es ist auch möglich, den Podcast mit geeigneter Musik zum Thema passend zu hinterlegen. Zum Erstellen von Hintergrundmusik können Sie www.freesound.org verwenden. Die Musik steht Ihnen kostenlos zur Verfügung. Nachdem Sie die entsprechende Musik heruntergeladen haben, müssen Sie die neue Spur in das „offene Projekt" importieren. Nun mit Audacity zusammen die Sprachdateien abmischen. Beachten Sie aber dabei, dass der gesprochene Text lauter als die Hintergrundmusik ist.
5. Die Audiodateien sollten Sie nach thematischen Gesichtspunkten strukturieren. Lassen Sie geeignete Pausen und beachten Sie, dass unterschiedliche Lautstärke beim Zuhörer Effekte erzeugt. Da ein Podcast als Informationsmedium dient, sollten unnötige Einflüsse vermieden werden.

Präsentation

Der Podcast kann von Ihnen auf einer selbst erstellten Webseite veröffentlicht werden. Dabei müssen Sie sich aber die Einverständniserklärung Ihrer Zeitzeugin oder Ihres Zeitzeugen vorher einholen. Ihr Podcast sollte auch nicht 10 Megabyte überschreiten, da sonst das Herunterladen für den Benutzer zu lange dauert. Außerdem sollte Ihr Podcast mit einem Einleitungstext auf der Webseite versehen werden. Natürlich können Sie auch einen Podcast zu anderen Anlässen, beispielsweise als Beitrag für einen Schülerwettbewerb, zur Veröffentlichung im Schülerradio oder als Dossier für die Schulchronik, gestalten.

Projektvorschläge

Erstellen Sie in einem Team einen eigenen Podcast zu einem der folgenden Themen:

- Das Leben in Ost und West: „Alles gut! – Alles schlecht?" – Ein Nachblick
- Das Jahr 1989 – eine tief gehende Zäsur für die Deutschen?
- Die Wiedervereinigung in Ost und West – eine gemeinsame deutsche Geschichte?
- Der Prozess der Wiedervereinigung 1990–2000 – Wer waren die Gewinner, wer waren die Verlierer?
- Urlaubsreisen nach der Wende in Ost- und Westdeutschland – Die Deutschen lernen sich kennen

A Deutschland nach dem Zweiten Weltkrieg

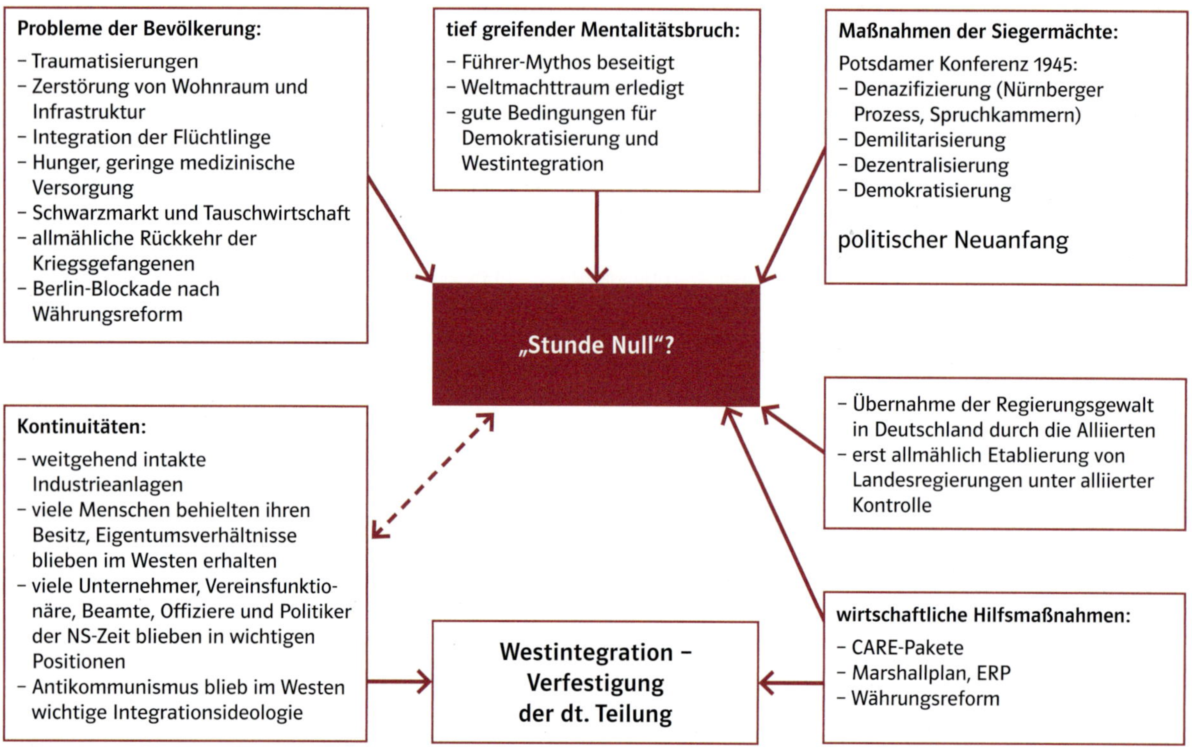

B Die Bundesrepublik Deutschland nach 1949

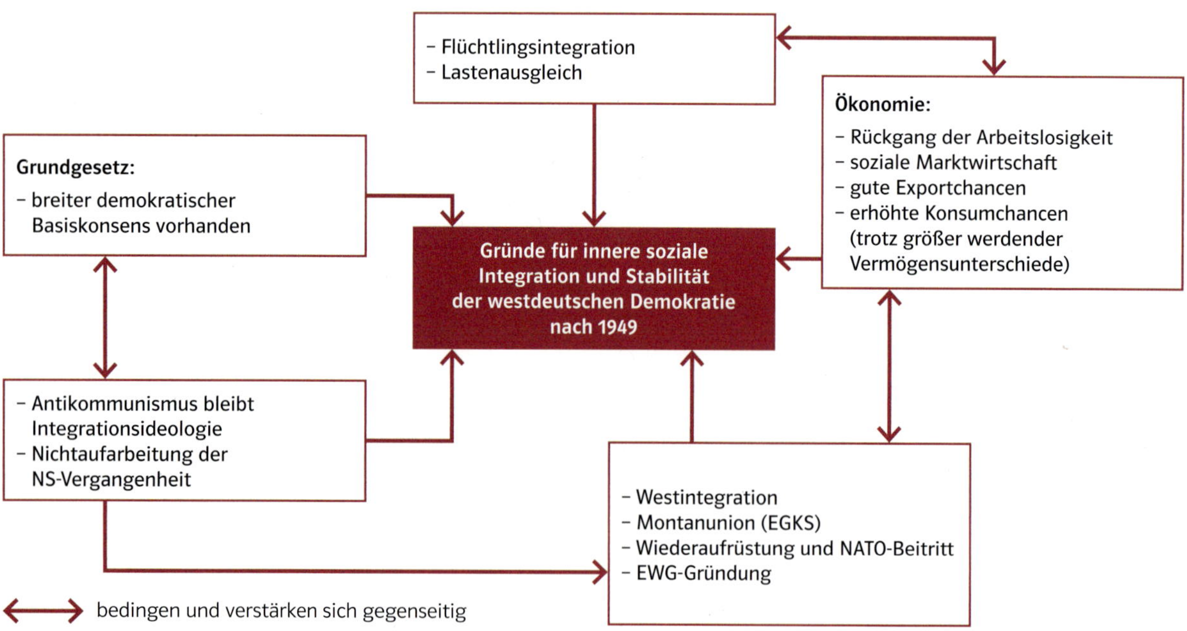

C Die DDR 1949–1961

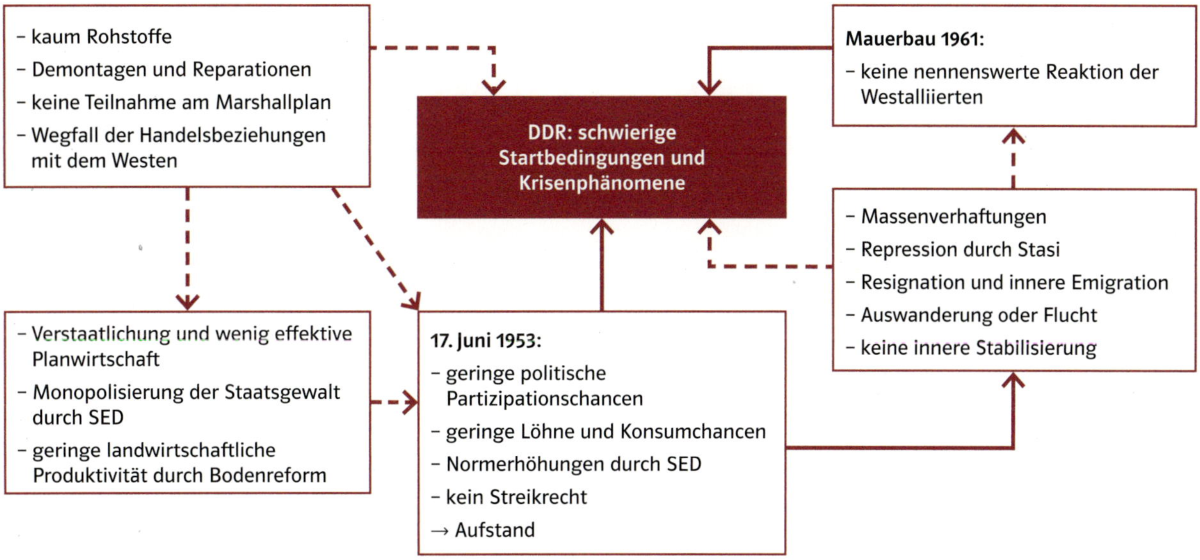

D Die „Fieberkurve des Kalten Krieges"

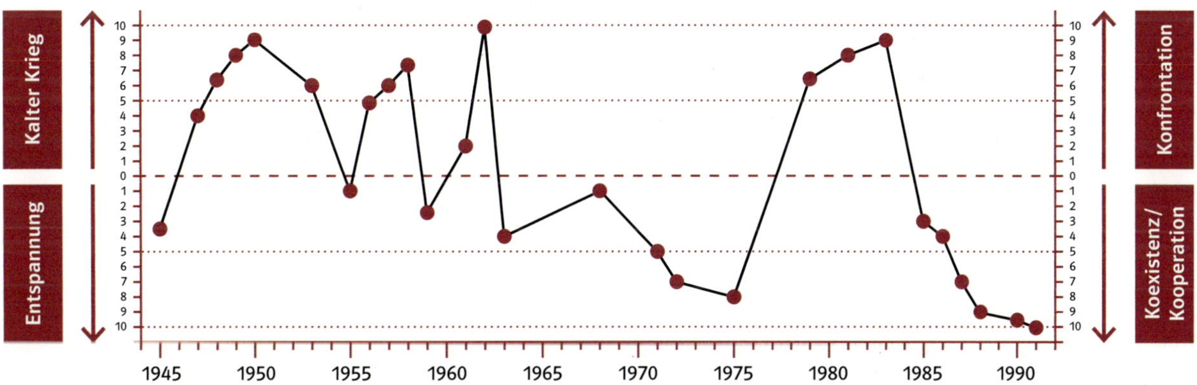

Arbeitsvorschläge

Arbeitsblatt
Selbsteinschätzungsbogen
Kapitel 3
hw3f2h

1. Übertragen Sie die Grafiken A und B auf ein eigenes Blatt oder Tablett und ergänzen Sie Problemfelder, Konflikte und Erfolge des jeweiligen deutschen Staates. [II]
2. Erläutern Sie die wirtschaftlichen Kernprobleme der DDR (Grafik C). [II]

4 Aktuelle Probleme postkolonialer Räume in historischer Perspektive

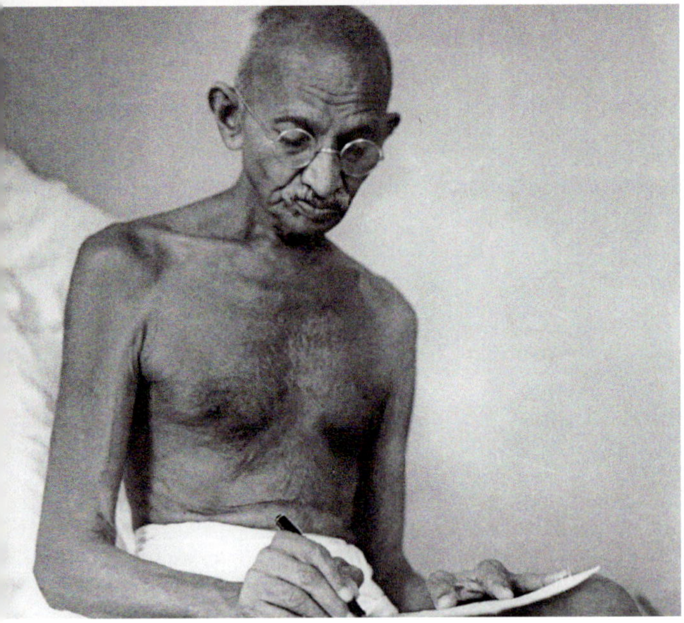

Antikolonialer Widerstand

Gegen die fremde Kolonialherrschaft entwickelte sich im 20. Jahrhundert immer stärkerer Widerstand. Dies konnte bewaffneter Widerstand sein, aber auch ausdauernder friedlicher Protest. Zum Symbol eines friedlichen, antikolonialen Widerstandes wurde der indische Rechtsanwalt, Asket und Pazifist Mahatma Gandhi (1869–1948).

Was im 16. Jahrhundert mit der spanisch-portugiesischen Expansion nach Amerika begann, nahm in der Hochphase der europäischen Moderne noch sehr viel größere Ausmaße an. Anfang des 20. Jahrhunderts beherrschten europäische Kolonialmächte große Teile Afrikas und Asiens. Die wirtschaftliche Ausbeutung der Kolonien und die brutale, auf rassistischer Herablassung basierende Willkürherrschaft der Kolonialmächte führte immer wieder zu Konflikten.

Nach dem Ersten Weltkrieg entstanden immer mehr Befreiungsbewegungen in den von den Kolonialmächten kontrollierten Regionen. Ein sehr unterschiedlicher Dekolonisierungsprozess kam in Gang, doch die Folgen der früheren kolonialen Ordnung prägen die Welt bis heute in oft folgenschwerer Weise.

Vorwissen

Erinnern Sie sich an:
- das Thema Imperialismus und Kolonialismus
- das Thema Südostasien und Afrika aus Geographie

→

Schritte des Kompetenzaufbaus

- Ursachen und Folgen des Hochimperialismus charakterisieren
- verschiedene Formen des Kolonialismus und Imperialismus erklären können

→ Kapitel 4.1

→

- die Rahmenbedingungen des Kolonialismus in der Zwischenkriegszeit kennen
- die Entstehung antikolonialer Bewegungen als Folge zerfallender Imperien nach 1918 erklären

→ Kapitel 4.2

→

Über ein Jahrhundert unhinterfragte Spuren der kolonialen Vergangenheit
In vielen Städten ehemaliger Kolonialmächte existieren bis heute viele koloniale Erinnerungsorte. Erste Veränderungen gab es erst nach lauten Protesten in jüngster Vergangenheit. Ein Beispiel ist die „Mohrenstraße" in Berlin, die diesen Namen 1991 erhielt. Am 20. August 2020 wurde der Beschluss gefasst, sie in Anton-Wilhelm-Arno-Straße umzubenennen. Für einige bedeutete dies eine Beseitigung rassistischer Symbolik, für andere war dieser Schritt eine Versündigung gegen die „kulturelle Identität" Berlins.

Arbeitsvorschläge

1. Informieren Sie sich mit Blick auf das Foto zur Berliner Mohrenstraße über den Begriff „Mohr" und die Person Anton-Wilhelm Arno.
2. Sammeln Sie gemeinsam Stichworte zu den Schlagworten Kolonialismus, Imperialismus, Dekolonisierung und Neokolonialismus und entwickeln Sie anhand der Stichworte Fragen, die für unsere Gegenwart relevant sein könnten.

- Formen der Dekolonialisierung charakterisieren
- einen Dekolonisierungsprozess exemplarisch analysieren und bewerten

→ Kapitel 4.3

→

- aktuelle Probleme ehemaliger kolonialer Räume vor dem Hintergrund von Kolonialismus und Dekolonialisierung erörtern

→ Kapitel 4.4

→

Erreichtes Ziel

den Prozess der Dekolonialisierung charakterisieren können und aktuelle Folgen des Kolonialismus/der Dekolonialisierung analysieren und beurteilen können

Zeitliche Orientierung

1840 | 1890

Wirtschaft und Kultur

Europäisierung der Welt in Wirtschaftsordnung und Lebensweise
Foto indischer Prinzen beim Tennisspiel Anfang des 20. Jahrhunderts

1869 Eröffnung des Suezkanals

1871 Charles Darwin „Die Abstammung des Menschen"

1880 Alphonse Laveran entdeckt den Malaria-Erreger

1885 Erfindung des Maschinengewehrs

1895 Rudyard Kipling „Das Dschungelbuch"

189… Rudyard Kipling Gedicht „The White Man's Burden"

1840 | 1890

Entwicklung in Afrika und Asien

Geldschein 10 Namibia-Dollar
Erinnerung an Henrik Witbooi und den antikolonialen Widerstand in Deutsch-Südwestafrika 1904–1908

1857–1862 indischer Sepoy-Aufstand gegen brit. Kolonialherrschaft

1886 Gründung des „Kongostaates" als Besitz des belgischen Königs Leopold II.

1888–1896 Abessinien (Äthiopien) steigt zur regionalen Kolonialmacht auf

1896 Ende des seit 1680 bestehenden ghanaischen Aschanti-Reiches

1840 | 1890

Entwicklung der Kolonialstaaten

Flagge des (British) Commonwealth of Nations, einem losen Zusammenschluss souveräner Staaten, darunter Staaten wie Kanada, Ghana, Indien und Australien

1820er-Jahre Ende der span. Kolonialherrschaft in Amerika

1865–1876 Russland kolonisiert große Teile Zentralasiens

1880–1914 kolonialer „Wettlauf um Afrika"

1882 Gründung des Dt. Kolonialvereins

1884/85 Westafrika-Konferenz in Berlin (Aufteilung Afrikas)

1894/95 Japan wird mit Sieg über China zur Kolonialmacht (Korea, Taiwan)

1930 **1970**

900
. Panafri-
anische
onferenz

1902
Joseph Conrad
„Herz der Finsternis“

1911
Hamburg zählt zu wichtigsten internationalen Umschlagplätzen für Kakao, Gewürze, Kautschuk

1923–2007
Ousmane Sembène senegalesischer Schriftsteller, „Vater“ des afrikanischen Kinos

1931
Beginn des Hindi-Films („Bollywood“)

1936–2015
algerische Schriftstellerin/Regisseurin Assia Djebar

1938
erster Erdölfund in Saudi-Arabien

1960
Friedensnobelpreis an Südafrikaner Albert Luthuli

1986
Literaturnobelpreis an nigerianischen Schriftsteller Wole Soyinka

1991
Erzählung „Die Zweitfrau“ der ghanaischen Schriftstellerin Christina Ama Ata Aidoo (geb. 1942)

1993
Friedensnobelpreis an Südafrikaner Nelson Mandela

2004
Friedensnobelpreis an Kenianerin Wangari Maathai

2014
der burkinische Dramatiker Aristide Tarnagda (geb. 1983) inszeniert in Köln das „Coltan-Projekt“

1930 **1970**

1900/01
Boxeraufstand
n China

1904–1908
dt. Völkermord in Namibia (Herero, Nama)

1920
Mahatma Gandhi beginnt in Indien Kampagne der Nichtkooperation (ziviler Ungehorsam)

1945
Gründung der UNO

1947
Unabhängigkeit Indiens und Ghanas

1954–1962
Algerienkrieg, Unabhängigkeit Algeriens

1955
1. Afro-Asiatische Konferenz in Bandung (Blockfreie Staaten)

1960
„Afrikanisches Jahr“ (18 Kolonien in Unabhängigkeit)

1963
Gründung Organisation für Afrikanische Einheit

1951–1974
portugiesische Kolonialkriege (Angola, Mosambik, Guinea-Bissau)

1955–1975
Vietnamkriege

1997
Ende brit. Kolonialherrschaft in Hongkong

2002
Gründung der Afrikanischen Union

1930 **1970**

898
SA wird
olonialmacht
Philippinen)

1911
Beginn Expansion Italiens in Nordafrika (Libyen)

1914–1918
Erster Weltkrieg (Einsatz Kolonialsoldaten, Kämpfe in Kolonien)

1919
Versailler Friedensvertrag (Ende dt. Kolonialherrschaft), Gründung Völkerbund (Aufteilung Naher Osten und Afrika in „Mandatsgebiete“)

1931
Gründung British Commonwealth of Nations

1935–1941
ital. Überfall auf Abessinien (Äthiopien)

1939–1945
Zweiter Weltkrieg (Einsatz Kolonialsoldaten, Kämpfe in Kolonien)

1970er-Jahre
allmähliche Etablierung erster kolonialkritischer Forschungsansätze an europäischen Hochschulen (bislang weitgehend positive Betrachtung der Kolonialvergangenheit)

2015
das Auswärtige Amt bezeichnet dt. Völkermord in Namibia erstmals als Genozid

Arbeitsvorschlag

1. Ergänzen Sie den Zeitstrahl um Daten rund um den Begriff Neokolonialismus. Begründen Sie Ihre Auswahl. [II/III]

E Erweiterungsband Kapitel 4.1, S. 198–203

4.1 Ursachen und Folgen des Hochimperialismus

Mit der Entwicklung zu modernen Industriegesellschaften maßen europäische Staaten der Inbesitznahme von Kolonien in Afrika und Asien immer größere Bedeutung zu. Dies hatte fatale Folgen für viele der betroffenen indigenen Gesellschaften und verschärfte außerdem die Rivalität zwischen den europäischen Nationalstaaten.

Phase des Hochimperialismus

Seit Ende des 15. Jahrhunderts errichteten einzelne europäische Staaten auch außerhalb Europas Handelsstützpunkte, um sich wirtschaftliche und politische Einflussbereiche zu sichern. Als Hauptphase der europäischen Expansion gilt jedoch die als Hochimperialismus bezeichnete Zeit zwischen 1880 und 1914. Während sich auf dem amerikanischen Kontinent seit dem späten 18. Jahrhundert ehemalige Kolonien die Unabhängigkeit erkämpften, fokussierte sich das Interesse der europäischen Mächte im 19. Jahrhundert auf die Inbesitznahme von Gebieten in Afrika und Asien.

Ein besonderes Merkmal dieser Epoche war, dass die europäischen Mächte mit dem Anstieg nationalistischer Tendenzen, Kolonialbesitz zum Maßstab ihrer Machtposition in der „Weltpolitik" erklärten. Dies betraf nicht nur die klassischen Kolonialmächte wie Spanien, Frankreich oder Großbritannien, sondern auch die neu gegründeten Nationalstaaten wie Deutschland und Italien forderten ihr vermeintliches Recht auf Kolonialbesitz ein. Auf der **Kongo-Konferenz** teilten 12 europäische Mächte (sowie die USA und das Osmanische Reich) fast den gesamten afrikanischen Kontinent unter sich auf und sicherten sich die gegenseitige Akzeptanz ihrer Einflusssphären zu. Die willkürlich am Verhandlungstisch gezogenen Grenzen berücksichtigten weder die regionalen Gegebenheiten noch die Interessen der lokalen Herrscher. Im 20. Jahrhundert wurden diese Kolonialgebietsgrenzen dennoch oft zu den Staatsgrenzen der neuen afrikanischen Staaten erklärt.

Kongo-Konferenz
Von Bismarck einberufene Konferenz, die die Verteilung Afrikas unter den europäischen Mächten regeln sollte. Die Konferenz wird als Beginn der deutschen Kolonialpolitik angesehen. Die Anerkennung des Kongos als Privatkolonie des Belgischen Königs Leopold II war eines der Ergebnisse der Konferenz.

Akteure und Formen des Imperialismus

Die Akteure der imperialistischen Anstrengungen waren vielfältig – nicht immer ging der Impuls zur Annexion oder Einflussnahme von staatlichen Institutionen aus. Auch Handelsgesellschaften oder Individuen verfolgten diesbezüglich ihre eigene Agenda. In Deutschland erwarb beispielsweise der später für seine Gewaltexzesse in die Kritik geratene Carl Peters ohne staatliche Unterstützung und unter zweifelhaften Bedingungen Gebiete in Ostafrika, die später von Bismarck zum **„Deutschen Schutzgebiet"** erklärt wurden. Die Herrschaft des zum „Reichskommissar" ernannten Peters war allerdings alles andere als ein Schutz für die indigene Bevölkerung, die massiv unter seiner Gewaltherrschaft zu leiden hatte. Die Kolonien unterschieden sich jedoch nicht nur mit Blick auf die handelnden Akteure, sondern auch in der Form der dort ausgeübten Herrschaft. Es gab Siedlungskolonien, Stützpunktkolonien, Beherrschungskolonien und Strafkolonien. In Regionen mit indirekter Kolonialherrschaft etablierten die Kolonialmächte mitunter indigene Herrschaftseliten, die teils freiwillig, teils gezwungenermaßen mit den Europäern kooperierten.

Deutsches Schutzgebiet
Von Reichskanzler Otto von Bismarck eingeführter Begriff für Gebiete in Afrika und im ostasiatisch-pazifischen Raum, in dem deutsche Wirtschaftsinteressen/Handel von der Regierung nachhaltig geschützt bzw. durchgesetzt wurden

→ **D1**, S. 361

Welche Faktoren beeinflussten den Hochimperialismus?

Die Faktoren, die diese Expansion beeinflussten, waren vielfältig und in vieler Hinsicht mit den von der Industrialisierung angestoßenen gesellschaftlichen, wirtschaftlichen und ideellen Entwicklungen der Moderne verknüpft:

Mit dem technischen Fortschritt der Industrialisierung und der Urbanisierung stieg einerseits der Bedarf an Rohstoffen und landwirtschaftlichen Produkten, andererseits auch die Suche nach neuen Absatzmärkten. Durch die Ausbeutung der Bodenschätze und Rohstoffe in den Kolonien, die von der indigenen Bevölkerung unter unmenschlichen Bedingungen

Material
Geschichtskarte Kolonialreiche
z48da2

Samuel Maharero (1856–1923)
1890–1905 Oberhaupt der Ova-Herero

Hendrik Witbooi (1830–1905)
1888–1905 Oberhaupt der Nama

abgebaut bzw. produziert wurden, erhofften sich die Kolonialmächte einen schnelleren wirtschaftlichen Aufstieg. Gleichzeitig nutzten sie die neuen technischen Entwicklungen im Transport-, Kommunikations- und Waffenbereich, um immer tiefer in vorher unzugängliche Regionen vorzudringen, dort Herrschaftsstrukturen zu etablieren und um ihre Interessen immer kompromissloser durchzusetzen. In vielen ehemaligen Kolonien produzieren Menschen bis heute unter gesundheitsschädlichen Arbeitsbedingungen Rohstoffe und Produkte für die Märkte moderner Industriestaaten.
Ein zentrales Argument, auf das sich alle Kolonialmächte beriefen, war ihr vermeintlicher Zivilisationsauftrag gegenüber der indigenen Bevölkerung. Dieses auf eine Mischung rassistischer Vorurteile und populärer pseudowissenschaftlicher "Rassentheorien" gestützte Selbstbild führte dazu, dass die Kolonialmächte der indigenen Bevölkerung häufig gewaltsam und ohne Berücksichtigung der lokalen Herrschafts- und Gesellschaftsstrukturen europäische Normen und Gepflogenheiten aufzwangen und jeglichen Widerstand mit Gewalt unterdrückten. Die Vorstellung, dass sich Menschen überhaupt in verschiedene Rassen einteilen lassen, ist seit vielen Jahren wissenschaftlich widerlegt. Dennoch prägte die zeitgenössische Vorstellung einer vermeintlich höherwertigen „weißen Rasse" die gewaltsame Willkürherrschaft der Europäer in den Kolonien maßgeblich und führte immer wieder zu massiver Gewalt gegen die indigene Bevölkerung. Beispiele hierfür sind unter anderem die Reaktion der französischen Kolonialmacht auf den Widerstand gegen die Besetzung Algeriens, die Niederschlagung des Sepoy-Aufstands in Indien oder der Genozid an den Herero und Nama in Deutsch-Südwest-Afrika.

Unmittelbare Folgen des Hochimperialismus

Die indigene Bevölkerung in den von europäischen Kolonialmächten besetzten Regionen bemühte sich aktiv darum, unabhängig von der Form der auferzwungenen Herrschaft, eigene Handlungsspielräume zu verteidigen. Häufig kam es dabei zu lokalen Konflikten und Aufständen. Auslöser für diese Unruhen waren beispielsweise:
- die Kasernierung indigener Bevölkerungsgruppen in Reservate mit unfruchtbarem Land. Dies sollte Siedlungsgebiete für Europäer schaffen, beraubte die Einheimischen aber ihrer Lebensgrundlage;
- die Ausbeutung Indigener als Zwangsarbeiter, die meist unter unmenschlichen Bedingungen arbeiten mussten;
- die Willkür und Überheblichkeit, mit der die Kolonialmächte sich anmaßten, in bestehende Gesellschafts- und Herrschaftsstrukturen einzugreifen, die sie in vielen Fällen unterdrückten oder zerstörten.
- drakonische Strafmaßnahmen der Kolonialmächte als Reaktion auf reelle oder vermeintliche Bedrohungen ihres Herrschaftsanspruchs.

Unzählige Menschen starben als Folge der Kolonialherrschaft an Unterernährung, an den Folgen der Sklavenarbeit, aufgrund grausamer Strafmaßnahmen und der militärischen Gewaltherrschaft der Europäer. Außerdem verschärfte die Kolonialpolitik die Rivalität unter den europäischen Mächten und trug maßgeblich zu einer Eskalation der Rivalitäten bei, die letztendlich im Ersten Weltkrieg mündete.

Q1

Selbstverständnis der Kolonialmächte

a) Der britische Unternehmer und Politiker in der britischen Kapkolonie in Südafrika Cecil Rhodes (1853–1902) schrieb 1877:

Ich behaupte, dass wir die erste Rasse[1] in der Welt sind und dass es für die Menschheit umso besser ist, je größere Teile der Welt wir bewohnen. Ich behaupte, dass jedes Stück Land, das unserem Gebiet hinzugefügt wird, die Geburt von mehr Angehörigen der englischen Rasse bedeutet, die sonst nicht ins Dasein gerufen worden wären. Darüber hinaus bedeutet es einfach das Ende aller Kriege, wenn der größere Teil der Welt in unserer Herrschaft aufgeht. [...]

Wolfgang J. Mommsen: Imperialismus. Seine geistigen, politischen und wirtschaftlichen Grundlagen. Hoffmann und Campe, Hamburg 1977, S. 43 f.

1 die zeitgenössische Vorstellung von der Existenz verschiedener Menschenrassen ist heute wissenschaftlich überholt.

b) Gabriel Hanotaux, der französischer Kolonialminister, führte 1902 in einer Rede aus:

[...] Jenseits des Mittelmeeres [...] wird eines Tages die Kornkammer der Menschheit liegen, die Quelle neuer Reichtümer [...] Die künftige Geschichte wird im Kolonialministerium gemacht. Dort wird über die Zukunft der Nation entschieden [...]. Man möge mich recht verstehen. Es geht nicht allein um eine gewaltige Zurschaustellung von Eroberungen; es geht auch nicht um die Vergrößerung des öffentlichen und privaten Reichtums; es geht darum, über die Meere hinweg in gestern noch unzivilisierten Ländern die Prinzipien einer Zivilisation auszubreiten, deren sich eine der ältesten Nationen der Erde sehr zu Recht rühmen kann; es geht darum, in unserem Umkreis und in weiter Ferne so viele nette Frankreichs zu schaffen, es geht darum, inmitten der stürmischen Konkurrenz der anderen Rassen[2], die sich alle auf denselben Weg begeben haben, unsere Sprache, unsere Sitten, unser Ideal, den Ruf Frankreichs und des Romanentums zu bewahren.

Wolfgang J. Mommsen: Imperialismus. Seine geistigen, politischen und wirtschaftlichen Grundlagen. Hoffmann und Campe, Hamburg 1977, S.107 - 109.

2 die zeitgenössische Vorstellung von der Existenz verschiedener Menschenrassen ist heute wissenschaftlich überholt.

c) Der deutsche Reichskanzler Bernhard von Bülow forderte im Reichstag anlässlich der Frage einer Annexion des chinesischen Hafens Kiautschou am 6. Dezember 1897:

Die Zeiten, wo der Deutsche dem einen seiner Nachbarn die Erde überließ, dem anderen das Meer und sich selbst den Himmel reservierte, wo die reine Doktrin[3] thront – diese Zeiten sind vorüber. Wir betrachten es als eine unserer vornehmsten Aufgaben, gerade in Ostasien die Interessen unserer Schifffahrt, unseres Handels und unserer Industrie zu fördern und zu pflegen. Wir müssen verlangen, dass der deutsche Missionar und der deutsche Unternehmer, die deutschen Waren, die deutsche Flagge und das deutsche Schiff, in China geradeso geachtet werden, wie diejenigen anderer Mächte. Wir sind endlich gern bereit, in Ostasien den Interessen anderer Großmächte Rechnung zu tragen[4], in der sicheren Voraussicht, dass unsere eigenen Interessen gleichfalls die ihnen gebührende Würdigung finden. Mit einem Worte: Wir wollen niemand in den Schatten stellen, aber wir verlangen auch unseren Platz an der Sonne.

Verhandlungen des Reichstags, IX. Legislaturperiode, 5. Session, 1897/98. Bd. r. S. 60.

3 Lehre
4 zu berücksichtigen

Q2

Antikolonialistische Gegenstimmen

a) Rede des sozialdemokratischen Abgeordneten August Bebel am 26. Januar 1889 gegen die deutsche Kolonisation Ostafrikas:

Nun, wer ist denn diese Ostafrikanische Gesellschaft? Ein kleiner Kreis von Großkapitalisten, Bankiers, Kaufleuten und Fabrikanten, d.h. ein kleiner Kreis von sehr reichen Leuten, deren Interessen mit den Interessen des deutschen Volks gar nichts zu tun haben, die bei dieser Kolonialpolitik nichts als ihr eigenes persönliches Interesse im Auge haben, die [...] nur den Zweck hatten, auf Grund größerer Mittel gegenüber einer schwächeren Bevölkerung sich auf alle mögliche Weise zu bereichern. Einer solchen Kolonialpolitik werden wir nie unsere Zustimmung geben. Im Grunde genommen ist das Wesen aller Kolonialpolitik die Ausbeutung einer fremden Bevölkerung in der höchsten Potenz. Wo immer wir die Geschichte der Kolonialpolitik in den letzten drei Jahrhunderten aufschlagen, überall begegnen wir Gewalttätigkeiten und der Unterdrückung der betreffenden Völkerschaften, die nicht selten schließlich mit deren vollständiger Ausrottung endet. Und das treibende Motiv ist immer, Gold, Gold und wieder nur Gold zu erwerben. Und um die Ausbeutung der afrikanischen Bevölkerung im vollen Umfange und möglichst ungestört betreiben zu können, sollen aus den Taschen des Reichs, aus den Taschen der Steuerzahler Millionen verwendet werden, soll die Ostafrikanische Gesellschaft mit den Mitteln des Reichs unterstützt werden, damit ihr das Ausbeutegeschäft gesichert wird.

Stenographische Berichte über die Verhandlungen des Reichstags. Berlin, 1889, 7. Legislaturperiode, 4.Sitzung 1888/89, 1. Bd., 26. Januar 1889, S. 627–631.

b) Die Karikatur von Emil Erk erschien im Januar 1905 in der Beilage der sozialistischen Satirezeitschrift Der wahre Jacob:

D1

Kolonialismus

Überblickstext zu den zentralen Merkmalen und Formen des Kolonialismus:

[...] Moderner, neuzeitlicher Kolonialismus bedeutete erstens, dass die kolonisierte Gesellschaft ihrer eigenen Entwicklung beraubt und fremdgesteuert wurde. Den Kolonialherren ging es darum, die Kolonie ihren eigenen politischen und wirtschaftlichen Interessen zu unterwerfen und sie für die eigenen Bedürfnisse zu nutzen. Zweitens waren die kulturelle Andersartigkeit der Kolonialherren und ihre fehlende Anpassungswilligkeit an die Verhältnisse vor Ort ein wesentliches Kennzeichen des Kolonialismus. Das dritte Merkmal war die Überzeugung der Kolonialherren von der eigenen kulturellen Überlegenheit, aus der heraus die Kolonisierung als ein „Zivilisierungsauftrag" gerechtfertigt wurde. [...]

Die großen Unterschiede zwischen den Kolonien sollten dabei nicht übersehen werden: Zweck und Geschichte der jeweiligen Gründung, Umweltbedingungen, Zusammensetzung der Bevölkerung, Herrschaftsform und Wirtschaft der einzelnen Kolonien unterschieden sich sehr stark. Abstrahierend lassen sich aber vier Hauptformen von Kolonien unterscheiden:

(1) Siedlungskolonien beruhten auf Massenmigration und der Eroberung bzw. Erschließung neuen, billigen Landes, Farmer und Pflanzer siedelten sich dauerhaft an. [...].

(2) Stützpunktkolonien wurden vor allem von frühneuzeitlichen Seemächten errichtet und waren meist Häfen, die zur Kontrolle attraktiver Handelswaren und Seerouten sowie zur Unterstützung der fern des Mutterlandes operierenden Flotten dienten. [...].

(3) Beherrschungskolonien waren auf wirtschaftliche Ausbeutung des eroberten Landes ausgerichtet, die neuen Herren nutzten die Bodenschätze, erhoben Tribut oder errichteten Handelsmonopole. Solche Beherrschungskolonien wurden meist autokratisch durch die Metropole regiert, die dafür nötigen Bürokraten und Soldaten kehrten nach ihrer Dienstzeit meist ins Mutterland zurück. Anders als in Siedlungskolonien spielte die Besiedelung mit Migranten nur eine geringere Rolle.

(4) Strafkolonien zur dauerhaften Verbannung von Straffälligen waren weitaus seltener [...].

Diese Typen schließen sich gegenseitig nicht aus, sondern Kolonien konnten sich von einer Form zu einer anderen entwickeln [...].

Grewe, Bernd; Lange, Thomas: Kompaktwissen Geschichte. Kolonialismus, Philipp Reclam jun. GmbH & Co. KG, Ditzingen 2018, S. 11–13.

Arbeitsvorschläge

1. Stellen Sie anhand von Q1 und des Verfassertextes das Selbstbild und die Interessen der europäischen Kolonialmächte dar. [I]
2. Analysieren Sie anhand von Q2 zeitgenössische Gegenstimmen und erläutern Sie, wie diese das Selbstbild der Kolonialmächte infrage stellen. [II]
3. Recherchieren Sie in Kleingruppen – anhand jeweils eines der im Verfassertext genannten Beispiele – weitere Folgen der Kolonialherrschaft für die jeweilige indigene Bevölkerung. Identifizieren Sie dabei mithilfe von D1 die Herrschaftsform, die in dem jeweiligen Beispiel ausgeübt wurde. Präsentieren Sie ihre Ergebnisse im Plenum. [II] ○
4. Erstellen Sie eine Mindmap, in der Sie die Ursachen, Charakteristika und die unmittelbaren Folgen des Hochimperialismus zusammenfassen. [II]

Online- und Differenzierungsmaterialien zu Kapitel 4.1
○ Arbeitshilfen zur Aufgabe 3
Geschichtskarte Kolonialreiche

Online-Code: z48da2

E Erweiterungsband Kapitel 4.1, S. 198–203

4.2 Nach dem Ersten Weltkrieg – der Ruf nach Selbstbestimmung und Unabhängigkeit wird lauter

Die Nachwirkungen des Ersten Weltkriegs auf die Entwicklung der indigenen Gesellschaften in den Kolonien sind noch lange nicht umfassend erforscht – auch deshalb nicht, weil die Quellenlage schwierig ist. Es wird jedoch angenommen, dass die Weltkriegserfahrung auch dort ein Katalysator für gesellschaftliche Veränderungen war und lokale Autonomiebestrebungen verstärkte.

Kriegseinsatz von Kolonialsoldaten

→ Erinnern Sie sich an Ihr Vorwissen aus der Jahrgangsstufe 8 und 10.

Der Erste Weltkrieg war auch insofern weltumspannend, als die kriegführenden europäischen Großmächte den Konflikt in die Kolonien trugen. Dies geschah zum Einen auf wirtschaftlicher Ebene, indem sie ihre Kolonien zwangen, ihre Wirtschaft noch stärker auf die europäischen Kriegsbedürfnisse auszurichten. Darüber hinaus rekrutierten alle Kolonialmächte grob geschätzt mehr als 4 Millionen indigene Männer, um diese als Arbeitskräfte, militärische „Hilfstruppen" sowie als kämpfende Soldaten auf den verschiedenen Kriegsschauplätzen des Ersten Weltkriegs einzusetzen – sowohl in den Kolonien selbst, im Nahen Osten und auch in Europa.

Bei der Rekrutierung dieser Truppen gingen die Kolonialmächte unterschiedlich vor. Während sich ein Teil der Rekruten in der Hoffnung auf Sold und Anerkennung als Kriegsfreiwillige meldeten, wurde ein signifikanter Teil der indigenen Truppenteile von den Kolonialmächten zum Kriegsdienst gezwungen. Die für Großbritannien kämpfende „Indian Army" bestand beispielsweise ausschließlich aus Freiwilligen, während die Franzosen nach nur bedingt erfolgreichen Anwerbeversuchen in ihren afrikanischen Kolonien junge Männer zwangsrekrutierten. Diese Zwangsmaßnahmen trafen häufig auf passiven Widerstand, lös-

Q1

Militärische Mobilisierung auch der Kolonien
Britische Propagandapostkarte 1916, auf der Soldaten aus nahezu allen verbündeten Staaten inklusive der Kolonien (Afrika, Indien, Indochina) in scheinbar einträglicher Kameradschaft und Gleichberechtigung posieren. Die kriegsführenden Nationen mobilisierten mehrere Millionen Menschen aus den Kolonien als Soldaten, Träger und Arbeitskräfte.

ten in einigen Fällen - wie beispielsweise in Mali, Algerien, Nigeria, und Ostafrika - aber auch bewaffnete Revolten aus. Die Kolonialsoldaten, die sich von ihrem Kriegseinsatz auch Anerkennung erhofft hatten, wurden meist enttäuscht: Viele erlebten stattdessen Ungleichbehandlung und rassistische Diskriminierung, sie wurden oft als Vorhut in besonders gefährliche Situationen geschickt, ihre Truppenteile erlitten hohe Verluste und ihr Kriegseinsatz spielte in der Weltkriegserinnerung der europäischen Mächte faktisch keine Rolle.

Selbstbestimmungsrechts der Völker?

Bereits gegen Ende des Ersten Weltkrieges mehrten sich die Forderungen, jedem Volk nationale Selbstbestimmung zuzugestehen, um zukünftig dem Ausbruch weiterer kriegerischer Konflikte vorzubeugen. Ein zentraler Verfechter dieser Idee, die als Grundlage für die in den Friedensverhandlungen verankerte Nachkriegsordnung dienen sollte, war der amerikanische Präsident Woodrow Wilson. Reell umgesetzt wurde das **„Selbstbestimmungsrecht der Völker"** jedoch in erster Linie mit Blick auf die Neuordnung territorialer Gebiete der ehemaligen multiethnischen Großreiche Österreich-Ungarn und des Osmanischen Reiches. Die 1919 verabschiedete Völkerbundsatzung macht deutlich, dass das rassistische Selbstverständnis der europäischen Mächte als vermeintlich überlegene Kultur sich auch durch die hohe Zahl an Kriegsopfern in den Kolonien nicht maßgeblich verändert hatte.

→ **Q3**, S. 367

Aufgrund der teils schwierigen Quellenlage und des komplexen Zusammenspiels von Faktoren, die die Mentalität der indigenen Bevölkerung in den einzelnen Kolonien beeinflussten, lassen sich über die konkreten Auswirkungen der Kriegserfahrung auf die asiatischen und afrikanischen Kolonialregionen nur Annahmen treffen. Historiker und Historikerinnen gehen jedoch davon aus, dass folgende Faktoren das Selbstbild der indigenen Gesellschaften beeinflussten:

- Der gemeinsame Kampf an den Fronten des Ersten Weltkriegs wurde vermutlich als Impuls gesehen, die von den Kolonialmächten behauptete Ungleichheit infrage zu stellen.
- Es bestand die Annahme, die jeweilige Kolonialmacht müsse die im Krieg gebrachten Opfer anerkennen und diese, z.B. durch Zugeständnisse oder eine Verbesserung der Lebensbedingungen der indigenen Gesellschaften, honorieren. Dass diese Anerkennung in den meisten Fällen ausblieb, verstärkte die Unzufriedenheit in vielen Kolonialregionen.
- Die Kampferfahrung hatte die zurückkehrenden Kolonialsoldaten im Umgang mit modernen Waffen und militärischer Strategie geschult - in folgenden Konflikten in den Kolonien konnten sie den Kolonialmächten mit dieser Erfahrung anders begegnen. Die gemeinsame Kriegserfahrung mit europäischen Soldaten brachte allerdings auch eine gewisse Assimilation mit sich, die sich auch darin spiegelte, dass zurückkehrende Kolonialsoldaten indigene Herrschaftsstrukturen zunehmend hinterfragten.

Vor diesem Hintergrund fielen die Forderungen nach einem „Selbstbestimmungsrecht der Völker" auch in den Kolonien auf fruchtbaren Boden, obwohl auch Wilson dies nicht intendiert hatte.

Zwischenkriegszeit: Einrichtung von Mandatsgebieten

Eine weiteres Ziel Woodrow Wilsons war es, einen „Völkerbund" zu etablieren - hinter diesem Begriff verbarg sich die Vision einer gemeinsamen Institution aller Staaten der Welt, in der Probleme und Konflikte gemeinsam besprochen und gelöst werden sollten. 1920 gründete sich dieser Völkerbund mit Sitz in Genf. Ausgerechnet die USA fehlten jedoch als Gründungsmitglied, da Wilson den Beitritt innenpolitisch nicht durchsetzen konnte. Die Menschen in den Kolonien, die einen beträchtlichen Teil der Weltbevölkerung ausmachten, waren ebenfalls nicht vertreten und deshalb erneut von der Mitbestimmung ausgeschlossen. Eine Ausnahme bildeten die britischen Dominions, deren Delegierten sich jedoch nicht für die indigene Bevölkerung, sondern für die Interessen der kolonialen Führungsschicht

Flagge des Völkerbunds aus dem Jahr 1939, anlässlich der New Yorker Weltausstellung

einsetzten. Dementsprechend dominierten bei vielen Entscheidungen des Völkerbundes – auch in Bezug auf das weitere Vorgehen in den Kolonialgebieten – die Interessen der Siegermächte Frankreich, Großbritannien, Italien und Japan.

Ein Grund dafür, dass sich der Völkerbund mit dem weiteren Schicksal der Kolonien auseinandersetzte, war die Festlegung des Versailler Friedensvertrags, die das besiegte Deutsche Reich zwang, seine Kolonien 1919 aufzugeben. Hier wurde bei der Abstimmung des weiteren Vorgehens allerdings nicht das „Selbstbestimmungsrecht der Völker" zugrunde gelegt. Stattdessen wurden die ehemaligen deutschen Kolonien dem Mandat des Völkerbundes unterstellt, der wiederum deren Verwaltung an die einzelnen Siegermächte übertrug. So blieben die meisten Kolonien in der Zwischenkriegszeit unter der Herrschaft der europäischen Kolonialmächte.

Nur Siedlerkolonien und Dominions mit einer zahlenmäßig großen europäischstämmigen Bevölkerung wie Australien oder Kanada wurden eine weitgehende Unabhängigkeit und Selbstbestimmung zugestanden. Unter dem „British Commonwealth of Nations" blieben sie allerdings freiwillig mit der britischen Krone verbunden. Außer in Neuseeland wurde in diesen neuen Staaten jedoch die indigene Bevölkerung weiter von der Mitbestimmung ausgeschlossen und ihr eine Anerkennung als gleichberechtigte Staatsbürger verwehrt. In Australien, Nordrhodesien und Südafrika blieb zudem die koloniale Apartheidpolitik der diskriminierenden „Rassentrennung" bestehen.

Wachsender Widerstand gegen die koloniale Unterdrückung

Blaise Diagne (1872–1934)
1914 als erster Afrikaner ins franz. Parlament gewählt
1920–1921 und 1931–1932 Mitglied der franz. Regierung

Ein wichtiger Repräsentant der zunehmend systematisch verfolgten Autonomiebestrebungen in den Kolonien war der indische Rechtsanwalt Mahatma Gandhi, der zunächst in Südafrika, dann in Indien für ein Ende der Kolonialherrschaft eintrat. Das besondere Merkmal von Gandhis Doktrin war, dass er zivilen Ungehorsam und Gewaltlosigkeit als einzig legitime Mittel zur Erreichung der Unabhängigkeit propagierte. Mit Bezug auf Afrika verstärkte sich die Ideologie des Panafrikanismus, die von Politikern wie dem Senegalesen Blaise Diagne vertreten wurde. Dieser wurde als erster Afrikaner in die französische Nationalversammlung gewählt und sprach sich für Gleichberechtigung und gegen Diskriminierung aus. Der Panafrikanismus begriff Afrika und seine Bevölkerung (unabhängig davon, wo sie lebten) als politische und kulturelle Einheit und strebte deren Unabhängigkeit an. Zwischen 1919 und 1945 organisierten Anhänger des Panafrikanismus fünf Kongresse in europäischen Hauptstädten. Dort forderten sie medienwirksam eine Auseinandersetzung mit den konkreten Problemen, die die Kolonialmächte in Afrika verursacht hatten. Viele Anhänger der panafrikanischen Bewegung wurden später zu Vordenkern und Akteuren der Dekolonisierungsbewegungen nach dem Zweiten Weltkrieg. Ein prominentes Beispiel dafür ist der ghanaische Politiker Kwame Nkrumah, der Ghana 1957 in die Unabhängigkeit führte. In vielen Kolonialgebieten, beispielsweise in Nordafrika oder Südasien, nahmen auch offener Widerstand und vielfältige Protest- und Boykottbewegungen zu.

Einige dieser Bewegungen waren von den Ideen des Sozialismus und Kommunismus beeinflusst. Eine internationale organisatorische Plattform wurde für sie die 1919 in Moskau gegründete Kommunistische Internationale (Komintern). Für die Komintern war die Unterstützung des antikolonialen Widerstandes Teil des internationalen Klassenkampfes. Auf dieser Basis wurde die Unterstützung des antikolonialen Widerstandes auch Thema für linke Parteien und Organisationen in Frankreich, Großbritannien und anderen Kolonialmächten. Ganz dem Denken einer **proletarischen Weltrevolution** verhaftet, stand dahinter die Hoffnung auf eine sozialistische Revolution der kolonialisierten Bevölkerung.

Proletarische Weltrevolution
Marxistische Vorstellung einer Revolution aller Arbeiter und Bauern (Proletarier) gegen die bürgerliche Herrschaft, wozu auch die Kolonialherrschaft gezählt wurde

Die Unabhängigkeitsbewegungen in den Kolonien gewannen vermehrten Zulauf, als die Weltwirtschaftskrise in den 1930er-Jahren auch die Kolonien hart traf. Die sich ausbreitende Massenarbeitslosigkeit, die nicht durch eine staatliche Sozialpolitik abgefedert wurde, verstärkte die bestehenden sozialen und politischen Missstände und Spannungen. Die Zahl jener Menschen, die nicht mehr bereit waren, den behaupteten Überlegenheitsanspruch der europäischen Kolonialmächte zu erdulden, nahm zu. Die europäischen Kolonialmächte, deren internationale Bedeutung oft auf die Existenz ihrer Kolonialreiche zurückzuführen war, zeigten jedoch wenig Einsicht und begegneten den Forderungen und Protesten der indigenen Bevölkerung weiterhin mit gewaltsamer Unterdrückung.

→ Kapitel 2.9, S. 200

Im Zweiten Weltkrieg agierten Frankreich und Großbritannien ähnlich wie im Ersten Weltkrieg. Wieder wurden Millionen von Kolonialsoldaten rekrutiert und die wirtschaftlichen Ressourcen auf die europäische Kriegsführung ausgerichtet. Erneut erlebten die Kolonialsoldaten rassistische Diskriminierung und Missachtung. Wieder erhielten sie niedrigeren Sold, schlechteres Essen, wurden von Beförderungen ausgenommen und oft für gefährliche Missionen eingesetzt. Allerdings kam es diesmal auch öfter zu Protesten seitens der Kolonialsoldaten, die selbstbewusster ihre Rechte einforderten. Auch in den Kolonien wurden der Widerstand gegen die koloniale Ausbeutung größer, aber auch die Forderungen nach einem Ende der kolonialen Gewaltherrschaft und nach eigener Selbstbestimmung noch einmal lauter.

D1

Kolonialreiche der 1920er-Jahre und antikoloniale Konflikte

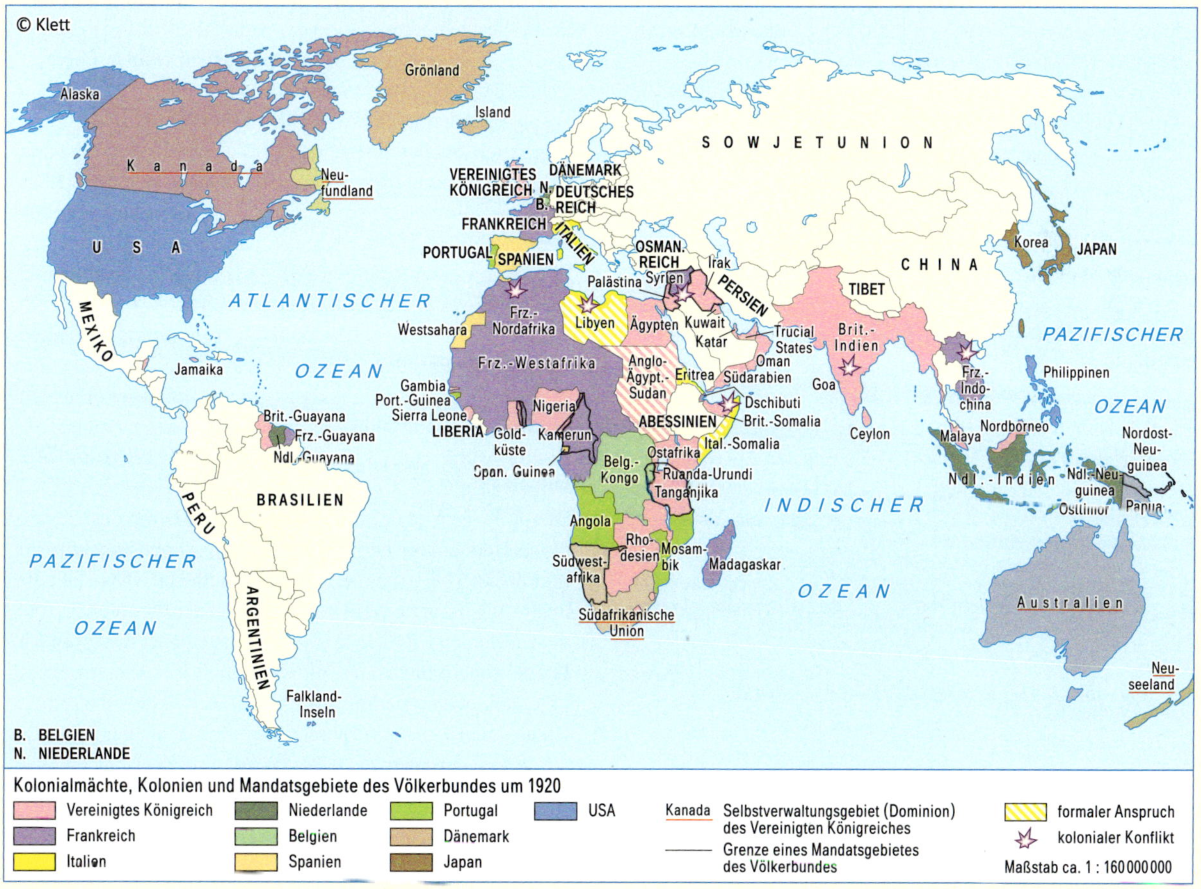

A Selbstbestimmungsrecht der Völker als Grundlage der Nachkriegsordnung?

D2

Europäische Debatte über Einsatz von Kolonialtruppen im Weltkrieg

Auszug aus der Dissertation des Militärhistorikers Christian Koller:

[...] Die Diskussion über die zu erwartenden Folgen des Kolonialtruppeneinsatzes in Europa drehte sich vor allem um die Frage, ob das Kriegserlebnis zur Erschütterung der weissen Vorherrschaft in Afrika und Indien oder umgekehrt zu einem Assimilierungsschub[1] und folglich zur Stärkung der Bande zwischen Kolonien und Mutterländern führen werde. Unbestritten war, dass die Verwendung von Kolonialtruppen in Europa auf die kolonisierten Völker tiefgreifende Auswirkungen haben würde und zwar sowohl im Bereiche der Mentalität als auch in Bezug auf die Beherrschung moderner Technik. Die Befürworter des Einsatzes kolonialer Einheiten in Europa vertraten die Ansicht, das gemeinsame Kriegserlebnis werde mentalitätsmässig eine homogenisierende[2] Wirkung haben und folglich die Loyalität der Kolonisierten stärken. Demgegenüber wiesen die Gegner auf die Gefährdung des Kolonialsystems hin, die ihrer Ansicht nach dadurch entstand, dass die Kolonisierten mit der Handhabung moderner Waffen vertraut gemacht wurden und gleichzeitig den Respekt vor den Weissen verloren. [...]

Interessant ist in diesem Zusammenhang die britische Diskussion über die Verwendung schwarzer Truppen in Europa. Ob bei dem Entscheid, keine schwarzen Truppen in Europa einzusetzen, letztlich organisatorische Probleme, klimatische Überlegungen, die Rücksichtnahme auf bestimmte weisse Gruppen innerhalb des Empire, die Furcht vor Aufständen in den Kolonien oder rassistisches Gedankengut innerhalb der britischen Führung den Ausschlag gegeben hat, sei dahingestellt. [...]

Christian Koller: „Von Wilden aller Rassen niedergemetzelt": Die Diskussion um die Verwendung von Kolonialtruppen in Europa zwischen Rassismus, Kolonial- und Militärpolitik (1914–1930), 2001, S. 200. www.researchgate.net/publication/299279791_Von_Wilden_aller_Rassen_niedergemetzelt_Die_Diskussion_um_die_Verwendung_von_Kolonialtruppen_in_Europa_zwischen_Rassismus_Kolonial-_und_Militarpolitik_1914-1930

1 Schub der Anpassung an die Kultur der Kolonialmacht
2 angleichende

Q2

Lenins Rede über den Frieden

Nach der Oktoberrevolution in Russland im Herbst 1917 formulierte die bolschewistische Putschregierung unter Lenin am 26. Oktober 1917 ihre Ansichten über eine zukünftige Friedensordnung:

Ein gerechter und demokratischer Frieden, [...] ist nach der Auffassung der Regierung ein sofortiger Frieden ohne Annexionen (d.h., ohne Aneignung fremder Territorien, ohne gewaltsame Angliederung fremder Völkerschaften) und ohne Kontributionen. [...]

Unter Annexion oder Aneignung fremder Territorien versteht die Regierung, im Einklang mit dem Rechtsbewusstsein der Demokratie im Allgemeinen und der werktätigen Klassen im Besonderen, jede Angliederung einer kleinen oder schwachen Völkerschaft an einen großen oder mächtigen Staat, ohne dass diese Völkerschaft ihr Einverständnis und ihren Wunsch unmissverständlich, klar und freiwillig zum Ausdruck gebracht hat, unabhängig davon, wie entwickelt oder rückständig eine solche mit Gewalt angegliederte oder mit Gewalt innerhalb der Grenzen eines gegebenen Staates festgehaltene Nation ist, und schließlich unabhängig davon, ob diese Nation in Europa oder in fernen, überseeischen Ländern lebt.

Wenn irgendeine Nation mit Gewalt in den Grenzen eines gegebenen Staates festgehalten wird, wenn dieser Nation entgegen ihrem zum Ausdruck gebrachten Wunsch, – gleichviel ob dieser Wunsch in der Presse oder in Volksversammlungen, in Beschlüssen der Parteien oder in Empörungen und Aufständen gegen nationale Unterdrückung geäußert wurde – das Recht vorenthalten wird, nach vollständiger Zurückziehung der Truppen der annektierenden oder überhaupt der stärkeren Nation in freier Abstimmung über die Formen ihrer staatlichen Existenz ohne den mindesten Zwang selbst zu entscheiden, so ist eine solche Angliederung eine Annexion, d.h., eine Eroberung und Vergewaltigung.

Diesen Krieg fortzusetzen, um die Frage zu entscheiden, wie die starken und reichen Nationen die von ihnen annektierten schwachen Völkerschaften unter sich aufteilen sollen, hält die Regierung für das größte Verbrechen an der Menschheit, und sie verkündet feierlich ihre Entschlossenheit, unverzüglich Friedensbedingungen zu unterzeichnen, die diesem Krieg unter den oben genannten, für ausnahmslos alle Völkerschaften gleich gerechten Voraussetzungen ein Ende machen.

W. I. Lenin: Ausgewählte Werke. Band II. Hrsg. v. Institut für Marxismus-Leninismus beim ZK der KPdSU. Dietz Verlag, Berlin 1979, S. 527f.

Q3

14-Punkte-Programm Woodrow Wilson

Die vom US-Präsidenten am 8. Januar 1918 vorgestellten 14-Punkte sollten die Grundzüge der Friedensordnung nach dem Ersten Weltkrieg skizzieren:

1. Offene, öffentlich abgeschlossene Friedensverträge. Danach sollen keinerlei geheime internationale Abmachungen mehr bestehen, sondern die Diplomatie soll immer aufrichtig und vor aller Welt getrieben werden.
2. Uneingeschränkte Freiheit der Schifffahrt auf den Meeren, außerhalb der Territorialgewässer, im Frieden sowohl wie im Kriege, ausgenommen jene Meere, die ganz oder teilweise durch internationales Vorgehen zur Durchführung internationaler Verträge gesperrt werden.
3. Möglichste Beseitigung aller wirtschaftlichen Schranken und Herstellung einer Gleichheit der Handelsbedingungen für alle Nationen, die dem Frieden beitreten und sich zu seiner Aufrechterhaltung verbinden. […]
5. Freier, unbefangener und völlig unparteiischer Ausgleich aller kolonialen Ansprüche, auf der genauen Beachtung des Grundsatzes beruhend, dass beim Entscheid in solchen Souveränitätsfragen die Interessen der betreffenden Bevölkerungen ebenso ins Gewicht fallen, wie die berechtigten Ansprüche der Regierung, deren Rechtstitel zu entscheiden ist. […]
12. Den türkischen Teilen des jetzigen osmanischen Reiches sollte eine unbedingte Selbständigkeit gewährleistet werden. Den übrigen Nationalitäten dagegen, die zur Zeit unter türkischer Herrschaft stehen, sollte eine zuverlässige Sicherheit des Lebens und eine völlig ungestörte Gelegenheit zur selbständigen Entwicklung gegeben werden. […]
14. Ein allgemeiner Verband der Nationen muss gegründet werden mit besonderen Verträgen zum Zweck gegenseitiger Bürgschaften für die politische Unabhängigkeit und die territoriale Unverletzbarkeit der kleinen sowohl wie der großen Staaten.

Die deutsche Waffenstillstandskommission: Waffenstillstands-Verhandlungen von Compiègne, Spa, Trier und Brüssel. Bd. 1. Deutsche Verlagsgesellschaft f. Politik u. Geschichte, Berlin 1928, S. 3–6. Unter: www.documentarchiv.de/in/1918/14-punkte-wilsons.html (Zugriff 22.01.2020).

Q4

Umgang mit Kolonien nach dem Weltkrieg

Die Einrichtung von Mandaten in den ehemaligen deutschen Kolonien und Teilen des Osmanischen Reiches wurde in der Völkerbundsatzung vom 28. Juni 1919 festgeschrieben:

Artikel 22

Auf die Kolonien und Gebiete, die infolge des Krieges aufgehört haben, unter der Souveränität der Staaten zu stehen, die sie vorher beherrschten, und die von solchen Völkern bewohnt sind, die noch nicht imstande sind, sich unter den besonders schwierigen Bedingungen der heutigen Welt selbst zu leiten, finden die nachstehenden Grundsätze Anwendung: Das Wohlergehen und die Entwicklung dieser Völker bilden eine heilige Aufgabe der Zivilisation, und es ist geboten, in die gegenwärtige Satzung Bürgschaften für die Erfüllung dieser Aufgabe aufzunehmen.

Der beste Weg, diesen Grundsatz durch die Tat zu verwirklichen, ist die Übertragung der Vormundschaft über diese Völker an die fortgeschrittenen Nationen, die auf Grund ihrer Hilfsmittel, ihrer Erfahrung oder ihrer geographischen Lage am besten imstande sind, eine solche Verantwortung auf sich zu nehmen, und die hierzu bereit sind; sie hätten die Vormundschaft als Mandatare des Bundes und in seinem Namen zu führen.

Die Art des Mandats muss sich nach der Entwicklungsstufe des Volkes, nach der geographischen Lage des Gebiets, nach seinen wirtschaftlichen Verhältnissen und allen sonstigen Umständen dieser Art verschieden sein.

Gewisse Gemeinwesen, die ehemals zum Türkischen Reiche gehörten, haben eine solche Entwicklungsstufe erreicht, dass sie in ihrem Dasein als unabhängige Nationen vorläufig anerkannt werden können, unter der Bedingung, dass die Ratschläge und die Unterstützung eines Mandatars ihre Verwaltung bis zu dem Zeitpunkt leiten, wo sie imstande sein werden, sich selbst zu leiten. Bei der Wahl des Mandatars sind in erster Linie die Wünsche jener Gemeinwesen zu berücksichtigen.

Die Entwicklungsstufe, auf der sich andere Völker, insbesondere die mittelafrikanischen befinden, erfordert, dass der Mandatar dort die Verwaltung des Gebiets übernimmt. Doch ist dies an Bedingungen geknüpft. Außer der Abstellung von Missbräuchen, wie Sklaven-, Waffen- und Alkoholhandel, muss Gewissens- und Religionsfreiheit, lediglich mit den Einschränkungen, die die Aufrechterhaltung der öffentlichen Ordnung und der guten Sitten erfordert, gewährleistet sein. Verbürgt muss weiter sein das Verbot der Errichtung von Befestigungen oder von Heeres- oder Flottenstützpunkten, sowie das Verbot militärischer Ausbildung der Eingeborenen, soweit sie nicht lediglich polizeilichen oder Landesverteidigungszwecken dient. Dem Güteraustausch und Handel der anderen Bundesmitglieder muss ferner die gleiche Möglichkeit der Betätigung gesichert sein.

Endlich gibt es Gebiete, wie Südwestafrika und gewisse Inseln im australischen Stillen Ozean, die infolge ihrer schwachen Bevölkerungsdichte und geringen Ausdehnung, ihrer Entfernung von den Mittelpunkten der Zivilisation, ihrer geographischen Nachbarschaft zum Gebiete des Mandatars oder infolge anderer Umstände nicht wohl besser verwaltet werden können, als nach den Gesetzen des Mandatars und als integraler Bestandteil seines Gebiets, unter Vorbehalt der Bürgschaften, die vorstehend im Interesse der eingeborenen Bevölkerung vorgesehenen sind.

In allen Fällen hat der Mandatar dem Rate jährlich einen Bericht über die seiner Fürsorge anvertrauten Gebiete vorzulegen.

Ist der Grad von behördlicher Machtbefugnis, Überwachung und Verwaltung, den der Mandatar ausüben soll, nicht bereits Gegenstand eines vorgängigen Übereinkommens zwischen den Bundesmitgliedern, so trifft der Rat hierüber ausdrückliche Entscheidung.

Ein ständiger Ausschuss wird beauftragt, die Jahresberichte der Mandatare entgegenzunehmen und zu prüfen und dem Rate über alle die Ausführung der Mandatsverpflichtungen angehenden Fragen sein Gutachten zu erstatten.

Reichsgesetzblatt 1919, S. 739–741.

D4

Völkerbund-Mandatsgebiet Irak

Während des Ersten Weltkriegs eroberten britisch-indische Truppen den Nahen Osten. Der Journalist Georg Brunold erinnerte 2015 an die Geburt des Irak:

Churchills[1] Traum bleibt die Restauration des Türkenreichs, „wie es zuvor bestanden hat, nur unter einem strikten Regime internationaler Kontrolle". Aber damit ist er alleine. Die Araber träumen vom unabhängigen eigenen Großreich. 1915/16, in einem Briefwechsel mit Scherif Hussein von Mekka, hat der britische Botschafter in Ägypten, Arthur Henry McMahon, dem Patriarchen der heute in Jordanien regierenden Haschemiten-Dynastie[2] eine entsprechende Führungsrolle in Aussicht gestellt. Selbstbestimmung hat der Lockvogel an die arabischen Stämme geheißen […]. […] Mesopotamien ist seit biblischer Zeit Grenzland. Griechen, Römer und später die Araber haben hier unzählige Schlachten gegen die Perser geschlagen. Die Gebiete, aus denen 1921 der Irak hervorgehen wird, umfassen 1918 mit etwas mehr als drei Millionen Einwohnern etwa zehnmal weniger Menschen als der Irak heute. Die Zusammenset-

D3

Neuordnung des Nahen Ostens in der Pariser Friedensordnung 1919/20

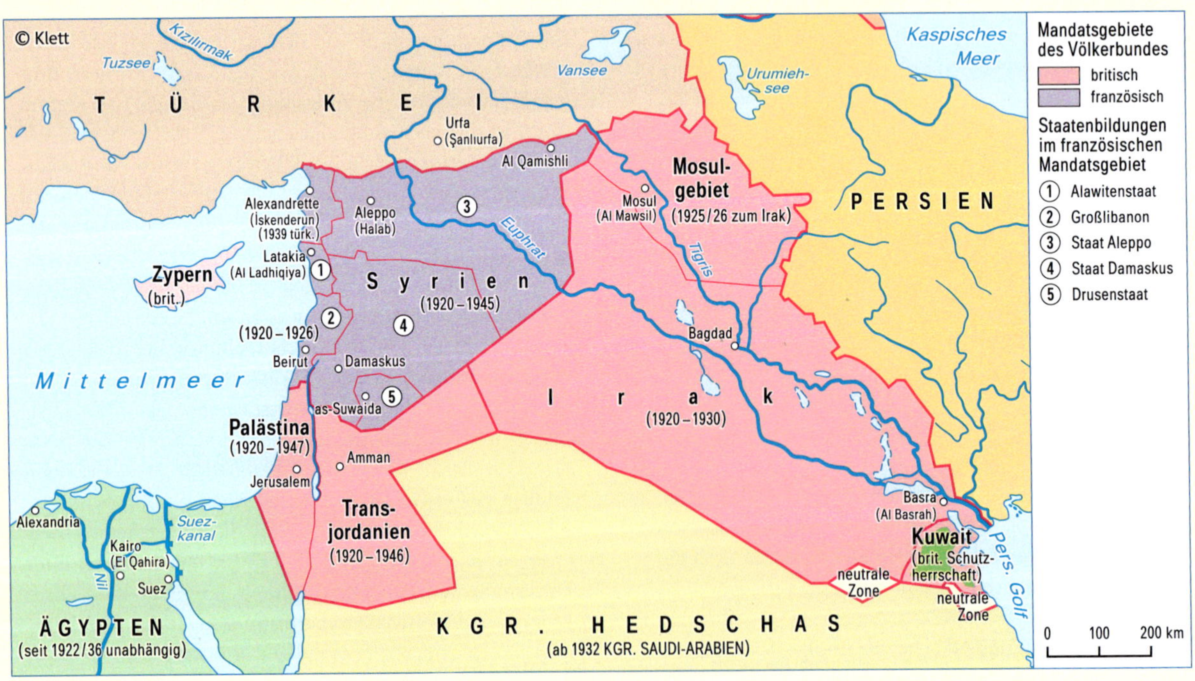

zung der Bevölkerung aber ist bereits die gleiche: 60 Prozent Schiiten, die vor allem im Südosten leben, 20 Prozent sunnitische Araber im Nordwesten, 20 Prozent Kurden im Norden, in Bagdad je 100 000 Schiiten und Sunniten.
Die Provinz Basra und die religiösen Hochburgen Nadschaf, Kufa und Kerbala südlich von Bagdad mit ihrer arabisch-persischen Mischbevölkerung und -kultur orientieren sich einst wie heute nach Osten und kehren den Sunniten westlich von Bagdad den Rücken. Die Zusammenarbeit mit den britischen „Befreiern" bleibt unter den einheimischen Schiiten aus Furcht vor westlicher Indoktrination verpönt. [...]
Die Elite [...] Bagdads hingegen besteht zum Großteil aus Sunniten: Nebst einigen Händlerfamilien zählen zu ihr vor allem Militärs, die zurückgebliebenen einheimischen Offiziere des Osmanischen Reichs. In Bagdad hat zudem die in Damaskus beheimatete Geheimgesellschaft Al-Ahd („Der Bund") einen Ableger. In ihr versammeln sich arabische Nationalisten, fast allesamt Sunniten wie die Türken, bereit zur Zusammenarbeit mit den Haschemiten und mit Husseins Sohn Faisal[3], der an der Seite von T. E. Lawrence die Araberrevolte gegen die Osmanen angeführt hat und in Damaskus der ersten provisorischen arabischen Regierung vorsteht. [...]
Mit den zentrifugalen Tendenzen der drei so ungleichen Provinzen, die in einem Staat zusammenfinden sollen, macht sich bereits ein weiterer Geburtsfehler des künftigen Iraks bemerkbar: Alternativen zur politischen Führungsrolle der sunnitischen Minderheit mit der damit einhergehenden Marginalisierung der Schiitenmehrheit geraten jetzt schon außer Sicht, [...].
[...] im April 1920 erteilt der Oberste Rat der Alliierten Mächte im Namen des ein Jahr zuvor von der Pariser Friedenskonferenz ins Leben gerufenen Völkerbundes die Verwaltungsmandate. Leitfaden ist das Sykes-Picot-Abkommen[4]: Das Mandat für Mesopotamien und Palästina geht an Großbritannien, das Mandat für Syrien einschließlich des Libanons an Frankreich. Die betroffenen Araber und namentlich die haschemitischen Partner der Briten erkennen diese Regelung nicht an. Faisal, vom syrischen Nationalkongress einen Monat zuvor zum König von Syrien ernannt, wird deshalb im Juli von den Franzosen aus Damaskus vertrieben. In Bagdad gehen im Mai 1920 Zehntausende von Protestierenden auf die Straße, Ende Juni ist das gesamte Land im offenen Aufstand [...]. [...] Die Niederschlagung der viermonatigen Rebellion hat ein doppeltes Jahresbudget der Mandatsmacht Mesopotamiens verschlungen. Einige Dutzend Briten, einige Hundert Inder und 8000 bis 9000 Araber sind tot. [...]
Kriegsminister Churchill hat mit Schrecken festgestellt, dass London keinen einzigen Freund mehr hat in der Region, [...]. [...] Geld hat er ohnehin nur noch für den Kampf gegen den Bolschewismus, den er „schon in der Wiege erwürgt" wissen möchte. Als Kolonialminister, der er seit Februar 1921 ist, kündigt Churchill schließlich an, dass im Nahen Osten „gegenüber der Kostenreduktion alles Übrige sekundär" sei.
Für den März 1921 hat er zur großen Konferenz nach Kairo geladen. [...] Ungeachtet des französischen Missfallens beschließt man den Umzug Faisals aus dem Londoner Exil nach Bagdad: Am 23. August, dem Tag, an dem das Mandatsgebiet Mesopotamien den Namen Königreich Irak erhält, wird er gekrönt. [...]. Faisals Ministerien führt derweil eine Mannschaft von rund 500 britischen Beratern.
Im Juli 1922 bestätigt der Völkerbund das britische Mandat für den Irak. Doch schon allein das Wort ist unter den Irakern so verhasst wie anderswo im Empire der Begriff Protektorat. An seiner Stelle wünscht König Faisal einen irakisch-britischen Bündnisvertrag. Noch im selben Jahr bekommt er ihn. Die Konditionen sind für ihn allerdings ungünstiger als die des Mandates. Churchill hat Faisal kurzerhand mit dem britischen Abzug gedroht, dabei dem Tenor der geeinten britischen Presse folgend, und es ist ihm ernst damit. Bremsen kann ihn nur Lloyd George: „Wenn wir gehen, könnten wir nach einem oder zwei Jahren feststellen, dass wir einige der reichsten Ölfelder der Welt den Franzosen oder Amerikanern ausgehändigt haben", mahnt er.
1932 läuft das Mandat aus, der Irak wird Mitglied des Völkerbundes und damit nominell unabhängig. Doch der Bündnisvertrag, 1930 und 1948 erneuert, hält die Monarchie der Haschemiten unter britischer Vormundschaft, für die gesamten 37 Jahre ihres Bestehens mit ihren 58 Regierungsumbildungen zwischen 1921 und 1958. Faisal und seine beiden Nachfolger auf dem Thron haben als ausländische Araber und Männer der Briten ein unlösbares Legitimationsproblem, welches im Konflikt zwischen Sunniten und Schiiten die politischen Gegebenheiten des Landes bis ins 21. Jahrhundert bestimmen wird: Die gekrönten Herrscher stützen sich allein auf die sunnitischen Araber – auf ein Fünftel der Bevölkerung. Genauso die einheimischen Militärs, die sie beerben werden.

Georg Brunold: Die Erfindung des Iraks. In: DIE ZEIT v. 15.01.2015, S. 17. Unter: www.zeit.de/2015/03/osmanisches-reich-entstehung-irak-winston-churchill/komplettansicht (Zugriff: 01.04.2020).

1 Winston Churchill war nach dem Ersten Weltkrieg britischer Kolonial-, Kriegs- und Luftfahrtminister.
2 Hussein ibn Ali (1853–1931) war seit 1908 Großscherif von Mekka und herrschte 1916 bis 1924 über das Hedschas (Westarabien).
3 zentrale Führungsgestalt des arabischen Widerstandes gegen das Osmanische Reich während des Ersten Weltkrieges
4 geheimes Abkommen vom 16. Mai 1916, in dem Frankreich und Russland ihre kolonialen Interessensgebiete im Nahen Osten absteckten

B Antikoloniale Forderungen

Q5

Eine antikoloniale Stimme

Aimé Césaire (1913–2008), afrokaribisch-französischer Politiker und Mitbegründer der Négritude (eine kulturphilosophische/literarische Bewegung der 1930er-Jahre „schwarzer" Intellektueller), schrieb 1950:

Eine Zivilisation, die sich unfähig zeigt, die Probleme zu lösen, die durch ihr Wirken entstanden sind, ist eine dekadente Zivilisation.

Eine Zivilisation, die beschließt, vor ihren brennendsten Problemen die Augen zu verschließen, ist eine kranke Zivilisation.

Eine Zivilisation, die mit ihren eigenen Grundsätzen ihr Spiel treibt, ist eine im Sterben liegende Zivilisation.

Tatsache ist, dass die sogenannte „europäische", die sogenannte „westliche" Zivilisation, so wie zwei Jahrhunderte bürgerlicher Herrschaft sie geformt haben, unfähig ist, die beiden Hauptprobleme zu lösen, die durch ihre Existenz entstanden sind: das Problem des Proletariats und das koloniale Problem; dass dieses Europa, vor die Schranken der „Vernunft" wie vor die Schranken des „Gewissens" gestellt, außerstande ist, sich zu rechtfertigen; und dass es sich mehr und mehr in eine Heuchelei flüchtet, die umso abscheulicher wird, je weniger Aussicht sie hat, hinters Licht zu führen. Europa ist unhaltbar.

Aimé Césaire: Über den Kolonialismus. Alexander Verlag, Berlin 2017, S. 23. Übers. Heribert Becker

D5

Impulse der Dekolonialisierung nach dem Zweiten Weltkrieg

Auszug aus einem Aufsatz des Politikwissenschaftlers und Historikers Martin Pabst:

Der Zweite Weltkrieg verlieh der Entkolonialisierung einen gewaltigen Schub. Der rasche Zusammenbruch nahm Belgien, Frankreich und den Niederlanden den Nimbus[1] der Unbesiegbarkeit. In Süd- und Südostasien mussten Frankreich und Großbritannien vor den anstürmenden Japanern zurückweichen, die antikoloniale Propaganda verbreiteten und bei Kriegsende einheimischen Nationalisten ihre Waffen hinterließen. Der britische Premierminister Winston Churchill war 1942 gezwungen, Britisch-Indien den autonomen[2] Dominion-Status nach Kriegsende zu versprechen, um es auf alliierter Seite zu halten. Frankreich sagte 1944 auf der Konferenz von Brazzaville für die Nachkriegszeit grundlegende Reformen in den Kolonien zu. Afrikanische und asiatische Soldaten kämpften auf alliierter Seite gegen Europäer, was ihr Selbstbewusstsein enorm stärkte. [...] Bei Kriegsende waren die Kolonialmächte politisch wie ökonomisch geschwächt. Als sie dennoch versuchten, den Status quo ante wiederherzustellen, Reformen hinauszögerten und entlassene dunkelhäutige Soldaten als Veteranen 2. Klasse behandelten, waren Empörung und Radikalisierung die Folge. [...] Neu gebildete Befreiungsbewegungen konnten auf die Fähigkeiten einheimischer Weltkriegsveteranen zählen, die nun gegen ihre ehemaligen Offiziere ins Feld zogen. Im Gegenzug stiegen zwei antikoloniale Mächte zu globalen Führungsmächten auf: die USA und die Sowjetunion. Die vom Freiheitsgedanken geprägten USA bekannten sich zur Selbstregierung von abhängigen Gebieten, was auch wirtschaftliche Gründe hatte: Man wollte weltweit den Freihandel durchsetzen und die geschützten Märkte der europäischen Kolonialreiche aufbrechen. Die Sowjetunion sah in der antikolonialen Revolution eine wichtige Etappe auf dem Weg zur Weltrevolution. In der vom amerikanischen Präsidenten Franklin D. Roosevelt und Winston Churchill am 14. August 1941 verkündeten Atlantik-Charta wurde »das Recht aller Völker, sich jene Regierungsform zu geben, unter der sie zu leben wünschen", beschworen. [...]

Martin Pabst: Die UN und die Entkolonialisierung (I) Vom politischen Prinzip zum zwingenden Völkerrechtsgrundsatz, in VEREINTE NATIONEN Heft 5/2015 (21.10.2015), S. 208.

1 hier: Anschein
2 unabhängigen

Arbeitsvorschläge

Arbeitsvorschläge zum darstellenden Teil

1. Recherchieren Sie arbeitsteilig die Ursachen und Folgen der im Verfassertext genannten Konflikte in den Kolonien. [II] ○
2. Fassen Sie die Erfahrungen der Kolonialsoldaten im Ersten Weltkrieg zusammen. [II]
3. Erstellen Sie eine Verlaufsgrafik der Entwicklungen nach dem Ersten Weltkrieg. [II]

A Selbstbestimmungsrecht der Völker als Grundlage der Nachkriegsordnung?

4. Analysieren Sie die Propagandapostkarte Q 1 mit Blick auf die Weltkriegserfahrungen der Kolonialsoldaten und die in D 2 skizzierten Überlegungen der Alliierten zum Einsatz von Kolonialsoldaten im Kriegsgeschehen. Welches Bild sollte hier vermittelt werden und inwiefern spiegelte es die Realität? [III]
5. Untersuchen Sie Wilsons „14 Punkte" (Q 3) hinsichtlich ihrer Bedeutung für das Selbstverständnis der Kolonien. [II]
6. Vergleichen Sie Lenins „Dekret des Friedens" (Q 2) und die Völkerbundsatzung (Q 4) mit Blick auf die jeweils dahinterliegenden Menschenbilder und die politischen wie wirtschaftlichen Interessen. [II]
7. Recherchieren Sie die reale Umsetzung der in Q 2 und Q 3 skizzierten Grundsätze. [III]
8. Analysieren und bewerten Sie das hinter Q 4 stehende Selbstbild der Völkerbundmächte. [III]
9. Arbeiten Sie arbeitsteilig aus D 3 und D 4 folgende Aspekte heraus:
   a) Unter welchen Umständen wurde das Mandatsgebiet Irak gegründet?
   b) Wie kann die Herrschaftsbeziehung zwischen Mandatsmacht und der einheimischen Bevölkerung charakterisiert werden?
   c) Welche Kernprobleme lassen sich für das Mandatsgebiet definieren? [II] ●

B Antikoloniale Forderungen

10. Arbeiten Sie die Kritik Césaires (Q 5) an der europäischen Herrschaftspraxis heraus und überprüfen Sie die Kritikpunkte. [I/III]
11. Fassen Sie anhand von D 5 die durch den Krieg entstandenen Impulse für die Dekolonialisierung zusammen. [I]
12. MK Gestalten Sie in Kleingruppen Plakate, auf denen Sie alle Faktoren darstellen, welche die zunehmenden Autonomiebestrebungen der Kolonien beeinflussten. [III] ○

Online- und Differenzierungsmaterialien zu Kapitel 4.2

○ Arbeitshilfen zu den Aufgaben 1 und 12

● Vertiefungsangebot zur Aufgabe 9 c

Online-Code: iv9f52

Internationale Wertungen über das Ende des Zweiten Weltkrieges

Sieg der Roten Armee
Sowjet. Propagandapostkarte zum Jahrestag 9. Mai 1969

Am 8. Mai 1945 kapitulierte das Deutsche Reich gegenüber den Westalliierten. Kurz nach Mitternacht wurde auch die Kapitulation gegenüber der UdSSR unterzeichnet. Der 8. beziehungsweise 9. Mai wurde dadurch für viele Staaten ein Symbol für den Sieg über das Deutsche Reich und für die Befreiung von der grausamen deutschen Unterdrückung. In Staaten wie Tschechien oder der Slowakei ist der 8. Mai („VE-Day") Nationalfeiertag. In der Bundesrepublik Deutschland wurde hingegen vom 8. Mai 1945 gerne als der „Stunde Null" gesprochen.

Während Frankreich den Blick stärker auf den siegreichen Abschluss des Ersten Weltkrieges (11. November 1918) richtet, fokussieren die USA mehr auf das Kriegsende im Pazifik am 2. September 1945. In der UdSSR und später in Russland wurde hingegen der 9. Mai als „Tag des Sieges" zu einem zentralen Datum für das kollektive, nationale Gedächtnis. Noch heute wird dort der 9. Mai zur Demonstration nationaler Stärke mit einer großen Militärparade in Moskau gefeiert, an dem Vertreter der ehemaligen Alliierten eingeladen sind.

Staatliche Feiertage haben seit der Herausbildung der Nationalstaaten einen festen Platz in der offiziellen Erinnerungskultur. Dabei wird nicht jeder Gedenk- und Feiertag von allen gesellschaftlichen Gruppen, Parteien oder Vereinen mitgetragen, auch ist die Form des Gedenkens höchst unterschiedlich. Allerdings ist es unbestritten, dass nationale Gedenktage eine wichtige Funktion in der Geschichtskultur einnehmen. Dabei kann das kollektive Zusammengehörigkeitsgefühl gefördert, aber auch zur kritischen Selbstbetrachtung über den eigenen Umgang mit der Vergangenheit angeregt werden. Entsprechend nehmen Gedenktage oft für jüngere Staaten, die beispielsweise aus dem Prozess der Dekolonialisierung oder aufgrund des Zerfalls von multiethnischen Staaten hervorgegangen sind, einen anderen Stellenwert ein als für Staaten mit langer staatlicher Kontinuität.

Straßenschild der Rue du 8 Mai 1945 in Paris, bis 1966 hieß sie Rue de Strasbourg

Der außereuropäische Blick am Beispiel Algerien

Im Hinblick auf das Kriegsende im Jahr 1945 in Europa sind die Perspektiven beispielsweise oft dann höchst konträr, wenn dies aus dem außereuropäischen Raum geschieht. Ein solches Beispiel ist Algerien, das erst 1962 unabhängig wurde.

Das Gebiet des heutigen Algeriens war im Laufe des 19. Jahrhunderts unter französische Kolonialherrschaft gezwungen worden. Der nördliche Teil diente als Siedlungskolonie für auswanderungswillige Franzosen. Bereits vor dem Ersten Weltkrieg war Frankreich dazu übergegangen, in seinen Kolonien Soldaten zwangszurekrutieren (siehe S. 362 f.). Auch zu Beginn des Zweiten Weltkriegs wurden 1939/40 zehntausende Soldaten aus den Kolonien in Europa eingesetzt (siehe S. 365), darunter viele Algerier und Marokkaner. Nach der Kapitulation Frankreichs am 22. Juni 1940 gründeten rechtsgerichtete Offiziere und Politiker um Marschall Philippe Petáin eine neue Regierung mit Sitz in der südfranzösischen Stadt Vichy. Diese arbeitete fortan mit dem Deutschen Reich zusammen. Im Gegenzug entstand in London eine Exilregierung des „Freien Frankreichs". Beide Regierungen mobilisierten in den darauf folgenden Jahren in erheblichem Maße Soldaten in den französischen Kolonien. Da Nordafrika 1940–1943 unter Kontrolle der französischen Kollaborationsregierung von Vichy stand, kämpften algerische Soldaten zeitweise auf beiden Seiten. Insgesamt kämpften etwa 150 000 Algerier mit hohen Verlusten im Zweiten Weltkrieg.

D1

Tag der Befreiung – Tag der Trauer in Algerien

In der Wanderausstellung „Die Dritte Welt im 2. Weltkrieg" von Recherche International e.V. kommt eine Erklärungstafel auf die algerische Sichtweise auf den 8. Mai 1945 zu sprechen:

Am 8. Mai 1945 fanden auch in Algerien Umzüge zur Feier des Kriegsendes in Europa statt. Schließlich hatten auch Zehntausende Algerier in diesem Krieg gekämpft und viele hofften, dass nun auch den Kolonien endlich Freiheit und Selbstbestimmung zugestanden würden, wie es die Alliierten in ihrer „Atlantik-Charta" versprochen hatten. In der Kleinstadt Sétif tauchte deshalb bei der Siegesfeier neben französischen, englischen und US-amerikanischen Fahnen auch eine algerische auf. Als der Umzug vor dem Café de France ankam, sah Lamri Bouras, dass ein französischer Kommissar „seinen Colt zog und in die Menge schoss. Weitere Schüsse wurden von den Balkons abgefeuert."* Schon an diesem Tag gab es Hunderte Tote. Proteste gegen das Gemetzel in der gesamten Region waren die Folgen. Die französische Kolonialverwaltung reagierte darauf mit Einsätzen der Luftwaffe und der Marine. „Die Soldaten schossen auf alles", erinnert sich Haada Mani, „die Leute fielen wie trockene Weintrauben."*
Nach Angaben der französischen Kolonialbehörde kamen bei den Massakern 1500 Menschen ums Leben, algerische Quellen sprechen von bis zu 45 000 Opfer.
Als Ende Mai 1945 die algerischen Soldaten, die für die Befreiung Europas gekämpft hatten, aus dem Krieg zurückkehrten, fanden viele ihre Familien nicht mehr wieder. So auch Lounès Hanouze. „Als ich in Kherrata ankam, stand da eine lange Schlange von Menschen. Sie wollten mir etwas sagen, aber sie weinten. Ich fragte ‚Wo sind meine Leute. Wo ist mein Vater?' Schließlich erklärte man mir: Man hat sie zuerst auf einem Lastwagen gesehen. Dann wurden sie zur Schlucht von Kherrata gebracht. Dort, an der Brücke – sie heißt heute Hanouze-Brücke – wurden mein Vater und meine Brüder vor die Wahl gestellt: Sollen wir mit ihm beginnen oder mit Euch? Ich glaube, mein Vater wurde als Erster erschossen. Wir kommen aus dem Krieg zurück und unsere Familien sind füsiliert. Das kann man nicht vergessen."*
Der 8. Mai ist in Frankreich bis heute ein nationaler Feiertag. In Algerien gilt er als Tag der Trauer. Die Straße in Sétif, in der die ersten Schüsse fielen, ist nach dem 8. Mai 1945 benannt und an der Wand vor dem ehemaligen Café de France erinnert eine Gedenktafel an den „ersten Märtyrer, Saal Bouzid", der hier erschossen wurde.

Rheinisches JournalistInnenbüro/Recherche International e.V. (Hg.): „Unsere Opfer zählen nicht" – Die Dritte Welt im Zweiten Weltkrieg", Verlag Assoziation A, Hamburg/Berlin 2005, S. 131.

* Zitate aus dem Film „Die Massaker von Sétif – Ein anderer 8. Mai" von Mehdi Lallaoui und Bernhard Langlois, Frankreich 1995

Q1

Algerische Briefmarke aus dem Jahr 1975 zum Gedenken an den 8. Mai 1945

Arbeitsvorschläge

1. Setzen Sie sich mit der Frage auseinander, inwiefern die Erinnerung an den 8. Mai 1945 in Form eines Gedenk- oder Feiertages gerechtfertigt wäre. [III]
2. Informieren Sie sich über die algerische Geschichte in den Jahrzehnten vor dem 8. Mai 1945. [I]
3. Erörtern Sie anhand von D1 die Problematik des 8. Mai 1945 aus algerischer Perspektive. [III]
4. Informieren Sie sich über den weiteren Verlauf der französisch-algerischen Beziehungen nach dem 8. Mai 1945 und den Umgang des französischen Staates mit den Veteranen seiner Kolonialtruppen. [I]
5. MK Teil der globalen Erinnerungskultur sind auch Nachschlagewerke wie Wikipedia. Dort werden oft unterschiedliche Perspektiven und Deutungen zu Ereignissen wie jenen in Sétif deutlich. Vergleichen Sie die Wikipedia-Darstellungen zum „Massaker von Sétif" in den verschiedenen Länderausgaben. [III]

E Erweiterungsband Kapitel 4.1, S. 198–203

4.3 Dekolonisierungsprozesse in der zweiten Hälfte des 20. Jahrhunderts

Die Dekolonisierung nach dem Zweiten Weltkrieg verlief alles andere als gleichförmig. Sowohl innerhalb eines Kontinents als auch innerhalb einer Region lassen sich signifikante Unterschiede beobachten. Weder praktizierte eine Kolonialmacht das immer gleiche Vorgehen im Umgang mit antikolonialen Bewegungen, noch waren die Forderungen der kolonialen Bevölkerung und der verschiedenen Interessensgruppen einheitlich.

Victoria I. (1819–1901)
1837–1901 Königin des Vereinigten Königreiches
1876–1901 „Kaiserin von Indien"

Formen von Dekolonisierung

Die unterschiedlichen Formen der Dekolonisierung nach 1945 waren von einem komplexen Zusammenwirken zwischen den Handlungen der Kolonialmächte und den Forderungen aus den Kolonien geprägt. Die Loslösung der Kolonien von den Kolonialmächten wurde teilweise in Unabhängigkeitskriegen ausgefochten, der Wunsch nach Souveränität kam aber auch in milderen Formen wie zivilem Ungehorsam und gewaltlosem Widerstand zum Ausdruck. In manchen Fällen existierten starke und aktive nationale Befreiungsbewegungen, in anderen wurde die Dekolonisierung „von oben" durch die Kolonialmacht eingeleitet. Die folgenden Zusammenfassungen verschiedener regionaler Dekolonisierungsprozesse können der Komplexität der jeweiligen gesellschaftlichen, politischen und wirtschaftlichen Zusammenhänge nicht gerecht werden. Noch weniger können sie als „allgemeingültige" Beispiele für klar definierte Formen der Dekolonialisierung begriffen werden. Dafür waren die individuellen Gegebenheiten, die Positionen und Forderungen aller Akteure und die regionalen Herrschafts- und Machtkonstellationen zu unterschiedlich. Sie geben aber einen Einblick in die Spannbreite der Handlungen und Wege, mit denen Kolonien ihr „Selbstbestimmungsrecht" zurückgewannen.

Wachsende Unabhängigkeitsbewegungen in Indien

Von manchen Wissenschaftlerinnen und Wissenschaftlern wird die Unabhängigkeit Indiens im August 1947 als „Auftakt zur weltweiten Entkolonisierung" gesehen. Dies liegt auch daran, dass die indische Nationalbewegung schon lange vor anderen antikolonialen Bewegungen existierte. Bereits 1857 regte sich dort erster antikolonialer Protest. Zuvor hatte die britische Ostindien-Kompanie, eine Handelsgesellschaft, der die Kontrolle der britisch-indischen Handelswege und des indischen Subkontinents oblag, 1829 eine Reihe traditioneller Bräuche verboten. 1835 wurde Englisch als Verwaltungssprache eingeführt und ein Schulwesen nach britischem Vorbild etabliert. Auf religiöse oder kulturelle Begebenheiten wurde bei solchen Maßnahmen selten Rücksicht genommen. Derartige Eingriffe der britischen Kolonialmacht provozierten 1857 eine erste große militärische und mit grausamer Härte vorgehende Widerstandsbewegung, den sogenannten Sepoy-Aufstand. Indische Soldaten, die in Diensten der Ostindien-Kompanie standen, Zivilisten und Bewohner einiger indischer Fürstentümer revoltierten im Norden und im Zentrum des Kontinents. Die Kolonialmacht reagierte ebenfalls mit brutaler Gewalt: Sie schlug nicht nur den Aufstand militärisch nieder, sondern verübte außerdem blutige Gewaltakte an der indischen Zivilbevölkerung.
Der Aufstand führte zur Auflösung der Ostindien-Kompanie. Die ca. 500 indischen Kleinfürsten innerhalb des britischen Einflussbereiches wurden noch stärker entmachtet und unter weitreichende Kontrolle der britischen Krone gestellt. Um die indischen Interessen erfolgreicher vertreten zu können, wurde 1885 von Vertretern unterschiedlicher Religion und Herkunft der **Indische Nationalkongress** gegründet, bis heute eine der ältesten demokratischen Parteien überhaupt. 1935 lehnte der Indische Nationalkongress Pläne der britischen Regierung ab, die eine begrenzte Selbstverwaltung vorsahen. Vor allem während der beiden Weltkriege wuchsen das indische Selbstbewusstsein und der Wunsch nach

Indischer Nationalkongress (INC)
Der 1885 von Hindus und Muslimen gegründete INC ist eine der ältesten demokratischen Parteien der Welt. Seine Gründung richtete sich u.a. gegen das Bemühen der Kolonialmacht, Muslime und Hindus politisch gegeneinander auszuspielen Er entwickelte sich seit der Jahrhundertwende zu einer Massenbewegung, war jedoch immer wieder von inneren Flügelkämpfen zwischen radikalen und moderaten Fraktionen belastet.

Unabhängigkeit weiter an. In diesem Kontext erhielt der gewaltlose Widerstand nach den Lehren von Mahatma Gandhi eine zunehmende Bedeutung. Er äußerte sich durch Boykotte britischer Waren oder die Nichtbeachtung von Verboten und diskriminierenden Regelungen der Kolonialmacht. Dieser zivile Ungehorsam, an dem sich eine wachsende Zahl von Indern beteiligte, zeigte eine immer stärkere Wirkung. Britische Versuche durch Einsatz von bezahlten Provokateuren den gewaltlosen Widerstand zu diskreditieren, zeigten kaum Wirkung. Ein Aspekt, der den indischen Widerstand gegen die englische Kolonialmacht erschwerte, war die Verschärfung der Konflikte zwischen Angehörigen der beiden wichtigsten Religionen in Indien – dem Hinduismus und dem Islam.

Großbritanniens schwierige Lage im Zweiten Weltkrieg diente den verschiedenen antikolonialen Lagern in Indien als Anlass, ihre Aktivitäten zu verstärken. Während des Krieges forderten Vertreter der muslimischen Bevölkerung (**Muslimliga** unter Führung von Muhammad Ali Jinnah) 1940 die Unabhängigkeit der mehrheitlich muslimischen Gebiete Britisch-Indiens. Eine wachsende Zahl indischer Nationalisten forderte in dieser Zeit außerdem eine Abkehr vom gewaltlosen Widerstand. Als im Frühjahr 1942 der japanische Angriff auf den Osten Britisch-Indiens begann, beteiligten sich indische Auslandstruppen am Kampf gegen die Kolonialmacht. Im August 1942 rief Gandhi alle Bevölkerungsgruppen zum gewaltlosen Widerstand gegen die britische Kolonialherrschaft auf. Gleichzeitig forderte er die vollständige Unabhängigkeit Indiens. Damit positionierte er sich gegen die Forderungen nach einem muslimischen Staat, aber auch gegen Gruppierungen radikaler hinduistischer Inder. Eine wiederum gegensätzliche Agenda verfolgten die noch bestehenden indischen Fürstenstaaten, die sich zwar von der britischen Oberhohheit befreien, nicht aber in einem indischen Gesamtstaat aufgehen wollten. So konkurrierten eine Reihe völlig gegensätzlicher Interessen und Zielsetzungen unter dem antikolonialen Banner.

Muslimliga
1906 gegründete politische Partei, die sich als Interessenvertretung der Muslime in der Kolonie Indien sah. Seit 1936 strebte sie einen unabhängigen muslimisch-indischen Staat an.

D1

Unabhängigkeit und Teilung der Kolonie Britisch-Indien 1947

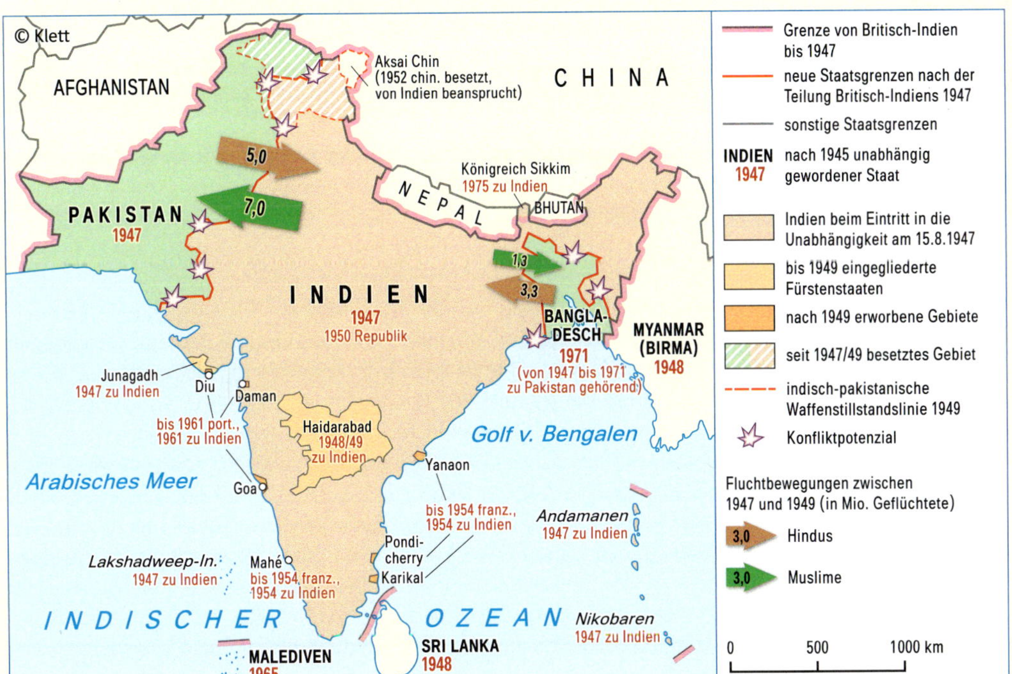

→ D1, S. 375

Gründerväter Indiens
Die beiden Leitfiguren der indischen Unabhängigkeitsbewegung Jawaharlal Nehru (1889–1964) und Mahatma Gandhi (1869–1948). Nehru war von 1947 bis 1964 der erste Ministerpräsident Indiens.

Die Kolonialmacht zieht sich zurück

Angesichts der zunehmenden Konflikte in der Kolonie zog sich Großbritannien im August 1947 überhastet aus Indien zurück. Religiöse Konflikte zwischen radikalen Hindus und Muslimen führten daraufhin zu einer Teilung Indiens in einen muslimischen (Pakistan) und einen überwiegend hinduistischen (Indien) Staat. Infolge von Vertreibungs- und Fluchtbewegungen verließen unter teils chaotischen Bedingungen etwa 15 Millionen ihre Heimat und flohen nach Indien oder Pakistan. Die von der Kolonialmacht mitgestaltete Grenzziehung zwischen beiden Staaten ist bis heute ein postkolonialer Konfliktherd. Um die Zugehörigkeit der Region Kaschmir-Jammu wurden seit 1947 mehrere Kriege geführt.
Die Inselkolonie Ceylon südlich des indischen Subkontinents erlebte zunächst einen friedlichen Übergang. Die Insel war eine klassische Plantagenkolonie, geprägt durch große Arbeitsmigration indischer, hinduistischer Tamilen, wodurch sich die Bevölkerungsstruktur der Region im 19. Jh. stark wandelte. In den 1920er-Jahren entstand eine Unabhängigkeitsbewegung, die allerdings durch Konflikte zwischen der einheimischen Bevölkerung (buddhistischer Singhalesen) und den eingewanderten Tamilen immer wieder geschwächt wurde. Die Bevölkerung blieb weitgehend von einer Mitbestimmung ausgeschlossen, die zentralen Posten der Regierung wurden von der Kolonialmacht besetzt. 1947 zog sich Großbritannien auch dort als Kolonialmacht zurück. Ceylon wurde unabhängig, blieb aber Teil des Britischen Commonwealth. 1972 wurde der Staatsname in Sri Lanka geändert. Die tamilische Minderheit, die teilweise von der Kolonialmacht als Plantagenarbeiter angesiedelt worden war, wurde jedoch immer stärker diskriminiert. Die ethnischen, religiösen und politischen Konflikte mündeten schließlich 1983 in einen verlustreichen Bürgerkrieg, der bis 2009 andauerte.

→ Kapitel 4.2, S. 362

Dekolonisierung in Afrika: das Beispiel Ghana

Ein zentraler Anstoß der Autonomiebewegung in Ghana war der Beginn von Unruhen 1948, nachdem britische Polizisten drei ghanaische Weltkriegsveteranen bei einer Demonstration erschossen hatten. Obwohl er als Premierminister unter britischer Herrschaft nur eine repräsentative Rolle innehatte, motivierte der Vorsitzende der afrikanischen Convention People's Party Kwame Nkrumah in den Folgejahren eine große Anzahl seiner Landsleute, sich mit weitgehend friedlichen Mitteln für die Unabhängigkeit ihres Landes einzusetzen. Streiks und Boykotte führten letztendlich dazu, dass Ghana als einer der ersten afrikanischen Staaten 1957 seine Unabhängigkeit erlangte und damit zum Vorbild vieler Nachbarstaaten wurde. Der 1960 als Präsident der neu gegründeten Republik Ghana gewählte Nkrumah vertrat eine sozialistische und panafrikanische Doktrin, seine Herrschaft nahm in den Folgejahren aber zunehmende diktatorische Züge an. Die Industrialisierung, mit der er sein Land hatte modernisieren wollen, konnte er nur bedingt umsetzen. Nkrumah wurde 1966 in einem Militärcoup gestürzt.

Ikone der Unabhängigkeit
der Aktivist für nationale Unabhängigkeit und erste Präsident Ghanas, Kwame Nkrumah

Unabhängigkeit infolge eines Bürgerkrieges – Algerien und Kenia

Gänzlich anders verlief die Dekolonisierung der französischen Siedlungskolonie Algerien. Der nördliche Teil des Landes war durch französische Einwanderung geprägt, wohingegen im südlichen Teil die Kolonialmacht immer wieder in Konflikte mit der nomadischen indigenen Bevölkerung geriet. Die gewaltsame Repression algerischer Unabhängigkeitsbestrebungen durch die französische Kolonialmacht führte, ausgehend von Anschlägen der algerischen „Nationalen Befreiungsfront" von 1954 bis 1962, zu einem der weltweit blutigsten Dekolonialisationskriege. Die Zahl der Opfer ist umstritten, während in Algerien bis zu 1,5 Millionen Tote beklagt werden, sprechen französische Wissenschaftler von 250 - 500 000 algerischen und 28 000 französischen Toten. Während des Konflikts wurden auch Zivilisten immer wieder Opfer von Gewaltexzessen, Folter und Deportationen. Die hohen Kosten der Kriegsführung, die wachsende Ablehnung des Krieges in Frankreich und die immer unübersichtlichere Konfliktlage brachte Frankreich schließlich dazu, eine Volksabstimmung zur Unabhängigkeit Algeriens durchzuführen. Eine große Mehrheit von Algeriern und Franzosen stimmten für die Unabhängigkeit Algeriens, die 1962 in Kraft trat.

D 2

Dekolonisierung der 1950er- und 1960er-Jahre

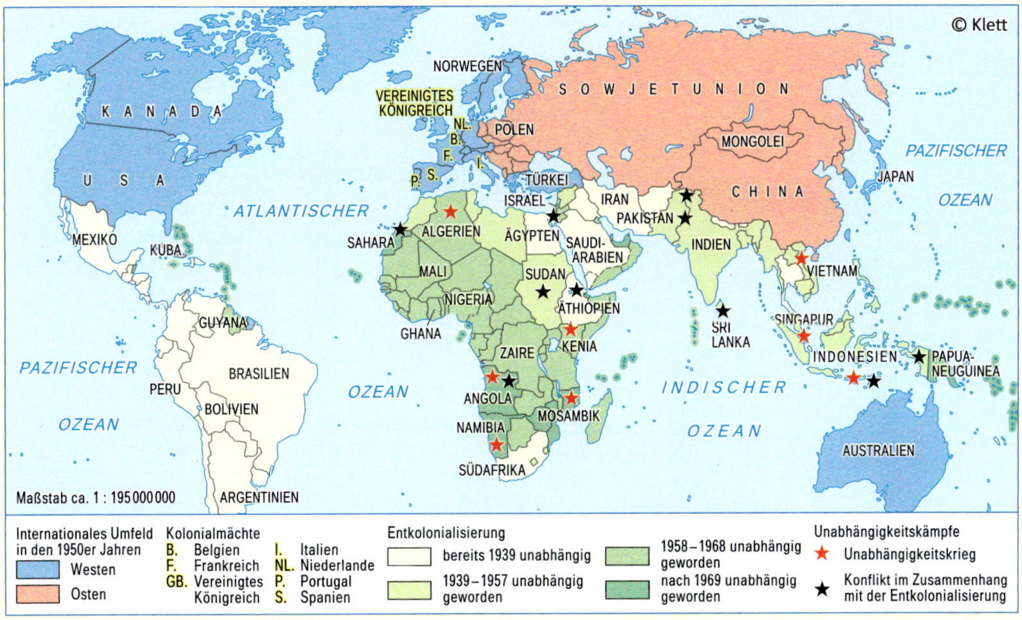

Auch Kenia durchlief einen gewaltsamen Dekolonisierungsprozess. Dort provozierten große Landenteignungen und die Ansiedlung europäischer Einwanderer durch die Kolonialmacht große Spannungen, weil sie der indigenen Bevölkerung die Lebensgrundlage raubten und sie in Armut und Hunger stürzten. In den 1950er-Jahren eskalierte diese Situation in einem Aufstand der Mau-Mau-Bewegung gegen die britischen Besatzer. Die britische Kolonialmacht schlug die entstandene Guerillabewegung brutal nieder. Die Kolonialmacht beging in dem Konflikt unzählige Kriegsverbrechen, u. a. Folter, Hinrichtungen und die Internierung großer Bevölkerungsgruppen. Am 12. Dezember 1963 erklärte Kenia seine Unabhängigkeit.

Europäische Siedler forcieren die Unabhängigkeit – Südrhodesien

Einen speziellen Fall stellt die seit 1920 selbstverwaltete britische Kolonie Südrhodesien, das spätere Simbabwe, dar. Die dortigen indigenen Oppositionsbewegungen forderten zunächst nur eine Gleichbehandlung der indigenen Bevölkerung und die Abschaffung rassistischer Diskriminierung. Für die Unabhängigkeit von der Kolonialmacht traten dagegen vor allem die Nachkommen der europäischen Siedler ein. Zu ihnen gehörte auch Ian Smith, ein schottischstämmiger Befürworter einer weißen Minderheitenregierung. Er führte die Unabhängigkeitsbewegung Südrhodesiens an und erklärte als Premierminister 1965 einseitig die Loslösung von Großbritannien. Die Unabhängigkeit wurde von der internationalen Gemeinschaft (außer von Südafrika) jedoch nicht anerkannt. Mitte der 1970er-Jahre verstärkten sich aus Reihen der benachteiligten indigenen Bevölkerung Guerillaaktivitäten gegen die „weiße" Minderheitenregierung. In den 1980er-Jahren eskalierte diese Situation im offenen Bürgerkrieg. Erst 1978 erhielt die indigene Bevölkerung die Möglichkeit zur politischen Beteiligung. 1980 erklärte Simbabwe als letztes afrikanisches Land seine (diesmal international anerkannte) Unabhängigkeit. Zuvor hatten alle Beteiligten in Großbritannien ein Friedensabkommen und Garantien zum Schutz der weißen Bevölkerungsminderheit ausgehandelt.

A Kronkolonie Britisch-Indien

Q1

Folgen des Sepoy-Aufstandes 1857

Foto einer Bestrafungsaktion von Aufständischen nach dem Sepoy-Aufstand. Andere Aufständische wurden vor Kanonen gebunden, die dann abgefeuert wurden.

Q2

Bewertung der britischen Herrschaft

Der erste indische Abgeordnete im britischen House of Commons, Dadabhai Naoroji (1825–1917), schrieb im Jahr 1871 in seinem Essay „The Benefits of British Rule":

I. Die Wohltaten der britischen Herrschaft für Indien

1. Im menschlichen Bereich: Beseitigung von Witwenverbrennung[1] und Kindestötung; Vernichtung bewaffneter Banden und anderer Pesterkrankungen der indischen Gesellschaft. […]

2. Im kulturellen Bereich: Schulbildung, und zwar für Jungen und Mädchen. Obwohl nur teilweise durchgesetzt, ein unschätzbarer Segen, der nach und nach zur Zerstörung des Aberglaubens und vieler moralischer und gesellschaftlicher Übel führt. […]

3. Politisch: Frieden und Ordnung; Rede- und Pressefreiheit; höhere politische Bildung und Bestrebungen. Fortschritte in den Regierungen der indischen Fürstentümer. Schutz des Lebens und des Eigentums. Befreiung von der Unterdrückung durch die Launen oder die Gier despoti-

scher Herrscher und durch Kriegsverwüstungen. Gleiches Recht für alle (allerdings beeinträchtigt durch Parteilichkeit, wenn es sich um Europäer handelt). Öffentlicher Dienst durch hoch gebildete Beamte, der die oben genannten Ergebnisse erzielte.

4. Materiell: Anleihen für den Eisenbahnbau und Bewässerung. Förderung einiger wertvoller Produkte, wie z. B. Indigo, Tee, Kaffee, Seide usw. Steigerung des Exportes. Telegrafie.

II. Die Schäden der britischen Herrschaft

1. Im menschlichen Bereich: Keinerlei Nachteile. [...]

2. Im kulturellen Bereich: Ich setze hier nichts auf die Debit-Seite[2]. Vieles ist getan worden, durchaus.

3. Politisch: Der wiederholte Bruch des Versprechens, den Indern eine faire und angemessene Teilhabe an der höheren Verwaltung ihres eigenen Landes zu geben, hat das Vertrauen in das britische Wort erschüttert. Der politische Wille und der legitime Anspruch, eine angemessene Stimme in Fragen der Gesetzgebung und der Besteuerung zu erhalten, erfahren eine nur unzureichende Berücksichtigung; die Inder werden somit nicht als britische Untertanen behandelt, für diese ist parlamentarische Vertretung ein ihnen kraft Geburt zustehendes Recht. Folge des eben Gesagten: äußerste Missachtung der Gefühle und Ansichten der Inder. Das große moralische Übel, die Klugheit und praktische Verwaltungskunst abfließen zu lassen: Es ist niemand da, die heranwachsende Generation zu führen.

4. Finanziell: die ganze Aufmerksamkeit konzentriert sich auf das Erdenken neuer Formen der Besteuerung, ohne dabei die gleichen Anstrengungen auf die Zahlungsfähigkeit der Menschen zu richten; Folge ist Verärgerung und die drückende Last lokaler und Reichssteuern. Die finanziellen Beziehungen zwischen England und Indien sind ungerecht, soll heißen: Indien sind Schulden von 100 Millionen aufgehalst, hinzu kommen [...] Gehälter/Pensionen für die englischen Beamten/Offiziere und die englischen/indischen Soldaten; garantierte Gewinnausschüttungen an die Eisenbahngesellschaften. [...]

5. Materiell: der Abfluss von Indien nach England beträgt 500 Millionen bei niedrigster Berechnung; rechnet man die Zinsen hinzu einige 1000 Millionen. Setzt sich dieser Abfluss mit der gleichen Rate fort, ergeben sich 12 Millionen pro Jahr bei steigender Tendenz. Folge ist die kontinuierliche Verarmung und Erschöpfung des Landes [...] selbst angesichts [einiger] Erleichterungen sind die materiellen Umstände Indiens so, dass die große Masse der Armen gerade einmal ein paar Pence für den Tag hat und ein paar Lumpen zum Anziehen oder einen kläglichen Lebensunterhalt. Mängel, die zu vermeiden eine gute und intelligente Regierung, wenn sie ihre Pflicht tut, die Macht hat! Die Politik während der letzten 15 Jahre, Eisenbahnen zu bauen und Bewässerungssysteme anzulegen, ist hoffnungsvoll [...] wenn daran festgehalten wird, werden Dankbarkeit und Zufriedenheit folgen.

Hermann Wilmes/Norbert Groß (Hrsg.): Materialien-Handbuch Geschichte, Bd. 5. Kolonialismus, Imperialismus, Dekolonisation. Übers. v. Hartwig Wiedow. Aulis-Verl. Deubner, Köln 2007, S. 192. Übers. v. Hartwig Wiedow.

1 historischer hinduistischer Brauch der teils freiwilligen, teils unter Zwang erfolgten Verbrennung der Witwen mit dem Leichnam ihres Ehemannes

2 Debit-Seite = Kostenseite

D3

Ökonomische Betrachtung des Kolonialismus

Der Historiker Wolfgang Reinhard (geb. 1937) schrieb:

So ist Britisch-Indien auch der beste Beweis für die Gleichzeitigkeit angeblich ungleichzeitiger und unvereinbarer Momente englischer Kolonialpolitik. Hier endete die Kolonialfeindschaft der Freihändler; stattdessen wurden Staatseingriffe und Infrastrukturmaßnahmen zur Befreiung des Handels gefordert. Kein einigermaßen angesehener britischer Wirtschaftstheoretiker des 19. Jahrhunderts hat je bezweifelt, dass die Kosten-Nutzen-Bilanz der Herrschaft über Indien zugunsten Großbritanniens ausfiel und man das Land daher behalten müsste. Unser Volk zieht jedes Jahr sechzig bis siebzig Millionen aus Indien, durch Handelsgewinne, Zinsen für dort angelegtes Kapital und direkte Abgaben. [...] Außerdem müsse man die Inder schützen, vor sich selber, denn sie würden ohne ihre britischen Herren im Rassen- und Religionsstreit versinken, und vor anderen Mächten wie Russland, Deutschland oder Frankreich, deren Regiment sehr viel despotischer ausfallen würde als das britische. [...] Besonderes Ärgernis haben die Militärlasten erregt, die im indischen Budget mit 40 bis 65 Prozent der Ausgaben zu Buche schlugen. Das bedeutet aber, die Herrschaft über Indien lohnte sich für England nicht nur durch Kontrolle des indischen Marktes ohne wirksamen Zollschutz, durch [...] Bau eines Verkehrsnetzes auf indische Kosten, das auf die Häfen ausgerichtet und damit für die britische Kontrolle des Handels geschaffen war, sie lohnte sich auch durch Unterhalt der Hälfte der gesamten britischen Streitkräfte ohne Kosten für England. Indische Truppen wurden ja auch anderswo eingesetzt, 1860 in China, 1868 in Äthiopien, 1882 in Ägypten und seit 1893 auch anderswo in Afrika [...]. Am Ende des Ersten Weltkriegs hatten 1,3 Millionen Mann Indien verlassen müssen. Im Zweiten Weltkrieg hat Indien sogar 2,5 Millionen Soldaten gestellt, die nicht in Malaya, Birma und China gegen die Japaner, sondern auch in Nordafrika, Italien und Griechenland gegen die Achsenmächte kämpfen mussten, mit 24 000 Gefallenen, 12 000 Vermissten, 64 000 Verwundeten und 80 000 Gefangenen.

Wolfgang Reinhard: Die Unterwerfung der Welt. Globalgeschichte der europäischen Expansion, 1415–2015. C. H. Beck, München 2016, S. 77–79.

D4

Frühe Opposition in Indien

Der Schweizer Historiker Harald Fischer-Tiné (geb. 1966) schreibt über die ersten antikolonialen Akteure in Indien:

Auch die erste Generation der Anführer der indischen Unabhängigkeitsbewegung besaßen eine grundsätzlich positive Einstellung gegenüber den kulturellen und wirtschaftlichen Leistungen der Kolonialherren – vor allem in den Bereichen Literatur, Philosophie, Natur- und Staatswissenschaften, und später auch hinsichtlich des Bildungssystems. Entsprechend grenzten sie sich stärker von den Werten und politischen Visionen traditioneller Landsleute ab als von denjenigen der Briten. Ähnlich wie in Indochina[1] versuchten die moderaten Nationalisten auch in Indien ihre Beherrscher an die eigenen Werte zu erinnern. Sie kritisierten daher zumeist eine mangelnde Umsetzung der zivilisatorischen Normen und nicht etwa das Phänomen des Kolonialismus per se. Paradigmatisch dafür kann der Politiker, Intellektuelle und Geschäftsmann Dadabhai Naoroji (1825–1917) stehen. Naoroji war einer der Gründer des Indischer Nationalkongresses (Indian National Congress/INC) im Jahr 1885. Der INC sollte nicht nur schon bald zur wichtigsten organisatorischen Plattform der indischen Nationalbewegung werden, sondern auch zum Vorbild für viele spätere antikoloniale Sammelbewegungen weltweit. In seinem Buch „Poverty and un-British Rule in India" artikulierte Naoroji 1901 eine viel beachtete ökonomische Kritik an der Herrschaft der Briten in Indien. Dabei verurteilte er den einseitigen Abfluss von Profiten aus der kolonialen Wirtschaft nach Großbritannien als „un-britisch". Gleichzeitig betonte er jedoch, dass die indische Bevölkerung die vielfältigen Segnungen des *Raj* (britische Herrschaft in Indien) im Falle einer Korrektur der Wirtschaftspolitik und Rückkehr der Kolonialmacht zu ihren eigenen ethischen Standards noch besser zu würdigen wisse.

Harald Fischer-Tiné: Antikolonialismus und kulturelle Selbstbehauptung. (20.5.2016). Unter: www.bpb.de/geschichte/zeitgeschichte/postkolonialismus-und-globalgeschichte/219140/antikolonialismus (Zugriff 12.02.2020).

1 französische Kolonie (1887–1954) auf dem Gebiet der heutigen Staaten Vietnam, Laos und Kambodscha

Q3

„Quit India!"

Foto einer „Quit India" Demonstration in Bombay im August 1942, gegen die auch mit Tränengas vorgegangen wurde.

Q4

Folgen der britischen Kolonialherrschaft

Der spätere indische Premierminister Jawaharlal Nehru schrieb 1936 über die britische Kolonialherrschaft:

Die Briten können das Verdienst für sich in Anspruch nehmen, dass sie als Erste Indiens Fenster nach dem Westen öffneten und ihm einen Blick auf westlichen Gewerbefleiß und Wissenschaft gestatteten. Aber nachdem sie das getan hatten, drosselten sie das weitere industrielle Wachstum des Landes, bis die Umstände ihnen die Hände banden. Indien war schon der Sammelpunkt zweier Kulturen, der westasiatischen Kultur des Islams und der östlichen, ihrer eigenen, die sich nach dem Fernen Osten dehnte. Und nun kam ein Dritter und noch mächtigerer Anstoß vom fernen Westen, und Indien wurde Brennpunkt und Schlachtfeld für verschiedene alte und neue Begriffe. Es kann kein Zweifel darüber bestehen, dass dieser Anstoß triumphiert haben würde und damit viele der alten indischen Probleme gelöst, aber die Briten, die selbst zu seiner Auslösung beigetragen hatten, versuchten weitere Fortschritte aufzufangen. Sie verhinderten unser industrielles Wachstum, verzögerten dadurch unsere politische Entwicklung und schützten alle überlebten Feudal – und andere Überbleibsel, die sie in unserem Lande finden konnten. Sie ließen sogar unsere wandlungsfähigen und bis zu einem gewissen Grade fortschrittlichen Gesetze und Bräuche in dem vorgefundenen Zustande einfrieren und machten es uns schwierig, aus deren Fesseln Befreiung zu finden. […] Eisenbahnen, Telegraf, Fernsprecher, Rundfunk und dergleichen sind wohl kaum Beweise für die Güte oder das Wohlwollen der britischen Herrschaft. Sie waren willkommen und notwendig, und weil die Briten zufällig die Mittler waren, die sie zuerst brachten, so sollten wir ihnen dankbar sein. Aber selbst diese Boten des industriellen Zeitalters kamen in erster Linie zu uns, um die britische Macht zu stärken. […]

[…] wem gleicht Indien heutzutage? Einem Sklavenstaat! Seine prachtvolle Kraft ist eingesperrt, kaum wagt es, frei zu atmen, es ist beherrscht von Menschen aus ferner fremder Welt; sein Volk ist unvergleichlich arm, kurzlebig und zu kraftlos, um Krankheit und Epidemien zu widerstehen; die Unwissenheit ist grenzenlos, riesige Gebiete sind aller sanitären oder medizinischen Vorsorge bar; Arbeitslosigkeit besteht in verschwenderischem Ausmaß, sowohl bei den mittleren Schichten als bei den Massen. Freiheit, Demokratie, Sozialismus, Kommunismus sind, so wird uns vorerzählt, die Schlagworte unpraktischer Idealisten, Doktrinärer oder Spitzbuben; die Wohlfahrt des Volkes als Ganzes muss der Prüfstein sein. Das ist in der Tat eine entscheidende Probe, und bei dieser Prüfung schneidet das Indien von heute sehr schlecht ab. Schließen wir ab mit der Vergangenheit und ihrem Hader! Blicken wir in die Zukunft. Den Briten müssen wir für eine prächtige Gabe dankbar sein, dem Geschenk der Wissenschaft und allen zugehörigen Schätzen. Es ist indessen schwierig, mit Gleichmut die Anstrengungen der britischen Regierung in Indien zu vergessen oder zu betrachten, die die zerstörenden, dunklen, reaktionären, sektiererischen und opportunistischen Elemente ermutigt haben. Vielleicht ist das aber auch eine notwendige Probe und Herausforderung für uns; und ehe Indien neu geboren wird, wird es immer wieder durch das Feuer gehen müssen, das reinigt und härtet und das Schwache, Unreine und Verderbte ausbrennt.

Jawaharlal Nehru: Indiens Weg zur Freiheit. Verlag Rütten & Loening, Berlin (Ost) 1957, S. 482–484, 501.

Q5

„Quit India"

Die folgende Rede hielt Gandhi am 8. August 1942 vor Anhängern der indischen Unabhängigkeitsbewegung in Bombay. Sie wurde später als sogenannte „Quit India!"-Rede bekannt und begründete die gleichnamige und gewaltlose Widerstandsbewegung gegen die britische Kolonialmacht.

Ich möchte, dass Sie wissen und fühlen, dass nichts außer reinster *Ahimsa*[1] in dem ist, was ich heute sage und tue. Der Resolutionsentwurf des Arbeitsausschusses basiert auf *Ahimsa*, genau wie die betrachtete Anstrengung ihre Wurzeln in *Ahimsa* hat. Wenn es also jemanden unter Ihnen gibt, der den Glauben in *Ahimsa* verloren hat oder davon ermüdet ist, lassen Sie ihn nicht für diese Resolution stimmen. Lassen Sie mich meine Position deutlich erklären. Gott hat mir mit der Waffe der *Ahimsa* ein unbezahlbares Geschenk gewährt. Ich und meine *Ahimsa* sind heute auf unserem Weg. Wenn in der gegenwärtigen Krise, während die Erde von den Flammen der *Himsa*[2] versengt wird und nach Erlösung ruft, ich versage, von Gottes gegebenem Talent Gebrauch zu machen, wird Gott mir nicht vergeben und ich werde des großen Geschenkes als unwürdig beurteilt. Ich muss jetzt handeln. […] Das Unsere ist nicht das Streben nach Macht, sondern einzig der gewaltlose Kampf für die Unabhängigkeit Indiens. In einem gewalttätigen Kampf, hat ein erfolgreicher General häufig einen Militärputsch bewirkt und eine Diktatur eingerichtet. Aber unter dem System eines Kongresses, in seinem gewaltlosen Grundsatz, kann es keinen Platz für Diktatur geben. Ein gewaltfreier Soldat der Freiheit, wird nichts für sich begehren, er kämpft nur für die Freiheit seines Landes. Der Kongress ist unbesorgt, wer regieren wird, wenn die Freiheit erlangt ist. Die Macht, wenn sie kommt, wird dem Volk Indiens gehören und es wird an ihnen sein zu entscheiden, wem es diese anvertraut. Mag sein, dass die Zügel zum Beispiel in die Hände der Parsen[3] gegeben werden, wie ich es liebend gerne sehen würde – oder sie könnten jemand anderem übergeben werden, deren Namen der Kongress heute nicht kennt. […] Ich weiß, wie unvollkommen unser *Ahimsa* ist und wie weit wir noch vom Ideal entfernt sind, aber in *Ahimsa* gibt es kein endgültiges Versagen oder Niederlage. Ich glaube daher, dass, wenn trotz unserer Unzulänglichkeiten, die große Sache geschieht, es so sein wird, weil Gott uns helfen wollte, indem er unser stilles und unermüdliches Sadhana[4] der letzten 22 Jahre mit Erfolg krönt. Ich glaube, dass es in der Geschichte der Welt, keine demokratischere Anstrengung für Freiheit als die Unsere gab. Ich habe Carlyle's Französische Revolution gelesen, während ich im Gefängnis war, und Pandit Jawaharlal[5] hat mir etwas über die Russische Revolution erzählt. Aber es ist meine Überzeugung, dass insoweit diese Kämpfe mit Waffen der Gewalt gekämpft wurden, sie das demokratische Ideal zu verwirklichen versäumt haben. In der Demokratie, die ich ins Auge gefasst habe, eine Demokratie mit Gewaltlosigkeit begründet, wird es gleiche Freiheit für alle geben. Jeder wird sein eigener Herr sein. Es ist die Bemühung, um so eine Demokratie, zu der ich Euch heute einlade. Sobald Ihr das realisiert, werdet Ihr die Unterschiede zwischen den Hindus und Muslimen vergessen und Euch nur als Inder verstehen, engagiert im gemeinsamen Kampf für die Unabhängigkeit. […] Dann gibt es da noch die Frage Eurer Haltung gegenüber den Briten. Mir ist aufgefallen, dass es Hass auf die Briten unter dem Volk gibt. […] Wir müssen uns […] von Hass reinigen. […] Menschen mögen lachen, nichtsdestotrotz ist das mein Anspruch. In einer Zeit, in der ich möglicherweise die größte Anstrengung meines Lebens anstoßen muss, darf ich keinen Hass gegenüber irgend jemandem hegen.

Mahatma Gandhi: Quit India (Verlasst Indien). Übers. v. Stephan Weißgerber. Unter: www.mkgandhi.org/speeches/qui.htm (Zugriff 12.02.2020), Mahatma Gandhi: My Non-violence. Navajivan Publ. House, Ahmedabad 1960, pp. 183–205.

1 im Sanskrit Begriff für Gewaltlosigkeit
2 Gegenteil von Ahimsa
3 ethnische Gruppe in Indien und Pakistan, die der Religion des Zarathustrismus bzw. Zoroastrismus folgt und als streng geschlossene Gemeinschaft lebt
4 im Sanskrit Begriff für Zielstrebigkeit, Geradlinigkeit
5 Rufname Jawaharlal Nehrus in der indischen Bevölkerung

B Fallbeispiel Ghana

Q6

Kwame Nkrumah als Vertreter des Panafrikanismus

Ursprünglich ausgehend von der Karibik, vertrat die Ideologie des Panafrikanismus (von Griechisch. „pan" – umfassend, ganz) die Überzeugung, dass die Völker beziehungsweise die Menschen afrikanischer Abstammung die gleichen politischen Interessen teilen und in jeder Hinsicht vereint agieren sollen. Auch Kwame Nkrumah wurde vom Panafrikanismus geprägt.

a) Kwame Nkrumah (1909–1972) beschreibt 1958 seine Vision von der Unabhängigkeit afrikanischer Staaten:

Ich habe den Kampf für die Unabhängigkeit der Goldküste [ab 1957 Ghana] niemals als eine isolierte Angelegenheit betrachtet, sondern stets als Teil eines allgemeinen welthistorischen Vorgangs. […] Es ist unsere Pflicht, denen, die noch in diesen Kämpfen stehen, die wir als Vorhut bereits durchgefochten und gewonnen haben, jede nur mögliche Unterstützung zu gewähren, die in unserer Macht steht. Unsere Aufgabe ist noch nicht erfüllt und unsere Sicherheit noch nicht gewährleistet, bevor nicht die letzten Spuren des Kolonialismus vom afrikanischen Boden hinweggefegt sind.

Kwame Nkrumah: Afrika muss eins werden. Übers. v. Ernst Adler u. Hans Ramstetter. Koehler & Amelang, Leipzig 1965, S. 158. Unter: www.globaleslernen.de/sites/default/files/files/education-material/modul_05_politik.pdf, S. 21 (Zugriff: 12.02.2020).

b) 1963 schrieb er:

Europa soll uns eine Lehre, ein negatives Beispiel sein. Ständig war es damit beschäftigt, exklusive Nationalismen zu pflegen. Jahrhundertelang war es in kriegerische Auseinandersetzungen verwickelt. […] Es brauchte zwei Weltkriege, und ganze Weltreiche mussten zusammenbrechen, bis sich die Einsicht durchsetzte, dass in der Einheit die Stärke liegt. […] Während wir in Afrika, wo die Einheit oberstes Ziel ist, eine Harmonisierung unserer Anstrengungen anstreben, setzen die Neokolonialisten alles in Bewegung, dies zu stören, indem sie die Bildung von Gemeinschaften fördern, die auf Sprachen der früheren Kolonialmacht beruhen. Wir können es uns nicht leisten, auf diese Weise gespalten und in Widersprüche verwickelt zu werden. Dass ich Englisch spreche, macht mich nicht zum Engländer. Ebenso wenig macht die Tatsache, dass einige unter uns Französisch oder Portugiesisch sprechen, uns zu Franzosen oder Portugiesen. Wir sind und bleiben Afrikaner, und unseren Interessen ist nur durch den Zusammenschluss in einer afrikanischen Gemeinschaft gedient. Weder das Commonwealth noch eine franko-afrikanische Gemeinschaft können ein Ersatz sein. […] Wir brauchen unsere vereinte Kraft, um uns vor den sehr realen Gefahren einer Rückkehr des Kolonialismus in versteckter Form zu schützen.

Kwame Nkrumah: Afrika muss eins werden. Übers. v. Ernst Adler u. Hans Ramstetter. Koehler & Amelang, Leipzig 1965, S. 338. Unter: www.globaleslernen.de/sites/default/files/files/education-material/modul_05_politik.pdf, S. 21 (Zugriff: 12.02.2020).

Arbeitsvorschläge

A Kronkolonie Britisch-Indien

1.
a) Kontextualisieren Sie, mithilfe des Verfassertexts und eigener Recherche die Fotografie Q 1. Beziehen Sie dabei die Auslöser und den Verlauf des Sepoy-Aufstands mit ein. [II]
b) Erörtern Sie, warum die Hinrichtung in Q 1 wohl fotografiert wurde? [III]

2. Nennen Sie die von Dadabhai Naoroji in seinem Essay (Q 2) genannten Vorzüge britischer Kolonialherrschaft und stellen Sie diese den Nachteilen gegenüber. [I/II]
a) Arbeiten Sie heraus, welche Position er gegenüber den Kolonialherren vertritt und welche Gewichtung er dabei vornimmt.
b) Bewerten Sie Naorojis Einschätzung, im „menschlichen Bereich" habe die Kolonialherrschaft „keinerlei Nachteile" gebracht mithilfe Ihrer Recherche zum Sepoy-Aufstand.
c) Stellen Sie, mithilfe von D 4 begründete Vermutungen an, warum Naoroji so argumentiert.

3.
a) Fassen Sie anhand des Historikertexts D 3 die Vorteile der Kolonialpolitik für Großbritannien zusammen. [I]
b) Erörtern Sie mithilfe von Q 2, was diese „Vorteile" für die Briten für die indischen Bevölkerung bedeuteten. [III]

4. Analysieren Sie die Fotografie Q 3 mithilfe des Aufrufs von Mahatma Ghandi (Q 5). [II]

5. Analysieren Sie die Aussagen der beiden Vertreter des Indischen Nationalkongresses Jawaharlal Nehru und Mahatma Gandhi.
a) Gehen Sie bei Nehru (Q 4) auf die Vorwürfe ein, die er gegenüber den Briten erhebt. [II]
b) Gehen Sie bei Gandhi (Q 5) insbesondere ein auf die von ihm genannten Ziele des Resolutionsentwurfs, seine Idee der Gewaltlosigkeit und sein Demokratieverständnis. [II]

6. Informieren Sie sich über die Ereignisse auf dem indischen Subkontinent nach dem Abzug der Briten 1947 und beurteilen Sie Gandhis Einschätzung: „[Ihr werdet] die Unterschiede zwischen den Hindus und den Muslimen vergessen und Euch nur als Inder verstehen." [III]

B Fallbeispiel Ghana

7. Untersuchen Sie Kwame Nkrumahs Aussagen (Q 6) hinsichtlich der Idee des Panafrikanismus. Beurteilen Sie seine Kritik der europäischen Politik. [III]

8. Recherchieren Sie anhand der im Verfassertext genannten Eckdaten eigenständig die weitere Entwicklung Ghanas nach der Unabhängigkeit. [I]

9. Beurteilen Sie die Aussage, Ghana diene als „demokratisches Vorzeigeland Afrikas". [III] ○

Übergreifender Arbeitsvorschlag

10. Recherchieren Sie als Projekt am Beispiel einer Kolonie
- die Art der Kolonialherrschaft,
- die Auswirkungen der Kolonialherrschaft,
- die Art der Dekolonialisierung und
- die langfristigen Folgen der Kolonialherrschaft.

Fassen Sie ihre Ergebnisse in einem ausführlichen Steckbrief zusammen und präsentieren Sie diesen im Plenum. [III]

Online- und Differenzierungsmaterialien zu Kapitel 4.3
○ Arbeitshilfen zur Aufgabe 9

Online-Code: 9nt8d8

E Erweiterungsband Kapitel 4.1, S. 198–203

4.4 Aktuelle Probleme vor dem Hintergrund von Kolonialismus und Dekolonisierung

Bis heute haben viele Staaten, die aus ehemaligen Kolonien hervorgegangen sind, mit großen Problemen zu kämpfen. Dazu zählen die oft einseitige wirtschaftliche Ausrichtung auf Rohstoffabbau sowie gesellschaftliche und politische Konflikte. Viele Probleme haben ihre Wurzeln im europäischen Kolonialismus und der Art der Dekolonisierung. Entsprechend kontrovers wird über dieses Thema bis heute diskutiert, während gleichzeitig Vorwürfe eines verdeckten Neokolonialismus formuliert werden.

Koloniale Kontinuitäten?

Seit 40 Jahren haben die früheren europäischen Kolonialmächte, von einigen Inseln abgesehen, keine territorialen Besitzungen in Afrika mehr. Die direkte politische Fremdherrschaft über die ehemaligen Kolonien ist inzwischen vorbei. Allerdings unterhält Frankreich bis heute mehrere Militärstützpunkte in Nordafrika und spielt nicht nur dadurch eine wichtige Rolle in dieser Region. Darüber hinaus bestehen unvermindert wirtschaftliche Strukturen, welche ehemaligen Kolonien weiterhin von europäischen Interessen abhängig machen. Ein wichtiger Grund dafür ist die während der Kolonialzeit erzwungene Ausrichtung der Wirtschaftsstrukturen auf europäische Bedürfnisse. Viele der ehemaligen Kolonien verfügen über große Rohstoffreserven und wertvolle Ressourcen wie Öl, Edelmetalle oder seltene Erden. Trotz dieses Rohstoffreichtums liegt die wirtschaftliche Entwicklung vieler ehemaliger Kolonien hinter den Möglichkeiten zurück. Das lässt sich u. a. auf immer noch bestehende Abhängigkeiten von europäischen Interessen, der Politik mancher herrschenden Eliten und politische Instabilität zurückführen, die eine eigenständige wirtschaftliche Entwicklung behindern. Europa bemüht sich darum, die Regionen zu stabilisieren – dahinter stecken allerdings nicht nur humanitäre Überlegungen sondern auch Eigeninteressen. Auf der einen Seite möchte man weiterhin eine gewisse Kontrolle auf den Rohstoffzugriff ausüben, auf der anderen Seite die durch Bürgerkrieg, Unterdrückung und Armut verursachte Migration reduzieren. Beispiele dafür bilden das Handelsabkommen **Everything But Arms (EBA)**, Programme zur Demokratieförderung und transnationale Investitionspartnerschaften.

Everything But Arms (Alles außer Waffen)
2001 ins Leben gerufenes Handelsabkommen zwischen der EU und den weltweit am wenigsten entwickelten Staaten in Afrika, Asien und der Karibik. Ziel der Initiative war es, ihnen einen zoll- und quotenfreien Zugang zum europäischen Markt zu gewähren, ausgenommen wurden ausdrücklich Rüstungsgüter.

Chinas Afrika-Politik – ein Beispiel eines neuen Neokolonialismus?

Seit einigen Jahren engagieren sich auch die aufstrebenden Wirtschaftsmächte Indien und besonders China in zunehmendem Maße in Afrika. Die chinesische Politik unterscheidet sich dabei grundlegend vom westlichen Vorgehen. Seit den 1960er-Jahren investierten die ehemaligen Kolonialmächte und internationale Organisationen immer wieder in Wirtschafts- und Demokratisierungsprojekte in den früheren Kolonien. Ziel war es, die entstandenen Staaten wirtschaftlich und politisch zu stabilisieren. Dies gelang jedoch nur in einigen Fällen und es ist umstritten, welchen Anteil dabei die internationale Hilfe einnahm. Bis heute prägt die koloniale Vergangenheit das Verhältnis zwischen den Staaten, die aus den Kolonien hervorgegangen sind und den ehemaligen Kolonialmächten.

Diesen Umstand begannen in den letzten Jahrzehnten verstärkt neue Wirtschaftsmächte zu nutzen. Staaten wie China betonen die gemeinsame Erfahrung der kolonialen Unterdrückung und Ausbeutung und versprechen eine gleichberechtigte Partnerschaft, die dann in der Praxis aber nicht umgesetzt wird. Das Prinzip der chinesischen Nichteinmischung wird dabei begleitet von einer enormen Kapitalkraft und der Durchsetzung neuer Wirtschaftsverflechtungen. Die chinesischen Investitionen fließen meist in Infrastrukturprojekte wie den Leitungsbau, Ausbau und Modernisierung von Energieversorgung, den Bau von Krankenhäusern oder Verkehrsprojekte. Dazu zählen zum Beispiel der Bau von Eisenbahnverbindungen, Autobahnen oder Tiefseehäfen in Angola, Äthiopien, dem Kongo oder Kamerun.

D1

Statistik zum Handelsvolumen der größten Industrienationen mit Subsahara-Afrika
(redaktionell zusammengestellt auf Basis der Daten von Statista.com und Destatis.de)

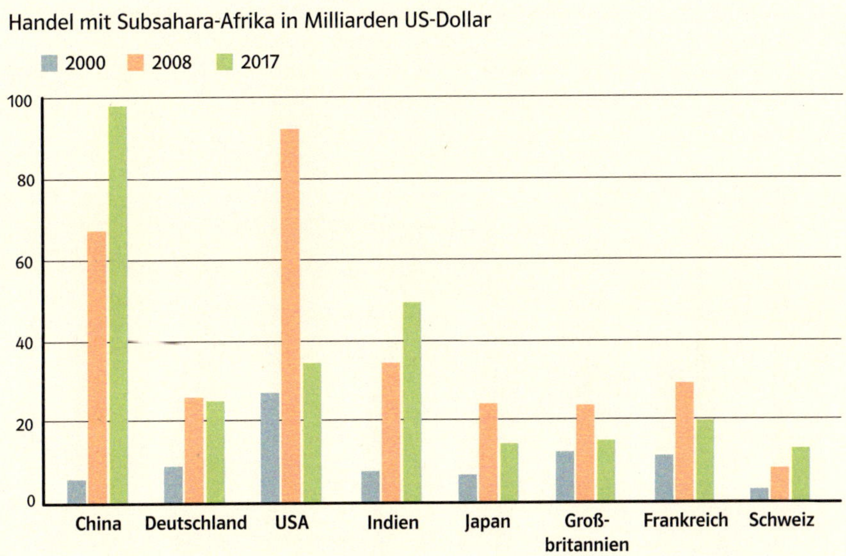

„Marshallplan mit Afrika"
politische Initiative des Bundesministeriums für wirtschaftliche Zusammenarbeit und Entwicklung 2017. Der Plan basierte auf den Säulen: 1) Wirtschaft, Handel und Beschäftigung, 2) Frieden, Sicherheit und Stabilität sowie 3) Demokratie, Rechtsstaatlichkeit und Menschenrechte.

Material
Karte „failed states" (2019)
u8gu3e

Material
Karte postkoloniale Konfliktzonen
u8gu3e

Dorthin flossen seit etwa 2007 mehrere Milliarden Dollar. China tätigt diese Investitionen häufig im Gegenzug für die Lieferung von Rohstoffen wie Erdöl, Nahrungsmittel oder Industriepflanzen. Die chinesische Regierung trennt Privatwirtschaft und Staatswirtschaft nicht so scharf wie in Europa, wo auch Nichtregierungsorganisationen punktuell Einfluss nehmen können. Auch wirken Krisen in Teilen von Afrika unmittelbarer auf das benachbarte Europa. Deswegen sind Ansätze einiger EU-Staaten (z. B. der **„Marshallplan mit Afrika"**) teilweise anders akzentuiert als die chinesische Politik. Manche westlichen Beobachter werten das chinesische Vorgehen, welches zugleich europäisch-amerikanischen Einfluss zurückdrängt, als Neokolonialismus. China versuche, Staaten durch Kredite in die zunächst wirtschaftliche und später dann politische Abhängigkeit zu bringen. Andere sehen im chinesischen Auftreten reine Investitionspartnerschaften mit einzelnen afrikanischen Staaten. Aber auch auf militärischem Gebiet intensiviert China seine Präsenz in Form von gemeinsamen Übungen und Manövern sowie Waffenlieferungen. 2017 wurde der erste dauerhafte Militärstützpunkt außerhalb Chinas in Afrika (Dschibuti) eröffnet. Der Vorwurf des Neokolonialismus trifft jedoch nicht nur China. Auch europäischen Staaten und Unternehmen sowie den USA wurde in den letzten Jahrzehnten immer wieder eine einseitige Wirtschaftspolitik und Neokolonialismus vorgeworfen.

Was lässt Staaten scheitern?

Viele Konflikte in ehemaligen Kolonien haben ihre Wurzeln in der früheren Kolonialherrschaft. Kolonialmächte haben immer wieder Ansätze einer indigenen Identität unterdrückt, so dass sich diese nach der Unabhängigkeit allenfalls auf Basis des antikolonialen Widerstandes entwickeln konnte. Von den Kolonialmächten etablierte neue gesellschaftliche Eliten oder infolge der Unabhängigkeit entstandene neue Führungsgruppen waren oft nicht an einer politischen oder wirtschaftlichen Partizipation der Gesamtbevölkerung interessiert. Es kam zu bewaffneten Grenzkonflikten und Bürgerkriegen, was Militärs teils eine starke Stellung in den ehemaligen Kolonien verschaffte. Während einigen Staaten eine gesellschaftliche und wirtschaftliche Stabilisierung gelang, entwickelten sich in anderen immer größere Probleme.

D2

Entwicklungshilfe verschiedener Staaten anteilig am Bruttonationaleinkommen gemessen am von den Vereinten Nationen empfohlenen Wert von 0,7%
(redaktionell zusammengestellt auf Basis der Daten von Statista.com und Destatis.de)

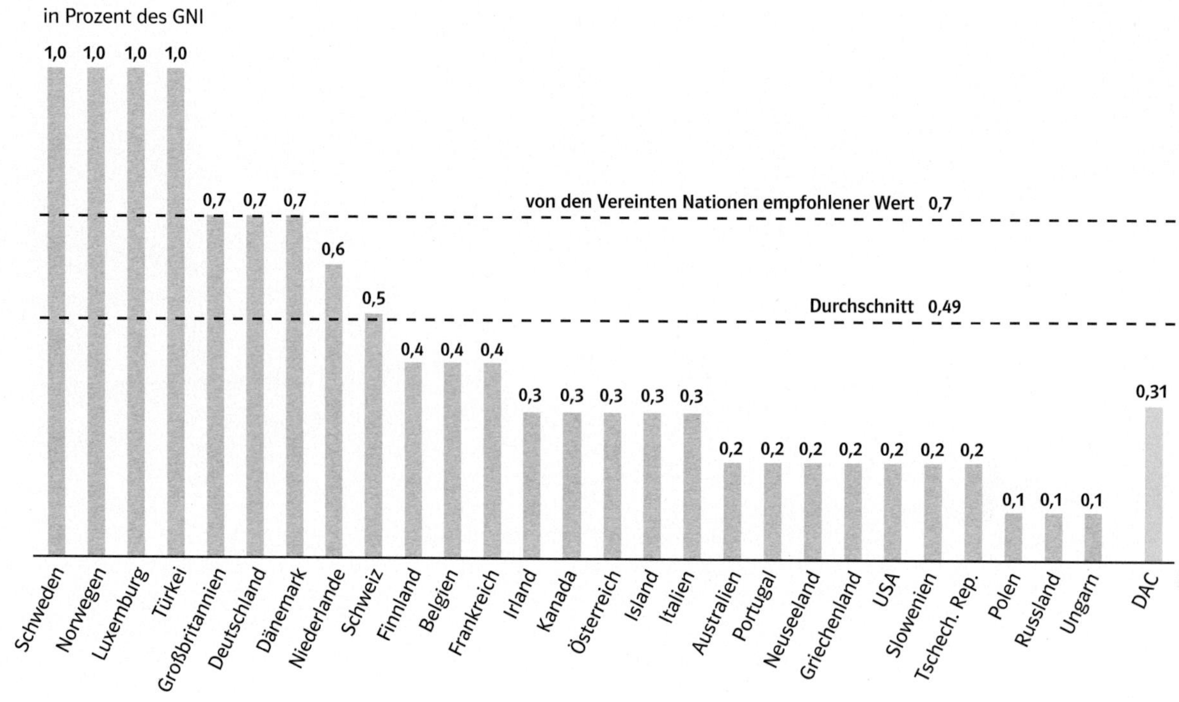

ODA: official development assistance (Entwicklungshilfe)
GNI: gross national income (Bruttonationaleinkommen)
DAC: Development Assistance Committee (Ausschuss für Entwicklungshilfe der OECD)

Seit Beginn der 1990er wird der Begriff des „failed state" verwendet. Dieser beschreibt Staaten, die nicht mehr in der Lage sind, ihre Grundfunktionen wie Sicherheit oder soziale Aufgaben zu erfüllen. Seit 2005 erstellt die Denkfabrik und Nichtregierungsorganisation *Fund for Peace* jährlich einen „Fragile States Index" (bis 2013 „Failed States Index"). Dieser untersucht die Gefahr einzelner Staaten zu zerfallen und berücksichtigt dabei soziale, wirtschaftliche, politische und militärische Indikatoren. Auch auf diesem Index finden sich ehemalige Kolonien auf den oberen Plätzen. Viele Experten sehen die Ursachen daher insbesondere im kolonialen Erbe. Die Kolonialmächte hatten oft gezielt zur besseren eigenen Herrschaftsausübung traditionelle Strukturen zerstört und innere Konflikte geschürt. Dazu gehörte auch oft die bewusste Errichtung von Verwaltungsgrenzen, um gewachsene Strukturen zu schwächen. Diese aufgezwungenen Grenzen waren ein weiteres folgenschweres Erbe für die späteren unabhängigen Staaten. Des Weiteren förderten willkürliche Grenzziehungen oft weitere Auseinandersetzungen. Viele ehemalige Kolonien unternahmen den Schritt in die Unabhängikeit mit nur rudimentären staatlichen Strukturen.

Folgewirkungen des Kalten Krieges

Eine weitere in der Politikwissenschaft diskutierte Theorie ist, dass das Ende des Kalten Krieges und die damit wegfallende Konfrontation konkurrierender Systeme eine zusätzliche Ursache für das Scheitern besagter Staaten ist. Während des Kalten Krieges unterstützten die Supermächte aus strategischen und ideologischen Gründen unterschiedliche – oft auch undemokratische – Staatsführer und Parteien in ehemaligen Kolonien. So konnten diese ihre Position im eigenen Land mit Wirtschaftshilfen und gelieferten Waffen sichern. Manche Politiker und Regierungschefs wurden im Zusammenhang mit dem Konkurrenzkampf zwischen den beiden Machtblöcken des Kalten Krieges ermordet, um an ihrer Stelle prowestliche oder prosowjetische Nachfolger zu installieren. Viele Konflikte in ehemaligen Kolonien wurden als **Stellvertreterkriege** genutzt. Mit dem Wegfall der Unterstützung nach dem Ende des Kalten Krieges zeigte sich drastisch die mangelnde Legitimation dieser, einst von den Großmächten geförderten Regime. Es kam zu innerstaatlichen Machtkämpfen, die oftmals in blutige Bürgerkriege mündeten.

Siad Barre (1910–1995)
somalischer Offizier
nach Militärputsch 1969 prosowjetischer Diktator Somalias
1991 wurde er gestürzt

Ein solches Beispiel stellt bis heute das 1960 unabhängig gewordene Somalia dar. Der neue Staat entstand durch einen Zusammenschluss der italienischen und der britischen Kolonie Somalia. Der junge Staat stand von Anfang an in Grenzkonflikten zu den Nachbarstaaten Kenia und Äthiopien. Auch wurde er stark von dem Kalten Krieg geprägt. Ab 1969 wurde es von dem prosowjetischen Offizier Siad Barre diktatorisch regiert, dessen Regime mit Ende des Kalten Krieges gestürzt wurde. Das Land war, seit dem bewaffneten Widerstand gegen Barre, über Jahrzehnte von einem Bürgerkrieg geprägt, der in großen Teilen des Landes die bestehenden staatlichen Strukturen zerstörte.

Das Land fiel ins Chaos und es entstanden regionale Regime von Clans, Warlords, radikalislamistischen Gruppen oder Piraten. Als Lösungsansatz für das Problem der scheiternden Staaten findet das Prinzip der *Good Governance* (dt.: gute Regierungsführung) weltweite Zustimmung. Die Grundidee des Programms basiert auf dem Gedanken, finanzielle Hilfe an die Einhaltung von Menschenrechten zu knüpfen. Auch die Bekämpfung terroristischer Gruppen, u.a. als extremistischer Teil des radikalfundamentalistischen Islam, wird oft eingefordert, da sie seit den Terroranschlägen auf die USA am 11. September 2001 als internationale Bedrohung wahrgenommen werden. Besonders in jenen Staaten, in denen es keine zentrale, durchsetzungsfähige Regierung gibt, findet der militante Islamismus als möglicher Gegenentwurf einen fruchtbaren Nährboden.

Umgang mit der kolonialen Vergangenheit

Aber auch in europäischen Gesellschaften, insbesondere den der ehemaligen Kolonialmächte, sind die Auswirkungen des Kolonialismus bis heute spürbar. Bis heute besteht vielerorts die Vorstellung, die ehemaligen Kolonien müssten sich nach europäischem Vorbild modernisieren. Ein reflektierter, kritischer Umgang mit der europäischen Kolonialpolitik, den mit ihr verbundenen rassistischen Vorstellungen sowie deren vielfältigen und gravierenden Folgen fand und findet im öffentlichen Bewusstsein kaum statt. Schließlich zeigt auch die Debatte über die Benennung von Straßen nach „Tätern" der Kolonialgeschichte oder der Streit um die Rückgabe kolonialer Sammlungsgüter, dass es um noch mehr geht, nämlich die kulturelle Selbstbestimmung und Identitätsfindung afrikanischer und asiatisch-pazifischer Nationen.

A Nur noch ein vergangenes Thema für Historiker? – Die langlebigen Folgen des Kolonialismus

D3

Die Narben schmerzen noch immer

Die kenianische Menschenrechtsaktivistin Nanjala Nyabola schrieb im November 2020 über die Rolle von Englisch als koloniale Bildungssprache in vielen afrikanischen Staaten.

Die deutsche Regierung wurde im Jahr 1947 im Rahmen der Pariser Friedensverträge beauftragt, an verschiedene Länder in Europa Reparationen für die im Zweiten Weltkrieg verursachten Schäden zu zahlen. Viele dieser Reparationen flossen in den Wiederaufbau von Industrien. Bemerkenswert ist, dass nichts für den menschlichen Schaden bezahlt wurde, den der Krieg verursacht hatte, etwa an der Minderheit der Sinti und Roma, die Ziel ethnischer Säuberungen des Naziregimes waren. Dennoch war fortan das Prinzip etabliert, dass Wiedergutmachung fällig ist, wenn ein Schaden angerichtet wurde.

Allerdings wurde dieses Prinzip seitdem selten auf Länder ausgedehnt, die unter den Folgen der europäischen Kolonialisierung und des Expansionismus leiden. Tatsächlich haben die alliierten Länder, die diese Strafen gegen Deutschland verhängten, im Namen der „Verteidigung des Imperiums" selbst viele ähnliche Verbrechen an nicht weißen Bevölkerungsgruppen in ihren Kolonien begangen. In ihrem bahnbrechenden Buch „Britain's Gulag: The Brutal Truth of Empire in Kenya" hat die Harvard-Historikerin Caroline Elkins die Folterungen und willkürlichen Morde der britischen Regierung in Konzentrationslagern in Kenia während des Unabhängigkeitskrieges zwischen 1952 und 1960 dokumentiert. Mehrere Zehntausend – vielleicht sogar mehr – schwarze Kenianer starben an Erschöpfung, Krankheiten, Hunger und an brutaler Gewalt, die darauf zielte, ihren Geist zu brechen und die koloniale Ordnung wiederherzustellen. Ähnlich wie die Nazis hat die britische Regierung viele dieser Verbrechen systematisch dokumentiert, aber erst Anfang der 2000er Jahre wurden sie öffentlich anerkannt. Mit den vorhandenen Beweisen verklagten Überlebende der britischen Konzentrationslager die Regierung und erzielten einen Vergleich – mehr als 50 Jahre, nachdem die Gräueltaten begangen worden waren. […]

Das vielleicht größte Hindernis für ein sinnvolles Gespräch über die Dekolonisierung ist, dass es keine Einigung darüber gibt, was Kolonisierung bedeutet und ob es sie weiterhin gibt. So sprach der britische Premierminister Boris Johnson im Jahr 2014 – damals noch als Londoner Bürgermeister – bei einer Veranstaltung zu Ehren Winston Churchills von den „Wohltaten der kolonialen Herrschaft", die manche Länder nicht hätten genießen können. Und in manchen Bars in Belgien singen manche Leute noch immer inbrünstig das Lied vom „Sieg im Kongo". Um sich dem vollen Ausmaß und der Last der Kolonisierung zu stellen, müssten sich Millionen von Menschen in Europa, Nordamerika und sogar in Teilen Asiens der Realität stellen, dass viele ihrer Großeltern und Urgroßeltern anderen Menschen schreckliche Dinge angetan haben, nur um Geld für das Imperium zu verdienen. […]

Das menschliche Leid und die Toten sind schwer zu beziffern. Hunderttausende wurden in Konzentrationslagern und bei gewaltsamen Razzien getötet. Es gab weitere Millionen, die an seltsamen europäischen Krankheiten wie Rinderpest oder an Parasiten starben, die von den Fremden eingeschleppt wurden. Dann gab es die Millionen, die als Folge der gewaltsamen Umstellung der Landwirtschaft auf kommerzielle Nutzpflanzen verhungerten. Statt weiter die an die lokale Umgebung angepassten Nahrungsmittel wie Maniok oder Hirse für ihre Familien anzubauen, mussten die Bauern nährstoffarme und lokal nutzlose Feldfrüchte wie Mais, Tee und Kaffee produzieren[1].

Und schließlich gibt es diejenigen, die an etwas gestorben sind, was die Gesellschaften erst jetzt zu messen lernen: die psychische Belastung, wenn man zusieht, wie seinem Kind die Hand abgetrennt wird. Oder wenn man mit ansehen muss, wie ein Soldat Mitglieder der Familie vergewaltigt. Wir wissen nicht, wie viele Menschen nach der Erfahrung von Gewalt und Erniedrigung einfach nicht mehr weitermachen konnten. […]

Noch viel schlimmer macht den Kolonialismus, dass die kolonisierenden Regierungen eine rechtliche und soziale Architektur aufbauten, um die Gewalt zu rechtfertigen. Es musste eine moralische Theorie um die Gewalt herum aufgebaut werden, damit die Täter nachts ruhig schlafen konnten. Und diese fehlerhafte moralische Theorie fügt sowohl den kolonisierenden als auch den kolonisierten Gesellschaften bis heute großen Schaden zu. Zum Beispiel war das in weiten Teilen der kolonialisierten Welt eingeführte Bildungssystem darauf ausgerichtet, alles Lokale zu entwürdigen und abzuwerten. Das Ethos war buchstäblich, dass nicht weiße Menschen nicht ganz menschlich seien.

Die Folgen sind bis heute spürbar. Unser kulturelles und gesellschaftliches Wertesystem orientiert sich noch immer stillschweigend an der europäischen Vormachtstellung. Ich spreche Englisch als Muttersprache, weil meine Eltern in der Schule geschlagen wurden, wenn sie ihre eigene Sprache benutzten. Sie wollten ihren Kindern ein ähnliches Schicksal ersparen, indem sie ihnen zu Hause Englisch beibrachten. Heute gilt es als eine bedeutende Leistung, Englisch richtig zu beherrschen, während Millionen Kenianer glauben, ihre eigenen Sprachen seien nichts wert. Meine Eltern wurden unter der Kolonialisierung geboren und haben sie erlebt –

und etwas mehr als 56 Jahre später fordere ich immer noch meine Identität zurück von denen, die sie zerstört haben. […]

All das wäre schon schlimm genug, wenn die Geschichten vom Widerstand gegen die koloniale Gewalt nicht auch noch unter den Trümmern begraben worden wären. Es gibt ein Sprichwort: „Bis der Löwe schreiben lernt, werden Geschichten über die Jagd immer den Jäger verherrlichen." Eine Folge der kolonialen Erziehung ist, dass die Geschichten der Frauen und Männer, die sich gewehrt haben, aus unseren Geschichtsbüchern und Archiven ausradiert wurden. Deshalb wachsen heutige Generationen in dem Glauben auf, dass unsere Vorfahren all dies passiv akzeptiert haben. Je mehr wir ausgraben, desto mehr erkennen wir, dass dies einfach nicht wahr ist: Die Menschen haben zurückgeschlagen – das ist ein Grund dafür, dass die Kolonisierung im Verhältnis zur langen Zeitgeschichte nur kurz dauerte.

Aber die Narben sind noch immer sichtbar in den Gesellschaften, die den Kolonialismus überlebt haben. Die Kolonisierung hat ihr soziales und politisches Leben und ihre Geschichten unterbrochen; erst jetzt beginnen sie sich davon zu erholen. Es ist wichtig, dass die Menschen aus jenen Gesellschaften, die anderen diesen Schaden zugefügt haben, sich unbehaglich angesichts dessen fühlen, was in ihrem Namen und im Namen des Imperiums getan wurde. Nur dann können wir die Hoffnung haben, dass dies nie wieder geschieht.

Nanjala Nyabola: Dekolonisierung. Die Narben schmerzen noch immer. Welt Sichten 2.11.2020 Übersetzt von Melanie Kräuter. www.welt-sichten.org/artikel/38277/die-narben-schmerzen-noch-immer (Zugriff 24.11.2020)

1 Gemeint ist hier die durchgesetzte exportorientierte Plantagenwirtschaft.

B Wirtschaftliche Zusammenarbeit – Ein versteckter Neokolonialismus?

Q1

Sicherung von wichtigen Rohstoffvorkommen in Afrika durch die großen Wirtschaftsmächte – Ausdruck von Neokolonialismus?

Zu den großen Investoren in Bereiche wie Lebensproduktion oder Abbau von Rohstoffvorkommen wie seltene Erden zählt u. a. die Volksrepublik China, aber auch europäische Staaten, Indien oder die USA. Russische Karikatur von Vitaly Podivitski in der Zeitung Sputnik vom 7. Dezember 2015

D4

Compact with Africa

Interview mit Siphokazi Mthathi, der Geschäftsführerin von Oxfam Südafrika, zum Compact with Africa, einer Konferenz, auf der geplante privatwirtschaftliche Investitionspartnerschaften im Mittelpunkt stehen. Das Interview führte Kordula Doerfler am 12.06.2017.

Frau Mthathi, die deutsche G20-Präsidentschaft will Afrika zu einem Schwerpunkt machen und veranstaltet eine Konferenz, auf der private Investitionen im Mittelpunkt stehen, genannt Compact with Africa. Ziel sind Investitionspartnerschaften. Ist das der richtige Weg, um den Ländern Afrikas zu helfen?

Siphokazi Mthathi: Afrika steht an einem Wendepunkt. Der Kontinent hat sich aufgrund von starken Investitionen entwickelt, und das ist sehr positiv. In den letzten Jahren kamen sieben der zehn sich am schnellsten entwickelnden Länder auf der Welt aus Afrika. Trotzdem sind wir der Ansicht, dass diese Art der Entwicklung falsch ist.

Das müssen Sie erklären.

Das Ausmaß des Wachstums wird immer als Faktor des Bruttoinlandsprodukts berechnet. Gleichzeitig ist in allen Ländern mit starkem Wachstum die soziale Ungleichheit in den Himmel gewachsen. Wachstum hat nicht dazu beigetragen, dass die Armut abnimmt.

Weil es die Menschen nicht erreicht?

Richtig. Privates Investment ist nicht das Allheilmittel, als das es die deutsche Bundesregierung und andere anpreisen. Denn der Privatsektor geht nie von den Bedürfnissen der Menschen aus, er fragt nicht, wer die Schwächsten sind und wer am meisten Unterstützung braucht. In Afrika sind das Frauen und junge Leute.

Afrika ist ein junger Kontinent.

Ja, nehmen Sie nur das Beispiel Ghana. Es ist eines der Länder, die nun speziell gefördert werden sollen. Drei Viertel seiner Bevölkerung sind jung! Nimmt der Compact with Africa darauf Rücksicht? Wir müssen auf dem gesamten Kontinent unsere Wirtschaftsstruktur verändern, hin zu einer Ökonomie, die die Bedürfnisse der Menschen berücksichtigt.

Und dafür ist die Förderung von privaten Investitionen nicht das richtige Instrument?

Nein, und die Idee ist ja auch gar nicht neu. Dieses Mantra hören wir seit 25 Jahren, die deutsche Regierung soll also nicht so tun, als ob sie hier etwas Neues präsentiert.

Was kritisieren Sie an privaten Investitionen?

Wir wissen, dass dabei oft bestehende Regeln ignoriert werden und es viel zu viele Schlupflöcher gibt. Zudem geht dabei oft mehr Geld außer Landes als Geld ins Land kommt, um denen zu helfen, die es wirklich brauchen. Unser Ziel muss sein, dass unsere Volkswirtschaften autonomer und weniger abhängig werden.

Aber würden Sie bestreiten, dass Investitionen grundsätzlich notwendig sind?

Natürlich brauchen wir dringend Investitionen, aber es müssen dabei genaue Rahmenbedingungen gelten, die dazu führen, dass den Menschen geholfen wird und es nicht zu Ausbeutung wie in der Vergangenheit kommt. Das bedeutet auch, dass die Zivilgesellschaft stark miteinbezogen wird.

Sie ist auch bei der Konferenz nur am Rande gefragt.

Ja, leider. Es geht hier nur um Deals zwischen Regierungen und Investoren. Dabei haben wir in Afrika eigene Visionen von Entwicklung entwickelt, und dort müssen die privaten Investitionen ansetzen. Man kann diese Visionen kritisieren, aber man muss sie ernst nehmen. Stattdessen sehen wir eine neue Form von Neokolonialismus, indem man Afrika wie ein Kind behandelt und ihm sagt, was es braucht. Wir brauchen Investitionen, aber es kommt auf die Art an, wie sie getätigt werden.

Können Sie ein konkretes Beispiel geben?

Nehmen Sie die Landwirtschaft. Sie wird mehrheitlich von Kleinstbauern getragen, die in der Regel Frauen sind. Sie produzieren 70 Prozent der Nahrungsmittel in Afrika. Sinnvolle Investitionen müssten dort ansetzen und sie in die Lage versetzen, ihre Produktivität zu erhöhen und flexibel auf den Klimawandel reagieren zu können.

Sie sprechen von Neokolonialismus. Ist es nicht auch die Verantwortung der afrikanischen Staatschefs, dafür zu sorgen, dass die richtigen Investitionen stattfinden und Afrika sich entwickelt?

Ja, das ist absolut richtig, das haben wir auch Vertretern der Afrikanischen Union gesagt. Wir müssen ansprechen, dass viele afrikanische Staaten ein riesiges Führungsvakuum entstehen haben lassen, das ausländische Investoren ausnutzen. Es ist zu einfach und bequem, nur mit dem Finger auf den bösen Westen zu zeigen, anstatt selbst Verantwortung zu übernehmen.

Kordula Doerfler: „Wir sehen eine neue Form von Neokolonialismus" In: Weser Kurier v. 12. Juni 2017. Unter: www.weser-kurier.de/deutschland-welt/deutschland-welt-politik_artikel,-wir-sehen-eine-neue-form-von-neokolonialismus-_arid,1612148.html?print=1 (Zugriff 13.02.2020).

D5

Wege aus dem Neokolonialismus

Vor rund 50 Jahren wurden die letzten europäischen Kolonien unabhängig. Seitdem stecken viele der Länder in einer Dauerkrise. Der senegalesische Wirtschaftswissenschaftler und Essayist Felwine Sarr (geb. 1972) untersucht in seinem Essay „Afrotopia" die Gründe für die Krise. Er räumt mit Legenden auf und fordert eine Revolution. Dabei zeichnet er ein düsteres Bild vom Westen, dem man wenig entgegenzusetzen hat.

[...]

Afrikas Krise hält die westlichen Vorurteile am Leben

Vor rund 50 Jahren wurden die letzten europäischen Kolonien in Afrika in die Unabhängigkeit entlassen. Doch obwohl sie seit Jahrzehnten politisch und wirtschaftlich autonom sind, stecken viele der Länder in einer Dauerkrise. Diese Krise wiederum, so Sarr, bestätigt und aktualisiert laufend die uralten Stereotypen von Afrika als einem finsteren, katastrophischen Ort und vom Afrikaner als minderwertigem Menschen, der sich selbst nicht zu helfen weiß – das Bild also, das bei den Europäern maßgeblich dazu beitrug, Sklavenhandel und Kolonialismus zu legitimieren. Afrikas Krise hält aber nicht nur die westlichen Vorurteile am Leben, es hält auch bei den Afrikanern die Wunden offen, die eigentlich längst hätten verheilt sein können. Sarr versucht in seinem Essay, mit den Legenden aufzuräumen, die diese negative Feedback-Schleife am Laufen halten: Ja, die korrupten Potentaten, die nach der Unabhängigkeit vielerorts an die Macht kamen, tragen große Schuld an Afrikas Problemen. Doch in Europa, wo sich bis heute die Vorstellung hält, man habe Afrika die Zivilisation gebracht, vergesse man zu oft, wie groß der eigene Anteil an Afrikas Krise sei. Dass ein Kontinent, der nach einigen Schätzungen direkt und indirekt 225 Millionen Menschen durch den Sklavenhandel verloren habe, Jahrhunderte brauche, um sich zu erholen, dass die Nachfolgerstaaten von Belgisch-Kongo, das in der Kolonialzeit die Hälfte seiner Bewohner verloren habe, bis heute geschwächt seien, liege auf der Hand, ganz zu schweigen vom nicht quantifizierbaren Verlust von Arbeitskraft und Bodenschätzen an europäische Geschäftemacher und Konzerne, deren heutige Marktmacht nicht selten direkt auf die Ausbeutung Afrikas zurückgeht. Doch es sind weniger die Europäer, die Sarr aufklären will, als die Afrikaner, die das dystopische Bild von ihrem Kontinent oft unhinterfragt vom Westen übernehmen. Dies führt dann zu einer Perpetuierung des Kolonialismus mit anderen Mitteln: wenn afrikanische Länder Konzernen aus Europa oder den USA gegen schnelles Geld Abbaurechte für Bodenschätze abtreten; oder wenn sie sich von China um den Preis der eigenen Unabhängigkeit Häfen oder Eisenbahntrassen bauen lassen. Hinter all dem steht Sarrs Befund, dass die Afrikaner die geistige Selbstermächtigung, die die politische Unabhängigkeit hätte begleiten müssen, nie vollzogen haben. Sie haben nicht nur die westliche Wirtschaftsideologie mit ihrem Glauben an Fortschritt und Wachstum nie in Zweifel gezogen, sie haben auch deren Universalitätsanspruch übernommen.

Afrika soll wieder das spirituelle Zentrum der Welt werden

Um in der Welt anerkannt zu werden, schien ihnen nichts anderes zu bleiben, als sich in die Rolle des minderbemittelten Schülers der westlichen Nationen zu fügen, der auf das Lob der Lehrer hofft, weil er „die Lektion gut gelernt und das Gelernte ... richtig angewandt" hat. „Man wünscht sich, in derselben Stimmlage zu spielen wie die anderen Musiker, möchte auch auf dem Familienfoto zu sehen sein, genauso gekleidet wie die anderen." Doch diese Lehrer, die westlichen Industrienationen, haben in den letzten Jahren dramatisch an Autorität verloren. Die von ihnen verursachte Klimakatastrophe, die Krise ihrer Demokratien, die soziale Ungerechtigkeit, das Unbehagen an der Globalisierung: All das mehrt die Zweifel an der bis vor kurzem als alternativlos geltenden westlichen Marktwirtschaft. Für Sarr ist spätestens jetzt der Moment gekommen, an dem Afrika nach der politischen auch seine geistige Unabhängigkeit erstreiten muss. Ausgangspunkt müsse dafür die Einsicht sein, dass Afrikas ausbleibende Erfolge in westlichem Wirtschaften – trotz der jungen Bevölkerungen, trotz des Reichtums an Bodenschätzen – nicht auf die Unfähigkeit Afrikas zurückzuführen sei, sondern darauf, dass dieses Wirtschaftssystem im Dauerkonflikt stehe mit Afrikas Kultur. [...] Afrika kann erst dann aufblühen, wenn es die Entfremdung und das Abgeschnittensein von seiner eigenen Kultur hinter sich lässt. Natürlich weiß Sarr, wie leicht man sein Pochen auf die afrikanische Tradition und seine Kritik an der Globalisierung als Rückwärtsgewandtheit missverstehen kann, als „identitären Rückzug". Und wie angreifbar er sich bei seinem westlichen Publikum mit seinen Attacken gegen die Postmoderne macht, an die man sich hier eher als eine fröhliche Ära erinnert. Seinem düsteren Bild vom Westen hat man dennoch wenig entgegenzusetzen. Wie auch seinen Zahlen. In einem Vierteljahrhundert wird Afrika ein Viertel der Weltbevölkerung beheimaten. Wer wollte da so überheblich sein, sich über die Emphase zu mokieren, mit der er die Revolution ausruft, an deren Ende Afrika „wieder das spirituelle Zentrum der Welt" sein wird?

Jörg Häntzschel: Essay „Afrotopia". Wege aus dem Neokolonialismus. In: Süddeutsche Zeitung v. 27.01.2019. Unter: www.sueddeutsche.de/kultur/felwine-sarr-neokolonialismus-afrotopia-1.4301691 (Zugriff: 12.02.2020).

C Der ethnopolitische Dauerkonflikt zwischen Indien und Pakistan – eine Folge der Kolonialzeit?

D6

Wurzeln des Kaschmirkonflikts liegen in der Struktur der britischen Herrschaft

Anlässlich erneuter Spannungen zwischen Indien und Pakistan 2019 fasste der Journalist Florian Stark die Ursachen des alten Konflikts zusammen:

Um seinen Auftrag war Cyril Radcliffe[1] wahrlich nicht zu beneiden. Als Vorsitzender der Regierungskommission sollte der britische Anwalt 1947 die Trennlinie festlegen, die Indien von Pakistan scheiden sollte. Für diesen sensiblen Vorgang blieben ihm nur wenige Wochen. Zwar war nach dem Zweiten Weltkrieg festgelegt worden, dass die beiden Dominions[2] des Empire erst 1948 ihre Unabhängigkeit erlangen sollten. Aber der Bürgerkrieg, der längst zwischen Hindus und Muslimen tobte, bewog den britischen Vizekönig[3] Louis Montbatten, den Teilungstermin auf den Juni 1947 vorzuziehen.

Radcliffe und seine Mitarbeiter taten nach Kräften, was sie konnten. Dennoch provozierte das Ergebnis, die Radcliffe-Linie, eine der größten Katastrophen des an Katastrophen wahrlich nicht armen 20. Jahrhunderts. Um die bitter verfeindeten Volksgruppen zu trennen, wurden Bengalen[4] im Osten und der Punjab[5] im Westen geteilt. Das heutige Bangladesch wurde Teil von Pakistan, ebenso nach blutigen Auseinandersetzungen Teile von Punjab und Kaschmir. Da aber Muslime, Hindus und Sikhs bunt durcheinandersiedelten, bedeutete die Teilung die Vertreibung von 20 Millionen Menschen. Mindestens eine Million fanden dabei und in den Kämpfen darum den Tod. Mehrere Kriege und das Aufrüsten Indiens und Pakistans zu Atommächten waren und sind die Folge. […]

Die Wurzeln des Kaschmirkonflikts liegen in der Struktur der britischen Herrschaft in Indien. Weite Teile des Subkontinents wurden von einheimischen Dynastien beherrscht, denen die Kolonialherren die weitgehend autonome Verwaltung ihrer Länder überließen. Nachdem der Führer der Muslimliga, Mohammed Ali Jinnah, sich gegen Mahatma Gandhi mit seiner „Zwei-Nationen-Theorie“ durchgesetzt hatte, nach der Britisch-Indien bei der Unabhängigkeit in einen muslimischen und einen hinduistischen Teil gespalten werden sollte, legte die britische Regierung im Indian Independence Act vom 18. Juli 1947 fest, dass es den alten Fürstenstaaten überlassen sein sollte, welchem Erbe sie sich anschlössen. […]

Hari Singh, der Maharadscha[6] von Kaschmir, setzte auf Zeit und eine Beruhigung der Lage. Sein Ziel war die [eigene] Unabhängigkeit im sensiblen Vierländereck zwischen Pakistan, Indien, China und Afghanistan. Aber Hari Singh hatte die Rechnung ohne die Geschichte gemacht. Im 19. Jahrhundert hatten die Briten das Land in schweren Kämpfen von den Sikhs erobert und eine Hindu-Dynastie an die Macht gebracht[7]. Doch nur im Süden seines Landes bildeten Hari Singhs Glaubensgenossen die Mehrheit. Im Norden lebten neben Sikhs vor allem Muslime, die zwei Drittel der Einwohner Kaschmirs stellten.

Bald eröffneten muslimische […] [Freischärler] von Pakistan aus einen Guerillakrieg gegen den Maharadscha. Der sah sich schließlich gezwungen, seine ehrgeizigen Pläne aufzugeben und Indien um militärische Unterstützung zu bitten; dafür erklärte er im Oktober 1947 den Anschluss an die Indische Union. Seitdem zählten Historiker fünf Kriege zwischen Indien und Pakistan, in denen der Besitz Kaschmirs eine zentrale Rolle gespielt hat.

Florian Stark: Wurzeln des Kaschmirkonflikts liegen in der Struktur der britischen Herrschaft. Die Welt 27.2.2019. www.welt.de/geschichte/article189487113/Kaschmir-Konflikt-Fuenf-blutige-Kriege-zwischen-Indien-und-Pakistan.html (Zugriff 24.11.2020)

1 Cyril Radcliffe (1899–1977): brit. Rechtsanwalt, 1946/47 Vorsitzenden der brit. Regierungskommission zur Festlegung der indisch-pakistanischen Grenze
2 Dominions: selbst verwaltenden Kolonien innerhalb des brit. Kolonialreiches
3 Stellvertreter für den britischen König, entspricht dem Amt eines Gouverneurs
4 Sprachgebiet der Bengali, Region im Nordosten des indischen Subkontinents (politisch heute geteilt zwischen Bangladesch und Indien)
5 Punjab: ehemalige nordwestliche Provinz der Kolonie Britisch-Indien, seit 1947 zwischen Indien und Pakistan geteilt
6 Maharadscha: indisch-hinduistischer Herrschertitel
7 Die Einsetzung von Herrschern aus Minderheiten war verbreitete Praxis der indirekten Kolonialherrschaft, da diese Herrscher meist auf die Rückendeckung der Kolonialmacht angewiesen waren.

D7

Indische Sicht auf die Kolonialzeit

Die indische Journalistin und Publizistin Namrata Kolachalam schrieb am 2. November 2020 in der Zeitschrift „Welt Sichten“:

Rechtssystem, Kastenwesen, Bildung oder Kultur: Überall hat die britische Kolonialherrschaft in Indien tiefe Spuren hinterlassen. Mit den dadurch vertieften sozialen Gegensätzen kämpft das Land bis heute.

Ein bekanntes Sprichwort in Indien lautet: „Die Engländer sind gegangen, aber sie haben uns die englische Kultur dagelassen.“ Es hat auch heute, 73 Jahre nach der Unabhängigkeit, noch seine Gültigkeit – die Nachwirkungen der Kolonialzeit sind im indischen Alltag allgegenwärtig. Angesichts der herausragenden Rolle, die die Briten über Jahrhunderte in Indien gespielt haben, ist das nicht verwunderlich. […]

Die Kolonialzeit hat in Indien in vielen Bereichen tiefe Spuren hinterlassen. Die technikaffine jüngere Generation ist dem Fortschritt zugewandt, muss sich aber zugleich damit auseinandersetzen, dass Jahrhunderte der kolonialen Beeinflussung Indiens eigene Hierarchien im Patriarchat, im Kastensystem und in der Klassengesellschaft verschärft haben. Schon vor den Briten sorgten das Kastensystem und die Religion für große Spannungen in Indien, doch unter ihrer Herrschaft verstärkten sie sich. Das Kastenwesen war vor der Kolonialzeit ein übles Mittel, mit dem Hindus die Gesellschaft kontrollierten. [...] Die Kastenzugehörigkeit wurde auch deshalb zum wichtigsten Merkmal der Identität, weil die britische Verwaltung sie etwa mit ihren Volkszählungen dazu machte.

[...]

Zudem gehen Historiker davon aus, dass die Grundlagen der heutigen Konflikte zwischen Hindus und Muslimen von den Briten geschaffen wurden: Sie schürten bewusst Uneinigkeit, um die Gesellschaft zu kontrollieren. Zwar ist es durchaus möglich, dass sich solche Feindseligkeiten auch ohne die Briten entwickelt hätten. [...] Fachleute sehen das dadurch bestätigt, dass die ersten größeren Zusammenstöße zwischen Hindus und Muslimen in die Zeit der Kolonialherrschaft fallen und ihren Höhepunkt erreichten, als die Briten das Land verließen. Bei der Abtrennung der muslimischen Teile – heute Pakistan und Bangladesch – von Indien im Jahr 1947 starben eine Million Menschen; die Briten hinterließen ein Erbe des Blutvergießens, religiöser Spannungen und der Armut.

Seit der Unabhängigkeit werden die Gründungsväter, die die britische Besatzung beendeten, mit Statuen, Liedern und Gedenktagen gefeiert. Ihre Taten werden ausführlich in der Schule behandelt. [...] Doch damit erfassen die Schüler nicht unbedingt die tiefere Bedeutung dieser historischen Ereignisse. [...] obwohl im Geschichtsunterricht die Schrecken der kolonialen Unterdrückung vorkamen – etwa der Tod von schätzungsweise drei Millionen Menschen in der Hungersnot 1943 in Bengalen, während der die Briten dort Reis für ihre Soldaten beanspruchten –, hätten die Lehrer versucht, ihnen Gutes gegenüberzustellen. Eine typische Frage habe gelautet: „Nenne fünf gute und fünf schlechte Dinge, die die Kolonialzeit Indien gebracht hat."

Viele wissen, dass der britische Kolonialismus Indien die Eisenbahn und eine rasche Industrialisierung beschert hat. Tatsache ist jedoch, dass die Briten den indischen Steuerzahlern für jeden Gleiskilometer das Neunfache dessen an Steuern abverlangten, was die Bürger in den USA aufbringen mussten, und dass die Eisenbahn für den Güterverkehr konzipiert war. Inder mussten in den überfüllten Wagen der dritten Klasse sitzen, während Briten allein in geräumigen Abteilen reisten. [...]

Auch die Kultur des modernen Indiens ist von der Kolonialzeit geprägt – zum Beispiel die Filmindustrie von Bollywood. Der Filmkritiker Karishma Upadhyay bescheinigt ihr einen ausgeprägten Kolorismus: „Die Vorstellung, dass hellere Haut besser als dunkle Haut ist, kommt nur daher, dass wir im Verlauf unserer Geschichte weißen Herren gedient haben. Es ist nahezu ein ungeschriebenes Gesetz, dass Schauspielerinnen hellhäutig sein sollen." [...]

Die wenigsten in Indien würden heute von sich sagen, dass sie sich Gedanken über die koloniale Vergangenheit machen. Andererseits haben die Briten die Saat für Konflikte gelegt, die bis heute andauern. Zwei notorische Beispiele finden sich im indischen Gesetzbuch. Das erste ist Artikel 377, das Gesetz gegen Homosexualität, das in Indien 80 Jahre vor der Unabhängigkeit eingeführt wurde. Im Jahr 2018 erst kippte der Oberste Gerichtshof Indiens in einer wegweisenden Entscheidung dieses Gesetz und entkriminalisierte die Homosexualität. Das zweite ist ein Gesetz gegen Aufruhr, das in Indien seit der Kolonialzeit gilt und viel härter ist als jenes in Großbritannien. Es richtet sich dem Wortlaut nach gegen Personen, die „politische Unzufriedenheit" gegenüber der Regierung zeigen, doch in der Praxis erstickt es Freiheiten wie die Rede-, Versammlungs- und Vereinigungsfreiheit.

Auch mit der Verfestigung des hinduistischen Kastensystems haben die Briten soziale Spaltungen verschärft. Dieses System bewirkt, dass die Angehörigen der niederen Kasten, insbesondere die Dalits, die „Unberührbaren", über Generationen in Armut verharren und der Willkür der Hindus höherer Kasten ausgeliefert bleiben. Progressive und engagierte Inder ließen und lassen sich aber nicht abschrecken, gegen die Ungerechtigkeiten im heutigen Indien zu protestieren.

Einer von Indiens Gründungsvätern, der maßgeblich an der Ausarbeitung der indischen Verfassung beteiligt war, Bhimrao Ramji Ambedkar, war selbst Dalit. Sein Buch „Die Auslöschung des Kastensystems" inspiriert die Kastengegner bis heute. Megha Kshirsagar kämpft für die Rechte der Dalits in Mumbai und spricht leidenschaftlich von ihrer Bewegung, die ein Ende der Kastengesellschaft herbeiführen will. Ihre Organisation Samata Kala Manch setzt sich dafür ein, dass Mitglieder benachteiligter Gruppen – Dalits, Muslime und Adivasi, also indigene Einwohner Indiens – Zugang zu Ausbildung und Teilhabe an der Macht erhalten. Nach dem Vorbild von #BlackLivesMatter hat sich in Indien eine wachsende #DalitLivesMatter-Bewegung entwickelt, die die Aufmerksamkeit auf die brutale Behandlung lenkt, der Dalits oft ausgesetzt sind.

Namrata Kolachalam: Wie Inder auf die Kolonialzeit blicken. Welt Sichten 2.11.2020 Übersetzt von Thomas Wollermann. www.welt-sichten.org/artikel/38279/wie-inder-auf-die-kolonialzeit-blicken (Zugriff 24.11.2020)

D Müssen alle Kolonialdenkmäler und Straßennamen beseitigt werden?

D 8

Stürzt die Denkmäler, um uns zu entkolonialisieren

Die Journalistin Wafaa Al Badry (geb. 1986), kommentierte am 21. Juni 2020 für den Rundfunksender Deutsche Welle die Ereignisse rund um die Black Lives Matter-Bewegung und den institutionalisierten Rassismus in den Gesellschaften der ehemaligen Kolonialmächte:

Die Black Lives Matter-Bewegung hat einen längst überfälligen Prozess angestoßen. Geschichte vergeht nie – aber Statuen für Sklavenhändler und Kolonialherren sind ein Hindernis für Versöhnung […]. […]

Es gibt Menschen, die betrachten es als bildungsfeindlich, irgendein Denkmal zu entfernen. Sie argumentieren, dass diese Personen ja lediglich die Werte ihrer Zeit vertreten hätten.

Aber was ist eigentlich mit den Werten unserer Zeit? Wie stark bestimmt die Vergangenheit unsere Gegenwart? In einer Zeit, in der Schwarze auf der ganzen Welt immer noch leiden, sind diese Statuen – wie auch die nach Rassisten benannten Straßen – mehr als nur Denkmäler: Sie beweisen den Rassisten, dass diejenigen, die Verachtung für andere zeigten, als Stein- oder Bronzefiguren verewigt werden. Schwarze Menschen werden durch sie ständig an die schrecklichen Dinge erinnert, die Rassisten getan haben. Für mich als schwarze Frau ist die Entfernung dieser Symbole des Rassismus zwingend notwendig und hätte schon vor langer Zeit passieren müssen.

Anfang Juni twitterte die amerikanische Archäologin Sarah Parack ihren „heißen Tipp", wie man einen Obelisken zu Fall bringt, und löste damit eine Flut von Kritik aus. Einige warfen ihr vor, die Vernichtung von Geschichte zu fördern. Andere kritisierten, sie lege die gleiche Zerstörungswut an den Tag wie der sogenannte „Islamische Staat".[1]

Doch die Forderung nach dem Abbau dieser Denkmäler des Rassismus ist natürlich nicht das gleiche wie die Zerstörung von Denkmälern durch den IS, der so Angst verbreiten und Menschen terrorisieren wollte. Im Gegenteil – die Demonstranten fordern lediglich, auf die Zurschaustellung von Symbolen der Unterdrückung zu verzichten. Denn auch der Sturz von Denkmälern aus der Kolonialzeit löscht diese Geschichte nicht aus. Vielmehr ist es ein politischer Protest gegen das feierliche Andenken an eine gemeinsame Geschichte und Gegenwart, während eine Seite noch immer unter den Folgen eben dieser Geschichte leidet.

[…]

Diejenigen, die behaupten, das Entfernen von Statuen sei das Auslöschen von Geschichte, übersehen die Tatsache, dass Geschichte stets ein gemeinsames Schicksal ist. Es gibt immer mindestens zwei Seiten – oder sogar noch mehr.

Nehmen Sie die Mohrenstraße[2] an meinem Wohnort Berlin. Eine schwarze Freundin von mir fährt jeden Tag mit der U-Bahn durch die Station „Mohrenstraße". „Mohr" ist das älteste deutsche Wort für Schwarze und hat eine eindeutig negative Konnotation. In der Vergangenheit wurde es gewöhnlich für schwarze Bedienstete verwendet. Meine Freundin sagt, sie fühle sich dadurch beleidigt. Sie fragt: „Warum gibt es diese Namen noch?"

Der Rassismus ist keineswegs Geschichte. Die Wunde ist weiterhin offen; sie ist nie verheilt. Und sie wird nie verheilen, so lange Parks und Universitäten mit den Statuen von Sklavenhändlern und Kolonialisten geschmückt werden. Erst recht dann, wenn wir längst wissen, in welch schreckliche Dinge diese Personen verwickelt waren.

[…] Die sichtbaren Denkmäler für Rassisten, die Epoche der Sklaverei oder der Kolonialzeit sind ein Hindernis für Versöhnung. Denn sie verankern die Vorherrschaft der Weißen im öffentlichen Raum. Ob Denkmäler der Kolonialzeit fallen oder Straßennamen geändert werden müssen, ist nicht allein eine Frage des Geschichtsverständnisses. Beides sind entscheidende Schritte, um anhaltendes Unrecht zu beenden und eine entkolonialisierte Zukunft zu erreichen.

Wafaa Al Badry: Stürzt die Denkmäler, um uns zu entkolonialisieren. Deutsche welle, 21.6.2020. www.dw.com/de/kommentar-st%C3%BCrzt-die-denkm%C3%A4ler-um-uns-zu-entkolonialisieren/a-53865267 (Zugriff 21.11.2020)

1 Islamischer Staat: islamistische Terrororganisation, die 2011–2019 syrische und nordirakische Gebiete kontrollierte und dort u.a. systematisch Kulturgüter der vorislamischen Vergangenheit zerstörte

2 Die Mohrenstraße entstand 1709, hieß zur Zeit der DDR Otto-Grotewohl-Straße und hieß ab 1991 wieder Mohrenstraße. Erst nach über einem Vierteljahrhundert vielfältiger Proteste wurde im August 2020 von der Bezirksverordnetenversammlung Berlin-Mitte der Beschluss gefasst, sie in Anton-Wilhelm-Arno Straße umzubenennen.

Arbeitsvorschläge

Arbeitsvorschläge zum darstellenden Teil

1. Nennen Sie in Stichworten die wichtigsten Problemfelder, mit denen ehemalige Kolonien nach der erlangten Unabhängigkeit zu kämpfen hatten bzw. haben. [I]
2. Untersuchen Sie die Statistik D1 hinsichtlich des Handelsvolumens der größten Industrienationen mit Subsahara-Afrika seit 2000. [II]
3. Erörtern Sie kritisch die Bedeutung des Begriffs der „Entwicklungshilfe". Berücksichtigen Sie dabei, dass seit den 1990er-Jahren zunehmend von Entwicklungszusammenarbeit gesprochen wird. [III]
4. Erklären Sie in eigenen Worten die Merkmale eines „failed state". [II] ●

A Nur noch ein vergangenes Thema für Historiker? – Die langlebigen Folgen des Kolonialismus

5. Arbeiten Sie die Kernaussagen der Darstellung von Nanjala Nyabola (D 3) heraus. [II]
6. Bewerten Sie die dargestellte Problematik, dass in vielen ehemaligen Kolonien bis heute die Sprache der früheren Kolonialmacht die staatliche Amtssprache und wichtigste Gesellschaftssprache geblieben ist. [III]

B Wirtschaftliche Zusammenarbeit – Ein versteckter Neokolonialismus?

7. Analysieren Sie die Karikatur der russischen Zeitung Sputnik Q 1 und beziehen Sie Ihre Erkenntnisse aus Aufgabe 2 mit ein. [II]
8. Beschreiben Sie anhand von D 4 die Rolle ehemaliger Kolonialmächte bei der Entwicklungszusammenarbeit. [I]
9. Fassen Sie die in D 5 skizzierten Auslöser der politischen und wirtschaftlichen Probleme der ehemaligen Kolonien zusammen. [II]
10. Beurteilen Sie die in D 5 skizzierten Lösungsansätze im Vergleich mit den europäischen Initiativen. [III]
11. Zahlreiche internationale Großkonzerne tätigen in ehemaligen Kolonien Geschäfte. Oftmals stehen sie dabei wegen ausbeuterischer Arbeit oder Geschäftsmethoden wie beispielsweise dem „Land Grabbing" in der Kritik. Recherchieren Sie ein geeignetes Beispiel, untersuchen Sie erhobene Vorwürfe und diskutieren Sie anschließend, ob hierbei von Neokolonialismus gesprochen werden kann. [II/III] ○

C Der ethnopolitische Dauerkonflikt zwischen Indien und Pakistan – eine Folge der Kolonialzeit?

12. Erläutern Sie auf Basis Ihres erarbeiteten Vorwissens und der Darstellung von Florian Stark (D 6) die Rolle der britischen Kolonialmacht hinsichtlich des bis heute aktuellen Kaschmir-Konflikts. [II]
13. Stellen Sie die, bis heute andauernden Folgen der britischen Kolonialherrschaft in Indien anhand des Zeitschriftenartikels von Namrata Kolachalam (D 7) in eigenen Worten dar. [II]

D Müssen alle Kolonialdenkmäler und Straßennamen beseitigt werden?

14. Analysieren Sie die Gründe, die die Journalistin Wafaa Al Badry für die Beseitigung kolonialer Spuren wie Straßennamen oder Denkmäler benennt und bewerten Sie ihre Haltung. [II/III]
15. Recherchieren Sie nach bereits vollzogenen oder geforderten Umbenennungen von Straßen oder Plätzen in Ihrer Stadt bzw. Gemeinde und formulieren Sie eine persönliche Stellungnahme zu diesem Vorgang. Beziehen Sie dabei die Diskussion um die Umbenennung der heutigen Anton-Wilhelm Arno-Straße (S. 355) mit ein. [III]

Online- und Differenzierungsmaterialien zu Kapitel 4.4

○ Arbeitshilfen zur Aufgabe 11

● Vertiefungsangebot zur Aufgabe 4
Karten „failed states" (2019) und postkoloniale Konfliktzonen (1989–2019)

Online-Code: u8gu3e

A Formen von Kolonialherrschaft

Protektorat

indirekte Herrschaft über bestehende, lokale Herrschaftsstrukturen

Fürstentümer/Königreiche (Beispiel Indien) basierend auf einer kleinen Verwaltungsstruktur, die über die lokalen Herrscher/Eliten regieren

Plantagen-/Minenkolonie

direkte Herrschaft mittels umfangreicherer kolonialer Verwaltungsstrukturen, ausgerichtet auf Ausbeutung von Rohstoffen/ Anbau von Monokulturen für Bedarf der Kolonialmacht, häufig mit äußerst starkem Einfluss der dort tätigen Unternehmen

Siedlerkolonie

direkte Herrschaft über koloniale Verwaltungsstrukturen mit Ansiedlung Einwanderer (Beispiel Algerien, Australien, Neuseeland, Südafrika, Namibia), brit. Siedlerkolonien oft Entwicklung zur Autonomie (Dominions)

Mandatsgebiet

Herrschaft basierend auf Völkerbundmandat (Auftrag: Kolonie vorbereiten auf Unabhängigkeit)

überwiegend direkte Herrschaft durch Aufbau Mandatsverwaltung, oft Instrumentalisierung lokaler Konflikte

B Entkolonisierung

Widerstand motiviert durch:
- Gewalttaten/Unterdrückung durch Kolonialmacht (Menschenrechte)
- Erfahrungen aus Weltkriegen
- Folgen Weltwirtschaftskrise
- Selbstbestimmungsrecht der Völker (seit 1918)
- Idee des Panafrikanismus
- Idee des Nationalismus und Sozialismus infolge Ausbildung neuer Eliten an europäischen Universitäten

→

Formen der Entkolonisierung:
- schrittweiser Übergang von Autonomie zur Unabhängigkeit (Dominions)
- Unabhängigkeitskriege (Beispiele u.a. Vietnam, Angola, Algerien)
- Volksabstimmung (Beispiel Algerien)
- infolge eines wachsenden zivilen Widerstandes (Streiks, Boykotte, Demonstrationen) werden Kolonialmächte zum Rückzug gezwungen (Beispiel Ghana, Indien)

C Aktuelle Probleme vor dem Hintergrund von Kolonialismus und Dekolonisierung

- lang nachwirkende gesellschaftliche Folgen von Gewalt, Diskriminierung und Ausbeutung während der Kolonialherrschaft
- willkürliche Grenzziehung durch Kolonialstaaten (z. B. Zerteilung bestehender Siedlungsräume)
- Konflikte durch Eingriffe während der Kolonialzeit in gesellschaftliche und soziale Strukturen (gezielte Förderung der Herausbildung neuer ethnischer Identitäten, Instrumentalisierung und Schüren lokaler sozialer Konflikte)
- Strukturprobleme der von den Kolonialherren durchgesetzten Wirtschaftsstruktur (Fokussierung auf Rohstoffabbau, Plantagenwirtschaft mit Monokulturen, Ansiedlung importierter Arbeitskräfte)
- fortdauernder wirtschaftlicher Einfluss ausländischer Großkonzerne (oft aus ehemaligen Kolonialstaaten)
- teilweise Zerfall von unabhängig gewordenen Kolonien („failed state“), war wiederum fruchtbarer Boden für extremistische Ideologien/Bewegungen (religiöser Fundamentalismus)
- schwieriger Umgang mit eigener Vergangenheit in den ehemaligen Kolonialmächten (Eingestehen eigener Kolonialverbrechen, Rückgabe von Beutekunst, Infragestellung/Problematisierung der eigenen kolonialen Erinnerungskultur wie z. B. Straßennamen, Denkmäler etc.)
- Austragungsort für Stellvertreterkriege der Supermächte während des Kalten Krieges
- Fortbestehen von Militärpräsenz der ehemaligen Kolonialmacht (Beispiel Frankreich in Nordafrika)
- durch Kolonialismus herausgebildete rassistische Einstellungen gegenüber Menschen der kolonisierten Gebiete in den Kolonialstaaten

Arbeitsvorschläge

1. Beschreiben Sie mit eigenen Worten die Einflüsse der europäischen Kolonialherrschaft auf die kolonisierte Bevölkerung. [I]
2. Beurteilen Sie die These, dass viele Probleme zahlreicher ehemaliger Kolonien Folge des Kolonialismus sind. [III]
3. Bewerten Sie die These, dass der Kolonialismus unser Denken und Leben heute noch spürbar beeinflusst. [III]
4. Charakterisieren Sie den Begriff Neokolonialismus. [II]

Arbeitsblatt
Selbsteinschätzungsbogen
Kapitel 4
6t4qb8

Sach- und Werturteile als Kern der Reflexionskompetenz fällen und formulieren

Die Arbeit mit Quellen bildet einen wesentlichen Bestandteil des Geschichtsunterrichts. Bei der Analyse einer Quelle – ganz gleich, ob es sich dabei beispielsweise um einen Text, ein Bild, eine Karikatur oder ein Plakat handelt – muss diese zunächst in ihrer Entstehungssituation verstanden und im historischen Kontext verortet werden. Erst dann kann man die Bedeutung der Quelle für die damalige Zeit beurteilen und sie aus unserer heutigen, sich wandelnden Perspektive bewerten.

Ein zentrales Ziel des Geschichtsunterrichts ist also der Erwerb von **Reflexionskompetenz**. Darunter versteht man die **Fähigkeit, reflektierte Urteile**, z. B. über eine historische Person, ein historisches Ereignis oder eine historische Entwicklung, **fällen zu können.**

Definition: Was ist überhaupt ein Urteil?

Ein Urteil ist eine begründete, kritische Stellungnahme zu einer These oder zu einer vorgegebenen oder selbst erarbeiteten Leit- oder Problemfrage. Ein historisches Urteil kann entweder feststellenden oder wertenden Charakter haben (siehe Schaubild).

Hypothese – Fragestellung – Problem

↓ ↓ ↓

Feststellender Charakter		Wertender Charakter
Urteil mit schlüssiger, sachgerechter und transparenter Begründung	**Urteil**	Urteil mit Darlegung der eigenen Position (z. B. Zustimmung, Ablehnung)

Unterscheidung: Welche Arten von reflektierten Urteilen gibt es?

Man unterscheidet grundsätzlich zwei Arten von Urteilen:

historische Sachurteile

Ein **Sachurteil** ist eine Beurteilung bzw. Erklärung von geschichtlichen Handlungen, historischen Ereignissen und Prozessen im historischen Kontext.

Dies geschieht durch eine chronologische und kausale Verknüpfung der Sachinformationen sowie durch die Herstellung eines logischen Sinnzusammenhangs.

Beispiel:
Die Revolution von 1848/49 ist gescheitert, weil der preußische König Friedrich Wilhelm IV. die Krone, die ihm von der Frankfurter Nationalversammlung angetragen wurde, abgelehnt hat.

historische Werturteile

Ein **Werturteil** ist eine Beurteilung bzw. Bewertung von geschichtlichen Handlungen, historischen Ereignissen und Prozessen unter Bezug auf bestimmte Werte, Normen und Maßstäbe.

Ein Werturteil ist also immer auf die Gegenwart des Urteilenden bezogen und bedarf immer eines moralischen, allgemein anerkannten und aktuellen Wertmaßstabes.

Beispiel:
Die Revolution von 1848/49 ist nicht gescheitert, weil sie trotz aller Rückschläge den Beginn der deutschen Demokratiegeschichte darstellt.

Prozess: Wie entsteht ein reflektiertes Urteil?

Um eine Quelle im Spiegel ihrer Entstehungszeit beurteilen und sie aus heutiger Sicht bewerten zu können, kann man sich an folgendem **Dreischritt** orientieren:

1. Sachanalyse	→	2. Sachurteil	→	3. Werturteil
Analyse der Quelle(n) mit Einordnung in den historischen Kontext		Deutung und Interpretation der Quelle(n) in ihrer Entstehungszeit und -situation		Bewertung der Quelle als Beitrag zum Geschichtsbewusstsein

Die drei Schritte sind jedoch nicht immer klar zu trennen: Bei der Sachanalyse einer Textquelle fragen Sie zum Beispiel danach, wer in der Quelle was, wann, zu wem, mit welcher Absicht und unter welchen zeitlichen Rahmenbedingungen sagt. Allein dies verlangt jedoch oft schon eine chronologische und kausale Verknüpfung von Informationen. Ebenso kann ein Sachurteil nicht immer frei von Interessen und Wertungen sein. Ein Werturteil wiederum geht immer von einem fundierten Sachurteil aus und ist allein schon dadurch eng mit ihm verflochten bzw. von ihm durchdrungen.

Beispielhaft für die auch in der Fachwissenschaft nicht immer vorhandene Trennschärfe, insbesondere zwischen Sach- und Werturteil, kann folgendes Urteil des Historikers Götz Aly zum Widerstand im Nationalsozialismus dienen:
„Eben weil so viele Deutsche von den Raubzügen des nationalsozialistischen Deutschland profitierten, entwickelte sich nur marginaler Widerstand [gegen die NS-Regierung].“

Die Aussage enthält streng genommen **zwei Sachurteile**:
1. Der Widerstand im Nationalsozialismus war marginal.
2. Die Erklärung dafür ist, dass viele Deutsche vom Nationalsozialismus profitierten.

Die Aussage enthält aber gleichzeitig auch **ein Werturteil**. Dieses kommt vor allem durch die Wortwahl zum Ausdruck: Die Begriffe „Raubzüge“ und „profitieren“ sind im allgemeinen Sprachgebrauch üblicherweise negativ behaftet. Insofern kann man die Aussage so verstehen, dass der Historiker das Verhalten der überwiegenden Mehrheit der deutschen Bevölkerung, keinen Widerstand gegen die NS-Regierung zu leisten, verurteilt. Dadurch nimmt er zugleich eine Bewertung vor. Und um das Werturteil des Historikers vollständig verstehen und einordnen zu können, benötigen Sie noch weitere Informationen: In welchem Kontext und in welcher Absicht wurde das Urteil verfasst? Daher finden Sie bei den Quellen im Schulbuch immer auch Informationen zum Autor.

Obwohl die Grenzen oftmals fließend sind, gelten bei der Urteilsbildung immer zwei Grundregeln:

1. Ohne Sachanalyse kein Urteil!
→ Einer Urteilsbildung muss immer eine fundierte Sachanalyse von Quellen vorangehen.

2. Ohne Sachurteil kein Werturteil!
→ Einem Werturteil muss immer ein fundiertes Sachurteil vorangehen.

Prozess: Wie entsteht ein historisches Urteil?

Im Geschichtsunterricht sind Sie ständig damit konfrontiert, Urteile zu fällen. Oft werden Sie zum Beispiel am Ende einer Unterrichtsstunde aufgefordert, Ihre Meinung oder Haltung zu einem bestimmten historischen Sachverhalt kundzutun. Das kann **mündlich** (z. B. in einer Diskussion oder Debatte, in einem Partner- oder Gruppengespräch, in einem Rollenspiel oder Interview), aber auch **schriftlich** (z. B. in einer kreativen Aufgabe wie einem Tagebucheintrag, Zeitungsartikel, Brief, Flugblatt, Plakat oder einer Rede) erfolgen.
Darüber hinaus wird auch in **Klassenarbeiten und Klausuren** in bestimmten (Teil-)Aufgaben Ihre Urteilskompetenz abgefragt. Sie ist wesentlicher Teil des dritten und anspruchsvollsten Anforderungsbereiches im Geschichtsunterricht. Typische **Operatoren** für Aufgaben, die ein Urteil von Ihnen verlangen, sind

Überprüfen | Erörtern | Beurteilen | Bewerten

Bei den verschiedenen **Aufgabenformaten** kann es z. B. sein, dass

a) Sie ein vorgegebenes Historikerurteil unter bestimmten Gesichtspunkten bewerten müssen.
b) Sie verschiedene vorgegebene Historikerurteile vergleichend analysieren und bewerten müssen.
c) Sie ein eigenständiges Sach- oder Werturteil verfassen müssen.

Bei allen Aufgabenformaten muss Ihnen bewusst sein, dass Urteile – seien es Historikerurteile oder Ihre eigenen – immer im Spiegel ihrer Entstehungszeit betrachtet und verstanden werden müssen. Denn Urteile sind wandelbar, weil sich auch die Wertmaßstäbe ändern können. Zum Beispiel wurde die Wiedervereinigung von vielen Menschen im Osten Deutschlands im Herbst 1990 ganz anders bewertet als fünf Jahre später oder heute. Entsprechend hat sich auch die Sicht auf die DDR gravierend gewandelt: Während manche sie verklären, wird sie von anderen verdammt – je nach persönlich-biografischen und allgemein-gesellschaftlichen Erfahrungen.

Qualitätsmerkmale: Woran erkennt man ein gelungenes historisches Urteil?

Ein kompetentes historisches Urteil sollte folgende fünf Kriterien erfüllen:

Transparenz | Sachliche Angemessenheit | Schlüssigkeit & Logik | Verständlichkeit & Überzeugung | Reflexivität

Zusammenfassung: Wie ist ein historisches Urteil beschaffen?

Grundlagen	– **Perspektive(n)** offengelegt – **Kriterien** der Beurteilung benannt – ggf. **Wertmaßstäbe** transparent gemacht
Argumentation/ Beweisführung	– Pro- und Kontra-**Argumente** – Erläuterung anhand von **Belegen** und **Beispielen** – **Schlussfolgerungen**
Fazit/Urteil	– **Ergebnis** (z. B. Leit-/Problemfrage beantwortet, These bestätigt oder verworfen, Aussage für gut oder schlecht, richtig oder falsch befunden)

Fallbeispiel: Beurteilung des Scheiterns der Revolution von 1848/49

Q1

Das Frankfurter Kartenhaus
Karikatur aus der „Illustrirte Zeitung" (Leipzig, vom 21. April 1849)
Erklärungen zu Bilddetails: Das Kind links im Bild trägt eine Schirmmütze mit dem Aussehen einer Krone, das Kind rechts einen preußischen Militärhelm. Am 3. April 1849 trug die Delegation der Nationalversammlung dem preußischen König die deutsche Kaiserkrone an.

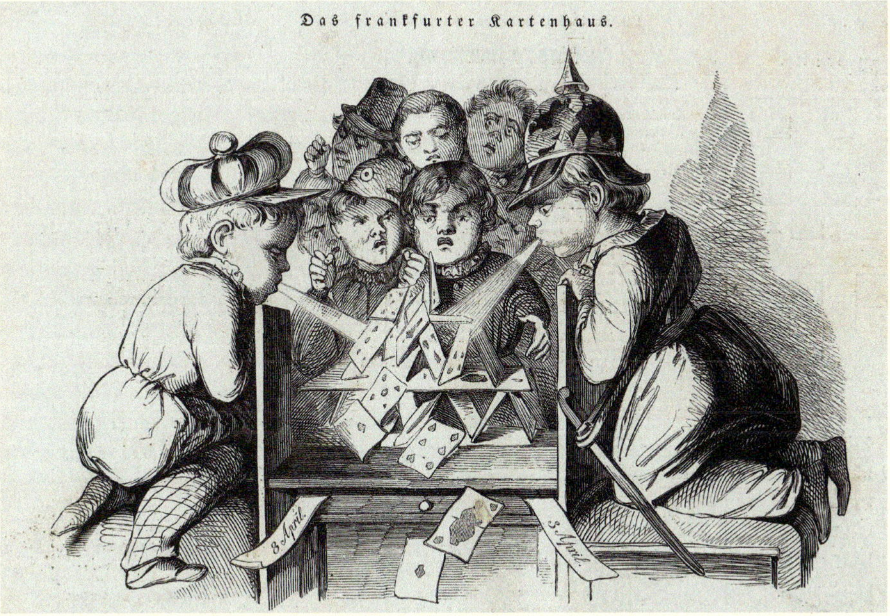

Aufgaben

a) **Analysieren** Sie die Karikatur „Das Frankfurter Kartenhaus".
b) **Beurteilen** Sie die Gesamtaussage der Karikatur und die Aussageabsicht des Karikaturisten.
c) **Erörtern** Sie, ob die Revolution 1848/49 aus heutiger Sicht gescheitert ist.

Die Aufgabe besteht aus drei Teilen, die sich eng an den oben gezeigten **Dreischritt** anlehnen: In Aufgabenteil a) sind Sie zunächst aufgefordert, die vorliegende Karikatur zu analysieren. Dazu gehört nach einem einleitenden Basissatz die Beschreibung der wesentlichen Bildelemente der Karikatur, die Erklärung der abgebildeten Personen und Symbole sowie die Einordnung der Karikatur in den historischen Kontext (→ **Methodentipps zur Analyse einer Karikatur** auf **S. 412**) (= **Sachanalyse**).

In Aufgabenteil b) sollen Sie im Anschluss die Gesamtaussage der Karikatur und die Aussageabsicht des Karikaturisten beurteilen. Dazu müssen Sie einen Perspektivwechsel durchführen und die „Botschaft" der Karikatur sowie die Position des Karikaturisten aus den Zeitumständen heraus verstehen, erklären und deuten (= **Sachurteil**).

In Aufgabenteil c) müssen Sie abschließend Stellung zu der Frage nehmen, ob die Revolution von 1848/49 gescheitert ist. Dazu sammeln Sie zunächst Argumente, die für und gegen die These des Scheiterns sprechen und gelangen zu einer eigenen Schlussfolgerung (= **Sachurteil**). Ein gelungenes historisches Urteil bezieht aber auch den Gedanken mit ein, dass im Zuge der Revolution 1848/49 erstmals auf deutschem Boden demokratische Ideen geäußert wurden. Diesen Befund gilt es dann mit der Tatsache in Bezug zu setzen, dass wir heute in einer Demokratie leben (= **Werturteil**).

Personifizierung und Personalisierung in Karikaturen

Personifizierung

„Darstellung von Geschichte an „namenlosen" handelnden und leidenden Personen und aus der Sicht dieser Person, die immer gesellschaftliche Gruppierungen vertreten"

Klaus Bergmann: Personalisierung im Geschichtsunterricht – Erziehung zu Demokratie? Klett, Stuttgart 1977², S. 299.

Eine **Nationalallegorie** ist eine allegorische Figur, die eine Nation und die ihr zugesprochenen Eigenarten verkörpert. So sie in menschlicher Gestalt erscheint, spricht man von einer nationalen Personifikation. Diese Allegorien können unterschiedliche Formen annehmen.

https://de.wikipedia.org/wiki/Nationalallegorie (Zugriff: 12.8.2019)

Die **Personifikation** ist ein **Stilmittel**, das aus abstrakten oder allgemeinen Dingen Menschen und Personen macht. Die Personifikation ist dabei eine Nebenform der Metapher und ist außerdem stark an die **Allegorie** angelehnt. Die Stilfigur stattet nichtlebende Wesen mit Eigenschaften oder Handlungsweisen aus, die ansonsten nur Lebewesen zugeschrieben werden. Dadurch erhöht die Personifikation die Lebendigkeit und Anschaulichkeit der Sprache.

Jonas Geldschläger: Personifikation. (o.J.). Unter: https://wortwuchs.net/stilmittel/personifikation/ (Zugriff: 12.8.2019).

Q1

Beispiele

Länderbeispiel	Nationale Personifikation	Erkennungsmerkmale
Deutscher Michel (Deutschland) *Ausschnitt deutsche Karikatur 1848*		wird immer mit einer Schlaf- bzw. Zipfelmütze dargestellt
Uncle Sam mit **Weißkopfseeadler** (USA) bzw. **Britannia** mit **Löwe** (Großbritannien) *Ausschnitt aus US-Propagandaplakat 1918* Eine andere Personifizierung Großbritanniens kann die Männerfigur **John Bull** sein. Ein meist als untersetzter Mann mit Zylinderhut in Kniebundhosen und einem Frack dargestellt, regelmäßig auch mit einer Union-Jack-Weste bekleidet.		**Uncle Sam** wird als ein weißer hagerer, älterer Mann mit weißen Haaren und Ziegenbart dargestellt. Er trägt die Nationalfarben der USA: rot-weiß gestreifte lange Hosen und ein dunkelblaues Jackett. Der Zylinder ist häufig mit den „Stars and Stripes" verziert. Die Mimik ist meist ernst. **Britannia** wird üblicherweise als kriegerische Gottheit mit einem tritonischen Dreizack, einem Streitschild mit Union Jack und einem antiken korinthischen Kampfhelm dargestellt.

Länderbeispiel	Nationale Personifikation	Erkennungsmerkmale
Marianne (Frankreich), weitere Personifizierung für Frankreich kann der gallische **Hahn** sein *französische Karikatur 1916*		Die Marianne wird gewöhnlich mit einer roten phrygischen Mütze (mit Kokarde) abgebildet. Meist bleiben eine oder beide Brüste unbedeckt oder sie ist mit der Trikolore bekleidet.
Mütterchen Russland, eine andere Personifizierung Russlands kann der russische **Bär** sein *Ausschnitt aus einem russischem Propagandaplakat von 1917*		Gestalt einer allmächtigen und herrschenden Frau; nach dem russischen Zarenreich im Sowjetkommunismus zur *Mutter Heimat* umgedeutet
Europa symbolisiert von einer Frau mit einem Stier *Ausschnitt aus Titelblatt der Zeitschrift „Der Wahre Jakob" 1913*		Die Europa wird meist zusammen mit dem weißen Zeus-Stier gezeigt. Sie ist dabei entweder leicht bekleidet oder ganz nackt und sitzt rittlings, seitwärts oder halbliegend auf dem Rücken des Stieres.

Personalisierung

„Geschichte wurde so geschrieben, als bestände sie nur aus den Taten ‚großer Männer'. Deren Handlungen, Absichten und Eigenschaften wurden als ausschlaggebend für historische Ereignisse und Veränderungen dargestellt."

Michael Sauer, Geschichte unterrichten. Eine Einführung in die Didaktik und Methodik. 10. Auflage. Kallmeyer, Seelze-Velber, S. 85.

„In der Geschichts- und Politikdidaktik beschreibt Personalisierung die Zuschreibung der Verantwortung für historische und politische Veränderungen oder der Kraft, solche Veränderungen zu bewirken, zu einzelnen, evtl. herausragenden Persönlichkeiten. […] Problematisch wird dies bei „negativen Helden" wie Erich Ludendorff oder besonders Hitler. Dagegen entwickelte Klaus Bergmann das Konzept der „Personifizierung" [s.u.], die als Prinzip für den Geschichtsunterricht fordert, konkrete Menschen in ihrem Handeln im Geschichtsunterricht zu thematisieren, dabei aber den Blick auf die „kleinen Leute", auf möglichst alle relevanten sozialen Gruppen, zu richten."

https://de.wikipedia.org/wiki/Personengeschichte#Personalisierung (Zugriff: 12.8.2019)

Q 2

Beispiele

a) Adolf Hitler und Josef Stalin

b) Otto von Bismarck

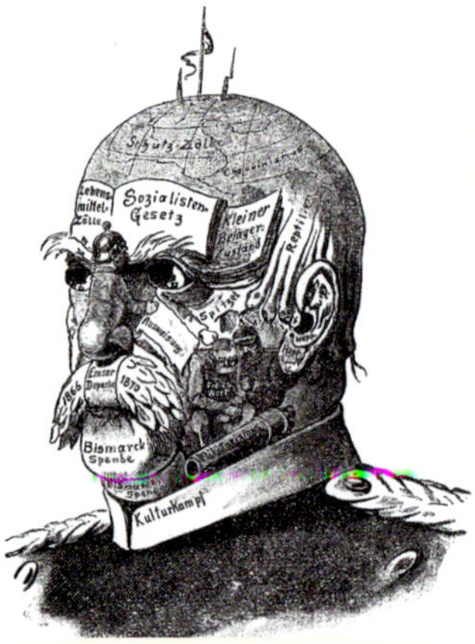

D1

Symbole in Karikaturen
(Tierbeispiele mit gegensätzlichen Symbolgehalten)

Esel	• Versinnbildlichung der Dummheit und Sturheit • Wissen um den Willen Gottes, die Nähe Gottes und die Demut • in der Antike auch Symbol der Fruchtbarkeit
Eule	• in der Antike Symboltier der Göttin Athene • im europäischen Mittelalter später Nachtvogel, der das Tageslicht scheut und unheimliche Schreie ausstößt • Unglücksbringer und Totenvogel, manchmal auch Unterweltsdämon • große Eulen (Uhus) heute meist als Personifizierung der Weisheit und Gelehrsamkeit
Falke	• im europäischen Mittelalter versinnbildlichte Darstellungen mit Jagdfalken: Inbegriff höfischer Lebensart • in der ägyptischen Mythologie: Personifikation von Horus • heute in der Politik: Vertreter eines harten Kurses
Fledermaus	Tier mit vielfältiger Symbolbedeutung: • in Asien: Glück • in Europa: Verkörperung böser Mächte
Hund	• Symbol für Treue und Wachsamkeit • schwarze Hunde versinnbildlichen das Böse und gelten als Begleiter von Hexen
Kröte	• in Europa sind Kröten, ebenso wie Unken, Frösche, Schlangen, Molche und Eidechsen, meist eine Verkörperung des Bösen und Hässlichen • außerhalb von Europa werden Kröten oder Frösche im Zusammenhang von Fruchtbarkeit und Lebenskraft verwendet
Rabe	zwischen Rabe und Krähe wird in der Mythologie und Symbolik nicht unterschieden: • Symbol für Weisheit, Prophezeiungen und Geschwätzigkeit • manchmal Symbol für Bosheit und das Böse an sich, Unglücksbringer („Unglücksrabe")
Schwan	• weißer Schwan gilt als positives Symbol und versinnbildlicht Mut sowie edle Reinheit und Herkunft • Schwanengesang als Ankündigung des nahenden Todes
Schwein	• in der christlichen Kunst Symbol für ungezügelte Wollust, Fruchtbarkeit und Wohlstand • in der jüdischen und muslimischen Kultur Sinnbild des Unreinen

Tipps zur mündlichen Abiturprüfung

Wird die Abiturprüfung im Fach Geschichte mündlich abgelegt, erhält jeder Prüfling in der zwanzigminütigen Vorbereitungszeit Aufgaben zur Bearbeitung. Diese sind aufgrund von Vorschlägen seiner Fachlehrkraft erstellt worden und bewegen sich im Rahmen des Bildungs- und Lehrplans über die Inhalte aller Kurshalbjahre. Ausgenommen sind Schwerpunkte, die schon in einer Klausur abgefragt oder durch den Prüfling in Form einer GFS (Gleichwertige Feststellung von Schülerleistungen) bearbeitet/vorgetragen wurden.
Wichtiger Hinweis: Es handelt sich hier nur um eine mögliche Vorgehensweise! Bitte besprechen Sie mit Ihrer Fachlehrkraft Geschichte, was sie persönlich von Ihnen erwartet und wie ihre eigenen Vorstellungen zum Prüfungsablauf sind. Die folgenden Angaben können nur eine Hilfestellung geben, garantieren aber keine Vollständigkeit. Außerdem bedeutet es nicht, dass Ihre Prüfung genau nach dem angegebenen Schema ablaufen wird.

Tipps zur Vorbereitung auf das mündliche Abitur

1. Lernphase

- Verschaffen Sie sich einen Überblick über die Themen, die in den vergangenen Halbjahren unterrichtet wurden.
- Lesen Sie Zusammenfassungen zu den einzelnen Kapiteln und/oder schauen Sie geeignete Filmdokumente, die Ihnen das Auffrischen schon gelernter Inhalte ermöglichen.
- Machen Sie sich Notizen,
  → welche Fachbegriffe im Unterricht hervorgehoben wurden,
  → welche Themenschwerpunkte im Zentrum standen und
  → welche Informationen sich regelmäßig wiederholt haben, aber dann in einem neuen Kontext erschienen (z. B. Parteienbildungen Mitte des 19. Jahrhunderts, im Kaiserreich, in der Weimarer Republik, NS-Zeit, BRD, DDR).
- Suchen Sie nach Verbindungen der historischen Themen und nach Querverweisen.
- Klären Sie für sich Inhalte, Personen und Fachbegriffe, die Ihnen nicht mehr geläufig sind.
- Strukturieren Sie Ihr Wissen nach Ihrem persönlichen Lernweg:
  Können Sie sich Ereignisse eher zeitlich, geographisch, thematisch, kategorial (Wirtschaft, Politik, Soziales, Kultur…), interessensabhängig … merken?
  Dann markieren Sie z. B. farblich oder nutzen Sie unterschiedliche Farb-/Bildhintergründe für Ihre Stichpunkte (bspw. Industrialisierung auf grauem Hintergrund, Holocaust schwarz, Widerstand weiß, Wiedervereinigung grün…).
- Üben Sie den Umgang mit den unterschiedlichsten Quellenmaterialien, v.a. mit ihren jeweiligen Spezifika (Statistiken, schriftliche Quellen, Plakate, Bilder …).
- Achten Sie in Zeitungen, im Fernsehen, im Internet auf tagesaktuelle Geschehnisse, die einen historischen Hintergrund aufweisen (z. B. 30 Jahre Wiedervereinigung, 40 Jahre Gründung DIE GRÜNEN, 100 Jahre Ende 1. Weltkrieg, Gedenktage …).
- Lernen Sie!!! – und treffen Sie dabei eine „gesunde" Auswahl an Vertiefungen und Allgemeinwissen. Sie können nicht alles so detailreich nachholen, wie Sie es in zwei Jahren (hoffentlich) gelernt haben.

2. Die Vorbereitungszeit

- Nehmen Sie in den Vorbereitungsraum etwas zum Schreiben und Markieren (und ggf. ein Getränk) mit.
- Lassen Sie sich auf das Thema ein und gehen Sie strukturiert vor:
  → Lesen Sie zuerst die Aufgaben und „übersetzen" Sie für sich die Operatoren: *Was muss ich tun (inhaltlich, methodisch)?*
  → Markieren Sie wichtige Begriffe, Zahlen, (Bild-)Elemente – ggf. sogar mit den von Ihnen schon vorab benutzten Farben: *Welche Schlüsselbegriffe (z. B. als Zitat) sollte ich im Vortrag verwenden?*
  → Klären Sie die Elemente: *Wie baue ich meinen Fachwortschatz in die Beantwortung der Fragen ein?*
  → Legen Sie eine Reihenfolge fest: *Was möchte ich wann innerhalb der 10 Minuten sagen? Und wieviel will (und kann) ich jeweils zu den einzelnen Aufgaben sagen?*

→ Achten Sie auf die Anforderungsbereiche: Liegt der Anforderungsbereich III vor, muss ich zuerst die Bereiche I und II abarbeiten (z. B. beim Bewerten erst Formalia klären, dann beschreiben/zusammenfassen, im historischen Kontext klären, ein Sachurteil und schließlich ein Werturteil fällen).

→ Schleusen Sie passende Begriffe/Ereignisse in Ihren Vortrag mit ein. Vielleicht können diese Ihren Prüfer dazu bewegen, genau in diese Richtung im Kolloquium weiter zu fragen: *Wie kann ich also selbst das anschließende Kolloquium mitsteuern?*

→ Bleiben Sie ruhig. Im Idealfall haben Sie alles gemacht, was Ihnen möglich war. Stress und Panik helfen nicht weiter. Atmen Sie durch und bedenken Sie: Zwanzig Minuten gehen sehr schnell vorbei.

3. Das Kolloquium

- Präsentieren Sie zuerst alle Ihre Ergebnisse aus der Vorbereitung: strukturiert, in der geplanten Reihenfolge, unter Beachtung der Ihnen zur Verfügung stehenden Zeit von ca. 10 Minuten und als (problemorientierte) zusammenhängende kontextbezogene Rede.
- Die ersten Kolloquiumsfragen werden sich auf Ihre Aufgaben bzw. auf die Beantwortung der Aufgaben beziehen. Anschließend werden sie erweitert und in größere fachliche und fachübergreifende Zusammenhänge eingeordnet. Kleinliche Detailfragen werden normalerweise nicht gestellt.
- Je mehr Zusammenhänge und historische Vergleiche Sie kennen, je mehr (Fach-)Begriffe vorhanden und richtig angewandt sind, je mehr Sie selbst den Überblick bewahren, desto weniger müssen Sie Angst vor den Fragen haben, die über die Aufgabenstellung hinaus – verpflichtend auf weitere Themen der Bildungs- und Lehrpläne gehend – gestellt werden.
- Selbstverständlich könnten nicht alle der unten angesprochenen Themen im Kolloquium befragt und bearbeitet werden. Je höherwertig Ihre maximal erreichbare Notenpunktzahl erscheint, umso weitläufiger ist normalerweise das Prüfungsgespräch. Je weniger von einem Prüfling „zu holen" ist, umso enger am Aufgabenthema bleibt das Kolloquium. Oder es wechselt sehr schnell in ganz andere Gebiete, falls das bearbeitete Thema nur unzureichend aufbereitet wurde.

4. Beispiel möglicher Kolloquiumverläufe in angrenzende Themengebiete – Ausgangspunkt: Die Reichspogromnacht von 1938.

Mögliche Schienen:
„Machtergreifung"/-übernahme

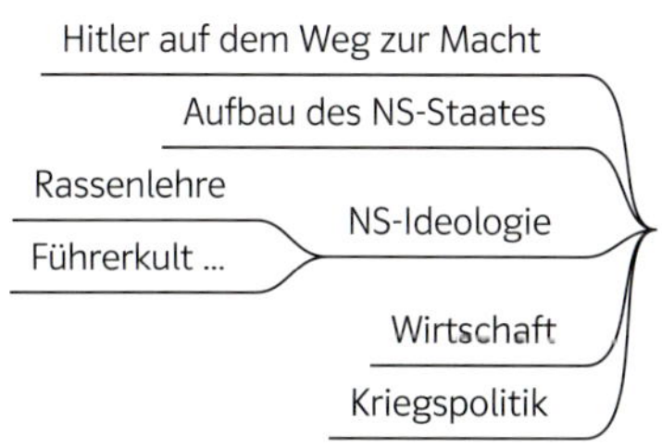

Mögliche Schienen:
Die Judenpolitik in der NS-Zeit

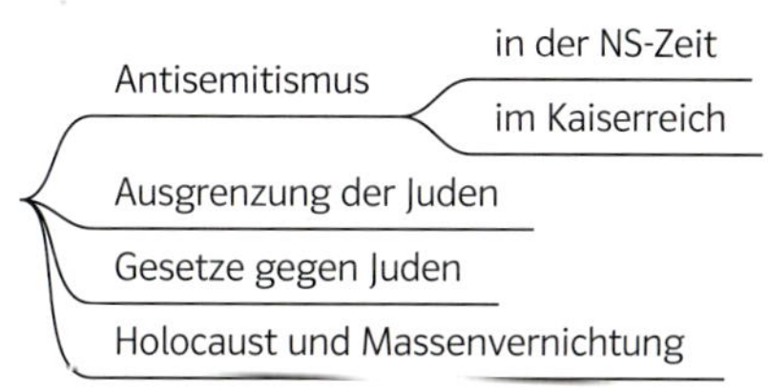

Mögliche Schienen:
Verfolgung „unwerten"/minderwertigen Lebens

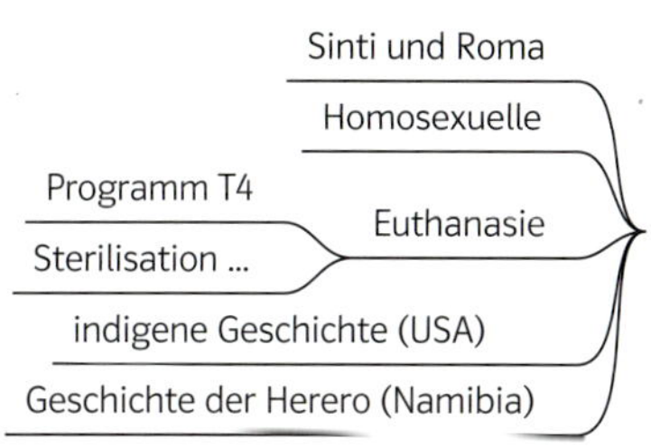

Mögliche Schienen:
Der 9. November in der deutschen Geschichte

Arbeiten mit den Operatoren

Anforderungsbereich I (Reproduktion)

	Operator	Erläuterung	Arbeitsschritte
AFB I	**beschreiben**	historische Sachverhalte unter Beibehaltung des Sinns auf Wesentliches reduzieren	• Identifizieren Sie den historischen Sachverhalt. • Schreiben Sie den betreffenden Sachverhalt in eigenen Worten und logisch verknüpft auf. • Nennen Sie nur die unbedingt notwendigen Fakten. Beschränken Sie Ihre Beschreibung auf das Wesentliche. • Wiederholen Sie sich nicht.
	bezeichnen	historische Sachverhalte, Probleme oder Aussagen erkennen und zutreffend formulieren	• Identifizieren Sie den historischen Sachverhalt/das historische Problem/die historische Aussage. • Schreiben Sie den betreffenden Sachverhalt/das Problem/die Aussage in eigenen Worten und logisch verknüpft auf. • Nennen Sie alle zum Sachverhalt/zur Aussage gehörenden Fakten.
	nennen	zielgerichtet Informationen zusammentragen, ohne diese zu kommentieren	• Identifizieren Sie die in der Aufgabe genannten Informationen im Text anhand ihrer besonderen Merkmale. • Stellen Sie die Informationen zusammen und ordnen Sie sie.

Anforderungsbereich II (Reorganisation und Transfer)

	Operator	Erläuterung	Arbeitsschritte
AFB II	**analysieren**	Materialien oder historische Sachverhalte kriterienorientiert bzw. aspektgeleitet erschließen	• Stellen Sie zu dem Ihnen vorliegenden Material gezielt Fragen nach vorgegebenen oder eigenen Aspekten. • Suchen Sie nach wichtigen Merkmalen bzw. Antworten im Material. • Stellen Sie diese Merkmale bzw. Antworten strukturiert zusammen und legen Sie Ihre Ergebnisse dar. • Arbeiten Sie dadurch Strukturen im Bezug auf die Fragestellung heraus. • Begründen Sie die gewonnenen Ergebnisse gegebenenfalls.
	herausarbeiten	aus Materialien bestimmte historische Sachverhalte herausfinden, die nicht explizit genannt werden, und Zusammenhänge zwischen ihnen herstellen	• Geben Sie den herauszuarbeitenden Sachverhalt kurz wieder. • Suchen Sie die direkt genannten und indirekt angedeuteten im Material enthaltenen Informationen bzw. Aussagen hierzu. • Erläutern Sie die Zusammenhänge, zum Beispiel Intentionen oder politische Grundhaltungen mithilfe Ihres Hintergrundwissens.
	begründen	Aussagen (zum Beispiel Urteil, These, Wertung) durch Argumente stützen, die auf historischen Beispielen und anderen Belegen gründen	• Fassen Sie die zu stützende Aussage kurz zusammen. • Suchen Sie nach wichtigen Merkmalen bzw. Antworten im Material. • Stützen und erläutern Sie diese durch Ihr Hintergrundwissen.
	charakterisieren	historische Sachverhalte in ihren Eigenarten beschreiben und diese dann unter einem bestimmten Gesichtspunkt zusammenfassen	• Nennen Sie den zu charakterisierenden Sachverhalt. • Suchen Sie im Material nach Merkmalen, Eigenarten oder Informationen, die den Sachverhalt beschreiben. • Ordnen Sie diese Merkmale, Eigenarten oder Informationen und fassen Sie sie systematisch unter bestimmten Gesichtspunkten zusammen. • Arbeiten Sie abschließend individuelle typische Wesenszüge des Sachverhalts heraus.
	erklären	historische Sachverhalte durch Wissen und Einsichten in einen Zusammenhang (Theorie, Modell, Regel, Gesetz, Funktionszusammenhang) einordnen und begründen	• Geben Sie den zu erklärenden Sachverhalt und die zugehörigen, im Material enthaltenen Informationen kurz und strukturiert wieder. • Ordnen Sie diesen historischen Sachverhalt durch Ihr Hintergrundwissen in einen Zusammenhang ein. • Begründen Sie, warum Sie den historischen Sachverhalt in diesen Zusammenhang eingeordnet haben. • Erkennen Sie Unterschiede in der Darstellung des Sachverhalts in der Quelle im Verhältnis zu Ihrem Verständnis des Sachverhalts. • Ziehen Sie hieraus Schlüsse über den Aussagewert der Quelle und über ihren Verfasser/ihre Verfasserin.
	erläutern	wie erklären, aber durch zusätzliche Informationen und Beispiele verdeutlichen	• wie Operator „erklären“, zusätzlich: Gestalten Sie Ihre Erläuterung ausführlicher, indem Sie sie mit Beispielen und detaillierter dargelegten Informationen weiter anreichern.

	Operator	Erläuterung	Arbeitsschritte
AFB II	**erstellen**	Sachverhalte visualisieren	• Sachverhalte inhaltlich und methodisch angemessen graphisch darstellen (z. B. Fließdiagramm, Diagramm, Mindmap)
	ein-/zuordnen	einen oder mehrere historische Sachverhalte in einen historischen Zusammenhang stellen	• Nennen Sie den einzuordnenden Sachverhalt und die zugehörigen, im Material enthaltenen Informationen. • Stellen Sie im engeren und weiteren historischen Zusammenhang Ihre Kenntnisse zum Sachverhalt dar. • Zeigen Sie, wie diese Kenntnisse sich zu den im Text gegebenen Informationen verhalten bezüglich Wortwahl, Vollständigkeit, Wertung der Darstellung etc. • Ziehen Sie aus diesem Verhältnis von Ihren Kenntnissen und den Informationen im Text Schlüsse über den Aussagewert der Quelle und über ihren Verfasser/ihre Verfasserin.
	darstellen	historische Sachverhalte wiedergeben und erläutern	• Identifizieren Sie den historischen Sachverhalt. • Schreiben Sie den betreffenden Sachverhalt in eigenen Worten und logisch verknüpft auf.
	vergleichen	auf der Grundlage von Kriterien historische Sachverhalte problembezogen gegenüberstellen, um Gemeinsamkeiten, Unterschiede, Teil-Identitäten, Ähnlichkeiten, Abweichungen oder Gegensätze zu beurteilen	• Geben Sie die zu vergleichenden historischen Sachverhalte wieder. • Nennen Sie die eigenen/vorgegebenen Vergleichsaspekte. • Trennen Sie wesentliche von unwesentlichen Vergleichsaspekten. • Stellen Sie gleiche, ähnliche und unterschiedliche Merkmale der zu vergleichenden Sachverhalte heraus. • Formulieren Sie eine abschließende Einschätzung zum Beispiel zur Vergleichbarkeit der Phänomene, zur Analyseleistung, zur Machbarkeit des Vergleichs.

Anforderungsbereich III (Reflexion und Problemlösung)

	Operator	Erläuterung	Arbeitsschritte
AFB III	**beurteilen**	den Stellenwert historischer Sachverhalte in einem Zusammenhang bestimmen, um ohne persönlichen Wertebezug zu einem begründeten Sachurteil zu gelangen	• Stellen Sie zu dem Ihnen vorliegenden Material gezielt Fragen nach vorgegebenen oder eigenen Kriterien oder Aspekten. • Suchen Sie nach wichtigen Merkmalen bzw. Antworten im Material. • Stellen Sie diese Merkmale bzw. Antworten strukturiert zusammen und legen Sie Ihre gewonnenen Ergebnisse dar. • Arbeiten Sie dadurch Strukturen in Bezug auf die Fragestellung heraus. • Begründen Sie die gewonnenen Ergebnisse gegebenenfalls.

	Operator	Erläuterung	Arbeitsschritte
AFB III	**bewerten**	wie Operator „beurteilen", aber zusätzlich mit Offenlegen und Begründen eigener Wertmaßstäbe, die Pluralität einschließen und zu einem Werturteil führen, das auf den Wertvorstellungen des Grundgesetzes basiert	• wie Operator „beurteilen", zusätzlich: Ordnen Sie den Sachverhalt/die Hypothese etc. in ein ethisches Wertesystem begründend ein. • Treffen Sie eine Unterscheidung zwischen dem Wertesystem der Entstehungszeit des Textes und dem Wertesystem, dem Sie verhaftet sind. • Vertreten Sie eine eigene, nach vorgegebenen oder selbst gewählten, begründeten Normen betont subjektiv formulierte Ansicht.
	entwickeln	gewonnene Analyseergebnisse synthetisieren, um zu einer eigenen Deutung zu gelangen	• Geben Sie den zu diskutierenden Sachverhalt/die Hypothese/die Behauptung/die Meinung/das Urteil/die Wertung sehr kurz wieder. • Geben Sie Ihre zuvor gewonnenen Analyseergebnisse kurz wieder. • Entwickeln Sie eine eigene Bewertung/eigene Kategorien/eigene Begrifflichkeiten, die über das im Unterricht Erarbeitete hinausgehen. • Gründen Sie Ihre Bewertung auf Hintergrundwissen und Forschungsergebnisse zur Problemstellung, wobei eigene und fremde Lösungsansätze deutlich zu kennzeichnen sind.
	erörtern	Argumente zu einer Frage oder einem Problem abwägen und auf dieser Grundlage eine eigene Stellungnahme entwickeln	• Geben Sie den zu diskutierenden Sachverhalt/die Hypothese/die Behauptung/die Meinung/das Urteil/die Wertung sehr kurz wieder. • Geben Sie Ihre zuvor gewonnenen Analyseergebnisse kurz wieder. • Entwickeln Sie eine eigene Bewertung/eigene Kategorien/eigene Begrifflichkeiten, die über das im Unterricht Erarbeitete hinausgehen. • Gründen Sie Ihre Bewertung auf Hintergrundwissen und Forschungsergebnisse zur Problemstellung, wobei eigene und fremde Lösungsansätze deutlich zu kennzeichnen sind.
	gestalten	sich mit einem historischen Problem auseinandersetzen, indem (ggf. in einer historischen Rolle) eine Strategie, eine Beratungsskizze, ein Szenario oder ein Modell entworfen wird	• Identifizieren Sie den historischen Sachverhalt und die historische Problemstellung und verdeutlichen Sie diese anhand unterschiedlicher gestalterischer Mittel.
	überprüfen	Aussagen (Hypothesen, Behauptungen, Urteile) an historischen Sachverhalten auf ihre Angemessenheit hin untersuchen	• Geben Sie die zu prüfenden Aussagen kurz wieder. • Prüfen Sie die Aussagen kritisch auf innere Logik und auf der Grundlage Ihrer historischen Kenntnisse. • Nennen Sie die von Ihnen herangezogenen Kriterien zur sachlichen Beurteilung. • Treffen Sie Aussagen über die Richtigkeit, Angemessenheit, Wahrscheinlichkeit, Zumutbarkeit, Anwendbarkeit der Aussagen. • Formulieren Sie abschließend eine in der Sache objektive und begründete Ansicht zu dem Sachverhalt/der Hypothese usw

Arbeitsschritte zur Interpretation von Karikaturen

Analyse	**Erschließung des Themas sowie der formalen Aspekte** 1. Welcher **darstellerische Karikaturentyp** ist zu sehen (Sachkarikatur, personale Typenkarikatur, personale Individualkarikatur)? 2. Welcher **inhaltliche Karikaturentyp** ist zu sehen (Ereignis-, Prozess-, Zustandskarikatur)? 3. Wer ist der **Urheber** bzw. der **Auftraggeber**? Was ist über diesen/diese bekannt? 4. Was ist das **Thema** der Karikatur? Wie lautet der **Titel** bzw. **Untertitel**? 5. In welchen **historischen Kontext** lässt sich die Karikatur einordnen? 6. Wer ist der **Adressat** bzw. sind die **Adressaten**? **Erschließung des Inhalts und der verwendeten Darstellungsmittel** 1. Welche **Bildelemente** sind zu erkennen (Personen, Orte, Gegenstände, Details, Schrift) und wie sind diese dargestellt (Mimik, Gestik, Kleidung, Symbole)? 2. Für welche Elemente der **Bildgestaltung** hat sich der Urheber entschieden? 3. Welche **Darstellungsmittel** wurden verwendet: Zitate, Metaphern (gezeichnete Vergleiche), Personifizierungen (Vermenschlichung einer Idee oder Sache), Allegorien (personifizierende oder gegenständliche Darstellung eines abstrakten Sachverhalts), Hyperbeln (Übertreibungen)?
Erläuterung	**Deutung der Aussage im historischen Kontext** 1. Welches **Problem** wird in der Karikatur dargestellt bzw. welcher **Widerspruch** wird in ihr aufgedeckt? 2. Welche Bedeutung haben der **Titel** bzw. der **Untertitel** sowie die **Schriftelemente**? 3. Wie ist das **Umfeld des Erscheinens** (Flugblatt, Zeitung usw.) zu bewerten? 4. Welche **Aussagen** transportieren die Bildelemente und Gestaltungselemente? 5. Welchem **politisch-ideologischen Standpunkt** lässt sich der Inhalt der Karikatur zuordnen? 6. Was war die **Botschaft** des Urhebers bzw. Auftraggebers? Welcher **Eindruck** sollte beim zeitgenössischen Betrachter erzielt werden? 7. Ist ein Vergleich mit anderen bildlichen und textlichen Quellen möglich und wenn ja, mit welchen?
Beurteilung	**Abgabe eines begründeten persönlichen Werturteils** 1. Ist die Karikatur **repräsentativ für ihre Zeit** und anhand welcher **Kriterien** lässt sich das beurteilen? 2. Gelingt dem Urheber mithilfe der verwendeten Darstellungsmittel die Vermittlung seiner **intendierten Botschaft** an die Adressaten? 3. Verfassen Sie aus heutiger Sicht ein begründetes **Werturteil** zur Darstellungsweise des karikierten historischen Sachverhalts.

Arbeitsschritte zur Interpretation von Bildquellen

Analyse	**Erschließung des Themas sowie der formalen Aspekte** 1. Um welche **Gattung** bzw. **Art** von Bild handelt es sich (Gemälde, Fotografie, Lithografie, Zeichnung, Holzschnitt usw.)? 2. Wer ist der **Urheber** bzw. der **Auftraggeber**? Was ist über diesen/diese bekannt? 3. Was ist das **Thema** des Bildes? Wie lautet der **Titel**? 4. In welchen **historischen Kontext** (Epoche, Ereignis, Prozess, Konflikt) lässt sich das Bild einordnen? 5. Wer ist der **Adressat** bzw. sind die **Adressaten** (Volk, Privatperson, Gruppe, Öffentlichkeit, Machthaber, Nachwelt, Institution)? 6. Handelt es sich um ein **Einzelbild** oder um den Bestandteil einer **Bildreihe**? **Erschließung der Inhalte und der verwendeten Darstellungsmittel** 1. Welche **Bildelemente** sind zu erkennen (Personen, Orte, Gegenstände, Landschaften, Symbole) und wie sind diese dargestellt (Mimik, Gestik, Kleidung)? 2. Für welche Elemente der **Bildgestaltung** (Bildkomposition, Proportionen, Perspektive, Beziehungen der Elemente untereinander, Farbgebung, Kontraste, Lichtführung, Linien, Raum, Einstellung, Ausschnitt, Schrift) hat sich der Urheber entschieden? 3. Gab es spätere **Veränderungen** oder **Manipulationen** (Retuschen, Verfälschungen, Beschnitt) und wenn ja, welche?
Erläuterung	**Deutung der Aussage im historischen Kontext** 1. Welche **Aussagen** transportieren die **Bild-** und die **Gestaltungselemente**? 2. Welche **Funktion** hatte das Bild (didaktisch, religiös, aufklärend, dokumentarisch, propagandistisch usw.)? 3. Was war die **Intention** des Urhebers? Welcher **Eindruck** sollte beim zeitgenössischen Betrachter erzielt werden? 4. Ist ein Vergleich mit anderen bildlichen und textlichen Quellen möglich und wenn ja, mit welchen? 5. Welche Rolle muss der **Entstehungszeit** des Bildes zugemessen werden?
Beurteilung	**Abgabe eines begründeten Werturteils** 1. Ist das Bild **repräsentativ** für seine Zeit und anhand welcher **Kriterien** lässt sich das beurteilen? 2. Ist die Wiedergabe des **historischen Sachverhalts** durch das Bild annähernd realistisch oder künstlerisch frei und anhand welcher Kriterien lässt sich das beurteilen? 3. Verfassen Sie aus heutiger Sicht ein begründetes Werturteil zur Darstellung des gezeigten historischen Sachverhalts.

Arbeitsschritte zur Interpretation von Darstellungen

Analyse	**Erschließung des Themas sowie der formalen Aspekte** 1. Um welche **Darstellungsart** handelt es sich (fachwissenschaftliche oder populärwissenschaftliche Darstellung)? 2. Wer ist der **Verfasser** der Darstellung und was ist über diesen bekannt? 3. Was ist das Thema der Darstellung? 4. In welchen **historischen Kontext** (Epoche, Ereignis, Prozess, Konflikt) lässt sich die Darstellung einordnen? 5. Wer ist der **Adressat** bzw. sind die **Adressaten** (Fachpublikum oder interessierte Laien/Schüler)? **Erschließung des Inhalts und der verwendeten Darstellungsmittel** 1. Benennen Sie interpretations- und wertungsfrei und in **Sinnabschnitte** gegliedert die zentralen **inhaltlichen Aspekte** und **Argumente** der Darstellung. 2. Benennen Sie (falls vorhanden) die im Text formulierte **Aussageabsicht** des Verfassers. 3. Mit welchen **Quellen/Belegen** stützt der Verfasser seine Argumente? 4. Benennen und erläutern Sie (falls vorhanden) die **Schlüsselbegriffe** der Darstellung. 5. Welcher **Art von Sprache** bedient sich der Verfasser und welche rhetorischen Mittel setzt er ein?
Erläuterung	**Deutung der Aussage im historischen Kontext** 1. Welche Rolle muss der **Entstehungszeit** der Darstellung zugemessen werden? 2. Welche **Bedeutung** haben die Art der Sprache und die rhetorischen Mittel? 3. Welche **Funktion** hatte der Text (didaktisch, religiös, aufklärend, sozial, rechtlich, propagandistisch)? 4. Wie ist die **Intention** des Verfassers im historischen Kontext zu verstehen? 5. Ist ein **Vergleich** mit anderen Darstellungen möglich und wenn ja, mit welchen?
Beurteilung	**Abgabe eines begründeten persönlichen Werturteils** 1. Sind die vom Verfasser hinzugezogenen Quellen angemessen und anhand welcher **Kriterien** lässt sich das beurteilen? 2. Wie verhält es sich mit der **Objektivität** des Verfassers? 3. Ist die Wiedergabe des historischen Sachverhalts durch die Darstellung aus heutiger Sicht sachlich angemessen und anhand welcher Kriterien lässt sich das beurteilen? 4. Verfassen Sie aus heutiger Sicht ein **begründetes Werturteil** zur Darstellung des geschilderten historischen Sachverhalts.

Arbeitsschritte zur Interpretation von Karten

Analyse	**Erschließung des Themas sowie der formalen Aspekte** 1. Um welche **Kartenart** handelt es sich (historische Karte, Geschichtskarte, statisch, dynamisch, topografisch, thematisch, einfach, komplex)? 2. Wer ist der **Verfasser** der Karte und was ist über diesen bekannt? 3. Lassen sich technische Besonderheiten der Herstellung (Gravur, Lithografie, Kolorierung etc.) erkennen? 4. In welchem **Rahmen** ist die Karte veröffentlicht? In welchem **Umfeld** steht sie? 5. Was ist das **Thema** der Karte? Wie lautet der **Titel** bzw. **Untertitel**? 6. In welchen **historischen Kontext** (Epoche, Ereignis, Prozess, Konflikt) lässt sich die Karte einordnen? 7. Wer ist der **Adressat** bzw. sind die **Adressaten**? Wie bekamen oder bekommen sie Zugang zu der Karte? **Erschließung des Inhalts und der verwendeten Darstellungsmittel** 1. Welcher **geografische Raum** ist auf der Karte dargestellt? 2. Welchen **Zeitpunkt** bzw. welchen **Zeitraum** stellt die Karte dar? 3. Aus welchen **Kartenschichten** (topografische Basisdaten, Ländergrenzen, Städte; thematische Details: Rohstoffe, Schlachten, Entdeckungsfahrten usw.) besteht die Karte? 4. Was bedeuten die in der Legende angegebenen **Farben** und **Symbole**?
Erläuterung	**Deutung der Aussage im historischen Kontext** 1. Welche **Einzelinformationen** lassen sich der Karte entnehmen? 2. Welche **Beziehungen** bestehen zwischen diesen Einzelinformationen? 3. Welche **Ursachen**, **Entwicklungen** und **Folgen** lassen sich aus der Karte ablesen? 4. Was war bzw. ist die **Botschaft** des Verfassers? Welcher **Eindruck** sollte bzw. soll beim Betrachter erzielt werden? 5. Welche Rolle muss der **Entstehungszeit** der Karte zugemessen werden? 6. Welche **Funktion** hatte oder hat die Karte in ihrem historischen Kontext?
Beurteilung	**Abgabe eines begründeten Werturteils** 1. Welche **Schlüsse (Hypothesen)** lassen sich aus der Karte ziehen? 2. Wo liegen die **Grenzen der Aussagefähigkeit** der Karte? 3. Welche kartografischen Informationen fehlen? 4. Welche Aspekte (thematisch, quantitativ, chronologisch, räumlich) fehlen? 5. Wie könnte man die Aussagekraft der Karte verbessern?

Arbeitsschritte zur Interpretation von Textquellen

Analyse	**Erschließung des Themas sowie der formalen Aspekte** 1. Um welche **Textart** handelt es sich (Rede, Gesetz, Tagebucheintrag, Vertrag, Urkunde, Biografie, Akte, Zeitungsartikel, Inschrift, Brief usw.)? 2. Wer ist der **Verfasser** der Quelle und was ist über diesen bekannt? 3. Was ist das **Thema** der Quelle? 4. In welchen **historischen Kontext** (Epoche, Ereignis, Prozess, Konflikt) lässt sich die Quelle einordnen? 5. Wer ist der **Adressat** bzw. sind die Adressaten (Volk, Privatperson, Gruppe, Öffentlichkeit, Machthaber, Nachwelt, Institution usw.)? **Erschließung des Inhalts und der verwendeten Darstellungsmittel** 1. Benennen Sie interpretations- und wertungsfrei und nach Sinnabschnitten gegliedert die **zentralen inhaltlichen Aspekte** und **Argumente** der Quelle. 2. Benennen Sie (falls vorhanden) die im Text formulierte **Aussageabsicht** des Verfassers/Redners. 3. Benennen und erläutern Sie (falls vorhanden) die **Schlüsselbegriffe** der Quelle. 4. Welcher **Art von Sprache** bedient sich der Verfasser (sachlich, polemisch, appellativ, argumentativ, manipulierend usw.) und **welche rhetorischen Mittel** (Metaphern, Antithesen, Anaphern, Tautologien usw.) setzt er ein?
Erläuterung	**Deutung der Aussage im historischen Kontext** 1. Welche Rolle muss der **Entstehungszeit der Quelle** zugemessen werden? 2. Welche **Bedeutung** haben die Art der Sprache und die rhetorischen Mittel? 3. Welche **Funktion** hatte der Text (didaktisch, religiös, aufklärend, sozial, rechtlich, propagandistisch)? 4. Wie ist die **Intention** des Verfassers im historischen Kontext zu verstehen? 5. Ist ein **Vergleich** mit anderen textlichen oder bildlichen Quellen möglich und wenn ja, mit welchen?
Beurteilung	**Abgabe eines begründeten Urteils** 1. Handelt es sich um eine **historisch authentische Quelle** und anhand welcher Kriterien lässt sich das beurteilen? 2. Wie verhält es sich mit der **Glaubwürdigkeit des Verfassers**? 3. Ist die **Wiedergabe** des historischen Sachverhalts durch den Text aus heutiger Sicht sachlich angemessen und anhand welcher Kriterien lässt sich das beurteilen? (Sachurteil) 4. Verfassen Sie aus heutiger Sicht ein **begründetes Werturteil** zur Darstellung des geschilderten historischen Sachverhalts.

Verfahren zur Perspektivenübernahme

Tagebucheintrag	Gegenüber der Situationsbeschreibung steht die Kommentierung aus ganz persönlicher Sicht im Vordergrund. Sie äußern sich über ein Geschehnis, das Sie erlebt haben, über die Begegnung mit einer Person, die Sie beeindruckt hat, oder über Ihre persönliche Lage und Befindlichkeit.
Brief	Sie berichten einem Ihnen zumeist bekannten, vielleicht vertrauten Adressaten über ein Ereignis, einen Sachverhalt oder eine fremde Position und nehmen dazu Stellung. Der Adressat muss sowohl Ihre Wiedergabe als auch Ihre Beurteilung ohne weitere Informationen nachvollziehen können. In einem öffentlichen Brief nehmen Sie zu einer aktuellen Frage pointiert Stellung. In einem Leserbrief formulieren Sie aus persönlicher Perspektive und auf der Basis eigener Erfahrung Ihre Meinung zu einem Thema, über das in der betreffenden Zeitung berichtet worden ist oder das in der öffentlichen Diskussion steht.
Zeitungsartikel	Vor allem Leitartikel und Kommentar sind von Interesse. Hierbei handelt es sich um Meinungsartikel: Sie beurteilen ein Ereignis, einen Sachverhalt oder eine fremde Position; dabei richten Sie sich an ein weites Publikum, das Sie argumentativ und rhetorisch zu überzeugen versuchen. Besonderes Augenmerk müssen Sie auf die Formulierung von Schlagzeile, Dachzeile (zweite Überschrift unter der Schlagzeile) und Vorspann (kurzer, fett gesetzter Einleitungstext, der das Wesentliche knapp zusammenfasst) richten; hier werden die Deutungsrichtung und Wirkungsabsicht des Textes signalisiert.
Rede	Sie formulieren ein bestimmtes – politisches, soziales, über das Geschlecht begründetes – Interesse einer Person. Die Argumentation ist stärker zielgerichtet als beim Zeitungsartikel, der Einsatz der (auf den mündlichen Vortrag ausgerichteten) Rhetorik ausgeprägter. Sie sollten die Rede auch halten.
Flugblatt	Sie verdichten eine Position, eine Meinung auf wenige eingängige Schlagwörter. Ein Flugblatt zielt auf öffentliche Wirksamkeit ab. Dazu gehört auch eine funktionale Gestaltung.
Plakat	Wie ein Flugblatt, allerdings in einem größeren Format und in der Regel stärker bildorientiert. Es geht um die funktionale Verknüpfung von Text, Bild und Grafik, die der wirkungsvollen öffentlichen Vermittlung einer Botschaft dienen soll.
Interview	In Form des fingierten Interviews können historisch Handelnde, Beteiligte oder Augenzeugen in konzentrierter und leicht verständlicher Form Auskunft über ihre Beweggründe, Erlebnisse und Meinungen geben. Sie müssen dafür sowohl Fragen als auch Antworten entwerfen.
Reportage	Persönlich gefärbter Bericht, der auf eigenen Beobachtungen und Recherchen zu einem Thema beruht. Allgemeine Informationen werden mit konkreten Beispielen, Äußerungen von Handelnden oder Betroffenen und subjektiven Eindrücken verbunden. Dabei können Sie sehr gut auch Fotos einbeziehen.

Begriffsglossar

Aachener Kongress → 20
Zusammentreffen der Monarchen/Regierungschefs von Österreich, Preußen, Russland, Frankreich und Großbritannien vom 29.09.–21.11.1818 in Aachen. Sie berieten Maßnahmen zur Bekämpfung revolutionär-demokratischer Bewegungen in Europa.

Abessinien → 195, 220
in Europa gebräuchliche Bezeichnung für das ostafrikanische Kaiserreich Äthiopien.

Annexionen → 184
mittels (Friedens)Verträge durchgesetzte Aneignung von Territorien anderer Staaten

Antibolschewismus → 152
Der Begriff entstand nach dem erfolgreichen Putsch der Bolschewiki in der Oktoberrevolution 1917 in Russland. Er bezeichnet die radikale Ablehnung der sozialistischen und kommunistischen Ideologie. Im Nationalsozialismus entwickelte er sich zu einem sehr flexiblen, offenen Kampfbegriff, der oft mit dem Adjektiv jüdisch kombiniert wurde.

Antiindividualismus → 121
Ablehnung individualistischer Werte und Normen für eine Gesellschaft

Antikominternpakt → 194
1919 gründete sich ein Zusammenschluss sozialistischer Parteien mit dem Ziel, eine weltweite proletarische Revolution durchzusetzen. Die Komintern wurde bald von der UdSSR kontrolliert. 1936 schlossen Japan und das Deutsche Reich ein Bündnis zur Bekämpfung der Komintern. Diesem Pakt traten später u. a. auch Italien, Ungarn und Spanien bei.

Antiliberalismus → 152
Ablehnung freien, selbstbestimmten und selbstverantwortlichen Handelns

Antipluralismus → 121
Ablehnung einer Vielfalt von Parteien und Organisationen und politischen und gesellschaftlichen Entscheidungsprozessen bzw. von der Koexistenz verschiedener Interessen und Lebensstile

Antisemitismus → 89
Bezeichnung für die pauschale Ablehnung von Mitgliedern der jüdischen Glaubensgemeinschaft. Im Unterschied zum Antijudaismus definierte sich der moderne Antisemitismus im Laufe des 19. Jh. zunehmend durch eine nicht allein religiöse, sondern auch ethnische und sozioökonomische Judenfeindschaft. Diese Entwicklung vollzog sich u. a. parallel zur Herausbildung des modernen Nationalismus.
Im Geiste des → Sozialdarwinismus wurden Juden oft als „minderwertige" oder gar „schädliche Rasse" definiert, die angeblich eine Gefahr für die eigene Nation darstellen würden.

Appeasement-Politik → 195
appease = beschwichtigen, politisches Schlagwort für die Politik des wiederholten Nachgebens der brit. und frz. Regierung gegenüber dem NS-Regime vor dem Zweiten Weltkrieg.

Arabischer Frühling → 10
Sammelbegriff für Aufstände und Revolutionen in der arabischen Welt ab 2010, die u. a. zum Sturz der Staatsoberhäupter in Tunesien und Ägypten führten, in Syrien allerdings in einen Bürgerkrieg mündeten.

Arbeiterbewegung → 66, 118
Begriff für soziale Massenbewegungen des Proletariats zur Verbesserung seiner sozialen Lebens- und Arbeitsbedingungen sowie zur Durchsetzung politischer Rechte

Arbeitslosenversicherung → 142
Erst 1927 wurde in Deutschland eine staatliche Arbeitslosenversicherung eingeführt (kalkuliert mit staatlichen Eigenmitteln bis max. 1,4 Mio. Erwerbslose). Zuvor gab es nur verschiedene Formen von Erwerbslosenfürsorge der Gemeinden.

Arbeitssuchende → 263
Bezeichnung für Menschen, die beim Arbeitsamt als arbeitslos gemeldet und damit als arbeitssuchend registriert sind. Der Begriff beinhaltet nicht die Gesamtzahl der Erwerbslosen, z. B. verheiratete Frauen, die als Hausfrau zu Hause blieben bzw. nach dem früheren bundesdeutschen Recht nicht die Arbeitserlaubnis durch den Ehemann besaßen.

„Asoziale" → 173, 203
Begriff des NS-Sprachgebrauchs für Personen oder soziale Gruppen, die als „minderwertig" angesehen wurden. Hunderttausende wurden vom NS-Staat als kriminell eingestuft und in KZs eingewiesen. Der Begriff wurde auch von den Nachkriegsgenerationen weitergeführt.

Atlantik-Charta → 197
gemeinsame Erklärung der britischen und US-amerikanischen Regierungschefs am 14. August 1941 bzgl. gemeinsamer Grundsätze in ihrer internationalen Politik, abgeschlossen auf einem Kriegsschiff auf dem Atlantik

autofreie Sonntage → 304
staatlich verordnete Fahrverbote an ausgewählten Sonntagen infolge von Erdölengpässen in der Schweiz (1956 und 1973) sowie Österreich und der Bundesrepublik Deutschland (1973)

Bauernbefreiung → 64
Prozess der Ablösung der Bauern von ihren persönlichen Verpflichtungen, die diese gegenüber ihren Grundherren besaßen. In den deutschen Staaten fand dieser Prozess zwischen Ende des 18. bis Mitte des 19. Jh. statt. Initialzündungen für diese Reformen waren u. a. die Revolutionen 1789, 1830 und 1848.

Bill of Rights → 110
„Gesetzesvorlage der Rechte", Dokument des Jahres 1689, in dem die Rechte des britischen Parlaments gegenüber dem Königtum festgeschrieben wurden

Bipolarität → 254
Ausdruck für die machtpolitische und ideologische Spaltung großer Teile der Welt in zwei Bündnisse (NATO und Warschauer Pakt) während des → Kalten Krieges

Blockbildung → 253
Bezeichnung für die Herausbildung einer „westlichen" Gemeinschaft von Staaten unter Führung der USA und einer konkurrierenden „östlichen" Gemeinschaft unter Führung der UdSSR im → Kalten Krieg. Daneben entstand eine lose Gemeinschaft von sog. Blockfreien, die sich bewusst keinem der beiden Machtblöcke anschließen wollten.

Boom → 263
Synonym für Hochkonjunktur

Bourgeoisie → **65**
Begriff für „Bürgertum", im Marxismus Bezeichnung für die „herrschende Klasse" als Gegner der „arbeitenden Klasse", dort als Synonym für Ausbeuter oder Kapitalist verwendet

Britische Seeblockade → **133**
Ende 1914 hatte Großbritannien völkerrechtswidrig begonnen, eine Handelsblockade in der Nordsee und im Mittelmeer einzurichten. Das von Rohstoff- und Nahrungsmittelimporten abhängige Deutschland bzw. seine Verbündeten gerieten dadurch zunehmend in Versorgungsschwierigkeiten. Deutschland reagierte mit einem U-Boot-Krieg gegen alliierte Handelsschiffe. Die Blockade wurde auch 1919 bis zur Unterzeichnung des Friedensvertrages aufrechterhalten.

Buchgeld → **342**
Geld, welches allein digital mittels Überweisung verwendet (verbucht) werden kann

Charta 77 → **289**
ein im Jahr 1977 von tschechoslowakischen Intellektuellen veröffentlichtes Memorandum, in dem Menschenrechtsverletzungen in der → Tschechoslowakei angeprangert wurden

Chinesische Revolution → **10**
In der sog. Xinhai-Revolution 1911/12 wurde das über 2000 Jahre alte chinesische Kaisertum gestürzt und eine chinesische Republik gegründet.

Dekolonialisierung → **27**
Der Begriff bezeichnet a) den Prozess der Ablösung der europäischen und US-amerikanischen Kolonialherrschaft sowie b) die soziale, wirtschaftliche und kulturelle Entwicklung der nun formell unabhängig gewordenen Territorien.

Demontage → **263**
Abbau von Industrieanlagen (Maschinen, Fabriken) und Verkehrseinrichtungen (z. B. Eisenbahnschienen) als Kriegswiedergutmachung

Depression ab 1873 → **119**
Die aufgrund eines großen Crashs an der Wiener Börse von 1873 einsetzende und bis 1896 dauernde Verlangsamung des Wirtschaftswachstums europäischer Industriestaaten.

Deregulierungsprozesse → **305**
Abbau von staatlichen Eingriffen in den Wirtschaftskreislauf, z. B. beim staatlichen Monopol der Deutschen Bahn (Bahnverkehr) oder der Deutschen Post (Postversand und Telekommunikation)

Displaced Persons → **247**
1943 entstandener Begriff für Zivilpersonen, die sich kriegsbedingt in einem anderen Land aufhielten und nicht aus eigenen Kräften heraus in ihre Heimat zurückkehren konnten.

Einigungsvertrag → **323**
Vertrag vom 31.08.1990 zwischen den beiden dt. Staaten über die Auflösung der DDR und deren Beitritt zur BRD zum 03.10.1990 auf Basis des Art. 23 GG.

Erster Golfkrieg → **303**
Krieg zwischen dem Irak und Iran 1980–1988. Der Irak versuchte dabei, sich als neue Regionalmacht gegenüber dem von der Revolution 1979 geschwächten Iran durchzusetzen. Der Krieg endete nach Erschöpfung beider Seiten in einem Waffenstillstand.

Europäische Bürgerinitiative → **342**
Seit 2012 mögliches Verfahren, mit dem EU-Bürger die Europäische Kommission veranlassen können, sich mit einer bestimmten Frage zu beschäftigen. Nötig sind mindestens eine Million unterstützende Unterschriften aus einem Viertel der EU-Mitgliedsstaaten.

Europarat → **340**
1949 wurde er von zunächst zehn europäischen Staaten gegründet. Er dient als Plattform für Debatten zu allgemeinen europäischen Fragen. 2020 gehörten ihm 47 Staaten an. Der Europarat ist nicht Teil der EU.

Everything But Arms (Alles Außer Waffen) → **384**
2001 ins Leben gerufenes Handelsabkommen zwischen der EU und den weltweit am wenigsten entwickelten Staaten in Afrika, Asien und der Karibik. Ziel der Initiative war es, ihnen einen zoll- und quotenfreien Zugang zum europäischen Markt zu gewähren, ausgenommen wurden ausdrücklich Rüstungsgüter.

Feudalismus → **18**
(lat. feudum: Lehen, Dienst) Das Feudalsystem gründete auf der mittelalterlichen Vergabe von Grundherrschaft, Ämtern und Hoheitsrechten, wobei Lehnsherr und Vasall durch eine gegenseitige Treuebeziehung miteinander verbunden waren. Oft in unterschiedlichem Maße unfreie, hörige Bauern mussten Abgaben und Arbeitsdienste an ihre Grundherren leisten.

French and Indian War (1754–1763) → **75**
Parallel zum „Siebenjährigen Krieg" (1756–1763) in Europa kämpften Großbritannien und Frankreich bis 1763 um die Vorherrschaft in Nordamerika und Indien. Die Kämpfe in Nordamerika werden im Englischen als „French and Indian War" bezeichnet, im Französischen „Guerre de la Conquête" („Eroberungskrieg").

Frauenbewegung → **88**
Sammelbegriff für den Kampf von Frauen um rechtliche, politische und wirtschaftliche Gleichberechtigung. Teilweise wird unterschieden in eine bürgerliche Frauenbewegung (Schwerpunkt Recht auf politische Mitbestimmung, Bildung und Arbeit) und eine proletarische Frauenbewegung (Schwerpunkt politische Mitbestimmung, Recht auf gleiche Bezahlung und Arbeitsbedingungen).

Frontex → **343**
Die 2004 gegründete „Europäische Agentur für die Grenz- und Küstenwache" ist eine EU-Behörde, die in Zusammenarbeit mit den EU-Mitgliedsstaaten die Sicherheit der EU-Außengrenze überwacht. Dazu verfügt sie auch über militärische Ressourcen.

Führerprinzip → **152**
Unterordnung jedes Einzelnen in allen gesellschaftlichen, wirtschaftlichen und politischen Bereichen unter eine, vom herrschenden Regime festgelegte Hierarchie

Fünfjahresplan → **277**
zentral durch die Regierung für den Zeitraum von fünf Jahren vorgegebene Zuweisung von Ressourcen an Wirtschaftszweige, bei gleichzeitiger Vorgabe u. a. zu Produktionszahlen (z. B. 250 000 Motorräder innerhalb von fünf Jahren)

Generalstreik → **277**
Streikaktion der gesamten Arbeiterschaft in einer Region/eines Landes, was zur Stillegung des öffentlichen Nahverkehrs, vieler Behörden und der Industrieproduktion führt

Glasnost → **321, 332**
Zusammengefasst im politischen Schlagwort Glasnost (Offenheit) forderte der

Generalsekretär der KPdSU in der UdSSR, Michael Gorbatschow, 1985 eine größere Transparenz und Offenheit der sowjetischen Staatsführung gegenüber der Bevölkerung.

Glorious Revolution → **75, 110**
Politischer Umsturz in England 1688/89, in dem sich die Gegner eines neuen königlichen Absolutismus zugunsten eines parlamentarischen Königsreiches durchsetzten. Fortan konnten (manche) Gesetze nur noch gemeinsam von König und Parlament erlassen und Steuern erhoben werden.

Gottesgnadentum → **26f.**
Diese Form der Herrschaftslegitimation erlebte ihre Blütezeit im Absolutismus. Durch die Salbung des Monarchen sei dieser durch die Gnade Gottes in sein Amt eingesetzt. Ein solcher Herrscher konnte dadurch (theoretisch) von niemandem außer Gott selbst abgesetzt werden.

GULag → **186**
(Übersetzung des abgekürzten Begriffs: Hauptverwaltung der Besserungsarbeitslager und -kolonien) Sammelbegriff für ein Repressionssystem in Form von Zwangsarbeitslagern, Straflagern, Gefängnissen und Verbannungsorten. Ziel war die Unterdrückung tatsächlicher oder vermeintlicher politischer Gegner. 1941 betraf dies auch Kriegsgefangene des Deutschen Reiches und seiner Verbündeten

Haitianische Revolution → **10**
Sklavenaufstand in der frz. Karibikkolonie Saint-Domingue 1791, der sich zu einer Revolution entwickelte. 1804 mündete diese in der Unabhängigkeit von Haiti und gab den Auftakt zu anderen antikolonialen Unabhängigkeitsbewegungen in Süd- und Mittelamerika.

Heiratsverbot → **64**
In vielen Staaten existierten bis ins 19. Jahrhundert Heiratsverbote für bestimmte Berufsgruppen (Soldaten, Hausangestellte, Knechte, Mägde, Handwerksgesellen, etc.)

Humanismus → **12**
(von lat. humanus:) Eine Geisteshaltung, die im 14. Jahrhundert von Italien ausging. Mithilfe des Studiums der klassischen Sprachen Latein und Griechisch und der Lektüre antiker Schriften sollten die Menschen zu selbstbewussten und gebildeten Wesen werden. Humanisten schrieben den Menschen die Fähigkeit zu, sich entsprechend ihrem eigenen Willen frei zu entfalten. Dies stand im Gegensatz zu vielen europäisch-mittelalterlichen Deutungen, wonach Gott jedem einen Platz zugewiesen habe.

I. G. Farben → **171, 203, 262**
Zusammenschluss der größten dt. Chemieunternehmen 1925 mit Sitz in Frankfurt/M. 1933–1945 arbeitete die I. G. Farben AG sehr eng mit dem NS-Regime zusammen.

Imperium (Impero) → **222**
Propagandabegriff ital. Ultranationalisten und Faschisten für ein ital. Großreich in der Nachfolge des antiken Römischen Reiches. Kernstück war die Vorherrschaft im Mittelmeer (Mare nostrum).

Indischer Nationalkongress (INC) → **374f.**
Der 1885 von Hindus und Muslimen gegründete INC ist eine der ältesten demokratischen Parteien der Welt. Seine Gründung richtete sich u. a. gegen das Bemühen der Kolonialmacht, Muslime und Hindus politisch gegeneinander auszuspielen Er entwickelte sich seit der Jahrhundertwende zu einer Massenbewegung, war jedoch immer wieder von inneren Flügelkämpfen zwischen radikalen und moderaten Fraktionen belastet.

Inflation → **302**
anhaltende Erhöhung des Preisniveaus, sodass sich die Kaufkraft des Geldes vermindert

Intelligenzija → **121**
lose Gruppe von Intellektuellen, meist akademischer Gleichgesinnter wie Ärzte, Rechtsanwälte, Ingenieure, Beamte, aber auch Künstler, die für liberale Reformen eintraten

Islamische Revolution → **303**
Sturz des autoritär regierenden Königs (Schah) in Persien 1978/79 und Umwandlung des Landes in die Islamische Republik Iran. Die islamistischen Revolutionäre schalteten dabei die übrigen Revolutionsfraktionen aus.

Italienisch-Ostafrika (Africa Orientale Italiana) → **223**
kurzlebiger Zusammenschluss der ital. Kolonien Eritrea, Somalia und des eroberten Abessiniens

Jacksonian Democracy → **76**
Bezeichnung für eine Reihe von Wahlrechts- und Wirtschaftsreformen, die darauf zielten, die politische Mitbestimmung über die grundbesitzende Oberschicht hinaus auszuweiten

Jom-Kippur-Krieg → **302**
Versuch von Ägypten und Syrien die von Israel 1967 besetzten Golanhöhen und die Sinai-Halbinsel zurückzuerobern (6.–26.10.1973). Der Krieg endete mit einer Niederlage Ägyptens und Syriens.

Kaderpartei → **121, 276**
bezeichnet eine hierarchisch aufgebaute Partei, in der politisch intensiv geschulte und ausgewählte Führungskräfte (Kader) die Parteilinie vorgeben. Im Selbstverständnis der kommunistischen Kaderparteien ist nur die geschulte Parteiführung in der Lage, die richtige, für alle Mitglieder verbindliche Politik vorzugeben.

Kalter Krieg → **254**
Ausdruck einer Machtrivalität zwischen zwei Staaten oder → Machtblöcken, hier konkret zwischen der NATO und dem Warschauer Pakt 1945–1990. Kalt bedeutet dabei, dass beide Machtblöcke nicht direkt gegeneinander Krieg führten, allerdings den Konflikt über → Stellvertreterkriege austrugen.

Kapitalismus → **253**
Gesellschafts- und Wirtschaftsordnung, bei der sich die Produktionsmittel in Privateigentum befinden. Produktion und Verteilung der Güter werden durch den Markt geregelt. Wichtigste Antriebskraft des Kapitalismus ist das Streben nach Gewinn. Der Kapitalismus löste in Europa u. a. den → Feudalismus und Merkantilismus ab.

Karlsbader Beschlüsse → **20, 35**
Konferenz im böhmischen Kurort Karlsbad (6.–31.08.1819) von Vertretern der Staaten des Deutschen Bundes bzgl. Maßnahmen gegen liberale und nationale Bewegungen. Hintergrund war u. a. die Ermordung des russ. Generalkonsuls Kotzebue am 23. März 1819 durch einen Burschenschaftler.

Klassenkampf → **119**
wirtschaftliche, politische und ideologische Kämpfe zwischen verschiedenen gesellschaftlichen Klassen (jenen mit Besitz und jenen, die nur ihre Arbeitskraft besitzen)

Klimamigranten → **64**
Viele Menschen verließen und verlassen wegen verheerender Klimaeinwirkungen ihre Heimat. So verursachten Vulkanausbrüche 1810–1820 eine drastische Klimaabkühlung insbesondere in Nordamerika

und Mitteleuropa (1816 gilt als „Jahr ohne Sommer"), was zu Missernten, Unwettern und Überschwemmungen und damit zu Hungersnöten führte. Mit der Industrialisierung und dem zunehmenden Verbrauch fossiler Brennstoffe wie Kohle und Erdöl setzte hingegen eine globale Erderwärmung ein.

Kollaborateure → **244**
Begriff für Menschen, die mit einer fremden Besatzungsmacht zusammengearbeitet und diese damit unterstützt haben. Im Einzelnen ist der Begriff jedoch oft schwer zu definieren. Teilweise wurden nach 1945 ganze Berufs- oder Bevölkerungsgruppen wie Minderheiten pauschal und undifferenziert als Kollaborateure verunglimpft und verfolgt.

Kollektivierung → **185**
radikale Neuorganisation der Landschaft zur Abschaffung traditioneller Dorfstrukturen durch Zusammenschluss der einzelnen Bauernhöfe zu landwirtschaftlichen Produktionsgenossenschaften

Kolonie → **220**
Gebiet, welches mittels militärischen oder politischen Drucks unter Kontrolle gebracht worden ist und direkt (Verwaltung) oder indirekt (durch eingebundene, abhängige Eliten) kontrolliert wurde. In erster Linie dienten Kolonien der wirtschaftlichen Ausbeutung (Rohstoffabbau, Plantagenerträge), in geringerem Maße als Absatzmarkt, manchmal aber auch als Siedlerland für Auswanderer der Kolonialmacht.

Komintern (Kommunistische Internationale) → **185, 363**
1919 auf Betreiben der KPR in Moskau gegründeter internationaler Zusammenschluss aller kommunistischen Parteien der Welt. Die von der KPR dominierte Komintern sollte eine Weltrevolution forcieren. Die UdSSR unterstützte andere Komintern-Mitglieder mit Beratern und materieller Hilfe. Ein Schwerpunkt lag dabei auf instabilen Staaten wie den Verliererstaaten des Ersten Weltkrieges oder Bürgerkriegsregionen wie z. B. China oder in Kolonien.

Konföderation → **322**
Ausdruck für einen vertraglichen Zusammenschluss mehrerer Staaten, die dabei aber ihre staatliche Souveränität beibehalten. Die Partner einigen sich z. B. auf eine gemeinsame Außen- oder Außenwirtschaftspolitik.

Konsumgesellschaft → **264**
Begriff für Aspekte moderner Lebensstile in Industriestaaten, bei dem die Befriedigung durch Konsum (Kauf/ Verbrauch) im Mittelpunkt steht. Als Synonym wird teilweise auch „Überfluss-" oder „Wegwerfgesellschaft" verwendet.

Kontributionen → **184**
Zwangseinforderungen von Geld, meist als Entschädigung für verursachte Kriegsschäden

Konzentrationslager (KZ) → **162, 170**
zusätzlich zu Gefängnissen 1933 eingerichtete Inhaftierungsstätten für vermeintliche oder tatsächliche politische Gegner der NSDAP

Koreakrieg → **278**
Truppen des kommunistischen Nordkoreas überfallen 1950 Südkorea – damals eine von den USA gestützte Militärdiktatur. Erst drei Jahre später kommt es zum Waffenstillstandsabkommen (aber zu keinem Friedensvertrag), seither trennt eine entmilitarisierte Zone Nord- und Südkorea.

Kriegskommunismus → **184f.**
Ausdruck für die sowjetrussische Wirtschaftspolitik während des Russischen Bürgerkrieges 1918–1921. Dazu zählte die Aufhebung des Privateigentums (Industrie, Großgrundbesitz, Banken, Verkehrswesen), die zentrale Lenkung der Wirtschaft, die Verteilung der knappen Ressourcen und die Ausrichtung der Wirtschaft auf die Bedürfnisse der Roten Armee. Gewalt und Terror waren Mittel zur Durchsetzung des Kriegskommunismus.

Kriegszitterer → **130**
Soldaten, die infolge traumatischer Erlebnisse wie z. B. schwerster, andauernder Artilleriebeschuss posttraumatische Störungen entwickelten. Das konnte unkontrolliertes Zittern, panische Angstzustände, aber auch Nahrungsverweigerung beinhalten. Viele Ärzte und Offiziere sahen in ihnen Kriegsdienstverweigerer. Therapien gab es nicht. (Das NS-Regime tötete später Tausende dieser Kranken im Zuge der „Euthanasie"-Morde.)

Kulturkampf → **113**
Auseinandersetzung zwischen dem neuzeitlichen Nationalstaat und der katholischen Kirche über die Frage der Trennung von Kirche und Staat (z. B. Schulwesen als ausschließlich staatlicher Bereich, Einführung der Zivilehe, etc.), in Deutschland erlebte der Kulturkampf seinen Höhepunkt in den 1870er-Jahren.

Laissez-faire → **76**
abgeleitet aus dem Französischen ("laissez-faire" oder „laissez-aller" – „Lassen Sie machen, lassen Sie laufen"); es steht seit dem 19. Jh. für eine Wirtschaftspolitik, die so wenig (regulierende) Eingriffe des Staates in die Wirtschaft wie möglich will.

Lastenausgleichsgesetz → **276**
Das Gesetz wurde 1952 verabschiedet und sollte all jene Deutsche entschädigen, die infolge des Zweiten Weltkriegs und dessen Nachwirkungen (z. B. durch Vertreibung) Vermögensschäden erlitten hatten.

„Lebensraum im Osten" → **153**
Politischer Begriff aus der völkischen Bewegung des Deutschen Kaiserreiches Ende des 19. Jh., der vom Nationalsozialismus übernommen wurde. Er bezeichnet das Ziel, möglichst große Gebiete in Osteuropa an Deutschland anzuschließen und diese mit Deutschen bzw. „germanischer" Bevölkerung mehrheitlich zu besiedeln. Nichtdeutsche Bevölkerung sollte größtenteils verdrängt oder anderweitig beseitigt werden.

Leibeigenschaft → **120**
persönliche Abhängigkeit von Menschen von einem Grundherrn, z. B. Verbot fortziehen zu dürfen, um eine andere Arbeit zu suchen

Loyalitätsdefizit → **187**
Ausdruck für nur vorgetäuschte Zustimmung bzw. Unterstützung hinsichtlich eines Regimes oder einer Partei

Machtkonflikt → **252**
Austragung von Rivalität um Durchsetzung von politischen, ideologischen oder wirtschaftlichen Interessen in den internationalen Beziehungen

Marktwirtschaft → **253**
Wirtschaftssystem, in dem das private Eigentum an Produktionsmitteln garantiert ist sowie Planung und Koordination der Wirtschaftsprozesse überwiegend dezentral stattfinden. Die Produktion und die Preise richten sich nach dem Prinzip Angebot und Nachfrage und werden nicht zentral gesteuert.

„Marshallplan mit Afrika" → **385**
politische Initiative des Bundesministeriums für wirtschaftliche Zusammenarbeit

und Entwicklung 2017. Der Plan basierte auf den Säulen: 1) Wirtschaft, Handel und Beschäftigung, 2) Frieden, Sicherheit und Stabilität sowie 3) Demokratie, Rechtsstaatlichkeit und Menschenrechte

Massenkultur → **187**
gezielt geförderte Vereinheitlichung von Alltagskultur

Massenorganisationen → **87**
Organisationen mit einer sehr großen Mitgliederzahl, oft aus ganz unterschiedlichen gesellschaftlichen Schichten. Ihr Ziel ist, zu bestimmten Themen Einfluss auf die Öffentlichkeit und damit auf politische Entscheidungsträger zu nehmen.

Mehrklassenwahlrecht → **18**
Ein Zensuswahlsystem, bei dem die Wähler nach Gruppen (Klassen) eingeteilt wurden. Dieses richtete sich meist nach Vermögen (Steuerklassen) oder nach Stand (Adel, Klerus, Akademiker, restl. Bevölkerung). Die Begründung war oft, dass wer mehr für die Gesellschaft beitrage (z. B. Steuerleistung), größeres Gewicht erhalten solle. Preußen besaß z. B. zwischen 1849 und 1918 ein Dreiklassenwahlrecht. Der Stadtstaat Bremen wählte nach einem Achtklassenwahlsystem, welches Kaufleute und Reeder begünstigte.

Mikroplastik → **13**
Ist ein Plastikteil kleiner als fünf Millimeter, spricht man von Mikroplastik. Mikroplastik gelangt etwa durch Abrieb von Reifen oder als Bestandteil von Kosmetika in die Umwelt, kann aber auch als Produkt von Verrottung größerer Dinge aus Plastik (Tüten, Verpackungen, etc.) in die Natur gelangen. Die Zunahme von Mikroplastik in der Natur gilt als höchst problematisch für Pflanzen, Tiere und Menschen.

Militarismus → **88**
bestimmender Einfluss militärischer Werte und Interessen auf das gesellschaftliche und politische Leben

Modernisierungsverlierer → **89**
Menschengruppen, die in sozialen oder technischen Wandlungsprozessen ihre bisherige soziale oder wirtschaftliche Stellung ganz oder teilweise einbüßen. Z. B. wurden oft kleine Gemischtwarenläden zu Verlierern durch die Entstehung großer Warenkaufhäuser. Später wurden große Warenkaufhäuser zu Verlierern gegenüber innovativen Onlinehändlern.

Muslimliga → **375**
1906 gegründete politische Partei, die sich als Interessenvertretung der Muslime in der Kolonie Indien sah. Seit 1936 strebte sie einen unabhängigen muslimisch-indischen Staat an.

NATO-Doppelbeschluss → **289**
Vorschlag seitens der NATO an die Warschauer Pakt-Staaten im Jahr 1979, auf beiden Seiten die Anzahl der Mittelstreckenraketen zu reduzieren. Im Falle einer Ablehnung des Vorschlags kündigte die NATO an, neue Raketensysteme in Westeuropa zu stationieren. Eine Verständigung kam nicht zustande. Ein neues Wettrüsten begann.

Norddeutscher Bund → **58**
Der Norddeutsche Bund wurde 1866 als Militärbündnis unter preuß. Führung für den Krieg gegen Österreich (1866) gegründet. 1867 wurde dieser Zusammenschluss der norddt. Staaten mittels einer Verfassung zu einem Bundesstaat ausgebaut. Die Verfassung bildete die Grundlage für die Reichsverfassung von 1871.

Notstandsgesetzgebung → **279**
Im Falle eines inneren oder äußeren Notstands können die Grundrechte eingeschränkt werden und ein sog. Notparlament die Aufgaben von Bundestag und Bundesrat übernehmen.

Notverordnung → **144**
gesetzliche Regelung der Weimarer Republik mittels des 48. Verfassungsartikels, der dem Reichspräsidenten erlaubte, Gesetze ohne das vom Volk gewählte Parlament zu erlassen oder sogar Grundrechte außer Kraft zu setzen

Oligarch → **333**
Begriff aus griech. oligoi = „wenige" und archon = „Führer", Wirtschaftsführer, der in einem Land oder einer Region durch seinen Reichtum und seinen wirtschaftlichen Einfluss weitgehende Macht zu seinem persönlichen Vorteil ausüben kann

Ostarbeiter → **197**
Zwangsarbeiter aus den besetzten osteuropäischen Gebieten. Als angeblich „rassisch Minderwertige" wurden sie unter noch schlechteren Bedingungen zur Arbeit gezwungen als westeuropäische Zwangsarbeiter.

parlamentarische Demokratie → **253**
Bezeichnung für ein parlamentarisches System, in dem die Regierung zu ihrer Wahl und in ihrer Amtsausübung auf die direkte oder die indirekte Zustimmung des Parlaments angewiesen ist

Paneuropa-Union → **194, 340**
1922 von Politikern und Intellektuellen aus mehreren europäischen Staaten gegründete Organisation, die sich seitdem für einen föderativen Zusammenschluss der europäischen Nationen auf Basis von Demokratie und Pazifismus einsetzt

Pariser Kommune → **58, 67**
Im Verlauf des Krieges 1870/71 kam es in Frankreich zum Sturz der Monarchie. In der von dt. Truppen belagerten Hauptstadt versuchte ein spontan gebildeter revolutionärer Stadtrat Paris nach sozialistischen Vorstellungen (Rätedemokratie) zu verwalten. Im Mai 1871 wurde die Pariser Kommune von frz. Regierungstruppen blutig aufgelöst. In den Kämpfen und den Massenhinrichtungen starben rund 30 000 Menschen.

Pariser Verträge → **278**
1954 Aufhebung des alliierten Besatzungsstatuts in Westdeutschland

Perestroika → **321, 332**
Zusammengefasst im politischen Schlagwort Perestroika (Umbau, Umstrukturierung) forderte der Generalsekretär der KPdSU, Michael Gorbatschow, 1985 neben → Glasnost eine Modernisierung sowohl des politischen als auch des wirtschaftlichen und gesellschaftlichen Systems der UdSSR (ohne diese an sich infrage zu stellen). Die zentrale Lenkung seitens der Staatspartei KPdSU besonders gegenüber der Wirtschaft sollte gelockert, erste Elemente der freien Marktwirtschaft auf lokaler Ebene erlaubt werden.

Perivitin → **195**
Die auch als Panzerschokolade, Stuka-Tabletten oder Fliegermarzipan bekannte synthetische Droge Methamphetamin wurde zur Leistungs- und Konzentrationsfähigkeit von Soldaten 1940 in der dt. Wehrmacht eingesetzt. Pervitin entspricht der Droge Crystal Meth.

Personenkult → **187**
Glorifizierung einer Person. In der Politik oft als angebliches Vorbild für alle gesellschaftlichen Bereiche

Plattform → **123**
Politischer Zusammenschluss innerhalb einer Partei mit dem Ziel, zur Parteiführung abweichende Vorstellungen zu bewerben (innerparteiliche Opposition)

Politisierung → **87**
Entwicklung zu einem stärker ausgeprägten politischen Denken und Handeln breiter Bevölkerungsschichten und die Bereitschaft, sich zu politischen Fragen zu äußern oder sich gar für diese aktiv einzusetzen

Präsidialkabinette → **144**
nennt man üblicherweise die letzten Regierungen der Weimarer Republik von 1930 bis Anfang 1933, die alle nicht über eine Mehrheit im Parlament verfügten und deshalb vom Reichspräsidenten mit Notverordnungen gestützt werden mussten.

Produktionsmittel → **109, 119**
Sammelbegriff für alles, was zur Produktion von Gütern nötig ist (Maschinen, Rohstoffe, Fabriken, etc.)

Proletariat → **65**
im antiken Rom Bezeichnung für landlose/lohnabhängige Bürger. Im Marxismus Ausdruck für die Menschen, die allein durch den Verkauf ihrer Arbeitskraft ihren Lebensunterhalt zu bezahlen in der Lage sind

Proletarische Weltrevolution → **364**
Marxistische Vorstellung einer Revolution aller Arbeiter und Bauern (Proletarier) gegen die bürgerliche Herrschaft wozu auch die Kolonialherrschaft gezählt wurde

Propaganda → **187, 253**
zielgerichteter Versuch, politische Meinungen oder gesellschaftliche Sichtweisen zu beeinflussen

Recht auf Arbeit → **265**
staatlich verbürgtes Grundrecht auf einen Arbeitsplatz im arbeitsfähigen Alter

Reichspogromnacht → **172**
Nacht vom 9. zum 10. November 1938, in der es in Deutschland zu staatlich organisierten und gelenkten Gewaltaktionen gegen jüdische Deutsche kam, von denen über 400 zu Tode kamen. Wegen der Scherben der zerschlagenen Fenster von über 1400 zerstörten jüdischen Gebäuden und Geschäften verbreitete das NS-Regime den Ausdruck „Reichskristallnacht".

Reichsverweser → **37, 45**
Ein Reichsverweser übernahm die Vertretung des Monarchen, wenn dieser längere Zeit abwesend war oder noch kein neuer Monarch bestimmt worden war.

Repatriierung → **247**
Begriff für die Rückführung von Flüchtlingen, Zwangsdeportierten oder Kriegsgefangenen

Reservewährung → **342**
Geldbestände in anderer, als stabil geltender Währung, die von Staaten angelegt werden, die so das Vertrauen bzgl. der eigenen Währung durch die internationale Finanzwelt stärken wollen

Restauration → **120**
Bestreben nach Wiederherstellung einer früheren politischen bzw. gesellschaftlichen Ordnung (z. B. Wiedereinführung des Absolutismus)

Revision → **131**
hier: Bestrebungen, die Bestimmungen des Versailler Vertrages aufzuheben bzw. abzumildern.

Rheinkrise → **27, 34**
Nachdem das napoleonische Frankreich 1803–1814 den Rhein als frz. Ostgrenze durchgesetzt hatte, 1814/15 aber wieder verlor, erhob die frz. Regierung unter Adolphe Thiers 1840 erneut Ansprüche auf die linksrheinischen Gebiete. Dies schürte unter der dt. Nationalbewegung antifranzösische Ressentiments. Die Krise endete mit dem innenpolitischen Sturz der Regierung Thiers.

Risorgimento → **50**
Ab Mitte des 18. Jh. Begriff für das Streben nach einer einheitlichen ital. Kultur, im 19. Jh. verschob sich die Bedeutung auf das Ziel eines vereinten ital. Nationalstaates

Rüstungswettlauf → **255, 288**
Wechselwirkung zwischen zwei rivalisierenden Staaten oder Bündnissen, indem die eine Seite ihre Rüstungsausgaben erhöht, woraufhin die andere dies ebenfalls tut, was wiederum die erste veranlasst, noch mehr aufzurüsten, etc.

SA → **165, 170**
Die „Sturmabteilung" wurde als paramilitärische Kampftruppe der NSDAP gegründet. Im Juli 1932 wurde die SA kurzzeitig verboten. 1933 wurde die SA teilweise als „Hilfspolizei" zur Verfolgung politischer Gegner der NSDAP eingesetzt. 1934 ließ die NSDAP-Spitze die SA-Führung liquidieren.

Säkularisierung(sthese) → **13**
Die Säkularisierungsthese geht davon aus, dass seit der Aufklärung Religionen immer mehr aus dem (Alltags-)Leben verschwinden. Da Glaube und Religion nicht mit naturwissenschaftlichen Methoden erklärbar seien, müssten sie in einer rationalen Welt zunehmend und zwingend an Bedeutung verlieren.

Schauprozess → **187**
Bezeichnung für das öffentliches Gerichtsverfahren, bei dem die Verurteilung der Angeklagten bereits zuvor feststeht. Der Prozess wird allein aus propagandistischen Zwecken und zur Demütigung der Angeklagten geführt.

Schleswig-Holstein-Frage → **57**
Die Herzogtümer Schleswig und Holstein waren seit dem Mittelalter in einer herzoglichen Personalunion miteinander verbunden. Holstein war zudem Teil des Heiligen Römischen Reiches bzw. seit 1815 Teil des Deutschen Bundes. Die Herzogwürde über beide Länder hatte der König von Dänemark inne. Mit dem Aufkommen des dt. und dän. Nationalismus entstanden Spannungen. Im Streit über die zukünftige politische Ausgestaltung eskalierte der Konflikt in zwei Kriegen (1848 – 1851 und 1864). Umstritten war besonders das dänisch-deutsch-friesischsprachige Schleswig.
Nach dem Ersten Weltkrieg fiel der Nordteil von Schleswig an Dänemark. Die dän. Minderheit hat heute im Bundesland Schleswig-Holstein eine Sonderstellung.

Schwerindustrie → **265**
Sammelbegriff für Eisen- und Stahlindustrie sowie Berg- und Tagebau

Selbstbestimmungsrecht der Völker → **130, 362 f.**
Es besagt, dass ein Volk das Recht hat, frei von Fremdherrschaft über seinen politischen Status, seine Staats- und Regierungsform und seine wirtschaftliche, soziale und kulturelle Entwicklung zu entscheiden. Verbunden damit ist das Recht, einen eigenen nationalen Staat zu bilden oder sich nach freiem Willen einem anderen Staat anzuschließen.

Sockelarbeitslosigkeit → **302**
Zustand, wenn es nach einer Wirtschaftskrise nicht mehr gelingt, die Arbeitslosenquote wieder mindestens auf den Stand vor der Krise zu reduzieren

Solidarność → **289, 320**
Polnische Gewerkschaftsbewegung, die 1980 aus einer Streikbewegung polnischer Werftarbeiter in Danzig entstand. Sie war die erste parteiunabhängige Gewerkschaft der Volksrepublik Polen und trug 1989 maßgeblich zur politischen Wende des Landes bei.

Sozialdarwinismus → **27, 153**
Eine in der 2. Hälfte des 19. Jh. populär gewordene Theorie, die Teile der Evolutionstheorie auf menschliche Gesellschaften anwendete. Die Entwicklung der Menschheit sei demnach eine Folge natürlicher Selektionsprozesse, in denen sich überlegene, genetisch „reine" Rassen durchsetzen.

Soziale Frage → **118**
Sammelbegriff für soziale Missstände, die mit der Industriellen Revolution und dem starken Bevölkerungswachstum seit dem ausgehenden 18. Jh. bzw. mit dem Übergang von der Agrar- zur urbanisierten Industriegesellschaft einhergingen.

Sozialistengesetze → **118**
mehrfach erneuertes „Gesetz gegen die gemeingefährlichen Bestrebungen der Sozialdemokratie", von der dt. Bismarck-Regierung 1878 erlassen, mit dem sozialistische und sozialdemokratische Organisationen im Deutschen Reich verboten wurden

Sozialpolitik → **67**
Ausdruck für Maßnahmen zur Verbesserung der wirtschaftlichen und sozialen Lage schlechter gestellter (oft benachteiligter) Menschen im Staat

Soziale Marktwirtschaft → **262f.**
anhaltende Erhöhung des Preisniveaus, sodass sich die Kaufkraft des Geldes vermindert

Sozialstaat → **263**
Der Begriff bezeichnet einen Staat, der sich verpflichtet, mittels Gesetzgebung und der Einrichtung von Behörden einen sozialen Ausgleich innerhalb der Gesellschaft im Sinne sozialer Gerechtigkeit und sozialer Sicherheit herzustellen.

Spanischer Bürgerkrieg → **194**
Zwischen Juli 1936 und April 1939 tobte zwischen der demokratisch gewählten Linksregierung und Anhängern des putschenden Generals Francisco Franco ein Bürgerkrieg. An dem Krieg beteiligten sich Tausende Freiwillige aus ganz Europa (Internationale Brigaden). Das Deutsche Reich und Italien intervenierten aufseiten Francos militärisch. Die UdSSR unterstützte die Regierungstruppen mit Rüstungsgütern. Der Bürgerkrieg endete mit einem Sieg der Putschisten.

SS → **165, 170, 197**
Die NS-Organisation „Schutzstaffel" wurde 1925 als Leibgarde Hitlers, später als parteiinterne Polizei eingerichtet. Sie verübte die Morde an der SA-Spitze 1934. Ab 1934 hatte sie die Leitung der dt. Konzentrations- bzw. ab 1941 der Vernichtungslager.

Stagflation → **305**
ökonomischer Zustand, wenn wirtschaftlicher Stillstand und Inflation parallel bestehen

Stagnation → **302**
wirtschaftlicher Stillstand oder nur sehr geringes Wirtschaftswachstum

Stellvertreterkrieg → **387**
Konflikte, in denen Großmächte nicht unmittelbar beteiligt sind, aber indirekt aus dem Hintergrund heraus auf eine militärische Auseinandersetzung einwirken. Der Konflikt zwischen den Großmächten wird so über Dritte ausgetragen.

„Stunde Null" → **244**
Umstrittener Begriff für einen voraussetzungslosen und umfassenden politischen, wirtschaftlichen und gesellschaftlichen Neuanfang nach einer bedingungslosen Kapitulation bzw. dem totalen Zusammenbruch eines Staates. Der Begriff suggeriert, dass es keine Kontinuitäten zum vorangegangenen Staat gab und ein Neuanfang ohne den „Ballast" einer schwierigen Vergangenheit begonnen werden konnte.

Systemkonflikt → **252, 255**
Ausdruck für einen ideologischen Konflikt, der das Verhältnis zwischen Staaten prägt. Beispielsweise sahen Anhänger des Kommunismus, Nationalsozialismus und Liberalismus die jeweilig andere Ideologie als Gegner an und waren bemüht, deren Ideologie zu bekämpfen. Auf staatlicher Ebene führte dies zwangsläufig zu Konflikten zwischen Regierungen, die sich eher der liberalen, der kommunistischen oder nationalsozialistischen Ideologie zugeneigt sahen.

Terror → **123**
Systematische oder willkürliche Verbreitung von Angst und Schrecken durch angedrohte und ausgeübte Gewalt.

Theosophie → **89**
Sammelbezeichnung für mystische, okkultistische und spekulative naturphilosophische Denkansätze, oft mit starken Einflüssen fernöstlicher Religionen (verschiedene Strömungen des Buddhismus). Theosophische Theorien waren besonders unter gesellschaftlichen Eliten um 1900 sehr populär und „in".

Tschechoslowakei → **320**
Infolge des Zerfalls von Österreich-Ungarn am Ende des Ersten Weltkrieges gründeten tschechische und slowakische Politiker die Erste Tschechoslowakische Republik. Sie umfasste in etwa das Gebiet des heutigen Tschechiens und der Slowakei. Der Staat zerfiel infolge des Münchner Abkommens 1938, als Teile an Deutschland, Ungarn und Polen abgetreten werden mussten und sich die Slowakei im März 1939 abspaltete. 1945 wurde die Tschechoslowakei wiedergegründet, teilte sich aber 1993 wieder in einen tschechischen und einen slowakischen Staat.

Ultramontanen → **113**
Anhänger eines antimodernen und antiliberalen politischen Katholizismus mit treuer Ausrichtung auf die Lehren des Papstes

UNRRA (United Nations Relief and Rehabilitation Administration = Nothilfe- und Wiederaufbauverwaltung der Vereinten Nationen) → **244, 246**
Diese 1943 gegründete humanitäre Organisation sollte die Verteilung von Lebensmittel- und medizinischer Hilfe in den befreiten Teilen Europas sicherstellen. Nach Kriegsende bestand ihre wichtigste Aufgabe darin, die Verteilung lebensnotwendiger Bedarfsgüter unter Flüchtlingen und Vertriebenen in ganz Europa zu koordinieren.

Urbanisierung → **86, 358**
Ausdruck für einen prozentual wachsenden Anteil an Stadtbevölkerung und der damit sozial, ökonomisch, kulturell und gesellschaftlich veränderten Lebensweise, z. B. im Unterschied zur dörflichen Großfamilie und Selbstversorgung

Urkatastrophe → **142**
Deutung des 20. Jh. durch den US-Historiker und Diplomaten George Kennan als ein Jahrhundert schwerer politischer und sozialer Krisen, ausgelöst durch den Ersten Weltkrieg

Vereinigte Stahlwerke → **171, 262**
1926 gegründetes Kartell der wichtigsten Eisen-, Stahl- und Bergwerksunternehmen in Deutschland. Zeitweise stiegen die Vereinigten Stahlwerke zum zweitgrößten Stahlunternehmen der Welt auf. Es unterstützte seit 1932 die NSDAP.

Verfassungsgebende Versammlung → **123**
Bezeichnung für eine durch eine außerordentliche Wahl gebildete Institution zur Verabschiedung einer ersten bzw. einer neuen Verfassung

Vernichtungskrieg → **197**
Kriegsführung zur völligen Vernichtung des gegnerischen Staates, seiner Kultur und letztlich auch seiner Bevölkerung.

Vietnamkrieg → **279**
1965 griffen die USA in einen bereits bestehenden Konflikt zwischen dem von einem Militärregime regierten Südvietnam und dem sozialistischen Nordvietnam ein, da sie ein Ausbreiten der sowjetischen Einflusszone fürchteten. Während die USA Bodentruppen schickten und chemische Waffen einsetzten, unterstützten China und die SU den Norden mit Waffenlieferungen. Der Krieg gilt deshalb auch als Stellvertreterkrieg im Ost-West-Konflikt.

Völkerbund → **194, 222, 363**
1919 als Ergebnis der Pariser Friedenskonferenz entstanden zwischenstaatliche Organisation mit dem Ziel, den Frieden durch schiedsgerichtliche Beilegung internationaler Konflikte zu bewahren

Volksdemokratie → **253**
Selbstbezeichnung vieler sozialistischer Staaten nach dem Zweiten Weltkrieg in Abgrenzung zu den bürgerlichen Demokratien

Volksdeutsche → **172**
Bezeichnung des NS-Sprachgebrauchs für bestimmte „deutsche" Bevölkerungsgruppen außerhalb des Deutschen Reiches (in den Grenzen von März 1938) ohne deutsche Staatszugehörigkeit. Die Zugehörigkeit zum „deutschen Volkstum" war 1935 gesetzlich mit Verweis auf „deutsches und artverwandtes Blut" definiert worden.

Volksgemeinschaft → **152, 221**
Ein nicht genau definierter Begriff eines völkischen Ideals einer konfliktfreien, harmonischen Gesellschaft ohne Klassenunterschiede. „Volksgemeinschaft" wurde zu einem ideologischen Kernbegriff des Nationalsozialismus.

Vollbeschäftigung → **263**
Beschäftigung des größten Teils der arbeitswilligen Erwerbspersonen

Wehrmacht → **195**
1935 von der dt. Regierung eingeführte Bezeichnung für die Streitkräfte (zuvor „Reichswehr")

Weltanschauungskrieg → **197**
Propagandabegriff für die Bekämpfung kommunistischer und liberaler Gesellschaften ohne Rücksicht auf das Völkerrecht

Weltwirtschaftskrise (ab 1929) → **142**
Tiefe Krise der Weltwirtschaft in den Jahren nach dem New Yorker Börsencrash am 24. Oktober 1929. Weltweit die Arbeitslosigkeit und das soziale Elend breiter Bevölkerungskreise zunahmen. Dies zog oft politische Krisen nach sich.

Weltfinanzkrise (ab 2007) → **142**
Auslöser war ein starker Einbruch des Immobilienmarkts in den USA, wo viele Menschen sich zu hoch verschuldet hatten. Die Krise erschütterte nachhaltig das Vertrauen vieler Menschen in den Staat. Die US-Krise wirkte sich auch auf andere Staaten aus, in denen teilweise das Bankenwesen in große Schwierigkeiten geriet.

Wertewandel → **279**
Infragestellung bisheriger gesellschaftlicher und individueller Normen. Dazu konnten z. B. die Ablehnung von Autoritätsverständnis (Vater als uneingeschränktes Familienoberhaupt) oder Normen „anständiger und sittlicher Kleidung" zählen (wenig Haut zeigen).

Whigs → **21**
Anhänger einer von zwei Fraktionen im brit. Parlament zwischen den 1680er- und 1850er-Jahren. Die Whigs traten für einen politischen und wirtschaftlichen Liberalismus ein. 1859 schlossen sie sich der Liberal Party an.

Wiederbewaffnung → **277**
Es meint die Wiedereinführung des Militärs. 1955 wurde in der Bundesrepublik die Bundeswehr gegründet.

Zwangskollektivierung → **278**
Bisher selbstständige Bauern wurden gezwungen, sich zu landwirtschaftlichen Produktionsgemeinschaften, sog. LPGs, zusammenzuschließen. Grund und Boden blieb zwar im Besitz der Bauern, die LPG hatte aber ein umfassendes Nutzungsrecht. Gebäude und landwirtschaftliches Inventar gingen an die LPG über.

Zentralverwaltungswirtschaft → **253, 265**
Der Begriff bezeichnet eine Wirtschaftsordnung, in der eine zentrale Instanz Ressourcen wie Arbeit, Kapital oder Boden zur Produktion von Gütern zuweist und ggf. auch Löhne oder Preise festlegt. Verbreitet war diese Wirtschaftsordnung besonders in sozialistischen Staaten.

Zusammenbruchgesellschaft → **246**
Sammelbegriff für die kollabierten politischen, wirtschaftlichen und sozialen Zustände bei Kriegsende, v. a. in Deutschland

Zwangsarbeiter → **197**
Menschen, die gegen ihren Willen zu Arbeiten gezwungen werden (z. B. in Industrie, Bergbau, Landwirtschaft, Prostitution)

Personenregister

Inhalt des Online-Bereichs

Seite	Code	Inhalt	Beschreibung
17	**t4g2p3**	Arbeitshilfen zu den Aufgaben 10 und 19	Arbeitshilfen
18	**n3z7nm**	Podcast Frühliberalismus	Audio
19		Podcast Konservatismus	Audio
25		Arbeitshilfen zu den Aufgaben 1, 9b, 10, 11 und 13	Arbeitshilfen
33	**7s7fi2**	Arbeitshilfen zu den Aufgaben 2 und 6	Arbeitshilfen
37	**3k729a**	Grafik: Fraktionen und Ziele der Nationalversammlung 1848	Material
43		Arbeitshilfen zu den Aufgaben 5 und 12	Arbeitshilfen
43		Vertiefungsangebot zur Aufgabe 3	Vertiefungsangebot
44	**j5s8qr**	Podcast Scheitern der 48er Revolution	Audio
45		Verfassungsschema preuß. Verfassung 1850	Material
49		Arbeitshilfen zu den Aufgaben 2, 3a, 3c, 3d und 4	Arbeitshilfen
55	**uu9jb7**	Arbeitshilfen zur Aufgabe 8	Arbeitshilfen
59	**5898yq**	Podcast dt. Nationalstaatsgründung	Audio
63		Arbeitshilfen zu den Aufgaben 5, 12 und 13	Arbeitshilfen
63		Vertiefungsangebot zu den Aufgaben 8 und 13	Vertiefungsangebot
64	**ga2cb7**	Industrielle Revolution I	Erklärfilm
65		Podcast Soziale Frage	Audio
73		Arbeitshilfen zu den Aufgaben 8 und 10	Arbeitshilfen

Seite	Code	Inhalt	Beschreibung
85	7yr9e9	Arbeitshilfen zu den Aufgaben 2 und 12	Arbeitshilfen
86	f537je	Industrielle Revolution II und III	Erklärfilm
86		Podcast Urbanisierung	Audio
95		Arbeitshilfen zu den Aufgaben 4, 8, 9 und 14	Arbeitshilfen
95		Vertiefungsangebot zur Aufgabe 11	Vertiefungsangebot
96	u3wi95	Strukturwandel einer Stadt	Erklärfilm
99		Arbeitshilfen zu den Aufgaben 1, 6 und 7	Arbeitshilfen
103	uh2s6i	Selbsteinschätzungsbogen Kapitel 1	Arbeitsblatt
117	db27g5	Arbeitshilfen zu den Aufgaben 2 und 8	Arbeitshilfen
117		Vertiefungsangebot zu den Aufgaben 2, 5, 6 und 8	Vertiefungsangebot
119	7n4x6f	Podcast Sozialismus	Audio
129		Arbeitshilfen zu den Aufgaben 2a, 2b, 3b und 8	Arbeitshilfen
129		Vertiefungsangebot zur Aufgabe 8	Vertiefungsangebot
139	px6v26	Arbeitshilfen zu den Aufgaben 6 und 16	Arbeitshilfen
143	5w577v	Zeittafel Krisenjahre 1929–1932	Material
145		Podcast Scheitern Weimarer Republik	Audio
151		Arbeitshilfen zu den Aufgaben 6, 9, 10, 15 und 20	Arbeitshilfen
151		Vertiefungsangebot zur Aufgabe 13	Vertiefungsangebot
153	8hf6he	Podcast NS-Ideologie	Audio
161		Arbeitshilfen zur Aufgabe 16	Arbeitshilfen
161		Vertiefungsangebote zu den Aufgaben 7 und 14	Vertiefungsangebot
169	8sq3xa	Arbeitshilfen zu den Aufgaben 1, 10, 13 und 14	Arbeitshilfen
169		Vertiefungsangebot zu den Aufgaben 6 und 12	Vertiefungsangebot
181	gh2uw3	Arbeitshilfen zu den Aufgaben 3 und 4	Arbeitshilfen
181		Vertiefungsangebot zur Aufgabe 2	Vertiefungsangebot
187	d8b6hk	Karte Stalinistischer Terror	Material
193		Arbeitshilfen zu den Aufgaben 12, 14 und 16	Arbeitshilfen
194	i2j3fu	Karte Ausbreitung Autoritarismus in Europa 1930er Jahre	Material
201		Arbeitshilfen zu den Aufgaben 8, 13 und 14	Arbeitshilfen
201		Vertiefungsangebote zu den Aufgaben 1 und 6	Vertiefungsangebot
209	yg3a32	Arbeitshilfen zu den Aufgaben 1, 7 und 8	Arbeitshilfen
217	uq7j8g	Arbeitshilfen zu den Aufgaben 13 und 15	Arbeitshilfen
229	er45im	Arbeitshilfen zu den Aufgaben 4, 9, 17 und 20	Arbeitshilfen
229		Vertiefungsangebot zur Aufgabe 12	Vertiefungsangebot
233	ve25ev	Arbeitshilfen zur Aufgabe 4	Arbeitshilfen
237	gi3w3s	Arbeitshilfen zu den Aufgaben 2, 3c und 4b	Arbeitshilfen
237		Vertiefungsangebot zur Aufgabe 1	Vertiefungsangebot
239	5yh44u	Selbsteinschätzungsbogen Kapitel 2	Arbeitsblatt
251	2yk8zt	Arbeitshilfen zu den Aufgaben 4 und 11	Arbeitshilfen
255	53x5cp	Karte Koreakrieg	Material
261		Arbeitshilfen zu den Aufgaben 11 und 14	Arbeitshilfen

Seite	Code	Inhalt	Beschreibung
273	**hw6ee5**	Arbeitshilfen zu den Aufgaben 1 und 18	Arbeitshilfen
285	**5zj28p**	Statistik Fluchtbewegung aus der DDR	Material
287		Arbeitshilfen zur Aufgabe 4	Arbeitshilfen
287		Vertiefungsangebote zu den Aufgaben 1, 3, 5, 8, 9, 16, 17 und 21	Vertiefungsangebot
295	**f8f5rb**	Arbeitshilfen zu den Aufgaben 2 und 9	Arbeitshilfen
301	**6mm4a4**	Arbeitshilfen zu den Aufgaben 3, 4, 5 und 10	Arbeitshilfen
311	**am753e**	Arbeitshilfen zu den Aufgaben 3, 11 und 12	Arbeitshilfen
311		Vertiefungsangebote zu den Aufgaben 3c und 6	Vertiefungsangebot
312	**8cp86d**	Globaler Handel I–III	Erklärfilme
319		Arbeitshilfen zu den Aufgaben 4 und 9c	Arbeitshilfen
320	**e94wd5**	Podcast Revolution 1989	Audio
329		Arbeitshilfen zu den Aufgaben 7 und 13	Arbeitshilfen
337	**29bg6b**	Arbeitshilfen zur Aufgabe 5	Arbeitshilfen
342	**uu6eg8**	Podcast europäische Einigung	Audio
349		Arbeitshilfen zu den Aufgaben 6a, 7 und 10	Arbeitshilfen
349		Vertiefungsangebote zu den Aufgaben 7 und 10	Vertiefungsangebot
353	**hw3f2h**	Selbsteinschätzungsbogen Kapitel 3	Arbeitsblatt
358	**z48da2**	Karte Kolonialreiche	Material
361		Arbeitshilfen zur Aufgabe 3	Arbeitshilfen
371	**iv9f52**	Arbeitshilfen zu den Aufgaben 1 und 12	Arbeitshilfen
371		Vertiefungsangebot zur Aufgabe 9c	Arbeitshilfen
383	**9nt8d8**	Arbeitshilfen zur Aufgabe 9	Arbeitshilfen
385	**u8gu3e**	Karte „failed states“ (2019)	Material
385		Karte postkoloniale Konfliktzonen	Material
395		Arbeitshilfen zur Aufgabe 11	Arbeitshilfen
395		Vertiefungsangebot zur Aufgabe 4	Vertiefungsangebot
397	**uh27b3**	Selbsteinschätzungsbogen Kapitel 4	Arbeitsblatt

Zusatzangebote im Internet:
Auf einigen Seiten im Buch finden Sie **Geschichte und Geschehen-Codes.**

Diese führen Sie zu weiteren Materialien im Internet wie zum Beispiel Differenzierungsangebote zu ausgewählten Arbeitsvorschlägen.
Geben Sie den Code einfach in das Suchfeld auf **schueler.klett.de** ein.

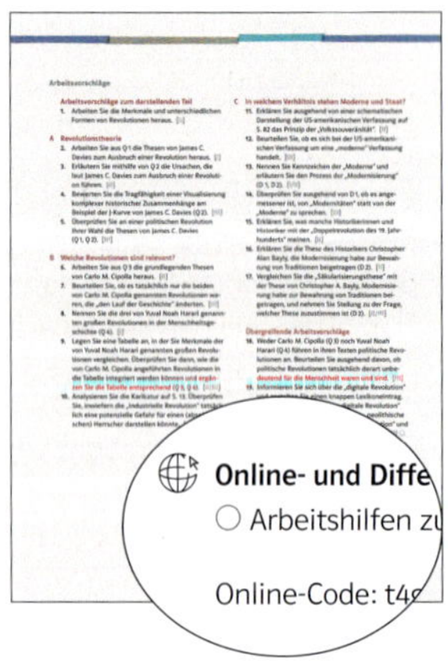

Quellennachweis

Vorsatz Ernst Klett Verlag GmbH, Stuttgart; **Cover** Getty Images Plus (iStock/Robert Kovacs), München; **6** akg-images, Berlin; **7** Ernst Klett Verlag GmbH, Stuttgart; **8.mi.** stock.adobe.com (Manigand-Labourayre), Dublin; **8.o.** Privatarchiv Dr. Björn Opfer-Klinger; **8.u.** Alamy stock photo (Marcus Harrison - finance), Abingdon; **10** akg-images, Berlin; **13** www.CartoonStock.com (Baloo-Rex May), Bath; **14.Q2** Oser, Liliane, Hamburg, nach: James C. Davies; **18** ShutterStock.com RF (Everett Historical), New York; **19** Thinkstock (Photos.com), München; **19.Q1** akg-images, Berlin; **20** ullstein bild (Granger, NYC), Berlin; **21** akg-images, Berlin; **23.Q4a** akg-images, Berlin; **23.Q4b** ullstein bild (Gerstenberg), Berlin; **26** Bridgemanimages.com, Berlin; **28.Q2** BPK, Berlin; **29.Q3** Artothek (Städel-Museum), Spardorf; **29.Q4** BPK (Germanisches Nationalmuseum/Jürgen Musolf), Berlin; **30.Q5** akg-images, Berlin; **30.Q6** akg-images, Berlin; **34.D1** Ernst Klett Verlag GmbH, Stuttgart; **35** akg-images, Berlin; **36.D2** Oser, Liliane, Hamburg; **38.Q1** akg-images, Berlin; **40.Q5** BPK (Kunstbibliothek, SMB/Knud Petersen), Berlin; **42.Q9** Historisches Museum, Frankfurt/M., Foto: Horst Ziegenfusz; **44** akg-images, Berlin; **46.D1 li.** Ernst Klett Verlag GmbH, Stuttgart; **46.D1 re.** Ernst Klett Verlag GmbH, Stuttgart; **46.D2** Oser, Liliane, Hamburg; **47.Q2** BPK, Berlin; **50.o.** akg-images, Berlin; **50.u.** Getty Images Plus (Photos.com), München; **51** akg-images (De Agostini Picture Lib.), Berlin; **52.D1** Ernst Klett Verlag GmbH, Stuttgart; **56** ullstein bild (NMSI/Science Museum), Berlin; **57** akg-images, Berlin; **57.D1** Ernst Klett Verlag GmbH, Stuttgart; **58** BPK (RMN/Daniel Arnaudet), Berlin; **59.D2** Oser, Liliane, Hamburg; **62.Q6** akg-images (Archiv für Kunst und Geschichte, Berlin), Berlin; **65** Privatarchiv Opfer-Klinger, Leipzig; **68.Q1** ullstein bild (Granger Collection), Berlin; **70.Q4** BPK (Albert Staehle), Berlin; **74** ShutterStock.com RF (Zooza), New York; **75** Alamy stock photo (Encyclopaedia Britannica, Inc./Library of Congress), Abingdon; **76.D1** Ernst Klett Verlag GmbH, Stuttgart; **77.o.** ShutterStock.com RF (Everett Historical), New York; **77.u.** ShutterStock.com RF (Peruvian Art), New York; **78** Alamy stock photo (Science History Images/Photo Researchers), Abingdon; **79** Alamy stock photo (The History Collection), Abingdon; **80.D2** Oser, Liliane, Hamburg; **80.Q1** Interfoto (Granger, NYC), München; **82.D3** Oser, Liliane, Hamburg; **83.D4** Oser, Liliane, Hamburg, Quelle: Migration Policy Institute; **87** akg-images, Berlin; **88.o.** Privatarchiv Opfer-Klinger, Leipzig; **88.u.** imago images (ITAR-TASS), Berlin; **90.Q1** BPK, Berlin © Olaf Gulbransson/VG Bild-Kunst, Bonn 2019; **92.Q4** Bridgemanimages.com (SZ Photo/Scherl), Berlin; **94.Q7** BPK, Berlin; **96** Bridgemanimages.com (AGIP), Berlin; **97** imago images (Mary Evans), Berlin; **100** Privatarchiv Opfer-Klinger, Leipzig; **104** akg-images (TT News Agency/SVT), Berlin; **105** ullstein bild (Illenberger), Berlin; **106.m.** Privatarchiv Opfer-Klinger, Leipzig; **106.o.** Privatarchiv Opfer-Klinger, Leipzig; **106.u.** Privatarchiv Opfer-Klinger, Leipzig; **109** akg-images, Berlin; **110** akg-images (Album), Berlin; **111.o.** Thinkstock (Photos.com), München; **111.u.** PIXTAL, New York; **112** BPK (RMN/Daniel Arnaudet), Berlin; **116.Q3** akg-images, Berlin; **118** Interfoto (Austrian National Library), München; **121** iStockphoto (Linda Steward), Calgary, Alberta; **122.o.** ShutterStock.com RF (Solodov Alexey), New York; **122.u.** Alamy stock photo (GL Archive), Abingdon; **124.Q1** akg-images, Berlin; **128.Q6** akg-images (VISIOARS), Berlin; **131.o.** ullstein bild, Berlin; **131.u.** akg-images, Berlin; **132.o.** ullstein bild, Berlin; **132.u.** Getty Images (Hulton Archive), München; **133.o.** akg-images, Berlin; **133.u.** akg-images (TT News Agency/SVT), Berlin; **134.Q1** Interfoto (Mary Evans/Library of Congress), München; **137.Q5** imago images (Metodi Popow), Berlin; **140.Q1** BPK (Hessischen Landesmuseum Darmstadt), Berlin; **143** BPK (Heinrich Hoffmann), Berlin; **144** akg-images, Berlin; **145** Privatarchiv Opfer-Klinger, Leipzig; **146.D1** Oser, Liliane, Hamburg; **146.Q1** BPK (Herbert Hoffmann), Berlin; **147.Q3** Eulenspiegel Verlagsgruppe, Berlin; **148.Q5** gemeinfrei (Charles Girod); **152.o.** ullstein bild (Heinrich Hoffmann), Berlin; **152.u.** imago images (Dirk Sattler), Berlin; **153.o.** Getty Images (ANTOINE BOUTHIER/AFP), München; **153.u.** Picture-Alliance (arkivi), Frankfurt/M.; **156.Q5b** Landesarchiv Thüringen, Staatsarchiv Altenburg, Bildersammlung, Nr. 5109; **162.o.** Privatarchiv Opfer-Klinger, Leipzig; **162.u.** https://commons.wikimedia.org/wiki/File:Langgass-Turnhalle_mit_Gedenktafel_05_Gedenktafel_nah-kontrastverst%C3%A4rkt.JPG, Author: Vux, derivative work: Furfur, siehe *2; **163.o.** akg-images (Imagno), Berlin; **163.u.** akg-images (Langhammer), Berlin; **164** akg-images, Berlin; **164.Q1** Süddeutsche Zeitung Photo (Scherl), München; **166.Q3** Süddeutsche Zeitung Photo, München; **168.Q8** akg-images, Berlin; **171** Privatarchiv Opfer-Klinger (Lorenz Steinert), Leipzig; **172.Q1** By Unknown - Newspaper clipping from library microfilm in the public domain, Public Domain, https://commons.wikimedia.org/w/index.php?curid=8232727; **173** Picture-Alliance (dpa), Frankfurt/M.; **174.Q3** laif (Christian Jungeblodt), Köln; **175.Q4** BPK, Berlin; **176.Q7** akg-images, Berlin; **178.Q12** Interfoto (Mary Evans Picture Library), München; **180.D2/D3** Oser, Liliane, Hamburg; **183.D1 o.li.** Ernst Klett Verlag GmbH (Henning Küppers), Stuttgart; **183.D1 o.re.** Ernst Klett Verlag GmbH (Henning Küppers), Stuttgart; **183.D1 uli.** Privatarchiv Opfer-Klinger, Leipzig; **183.D1 ure.** https://creativecommons.org/licenses/by-sa/4.0/deed.de (Dr. med. Mabuse, https://de.wikipedia.org/wiki/Gertrud_Luckner#/media/File:Dr._Gertrud_Luckner_-_Stolperstein_Freiburg.JPG), siehe *3; **184** BPK (Bayerische Staatsbibliothek/Archiv Hoffmann), Berlin; **185** Getty Images (Hulton Archive), München; **186** akg-images, Berlin; **189.Q4** ullstein bild (Lebrecht Music & Arts Photo Library), Berlin; **191.Q6** BPK, Berlin; **195** Privatarchiv Opfer-Klinger, Leipzig; **196** Bridgemanimages.com, Berlin; **196.D1** Ernst Klett Verlag GmbH, Stuttgart; **198.Q3** Picture-Alliance (akg), Frankfurt/M.; **203.o.** Privatarchiv Opfer-Klinger, Leipzig; **203.u.** BPK (Bayerische Staatsbibliothek/Heinrich Hoffmann), Berlin; **204.Q1** imago images (Arnulf Hettrich), Berlin; **206.D2** Ernst Klett Verlag GmbH, Stuttgart; **206.Q4** akg-images, Berlin; **210.Q1** ShutterStock.com RF (LittlePanda29), New York; **212** https://creativecommons.org/licenses/by-sa/4.0/deed.de (Dr. med. Mabuse, https://de.wikipedia.org/wiki/Gertrud_Luckner#/media/File:Dr._Gertrud_Luckner_-_Stolperstein_Freiburg.JPG), siehe *3; **213.o.** akg-images, Berlin; **213.u.** Picture-Alliance (AP Photo/Jan Pitman; Entwurf: Ernst und Lorli Jünger), Frankfurt/M.; **214.Q3** Landesarchiv NRW - Abteilung Rheinland - RW 0058 Nr. 3693, Bl. 60; **216.D1** Detlev Peukert: Die Edelweißpiraten. Bund-Verlag, Köln 1980, S. 236; **221.o.** akg-images, Berlin; **221.u.** Privatarchiv Opfer-Klinger, Leipzig; **222** akg-images (De Agostini/Biblioteca Ambrosiana), Berlin; **223** https://creativecommons.org/licenses/by-nd/4.0/Asþont, siehe *2; **223.D1** Ernst Klett Verlag GmbH, Stuttgart; **224.Q1** ShutterStock.com RF (Hailu Wudineh TSEGAYE), New York; **226.D5** Ernst Klett Verlag GmbH, Stuttgart; **227.Q3** akg-images (WHA/World History Archive), Berlin; **230** Alamy stock photo (History and Art Collection), Abingdon; **231.o.** akg-images (Bruni Meya), Berlin; **231.u.** Picture-Alliance (Arne Dedert/dpa), Frankfurt/M.; **234** Alamy stock photo

(World History Archive), Abingdon; **236.Q2** gemeinfrei, public domain, domaine public,; **240** Picture-Alliance (Yonhap), Frankfurt/M.; **241** BPK (Jochen Moll), Berlin; **242.mi.** Süddeutsche Zeitung Photo (UPI), München; **242.o.** ullstein bild (Klaus Mehner), Berlin; **242.u.** laif (Polaris Images), Köln; **244** Archiv Björn Opfer-Klinger, fotografiert von Lorenz Steinert; **245** Bridgemanimages.com (Usis-Dite), Berlin; **247.o.** ullstein bild (Ilse Steinhoff), Berlin; **247.u.** ShutterStock.com RF (rsooll), New York, NY; **248.Q1b** akg-images (Universal Images Group/Sovfoto), Berlin; **250.D2** Ernst Klett Verlag GmbH, Stuttgart; **253** ShutterStock.com RF (yui), New York; **254** akg-images (WHA/World History Archive), Berlin; **254.D1** Ernst Klett Verlag GmbH, Stuttgart; **256.Q1** Alamy stock photo (© Fine Art Images/Heritage Images), Abingdon; **256.Q2** akg-images (WHA/World History Archive), Berlin; **259.Q5** laif (Sungsu Cho/Polaris), Köln; **260.Q7** BPK (Deutsches Historisches Museum), Berlin; **262** Picture-Alliance (United Archives/WHA), Frankfurt/M.; **266.Q1** akg-images, Berlin; **269.Q5** ullstein bild, Berlin; **270.Q7** Landesarchiv Thüringen – Staatsarchiv Meiningen, Meiningen; **270.Q9** ullstein bild (Klaus Niermann (Aufnahme: Emil Bieber)), Berlin; **272.Q11** © Wilhelm-Busch-Gesellschaft e. V., Hannover; **276** Picture-Alliance (Winfried Rothermel), Frankfurt/M.; **277** akg-images (Universal Images Group/Sovfoto), Berlin; **279** ullstein bild (Interpress Paris), Berlin; **280** laif (Max Scheler/SZ Photo), Köln; **281.Q1** akg-images (Ladislav Bielik), Berlin; **283.Q2c** BPK (Deutsches Historisches Museum/Wolfgang Albrecht), Berlin; **284.Q4** Interfoto (Pulfer), München; **286.Q6a** Picture-Alliance (picture-alliance/Joachim Barfk), Frankfurt/M.; **286.Q6b** akg-images (Henschel), Berlin; **289** ShutterStock.com RF (Joseph Sohm), New York; **291.Q3** The Estate of Karl Hubenthal; **292.Q6** Joe Heller, Green Bay, WI 54307; **296** Süddeutsche Zeitung Photo (Peter Probst), München; **297** Privatarchiv Opfer-Klinger, Leipzig; **300.Q4** Süddeutsche Zeitung Photo (Ingo Barth/Süddeutsche Zeitung Photo), München; **303.D1** Ernst Klett Verlag GmbH, Stuttgart; **304.Q1** Picture-Alliance (dpa/Roland Scheidemann), Frankfurt/M.; **305** Action Press GmbH (United Archives/WHA), Hamburg; **306.D2** © picture-alliance/dpa-infografik/Version hier: Ernst Klett Verlag (Liliane Oser); **306.D3** © picture-alliance/dpa-infografik/Version hier: Ernst Klett Verlag (Liliane Oser); **306.Q2** DER SPIEGEL 29/1979; **307.Q3** Picture-Alliance (dpa/Franz Peter Tschauner), Frankfurt/M.; **307.Q4** Picture-Alliance (dpa/Stephanie Pilick), Frankfurt/M.; **308.D4** © picture-alliance/dpa-infografik/Version hier: Ernst Klett Verlag (Liliane Oser); **308.D5** © picture-alliance/dpa-infografik/Version hier: Ernst Klett Verlag (Liliane Oser); **310.D10** Mester, Gerhard, Wiesbaden; **310.D9** Oser, Liliane, Hamburg, nach: Infografik WELT; **312** By Golradir – Variation of Image:VOC-Amsterdam.png, which is based on Image:Voc logo.jpg., Public Domain, https://commons.wikimedia.org/w/index.php?curid=894578; **313** Picture-Alliance (Anadolu/Samuel Corum), Frankfurt/M.; **313.Q1** Picture-Alliance (NurPhoto/Markus Heine), Frankfurt/M.; **315.D3** laif (Klaus Stuttmann), Köln; **316.D4** toonpool.com (Popa), Berlin; **318.D7** Nach World Migration Report 2018; **320** Getty Images (Wojtek Laski/Kontributor), München; **321** ullstein bild (Peter Probst), Berlin; **322.o.** akg-images (AP), Berlin; **322.u.** imago images (Sven Simon), Berlin; **323.D1** Lohß, Sandy, Chemnitz; **328.Q10** © Henning Studte, Darmstadt; **328.Q9b** Colin Wheeler, Farnham GU9 7EH; **330.o.** Privatarchiv Opfer-Klinger (Lorenz Steinert), Leipzig; **330.u.** Picture-Alliance (Michael Kappeler/dpa), Frankfurt/M.; **332** Action Press GmbH (Boulat/Sipa Press), Hamburg; **333.o.** Alamy stock photo (SPUTNIK), Abingdon; **333.u.** Alamy stock photo (Peter Probst), Abingdon; **335.D2** Oser, Liliane, Hamburg; **338** akg-images (ddrbildarchiv.de/Manfred Uhlenhut), Berlin; **340.o.** Ernst Klett Verlag GmbH, Stuttgart; **340.u.** ullstein bild (Probst), Berlin; **341.D1** Ernst Klett Verlag GmbH, Stuttgart; **343** ullstein bild (Probst), Berlin; **343.D2** Getty Images Plus (alessandro0770), München; **343.D2** Oser, Liliane, Hamburg; **344.Q2** Getty Images (Pool Francolon-Simon/Gamma-Raphon), München; **345.D4** Oser, Liliane, Hamburg; **345.D5** © picture-alliance/dpa-infografik/Version hier: Ernst Klett Verlag (Liliane Oser); **346.D6** © picture-alliance/dpa-infografik/Version hier: Ernst Klett Verlag (Liliane Oser); **347.Q2 o.li.** Action Press GmbH (Revierfoto), Hamburg; **347.Q2 o.re.** imago images (STPP), Berlin; **347.Q2 u.re.** Privatarchiv Opfer-Klinger, Leipzig; **347.Q2 u.re.** imago images (Müller-Stauffenberg), Berlin; **348.Q4** Janson, Jürgen, Landau; **348.Q5** Mester, Gerhard, Wiesbaden; **351** Franz, Michael, Taucha; **354** Alamy stock photo (Dinodia Photos), Abingdon; **355** Picture-Alliance (dpa), Frankfurt/M.; **356.mi.** stock.adobe.com (vadim0001), Dublin; **356.o.** Getty Images (Hulton Archive), München; **356.u.** ShutterStock.com RF (Julinzy), New York; **359.o./u.** akg-images, Berlin; **361.Q2b** akg-images, Berlin; **362.Q1** Privatarchiv Opfer-Klinger, Leipzig; **364.o.** Martin Grandjean (https://commons.wikimedia.org/wiki/File:Flag_of_the_League_of_Nations_(1939).svg), https://creativecommons.org/licenses/by-sa/4.0/legalcode, siehe *2; **364.u.** ullstein bild (Roger-Viollet/Henri Martinie), Berlin; **365.D1** Ernst Klett Verlag GmbH, Stuttgart; **368.D3** Ernst Klett Verlag GmbH, Stuttgart; **372.o.** akg-images, Berlin; **372.u.** By Hydrel – Own work, CC BY-SA 3.0, https://commons.wikimedia.org/w/index.php?curid=18510039, siehe *3; **373.Q1** 123rf Germany, c/o Inmagine GmbH (Dragan Ilic), Nidderau; **374** Alamy stock photo (V&A Images), Abingdon; **375.D1** Ernst Klett Verlag GmbH, Stuttgart; **376.o.** Picture-Alliance (dpa), Frankfurt/M.; **376.u.** Alamy stock photo (World History Archive), Abingdon; **377.D2** Ernst Klett Verlag GmbH, Stuttgart; **378.Q1** akg-images, Berlin; **380.Q3** akg-images (GandhiServe India), Berlin; **380.Q3** Picture-Alliance (CPA Media/Pictures From History), Frankfurt/M.; **385.D1** Oser, Liliane (Quelle: IMF), Hamburg; **385.u8gu3e** Ernst Klett Verlag GmbH, Stuttgart; **386.D2** Oser, Liliane (Quelle: OECD), Hamburg; **387** akg-images (Pictures From History), Berlin; **389.Q1** Rossija Sewodnja (Vitaly Podvitski), Moskau; **401.Q1** BPK (Deutsches Historisches Museum), Berlin; **402.Q1 o.** akg-images, Berlin; **402.Q1 u.** Alamy stock photo (Granger Historical Picture Archive), Abingdon; **403.Q1 m.** Alamy stock photo (Pictures From History), Abingdon; **403.Q1 o.** akg-images, Berlin; **403.Q1 u.** akg-images, Berlin; **404.Q2a li.** akg-images, Berlin; **404.Q2a mi.** akg-images, Berlin; **404.Q2a re.** akg-images (De Agostini Picture Lib.), Berlin; **404.Q2b li.** akg-images (Loescher u. Petsch), Berlin; **404.Q2b re.** Interfoto (Sammlung Rauch), München; **407** Krause, Jens, Leipzig; **408** Ernst Klett Verlag GmbH (Lorenz Richter), Stuttgart; **hinterer Vorsatz** Ernst Klett Verlag GmbH, Stuttgart; ullstein bild (Granger NYC), Berlin

Propagandistische Darstellung des British Empire aus dem Jahre 1886

Wirtschaftsentwicklung in Mitteleuropa Anfang des 20. Jahrhunderts

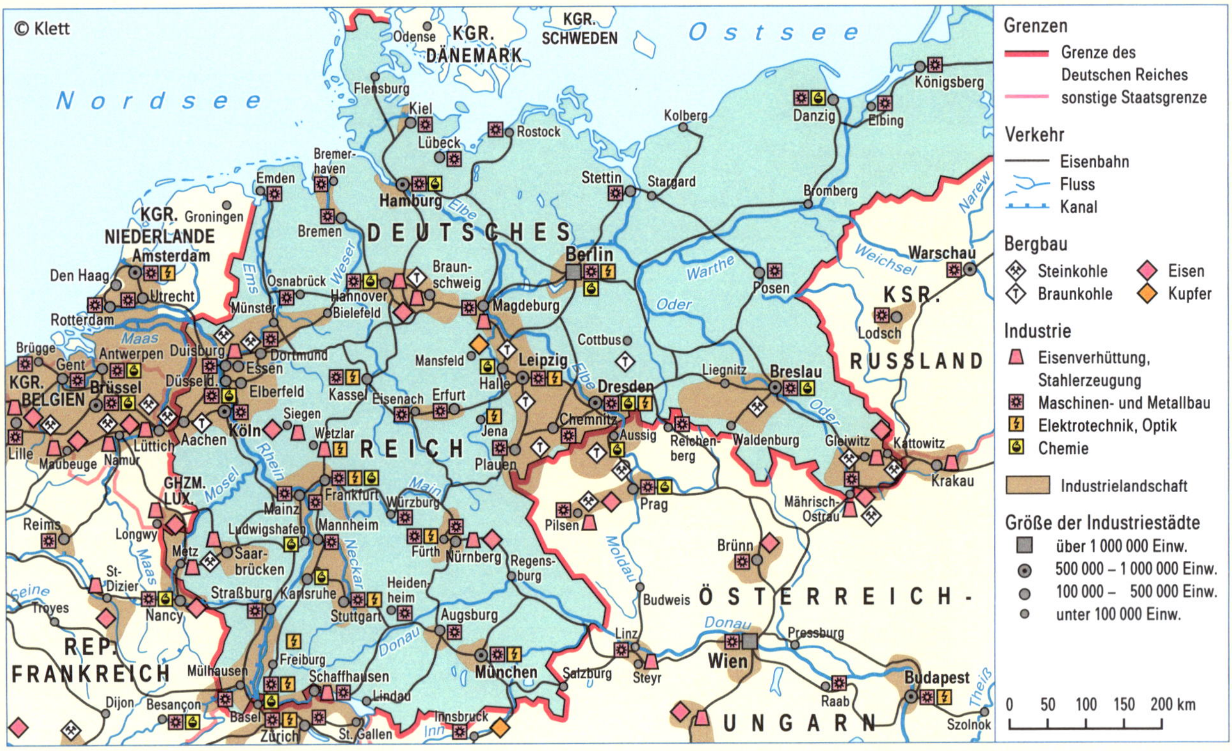

Wirtschaftsentwicklung in den USA im 19. Jahrhundert

APHIC" JULY 24TH 1886

THE EXTENT OF THE BRITISH EMPIRE IN 1886.